임진 왜란

2년 전쟁
12년 논쟁

임진왜란

2년 전쟁 12년 논쟁

성균관대학교 출판부

목 차

프롤로그

최근 한반도를 둘러싼 동아시아 질서에 변화가 진행되고 있다. 변화의 끝이 어떤 모습을 취하게 될지 예측하기는 쉽지 않지만, 중요한 변수는 중국의 부상이라는 점을 부인하기 어렵다. 이와 관련하여 동아시아에는 근대 이전 오랫동안 하나의 통합된 국제질서가 있었다는 점을 인식할 필요가 있다. 그리고 중국, 보다 정확하게는 중원 지역을 차지한 정치세력이 그 질서의 중심에 있었다. 중국과 주변국들은 조공과 책봉을 통해 주종관계를 이룸으로써 안정을 유지했다. 규범적으로는 사대자소(事大字小), 즉 주변국들은 중국의 중심적 지위를 인정하고, 중국은 이들을 보살핀다는 원칙이 공유되었다. 이것은 종종 조공체제 또는 책봉체제 등으로 명명되었다.

중요한 것은 그러한 질서나 원칙이 언제나 모든 나라에 같은 정도로 관철되지는 않았고, 단지 일종의 이념형이나 외형적 제도에 불과했다는 사실이다. 현실은 다양하고 복잡하여, 국제질서나 체제로서 해당 개념들이 적절한지 의문의 여지가 있다. 특히 국제질서의 제도나 규범은 평상시에는 어느 정도 원칙대로 관철되는 듯하지만, 전쟁과 같이 중대한 시기에는 적나라한 힘의 관계가 대신하기 마련이다. 이것은 필자가 근대 이전 동아시아 질서에 대한 일반적인 논의가 아닌 전쟁에 집중한 이유이다. 특히 임진왜란은 오늘날 동아시아의 주요 국가들인 한·중·일 3국이 전면전을 벌인 유일한 사례이다.

임진왜란은 여러 가지 방식으로 접근할 수 있지만, 위의 문제의식에서 본다면, 전쟁의 국제정치적 측면을 간과할 수 없다. 주지하는 것처럼 명의 군사적 지원 또는 개입은 왜군의 퇴치에 매우 중요했다. 그렇다면 군사적 개입의 목적, 시점, 규모, 방법, 그리고 종전에 따른 철수, 그리고 그에 대한 조선의 입장과 대응 등 여러 이슈들에 대해서도 좀 더 세부적으로 이해할 필요가 있다. 그와 관련되는 일로써, 소위 강화가 명과 일본 사이에 진행되었던 바, 그 배경과 과정도 밝혀져야 한다. 이를 통해 조·명 관계의 실체에 접근할 수 있을 것이다.

마찬가지로 전쟁 과정에서 일본의 위상도 드러날 것으로 기대된다. 통상적으로 일본은 조공·책봉 질서에서 벗어나 있던 것으로 간주되는 경향이 있다. 실제 히데요시의 조선침략은 중국 중심의 질서에 대한 도전을 의미했다. 그럼에도 문제는 여전히 남아 있다. 그는 과연 해당 질서 관념에서 벗어났을까? 최초의 계획에서 그가 명·일간 교역이 이루어졌던 중국의 영파에 중심을 둔 국제질서를 상상한 것은 어떤 의미를 갖는가? 또한 일찌감치 조선조차 정복이 불가능해졌을 때, 그가 명 황제의 책봉에 만족한 것은 무엇을 말해주는가? 전쟁의 각 단계나 상황에서 일본의 정책은 조·일관계를 포함하여 동아시아 질서의 실제적 모습을 보여준다고 생각된다.

결국 이 글은 전쟁과 같은 중대한 상황에서 동아시아 3국의 관계가 어떻게 작동되는지 살펴보고자 시작되었다. 따라서 이 글은 군사적 측면과 함께 국내의 정책적 논의나 국가간 협상 등 외교적 관계와 같은 비군사적 측면에도 주목했다.

임진·정유왜란은 종종 7년 전쟁으로 간주되지만, 실제 군사적 대결 기간은 그리 길지 않았다. 임진왜란 시기 그것은 대략 왜군이 부산을 공격한 1592년 4월 중순부터 이듬해 6월 하순 진주성 학살까지 1년 수개월이다. 그 이후에는 명군과 왜군 대다수가 철수하고 일부의 왜군이 남해안에 주둔했다. 정유재란 시기 군사적 대결 기간은 대규모 왜군이 들어온 1597년 5월부터 이듬해 1월 초 울산전투 종료까지와 조·명연합군이 전면적 공격에 나선 8월부터 왜군이 철수한 11월 말까지 약 10개월로 생각된다. 전체적으로 해당 기간은 약 2년 정도이다. 그렇지만 상호 비군사적 접촉 기간은 그보다 훨씬 길다. 그 시작은 대략 1589년 6월 대마도주의 조선 방문과 통신사 파견 요구로 볼 수 있다. 전시 상황의 종료는 1600년 9월 말 명군 지휘부의 철수라고 생각된다. 그리고 군사적 대결 중에도 많은 각종 정책적 논의와 외교적 접촉이 끊이지 않았다. 이렇게 본다면, 그 기간은 햇수로는 12년에 이른다. 이 글의 부제를 '2년 전쟁, 12년 논쟁'으로 한 이유이다.

전쟁은 단지 군사적 대결에 그치지 않고 여러 정책적 논의와 협상에 의해 그 방향과 결과가 정해진다. 우리가 단순히 결과만이 아니라 관철되지 않는 주장이나 정책에도 관심을 가져야 하는 이유이다. 시기적으로는 군사적 대결 기간에 국한하지 않을 뿐 아니라, 개별 사안과 관련하여 각국의 입장도 고려해야 한다. 그래야만 전쟁의 전개 과정에 대한 입체적인 이해가 가능할 것이다. 이를 위해 3국의 원자료들에 대한 세밀한 분석과 정리가 요구되며, 이 글이 기여하려는 바도 여기에 있다고 생각된다. 관심이 있는 독자라면 미주까지도 대조하면서 꼼꼼히 읽기를 기대해본다.

부족하게나마 이 글을 세상에 내놓을 수 있는 데에는 적잖은 도움을 받았다. 지난 10여년 동안 국민대학교 중국학부가 진행해온 한국연구재단의 프로젝트 HK사업을 통해 무엇보다도 자료의 구입에 재정적으로 지원을 받았다. 글에 현장감을 주기 위해 사진과 지도 등을 넣게 되었는데, 국립진주박물관의 친절한 조언과 자료 제공이 크게 도움이 되었다는 점을 밝힌다. 이 글은 그동안 축적된 임진왜란에 관한 역사학계의 많은 성과를 기반으로 하고 있다는 점에서 여러 관련 연구자들께 감사드린다. 자료 해석을 둘러싼 견해의 차이는 물론 필자가 알지 못하는 오류들도 적잖을 것으로 판단된다. 많은 질타와 함께 더 나은 연구가 이어지기를 기대한다.

그간 학문의 길에 동행해온 은사님들과 선후배 연구자들, 그리고 국민대학교의 여러 동료 교수들도 보이지 않지만 없어서는 안 될 공기와도 같이 소중하다는 점을 말씀드리고 싶다. 또한 멋진 편집과 함께 그 과정에서 여러 차례 교정을 꼼꼼하게 해주신 성균관대학교출판부 여러분께도 깊은 감사를 드린다. 마지막으로 늘 나를 응원해주는 가족에게 고마움을 전하며, 잘 보살펴드리지 못하는 어머니 이분남 여사의 만수무강을 빈다.

2021년 6월 신록이 한창인

북한산 자락을 바라보며 김영진

일러두기

1. 날짜는 음력(대명력)으로 표기했다. 문서 등 필요한 경우에만 일본력을 별도로 표기했다. 어떤 달에는 일본력이 음력보다 하루 늦다.
2. 인명과 지명은 현재의 관례에 따라 조선과 명은 한자 발음을, 일본은 일본어 발음을 사용했다. 일본의 인명은 당시 조선과 명의 관례에 따라 – 오늘날과 달리 – 성과 이름 가운데 택일할 경우 성이 아닌 이름이 사용되었다. 조선과 명에서만 사용된 일본의 인명은 한자 발음으로 표기했다.
3. 『선조실록』과 『신종실록』 기사 순번은 ①, ② 등으로 표시했다. 『선조수정실록』의 날짜는 의미가 없기 때문에 별도로 표시하지 않았다. 그리고 문헌상의 날짜는 편의를 위해 모두 아라비아 숫자로 표기했다.
4. 독해를 위해 필요하다고 생각되어 필자가 임의로 넣은 부분은 ( )로, 부가적인 설명을 위해서는 [ ]을 사용했다.
5. 문헌은 판본이 여럿 있을 수 있으나, 여기에서는 주로 한국은 한국고전종합DB, 중국은 国学大師, 일본은 国立公文書館디지털아카이브 등에 탑재된 자료에 의거했다.
6. 임진왜란 당시 수도 한성은 독자에게 익숙한 서울로 표기했다.

제1부

임진왜란

| 제 1 장 |

침략의 전야

1

1. 중세 동아시아 질서

16세기 말 임진왜란[1]은 근대 이전 한·중·일 삼국이 벌인 유일한 전면전이다. 그리고 그 전장은 다름 아닌 한반도였다. 그렇다면 왜 해당 시점에서 그러한 전쟁이 발발했을까? 사실 전쟁의 비이성적 성격에 주목한다면, 그 원인을 논리적으로 설명하려는 시도는 부질없는 일이다. 다만 역사적으로 보면, 국내의 혼란을 극복하고 정치권력을 장악할 경우, 권력자들은 그 야욕을 대외로 확장하려는 유혹에 빠지기 쉽다. 도요토미 히데요시(豐臣秀吉) 또한 후대에는 새로운 시대를 연 것으로 미화되지만, 사실 그는 조선에 보낸 국서에서 솔직하게 자신의 이름을 3국에 떨치고자 할 뿐이라고 주장했다. 기원전 3세기 전국시기 중국의 사상가 순자(荀子)도 인간의 본성을 다음과 같이 쓰고 있다. "천하를 합해 그곳의 임금노릇 하고…… 제후들을 신하로 부리면서 천하를 하나로 만드는 것은 역시 사람의 감정이 다 같이 바라는 일이다."[2]

그러한 사례는 멀리는 진시황 이후 적지 않으나, 임진왜란 전후로도 쉽게 확인된다. 먼저 명의 3대 황제 영락제로 알려진 주체(朱棣)가 그 예이다. 그는 정화(鄭和)에게 명하여 해상으로 동남아시아에서 아프리카까지의 원정을 시도했다. 육지로는 중원에서 물러간 몽골족의 북원, 그리고 월남에 대한 공격을 시도했다. 그는 만주에 대한 영향력의 확대를 위해 군사기지를 설치했다. 나아가 조선과 일본에 대한 원정까지도 계획했다. 물론 명의 초기 팽창정책은 한계에 부딪혔다. 월남은 독립했고, 북원 정벌은 실패했으며, 여진은 점차 득세했다. 히데요시 또한 오다 노부나가(織田信長)에 의해 거의 완수된 일본 통일을 마무리한 뒤, 조선침략을 감행했다. 그가 실패한 뒤 여진족의 추장 누르하치(努爾哈赤)는 국내적 통일을 이룩했고, 그의 아들들은 차례로 조선을 제압하고, 중원으로 진출하여 동아시아의 새로운 제국 청(淸)을 건설하는 데 성공했다.

중요한 것은 전쟁의 원인보다는 전쟁의 전개와 그에 대한 대응 방식이다. 그리고 그것은 당시의 국제질서와 그에 대한 사람들의 인식에 크게 영향을 받는다. 국제질서와 그에 대한 인식을 실증하기란 쉬운 일이 아니지만, 그런대로 편리한 방법 가운데 하나는 세계지도라고 생각된다. 지도란 "인간에 의해 포착된 세계의 '개념'이며 '상(image)'이다."[3] 조선 최초의 세계지도는 「혼일강리역대국도지도(混一疆理歷代國都之圖)」이다. 이것은 1402년 조선 태종 2년에 제작된 것으로 가로 164cm, 세로 148cm 크기이다. 다만 그것은 명의 세계지도인 「대명혼일도(大明混一圖)」(연도 미상)와 매우 유사하다. 그 이유는 두 지도가 앞서 원말 명초에 제작된 지도들을 각기 자신의 시각에서 개작한 결과였기 때문이다.

「대명혼일도」는 가로 475cm, 세로 386cm로 각지의 지명을 포함하여 세밀하게 제작되었다. 대강의 모습을 본다면 중국을 중심으로 동쪽으로 조선과 일본, 서쪽으로 유럽과 아프리카, 남쪽으로 인도와 인도네시아의 자바, 북쪽으로 몽골까지 포괄하고 있다. 예상대로 중국을 중앙에 크게 그리고 있는 것은 중국중심적 사고를 보여준다. 특징적인 것은 조선과 일본을 완전하지는 않으나 비교적 크게, 비슷한 크기로 그렸다는 점이다. 그리고 일본이 명의 동남쪽에서 가깝게 그려져 있는 것도 특징적이다.

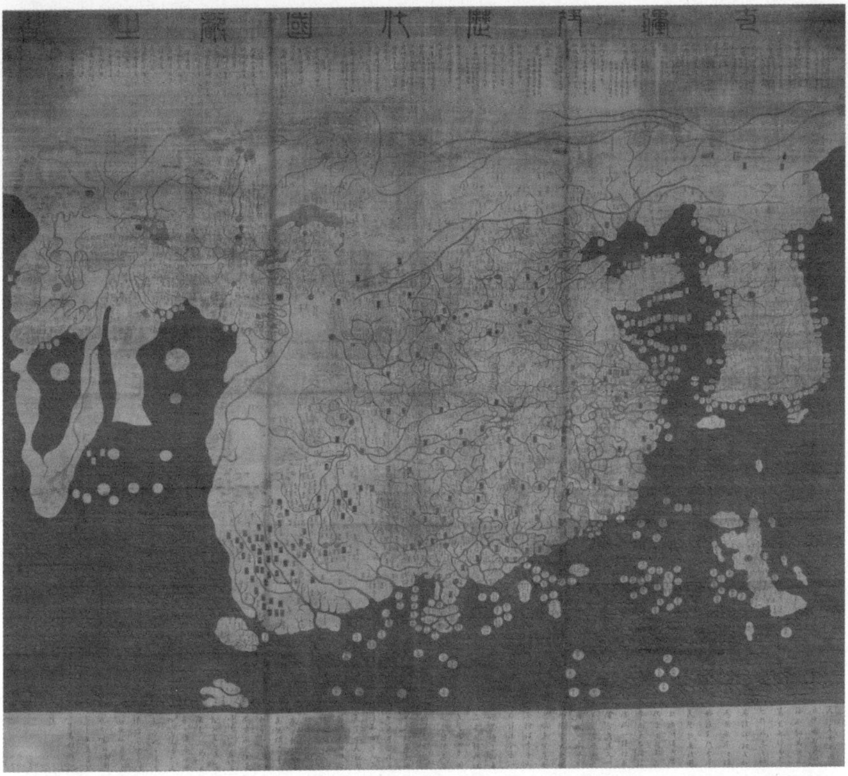

위 조선 최초의 세계지도인 「혼일강리역대국도지도(混一疆理歷代國都之圖)」 | **아래** 명의 세계지도인 「대명혼일도(大明混一圖)」

조선은 명 중심의 동아시아 질서에서 모범적인 조공국가로서 그 중요성이 적지 않았다. 그렇지만 더 중요한 것은 전통적으로 한반도에 강한 국가들이 존재해왔다는 사실이다. 이를테면 수와 당이 고구려와 통일신라를 공격했으나 이기지 못했다. 이것은 임진왜란 때 조선에 온 명의 관리들도 자주 언급했던 바다. 더욱 가깝게는 원명 교체기에 고려와 조선이 상당한 세력균형자로서 역할을 담당했다. 이러한 경험으로 볼 때, 임진왜란 초기 조선이 너무 쉽게 패배한 것을 명 측은 이해하기 어려웠고, 일본과 결탁을 의심하는 원인이 되기도 했다.

그렇다면 일본을 크고 명에 지리적으로 가깝게 그린 이유는 무엇일까? 그 단초는 중국과 일본의 관계에서 충분히 찾을 수 있다고 생각된다. 이미 수나라 때인 서기 607년 일본이 국서를 보내서 "해 뜨는 곳의 천자가 글을 해 지는 곳의 천자에게 보냅니다. 별고 없으십니까?"라고 하여 양제(煬帝)를 화나게 한 일이 있었다.[4] 명 초기에는 동남연해 지역에서 왜구의 출몰을 둘러싸고 양국이 갈등하는 상황이 나타났다. 그 과정에서 명이 일본원정으로 위협했을 때, 황자(皇子) 가네요시 친왕(懷良親王)은 1381년 사신을 보내 "어찌 중화에는 군주가 있고, 이적에게는 없겠습니까? 천하는 넓어 한 사람의 임금이 좌우할 수 없고, 우주는 넓어 여러 나라들이 각기 나누어 지킵니다. 천하는 천하의 천하이고 한 사람의 천하가 아닙니다……."[5]라고 목소리를 높였다.

그리고 약 20년 뒤 쇼군 아시카가 요시미쓰(足利義滿)는 국내의 반대를 무릅쓰고 무역을 통해 재정 이익을 얻고자 명과 조공책봉 관계를 수립했다. 명일간 일정한 빈도, 인원, 선박 수 등이 정해진 조공무역은 일시적으로 중단되기도 했으나 16세기 중반까지 계속되었다. 그렇지만 책봉은 15세기 중반 이후 명의 책봉사절이 책봉문서를 전달하는 것이 아니라 일본의 조공사신이 그것을 수령해 가는 지극히 형식적인 방식이었다. 그것은 왜구의 출몰에 따른 양국간 갈등과 관련되지만, 사실상 책봉관계를 전제로 하지 않는 조공무역으로서 명의 국제질서에서 예외적인 사례에 해당되었다. 히데요시가 자신을 정벌한다고 공언하고 또한 그 사실이 현지로부터 전해졌을 때, 명이 그것을 애써 무시하거나 의심한 흔적은 찾을 수 없다. 명은 일본의 대규모 공격이 충분히 가능하다고 보고 연해 지역에 대한 방비를 강화했다. 그리고 왜군이 평양에서 장기 주둔할 조짐을 보이자, 본격적으로 각지의 군사와 식량을 모집하는 등 출병을 준비했고, 결국 이듬해 초 평양의 왜적을 공격했다. 그 뒤에도 명은 조선이 일본의 대륙 진출 기반이 되지 않도록 모든 역량을 동원하여 막았다.

그렇다면 국제질서에 대한 조선의 인식은 어떠했을까? 앞의 「혼일강리역대국도지도」를 보면 그것이 「대명혼일도」와 세부적으로 차이가 적지 않다는 것을 알 수 있다. 무엇보다도 조선은 매우 크게 그려져 있고, 일본은 조선의 남쪽으로 멀리 작게, 대마도는 제주도처럼 조선의 일부인 듯 그려져 있다. 이것은 우선 중국 중심의 질서와 함께 일본의 특수한 지위에 관한 조선의 인식을 반영한다고 생각된다. 여기서 조선은 중화질서의 중요한 구성원이고 일본은 그 질서에서 멀리 떨어져 있는 나라였다. 그러한 삼국 관계에 관한 인식은 아래 구절에서 좀 더 분명하게 드러난다. 이것은 공문서 작성에 능했던 월사 이정구(李廷龜)가 정유재란 당시 조선에서 공을 세운 명나라 장수 양호(楊鎬)를 기념하는 비문의 일부이다.

> 황제의 나라 명이 천하를 소유한 지 250년 동안 정치질서가 정비되었다…… 그 질서는 인(仁)으로써 널리 베풀고 백성을 구제하며, 덕(德)으로써 먼 나라를 달래고 작은 나라를 보살피며, 무(武)로써 포악하고 반역하는 자를 징벌한다. 그러므로 무릇 해와 달이 비치는 곳과 서리와 이슬이 떨어지는 곳에 교화와 위엄이 미치고, 해내와 해외가 원근을 막론하고 모두 군신관계가 되었다. 오직 일본 한 지역만은 험하고 먼

> 것에 의지하여, 성교(聲敎)를 받들지 않고 오만하게 날뛰며 스스로 칭제한다. 이에 천조가 징계하지 않는 방식으로 다스리고, 배척하여 천지 안의 나라로 참여시키지 않는다.[6]

조선의 시각에서 천황은 일본의 자칭에 불과했고, 단지 한 지역을 담당하는 왕과 다르지 않았다. 따라서 천황은 천하의 통치자인 황제와는 비교될 성격이 아니었다. 일본은 스스로의 선택에 의해 명 중심의 국제질서에 벗어난 이단아였을 뿐이었다. 그렇다고 일본은 결코 무시할 만한 나라는 아니었다. 앞서 영락제의 조선에 대한 공략이 예상되자 조선의 일각에서는 일본과 협력을 통한 적극적인 대응을 주장하기도 했다. 명은 자신의 권위를 인정하지 않은 일본을 쉽게 징벌할 수는 없었고, 단지 자신의 문명적 혜택에서 배제시킬 수 있었을 뿐이다.

물론 명과 조선의 관계도 그리 단순하지 않았다. 위의 비문 인용 구절에는 명이 비록 천하의 지배자로 설정되지만, 조선은 명이 몽골족·여진족과 같은 북방 민족들에 대해 힘겨운 방어를 하고 있음을 잘 알고 있었다. 뿐만 아니라 조선 스스로도 그간 하위에 두었던 여진의 발흥에 촉각을 세우지 않으면 안 되었다. 「대명혼일도」와 달리 「혼일강리역대국도지도」에는 조선과 중국 그리고 북방 유목민 지역 사이 경계가 더욱 분명하게 그려져 있다. 두 지도 모두에서 중국 이외에도 유럽과 인도 그리고 아프리카 등이 함께 그려진 것 또한 조선이 명 중심의 동아시아 질서를 상대화할 수 있었음을 시사한다.

이러한 모든 것은 전통 동아시아 질서의 핵심 제도로 간주되는 조공책봉은 이상과 현실 사이에 깊은 괴리가 있었고,[7] 조선과 명의 관계는 일종의 포괄적 동맹관계에 불과할 수 있음을 시사한다. 조선에게 명은 약소국을 보호하는 도덕적 의무를 가진 종주국에 그치지 않았다. 명은 조선에 대해 소위 순망치한으로 축약되는 지정학적 관계에 있었고, 따라서 명 내부에서는 물론 조선에서도 명의 파병이 궁극적으로 자국의 방어를 위한 것으로 간주되었다. 더욱이 이유야 어떻든 양국의 관계에서 조선은 명의 군사적 지원을 기대할 수 있었지만, 그 반대의 경우도 가능했다. 다음은 1594년 8월 명의 사신으로 가던 윤근수와 최립(崔岦)이 각기 영중추부사와 예조판서의 명의로, 당시 조선 문제를 총괄하던 계요총독 손광(孫鑛)에게 제출한 공문이다.

> 되돌아보면, (조선이) 대대로 동번으로서 받은 은혜는 중국 내지와 비슷했으니, 구차하게나마 수행해야 할 직분은 섬나라〔일본〕의 이무기나 악어와 같은 족속이 수천 리에 달하는 소방의 육지를 통해 중국에 환란을 끼치지 못하게 하는 것입니다.[8]

즉, 조선이 명의 울타리로서 외부의 적을 막아야 한다는 의무가 있다는 의식이다. 물론 조선은 그러한 직분을 제대로 수행할 능력이 없었다. 그럼에도 위의 의식은 전혀 무의미하지 않았다. 임란 초기 일본이 정명향도(征明嚮導)를 내세우며 협력을 요구했을 때, 조선은 재고의 여지가 없이 의리에 입각하여 단호히 거절했다.

사실 조공책봉 체제로 묘사되는 동아시아 국제질서는 몇 가지 구조적인 문제가 있었다고 생각된다. 동아시아는 무엇보다도 공동의 질서라기보다는 명과 주변 국가들 사이의 개별적 관계에 기반을 두었다. 그것은 명을 중심으로 하는 경제적·정치적 비대칭성과 관련되지만, 그 결과 국가간 교류의 제약과 그에 따른 변화에 대한 적응력의 부족으로 이어졌다. 명은 책봉을 전제로 하는 무역을 허용했고, 그것도 조공사절과 일부 국경무역으로 제한되었다. 개별 국가간 교류가 없었던 것은 아니지만, 법적으로 금지된 상황에서 제한적으로만 이루어졌다. 그것은 명 자신의 정치적 우위를 제도적으로 공고화하기 위한 것이었으나, 다양한 교류와 그것을 통한 문명적 성취를 제약했다.

한편 일본의 대륙진출 시도가 가능했던 것은 당시 국제적 측면에서 새로운 변화와 무관하지 않았다. 16세기 중반 특히 조명과 일본의 무역이 거의 단절되는 가운데 포르투갈과 스페인 등 서구 국가들이 동남아시아까지 세력을 확대했다. 16세기 초 포르투갈은 인도의 중서부 해안에 위치한 고아(Goa)에 이어 말레이 반도의 멜라카(Melaka)를 점령했고, 중반 이후에는 스페인이 필리핀의 세부(Cebu)에 상륙, 얼마 후 마닐라를 점령했다. 그 여파는 일본까지 미쳐서 기독교의 전파는 물론 다량으로 생산된 은을 매개로 하는 상업의 활성화와 총과 화약 등 신무기의 도입으로 이어졌다. 특히 전국시대였던 일본으로서는 무기에 관심이 컸다. 왜구로 인해 시달리던 명과 조선이 쇄국적인 입장을 고수한 반면, 일본은 개방에 한발 앞선 셈이었다.

16세기 말 동아시아 정세

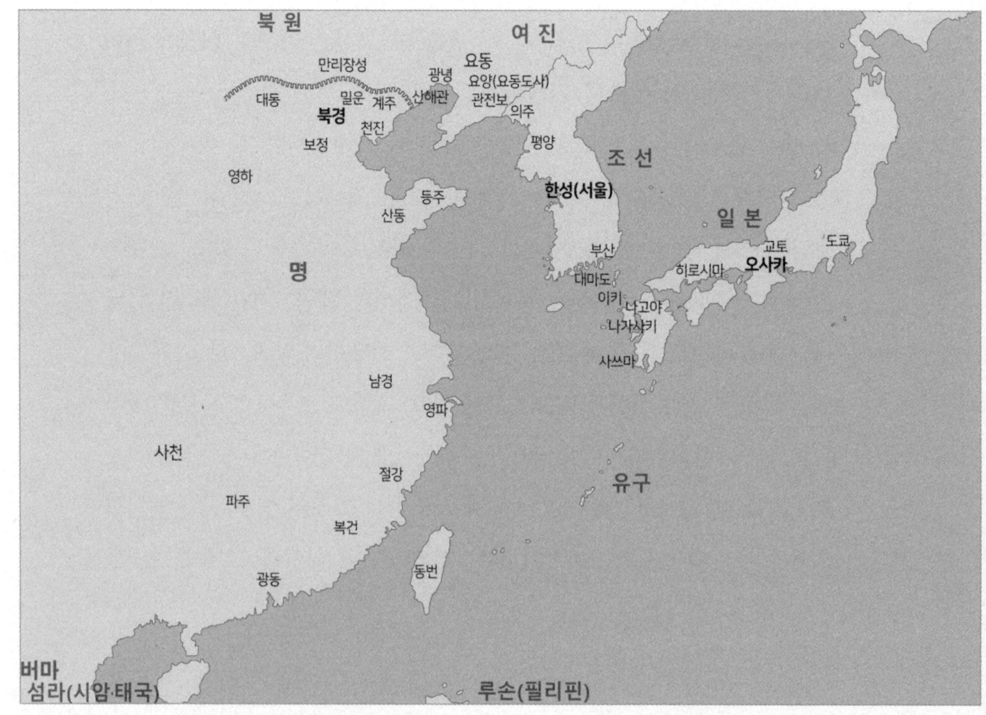

그렇다면 히데요시의 명 정복 계획은 일본 내에서는 어떻게 받아들여졌을까? 당시 예수회 선교사로 그곳에 있던 포르투갈인 프로이스(Luís Fróis)는 한마디로 "일본 전체가 알 수 없는 놀라움과 두려움으로 덮였다."고 쓰고 있다. 원정에 동원될 영주들은 "위험과 재앙 속에 던져져 곧장 죽음을 맞아 영원히 자신의 영국〔領國, 제후의 영지〕에 돌아오지 못할 것이라는 사실을 의심조차 하지 않았다." 다만 그들은 자신들의 우려를 히데요시에게 직접 제기할 용기가 없었다. 오히려 그의 면전에서 "숭고하고 합당하며 시의적절한 과업"이라거나 "영원히 기억에 남을만한 값어치가 있다."고 찬양했다. 히데요시도 이들의 환심을 사기 위해서 영지를 넓혀주겠다고 약속했다.[9]

조선은 건국 이후 2백년의 평화를 향유하고 있었다. 조선은 명 중심의 국제질서 일원으로 자부심을 가졌으나 실제 매우 문약한 나라로 전락해 있었다. 북방의 여진과 상당한 긴장관계에 있었으나, 그것은 함경도의 먼 변경에 국한되었다. 왜구의 출몰이 고려 말에는 끊이지 않았지만 조선은 그에 대한 통제력을 유지했다. 왜구의 소굴로 간주되던 대마도를 정벌했고, 국내 거주 왜인들의 반란에 대해서는 단호하게 대처했다. 또한 조선의 기억으로 일본은 대규모 군사로 한반도를 침략한 적이 없었다.[10] 일본에는 간헐적으로 통신사를 파견하는 등 교류를 유지했으나, 몇 차례 왜변에 따른 국내 거주 왜인들의 축출로 사실상 단절되었다. 율곡 이이가 병조판서로서 10만 병력의 양성을 주장했으나 그것도 북방의 여진족을 겨냥한 방안이었다. 결국 히데요시가 명 정벌을 내세우며 조선을 침략했을 때, 그것은 미증유의 경험이었다.

2. 일본의 외교적 도전

대마도의 중재

임진왜란이 발생하기 전 수년 동안 히데요시는 몇 차례 사절을 보내 자신의 요구를 조선에 전달했다. 사절은 주로 대마도인들이었다. 대마도는 전부터 조선과 접촉이 많았고, 특히 경제적으로 긴밀했다. 조선에서는 대마도가 조선에 대해 종속적인 관계에 있다는 의식이 없지 않았다. 조선통신사의 부사로서 방일하게 되는 김성일은 한 편지에서 다음과 같이 언급하고 있다.

> (대마도는) 대대로 나라〔조선〕의 은총을 받아 왔고, 우리의 동번(東藩)입니다. 의리로 보면 임금과 신하이고, 영토로 보면 (조선의) 부용〔附庸, 속국〕입니다…… 이 섬〔대마도〕도 대국〔조선〕의 은혜와 신뢰의 중요성 그리고 의존관계의 두터움을 알고 있기 때문에 동번의 역할을 받들고 칭신하며, 제후의 법도를 정성스럽게 준수하고 있습니다. 대대로 영지를 지키면서 북쪽으로 머리를 조아리고 있습니다. 그들은 (조선의) 위엄과 덕망을 지극히 두려워합니다.[11]

물론 현실에서는 통신사가 대마도에 머무는 동안 그러한 예의는 충분히 지켜지지 않았고, 김성일은 분개했다. 실제 대마도는 일본 본토의 정치적인 영향을 크게 받고 있었다. 정유재란 때 일본에 끌려갔다가 전후에 귀국한 강항[12]이 중도에서 만난 대마도주의 가신 시게노부(平調信)[13]는 대마도의 위상을 다음과 같이 나타냈다.

> 이 섬은 (조선과 일본) 두 나라 사이에 위치하여 히데요시의 상국〔上國,

조선〕 침범을 어떻게 막을 수 있겠습니까? 그러므로 (일본의) 군대가 움직이기 전에 그 시기를 미리 알려서 상국이 거기에 대비하게 하려고 했습니다. (일본의) 대군이 무서운 기세로 통과했기에 이 섬은 어쩔 수 없이 강제로 따랐습니다.[14]

그의 말은 임란 과정에서 대마도주가 군대를 이끌고 일본의 조선침략에 참여한 것에 대한 조선의 불만을 의식한 것이었다. 그는 대마도가 히데요시의 강요로 조선침략에 참여했다고 주장했다. 그러면서 그는 훗날 조선이 강해져서 대군으로 일본을 공격한다면, 대마도도 거기에 따르지 않을 수 없을 것임을 덧붙였다. 대마도는 조선과 명의 관계, 그리고 일본에 대한 조선의 입장도 상당히 이해하고 있었다.[15]

임진왜란과 어느 정도 관련된다고 생각되는 왜 사절의 파견은 1580년에 이루어졌다. 그해 12월 말 『선조실록』의 기사에 따르면, 승려 겐소(玄蘇)[16]와 대마도주의 가신 시게노부가 내빙하여 조선을 통해서 명에 통공하고자 했다.[17] 조선에서는 그해 여름 부응교(副應敎) 김우옹(金宇顒)을 선위사(宣慰使)로 파견하여 그들을 접대했고 12월 말에 서울에 들어왔다. 이듬해인 1581년 3월 말 선조가 직접 접견했다. 왜 사절의 접견은 그해 1월 선조 장인의 장례식으로 인해 미루어진 것은 사실이나, 조선은 기본적으로 왜 사신의 수용에 유보적이었다.[18] 더욱이 그들의 언사가 교만하여 그들의 요구를 거절했다고 한다.

이 일은 히데요시가 집권하기 5년 전의 일이지만, 그의 전임자인 노부나가도 일본을 통일한 뒤 명나라 침략을 계획했다고 한다.[19] 다만 국내 불안정으로 인해 일본은 몇 년간 조선에 사절을 파견하지 않았다. 그렇지만 1585년 7월 관백(關白)에 오른 히데요시는 천황을 내세워 정전 명령을 통해 도쿠가와 이에야스(德川家康)를 포함한 관동의 세력을 단속한 뒤, 1587년 3월 서쪽으로 규슈(九州)에 진출했다. 특히 사쓰마(薩摩)의 시마즈

(島津) 가문을 항복시킨 그는 하카타(博多)에 개선하여 규슈를 재편시켰다.[20] 그 과정에서 그는 명 정복의 의지를 표명하고 이를 위해 대마도에게 조선과 접촉하고, 사쓰마에게 유구와 접촉하도록 했다.[21]

조선과 관련하여 히데요시는 1586년 6월 대마도주에게 서한을 보내서 규슈정벌 이후 조선정벌 계획을 밝히면서 거기에 종군할 것을 요구했다. 이에 대마도주 자리를 양아들 소 요시토시(宗義智)에게 물려주었던 소 요시시게(宗義調)는 1587년 5월 다시 대마도주로 복귀하고, 시게노부를 히데요시에게 보내 공물을 올렸다. 그는 다음 달 초순 요시토시와 함께 직접 하카타 근교의 하코자키(箱崎)[22]에 가서 히데요시를 알현했다. 히데요시는 요시시게에게 내린 한 문건에서 그의 요청에 따라 조선정벌을 잠시 유예하는 대신, 조선국왕을 속히 입조하게 할 것을 명하고, 만약 지체된다면 즉시 대마도에 징벌을 가할 것임을 명시했다.[23]

그해〔1587년〕 요시시게는 가신인 다치바나 야스토시(橘康年)와 다치바나 야스히로(橘康廣) 형제를 9월과 12월 차례로 조선에 파견했다.[24] 야스토시는 새로운 국왕 히데요시의 즉위를 알리고, 가까운 시일 내에 '통사(通仕)', 즉 사절을 파견할 것을 전했다. 다만 그의 방문은 경상좌수사의 보고로만 전해질 뿐, 그의 서울 도착 여부는 확인되지 않는다.[25] 이어 12월 야스히로가 조선에 올 때, 대마도주는 "(일본의) 새 국왕의 사신이 조선에 가기 위해 대마도에 도착했다."고 미리 글을 보냄으로써, 야스히로가 히데요시의 사신임을 부각시켰다.[26]

야스히로의 내빙(來聘) 소식을 접한 조정은 사신 수용 여부를 둘러싸고 논의가 분분했다. 선조는 왜의 사신을 받아들이는 데 상당히 유보적이었다. 그는 "일본국은 국왕을 폐하고 새 임금을 세웠으니 바로 찬역의 나라이므로 그들이 보내는 사신을 접대할 수가 없다. 마땅히 대의로 타일러 돌려보내야 한다."며 대신들에게 논의를 명했다. 영의정 노수신(盧守愼) 등이 히데요시의 군주시해와 권력찬탈을 문제 삼았다. 그렇지만 대다수 대신들은 일본 사신을 접대해야 한다는 의견이었다. 일본이 화외지국(化外之國), 즉 문명의 교화가 미치지 못한 나라이기 때문에 예의로써 나무랄 수는 없고, 사신이 올 경우 의례대로 접대해야 한다는 것이다.

결국 조정은 이조정랑 유근(柳根)을 선위사로 삼아 야스히로 일행을 부산에서 맞아 오도록 했다. 선조를 만난 자리에서 야스히로는 히데요시의 전국 통일을 축하하는 통신사의 파견을 요청했다.[27] 이것은 조선국왕을 입조하게 하라는 히데요시의 요구를 강조하지 않고, 조선이 어느 정도 수용할 수 있는 수준에서 통신사의 파견을 요청한 셈이었다.[28] 좌의정 정유길(鄭惟吉)에 의하면, 그는 연회에서 '통신(通信)'하는 일만 다시 언급했을 뿐이었고, 전례에 따라 매〔鷹〕를 받아가길 희망했다.[29] '통사'와 '통신'은 양국간의 사신 왕래를 의미했으나, 조선은 이를 거부했다.

그럼에도 야스히로가 지참했던 히데요시의 서신은 단순한 통신사 파견 요청에 그치지 않았다. 거기에는 그간 조선의 통신사 파견 거부에 대해서 노골적인 불만이 제기되었고, "이제 천하가 짐(朕)의 손아귀에 들어오고 있다."는 구절이 포함되었다. 국서가 전해지지 않아 자세히 알 수 없으나 조선은 통신사 파견 요구에만 주목했다. 그 목적도 일본이 민심의 안정을 위해서 조선의 권위를 국내정치에 활용하려는 것으로 이해했다. 또한 야스히로가 한낱 무관에 불과했기 때문에 조선과 우호관계를 맺으려는 의지가 있는지 의심되었다.[30] 야스히로 자신도 행실이 평상시 왜의 사절과 달리 거만했고, 특히 조선의 관리들을 무시하는 발언과 언행으로 원성을 샀다.[31]

통신사 파견에 대한 반대여론

대마도 사절을 통한 히데요시의 통신사 파견 요구는 조선 내에서 상당한 논쟁을 불러일으켰다. 일각에서는 사절을 받아들이지 말아야 한다는 것부터, 명나라에 알려서 히데요시에 대한 정벌을 단행하게 해야 한다는 주장까지도 제기했다. 이와 관련하여 야스히로의 방문을 전후한 시점에서 두 사람의 상소가 대표적이었다.

먼저 임란 이후 의병장으로 크게 활약하게 되는 공주(公州) 제독(提督)[32] 조헌(趙憲)의 상소이다. 그는 1587년 11월과 12월 각각 격정에 찬 장문의 상소를 올렸다.[33] 두 번째 상소는 야스히로의 내빙이 받아들여진 후에 작성된 것인데, 거기에서 조헌은 국왕이 그에게 해야 할 말까지 자세히 포함시켰다.[34] 그는 북송이 금과 강화하여 결국 나라를 잃게 된 것에 비유하면서 일본과의 통교를 확실하게 거부할 것을 주장했다. 그는 무엇보다도 앞서 노수신 등이 제기했던 히데요시의 권력찬탈을 문제 삼았다. 그에 따르면, 국내적으로 인륜을 저버린 자가 이웃 나라와 화목할 리 없고, 더욱이 새로운 정권을 인정하여 축하 사절을 보낸다면 조선을 얕보고 더 많은 요구를 계속할 것이며, 결국 전쟁을 일으킬 빌미를 줄 것이다.

조헌의 입장에서 히데요시의 찬탈과 도전은 명을 중심으로 하는 중화질서의 원칙에 어긋나는 것이었으나, 더 중요한 것은 유화적인 대외정책의 현실적 결과였다. 즉, 역사적으로 고려시대와 같이 자주 통신사를 파견했을 때 왜의 침략이 가장 잦았고, 조선 초와 같이 왜에 대해서 강경책을 썼을 때 왜적이 넘보지 못했다. 이후 조선은 다시 많은 물자를 왜에 실어 보냈다. 그렇지만 그 이익은 도주(島主)에게만 돌아갔을 뿐 백성들에게는 혜택이 없었다. 도주는 불법을 저지른 왜적 우두머리를 붙잡아 보내기도 했으나 삼포왜변(三浦倭變) 등 사건을 막지 못했다. 조헌은 전에 그의 스승 이이(李珥)가 병조판서로서 (10만) 양병을 주장했던 사실을 다시 지적했다.

그러면서도 조헌은 왜와 통교 가능성을 열어두었다. 다만 그는 세 가지 조건을 제기했다. 첫째, 조선을 포함하여 천하가 명에 복종하고 있는

데, 일본은 조선에 전한 서신에서 천정(天正)이라는 연호를 사용함으로써 그 질서를 거스르고 있으니 그것을 삭제해야 한다. 둘째, 올봄[1587년 2월][35]에 흥양(興陽)현[36] 앞바다 손죽도를 노략질했던 왜적 우두머리들과 길 안내를 했던 조선인 사화동(沙火同)을 잡아 보내서 더 이상 그런 일이 없도록 해야 한다. 마지막으로 전례로 보아 통신사절의 접대비용과 상업적 이익 추구로 인해 조선과 일본 백성 모두 피해를 당할 것이니, 교역은 최소화하고 의례적인 관계만 가져야 한다.

사실 조헌은 상소문에서 왜적의 문제뿐 아니라 조선의 국내정치와 관련하여도 적극 의견을 개진했다. 그는 무엇보다도 신의가 없는 자들이 정승 자리에 있다거나 붕당을 만든 자들이 요직을 차지한다는 등 당시 실세들에 대한 노골적인 비판도 서슴지 않았다. 그리하여 선조는 그의 글을 관련 기관에 내려 논의하는 것조차 허용하지 않았다. 다만 언관들이 연이어 조헌에 대한 탄핵을 제기했을 때, 선조는 오랫동안 그를 옹호했으나 결국 이듬해인 1589년 5월 함경도 길주(吉州)로 유배시켰다.[37]

또 다른 예는 별좌(別坐)[38] 이명생(李命生)의 상소이다. 그에 의하면, 앞서 선조가 언급했고 또 조헌의 상소에서도 지적된 것처럼 주군을 폐위시킨 왜적을 접견한다면 우리나라의 예의 있는 임금과 신하를 모욕하는 일이며, 또한 왜적은 사신의 왕래를 통해 조선의 상황을 파악하여 흉계를 꾸밀 수도 있다는 것이다. 그는 사신이 오면 잡아두고 명에 알려 그 군대를 동원하여 히데요시를 정벌해야 한다고 주장했다. 그렇지만 그의 상소에 대해서 조정은 실현 가능성이 없다고 판단했다.[39]

결국 조선에서는 통신사 파견을 거절하기로 했다. 즉, 1588년 3월 조정에서 여러 신하들의 의견을 모아서 최종적으로 통신사 파견 요청에 따르지 않기로 했다.[40] 히데요시에게 보내는 답신에서 조선은 일본까지 가는 "바닷길이 어두워 사신을 보낼 수 없다."는 이유를 들었다.[41] 야스히로는 자신의 임무를 완수하지 못하고 그해 4월에 대마도로 돌아갔다.[42]

대마도의 2차 시도

대마도의 1차 교섭에서 실패했음에도 규슈 히고국(肥後国)의 내전으로 인해 히데요시는 그해에는 교섭에 집중할 수 없었다. 진압 이후 히데요시는 그곳을 신복인 고니시 유키나가(小西行長)와 가토 기요마사(加藤清正)에게 나눠줌으로써 대외 침략의 기반을 마련했다. 그리고 그해 12월 요시시게가 사망했다. 히데요시는 이듬해인 1589년 3월 요시시게의 후계자인 요시토시에게 편지를 보내 직접 조선으로 가서 국왕을 입조하게 하라고 명령했다.[43] 그는 히데요시의 측근으로 이후 조선침략에서 선봉에 서게 되는 유키나가의 처남이었다. 그해 6월 요시토시는 9년 전 비슷한 목적으로 조선에 왔던 겐소 및 시게노부 등과 함께 부산의 동래에 도착했다.[44]

대마도주 소 요시토시 초상_임진년 5천 명을 이끌고 왜군에 참여했다

조선은 관례대로 이덕형을 정5품의 이조정랑으로 승격시켜 선위사로 동래에 내려가 경상감사 김수(金睟)와 함께 그들을 맞이하게 했다. 『선조실록』은 1589년 6월 30일 기사에서 정사 겐소와 부사 요시토시 등 25명의 사절이 왔고 이들이 말과 잡물을 사적으로 바쳤다는 이덕형의 서면 보고를 게재하고 있다. 유키나가는 조선과 교역해 온 하카타(博多)의 거상 시마이 소시쓰

(島井宗室)를 동행시켰다. 그들은 방문 목적이 야스히로와 마찬가지로 오직 통신사의 파견 요청이라고 했다.[45] 요시토시는 얼마 뒤 별도로 배를 보내 공작 한 쌍과 조총을 가져와 바쳤다.[46] 그렇지만 조정은 통신사 파견 여부를 결정하지 못했고, 그 사이 요시토시 일행도 일본 사신들이 머무는 서울의 동평관(東平館)에서 오랫동안 기다렸다.[47]

일본 사절이 도착하자 그들의 접견 여부와 통신사 파견에 대한 조정의 논의가 재개되었다. 8월 1일 왜의 사절이 서울에 머물고 있는 상황에서 조정의 한 논의는 당시의 분위기를 어느 정도 반영하고 있다. 통감강목(通鑑綱目)에 대한 강론이 끝나고 선조가 포도대장 변협(邊協)에게 을묘왜변을 화제로 꺼냈다. 을묘왜변은 명종 때인 1555년 왜적 6천여 명이 70척의 배로 전라도 해안 지역 일대를 침입했던 사건을 말한다. 변협은 을묘왜변 당시 해남(海南)현감으로 왜적에 대한 방어에 참여했다. 선조의 입장에서 왜적이 다시 평화를 깨뜨리고 크게 공격해오지 않을까 걱정이었다. 그의 말대로 "(이제까지) 우호적 관계가 단절된다면 많은 문제들이 생겨나게 될 것"임이 분명했다. 왜 사절의 접견과 통신사 파견 여부에 대한 결정의 중요성은 거기에 있었다.

선조가 먼저 일본이 조선의 사절을 서둘러 유치하려는 목적이 무엇인지 묻자, 변협은 두 가지 개연성을 언급했다. 즉, "남〔조선〕의 힘을 빌려 국내 인심을 안정시키거나 아니면 우리나라에 일을 꾸미려는 것"이다. 선조는 지난번과 마찬가지로 통신사는 결코 보내서는 안 된다면서 그냥 후한 선물로 회유하는 방안을 제시했다. 그 근거로 그는 과거 야스히로의 수용 여부와 관련하여 지적되었던 이유, 즉 히데요시의 권력찬탈이라는 윤리적 측면을 지적했다. 이에 대해서 후에 서장관으로 통신사에 참여하는 전적(典籍)[48] 허성(許筬)은 통신사 파견을 주장했다. 그 근거로 그는 거절할 경우 예상되는 히데요시의 전쟁도발과 그에 따른 백성들의 피해를 들었다. 심지어 그는 히데요시의 악행, 즉 권력찬탈에 대해서도 그것이

조선과는 무관하다고 하면서 통신사 파견을 역설했다.[49]

사실 야스히로의 방문 이후에도 상황은 변화되지 않았다. 다만 이제까지 조선과 일본의 왕래가 실제 없지 않았고, 또한 대마도주의 아들[50]을 보내 안내하겠다는 상황에서 앞서 야스히로의 경우처럼 바닷길을 잘 모른다는 이유로 통신사 파견을 거절하는 것은 궁색했다. 이러한 판단하에 며칠 후 선조는 대신들로 하여금 통신사 파견을 위한 새로운 조건을 검토하도록 명했다. 그것은 크게 두 가지였다. 첫째는 2년 전 손죽도왜변을 일으킨 왜구 주모자들과 그들을 안내한 사화동의 압송, 둘째 포로로 잡혀간 백성들의 쇄환이었다. 그것은 앞서 조헌의 상소에도 포함된 것으로, 아무 조건 없는 통신사 파견은 굴욕적인 일이므로 일본도 거기에 상응하는 성의를 보여야 한다는 판단에서였다.[51]

조정은 위의 내용을 동평관 관리를 통해 넌지시 전달했는데, 예상외로 요시토시는 "그 정도는 어렵지 않다."고 반응했다. 일단 조선의 요구가 수용되자, 조정은 곧바로 일본 사절의 접견 준비에 착수했다. 절차와 관련하여 여악(女樂)을 쓸 것인지, 요시토시의 진작(進爵), 즉 국왕에게 술을 올리는 것을 허락할지 등이 제기되었다. 일각에서는 왜의 사절에 대한 지나친 예우에 대해 부정적이었다. 그럼에도 여악의 사용과 요시토시의 진작이 허용되었고, 결국 8월 28일 선조는 인정전(仁政殿)에 나아가 일행을 접견하고 위로했다.[52]

왜 사절의 접견과 통신사 파견의 결정은 별개의 문제였다. 그것은 조선의 최종적 요구조건 제시와 그것의 전달 방식과 관련되었다. 이를테면 선조는 9월 9일 대제학 유성룡을 접견하면서, 특히 손죽도왜변 주모자들의 압송에 대한 관심을 표명했다. 그렇지만 유성룡은 일본이 주모자들을 잡아 보내지 않고 조선인 포로들만 쇄환하더라도, 통신사를 파견하는 것이 낫다는 의견을 제시했다. 선조도 거기에 동의했다. 일각에서는 조건 없이 통신사를 파견해야 한다는 의견도 있었다. 반면 승지 홍여순(洪汝諄)

은 두 가지 조건을 모두 문서로 명시할 것을 주장했다. 그에 반해 유성룡은 그것은 너무 노골적이라고 판단했다. 흉년이 들고 방비가 허술하여 왜적을 대적하기 어렵다는 이유였다. 결국 조정은 두 가지 조건을 문서를 통하지 않고 예조나 선위사가 왜의 사절을 접대할 때 구두로 전달하기로 했다.[53] 일처리를 위해 시게노부가 일본으로 돌아갔다.

통신사 파견의 결정

통신사 파견의 최종적인 결정은 9월 21일에 내려졌다. 선조는 종2품 이상의 관리들을 접견하고 통신사 파견에 관한 의견을 각자 내도록 했다. 『선조실록』에 따르면 거의 모든 사람들이 거기에 찬성했다. 결국 조정의 논의에 따라 통신사를 보내기로 결정했다.[54] 다만 그해 10월 정여립(鄭汝立) 사건으로 인해 지체되다가 11월 중순에야 통신사가 구성되었다. 첨지(僉知) 황윤길(黃允吉)과 사성(司成) 김성일(金誠一)이 각각 정사와 부사, 그리고 허성이 서장관으로서 임명되었다.[55] 황윤길 등은 서울에 머물던 겐소 등과 접촉하면서 히데요시의 면담 절차, 일본의 풍토병 여부, 히데요시에 대한 선물 등 관련 문제들을 물어 일본에 갈 준비를 갖추면서 앞서 조선의 요구조건에 대한 일본의 약속 이행을 기다렸다.[56]

결국 이듬해 1590년 2월 28일 일본은 조선인 포로 김대기(金大璣) 등 116인을 쇄환하고, 또 손죽도왜변 관련자 긴시요라(緊時要羅) 등 3명의 왜적 주모자들과 사화동을 포박해서 보냈다.[57] 며칠 뒤 조선통신사와 일본 사절들은 동시에 서울에서 출발했다.[58]

물론 그 사이 통신사 파견을 반대하는 여론의 목소리도 높았다. 1589년 12월 조헌은 다시 장문의 상소를 올렸다.[59] 그는 이미 국정의 무능과 부패상을 비판했다가 길주에 유배된 상태였다. 그럼에도 상소에서 통신사의 파견은 집권한 간신들이 우리 스스로의 힘을 망각하고 왜의 협박을

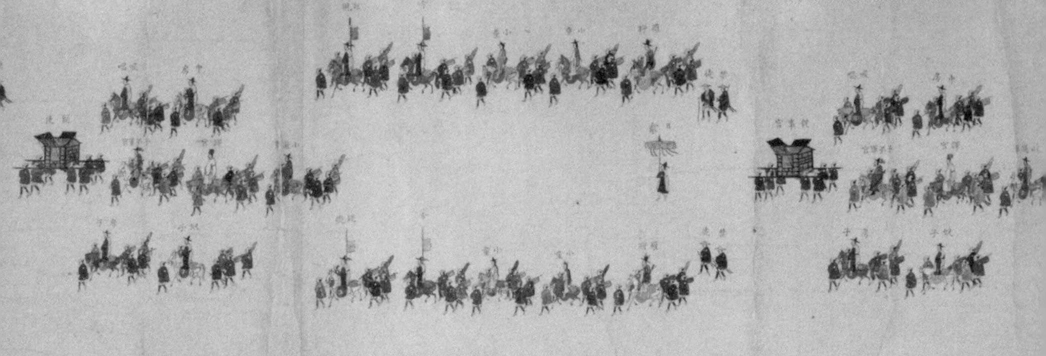

조선통신사행렬도(국립중앙박물관 소장)

두려워한 결과라고 주장했다. 당시 일각에서는 조선이 힘이 모자라 방어할 방법이 없기 때문에 통신사의 파견을 통해서 그들의 침략을 막고자 했다. 그에 대해서 조헌은 히데요시의 야심은 단지 일개 통신사의 파견에 있지 않다고 주장했다. 그에 의하면, 히데요시가 조선에 사신을 보낸 것도 통신사의 파견이 아니라 왕복 과정에서 침략에 필요한 조선의 지형과 도로, 거리 등에 대한 정보를 수집하기 위한 것이었다.

그렇다면 어떻게 할 것인가. 조헌은 앞의 상소에서와 마찬가지로 자강(自彊)의 중요성을 강조했다. 무엇보다도 히데요시의 잘못을 꾸짖어 나라의 위신을 세우고 모든 역량을 전쟁 준비에 동원해야 한다. 조헌은 과거 고구려의 을지문덕이 살수(薩水)에서 수나라 군대를 막은 것과 고려 태조가 압록강에서 거란의 군대를 저지한 것을 예로 들었다. 그는 특히 태조가 발해를 멸망시킨 거란이 낙타를 보내왔을 때, 그것을 받지 않고 만리교 아래서 굶어죽게 함으로써 그들로 하여금 기가 죽어 고려를 공격하지 못하게 했음을 강조했다. 지금도 군주와 신하가 협력하고 백성을 자식같이 여긴다면 백성도 힘을 다해 사수할 것이며 나라를 심각한 위기에서 보전할 수 있다는 것이다.[60] 그러나 조정에서는 조헌의 주장을 '미친 소리'라며 받아들이지 않았다.[61]

사실 통신사 파견 결정은 히데요시를 자극하지 않기 위한 고육책이었

다. 나중에 통신사로 간 김성일은 통신사 파견의 이유를 "귀국의 위세가 두려워서가 아니라 귀국의 의리를 가상히 여긴 것이며, 도적의 머리를 바치면서 (조선과) 과거 우호적인 관계의 회복을 요청했기 때문"이라고 일본 측에 주장했다.[62] 그와 함께 허성과 변협 등의 주장대로, 일단 통신사를 통해 일본 내부의 상황을 한번 보는 것도 나쁘지 않다고 간주되었다.[63] 그렇지만 히데요시의 요구는 통신사 파견에 그치지 않았고, 그가 통신사를 통해 조선에 보내온 편지에는 명에 대한 침략 의지와 그에 대한 조선의 협조가 명시되었다.

통신사 파견

1590년 3월 6일 황윤길 등 2백여 명[64]의 통신사절이 서울에서 출발했다. 그들은 4월 29일 부산을 떠나 대마도에서 한 달 가량 머물렀다. 그들이 대마도에서 출발한 뒤, 안내하는 왜인들은 길을 돌아 몇 달을 지체하게 했다. 그들은 7월 21일에야 수도 교토에 도착했다. 통신사 일행은 도중에도 여러 차례 부당한 대우에 직면해야 했다. 대표적인 예로 통신사가 대마도에 도착했을 때 그들을 맞이하는 선위사를 파견하지 않은 것, 대마도에서 연회가 열렸을 때 요시토시가 무례하게 사신이 있는 마루의 계단 앞까지 수레를 타고 온 것, 서해도(西海道)가 제출한 조선의 예물목록에서 통신사의 방문을 입조(入朝)로 표현한 것 등이었다.[65]

그 후에도 히데요시의 관동지방에 대한 원정과 궁실의 수리 등을 이유로 통신사의 접견은 계속 지체되었다. 그는 9월 1일 교토에 돌아왔으나 11월 7일에야 교토의 주라쿠다이(聚樂第)[66]에서 통신사 일행을 접견하는 의식을 행했다.[67] 드디어 그에게 선조 명의의 국서가 전달되었는데, 그 내용은 다음과 같다.

도요토미 히데요시 초상

조선국왕 이연(李昖)이 일본국왕 관백 전하께 삼가 보냅니다. 화창한 봄날 평안하시기 바랍니다. 대왕께서 60여 개 주(州)를 통일했다는 소식을 멀리서 듣고, 빨리 신뢰와 친목을 도모하여〔講信修睦〕 우호적 관계를 돈독하게 하고자 했습니다. (그러나) 길이 막히고 어두워 사신 일행이 지체될 우려가 있어서 여러 해 동안 생각에 그쳤습니다. 이제 귀국의 사신과 함께 황윤길·김성일·허성 세 사신을 보내 축하의 말씀을 전합니다. 이제부터 선린 우호의 관계가 이로부터 생겨난다면 다행이겠습니다. 이에 부족한 토산물은 별지에 기록하니 받아주십시오. 또한 평안하고 건강하십시오. 이만 줄입니다. 만력18년〔1590년〕 3월.[68]

국서에는 통신사의 파견이 히데요시의 전국통일에 대한 축하와 함께 양국간 선린우호의 형성을 목적으로 하고 있음이 분명하게 드러나 있다. 그렇지만 대마도에게 요구했던 조선국왕의 입조가 아닐 뿐만 아니라 국서의 내용도 히데요시의 기대에 미치지 못했음은 분명하다.[69] 그럼에도 통신사 파견에 애써 의미가 부여되었다. 중재자들은 조선통신사를 일종의 복속사절로 소개했다.[70] 히데요시는 매우 기뻐하면서 이제는 명나라를 침략해도 된다고 말했다고 한다.[71] 그렇지만 그는 조선의 입장을 잘 알고 있었고, 그것은 선조에게 회답한 국서에서 극명하게 드러났다. 히데요시의 계략은 통신사들에 대한 접대에서도 표출되었다.

히데요시의 접견 장면은 통신사들에 의해 구체적으로 조선정부에 보고되었다. 통신사들은 국왕의 '명을 전하러〔傳命〕' 갔으나,[72] 히데요시는 그들을 사절로서 예를 갖춰 맞아들이기는커녕 매우 오만하게 대했다. 통신사에 대한 접대가 단 한 번이었을 뿐 아니라 접대 시 외교적 격식도 철저히 무시되었다. 히데요시는 공식연회를 한 번 열면서 떡 한 접시를 탁자 위에 놓고 질그릇으로 술을 마시게 하고, 인사나 권주도 없이 몇 번 잔을 돌리게 했다. 또한 그는 평상복 차림에 어린 아들을 안고 왔는데, 애가 오줌을 누어 자신의 옷을 젖게 만들자 좌중들 사이에서 그냥 옷을 갈아입기도 했다.[73]

접견 후 히데요시는 황윤길과 김성일에게 각각 은 4백 냥을 주고는 곧장 귀국하도록 요구했다. 조선의 사절은 히데요시 접견 나흘 뒤인 1590년 11월 11일 수도를 떠나야 했다. 게다가 처음에는 국서조차 주지 않아서 사절은 국서 없이 출발했다. 사절은 강력하게 항의했고 결국 사카이

(堺)에 머물던 중 11월 20일에야 국서를 받았다. 그런데 그 내용에 "거칠고 오만하여 온당하지 않은" 표현들이 있어서 사절은 자신들을 수행하던 겐소를 통해서 거듭 국서의 수정을 요구했으나 거의 수용되지 않았다.[74] 이 편지에서 히데요시는 다음과 같이 명에 대한 침략 야욕을 드러내면서 조선의 협조를 요구했다.

> 일본국 관백이 조선국왕 합하께 글을 올립니다…… 나라가 멀리 있고 산과 강으로 막혀 있음을 개의치 않고, 한달음에 곧장 명나라에 들어가 4백여 주(州)를 우리나라의 풍속으로 바꾸고, 억만년 '제도정화(帝都政化)'[75]를 널리 펴고자 하는 것이 내 마음에 있습니다. 귀국이 '앞장서서 입조(先驅入朝)'[76]한다면, 장기적인 고려가 있음으로써 단기적인 근심을 없게 하는 것이 아니겠습니까? 먼 지방 작은 섬이라도 뒤늦은 무리는 용납하지 않을 것입니다. 내가 명나라에 들어가는 날 (조선이) 군사를 거느리고 일본군 진영으로 향한다면, 두루 이웃의 맹약을 맺을 수 있을 것입니다. 나의 소원은 삼국에 아름다운 명성을 드러내고 싶을 뿐입니다…… 천정(天正) 18년〔1590년〕 겨울 일본국 관백 수길.[77]

국서에서 히데요시는 자신의 목적이 단순히 조선과의 통교가 아님을 분명하게 드러냈다. 국서의 앞부분에서 그는 모친이 자신을 잉태할 때 태양을 품는 꿈을 꾸었다고 출생을 신비화하면서, 3국을 포괄하는 대제국을 건설하겠다는 야욕을 명시했다. 요컨대 그는 명나라에 침입할 때 조선이 동맹국으로서 군사를 보내 참여해야 하며, 그렇지 않을 경우 용납하지 않겠다고 협박했다.[78] 소위 정명향도(征明嚮導)를 제기한 것으로, 사절의 파견이 충족되자 중국침략을 위한 조선의 협조 요구로 전환된 셈이었다. 황윤길은 부산에 도착하자마자 급히 "반드시 전쟁이 있을 것"이라는 의견과 함께 국서를 서울로 보냈고, 그것은 큰 파장을 일으켰다.[79]

통신사의 귀국보고

1591년 1월 28일 부산에 도착한 황윤길과 김성일의 복명 날짜는 정확하지 않으나 『선조수정실록』은 1591년 3월의 기사로 전하고 있다. 주지하는 것처럼 히데요시의 전쟁 가능성에 대해서 상이한 보고가 이루어졌다.[80] 황윤길은 그가 "눈빛이 반짝반짝하여 담력과 지략이 있는 듯 보였다."면서 그의 서신에서처럼 반드시 조선을 침략할 것이라고 주장했다. 그에 반해 김성일은 "그 눈이 쥐와 같아서 두려워할 필요가 없다."고 반대의견을 제시했다. 김성일에 의하면 히데요시는 어떤 권위도 없는 광폭한 사람에 불과하고 또한 기율과 지략도 없는 어리석은 도적일 뿐이었다. 따라서 서신에서 말한 그의 말은 반드시 사실이 아닐 것이다.[81] 서장관 허성은 다른 수행인원들과 마찬가지로 그의 침략 가능성을 주장했다.[82] 결국 조정은 히데요시가 전쟁을 일으키지 않을 것이며 걱정할 필요 없다고 결론지었다. 그럼에도 통신사에는 50여 명이 참여했고, 이들을 통해 관련 사실들이 널리 전파되면서 "인심이 흉흉해지고 두려워하게 되었다."[83]

사안의 중요성에 비해 조정의 결정 과정은 거의 전해지고 있지 않다. 그리하여 황윤길과 김성일의 의견의 차이는 서인과 동인의 대립으로 간주되기도 한다.[84] 그것의 진위 여부에 상관없이, 당시 조정은 좌의정 유성룡 등에 의해 주도된 것은 사실이었다. 그리고 제한적으로나마 일부 자료는 유성룡도 같은 동인이었던 김성일의 주장을 지지했음을 보여준다.[85]

조선 사절과 함께 히데요시를 만난 뒤 대마도로 나온 요시토시는 겐소와 시게노부 등을 회례사로 조선에 파견했다. 조선은 전한(典翰)[86] 오억령(吳億齡)을 선위사로 삼아 접대하게 했다. 겐소는 히데요시가 내년에 조선의 길을 빌려 명을 침범할 것이라고 그에게 말했다. 오억령이 겐소의 말을 그대로 치계하자, 통신사의 보고 이후 왜적이 침략하지 않을 것으로 결론지었던 조정은 매우 놀라지 않을 수 없었다. 조정은 즉시 그를 해직시키고, 응교(應敎)[87] 심희수(沈喜壽)로 대체했다.[88]

윤3월 일본 사절이 서울에 도착하자 조정에서는 황윤길·김성일 등에게 그들이 머물던 동평관에 가서 상황을 알아보게 했다. 이때 겐소는 "명나라가 오랫동안 일본을 거절하여 조공을 통하지 못하게 했다. 그 때문에 히데요시는 분함과 수치를 마음속에 품고서 전쟁을 일으키려 한다. 조선이 만약 미리 명에 알려서 (일본의) 조공길을 트게 한다면 반드시 무사하게 될 것이다."고 말했다. 황윤길과 김성일이 (전쟁의 발동은) 대의로 보아 옳지 못하다고 지적하자, 겐소는 다른 구실을 제시했다. 즉, "옛날 고려가 원나라 군사를 안내하여 일본을 쳤다. 그로 인해 (히데요시가) 조선에 원한을 갚으려고 하는 것은 상황상 당연하다."고 말했다.[89]

앞서 히데요시는 조선에 보내는 문서에서 명 정벌에 조선의 군사적 협력을 요구했다. 그렇지만 겐소 등은 명을 침범하는 데 길을 빌려달라는 의미로서 가도입명(假道入明)과 조공을 회복하기 위해서 명을 침범한다는 입명조공(入明朝貢)과 같은 다소 비논리적인 말을 전달하기도 했다. 나름대로 조선에 대한 요구 수준을 완화시킴으로써 수용 가능성을 높이고자 했던 셈이다. 다음에 보는 것처럼 임진왜란 초기 왜군이 북상하면서 조선에게 강화를 요구했을 때에도 그들은 입명조공을 제시했다. 그럼에도 조선에서는 어떤 것이든 용납될 가능성이 거의 없었고, 실제 거절되었다. 조선은 양자를 다르게 인식하지 않았다.

여기서 그간 수차례에 걸쳐 왜 사절의 접수와 통신사 파견에 반대했던 조헌의 입장을 살펴보자. 히데요시의 국서에 대한 내용과 함께 왜 사절의 방문 사실이 알려지자, 그는 3월 중순 상경하여 사흘 동안 궁궐 문 앞에서 자신의 의견을 개진했다. 그는 지금이라도 일본과 교섭한 잘못을 시정하여 왜의 사절을 참수하고 히데요시의 도발에 적극 대응할 것을 주장했다.

(일본) 오랑캐의 사신을 목 베고, 명에 빨리 알려서 그의 사지를 유구 등 여러 나라에 나누어 보내서 천하로 하여금 함께 분노하게 하여 이 왜적에 대비하게 해야 합니다. 그래야 과거의 잘못을 회복하여 뒤늦어서 흉하게 되는 것을 면할 수 있고, 이미 쇠퇴한 상황에서 다시 부흥할 가능성이 만에 하나 있을 수 있습니다.[90]

구체적으로 조헌은 명에 대한 보고 필요성과 함께 국제적인 연대 방안을 제시했다. 이를 위해 그는 국왕에 바치는 긴 상소문 외에도 이웃 나라들에 보낼 각종 공문의 초안들과 몇 가지 현안 문제에 대한 방안을 부록 형태로 덧붙였다. 거기에는 「명에 변고를 알리는 글 초안」, 「유구국왕에게 보내는 글 초안」,[91] 「일본 여러 섬들의 호걸과 유민 부로(父老) 등에게 보내 설득하는 글 초안」 등이 포함되었다. 물론 그는 무엇보다도 내부적인 방비책을 강조했다. 거기에는 훌륭한 장수의 선발, 성곽의 수리, 영남 해안 지역에 대한 방비 강화, 세금 감면을 통한 백성들의 지지와 동원, 요새지의 경비 강화 등이 포함되었다.

당시 조정 일부에서는 대화를 통한 문제해결을 원하고 있었고, 그것이 가능하다고 생각했다. 그것은 일본과의 어떤 관계도 거절했던 조헌의 입장과 대조되었다. 조정의 이러한 상황인식은 결국 왜적의 침입에 대한 소극적인 대응으로 이어졌다. 조정의 조치는 남부 일부 요새지역에 대한 축성 지시에 그치고 군대나 식량의 준비로 이어지지 못했다. 더욱이 축성의 경우에도 백성들의 힘만 수고롭게 한다는 의견 등이 있어서 제대로 추진되지 못했다.[92] 조헌의 제안은 전혀 고려되지 않은 셈이었다.

히데요시에 대한 답변

한편 겐소와 시게노부 등 회례사의 목적은 무엇보다도 히데요시의 서계에 대한 조선의 답변을 받아가기 위해서였다. 4월 29일 인정전에서 선조는 2품 이상의 문무 대신들과 함께 두 사람에 대한 헌작례를 거행했다. 그 자리에서 선조는 양국간 우호적인 관계를 강조하고, 특히 시게노부의 공로를 치하했다.[93]

그렇다면 어떤 답변을 줄 것인가? 당시 명과 조선 그리고 일본의 관계로 보아서 답변해야 할 내용은 분명했다. 대신들은 명과 군신관계라는 대의의 측면에서 그의 요구를 분명히 거절해야 한다고 주장했다. 다만 과도한 표현을 써서 히데요시의 원망이나 분노를 삼으로써 화를 입어서는 안 된다는 현실론도 제기되었다.[94] 이러한 조정내 분위기는 회례사가 1591년 6월 귀국할 때 가져간 답변서에 반영되었다.

> 중국은 우리나라 대하기를 내복〔內服, 국내〕처럼 여기며, 알려줄 일이 있으면 반드시 먼저 알려주고 어려움이 있으면 서로 도와주어, 마치 한 집의 부자(父子)와 같은 친분이 있습니다. 이것은 귀국도 일찍이 들었을 것이고 천하가 모두 아는 사실입니다. 편을 든다는 것은 편파적이고 배반적인 것을 말합니다. 남의 신하로서 편드는 자는 하늘이 반드시 죽입니다. 하물며 군부(君父)를 버리고 이웃 나라에 편든다면 더욱 그러할 것입니다…… 우리나라 사람은 평소 예의를 지키고, 군부를 존경할 줄 알며, 기본적인 윤리와 원칙을 실추시키지 않습니다. 따라서 두터운 사적 교분 때문에 천부(天賦)의 상도(常道)를 결코 바꿀 수는 없습니다. 이것은 절대 분명한 사실입니다.[95]

이 글에서 조선은 히데요시의 요구는 근본적으로 수용할 수 없다는 원칙을 분명히 했다. 물론 그를 자극하지 않으려는 의도도 반영되었다. 구체적인 방법은 조선과 중국의 전통적인 관계를 강조하는 것이었다. 즉 조선이 중화세계의 일부인 예의의 나라로서 명에 대한 의리를 지켜야 한다는 것이다. 동시에 유사시 명이 조선을 지켜줄 것이라는 점도 분명히 했다. 이 글은 일본도 침략이 아니라 중화질서의 기본적인 원칙을 지킴으로써 그 일원이 될 수 있다는 말로 이어지고 있다. 위의 답서가 히데요시에게 그대로 전달되었는지 확실하지 않다. 다만 그해 6월 대마도주 요시토시가 다시 부산 앞바다에 왔을 때, 조선은 그의 상륙조차 불허했다.[96]

그럼에도 왜적의 침입에 대비하여 사실상 어떤 실질적인 조치도 취해지지 않았다. 적어도 『선조실록』에는 어떤 관련 기사도 보이지 않는다. 다만 『선조수정실록』 1591년 7월 기사에 호남과 영남에 성을 증축하고 수리한 사실을 기록하고 있다. 특히 경상감사 김수가 영천(永川)·청도(淸道)·삼가(三嘉)·대구·성주(星州)·부산·동래·진주·안동·상주·좌우병영(左右兵營)에 성곽과 참호를 설치했다. 그럼에도 "높이가 겨우 2-3장(丈)에 불과하고 참호도 겨우 모양만 갖추었을 뿐 백성에게 노고만 끼쳐 원망이 일어나게 했다."[97] 그리고 같은 문헌 1592년 2월의 기사에서 "대장 신립(申砬)과 이일(李鎰)을 여러 도(道)에 보내서 한 달여 동안 병비(兵備)를 순시하게 했다."고 되어 있다. 그럼에도 그들이 점검한 것은 활과 화살 그리고 창과 칼에 불과했다.[98]

3. 명에 대한 보고 여부

조헌의 주장

히데요시의 외교적 압력이 계속되는 상황에서 조선은 그에 대한 직접적인 대응과 함께 또 다른 문제에 봉착했다. 그것은 명에 대한 보고 여부였다. 히데요시는 명에 대한 정벌을 공언하고 있었다. 이 문제는 종주국에 대한 의리뿐 아니라 일본에 대한 대응 방안과도 관련되었다. 명에 대한 보고는 단순히 명에 기대어 문제를 해결하려는 것만이 아니라 일종의 공론화를 통한 적극적인 대응의 일환이었다.

명에 대한 보고의 필요성은 그간 통신사 파견을 적극 비판했던 조헌이 제기했다. 앞서 본 것처럼 그는 일본의 회례사가 들어온 1591년 3월 중순 직접 궁궐에 와서 상소했다. 그는 그들의 참수와 함께 명나라에 알릴 것을 주장했다. 그 근거는 몇 가지로 요약되었다. 우선은 의리(義理)의 문제이다. 그에 의하면 조선은 명의 번후(藩侯)인 만큼 급박한 사정이 있으면 빨리 서한으로 알려야 한다. 조선은 또한 사대(事大)의 의리를 지켜온 예의의 나라로서 위상도 지켜야 한다. 그것은 중화주의적 입장이 상대적으로 강했던 서인의 입장이기도 했다.

그러나 조헌은 조선의 입장에서 현실적인 측면들도 제시했다. 우선 보고하지 않을 경우 명의 문책을 받을 가능성이다. 그에 의하면, 일본과 동남아 그리고 중국 절강성 사이 상업적 교류가 번번하기 때문에 조선과 왜의 접촉이 명 조정에 이미 알려졌을 것이다. 나아가 일본은 조선통신사의 파견을 의식적으로 외부에 알리려고 노력했을 가능성이 컸다. 왜냐하면 히데요시는 통신사 파견을 조선의 복종으로 여러 나라에 전파함으로써 자신의 위세를 과장할 수 있기 때문이었다. 이러한 상황에서 조선이 제대로 보고하지 않는다면, 황제는 실상을 제대로 모르고 '가도입명(假道入明)', 즉 조선의 길을 빌려 명을 침입한다는 히데요시의 공언을 그대로 믿을 가능성이 있다.[99] 그렇게 된다면 과거 당이 군사를 보내 백제와 고구려를 문책했던 일이 재현될 수 있다. 이 경우 조선은 왜와 명 양측에서 모두 공격을 받을 가능성도 없지 않다.

물론 문책보다도 왜의 침략을 직시하고 모든 수단을 써서 전쟁 준비에 나서는 일이 더욱 중요했다. 조헌에게는 왜의 사신들을 목 베고 명에 알리는 것도 결국 전쟁 태세를 갖추기 위한 분위기 조성 때문이었다. 명에 대한 보고는 일본에게도 강화가 아니라 전쟁을 불사하겠다는 조선의 의지를 분명하게 전하게 될 것이다. 사실 그는 명의 군사적 지원 요청에 대해서는 거의 언급하지 않았는데, 이것은 우연이 아니다. 단지 그는 한 곳에서 "변고를 알려 토벌을 요청하는 상주"를 언급했을 뿐이다. 상소의 대부분은 조선 스스로 자강과 침략에 대한 대비에 할애되고 있다.[100]

물론 명에 보고할 경우—나중에 일부에서 제기한 것처럼—그간 조선이 독자적으로 일본과 외교적 관계를 가졌던 사실이 드러날 수는 있었다. 이 점을 의식하여 조헌은 중국 황제에게 보내는 표문의 초고를 작성하여 상소에 부록으로 덧붙였다. 여기에서 그는 그간 왜와 접촉한 것을 그들의 속임수에 의한 것으로 제시했다. 즉, 일본은 처음에 단순히 사신의 왕래만을 요청하면서, 그렇게 하면 조선에 대한 왜구의 노략질을 금지시키겠다고 약속했다. 그와 함께 몇 년 전 왜적의 노략질, 즉 손죽도왜변에서 앞장섰던 사화동 등을 보내왔다. 이에 조선은 왜적을 믿고 백성들의 보호를 위해서 그러한 요청을 받아들였다. 그렇지만 히데요시는 조선의 사신이 돌아올 때 보낸 서신에서 명에 대한 공격과 그 과정에서 조선이 길을 빌려줄 것을 요구했다. 결국 조선은 그의 속임수에 당했을 뿐이라는 것이다.[101] 조헌은 이러한 방식으로 황제에게 고한다면 그간 조일간 접촉은 문제가 되지 않을 것으로 판단했다.

조정의 논의

명에 대한 통보 여부에 관한 조정의 논의는 히데요시의 서계와 함께 통신사들의 상반된 보고를 받은 뒤 본격화되었다. 앞서 황윤길이 1591년 1월 말 귀국하여 부산에 도착하자마자 히데요시의 서신을 조정에 부쳤다. 이에 조정은 명을 정벌하겠다는 히데요시의 말을 명에 보고해야 할지 문제에 봉착했다.

그에 대한 선조의 질문에 대해서 대부분의 신하들은 곤란하다는 입장을 보였다. 영의정 이산해(李山海)는 보고 과정에서 조선이 일본에 통신사를 파견한 사실이 명에 알려질 수 있음을 우려했다. 즉, 조선이 일본과 사통하고 있다고 생각할 가능성이 있으니 숨기는 게 낫다는 것이다.[102] 그렇지만 대사헌 윤두수(尹斗壽)와 병조판서 황정욱(黃廷彧) 등은 명에 주문(奏聞)해야 한다는 의견을 개진했다. 특히 윤두수는 그 문제가 명에게는 매우 중요하고, 또 상국에 대한 사대의 예를 다한다는 의미에서도 마땅히 보고해야 한다고 주장했다. 윤두수는 통신사의 파견 사실까지 모두 명에 보고해야 한다는 입장이었고, 선조도 거기에 수긍했다.[103]

그 뒤 황윤길 등이 복명한 뒤 선조는 다시 의견을 물어보았다. 이때 좌의정 유성룡은 이산해와 약간 다른 이유에서 명에 대한 보고에 반대했다. 김성일과 같이 히데요시의 침략 가능성을 부인했던 그는 명을 정벌하겠다는 말은 겁주기 위한 것에 불과하다고 주장했다. 그에 의하면, 근거 없는 말로 명에 갑자기 보고하여 변방에 대비하느라 소요만 일으키게 해서는 안 되고, 더욱이 복건과 일본은 교역이 많아서 조선이 명에 보고한 사실이 일본에 알려진다면 그 원성을 사서 침략을 재촉할 가능성이 있으므로, 결국 히데요시의 일을 명에 보고하는 것은 이익은 없고 손해만 있다. 유성룡의 현실론적 입장과 달리 선조는 윤두수와 같이 피차의 이해관계보다는 사대의 의리가 중요하다는 점을 강조했다.[104]

세 번째 논의는 5월 4일 통감강목 강의 때 이루어졌다. 대표적으로 부제학 김수(金睟)가 – 유성룡의 의중을 알고 – 진주(陳奏)에 대한 반대론을 적극 제기했다. 그는 유성룡의 위 주장을 거의 반복했다. 그는 명에 알리는 과정에서 통신사 파견 사실까지 밝혀지면 조선은 매우 난처하게 된다고 덧붙였다. 여기에 대해서 황정욱은 전과 같이 명에 알려야 한다는 의견을 다시 개진했다. 그 근거로 그는 2백 년 사대해온 명에 대한 신의, 히데요시가 실제 행동으로 옮기지는 않더라도 대비책 자체가 해될 것이

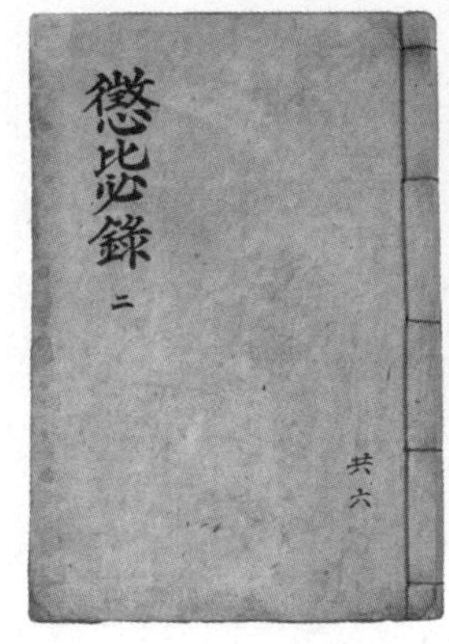

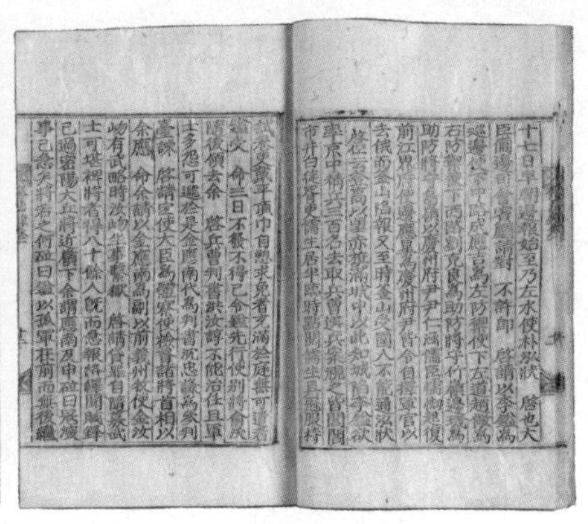

유성룡의 『징비록』(국립진주박물관 소장)

없다는 점, 실제 왜가 갑자기 명을 침범하게 된다면 후회막급하게 될 것 등을 언급했다.[105]

선조도 기본적으로 명에 알려야 한다는 입장이었다. 그는 신하된 자로서 상국을 범하겠다는 말을 듣고서 가만히 있을 수 없다는 황정욱의 의견에 동의했을 뿐만 아니라 새로운 측면을 강조했다. 앞서 유성룡은 복건과 일본의 빈번한 교류로 인하여 조선의 보고가 히데요시에게 알려져 그를 자극할 수 있다는 점을 제기했다. 그렇지만 선조는 같은 이유에서 히데요시의 서계에 관한 소식을 명 조정이 복건을 통해서 들을 수도 있다는 점을 강조했다. 히데요시가 서계와 달리 실제 명을 침범하지 않는다 해도 자체적으로 이미 소식을 접한 명은 조선이 보고하지 않은 것을 문책할 뿐만 아니라, 조선이 왜적을 끌어들여 상국을 침범하려 한다고 의심할 수 있다는 것이다.

선조가 명에 대한 보고를 고집하자, 결국 유성룡 측은 "대의로 보아서는 보고하지 않을 수 없지만, 국가의 손익을 고려하지 않을 수 없다."면서 임기응변으로서 하나의 대안을 제시했다. 좌승지 유근(柳根)이 전달한 그의 의견에 따르면, 명에 히데요시의 계획을 알리되, 통신사를 통해 접한 사실이 아니라 일본에서 포로로 있다가 돌아온 사람들이 들었던 소문의 형태로 가볍게 전하자는 것이었다. 통신사 파견까지 보고하게 되면 명이 조선과 일본의 접촉까지 알게 될 것이고, 이것을 추궁하게 된다면 곤란할 것이라는 이유에서였다. 마찬가지로 그는 왜적이 명을 침입하겠다는 구체적인 시점〔내년 2월〕도 보고해서는 안 된다고 주장했다.[106]

결국 선조는 다음 날〔5월 5일〕 이산해·유성룡·이양원 등 대신들을 불러 결말을 지었다. 보고의 내용과 관련하여 유성룡의 방안대로 왜적의 상황에 대해서 일본에서 도망쳐온 사람들의 소문을 전하는 형식을 취하기로 했다. 그리고 별도의 진주사는 보내지 않고, 성절사 김응남(金應南)이 명에 갈 때, 그러한 내용의 – 황제에 대한 진주문[107]이 아닌 – 자문(咨文)을 명의 예부에 보내기로 결정했다. 더욱이 성절사가 명에 도착했을 때 왜적의 침범에 대해서 명이 전혀 모르고 있다고 판단되면, 자문을 아예 제출하지 않기로 했다.[108]

그런데 김응남이 요동에 도착했을 때에는 이미 조선이 왜군을 인도하여 명을 침범할 것이라는 소문이 퍼져 있었고, 김응남 일행에 대한 대우도 옛날과 전혀 달라졌다.[109] 당시 명 조정에서는 유구와 달리 조선만 사신이 없자 의심하여 말이 많았고 심지어 조선의 성절사가 오면 국문(鞫問)해야 한다는 주장도 제기되었다. 나중에 알려진 사실이지만, 과거 조선에 사신으로 온 적이 있던 각로(閣老) 허국(許國)만이 조선에 대한 신뢰를 주장했다. 허국은 곧 조선으로부터 성절사가 올 것이니 일단 기다려보자고 했다.[110] 김응남은 북경에 도착해서 예부에 자문을 제출했다.[111] 물론 자문에서는 양국간 사절의 교환, 히데요시의 국서와 정명향도 등의 요구를 포함한 일본과의 그간 교류에 대해서는 함구했다.

유구(琉球)의 보고

사실 수년 전부터 히데요시가 명에 대한 공격을 노골적으로 공언한 상황에서 명이 그 사실을 모를 리는 없었다. 김응남이 관련 내용을 보고하기 이전에 이미 히데요시의 도발 가능성을 알리는 보고가 적지 않았다. 복건성 출신으로서 유구에 있던 상인 진신(陳申)과 장사〔長史, 유구의 관직〕 정동(鄭迵) 등이 한편으로 유구의 세자 상영(尙寧)이 명에 보내는 사신을 통해서, 다른 한편으로 스스로 귀국하여 일본의 상황을 명에 보고했다.

그들의 보고서는 모두 1591년 4월에 작성된 것으로 거기에는 조선 관련 부분도 포함되었다. 특히 진신의 보고에 의하면, 히데요시는 1589년 3월 유구에 사람을 보내서 "속히 (일본의) 정삭을 받들고 땅을 바칠 것"을 요구했다가 거절당했다. 이어 히데요시는 1590년 12월 다시 사람을 보내서 명의 연해 지역에 대한 공격 계획을 알리면서 유구에게 명에 대한 조공을 끊어 기밀을 누설하지 말며, 역관 1백 명으로 길을 안내할 것을 요구했다. 그때 유구를 설득하기 위해서 조선에 관한 사실이 날조되기도 했다. 이를테면, 일본이 그해 4월 조선과 싸워 이겨서 조선인 300명이 항복했고, 조선인들이 배를 만들어 향도로서 전쟁 준비를 돕고 있다는 것이다.[112]

그런데 유구는 히데요시의 요구를 수용하지 않았을 뿐만 아니라 명에 사신을 보내 상황을 보고했다. 진신도 유구의 사신과 함께 배를 타고 명에 들어와 직접 보고할 수 있었다. 이들의 보고는 적어도 일본이 유구와 조선을 먼저 굴복시킨 뒤 양국을 앞세워 명을 침범하려고 한다는 점을 보여주었다. 1591년 8월 초 북경에 도착한 성절사 김응남이 유구 사신을 만나게 된 것은 이러한 배경에서였다.[113] 명의 입장에서 조선의 보고는 앞서 유구의 보고 내용을 재확인했다. 김응남이 예부에 전한 자문과 관련하여 『신종실록』은 그 내용이 유구의 보고와 일치함을 확인하고 있다.[114]

조선의 보고에 대해서 명 조정은 상을 주어 격려했다. 김응남의 보고는 일부 소문과 달리 조선이 신의를 지켜 일본에 가담하지 않았을 가능성을 확인해준 것으로 명을 어느 정도 안심시켰음은 분명하다. 그럼에도 명은 유구와 함께 일본을 직접 공격하라는 비현실적인 요구까지 함으로써 조선을 당황하게 했다.

당시의 문헌을 보면, 히데요시의 계획이 처음 명에 알려졌을 때 명 조정은 조선이나 요동이 아니라 동남연해 지역의 방비에 초점을 두었다. 앞서 확인된 것처럼 왜적의 침입 계획에 대한 최초 보고는 조선이 아닌 유구를 통해 전달되었다. 『신종실록』에 의하면, 7월 20일 대학사 허국(許國) 등이 "일본의 왜노가 유구를 유혹하여 (중국을) 침범한다."는 절강과 복건 지방관들의 소식을 황제에게 보고했다.[115] 그 후 8월 2일에는 복건 순무 조참로(趙參魯)가 유구의 조공사신으로부터 일본의 침략 가능성을 보고했다. 조참로의 보고는 — 위에서 언급된 — 유구에서 온 진신의 정보에 기반을 두었다. 그러면서 그에 대한 대비책으로 연해 지역의 방비에 대한 요구가 제시되었다.[116]

어쨌든 초기에는 명은 일본이 요동이 아닌 연해 지역으로 침략할 가능성에 무게를 두고 있었다. 『신종실록』 8월 11일 기사에 소개되는 김응남의 예부에 대한 자문 이후에도 명 조정의 상황 인식은 변하지 않았다. 9월 1일자 기사에서 급사중 호여녕(胡汝寧)이 왜가 절강, 강소, 복건, 광동과 마주 보고 있어서 바람을 타고 돛을 띄워 수일 내에 도달할 수 있으므로 명장을 뽑고 전선(戰船)을 많이 늘리고, 수병과 무기를 널리 모집하여 훈련해야 한다고 주장하여 황제의 승인을 얻고 있다. 다음 날 병과급사중 허자위(許子偉)의 대응책도 연해 지역 방비에 초점을 두었다.[117] 왜적의 침입 경로를 무엇보다도 연해 지역으로 상정한 것은 그간 이 지역이 소위 왜구들의 주된 침략 목표가 되어왔다는 점과 관련될 것이다.

명의 반응과 추가적 보고

앞서 언급한 것처럼 유구와 본국인 등을 통해 조선이 일본에 항복하여 명의 공격을 위한 준비를 지원하고 있다는 소문이 복건, 절강 등을 통해서 전해지자 명 조정도 적극 조사에 나섰다. 명 조정은 1591년 8월 요동도사에 지시하여 조선에 문건을 보내서 상황을 알아보게 했다. 요동도사의 자문 내용이나 접수 시점(8월 23일)을 볼 때, 김응남의 보고가 이루어지기 직전에 그러한 지시가 내려졌음이 분명하다.

요동도사의 자문은 "일본 왜노 관백이 언제, 어느 요충지로 들어왔는지, (왜가) 조선과 싸워 이겼는지, 귀국이 과연 왜의 말을 곧이들어 배를 만들고 향도가 되었는지 여부를 일일이 사실에 따라서 자세하고 정확하게 조사해서 신속히 회보하라."는 것이었다.[118] 물론 요동도사는 유구 등의 보고는 의심스런 해외의 소문에 불과하고 조선은 예의의 나라로서 명에 대한 신의를 지켜왔다고 덧붙임으로써 조선에 대한 의구심을 노골적으로 표현하는 것은 삼갔다.[119]

요동도사에 대한 조선의 답변 문건과 요동도사에게 제출된 날짜는 전해지고 있지 않다. 다만 『신종실록』에 의하면, 해당 문건은 그해 11월 4일 명 조정에 접수되었다. 『신종실록』은 다음과 같이 요약하고 있다. "조선국왕 이연(李昖)이 보고하기를, 금년〔1591년〕 5월 승려와 속인 10여 명이 와서 '관백 히데요시가 60여 주를 병탄하고, 유구(琉球)와 남만〔南蠻, 동남아시아〕의 여러 나라들도 (그에게) 귀순했다. (왜적은) 내년 3월에 (명을) 침범할 계획이다. 만약 (명이) 강화를 허락한다면 일이 해결될 것이다.'고 말했다." 해당 문건을 보고받은 황제는 병부에게 연해 지역에 대한 방비를 명령하고, 왜정을 보고한 조선을 표창하도록 했다.[120] 명 조정은 점차 왜적의 침범에 대한 보고를 사실로 받아들이면서 해안 지역에 대한 방비의 필요성을 인식하게 되었다.[121]

물론 요동도사의 자문에는 왜적에 대한 협조 등 직접적인 해명이 필요한 문제도 있었다. 조선은 적어도 자신의 무고함을 주장했을 것이지만, 위 『신종실록』의 기사에는 그에 대한 언급은 없다.[122] 조선은 요동도사의 자문에 대한 답변 이외에도 북경에 정식으로 사신을 보내서 그간의 곡절을 설명하기로 했다. 그 결과 예조판서 한응인(韓應寅)을 진주사, 병조좌랑 신경진(辛慶晉)을 서장관, 사간 오억령(吳億齡)을 질정관으로 파견하기로 했다. 그들은 요동도사의 자문에 대한 조선의 답변서가 북경에 도착하기 열흘 전인 1591년 10월 24일 서울을 출발했다. 파견 목적과 관련하여 『선조실록』은 "일본이 우리나라를 공갈 협박하여 명을 침략하려는 것을 보고했고, (조선이 굴복하여 왜의 향도가 될 것이라는) 유언비어에 대하여 무고함을 논변했다."고 기록하고 있다. 그럼에도 여전히 통신사 파견 사실은 숨기고 알리지 않았다.[123]

한응인이 북경에 가져간 진주문은 유성룡의 지시로 이문(吏文)에 능했던 최립(崔岦)이 작성했다.[124] 진주문은 앞서 피로인 김대기 등과 왜의 승·속인 10명이 전한 왜적의 내년 명 침범 계획 이외에 금년 6월 대마도주 요시토시의 부산 방문 사실을 포함했다. 그와 함께 요동도사가 제기했던 문제들에 대한 답변도 있었다. 이를테면 조선이 왜에 굴복했다고 하는 것은 공갈에 불과하다고 역설했다. 진주문에 의하면, 조선과 일본은 지리적으로 멀어 접촉이 매우 제한되어 있다. 왜가 과거 소규모로 조선을 약탈한 적은 있으나 모두 무찔렀고, 최근에는 아예 그조차 없었기에 전쟁에서 조선을 이겨 복종시켰다는 말은 공갈에 불과하다. 그 외에도 조선은 명의 외번으로서 신의를 지켜 향도하는 일은 없을 것이며, 왜적이 쳐들어오면 즉각 싸울 것을 약속했다. 위 문건은 다음과 같은 말로 끝을 맺고 있다.

왜적에 대한 증거에 따라 신〔선조〕은 그들이 과장하고 속이며, 실속이 없음을 직접 볼 수 있습니다. 갑자기 교만해지면 반드시 망할 것이니 왜적은 걱정할 필요가 없습니다. 그러나 더 생각해보면 흉악한 자는 장차 화가 될 것입니다. 혹시라도 그들을 너그럽게 대한다면, 맹수가 장차 죽을 때 많은 사람들을 다치게 하는 것처럼 됩니다. 왜적은 날뛰면서 하늘과 인간의 도리를 두려워하지 않으니 제거하지 않으면 안심할 수 없습니다. 해충(害蟲)의 독이 결국 변경에서 자행되지 않을 것이라고 어찌 알겠습니까? 이미 (저는) 국내에 알려서 변경의 장수들이 무기를 확실히 갖추어, 만약 적선을 만나면 변경을 침범하든 변경을 통과하든 가리지 말고 즉시 죽이라고 했습니다.[125]

북경에서 한응인의 활동과 관련하여 『신종실록』은 1592년 2월 18일 조선의 진공배신(進貢陪臣) 한응인 일행 42명에게 연회를 베풀고 관례에 따라 상을 내렸다고 기록하고 있다.[126] 그리고 다음 날 19일 황제에 대한 명 병부의 보고에는 향도의 무고에 대해 조선이 해명했음을 시사하는 내용이 들어 있다.

왜적이 여러 나라들을 협박하여 명을 침범하려는 계획을 조선이 이미 정탐해 보고했는데도 (일부에서) 향도라고 무고한 것에 조선의 군신들은 분통해합니다. (그러한 반응은 조선이) 왜적과 함께 살지 않으려는 것입니다. 조선국왕의 충효가 그 조상 앞에 부끄러움이 없음을 살피시어 조선으로 하여금 힘을 다해 왜적을 소탕하게 한다면 그들이 치욕을 씻을 수 있는 기회도 될 것입니다.[127]

한편 한응인 일행의 귀국에 관한 3월 7일 기사는 "조선 배신 한응인 등이 와서 왜의 사정에 대해서 아뢰었다. 진공이 끝난 뒤 연회를 베풀고 돌려보냈다."고 썼다.[128] 다음 날 예부는 선조가 "조공의 임무를 잘 이행했고, 표류한 중국인을 돌려보냈으며, 왜적의 속임수에 대해서 구체적으로 진술했고, 향도라는 언급을 수치로 여겼으며, 또한 왜적의 방어에 힘쓰겠다고 하니 이를 표창해야 한다."고 요청했고, 이에 황제는 칙서를 내려 표창하고 은과 폐물을 하사했다.[129]

조선의 기록에 의하면, 평소 조정에 나오지 않은 황제가 사신을 직접 접견하여 후한 상을 내렸다고 한다.[130] 황제의 후대에 감사를 표하기 위해서 조선은 신점(申點)을 사은사로, 정기원(鄭期遠)을 서장관으로 북경에 파견했다. 왜적의 상황에 대해서도 더 자세하게 보고하게 했다.[131] 어쨌든 한응인의 보고가 북경에 도달한 지 두 달이 못 되어 히데요시는 조선을 침략했다. 신점의 출발 날짜는 알 수 없으나 그는 북경에서 왜적의 침입에 관한 소식을 병부상서 석성(石星)으로부터 들었다. 그는 뒤이어 도착한 동지사(冬至使) 이유인(李裕仁) 일행과 함께 병부에 조선의 구원을 애절하게 요청했다.

유구와 조선에서 왜적의 침략을 알리는 보고가 계속되자 명은 조선으로 하여금 섬라〔태국〕 및 유구와 함께 왜적을 직접 정벌하도록 했다. 『선조실록』의 관련 기사들을 보건대 그러한 요구는 김응남이 귀국했을 때〔1591년 11월 2일〕 조선 조정에 제출된 황제의 칙서에 포함되었음이 분명하다. 물론 그것은 그다지 현실성이 없는 요구였다. 조선은 1591년 11월 이유인 편에 별도의 서한을 보내 그렇게 할 상황이 아님을 주장하지 않을 수 없었다.[132]

문건에서 조선은 왜적의 명에 대한 음모와 전혀 무관하며 왜적이 날조한 것에 불과하다는 점을 분명히 했다. 왜적에 대한 직접적인 토벌이 불가능한 이유와 관련해서는 일본은 지리적으로 떨어져 있고, 왜적은 흩어진 섬들을 소굴로 삼아 끊임없이 배를 타고 약탈하는 반면, 조선은 항해에 익숙하지 못해 방어만 할 뿐이라고 주장했다. 다만 조선을 국내와 같이 대우해온 대국에 대한 의리를 지켜 왜의 실정을 그때그때 보고할 것이며,

만일 왜적이 공격해와서 마주친다면 앞장서 싸울 것임을 다짐했다.[133] 한편 섬라 및 유구와 관련해서도 조선은 협력이 불가능함을 주장했다. 즉, 이들 나라가 남해에 있다는 것만 들었고, 거리나 위치도 모를 뿐만 아니라 배로 통하거나 소식도 없다는 것이다.[134]

일본 현지 본국인의 보고

한응인이 보고한 비슷한 시점에서 명은 다른 경로로 조선과 일본의 상황에 대한 보고를 받았다. 그 대표적인 인물이 허의후(許儀後)였다. 그는 조선에 불리한 정보를 명에 전달함으로써 명의 오해를 불러일으켰다. 그는 강서성 출신으로, 포로가 되어 ─ 히데요시와 유구에 대한 중재 역할을 맡고 있던 ─ 사쓰마에 머물던 중, 조선이 일본의 향도가 되어 명에 대한 공격에 참여한다는 소식을 명에 비밀리에 보고했다. 특히 그는 사쓰마의 영주였던 시마즈 요스히사(島津義久)의 의관으로서, 유구의 진신과 정형보다는 일본의 고급정보를 확보할 수 있는 위치에 있었다.

그의 보고서 원문이 실린 『전절병제고』를 보면, 그는 1591년 9월 3일과 9월 9일 귀국하는 사람을 시켜 편지를 본국에 전하게 했고, 맨 마지막 9월 말 편지는 주균왕(朱均旺)을 통해서 전달하게 했다. 앞의 편지들은 명에 전달되지 못했으나, 주균왕은 「비밀 사정에 대한 허의후의 진술」, 「일본국의 구체적 상황에 대한 진술」, 「일본이 (명을) 침략하는 이유에 대한 진술」, 「왜적의 방어책에 대한 진술」 등이 포함된 ─ 허의후와 곽국안(郭國安) 명의의 ─ 편지를 가지고 1592년 1월 16일 사쓰마를 출발했다. 그것들은 2월 28일 복건순무 장여제(張汝濟)에게 전달되었다.[135] 그의 편지는 추측건대 3월에 북경에 보고되었을 것이다.[136] 진신 등 유구로부터 보고가 전년도 8월 초에 명 조정에 전달되었던 것과 비교한다면, 허의후의 보고는 그보다 7개월 이상 늦은 셈이다.[137]

허의후의 편지에는 상당히 구체적으로 일본에 대한 조선의 굴복과 명의 침략을 위한 적극적 협력이 포함되었다. 그것은 물론 사실이 아니었고, 히데요시가 대외전쟁에 우호적인 분위를 만들기 위해서 조선통신사의 파견을 조선의 굴복으로 과장해서 유포한 결과였다. 이를테면 조선이 1590년 5월부터 당나귀 등 조공을 일본에 바쳤다는 것, 1591년 7월 1일 사신을 보내 왜에 조공을 바치고 인질이 되어서 관백에게 속히 명나라에 대한 공격을 개시하도록 재촉했다는 것, 그리고 조선이 군대를 20리 후퇴시켜서 관백을 기다리고 있다는 것 등이다. 그리하여 허의후는 조선에 대해서도 매우 단호한 대책을 제시했는데, 군대 2, 3백만 명을 보내 그 관리들과 따르지 않는 백성들은 모두 죽이고 조선에 주둔시켜야 한다는 것이었다.

사실 허의후의 보고가 명 조정에 전해질 시점과 크게 다르지 않을 것으로 보이는 1592년 2월 중순 한응인의 보고가 이루어졌다. 그런데 앞서 언급한 것처럼 한응인의 보고는 소위 정명향도에 대한 오해를 푸는 데 집중되었다. 그에 반해 허의후는 통신사 파견을 포함하여 조선의 일본에 대한 적극적인 협력을 구체적으로 제시한 셈이었다. 이 문건은 그 시점이나 경로를 알 수 없으나,[138] 나중에 조선에도 전달되어 상당한 파장을 일으켰다. 정탁(鄭琢)의 『용사일기(龍蛇日記)』, 이탁영의 『정만록(征蠻錄)』, 오희문(吳希文)의 『쇄미록(瑣尾錄)』, 조경남(趙慶男)의 『난중잡록(亂中雜錄)』 등 임진왜란 당시의 일기 등 많은 기록에 그의 보고서가 게재되었다.

결국 왜란 발생 이전부터 조선과 명은 상호 불신의 상황에 직면했다. 통신사의 파견과 같은 일본과의 독자적 접촉은 조선이 히데요시의 계획에 동참하고 있다는 소문으로 이어졌다. 조선은 당시의 원칙에서 어긋난 통신사 파견을 드러내지 않으면서 명의 의구심을 해소하는 데 역량을 집중해야 했다. 명에서는 조선의 해명을 그나마 다행으로 여겼을 뿐, 실제 현실에서 증명되지 않는 한, 조선에 대한 의구심이 해소될 여지는 작았다.

그리하여 왜적의 침략 앞에 조선이 손쉽게 무너지자 그러한 불신이 다시 대두되었다. 그것은 임진왜란 초기 군사적 원조, 조선국왕의 내부(內附)와 같은 문제들에 있어서 양국간 제한적 협력으로 이어졌다.

| 제 2 장 |

왜군의 침략과 초기대응

2

1. 왜군의 화전양면 작전

침략의 개시

앞서 본 것처럼 통신사의 귀국 이후 조선은 대체로 히데요시의 침략 가능성에 대해서 유보적이었다. 그와 함께 일본과의 독자적인 접촉을 명이 알게 될까 하는 우려 속에서 명에 대한 보고와 지원 요청에 소극적일 수밖에 없었다. 명의 입장에서도 자신을 침략하는 데 조선을 앞세운다는 히데요시의 공언과 현지 보고로 인해서 조선에 대한 의구심을 가졌다. 그 결과 임진왜란이 발발한 뒤 상당히 오랜 기간 동안 조·명 양국의 공동 대처는 기대하기 어려웠다.

그러는 사이 일본에서는 침략을 위한 준비가 진행되었다. 시기적으로 본다면 통신사가 일본을 떠난 뒤 두 달이 지난 1591년 1월 최초의 동원령이 내려졌다. 거기에서 히데요시는 각 지방별로 식량과 선박, 선원의 수를 지정하고 이듬해 봄까지 정해진 포구에 도착하도록 했다. 3월에는 다시 각 지방별로 일정 수의 식량과 군사를 그해 말까지 오사카에 보내도록 지시했다.[1] 8월에 그는 관백의 자리를 조카인 히데쓰구(秀次)에게 넘길 의향을 보임과 동시에 이듬해 3월 1일 자신이 명으로 출정할 것을 선언했다. 그와 함께 구로다 나가마사(黑田長政), 유키나가, 기요마사 등에게 원정의 교두보로서 히젠(肥前) 나고야(名護屋)에 성을 쌓게 하고, 선박의 제조와 구매, 각종 무기의 조달 등을 지시했다.[2]

이듬해 1592년 1월 초 히데요시는 전군을 14개로 편재, 총 10만 6천 7백 명의 출정을 명령했다. 구체적으로 유키나가 등의 제1군, 기요마사 등의 제2군, 나가마사의 제3군, 모리 요시나리(毛利吉成) 등 제4군에게 3월 1일부터 바다를 건너기로 하고 나고야에 집결하도록 했다. 제5군부터 14군까지 다른 지방의 다이묘들에게는 각기 2월 10일부터 24일 사이 해당 영지의 출발 일자를 지정했다〔일본력〕.[3] 그렇지만 그 뒤 조선 출정이 연기되었는데 히데요시는 유키나가와 요시토시가 조선의 향도 여부를 확인하고, 그들의 소식이 올 때까지 나머지 군대는 이키(壹岐)와 대마도 등에서 대기하도록 했다. 제1군은 3월 12일 대마도의 이즈하라(嚴原)에 진입했다. 그렇지만 그들은 조선으로 건너가는 데 주저했다. 그들이 조선과 교섭을 시도한 흔적 또한 없었다.[4]

사실 히데요시도 유키나가 등의 교섭 결과를 기다리지 않았다. 유키나가가 대마도에 진입한 다음 날〔3월 13일〕 명령서에서 그는 전군에 대한 도해를 지시했다. 왜군은 9개 군, 15만 8천 7백 명으로 재편되었다. 제1군은 대마도주 요시토시와 유키나가 등의 1만 8천 7백 명, 제2군은 기요마사와 나베시마 나오시게(鍋島直茂) 등의 2만 2천 8백 명으로, 제1군과 제2군은 규슈에서도 대마도와 조선에 가까운 히젠과 히고(肥後) 지역 다이묘들로 구성되었다. 그 외에 제3군부터 제9군까지도 각기 지역별로 한 명에서 여섯 명의 장수가 이끄는 1만 명에서 2만 명 규모로 편성되었다. 그들은 대부분 규슈와 시고쿠(四國) 지역에서 동원되었다. 그 외에 수군은 구키 요시타카(九鬼嘉隆) 등이 이끄는 9천 2백 명이었다.[5] 다만 수군은 왜란 초기에는 육군으로 활약했다.[6] 나머지 군사는 이에야스 휘하의 7만 3천여 명과 히데요시 휘하의 2만 7천여 명 등 10만여 명이 나고야에 후방

군으로 주둔하기로 했다.[7]

히데요시 자신도 원래 3월 1일 출정하기로 했으나 계속 연기되어 결국 26일 교토를 떠나 히젠 나고야로 출발했다. 4월 초순부터 왜군은 차례로 나고야를 출발하여 바다를 건너왔다. 4월 14일 제1군이 부산진을 공격한 뒤, 18일 제2군이 부산진에 이르렀고, 같은 날 제3군과 제4군이 김해의 죽도를 각각 침략했다. 나머지 군대도 4월 하순에서 5월 초순 사이에 김해와 부산 등지에 상륙했다.[8] 한편 히데요시는 교토에서 출발한 뒤에도 여러 지방을 돌아다니며 일정을 늦춤으로써 4월 26일에야 나고야에 도착했다. 그때에는 왜군 선봉대가 상주에 접근하고 있었다.[9]

침략의 선봉에 선 유키나가는 애초부터 화전양면 작전을 썼다. 그는 부산진에 이르러, 첨사 정발(鄭撥)에게 길을 빌려주기를 요구했다.[10] 당시 군사 6백 명으로 그곳을 지키던 정발은 국왕에게 물어보겠다고 대답했다. 그렇지만 유키나가는 국왕의 답변을 기다리지 않고 다음 날 새벽〔4월 14일〕 그곳을 공격하여 함락시켰다.[11] 조선의 자료에 의하면, 정발은 마침 절영도에 사냥 나갔는데, 왜선이 부산 앞바다에 나타나자 그들을 조공하러 오는 왜라고 여겨 대비하지 않았고, 그가 진에 복귀하기 전에 이미 왜적이 부산성에 올라 공격했다.[12] 다음에 보는 것처럼 부산 등지를 담당하던 경상좌우 수군도 수백여 척의 왜선을 공격할 엄두를 내지 못했다.[13]

부산을 함락시킨 당일 유키나가의 군대는 동래성을 향했다. 동래성은 평시에도 왜적의 방어를 책임지던 군사적 중심지였다. 왜적은 목패에 글씨를 써서 남문 밖에 세워두었는데, 그 내용은 "싸우고 싶으면 싸우고, 싸우기 싫으면 길을 빌려달라."라는 것이었다. 그렇지만 동래부사 송상현은 "싸워 죽기는 쉬워도 길을 빌려주기는 어렵다."[14]는 말로 대응했다. 유키나가의 군사와 이어 도착한 군사 3만여 명의 갑작스런 공격에 송상현의 군사는 적수가 되지 못했다.[15] 다수의 정예병력 앞에서 지방관들이 이끄는 소수의 병력은 대항능력이 없었다. 요시토시의 종군 승려로 참여한 덴케이(天荊)는 일기에서 그날 3천 명의 목을 베고 5백 명을 포로로 삼았다고 쓰고 있다.[16] 제1군은 부산과 동래에 이어 기장과 경상좌수영을 침략한 뒤, 일본 사신이 주로 이용했던 중로(中路), 즉 양산-밀양-대구-선산을 거쳐 북상했다.

한편 조정은 4월 17일 오후 왜군의 부산 침입에 대한 소식을 듣고, 북병사와 전라병사 등을 지낸 이일(李鎰)을 경상도순변사, 한성판윤 신립(申砬)을 도순변사(都巡邊使), 좌의정 유성룡을 도체찰사(都體察使)로 임명하여 대응에 나섰다.[17] 그렇지만 조정이 새롭게 내보낸 노련한 장수들도 왜군의 급속한 북상으로 인한 준비 부족으로 거듭 방어에 실패했다. 이일은 60여 명의 군관과 사수들을 데리고 곧장 출발하여 20일 문경을 거쳐 23일에는 상주까지 내려갔다. 하지만 그가 도착했을 때 상주의 관군은 왜군과 싸우기도 전에 흩어지고 목사 등 지방관들도 도피하여 일부 주변 지역 군대만이 그를 기다리고 있었다. 그가 현지에서 새로 모집한 군대는 겨우 8백여 명으로,[18] 결국 25일 대결에서 유키나가 등 제1군 2만 명의 군대에 전혀 적수가 되지 못했다. 한편 신립은 충청도의 병력을 중심으로 약 9천 명을 동원, 28일 충주 탄금대에서 배수진을 치고 싸웠다. 그가 요새인 조령이 아닌 탄금대에서 싸운 것은 탄금대가 조선의 기병에게 유리한 평지이고, 조령에서 진지를 구축하기에는 시간상 너무 늦었으며, 배수진을 통해 군사들의 사기를 높여야 한다는 이유에서였다. 그렇지만 두 배가 넘는 왜군에 의해 괴멸되었고, 신립 자신은 달천강에 투신했다.[19]

제1군은 이일과 신립의 군대를 차례로 물리친 뒤, 여주 등지를 거쳐 5월 3일 서울에 들어왔다. 기요마사의 제2군은 낙동강을 건너지 않고 북상할 수 있는 좌로(左路)를 이용했다. 그들은 부산포에 상륙하여 양산에서 북상하여 언양-경주-영천 등지를 거쳐 4월 29일 충주에 입성했다. 그들은 그곳에서 전날 신립의 군대를 물리친 유키나가의 군대와 조우했다가 별도로 서진하여 죽산-용인을 거쳐 서울을 향했다. 한편 후속부대는 경

부산진순절도 (육군박물관 소장, 보물391호)

동래부순절도(육군박물관 소장, 보물392호)

상우로를 이용했다. 이를테면 제3군은 안골포에서 소규모 조선 수군을 물리친 후 상륙하여 김해성을 공격했는데, 부사 서예원(徐禮元) 등은 도주하고 말았다. 그들은 김해–창원–현풍–성주–금산–추풍령–청주–용인 등을 거쳐 5월 8일 입경했다.[20]

동래를 함락시킨 유키나가는 조정에 강화의사를 타진했다. 함락 당시 생포된 울산군수 이언함(李彦諴)을 석방하면서 그를 통해 편지를 보내왔던 것이다. 다만 이언함은 처벌을 받을까 두려워 왜적이 자신을 석방한 것이 아니라 도망쳤다고 했을 뿐, 그 편지를 조정에 전하지 않았다. 그 후 순변사 이일이 상주에서 패했을 때 일본어 역관 경응순(景應舜)이 왜적에게 생포되었다.[21] 유키나가는 그를 시켜 전에 이언함을 통해 편지를 보냈던 사실과 함께 히데요시의 편지와 예조에 대한 공문을 조선에 전했다.[22] 이언함을 통해 보냈던 편지의 내용은 조선이 강화할 뜻이 있다면 동지중추부사 이덕형을 보내서 4월 28일 충주에서 자신과 만나자는 것이었다.[23] 이덕형은 몇 년 전 선위사로서 요시토시 등 왜의 사절을 장기간 접대한 적이 있었다.

유키나가의 제안을 접한 조정은 일단 그 의도는 알 수 없으나 상황을 탐지하고 또한 전쟁을 늦출 수도 있을까 해서 응하기로 했다. 그때 이덕형이 예조판서 권극지(權克智)와 함께 가도록 했다. 다만 권극지는 조정의 명을 받은 뒤 갑자기 병사하고 말았다. 이덕형이 돌아와 보고한 바에 따르면, 그는 유키나가가 제시한 날짜가 지난 4월 29일 서울을 출발했다. 한강에 도착하여 권극지를 기다리다가 오지 않자 그는 혼자 말을 달려 용인에 도착했다. 그렇지만 이미 4월 28일 충주에서 신립의 군대를 물리친 왜적은 경기도 안성에 있는 죽산(竹山)에 주둔하고 있었다. 그 소식을 들은 이덕형은 경응순을 먼저 적진에 보냈으나, 기요마사가 도중에 그를 잡아 참수하고는 역졸을 시켜 봉해진 편지를 전하게 했다. 이덕형에 의하면 그 내용은 "흉악하고 참혹"했다. 그는 급히 도성으로 되돌아왔으나

선조는 피난한 뒤였고, 그도 홀로 북상하여 평양으로 올라와 선조와 합류했다.[24]

서울 점령과 전국 분할

충주에서 신립을 물리친 왜군은 서울에 대한 공격을 서둘렀다. 제6군 왜장 다치바나 무네시게(立花宗茂)는 "우리가 지체할 경우…… 혹 (조선이) 명에 군사를 요청할 것이며, 그렇게 되면 우리의 위세도 꺾여 전진하기 어려울 것이다."고 주장했고, 다른 장수들이 거기에 동의했다.[25] 명군이 들어오기 전에 서둘러 북상해야 한다는 것이다. 국왕은 서울을 떠나면서 우의정 이양원(李陽元)을 도검찰사(都檢察使)로, 전 형조판서 김명원(金命元)을 도원수로 삼아 7천여 명의 관민으로 도성을 지키게 했다. 그렇지만 이들도 버티지 못하고 결국 5월 3일 유키나가, 다음 날 기요마사의 부대, 며칠 뒤 후속부대들이 차례로 입경했다. 그들은 나고야의 히데요시에게 서울 함락 소식을 보고했다. 최초의 보고를 낸 기요마사는 특히 도주한 국왕에 대한 추격을 계속할 것임을 강조했다.

서울함락에 대한 기요마사의 보고는 5월 16일 나고야에 도착했다. 당일 히데요시는 답장에서 향후 대책에 관한 아홉 가지 지시를 내렸다. 그것은 국왕의 수색과 서울 등 점령지역 통치 방법, 군량의 확보, 명에 이르는 도로의 정비, 히데요시 자신의 숙박소 건설 등이었다. 점령지역의 통치와 관련해서 그는 일본 군사에 의한 무법행위 금지와 함께 성 밖 주둔을 지시했다. 성내에는 자신이 머물 거처를 두고, 조선 백성을 불러들여 살게 하도록 했다. 그 외에 각 지역 농민들의 생업 복귀와 관련 법규의 제정을 추진하도록 했다.[26] 이틀 뒤 그는 관백 히데쓰구에게 명과 조선의 경략을 위한 25가지 항목의 추가 계획을 제시했다.[27] 물론 천황의 북경이주를 포함하여 외형상 그럴듯한 계획을 호언하였으나 곧장 명의 정복을 감행할 수는 없었다. 그는 오히려 조카에게 중국과의 전쟁을 너무 서두르지 말라면서 9개월이 지난 이듬해〔1593년〕 2월 교토를 떠나 명으로 출정하도록 지시했다.

사실 서울이 함락되었다고 하더라도 조선의 넓은 땅을 소수의 병력으로 통제할 수는 없었다. 왜군이 지나온 지방조차 통제 밖에 있었다. 더욱이 의병을 비롯한 조선의 저항세력이 나타났고, 이러한 상황에서 대다수 군사를 동원하여 명으로 진격하는 것은 대안이 아니었다. 그리하여 히데요시의 명령서가 전달되기 전에 그의 지시와는 다른 움직임이 나타났다. 5월 13일자〔일본력〕 한 문건이 왜장들에게 전달되었는데, 그것은 조선의 8도에 대한 분할점령 방안이었다. 거기에는 점령정책을 실시하기 위해서 장수들이 각지에 지정되고, 해당 지역에 징수할 세액까지도 구체적으로 정해졌다.[28] 각각의 세액은 사실상 임진왜란 이전 각지의 조세액과 일치했다.[29] 3월 중순 히데요시의 명령서에 명시된 편재에 따라 제1군은 평안도, 제2군은 함경도, 제3군은 황해도, 제4군은 강원도, 제5군은 충청도, 제6군은 전라도, 제7군은 경상도, 총대장 히데이에가 이끄는 제8군은 서울과 경기를 각각 담당하기로 했다.

6월 초에는 조선지배와 명 진출에 관한 좀 더 구체적인 지시가 내려졌다. 히데요시는 그간 호언했던 자신의 조선 진출을 다시 연기하고, 그 대신 오타니 요시쓰구(大谷吉繼) 등 일곱 봉행(奉行)[30]을 조선에 파견했다. 그들은 6월 3일자〔일본력〕 히데요시의 명령서 여러 장을 지참했다. 먼저 조선의 지배와 관련해서는 대관(代官)의 파견, 세금의 징수, 명까지 도로 보수 및 히데요시 자신의 숙소 완공 등이 포함되었다. 대관이란 다이묘들을 대신하여 점령지역을 통치하기 위해 본국에서 파견되는 관리를 의미했다. 동시에 히데요시는 전군을 8개 군대로 약간 개편하여 유키나가 등의 제1군, 기요마사 등의 제2군, 나가마사 등의 제3군이 하루씩 번갈아 선봉에 서게 했다. 원래의 제7군 데루모토 군대는 제8군으로 후방에 남게 했다. 그는 사실상 전군을 동원하여 명의 공격에 나설 것을 독촉했다. 물론 해당 문건들이 조선 현지의 왜장들에게 전달된 것은 7월이 되어서였다.[31]

위의 명령에 의하면, 앞서 5월 13일자 지시에 따라 경상도나 전라도에 진출할 왜군도 계획을 바꿔 북상해야 했으나 실제 그러지 않았다. 데루모토는 병을 이유로 일부의 군대만 서울 이북으로 보냈고, 제6군 고바야카와 다카카게(小早川隆景)는 자신이 서울로 올라갔으나 다수의 군사는 여전히 현지에 머물게 했다. 그것은 아래에서 보는 것처럼 각지의 지배를 위해서 대관들이 왔으나 관군과 의병에 의한 저항 움직임이 활발해지면서 군사를 이동하기 어렵게 되었기 때문이다.[32]

임진강에서

5월 초 서울을 점령하고 계속 북상하던 기요마사와 유키나가의 군대는 5월 10일 임진강변에 이르렀다. 얼마 전 서울에서 후퇴한 김명원과 이양원, 그리고 새로 압록강변의 군사 3천 명을 이끌고 온 도순찰사 한응인 등의 군대 1만 3천여 명이 임진강 나루와 대탄〔大灘, 한탄강〕의 북쪽 강변에 주둔했다. 조선의 군대는 모두 배를 북쪽으로 이동시킴으로써 왜적의 도강에 대비했다. 경기감사 권징(權徵)은 깊숙이 들어온 소규모 왜적에 대한 공격을 건의했고, 조정은 그것을 믿고 김명원과 한응인 등에게 왜적을 공격하도록 거듭 재촉했다.[33]

이때 유키나가와 요시토시 측은 조선 진영에 가도입명을 내용으로 하는 편지를 보내기로 했다. 덴케이는 일기에서 자신이 시게노부를 대신하여 작성했다고 쓰고 있다. 그에 의하면 원래 5월 14일 조선 측에 전하려고 했으나, 기요마사의 군대가 강 언덕에 자리 잡고 있어서 그렇게 하지 못했다. 다음 날 기요마사의 군대가 물러가자 편지를 조선 측에 전달할 수 있었다.[34] 수신인은 '조선국 집사(執事)'였다.

편지에서 왜 측은 먼저 강화를 위해서 임진강변의 군사를 물리겠다는 뜻을 밝혔다. 이어서 그간 강화를 위한 자신들의 노력에 조선이 반응하지 않거나 거부했다는 점이 강조되었다. 조선이 차례로 침략과 점령을 당한 것은 조선이 자초했다는 의미였다. 그와 함께 자신들은 궁극적으로 명으로 진출하려는 것이며, 조선이 명·일 양국간의 화해를 위해 노력해야 한다고 주장했다. 그러한 주장은 일방적이었고, 어조는 위협적이었다.

> 전에 제가 몇 번 귀국에 사신으로 와서 일의 성공과 실패에 대해서 말씀드렸습니다. 귀국인들은 제 말을 듣지 않아 지금 패망에 이르게 되었습니다. 무릇 우리 전하[히데요시]께서는 귀국에게 길을 빌려 명나라에 대해 원한을 갚으려 합니다. 작년 귀국의 통신사에게 자세히 일렀고 저도 (조선의) 조정에 서신을 전달했습니다. 그런데도 귀국의 변방 신하들은 변경을 막고 우리에게 길을 열어주지 않았습니다. 뿐만 아니라 싸움까지 했습니다. 이에 우리 군대가 그들을 격파하여 마침내 상주에 이르러 조정에 서신을 보냈는데 답장을 받지 못했습니다. 오히려 귀국의 국왕이 이미 서울을 떠났다고 들었습니다. 이에 여러 장수의 병사들이 서울에 들어갔던 것입니다.
>
> 이로써 보건대 조선을 멸망시킨 것은 조선이며 일본이 아닙니다. 잘 살펴보기 바랍니다. 제가 가만히 생각해보니 귀국의 정책은 국왕의 가마를 서울로 되돌려 명나라에 화친을 강구하는 것이 가장 좋습니다. 그러면 반드시 우리의 군영을 풀어 경기도 바깥에서 대기하겠습니다. 만약 이 점을 의심한다면 인질을 보내서 증거로 삼을 것입니다. 그렇게 되면 일본은 대명과 화친하고 귀국도 나라를 회복할 것입니다. 그렇지 않으면 귀국은 영원히 나라를 잃을지도 모릅니다.[35]

그에 대해 조선군 진영은 "비록 강변에서 죽을지라도 강화를 하지 않을 것이다. 다만 대장이 와서 함께 의논할 것이다."는 등의 답변을 전했다. 이에 왜 측은 다음 날에도 유사한 내용의 서신을 조선 진영에 다시 보냈다.

> 우리 군대가 어려운 파도와 험준한 강산을 지나 서울에 곧장 들어왔는데, 지금 이유 없이 강화를 원한다면 귀국이 이를 믿지 않는 것도 당연합니다…… 우리 전하〔히데요시〕께서는 길을 빌려 대명을 공격하고자 합니다. (그렇지만) 여러 장수들은 비록 명을 받고 이곳에 왔지만 이곳에서 수천 리를 지나 명나라로 들어가는 것은 원하지 않습니다. 그러므로 먼저 귀국과 화친하고 그 연후에 귀국의 한마디 말을 빌려 명나라와 강화하려는 것입니다. 귀국 또한 명나라에 한마디 함으로써 일본과 강화한다면 세 나라가 평안할 것입니다.[36]

여기서는 히데요시와 조선에 진출한 왜장들 사이에 명의 정벌 여부를 둘러싼 의견차가 명시되었다. 그 진정성 여부는 알 수 없으나 왜장들은 현재의 병력으로 명에 진출한다고 해도 승리를 장담할 수 없음은 물론 매우 위험한 일이라는 점을 잘 알고 있었다. 조선 측은 3일간의 기한을 두고 승정원에게 문의해서 회답하기로 했고, 시게노부도 다음 날 서울로 돌아와 유키나가에게 보고했다.[37]

그렇지만 5월 17일 임진나루를 지키던 한응인과 김명원의 군사가 강을 건너 남쪽에 있던 기요마사를 선제공격하다가 크게 패함으로써 강화와는 다른 방향으로 전개되었다. 사실 앞서 유키나가 측의 편지에는 "강화를 위해 군사를 물리겠다."는 내용이 포함되었다. 그렇지 않아도 조정으로부터 지체한다는 질책을 당하고 있던 조선의 군대는 유키나가의 편지 내용을 활용하여 공격에 나섰으나 오히려 왜군의 전략에 당한 셈이었다.

왜군은 조선의 군사가 임진강 이남으로 내려오기를 기다렸다가 일격을 가함으로써 참패시켰다.

임진강변에서 조선의 군대를 물리친 유키나가와 요시토시는 다시 강화를 시도했다. 두 사람 명의의 편지는 이덕형을 수신자로 했다. 편지에서 그들은 그간 자신들이 끊임없이 조선에게 대화를 통한 문제해결을 지향해왔음을 강조했다.

> 일본은 귀국에 조금의 원한도 없고 단지 중국을 침범하고자 할 뿐입니다. 작년에 우리 전하〔히데요시〕가 세 조선통신사를 돌려보낼 때, 이 일을 대략 그들에게 말해주었습니다. 그에 대한 답변은 귀국이 중국의 번진(藩鎭)이라는 등등의 말이었습니다. 올해 또 우리 전하는 편지를 써서 조선이 일본 편을 들어주기를 요청했는데, 그 편지를 부산 사람이 받지 않았습니다. 그리고 (조선은) 꼬챙이처럼 진영들을 세웠는데, 서울까지 잇겠다는 것이었는지 또 전쟁의 혼란에 빠지겠다는 것이었는지요? (왜군이) 도중에 부산과 동래가 왜 길을 막는지 회답을 구하고 나서, 이어 (회답이 없자) 순식간에 그 진영들을 함락시킨 것은 무엇 때문이겠습니까? 원래 번진〔조선〕을 (전쟁이 아닌) 말로써 함락시키고 중국에 들어가는 것이 여러 장수들의 뜻이었습니다. 귀국이 만약 길을 빌려주었다면 어찌 이러한 병화에 이르렀겠습니까?…… 서울에 도착하면 생각한 바를 말하고자 했으나, 서울에 도착하니 대왕은 이미 서울에서 도피했고, 교하〔交河, 파주 부근〕의 강변(의 군대)도 무너졌습니다. 그리하여 생각한 바를 말하지 못하고 빈손으로 지금의 진영에 이르렀습니다.[38]

편지에서 일본의 침략적 행동은 조선의 비협조 때문으로 합리화되었다. 그럼에도 강조점 부분에서 드러나는 것처럼 조선을 그저 말로 설득해서 함락시키고 명에 진출하는 것이 일본의 입장에서 최선의 방법이었는지 모른다. 따라서 당시의 상황에서 그 진정성이 의심받기에 충분했다. 위의 내용에 이어서 그들은 강화의 조건을 일부 제기했다. 왕족이나 권신을 볼모로 일본에 보내야 한다는 것이었다. 그와 함께 앞서 결정된 조선에 대한 지배전략, 즉 각 지역에 장수들을 보낸 사실을 전달하면서 조선에 압박을 가했다.

왜군은 결국 5월 27일 임진강을 건넜고, 29일 개성이 함락되었다. 뒤이어 개성에 도착한 유키나가와 요시토시는 다시 조선 대신들 앞으로 편지를 보냈다. 편지에서 두 사람은 먼저 상주에서 역관 경응순을 통해서 그리고 임진강변에서 조선에 교섭을 위한 편지를 보냈는데 답이 없었음을 지적했다. 그러면서 그들은 그간 전투에서 나타난 것처럼 조선은 적수가 되지 못하니 일본과 한편이 되어 명의 침략을 논의해보자고 주장했다. 그와 함께 두 사람이 2년 전 1590년 조선통신사가 도일할 때 선위사로 나왔던 것과, 특히 대마도가 오랫동안 조선에게 번신으로서 충성했다는 점 등을 들며 자신들이 다른 왜장들과 비교해서 조선에 가장 우호적임을 강조했다.[39]

왜군이 서울을 점령하고 북상하는 과정에서 조선의 관군이 왜군에 대한 대규모 공략을 시도했다. 선조는 피난 중에 충청·전라·경상 세 도의 감사들에게 모든 군사를 동원하여 서울의 왜군을 토벌하라는 명령을 내렸다. 그에 따라 기병과 보병 6만 명[40]의 군사들이 5월 20일 온양(溫陽)에 집합하여 6월 3일 수원 독성(禿城)에 도착했다. 가장 많은 군사를 내었던 전라감사 이광(李洸)은 주요 군대를 내어 6월 5일 용인과 수원 사이에서 약탈하는 왜군을 공격했다. 그곳에는 소규모 왜군이 주둔했으나, 조선 군대의 진격 소식을 듣고 서울의 왜장 와키자카 야스하루(脇坂安治)가 급히 지원에 나섰다.[41] 조선은 적절한 작전도 없이 성급히 진격하다가 복병을 만났다. 조방장 이지시(李之詩), 선봉장 백광언(白光彦), 고부군수

이윤인(李允仁) 등이 죽었고, 나머지 군대도 제대로 싸우지 못하고 후퇴했다.[42] 조선으로서는 임진강에서 왜적의 배후를 막아 그들의 북상을 저지할 수도 있을 기회를 놓친 아쉬운 패배였다.[43]

대동강에서

5월 말 개성을 점령한 제1군은 북상하여 6월 8일 그 선봉대가 대동강변의 재송정(栽松亭)에 이르렀다.[44] 거기에는 황해도를 담당했던 나가마사도 참여했다. 이에 왜군이 강화를 타진하여 6월 9일 대동강 선상에서 이덕형과 회담을 가졌다. 『선조실록』에 의하면, 왜적이 대동강 동변에 나무를 세워 유키나가 · 시게노부 · 요시토시 명의의 글을 메달아 회담을 요구하고, 조선이 거기에 응했다.[45] 대동강 선상의 협상에는 시게노부와 겐소가 나왔다. 회담의 전체적인 내용은 다음과 같은 대사헌 이덕형의 보고에 집약되어 있다.

- **왜적**: 일본은 귀국과 서로 싸우려는 것이 아닙니다. 지난번 동래 · 상주 · 용인 등지에서도 모두 서계(書契)를 보냈으나 귀국에서는 답하지 않고 군사로 대응하니 우리들이 결국 여기에 이르게 되었습니다. 원컨대 판서께서는 국왕을 모시고 이 지방을 피하여 우리에게 요동으로 향하는 길을 열어주십시오.
- **이덕형**: 귀국이 만약 중국만을 침범하고자 한다면, 어찌 절강(浙江)으로 가지 않고 이곳으로 왔습니까? 이것은 실로 우리나라를 멸망시키려는 계책입니다. 명은 곧 우리나라에게 부모나라이니 죽어도 들어줄 수 없습니다.
- **왜적**: 그렇다면 강화할 수 없습니다.[46]

이덕형 초상(동아대학교박물관 소장)

왜적은 정명가도의 요구를 다시 제시한 셈이었다. 이에 이덕형은 왜측의 말이 논리적이지 않아 믿기 어렵다는 점, 조선은 명과 의리를 지켜야 한다는 점을 들어 거부했다. 그 외에 겐소는 이덕형에게 "일본은 길을 빌려 명에 조공하려고 했는데, 조선이 허락하지 않아 일이 지금에 이르렀다. 지금이라도 하나의 길을 빌려주어 일본이 중원에 도달하게 한다면 조선은 무사하게 될 것이다."고 말했다. 그에 대해서 이덕형은 일본이 약속을 저버린 것을 질책하고, 군사들을 물리고 난 후에 강화를 논하자고 대답했다. 겐소는 후퇴할 수 없다면서 군사 물리기를 거부함으로써 교섭은 끝났다.[47]

사실 왜군의 강화 요구에 대해서 조선은 일부 응했으나 대체로 믿을 수 없는 속임수에 불과하다고 생각했다. 그럼에도 강화의 성공에 대한 기대가 없지 않았다. 그것은 회담 다음 날인 6월 10일 조정의 한 회의에 반영되었다. 특히 당시 평양에 머물고 있는 선조의 북상 그리고 그와 관련된 문제로서 명에 대한 내부(內附)가 중요한 의제였다. 민심은 국왕이 평양을 떠나려는 것에 물리적으로까지 반발하고 있었다. 유성룡 등 대신들도 대체로 선조의 북상을 반대하고 평양 고수를 주장했다. 회의에서 유성룡은 "왜적의 서신에서 장차 강화를 이루면 돌아가겠다고 하니, 원컨대 주상께서는 이곳에 머무시고 서쪽으로 행차하지 마십시오."라고 말했다. 유성룡은 비록 평양 고수를 위해서였으나, 왜군과 강화에 기대를 걸고 있었다. 이덕형의 대동강 강화교섭도 유성룡의 의지와 일치했다.

물론 선조의 북상 의지가 분명한 상황에서 거기에 부합하려는 사람도 없지 않았다. 봉교(奉教) 기자헌(奇自獻)은 왜적은 믿을 수 없다고 주장했다. 그에 의하면, 왜적은 동래, 상주 등에서 강화를 요구하는 서신을 보내면서도 점점 조선을 깊숙이 침입해왔으므로 국왕이 강화를 기대하고 평양을 떠나지 않는 것은 옳지 않다는 것이다.[48] 선조는 그의 말이 옳다고 말했고, 다음 날〔6월 11일〕 평양을 떠났다. 평양에는 훈련과 조직력이 약한 군사와 민부(民夫) 3, 4천 명이 지키고 있었다.[49] 선조는 임진강에서 후퇴한 김명원과 한응인 등의 군사 6천여 명으로 평양을 지키게 했다. 또한 원래 평양사수를 강력히 주장했던 윤두수 이외에 유성룡도 잔류하도록 했다.[50]

당시 왜적은 대동강변을 따라서 진을 치고 있었는데, 도원수 김명원과 평안도 도순찰사(都巡察使) 이원익(李元翼)이 14일 새벽 강의 가운데에 위치한 능라도로부터 선제공격을 하기로 결정했다. 이에 조방장 고언백(高彦伯) 등이 정예병 4백 명을 이끌고 배로 건너편 왜의 진영을 공격했다. 그들은 적이 잠에서 깨어나기 전 급습함으로써 수백 필의 말을 빼앗는 등 성과를 거두었으나, 날이 밝으며 다수의 적에 쫓기게 되었다. 그런데 배를 타지 못한 군사들이 능라도 아래 왕성탄(王城灘)의 얕은 여울을 헤엄쳐 건너자, 왜적은 그곳이 얕아서 건너갈 수 있다는 사실을 알게 되었고, 그날 저녁 강을 건너 공격했다. 조선의 군대는 패주했고, 대신들도 백성들과 함께 평양성을 떠났다. 유키나가의 군대는 다음 날〔15일〕 거의 비어 있던 평양성으로 들어와 국왕의 체류를 위해 모아둔 곡식 10여만 석을 차지했다.[51]

평양성 함락 이후 나가마사 등의 제3군은 황해도로 내려가 현지 경략에 나섰다. 유키나가는 평양성에 주둔했으나, 다른 지역에서처럼 주변 지역에 대한 통치에 나서지는 못했다. 그것은 관군과 의병들이 주변의 요새지를 지키고 있었기 때문이다. 더욱이 평양을 점령할 즈음에는 소규모 명군이 압록강을 건너오기 시작했고, 명 관리들의 방문도 잦아졌다. 결국 평양성 점령 이후 한 달 뒤에는 조승훈이 이끄는 명군이 평양성을 직접 공격했다. 왜군은 소수의 명군을 어렵지 않게 물리칠 수 있었으나, 명의 존재를 점차 실감하게 되었다.

왜군은 조선에 대한 분할지배에 나섰으나 쉽지 않았다. 특히 소수의 군사로 조선을 지배하기는 곤란하다는 점이 드러났다. 백성들은 대부분

산속으로 숨는 등 동원될 수 없었다. 각지 관군과 의병의 저항이 심했고, 특히 조선 수군의 활약에 막혀 왜군은 전라도에는 진출하지 못했다. 서울을 포함하여 왜군 주둔지는 점차 고립되었고, 인적·물적 이동은 위축되었다. 그리하여 명으로 진격을 지시하는 히데요시의 6월 3일자 명령서를 가지고 세 봉행이 7월 중순 조선에 도착했을 때에는 이미 상황은 변했다.

유키나가는 서울에 사람을 보내 압록강을 건너 명으로 진격하자는 의견을 제시했다. 그렇지만 히데이에와 세 봉행은 "경상도와 전라도 2개 도에 항복하지 않은 사람들이 있다. 먼저 두 도를 평정한 뒤에 일을 도모해야 한다. 적이 배후에 있는데 전진하는 것은 좋은 계책이 아니다."고 의견을 모았다.[52] 그리하여 그들은 일단 전투를 중단하고 군대의 정비와 식량의 확보에 집중하기로 결정했다.[53] 이것은 명에 대한 공격은 물론 조선의 여타 지역에 대한 진출이 답보상태에 빠지게 되었음을 의미했다. 특히 해상에서 왜군은 조선 수군에게 연이어 패배했다. 세 봉행으로부터 조선의 여의치 않은 상황을 전달받은 히데요시는 7월 15일자〔일본력〕 지시에서 명에 대한 진격을 포기하고 조선에 대한 지배에 집중하도록 했다. 즉, 부산에서 서울까지 보급로의 확보에 나서도록 했던 것이다.[54] 이 지시는 사실상 조선지배 전략에 관한 5월 13일자 결정을 추인한 셈이었다.

그럼에도 명을 공격하는 일본의 편에 서라는 유키나가 측의 요구는 평양 점령 이후에도 계속되었다. 8월 1일자로 유키나가와 요시토시가 국왕에게 보낸 편지가 있다. 편지에서 그들은 평양 점령 이후 조선이 명에 군사를 요청하거나 독자적으로 자신들을 공격하다가 패주했음을 상기시켰다. 그들은 과거 경상도나 전라도를 침략했던 무리들과 달리 자신들은 반드시 중국에 이르고야 말겠다고 주장했다. 나아가 아직 서울에 있는 수십만 명의 일본군이 머잖아 압록강 이북까지 북상할 것이라고 협박했다.[55]

여타 지역에서

임진강 방어선을 넘어 개성을 점령한 왜군은 본격적으로 각 지역에 대한 분할점령을 시도했다. 그곳에서 6월 초 유키나가와 나가마사 등은 황해도 배천(白川)을 거쳐 평양으로, 기요마사, 사가라 요리후사(相良賴房), 나베시마 나오시게(鍋島直茂) 등은 금교역에서 동북쪽으로 함경도로 향했다. 그들은 험준한 산악지대를 지나 6월 중순 안변(安邊)에 도착했고, 그곳에서 보름 가량 머문 뒤 계속 북진하여 7월 하순 함경감사의 감영이 있는 함흥에 이르렀다.[56]

당시 함흥에는 4월 말 서울에서 피난할 때 국왕과 헤어진 임해군과 순화군 등이 머물고 있었다. 그들은 왜군의 접근 소식에 더욱 북상하여 회령까지 달아났다. 기요마사도 계속 북상했다. 7월 중순 함경북병사 한극함(韓克諴)이 길주의 해정창(海汀倉)에서 기요마사 군을 맞아 싸웠으나 패하고 말았다. 한편 7월 20일경 회령에 이른 왕자 일행은 현지 반란세력에 의해 체포되었다. 주모자는 전주에서 유배되어 현지에서 말단 관리로 일하던 국세필(鞠世弼)과 그의 조카 국경인(鞠景仁) 등이었다. 군사는 기병 5천 명이었다. 기요마사가 회령에 이르자 그들은 7월 24일 왕자일행을 그에게 넘겼다. 수행 인원은 상락부원군 김귀영, 장계부원군 황정욱, 함경남병사 이영(李瑛) 등이었다.[57] 반대급부로 기요마사는 국경인 등에게 함경도의 통치를 인정했다.

기요마사는 거기에 멈추지 않고 7월 말 종성(鍾城)을 거쳐 두만강 하류 지역인 경원(慶源)·경흥(慶興) 등지까지 진출했다. 그 너머는 올량합(兀良哈)의 여진족이 거주하는 곳으로 그는 중국으로 진출할 수 있는지 살피고자 했을 것이다. 그렇지만 그곳은 조선과 적대관계에 있는 곳으로 치안이 좋지 않았다. 기요마사도 어쩔 수 없다고 판단했는지 종성으로 돌아와 그간 그곳에 억류했던 왕자 일행을 데리고 남하했다. 그는 변경 지역은 조선인 반란세력에게 맡기고, 부하들을 길주와 그 남부 지역에 연이어 배치하고, 자신은 9월 중순에 안변으로 돌아왔다. 그들은 점령지 주변에 대한 인구조사와 조세징수를 실시하고, 그 내용을 본국에도 보고했다.

그 외에 충청도에는 앞서 본 것처럼 왜의 제5군이 진출했는데, 후쿠시마 마사노리(福島正則)는 죽산 부근에, 하치스카 이에마사(蜂須賀家政) 등은 충주에 주둔했다. 그곳에는 히데요시의 처소를 짓는 일로 파견된 일부 군사들도 있었다. 한편 강원도에는 제4군이 진출했는데, 그 가운데 모리 요시나리의 군대는 6월 초 강원도에 진입하여 회양(淮陽)을 거쳐 철령에서 남병사 이혼(李渾)의 군사를 물리쳤다. 이어 그들은 동해안을 따라 강원도 남쪽 끝에 위치한 울진과 경상북도 영해(寧海)와 예안(禮安)을 거쳐 8월 중순경 강원감사의 치소인 원주에 주둔했다. 한편 시마즈 요시히로 등은 강원도 북부내륙 지역인 양구(陽口) 부근으로 진출했다. 그는 현지에서 백성들에게 식량을 지급하는 등 일상적 지배를 시도했으나, 대부분의 백성들은 산지로 도피했다.[58]

2. 국왕의 피난 그리고 내부(內附)

국왕의 피난

순변사 이일이 패했다는 소식이 4월 27일 조정에 전해지면서 조정은 피난을 준비하지 않을 수 없었다. 피난 여부를 둘러싸고 논란이 없지 않았으나 4월 29일 저녁 신립이 패했다는 소식이 전해지자, 다음 날 새벽 선조는 북으로 피난길에 올랐다. 이때 광해군을 서둘러 세자로 책봉했다. 그와 함께 상락부원군 김귀영과 칠계군 윤탁연(尹卓然) 등이 임해군을 데리고 함경도로, 장계부원군 황정욱(黃廷彧)과 그의 아들 황혁(黃赫)이 – 황혁의 사위인 – 순화군을 각각 수행하여 강원도로 가게 했다.[59] 그들은 현지에서 군사를 모을 것으로 기대했다. 기성부원군 유홍(兪泓), 사헌부 장령 권협(權悏) 등이 서울 사수를 강하게 주장했으나 관철되지 못했다.[60] 국왕 일행은 5월 1일 개성, 5월 7일 평양에 도착하여 한 달 가량 머물렀고, 6월 22일 의주에 도착했다.

내부는 문헌상으로 귀부(歸附)·내복(來服)·내부(來附)·내속(內屬)·내향(內向) 등 다양하게 표현된다. 따라서 내부는 상황에 따라서 달리 해석될 여지가 있다. 이를테면 중화질서 밖에 있던 나라가 그 일부가 되는 것도 내부에 해당된다. 나중에 나온 이야기지만 일본이 명과의 관계를 개선하고 책봉관계를 형성하는 것도 내부로 표기되었다. 그렇다면 이미 중화질서의 일부로 간주되었던 조선이 내부한다는 것은 어떤 의미일까? 임진왜란 당시에는 국왕이 조선 땅을 떠나 명에 의탁하는 것으로 해석될 수 있다. 물론 내부는 조명간 정치적 관계의 변화보다는 국왕의 피신을 의미했으나, 일본의 침략에 대한 대응과도 관련되는 현실적인 문제였다.

내부 문제는 선조의 피난 초기에 일찌감치 제기되었다. 난리 중에 자료들이 망실된 이유에서였겠으나, 이와 관련된 최초의 논의를 『선조실록』이 아닌 다른 문헌에서 찾을 수 있다. 그것은 당시 사관(史館)의 가주서(假注書)로서 회의에 참석했던 이정구(李廷龜)의 기록이다. 그에 의하면 4월 27일 조정에서 왜적의 침략에 대한 대응책을 논의했는데, 여기서 선조와 대신들은 히데요시가 주장한 것처럼 그가 조선을 침략하는 데 그치지 않고 반드시 명나라까지 침범할 것이라고 생각했다. 내부와 관련하여 국왕은 표면상 조·명 양국간의 도의적 관계에서 그 정당성을 찾는 것으로 보인다. 먼저 선조가 다음과 같이 말했다.

이 적은 흉악하고 광적이어서 우리나라만 노리고 오지는 않고, 형세로 보아 반드시 계속 기세를 몰아 상국까지 침범할 것이오. 그렇다면 어떻게 해야 하오? 우리나라가 일심으로 상국을 섬기고, 함께 반역하자는 적의 도리에 어긋난 말을 허락하지 않아 이런 화난이 있게 되었소. 만일 왜적이 서로〔西路, 평안도〕까지 계속 몰아친다면 나는 요동으로 건너가 천자(天子)에게 애걸하고자 하오. 내가 상국 때문에 이런 화가 있게 되었으니, 상국이 어찌 불쌍히 여기지 않겠소. 요동으로 건너가려는 계획이 어떤지 모르겠소.[61]

선조의 말에 이산해는 매우 합당하다고 호응했다. 단지 유성룡이 매우 조심스럽게 이의를 제기했으나, 그것도 타국에 의탁하는 상황에서 음식과 언어상에 문제가 있을 수 있다는 정도에 그쳤다. 백성이나 나라의 방어는 물론 명과의 협력을 통한 왜적의 축출에 대한 언급은 없었던 것이다. 어쨌든 선조는 유성룡의 말에 답변은 하지 않고, 한 걸음 더 나아가 내부의 목적이 자신의 생존에 있음을 드러냈다. 즉, "만일 왜적이 요동까지 들어오면 명도 아마 막지 못할 것이지만, 중국은 땅이 넓어서 북경이 비록 지탱하지 못하더라도 반드시 남경으로 이동할 것이오. 요동으로 건너간 다음에는 적이 중국을 침범하더라도 차례로 피해갈 수 있을 것이오."[62] 선조의 목적은 일단 난을 피해 목숨을 부지하는 데 있었던 셈이다. 27일 회의에서는 광해군의 세자 책봉도 속결되었고, 다음 날 책봉 의식이 행해졌다.

사실 신하들의 입장에서 아직 피난을 떠나지도 않은 상태에서 선조의 내부 주장을 심각하게 받아들이지 않았는지도 모른다. 그렇지만 며칠 뒤 피난을 떠나는 상황에서는 어가의 방향과 관련되었기에 현실적인 문제로 등장했다. 신하들이 점차 그 심각성을 깨닫게 되었고, 조선에서 잔류 필요성도 점차 제기되었다. 그 결과 내부와 잔류 주장이 팽팽히 맞서게 되었다. 내부를 염두에 둔다면 왕은 요동과 강 하나만을 사이에 둔 의주를 향해야 할 것이고, 그렇지 않고 조선 땅에서 끝내 남아 사수하고자 한다면 함경도 등이 유력한 대안이었다.

실제 선조의 피난행렬이 파주를 지나 임진강 건너편에 위치한 동파관(東坡館)을 출발하던 5월 1일 그와 관련된 논의가 제기되었다. 피난 중 경황이 없는 와중에 급히 소집된 회의에서 도승지 이항복은 의주행을 주장했다.[63] 그것은 "형세가 곤궁해지고 힘이 모자라 팔도가 모두 함락된다면 바로 명나라에 가서 호소할 수 있다."는 근거에서였다. 반면 약 1년 전 건저사건으로 회령에 유배되었다가 며칠 전 복권되어 호종의 명을 받은 윤두수(尹斗壽)는 함경도로 갈 것을 주장했다. 그것은 "그곳은 군대가 강하고, 함흥과 경성은 모두 천연의 요새로 의지할 수 있다."는 이유에서였다. 좌의정 유성룡도 "국왕이 조선을 떠난다면 조선은 우리 것이 아니게 된다."면서 아직 동북지방이 남아 있고, 멀지 않아 호남의 의병이 일어날 것임을 주장했다. 이에 이항복이 "의주로 간다고 해서 반드시 (압록)강을 건너려는 것은 아니며, 극단적인 상황을 가정하여 한 말이다."고 조금 물러섰으나, 선조 자신은 "내부가 원래 나의 뜻이다."고 단호한 입장을 나타냈다.[64] 결국 아직 선택의 여지는 남아 있었으나 선조의 북상은 계속되었다.

사실 후일의 논의에서도 드러나는 것처럼, 당시 내부의 현실적 의미에 대한 이해가 서로 달랐다. 그것은 위의 회의 직후 유성룡이 이항복을 별도로 불러 한 다음의 말에 반영되어 있다. "왜 경솔하게 나라를 포기하는 주장을 제기하는 것인가? 그대가 비록 길에서 (국왕을) 따라 죽는다고 해도, 그것은 아낙네와 내시의 충성에 불과할 것이다. 이 말이 한번 나가면 인심이 와해될 것이니 누가 수습할 수 있겠는가?" 유성룡의 생각으로, 이항복에게는 단지 선조의 목숨이 중요했다면, 그에게 내부는 국가의 포기를 의미했다. 국왕의 내부는 조정이 나서서 조선을 왜적으로부터 지키지 않겠다는 것이며, 그렇게 된다면 백성들도 더 이상 나라의 회복에 동참하지 않을 것이다.[65] 국왕에 대한 충성 때문에 나라가 망하게 해서는 안 된다는 것이 유성룡의 생각이었다.[66]

그런데 피난을 떠난 며칠 뒤 그 결정에 대한 책임으로 영의정 이산해를 탄핵하는 여론이 제기되었다. 5월 2일 회의에서 중론이 그의 파직에 집중되는 가운데 선조는 피난 결정은 이산해 혼자만 책임질 일이 아니라면서 유성룡도 논죄해야 한다고 주장했다. 또한 선조는 왜적에 대한 방비를 갖추지 못한 것은 유성룡이 애초 그들의 침략 가능성에 대한 선조 자신의 우려를 비웃은 결과라고 함으로써, 그가 통신사 김성일의 말에 따라 일본에 유화적인 입장을 보였던 것을 문제 삼았다.[67] 결국 잠시 영의정으로 내정되었던 유성룡은 곧바로 실권했고, 최흥원(崔興源)이 영의정, 윤두수가 좌의정, 유홍(兪泓)이 우의정에 임명됐다. 이산해와 유성룡 등 동인을 대신하여, 최흥원과 윤두수 등 서인이 득세한 것이다.

유성룡의 실각으로 국왕의 요동행에 대한 반대는 약화될 수밖에 없었다. 선조가 개성을 떠나 평양을 향하던 5월 4일의 논의에서 윤두수는 국왕이 요동으로 건너가지 않는다면 자신들이 평양을 지킬 것이라고 말했다. 그렇지만 그것은, 그가 말한 것처럼, 서울은 잃었으나 평양은 지킬 수 있을 거라는 위로에 불과했다.[68] 5월 7일 평양에 도착한 뒤 선조는 성절사로 가게 될 유몽정(柳夢鼎)을 통해 명 조정에 내부 의사를 전달하고자 했다. 그렇지만 유몽정은 갑작스런 내부 의사는 오히려 조선에 대한 의혹만 키울 수 있다고 주장했다. 즉, 그렇지 않아도 왜적과의 담합 가능성이 의심되는 상황에서, 명에 지원을 요청하지도 않고 곧장 내부를 요청한다면 조선에 대한 의혹은 더 커질 것이다. 따라서 우선 왜적의 침략과정에 대해서 낱낱이 설명하는 자문을 요진(遼鎭)에 보내 지원을 요청해야 한다.[69] 유몽정의 건의는 내부를 반대하는 조정내 분위기를 반영했다. 더욱이 그는 사행에서 왜적의 침입조차 정식으로 알리지 않는 등 소극적인 입장을 견지했다.[70]

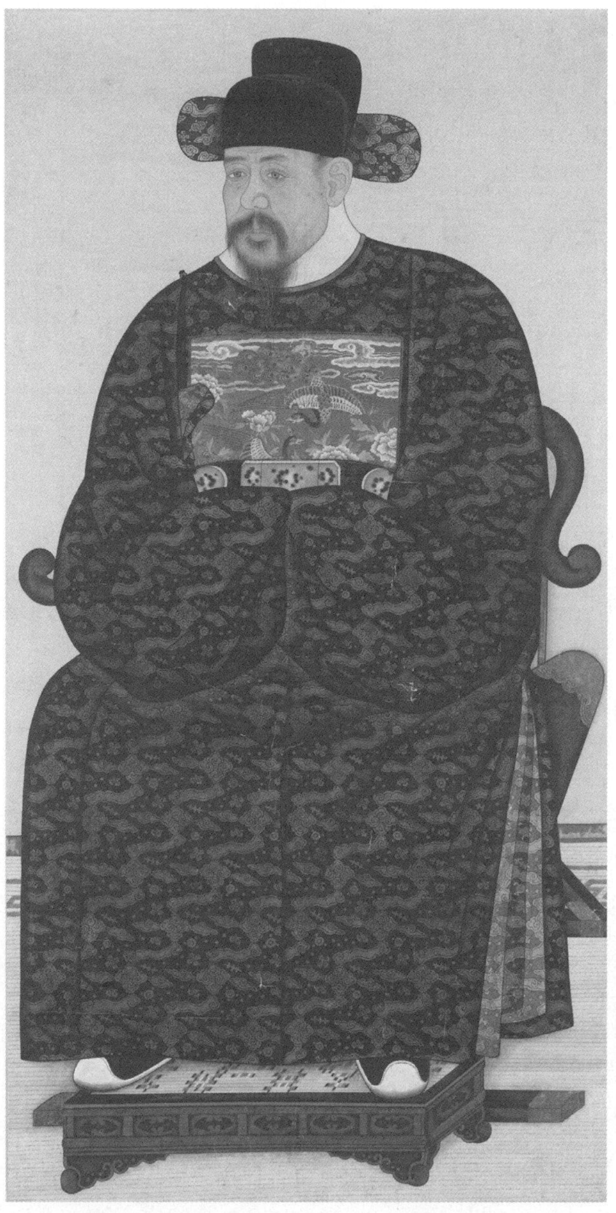

이산해 초상(국립중앙박물관 소장)

그러는 사이 왜군은 계속 북상했고, 임진강 건너편에서 관군이 패배했다는 소식이 5월 19일 평양에 전해졌다.[71] 그 후 왜적의 북상이 어느 정도 지연되기는 했으나 결국 5월 말 왜군은 임진강을 건너 평양을 향했다.[72] 그와 함께 국왕의 거취와 내부 문제가 다시 제기되었다. 아직 대동강 방어선이 남아 있지만 평양도 더 이상 안전지대가 아니게 되었고, 따라서 평양사수 의견도 약화되었다. 6월 1일 회의에서 대다수 신하들은 평양의 포기를 주장했다. 윤두수 등 소수만이 평양사수를 고수했다. 그 이유는 평양이 요새인데다 아직 1만 명 이상의 군사와 장정 수천 명, 그리고 식량이 있다는 것 이외에도 평양을 떠나 목숨을 부지해도 더 이상 나라를 수복할 수 없다는 것이었다.[73]

평양 이후

다음 날〔6월 2일〕 김명원과 한응인 등이 임진강에서 패배하고 돌아오자, 평양포기 주장은 더 거세졌다. 윤두수도 평양사수를 더 이상 고집할 수 없었다. 이날 조정회의에서는 평양의 포기를 전제로 대안의 논의에 집중되었다. 일단 몇 가지 후보지가 있었다. 먼저 의주인데, 원래 선조도 선호했던 곳이지만, 쉬운 선택은 아니었다. 왜냐하면 의주행은 명에 대한 내부로 비춰질 수 있었고, 그렇게 되면 나라를 회복할 가능성이 낮아질 것이므로 앞서 유성룡[74] 등이 강하게 반대했다. 당장 백성들이 물리적으로 반발할 가능성도 없지 않았다.

대안으로 제시된 곳은 평안도와 함경도 사이에 위치한 강계(江界)였다. 선조는 "지세가 좋아서 승리하기 좋다."고 했으나, "풍토가 사납고 식량 조달이 어렵다."(정철)거나 "너무 궁벽해서 (나라를) 호령할 수 없다."(윤두수)는 반대의견에 직면했다. 또 다른 대안은 함흥(咸興)이었다. 그곳은 "병사가 많고 식량이 풍부하여 방어하기 좋다."(이덕형과 심충겸)는 의견이 제시되었고, 선조도 동의했다. 다수의 사람들은 함흥으로 가는 북로가 험해서 왜적이 그곳까지는 오지 않을 것으로 생각했다. 그에 반해 윤두수는 함흥은 그 너머 여진족의 공격에 노출될 수 있고, 왜군이 들어올 수 있다고 주장했다. 그에 의하면, 북방의 민심이 매우 사나워서 임금의 안전을 보장할 수 없었다.[75]

이러한 상황에서 최종적인 목적지 결정은 미룬 채 윤두수와 유성룡의 제안에 따라 일단 영변(寧邊)으로 북상하기로 결정했다.[76] 영변은 의주와 요동으로 가는 직로에 위치하지는 않았으나 그렇다고 크게 벗어나지도 않았다. 윤두수에 의하면, 성이 견고해서 강변의 토병들을 모아 지킬 수 있을 뿐만 아니라, 급하면 의주로 가서 명에 호소할 수도 있었다.[77] 물론 그 외에도 영변은 함흥으로 통하는 길이 있고, 또 영원(寧遠)을 넘어 함경북도로 갈 수도 있었다.

6월 8일 왜적이 대동강변에 이르자, 선조는 다음 날 영변으로 떠나려고 했다. 그렇지만 평양의 군민들이 길을 막아 출발하지 못했다. 6월 10일 선조가 출발하기 직전 궁인들이 먼저 평양성을 나가자 백성들이 도끼와 몽둥이를 들고 난타하는 폭력사태가 벌어졌던 것이다. 신하들 사이에도 평양사수의 의견이 제기되었다. 그 예로 우찬성 정탁(鄭琢)의 차자(箚子), 즉 간단한 보고서를 들 수 있다.

> 조정의 논의가 일치하지 않아 혹자는 적의 칼끝이 이미 임박했으니 불가피하게 피해야 한다고 생각하고, 국왕께서도 그렇게 생각하십니다…… 다행히 이곳 평양은 성곽이 대략 완비되고 백성의 수가 많고, 관청의 창고는 아직 공급할 만합니다. 또한 대동강은 소위 중국 장강(長江)과 같은 천연의 참호입니다. 백성들은 국왕의 수레를 애써 만류하고, 모두가 (왜적에게) 적개심을 품고 있으며, 성중의 남녀노소가 모두 나가 성을 지키는 것을 보면, 인심이 이와 같으니 이는 실로 매우 길한

징조입니다. 하물며 이일(李鎰)이 군사를 이끌고 이미 도착했고, 명군도 장차 구원하러 올 것입니다. 이들로 하여금 깊이 들어온 적들을 물리치게 한다면, 중흥의 공로가 그냥 서서 이루어질 것입니다. (그에 반해) 이곳을 버린다면 대사는 끝장입니다. 이뿐만이 아닙니다. 국왕의 수레가 한번 움직이면 평양의 군민들은 일시에 흩어질 것이고, 반드시 성은 함락될 것입니다. 추격하는 흉적들의 칼끝을 혹시라도 막지 못하여 도중에 예측 못할 변고가 없을 것임을 보장할 수 없습니다.[78]

그렇지만 상소에 대해 돌아온 국왕의 답변은 "적의 칼끝을 어쩔 수 없이 피해야 한다."는 것이었다.

사실 평양이 위태로운 상황에서 유성룡도 피난의 불가피함을 인정하지 않을 수 없었다. 그는 6월 10일 선조를 만난 자리에서 명군의 협조를 통한 왜군의 격퇴를 유력한 대안으로 제시했다. 당시 조선의 상황을 탐지하기 위해서 요동에서 최세신(崔世臣)과 임세록(林世祿)이 평양에 나와 있었고, 유성룡은 두 사람에게 대동강변에 주둔하고 있던 왜군을 보게 했다. 이들은 유성룡에게 "(왜군이) 이 정도뿐이라면 명군이 와서 섬멸할 수도 있겠다."고 말했고, 유성룡은 위급할 경우 명나라 장수에게 알려 구원을 요청할 계획이라고 선조에게 보고했다.[79] 유력한 대안으로 제기되었던 함경도행과 관련하여서 그는 명과 소통이 단절되어 명에 의지할 수 없고 또한 위험할 수 있다는 이유에서 분명하게 반대했다.[80] 사실 아래에서 언급하는 것처럼 명에 대한 군사지원 요청은 선조가 6월 11일 평양을 떠나 숙천(肅川)에 도착하여 결정되었다.

결국 국왕 일행의 평양 출발을 물리적으로 막았던 주동자 몇 명이 참수되었고, 국왕은 11일 영변을 향해, 중전은 평안남도 순천군(順川郡)에 위치한 자산(慈山)을 향해 출발했다. 중전은 함흥에서 선조를 기다리기로 했다.[81] 선조는 11일 숙천, 12일 안주(安州)를 거쳐 13일 영변에 도착했다.

영변에 도착해서도 북상과 명에 대한 내부 요청 여부에 관한 논의는 계속되었다. 당시 여러 가지 방안들이 제기되었고, 내부는 그중의 하나였다. 방안에는 첫째 평양의 사수, 둘째 계속 북상과 유사시 요동에 내부, 셋째 동북방향에 위치한 강계를 거쳐 함경북도 경성으로의 피난 등이 포함되었다. 각각의 대안을 둘러싸고 격렬한 논쟁이 벌어졌다.[82]

사실 당시까지도 명이 조선과 왜의 협력 가능성에 대해 의구심을 가지고 있을 것으로 판단되었다. 왜군이 뒤따르고 있는 상황에서 명이 조선에게 내부를 허용할지도 불확실했다. 따라서 영의정 최흥원이 잠시 기다려보자고 강력히 주장했다. 그럼에도 선조는 서둘러 북상할 것을 고집했다. 선조는 심지어 명이 허용하지 않더라도 압록강을 건너겠다고 선언했다. 그는 자신의 요동행이 결코 피난만이 아니고 명에 군사를 요청하여 나라를 회복하기 위한 것임을 강조했다. 그는 전에 안남(安南)의 왕이 나라를 잃고 자발적으로 명에 입조하여, 결국 명의 군대와 함께 돌아와 나라를 회복한 사실을 상기시켰다. 그럼에도 선조 스스로 인정하는 것처럼, 요동행은 "내가 가는 곳은 왜적도 모두 갈 수 있어 본국에서는 발붙일 곳이 없다."는 이유에서였다.[83] 여러 차례 언급에 반영된 것처럼 나라 회복에 대한 국왕의 의지가 크지 않았음은 부인할 수 없다.

분조(分朝)와 내부요청

함경도 방향의 피난 주장이 여전히 수그러지지 않은 가운데 6월 13일 내부파들은 새로운 방안을 모색했다. 비변사 당상 이항복·한준(韓準)·심충겸(沈忠謙) 등이 선조와 세자 일행을 분리하는 분조(分朝)를 제기했다. 선조만 의주로 북상하고 세자는 강계를 거쳐 함경도로 가는 방안이었다.[84] 세자가 종묘사직의 신주(神主)를 가지고 조선에 남아 있음으로써 일단 내부가 국가의 포기를 의미하지 않게 될 것이다. 그와 함께 한편으로는 국내의 민심을 안정시킬 수 있고, 다른 한편으로 조선에 대한 명의 의구심을 해소할 것으로 기대되었다. 분조는 사실상 내부에 대한 선조의 의중이 반영되었다. 『기재사초』에서 분조를 선조의 의견으로 기재한 것은 바로 그 때문일 것이다.[85]

물론 이항복의 방안은 선조 개인의 안위만을 크게 고려한 것은 아니었다. 이미 이덕형은 그에게 국왕의 양위까지도 제기했고, 일부 대신들도 고려하고 있었다. 다만 이것은 정치적으로 민감한 문제라서 공개적으로 언급할 수는 없었다. 이항복의 생각으로 의주행은 곧 예상되는 명군의 영접에 목적이 있었다. 당일 회의에서 그는 "바야흐로 명에 군사를 요청할 것인데, 만일 요청이 받아들여져 명의 대군이 하루아침에 나오면, 평안도 대로(大路)가 이미 비어 있어 아무도 그들을 맞이하지 않게 될 것이다. 황제가 이 사실을 듣는다면 우리를 어떻게 생각하겠는가?"라고 역설했다.[86] 명군의 협조를 통한 방어를 염두에 둔다면 의주행이 바람직했다.

선조는 다음 날 요동도사에게 내부 의사를 밝힌 공문을 발송하고, 동시에 거기에 강하게 반대했던 최흥원과 호조참판 윤자신(尹自新) 등에게 신주를 받들고 세자를 모시고 강계를 향하라고 명령했다.[87] 선조와 세자 일행은 당일〔6월 14일〕 각각 영변을 떠났다.[88] 선조는 의주 방향의 박천(博川)을 향했고, 함흥 방향으로 가고 있던 중전 일행을 국왕에게로 다시 불러오도록 했다. 선조는 중전과 함께 요동에 들어가고자 했다.[89]

그런데 세자가 국내에 잔류하기로 결정되었음에도 선조의 내부 문제는 결말이 나지 않았다. 그것은 선조가 요동으로 건너가게 될 경우를 대비한 왕권의 문제가 해결되지 않았기 때문이다. 세자에게 비록 종묘의 신주를 맡긴다고 해도 그것은 왕권의 행사와 별로 관련이 없었다. 선조는 이미 피난길에 서둘러 광해군을 세자로 책봉했고 나중에는 권력의 일부를 이양하는 듯했다. 그렇지만 세자는 소위 감국(監國)의 임무만 주어졌을 뿐,

그에게 사실상의 권한은 넘겨주지 않았다.[90] 따라서 앞서 조정회의에서 세자의 행렬에 많은 인원을 배치하고 선조 자신은 소수의 인원만 수행하기로 했으나, 선조가 요동으로 건너간다면 일종의 국정공백이 불가피했다. 다만 선조와 세자 일행이 다른 방향으로 가는 상황에서 대신들은 선조를 수행하려 하지 않았다. 선조는 이항복의 제안으로 수행인원을 자신이 낙점하는 방식으로 충원했으나, 신하들은 대부분 세자의 수행, 즉 조선에 남을 것을 선택했고, 내속할 여지가 큰 국왕을 따르는 사람은 10여 명에 불과했다.[91]

국왕과 세자가 헤어져 다른 방향으로 가기로 한 시점에서 상황은 급속히 전개되었다. 한편으로 명의 군대가 조선을 구원하러 온다는 소식과 더불어 다른 한편으로 대동강 방어선이 무너지고 평양의 방어가 어렵다는 소식이 전해졌다. 유성룡이 걱정한 것처럼 황제의 내부 허락을 받고나서야 요동에 진입한다면 이미 때가 늦을지도 모를 일이었다.[92]

분조 등의 문제로 인해 요동도사에 보내는 내부요청 자문은 지체되었다. 결국 전날 정주에 도착한 선조는 6월 17일 역관을 보내 청원사로서 이미 요동에 도착해 있을 이덕형을 통해서 전달하도록 했다.[93] 내부요청 자문은 6월 23일 요동도사에 접수되었다.[94] 해당 자문은 요동도사를 통해서 25일 요동순무 학걸(郝杰)에게 전달되었고, 다시 명 조정에 보고되었다.[95] 자문의 마지막 부분은 다음과 같다.

> 본인〔선조〕은 변고를 겪은 뒤 놀람과 걱정이 병이 되어 신하들을 이끌고 변방을 지키는 임무를 수행할 마음이 없습니다. 부득이 둘째 아들 혼〔琿, 광해군〕에게 국사를 섭정하고 영토를 보존하도록 명했고, 본인은 적에게 쫓겨 저희 땅에는 몸 둘 곳이 없으니 스스로 식구 몇 명을 데리고 내부할 수 있기를 바랍니다. 즉시 (황제에게) 아뢰어 실행할 수 있게 하기를 바랍니다. 소방은 부모를 따르듯 대국을 받들고 있습니다. 자

식이 위기에 처하면 부모를 버리고 어디로 가겠습니까? 혹시 황제의 허락이 내려오지 않더라도 적의 예봉이 날로 닥쳐오면, 본인은 (압록)강을 건너 명(命)을 기다리겠습니다. 급히 처리해주기 바랍니다.[96]

선조는 황제의 지시가 내려오기 전에라도 급박하면 요동으로 가겠다고 일방적으로 선언했지만, 상황은 여전히 불확실했다. 그가 선천(宣川)에 머물고 있을 때인 6월 18일, 요동도사는 전에 명의 사신을 수행하여 조선에 온 적이 있는 송국신(宋國臣)을 보내 국왕의 진위 여부를 확인했다. 왜냐하면 왜적이 가짜왕을 내세워 요동에 진입한다는 소문이 있었기 때문이다. 그리고 그가 가져온 요동순안어사 이시자(李時孳)의 자문은 조선이 왜와 함께 반란을 도모한다고 적시했다. 그것은 무엇보다도 조선에서 어느 누구도 왜적에 대항하여 나서 싸우지 않고 있다는 사실에 근거했다. 선조는 그가 공갈로 조선을 떠보는 것이라고 애써 외면했으나, 자문은 그를 두렵게 했다. 더욱이 요동도사에게 내부요청 자문을 보낸 뒤에도 내부에 대한 반대가 수그러지지 않았다.

이를테면 6월 22일 의주에 도착한 뒤 선조가 요동의 장수들에게 압록강을 건너는 문제를 상의하라고 지시했을 때, 윤두수는 다음과 같이 주장했다.

당초 요동으로 간다는 계책은 어디서 나왔는지 모르겠습니다. 이 논의를 들은 뒤부터 백성들은 경악했으나 어디에 호소할 곳이 없었습니다. 백성들의 걱정은 왜란 초기보다 더 심하며, 당황스럽고 불안합니다. 지금 비록 왜적이 가까이 닥치고 있으나 하삼도〔충청, 전라, 경상〕가 모두 보존되고, 강원도와 함경도도 침략을 당하지 않았습니다. 전하께서는 많은 백성들을 어디에 넘겨주고 필부(匹夫)가 가는 길을 강행하십니까? 상국〔명〕이 그것을 허락할지 여부도 알 수 없습니다. 갈 때 비빈(妃嬪)

> 들도 남겨둘 수 없는데 요동 사람들은 대다수가 무식하여 옷 색깔이 차이가 있고 말소리도 전혀 다른 것을 비웃고 업신여기며 무례하면 어떻게 그들을 막을 것입니까? 요동에 도착하더라도 풍토와 음식을 어떻게 감당하겠습니까?[97]

여기에서도 내부불가의 근거들이 나열되었다. 아직 전국의 대부분이 왜적의 침략으로부터 온전하기 때문에 싸워야 한다는 것, 백성들을 버릴 수 없다는 것, 명의 내부 허용 여부를 알 수 없다는 것, 비빈들이 무례한 요동 사람들에게 모욕당할 수 있다는 것, 요동의 풍습과 음식을 감당해야 한다는 것 등이었다. 그 외에도 윤두수는 명군이 다수 출동할 것이고, 이들의 길 안내를 위한 조선의 군사 1천 명 정도는 과거시험을 통해 쉽게 모을 수 있다는 점을 강조했다. 피난의 방향과 관련하여 그는 압록강 상류의 벽동(碧潼)을 거쳐 강계로 갔다가, 다시 평안도와 함경도 사이의 고개인 설한령(薛罕嶺)을 거쳐 함흥으로 가는 방안을 제시했다.[98] 그에 의하면 육로로 남하하여 다시 바닷길을 경유, 남쪽 지방으로 가는 것도 대안이었다.[99]

피난 방향을 둘러싸고 논의가 분분한 상황에서 이덕형은 요동도사에게서 국왕의 내부와 관련된 일부 긍정적인 답변을 들었고, 급보를 통해 6월 27일 선조에게 전해졌다. 그 내용은 조선의 입장을 상부에 전달하겠다는 것과 상부로부터 회답이 오기 전이라도 사세가 위급하면 압록강을 건너 적병을 피하라는 것이었다.[100] 일단 비상시 선조의 도강이 허락된 셈이었다. 그리고 비슷한 시점에서 명나라가 선조가 들어올 것을 대비해서 관전보(寬奠堡)의 빈 관아에 그를 안치한다는 소식이 전해졌다.[101]

사실 관전보는 압록강 건너편 지금의 단동에 여진족을 막기 위해 명이 쌓은 작은 성이었다.[102] 선조를 그곳에 안치하겠다는 것은 가능한 내부하지 말라는 의미였다. 요동에서 서둘러 돌아온 이덕형은 7월 3일 선조를 만났는데, "우리나라에 한 개의 읍(邑)도 남지 않을 때에야 (요동으로) 갈 수 있습니다. 한 개 읍이라도 남아 있으면 갈 수 없습니다."고 대답함으로써 국왕의 내부에 대한 요동 당국의 입장을 직접 전했다.[103] 결국 선조로서는 왜적이 당장 뒤쫓아오지 않는 한 의주에 체류할 수밖에 없었다.

명 조정, 내부의 거절

한편 요동순무 학걸은 약속대로 6월 28일 병부에 보고하여, 자신이 마음대로 결정할 일이 아니기 때문에 내부수용 여부를 결정해달라고 요청했다. 그럼에도 그는 여전히 조심스러운 입장이었다. 7월 2일 병부를 통해 황제에게 보고된 이 공문에서 그는 "왜적이 도착하니 조선의 군신들은 화살 하나 쏘지 않고 도망했다."면서 그들의 속뜻을 모르겠다고 보고했다. 다만 왜적의 향도가 아니라 왜적에 쫓겨 국왕이 요동에 들어올 경우, 그를 거부하면 인자하지 못할 뿐만 아니라 명에 대한 신뢰를 잃게 될 것이고, 반대로 받아들이면 난처하다는 말을 덧붙였다. 결국 그는 국왕이 거절당하여 돌아간다면 비상한 사태가 나타날 수 있고 또 인정상 거절할 수는 없으니, 그의 요청을 받아들이되 변경의 성보(城堡)를 택해 잠정적으로 안치할 것을 건의했다.

학걸의 보고를 받은 병부는 황제에게 조선이 대대로 동방의 대국이라고 했는데, 왜군을 만나자마자 도주한 것은 이상한 일이라고 하면서 의구심을 표명했다. 다만 병부도 학걸과 마찬가지로 실제 나라를 지키지 못해서 갑자기 들어올 경우, 이를 거절하면 조선의 신뢰를 잃을 수 있고, 반대로 받아들인다면 일이 가볍지 않다는 선택의 문제를 제기했다. 그러면서도 병부에 의하면, "왜적이 매우 교활하여 중국인이 다수 향도가 되었는데, (조선국왕을 향도로 삼아) 기회를 타서 갑자기 그 사이에 들어오게 되면

학걸 초상

적잖은 해를 끼칠 것"이고, 따라서 그에 대비할 필요가 있다. 또한 왜군이 조선인으로 변장하여 요동지역에 들어올 수 있으니, 함부로 받아들여 일이 생기지 않게 해야 한다. 그 외에도 병부는 연해 지역에 대한 방비를 태세를 갖출 것을 제안했다.

그러한 맥락에서 병부는 조선국왕이 내부하면 나라를 회복할 기한이 없으니, 그가 조선의 요충지를 지키면서 명의 구원병을 기다리게 해야 한다고 주장했다. 병부는 또한 상황이 급박하여 내부하더라도 수행인원은 1백 명을 넘지 않게 해야 한다는 의견을 제시했다.[104]

내부수용 여부에 대한 황제의 답변이 오기 전인 7월 4일 학걸은 조선에 자문을 보냈다. 그가 보낸 자문에는 국왕이 일단 조선에 남아 종묘사직을 지켜야 한다는 점이 명시되었다. 부득이 압록강을 넘어야 할 경우에 수행할 인원은 가까운 가속과 신복만 거느리고 잠시 적의 예봉을 피하도록 했다. 특히 다수의 백성들이 요동으로 따라오지 말도록 했다. 넘어올 경우에도 대신들이 조선에 남아서 사태를 수습할 것, 왕자〔세자〕로 하여금 백성들을 이끌게 할 것, 명의 군사들과 협력하여 청천강 등 요새를 방어할 것, 나라를 회복한 뒤에는 국왕을 다시 맞아들일 것 등을 요구했다.[105] 실제 나중에 요동도사에게 내려지고 조선에도 전달된 황제의 지시는 다음과 같다.

> 왜적이 조선을 함락시켜 국왕이 도망했으니 짐의 마음이 측은하다. 구원병을 파견하고 또 사람을 보내서 그 나라 대신에게 선유하여, 충성을 다해 나라를 보호하게 하고, 각처의 군사들을 모아 성지(城池)를 지키고 요새지를 막으며 (나라의) 회복을 도모하도록 감독하게 하라. 어찌 멸망을 좌시할 수 있겠는가?[106]

여기에서는 국왕의 요동진입 허용이 명시되지 않았을 뿐 아니라 조선의 방어를 명에 의탁하는 결과가 되지 않아야 한다는 입장이 분명했다. 즉, 명의 구원병과 함께 조선이 적극 왜적의 방어에 나서야 한다는 것이다. 당시 구원병의 상황을 본다면, 이것은 사실상 조선 스스로 방어해야 한다는 의미였다. 6월 15일부터 19일 사이에 2천 8백 명이 요동부총병 조승훈의 지휘하에 압록강을 건넜지만 얼마 후 되돌아가고 말았다. 또한 그 규모로 볼 때 전투보다는 상황 탐지의 목적이 강했다.[107] 결국 선조가 기대했던 바, 국왕의 위상에 상응하는 내부는 거절된 셈이었다.

앞서 언급한 것처럼 조선의 일부 대신들은 국왕의 내부가 민심을 이반시키고 영토회복을 어렵게 할 수 있다는 이유로 반대의견을 제시했다. 요동의 군사지휘관들도 유사한 입장을 제시했다. 당시 요동총병 양소훈(楊紹勳)은 다음과 같은 내용의 문건을 조선에 보내왔다. "(국왕이) 이미 사직을 중시하지 않고 멀리 난을 피해 나라를 버린다면, 군사와 백성들은 그로 인해 싸우려는 마음이 없어질 것이다. (조선을) 구원하려고 해도 쉽게 흩어져버릴 것이다. 국왕의 생각은 과연 무엇인가? 종래 고집과 자포자기로 만세의 비웃음을 사지 말아야 할 것이다."[108] 사실 당시 요동의 지휘관들은 다수의 병력을 조선에 파견하는 것에 반대하는 입장이었다. 그들은 조선이 스스로 왜적을 막아줄 것을 기대하고 있었다. 설사 명의 군대가 일부 진입하더라도 식량조달 등 군사적 측면에서 국왕의 국내잔류가 필요했다.

물론 명의 입장에서는 선조에 대한 홀대가 전략적인 관점에서 능사는 아니었다. 따라서 조선국왕이 압록강을 건널 경우 변경의 성보(城堡), 즉 관전보에 잠정적으로 안치하기로 한 뒤, 병부는 다음과 같이 황제에게 제안했다.

> 조선이 만약 함락되면 그 해(害)가 반드시 요동에 미칠 것입니다. 따라서 우리의 울타리를 공고히 하고 울타리의 위세를 튼튼하게 하는 일도 형세상 그만둘 수 없습니다. (압록)강 일대에는 반드시 군대를 성대히 진주시켜 지키게 하여 위세를 떨쳐야 합니다. 조선의 국왕이 (명에) 투항해오면, 강 위에 거처를 택하여 성보를 튼튼히 수리하고 그곳 담당자가 직접 (국왕을) 위문하고 식사를 온전히 제공하며 후하게 접대해야 합니다. 사람과 말에게는 식량과 꼴을 공급하여 구휼하고, 교활한 왜적이 (국왕과 함께) 섞여 들어와 탐지하게 해서는 안 됩니다. 전에 동원된 군사가 부족하면 한 부대를 더해서 앞뒤에서 공격하는 형세를 이루게 해야 합니다.[109]

병부의 제안에는 먼저 내부를 꺼리는 몇 가지 이유가 드러나고 있다. 그 기반은 조선이 왜의 앞잡이 노릇을 할 수도 있다는 의구심이었다. 즉 왜적이 선조의 내부를 이용하여 다수의 군대를 요동에 진입시킨다면 위험해질 수 있었다. 다음으로 내부의 수용은 조선의 방어를 명이 직접 떠맡아야 함을 의미했다. 이것은 명으로서는 매우 부담스러웠을 것이다. 명의 입장에서 바람직하기로는 조선이 기본적으로 방어를 담당하고 명은 일부 군사지원만 하는 방식이었다. 다만 유사시 선조를 변방에 안치하되 최대한 그의 위세를 보존할 필요는 있었다. 그것은 종주국이 망한 속국의 국왕을 버렸다는 도덕적 비난을 피하기 위해서도 필요했을 것이다.

결국 선조는 당분간 요동행을 포기해야 했다. 8월 초 한 조정회의에서는 명이 허용하지 않은 요동진입은 물론 관전보로 가는 것조차 대안으로 간주되지 않고 있다. 다수 대신들은 국왕이 조선을 떠날 경우 백성들과 군사들의 사기저하 또는 반발 가능성을 제기했다. 국왕이 필부가 된다는 것, 즉 국왕으로서 지위를 갖지 못한다는 것, 명이 왜적을 막지 못해 왜적과 강화를 한다면 나라를 잃을 수도 있다는 점도 언급되었다. 대신들은 대안으로서 아직 두 개의 강, 즉 청천강과 대정강이 막고 있으니 의주에 잠시 더 머무는 방안, 정주(定州)로 다시 남하하여 상황을 보아 수로로 강계로 가거나 바다로 나가는 방안 등이 제기되었다.[110]

사실 바다를 통한 남하는 결코 비현실적인 방안이 아니었다. 초기의 갑작스런 패전과 달리 남부지방에서 점차 상황이 안정되고 있었기 때문이다. 무엇보다도 이순신과 원균 등 조선 수군이 계속 승리했고 전국적으로 의병활동이 활발히 벌어졌다. 전라도와 경상도에서 지방 유생들이 수백에서 수천 명의 군사들을 모아 점차 저항세력을 구축했다. 그로 인해 왜군이 전라도에 진입하지 못했을 뿐만 아니라, 의병들의 지속적인 공격에 시달림으로써 왜군의 활동 범위도 점차 축소되었다. 조정에서는 7월 초 호남의 군대를 효유하기 위해서 대사성 윤승훈(尹承勳)을 해로를 통해 파견했다. 신경(申炅)은 이로부터 조정의 명령이 호남과 통하게 되었고, 실로 중흥의 업(業)이 시작되었다고 기록하고 있다.[111]

특히 7월 말 호남의 유생 곽현(郭玄)과 양산숙(梁山璹)이 의병장 김천일의 도움으로 바다를 통해 의주에 들어가 선조에게 상황을 보고했고, 선조는 호남과 영남의 백성들에게 각각 별도의 교서를 선포하고, 여러 의병장들에게 관직을 제수했다.[112] 그와 함께 초기에 나타났던 관군과 의병간의 갈등도 점차 봉합되었다. 그럼에도 선조는 전에도 그랬듯이 조선 내에서는 어디든 왜적을 피할 수 없다고 판단하여 남하에 반대했다. 그는 명이 자신의 내부는 허용하지 않더라도, 왜군이 요동을 공격하려는 상황에서 조선에 대한 군사지원은 할 것으로 기대했다.[113]

8월 말 군사지원을 요청하는 진주사로 떠난 정곤수 일행은 명 조정의 관리들을 만나서도 내부와 관련해서는 어떤 요구나 논의를 제기하지 않았다. 그에 의하면, 평양에서 의주까지는 단지 5일거리에 불과한데, 국왕이 한 발도 후퇴할 곳이 없으므로 명의 군사가 와서 다시 구해줄 것을 간절히 바랄 뿐이었다.[114] 다행히 왜군은 7월 17일 평양성을 탈환하려는 명군을 격퇴시켰지만, 더 이상 북진은 하지 못했다. 요동에서는 소규모지만 계속 명의 군대가 조선을 왕래했다. 8월 중순 송응창(宋應昌)이 조선경략으로 임명되었고, 병부상서 석성(石星)은 심유경(沈惟敬)을 보내 8월 말 평양의 유키나가와 협상을 진행하게 했다. 그 결과 왜적의 직접적인 위협은 감소되었고 선조는 오랫동안 의주에 체류할 수 있게 되었다.

3. 조선과 명의 접촉

최초의 통보

앞서 본 것처럼 통신사의 귀국 이후 조선은 히데요시의 침략 여부에 대해서 논의가 분분했다. 그와 함께 일본과의 독자적인 접촉을 명이 알게 될까 하는 우려 속에서 명에 대한 통보와 공동 대처에 소극적일 수밖에 없었다. 명의 입장에서도 일본이 조선을 앞세운다는 현지의 보고로 인해서 조선에 대한 의구심을 가졌다. 이러한 상황에서 결국 일본은 조선을 침략했고, 조선은 초기 대응에 실패했다. 그렇다면 일본의 침략을 당한 뒤 조선과 명 사이에는 상호 어떤 접촉이 있었을까?

『신종실록』에 의하면, 황제가 병부를 통해 왜란에 관한 조선의 공문을 처음 접한 것은 5월 10일이었다. 즉, "조선국왕이 자문을 보내 왜선 수백 척이 부산을 침범하여 주택을 불태우고 있으며, 그 기세가 매우 거세다."는 것이었다.[115] 그것은 윤두수가 5월 3일 "요동(도사)에 대한 자문과 관련하여, 역관을 급히 정해 빨리 보내서 급한 일을 알려야 한다."고 제안했고, 선조가 이를 승낙한 결과였다.[116] 침략을 당한 지 거의 20일이 지나 선조 일행이 개성에 도착해서야 역관을 통해서 – 요양(遼陽)에 위치한 – 요동도사에 알리기로 결정했던 셈이다. 『선조실록』은 자문의 자세한 내용을 전하지 않지만, 명의 관련 자료에서 그것을 확인할 수 있다. 요동순무 학걸은 조선국왕의 자문에 근거하여 다음과 같이 병부에 보고했다.

> 올해 4월 13일 등 날짜에 왜적 4백여 척이 뜸[117]을 메달아 조선을 곧장 침범하여 금어산진(金魚山鎭)[118] 지방을 포위했고, 본진(本鎭)의 장령 등 관리들이 군사들을 독려하여 교전했으나 적의 기세가 바야흐로 왕성하여, 진(鎭)과 성(城) 밖의 민가가 모두 타버렸다.[119]

날짜는 명시되지 않으나 위의 내용을 좀 더 자세하게 보고하는 병부의 문서가 있다. 여기에 따르면 조선국왕이 당보(塘報)[120]로 부산진 절제사 정발(鄭撥)과 경상도 수군절도사 박홍(朴泓)의 보고를 인용하여 침략 상황을 알렸다고 한다. 즉, 왜적이 4월 13일과 14일 수십 척에서 백여 척의 왜선으로 부산 등 여러 지방에 상륙했고, "적의 기세가 성하여 여러 번 싸움에 져서 주민들의 주택이 모두 불타고 약탈당했다."는 것이다.[121]

요동도사를 통한 통보는 국내정치의 변화와 관련되었다. 그것은 윤두수의 복권이었다. 그는 서인으로서 정철(鄭澈)의 세자책봉 건의 사건에 연루되어 유배되었지만, 피난 가기 직전 4월 29일 국왕의 호종(扈從)을 명받고, 사흘 뒤에는 우의정에 지명되었다. 그는 지난해, 즉 1591년 4월 히데요시의 정명가도(征明假道) 요구를 명에 알려야 한다고 주장했다. 그의 주장이 부분적으로 반영되어, 조선은 그해 5월 성절사 김응남을 통해 간접적으로나마 일본의 침략계획을 전했고, 김응남의 보고가 황제의 치하를 받게 되었다.[122] 1592년 봄 조선과 일본의 공모 가능성을 제기한 허의후(許儀後)의 보고가 일본 현지로부터 명에 전달된 직후 임란이 발생했는데, 조선이 사전에 통보했기 때문에 그나마 명의 의구심을 줄일 수 있었다. 결국 윤두수의 선견지명이 높게 평가되어 그는 복권되었고, 이제 왜적의 침략 상황을 명에 알릴 것을 제안했다. 물론 명에 통보하는 것과 군사지원 요청은 별개의 문제였다. 그는 명에 군사지원을 요청하자는 도승지 이항복의 주장에 대해서 조목조목 근거를 들어 반대했다. 또한 선조의 내부에 대해서도 반대하여 국왕이 조선에 남아 사수할 것을 주장했다.

사실 당시 조선에 대한 명의 불신 그리고 조선 스스로 그에 대한 우려로 인해서 지원 요청은 부차적인 문제였다. 선조가 평양에 머물던 1592년 5월 중순에도 지원 요청 여부를 둘러싼 찬반 논의가 계속되었다. 조선은 피난 초기의 국정혼란을 어느 정도 벗어난 뒤였으나 임진강을 사이에 두고 왜적과 대치중이었다. 이항복이 조회에서 "지금은 팔도가 무너져서 수습하여 회복할 가망이 없다…… 지금 우리가 다시 할 수 있는 일은 없으니, 속히 천조(명)에 구원을 요청해야 한다."면서 병력 요청의 필요성을 강조했다.[123] 그가 나중에 정리한 자신의 말은 다음과 같다.

> 지금 팔도가 붕괴되어 다시 수습할 가망이 없으니, 지혜를 가진 자라도 국가를 위한 계책을 알지 못할 것이다. 옛날에 제갈공명의 지혜로도 형주(荊州)가 함락되어 유비가 몸을 의탁하여 무력을 사용할만한 땅이 없게 되자, 손(권) 장군에게 구원을 요청하여 결국 적벽의 승리를 이루

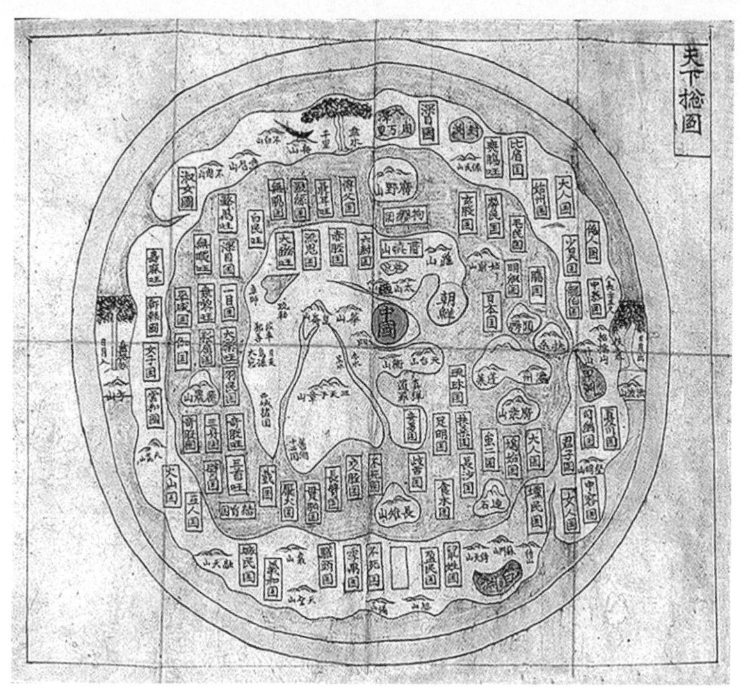

김성일이 소장했던 「천하총도」

> 어, 삼국이 정립(鼎立)하는 기업(基業)을 이루었다. 지금 우리나라의 힘으로는 다시 어찌할 수 없으니, 천조에 사유를 갖추어 천병의 구원을 요청하여, 만에 하나라도 바라는 것이 좋겠다.[124]

그렇지만 동지중추부사 이덕형을 제외한 대다수 사람들은 반대 입장을 표명했다. 그것은 명이 구원해줄지 불확실할 뿐 아니라 명군에 의한 횡포라는 새로운 문제가 발생한다는 이유에서였다. 즉, "지금은 평안도 한 개만 온전한데, 또 중국의 군사가 침탈한다면 나라와 백성이 반드시 초토화되고 말 것이다."[125] 『기재사초』에 의하면, 앞서 명에 보고를 주장했던 윤두수는 다음과 같은 취지에서 군사지원 요청에 반대했다.

> 지금 우리 군사가 임진강을 지키고 방어할 수 있다. 또한 조정은 사람을 충청·전라·경상에 보냈으니 반드시 많은 병사들이 올 것이다. 함경도의 군사들도 머지않아 모일 것이다. 대군이 충분히 모이면 우리 스스로 할 수 있게 된다. 하물며 명의 군사를 동원하여 조선을 구원하리라는 것은 진실로 기약할 수 없다. 또한 명의 군대가 일단 우리나라에 들어오면 그 후 처리하기 어려운 걱정거리가 지금보다 만 배가 될 것이다. 어찌 이 일을 경솔히 제기하는가?[126]

윤두수가 제시한 근거는 크게 세 가지였다. 첫째는 조선의 군사만으로도 왜적을 막을 수 있다는 것, 둘째는 명의 군사적 지원을 기약할 수 없다는 것, 셋째는 명의 군사가 조선에 들어오면 더 큰 걱정거리가 될 수 있다는 것이다.[127] 세 번째 이유는 백성들의 피해가 예상되기 때문이었다. 그것은 명군을 위한 식량의 조달부담과 더불어 그들의 횡포 가능성을 의미했다.

사실 청병에 대한 찬반은 선조의 내부에 대한 논의의 연장이었다. 윤두수는 선조가 조선에 남아서 지켜야 한다고 했고, 이항복은 선조의 내부와 청병이 불가피하다는 입장이었다. 그와 관련하여 선조의 명시적인 의견 제시는 없었으나 이항복이 도승지로서 그의 의중을 대변했다. 그러나 이항복은 그냥 물러날 수밖에 없었고, 고수론이 관철되었다.

한편 청병에 대한 조선의 소극적 입장은 북경에 보내는 사절에도 반영되었다. 왜란 발생 이후 조선이 처음으로 북경에 사신을 보낸 것은 5월 말 성절사 유몽정(柳夢鼎)이었다.[128] 성절사는 황제의 생일을 축하하기 위해 정례적으로 파견되는 사신이다. 일각에서는 급한 일을 알리는 고급사(告急使)를 대신 파견해야 한다는 의견도 있었으나, 성절사가 누락되면 명의 의심을 살 것이라는 의견에 따라, 그는 일단 성절사의 신분으로 가게 되었다. 다만 왜적의 침입 사실을 알리는 별도의 주문(奏文)은 제출하지 않고, 단지 예부에 제출하는 자문(咨文)에서 왜적이 서울에 들어온 까닭에 예물이 빠졌다고 함으로써 간접적으로 전하기로 했다.[129]

두 번째 통보

서울이 함락되고 국왕이 평양까지 피난 간 5월 중순 조선은 두 번째로 왜적의 침략 상황을 요동의 책임자들에게 알렸다. 의주목사 황진(黃璡)이 비변사의 자문을 압록강 건너편 초소인 관전보의 부총병 동양정에게 보냈고, 이 자문은 학걸과 양소훈 등을 차례로 거쳐 병부에 보고되었다. 양소훈은 조선국왕이 역관 한윤보(韓潤輔)를 파견하여 자문을 보냈다는 요동도사의 보고 사실을 확인했다. 비변사의 문서는 다음과 같다.

> 앞서 올 4월 경상도관찰사 김수(金睟)가 왜적의 상황을 급보했고, 이미 관리를 보내 (요동)도사에 알렸다. 그 후 수많은 적이 계속 정박해 연해의 부산·동래 등 진(鎭)을 연이어 함락시키고 장령들을 죽였다. 급히 내륙까지 들어와 밀양·상주·충주 등 10여 군현을 함락시키고 곧 서울을 쳐서, 그 기세가 매우 거세다. 각지 장령들은 대적하지 못했다. 본국은 병력이 약해 제대로 싸우지도 못해 서쪽 평양부로 피난하고 있다. 적은 입경하여 나라의 창고와 가축을 약탈했다. 이번 성절사의 진상 예물도 황급하여 배로 운송하지 못해 결국 적의 수중에 들어갔다. 전국이 초야에 피난하여 제물을 갖출 틈이 없어 실로 애통하다.
>
> 적이 작년 본국 연해에 와서 누차 천조의 침범을 공갈하기에 변장들에게 의리에 의거해 거절하게 명했다가 적의 원망을 사서 침략당해 결국 이 환난이 있다. 본국은 소국을 보살피는 인(仁)을 입어 오래 변

경에 난리가 없고, 백성은 전쟁에 미숙하여 갑작스런 공격에 지탱하지 못했다. (요동)도사에 다시 알리니 그간 알린 일들을 살펴서 시행하길 바란다.[130]

비변사의 문서는 4월 김수의 비보(飛報)에 근거하여 이미 한 차례 요동도사에 자문을 보냈음을 명시하고 있다. 이어 왜적이 서울까지 점령하고, 국왕이 평양으로 피난한 상황이 추가로 언급되었다. 전쟁의 원인이 명과도 관련되는 만큼 지원을 기대하는 것으로 이해할 수 있으나, 명시적인 구원 요청은 하지 않았다. 더욱이 조선은 여전히 요동도사를 상대로 했고, 성절사도 명 조정에는 직접 보고하지 않았다. 그것은 스스로 문제해결에 초점을 두었던 것 이외에도, 추측건대 황제가 관여하게 되면 통제하기 어려운 방향으로 일이 진행될 가능성이 우려되었기 때문이다.

군사 요청에 대한 조정의 유보적 입장은 의주목사 황진의 일화로 이어졌다. 부총병 동양정이 그를 불러서 "귀국이 침략을 당했는데 상국〔명〕이 구원해야 할 것이오. (조선이 군사를 요청하면) 내가 당연히 금방이라도 군사를 데리고 (압록)강을 건널 것인데, 그대가 이 생각을 빨리 (국왕에게) 보고하시오."라고 말했다. 황진은 답하기를, "우리나라가 비록 갑자기 병화를 당하여 온 나라가 피난하고 있으나, 우리나라 군사가 충분히 왜적을 당해낼 수 있소. 어찌 대인이 수고롭게 구원할 일이 있겠소?" 했다. 그럼에도 그는 동양정의 말을 조정에 보고했는데, 선조가 분노하여 "명이 군대를 동원하여 구원한다는데 황진이 무슨 군대가 있어서 이런 말을 해서 그것을 막았는가?"라고 하면서 그를 잡아들이도록 했다. 그러나 대신들이 "황진이 (조정의) 명령을 듣지 못했다."는 이유를 들어 선조를 제지하여 그만두게 했다. 임란 초기 요동에 대한 연락을 담당한 그가 조정의 입장을 모를 리는 없었을 것이다.[131]

어쨌든 그간 왜적의 침략에도 구원 요청에 있어서 조선의 소극적 태도에 대해 요동으로부터 힐문이 있게 되자, 조정은 좌승지 유근(柳根)을 선위사로 파견하여 자초지종을 설명하게 했다. 그렇지만 그도 아래에서 보는 것처럼 청병에는 유보적이었다.

명의 반응

그렇다면 왜적의 침입과 관련하여 요동도사를 통한 조선의 통보에 대해서 명의 병부는 어떻게 반응했을까? 병부는 히데요시의 조선침략을 유구와 일본의 본국인들, 즉 진신(陳申)과 허의후 등에 의한 보고의 연장선에서 이해했다. 그들의 주장과 달리 요동도사의 보고에는 조선과 왜적의 결탁이 적시되지는 않았으나, 병부는 그들이 보고한 히데요시의 전쟁계획이 이제 현실화되는 것으로 간주했다. 그와 함께 병부는 왜적의 목표가 명의 침입에 있는 것으로 여기고 거기에 대비할 것을 촉구했다. 병부는 황제에게 다음과 같이 보고했다.

> (국왕의 자문이) 병부에 도착한 뒤, 왜적의 침범 상황을 알게 되었습니다. 진신이 앞서 보고했고, 이어 주균왕[132]이 나중에 아뢰었던 것으로, 이미 각 연해의 총병들과 유구 등 각국에게 엄정히 대비하라고 유시했습니다. 지금 (국왕의) 보고에서 칭하기를, 왜선 수백 척이 조선을 침범했고 그 기세가 매우 거세다고 하니, 속셈이 이미 현실화된 것입니다. 또한 성동격서는 왜적의 오랜 모습인 만큼 길을 나누어 침입하지 않으리라는 법이 없습니다. 모든 연해 일대는 방어를 주밀하게 하고 명령의 하달을 기다리게 해야 합니다. 각 지방 관아에 공문을 보내서 힘써 군대를 훈련하고 무기와 선박을 정비하며 성곽과 연못을 수리하여 한편 방어에 힘쓰고, 다른 한편 분발하여 정벌하고 소탕해야 합니다.[133]

병부의 보고에 대해서 황제는 "요동과 산동의 연해 성(省)과 직예(直隸)의 독무들, 도(道)와 진(鎭)의 관리들에게 알려 엄격히 군사훈련을 강화하고 방어에 힘쓰게 하여 소홀함이 없게 하라."고 지시했다.[134] 황제의 지시에 따라 요동의 각 기구들에게 임무가 주어졌다. 요동도사는 조선국왕에게 각 부서들을 이끌고 왜군을 막으라는 공문을 보내고, 분수도도사(分守道都司)[135]는 조선에 사람들을 보내서 상황을 탐지하며, 부총병 조승훈은 병력을 조선에 가까운 곳으로 이동시키도록 했다.[136] 병부나 황제도 파병 문제는 언급하지 않았다.

사실 조선의 최초 통보에 대해서 명에서도 대응책을 둘러싼 논의가 활발히 전개되었다. 5월의 관련 논의는 후에 조선원정을 총괄했던 송응창이 편집한 『경략복국요편』에 요약되어 있다.

먼저 병과급사중 오홍공(吳鴻功)은 히데요시가 유구와 조선을 앞세워 명을 침략할 것이라는 허의후 등의 보고가 사실로 증명되고 있으니 미리 적극적인 조치를 취해야 한다고 주장했다. 자세한 내용은 알 수 없으나 그는 조선의 방어 의지에 대해서도 의구심을 품었다. 산서도어사(山西道御史) 팽호고(彭好古)는 왜선이 4백여 척이라는 소식에 근거하여 최소 10만 명이 동원되었다고 보고, 그 목표가 조선이 아니라 중국이라고 추론했다. 그는 왜적의 조선침략은 후방으로부터 공격을 차단하고, 조선을 기반으로 명의 동쪽 연안을 침략하기 위한 것으로 해석했다. 그에 의하면, 왜적은 국내가 아닌 해외에서 미리 차단해야 한다. 병과급사중 유도융(劉道隆)은 왜적이 과거처럼 동남지역의 재물을 약탈하지 않고, 조선을 병합하여 요동으로 진출하려는 것은 그 목표가 중국임을 의미한다고 해석했다. 그는 급히 군사 1만 명을 모집, 연해 요충지의 방비를 제안했다. 예과급사중 장보지(張輔之)는 명이 그간 요동과 북방민족 방비에 치중했음을 지적하면서 동남연해에 대한 방비의 필요성을 적극 제기했다.[137]

논자들은 무엇보다도 왜적의 목표가 조선이 아니라 중국 내지라고 간주했다. 그들은 조선이 왜적에 협조한다는 의구심을 직접 제기하지는 않았으나, 조선이 그들을 막지 못하는 한, 명 스스로 방어에 나서야 한다는 점을 분명히 했다. 그와 함께 당시 왜군이 육로로 조선을 거쳐 북상하는 상황이었으나, 그들은 요동보다는 연해 지역 방비를 강조했다. 요동에는 북방민족의 방어를 위해 많은 군대가 주둔해 있기도 하지만, 과거 왜구가 주로 연해 지역에 출몰했기 때문이다. 또한 조선에서 요동으로 가는 길 이외에도 서해안에서 중국의 동해안을 공격하는 여러 루트가 있다고 간주되었다. 병부는 모든 연해지방에 대한 방어태세를 구축할 것을 촉구했다. 병부의 보고를 받은 황제는 요동과 산동 등지에 대한 방비를 강화하도록 지시했다. 그렇지만 조선에 대한 지원이나 방비는 아직 언급되지 않았다.

한편 임진왜란과 국왕의 피난 소식이 전해졌을 때, 당시 사은사로서 북경에 머물고 있던 신점(申點) 일행은 적극 구원을 요청했다고 한다. 그렇지만 이들이 귀국 후에 전하는 명 조정의 분위기는 그리 우호적이지 않았다. 신점은 명나라 사람과의 대화에서 우리나라가 왜적과 공모하여 그들을 향도(向導)한다고 의심하는 것을 느꼈다고 회상했다.[138]

작년 성절사 김응남을 수행했고 다시 신점을 따라간 이문학관 허징(許澂)이 유성룡에게 전했던 바에 의하면, 왜적의 침략에 대한 명의 방안은 크게 세 가지였다. 첫째는 압록강을 지키면서 사태를 관망하는 것이다. 둘째는 이적끼리 상호간 전쟁에 중국이 구원할 필요가 없고 단지 압록강을 지키면서 무력시위를 하는 것이다. 세 번째는 병부상서 석성(石星)의 주장으로 조선을 구원하는 것이다. 다만 석성의 방안도 조선에 우선 무기와 화약을 주어 왜군을 막게 하자는 것이었다. 그나마 그의 제안은 "무기와 화약은 외국에 주는 것을 금한다."는 명 태조의 법을 지켜야 한다는 비판에 직면했다.[139] 그에 대해서 석성은 다음과 같이 주장하여 의견을 관철시켰다.

유근 초상

소위 외국은 (명의) 통제가 느슨하고 멀며, 그 성패가 중국과 무관한 나라이다. (그러나) 조선은 내복〔內服, 국내〕과 같다. 만약 왜적이 조선을 온통 점거하고 요동과 산해관을 침범하면 북경이 진동할 것이다. 이것은 곧 몸 안의 걱정거리이다. 어찌 통상적인 경우로서 논할 수 있겠는가? 고조제〔주원장〕라면 반드시 (화약과 무기를) 하사했을 것이다.[140]

당시 논의에서는 조선에 대한 지원은 상당히 유보적이었고, 석성의 방안에도 파병과 같은 직접적인 지원은 포함되지 않았던 셈이다.

그와 함께 명 조정은 비밀리에 요동에 명하여 사람을 조선에 파견, 상황을 탐지하게 했다. 이에 최세신과 임세록이 5월 말 조선에 도착했다. 앞서 언급한 것처럼 조선은 명의 구원병 파견에 대해서는 아직 유보적이었다. 그리하여 그들을 맞이했던 영위사(迎慰使) 유근은 조선의 피폐한 사정을 직접 호소하여 중국 구원병이 오래 머물기가 어렵다는 등 거부하는 태도를 보였다. 그러자 그들은 화가 나서 평양으로 오지 않고 의주로 돌아가버렸다.[141] 이에 예조판서 윤근수(尹根壽)가 가서 달래서 평양으로 데리고 왔다. 그들은 6월 5일 평양에 도착하여 선조를 접견했다. 이때 선조는 "과인(寡人)이 종묘사직을 지키지 못하고 도피하여 이곳에 이르러 조정〔명〕에 우려를 끼쳤소."라고 했을 뿐, 구원병 요청은 언급하지 않았다.[142] 두 사람은 6월 11일 대동강변에 주둔하고 있던 왜군을 직접 목격할 수 있었다.[143]

요동의 정탐군대 파견

그런데 『신종실록』에 의하면 6월 2일 황제는 처음으로 소규모 군대의 파견을 지시했다. 그는 요동순무에게 2개 부대를 징발해서 조선을 지원하고, 군사의 식량 조달을 위해 2만 냥을 지급하며, 선조에게는 대홍저사(大紅紵絲) 겉감과 속감 두 벌을 하사하여 위로하게 했다.[144] 그때는 최세신 일행이 아직 조선에 머물고 있었다. 『신종실록』은 그러한 결정의 배경에 대해서 언급하지 않고, 단지 황제가 병부의 주문에 따랐다는 사실만 적고 있다.

중국의 다른 자료에도 그와 유사한 내용이 있다. 후계고(侯繼高, 1533-1602)의 『전절병제고』에 의하면, 병부가 "요동 무진(撫鎭)의 각 관서에 공문을 보내서 속히 정예병 1, 2개 부대를 압록강변 일대로 동원하고, 깃발과 북, 화기 등을 많이 배치하여 한편으로 그 나라〔조선〕를 응원하고, 다른 한편으로 우리의 성세를 떨치게 해야 한다. 왜군이 난입하면 즉시 막고 죽여야 한다."고 건의했다. 이에 황제는 다음과 같은 취지에서 해당 결정을 했다.

> 조선은 평소 공손함에 힘쓰고 우리의 속국인데, 도적의 침략을 받았으니 어찌 좌시해야 하겠는가? 요동 무진으로 하여금 즉시 정예병 1, 2개 부대를 동원하여 응원하고, 그 외에도 은 2만 냥을 내어 그 나라에 보내 군사를 먹이고, 대홍저사로 만든 겉감과 속감 두 벌을 내어 국왕

을 위로하라. 또한 해외의 여러 나라들에게 선유하여 군사를 모아 흉적의 소굴을 쳐서 완전히 쓸어내게 하라. 연례대로 주는 은량도 준하여 발급하라.[145]

위의 구절에는 명목상 조선의 공손함과 속국에 대한 황제의 도덕적 의무에 파병의 의의를 두고 있다. 그와 함께 국왕에 대한 선물과 재정지원이 포함되어 있다.[146] 그런데 이와 관련하여 『선조실록』은 다음과 같이 약간 다르게 전하고 있다.

이때가 되어 (명의) 예부가 이르기를 '왜적의 환란이 닥쳐오니 삼가 조선을 구원하여 울타리를 튼튼히 하고 군량을 내어 위급함을 구제해주시기를 청합니다.'고 하니, 천자가 이르기를 '조선은 평소 공손함에 힘쓰고 우리의 속국인데, 도적의 침략을 받았으니 어찌 좌시해야 하겠는가? 요동에 명하여 즉시 정예병 2개 부대를 동원하여 응원하고, 이어 은 2만 냥을 내어 그 나라에 보내 군사를 먹이고, 대홍저사로 만든 겉감과 속감 두 벌로 국왕을 위로하며, 그로 하여금 관병을 이끌고 힘껏 막게 하라. 만약 힘이 지탱하지 못하면, 구원병을 청하여 대응하는 것도 무방하다. 조속히 적을 섬멸하여 우리의 울타리가 되게 하라.' 고 말했다.[147]

『선조실록』에는 병부가 아닌 예부로 되어 있고, 일단 조선 스스로 왜군을 막고, 필요시 명에 구원병을 요청하게 하라는 구절이 추가되어 있다. 반면 해외 여러 나라들의 동원에 대한 언급은 없다.

어쨌든 위 두 문헌에는 조선 측의 군사 요청에 관한 언급은 없다. 최초의 군대 파견 결정은 조선의 요청 없이 명의 독자적 결정에 의해 이루어졌던 것이다.[148] 파병의 이유는 왜적이 명을 공격하겠다고 호언했고, 지리적으로 조선에서 방어하는 것이 유리하다고 판단되었기 때문이라는 추측이 가능하다.[149] 그렇지만 파견된 명군은 왜군과의 일전보다도 정탐적 성격이 강한 약 3천 명의 소규모 군대에 불과했다. 더욱이 명군은 원칙상 조선에 진입하는 것이 아니라 압록강 연안까지 이동하고, 무기 등도 그곳에 배치하되, 왜군이 명의 영토에 들어올 경우에 막도록 했다.

결국 황제의 지시에 따라 요동으로부터 두 개의 부대가 조선에 파견되었다. 당시 요동의 군사책임자는 양소훈 총병으로 그의 산하에 있던 군대가 동원되었다. 즉, 광녕유격(廣寧遊擊) 사유(史儒), 독전참장(督戰參將) 대조변(戴朝弁) 그리고 광녕유격 왕수관(王守官)의 부대가 각각 6월 7일과 10일 요양을 출발했다.[150] 명군의 출발과 함께 황제가 군사들을 위로하기 위해 2만 냥을 하사했다는 소식은 6월 14일 당시 의주에 머물던 예조판서 윤근수로부터 영변의 선조에게 치계로 보고되었다. 윤근수의 보고에 대해서 선조는 그 사실을 널리 알려 군사들의 사기를 북돋고, 특히 대동강 여울을 지키면서 명군이 도착할 때까지 버티도록 했다.[151] 당시 윤근수는 명 관리들을 접대하기 위해 의주에 있었고, 동양정 부총병이 출병 소식을 그에게 통보했다. 물론 통보한 목적은 명군을 맞이할 준비를 시키기 위해서였다. 동양정 자신도 다시 의주에 나와서 왜군의 상황을 명 조정에 신속히 보고하기 위해서 의주에서 평양까지 1백 리 간격으로 파발을 두도록 했다.[152]

그런데 명군은 압록강변에 도착한 뒤 강을 건너지 않고 기다렸다. 그것은 원래 계획에 따른 것이었으나, 요동순무 학걸이 "조선이 급히 군사를 요청하고 있는데 전에 보낸 유격들이 압록강에 머물면서 감히 전진하지 않고 있다."고 보고했다. 이에 병부는 "기회를 보아 강을 건너 조선 구원에 나서야 한다."는 칙령을 내릴 것을 제안하여 황제의 승낙을 받았다.[153] 다만 황제의 칙령이 요동에 전달되기 전에 명군은 차례로 압록강을 건넜다.[154] 그럼에도 대동강을 경계로 왜군과 대치한 가운데 명군의

구원을 기대했으나,[155] 시간적으로 거기에 미치지 못했다.[156]

사유와 대조변의 1개 부대 1천여 명이 6월 15일 압록강을 건너 맨 먼저 내려왔다. 마침 조선은 아래에서 보는 것처럼 6월 11일 요동에 대한 군사 요청을 결정했다. 그리하여 대사헌 이덕형이 청원사로 파견되었는데, 그는 가는 도중 강을 건너고 있는 명군을 압록강변에서 만났다. 그는 명의 장수들에게 서둘러 평양으로 가서 지켜줄 것을 요청했다. 강을 건너온 이들을 윤근수 등이 만나서 마찬가지로 조속한 평양 방어를 요청했다.[157] 윤근수는 명군의 숫자가 너무 적다고 생각하여 17일 압록강을 건너 부총병 조승훈을 만났다. 조승훈은 추가 명군이 며칠 안에 압록강을 건널 것이라고 대답했다.[158] 그날 광녕유격 왕수관과 원임참장(原任參將) 곽몽징(郭夢徵)이 이끄는 5백여 명, 그리고 19일 조승훈의 군대 1천 3백여 명이 마지막으로 강을 건너왔다.[159]

의주에 도착하자 사유와 대조변은 평양이 위급하다는 윤근수 등의 간절한 요청에 따라 곧장 선천까지 내려왔다. 왕수관 등도 사유와 대조변의 군대가 적음이 걱정이 되고 또 선조가 이미 평양을 떠났다는 소식을 듣고 남쪽을 향했다. 정주에서 북상한 선조는 18일 선천에서 사유 등을, 20일 용천(龍川)에서 왕수관 등을 차례로 만났다. 그렇지만 그들은 평양이 이미 며칠 전〔6월 15일〕 함락된 사실을 확인하고는 다시 의주로 가서 조승훈과 향후 대책을 논의하겠다면서 북상했다.[160] 뒤이어 압록강을 건넌 조승훈도 다시 봉황성으로 돌아갔다. 그는 요동순무 학걸에게 했던 보고에서 조선의 요청이 있음에도 평양의 왜군을 공격할 수 없는 근거를 제시했다. 즉, 평양까지 역참이 비고 군량과 마초를 댈 곳이 없다는 것이다.[161]

결과적으로 최초 명군의 활동은 미미했다. 그럼에도 명군의 진입은 명의 군사적 개입이라는 상징적 의미를 지녔고, 조선에도 상당한 반향을 일으켰다. 조정은 ― 추측건대 7월 초순 ― 명군의 진입 소식을 전국에 포고문으로 발표했다. 당시 경상도관찰사 김수의 참모로서 함양에 있던 이탁영(李擢英)은 1592년 7월 13일자 일기에서 – 각지 관찰사 등에게 전하는 – 국왕의 지시를 기록했다. 포고문에는 일부 과장된 내용이 포함되었으나, 지방에서는 상당한 기대를 모았다.

> 요동이 정예병 5만 명을 대대적으로 동원하여 (압록)강변에 후원군으로서 주둔한다. 광녕(廣寧) 양(소훈) 총병이 친히 향의달자〔向義㺚子, 명에 귀순한 북방 오랑캐〕 5천 명을 친히 이끌고 나온다. 유격 조(승훈) 총병, 곽(몽징)과 왕(수관) 유격 등 세 장수는 각각 1천 명의 군대를 이끌고 이미 압록강을 건넜다. 사(유) 유격은 선봉대로서 정예병 1천 5백 명을 이끌고 있다. 그날 저녁 의주목사가 베껴서 (조정에) 보낸 관전보의 표첩(票帖)에는 '중조〔中朝, 명〕가 산동도(山東道)의 수군 10만 명에게 명하여 바닷길로 왜적의 소굴을 직접 치게 했다.'고 한다. 경(卿)들은 연해의 각 고을에 명하여 이 뜻을 모두 알리도록 하라.[162]

사실 그 전에도 수십만 명의 명군이 조선을 구원하러 올 것이라는 소식이 여러 차례 있었으나, 소문뿐이었다. 그간 각지에는 왜군에 의한 방화·약탈·살인·납치 등이 성행했다. 다수의 백성들은 산에 들어가 피난하고 있었다. 수군과 의병들의 활약을 제외한다면 조선의 관군은 사실상 왜군을 축출할 힘을 상실한 것처럼 보였다. 이러한 상황에서 국왕의 이름으로 명군의 진입 소식이 전달된 것이었다. 그것은 임란 발생 후 3개월이 지난 시점이었고, 본격적인 파병은 그 후로도 반년 가까이 기다려야 했다. 어쨌든 명군의 진입 소식에 대해서 이탁영은 "이제 멀지 않아 나라를 회복할 날을 기대하게 되어 기쁨을 이기지 못하겠다."고 덧붙이고 있다.

명의 자체 조사

정탐을 위한 소규모 병력과 더불어 명은 조선의 상황에 대한 자체 조사에 나섰다. 그것은 조선에 대한 의구심이 여전했기 때문이다. 유성룡에 의하면 전쟁 발발 두 달여가 지난 시점에서 명의 의구심은 나름의 요인이 있었고, 그중 하나는 조선이 군사를 적극 요청하지 않는다는 것이었다.[163] 비슷한 시점에서 북경에서 돌아온 신점도 이 점을 확인했다.[164] 그리하여 "조선이 사실 왜노(倭奴)와 함께 명을 배반하고는 거짓으로 가짜왕을 정해 길을 인도하여 쳐들어온다."는 주장이 제기되었다.[165] 이에 요동순안어사 이시자는 지휘 송국신(宋國臣)을 보내 상황을 살펴보게 했다. 송국신은 10년 전 명의 사신을 수행하여 선조를 본 적이 있어서 과연 국왕이 맞는지 확인하고자 했다. 그는 6월 18일 선조가 사유와 대조변 등을 만난 그날 저녁 선천으로 찾아왔다. 이때 전달된 이시자의 자문에는 조선에 대한 의구심이 노골적으로 표출되었다.

자문에는 조선에 대한 군사적 지원은커녕 조선이 명에 모반을 하려 한다고 직설적으로 언급되었다. 특히 왜의 침략에 대해서 조선이 적극 싸운 정황을 찾을 수 없다는 점이 지적되었다. 그와 함께 이시자는 언제 어느 지방이 함락되었는지, 누가 싸우다 죽었는지 또는 적에 협조했는지, 적의 수는 몇 명인지 등에 대해서 조목조목 보고하라고 요구했다. 그는 광해군의 세자책봉도 문제 삼았다. 즉, 장자상속은 중화세계의 중요한 원칙임을 강조하며 장자가 아닌 차자가 책봉된 것에 대해서 설명을 요구했다. 이에 선조는 사신을 파견하여 관련 내용을 설명하겠다고 약속했다. 선조를 직접 확인한 송국신은 자문의 내용이 그냥 가정하여 해보는 것이라고 말했지만, 조선으로서는 매우 당혹스런 일이었다.[166]

한편 명의 병부도 자체적으로 참정 황응양(黃應陽), 지휘 서일관(徐一貫), 유격 하시(夏時) 등을 조선에 보냈다. 이들은 요동의 관리들과 마찬가지로 조선이 왜의 향도 역할을 하는 것인지 확인하고자 했다. 그들은 이번에는 평양에 있는 왜군을 직접 만나볼 계획까지 가지고 있었다. 물론 조선의 입장에서 이들이 조선에 대해 불리한 말을 할지도 모를 왜군과 직접 만나는 것은 바람직하지 않았다. 명의 관리들은 조선이 왜군과 무관하다는 증거를 조선이 직접 제출하기를 원했다.

그리하여 7월 1일 의주에 도착한 황응양 등에게 윤근수는 왜군이 전에 이덕형 등 조선 고관에게 보낸 편지 두 통을 보여주었고, 이에 그들은 조선에 대한 의심을 풀게 되었다고 한다. 무엇보다도 일본이 명을 침범할 계획이라는 것과 조선이 왜적과 한 패가 아니라는 것이 확인되었다. 그 결과 황응양 일행은 평양으로 가지 않고 곧장 귀국하기로 했다. 그들은 요동순무에게 군사를 미리 출발시킬 것을 요청하기로 했다.[167] 다음 날〔7월 2일〕 선조는 용만관에서 이들을 접견했다.[168] 나중에 조선의 사신들이 확인한 바, 그들은 북경에 돌아가 연일 병부에 파병을 적극 개진했다고 한다.[169] 황응양은 귀국 당일 조선에도 다음과 같은 내용의 편지를 보내왔다.

> 귀국이 신하의 절개를 지키고 (왜적의) 역모를 단호히 거절함으로써 원한을 사서 병화를 재촉하고 국가가 망하고 있습니다. 귀국이 이미 충성을 다하다가 재난을 만났으니 우리가 어찌 좌시하면서 정(情)을 잊겠습니까. 그래서 먼 나라에 대한 황제의 배려로 특별히 정탐하고 조사하는 사람을 파견하여 그 허실을 얻게 하려고 애쓰고 있는 바, 그 백성들을 반드시 구하고자 합니다. 하물며 사람들이 흩어지고 피난하는 것을 어진 임금은 매우 불쌍히 여깁니다. 따라서 해를 끼치고 난폭한 자들은 하늘이 반드시 벌할 것입니다. 조속히 배신을 파견하면, 즉시 (명군이) 조선에 올 것입니다.[170]

『선조실록』도 나중에 황응양의 방문으로 명의 조선에 대한 오해가 완전히 풀리게 되었다는 좌의정 윤두수의 회고를 기록하고 있다.[171] 결국 7월 중순이 되어서야 명의 조선에 대한 의구심이 거의 해소되었던 셈이다.[172] 그러면서 황응양은 조선이 사람을 명 조정에 보내 정식으로 군사 요청에 나설 것을 권유했다.

요동에 대한 군사 요청

조선이 이덕형을 청원사로 삼아 요동에 가서 급박함을 알려 구원을 요청하기로 결정한 것은 선조가 숙천에 있을 때였다.[173] 선조는 왜군이 6월 8일 대동강변에 이르러 평양을 압박하자 6월 11일 평양을 출발하여 영변을 향했고, 그날 숙천에 도착하여 다음 날 그곳을 떠났다.[174] 11일 선조가 영변을 향한 것은 좌의정 윤두수의 의견을 따랐던 것인데, 그는 철옹성이라는 영변의 지형적 요인 이외에도 "적의 세력을 보아 위험할 경우 (의주 부근의) 용만(龍灣)으로 향하여 명에 가까이 가서 군사를 요청해야 하기" 때문임을 분명히 했다.[175] 사실 앞서 본 것처럼 윤두수는 이제까지 청병에 대해 반대해왔는데, 찬성하는 입장으로 바뀌었던 것이다.[176] 유성룡도 같은 날 "며칠만 지탱하여 명군이 온다면 적을 물리칠 가망이 없지 않다."면서 명 장수에게 위급함을 고하여 제때 나와 구원하게 할 계획이라고 보고했다.[177]

청원사의 파견 결정이 내려지자 이덕형은 당일〔6월 11일〕 출발하여 15일 의주에 도착했고, 앞서 언급한 것처럼, 그때 막 압록강을 건너려던 명군을 만났다. 21일 요양에 도착한 그는 다음 날 선조의 자문을 요동도사에게 제출했다.[178] 이 문건은—내부 요청 자문과 별도로—학걸에게 전달되었고, 이어 북경에도 보고되었다. 선조의 청병 자문은 다음과 같다. 정확하게 말하면 학걸이 명 조정에 전달한 내용이다.

> 먼저 이달〔6월〕 여러 날짜에 본인은 왜적의 긴급한 사정과 병사들을 동원하여 급히 구원해달라는 요청 등을 본사〔本司, 요동도사〕에 자문으로 알렸습니다. 그 뒤 적의 기세가 날로 거세어 이미 평양에 육박하여 곧 각 장관들에게 군사들을 소집하여 성을 지키면서 명군이 와서 구원하기를 기다리게 했습니다. 본인은 잠시 적의 칼끝을 피하여 중간의 성진(城鎭)으로 이주했습니다. 그 후 적에 대한 보고가 날로 위급하여 더욱 대적하기 어렵게 됨으로써 반드시 명의 위세에 의지해야 왜적을 소탕할 가망이 있게 되었습니다…… 속히 정예병을 많이 내어 급히 와서 제때 구원하여 소방의 종묘사직을 조금이라도 더 연장하기 바랍니다. 더없이 간곡하게 바라는 바입니다. 이를 위해 배신 이조판서 이덕형을 오로지 그 목적으로 파견하여 속히 나아가서 번거롭게나마 구원을 요청하는 바입니다.[179]

한편 이덕형은 참의 형주준(荊州俊)에게 별도로 정문하여 좀 더 자세하게 군사지원을 요청했다. 그는 왜군이 서울에 이어 평양에 육박하고 있는 사정을 비교적 자세히 묘사했다. 그와 함께 이덕형은 이제까지 청병에 대한 조선의 소극적인 태도와 관련하여 나름의 해명을 시도했다.[180] 그러면서 그는 처음에 수천 명으로 왜군을 막을 수 있다고 잘못 판단했으나, 지금은 정예병 1만 명이 필요하다고 주장했다. 이덕형의 자문은 선조의 긴급한 지시를 통해 6월 14일 왜군이 이미 대동강을 건넌 상황까지도 포함했다. 자문의 주요 부문은 다음과 같다.

> 명군이 와서 거의 망해가는 나라를 구해주기를 간절히 바랍니다. 본인이 공무로 파견되어 의주에 와서 다시 국왕의 치유(馳諭)를 보니, 적병이 이미 이달〔6월〕 14일 대동강 상류의 열은 여울을 직접 건너 평양의 서쪽 경계까지 나왔다고 합니다. 외로운 (평양)성이 포위되어 날로 위험

하여 우리 임금은 밤낮 걱정하시며 명군이 제때 구원해줄 것을 갈망하고 계십니다. 또한 현재 적병의 기세가 더욱 심해져서, 대동강변에 진을 치고 기병 수천 명을 얕은 여울을 몰래 건너게 한 것 외에도, 듣자하니 중화(中和) 등지에도 수많은 군사가 주둔하고 있다고 합니다. 반드시 1만 명 이상은 동원해야 왜적을 멸망시킬 수 있을 것입니다.[181]

그렇다면 1만 명 지원 요청에 대한 요동의 반응은 어떠했는가? 요동의 여러 지휘관들, 즉 총독 건달(蹇達), 순무 학걸, 순안어사 이시자, 총병 양소훈 등이 모여 논의한 결과, 파병에 대해서 부정적인 의견이 지배했다.

그들은 1만 명의 대규모 병력 요청에 대해서 조선 스스로의 힘이 아닌 명군의 힘을 빌려 나라를 회복하려는 것으로 해석했다. 그와 함께 그들은 소국을 보살피는 윤리적 측면에서나 울타리를 강화시키는 군사적인 측면에서 파병의 필요성을 인정하면서도 1만 명의 병력이 빠져나가면 요동이 비게 된다는 점을 지적했다. 그 외에도 압록강과 같은 긴 강을 건너기 어렵다는 것, 조선이 전쟁으로 피폐되어 명군을 위한 식량이 부족하다는 것 등도 제기되었다. 그들의 방안은 앞서 6월 중순 파견되었던 사유(史儒) 등이 조선국왕과 함께 왜군을 소탕하고, 일부의 군대는 압록강변에서 방어해야 한다는 것이었다. 학걸은 이러한 의견을 종합하여 명 조정에 보고했다.[182]

이덕형의 지원 요청과 비슷한 시점에서 학걸은 조선에서 돌아온 장수들로부터 평양함락 소식과 그들의 의주 회군을 보고받았다. 그럼에도 이덕형은 그로부터 군사원조에 대한 답변은 받지 못했다. 6월 27일의 선조에 대한 이덕형의 급보에 나타난 것처럼, 단지 선조의 내부 문제에 대해서만 일부 응답을 얻었을 뿐이었다.[183] 이덕형은 귀로에서 조승훈에게도 지원을 요청하는 자문을 제출했다. 그렇지만 그는 군사동원은 상급에서 결정할 문제라고 대답했다. 다만 국왕이 의주에 머물러 있되 비상시에는 자신이 들어가서 구원하겠다고 위로했을 뿐이었다.[184] 이덕형은 7월 3일 의주로 돌아와 선조에게 복명했다.

앞서 본 것처럼 명군이 평양의 함락을 막지 못하고 압록강을 다시 건너갔을 뿐만 아니라, 추가적인 지원의 거부는 실망스런 일이었다. 더욱이 얼마 뒤 7월 중순 조승훈이 이끄는 명군이 평양의 왜군을 공격하다 실패하고 돌아갔다. 왜군은 그전에도 종종 평양성을 나와 국부적인 도발을 감행했다. 명이 도와주지 않는 한 선조가 머물고 있는 의주도 안전하지 않았다. 조승훈의 공격 실패는 충격이었으나, 그것은 소규모 군대였던 만큼 그리 중대한 일이 아니었다. 조승훈의 시도는 단지 명의 조선에 대한 관심과 그에 따른 더 적극적인 개입 가능성을 내포했다.

이러한 상황에서 명군의 요청을 적극 제기한 사람은 다름 아닌 풍원부원군 유성룡이었다. 그는 당시 안주(安州)에서 명군을 위한 식량조달을 담당하고 있었다. 이제까지 조선이 군사 요청을 주저한 이유 가운데 하나는 명군의 식량 때문이었다. 예조판서 윤근수는 7월 26일 유성룡의 입장을 직접 선조에게 전달했다. 즉, 1만 명 분의 식량을 마련함으로써 이제 적극 청병해야 한다는 의견을 유성룡에게 직접 들었다는 것이었다.[185] 8월 초 유성룡은 정주와 안주의 보유 식량과 콩의 수량을 구체적으로 제시하며, 수천 명의 기병을 명에 요청할 것을 제안했다.[186] 그는 며칠 뒤 다시 신속한 군사 요청을 주장했다. 그 이유는 안주의 식량이 평양에서 가까워 왜군에게 탈취될 수 있다는 것, 아산 등에서 올라온 배들이 하역을 하지 못하고 해상에서 기다린다는 것, 명군과 조선군이 연이어 평양의 왜군을 꺾지 못하고 흩어지고 있다는 것,[187] 평양 이북의 순안에 있는 병력도 취약하여 왜군이 공격한다면 지탱하기 어렵다는 것 등이었다.[188]

조정은 7월 말 호조판서 이성중(李誠中)을 구련성에 보내서 조승훈의 철수에 대한 우려를 전달했다. 그와 함께 정병 4, 5천 명을 파견해 조선과 협력하여 평양의 왜군을 공격할 것을 요청했다. 이에 대해서 양소훈은 군대를 철수한 것이 아니라 새로운 군대로 바꾼 것이라면서 의주 1천 명, 구련성 5백 명, 마두산(馬頭山)과 강연대(江沿臺) 각각 5백 명, 남병 포수 5백 명 등 약 3천 5백 명이 변경에 주둔하고 있음을 강조했다. 또한 지금은 장마가 빈번하고 길이 질편하여 군사를 움직이기 어렵고, 명군의 체류는 조선에 식량부담을 줄 것이라면서, 다만 유사시에는 군대를 보내서 구원하겠다고 약속했다.[189]

당시 7월부터 명에서 문무대신이 이끄는 대군을 파견하여 조선 문제를 근본적으로 해결하는 방안에 대한 논의가 진행되고 있었다.[190] 그렇지만 조선은 여전히 평양의 왜군이 더 북상하는 것을 막거나 국왕을 보호하는 수준의 군사적 지원 요청에 집중했다. 8월 초부터 중순 사이 예조판서 윤근수, 대사헌 이덕형, 사간(司諫) 이유징(李幼澄), 공조판서 한응인(韓應寅) 등이 차례로 관전보 부총병 동양정을 찾아 왜군이 점차 서쪽으로 나와 진출한다는 점을 강조하면서 명의 군사지원을 요청했다. 그렇지만 그는 이들을 직접 만나기를 거부하고 단지 역관들을 통해 문서로 전달하는 것만 허용했다.

사실 대규모 군사동원은 작은 초소를 관할하고 있던 동양정은 물론 요동총병 양소훈이 결정할 사안은 아니었다. 도중에 윤근수가 예유격(倪遊擊)을 만났는데, 그로부터 "장관(將官)에게 청병하면 일이 쉽게 이루어지지 않는다. 찰원(察院)은 천자의 시찰을 체현(體現)하니, 찰원에 정문하면 (군사를) 빨리 출발시킬 수 있을 것이다."고 들었다.[191] 파병은 요동이 아닌 명 조정이 결정할 사안이라는 의미였다. 윤근수의 보고에 대해서 선조는 당시 요동에 머물던 심희수(沈喜壽)를 통해 도찰원에 정문하라고 지시했다.[192] 8월 7일 동양정을 찾아 청병한 이덕형도 결정은 상관인 양소훈 총병의 소관이라는 대답을 들었다.[193] 한편 이유징은 8월 12일 동양정을 찾아 양소훈에게 연락하여 군사 4, 5천 명을 보내주도록 요청했다. 그는 평양 왜군의 북상과 함경도 왜군의 서진 가능성을 강조했다. 이에 동양정은 남병 6백 명이 곧 당도할 것이라고 회답할 뿐이었다.[194]

더욱이 조선은 파병을 기대하면서도 그 규모에 대해서는 확실한 방향을 정하지 못했다. 이를테면 8월 10일의 회의에서 선조는 1만 명의 군사가 오기로 했다는 소문을 전하면서, 최소한 6, 7천 명은 되어야 한다고 덧붙였다. 그에 반해 좌의정 윤두수는 식량부족을 이유로 4, 5천 명 요청을 제안했다. 한편 포수 3천 명이 온다는 윤근수의 말을 받아서 윤두수는 대군은 요청하지 말고, (포수) 2, 3천 명만 요청하는 방안을 제안하기도 했다. 선조는 5천 명 이상 요청을 견지했다. 사실 7월 중순 당시 평양 주둔 왜군이 1만 명 이상이라는 명군 측의 주장도 있었고,[195] 실제 약 1만 8천 명이 평안도에 주둔하고 있었다.[196] 조정은 그 수를 현저하게 낮게 평가했던 셈이다. 위 회의에서 이덕형은 왜군의 포로였다가 돌아온 김추양(金秋陽)이 명의 장수들에게 평양 왜군의 수가 2천 명이라고 말했던 사실을 참석자들에게 전하고 있다.[197]

그런데 며칠 후 공조판서 한응인은 동양정을 만나 조만간 명군 10만 명이 압록강을 건넌다는 소식을 들었다. 그것은 얼마 전 황제가 결정했고, 나중에 조선에도 공식적으로 전달될 내용이었다. 이에 대해서 한응인은 조선은 현재로서 5, 6천 명의 군대가 15일간 먹을 식량만 지급할 수 있다면서 난색을 표명했다. 그러자 동양정은 "군사는 성세를 중시하기 때문에 10만 명이라 부른 것으로, 상황에 따라 증감할 수 있다."고 말했지만, 여전히 양국 사이에 파병 규모에 관한 큰 시각차가 존재했다.[198] 명군의 규모나 도착 시기와 관련하여 서로 다른 소식들이 전해졌기 때문에 조선으로서도 일정한 대응책을 마련하기 어려웠다. 8월 12일 양소훈은 조선에 공문을 보내 지난 7월 중순 평양 공격시 조선의 비협조를 문제 삼고 식량과 말먹이를 준비하도록 요구할 뿐, 출병의 시기나 규모에 대해서는 언급하지 않았다.[199]

결국 요동의 장수들을 대상으로 하는 조선의 적극적인 파병 요청은 성과를 거두지 못했다.[200] 그리하여 조선은 8월 12일 북경에 직접 진주사를 보내기로 하고 대사간 정곤수를 진주사로 임명했다.[201] 그런데 공교롭게도 그때는 이미 대군의 파견이 결정된 뒤였다. 명은 요동의 장수들이 아닌 중앙에서 임명한 문무 대신 2명이 이끄는 10만 명의 대규모 군사를 파견하기로 결정했던 것이다. 이 결정은 지난 7월 초부터 계속된 치열한 논쟁의 결과였다.[202] 그와 함께 8월 명은 병부상서 다음의 직급인 병부우시랑 송응창(宋應昌)을 경략으로 임명하여 조선원정을 준비하도록 했다. 그렇지만 그때는 조선의 전황이 상당한 균형에 이르렀다.

4. 조선의 반격과 전세의 균형

조선은 거의 무방비 상태에서 대규모 왜군의 공격을 당함으로써 속수무책이었다. 각 지방 관아의 소규모 관군은 그들의 적수가 되지 못했다. 조정은 몇몇 장수를 내보내어 막게 하면서도 제대로 된 군사조차 동원하지 못했다. 그들의 패전 소식에 조정은 단지 북으로 피난하면서 명에 군사를 요청할지 말지에 대해 논쟁했다. 아직 피해를 당하지 않은 전라도와 충청도의 관군 수만 명에게 총동원령을 내렸으나 오합지졸에 불과한 그들은 훈련받은 소수 왜군 정예병의 위협만으로도 흩어지고 말았다.

그럼에도 조선은 자기방어에 필요한 기본적 의지와 역량을 보유했다. 한편으로 수군은 우수한 병선 등 무기체제와 이순신 등의 지략에 의한 뛰어난 군사작전으로 바다를 통한 왜군의 진로를 막을 수 있었다. 다른 한편 육상에서는 지방의 사림세력을 중심으로 의병들이 조직되었다. 그것은 분명 침략자들도 예상하지 못한 새로운 변수였다. 조정은 신속히 사람을 보내 의병에 정당성을 부여함과 더불어 지방관아의 식량과 무기의 사용을 허용했다. 이로써 의병들은 관군과 결합하여 더 조직적인 군대로 변모했다. 의병들은 해당 지역에 대한 왜군의 진출을 막고, 동시에 후방에서 그들의 보급로를 차단하는 등 견제했다. 그 결과 왜군은 북상을 위한 역량을 집중하지 못했고, 점차 일부 점령지역에 고립되었다. 그와 함께 사실상 전쟁은 소강상태에 접어들었다.

조선 수군의 승리

왜군이 4월 13일 부산 앞바다에 출현했을 때, 그곳을 담당한 조선의 수군은 경상좌수사 박홍(朴泓)과 경상우수사 원균이었다. 특히 경상좌수영은 동래 해운포에 자리 잡았기에 왜군의 직접적인 공략대상이 되었다. 거제도 서남단 외진 곳에 자리잡은 경상우수영의 원균은 왜군의 공격을 받지는 않았다. 초유사 김성일의 보고에 따르면, "박홍은 화살 한 개 쏘지 않고 먼저 성을 버렸고…… 원균은 수영을 불사르고 바다에 나가 단지 배 한 척만 보존했다."[203] 또 다른 문헌은 원균이 "적의 세력이 큰 것을 보고 감히 출격하지 못하고 전선 백여 척과 화포 및 무기를 바다 속에 모두 가라앉히고…… 4척의 배를 타고 곤양(昆陽) 해구로 달아났다."고 쓰고 있다.[204]

물론 당시 원균의 보고는 약간 다르다. 4월 29일 전라좌수사 이순신[205]이 그에게서 받은 문건에는 이렇게 되어 있다.

> 왜적 5백여 척이 부산 · 김해 · 양산강(梁山江) · 명지도(鳴旨島) 등지에 정박하고, 육지에 올라 연변의 각 고을과 포구의 병영과 수영을 제멋대로 횡행했다. 그들은 성(城)까지 거의 모두 함락시켰고, 봉화가 두절되었

다…… 본도〔경상우도〕의 수군은 군사를 뽑아 추격하여 적선 10여 척을 불살랐다. (그렇지만 왜적은) 연일 군사를 끌어들여 그 세력이 더욱 성해지고 있다. 그들은 많고 우리는 적으니 대적할 수 없다. 본영은 이미 함락되었다.[206]

공문에서 보건대, 그가 바다를 덮은 수백 척의 왜선을 공격할 엄두를 내지 못했던 것은 분명하다. 그리고 일부 왜선들이 소규모로 연해 지역에 출몰하자 그는 본영을 버리고 피했다. 사실 왜군은 대부분 육로로 진출을 서둘렀고, 해로를 통한 전라도 진출은 오랫동안 추진되지 않았다. 다만 소수의 병선들이 거제도까지 진출하였을 뿐이다. 위 문장에 이어 원균은 이순신에게 조속히 당포(唐浦)에서 만나 함께 왜군을 공격하자고 제안하고 있다.

원균의 최초 전갈〔4월 15일〕을 받은 이순신은 20여 일이 지나서야 출정했는데, 그에 대해서 후에 원균 등에 의한 비판이 제기되었다. 당시 이순신은 출정에 대한 압박을 계속 받고 있었지만, 신중한 전략을 선택했다. 그는 각각의 출정에 대해서 비교적 상세한 보고를 조정에 제출했다. 거기에는 출정이 지체된 배경이 명시되었다.

왜군이 부산에 이르자 여수의 전라좌수영[207]에 그 사실이 즉시 통보되었다. 즉, 4월 15일 원균과 박홍의 공문이 같은 날 이순신에게 도착했다. 20일에는 유사시 경상우도에 대한 지원에 대비하고 조정의 출정 명령을 기다리라는 관찰사 김수의 공문이 전달되었다. 26일에는 바다에서 왜군의 공격에 관한 4월 20일자 국왕의 지시가 내려졌다. 물론 국왕의 지시는 무조건적인 공격 명령은 아니었다. 다만 공격의 기회를 놓치지 않아야 한다는 것을 전제로 상황을 잘 아는 현지의 책임자들이 상의해서 결정하도록 했다.[208]

처음 원균 등이 왜적의 침략 소식을 전했을 때, 이순신은 일단 군사와 병선을 정비하고 침략에 대비했다. 그리고 전라도관찰사 이광(李洸)과 전라방어사 곽영(郭嶸), 전라우수사 이억기 등에 관련 사실을 전달했다. 20일 김수의 공문에 대해서는 조정의 명령을 기다리는 것으로, 26일 내려진 국왕의 지시에 대해서는 위 전라도의 각 책임자들에게 해당 사실을 통보하는 것 외에, 순변사 이일, 관찰사 김수 그리고 원균 등 경상도의 책임자들에게 왜군의 상황을 자세히 회답해달라는 공문을 보내는 것으로 대응했다. 자신보다 더 많은 전력을 보유했던 경상좌도와 우도의 수군이 패배한 상황에서 이순신도 신중하게 접근할 필요가 있었다.

마침내 4월 23일자 공문에서 조정은 적선을 기습하려는 원균의 계획을 전하며, 이순신에게도 그를 따라 출전할 것을 지시했다. 이 공문은 선전관 조명(趙明)을 통해서 4월 27일 전달되었다. 그렇지만 이순신은 좀 더 준비가 필요했다. 그는 전라좌수군에 소속된 5개 진포(鎭浦)의 병력만으로 5백 척 이상의 왜군을 상대하기 부족하기에 순천·광양 등 5개 고을 소속의 병선도 29일까지 전라좌수영에 모이도록 했다. 그리고 29일에는 왜군의 상황에 대한 – 위에서 인용된 – 원균의 회답이 도착했는데, 여기에서 그는 경상우수영이 함락된 사실과 함께 전라와 경상 수군의 합동 공격을 요청하면서, 모든 병선을 이끌고 당포로 나와 30일 출정하도록 했다.

그렇지만 이번에도 이순신의 출정은 곧장 이루어지지 않았다. 그와 관련하여 그는 몇 가지 이유를 제시했다. 무엇보다도 경상우수영뿐 아니라 – 전라좌수영의 건너편에 위치한 – 남해까지도 무인지경이 되었다. 그곳 진영의 장수들과 물길에 대한 안내나 작전을 상의할 여지가 사라졌다. 마찬가지로 중요하게는 병력의 부족이었다. 그에 의하면, 연해 지역의 장정들은 모두 육전에 동원되고, 수군에 충원될 수 있는 사람은 적었다. 수군의 일부조차도 전라도관찰사의 명령으로 전주로 차출되었다. 수군에 배정된 사람들은 적이 무서워 도주하기 일쑤였다. 이순신 자신에게 소속된 전함도 30척밖에 되지 않았다. 그리하여 그는 이억기가 이끄는 전라우수군의 도착을 기다리기로 했다.[209]

그렇지만 녹도만호 정운(鄭運) 등 소속 장수들의 강력한 요청으로, 이억기가 도착하기 전 5월 3일 출정이 결정되었다.[210] 그때에는 왜군이 서울에 육박하고 있다는 소식이 전해졌고, 전쟁은 지방적 차원을 벗어나 있었다. 이억기의 우수군도 실제 한 달이 지나서야 합류할 수 있었다. 일단 출정한 뒤에는 전라좌수군은 5월 초부터 그해 말까지 모두 4차례의 출정에서 연전연승했다. 그것은 출정에 대한 외부의 지속적인 압력에도 차분하게 준비한 결과였다.

최초의 출정은 5월 4일이었다. 당시 전라좌수군은 판옥선 24척과 협선(挾船) 15척, 포작선(鮑作船)[211] 46척으로 구성되었다. 여수를 출발한 전라좌수군은 5월 6일 – 전에 약속했던 – 한산도의 당포에서 원균의 군대와 합류했는데, 경상우수군은 겨우 판옥선 4척과 협선 2척을 보유하고 있었다. 연합수군은 7일 왜선이 다수 정박하고 있는 부산을 향했다. 그들은 거제도 중부 동쪽 연안인 옥포에서 왜의 수군과 격돌, 예상외로 쉽게 승리했다.[212] 왜선 50여 척 가운데 26척이 격파되었다. 조선 수군은 당일 영등포·합포·적진포 등에서도 승리함으로써 전후 40여 척의 왜선을 불살랐다.

승리 이후 조선 수군은 부산으로 계속 진격하지 않고 5월 9일 여수의 본영으로 돌아왔다. 그 근거는 "적선들이 정박한 곳의 형세가 좁고 얕아 큰 배인 판옥선이 전쟁하기 어렵고, 본도(전라)우수사 이억기가 아직 도착하지 않아 혼자서 적중에 나갈 경우 형세가 고립되어 위험하다."는 것이었다.[213] 조선 수군의 승리 소식은 5월 하순 평양의 조정에도 전달되었다.[214]

두 번째 출정은 20일이 지난 뒤였다. 5월 초 해상에서 연패하자 히데요시는 당시 서울에서 육상전투에 가담하고 있던 와키사카 야스하루(脇坂安治) 등 수군 장수들에게 웅천으로 복귀하여 조선 수군을 공격할 것을 지시했다. 즉, 거제 이서의 해역에 대한 침범이 점차 본격화된 것이다. 27일 원균으로부터 그 소식이 전해졌는데, 왜선 10여 척이 이미 사천과 곤양 등지에 닥치고 있고, 경상우수군도 남해도의 노량으로 옮긴다는 것이었다.

이순신과 원균은 5월 29일 재차 출정했다. 이때에는 세 척의 거북선이 처음으로 등장했다. 수군은 사천포(5월 29일-6월 2일), 당포(6월 2일), 당항포(5-6일), 영등포(거제도 북단, 7일) 등지에서 연승했다. 6월 4일 이후에는 전라우수군이 판옥선 25척으로 합류했다. 조선의 연합수군은 적선 70여 척을 소각하고, 구루시마 미치후(來島通久) 등 적장 여러 명을 죽였다. 그 결과 조선 수군은 거제도는 물론 거제도와 부산항 사이에 위치한 가덕도에서 왜군을 몰아내는 데 성공했다. 조선 수군은 부산으로 진격하지 않고 각 진영으로 돌아갔다. 1차 출동과 마찬가지로 전력보강의 필요성이 있었기 때문이다.[215] 조선 수군의 승리는 의주의 조정에도 전해졌고, 노획물은 명의 장수에게도 전달되었다.[216]

세 번째 출정은 두 번째 출정에서 돌아온 직후 준비되었다. 그 계기는 관찰사 이광이 6월 3일 수원에서 발송한 조정의 지시였다. 10일 도착한 서장에는 경상우수사와 함께 상의하여—왜군이 돌아갈 배 5, 6척만 남기고—왜선을 남김없이 격파하라는 것이었다. 그때는 앞서 본 것처럼 이미 경상우도의 연해 지역에 침범한 왜선들을 일차 무찌른 뒤였다. 물론 그 이후에도 가덕도·거제도 등지에는 왜선들이 수십 척씩 출몰한다는 소식이 있었다. 그 시점에서 조정은 원균에게도 동생 선전관 원전(元㙉)을 보내서 이순신과 함께 왜선을 공격할 것을 명령했다.[217]

각 수군들은 서로 연락을 취하여 준비에 나섰다. 이순신과 이억기의 연합수군은 7월 6일 여수를 출발, 노량에서 원균의 경상우수군과 합류했다. 당시 야스하루의 왜선 73척이 거제도의 견내량에 정박 중이었다. 그곳은 지형이 좁고 작은 섬들이 많아 조선의 판옥선으로 싸우기 어려웠을 뿐만 아니라, 왜적이 궁지에 몰리면 산으로 도주할 우려가 있었다. 조선 수군은 8일 왜선을 한산도 앞바다로 유인하여 궤멸시켰다. 왜선은 전투시 뒤처져 있던 14척만 겨우 도주했을 뿐, 거의 60척이 침몰되었다. 이어 조선 수군은 10일 안골포에 정박 중이던 왜선 40여 척을 다시 안골포 앞바다에 유인, 대부분 침몰시키는 등 큰 전과를 거두었다.[218] 특히 한산도 해전은 임란의 3대 대첩의 하나였다.

한산도대첩 직후 여러 조선인 포로들의 증언을 통해 왜군이 점차 전라도를 목표로 한다는 사실이 드러났다. 이순신은 여기에 근거하여 함부로 부산으로 진격하기보다는 전라도를 지킬 필요성이 있음을 제기했다. 싸움을 피해 숨어버린 왜선을 찾아 낙동강 하구의 다대포까지 이르렀던 조선 수군이 7월 13일 좌수영으로 돌아온 이유였다.[219] 어쨌든 세 차례 해전을 통해서 가덕도 이서에서 왜군의 자취가 사라졌다. 당시 조선 수군은

조선 수군 제3차 진격도(한산도대첩)

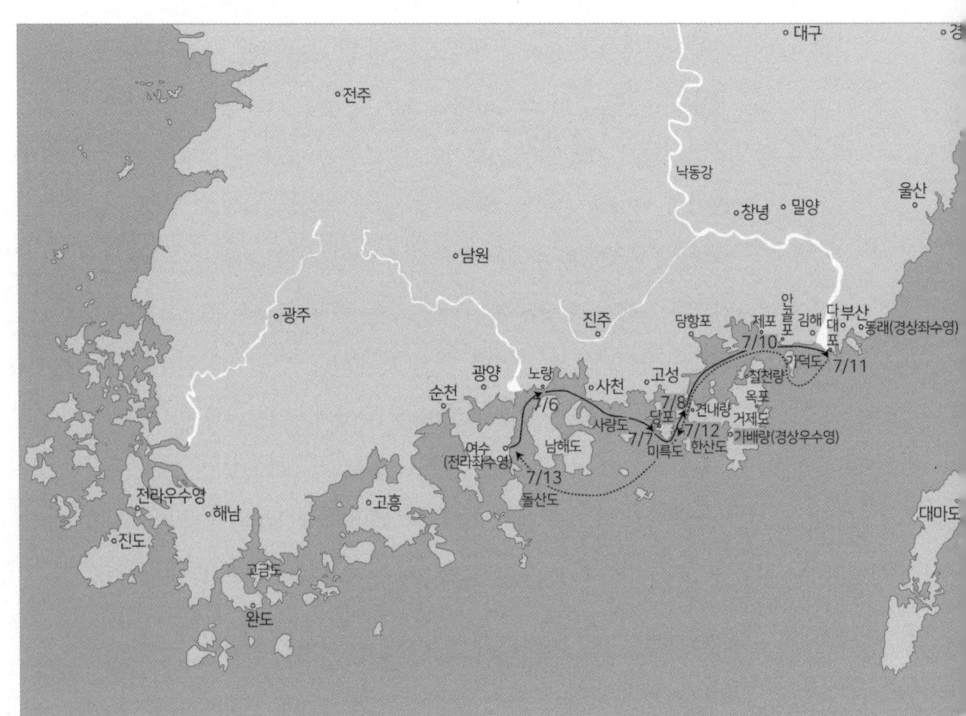

전선 74척과 협선 92척, 총 166척을 보유함으로써 그 위력을 유지했다.

그런데 그때 왜군이 남하하여 본국으로 도주하고 있다는 경상우도관찰사 김수의 공문과 왜군 진영에서 도망 나온 사람들의 진술이 잇따랐다. 사실 당시 왜군은 본국으로 철수하려는 것은 아니었고, 남해 연안의 진주를 거쳐 남원과 전주로 진출하고자 했다. 아래에서 보는 것처럼 충청도와 경상우도에서 전라도로 진출하고자 했던 왜군의 각 부대들은 금산과 무주·의령·거창 등 도처에서 의병장들에 의해 저지되었다. 이에 따라 서울에 있던 왜군의 일부도 남쪽으로 내려와 김해에 병력을 결집하여 진주성을 공략할 준비에 나섰다.

어쨌든 김수의 공문 등에 따라 조선 수군은 부산진을 공략하여 왜군의 퇴로를 막기로 결정했다. 8월 24일 이순신과 이억기가 출격하여, 25일 사량(蛇梁)에서 원균의 군대와 만났다. 그들은 당포와 거제도, 웅천의 제포(薺浦) 등을 거쳐 29일부터 9월 1일까지 낙동강 하구의 장림포(長林浦), 다대포, 절영도 그리고 나아가 부산진까지 진출했다. 왜군이 반격하지 않음으로써 대규모 충돌은 없었으나, 조선 수군은 곳곳에 정박 중이던 많은 왜선을 차례로 격파했다. 이순신은 그 소굴을 완전히 소탕하거나 배를 모두 파괴하여 귀로를 막으려는 의욕이 없지 않았다. 다만 그는 육군과의 협격을 기약하고, 병선의 수리와 식량의 마련을 위해 전라좌우영으로 되돌아왔다.[220] 이번 전투에서 조선 수군이 부산의 왜군을 섬멸하지는 못했으나, 그 후 왜군의 활동 범위는 웅천과 부산 연해에 국한되었다.

사실 북상한 왜군은 주로 평양과 서울 사이 각 지역에 주둔하면서 본국의 수군이 오기를 기다렸다. 특히 유키나가는 평양에서 일본 수군의 도착을 기대했다. 평양에 도착했을 때 그는 선조에게 글을 보내 "일본 수군 10여만 명도 서해로부터 나올 것인데, 대왕의 가마가 이곳에서 어디로 갈 것인가?"라고 조롱했다. 그렇지만 남해에서 왜의 수군이 계속 패배함으로써 유키나가의 기대는 사라지고 말았다. 유성룡은 『징비록』에서 유키나가의 말을 인용한 뒤 7월 8일 한산도대첩의 의의를 다음과 같이 쓰고 있다.

> 왜적은 원래 수군과 육군이 합세하여 명으로 진격하고자 했는데, 이번 전쟁 덕분에 마침내 왜적의 팔 하나를 자르게 되었다. 유키나가는 비록 평양을 얻었으나 군대가 고립되어 더 이상 진격하지 못했다. 조정은 전라도와 충청도 및 황해도와 평안도 연해 일대를 보전하여 군량을 조달하고 명령을 전달하여 중흥에 도움을 받을 수 있게 되었다. 그리고 (중국의) 요동·금주(金州)·복주(復州)·해주(海州)·개주(蓋州)·천진 등지가 침략을 당하지 않고, 명군이 육로로 와서 왜적을 몰아냈던 것은 모두 이번 전쟁의 공로였다. 어찌 하늘의 뜻이 아니겠는가? (이)순신은 이어 3도의 수군을 이끌고 한산도에 주둔하여 왜적이 중국을 침범하는 길을 막았다.[221]

유성룡에게 조선 수군의 승리는 크게 두 가지 의미를 가졌다. 먼저 국내적으로 전라도와 충청도 그리고 황해도가 보존됨으로써 재기의 기반이 유지되었다. 국제적으로는 중국의 연해 지역과 요동이 왜군의 침략으로부터 벗어날 수 있었고, 결국 명군이 육로에 집중하여 왜군을 몰아낼 수 있게 되었다. 특히 전라도를 비롯한 조선의 주요 지역이 보존됨으로써 의주의 조정도 군사와 식량을 계속 확보했다. 나아가 명군의 조선에 대한 장기적 지원도 이곳으로부터 식량을 마련할 수 있었기에 가능했다.[222]

그 외에도 일본의 한 연구자에 의하면, 이순신의 승리는 일본 측에도 근본적인 변화를 수반했다. 히데요시 자신의 조선 진출이 폐기되었던 것이다. 그는 애초부터 자신의 조선 진출을 전제로 전쟁을 시작했다. 4월 말 나고야에 도착한 뒤에도 그는 스스로 조선으로 건너갈 것을 호언하면서 독전해왔다. 다만 주로 날씨 탓을 하면서 도해를 연기해왔다. 그런데 그는 앞서 본 것처럼 6월 초 도해의 연기를 다시 선언하고, 대신 7명의 봉행을 조선에 파견했다. 그것은 5월 초 옥포에서 패전 소식이 전달된 뒤였다. 해상에서 자신에 대한 공격은 그에게 두려운 일이었을 뿐만 아니라, 승패에 무관하게 그의 권위에 손상을 줄 수 있었다. 결국 조선 수군의 승리는 단순히 왜군의 보급로를 위협한 것에 그치지 않고, 전쟁의 본질을 근본적으로 바꾸었다.[223]

그 후 해상에서 연이은 패배가 보고되자 히데요시는 앞서 6월 3일 지시했던 명 정벌의 계획을 수정했다. 즉, 위에서 언급된 7월 15일자 명령서에서 그는 조선에 대한 지배에 집중하게 하고 수군에게는 거제도에 두 곳의 거점을 확보하여 조선 수군의 동진을 막도록 했다. 그와 함께 육지에서 조선 수군의 거점을 공격하되 해상에서는 교전을 피하도록 했다.[224] 그럼에도 조선 수군은 8월 하순 웅천과 부산까지 진출했고, 그 뒤 웅천 이서의 재해권을 장악했다.

의병의 조직

한편 육지에서도 왜군은 어려움에 봉착했다. 그들은 처음에는 거침없이 북상했으나, 그것이 곧장 현지의 점령을 의미하지는 않았다. 속수무책으로 당하던 조선이 차츰 역량을 결집하여 반격에 나섰기 때문이다. 관군이 대응력을 상실하자 지방의 사림세력들이 의병(義兵)의 이름으로 나섰다. 일부는 향토의 방위를 위해서, 일부는 소위 근왕(勤王), 즉 국왕의 보호를 위해 일어섰다. 그들은 대부분 유생이거나 퇴직한 전직 관료들로서 경제력과 함께 학연과 혈연 등 지역사회에 광범한 인적 네트워크를 갖고 있었다.[225] 이것이 의병운동의 주요 기반이 되었다. 의병은 왜군의 침략을 직접 받은 영남지방뿐 아니라 호남과 충청지역에서도 거의 동시에 일어났다.

4월 하순 의령의 문벌로서 곽재우(郭再祐)가 의병을 일으키자, 영천의 권응수(權應銖), 거창의 김면(金沔), 합천의 정인홍(鄭仁弘) 등이 그 뒤를 이었다. 당시 호남은 직접 침략을 당하지 않았으나 나주의 김천일(金千鎰), 광주의 고경명(高敬命), 옥과(玉果)의 유팽로(柳彭老) 등도 5월 말까지는 의병을 일으켰다. 충청도에서는 그 전부터 왜적에 대한 적극적인 대비를 강조했던 옥천(沃川)의 조헌이 앞장섰다.

관군의 패배가 이어지자 조정에서는 군사의 재조직과 규합의 필요성이 제기되었다. 선조가 5월 중순 평양에 도착했을 때, 비변사의 건의로 "영남과 충주에서 싸움에 진 장병과 여러 곳에 피난하여 도주한 유지들의 자발적인 출두를 허락하여 그들에게 공을 세우게 하는 방(榜)을 걸어 알리게 했다."[226] 5월 23일 회의에서도 사람을 각지에 보내서 군사를 모집하는 방안이 제기되었다. 특히 승지 유근과 부제학 심충겸 등이 의병의 모집을 적극 주장했다. 그렇지만 호령이 통하지 않을 것, 도로가 막힌 것

곽재우 유물_장검, 마구, 벼루, 갓끈 등

이외에도 사람들의 정서를 알 수 없다는 등의 이유에서 회의적인 반응도 없지 않았다.[227]

그럼에도 지방의 사림세력들이 결집하자 조정은 이들과 연계성이 큰 인물들을 보내서 지원을 요청했다. 동인의 주요 인물인 김성일과 김늑(金玏)을 각각 경상도 초유사와 안집사로 파견했다. 호남의 경우 앞서 본 것처럼 7월 말 양산숙 등 유생들이 의주에 가서 의병 등의 활동에 대해서 보고하자, 조정은 인성부원군 정철을 충청도와 전라도의 도체찰사로 삼아 군무를 감독하게 했다.[228] 특히 안동 출신으로 현지의 사림들과도 광범위한 연계가 있던 김성일의 활약은 매우 두드러졌다.

김성일은 5월 초순 함양에 도착하여 활동을 개시했다.[229] 그는 각 고을에 군사를 모으는 관리를 임명하고, 격문을 내어 의병을 조직할 것을 호소했다. 그는 지방의 유력인사를 직접 찾아 의병의 조직을 촉구했는데, 고령의 김면과 합천의 정인홍 등이 대표적이었다. 그들은 앞서 말한 기반을 바탕으로 의병 모집에 나섰고, 거기에는 앞서 왜군의 최초 공격을 맞아 흩어졌던 군사들이 다수 포함되었다.[230] 다음은 김성일이 5월 4일 경상도에 도착했을 때 내건 초유문의 일부이다.

> 옛 충신과 열사는 승패를 이유로 뜻을 바꾸지 않았다. 강약을 이유로 기세가 꺾이지 않았다. 의로운 일로서 당연히 해야 하는 것은 비록 백전백패 하더라도 오히려 맨주먹을 휘두르고 날카로운 칼날을 무릅썼고, 만 번 죽어도 후회하지 않았다. 하물며 왜적은 비록 강하지만 군사를 먼 곳까지 펼쳐 깊이 들어옴으로써 병법의 금기 사항을 직접 어겼으니 어찌 (살아서) 되돌아갈 수 있겠는가? 우리 군사는 비록 겁이 많지만, 용기와 비겁이 어찌 늘 그러겠는가? 충의에 의해 자극을 받으면 순식간에 약한 사람도 강하게 할 수 있고 소수로도 다수를 대적할 수 있다.

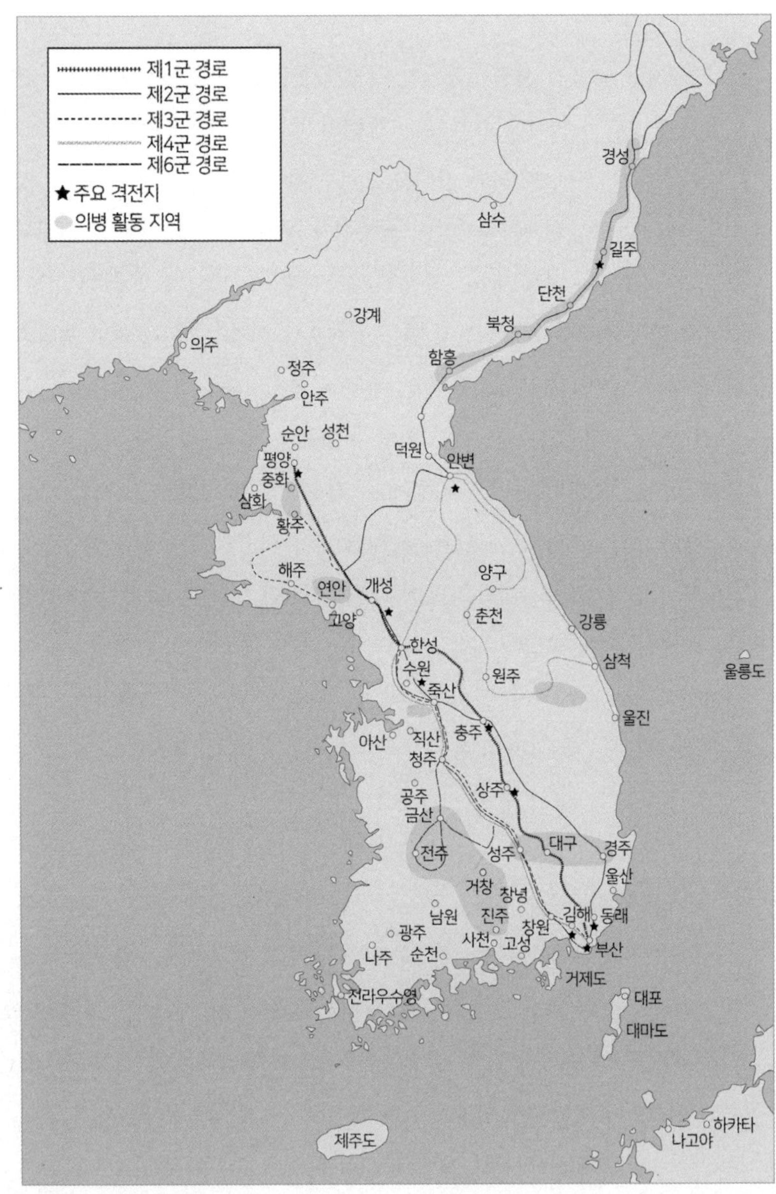

임진왜란 왜군 진격로와 의병활동

> 지금 흩어져 도주한 군사들이 산골짜기에 가득하다. 처음에는 도망하여 살고자 했으나, 결국 죽음을 피할 수 없음을 알게 된 후로는 모두가 스스로 떨쳐서 나라를 위해 온 힘을 다하고자 생각하고 있다. 다만 주창하는 사람이 없을 뿐이니, 이러한 때에 한 사람의 의사가 일어나 외친다면 원근에서 구름처럼 몰려들어 호응할 것이다.[231]

그는 군사적 열세를 의기로 극복하고 흩어진 백성들을 모을 수 있다면 전세를 역전시킬 수 있다고 주장했다. 김성일은 함양에 도착해서 곽재우와 만났다. 김성일은 곽재우에게 주변 지역의 의병과 관군을 총괄하게 하게 함으로써 단기간에 상당한 규모의 병력을 규합하였다. 그는 또한 4월 말 영천지역에서 기병하여 이미 수차례 전과를 올린—무관출신의—권응수를 의병대장으로 임명했다.[232]

비슷한 시기에 왜군의 전략에도 변화가 나타났다. 앞서 본 것처럼 왜군은 5월 초 서울을 점령한 뒤, 원래 공개적으로 내세웠던 명의 정벌은 추진하지 않고 지역지배 전략으로 전환했다. 이를 위해 각지에 군대를 나누어 보내기로 했다. 그와 함께 아직 부산에 남아 있던 후속부대들도 차례로 북상했다. 이들은 이전의 주력부대가 지나간 경주·영천·밀양·성주·개령·금산·상주 등 주로 경상좌도에 주둔했다. 뿐만 아니라 지역지배 전략에 따라 점차 충청도와 경상우도를 거쳐 전라도로 세력을 확장하고자 했다. 그렇지만 그들은 예상과 달리 조선의 강력한 저항에 직면했다.

경상우도

영남에서 기병하여 혁혁한 전공을 세운 인물은 곽재우였다. 그는 4월 20일경 자신의 경제적 기반과 인적인 연계를 이용하여 기병했다. 애초에 병력은 수십 명에 불과했으나 초유사 김성일의 지원으로 의령현과 삼가현의 관군까지도 통솔하에 두어 그의 병력은 약 2천 명에 이르렀다.[233] 의령은 낙동강의 지류인 기강(岐江)이 진주의 남강으로 흐르는 중간에 위치했고, 왜군이 진주를 거쳐 호남에 이르는 관문이었다. 곽재우는 5월 초부터 낙동강 기슭을 따라 초소를 설치하여 도강하려는 왜군을 공격했다.

한편 왜군이 서울에 모여 조선지배 전략을 결정하면서, 육상에서 전라도에 대한 진출시도가 본격화되었다. 그들은 제6군 다카카게의 군대였다. 그는 임진강까지 갔다가 5월 하순 일단 경상도로 남하했고, 6월 선산(善山)을 거쳐 전라도 진출에 착수했다.[234] 특히 그의 군대 일부가 본대와 함께 북상하지 않고 남부지방에 남아 있었다. 안코쿠지 에케이(安國寺惠瓊)가 지휘하던 이 군대는 창원에 있었는데, 전라도 진격의 명령을 받고 남원을 거쳐 전주로 북상하고자 했다. 그들은 의령의 남쪽에 위치한 정암진(鼎巖津)에서 낙동강을 건너고자 했으나, 5월 26일 의병장 곽재우 군대의 공격으로 좌절되었다. 이 전투에서 곽재우의 군대는 왜군 백여 명을 참수했다.[235]

의령 부근에서 곽재우에 의해 막히자, 왜군은 북쪽의 무계(茂溪)와 성주 등으로 침입로를 바꾸었다. 특히 무계는 낙동강을 건너 성주에 이르는 교통의 요충지였다. 그곳에는 합천과 고령에서 일어난 정인홍과 김면의 의병이 지키고 있었다. 정인홍은 5월 중순부터 그곳에 보루를 쌓고 주둔했다. 얼마 뒤 그의 군대는 북상하지 않고 선산에 머물고 있던 제7군 데루모토 휘하 장수 무라카미 가게지카(村上景親)의 진출을 막았다. 6월 4일부터 6일 사이 부장 손인갑(孫仁甲)을 선봉장으로 적진을 기습하여 적병 1백여 명을 죽이고 적장에게 중상을 입히는 성과를 거두었다. 이번 싸움으로 적진을 완전히 퇴각하게 하지는 못했으나 왜군을 크게 위축시켰다.[236]

그 후에도 손인갑 등은 6월 20일 전후로 무계의 남쪽 사원동(蛇院洞)과 초계현 마진(馬津)에서 낙동강 수로로 이동하는 왜의 선박을 공격했다. 그는 마진전투에서 전사했다.[237] 7월 초순 정인홍은 합천·성주·고령 등

의병을 합한 군사 2천 8백 명으로 왜군 4백여 명을 무찌르고, 말 50여 필 등 많은 노획물을 얻었다. 당시 왜군은 짐을 싣고 무계에서 성주를 향하고 있었다. 특히 거제현감 김준민은 손인갑을 대신하여 가장(假將)으로서 다수 군사를 이끌었다.[238]

전라도와 충청도

앞서 본 것처럼 경상우도에서 전라도로 진출하려던 왜군은 곽재우 · 정인홍 등의 의병들에 의해 좌절되었다. 이에 그들은 더욱 북상하여 충청도로부터 남하하는 방식을 취했다. 7월 초 다카카게와 에케이의 군대는 군수 권종(權悰)이 지키던 금산(錦山)성을 함락시켰다. 그 후 그들은 각각 금산에서 전주로, 금산에서 용담 및 진안을 거쳐 거창으로 남하했다. 당시 전라도 광주목사 권율과 동복현감 황진(黃進) 등이 이끄는 1천 5백 명의 군대

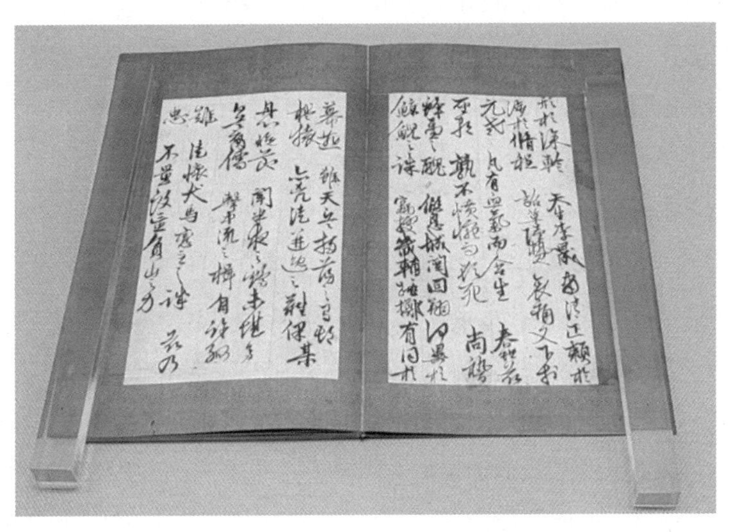

의병장 고경명의 「마상격문」 친필

가 7월 8일 지금의 전북 완주와 충남 금산의 경계에 위치한 이치(梨峙)에서 다카카게의 군대를 막았다. 그의 군대는 다시 금산성으로 후퇴했다. 특히 고경명의 군대가 금산성을 공격해옴으로써 후방을 막을 필요성도 있었다.[239]

고경명은 원래 전라도 담양에서 기병했다. 담양의 재지사족이었던 그의 군사에는 주변 지역 의병장들이 다수 합류했는데, 옥과의 유팽로, 남원의 양대박(梁大樸) 등이 대표적이었다. 이들은 6월 11일 담양에서 연합군을 형성해 그 수가 6천여 명에 이르렀다. 이들은 근왕(勤王)을 위해 태인과 금구를 거쳐서 북상하여 6월 하순 전주에 도착했다. 이들은 황간(黃澗)에 주둔하던 왜군이 금산에 들어왔고 전주를 향할 것이라는 소식을 듣고 방향을 바꿔 금산을 향했다. 양군은 7월 9일과 10일 금산성에서 싸웠는데, 고경명 부자와 선봉장 유팽로 등이 전사했다〔제1차 금산성전투〕.[240]

한편 금산에서 거창을 향하던 에케이의 군대는 7월 7일과 8일 웅치(熊峙)에서 김제군수 정담(鄭湛)과 접전을 벌였다. 나주판관 김복남과 의병장 황박(黃璞) 등이 분전하다가 전사했다. 그 뒤에 왜군은 전주성 밖까지 진출했다. 그렇지만 이미 웅치에서 의병에게 습격을 당한 왜군은 함부로 작전을 펼치지 못하고 본대가 머물고 있는 금산성으로 철수했다. 8월 중순(17-18일) 의병장 조헌과 승장 영규(靈圭) 등 약 1천 3백 명이 금산성을 공격하고자 했다. 그들은 8월 1일 제5군 이에마사의 일부 군대가 주둔하던 청주성을 수복했고,[241] 이를 근거지로 삼아 금산의 왜군에 대한 공격에 나선 것이다. 금산성 10리 밖 들판에서 1만 5천여 명의 왜군과 치열한 접전 끝에 조헌과 영규 그리고 군사 7백 명이 모두 전사했다〔제2차 금산성전투〕.[242]

왜군은 고경명과 조헌 등의 두 차례에 걸친 공격을 막아냈으나 결국 9월 중순(17일) 금산성을 버리고 철수했다. 그것은 명군의 개입이 예상되는 상황에서 평양과 서울 사이의 수비를 강화시키기 위한 목적도 있었으

나,[243] 이로써 왜군의 전라도 진출은 좌절되었다.[244]

금산에서 다카카게의 군대가 고경명의 공격을 받을 무렵, 개령과 김산〔金山, 경북 김천〕에 주둔 중이던 그의 다른 부대 1천 5백 명이 지례(知禮)를 거쳐 전라도 거창을 향했다. 당시 거창에는 의병장 김면의 군대가 주둔했다. 고령의 사족이었던 김면은 5월 중순 군사를 일으킨 뒤, 아직 적의 공격을 받지 않아 의병의 모집이 용이한 거창으로 이동하여 2천여 명의 군사를 모았다.[245] 특히 초유사 김성일이 그를 좌부장(左部將)으로 임명하여 주변 현의 책임자들을 그의 휘하에 배속시켰다. 결국 7월 10일경 지례와 거창 사이에 위치한 우척현(牛脊峴)에서 김면의 군대는 왜군의 남하를 저지하는데 성공했다.[246]

무주와 금산 등지에서 퇴각한 왜군은 김산·성주·개령 등지로 모여들었다. 그렇지만 김면과 정인홍, 그리고 7월 전라도 보성에서 기병하여, 거창에 주둔한 임계영(任啟英) 등 의병들이 그들에 대한 공격을 개시했다. 의병들은 특히 그해 8월부터 9월 데루모토와 가쓰라 모토쓰나(桂元綱)가 주둔하던 성주를 두 차례 습격했다. 그들은 중과부적으로 이기지 못했으나, 왜군은 주변 지역에 대한 지배가 좌절되었을 뿐만 아니라 부산과 서울 사이 보급로의 확보에 어려움을 겪게 되었다. 마침내 12월 세 번째 공격이 이루어지자 왜군은 성주와 개령 등지에서 퇴각하고 말았다.[247] 한편 곽재우는 9월 낙동강 동쪽으로 진출, 영산 · 창녕 · 현풍 지역 왜군을 압박하여 퇴각하게 만들었다. 이로써 경상우도가 보존되었고, 왜군의 전라도 진입이 오랫동안 저지되었다.[248]

경상우도의 의병활동에 대한 김성일의 보고가 6월 말 도착하자 조정은 주요 의병장들에게 관직을 하사했다. 김천일은 장악원정(掌樂院正), 정인홍은 진주목사, 김면은 합천군수, 곽재우는 유곡찰방(幽谷察訪)으로 임명되었다.[249] 나중에는 김천일에게 창의사(倡義使), 고경명은 초토사(招討使)의 명예로운 칭호가 주어졌다.[250]

경상좌도

한편 경상좌도 의병과 관군은 왜군 주둔지에 대한 공략에서 그 성과가 두드러졌다. 의병조직은 처음에는 왜군의 주변 지역 약탈에 대한 방어차원에서 개시되었다. 그렇지만 나중에는 서로 연합하여 왜군 주둔지역에 대한 적극적인 공략에 나서기도 했다. 의병들의 활약으로 초기 왜군의 일방적인 우세가 점차 전세의 균형으로 변모했다. 그러한 상황은 7월 말에 작성된 것으로 보이는 안집사 김늑의 보고에 반영되고 있다. 그는 경상좌도에 파견되어 현지 관군과 의병의 활동을 지원하고 있었다.

> 근래에는 사람들이 죽을 마음을 내고, 또한 적의 사정을 숙지하고 있습니다. 전날 왜적에 대한 두려움을 가졌던 것과 비교하여 조금 차이가

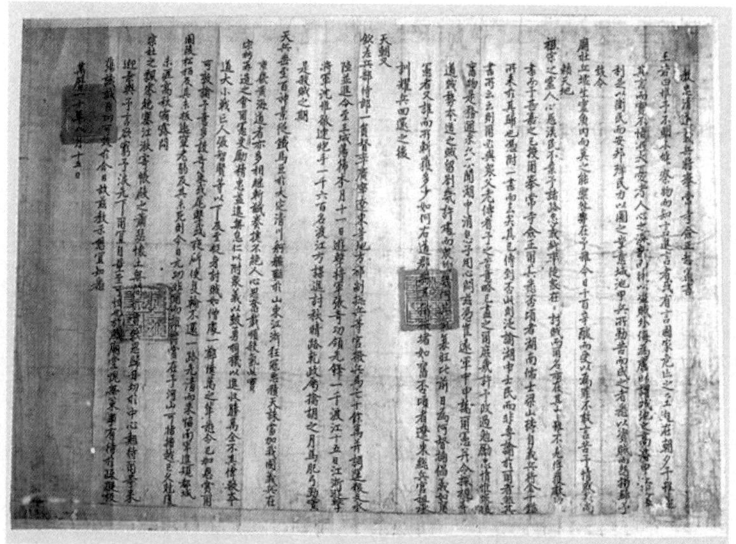

조헌에게 내린 선조의 교서_충청도 의병장으로 임명한다는 내용이 담겨 있다

있습니다. 비록 진(陣)을 맞대고 잘 싸울 수는 없지만, 복병과 야간습격의 일에는 용감하게 나서는 사람들이 많습니다. 신[김늑]에게 자발적으로 응모하는 사람들 또한 연락이 끊이지 않고 있습니다. 비록 왜적이 성(城)을 점거한 고을이라고 해도 (아군은) 산골에 모두 복병을 두고 있습니다. 의병이라고 불리는 자들도 많아서 (왜적을) 화살로 맞혀 죽이고 있는데, 모든 고을이 그러합니다. 단지 (왜적의) 모든 군대를 잡아서 목을 베기 어려울 따름입니다.[251]

그에 의하면 조선은 점차 초기의 일방적인 패배와 그에 따른 두려움에서 벗어나 반격의 태세를 갖추기 시작했다. 아직 맞대결을 할 상황은 아니지만, 소규모 군대로 복병과 야간 공격 등의 방식으로 왜군을 지속적으로 괴롭혔다.

왜군 주둔지역에 대한 의병의 직접적인 공략의 대표적인 예가 7월 말 교통의 요지이면서 왜군의 중요한 보급기지였던 영천성의 수복이었다. 그곳에는 제2군 기요마사의 후속부대인 제5군 후쿠시마 마사노리(福島正則)에게 소속된 일부 부대가 진주했다. 병력 수는 1천여 명이었다.[252] 7월 25일 그간 부분적 성과를 기반으로 영천과 그 주변 지역 의병과 관군들이 연합하여 영천의 왜군에 대한 공격을 단행했다. 여기에는 주부(主簿) 권응수가 중심이 되었다. 그는 4월 말 신녕(新寧)에서 기병하여 이미 전과를 올렸고, 그 결과 초유사 김성일에 의해 의병대장으로 임명되었다. 그 외에 영천군수 김윤국(金潤國), 의병장 정대임(鄭大任)과 정세아(鄭世雅), 하양·의흥·경주·경산·청송·의성 등 10여 읍에서 약 3천 5백60여 명이 참여하여, 결국 그달 28일 영천성을 회복했다. 그 과정에서만 왜군 5백여 명의 수급을 얻었다. 아군 사망자는 83명, 부상자는 2백38명이었다.[253]

영천성의 수복으로 안동 이남에 주둔하고 있던 왜군이 모두 상주(尙州)로 내려감으로써 경상좌도의 여러 고을이 왜적의 화로부터 벗어날 수 있

권응수 장군 초상(국립진주박물관 소장, 보물668-1호)

게 되었다. 왜군은 경주를 중간기지로 활용하였다. 그렇지만 그들은 다시 조선 군대의 공격대상이 되었다. 8월 20일 경상우병사 박진(朴晉)의 지휘 아래 경주판관 박의장(朴毅長), 의병장 정세아와 선봉장 권응수 등 1만여 명이 경주성 수복을 개시했다. 공격은 9월 초순까지 산발적으로 계속되었고, 결국 9월 9일 왜군은 부산 방면으로 모두 퇴각했다.[254] 물론 경주에는 병력이 많지 않았고, 더욱이 스스로 철수할 계획이었다는 점에서 전과를 논하기 어려운 측면도 없지 않으나,[255] 당시 조정에서는 이순신의 공과 비견될 정도로 고무적인 일로 받아들여졌다.[256]

경상좌도의 다른 지역에서도 조선 군대의 부분적인 반격이 확인된다. 안동에서는 1만 명 이상의 통합적인 의병부대가 조직되어, 안동부사 김늑의 관군과 함께 왜군의 안동 진출을 저지했다. 11월 중순 의병장 김해(金垓)는 예천군 감천에 주둔, 당교(唐橋) 일대 왜군의 예천지역 진출을 차단했다.[257] 그리고 상주에서는 10월 정기룡(鄭起龍)이 상주 가판관(假判官)으로 임명되면서 관군을 재정비했다. 그는 상주의 왜군을 격파하고 수륙교통의 요지인 당교의 왜군을 공격했다.[258] 울산에서는 윤홍명(尹弘鳴) 등이 단합하여 4월 말부터 침략군에 대한 국부적인 공격을 감행했고, 8월과 9월에는 경주지역 의병장들과 합동으로 영천과 경주 수복에 참여했다. 그 후 왜군이 울산에서 물러간 뒤에는 신임 울산군수 김태허(金太虛)의 지휘 아래 그 지역을 수습하여 그들의 산발적인 재진입을 막아냈다.[259]

경기도와 황해도

한편 전 부사 김천일(金千鎰)은 5월 중순 전라도 나주에서 의병을 일으켰다. 그것은 당시 전라도는 왜군의 침입으로부터 안전했으나, 임금의 피난과 서울함락 소식이 전해진 결과였다. 6월 초 김천일은 근왕을 위해서 북상했다. 6월 중순에는 7백여 명을 이끌고 천안에 도착했고, 그 후 얼마 전 용인에서 궤멸된 관군을 일부 흡수하여 수원의 독성(禿城) 산성에 주둔했다. 수원은 과거 그가 부사로 재직했던 곳이었다. 얼마 뒤 그는 군사 3천 명을 이끌고 강화도에 주둔했다. 그곳에는 의병장 우성전(禹性傳)의 군사 2천 명과 전라병사 최원(崔遠)의 군사 4천 명이 합세했다.[260]

당시 서울 회복에 대한 요구가 적지 않았으나, 김천일은 강화도의 고수를 주장했다. 그것은 소수의 군사로 왜군을 물리칠 수 없기 때문이었으나, 강화도 주둔이 의미가 없지는 않았다. 특히 강화도는 조정과 영호남을 잇는 중간지점으로서 기능했다. 강화도를 경유하여 호남과 충청도 등지에서 조세로 거둔 식량의 조운이 의주의 조정에 전달되었고, 반대로 조정의 명령이 남부지방에 전달될 수 있었다. 그것은 인심의 수습에도 크게 도움이 되었다. 강화도 주둔 관병과 의병은 충청수사 정걸(丁傑), 경기수사 이빈(李蘋) 등과 협력하여 왜군의 공격을 막아내기도 했다. 이듬해 초 평양전투에서 패배한 왜군이 서울로 철수한 뒤에는 한강의 양화(楊花)나루까지 전진하여 서울의 왜군을 견제했다.[261] 이어 명군이 서울의 왜군과 접촉할 때 김천일 등의 군대는 한강을 오가며 그 매개 역할을 담당했다.

한편 서얼 출신의 홍계남(洪季男)은 1백 명의 군사로 경기도 안성을 중심으로 활동했다. 그는 경기도 왜군에 대한 지속적인 공격으로 적잖은 성과를 거두었다. 조정에서는 그를 수원판관 겸 조방장에 제수했다.[262]

황해도에서는 중화에서 김진수(金進壽)·김만수(金萬壽)·황하수(黃河水) 등이 처음으로 기병하자 조정은 그들을 의병장으로 삼았다. 그들은 특히 8월 하순 봉산에서 평양으로 가던 오토모 요시무네(大友義統)의 군대를 맞아 22명을 베고, 말 45필을 탈취했다.[263] 또한 전 이조참의 이정암(李廷馣)이 8월 초순 배천에서 의병을 일으켰는데, 그 수가 5백 명에 이르렀다. 분조를 통해 전방에 나간 광해군은 그를 황해도 초토사로 삼았다. 그는 8월 하순 연안성에 자리를 잡았는데, 황해도를 노략질하던 구로다 나가마사의 군대 5천여 명의 공격을 받았다. 4일간의 공방전 끝에 많은 적을 사살하고 우마와 군량을 노획물로 획득했다. 그 뒤 9월부터 이듬해 1월까지도 그는 연안성을 지킴으로써 주변 10개 고을이 사실상 정상화되었고, 조정과 호남 및 충청 사이의 왕래가 가능해졌다.[264]

그 외에도 일회성의 전투는 여러 곳에서 이루어졌다. 이를테면 5월 16일 경기도 양주 해유령(蟹踰嶺)에서 부원수 신각(申恪)은 함경남병사 이혼(李渾)의 군사와 함께 마을을 약탈하던 왜군을 공격하여 60급을 참수하였다. 유성룡의 회고에 의하면, 해유령전투는 왜군이 조선을 침략한 뒤 관군에 의한 최초의 승리로서, 그것이 알려지자 도처에서 사기가 올랐다고 한다.[265]

함경도

기요마사는 함경도 북단 여진의 거주지를 통한 중국 진출이 막히고 현지 통치의 어려움이 있다고 보아 8월 중순 남하했다. 그는 9월 초 함흥으로 철수했고, 이어 그보다 남쪽에 위치한 안변으로 내려갔다. 그러자 9월 중순 북평사 정문부(鄭文孚)가 종성부사 정현룡(鄭見龍)과 경원부사 오응대(吳應台) 등의 도움을 받아 의병 1천여 명을 모아 – 기요마사가 국세필에게 통치를 위임했던 – 경성을 공격하여 다시 수복했다. 이어 국경인이 다스리던 회령도 수복되었다. 정문부의 기마병 군대는 10월 30일 길주의 장평석령(長坪石嶺)에서 왜군 1천여 명과 싸워 크게 승리했다. 그 뒤에도 그들은 이듬해 초 평양함락으로 왜군이 함경도에서 철수할 때까지 산발적인 교전을 계속했다.[266]

정문부가 함경도 왜군을 공격하고 있을 때 함흥 부근에서도 유사한 일이 벌어졌다. 특히 조정은 함경도관찰사 유영립(柳永立)이 왜군의 진입 시에 도주하자, 7월 중순 임해군을 수행하던 윤탁연(尹卓然)으로 대체시켰다. 선조는 특별히 교서를 내리기도 했는데, 그는 개마고원에 위치한

북관대첩 중 창의토왜도(고려대학교박물관 소장)

별해보(別害堡)에서 왜군에 대한 공략을 지휘했다. 특히 무과 출신인 유응수(柳應秀)와 이유일(李惟一)을 토적장(討賊將)으로 삼았다. 이들은 현지 유생들의 협력을 받아서 각기 수천여 명의 군사를 모아서 부근의 왜군을 살상하는 등 함흥에 대한 압박을 가했다. 중과부적으로 더 이상의 성과는 없었으나, 한때나마 함경도 남부와 북부 왜군의 연락을 어렵게 만들었다.[267]

나오시게의 종군 승려로 함경도에 따라갔던 제타쿠(是琢)는 "나라의 백성들은 처음에는 일본의 호령에 따라 공물과 세금을 납입했으나 나중에는 조선의 옛 법령으로 돌아가 거주지를 버리고 산과 들로 달아났다. 무기를 휘두르고 활과 화살을 일삼았다."고 쓰고 있다. 이것은 그곳에서도 초기에 복종했던 현지인들이 점차 왜군에 대한 저항에 나섰음을 의미한다. 그와 함께 그는 함경도가 하늘과 땅이 끝나는 곳으로서 날씨가 춥고 눈이 많으며, 사람들은 이리나 토끼처럼 굴속에 산다고 함으로써 현지 지배의 어려움을 시사하고 있다.[268]

진주성전투

도처에서 의병들의 저항에 부딪힌 왜군은 대규모 군사를 동원하여 그에 대한 공략에 나섰다. 양측의 집합적 대결은 10월 초순 진주성전투에서 최고조에 이르렀다. 앞서 본 것처럼 충청도와 경상우도 중부로부터 전라도 공략이 수포로 돌아가자 왜군은 새로운 돌파구를 모색했다. 왜군은 진주성을 경상우도 병력의 중심지로 간주하고 그에 대한 공략에 착수했다. 특히 진주판관 김시민이 거창의 의병장 김면의 요청으로 그곳에 진출, 사랑암(沙郎巖)에서 왜군을 무찌르고, 고성과 창원 등 진주성 인근 지역으로 세력을 확대했다. 진주는 전라도에 이르는 요충지이기도 했다.

진주성을 공략한 왜군은 하세가와 히데카즈(長谷川秀一) 등이 이끌었고, 약 2만 명이었다. 그들은 서울함락 이후 히데요시가 군사행정을 강화하기 위해서 6월 초 조선에 보냈던 일곱 봉행에 속했다. 대부분 서울에서 다시 부산으로 내려와 김해에 주둔하고 있었다. 그들은 조선 군사의 부분적인 저항에도 창원(9월 27일), 함안(10월 2일)을 차례로 점령하고, 10월 5일 진주성을 포위했다.[269] 진주성은 김시민과 곤양군수 이광악(李光岳) 등이 이끄는 약 3천 8백 명의 군사가 지키고 있었다. 왜군은 10일 물러갈 때까지 수일간 세 방향에서 파상적인 공격을 감행했다. 그러나 연일 계속된 공격에서 피해만 발생하자 결국 퇴각했다. 김시민은 당시의 부상으로 인해 사망했다.

9월 초 경상우도관찰사에 임명된 초유사 김성일은 주변의 의병장들에게 진주성을 지원하도록 적극적으로 호소했다. 그 결과 성의 외곽에는 곽재우·김면·정인홍 등 각지의 의병장들이 사람을 보내거나, 일부는 직접 와서 왜군을 견제함으로써 수성을 성원했다. 화순에서 기병한 최경회(崔慶會)와 임계영 등이 이끄는 호남의 의병 2천여 명도 성원에 참여했다. 그럼에도 의병장들이 진주성에 들어가지 않은 것은 각각의 입장이 달랐음을 시사한다. 김성일은 조정에 대한 보고에서 "온 나라가 붕괴된 나머지 한 사람도 성을 지킬 생각을 하지 않았으나, 목사〔김시민〕는 홀로 고립된 성을 지킬 수 있었다. (그는) 외부의 지원에 의지하지 않고서도 대적을 물리쳐서 1개 도(경상우도)를 보전했을 뿐만 아니라 호남을 지킴으로써 왜군이 내지로 내닫지 못하게 했다."고 쓰고 있다.[270]

결국 조선의 반격은 왜군의 활동 범위를 적잖게 위축시켰다. 『난중잡록』에 의하면, 왜군은 군사가 부족하여 주로 일로(一路)의 몇몇 큰 도시에 나누어 주둔할 수밖에 없었다. 영남의 왜군은 5만 명에 불과하며, 따라서 한 곳에 머물고 있는 왜군은 수백 명 정도였고 1천 명을 넘지 않았다. 단지 고성 부근만 수천 명 수준이었다.[271] 그 결과 경상도, 특히 경상우도에 대한 왜군의 지배는 관철되지 못했을 뿐만 아니라 명으로의 진격도 실행에 옮기기 어렵게 되었다. 전라도와 경상도를 대부분 함락시키지 못한 상태에서 압록강을 건넜다가는 조선의 군사들이 뒤를 쫓을 것은 뻔했다. 이러한 판단에 따라서 왜군의 주력부대는 서울과 지방에 계속 주둔하게 되었다.[272]

육상에서 일사천리로 북상한 왜군은 진격한 경로에 일정한 간격으로 성을 만들어 연락과 보급을 유지하고자 했다. 그들은 부산에서 서울까지 80-100리 거리마다 모두 18개의 성을 쌓았다.[273] 평양을 점령한 뒤 유키나가는 2만여 명으로 그곳을 지키는 한편, 약 5백 리에 이르는 서울과 평양의 중간에 몇 개의 성을 쌓아 필요시 지원을 받을 수 있게 했다.[274] 그렇지만 그 나머지 지역은 여전히 조선이 차지하고 있었고, 지리에 밝은 조선의 군사들이 통행하는 왜군들을 기습했다. 안전한 통행을 위해서 부산에서 서울까지는 최소 3백 명, 서울에서 평양까지는 5백 명 이상의 군사들이 함께 이동해야 했다. 일본에서 식량을 수송하는 과정에서 자주 조선의 군사들에게 약탈당했다.[275]

그렇다면 의병은 명과 관련하여 어떤 입장이었을까? 당시 조선의 입장에서 통상적인 양국의 관계에서 본다면, 명의 군사적 지원에 대한 기대는 당연할지도 모른다. 전라도 담양에서 의병을 규합한 전 동래부사 고경명은 6월 1일 선포한 격문에서, 종묘사직이 잿더미로 변했음에도 왕사(王師), 즉 명군에 의한 소탕이 여전히 지연되고 있어 애통함이 뼛속까지 스민다고 쓰고 있다.[276] 소규모 명군의 참전이 알려진 뒤에 작성된 글에서 그는 "명군이 (언젠가 왜적을) 소탕할 날이 있겠지만, 흉악한 무리가 도주할지는 보증하기 어렵다."면서 조선 스스로 분투할 것을 호소했다.[277] 그렇지만 그 외에는 『난중잡록』과 『쇄미록』 등의 문헌에 수록된 수많은 당시의 격문들에서 명의 구원에 대한 언급은 찾을 수 없다. 일단 문제를 국내적인 것으로 간주하고 스스로 해결을 모색했던 것이다. 그것은 조정 내부의 전체적인 분위기이기도 했다.

요동군의 평양공격

조선이 초기 대응에 실패했으나 수군과 의병 등이 점차 성과를 보고 있을 때 요동의 명군도 움직이기 시작했다. 이덕형이 요동에서 파병은 물론 국왕의 내부에 대한 부정적인 대답을 받고 돌아온 며칠 뒤, 조선은 명군이 한꺼번에 다시 들어온다는 통보를 받았다. 조승훈 등이 이끌던 이 군사들은 6월 중순 압록강을 건너왔다가 평양함락을 확인하고 되돌아간 상태였다. 역관들을 통해서 7월 10일 압록강을 건넌다고 통보된 명군의 구성은 그 이전과 큰 차이는 없었다. 그것은 조승훈의 1천 명, 왕수관의 1천 명, 사유(史儒)의 1천 명, 그리고 양소훈 휘하의 천총(千摠)이 이끄는 가정(家丁)과 달자(㺚子) 5백 명 등 3천 5백 명이었다. 이들은 곧장 평양을 향해 남하했다.[278]

당시 안주에 머물던 유성룡은 명군의 평양공격에 상당한 기대를 걸고 있었다. 그는 명군이 7월 15일 그곳을 지나갔다는 17일자 보고에, "만일 (명군이) 큰 공을 이루어 흉적을 소탕하고 (명으로) 돌아간다면 잔치를 벌여 위로하고 상을 주는 일은 후하게 하여 그들의 수고에 보답해야 한다."고 덧붙였다. 그는 평양에서 의주에 이르는 길에 4곳에서 잔치를 열 계획이며 일단 술 1천여 동이와 소 20여 마리 외에 돼지·양·닭·개 등을 준비하도록 했다고 보고했다.[279]

기대는 명군도 마찬가지였다. 공조판서 한응인은 윤두수와 함께 탕참(湯站)에 가는 도중 명군의 출정을 들었다. 역관들이 그에게 전하는 바에 의하면, 요동총병 양소훈이 그곳에서 다른 장수들과 계획을 세웠다. 양총병은 조선 측에도 사전 준비를 요청했다. 즉, 군대의 수가 많아서 배로 건널 수 없으니 청천강과 대정강에 부교를 설치해달라는 것이었다. 한응인은 식량과 배편 등의 준비를 위해서 곧바로 돌아왔다.[280] 윤근수가 탕참에 이르자 조승훈은 그에게 장기적인 계획을 설명했다. "(평양성을 함락시킨 뒤) 남은 적이 있거든 마땅히 (대동)강을 건너 추격하고 또한 서울의 왜군을 소탕해야 한다. 중간에 있는 왜군도 마땅히 제거해야 한다." 선조는 명군이 진격하는 곳에 식량과 임진강의 배를 마련하고, 하삼도 관찰사들과 수군에게도 도주 왜군의 추격 준비를 지시했다.[281]

이 모든 것은 조승훈의 시도가 요동의 명군 지휘부에 의해 계획적으로 조선의 협조를 받아 추진되었음을 시사한다. 그렇지만 그에 대한 기대는 금세 허물어졌다. 명군은 16일 평양에서 가까운 안정관(安定館)에 도착한 다음, 17일 새벽 풍우와 어둠을 틈타 평양의 왜군을 공격했다. 도원수 김명원은 3천 명[282]의 군대를 보내 작전에 참여하게 했다. 그렇지만 기병 위주의 명군은 공성전에 서툴렀고, 결국 패하고 말았다. 사유를 포함한 세 명의 장수가 전사하는 등 많은 인명피해를 입었고, 조승훈은 소수의 남은 군대를 데리고 요동의 봉황성으로 돌아가버렸다. 조선의 군사도 흩어지고 말았다.[283]

조승훈이 돌아가자 조선은 그의 잔류를 요청하기 위해 병조참지(兵曹參知) 심희수(沈喜壽)를 구련성(九連城)에 보냈다. 그런데 그의 상관인 양소훈은 뜻밖에 평양공격 과정에서 조선의 비협조를 문제 삼았다.[284] 그는 명군과 함께 평양성 공격에 참여했던 조선의 한 부대가 왜군에게 투항했다는 조승훈의 쪽지까지 보여주었다.[285] 조선은 좌의정 윤두수를 다시 그에게 보내 해명을 시도했다.[286] 양소훈은 그에게 조선의 군대가 먼저 달아났다는 것과 조선인 투항자들이 화살로 명군을 공격했다는 것 등 조승훈의 주장을 지적했다. 윤두수는 조선의 군대가 명군을 따라 달아났고, 화살을 쏜 것은 투항한 자들이 아니라 생포된 자들일 것이라고 대답했다.[287] 며칠 뒤에는 사간 이유징(李幼澄)을 지휘 서일관에게 보내 평양전투 과정에서 조선의 비협조에 대한 조승훈의 비판을 해명했다. 다행히 서일관은 그가 조선의 사정을 오인하여 말했을 뿐임을 인정했다.[288]

조승훈의 실패는 조선에게도 충격이 아닐 수 없었다. 무엇보다도 향후 사태가 어떻게 전개될지 불확실성이 커진 것이다. 그것은 29일 선조와 대신들 사이의 대화에 그대로 반영되었다. 선조는 평양의 패배로 인해 명이 다시 조선을 지원하지 않을까 걱정했다. 그에 대해서 좌의정 윤두수는 패배는 큰 것이 아니며, 왜군이 명에게도 걱정거리인 만큼 다시 구원해 올 것으로 간주했다. 선조가 왜군의 목표가 중국이 아니라 조선 팔도 전체를 점거하려는 것이라고 말하자, 윤두수는 이순신에 의한 전라도의 안전을 지적했다. 그때 새로 도체찰사로서 그곳으로 남하할 예정인 정철은 의병장 고경명 등의 방비를 상기시켰다.

그럼에도 선조는 자신이 압록강을 건너는 일을 하나의 대안으로 삼고 있었다. 이에 정철은 아예 생각조차 하지 말기를 요청했다. 윤두수도 불가의 근거를 구체적으로 제시했는데, 요동의 자문과 함께 압록강을 건너면 조선을 회복할 가망이 없어진다는 한 달 전의 주장을 되풀이했다. 요동의 자문과 관련하여 더 이상 언급은 없으나, 7월 초 받은 요동순무 학걸의 자문일 것이다. 앞서 본 것처럼 그는 국왕의 내부 요청에 대해서 수행할 인원 소수만 데리고 오고, 대신들은 조선에 남아서 사태를 수습할 것 등의 조건을 제시함으로써 사실상 요청을 거절했다. 평양전투 이후 왜군이 나오지 않은 이유와 관련하여 윤두수는 두려워 감히 나오지 못하는 것으로, 선조는 반드시 간사한 꾀가 있을 것으로 파악했다.[289]

보름 뒤 조선은 평양에 대한 독자적 공격을 추진했다. 당시 도원수 김명원, 평안도관찰사 이원익, 순변사 이빈(李贇), 방어사 김응서(金應瑞), 별장 박명현(朴命賢), 김억추(金億秋) 등 휘하의 군대 약 2만 명이 평양 부근에 주둔하고 있었다. 조정은 평양의 왜군이 쇠약해져 조선의 군대로도 취할 수 있고 또 명군만 기다리고 있을 수만은 없다고 여겨 진격을 재촉했다. 8월 1일 조선의 군대는 세 개의 길로 나누어 평양으로 전진했다. 이들은 정탐 중인 왜군 몇 명을 사살했으나 얼마 되지 않아 대규모 적군이 도착하자 흩어져 강변으로 도망치고 말았다. 조선의 군대는 많은 피해

를 입으면서[290] 세 번 싸웠으나 결국 원래 주둔하던 곳으로 물러났다.[291]

한편 요동군의 패배는 명 조정을 놀라게 했다. 나중에 병과급사중 허홍강(許弘綱)은 "요동 전체가 사기를 잃고 왜적의 세력이 확장하게 하였다."고 했다. 요동 우참의 형(邢)[292]은 "국가의 위신을 손상시키고, 나라를 근심하게 했으며, 침략을 재촉했다."면서 왜적의 중국침략으로 이어질 것을 우려했다. 그럼에도 그들은 모두 조승훈이 상황을 잘 보고 행동하라는 상부의 지시를 무시하고 공을 탐한 결과로서, 개인적인 잘못으로 결론지었다. 조승훈은 파직되는 처벌을 받았다.[293]

왜군은 조승훈의 공격을 막아냈으나, 명군의 신속한 조선 지원은 왜군에게 상당한 위기감을 주었다고 한다. 조승훈의 공격은 명이 왜군을 상대로 하는 최초의 군사적인 조치였다. 이 사건 이후, 특히 명 공략의 포기와 조선지배 및 보급로 확보를 지시한 7월 15일자 히데요시의 명령을 받고, 8월 7일 서울에서 군사회의가 개최되었다. 거기에는 유키나가를 비롯한 대부분의 왜장들이 참여했다.[294] 회의의 대화는 그러한 위기감을 반영하고 있다.

- **우키다 히데이에(宇喜多秀家)** : 조선의 여러 성들을 많이 함락시켰는데…… 명군이 대군을 내어 (조선을) 지원한다면, 그들과 어떻게 싸울 것입니까?
- **구로다 요시타카(黑田孝高)** : 서울은 부산에서 10여 일 거리입니다. 길이 멀어 조운(漕運)하기 어렵습니다. 그러나 그것〔서울〕을 버리는 것은 아깝습니다. 장군〔히데이에를 지칭〕과 여러 장수들이 그것〔서울〕을 지켜서 본영으로 삼아야 합니다. 서울부터 명나라까지는 하루 일정의 길을 빼앗아 성채를 여러 곳에 쌓아 지키고, 명군이 빼앗으러 오면 서울에서 도우러 와서 한 번에 승패를 결정해야 합니다. 만약 먼 곳에 성채를 쌓아 지키면 (서울에서) 나가서 구원하기 불편합니다.

- **고니시 유키나가**: 그렇지 않습니다. 조선인은 이미 사기를 잃어 두려워할 필요가 없습니다. (조선이) 명에 구원을 구걸하더라도 그들〔명군〕이 압록강을 건너기 어려우니 걱정할 것 없습니다. 여러분은 마음대로 하십시오. (저) 유키나가는 멀리 나가 명의 국경까지 접근하여 성을 함락시켜 지킬 것입니다.
- **요시타카**: (성이) 적지에 가까울 경우, 명군이 얼마 후 와서 포위한다면, 고립된 성은 아마 지탱하기 어려울 것입니다. 내가 가서 구원하려 해도 길이 멀어서 비상시 도움을 주지 못할 것입니다. 또한 지키지 못해서 후퇴하면 다른 나라의 비웃음을 살 것이니 걱정하지 않을 수 없습니다.[295]

이 대화를 보면, 왜군이 서울에서 망설이게 된 것은 크게 두 가지 이유에서였다. 첫째는 서울의 지속적인 점유와 관련되었다. 서울은 공격과 방어의 본진으로 삼을 수 있다. 그 기능을 유지하려면 군대의 전진은 서울에서 하루 일정의 범위내에서만 이루어져야 한다. 두 번째 문제는 명군의 개입 가능성이었다. 명에 가까이 갈수록 명의 개입 가능성은 커질 것이고, 또한 왜군은 고립되어 위험에 처할 수도 있다. 그리하여 서울에서 크게 벗어나지 않아야 한다는 것이 다수의 의견이었다. 단지 유키나가는 명군의 개입 가능성을 낮게 보고 평양으로 되돌아갔다. 그렇지만 그곳에서 그는 더 이상 진격할 수는 없다고 판단했다. 그는 자신의 동생 고니시 시사쿠에몬(小西作石衛門)을 관백에게 보내서 중국정복 사업을 계속할 수 없다고 보고했다.[296]

| 제 3 장 |

명의
참전

3

1. 명·일 교섭과 조선의 대응

심유경의 조선 방문

왜군이 북상하자 명 조정은 연해 지방에 대한 방비를 강화시키는 데 집중했다. 왜군이 평양을 점령했을 때에도 조선 출정은 고려되지 않았다. 요동의 군사 2, 3천 명이 압록강을 왕래했을 뿐이었다. 당시 명은 지난 2월 영하(寧夏)에서 발생한 발배(哱拜)의 난에 역량을 집중하고 있었고, 그것은 가을까지 계속되었다.[1] 아래에서 보는 것처럼 그때까지도 명 조정에서는 조선원정 여부를 둘러싸고 논쟁했고, 부정적인 의견이 지배했다. 그럼에도 7월 중순 조승훈의 평양공격이 실패하자 좀 더 적극적인 대응이 요구되었다. 명 조정은 많은 인적·물적 희생과 비용이 드는 파병을 피하고 일단 외교적 해법에 착수했다. 전통적으로 중국에서 외교적 교섭은 전쟁의 중요한 일부로 간주되어 왔다.

한편 왜 측의 입장에서도 명과의 접촉이 요구되었다. 명보다도 그 필요성은 더 컸다고 생각된다. 요동 진격은 이미 그들의 목표가 되지 못했다. 그들이 서울을 점령했을 때 조선의 지배가 일차적인 목표가 되었다. 왜군은 소규모의 군대로 나누어 각 지역으로 진출했다. 그들은 주요 거점

지역을 장악했으나 점차 고립되었다. 각지의 의병과 관군이 재조직됨으로써 왜군을 압박했다. 그들은 비록 왜군을 구축할 정도는 아니었으나 활동 반경을 일정 지역에 국한시켰다. 특히 조선 수군이 해상에서 우위를 점했고, 육군은 왜군의 전라도 진출을 막는 데 성공했다. 그 결과 왜군은 후근에 적잖은 어려움을 겪게 되었다. 왜군은 외교적 수단으로 군사적 성과를 굳힐 필요가 있었다.

『명사』에 의하면, 7월 중순 조승훈의 명군이 평양의 왜군을 공격했다가 패한 것에 "명이 크게 놀라서", 8월에 병부상서 석성이 사람을 보내 적정을 탐지할 것을 제안했다. 이에 "시정의 무뢰배"였던 심유경(沈惟敬)[2]이 자원하여 평양에 가서 유키나가를 만났다.[3] 8월 17일 선조는 의주의 서문 밖까지 나가서 그를 영접했고, 이어 용만관 대청 앞에서 의식을 거행했다. 두 사람의 대화에서 향후 대응책을 둘러싸고 이견이 드러났다.

- **심유경**: 황제는 귀국이 지성으로 사대(事大)한 까닭에 군사 70만 명을 이미 동원하게 했으니 머잖아 도착할 것입니다.
- **선조**: 먼저 온 6, 7천 명으로도 왜적을 소탕할 수 있습니다. 그러나 지체한다면 대군이 모여도 아마 성공하지 못할 것입니다.
- **심유경**: 오는 20일 직접 평양에 가서 적의 상황을 탐지한 뒤 거사하고자 합니다. 귀국은 예의지국이라 병법을 모르기 때문에 이같이 강력하게 요청하는 것입니다. 무릇 전쟁의 원리는 경솔하게 해서는 안 됩니다…….
- **선조**: 오늘의 요청은 완전한 승리를 원해서가 아닙니다. 왜적에게 명군의 구원을 알게 하여 감히 서쪽으로 명나라로 향할 계책을 펴지 못하게 하려는 것입니다.
- **심유경**: 전쟁하는 원리는 위로 천문(天文)을 살피고, 가운데로 지리(地利)를 살피고, 아래로 인사(人事)를 살펴야 합니다. 전일의 싸움에서는

그 원리를 어겼기에 패배했습니다⋯⋯ 70만 명의 군사를 낸 것은 귀국의 회복만이 아니라 일본 소굴을 직접 소탕하려는 것입니다.

- **선조**: 대인께서 이미 황제의 지시를 받으셨으니 속히 왜적을 소탕해 주십시오.[4]

선조는 아직 그의 임무가 정확히 무엇인지 알 수 없었고, 따라서 단지 조속한 왜적의 소탕을 요청했다. 심유경도 강화에 대한 언급은 전혀 하지 않고 군사적인 해법만 언급했다. 그럼에도 그는 70만 대군으로 왜적의 소굴을 소탕하겠다는 과장되고 비현실적인 주장만 반복했다. 조속한 파병 요청에 대해서 그는 왜적에 대한 토벌을 서둘지 않아야 한다는 입장을 보였다. 조정은 심유경을 믿을 수 없다고 보고, 명군의 지원을 요청하는 진주사 정곤수의 파견을 서둘렀다.[5]

심유경은 국왕을 만난 뒤 곧장 남하했다. 그는 19일 안주에서 유성룡을 만났다. 유성룡에게도 그는 자신을 무인으로 소개하며, 강화를 꺼내지 않았다. 다만 그는 자신의 목적이 조승훈의 패배 이후 명군의 재진격을 위한 상황 탐색인 듯 행동했다. 그는 조선의 군사와 식량 상황만을 문의했다.[6] 선조는 유성룡에게 공문을 보내 심유경을 잘 응대할 것을 명했다. 심유경은 병부상서 석성이 적정을 탐지하기 위해 보낸 인물로서 그의 보고가 명군의 파견 결정에 중요하다는 이유에서였다. 그렇지만 그것은 8월 20일로 이미 심유경이 평양에 가까운 숙천으로 떠난 뒤였다. 유성룡이 그를 찾아 순안에 이르렀는데, 그때 심유경은 평양 근처의 부산원(斧山院)에서 왜군과 접촉을 시작하고 있었다.

순안에서 유성룡은 조선 역관 진효남(秦孝男)에게서 심유경의 동향에 대해서 들었다. 심유경이 평양성에 직접 들어가기로 한 사실도 알려졌다. 심유경은 "왜장이 국왕과 만나 강화하고자 한다."는 왜의 역관 장대선(張大膳)의 말을 진효남에게 전했다. 물론 그는 결코 그래서는 안 될 것이라고 덧붙였다. 진효남의 말을 들은 유성룡은 강화가 진행되고 있음을 알게 되었다. 25일 유성룡이 심유경을 찾아갔을 때, 심유경은 그의 말을 들으려고 하지 않았고 그 후에는 아예 만나주지도 않았다.[7] 교섭 직전 이원익에게 그는 자신의 목적이 단지 '인명을 구하는 것'이라고 말했다.[8]

심유경 – 유키나가 1차 교섭

자세한 내용은 알 수 없으나 심유경이 평양에 들어가기 전 명·왜 양측은 서신으로 주요 쟁점들에 대한 의견을 나누었다. 그리고 그는 8월 29일 평양으로 들어갔다. 양측은 각각 3-4명을 거느리고 평양성 북쪽 10리 밖에 위치한 강복산(降福山) 아래에서 만났다. 조선 측에서는 역관을 포함하여 어느 누구도 접근이 허용되지 않았다. 다만 심유경은 협상의 결과를 비교적 소상하게 조선에 전달했다. 그는 협상 내용을 역관 진효남과 이원익에게 직접 전달했다.[9]

이원익에 의하면 그는 8월 30일 평양에서 갓 돌아온 심유경을 평안도 병사 이빈(李薲)과 함께 만났다. 그는 심유경으로부터 회담 배경과 쟁점에 대해서 들을 수 있었다. 심유경은 유키나가 측이 조공을 요청했고, 그에 따라 부득이 그것을 허락했다고 밝혔다.[10] 그와 함께 그는 명이 조공을 허락하면 왜 측도 평양에서 떠나기로 했다고 전했다. 그는 강화는 단지 전쟁을 늦추기 위한 것으로 자신이 요동에 가서 군사를 동원할 것이라고 주장했다. 그 외에도 그는 50일 휴전을 언급했으나 강화가 아니라 전쟁에 중점을 두고 있음을 강조했다.[11] 물론 그것은 그의 진심이라기보다는 강화에 대한 우려와 함께 명군의 진격을 원하는 조선의 입장을 의식한 말이었다.

심유경은 이어 이원익에게 평양으로부터 10리 지점에 붙여 왜군과 조선군이 서로 그 선을 넘어 싸우지 말라는 방문(榜文)을 주었다. 거기에는 다음과 같은 내용이 포함되었다. 즉, "(왜군은) 정해진 50일 동안 조선군과 싸워서는 안 되고, 또한 백성들을 살해하거나 민가에 불을 질러서도 안 된다."[12]

당시 협약은 50일간의 휴전이었지만, 그것이 원래 목적일 수는 없었다. 그렇다면 협상자들의 대화 내용을 살펴볼 필요가 있다. 그것은 역관 진효남이 심유경으로부터 전해 들었던 것이었다.

- **심유경**: 조선이 무슨 죄가 있어서 일본은 감히 전쟁을 일으켜 영토를 침범하고 양민을 학살한 것이오?
- **왜**: 조선이 옛날 대마도를 방문했고, 일찍이 배신을 보내 일본에 들어와 조공하고 반년씩 머물렀습니다. 그 후에는 조공을 바치지 않고 사람들도 (일본에) 가지 않았습니다. 그래서 군사를 일으켜 조선을 침범한 것입니다. 저희 나라가 조선에서 길을 빌려 (명에) 책봉과 조공(의 허락)을 얻고자 했으나 그들[조선]이 군사를 모아 막아서 분란을 일으켰습니다. 이것은 우리의 죄가 아닙니다.
- **심유경**: 그대들이 진실로 공손하다면 (명이) 어찌 책봉과 조공을 아끼겠소? 이곳은 명의 지방이오. 그대들은 철수하여 명의 다음 명령을 기다리시오.
- **왜**: (지도를 보여주며) 이곳은 분명히 조선 땅이오.
- **심유경**: 대동강 이동은 모두 조선 땅이니 그대들이 침범해도 내버려두겠소. (그렇지만) 대동강 이서부터 의주까지는 원래 대명의 땅이오. 대명이 (조선의) 왕에게 대신하여 다스리게 하고 있소. 그래서 명이 사신을 보내면 국왕이 반드시 평양의 대로에 있는 관사에 와서 환영했소. 명 사신들이 현판(懸板)에 쓴 시(詩)나 글을 그대는 보지 못하오?…… 여기에 더 머물러서는 안 되오.[13]

양측의 대화는 조승훈의 평양공격, 평양과 서울의 왜장들이 누구인지 등에 대한 질문과 답변 그리고 10리를 경계로 조선군과 일본군 사이에 상호 접근 금지 등에 대한 언급으로 이어졌다.

이 대화의 내용을 보면, 유키나가 등이 봉공과 관련하여 침략을 정당화하자, 심유경은 당장 왜군이 명에서 가까운 평양에 주둔하고 있는 상황을 문제 삼았다. 일본 측은 조선의 영토적 주권을 강조함으로써 명의 개입이 부당함을 제기하고 점령자로서 자신의 권리를 주장했다. 심유경의 입장에서는 무엇보다도 왜군이 명에게 위협이 되는 상황을 제거하는 것이 중요했다. 그는 명과 경계에 있는 평양에서 왜군의 철수를 강조할 뿐, 일본의 조선침략을 단죄하거나 조선에서 군대의 전면적이고 즉각적인 철수는 주장하지 않았다. 심유경의 발언은 명이 대동강 이남을 일본에게 넘겨줄 수 있는 것으로 해석될 여지가 있었다.

고니시 유키나가

왜 측은 또한 마치 조선이 일본에 조공하지 않아서 침범한 것으로 묘사하고 있다. 이원익에 따르면, 순안에 도착한 심유경은 진효남에게 조선의 배신이 일본에 조공을 했다는 왜 측의 주장이 맞는지 확인했다. 물론 진효남은 조선이 일본에 조공할 리가 없으며, 전에 왜군이 조선에 보내서 명에도 전달되었던 글에서도 "명을 침범하고자 하니 길을 빌려 달라."고 한 말이 있었음을 상기시켰다. 그에 의하면, 왜 측은 심유경을 만나서 그런 말은 하지 않고 조선이 일본에 조공하지 않아 침략했다고 하니 그들의 속임수가 분명하다. 심유경도 거기에 이해를 표시했다.

대화 내용 이외에도 심유경은 진효남에게 왜 측의 추가적인 요구에 대해서 직접 언급했다. 그들은 조공 길은 조선을 통하고자 하며 조선과의 통호에도 관심이 있다는 것이었다. 그에 대해서 심유경은 자신은 과거처럼 영파의 바닷길을 고수했고, 국왕에게는 아직 물어보지 못했다고 답했음을 덧붙였다.[14] 그 외에도 심유경은 '명의 유격장군 심유경'의 명의로 조선 장수들에게 편지를 썼는데, "정예병을 선발하고, 무기를 급히 수리하며, 요로를 잘 지키며, 한시라도 전쟁을 잊지 말라"는 것이었다.[15] 물론 그것은 강화에 대한 조선의 비판적 분위기를 의식한 조치였을 뿐이었다.

그런데 이원익의 자료는 진효남의 진술을 포함하여 전적으로 심유경 측에서 제공한 것에 의존했다. 그렇다면 명과 일본의 문헌은 1차 교섭에 대해서 어떻게 전하고 있을까? 각기 자국의 요구를 일방적으로 기술하고 있지만, 주요 쟁점들은 크게 벗어나지 않는다는 점을 알 수 있다. 그것은 조선의 분할이 논의의 중요한 일부였다는 사실이다. 다시 말해 심유경은 조선이 결코 수용할 수 없는 영토의 분할 등은 진효남과 이원익에게 아예 전하지 않았던 것이다.

먼저 명의 자료로서 『명사』에 의하면, 유키나가가 "명이 다행히 군사를 움직이지 않는다면 우리는 머잖아 되돌아갈 것이다. 대동강을 경계로 해서 평양의 서쪽은 모두 조선에 귀속시키겠다."고 했고, 심유경이 돌아와 그의 말을 명 조정에 보고했다.[16] 그 외에도 임진왜란 직후 명에서 제작된 『양조평양록』에 의하면, 심유경이 먼저 봉공(封貢)을 제기하고, 그에 대한 조건으로 일본 군대의 철수를 요구했으며, 이에 유키나가는 단지 평양에서 철수하고 대동강을 경계로 하는 것만 수용했다.[17]

한편 에도막부 시기인 1670년에 편찬된 『속본조통감(續本朝通鑑)』은 약간 차이가 있다. 여기에 의하면, 유키나가가 강화의 조건으로 "일곱 가지를 (임의로) 제시해보겠다."면서 그에 대한 명 측의 회답을 기다려 평양에서 철수하겠다고 말했다. 일곱 가지 조건은 첫째 (명왜간) 혼인, 둘째 조선의 4개 도에 대한 일본 영유, 셋째 감합무역의 재개, 넷째 히데요시의 일본왕 책봉, 그리고 "비밀에 부쳤기 때문에 사람들이 알지 못하는 세 가지"였다. 그와 함께 유키나가는 50일을 기한으로 명의 관리를 일본에 보내서 강화의 증표로 삼을 것을 제안했다. 그 목적은 명시되지 않았으나 명 관리의 일본 파견이 일본의 우선적인 요구였던 셈이다. 그는 또한 강화가 성립된다면 왜군도 평양에서 철수하겠다는 입장이었다.[18] 한편 프로이스는 심유경이 "조선의 일부를 넘겨주고, 관백에게 사절을 보낼 것"을 약속했다고 쓰고 있다.[19]

조선의 대응

이원익의 장계를 접한 유성룡은 심유경의 강화 시도에 대한 원래의 의구심이 증명된 것으로 판단했다. 특히 대동강 이남은 왜군이 침범해도 내버려두겠다는 심유경의 말은 온당치 못했다. 그 외에도 유키나가가 선조를 보고자 한다거나, 50일 휴전 이외에 교섭의 다른 내용을 비밀로 부치고 있는 의도도 불순했다.[20] 그와 함께 유성룡의 판단으로 강화는 현실적인 문제를 내포했다. 특히 50일 휴전은 명군의 파견을 그만큼 지연시킬 것이고, 그렇지 않아도 군사들이 지치고 식량이 부족한 상황이 시간이 지날수록 악화될 것이다. 특히 신의가 없는 왜군이 강화 자체를 위반하고 공격해올지도 모를 일이었다. 그의 말을 인용하면 다음과 같다.

> 이적은 신의가 없고, 흉악하고 교활함이 끝없으니 오직 그들 군대의 힘을 꺾지 않고 단지 단편적인 말만으로 그들의 기세를 누그러뜨릴

수 있겠습니까? 하물며 우리 군사는 피로하고 허약하여 매일 명군의 구원을 바라고 있습니다. (강화로 인해) 시일이 지연되고 군사의 파견 날짜가 누차 늦춰진다면, 앞으로의 일이 매우 한심스럽습니다.[21]

그리하여 유성룡은 심유경이 안주에 이르자 그의 처소를 찾아 쪽지를 보내 몇 가지 문제에 대한 답변을 요청했다. 첫째는 앞서 제기한 것처럼 왜군과의 대치가 장기화되면 군사들과 피난민들이 추위로 고생이 더 커질 수 있다. 둘째는 왜군이 경계 내에서 풀을 베는 것 외에도 곡식을 베어가면 좌시할 것인가? 마지막은 왜군과 물리적 충돌에 대한 책임의 문제였다. 이를테면 적이 경계선 내에서 분탕질을 하거나 대규모로 올 경우 조선이 대응하여 살인이 발생하면 약조를 어기게 되는 것인가? 사실 유성룡은 주로 조선 측의 활동 제약을 지적했으나 왜군의 약속 이행도 염두에 두었다.

심유경은 길이 바쁘다는 이유로 유성룡을 만나주지 않고 단지 진효남을 통해 자신의 입장을 전했다. 곡식을 베더라도 왜군을 함부로 죽이지 말라는 것 이외에도 그는 왜군의 처리에 대한 자신의 기본 입장을 전했다. 즉, 그는 자신의 계획은 왜군의 소탕에 있으며, 다만 "지피지기가 병가의 상책"이라는 것과 "형세를 잘 헤아려야 한다."는 것을 강조했다. 그는 11월 20일이나 21일에 다시 온다고 했다. 어쨌든 유성룡은 심유경의 답변을 긍정적으로 평가한 것으로 보인다.

처음 (심유경의) 생각이 진실로 이와 같았는데 사람들은 자세히 알지 못하고 그가 매수되어 강화했다고 서로 의심했습니다. 이제 이 말을 들으니 더욱 근거가 있으니 여러 사람들의 의심과 걱정을 해소할 수 있을 것입니다. 설사 (명군이) 곧장 구원하지 않는다고 해도 우리들의 진퇴에 장애가 없습니다.[22]

유성룡은 강화가 군사적 조치를 위한 방편일 뿐 아니라 특히 경계선 설정으로 조선이 일단 확실한 방어선을 확보한 것으로 판단한 듯하다. 그는 전선의 장수들에게 휴전의 취지를 알려 "경계를 헤아려 진영을 전진시켜 적정을 시험하도록" 했다. 아울러 황해도와 경기도에도 강화라는 말에 동요하지 말고 분발하여 점차 전진할 것을 지시했다. 그는 1차 교섭 이후 왜군이 평양성을 나왔다가도 조선 군대를 보면 피하고, 황주와 중화의 왜군도 모두 퇴각한다는 소문을 근거로 왜군이 귀로를 찾고 있다고 낙관했다.[23]

평양에서 돌아와 의주를 경유한 심유경은 예조판서 윤근수, 공조판서 한응인 등 조선의 고관들을 만났다. 그렇지만 그는 강화의 조건을 언급하지 않은 채, 오로지 명군의 파견을 위한 시간벌기로서 강화의 취지만을 설명했다. 다시 말해 파병을 서둘겠다는 것이었다. 그는 "제가 하루 머물다가 요동에 가서 그곳의 여러 지방고관들과 논의해서 대군을 출발시키겠다," "요동 군사 5, 6천 명을 먼저 출병시키고 다시 수만 명을 발동시킬 것을 (명 조정에) 보고하겠다," "(명) 조정에 군대를 속히 보내라고 보고하고자 속임수로 적과 잠시 강화했다."고 말했다.[24]

일각에서는 황제가 강화를 허용하지 않을 것이라는 말이 전해졌다. 이를테면 예조판서 윤근수는 "송응창이 9월 1일 황제에게 작별인사를 했으니 곧 산해관을 지날 것이고, 또한 황제는 왜적과의 강화를 결코 허락하지 않을 것"이라는 명의 관리 사용재(謝用梓)의 말을 선조에게 전달했다.[25] 송응창의 임명에서 명이 강화에만 치중하지 않는다는 점이 분명해졌다.

유성룡과 달리 심유경의 강화 시도에 대한 불만이 없지 않았다. 강화는 한편으로 왜군의 북진을 막지만, 동시에 조선으로서도 병사들의 피로감 증대와 식량의 고갈을 내포했다. 왜군은 안전하게 성 밖에 나와 풀을 베고 들판의 곡식을 수확할 수 있었다.[26] 특히 윤두수는 "심유경이 왜적에게 강화를 허락하여 병력을 후퇴하게 하여 조선을 구했다는 명성을 얻으려고 도박하고 있다."고 주장했다. 대사헌 이덕형 등은 명군이 오기 전에라도 조선이 스스로 왜군을 소탕하는 문제를 제기했다. 윤두수도 거기에 동의하여 도원수 김원명을 통한 추진을 건의했다.[27] 사간원과 사헌부는 국왕이 정주(定州)로 진출하고, 군대를 편성하여 적을 소탕하거나 적어도 명군이 오면 협력하여 공략할 것을 주문했다.[28]

기요마사의 강화조건

한편 함경도를 점령한 기요마사 측의 강화조건들도 일부 전해졌다. 10월 중순 안변의 기요마사로부터 다량의 편지가 조정에 전해졌다. 그는 포로로 잡혔던 경성(鏡城)판관 이홍업(李弘業)을 세자의 분조가 위치한 성천(成川)에 보내, 억류되어 있던 조선 왕자들과 고관들 명의의 편지, 그리고 자신의 편지를 전달하게 했다. 그때 이홍업은 "조선이 땅을 떼어 강화하면 왕자들을 되돌려 보내고 군사를 철수하겠다."는 다이라 죠오기(平調義)의 말도 직접 전했다. 편지들의 주요 내용은 조선영토의 분할이었다.

먼저 함경북병사 한극함(韓克諴)과 함경남병사 이영(李瑛)의 편지이다. 거기에는 "귀국의 군현은 거의 일본의 소유가 되었으니, 만약 국왕이 다시 이웃으로서 맹약을 맺는다면, 그중 한두 개 도를 귀국에 돌려줄 수 있다."는 기요마사의 말이 인용되었다. 두 번째는 두 왕자와 그들을 수행한 김귀영과 황정욱 등 명의의 편지로, "2, 3개 도를 경계로 하여 국토를 절반씩 나누고, (일본은) 군대를 철수하고, (조선은) 반드시 재상 한 사람을 보내서 찬반 여부를 대면하여 논의한다. 만약 신뢰가 의심되면, 대면하여 논의한 뒤 (조선) 국왕에게 다시 알려서 국왕의 처자를 인질로 삼는다."는 '왜장'의 말을 인용했다. 세 번째는 기요마사의 편지로, "다행히 내게 항복한다면 관백에게 말씀드려 국읍(國邑)을 나눠주어 (국왕) 부자가 함께 살게

하겠다."는 오만한 언사가 포함되었다.[29]

이러한 상황에서 왜군이 강화를 통해 조선을 분할하거나 아니면 오랫동안 주둔하려고 한다는 우려가 커졌다. 10월 25일 부제학 심충겸(沈忠謙)은 왜군이 서울·개성·평양 등을 점거하고 주요 요해지에 주둔하는 것은 장기간 머물면서 반드시 지키겠다는 계책이라고 상소했다.[30] 10월 30일 급제 이홍로(李弘老)는 왜적이 크게는 명을 침범하는 것이지만, 그 의도는 조선의 땅을 분할하여 강화하는 것이라고 상소했다.[31] 그들은 명군만 믿고 기다려서는 안 되며, 조선 스스로 대항할 것을 주장했다. 반면 유성룡 등 비변사는 승패가 불확실한 경솔한 진격보다는 명군의 출정을 기다려야 한다는 입장이었다.[32] 물론 조정은 여전히 명군의 출정을 확신하지 못했다.[33]

병부의 게첩

명이 왜적의 침략에 대한 군사적 대응에 나서기로 하고 송응창을 경략으로 임명한 것은 8월 중순이었다. 다만 그의 임명에 대한 반대가 없지 않아, 실제 그가 황제의 칙서를 받은 것은 9월 26일이었다. 그는 곧장 각 지역에서 군사와 식량의 동원에 나섰다. 그것은 심유경과 유키나가의 협상 결과가 보고되기 전이었다. 그는 10월 말에 산해관에 도착했고, 11월에 요양(遼陽)에 진주했다.[34] 그렇지만 군사와 식량의 동원에는 시간이 필요했다. 송응창이 산해관에 도착했을 때에도 아직 군사와 군량이 예정대로 조달되지 못했다. 이를테면 소집된 군사들 7만 명 가운데 절반만 도착했다. 한편 영하의 반란을 진압한 이여송이 왜군의 방어를 담당하는 총병관에 임명된 것은 10월 중순이었다.[35]

이러한 상황에서 심유경은 평양에서 협상을 마치고 10월 귀국하여 보고했다. 이때 대동강을 경계로 하자는 왜 측의 입장이 전해졌다. 예정대로 명 조정은 송응창의 출정 준비를 재촉했다. 그러나 병부상서 석성은 여전히 "심유경의 말에 현혹되어" 강화를 중단하지 않았다.[36] 석성의 지시에 따라 심유경은 다시 북경을 떠나, 당시 산해관에서 출정을 준비하던 송응창을 만났다. 석성은 직접 송응창에게 친서를 보내 반간계를 위해 심유경에게 은 1천 냥을 내주도록 지시했다. 송응창도 왜군과 교섭을 활용하기로 했다. 그가 약 1년 뒤 보고한 바에 의하면, "군영의 여러 사무가 다 처리되지 않아 이것을 기회로 왜적의 중국에 대한 침략을 늦출 수 있을 것"으로 생각했다.[37]

한편 왜군의 입장에서도 1차 협상 이후 상황은 나아지지 않았다. 평양 부근에서는 별다른 큰 충돌이 없었으나, 함경도와 남해 연안에서는 조선의 관군과 특히 의병들의 저항으로 병력의 손실이 컸고 식량도 부족해지고 있었다. 거기에 명이 대규모 군사를 파견한다면 상황은 더욱 어렵게 될 것이다. 일부 장수들은 군사를 한강 이남으로 철수하여 명군에 대한 저지선을 구축해야 한다는 의견을 제기했다. 다만 일단 현 상태로 명과 강화를 진행하자는 유키나가의 주장이 관철되었다.[38]

평양 협상에서 약정한 휴전 기간이 지남에 따라 왜군의 요동진격에 대한 우려가 제기되었다. 무마를 위해서 심유경은 가신 심가왕(沈嘉旺) 등을 평양에 왕래하게 했다.[39] 마침내 11월 중순 2차 협상을 위해 그는 다시 의주에 들어왔다. 11월 17일 선조는 용만관에서 그를 접견했는데, 그는 명의 병부가 왜군에게 보내는 서첩, 소위 병부첩(兵部帖)을 지참했다. 거기에는 제1차 협상에서 나온 왜 측의 요구에 대한 명 조정의 입장이 담겨 있었다.

먼저 병부의 게첩은 협상에서 제기된 일본 측의 요구를 조공으로 요약했다. 서첩은 일본의 조선침략도 그것과 연계시켰다. 즉, 침략은 "조선이 경솔히 조공을 허락하여 신의를 잃었기" 때문임을 비로소 알게 되었다고 하면서 그 책임이 조선에도 있음을 암시했다. 조선이 일본에게 명에 대한 조공을 주선해주기로 경솔히 약속했고, 그것을 지키지 못하게 되자 침략을 당했다는 것이다. 그렇지만 게첩에 의하면, 이웃 나라를 침략하는 것은 천륜에 어긋나는 일이고, 진실로 명과 조공관계를 열고자 한다면 조선에게 길을 빌릴 필요가 없다.

그럼에도 병부의 게첩은 일단 조선에서 철수를 조건으로 조공과 책봉을 수용할 뜻을 분명히 했다. 특히 과거 명나라 초기 영락제와 무로마치 막부의 사례에 따를 수 있다고 판단되었다.[40] 병부는 "귀국이 진실로 조공을 통하고자 한다면 어찌 꼭 조선에게 길을 빌려야만 하겠는가. 조정에서 의논하라는 (황제의) 조칙이 내려졌다. 특별한 사정이 없다면 반드시 조사해서 (영파의) 옛날 길로 시장을 열고, 지난번의 규정에 따라 결정할 것을 황제께 제청하겠다. 이때 먼저 여러 장수들을 책봉하여 혹자는 일본 국왕으로 삼을 것이다…… 단지 너희들의 성의 여하에 달려 있다."고 밝혔다. 이것은 정치적인 예속관계인 책봉을 전제로, 일정한 범위 내에서 조공을 허용하겠다는 것이었다.

그와 함께 강화의 조건으로 게첩은 크게 두 가지를 명시했다. 그것은 포로로 잡힌 왕자들을 석방할 것과, 평양과 서울을 모두 조선에 돌려주고 본거지로 되돌아가야 한다는 것이었다. 귀로의 안전은 보장했다. 그리하여 위 게첩은 다음과 같은 말로 끝을 맺고 있다. "이 차자(箚子)가 이르거든 여러 장수들이 약탈한 조선 왕의 자녀와 평양·서울 지방을 모두 조선에 돌려주고, 군사를 파하여 본거지로 돌아가 공손히 (명) 조정의 명령을 듣도록 하라. (그렇게 하면) 병부는 당연히 수륙의 각 군사로 하여금 싸우지 말도록 명령할 것이며, 또한 조선이 너희들의 귀로를 침범하지 않도록 타이를 것이다."[41] 조선의 판단으로, 병부의 게첩은 타협적이었고, 왜군의 철수에 대해서 미온적이었다.[42]

선조는 심유경을 접견하면서 위 게첩에서 명시한 왜와의 강화에 강한 이의를 제기했다. 왜적은 대대로 갚아야 할 조선의 원수일 뿐만 아니라,

지난 50일 동안 명군이 오기를 기다렸는데 이제 와서 강화하는 것은 옳지 않다는 것이다. 이에 심유경은 50일간의 휴전은 도로가 질편하여 군사를 전진시키기 어려워서 논밭이 마르고 가을 추수가 끝나기를 기다렸다가 거사하기 위해서였다고 주장했다. 그에 의하면, 지금 잠시 강화를 허용하는 이유는 조선의 백성들과 두 왕자들을 모두 송환하게 한 뒤 서서히 명군의 도착을 기다려 일거에 왜적을 소탕하기 위해서였다. 그는 명군 7만 명이 차례로 소집되었고, 먼저 1만 2천 명이 나올 것임을 전했다. 선조는 추위에 약한 왜군이 날이 다시 따뜻해지면 조선은 물론 요동까지 침범할 것임을 우려했다.[43]

조선의 독자적 공격 방안

심유경을 접견했던 11월 17일, 조정회의에서 선조와 윤두수는 그의 말 한마디에 왜적이 군사를 후퇴시킬 리가 없다고 주장했다. 윤두수에 의하면, 심유경은 강화를 통해서 조선의 두 왕자와 포로로 잡힌 백성들을 송환시키고 평양에서 왜군을 퇴각시키고자 한다고 말하지만, 그들은 쉽게 물러가지 않을 것이다. 이틀 뒤 조정회의에서도 강화에 대한 우려가 다시 제기되었다. 선조를 비롯하여 일각에서는 강화를 통해 왜군을 평양에서 유인하여 나오게 한 뒤 공격하는 전략에 기대를 걸었으나 왜군이 강화를 통해 물러가기보다는 오히려 겨울을 지나기 위한 방편일 수 있다는 의견도 제시되었다.[44]

당일(11월 17일) 윤두수는 심유경에게 장문의 글을 써서 왜적과의 강화에 대한 자신의 의견을 제시했다. 거기에서 윤두수는 매우 조심스럽게나마 강화에 대한 우려를 표명했다. 그는 애초 강화를 통해 일부러 왜적을 풀어주려는 계책을 갖고 있는지 의문이 든다고 했다. 우려한 것처럼 진행된다면 조선은 왜적에 대한 원수를 갚을 기회가 없게 될 것이다. 아울러 그는 조선이 임란 초기와 같이 아무런 준비가 없는 상태가 아니라는 점을 강조했다. 이제 조선은 명군에게 필요한 식량과 말먹이 등을 축적하고 있을 뿐만 아니라 의병을 포함한 전 국민이 함께 싸울 마음의 자세를 갖추고 있다.[45]

사실 조정의 그러한 분위기는 전방의 업무를 책임지고 있던 유성룡에게 압박으로 작용했다. 그는 심유경이 재차 조선에 들어오기 전 평양의 왜군에 대한 공격의 필요성을 인정했다. 그에 의하면, 휴전으로 시일만 지나는 상황에서 왜적은 더 득세하고, 조선의 군대는 식량이 부족해지고 심신이 피로해지고 있다. 왜군은 남쪽에서 증원군을 데려올 수도 있다. 따라서 조선 스스로라도 빨리 평양성을 공격할 필요가 있다. 그렇다면 조선 스스로 왜적을 공격할 수 있을 것인가? 유성룡은 평양성의 동남쪽에 대한 독자적인 공격을 '잠시 시험하는' 방안을 제안했다. 그 방안에 대해서 도원수 김명원과 관찰사 이원익에게 동의를 얻었다.[46]

그렇지만 유성룡 자신의 표현대로 조선의 군대는 모두 오합지졸이었다. 마음만 앞세우고 마구 싸울 경우 패배할 것은 뻔했다. 따라서 명군이 온다면 조선이 먼저 공격할 필요가 없었다. 그렇다고 명군이 오지 않는데 왜적의 득세를 방관하는 것도 옳지 않았다. 결국 유성룡은 "조정에서 명군이 언제 (압록)강을 건너오는지 조속히 탐문하여, 그 현황을 '오는 장수'에게 알리고, 그의 말에 따라 비밀리에 조선 군대에게 전달하여 기회를 놓치지 않게 해야 한다."고 애매한 결론을 짓고 있다. 이것은 최대한 명군의 도착을 기다리되, 평양에서 다시 나오는 심유경의 교섭이 실패한 것으로 판명되면 조선의 군대가 왜적을 공격해야 한다는 의미였다. 물론 그의 입장에서 공격은, 실패할 경우 나라의 멸망을 초래할 수 있기 때문에 최후의 수단이어야 한다.

조정은 24일 유성룡에게 심유경과 논의하여 왜군에 대한 공격을 모색하라는 지시를 내렸다. 그렇지만 조정의 지시도 명확하지 않았다. "대체로 심유경은 우리나라 군사의 허약함을 깊이 우려하여 이러한 임기응변의 계책을 세웠다. 어찌 전적으로 강화를 위주로 하겠는가? 유격이 그곳에 도착하면 비밀리에 모의하여 잘 처리할 수 있을 것이다. 경은 계획을 잘 의논하여 기회를 놓치지 말라."[47] 더욱이 해당 지시가 내려졌을 때 심유경은 이미 유성룡이 있던 안주를 지나쳐 평양에 접근하고 있었다.

심유경은 이번에도 지난번과 같이 유성룡을 피했다. 그가 안주에 유숙했을 때 유성룡이 그를 찾았다. 유성룡이 역관을 통해서 명군을 위한 군량 문제를 제기했는데도 심유경은 "묻는 대로 대답만 할" 뿐이었다. 군대의 수와 도착 날짜를 물었으나 심유경은 식량 점검을 위해 명에서 사람이 온다는 사실만 확인해주었다. 그는 또한 왜적과 접촉 내용을 조선에 분명하게 전하지 않았다. 왕래하는 문서에 대한 접근은 철저히 차단되었다. 더구나 소문은 심유경의 행태를 의심스럽게 만들기에 충분했다. 이를테면 강화를 통해 평양에서 철수하게 될 왜군을 호송하기 위해서 명군 4, 5백 명을 보내려 한다는 것이다. 유성룡에 의하면, 지금 조선의 군사들이 왜군과 일전을 계획하고 있는데, 심유경의 활동은 조선의 군대를 "방해하고 견제하여 자유롭지 못하게 하는 것"으로 우려되었다.[48]

유성룡은 특히 심유경이 불온한 의도를 갖고 있다고 보았다. 유성룡은 "만약 (강화가) 그들〔왜군〕의 뜻을 만족시키지 않는다면, 어찌 종이쪽지 하나로 갑자기 (평양철수) 명령을 따르겠는가?"고 묻고 있다. 명 내부에서 강화에 대한 이야기가 있으나 조선의 의견을 문의하지 않는 것은 명으로서 뭔가 어쩔 수 없는 이유가 있을 것이다. 그에 의하면, 왜군을 세게 다루지도 않고 살살 다루지도 않는 화전병용(和戰倂用)은 엉성한 작전일 뿐만 아니라 매우 위험하다. 설사 왜군이 상황을 보기 위해서 평양에서 철수한다고 하더라도, 명군이 아직 오지 않아 왜군을 소탕할 수 없게 된다.[49] 결국 왜군은 강화를 통해 원하는 것만 얻고, 완전히 물러가지 않을 수 있다.

그 뒤에도 왜적에 대한 토벌의 목소리가 높았다. 며칠 전(12월 4일) 도체찰사에 임명된 유성룡에게 전달된 12월 9일자 선조의 지시는 시점의 선택을 그에게 맡기면서도 사실상 조속한 공격을 요구했다. 물론 그것은 "숨은 장정들을 찾아내고 의병들을 규합하며, 진중에 나가 통솔하고 전진하여 토벌하라."는 상당히 비현실적인 명령이었다. 유성룡은 자신의 도체찰사 임명에 대한 답변을 포함한 12일자 서장에서 단지 약 20일 전 자신이 제기했던 평양의 동남쪽에 대한 공격의 가부에 관한 조정의 결정을 요청하는 것에 그쳤을 뿐, 추가적인 조치는 취하지 않았다.[50]

다행히 12월 10일 명의 대군이 압록강을 건너왔다. 11일자 선조의 지시에서는 유성룡이 상황을 모르고 성급한 일을 벌이고 있던 것으로 상정되었다. 즉, "경(卿)이 대진(大陣) 근처에 있어서 명군의 (도착) 소식을 자세히 알지 못하고 적을 토벌하는 데 급급하여 이렇게 상주(上奏)했다. (그렇지만) 그 뜻은 지극하다."는 것이었다. 그와 함께 명의 군대가 도강한 소식을 전하면서 왜군에 대한 공격 계획을 중지하도록 했다. 14일자의 지시에서도 마찬가지였다. 유성룡은 답장에서 자신의 제안은 "마지못한 데에서 나온 것"이며 "여러 사람들의 마음이 같았기 때문이었을 뿐"이었다면서 계획을 철회했다.[51]

제2차 교섭

심유경은 의주에서 선조를 면담한 이틀 뒤인 11월 19일 남하했고, 26일 평양에 도착하여 두 번째 협상에 나섰다. 그는 앞서 말한 병부의 게첩을 지참했다. 선조의 입장에서 당시 명이 심유경을 통해서 강화를 추진하면서도 다른 한편으로 군사를 파견하는 것이 이해가 되지 않았다. 어쨌든 그는 심유경의 강화만으로 왜군이 평양에서 철수하는 것에 대해서 회의적이었다.[52] 물론 명의 입장에서 심유경의 파견은 일종의 반간계(反間計)를 위해서였고, 반드시 강화를 위한 것은 아니었다.[53] 첫 번째 교섭과 달리 그는 회담의 내용과 결과를 조선에 거의 알려주지 않았다. 단지 그를 만난 조선 대신들의 질문에 단편적인 답변만 주었을 뿐이었다.

12월 3일 예조판서 윤근수는 협상에서 돌아온 심유경을 의주 용만관에서 만났다. 그와 심유경이 나눈 대화에는 협상에서 명·왜 양측의 명시적인 입장이 대략 확인된다. 명 측은 두 왕자와 피랍 조선인들의 송환, 그리고 영토의 반환을 요구했다. 그렇지만 유키나가 측은 두 가지 모두 곤란하다는 입장이었다. 즉, 함경도는 기요마사가 있어 유키나가 자신이 왕자들을 송환할 수 없다. 또한 평양은 모르지만 대동강 이남에서 서울까지 지방에도 각기 5명의 장수가 있어서 왜군 전체의 철수와 관련하여 혼자서 어떻게 할 수 없다. 왜 측은 "단지 평양성은 상국〔명〕에 양도하고, 대동강 이동은 내가 주장하겠다."[54]는 입장이었다.

이에 윤근수가 협상이 결렬되었으니 명나라가 군대를 보내야 한다고 거듭 주장했다. 그렇지만 심유경은 명군의 파견은 자신이 아니라 송 경략의 권한이라고 대답했다.[55] 그와 작별한 뒤 윤근수는 다시 역관 표헌(表憲)을 보내서 조선 스스로라도 끝까지 싸우겠다는 의견을 제기했다. 이에 심유경은 평양의 왜군은 최고 정예부대로서 대적하기 어렵기 때문에 먼저 그들을 꾀어 내보내야 서울의 적들도 격파할 수 있다고 회답했다. 그는 명이 그냥 요동만 지키고자 해도 되는데 왜 많은 비용을 들이겠느냐고 반문하면서, 명이 반드시 조선을 지킬 것이라고 다짐했다.

윤근수에 이어 다음 날〔12월 4일〕 좌의정 윤두수도 용만관에서 심유경을 찾았다. 그는 윤근수와는 다른 방식으로 심유경의 의도를 물었다. 즉, 그는 명군이 오면 왜군이 평양을 남겨주고 물러간다는 소문을 언급하면서, 그 경우 멀리 요양의 군사를 데려오기보다는 압록강 남쪽 강변에 주둔 중인 명군으로 속히 평양을 접수하고, 그와 함께 국왕이 정주까지 남하하는 방안을 제기했다. 그에 대한 심유경의 답변은 부정적이었다. 왜군에 대한 정벌은 송응창의 권한에 속할 뿐만 아니라 국왕의 남하도 함경도 왜군이 존재하기에 바람직하지 않다는 것이다. 그 외에도 윤두수는 명군의 서울 진격 가능성까지 제기했으나, 그것은 심유경의 입장에서 성급한 문제였다.[56] 그는 강화가 쉽게 이루어지지 않을 것으로 판단하면서도 강화를 통한 문제 해결에 방점을 두었던 셈이다.

송응창의 입장

명군이 이미 압록을 건너기 시작한 12월 10일경, 요양에서 원정을 지휘하던 송응창은 제2차 협상 결과에 대한 심유경의 보고를 받았다. 심유경은 평양 일대를 명에 돌려주되 조선에게 주지 않겠다는 왜 측의 주장을 그에게 전했다. 송응창은 그 사실을 명 조정에도 보고했다. 그는 왜 측이 의도적으로 그런 주장을 한 것으로 보고 "아마도 국왕이 의심할 것이니 대의를 분명하게 말해서 그를 안심시켜야 한다. 그리고 장수들에게 명하여 (조선과) 함께 힘을 다해 예정대로 공(功)을 이루어야 한다."고 강조했다."[57] 다만 송응창은 당시 자신을 찾아온 이조판서 이산보에게는 약간 다른 방식으로 심유경의 말을 전했다. 그에 의하면, 심유

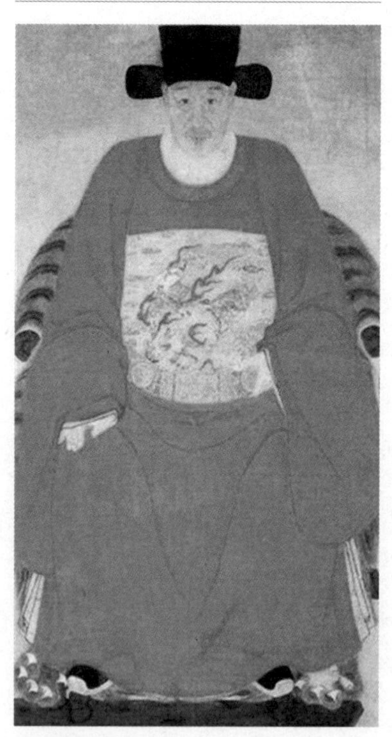
송응창 초상

경은 "결국 대동강을 경계로 삼고, (왜군을) 점차 몰아낸다."고 말했다.[58] 대동강이서를 명에 양도한다는 말은 뺐던 것이다. 송응창은 자신이 심유경을 믿지 않는다고 덧붙였다.

그렇지만 심유경과 2차 교섭에서 왜 측이 평양을 조선이 아닌 명에 넘겨주려 한다는 사실이 전해지면서 명에 대한 의구심까지 생겨났다. 이에 송응창은 해명하는 자문을 통해 조선국왕을 안심시키고자 했다. 해당 자문은 12월 17일 조선에 전달되었다. 자문에서 그는 왜적의 제안은 명과 조선을 이간시키려는 술책에 불과하니 유언비어에 현혹되지 말라고 밝혔다. 그에 의하면, "무릇 평양은 조선의 영토이며, 명은 지금 조선을 구원하는데 어찌 남의 위기를 틈타 영토를 취하겠는가? 그럴 리는 없다…… 만약 평양 등지를 수복한다면 즉시 본국[조선]의 군사를 내어 지키게 할 것이다. 만일 군사가 미약하여 지키기 어려우면 공문에 의거하여 명군을 요청하면 잠시 협조할 것이고, 일이 마무리되는 날 본인은 곧바로 철수할 것이다."[59] 일단 명은 조선의 영토를 차지하지 않겠다는 점을 분명히 한 셈이었다.

어쨌든 조선의 입장에서 심유경이 강화를 통해 대동강을 경계로 그 이남을 왜군에 넘겨줄지도 모를 일이었다. 이산보는 12월 14일 요양에서 이여송과 송응창을 차례로 방문하여 그에 대한 조선의 우려를 전달했다. 이여송은 심유경을 믿지 않는다며 군사의 출정에 무게를 두었다. 송응창은 심유경이 하는 일이 병부상서 석성의 뜻이라는 소문을 확인하면서도 자신은 조선의 땅을 한치도 양보하지 않을 것임을 분명히 했다. 그러한 이유에서 그는 심유경을 요양에 억류하고 있다고 했다.[60] 요동도사 장삼외도 윤근수 등에게 강화의 취지를 설명했다. 조선이 심유경을 비난하는 것은 그의 뜻을 모르기 때문이며, 심유경의 강화는 평양이 험하여 공격하기 어려우므로 왜군을 꾀어 성에서 나오게 하여 추격하기 위해서라는 것이다.[61]

같은 시기에 장삼외는 송응창이 심유경의 체포를 지시했다고 조선에 전했다. 송응창이 심유경과 그 가신들을 모두 포박해오라고 했다는 것이다. 이유는 그들이 왜 측과 왕래하는 과정에서 명의 군사작전이나 병력 등을 누설할 염려가 있기 때문이었다.[62] 그렇지만 며칠 뒤 송응창은 이조판서 이산보에게 약간 다른 내용으로 요동도사에게 지시했음을 말했다. 즉, 심유경이 평양으로 가겠다는 것을 막아 요양에 계속 있게 했으니, 조선은 단지 심유경의 가신들이 평양으로 가는 것만 막으라고 했다는 것이다.[63] 그렇지만 심유경의 가신들은 2차 교섭 후에도 평양의 왜군과 접촉을 계속했다.

한편 12월 20일 집의(執義) 이호민(李好閔)이 명군의 진입에 관한 조정의 요청을 전달하기 위해 요동의 통원보(通遠堡)로 이여송을 찾았다. 그 자리에서 그의 동생인 부총병 이여백(李如栢)은 심유경이 "임금과 나라를 욕되게 한 죄"를 지었다고 극언했다. 그는 이호민이 보낸 역관 표정로(表廷老)에게도 심유경이 강화를 통해 대동강 이남을 일본에 귀속시키려 하며, 왜적은 또한 영파를 통해 통상을 성사시키려 한다는 점을 전했다. 물론 그는 심유경의 강화책에 대해서 분개했다. 그는 "오늘날의 일은 오직 정벌 한 가지뿐이니 대장군〔이여송〕께서 대명의 위세를 떨쳐 왜적을 소탕하라."라고 쓰인 병부상서 석성과 송응창의 서찰을 보여주기도 했다.[64]

강화와 평양공격

심유경의 강화에 대한 조선의 비판을 공유하면서도 명군 지휘부는 심유경의 전략을 전적으로 포기하지는 않았다. 그것은 송응창이 12월 17일자 대학사 조지고(趙志皐)와 장위(張位)에게 보내는 글에 잘 반영되고 있다. 그는 먼저 심유경의 담판에 의문을 표시하고 동시에 군대를 동원해서 소탕할 것임을 강조하면서 다음과 같이 강화에도 의미를 부여했다.

그〔심유경〕의 진술에 의하면, 단시간에 평양을 얻을 수 있다고 하고, 저 또한 싸우지 않고 우리에게 평양성을 양도하여, 우리의 정력을 육성하고 동시에 서울을 탈환하는 것도 나쁜 계책은 아니라고 생각합니다. (12월) 14일 찬획들과 이여송을 만나 함께 이 일을 논의했습니다. 그리하여 심유경을 이여송 제독에게 넘겨서 동행하게 하고, 장차 평양에 가까이 가면 군대를 정렬하여 기다리게 하고 심유경을 시켜 왜적을 찾아가서 하루 이틀 안에 평양을 떠나도록 명령하기로 했습니다. 만약 떠나지 않으면 대군을 이끌고 그들을 소탕할 것입니다. 그렇게 하면 그들이 우리가 약속을 어겼다고 탓하더라도 이미 심유경이 갔으니 문제가 없고, 왜적이 우리를 속여 공격을 늦추려 했더라도 이미 우리 대군이 도착했으니 또한 문제가 없게 됩니다.[65]

다만 이틀 후 이여송에게 보낸 편지에서 송응창은 "심유경이 비록 진심으로 일〔강화〕에 임하더라도, 시일이 지연된다면 전에 했던 말에 얽매일 필요가 없다."고 밝혔다. 즉, 평양에 대한 공격을 늦추지 말라는 것이다.[66]

사실 명은 지난 몇 달 동안 어렵사리 많은 군대와 식량 등을 징발하여 전쟁 준비를 갖추었다. 추가적인 협상 등으로 지체하게 되면 명군은 지치고 비축된 식량만 감소하게 될 것이다. 그렇게 된다면 명군의 전쟁수행 능력은 저하될 것이고, 더욱이 시간이 지나 날씨가 따스해지면 왜적은 추가 병력을 동원하여 공격해올지도 모를 일이었다. 단순히 왜군을 평양에서 내보내는 것에 그치지 않고 소탕하여 그 전력을 약화시킬 필요가 있었다.

한편 이여송은 12월 8일 요양의 군영에 도착해 송응창과 합류했다. 이때 앞서 본 것처럼 심유경이 2차 교섭을 마치고 왜의 진영에서 돌아와 히데요시의 책봉과 함께 대동강을 경계로 하자는 유키나가의 조건을 전달했다. 이여송은 그의 간사함을 질책하여 목을 베고자 했다고 한다. 그럼에도 "심유경을 통해서 책봉한다고 속여 몰래 그들을 습격하는 것은 좋은 계책이다."는 참모 이응시(李應試)의 의견을 받아들여 심유경을 군영에 놔두었다.[67] 이여송은 16일 대군을 이끌고 출발했고, 심유경도 따라왔다.[68] 이여송은 12월 25일 의주에 도착하여 선조의 영접을 받았다. 이여송은 심유경의 동행에 대한 조선의 의구심을 알고 있었는지, 선조에게 "처리할 일이 있어서" 함께 왔다고 미리 설명했다.[69]

1월 초 평양에 대한 공격 직전 마지막 에피소드가 있었다. 그것은 심유경과 왜적의 접촉 과정에서 발생한 폭력사건이었다. 송응창이 나중에 인용한 찬획 유황상과 원황의 보고서 내용은 다음과 같다. 1월 4일 명군 지휘부가 순안에 위치한 객사인 안정관에 도착하자, 유키나가의 명령으로 군관 요시헤이하 사부로(吉兵覇三郎) 등이 명나라 사람으로 포로로 잡혔던 역관 장대선(張大善)과 군사 23명을 데리고 나왔다. 실제로는 명군의 허실을 탐지하기 위해서였으나, 명목상은 심유경을 마중한다는 이유였다.[70] 이에 이여송이 그들에게 연회를 베풀어 산 채로 잡아두고자 했는데, 그의 부하 이녕(李寧) 등이 그의 뜻을 알지 못해서 갑자기 살육을 벌였다. 그들은 왜의 군관과 통역을 생포하고 나머지는 참수했으며, 7명은 도주하여 돌아갔다. 이여송은 이녕 등의 죄를 물어 참수하려고 했으나, 장수들의 간청에 따라 감형하여 각각 곤장 15대와 30대를 쳤다.[71]

그리고 유황상 등의 보고서에 의하면, 이여송은 마지막 순간까지 외교적 방식을 활용했다. 6일 이여송은 군사를 이끌고 평양성 가까운 곳에 진을 치고, 여러 장수들과 심유경과 함께 평양성에 이르러 그 지형과 왜군의 배치를 살펴보았다. 그 후 이여송은 역관 장대선을 왜의 진영으로 돌려보내 항복을 설득하게 했다. 이에 다음 날〔7일〕 그가 돌아와 보고하기를, 왜군은 명군이 30리 물러나면 항복문서를 써서 투항하겠다고 했다. 그렇지만 이여송은 그 제안을 거짓으로 보고, 8일 새벽 평양성에 대한 공격을 감행했다.[72] 결국 명군은 심유경의 교섭을 십분 활용한 셈이었다.

그렇지만 교섭이 전적으로 속임수로만 활용되었을까? 적어도 심유경의 입장에서 반드시 그런 것 같지는 않다. 그는 나름대로 자신이 구상한 방식의 강화를 추진해보고자 했던 것으로 보인다. 이여송이 조선에 도착하기 이틀 전인 12월 23일, 송응창이 병부상서 석성에게 보낸 편지가 있다. 편지에서 송응창은 심유경이 명군에 의한 평양공격을 늦추고자 했던 사실을 명시하고 있다.

> ……(심유경이) 다시 이곳에 왔는데, 제가 상황을 누차 살펴보니 심유경이 다시 왜적에게 속아서 우리가 전진해서 소탕하는 것을 늦추고자 한다는 점을 깨달았습니다. 지금은 대군이 이미 파견되었고, 식량과 말먹이는 이미 여유가 있는데도 그의 말을 다시 받아들여 (출정하는) 시일을 늦추고 우리 군사들이 피곤해진다면 어찌 허용하겠습니까? 하물며 지금 (왜적이) 추위가 두려워 혹시 퇴각하더라도 봄여름 따스해지면 돛을 올리고 사방으로 나오면 심유경이 과연 과거의 맹약으로 그들을 제어할 수 있겠습니까?[73]

심유경은 전쟁 없이 왜군을 평양에서 내보낼 수 있다고 생각했다. 이 편지에는 언급되지 않았으나, 앞서 본 것처럼 심유경은 그 과정에서 협약을 통해 대동강 이남을 왜적에게 양보하여 일단 평양에서 물러나게 하고자 했다. 심유경은 전쟁 시에는 그러한 협약을 지키지 않아도 된다고 판단했는지도 모르지만, 그것은 일회성의 편법에 불과했다.

그에 비한다면 송응창은 좀 더 복합적인 시각에서 평양의 왜군에 대한 공격의 필요성을 느낀 것으로 보인다. 1월 5일 명 조정에 보내는 편지에서 송응창은 곧장 평양을 공격해야 한다고 주장했다. 그것은 몇 가지 이유에서였다. 우선 왜적의 요청은 추위가 두려워서 평양을 양도하겠다는 말을 빌려 시간을 지연시키려는 것이다. 또한 평양의 왜군을 쳐서 그 세력을 약화시켜야 한다. 황해도나 경기도에 있는 왜군이 서울에 모이면 그들을 대적하기가 더욱 힘들 것이다. 적어도 평양의 유키나가를 생포한다면 왜군은 기가 꺾일 것이다. 마지막으로 명의 입장에서 군대와 식량을 어렵사리 모은 상태여서 시간이 지날수록 식량문제 등이 발생할 수 있다.[74] 그 외에도 당시 대마도에 머물고 있는 히데요시가 봄에 추가 병력을 이끌고 천진이나 산동 지역을 침범할지도 모른다.[75]

송응창은 왜군이 심유경과 강화를 통해서 명군의 공격을 지연시키고자 한다고 간주했다. 더욱이 해당 시점에서 이여송은 심유경 측이 옷감인 포화(布花)를 구매했기에 그의 가인(家人) 심가왕(沈嘉旺)을 군영에 잡아두었다고 송응창에게 보고했다. 이에 송응창도 심유경을 직접 심문해보았는데, 그가 하는 말이 난잡하고 미진한 점이 많아 왜와 더 이상 접촉하지 못하게 했다.[76] 그 배경은 알 수 없으나, 심유경이 왜군이 필요로 하는 옷감을 제공하려고 했던 셈이었다.

물론 심유경의 관점에서 본다면, 평양수복의 방법은 적절하지 못했다. 약 두 달 뒤 이덕형이 심유경으로부터 들은 바에 의하면 더 효과적으로 적을 제거할 수도 있었다. 그의 말은 이렇다. "나의 처음 계획은 평양의 적들을 유인하여 나오게 해서 상황을 보아 진격하고자 했다. 그런데 (이여송) 제독이 내 계획을 쓰지 않아서 왜군은 도주하고 명의 군사들을 잃게 했다. 나는 매번 한(恨)으로 여긴다."[77] 비록 평양은 수복했으나 요새인 성을 공격했기 때문에 왜군은 대부분 도망했고 명군도 적잖은 손실을 입었다는 것이다.[78] 그의 판단으로 송응창이 의도했던 목표는 절반만 달성된 셈이었다.

어쨌든 강화에 의해 왜군이 오랫동안 더 이상 진격하지 않았고, 또한 명군의 갑작스런 공격에 대해서도 충분히 대비하지 않았던 것은 분명했다. 실제 평양수복 직후 심유경이 왜적을 속이는 데 성공했다는 것이 대체적인 여론이었다. 왜군이 점령한 서울에서 도망쳐 나온 조선인 이대기(李大期)에 의하면, 유키나가는 서울로 후퇴한 뒤 그곳 왜군 총책임자인 히데이에에게 심유경한테 속았다고 말했다고 한다. 즉 그가 "애초에 조공을 명분으로 하고 평양의 양도를 미끼로 하여 후에 중원을 향하려고 했으나, 어찌 심유경에게 속아서 이렇게 대패하게 될 것을 생각이나 했겠는가?"고 분개했다는 것이다.[79] 어쨌든 왜군도 강화를 속임수로 활용하고자 했던 셈이다.

평양전투 이후 2개월이 지난 3월 초 송응창은 그간 전쟁의 논공행상에 관한 긴 상소를 황제에게 올렸다. 거기에는 이여송·양원·이여백·장세작 등 장수들 이외에도 심유경이 포함되었다. 심유경의 기여에 대해서 송응창은 다음과 같이 평가했다. "유격 심유경은 수차례 왜군의 진영에 들어가 공을 세웠습니다. 속국[일본]이 조공을 바친다는 말은 비록 신빙성이 없었지만 전쟁을 늦추는 계책은 확실히 의거할 수 있었습니다."[80] 심유경이 8월 말 1차 회담에서 50일간의 휴전을 끌어낸 뒤 그 이후에 협상의 분위기를 유지했고, 그간 명은 전쟁을 준비할 수 있었던 점이 높게 평가되었던 것이다.

3월 중순 도원수 김명원과 심유경의 대화는 매우 시사적이다. 당시 심유경은 평양에서 서울로 퇴각한 왜군과 다시 교섭하러 서울로 가던 중이었다. 김명원은 그에게 "적이 평양에서 기만당한 것을 분하게 여기기에 반드시 좋지 않은 생각을 가질 것인데, 어찌 다시 들어가는 것입니까?"라고 물었다. 그에 대해서 심유경은 "왜적이 스스로 빨리 물러나지 않았기 때문에 패한 것이오. 어찌 나와 관련되겠소?"라고 대답했다.[81] 그때 비변사는 왜군이 평양에서 심유경에게 속았기 때문에 새로운 교섭에 응하지 않을 것으로 판단했던 셈이다.[82] 그렇지만 그러한 판단은 잘못으로 판명되었다. 심유경은 서울에서 유키나가와 교섭을 정상적으로 진행했을 뿐만 아니라 의제에 있어서도 상당한 연속성이 확인된다. 사실 심유경은 중재자에 불과했고, 중요한 결정을 내릴 위치에 있지 않았다.

한편 평양 승리 이후 조정은 함경도에 억류되어 있는 왕자들의 석방을 위해서 심유경을 활용하는 방안을 구상했다. 그를 함경도로 보내 왜 측과 논의해보게 하는 것이다. 선조는 도체찰사 유성룡에게 해당 방안을 이여송과 논의해볼 것을 지시했다. 선조의 1월 18일자 지시는 나중에 개성에 진입한 유성룡에게 전달되었다.[83] 이것은 당시 조정도 심유경의 활약을 높게 평가했음을 시사한다. 다만 1월 말 명군이 함경도 왜군의 서진을 막기 위해 풍중영(馮仲纓)을 그곳에 보냄으로써 조선은 그에게 왕자의 송환을 부탁하게 되었고, 그 결과 심유경의 파견은 이루어지지 않았다.[84]

2. 명의 파병 결정

찬반논쟁

1592년 하반기 두 차례에 걸친 심유경의 강화협상이 진행되는 동안 명은 파병의 준비에 박차를 가했다. 그렇지만 그 전, 7월경에 파병 여부를 둘러싼 논쟁이 크게 벌어졌다. 파병은 문무 대신이 이끄는 대규모 원정군을 의미했다. 앞서 요동으로부터 소규모 군대의 파견은 사실 정탐을 위한 목적이었다. 병부는 계요(薊遼), 즉 하북과 요동지역의 군대를 동원하여 조선을 존속시키고 중국을 방비해야 한다고 제안했다. 그러나 그에 대한 반대여론도 만만치 않았다. 적어도 명군의 파병 목적을 이해하기 위해서는 논쟁에 대한 구체적인 검토가 필요하다.

『신종실록』은 7월 초 병부의 제안에 대한 두 사람의 반대의견을 기재하고 있다. 먼저 병과급사중 허홍강(許弘綱)의 의견이다.

병부는 문관과 무관 두 사람을 조선에 보내서 왜적을 소탕할 것을 제안하고 있다…… 병부는 중국이 마땅히 문정〔門庭, 대문 안의 뜰〕에서 왜적을 막아야 한다고 말한다. (그런데) 변방이 곧 문정이며, 사방의 이적들은 (문정을 둘러싼) 울타리일 뿐이다. (나는) 방어선이 이적들에 있다는 말은 들었으나 (중국이) 이적을 위해서 방어한다는 말은 듣지 못했다. 조선이 비록 (중국에) 충순하지만, 공격을 당하면 위문하고, 군사를 요청하면 가서 도와주고, 포로를 바치면 상을 주는 것이 속국을 대우하는 방법의 전부이다. (지금 조선이) 왜적의 소문만 듣고 도망쳐서 나라를 왜적에게 넘겨주어 저들이 스스로 붕괴되었는데, 우리가 선의로 그들을 지켜주고자 하는 것인가? 왜적은 (북방의) 오랑캐보다 약하지 않다. 오랑캐를 달래는 일은 대군을 보내기 전에도 가능하지만, 왜적의 섬멸은 여러 번 싸움에서 승리한 후에야 가능하다.[85]

그의 주장은 중화질서에서 중국과 이적들과의 관계에 대한 일정한 인식에서 출발한다. 그에 따르면 이적은 변방 밖의 울타리에 불과하며, 중국은 변방을 지키면 되지 이적의 방어까지 담당할 필요가 없다는 것이다. 조선과 같이 싸우지도 않고 쉽게 붕괴된 상황에서 단순히 선의에서 조선을 지킬 필요는 없다. 무엇보다도 왜군은 매우 강력하여 쉽게 이길 수도 없다.

다음은 이과급사중 이여화(李汝華)의 상소이다. 그도 추가적인 군대 소집에 대한 반대의 논리를 펴고 있는데 그 이유는 다음과 같다.

영하(寧夏)의 오랑캐들은 애초 큰 뜻이 없이 뇌물만을 탐했다. 왜적도 역시 무엇을 할 수 있길래 서둘러 군사를 모집하여 다 사용할 것인가? (조정은) 단지 군대를 모집할 줄만 알 뿐, 한 집에 병사 한 명을 더 모집하면 부자형제가 고통을 이기지 못한다는 것은 모른다. (조정은) 관리

> 를 파견할 줄만 알 뿐, 관직을 하나 더하면 왕복하는 중에 접대로 번거로움을 이기지 못한다는 것을 모른다. 지금 군대를 모집한대도 평상시에 양성된 병사가 어디 있는가? 지금 관직을 더한대도 평상시 설치한 관직은 무엇을 할 것인가? 신이 생각하기에 영하의 군대만이 충분히 식량을 공급할 수 있다. 계진(薊鎭)·창평(昌平)·보정(保定)의 군사만으로 왜적을 방비하기에 충분하니 다 채워서 모집할 필요가 없다.[86]

그에 의하면, 왜군이 중국을 침략할 가능성이 낮기 때문에 대규모 군사를 동원할 필요가 없다. 변변치 않은 왜군은 요동과 하북 지역 군대만으로 충분히 막을 수 있다. 더욱이 중국은 이미 영하 발배의 난을 진압하는 데 많은 군사와 비용을 동원하고 있어서 백성들에게 추가적인 부담을 줄 여력이 없다.

그렇다면 파병에 대한 찬성의 논리는 어떤 것인가. 허홍강과 이여화 등의 파병반대에 대해서 병부에서는 다음과 같은 반론을 제기했다.

> 만약 (일본이) 조선을 점유하여 우리와 이웃하게 되면, 우리의 여진과 몽고와 같게 된다. 하물며 조선이 싸우지도 않고 도망한 것은 매우 이상하다. 그러므로 조선이 망하기 전에 군대를 동원하여 토벌하려는 것이다. 만일 의외의 사태가 발생하면 반드시 문관과 무관 대신 두 명을 두고 나서야 직무가 분명하여 큰 공을 이룰 수 있고, 또 왜적이 (중국의 조치를) 듣고 계획을 그만두게 하거나, 혹은 조선이 왜에 대항하여 싸우지 않았던 이유를 한두 명 정찰병의 애매한 말에 의존하지 않고 (제대로) 알아낼 수 있다.[87]

병부에 의하면, 일본이 조선을 차지하면 여진이나 몽고처럼 중국을 직접 위협할 수 있다. 나중에 소위 순치(脣齒)관계로 표현되는 조선과 명의 지정학적 연관성에서 파병을 정당화한 것과 같은 맥락이다. 동시에 병부의 반론에는 왜군에 대항하여 적극 싸우지 않은 조선에 대한 의구심이 군대 파병의 근거로 제시되고 있다. 조선을 신뢰할 수 없기 때문에 조선에 맡기기보다는 명이 적극 나서서 문제를 해결해야 한다는 논리인 것이다. 그 외에도 명의 대규모 파병 자체로도 왜가 원래의 계획을 포기하게 될지도 모를 일이다.

석성 초상(국립중앙박물관 소장)

7월 하순 의주에 도착해 복명한 사은사 신점은 위의 논쟁에서 나타난 중국 내 부정적인 기류를 전했다. 우선 대다수 사람들의 의견은 조선의 파멸적 상황을 "스스로 초래한 재앙"으로 규정했다. 그들에 의하면, 조선의 상황을 잘 모르는 상태에서 경솔하게 대규모 군사를 일으켜 '외부의 이적〔外夷〕'을 떠받들 필요가 없으며, 단지 요동의 장수들로 하여금 (조선이 아닌) 요동지역을 잘 지키도록 해야 한다. 그들은 왜적의 침략을 조선의 문제로 간주하고, 또한 조선이 명을 속일 수 있음도 염두에 두었다. 다만 병부상서 석성만이 다음과 같이 주장했다고 한다.

> 조선은 평소 예의를 지켜 중화를 따른 지가 2백 년이다. 그처럼 공손한 나라는 없다. 그러므로 선대에서 조선을 다른 속번과 같이 취급하지

> 않고 예우했다. 하물며 조선은 이번에 침략을 당한 자초지종을 이미 명에 보고했으니, (명을) 속이거나 넘보려는 것이 아니다. 만약 (조선이) 굴복하여 왜적의 편에 들어간다면 (명의) 영토에 대한 걱정은 이루 말할 수 없을 것이다.[88]

다만 신점의 판단으로 석성도 "의견을 제시한 것일 뿐, 조선을 구하려고 하지 않기 때문에 아직 (파병 여부가) 결정되지 않고 있었다." 석성이 조선의 역관 홍순언(洪純彦)에게 실토한 것처럼, 명은 영하의 반란에 군사를 동원하고 있어서 조선까지 파병한다면 군사를 분산시키는 문제가 있었다. 어쨌든 석성은 조선이 적극 구원병을 요청해야만 자신이 나설 수 있다고 했다.

조승훈이 이끌던 명군이 평양에서 패배했던 7월 중순, 명 조정은 여전히 조선에 대한 본격적인 파병을 둘러싸고 논쟁 중이었다. 당시의 분위기는 그리 다급하지 않았던 것으로 보인다. 왜냐하면 왜군이 평양을 포함하여 조선의 대부분을 점령하고서도 한 달이 넘도록 명에 대한 공격을 하지 않고 있었기 때문이다. 처음 왜군이 조선을 침략했을 때에는 그 목표가 중국에 있다는 생각이 지배적이었다. 그것은 왜란 발생 이전 일본·유구·조선 등에서 오는 거의 모든 소식들이 공통적으로 전하는 내용이었다. 따라서 명 정부도 연해 지역 방비에 주력했다. 이제 그 이유는 분명하지 않지만 왜적은 일단 조선의 점거에 그치고, 장기적으로만 명에 위협이 될지도 모를 일이었다.

그러한 분위기는 병부의 제안에 따라 개최된 7월 18일 구경·과도관회의에 반영되었다. 병부는 7월 26일 회의 결과를 종합적으로 보고했다.[89] 각각의 주장에는 단순히 전략적 측면뿐 아니라 조명관계에 대한 명의 기본인식이 반영되어 있다.[90]

- **이부상서 손롱**(孫鑨) **등**: 우리 군대가 (조선의) 지형에 대해서 잘 모르고, 식량의 운반이 어렵기에 경솔히 (대신의 파견을) 논의해서는 안 된다. 병부에 한 사람의 보좌인원을 증원하여 평상시에는 업무의 조정을, 유사시에는 원정의 감독을 담당하게 한다.
- **호부상서 양준민**(楊俊民): 거리가 멀고 지형의 험준함을 헤아리기 어렵고, 식량과 마초의 조달이 곤란하니 조선의 신민들에게 효유하여 의병을 모집하여 나라를 회복하게 해야 한다. 조선에 평소 무기가 없고 산동성에서 많이 만들고 있다 하니 나누어주게 한다.
- **예부시랑 한세능**(韓世能): 조선은 은혜로 어루만져야 하며 군사를 써서는 안 된다.
- **형부상서 손비양**(孫丕揚): 연해 지역 독무[총독과 순무]에게 왜적의 방비를 겸무하게 하여 지방을 나누어 방어하게 한다. 순천(順天)·보정(保定)·산동 등지 병영의 병사들로 하여금 해전을 익히게 한다.
- **공부상서 증동형**(曾同亨): 별도로 경략을 설치하면 감독자가 너무 많아 일을 그르칠 수 있으니, 계요총독에게 왜적에 대한 방비를 겸무하게 하고 병부시랑 한 사람을 증설한다.
- **좌도어사**(左都御史) **이세달**(李世達): 왜적의 (조선에 대한) 약탈이 이미 충분한 정도에 이르러서 머잖아 돌아갈지도 모르니 정벌은 순차적으로 해야 한다. 요동에서 빨리 왜적이 가는지 머무는지 탐지해 보고하게 한다. 왜적이 계속 평양 등지에 머무는 경우에도 요좌[遼左, 요동]의 장수들로 하여금 원래 보냈던 2개 부대에 1개 부대를 증원하여 조선의 군사들과 협력하여 왜적을 공략한다. 조선국왕에게 선유하여, 종실 가운데 현명한 자를 선택해 임시로 국사를 담당하게 하고, 각도의 호걸을 모아 스스로 나라를 회복하게 한다.
- **통정사**(通政使) **두기교**(杜其驕) **등**: 문신은 중앙부서 3, 4품, 무신은 첨서(僉書)의 수준을 벗어나지 않는 적절한 인물을 선택해야 요동의 방어와

조선의 구원이 가능하다.

- **대리사경**(大理寺卿) **조세경**(趙世卿) : 조선은 오랫동안 (명에) 공손했으므로 고관을 보내 조선을 구하고 또 (명의) 울타리를 공고히 해야 하나, 왜적이 조선을 침략한 속마음을 알 수 없으니 관리를 보내 토벌하는 것은 쉽게 논의할 수 없다.
- **이과급사중 이여화**(李汝華) **등** : 지형에 익숙하지 않고 식량의 지속적 공급도 어려우니 대신을 보내서는 안 된다.
- **하남도어사 부호예**(傅好禮) **등** : 왜적이 돈이나 사람을 원하지 않고 조선을 조용히 점거하고 있는 것을 보면 다른 뜻이 있다. 왜적은 필부로서 여러 나라를 겸병하고 마침내 조선을 쳤으니 강적임에는 틀림없다. 문무대신을 보내되, 깊이 조선의 국경 안으로까지 들어가지 말아야 한다.

참석자의 대부분은 대군의 파견에는 유보적이었다. 그 이유는 다양했으나 대체로 조선의 지형과 식량공급 등에 있어서 전쟁수행의 어려움과 함께 왜적의 목표가 불확실한 점 등이 지적되었다. 대안으로는 요동 등지에서 소규모 군사를 조선에 보내거나 그곳 책임자들이 왜군에 대한 방비를 겸무하여 변방을 지키는 정도였다.

다양한 주장들을 정리한 뒤, 병부상서 석성은 다음과 같이 자신의 기본적인 입장을 제시했다.

> 살펴보건대, 스스로를 보전하면서 승리하는 것이 제왕의 병법입니다. 무도한 나라는 멸망시키고 도가 있는 나라는 존속시키는 것이 천조의 원칙입니다. 최근 조선이 왜적의 창궐을 보고했는데, 병부에서 신 등의 직무는 의당 (왜적을) 박멸시키는 것입니다. 하물며 우리의 공손한 속국을 함락시키고, 우리의 긴밀한 울타리를 제거했으니, 극악한 무리가

> 어찌 (그 무도함이) 끝이 있겠습니까? (해악이) 몸속에 깊이 자리 잡으면, 화가 피부, 즉 표면까지 미치는 법입니다. 신 등이 애초 주장하기를, 문무대신을 파견하여 토벌하면 자소지인(字小之仁), 즉 약자를 돌보는 인의를 빛낼 뿐만 아니라 그들〔왜적〕이 (중국) 내지를 침범할 마음을 없앨 것이라고 했습니다. 병법은 선성〔先聲, 앞선 선언을 통한 의지의 표명〕을 중시하는데, 그것은 이유가 있습니다.

다른 부서들이 현실적 시각에서 조선에 대한 개입에 소극적이었던 데 반해 병부는 정벌을 통해 자소지인의 원칙과 변방의 안전을 실현하고, 강력한 의지의 표명을 통해 왜군의 중국침범 야욕을 꺾을 수 있다고 주장했다. 위의 인용문에 이어 석성은 각 부서에서 제기한 문제들에 대해서도 해법을 제시했다. 이를테면 조선의 요청이 절실한 상황에서 지형은 조선인이 길을 안내하고 식량도 조선이 제공하면 문제가 되지 않는다는 것이다. 그럼에도 석성은 관련 논의를 반영하여 "요동의 진무(鎭撫)가 이미 군사를 보냈으니 문무대신을 별도로 보내는 일은 기다려야 할 것 같고, 요진(遼鎭)이 그 일을 담당하는 것으로 충분하다."는 의견을 제시했다. 즉, 조선에 관한 한 요동의 군사만으로 대응하자는 것이다. 그와 함께 그는 조선 스스로 의병 등을 모아 대응하게 하자는 주장에 공감을 표시했다. 결국 석성은 원칙상 조선에 대한 개입의 중요성을 강조하면서도 방법에 있어서는 다수의 의견에 따른 셈이었다.

사실 석성은 당분간 왜적이 명을 대규모로 공격해올 가능성은 낮게 보고 있었다. 그는 왜적의 선택을 두 가지로 종합했는데, 하나는 그냥 물러가는 것이다. 왜적은 앞서 언급한 것처럼 재물과 인원을 약탈한 뒤 스스로 물러갈 수도 있고, 조선의 군사적 저항에 의해 격퇴될 수도 있다. 이 경우 명의 군대도 조선에 깊이 들어갈 필요가 없다. 다른 하나는 왜적이 모든 역량과 인원을 집중하여 조선에 자리를 잡는 것이다. 이것은 "조선을 멸망시키고 우리와 대결하겠다."는 의미로서, 이 경우 명은 대규모 정벌에 나서야 한다. 이러한 판단은 회의에서 우선 왜적의 의도를 파악해야 한다는 의견과 같은 맥락에서 이해될 수 있다. 앞서 본 것처럼 그러한 이유에서 석성은 심유경을 조선에 보내 왜적과 교섭하게 했다.

문헌상으로 볼 때 파병의 결정자는 황제였다. 석성이 문무대신의 파견을 연기해야 한다고 보고했음에도 그는 "조선이 함락되고 국왕의 청병이 매우 급한 점을 걱정하여 이미 회의를 거쳤으니 속히 (조선을) 구원하여 훗날 변경의 우환을 남기지 않도록 하라."고 지시했다.[91] 이로써 대신의 파견이 결정되었다. 그와 함께 10일 뒤인 8월 5일 황제는 "행인(行人) 설번(薛藩)에게 품복을 하사하여 칙서를 받들어 조선을 선유하도록 했다."[92] 8월 13일에는 공부(工部)우시랑(右侍郎) 송응창을 병부우시랑으로 옮긴 다음, 18일에는 그를 왜적의 방비에 대한 경략으로 임명했다.[93] 설번은 9월 2일 선조가 머물고 있는 의주에 도착했다.

『재조번방지』 등에 의하면, 위의 구경·과도관회의 결과와 병부의 의견에 따라 명은 조선에 일부 군사를 먼저 파견하기로 했다. 즉, 전 유격 장기공(張奇功)에게 은 2만 냥을 주어 식량과 마초를 구입해 보내고, 낙상지가 이끄는 남병 3천 명을 압록강 맞은편에 주둔시키도록 했다. 그와 함께 부총병 사대수(査大受) 등을 시켜 마병과 보병 3천 명을 이끌고 압록강을 건너 조선국왕을 보호하도록 했다.[94] 드디어 요동이 아닌 명 조정에 의한 군대의 파견이 이루어진 것이다. 다만 그것은 왜군의 격퇴를 위해서라기보다는 조승훈의 실패에 따라 일단 국경에 대한 방비를 강화한 조치였다.[95]

8월 초 청병을 위해 압록강을 건넌 예조판서 윤근수는 관전보 부총병 동양정에게서 낙상지 등 세 유격이 이끄는 남방의 포수 3천 명이 차례로 그곳에 도착할 것이라고 들었다. 동양정은 그들 가운데 당일 6백 명이 이미 도착했음을 전했다. 다만 윤근수의 조속한 파병 요청에 대해서 그는 날씨와 식량 등의 문제를 제기했다. 또한 군사의 수가 너무 많으면 식량을 조달할 수 없다는 윤근수의 우려에 대해서 그는 파견될 군사는 6천 명에서 1만 명 사이지만, 결정은 양소훈에게 달려 있고 출병 날짜는 조만간 결정될 것이라고 대답했다.[96]

청병 진주사 정곤수

사실 조선은 7월 중순 조승훈이 패배하고 돌아가자 불안해졌다. 그리하여 8월 초부터 중순까지 요동의 장수들을 상대로 계속 군사지원을 요청했다. 결국 파병은 그들이 결정할 일이 아니라는 사실이 드러나면서 조정은 북경에 사신을 파견하기로 했다. 드디어 8월 12일 대사간 정곤수(鄭崑壽)가 진주사, 헌납 심우승(沈友勝)이 서장관으로 임명되었다. 그렇지만 그 이후 문제가 없지는 않았다. 그것은 앞서 평양의 왜군과 강화를 위해 입국한 심유경과 관련되었다. 사실 명에게 강화는 하나의 임의적 전략에 불과했지만, 조선에서 그의 입국은 명이 강화에 치중할 수도 있는 것으로 받아들여졌다.

더욱이 며칠 뒤 심유경이 직접 공조판서 한응인에게 "진주사는 파견할 필요가 없다."고 말한 것으로 전해졌다.[97] 그에 따라 승정원에서는 진주사가 아닌 사은사를 파견하는 방안을 내기도 했다. 다음 날 선조는 용만관에서 심유경을 접견했다. 여기서 선조는 군대의 파견과 왜적의 토벌을 거듭 주장했는데, 심유경은 전쟁은 경솔하게 할 수는 없으며 지금 요동에서 파병 준비 중이라고 대답했다. 선조는 진주사를 다시 파견하지 않아도 명의 대군이 스스로 나올 것인지 물었다. 이에 심유경은 병부상서 석성이 이미 군대를 징발했으니 진주사 파견은 불필요하다고 대답했다.[98]

그럼에도 선조는 심유경이 며칠 뒤 왜군과 협상을 위해 평양으로 들어가자 진주사의 파견을 강행했다. 물론 그가 평양에서 돌아온다면 이것을

정곤수 초상(국립중앙박물관 소장)

문제 삼을 가능성이 없지는 않았다. 실제 8월 28일 회의에서 윤두수는 심유경이 진주사 파견 계획에 대해 불만을 표시했음을 전했다. 자세한 내용은 전해지지 않지만, 심유경은 그에게 조승훈이 조선과 왜의 내통을 명 조정에 보고했다고 말했다. 조선의 입장에서 억울한 일이었지만, 심유경은 간접적으로나마 조선에 대한 명 조정의 의구심을 상기시키고자 했던 셈이다. 따라서 그가 평양에서 돌아오면 진주사 파견에 대해서 설명할 필요가 있었다. 윤두수는 심유경이 평양으로 들어간 뒤에 진주사가 파견되었기 때문에 미리 알릴 수 없었다고 대답할 것을 건의했다. 그렇지만 선조는 명군이 제때 나오지 않아 상황이 촉박하기 때문이라고 대답해야 한다는 의견이었다.[99]

정곤수가 지참한 진주문은 지원에 대한 기대와 감사의 뜻을 분명히 전하고 있다. 거기에는 최근 7월과 8월 각 도에서 왜군이 기세를 부리며 백성들을 살상하고 있다는 여러 보고와 함께 조승훈의 패배가 차례로 나열되었다. 나아가 왜군이 내년 1, 2월 명나라를 공격하겠다고 공언한다는 것, 그리고 조선 백성들을 유혹해 말의 사육, 화약제조, 주택개조, 식량 축적 등 장기적 계획을 한다는 것, 지금 토벌하지 않아 기회를 놓치면 나중에는 더욱 많은 군대와 식량이 필요하게 된다는 것, 조선의 요충지인 평양만 회복하면 다른 지역의 적들은 저절로 무너지게 된다는 것 등이 언급되었다. 마지막으로 진주문은 명군의 진입과 관련하여 바닷길을 이용할 것을 권했다. 선조의 진주문은 다음과 같이 끝맺고 있다.

> 소방의 도로는 서로 통하여 군대가 나란히 진격하는 데 편리하니, 매우 멀리 떨어진 안남[100]과는 비교가 되지 않습니다. 지금이야말로 미친 도적을 섬멸하고 먼 곳의 백성을 안정시킬 기회입니다. 소방의 수도는 상국의 국경에서 약 1천 2백여 리입니다. 대군이 수레를 나란히 하고 전진할 수 있습니다. 바라건대 황제의 군대를 모아 하루빨리 길

게 몰아 동해와 압록강 하류에서 황해도, 강화도 등지에 곧장 도달하기 바랍니다. 순풍이면 (소요되는 시간이) 3, 4일을 넘지 않습니다. 오랫동안 편리하여 당나라 장수 소정방(蘇定方)이 백제를 정벌할 때에도 바다에서 부여성을 직접 쳤습니다. 이것은 과거의 일로서 참조할 만합니다. 당당한 천조가 장수에게 명하여 왜를 정벌하는 것은 마치 태산의 무게로 계란 하나를 누르는 것과 같습니다. 흉적들의 유혼은 머잖아 멸망할 것입니다. 신은 황제의 은혜를 입어 수치와 분노를 씻을 수 있다면 죽어도 소원이 없습니다. 신은 간절히 하늘에 호소하여 기원합니다.[101]

그렇지만 당시의 상황을 좀 더 자세히 살펴볼 필요가 있다. 8월 24일 선조는 다음 날 북경으로 떠나는 정곤수 일행을 접견했다.[102] 회의에서 선조는 황제가 칙서에서 이미 10만 명의 동원을 허락했다고 전했다. 설번이 가져올 칙서의 내용이 이미 조선에 알려졌던 것이다. 열흘 전 한응인도 관전보의 동양정에게서 10만 명 출병 사실을 들었다고 보고했다. 그때 한응인은 조선의 지금 상황에서 5, 6천 명의 15일분 식량을 초과할 수 없다고 답변했다. 이것은 대군의 파견에 따른 식량부족에 대한 조선의 우려를 반영한 셈이었다.[103]

정곤수의 접견에서는 명군의 파병과 관련된 몇 가지 문제가 제기되었다. 첫째는 군사 파견의 시점이다. 선조는 왜군이 내년 1, 2월에 요동을 침범한다고 진주문에 명시했는지를 좌의정 윤두수한테 재삼 확인했다. 그 이유와 관련하여 선조는 "명군을 (내년) 정월에 이르러 나오게 하려는 것"임을 분명히 했다. 이것은 사실상 명의 군사 파견이 너무 빨라서는 안 된다는 것을 의미했다. 선조 자신은 명군이 직접 평양을 공격하기보다는 왜군의 북상을 기다려 방어하려는 것으로 예상했다. 명군이 너무 빨리 나올 경우 그 사이 식량의 제공 문제가 있었다.

둘째는 파견될 군사의 수이다. 선조가 말하는 것처럼 명군이 식량을 가져온다면 파병은 많을수록 좋다. 그렇지만 그럴 가능성은 별로 없었다. 선조가 회의에서 황제께서 이미 10만 명의 동원을 허락했다고 전하자, 윤근수는 명군이 평양성을 공격한다면 조선이 내응할 것이라고 하면서 적은 수의 병력 요청을 시사했다. 이에 대해서 정곤수는 1만 명의 군사로는 불가능하다고 했고, 선조는 5만 명은 되어야 왜군을 섬멸할 수 있다고 말했다. 여전히 요청하는 병력의 수에 대해서는 조선 스스로 분명한 입장을 갖지 못했던 셈이고, 따라서 진주문에 그 수는 명시되지 않았다.

셋째는 명 군사의 진출 방향이다. 그와 관련하여 선조는 명군이 수로로 오지 않으면 군량을 함께 요청해야 한다고 언급하고 있다. 명군이 육로로 올 경우 조선에게 식량공급의 부담이 커질 수 있기 때문이다. 그 외에도 대규모 군대의 육로이동은 백성들에게 더 큰 피해를 줄 수도 있다. 그리하여 선조는 육로와 수로 병진을 요청하도록 했고, 실제 진주문에서는 수로를 통한 군대수송이 강조되었다. 즉, 동해〔산동성 기준〕와 압록강 입구에서 출발하여 황해도, 강화도 등으로 직접 이동하는 것이다.

정곤수는 의주를 출발한 며칠 뒤인 8월 28일 파병을 통보하기 위해 조선을 향하던 설번을 도중에 만났다. 요양에서 그는 요동총병 양소훈과 순안어사 이시자 등의 관아에 가서 두세 차례 군사를 요청했으나 확답을 받지 못했다. 그것은 아직 명 조정의 확실한 지시가 없다는 이유에서였다.[104] 그는 출발 후 22일이 지난 9월 18일 조선 사신이 머무는 북경의 옥하관(玉河館)에 도착했다. 사태가 급박하여 매우 서둘러 갔던 것이다. 그는 20일 병부상서 석성의 요구로 그에게 진주문 초본을 제출했다.

다음 날 석성은 조선의 사신들을 직접 만나지 않고 단지 한윤보 등 조선의 역관들을 불러 왜군의 상황을 물었다. 그들로부터 조승훈의 패배 이후 평양 왜군의 증원 소식을 들은 석성은 요동의 양 총병에게 군사 7, 8천 명을 조선에 파견하여 평양을 공격하게 하겠다고 대답했을 뿐, 오랫동안 조선의 사신들을 찾지 않았다.[105] 단지 영하의 반란이 거의 진압되어 조선에 전념할 수 있게 되었다는 사실과 병부시랑 송응창에 의한 조선 원정 계획이 전해졌다. 결국 설번이 귀국한 뒤인 9월 28일 석성은 섬라의 사신과 함께 정곤수 일행을 자신의 사저로 불렀다.[106] 그때 정곤수가 두 통의 자문을 석성에게 제출한 것 이외에 군사지원과 관련된 긴 논의가 이루어졌다.

대화에서 정곤수는 군사지원을 요청하는 배경을 설명했다. 즉, 최근 왜군이 평양에 속속 모이고, 날씨가 추워 강들이 얼면 중국을 향할 것이며, 현재로서는 조선이 막을 수 없고 또 국왕도 피할 곳이 없어서 자신이 오게 되었다는 것이다. 물론 황제가 이미 파병을 약속한 상황에서 중요한 것은 그 숫자였고 출발시기였다. 석성은 송응창이 11월이나 12월에 압록강을 건널 것이라고 전했다. 그 외에도 석성은 복건 등 남부지방 군대로 유구와 섬라 등과 함께 일본 본토를 직접 공격할 것도 언급했다. 정곤수는 2, 3만 명이라도 10월 중에 출발할 것을 요청했다. 그렇지만 석성은 식량과 말먹이의 준비 그리고 기병의 행군을 위해서 땅이 얼어야 한다는 점 등의 근거를 대며 서두를 수 없음을 분명히 했다.[107]

결국 석성은 대군의 파병 결정을 언급하면서도 당장에는 어렵다는 입장을 표명한 셈이었다. 정곤수에 의하면, "속히 군사를 보내 왜적을 소탕해달라는 자신들의 요청이 곡진하고 지극했음에도 석 상서의 답변은 불쾌한 듯했다."[108] 아마도 파병의 현실적인 문제를 고려하지 않고 끈질기게 요청한 때문이었을 것이다. 더욱이 석성은 조선이 일본에 "쌀을 바쳤다(貢米)."는 사실을 물음으로써 여전히 조선에 대한 의구심을 표출했다. 그리고 10월 1일 석성 측은 조선의 진주문을 황제에게 보고하는 제본의 초본을 정곤수 일행에게 보여주었는데, 그것은 만족스럽지 못했다. "왜적과 강화를 해서는 안 된다."와 같은 조선의 진주문 가운데 몇 군데가 삭제되었다. 정곤수는 석성이 왜적과 강화를 하려는 것으로 판단했다.[109]

정곤수는 석성에게 전후로 4개의 자문을 제출했다. 이를테면 9월 28일 접견 당일의 자문에서 그는 국내 왜군의 상황에 비추어 조속한 파병을 요청했다. 그는 무엇보다도 소국을 보살피고 천하 전체에 대한 질서를 바로잡는 황제의 인의를 강조했다. 이것은 확실히 중화질서에 대한 의식을 반영한 것이었다. 그렇지만 거기에 그치지 않고 그는 명을 지키는 변방의 울타리로서 조선을 방어해야 한다는 것, 그리고 왜적이 중국을 공격할 가능성에 대해서도 구체적으로 제시했다. 왜적의 중국 공격과 관련해서 그는 왜적이 공공연하게 그렇게 밝혀왔을 뿐만 아니라 실제 그렇게 진행하고 있다고 주장했다. 즉, 조승훈이 패주한 뒤 왜적은 식량·군마·화약 등을 모으고 있고, 가을에 더 많은 준비를 하여 겨울에 얼음이 얼면 압록강을 건너 요동을 공격한다는 것이었다. 그는 국내 왜군을 4, 5만 명으로 추산하고, 명군 7, 8만 명이 포함된 10만 명이 있어야 승산이 있다고 주장했다.[110]

그는 그 후에도 몇 차례 석성을 만났지만, 주로 문건을 통해 군사지원을 적극 요청하는 작업을 벌였다. 그는 조선으로 출발하기 직전인 10월 27일에도 석성에게 장문의 자문을 제출했는데, 그것은 다음과 같이 끝을 맺고 있다.

> 일이란 신속해야 하고 계책은 만전을 기해야 하는 법입니다. 그러므로 옛사람들은 '풀은 제거하고 뿌리는 제거하지 않는 것'을 경계했습니다. 한번 애를 써서 영원히 편안하게 하는 것은 승리의 장기적 계책입니다. 군대의 출발시기를 서둘지 않으면 안 되며, 여러 도의 왜적은 모두 소탕하지 않으면 안 됩니다. 진실로 제가 앞서 진술한 것처럼 엎드려 바라건대 합하께서는 저의 어리석은 생각을 배척하지 마시고 장기적 계책을 단단히 하여 조속히 10만 대군을 발동시키십시오. 여러 도의 왜적을 모두 소탕하여 소방을 다시 재건하게 하고 울타리를 영원히

공고하게 하신다면 지극히 다행이겠습니다. 이것은 천조가 저희 소방을 편애하는 것이 아니라 실로 중국을 안정시키는 술책입니다. 소방의 존망은 결국 이번 거사에 달려 있고, 중국 강역의 안위도 이번 거사에 놓여 있습니다. 삼가 생각건대 합하께서 다시 한 번 유의하십시오. 지극한 절박함을 이기지 못하겠습니다.[111]

정곤수는 무엇보다도 조속한 파병의 필요성과 함께, 그것이 조선은 물론 명의 안보에도 매우 중요하다는 점을 강조했다. 그의 간절한 요청이 명의 파병 결정에 어떤 영향을 주었는지는 알 수 없다. 다만 그가 오랫동안 많은 활동을 벌인 것에 비해 그에 대한 『신종실록』의 기록은 매우 간단했다. 그의 방문 목적인 군사 요청에 관한 언급은 없었고, 단지 그가 국왕의 피난 상황에서 연회를 면해달라고 하여 예부의 의견에 따라 허락하고 빨리 귀국하게 했다는 것이 전부였다.[112]

북경의 섬라 사신

석성은 정곤수 일행을 접견하면서 동남아 국가들의 참전을 직접 언급했다. 즉 "복건·광동·절강 등 남부지방 군사들에게 유구·섬라 등 국가들과 약속하여 내년〔1593년〕 4월에 함께 일본을 직접 치고, 이어서 귀국〔조선〕으로 향하여 여러 도(道)에 있는 왜적을 소탕하라고 명령했다."는 것이었다.[113] 그것은 정곤수 일행이 의주에서 출발한 며칠 뒤 조선에 전달된 황제의 칙서에도 기록되었다.

동남아 국가들의 참전 문제는 임란 발생 1년 전부터 제기되었다. 히데요시의 도발 가능성에 대해서 조선이 최초로 성절사 김응남을 통해서 예부에 자문의 형태로 보고했을 때, 명은 조선에게 해당 국가들과 함께 일본을 공격할 것을 요구했다. 그런데 명이 이제 조선에 파병하면서 스스로 그들의 참전을 추진하고 있음을 밝힌 것이다. 물론 그것은 그냥 허풍만은 아니었다. 특히 섬라〔태국〕의 참전 문제는 심각하게 논의되었기 때문이다. 정곤수가 북경에 있을 때, 이름이 악바라(握叭喇)인 섬라의 사신이 그곳에 있었고,[114] 석성은 양국의 사신들을 동시에 자신의 집으로 초대하기도 했다. 섬라의 참전과 관련하여 『명사』는 다음과 같이 기록하고 있다.

> 만력…… 20년〔1592년〕 일본이 조선을 격파하자, 섬라가 군사를 몰래 보내서 일본을 직접 쳐서 그 뒤를 견제하겠다고 요청했다. 중추(中樞) 석성이 그것을 따를 것을 주장했으나, 양광독신(兩廣督臣) 소언(蕭彦)이 불가함을 견지하여 이에 그만두었다.[115]

관련 문헌에 의하면 석성이 섬라의 참전을 적극 추진했다. 물론 그는 섬라 사신의 자발적인 참전 의사를 강조했다. 나중에 전해진 것이지만 그는 "섬라의 사신이 왜적의 무도함에 분개하여 (명에) 근왕의 충성을 바칠 뿐만 아니라, 이웃〔조선〕을 불쌍히 여기는 의리를 돈독히 하고 있다."고 주장했다.[116]

그런데 섬라의 자발적 의사를 의심하게 하는 부분도 없지 않다. 9월 28일 석성을 함께 방문했던 시점에서 조선의 한 역관이 이(李)씨 성의 섬라국 역관으로부터 다음과 같은 말을 들었다.

> 석 상서〔석성〕가 우리를 두 번이나 부른 것은 필시 섬라에게 일본을 협공하게 하려는 것이다. (그러나) 우리나라는 화살은 사람을 뚫지 못하고, 검은 날카롭지 못하며, 총알은 꿰뚫지 못하니 어떻게 할 것인가. 이러한 군대로 왜적을 공격할 수 있겠는가? 광동에서 유구를 지나 우리나라에 이른다. 우리나라는 오른쪽에 있고, 일본은 왼쪽에 있다. 그 사이에는 긴 모래벌판이 있어 배로 갈 수 없으며, 반드시 광동에 이르

러야 일본에 도달할 수 있다. 지금 귀국을 침입한 자들은 모두 복건 사람일 뿐이다. 왜적이 어떻게 길을 알아 (조선을) 침략하겠는가?[117]

역관의 말에는 몇 가지 의미 있는 내용이 포함되어 있다. 조선을 침략한 자들이 일본이 아니라 명나라의 복건 사람이라는 주장도 흥미롭지만, 석성이 섬라국으로 하여금 일본을 직접 공격할 것을 종용했고, 섬라는 그런 능력이나 의지가 없다는 것이다. 『명사』 등의 기술과 달리 섬라 정부가 제안하기보다는 석성이 요구했고,[118] 섬라에서 그것을 차마 거절하지 못했던 것이다. 당시 섬라는 명과의 조공관계에서 상당한 상업적 이익을 얻고 있는 상황이었다. 더욱이 석성의 방안은 소언 등의 반대로 추진되지 못했다.[119]

12월 초 귀국한 정곤수는 명의 입장을 조정에 보고했다. 즉, 섬라의 사신이 조선을 구하기를 청했고, 명 조정이 그것을 허락하여 이듬해, 즉 1593년 봄에 군대를 동원하여 일본을 정벌하기로 했다는 것이다.[120] 추측건대 『선조실록』에는 기록되어 있지 않으나 정곤수는 섬라 역관의 말도 보고했을 것이다. 정곤수의 보고에 대해 선조는 물론 그를 수행했던 서장관 심우승(沈友勝)도 회의적인 반응을 보였다. 선조는 "원 세조도 (일본을) 토벌하지 못했는데 섬라가 어떻게 할 수 있겠는가?"고 대답할 뿐이었다.

다행히 정곤수가 북경에 머물던 9월 말 임명장을 받은 송응창은 조선 원정에 착수했다. 그는 무엇보다도 북부 지역뿐 아니라 남부 지역에서 다수의 군사를 동원하기 시작했다. 정곤수는 귀국 직전 10월 27일 석성으로부터 군사 2만 명이 이미 (압록)강을 건넜고, 대장 이여송이 추가로 대군을 이끌고 12월 초에 조선에 당도할 것임을 직접 들을 수 있었다.[121] 그는 10월 29일 북경을 출발하여 12월 8일 의주에 도착, 곧바로 선조에게 복명했다.

황제의 파병 칙서

정곤수가 병부에 갔을 때 석성은 눈물을 흘려 소매를 적셨으며, 사람들에게 "조선의 청병 사신[정곤수]이 지극히 애통해하여 '진(秦) 궁정에서 7일간의 울음'[122]이라도 그보다 더하지 않았을 것"이라고 말했다고 한다.[123] 그리고 이듬해 초 명군이 평양을 탈환했을 때, 선조는 명의 파병은 정곤수의 진주에 의한 것이라고 선언했다.[124] 그렇지만 앞서 언급한 것처럼 명의 대규모 파병은 정곤수가 북경으로 출발하기 전에 이미 결정되었고, 설번을 통해 조선에 통보되었다.

설번은 정곤수가 출발한 뒤 일주일이 지난 9월 2일 의주에 도착했다. 그가 가져온 칙서의 내용은 문무대신 두 명이 이끄는 10만 대군을 동원하여 왜적을 토벌하겠다는 것이었다. 출병의 취지 및 내용과 관련하여 칙서는 다음과 같이 명시했다.

> 귀국은 대대로 동번(東藩)을 지키고 평소 공손함을 다했소. 예의와 문물에 있어서 평소 낙토(樂土)로 불리었소. 최근 왜노가 창궐하여 대거 침략하여 왕성(王城)을 함락시키고 평양을 점거했고, 백성들이 도탄에 빠지고 사방이 소란하고, 국왕이 서쪽 해변에 피난하여 궁벽한 땅으로 달아났다고 들었소. 이토록 도탄에 빠진 것을 생각하니 짐의 마음도 측은하오…….
>
> 짐은 이제 문관과 무관 두 사람을 별도로 파견하여 요양과 각 진(鎭)의 정예병 10만 명을 이끌고 가서 왜적을 토벌하는 것을 돕고, 조선의 군사와 함께 앞뒤로 서로 협공하여 기어이 흉포한 왜적을 남김없이 소탕하도록 힘쓰게 했소…… 짐은 동남 연해의 여러 진(鎭)에 다시 칙서를 보내고, 유구와 섬라 등 나라들을 선유하여 군사 수십만 명을 모집, 일본으로 가서 그 소굴을 직접 치고 왜적의 머리를 베어 파도가

잠잠하게 하도록 했소…… 귀국의 군신들은 평소에 예의를 알기에 반드시 짐의 마음을 잘 이해하여 나라를 회복하고, 국왕을 수도로 귀환하게 하여 종묘사직을 보존하며, 번병(藩屛)을 오래토록 지키시오. 그리하여 먼 나라를 아끼고 작은 나라를 보살피는 짐의 마음을 달래주기 바라오.[125]

『선조실록』에 의하면, 황제의 칙서를 받으면서 "왕이 통곡하고 백관들이 목이 쉬었다."고 한다.[126] 파병 소식에 조정의 군신들이 모두 감격했음에는 틀림없다. 또한 설번이 매우 낮은 직급[127]임에도 황제의 칙사였기에 조선으로서는 그의 방문을 청병의 기회로 적극 활용했다.

9월 3일 설번을 접견한 자리에서 선조는 왜적이 명을 침략하는 데 협조를 강요했고, 조선이 의리를 지켜 거부함으로써 침략당했음을 설명했다. 물론 이 말은 파병의 당위성을 강조하기 위한 것이었다. 다만 칙서에 명시된 것처럼 설번이 10만 명 파병을 언급했을 때 선조는 군사 5, 6천 명으로 왜적을 토벌할 수는 없는지 물었다. 그것은 일단 소수의 병력이라도 조속히 보내달라는 요청으로 볼 수는 있겠으나 파병 수에 대한 커다란 시각차를 드러냈다. 설번은 요동에 2, 3만 명의 군대가 있으나 가을철 북방의 방어가 급하여 여러 지방에서 모아야 하므로 군사들이 빨리 오지 못한다고 대답했다.[128] 정곤수가 북경에 한 달 이상 체류했던 것과 달리 설번은 곧바로 귀국했다.

9월 4일 조선의 대신들이 설번을 배웅할 때, 이덕형은 그에게 쪽지를 써서 "지금 모든 왜적을 모조리 섬멸하려면 대병이 아니고서는 안 되지만, 단지 평양의 왜적만을 도모한다면 정예 기병 수천 명으로도 충분히 승리를 보전할 수 있다."고 전했다.[129] 당일 명의 병부에 보낸 호조판서 이성중(李誠中)의 자문에서도 일부의 보조병력만으로 왜적을 물리치기에 충분할 것이라면서 조속한 파병을 촉구했다.[130] 조선의 입장에서 대군의 징발은 한편으로 파병 자체를 늦출 수 있었고, 다른 한편으로 식량문제가 걱정이었다. 조정은 홍문관 응교 이호민을 보내 설번을 요양까지 뒤따라가 거듭 군대 파견에 대한 의견을 밝혔다. 즉, "이미 의주와 탕참(湯站) 등지에 머물고 있는 요동의 군사와 지금 도착할 남병 포수를 합하여 총 5, 6천 명이 하루 빨리 압록강을 건널 것"을 요청했다.[131]

설번도 귀국 후 조선의 입장을 충분히 반영하는 긴 보고서를 병부에 제출했다. 그는 왜적이 명을 목표로 하고 있음을 강조하고, 대군의 조속한 파견을 촉구했다. 그는 "(지난) 2백 년 동안 복건과 절강이 늘 왜적의 우환을 당하면서도 (우환이) 요양과 천진까지 미치지 않았던 것은 어찌 조선이 그 지역에 대한 울타리였기 때문이 아니겠는가?"라고 주장하면서, 조선의 전략적 중요성을 강조했다. 뿐만 아니라 그는 얼마 전 심유경과 왜적의 강화도 부정적으로 평가했다. 왜적의 강화 요청은 명군의 출동을 지연시키기 위한 속임수에 불과하다는 것이었다. 그와 함께 설번은 조선에 대한 적극적인 식량지원의 필요성을 역설했다. 그에 의하면 조선은 현재 7, 8천 군사의 1개월 식량 정도만 비축하고 있다. 그는 조선의 백성들은 평양을 수복한 뒤에는 명의 구원에 감사하여 식량의 운반 등 적극 협조할 것이라고 덧붙였다.[132]

조선의 대응

설번이 돌아간 날 심유경이 평양에서 유키나가와 50일 휴전에 합의했다는 사실이 조정에 알려졌다. 이를 보고한 윤두수는 조선이 빨리 왜군을 소탕할 기회를 갖지 못할 것을 우려했다.[133] 구체적인 강화조건이 알려지지 않아서였겠으나, 당시의 의제는 여전히 명군의 파견이었다. 심유경은 의주로 돌아와 윤근수와 한응인을 만났을 때 자신이 요동에 들어가면 대군을 출병시키겠다고 말했다. 그에게 윤근수는 5천 명을 요청했다. 선조는 평양보다 두 배나 되는 함경도 왜군을 이유로 더 많은 수를 요청해야 한다면서 윤근수를 다시 심유경에게 돌려보냈다. 이에 심유경은 먼저 요동의 군사 5, 6천 명을 출동시키고, 조정에 요청하여 수만 명의 군사를 내오게 할 것이라고 대답했다.[134]

대군의 파병에 대한 조선의 우려는 주로 식량문제와 관련되었다. 특히 조선이 입장을 정하기 어려웠던 것은 명의 식량지원 여부가 불확실했기 때문이었다. 며칠 뒤 대신들과 나눈 대화에서 선조는 중원의 식량지원에만 믿고 의지할 수 없으니 명군 10만 명의 두세 달분 식량 마련의 필요성을 주장했다. 선조에 의하면 명군이 몇 명이 올지는 알 수 없다. 따라서 가급적 많은 식량을 준비하여 모자라지 않게 해야 한다. 당시 유성룡은 안주에서 명군을 위한 식량 마련에 착수했다. 선조는 유성룡에게만 의지할 수 없다면서 좌의정 윤두수와 호조판서 이성중에게 모든 수단을 강구할 것을 지시했다.[135]

사실 명의 위세를 과시하기 위해서였는지 알 수 없으나, 군사의 파견은 과장되어 조선에 전달되었다. 특히 송응창이 경략으로 임명된 이후 더욱 그러했다. 이를테면 윤근수와 한응인은 그 근거는 제시하고 있지 않으나 9월 17일 선조에게 송응창이 7만 명의 병력을 이끌고 이달 7일 북경을 출발했다는 소식을 보고했다.[136] 9월 23일에는 계진(薊鎭)·선부(宣府)·대동(大同) 등지의 군사와 1만 명의 남병 등 7만 명과 광녕·요동 등지의 군사 6만을 합해 총 13만 명이 10월 초에 나와서 중순에는 평양을 공격할 것이라는 유격 갈봉하(葛逢夏)의 말이 보고되었다.[137] 그렇지만 10월 초 윤근수와 한응인이 압록강변에서 만난 동양정의 말은 그와 달랐다. 그에 의하면 요동의 군사를 제외한 송응창의 수하 장수들이 거느린 선발군은 2만 명에 불과했다.[138]

동원병력에 대한 과장된 정보는 조선의 걱정을 증폭시켰다. 앞서 8월 중순 심유경의 70만 명, 황제의 칙서와 설번의 10만 명 파병설은 조정을 불안하게 만들었다. 조선은 특히 설번과는 식량조달 문제를 논의하지 않을 수 없었는데, 이견이 없지 않았다. 당시 설번은 천리 길에 양식을 운반하는 것은 쉽지 않다면서 은을 가지고 와서 조선에서 쌀로 바꾸는 방안을 제시했다. 그렇지만 선조에 의하면 조선은 토지가 좁고 백성들은 가난한 데다 은을 사용하는 습관이 없어 은으로 쌀을 바꿀 수 없다.[139] 또한 갈봉하가 13만 명의 군사가 머지않아 조선에 도착할 것이라고 했을 때, 조선은 군량을 마련하지 못할 것이라고 응답하지 않을 수 없었다.[140] 다만 갈봉하는 명군의 식량은 중국 측에서 수레로 실어올 것이며, 조선의 식량을 소비하지 않는다고 대답함으로써 안심시켰다.[141]

이러한 상황에서 10월 초까지 명군의 일부가 의주에 진입했다. 그럼에도 그들은 지역방어를 담당하는 개별 군대에 불과했다. 대군이 나온다는 단편적인 말만 있고, 구체적인 규모, 지휘관, 경로, 날짜 등은 여전히 전해지지 않았다. 조선의 입장에서 그것은 명이 강화를 병행하고 있는 상황에서 의도적인 은폐로 간주되기도 했다. 10월 4일 조정회의에서는 그에 대한 불만이 제기되었다.[142] 사실 송응창 등 명군 지휘부의 입장에서는 군사의 모집이 예정대로 진행되지 않았다. 이 사안들은 또한 일종의 군사기밀에 해당되었다. 조선에 관련 내용들이 통보된다면 왜군에게도 누설될 가능성이 있었던 것이다. 어쨌든 10월 5일 비변사는 예조판서 윤근수를 요양에 보내서 청병하기로 결정했다.[143]

윤근수는 요양에 가서 송응창·양소훈 등에게 군사 파견을 요청하는 글을 올렸다.[144] 그 글에는 청병의 근거들이 종합적으로 제기되었다. 무엇보다도 왜군이 때를 기다려 명을 공격할 것이며, 안주 등 평양 이북 지역에 주둔하고 있는 조선의 군대가 그리 강하지 못하다는 점이 강조되었다. 그와 함께 조선이 왜의 침략을 받게 된 원인이 명과 무관하지 않음을 분명히 했다.

소방이 운수가 없어 전쟁의 화를 당하여 서울과 개성을 지키지 못했습니다. 평양도 함락되어 적이 점거한 지가 5개월이 되었습니다. (적들이) 힘을 축적하여 분명 장차 때를 기다려 명을 공격하겠다는 계획은 심상치 않습니다. 정탐자가 이미 보고하기를 '여러 왜적이 합세하여 얼음이 얼기를 기다려 곧 요동을 공격할 것이다.'고 합니다…… 아군은 안정(安定)에서 성루(城壘)로 적과 대치하고 있으나 이미 지치고 약합니다. 만약 적의 공격을 받으면 어찌 그들이 궤멸되지 않으리라고 보장하겠습니까. 함경도의 적들이, 만약 보고된 것처럼 양덕(陽德)에서 지름길로 허술함을 틈타 곧장 쳐들어와 아군의 뒤를 끊으면, 아군은 앞뒤로 공격을 받아 패하기에 겨를이 없을 것이니 어찌 (요동을 향하는 왜적을) 추격할 수 있겠습니까…… 저희 나라가 함락되는 것은 말할 것도 없지만 번리(藩籬)가 철거되면 어찌 중국 변방의 걱정거리가 되지 않겠습니까.

소방이 침략을 당한 이유에 대해서도 할 말이 있습니다. 지난해 왜적이 우리나라에게 중국을 함께 침범하자고 유혹하고 위협했습니다. 혹은 길을 빌려달라고 하고 혹은 군사와 식량을 빌리자고 (요구)했습니다. 우리나라는 그 흉역함에 분노하여 이 왜적과는 한 하늘 아래 살지 않겠다고 애절하게 맹세하고, 의리에 입각하여 그 요구를 거절했습니다. 저희의 거절이 그들의 분노를 건드려 마침내 지금의 참혹한 화가 있게 되었습니다. 비록 오랫동안 평안함에 익숙해 군사력을 떨치지 못해 결국 국토를 잃게 되었지만, 일심으로 중국을 향하는 충성은 하늘과 땅이 보고 있고 중국도 분명히 알고 있을 것입니다.[145]

그 외에도 윤근수의 글에는 왜적의 목적이 요동에 대한 직접적인 공격에 있다는 것, 심유경의 강화나 명군의 위세만으로 왜군이 물러나지 않을 것, 왜군이 공격을 시작해 조선의 군대가 붕괴되기 전에 명군이 도착해야 한다는 것, 명의 번위국(藩衛國)인 조선이 함락되어 명 홀로 왜군을 감당한다면 힘이 지금보다 백배는 더한다는 것, 명군의 이동에 필요한 날씨 즉, 얼음이 얼었다는 것, 명 조정의 조선에 대한 존망계절(存亡繼絶)의 계책이 지극하다는 것 등을 언급하면서 조속한 파병을 요청했다. 그는 11월 중순에 귀국, 17일 선조를 접견했다.

물론 송응창 입장에서도 명군의 출정은 쉽지 않았다. 각각의 지방에서 징집된 군대의 이동과 무기 및 식량을 마련할 필요성 이외에도 파병에는 조선과 관련하여 다른 현실적인 문제들도 존재했다. 조선의 식량이나 말먹이의 조달, 그리고 명에서 제공할 경우 그것들의 운반 능력이 어느 정도인지 불확실했다. 명의 관리들은 반복하여 식량과 말먹이 비축의 중요성을 강조하고 실제 비축량을 묻고 있다. 그렇지만 조선이 식량과 말먹이에 대한 일정한 숫자를 제시한다고 하더라도 신뢰성이 크지 않았다. 조선의 답변은 몇 명의 군사에 대해서 얼마간 식량이 비축되어 있다는 정도로서 단편적이었다.[146] 국토의 대부분이 침탈된 상황에서 각 지방에서 식량이나 운반할 인원을 동원하기란 매우 불확실했다. 뿐만 아니라 평양의 왜군 상황을 아는 것도 중요했다. 그럼에도 명은 물론 조선도 신뢰할 만한 정보를 갖지 못했다.[147]

건주여진의 파병 제안

칙사 설번이 귀국한 뒤 얼마 지나지 않은 9월 중순, 조선은 뜻밖의 소식을 요동도사로부터 받게 되었다. 건주위(建州衛)의 누르하치가 조선에 3만 명의 군대를 보내 구원하고자 한다는 것이었다. 더 정확히 말하면, 건주위에 사는 공이(貢夷, 조공 담당 이민족) 마삼비(馬三非) 등이 제안하기를, 누르하치에게 말해서 조선을 돕게 하겠다는 것이었다. 그들은 참전의 이유로 왜적이 조선을 침략했으니 반드시 건주위도 침범할 것이라는 점을 언급했다. 그들에 의하면, 누르하치 휘하에는 기병 3, 4만 명과 보병 4, 5만 명이 있고, 모두 정예부대로서 전투 경험이 많으며, 자신들이 제안하면 누르하치는 왜의 정벌에 참여할 것이다.

여진족을 통일하여 중원의 정복에 나선 누르하치

위의 제안을 누르하치가 직접 하지는 않았지만, 명은 사실상 그의 입장으로 받아들였다. 그 자문은 명의 병부가 요동도사를 시켜 조선에 전달했다. 이때 병부는 자신의 의견도 덧붙였다. 즉, 그 충의는 가상하지만 "오랑캐의 마음은 헤아릴 수 없고 믿기 어렵다."는 것이었다. 그러면서도 병부는 요동의 군사기구에 문의한 결과를 바탕으로 "엄격하게 제약을 가해서 소요를 일으키지 않게 하고…… 조금이라도 방해를 한다면 중단시킨다."는 제한 조건하에서 누르하치의 제안을 수용할 것을 권했다.[148]

당시 만주에는 여진족이 거주했다. 이들은 통합적인 국가가 아니라 여러 부족으로 나뉘어 있었다. 명은 이들을 통제하기 위해서 2백여 개의 위(衛)와 소(所)를 설치했다. 이러한 기구들에는 여진족 실력자들이 임명됨으로써 일종의 자치가 인정되었다. 이들은 크게 해서위(海西衛)·건주위·야인위(野人衛)로 분리되었고, 그 가운데 건주위는 조선과 국경을 접했다. 정치적으로 건주위는 명뿐 아니라 조선에 대해서도 종속관계에 있었다. 그렇지만 누르하치는 주변 지역을 통합하면서 점차 실력을 길렀다. 그와 함께 조선과의 주종관계가 차츰 부정되었다. 명에서도 이들의 간헐적인 국경소요에 대한 우려가 커지고 있었다. 1588년 누르하치가 마침내 건주여진을 통일했고, 주변의 몽고족과 다른 여진족을 차례로 복속시켰다.

이러한 상황에서 건주여진의 파병 제안은 조선에게는 달갑지 않았다. 9월 14일 조정회의에서 그 소식을 직접 전한 윤두수는 "그렇게 된다면 조선은 망하게 될 것이다."고 단언했다. 당시 명은 한편으로 군사적 조치를 취하는 것 같으면서도, 다른 한편으로 왜적과 강화를 추진하고 있었다. 심유경이 평양에서 왜적과 담판을 한 뒤 불과 며칠 전 되돌아왔다. 명이 왜군의 소탕에 직접 나서지 않을지도 모를 일이었다. 윤근수가 명이 자신의 힘이 약하기 때문에 누르하치를 시켜 왜적을 제거하려 한다고 말한 것은 그런 맥락에서였다. 이에 요동에 급히 자문을 보내서 미리 막아야 한다는 입장이 제기되었다〔호조판서 이성중〕. 그럼에도 일단 황제가 칙서로 누르하치의 지원을 명한다면 조선으로서는 거부하기 어려울 수 있었다〔대사헌 이덕형〕. 따라서 명의 군대가 오기 전에 조선의 병력만으로 거사하는 방안에 대해서도 진지하게 검토되었다.[149]

결국 병부의 자문에 대한 회답에서 조선은 병부가 제안했던 통제된 방식의 파병도 허용해서는 안 된다는 점을 분명히 했다. 그 이유는 조선과 건주위는 오랫동안 서로 원한관계에 있기 때문에 파병 제안을 그대로 믿어서는 안 된다는 것이었다. 다시 말해 여진은 겉으로는 순수하게 조선을 돕는 척하면서도 실제는 조선을 공략하려는 계획을 품고 있다.[150] 『선조실록』에서 전한 바, 위의 회의에서는 이처럼 매우 단편적인 의견만 제시되었다.

그렇지만 다른 곳에서 해당 문제를 구체적으로 언급한 사람은 유성룡이었다. 그는 당시 올린 한 시무책에서 역사적 사례를 빌려 그 위험성을 강조했다.[151] 그는 당나라가 안록산의 난을 평정하지 못해 회흘〔回紇, 위그

르족]과 토번[吐蕃, 티베트족]에게 군사를 구걸했다가 대대로 그들의 화를 입었던 사실을 상기시켰다. 더욱이 최근 몇 년 조선이 국경을 넘어와 인삼을 채취하는 여진족을 잡아 죽인 것에 여진은 상당한 원한을 품고 있었다. 유성룡의 판단으로 조선은 지금 여진의 진퇴를 통제할 상황이 아니었다. 혹시 그들이 대규모 군대로 들어온다면, "명의상으로는 구원한다지만 그 의도는 예측하기 어려운" 상황이었다.

물론 그들이 좋은 말로 우리를 시험하는 마당에 우리도 좋은 말로 대할 필요는 있었다. 유성룡은 다음과 같은 방안을 제시했다. 우선 변경의 조선 장수를 시켜서 "우리와 그대들은 대대로 이웃인데, 지금 왜적이 난을 일으키자 (그대들이) 와서 구해주고자 하는데 그 뜻은 매우 아름답고, (명) 조정도 (그 소식을) 들으면 당연히 가상하다고 여겨 상을 줄 것이다. 다만 왜적의 우환은 지금은 이미 평정되어가는 중이니 그대들이 멀리까지 와서 수고할 정도가 아니다."고 함으로써 군사 파견을 그칠 것을 요청해야 한다. 명 조정에 문서를 보낼 때도 여진과 대대로 원수이고 서로 단절된 듯한 말을 쓰지 말아야 한다. 은밀한 말로 그 제안을 거절하면서 그 해로움이 작지 않다는 우려를 전해야 하며, 너무 드러나게 해서 적대관계를 만들어서는 안 된다.

당시의 문헌에서는 언급되고 있지 않으나, 해당 시점에서 여진의 도움은 필요하지 않았을지도 모른다. 이미 10만 명의 파병을 약속하는 황제의 칙서가 10여 일 전 도착했기 때문이다. 어쨌든 여진의 군대까지 들어온다면 상황은 더욱 복잡해질 수밖에 없었다. 이제까지 회유와 강경책으로 어렵게 지켜온 조선으로서는 북방 변경이 완전히 무방비 상태가 될 가능성이 있었다. 실제 임진왜란이 진행되는 과정에서도 여진과의 지속적인 갈등으로 인해 조선은 남왜북로(南倭北虜), 즉 남쪽은 왜적, 북쪽은 오랑캐의 위협을 받고 있다는 우환의식에서 벗어나지 못했다.[152] 이것은 조선이 여진을 왜적 이상으로 위협적인 존재로 간주했음을 보여준다.

명의 입장에서도 여진의 참전은 많은 문제를 내포했다. 앞서 섬라의 군대를 이용하는 문제에서 지적한 것처럼 외국군의 동원은 그 자체로서 정치적·현실적 문제들을 내포했다. 더욱이 지리적으로 가깝고 갈등 관계에 있는 여진의 참전은 섬라보다도 더 복잡했다. 이러한 상황에서 여진족의 군사적 지원 문제에 대해서 명은 조선에게 온건하게 표현했으나 분명 걱정되는 부분이 없지 않았다. 나중에 대학사 왕석작(王錫爵)은 1593년 2월 말의 한 상소문에서 그에 대해 언급했는데, 당시 벽제관전투 이후 명군 지도부는 왜군에 대한 소탕에 소극적인 분위기였다. 왕석작의 판단으로는 대치가 장기화되는 상황에서 명이 소극적으로 대응한다면 여진이 조선에 대신 개입하게 될지도 모르는 일이었다.

> 동로〔東虜, 여진〕가 틈을 엿보아 움직인다면, 조선을 대신해서 (왜적과의) 전쟁을 맡게 되고 (중국) 내지는 편할 날이 없게 될 것입니다. 신들은 그것이 우려됩니다. 그래서 이미 대군이 출동했으니 철수하기는 어렵고, 오로지 군사를 증원하고 군량을 보태서 병사들의 사기를 높이고, 은덕을 베풀어서 인심을 안정시켜야 한다고 생각합니다. 그러면 대외적으로는 왜적과 동로의 모략을 타파할 수 있고, 대내적으로는 장령들의 사기를 북돋을 수 있을 것입니다.[153]

요컨대 왕석작에 의하면 여진족의 전쟁 개입을 막기 위해서라도 명은 조선에서 왜적에 대한 적극적 대응이 필요했다. 여진의 참전이 더 이상 추진되지 않았던 것은 조선의 강력한 반대 때문만은 아니었던 것이다. 조선의 거부에 대해서 명도 더 이상 문제를 제기하지 않았다.[154]

3. 명의 출병과 평양수복

송응창의 원정 준비

문무대신이 이끄는 대군의 파견이 결정되자, 8월 18일 명 조정은 송응창에게 왜적 방비에 관한 업무를 맡도록 했다. 그것은 진주사 정곤수 일행이 북경에 도착하기 전이었다. 송응창은 절강성 항주의 인화(人和) 출신으로 산동안찰사와 산동순무, 도찰원 우부도어사(都察院右副都御史) 등을 역임했으나,[155] 변경의 방비에 대한 경험은 별로 없었다. 따라서 그는 병부상서 석성의 지지를 받았음에도 임명을 둘러싸고 반대가 적지 않았다.

어사(御史) 곽실(郭實)이 일곱 가지 이유를 들어 송응창의 경략 임명에 반대하는 의견을 냈고, 이에 송응창 자신도 더 유능한 사람의 선택을 요청하며 사직서를 두 차례나 제출했다. 곽실이 제기한 구체적인 근거는 문헌에서 찾아볼 수 없으나, 대체로 군사업무는 잘 알지 못하는 문관을 대권을 가진 경략으로 삼은 것에 대한 문제제기였다. 그것은 특히 이여송과 같이 경험이 풍부한 노장까지도 그의 지휘를 받게 했다는 점에서 조정 내 당쟁과 문무 사이의 갈등을 반영했고, 실제 나중에 두 사람 사이에도 알력이 나타났다.[156] 그렇지만 황제는 곽실을 변방의 잡직으로 강등시키면서 송응창의 임명을 강행했다.[157]

결국 송응창의 임명을 둘러싼 찬반논의로 인해 한 달 이상 지체되었고, 그가 공식적으로 황제의 칙서를 받은 것은 9월 26일이었다. 칙서에 나타난 그의 임무는 "계·요·보정·산동 등지에 가서 해안을 방어하고 왜적을 막는 군사업무를 경략하라."는 것이었다.[158] 이것은 그의 임무가 직접적인 조선경략이 아니라 왜적의 중국침략에 대한 대비였음을 의미한다.[159] 그가 맡은 지역은 직책에 반영된 것처럼 계주(薊州)·요동(遼東)·보정(保定)·산동의 4개 진(鎭)[160]으로, 요동에서 산해관과 천진 그리고 산동에 이르는 동북 연해 지역에 해당되었다. 임명의 근거와 관련하여 황제의 칙서는 다음과 같이 언급하고 있다.

> 최근 왜적이 조선을 함락시키고 중국의 침범을 꾀하고 있다. 이연〔李昖, 선조〕과 우리 변경 관리들의 거듭된 보고에 의하면, 일이 불경죄에 해당되며 용서할 수 없다. 전에 독무〔督撫, 총독과 순무〕들과 진(鎭)·도(道)에 방어설비를 보완하고, 군사를 훈련하며, 병사들을 검열하도록 거듭 일렀다. 그렇지만 여러 신하들은 오랑캐와 왜적의 방어를 겸제(兼濟)하기 어려워서 지역별로 나누어 지키면 서로 협력하지 않을까 여전히 걱정한다.[161]

경략은 요동에서 산동에 이르는 지역의 방어를 위한 통합적인 지휘를 위해서 임명되었던 셈이다. 당시 문관의 원정책임자는 일반적으로 총독의 칭호가 주어졌으나, 그보다 중량감이 있는 경략의 호칭이 주어졌다.[162] 황제는 요충지의 방어, 돈대의 건설, 전함의 제작, 화포의 축적, 병사들의 사기 진작, 왜군 상황의 관찰 등 구체적인 업무의 수행을 명했다. 그와 함께 군대와 자금, 식량의 조달, 장병들의 파견 등을 임의로 결정할 권한이 경략에게 부여되었다. 해당 진의 총독과는 업무를 서로 상의하여 결정하되, 무관인 총병관과 문관인 성의 순무 이하는 경략의 지휘를 받도록 했다. 또한 그에게 무관은 참장(參將), 즉 부총병 이하, 문관은 지부〔知府, 지방행정단위인 부府의 책임자〕 이하에 대한 처벌권이 주어졌다.[163] 군사업무를 총괄하는 이여송 제독도 총병관으로서, 경략의 지휘를 받게 했다.

칙서를 받은 그날부터 송응창은 관련 활동을 적극 개시했는데, 해당 업무를 수행하기 위해서 북경의 동쪽 약 50킬로미터 떨어진 삼하(三河)에 자리 잡았다. 그의 활동은 초기에는 동북 연해 지역의 방비에 중점이 주어졌다. 무엇보다도 명 군대의 지역적 조직단위인 진(鎭)과 도(道)에 공문을 보내서 관련 업무를 지시하는 것이었다. 그것은 지형과 군사주둔 상황에 대한 조사, 군사의 소집, 요새·봉화·망루·파발의 설치, 선박의 구입, 활과 화살, 화포, 화약, 납 등 무기의 조달과 배치, 식량의 조달 등이었다. 적어도 처음에는 방어에 초점이 주어졌고, 왜적의 소탕과 이를 위한 조선 출정은 고려되지 않고 있었던 것이다. 이를테면 그는 9월 26일부터 10월 10일까지 15일 동안 모두 18개의 관련 공문을 보냈는데, 모두 연해 지역에 대한 방비에 국한되었고 조선에 대한 언급은 없었다.[164]

송응창은 일차적으로 연해 지역에 대한 방비에 주력했다. 역사적으로 왜적의 침입은 중국의 연해 지역에 국한되었다. 그는 왜적의 조선에 대한 선제적 공격은 일종의 교란작전일 수도 있다고 간주했다. 그는 10월 14일 경략으로서 그간 활동을 종합하여 황제에게 「해안방어 총괄 업무에 관한 상소」로서 보고했는데, 여기에서 그는 "만약 왜적 가운데 교활한 자가 있어 우리의 형세를 알고, 다수의 군대로 우리 군대를 요동에 묶어두고, 일부 군대와 빠른 배로 각 해안 어귀를 나누어 습격하면, 지방관들이 반드시 만전을 기하지 못할 것임이 우려됩니다."고 말하고 있다.[165]

요동의 내륙 지역에는 원래 북방 오랑캐를 겨냥한 것이지만 다수 병력에 의한 방비가 구축되어 있었다. 따라서 왜군이 이곳으로 직접 들어올 가능성이 작다고 판단되었다. 다만 왜군이 해안 지역으로 들어올 경우, 일단 내륙의 병력을 동원하여 방어해야 했다. 가까운 내륙에서 해안 지역으로 병력을 이동하거나 증원할 필요가 있었던 것이다. 무기나 식량도 마찬가지로 북방 오랑캐의 방어에서 상당 부분 조정해서 조달하지 않으면 안 되었다. 송응창은 명의 수군도 넓은 연해 지역에 대한 방비에 집중해야 한다고 간주했다. 이것은 조선 수군에 의해 이미 재해권이 장악되었기 때문이기도 하지만, 임진왜란 시기 명의 수군이 조선에 파견되지 않은 간과할 수 없는 이유라고 생각된다.[166]

그렇지만 시간이 지나면서 명 조정은 왜군의 방어에 국한되지 않고 부분적으로나마 왜군에 대한 공격을 동시에 추진하는 전략, 소위 전수(戰守) 전략으로 전환했다. 여기서 공격은 조선 출병을 의미했다. 시점은 정확하지 않으나 대체로 영하의 원정이 9월 말에 종료되고, 또 송응창이 전력해온 군대의 징집과 식량의 동원이 차츰 진척된 결과일 것이다. 임란 초기에는 당장 왜군이 들어올 것으로 예상되면서 방비가 허술한 연해 지역을 정비해야 했다. 그러나 아직 침략을 당하지 않은 시점에서 어느 정도 공격력을 확보한다면, 가급적 왜군을 자신의 국경 밖에서 대적하는 것이 유리했다. 일단 왜군이 국내에 진입하게 되면 민간의 피해가 클 뿐만 아니라 동조 세력이 가세라도 한다면 상황은 더욱 복잡해질 것이기 때문이다.

그리하여 진주사 정곤수가 북경에 체류하고 있던 10월 6일 병부는 각지의 군대를 일부는 의주로, 일부는 요동으로 집결하게 해야 한다는 의견을 제시했다. 즉 지금 왜군이 의주를 침범하려고 한다는 보고가 있어서 더 이상 미루어서는 안 된다며, 송 경략에게 공문을 보내서 각지의 군대를 동원해야 한다는 것이다. 구체적으로 오유충(吳惟忠)이 산해관의 화기수 3천 명과 남병 3천 명을 데리고 의주로 가서 왜군을 막도록 했고, 북부의 지역별로 5천 명에서 8천 명 사이의 기병 및 보병 수를 지정하여 요동으로 가서 경략의 지시를 받도록 했다. 그 외에도 사천의 대표적인 남병인 유정(劉綎)의 군사를 재촉하도록 했다. 전체적으로 그 수는 4만 명 이상이었다.[167] 그 뒤에도 병부는 추가로 절강의 남병 수천 명과 북부의 기병 1만여 명에 대한 동원령을 내렸다.[168]

병부의 지시에 따라 송응창은 10월 중순부터 비로소 조선원정을 위한 준비에 착수했다. 그는 10월 14일 처음으로 요동순무 학걸에게 관련 문서를 보냈다. 그는 요동총병 양소훈의 당보에 근거하여 이미 왜군이 평양까지 손에 넣고, 도로와 성곽 및 해자에 대한 지도를 제작하고 무기를 정비하는 등 중국을 침범할 기세라고 보았다. 그는 자신이 곧 요동의 해안으로 갈 것이며, 그 전에 각 지역의 군대는 왜군에 대한 방비를 서두르도록 했다. 그러면서도 그는 경솔하게 왜군에 맞서거나 반대로 관망하지 말고, 요새를 굳게 지킬 것을 명함으로써 일단 방어에 초점을 두었다. 그는 또한 조선에 사람을 보내 "명의 구원군대가 머잖아 이를 것이니 흩어진 사람을 모으고 충의로운 사람을 모집하여 좁은 통로를 지키고 군대의 위엄을 세울 것이며, 명의 군대가 이르기를 기다려 서로 협공할 때까지 미리 스스로 무너지지 말라."고 설득할 것을 지시했다.[169]

송응창은 또한 14일 요동의 장(張) 총병에게 보낸 격문에서 "본인이 대군을 이끌고 조선을 구원하러 가겠다."고 말했다. 10월 17일자 조정에 대한 상소에서도 그는 "대군을 동원하여 (조선을) 구원하고 (왜적을) 소탕하는 일을 하겠다."고 썼다. 그는 또한 21일 순천(順天)·보정·선부·대동·요동의 순무들과 계요총독에게 공문을 보내 일정 수의 군대를 요동으로 보내 대기하게 하고, 그중 일부 병력은 압록강을 건너 의주로 갈 것을 지시했다. 조선 진입을 명령받은 군대는 산해관의 화기수 3천 명과 계진(薊鎭)에 주둔하고 있던 오유충의 남병 3천 명이었다.[170]

각지의 병력동원이 실행되면서 통괄하는 지휘체계도 구축되었다. 영하 반란의 진압에서 공을 세운 이여송이 10월 16일 제독[171]으로 임명되었다. 그는 철령위 출신으로 조선과 혈연적 관계에 있었다. 그의 집안은 5대조 이영(李英)이 조선에서 내부한 뒤 대대로 철령위 지휘첨사(鐵嶺衛指揮僉事)로서 군인이었다. 특히 그의 부친 이성량(李成樑)은 혁혁한 무공으로 전년도까지 20여 년간 요동총병을 지냈다.[172]

4만 명 이상의 군대와 식량 등 제반 요건들이 모양을 갖추고, 이여송이 가세하게 되자 송응창은 조선과 접촉을 시작했다. 정확한 경로는 알 수 없으나 동원될 병마의 수가 조선에 전달되었다. 10월 26일 비변사의 보고는, 명군의 수는 4만 8천 5백85명, 말은 2만 6천 7백 필로 매우 구체적으로 적시했다.[173] 송응창은 조선에게도 왜군을 축출하겠다는 의지를 천명하고 이를 위한 적극적 협조를 요청했다. 그는 동지(同知) 정문빈(鄭文彬)과 양소훈에게 격문을 보내 조선에 가서 국왕에게 구두 또는 문서로 관련 내용을 전달하게 했다.

물론 송응창의 군사동원은 계획대로 순조롭게 진행되지 못했다. 일부는 군사현황을 잘못 파악한 결과, 동원명령이 내려진 군사가 실제로 부족하거나 없는 허수(虛數)인 경우가 있었다. 이를테면 군대동원을 명령한 며칠 뒤 그는 조선에 파견하고자 했던 산해관의 화기수 3천 명과 오유충의 군대 가운데 9백 명이 허수라는 보고를 받았다. 말이나 무기도 부족했다.[174] 일부 지역 군대는 군사동원에 협조적이지 않았다. 그들은 자신들의 원래 목적인 북방 오랑캐에 대한 방어를 이유로 군사의 차출에 소극적이었다.[175] 때로는 전투능력이 없는 자들로만 수를 채워서 보내기도 했다. 송응창은 이미 차출된 지방에 대해서 추가적인 군사 파견을 요구했다. 그와 함께 영하에 대한 토벌에 참가했다가 해산되었던 장병들 가운데 일부가 다시 소집되었다.

그는 명 조정에도 지원을 요청했다. 이를테면 11월 4일 각로 조지고(趙志皐)와 장위(張位)에게 보낸 편지에서 군대의 동원에 관한 협조를 구했다. 당시 2차 교섭을 위해 심유경이 조선에 들어갈 예정이었다. 송응창에 의하면, 심유경이 왜 측과 강화를 이룬다면 공격에 나설 이유는 없지만, 그렇지 않다면 겨울에 반드시 진격하지 않으면 안 된다. 왜냐하면 날씨가 추운 겨울에 명군이 행동에 나서야 하기 때문이다. 봄이 되면 날씨가 왜군에게 유리할 뿐만 아니라, 새로운 병력이 추가된다면 수적으로 당해낼 수 없다.[176] 당일 그는 석성에게도 유사한 내용의 편지를 보냈다. 거기에 의하면, 지금 식량은 원정군대 4만 명이 1년 먹을 수 있는 분량이 마련되었다. 따라서 군대를 충분히 동원하여 공격에 나서지 않으면 안 된다. 그렇지 않으면 이미 모인 군사들까지도 지치게 될 것이다.[177]

어쨌든 11월 말에는 거의 모든 것이 갖추어지게 되었다. 그는 11월 30일 위의 두 각로에게 다시 편지를 썼다. 거기에서 그는 처음 경략으로 임명되었을 때, 자신이 진퇴양난의 상황에 처해 있었음을 토로했다. 당시 군대와 식량이 갖춰져 있지 않은 상태에서 – 조승훈이 패배한 것처럼 – 쉽게 전진할 수 없었다. 그렇지만 황제는 계속 명령을 내리고 조선은 급함을 호소하며, 또한 금세 봄이 되면 왜군이 요동과 연해 지역을 대거 침략할 가능성이 있었기에 가만히 있을 수도 없었다. 다행히 이제는 군사와 식량이 차례로 갖추어졌고, 단지 이여송 제독만 도착하면 되었다. 그러면서도 송응창은 여전히 전쟁과 강화 전략의 병행을 열어놓았다.

> 공격할 수 있으면 공격하고, 강화할 수 있으면 강화할 것입니다. 혹 공격을 하려면 겉으로 강화를 허용할 것입니다. 혹 강화를 하려면 겉으로 공격을 보여줄 것입니다. 혹 이미 강화했으나 기회가 있다면, 맹약을 어기고 돌아보지 않을 것입니다. 혹 평양을 공격했으나 서울을 습격할 수 있다면, 먼 거리라도 어찌 어렵게 여기겠습니까?[178]

여기에서 그는 단지 명의 군사와 식량을 믿고 공격에 나서지는 않을 것임을 명시했다. 마찬가지로 강화를 했다고 하더라도 군사적 승리가 가능하다면 그것을 준수하지 않을 것이다. 그에 따르면, 일단 평양의 수복이 일차적인 목표지만 서울까지도 공격할 계획이었다.

조선의 협력

출정 준비와 함께 송응창은 10월 25일 동지 정문빈에게 편지를 보내 조선에 가도록 지시했다. 즉 조선 출병의 취지에 대한 설명과 함께 조선의 군사적 협력, 명군을 위한 식량과 말먹이의 준비, 조선의 지형과 왜군의 현황에 대한 정보의 제공 등을 요청하라는 것이었다.[179] 정문빈은 11월 10일 의주의 선조를 직접 방문했다. 그는 사대자소의 원칙에 따른 조선 출병의 의의를 설명하고, 이여송과 송응창이 이끄는 명군 7만 명이 이미 산해관을 나왔다고 전했다.[180] 아울러 그는 조선도 식량과 말먹이를 마련하도록 요청하고, 조선 군대의 수, 왜정의 탐지 여부를 물었다. 그는 조선 내에서 명군의 식량과 사료는 조선이 마련해야 한다는 점을 분명히 했다. 그에 대해 선조는 5만 명 군사의 1개월분 식량을 준비했고, 조선의 관군은 수만 명이고 의병은 지역마다 달라 알 수 없으며, 왜군의 상황은 출입을 심하게 단속하고 있어 탐지할 수 없다고 대답했다. 그와 함께 선조는 이번 기회를 놓친다면 각지의 왜군이 합세하여 중국을 향할 것이라고 주장했다.[181]

그 외에도 정문빈은 서면 형태의 답변을 요구했다. 질문은 왜군의 수와 주둔지, 왜선의 규모와 정박지, 의병, 평양과 서울 왜군의 수, 왜장들의 이름, 히데요시의 현재 체류지, 조선의 식량과 군사 등이었다. 답변에서는 의도했든 그러지 않았든 왜군에 대한 공략에 유리한 상황이 부각되었다. 즉, 왜선은 이순신 등에 의해 4백여 척이 격파되어 지금 4, 5백 척이 정박하고 있다. 각 지방은 처음 갑작스런 침략으로 무너졌으나, 이제 의병이 분발하여 거의 모든 장정들이 거기에 가담하고 있다. 평양의 왜군은 처음 3천 명이 도착했으나, 일부가 조선군에 의해 살상된 후 증원되었다.[182] 서울의 왜군은 1만 또는 수천이라는 소문이나 자주 출입하므로 정확히 알 수 없다. 그 외에도 의주에서 평양까지 명군을 위해 준비된 식량, 조선의 군사, 각 지역 왜장들의 이름도 상세히 보고되었다. 당시 나고야에 있던 히데요시는 대마도에 체류하는 것으로 잘못 전달되기도 했다.[183]

한편 송응창은 요동총병 양소훈에게도 송응창 본인 명의의 격문을 조선에 보내도록 했다.[184] 그것은 요동도사를 통해 며칠 뒤에 전달되었다. 격문에서 송응창은 무엇보다도 조공책봉 관계에 따른 조명간의 깊은 유대에서 파병의 배경을 설명했다. 그와 함께 그는 자신이 원정을 통해 왜적을 축출하겠다는 의지를 천명하고, 조선에서 군대와 식량 준비의 필요성 및 향후 군사적 협력을 강조했다. 송응창은 특히 다음과 같이 출정에 대한 의지를 표명했다.

> 만약 (왜군이) 어리석어 뉘우치지 않고 험준함에 의거하여 버틴다면, (본인은) 즉시 불수레를 몰고 신령한 채찍을 휘둘러 우뢰처럼 달려가 평양을 함락하여 (왜의) 선봉대를 죽일 것입니다. 이미 복건과 광동의 장수들에게 명하여 섬라와 유구의 여러 나라 군사들과 연합하여 전함을 몰고 돛대를 세워 일본의 소굴을 치게 했습니다. 그리고 진(秦)의 정예병, 촉(蜀)의 창병(槍兵), 연(燕)의 철갑 기병, 제(齊)의 격투부대, 삭방(朔方)의 사나이들을 동원하였으니, (그들은) 봉황성에 진을 치고 압록강을 건너 대마도에 이를 것입니다. 맹세코 왜의 족속을 멸망시켜 피를 바닷물에 뿌리고 골수를 산의 눈에 바르며, 귀신을 모두 소멸시키고 이무기를 벨 것입니다. (그리하여) 왕을 서울로 돌아가게 하여 옛 습속을 바로잡음으로써 (황제)폐하께 보답하고 중화의 풍습을 받들어 펼치게 할 것입니다.[185]

사실 군대의 소집과 방비를 위해서는 식량과 말먹이가 중요했다. 11월 9일 병부상서 석성에 대한 송응창의 보고에 의하면, 그 시점에서 10만 명 병력에게 2개월간 제공할 수 있는 식량과 말먹이가 확보되었다. 거기에 북로의 방비를 위해 저장해두었거나 다른 곳에서 구매하여 들여올 수 있는 양도 그 이상이었다. 그의 추산으로 모두 합친다면 실제 모집된 4만 명을 최대 1년간 먹일 수 있을 것이다.[186] 그 외에도 조선에서 일부 조달할 가능성도 없지 않았다. 윤근수가 군사 요청을 위해서 요동에 들어갔을 때, 조선이 제공할 수 있는 식량 상황을 전했다. 송응창은 11월 중순 한 격문에서 현재 조선에는 5만 명의 병사와 말 2만 필의 20일분 식량과 사료가 준비되어 있다는 윤근수의 보고를 인용하고 있다. 다만 그는 사실

요양성의 서쪽 전경_요양성은 요동도사가 위치하여 조선과 명의 중간 역할을 담당했다

여부를 알 수 없다면서 관련 담당자로 하여금 정확하게 상황을 조사하여 보고하게 했다.[187]

삼하에서 원정 준비를 나름대로 마친 송응창은 11월 중순 산해관을 나와 20일 요양에 도착했다. 그럼에도 여전히 이여송은 물론 소집된 군대, 식량, 무기 등도 다 도착하지 않았다. 이여송은 12월 8일 그곳에 도착했다.[188] 명의 군사들이 차츰 요동에 집결하고 있었으나 조선은 명의 파병을 확신하지 못했다. 다만 조선은 일부 명 관리들을 통해서 조선 출병 가능성에 대한 언질을 받았을 뿐이다. 구체적인 내용을 잘 알 수 없을 뿐만 아니라 집결 자체가 조선 출병을 의미하지 않았다. 명은 왜군의 방어에 초점을 둘 수도 있었다. 더욱이 명은 해당 시점에서 심유경을 다시 조선에 보내어 강화를 타진하고 있었다. 11월 중순 사헌부의 상소문에 따르면, 명의 계획은 알 수 없었고 강화의 가능성을 배제할 수 없었다. 그와 함께 상소문은 명의 출병을 기약할 수 없으니 명만 믿지 말고 조선 스스로 대책을 마련해야 한다고 주장했다. 구체적으로는 조선의 군대가

특히 추위로 기동력이 떨어진 왜군을 공격해야 한다는 것이었다.[189] 며칠 뒤 사간원도 유사한 입장에서 자체적 대책 마련을 촉구했다.[190]

이러한 상황에서 조정은 다시 청병을 위해 요동에 사람을 파견하기로 했다. 그것은 예조판서 윤근수의 치계에 따른 것으로 그는 앞서 언급한 것처럼 10월 중순 청병을 위해 요동에 파견되었다. 그는 귀국하는 도중에 조정에 부친 보고에서 별도로 대신을 송응창에게 보내서 조속한 출병을 요청해야 한다고 했다. 11월 11일 조정은 사헌부 헌납 김정목(金廷睦)을 파견하기로 결정했다.[191] 『선조실록』은 송응창의 면담 여부 등 그의 활동에 대해서 더 이상 언급이 없으나, 김정목은 서둘러 요동으로 출발했던 것으로 보인다. 사실 송응창의 입장에서 이미 출병이 결정된 상황에서 군사 요청은 별다른 의미가 없었을 것이다. 그리하여 요동에 도착한 김정목에게 송응창은 17일자 격문을 통해 출병에 따른 준비사항을 국왕에게 알려서 다시 보고할 것을 요구했다.

그것은 첫째 평양에서 의주까지 도중에 실제 조선이 제공할 수 있는 식량과 말먹이의 수량, 둘째 서울과 평양의 크고 작은 도로에 대한 상세한 지도, 셋째 명군이 요양에서 의주까지 운반한 식량과 말먹이를 조선이 인계받아서 평양까지 운송할 수레와 우마 그리고 담당할 인원의 배치, 넷째 서울과 평양의 군민 가운데 도로나 요새를 잘 아는 사람을 각각 5명이나 10명씩 명군 진영에 보낼 것(향도), 다섯째 조선의 각지 군사, 진영 그리고 장수들 현황에 대한 보고였다. 송응창은 식량이나 말먹이의 수량이나 운반과 관련하여 명의 군사 5만 명과 그 절반에 해당하는 수의 말을 기준으로 준비하도록 했다.[192] 여기서 명은 일단 평양까지 진격을 계획하고 있으나 서울까지도 염두에 둔 것으로 보인다. 서울에 대해서 도로 지도의 제공과 조선인 향도 동원이 언급되고 있다.

물론 송응창의 입장에서 식량이나 군사에 있어서 조선의 협력 정도는 불확실했다. 송응창은 김정목에게 격문을 보낸 다음 날인 18일 요동도사 장삼외에게 별도로 격문을 보내 조선의 호조와 식량문제를 처리하도록 했다. 송응창은 명의 병력과 말을 각각 4만 명과 2만 필로 설정하고, 조선으로 하여금 2개월분의 식량과 말먹이를 의주에서 평양 일대까지 쌓아두게 하라고 요구했다. 그와 함께 평양수복으로 왜군이 서울로 후퇴할 경우 추가로 필요할 식량문제도 언급했다. 서울이 중국으로부터 더 멀기 때문에 식량 운반이 어려운 만큼 위의 병력을 기준으로 미리 식량을 마련하라고 강조했다. 그는 왜군에 의해 점령되지 않은 전라도와 평안도에 식량을 비치하여 필요시 운반해오는 방안을 마련하도록 했다.[193]

한편 청병을 위해 요동에 갔다 돌아온 윤근수는 김정목이 파견된 며칠 뒤인 11월 16일 의주에 도착, 다음 날 선조를 접견했다. 이 자리에서 선조는 윤근수에게 명군이 조선을 구원하러 올 것인지 물었다. 선조는 명군이 자국의 경계만 방어하지 않을까 우려된다고 덧붙였다. 이에 윤근수는 그들이 반드시 와서 구해줄 것이라고 대답했다.[194] 그럼에도 그 다음 날 선조는 자신이 직접 송응창을 찾아가 군사를 요청하겠다는 방안을 제시했다. 물론 비변사는 국왕의 체통이 상한다는 이유로 반대했다.[195] 더욱이 선조가 송응창을 찾아 요동에 간다는 것은 몇 달 전 국왕의 내부(內附)에 관한 논의에서와 같이 그 자체로서 중대한 의미를 지녔다. 따라서 좌의정 윤두수는 "(국왕이) 일단 압록강을 건너면 인심이 흩어져 수습할 수 없게 된다."는 점을 상기시켰다. 나아가 그는 지금처럼 상황이 악화된 것은 지난번 요동으로 건너간다는 국왕의 말 때문임을 강조했다. 다른 신하들도 국왕이 나라를 떠나는 것에 반대했다.[196]

문제는 시간이었다. 11월 유성룡의 한 보고서에 의하면, 이제까지 왜적이 평양에만 머물고 있는 것은 한편으로 심유경과의 강화와 관련되지만 본질적으로는 맨발을 한 왜군이 추위에 약하기 때문이었다. 그리하여 곧 봄이 된다면 왜군은 의주로 진격할 가능성이 커 보였다. 평양에서 의주 사이에는 명군을 위해 마련해놓은 많은 식량이 있었다. 시간이 갈수록 평양의 왜군은 증원되었다. 또한 식량도 걱정이었다. 승병을 비롯하여 각지에서 모인 조선의 군대도 적지 않은 식량을 소비했다. 그럼에도 명군의 출정 일정은 알 수 없었고, 조선에 왕래하는 중국 관리들의 말이 서로 달라 신뢰할 수 없었다.[197] 명군의 도착에 대한 기대는 지방에서도 컸다. 안집사로서 경상좌도에서 군사를 모아 왜군에 대항하던 김늑(金玏)은 11월의 한 장계에서 밤낮으로 명군이 오기를 기다리고 있음을 명시했다.[198]

명군의 진입

조선에는 산발적인 정보만 전해졌지만 요동에서의 출병 준비는 차츰 마무리되었다. 명군의 조선 진입이 가까워오자 송응창의 지시에 따라 요동도사 장삼외는 조선을 향했고, 11월 27일 선조는 그를 용만관에서 접견했다. 명군의 출병날짜를 묻는 선조에게 그는 조만간 나올 것이며, 자신이 조선에 들어온 것은 식량과 말먹이 준비를 점검하기 위해서임을 밝혔다. 이에 선조는 명군이 지나는 길에 식량과 말먹이를 대략 마련했음을 확인하면서 추위에 약한 왜군의 조속한 공격 필요성을 제기했다. 장삼외는 중원, 요동, 조선의 순망치한 관계를 근거로 송응창이 조만간 반드시 나올 것임을 재확인했다.[199]

장삼외는 곧장 압록강을 다시 건너가 구련성(九連城)에 머물렀다. 예조판서 윤근수와 호조참판 윤우신(尹又信)은 그의 요청으로 11월 29일 그곳을 방문하여 송응창이 그에게 지시한 내용을 전달받았다. 그들은 당일로 귀국하자마자 선조에게 보고했다. 그들의 보고에 대해서 우선 선조는 4만 명 2개월분 식량이 마련되어 있음을 확인했고, 윤우신도 평양 근처인 순안까지 식량공급에 문제가 없다고 했다. 이처럼 평양까지는 문제가 없지만 그 다음은 어떻게 할 것인가? 선조가 묻자 우승지 홍진(洪進)이 호남은 너무 멀고 호서에서 가져와야 할 것 같다고 대답했다. 그렇지만 그것도 제대로 준비가 되지 않은 상황이었다. 선조는 책임자 1명을 보내는 문제를 논의하라고 비변사에게 지시했다.[200]

한편 장삼외가 의주에 오기 전 11월 22일 조정은 한응인을 요양으로 보냈다. 그것은 송응창에게 정문(呈文)하여 군사를 재촉하기 위해서였다.[201] 그는 12월 6일 선조에게 복명했다. 그의 보고에 의하면, 12월 2일 그는 송응창의 관소에 가서 청병을 위해 직접 면담을 요청했다. 송응창은 역관을 통해 이미 올린 글에서 방문 목적을 알고 있어 따로 만날 필요가 없으며, 그 대신 파병 일정을 대략 말해주었다. 그 내용은 5천 명의 군대가 다음 날 출발하고, 이여송이 들어오기를 기다려 이달 내에는 반드시 조선으로 출발한다는 것이었다. 그러면서 그는 앞서 김정목을 통해 전달한 다섯 가지 준비사항에 대한 회답을 요구했다.[202] 한응인은 양원 총병을 우연히 송 경략의 관소에서 만났는데, 그도 유사한 출병 일정을 확인했다.[203]

실제 요양에서는 출병을 위해 점차 군대가 모이고, 일부에서는 출병 소식이 전해졌다. 이를테면 청병을 위한 진주사로서 지난 9월 중순 북경에 갔던 정곤수 일행이 12월 8일 귀국, 의주에 도착했다. 정곤수 일행은 조선에 대한 의심의 해소와 더불어 병부상서 석성의 조선구원과 왜적에 대한 정벌의지, 군대와 식량의 모집에 따른 출병 지연에 대한 해명 등을 보고했다. 그와 함께 그들은 군사 6만 명이 나올 것이며, 교전일은 금년 12월 22일과 내년 1월 3일 사이라고 들었다.[204] 그들은 요동을 지나면서 이동중인 대규모 군사들을 목격했다.[205]

요동에서 명군의 준비 소식이 전해짐에도 조선은 여전히 불안했다. 선조는 심유경을 통해 강화를 추진하면서도 군대를 보낸다는 말이 모순적이라고 의심했다. 더욱이 도원수 종사관 유희서의 표현대로 석 상서가 주전론자로 알려져 있는데 왜 심유경을 파견하여 강화를 시도하는지 이해가 가지 않았다.[206] 심유경이 12월 초 요양으로 돌아간 뒤에도 그의 가신들이 왜군 진영을 왕래했다. 그리고 앞서 본 것처럼 교섭 과정에서 심유경이 철수조건으로 대동강 이남을 넘겨주기로 했다는 소문과 왜적이 평양 이서를 조선이 아닌 명에 주겠다는 제안을 한 사실이 알려지면서 명에 대한 의구심까지 생기게 되었다. 그리하여 행호군 신점의 제안에 따라 북경에 진주사 파견이 검토되기도 했다. 12월 8일 조선은 이조판서 이산보를 다시 요양에 파견했다.

다행히 12월 10일 전세정(錢世禎), 12월 13일 왕필적(王必迪) · 서대유(棲大有) 등 유격들이 군사를 거느리고 강을 건너왔고, 14일에는 오유충의 군대 4천 명이 들어왔다.[207] 그리고 요양에서 이산보의 급보가 도착했다. 거기에 따르면 그는 12월 14일 요양에서 이여송과 송응창을 차례로 만났다. 그들은 4만 명의 대군이 16일 요양을 출발하여 25-26일 사이에 압록강을 건널 것이며, 정월 초에 왜군과 교전할 것이라고 말했다. 그들은 또한 평양수복은 정월, 서울수복은 2월 그리고 전국의 수복은 3월을 넘지 않을 것이라고 자신했다. 이산보의 치계는 17일 조정에 도착했다.[208] 비로소 조정이 명의 조선 출병에 대한 구체적인 일정을 명군 지휘부로부터 직접 확인한 셈이었다.

날짜는 정확하지 않으나 이산보에 이어 집의 이호민이 요동으로 파견되었다. 그는 12월 19일 봉황성과 요양 중간쯤에 위치한 통원보(通遠堡)에서 요양에서 돌아오던 이산보를 만났다. 뿐만 아니라 그는 당일 그곳에 도착한 이여송도 만났다.[209] 그는 명군의 조속한 전진을 요청하는 자문을 이여송에게 제출했다. 여기서 그는 함경도의 왜군이 평안도 중화(中和)의 토성을 점령하는 등 서쪽〔명〕을 향할 기미가 있다는 것, 심유경과의 강화를 이용하여 공격할 수 있다는 것, 명군을 위해서 역참에 준비한 식량을 왜군이 먼저 탈취할 수 있다는 것, 명군의 공격 기밀이 사전에 누설될 수 있다는 것 등을 이유로 선발제인(先發制人), 즉 기선을 제압할 것을 주장했다.[210]

그렇지만 이여송은 성급한 진군에 유보적인 자세를 보였고, 앞서 이산보에게 말한 것과 동일한 출정 일정을 이호민에게 이야기했다. 그는 송응창이 압록강을 건너지 않을 것임을 전했다. 이호민은 더 이상 요양으로 가지 않고 명군을 따라 다시 남쪽으로 내려왔다. 다음 날 그는 이여송이 전날 요구했던 조선의 군사와 식량 상황에 대한 보고와 함께 게첩을 통해 조속한 전진을 조심스럽게 다시 요청했다. 결국 이여송은 낙상지·오유충 등 이미 조선에 들어와 있던 남병을 평양에서 2일 거리에 위치한 정주(定州)까지 먼저 전진하도록 했다. 이호민에 의하면 이여송은 자신이 압록강을 건넌 뒤 행군을 멈추지 않고 1월 6, 7일에는 (평양의) 왜군과 싸울 것임을 밝혔다. 아울러 그는 자신이 조선을 수복하는 데 그치지 않고 일본까지 진격해 토벌하겠다고 강조했다.[211]

이여송이 요동으로 나온 사실이 알려지자 조선은 그에게 안부를 묻는 명목으로 사신들을 차례로 보냈다. 12월 19일에는 동부승지 심희수(沈喜壽), 21일에는 동지중추부사 민여경(閔汝慶)이 파견되었다. 조정에서는 이여송의 도착날짜가 다가오면서 대신을 보내 그를 접대하는 일에 대해서도 논의했다. 심희수는 봉황성에서 돌아와 이여송의 군대에 관해서 보고했는데, 전체 군대는 5, 6만 명이고, 이여송은 26일경에 압록강을 건널 것으로 전했다.[212] 민여경은 봉황성에서 돌아와 24일 선조에게 보고했다. 그는 23일 아침 이여송을 길에서 우연히 만나 자문을 전했다. 그는 이여송에게 출병의 절박함을 언급했고, 이에 이여송은 11만 명을 징발했는데 4만 명 밖에 도착하지 않아 늦어지고 있다고 말하면서, 25일에는 반드시 압록강을 건널 것임을 확인했다. 동시에 이여송은 조선의 식량 준비를 강조했다.[213]

명의 원정군이 들어오자 조선에서는 주요 책임자들에 대한 전담 관리들을 지정했다. 즉, 예조판서 윤근수와 부제학 오억령을 송응창의 접반사와 부접반사로, 공조판서 한응인과 대사헌 이덕형을 이여송의 접반사로

심희수 초상(국립중앙박물관 소장)

삼았다.[214] 접반사들은 각기 경략과 제독의 근처에 기거하면서 이들을 접대하고, 특히 조정과의 연락을 담당했다.

그렇다면 명군을 위한 식량 준비는 어떠했을까? 조선에서는 오래전부터 명군을 위한 식량 준비에 착수했다. 11월 15일 사헌부는 안주와 정주 서쪽의 각 역참마다 "곡식이 언덕처럼 쌓여 있고, 땔감과 꼴은 산더미처럼 많다."고 보고했다.[215] 지방에서 인력과 소를 내어 식량을 명군이 지나가는 안주와 정주 등으로 옮겨오게 했다. 명군의 전차 등 무기의 운반을 위해서도 지방 주민들이 대거 동원되었다. 그 과정에 시간이 지체되거나, 숙천과 같은 일부 지역에서는 식량 부족이 우려되어 주변 지역에서 차례로 운송하지 않으면 안 되었다.[216] 그럼에도 전투의 수행에 큰 지장을 초래한 경우는 알려지지 않았다.

다만 조선은 명군의 작전에 대해서는 거의 알지 못했다. 12월 23일 조정회의에서 병조판서 이항복은 명군이 평양 북쪽의 순안에서 오랫동안 머물며 포위 전략을 쓸 것으로 예상했다. 그의 예상은 명군 측이 다량의 식량 비축을 요구하고 있던 것에 근거했다. 뿐만 아니라 그는 승패와 관련하여 명군이 왜군을 성 밖으로 유인하여 공격해야 승산이 있다고 평가했다. 선조도 회의적이었다. 그는 이여송에 대해서 북방 오랑캐만 방어할 줄 알 뿐, 왜군과 싸움에는 익숙하지 않다고 평가했다. 그의 판단은 명군이 기병 위주라는 사실에 근거했고, 이항복과 같이 왜군을 성 밖으로 유인해야 유리하다는 인식과 유사했다. 물론 형조참판 이희득(李希得)은 절강의 포수(砲手)들이 많이 있어서 왜군에 대해서 모르지 않을 것임을 상기시켰다.[217] 어쨌든 아래에서 보는 것처럼 명군은 평양 부근에 도착하자 곧장 성안으로 진격했고, 그 과정에서 절강 포수들이 주된 활약을 보였다.

12월 25일 선조는 의주의 교외에서 이여송을 영접하고, 이어 용만관으로 자리를 옮겨 접대의식을 거행했다. 선조가 먼저 도착하여 대문 밖에서 영접하고, 읍양(揖讓)한 다음 당(堂)에 올라가 재배례(再拜禮)를 하는 방식이었다. 선조는 한편으로 황은에 감사하다는 것과 함께 "왜적이 저희 나라와 함께 옳지 못한 일을 하려고 했지만 과인이 의리로서 그것을 물리침으로써 그들의 침략을 받게 되었다."고 말했다. 이에 이여송은 평양성 공격으로 조선 백성이 함께 죽게 될지 모르니 그들을 설득해서 나오도록 할 것을 요청했다. 선조는 이여송에 이어 좌협대장(左協大將) 이여백(李如栢)과 중협대장(中協大將) 양원(楊元), 우협대장(右協大將) 장세작(張世爵)을 접견했다. 이들은 "귀국이 대대로 충정을 바쳐왔는데 까닭없이 병화를 입어 황상께서 저희들을 보내 구원하게 했다."면서 평양은 물론 서울과 부산까지 가서 왜적을 소탕하겠다고 다짐했다.[218]

다음 날 참장 낙상지(駱尙志), 유격 갈봉하(葛逢夏)가 군사를 이끌고 남하했고, 이여송은 28일 평양을 향해 출발했다. 명군의 선봉대는 29일 의주와 평양의 중간에 위치한 요충지인 안주에 도착했다.[219] 그곳에서 유성룡은 명군을 위한 식량의 조달과 함께 조선 군대의 동원을 총괄하고 있었다. 1월 2일 이여백, 장세작, 그리고 마침내 이여송 제독과 양원 등이 도착했다. 유성룡은 성 밖에 나가 영접했다. 그는 평양의 지도를 전달하고 평양 왜군의 수, 도로의 원근, 식량 말먹이 등에 대해서 설명했다. 이여송도 그에게 지도를 펼쳐놓고 공격 방향 등 군사전략에 대해 자세히 설명했다. 1월 3일 유성룡은 이여송의 요청에 따라 함께 숙천으로 향했다. 이여송은 평양탈환을 자신하면서, 거기에 그치지 않고 일부 군대를 보내서 함경도와 황해도로 진격시키겠다고 했다.[220]

명은 왜군 지도부에 대한 대규모 현상금을 걸고 장병들을 독려했다. 처음에는 왜군 우두머리에 대한 현상 내용이 비교적 간단했다. 그것은 히데요시와 겐소 두 사람에게 국한된 것으로서 이들을 사로잡거나 참수한 자는 은 1만 냥을 상으로 주고 백(伯)의 작위를 세습시킨다는 것이었다. 그렇지만 앞서 본 것처럼 동지 정문빈이 11월 초 조선에 와서 일본 내의 상황과 각 지역 왜장들에 대해서 좀 더 구체적으로 파악했고, 그리하여 12월 중순 병부의 제안에서 현상의 대상이 크게 확대되었다. 새로운 대상에는 관백 히데쓰구(平秀次)와 조선 각지의 왜장들이 포함되었다. 이를테면 서울의 히데이에(平秀家), 경상도의 히데타다(平秀忠), 평양의 유키나가·요시토시·마쓰라 시게노부(平鎮信) 그리고 – 겐소와 같이 군사(軍師)인 – 소 이쓰(宗逸) 등도 포함되었다. 이들을 생포하거나 목 베는 자에게는 각각 은 5천 냥과 세습 지휘(指揮)의 직책이 약속되었다. 그것은 1월 초 공식 문건으로 조선에 전달되었는데, 명 군사들의 사기 진작은 물론 조선의 의병을 격려하는 목적이 분명히 제시되었다.[221]

그렇다면 당시 실제 동원된 명군의 규모와 그 구성은 어떠했을까? 평양수복 직후 『선조실록』 기사에 의하면, 당시 명군의 수는 5만 1천 5백 명으로 그중 4만 3천 5백 명이 평양전투에 참가했고, 8천 명은 이후에 추가되었다.[222] 명군은 이여송 등의 소수 직할부대와 함께 대부분 1, 2천 명 단위로 차출된 각 지방의 군대로 구성되었으나 크게는 기마병과 보병, 또는 북군과 남군으로 구분되었다. 북군은 기마병 위주로서 다수였던 반면, 남군은 소수로서 주로 보병이었다. 북군은 산동과 산서 그리고 하북과 요동지역에서 차출되었다. 그에 반해 남군은 대부분 절강성 출신이었다. 기사의 목록에 포함된 전체 4만 6천 5백 명 중 북군은 3만 5천 5백 명, 남군은 1만 1천 명이었다. 병종이 확인된 북군 3만 5백 명 가운데 기마병이 2만 7천 5백 명이었다. 남군의 보병은 낙상지와 오유충 등 네 명의 장수 휘하 8천 5백 명이었다.[223]

명군의 입장에서 조선 군대와 왜군의 규모도 중요했다. 12월 중순 요양에서 조선 출정을 준비하던 이여송은 그곳을 찾은 이조판서 이산보에게 조선의 병력에 대해서 물었다. 이때 이산보는 평양 이북의 순안과 그 근처에 대략 2만 명이 있다고 대답하고 있다.[224] 얼마 전 평양에 다녀온 심유경에 의하면, 성안의 왜군은 2만 수천에서 3만 명 사이로 추산되었

평양성 탈환도(국립중앙박물관 소장)

다.[225] 명군이 수적으로 우세하다는 판단이 가능했다. 더욱이 전쟁이 개시된 후 확인된 왜군의 숫자는 그보다 적었다. 1월 9일자 체찰사 유성룡의 보고에 따르면 성안의 왜군은 대략 1만 6, 7천 명이었다.[226]

전투의 전개

평양전투에 관해서는 자료가 적지 않지만, 우선 작전을 지휘하고 그 결과를 명 조정에 제출한 송응창의 보고서를 살펴보자. 3월 4일자 황제에게 올린 글에서 송응창은 참모 유황상과 황원의 보고를 인용하여 전투 과정을 기술했다.

그들에 의하면 명군은 1월 6일 평양성 아래까지 진출했다. 명군의 전면적인 공격은 8일 새벽에 시작되었다. 세 협(協) 장수들이 초병을 이끌고 각각 칠성문·함구문·보통문으로 나누어 진격했다. 다만 "적을 포위할 때는 빠져나갈 구멍이 있어야 한다."[227]는 원칙에 따라 동문은 놔두었다. 그 뒤를 대군이 이었는데, 왜군은 성 위에서 조총으로 맞섰고, 그 결과

많은 사상자가 발생했다. 전투는 다음 날 새벽까지 계속되었고, 왜군은 성의 동쪽으로 몰리다가 결국 대동강을 건너 도주했다. 그때 명군은 복병을 두어 달아나는 왜군을 베었다. 송응창에 의하면, 명군은 왜장 25명을 포함, 1천 6백47명을 참수했고 왜장 5명을 생포했다. 불에 타거나 익사한 자들도 1만여 명이었다. 명군 사망자는 7백96명, 부상자는 1천 4백92명이었다. 조선인 포로 1천여 명도 구출되었다.[228]

다음은 조선의 기록이다. 『선조실록』 등에 의하면, 8일 명군은 각기 군사들을 나누어 전면적인 공격을 단행했다. 조선에서는 순변사 이일과 방어사 김응서 등이 각각 4천 4백 명과 7천 명을 이끌고, 조승훈·낙상지 등과 함께 함구문의 공격에 참여했다. 종일 싸움이 계속되었다. 유키나가가 연광정(練光亭)으로 도망했으나 적이 공고하게 지켜 함락되지 않았다.[229] 한편 사명당 유정이 이끄는 승병 2천여 명도 특히 명장 오유충과 사대수 등의 모란봉 공격에 참여하여 공을 세웠다.[230] 명군이 대거 공격했으나 피해가 상호 속출했다. 이에 이여송은 역관 장대선을 유키나가에게 보내서 퇴로를 열어주겠다고 제안했다. 밤중에 남은 왜군은 얼어붙은 대동강을 건넜다. 이때 이여송은 이일에게 지시하여 대동강 이남에 위치한 중화(中和) 대로의 조선 복병을 철수시켰다. 평양전투에서 연합군은 왜군 1천 2백85명을 베었고 2명을 생포했으며, 말 2천 9백85필을 빼앗고, 본국인 포로 1천 2백25명을 구출했다.[231]

평양전투 과정에서 조·명 양국 군대간 갈등이 없지 않았다. 이원익이 1월 8일 유성룡에게 보고한 바에 따르면, 조선군은 함구문으로 앞장서 들어가 적을 물리쳤으나 칠성문과 을밀대에서 내려온 명군은 조선군을 성 밖으로 몰아냈다. 이일의 군대는 명 장수 1명과 군사 4명이 그 진퇴를 통제했다. 말이 통하지 않아 자신들의 의사에 거슬리면 칼등으로 구타하기도 했다. 명군은 조선군이 참획한 것도 탈취해갔다. 그러한 제약으로 이일은 전투 직후 군대를 보통문 밖으로 퇴각시켰을 뿐, 남하하는 왜군을 공격하지 못했다.[232] 또한 윤근수에 의하면, 지난 7월 조승훈의 군대가 평양을 공격했을 때처럼 이번에도 왜의 진영에서 조선의 화살인 편전(片箭)을 사용하는 자들이 많았다. 이여송은 조선 사람들이 매우 악독하다고 불만을 토로한 것으로 전해졌다.[233]

더욱이 조선의 입장에서 평양전투는 아쉬움이 없지 않았다. 유성룡에 의하면 명군은 평양성에서 왜군을 전멸시키는 작전은 벌이지 않았다. 궁지에 몰린 왜군의 극단적 저항에 따른 아군의 피해를 줄이고자 명군은 성 밖의 군대를 거두어들여 왜군의 퇴로를 열어주었다. 명군은 왜군을 추적하지도 않았다. 황해도 관찰사 유영경(柳永慶), 우방어사 김경로(金敬老) 등 조선의 장수들도 적과의 싸움을 꺼려 도주하는 왜군을 추적하지 않았다. 황주판관 정엽(鄭曄)이 90여 급을 베고,[234] 황해도 좌방어사 이시언(李時言)이 겨우 낙오된 왜군 60여 명[235]을 참수했을 뿐이었다.

결국 유키나가와 요시토시 등은 군대를 이끌고 밤에 남으로 도주하고 말았다. 황해도 봉산과 배천 등지에 머물던 다른 왜장들도 명군의 추격을 예상하고 남하했다. 그들은 개성을 거쳐 결국 서울까지 후퇴했다.[236] 유성룡은 이때 유키나가 등을 체포했더라면 나이 어린 우키타 히데이에(宇喜多秀家)가 이끌던 서울의 왜군이 저절로 붕괴되었을 것이라고 해석해했다. 나아가 서울의 왜군이 붕괴되었다면, 함경도의 기요마사도 귀로가 차단되어 곤경에 처하게 되었을 것이다. 또한 한강 이남 왜군의 진영들도 와해되었을 것이며, 명군은 싸우지도 않고 부산까지 도달할 수 있었을 것이다.[237]

후에 유성룡은 김경로가 적극 왜군의 추적에 나서지 않았다면서 처벌을 요청했다.[238] 유성룡은 도체찰사로서 평양함락 이전에 이미 이시언과 김경로에게 비밀리에 알려서 왜군의 귀로를 막게 했다. 그렇지만 그의 말에 의하면, "두 군대는 길가에 잠복하고 앞으로 나서지 말며 적이 지나가기를 기다려 그 뒤를 밟아 굶주려 도주하느라 싸울 마음이 없는 왜적을 모두 포박하라."고 주의를 주었다. 유성룡 자신도 그들에게 도주하는 왜군을 직접 공격하지 말고 낙오자를 잡는 정도에 그치라고 했던 것이다. 당시 이시언은 1천 5백 명, 김경로는 각각 3천 명의 군사를 보유했는데, 왜군을 직접 공격하기는 어려웠을 것이다. 한편 유성룡의 처벌 요청에 대해서 조정은 먼저 이여송 제독에게 알려서 시행하라고 했고, 제독은 김경로를 용서하여 백의종군하게 했다.[239]

평양탈환에 성공하자 송응창은 선조에게 보낸 자문에서 다음과 같이 그 의미를 설명했다.

> 왜적이 난리를 일으켜 조선팔도를 점거한 뒤 그들에 의해 점령당하지 않은 곳은 숙녕(肅寧)에서 의주까지 수백 리의 작은 땅에 불과했습니다. 천조는 국왕께서 대대로 (명에 대한) 충정을 돈독히 하고 애절하게 도움을 요청한 것을 생각하여 특별히 대군을 내어 구원했습니다. 명군이 일거에 왜적의 머리 수천 개를 베고 평양을 수복하는 데 하루를 넘지 않았습니다. 이것은 실로 우리 황제의 신성한 무위(武威)가 펼쳐

지고 권위가 밝게 빛난 결과입니다.[240]

그러면서 송응창은 선조가 군민을 이끌고 평양에 들어가 그곳을 지킬 것을 제안했다. 그는 병부에도 조선으로 하여금 그곳을 함께 지키게 해야 한다는 의견을 제출했다. 그 이유는 명군 홀로 지킨다면 세력이 약할 뿐만 아니라 "우리 천조가 그들〔조선〕의 난리를 이용하여 그들의 땅을 점거한다."고 의심이 생겨날 수 있기 때문이었다.[241] 송응창은 또한 선조에게 명군이 이제 서울로 진격하려 하니 그곳의 백성들을 설득하여 내응하게 하고,[242] 각도의 의병들도 왜군을 공격하여 협력할 것을 요청했다.[243] 그렇지만 명군의 남하는 위 자문을 보낸 10일 뒤의 벽제관전투에서 좌절되었다.

조선인 참획

명군은 벽제관의 충격으로 평양전투의 기세를 이어가지 못했을 뿐만 아니라, 전공 자체와 관련된 몇 가지 문제가 드러났다. 대표적인 문제가 전투 과정에서 명군에 의한 조선인 참획이었다. 당시의 문헌상으로 해당 문제가 적극 제기되지는 않는다. 1월 11일, 즉 승리 직후 그에 대한 『선조실록』의 기사에는 조선인 포로의 구출과 함께 참수된 자의 절반, 불에 타거나 익사한 자는 모두 조선인이라는 주장이 있어서 나중에 명 조정이 조사에 나섰다는 사실이 언급되었다. 그렇지만 그것도 사후에 기록되었을 것이다.

사실 조선인 참획 문제는 이여송이 비판당하고 있다는 소문이 전해진 2월 중순 이후에 제기되었다. 당시 그는 평양전투의 기세로 남하하기는커녕 다시 평양으로 후퇴한 상황이었다. 탄핵의 원인은 그가 평양전투의 공으로 자신의 초상화를 그리고 사당을 건립하도록 조선에 요구했던 것과 함께 조선인 참획과 관련되었다. 그런데 그가 탄핵될 경우 서울의 왜군에 대한 공격이 큰 차질을 빚게 될 것은 분명했다. 조선은 그를 보호할 필요가 있었고, 조선인 참획이 사실이 아님을 강조할 필요가 있었다. 그리하여 2월 20일 조정회의에서 그 문제가 논의되었다.

먼저 이원익은 두 가지 측면에서 명군에 의한 조선인 참획이 사실과 다름을 주장했다. 첫째는 중국에 귀순한 북방 오랑캐들이 간혹 사람이 없는 곳에서 조선인의 머리를 잘라서 공으로 바친다는 것이었다. 둘째는 "북군이 참획한 것을 남군은 반드시 조선인의 머리라고 지목한다."는 것이었다. 이원익은 해당 문제가 조선에서 전공을 둘러싼 북군과 남군의 갈등을 반영한다고 주장했다. 지중추부사 이덕형도 그 자리에서 "남쪽 사람들은 임기응변을 많이 하고, 북쪽 사람들은 세력이 고립되어 있다." 고 말했다. 다시 말해 조선인 참획 문제가 남군에 의해 정치적으로 이용되고 있다는 것이다. 두 사람은 북군에 의한 조선인 참획을 부인한 셈이었다.[244]

그렇다면 진실은 무엇일까? 사실 북군의 야만성에 대한 의구심은 명에서도 상당히 컸던 것으로 보인다. 그것은 명 조정이 파견한 금의위(錦衣衛) 지휘 황응양 등의 방문 목적에서 드러났다. 금의위는 일종의 군의 감찰 및 정보기관이었다. 1월 23일 의주에서 선조를 만났을 때, 방문 목적과 관련하여 황응양은 "(이여송) 제독이 요동 사람으로서 흑백을 분별하지 않고 단지 살육을 즐기기 때문에" 자신이 면사첩 1만여 장을 가져와 (서울을 공략할 때) 조선 백성을 살리기 위해서 왔다고 말했다. 그는 "우매한 백성이 두려워서 왜적에게 붙었을 뿐, 향도 역할을 하지 않는 한에서는 면사첩을 주어 받아들여 본업에 돌려보내겠다."고 덧붙였다.[245] 면사첩의 교부가 평양전투에서 조선인 살해와는 무관하지만, 전투 과정에서 조선인 살해 문제가 제기되지 않았다면 그것을 나누어줄 이유가 없을 것이다.[246]

한편 소문에 근거하여 찬획 원황(袁黃)은 북군에 의한 조선인 참획 문제를 이여송에게 제기했다. 물론 그의 비판에 대해서 이여송은 사실과 다르다면서 크게 화를 냈다. 나중에 원황이 잘못된 소문이었다고 사죄하고, 이여송도 거기에 응함으로써 문제는 봉합되었다. 원황의 문제제기는 앞서 이원익 등의 말에서도 나타난 것처럼, 전투 과정에서 발생한 조선인 참획 자체보다는 북병 위주의 공훈과 관련되었다. 그 결과 양자간 공훈을 균등하게 함으로써 해결되었다.[247] 원황은 송응창과 같은 절강성 출신의 문관으로, 그의 추천으로 찬획에 임명되었다.[248] 그는 남병에 가까운 배경을 가진 셈이었다.

그럼에도 이원익이 원황의 한 부하에게 들었던 것처럼, 원황의 동료들이 명 조정 내의 각 부서에 많이 포진되어 있어 소문이 조정에 들어가 공론화될 가능성이 있었다.[249] 실제 그 부하의 예상대로 명 조정에서도 조선인 참획에 대한 비판이 제기되었다. 이과급사중 양정란(楊廷蘭)이 그 예이다. 그는 1593년 3월 10일 저보(邸報)에서 황제에게 다음과 같이 보고했다. 그의 비판 문건은 직접 볼 수는 없고, 송응창의 글에서 인용되는 방식으로 전해지고 있다.

> 대다수가 제게 말하기를, 평양에서 참수된 왜적의 머리가 1천여 개였는데 절반은 모두 조선의 백성이었고, 불에 타거나 물에 익사한 1만 명은 모두 조선의 백성이었습니다. 벽제관전투에서 죽은 병사와 말은 전체의 절반이었는데, 신하들은 단지 10분의 1이라고 보고했습니다. 작은 승리는 큰 것으로 거짓보고하고, 큰 패배는 작은 것으로 은폐했던 것입니다. (이여송) 제독은 그것을 분명히 알면서도 부화뇌동했고, (송응창) 경략은 그것을 알면서도 거짓으로 꾸몄습니다.[250]

양정란의 비판에 대해서 송응창은 나중에 장문으로 반론을 제기했다.

그는 출정시 장병들에게 공을 세우기 위해 조선 백성을 죽이지 말도록 포고했고, 평양성 진입시에는 조선의 고관을 시켜 투항하는 백성을 알아보게 하고 명 군사들의 불법을 감시하게 했으며, 미리 백기를 세워 그곳에 조선 사람을 따로 모이게 했다고 주장했다. 또한 그에 의하면, 평양승리 이후 조선국왕이 사례하기 위해 배신들을 보내왔을 때, 자신이 조선인들이 그릇되게 살해되었는지 물었다. 그때 배신들은 모두 피해당한 일이 없다고 대답했다. 사실 송응창은 이여송과 전공을 다투고 있었으나, 조선인 참획이 사실이라면 이여송은 물론 자신도 결코 무사할 수 없었을 것이다.

양정란의 문제제기에 대해서 명 조정은 한취선(韓取善)과 주유한(周維翰) 등을 평양에 파견해 조사하게 하고, 또 조선에 대해서도 사실에 의거하여 보고하게 했다. 그렇지만 자세한 내용은 알 수 없으나 조선은 그런 일이 없었다고 보고했다.[251]

사실 송응창이 조선의 배신들에게 해당 질문을 했다는 것 자체가 이미 조선인의 피해가 심각하게 제기되었음을 의미할 것이다. 또한 송응창은 당시 전투 과정에 대해서 상세히 설명했는데, 거기에는 조선 백성들도 살상될 수 있는 상황이 포함되었다. 이를테면 왜군은 성의 수비가 어려워지자 성을 버리고 민가에 들어가 조총으로 대응했다. 명군은 특히 각종 화전〔火箭, 화약을 사용하는 불화살〕을 쏘아 가옥을 태웠다. 그리하여 많은 사상자들이 발생했다.[252] 또한 평양전투에 관한 1월 9일자 유성룡의 보고에 의하면, "명군이 승세를 타고 불을 놓아 가옥을 모두 불태우니, 많은 왜군이 숨어들었다가 타죽어 악취가 10여 리에 뻗쳤다."[253] 윤두수도 1월 24일 성안의 민가와 관사를 살펴보니 모두 소실되었다고 보고했다.[254]

그럼에도 비록 전략적인 판단에서였겠으나 조정은 이여송이 조선인 살해에 무관하다는 점을 강조하며 그를 변호하는 진주문을 북경에 보내고자 했다.

소방의 신민이 독부〔督府, 이여송〕에게 감사하는 것은 그들의 목숨을 구해준 것 때문이기도 합니다. 만약 논자들이 말하는 것처럼 잘못된 살해가 있었다면, 은연중에 하나의 적국이 생겨났을 것입니다. 비록 명의 장수를 원망할 수는 없겠으나, 백성들이 (이여송의) 초상화를 그리고 사당을 건립하는 일은 결코 없었을 것입니다. 하물며 평양의 주민들은 모두 (평양전투) 전에 도피했습니다. 성안에 남아 있던 자들은 단지 길가에서 약탈하던 사람들이었습니다. 제독이 가려낸 자는 남녀가 1천 15명이었습니다.[255] (그러므로) 성안에 어떤 사람들이 또 있어서 (왜군) 1천 2백85명의 목을 벨 수 있었던 것 외에 그 밖에 타죽은 사람이 1만여 명, 익사자가 부지기수가 있었는지 모르겠습니다. (잘못하여) 죽은 사람들은 모두가 부모형제가 있을 것이니, (명군이 죽였다면) 그들이 장차 칼을 들고 제독부를 향했을 것입니다…… (오히려) 제독은 적에게 붙은 자들이 (적과) 함께 죽게 될까 염려하여 특별히 흰 깃발을 세워 그곳에 모이도록 명하여 죽임을 면하게 했고, 진전(陣前)의 군사들에게도 적의 머리를 함부로 베지 말도록 하여 무차별 살인을 방지했습니다.[256]

이 문건은 평양전투 과정에서 소수의 약탈자들이 살해되었을 뿐이고, 평양 주민들은 오히려 이여송의 도움을 받아서 죽임을 면했다고 주장했다. 또한 문건에 의하면, 만약 다수가 살해되었다면 그에 대한 대대적인 항의가 있었을 것이다. 위의 인용문에 나와 있지 않으나 진주문은 이여송이 자신의 초상화를 그리고 사당을 건립할 것을 요구했다는 사실도 부인했다. 그 외에도 명군이 평양의 왜군에 대한 결정적인 타격을 가하지 않고 적당히 왜군이 평양에서 철수하도록 타협했다는 비판도 부정되었다.

앞서 언급한 것처럼 이여송의 탄핵은 당장 명군의 남진에 타격을 줄 것으로 간주되었다. 조선은 여전히 이여송이 남진하여 왜군을 토벌하려는 의지를 가지고 있다고 믿었다. 그렇지만 이 문건은 송응창의 저지를 받아 명 조정에 전달되지 못했다. 그 사실을 전한 이호민은 그 원인을 명시하고 있지 않다. 다만 위 진주문의 취지는 단순히 이여송의 변호에 그치지 않고, 궁극적으로 명군의 남하에 대한 요청이었다. 아래에서 보는 것처럼 벽제관전투 이후 강화를 추진하던 송응창의 입장에서 명군의 남하에 대한 조선의 요구가 명 조정에 전달되는 것은 바람직하지 않았다.

명군 내부 갈등

그렇다면 평양전투에서 남군과 북군 사이 전공과 공훈 문제는 어떠했는가? 이여송은 요동의 철령 출신으로 북군을 대표했다. 포상과 관련해서 그는 자신이 이끄는 기병 위주의 북군을 부각시키고자 했고, 이것은 남군의 불만을 야기했다. 그에 반해 전투를 전후로 조선에는 있지 않았으나, 조선원정의 총책임자였던 송응창은 절강성 항주 출신으로 남군에 기반을 두었다. 유성룡의 보고에 의하면, 이여송이 공성에는 남군만을 이용하고 논공할 때에는 북군을 위에 두었기 때문에 군사들이 따르지 않았다.[257] 원황과 같이 송응창 측이 문제를 제기했고, 결국 남군과 북군 사이에 전공을 같게 함으로써 해결되었다.

그렇다면 진실은 무엇일까? 공성 과정에서 남군 포수가 선도적인 역할을 했던 점은 분명했다. 현장에 있었던 이원익은 남군이 많은 희생을 통해 성벽을 넘어 문을 연 뒤에야 북군이 말을 타고 들어와 적의 목을 베었을 뿐이라고 보고했다.[258] 유성룡도 "명군이 대포와 불화살로 공격하자 포성이 진동하여 수십 리 산악이 모두 움직였다. 불화살은 베를 짜듯 하늘에 퍼졌고, 연기가 하늘을 덮었으며, 불화살이 성 가운데로 들어가니 도처에 불이 일어났고 나무가 모두 탔다. 낙상지와 오유충 등이 직접 군사를 이끌고 개미처럼 성에 올라갔다."고 기록하고 있다.[259] 대포와 불화살은 남군의 무기였고, 낙상지와 오유충의 보병은 남군의 주력부대였다.

더욱이 이여송은 군사들로 하여금 죽은 왜군의 머리를 베지 말 것을 지시했다.[260] 그 이유는 명시되지 않았으나, 전투에 집중할 필요성 이외에 왜군과 치열한 접전을 피하고 그들을 몰아내는 데 목적이 있었던 것으로 보인다. 당시 일본 측 기록은 "다음 날 (이)여송이 군사들에게 머리를 베지 말고, 포위할 때 동쪽은 비어두라고 명령을 내렸다."고 쓰고 있다.[261] 그렇지만 다른 한편으로 그것은 나중에 자신이 이끄는 북군을 위해 전공을 빼앗으려는 의도로 간주될 수도 있었다. 왜냐하면 밤새 선봉에 섰던 오유충 등 남군이 죽인 왜군의 머리를 그 다음 날 아침 들어온 북군이 베어 자신들의 공으로 삼았기 때문이다.[262]

남군과 북군의 갈등에서 조선은 한 편을 일방적으로 지지하기 어려운 상황이었다. 그럼에도 명군의 남하가 절실한 상황에서 일차적으로 이여송의 입장이 먼저 고려되지 않을 수 없었다. 아래에서 보는 것처럼 평양 승리 이후 한 달이 지난 2월 10일 그것을 축하하는 사은사 한준(韓準)이 출발했다. 집의 이호민이 작성한 진주문의 내용은 그러한 상황을 고려하지 않을 수 없었다. 진주문에서 평양전투 관련 부분은 김명원과 이원익의 보고에 기반을 둔 유성룡의 치계에 전적으로 따랐다. 진주문에는 남군의 역할에 대한 기술은 거의 없고, 이여송과 북군의 세 장수인 양원·이여백·장세작 등에 국한되었다.[263]

그럼에도 위 진주문에 대해서조차 이여송은 불만을 제기한 것으로 알려졌다. 2월 17일 선조가 인견하는 자리에서 병조참판 심충겸(沈忠謙)은 위 진주문에서 명 장수들의 공적을 충분히 나열하지 않음으로써 그가 내심 불쾌하게 여긴다고 보고했다.[264] 그의 불만이 북군에 대한 고려가 적다는 점보다는 전반적으로 명 장수들의 공적을 충분히 드러내지 않았기 때문으로 보이지만, 선조의 입장에서 이여송의 북군 위주 논공과 거기에 상응하는 조선의 진주문 작성 요구는 잘못된 처사였다. 다만 조선의 구원을 사실상 책임지고 있는 그를 불쾌하게 하는 것은 이롭지 않았다.

파병의 이유 쟁론

평양전투와 직접 관련되지 않으나 그것을 전후로 조선과 명군 사이에 한 차례 논쟁이 발생했다. 그것은 외견상 명군의 파병 근거를 둘러싼 인식의 차이였으나 조명관계의 본질과 관련되는 문제였다. 왜란 초기에 히데요시는 자신이 명을 정벌하고자 하며, 조선이 거기에 협조할 것을 요구했다. 그렇지만 조선은 명에 대한 의리를 지켜 그것을 거절했고, 결국 침략을 당하게 되었다. 이러한 시각에서 본다면 명의 조선에 대한 파병은 당연하게 생각되었다. 그것은 1592년 11월 아직 명군이 들어오기 전 유성룡이 올린 한 시무책에 분명하게 반영되었다.

> 무릇 우리나라의 중국에 대한 충성 또한 이미 지극합니다. 이번에 (조선이) 화를 당하게 된 것도 오로지 중국 때문입니다. 그런데도 중국은 서둘러 (조선을) 구해주지 않아 천하의 난리가 생겨나게 했습니다. 만약 중국에 제대로 된 인물이 있다면 이렇게 일을 꾸미지는 않을 것입니다.[265]

유성룡은 명의 파병 지체에 대한 불만을 표출했다. 불만은 앞서 자주 언급된 것처럼 왜적의 조선침략은 조선이 명에 대한 의리를 지키고 왜적에게 협조하지 않은 결과라는 인식과 결부되었다. 그러한 인식은 파병을 황제의 속국에 대한 은혜로 간주하는 명 측의 입장과 큰 차이가 있었고, 결국 일부 명 관리들의 반발에 직면했다.

갈등은 1593년 1월 3일 선조와 원외랑(員外郞)[266] 유황상의 만남에서 가시화되었다. 그때는 이여송이 이끄는 대군이 압록강을 건넜고, 이제 평양 왜군에 대한 공격이 예상되는 시점이었다. 명군과 함께 압록강을 건너온 유황상에게 선조가 조선 때문에 수고가 많다는 인사를 건넸다. 그에 대해서 그는 조선이 평소 명에 충성스런 점을 높이 사서 황제가 대군을 보낸 것으로 설명했다. 그러면서도 그는 "전하께서 덕행(德行)과 기량(器量)이 있는데도 어찌 왜적의 침략을 받게 되었습니까?"라고 하면서, 조선에 문제가 있지 않았느냐는 식으로 질문을 제기했다. 그의 말은 왜군의 침략 대상이 명이 아니라 조선임을 전제로 했다. 이에 대해서 선조는 다음과 같이 글로 써서 대답했다.

> 왜적이 부도덕해서 상국〔명〕을 침범하려 했습니다. 소방의 군신들은 의리에 의거하여 그것을 배척했고, 마침내 그들의 분노를 사서 먼저 흉악한 공격을 당한 것입니다. 지금 천자께서 소국을 구휼하시어 특별히 군대를 동원해 구원해주시니 황은이 망극합니다.[267]

선조의 말을 자세히 보면 앞서 유성룡의 상황 인식과 같다. 즉, 왜적의 목적이 명을 침범하는 것이고, 단지 조선이 그들의 요구를 들어주지 않았기 때문에 명에 앞서 공격을 당했다. 선조의 말은 조선이 의리를 지키지 않고 왜적의 요구에 응했다면 침략을 당하지 않았을 것임을 내포했다. 그것은 나아가 왜적을 무찌르는 것도 명이 나서서 해야 할 일임을 시사했다. 선조의 이러한 말은 매우 전략적이었음이 분명하다. 선조의 말에 대해서 유황상은 당시에는 반응하지 않았다.

유황상은 아마도 선조의 진의를 나중에야 파악했던 것 같다. 사흘 뒤〔1월 6일〕 선조가 새로 도착한 주사(主事)[268] 원황(袁黃)을 용만관에서 접견했을 때, 유황상도 그곳에 나왔다. 원황은 명군의 식량과 포차(砲車)를 끌소의 조달에 조선이 적극 협조할 것을 요청했다. 그러자 유황상은 곧장 며칠 전 선조의 말을 듣고 나왔다. 그는 작심한 듯 선조가 했던 말을 정확하게 다시 반복한 뒤 다음과 같이 반론을 제기했다.

> 만약 왜적이 상국을 침범하려 했다면 절강의 영파 등지로 와서 침범하면 되지 하필 귀국을 경유할 필요가 있겠습니까? 비록 요동과 계주의 높은 고개들과 험한 청석령(青石嶺)을 넘고자 하더라도, 그들이 날아서 넘을 수 있겠습니까? 황상(皇上)께서 속국이 병화를 당했음을 걱정하여 대군을 내어 구원하게 하셨습니다. 또한 유구와 섬라 등 국가들에게 왜적의 소굴을 소탕하도록 명령했습니다. 귀국은 단지 은혜에 감사해야 할 뿐이고 그런 말은 하지 말아야 합니다. 신료들에게 그런 말을 입 밖에 내지 않게 엄히 타일러야 할 것입니다.[269]

유황상은 왜적의 목적이 명이 아닌 조선침략에 있음을 강조했다. 그 근거로 명을 침략하고자 했다면 연해 지역을 직접 칠 수도 있었다는 점, 조선을 거칠 경우 중국 동부 지역의 험준함으로 인해 용이하지 않음을 강조했다. 이에 선조는 "전날 대인께서 질문을 하시길래 과인이 어쩔 수 없이 사실에 근거해서 대답했을 뿐입니다. 이제 가르침을 받들었으니 어찌 감히 명에 따르지 않겠습니까?"고 물러섰다. 그럼에도 선조는 나름 불만이 없지 않았고 그것은 그 자리에서 표출되었다. 즉, 유황상이 시를 지어 신하들에게 화답(和答)을 요청하자 선조는 지금은 때가 아니니 화답하지 말게 해달라고 요구했다.

선조와 유황상 사이의 논쟁은 이것으로 끝이 났지만, 이후 조정 내에서 논의가 얼마간 진행되었다. 다음 날, 즉 1월 7일 선조는 승지를 유황상에게 보내서 필담으로 답했던 글을 되돌려 받자는 의견을 제시했다. 그것은 그가 1월 3일 유황상과 처음 만남에서 했던 발언의 취소를 의미했다. 그렇지만 선조의 제안에 대해서 승정원이 반대했다. 승정원에 따르면, 무엇보다도 선조의 답변은 사실에 근거했다. 지난번 설번(薛藩)이나 이여송에게 유사한 말을 했음에도 이들은 문제 삼지 않았다. 또한 조·명이 순치관계에 있는 만큼 "(명은 조선을) 구원해야 하고 (왜적과) 강화해서는 안 된다." 비변사의 의견도 그와 비슷했다. 즉 국왕의 말은 사실에 입각했을 뿐만 아니라, 했던 말을 취소하는 것은 체통의 예의에도 이롭지 않았다.

그럼에도 그날〔1월 7일〕 조선에 전달된 ― 병부 명의의 ― 유황상과 원황의 자문에는 전날과 같은 직접적인 지적은 없었으나 명의 참전 근거를 분명히 했다.

> 귀국은 평소 문물을 숭상하고 대대로 충정을 지켜왔습니다. 근래 왜적이 무도하여 대대적으로 (조선을) 병탄하여 군주와 신하가 들판에 떠돌아다니니 얼마나 곤궁하겠습니까. 우리 대명 황제께서는 귀국이 2백년 동안 신하의 절의를 지성으로 지킨 것을 생각하여 많은 비용을 아끼지 않고 장수에게 (왜적을) 정벌할 것을 명하셨습니다.[270]

그와 함께 이 문건은 과거 명에 갔던 조선의 사신들이 군사를 요청했는데, 그 성의가 간절하고 측은했으며, 눈물을 붓듯이 흘렸다고 묘사했다. 이 문건은 거기에 머물지 않고 명의 군사적 우월과 확실한 승리를 강조하면서, 조선도 백성들을 적극 동원하여 왜적에 저항할 것을 독려했다.

그렇다면 두 사람의 자문에 대한 답변을 어떻게 할 것인가. 당일 선조 명의의 답변에는 전날 유황상의 경고가 반영되었다. 답변에서 선조는 전쟁의 원인을 왜적의 극악함과 더불어 선조 자신의 잘못으로 돌렸다. 왜적이 명을 침범하려 했다거나 조선이 의리를 지켜 침략을 당했다는 등의 말은 없었다.

삼가 본인이 번국을 방어하는 데 변변치 못하여 큰 도적이 침범하여 종사가 폐허가 되고 백성들이 살육되었습니다. 영토를 잃고 군사를 곤궁하게 하여 한 귀퉁이에 목숨을 기탁하고 있습니다. 위로는 천조를 저버리고 아래로는 백성들에게 부끄러우니 진실로 천하에 사죄할 길이 없습니다. 잘못을 스스로 지고 의기소침하여 삼가 우러러 성조(聖朝)의 천지와 같은 큰 은혜를 입게 되었습니다.[271]

이 답변서에서는 그 외에도 "재앙이 (국왕) 자신으로부터 말미암았다." 거나 "제가 허물이 많아 나라를 잃어 서 있을 낯이 없다."는 등의 표현으로 왜적의 침입을 자신의 잘못으로 돌렸다.

선조의 저자세는 효과가 있었다. 1월 9일 평양전투에서 승리했다는 소식이 전해졌는데, 유황상과 원황은 사람을 보내 "(승리가) 천자의 위엄과 국왕의 복된 기운에 힘입었다."고 전했다. 그날 이들을 직접 접견했을 때에도 선조가 황제의 은혜와 두 사람의 공로를 말하자 그들도 국왕의 복과 덕 때문이기도 하다고 대답했다.[272] 명의 참전 목적에 대해 나름의 균형점을 찾은 셈이었다. 그럼에도 그것으로 문제는 끝나지 않았다. 며칠 뒤 한 회의에서 선조는 병과급사중의 제본에 왜적이 조선을 항복시키고자 했다는 구절을 원용했다. 그는 해당 구절이 명도 조선의 절의를 인정한다는 사실을 증명한다면서 유황상의 질책을 문제 삼았다.[273]

반대로 한 달 뒤에는 양원 총병이 유황상과 유사한 말을 반복했다. "우리들이 (조선에) 온 것과 관련하여, 본국〔조선〕은 본국을 위해서가 아니라 대국〔명〕을 위해서라고 생각합니다. 만약 그렇다면 압록강만 방어할 뿐이지 어찌 군사를 일으켜 여기까지 올 리가 있겠습니까?" 그에 대해서 선조는 "소국을 보살피는 천조의 은혜는 삼척동자라도 그 누가 모르겠습니까?"고 대답함으로써 자소지은에 따른 것임을 재확인했다. 그는 또한 지난번 그 문제로 유황상의 분노를 샀던 일을 언급함으로써, "원외〔員外,

유황상)는 하찮게 문제나 일으키는 사람이니 신경 쓸 것 없습니다."는 양원의 대답을 이끌어냈다.[274]

제 2 부

강화협상

| 제 4 장 |

벽제관전투와 명의 전략 수정

4

1. 벽제관전투

명군의 남하

평양에서 왜군을 몰아낸 다음 날 이여송은 제독의 명의로 조선 정부에 자문을 보내왔다. 그 핵심 내용은 이제 왜군이 도주했으니 곧 서울을 공격할 것이고, 이를 위해 평양에서 서울까지 6백 리 구간에 급히 식량과 마초를 운반해달라는 것이었다. 선조는 답장을 통해서 이미 작년 10월 평양 이남과 황해도 등지에 사람을 보내서 연해 지방에 저장해두었을 뿐만 아니라, 평양 승리 이후 군사들이 지나가는 대로의 지방에 관리를 보내 계속 운반하도록 독려할 것을 약속했다.[1]

송응창도 평양 승리 직후 명군의 서울 진격을 지시했다. 그는 참군 정문빈 등에게 쓴 편지에서 "지금 왜적이 사기를 잃었다. 파죽지세의 형세이니 이 기회를 타서 신속히 무기를 정돈하고 군대를 길게 몰아서 계속 직진해야 한다." "지금 장차 서울을 취할 것이니 귀하들과 앙성공〔仰城公, 이여송〕이 세심히 계획을 하여 만전에 힘써준다면 다행이겠다."라고 썼다.[2] 그는 지휘 황응양을 보내 면사첩(免死帖)으로 서울의 백성들을 회유하여 불러내게 했다. 그때 황응양은 안주에서 선조에게 백성들의 회유를 위한 교서를 요청했다. 교서에서 선조는 "우리 성스러운 황제는 천지의 부모로서 거의 끊어진 우리의 목숨을 이었고, 이미 무너진 우리의 왕업을 회복시켰다. 그의 깊은 인의와 큰 은택이 질곡에 빠진 (서울의) 백성들에게도 함께 미치게 되었으니, (마치) 천지가 양육해주심을 무슨 말로 칭송할 수 있겠는가?"고 선언했다.[3]

이여송의 명군은 곧장 서울의 왜군에 대한 공격에 나섰다. 1월 13일 부총병 이여백, 17일 부총병 장세작, 그리고 18일에는 이여송이 차례로 평양을 출발하여 남하했다. 요동의 송응창도 조선에 보낸 자문에서 평양 전투 이후 서울로 모여드는 왜군에 대한 공격을 위해 조선이 총력을 기울여줄 것을 당부했다.[4] 그는 이여송에게 계획에 만전을 기하도록 하면서도 기한대로 진격할 것을 지시했다.[5]

한편 평양에서 쫓긴 유키나가는 황해도 배천(白川)의 나가마사, 그리고 개성의 다카카게의 군대와 차례로 합류하여 1월 17일 서울로 철수했다. 그 결과 19일 이여백의 선발부대는 손쉽게 개성에 진입했다.[6] 이어 이여송의 본진이 25일 개성에 들어왔다. 유성룡과 도원수 김명원 등도 그의 군대를 따라 내려왔다. 그날 부총병 사대수는 임진강을 건너 경기도방어사 고언백과 협력하여 파주 부근까지 점령했고, 창릉(昌陵) 부근에서 왜군 정찰대를 패주시켰다. 사대수는 왜군의 다수가 도주하여 서울을 쉽게 점령할 수 있다고 보고했다. 평양 패배에 대한 보복으로 도성에서 살육과 방화가 자행되던 상황에서 유성룡 등 조선 관리들도 이여송에게 신속한 남하를 요청했다.[7]

평양에서의 승리와 사대수 등의 첩보에 자신감이 충만해진 이여송은 다음 날, 즉 26일 새벽 개성을 떠나 동파(東坡)를 거쳐 임진강을 건너 파주에 군사를 주둔시켰다. 당시 남하에 참여한 명군은 본대 1만여 명을 포함하여 전체 2만 명 정도였다. 그 전에 왜군도 대규모 명군의 남하를 정탐한 뒤 서울의 본군 주력부대를 출격시켜 반격에 나섰다. 그들은 개성에서 물러났던 다카카게와 서울에 있던 히데이에를 선봉으로 하는 총병력 2만여 명이었다.[8] 유키나가와 요시무네의 군사는 서울을 지키고 있었다.

1월 27일 양측은 벽제관에서 충돌했다. 전투의 승패에 관해서는 당시 논란이 적지 않았다. 먼저 이여송의 사후보고 내용은 다음과 같다. 그는 26일 손수겸(孫守廉)·조승훈 등 3천 명을 먼저 보내서 서울로 가는 길을 탐지하게 한 뒤, 27일 직접 양원·이여백·장세작 등 2천 명의 군대를 이끌고 내려갔다. 서울에서 90리 떨어진 마산관(馬山館)에서 그는 양원에게 1천 명을 주어 뒤따르게 하고, 자신은 이여백·장세작 등과 함께 1천 명만 이끌고 앞장서 전진했다. 그는 벽제관에서 적의 기습공격을 받고 한때 적에게 몇 겹으로 포위되기도 했지만 양원 등의 도움으로 벗어났다. 이여송의 보고에 의하면, 명군이 참획한 왜군의 머리는 1백67개였고, 그 가운데에는 7명의 장수가 포함되었다. 그리고 왜군의 말 45필, 무기 91건을 노획했다. 아군 사망자는 2백64명, 부상자는 49명, 죽은 말은 2백76필이었다.

송응창도 유황상·원황 두 찬획의 검증 등을 토대로 이여송의 보고서가 사실에 부합한다고 명 조정에 보고했다. 그에 따르면 벽제관전투는 평양, 개성에 이은 세 번째 승리였다. 그렇지만 이여송의 보고에서도 명군이 왜군보다 더 많은 사상자를 낸 것은 분명했다. 그래서인지 송응창은 이여송이 병법의 원칙과 다르게 수적 열세와 피로한 상황에서도 승리를 거두고 왜장까지 사살한 것을 강조했다.[9] 선봉대의 전투에 직접 참여하지는 않았으나 벽제관 부근에 주둔하고 있던 명장 전세정은 "당일 양군은 서로 손상이 있었고, (명군은) 1백60여 급의 머리를 얻었다."라고만 간단히 묘사했다.[10] 찬획 서일관은 구련성에서 예조판서 윤근수에게 "(1월) 27일 다시 진군하다가 왜의 복병을 만나 명군 3백여 명을 잃었지만, 죽인 왜군 또한 3백 명으로 (양측의) 살상이 엇비슷하다."고 말했다.[11]

한편 조선도 어느 정도 상황을 파악할 수 있는 위치에 있었다. 이여송의 접반사로서 군대의 후미에 있던 이덕형은 벽제관전투의 간접적인 목격자였다. 그에 의하면 이여송은 당일 소수의 기병만 데리고 앞서 나아갔다. 그는 혜임령〔惠任嶺, 혜음령(惠陰嶺)〕에 올라가 명군이 수만 명의 왜군에게 쫓겨 후퇴하는 장면을 보았다. 사상자와 관련하여 그는 양측이 비슷하게 모두 5, 6백 명이라고 선조에게 보고했다.[12] 당시 벽제관에서 멀지 않은 파주에 있었던 유성룡의 회고도 이덕형의 보고와 비슷했다. 전투 직후 이여송은 유성룡에게 "우리 군대는 어제 왜적과 싸움에서 이겼으며 별로 진 것이 없다."고 했다.[13]

전투의 결과에 대한 보고는 서로 다르지만 이여송이 갑작스런 일격을 당한 것은 분명했다. 그리하여 명의 일각에서 그에 대한 비판이 제기되기도 했다.[14] 황제는 이여송이 "몸을 떨쳐 힘껏 싸웠으니 충성과 용맹함이 가상하다."면서 병부에서 사람을 보내 그를 장려하도록 했다. 다만 왜적이 교활하니 상황을 잘 보아 진퇴하여 승리에 만전을 기하도록 했다.[15] 이것은 명 조정에서도 벽제관전투에서 입은 명군의 타격에 대해 인지하고 있었음을 의미한다.

벽제관전투에 대해서는 평가가 매우 다르다.[16] 그렇지만 중요한 것은 그 전투가 왜란의 전개에 가져온 결과일 것이다. 당일 양측은 서로를 추격하지 않고 모두 퇴각했다. 왜군은 모두 서울로, 이여송은 파주로 물러났다. 왜군은 평양에서 패배함으로써 관군의 위력에 대한 두려움을 갖게 되었고, 벽제관전투를 통해서 그것을 역전시킬 수는 없었다. 더욱이 얼마 뒤 그들은 행주산성에서 조선의 군대에도 패하고 말았다. 물론 명군도 벽제관전투로 인해 평양 승리를 이어가지 못하고 강화를 선택했다.

벽제관전투와 조선군

그렇다면 벽제관전투 당시 조선 군사의 참여는 어떠했을까? 앞서 벽제관전투의 전모를 국왕에게 직접 보고한 이덕형에 의하면 조선의 군대는 왜군과 접전하지는 않았다. 도원수 김명원의 군사 1백 명만 명군의 뒤쪽에 있었다.[17] 그럼에도, 자세한 내막은 알려지고 있지 않으나, 패배의 원인을 조선 탓으로 돌리는 경우도 없지 않았다. 이를테면 왜군이 물러갔다는 조선 초병의 말에 속아서 성급히 내려가다가 복병에 당했다는 것이다.[18]

이여송은 벽제관전투 직후 조선에 보내는 자문에서 조선 군사들이 매번 패전하여 달아난다고 언급했다. 그리고 3월 7일 숙천에서 선조가 접견하는 자리에서 이여송은 그 문제를 다시 제기했다. 그는 "본국〔조선〕의 장병들이 약속을 준수하지 않고 교전시에 반드시 먼저 도주합니다."고 했다. 그러면서 그는 앞으로 국왕에게 보내서 처벌할 것을 제안했다. 물론 그는 이를 통해 "원컨대 대인께서 군율에 따라 (처리)하시오."라는 선조의 답변을 유도했다.[19] 사실 이여송은 남하 요청에 대한 변명으로서 그 문제를 제기했을 수도 있을 것이다. 그렇지만 선조의 반응은 거기에 그치지 않았다. 선조는 당일 동파에 있던 유성룡에게 벽제관전투에서 패전하여 달아난 조선 장수를 찾아 처벌할 것을 지시했다.

선조의 지시에 대해서 유성룡은 다음과 같이 회답했다. 벽제관전투에서 유일하게 활약한 조선의 군사는 앞서 언급된 고언백이었다. 그는 27일 벽제관전투 이전에 선봉대 사대수와 협력하여 파주까지 공략하는 큰 성과를 거두었다. 또한 유성룡의 시각에서 조선 군사가 쉽게 흩어지는 것은 일반적인 현상이었다. 병사들과 일체된 장수가 없고, 군사들은 훈련되지 않았다. 고언백이 유일한 예외였다. 벽제관전투에서 조선 군사가 큰 활약을 하지 못했던 것은 장수 개개인의 잘못보다는 구조적인 문제였던 셈이다. 뿐만 아니라 유성룡은 이여송의 말 자체에도 이의를 제기했다. 파주에서 군사들이 모였을 때 이여송이 조선의 군사에 대해서 일정한 지시나 약속이 없었다는 것이다.[20]

당시 명군과 함께 있었던 평안도절도사 이빈(李蘋)이 별다른 역할을 하지 못한 것은 사실이었다. 그렇지만 거기에도 이유가 있었다. 이여송은 혼자서 준비 없이 앞서 나갔는데, 이빈이 뒤쫓아 합세하고자 했으나 그때 명군은 이미 패하여 돌아오고 있었다. 유성룡에 의하면, 사전에 어떤 명령이나 지시도 받지 않았다는 점에서 잘못은 조선 군사에게만 있지 않았다. 더욱이 당시 명군이 후퇴할 때, 그 앞에 달아남으로써 명군의 후퇴까지 방해했던 사람들은 조선의 군사가 아니었다. 그들은 대부분 각 고을에서 역참에 파견된 하인들과 식량 및 마초를 운반하던 사람들이었다. 유성룡의 보고에 대해서 선조는 이빈을 "사람됨이 매우 괘씸하고 방만하여 장수로서 합당하지 않다."면서 교체시키고자 했다. 그렇지만 비변사의 반대로 관철되지는 않았다.[21]

명군의 후퇴

이여송은 벽제관전투 당일 파주로 후퇴했고, 다음 날 임진강을 건너 동파로 군사를 철수하고자 했다. 1월 29일 조정에 대한 유성룡의 보고에 의하면, 그때 유성룡, 김명원, 이덕형, 이성중, 경기도관찰사 권징(權徵) 등이 무릎을 꿇고 항변했다. 대신들은 명군이 후퇴하면 왜군이 다시 승기를 타게 된다는 우려를 제기했다. 그와 함께 그들은 남쪽의 의병들이 한강에 이르렀고 군량도 계속 운송되고 있다는 점을 강조했다. 또한 그들에 의하면, 명군의 진격 소식을 들은 조선 백성들이 피난에서 돌아와 서울로 몰려들고 있어 명군이 빨리 진격하지 않으면 이들이 왜적에게 해를 입게 된다.[22] 그렇지만 이여송은 며칠 동안 군사를 휴식시킨다는 이유로 28일 다시 임진강을 건너 그 이북의 동파에 주둔했다.[23]

이여송은 서울에 대한 공격 자체를 중단하고자 했다. 그는 후퇴 여부를 둘러싸고 논의가 계속되는 가운데 명의 병부에 보내는 보고서를 조선의 대신들에게 보여주었다. 그 핵심은 서울의 왜군이 20만 명이고 명군은 단지 수만 명에 불과하니 군사를 증원하고 식량을 더 보내야 한다는 것이었다. 심지어 그는 질병을 이유로 자신을 다른 사람으로 교체해주기를 요청했다. 물론 서울의 왜군 수가 20만 명이라는 것에 대해서 유성룡은 사실이 아님을 강조했다. 후퇴를 만류하는 조선의 대신들과 그것을 주장하던 명 장수들 사이에 험악한 분위기가 나타나기도 했다. 그럼에도 명군의 후퇴를 막지 못했다.[24]

이여송

조선의 반대에도 이여송은 단지 사대수와 유격 관승선(毌承宣) 등을 시켜 수백 명의 군대로 임진강을 지키도록 하고 자신은 동파로 후퇴했다. 명군 상당수는 개성으로 물러났다. 명군이 개성에 돌아온 뒤, 병사들 사이에는 식량 부족을 이유로 철수를 요구하는 목소리가 커졌다. 더욱이 함경도에 주둔 중인 기요마사가 함흥에서 양덕(陽德)과 맹산(孟山)을 넘어서 평양을 공격할 것이라는 소문이 나돌았다. 이여송은 “평양은 근본이 되는 지역으로 그곳을 지키지 않으면 명군은 돌아갈 길이 없게 되므로 지켜야 한다.”는 이유로 왕필적(王必迪)에게 개성을 맡기고 대군을 차례로 평양으로 후퇴시켰다.[25] 이여송 자신은 1월 30일 개성으로 퇴각했다.

개성으로 후퇴와 관련하여 이여송은 송응창에게 식량과 병력의 부족과 함께 날씨 문제를 제기했다. 즉, 조선의 논밭 얼음이 녹아서 명의 기병이 빨리 이동할 수 없기 때문이었다. 또한 봄에 눈비가 많아서 대포 등

화기의 작동에도 어려움이 크다는 점도 지적되었다. 그에 대해서 송응창은 이의를 제기하지 않았다. 그는 이여송에게 당분간 개성에 주둔하며 기회를 보도록 했다. 즉, 왜군이 굳게 지키고 있다면 잠시 군대에 휴식을 갖게 하고, 추가적인 병력, 식량, 무기 등이 공급되기를 기다려야 한다는 것이다.[26] 송응창도 일단 이여송의 후퇴를 받아들인 셈이었다.

2월 중순 송응창은 명 조정에 보내는 글에서 서울의 왜군에 대한 공격이 불가함을 역설했다. 그것은 소위 병법에서 말하는 바, 승리의 요건인 세 가지 요소, 즉 천시(天時)·지리(地利)·인화(人和) 등이 모두 명에 불리하다는 것이었다. 천시는 봄철 많은 비로 인한 말의 고통과 활의 이완, 지리는 좁은 산길과 질펀한 땅으로 인한 수레와 말의 이동 장애, 인화는 장거리 이동과 전쟁의 누적에 따른 피로, 식량 부족, 평양 승전에 대한 보상이 없음으로 인한 사기의 저하가 각각 해당되었다. 그에 반해 왜군은 8도에서 서울에 모여 그 기세가 대단하고, 성안의 6개 진영과 성 밖의 8개 진영이 기각을 이루고 있다. 또한 아직도 함경도에 왜군이 있어서 명군이 서울에 집중하면 그들이 평양을 공격할 수 있다.[27]

그렇다면 그에 대한 대안은 무엇인가? 송응창은 이여송이 개성을 고수하여 서울의 왜군으로부터 임진강변을 지키고, 다른 한편으로 일부의 군대를 평양으로 되돌려 함경도의 왜군을 방어하는 방안을 제시했다. 그와 함께 명으로부터 더 많은 식량과 함께 유정(劉綎)과 진린(陳璘)의 군사 등 1, 2만 명의 증원을 주장했다.[28] 같은 시기〔2월 15일〕 선조에게 보내는 자문에서 송응창은 개성에서 평양으로 철수하여 당분간 병마를 보강한 다음, "바람이 불어 땅이 마르고 군량이 충분하면 서울로 진격하여 왜적을 멸망시킬 계획"이라면서, 명군의 후퇴가 일시적임을 강조했다.[29]

그렇지만 이여송의 생각은 송응창과 상당한 차이가 있었다. 그는 평양을 방어선으로 하고자 했던 것이다. 이여송은 개성에서 평양으로의 철수에 대해 송응창에게 다음과 같이 그 이유를 설명했다. 즉, "개성은 성이

40리이고 담장이 무너져 사실상 성이 없는 것과 같다. 성을 지키려면 전군을 동원해야 하는데 식량이 부족하여 오랫동안 주둔할 수 없다. 다만 평양은 급소와 같은 중요한 곳이니 반드시 지켜야 한다. 이를 위해 추가적인 병력과 식량의 지원이 있어야 한다."[30]

사실 평양으로의 철수는 서울의 왜군에 대한 공격이 거의 불가능하다는 인식에서 출발했다. 위의 보고서에서 이여송은 서울의 왜군을 과장해서 보고했다. 그는 자신의 가정(家丁)들이 서울 부근에서 사로잡은 왜적 신입라(愼入羅)의 증언에 의거하여 다음과 같이 주장했다. 즉, "서울의 왜적은 최소 6, 7만 명이고, 또 함경도 왜적 2, 3만 명이 들어오면 10만여 명이 된다. 거기에 20만 명이 일본에서 추가된다면, 오랫동안 먼 곳에 와서 피로한 명군은 중과부적일 수밖에 없다. 관백은 서울의 사수를 명령했다. 결국 왜적이 모이기 전에 선제공격을 하고자 해도 도로의 진흙이 깊고 군량이 부족하기 때문에 공격은 좋은 정책이 아니다."

송응창에 따르면, 이여송 이외에도 그의 진영에 파견된 자신의 참모인 유황상과 원황 그리고 장수들이 자신에게 여러 번 공문을 보내 평양으로 철군을 주장했다. 그해[1593년] 가을이나 겨울까지 기다려 날씨가 적합하고 식량이나 무기 등을 제대로 갖춘 다음, 서울을 공격하자는 것이었다. 그에 대해서 송응창 자신은 다른 의견이었다. 즉, 일단 군대를 철수하게 되면 왜적이 다시 조선을 넘볼 수 있다. 이때 멀리 있는 명군이 대응하기 어려운 상황에서 조선도 방어하지 못할 것이므로 평양과 개성까지도 잃게 될 수 있다.[31] 송응창 자신은 적어도 이제까지 거둔 성과의 포기에는 반대했던 셈이다. 나중에 알려진 바로 송응창은 이여송의 경솔한 평양 철수를 질책했다고 한다. 그에 대해서 이여송은 앞서 언급한 것과 같이 중과부적의 상황을 개진했다.[32] 송응창도 이여송을 비롯한 명 장수들의 입장을 수용할 수밖에 없었다.

그런데 명군 지휘부와 달리 명 조정은 상황을 낙관했다. 그것은 평양

탈환에 따른 낙관적 분위기로 인해 벽제관전투와 그 이후 명군의 열악한 실상이 제대로 전달되지 않은 결과였다. 그러한 상황과 결부하여 명군의 철수를 주장하는 여론도 문헌상으로 찾아볼 수 없다.[33] 명 조정은 명시적으로 왜군에 대한 공격을 계속 요구했다. 명군이 평양으로 후퇴하는 2월 중순 명 조정은 산동성 등주(登州)와 내주(萊州)를 방비하고 있는 절강병〔남병〕 3천 명을 동원하기로 결정했다.[34] 그것은 송응창의 요청에 따른 것이지만, 다름 아니라 왜군이 서울에 결집하고 있다는 이유였다. 2월 말 황제는 호부와 공부에 명하여 원정군 4만 5천 명이 반년 동안 사용할 식량과 말먹이를 준비하여 조선으로 운반하도록 했다. 그와 함께 병부에게는 전쟁으로 부상당한 군대를 신규 병력으로 교체할 것을 지시했다. 같은 날 그는 은 15만 냥을 내어 평양과 개성에서 승리를 가상히 여기고, "정해진 기한 안에 왜적을 소탕"할 것을 기대하며 날씨와 질병으로 수고가 많은 군사들에게 포상하도록 했다.[35]

산동순무 손광의 진격 반대

그렇지만 군사의 차출에 대한 반발이 없지는 않았다. 이를테면 나중에 송응창처럼 조선원정을 책임지게 되는 산동순무 손광(孫鑛)이 그 예였다. 그는 1592년 4월 송응창이 산동순무에서 중앙으로 진출하자 그 직책을 이었다. 대부분의 명 관료들이 그러한 것처럼 그는 중앙보다는 자신의 임지를 중시했다. 임진왜란 초기 병부나 송응창이 산동성의 군사와 식량을 징발했을 때, 그는 빈번히 공문을 보내 강력하게 반발했다. 그는 조선과 비교하여 수도에 가까운 산동성의 방어가 명의 안전에 훨씬 중요하다는 점을 강조했다.[36]

벽제관전투 이후에도 손광은 명군이 대동강을 방어선으로 하고 더 이상 남하하지 말 것을 주장했다. 그의 주장은 전투가 패배가 아니라 승리라는 판단에 기초했다. 그에 의하면, 명군이 서울을 수복할 때 대마도에 모여 있는 왜군 40만 명이 산동성을 통해 중국의 허를 찌를 수도 있을 것이다. 그는 특히 산동에 복무 중이던 절강병 3천 명의 차출에 이의를 제기했다. 심지어 "조선을 왜에 맡기고 그(조선의) 쇠퇴를 받아들이는 것이 어찌 불가능하겠는가?"고 주장했다.[37] 그에 의하면, 왜군이 어디로 공격해올지 알 수 없는 상황에서 연해 지역이 각각 현지를 방어해야 한다.[38] 그는 조선에 대한 명군의 증원과 식량 운송 결정에 대해서 다음과 같이 강한 의구심을 제기했다.

> 왜적이 이번에 온 것으로 중국에는 풀 한 포기도 상하지 않았다. 걱정되는 것은 조선일 뿐이다. 우리는 우리의 울타리를 상실할까 우려해서 군사를 내어 조선을 돕고 있다. 이미 평양을 회복하고 다시 싸워 또 이겼다.[39] 은덕을 이미 드러냈고 위세를 이미 떨쳤으니 휴식해도 된다. 그런데도 (전쟁을) 그만두지 않는다면 나중에 지쳐서 이전의 성과까지도 잃을 우려가 없겠는가? 또한 압록강에서 서울까지 1천여 리는 족히 된다고 한다. 그곳 길은 우리가 알 수 없는데 어찌 요해지를 모두 점거하여 지킬 수 있겠는가? 만약 적이 사잇길로 돌아온다면, 우리 뒤는 어떻게 될 것인가?…… 듣기로 조선에 왜적이 30만 명, 대마도에 40만 명이 있으며, 또한 66개 섬〔일본 본토〕의 정예병은 얼마인지 모른다. 서울을 수복하면 왜적은 반드시 바다로 달아날 것이고, 미친 마음이 어찌 없어지겠는가? 그러므로 북쪽으로 산동을 침범하지 않는다면 반드시 남쪽으로 절강과 직예[40]를 시끄럽게 할 것이다…… 지금 두 번의 승리로 위세를 떨친 것을 계기로 군대를 철수하고 평양에 약간의 군사를 남겨 대동강을 막고 조선 군사와 교대로 서울을 경계하되 단지 조선으로 하여금 스스로 회복하게 하는 것이 진실로 온전한 대책이다…… 지금 조선을 왜에게 넘겨도 어찌 안 되겠기에 반

드시 우리 군사를 피곤하게 결전을 벌여 속국을 위해서 끝까지 정벌해야겠는가?[41]

위 문장에서 특징적인 것은 명의 안전을 위해서는 평양의 수복으로 충분하며, 왜적에 대한 공격을 가함으로써 평양까지 다시 잃을 수 있다는 손광의 판단이다. 특히 그는 명군이 서울에서 왜군을 몰아내면 왜군은 바다로 산동성이나 절강성 등을 공격한다는 의견이었다. 그리하여 그는 조선의 일부를 왜군에게 넘겨주고 대동강 이북만 지키는 대안을 제시했다.

그해 말 송응창을 대신하여 경략이 될 계요총독 고양겸(顧養謙)에게 보내는 서한에서도 손광은 "서울을 왜적에게 먹이로 주는" 방안을 제시했다. 그는 명의 안보와 관련하여 세 가지 방안이 있다고 보았다. 첫째는 모든 역량을 동원해서 조선에서 왜적을 몰아내는 것, 둘째는 대동강을 경계로 삼는 것, 셋째는 아예 조선을 버리고 압록강을 경계로 왜적과 마주하는 것이었다. 그는 첫 번째 방안은 왜의 군사력으로 보아 사실상 불가능하고, 세 번째는 명의 안전에 바람직하지 않다는 입장이었다. 그리하여 그는 두 번째 방안이 차선책으로나마 대안이 될 수 있다고 보았다.[42]

손광은 또한 조선과 명의 지정학적 관계에 관해서도 독특한 관점을 갖고 있었다. 송응창 등은 조선과 명의 관계를 순치관계로 설정하여 조선의 방어를 주장했다. 그에 비한다면 손광에게 조선의 전략적인 중요성은 덜했다. 그에 의하면, 대마도에서 조선〔부산〕까지는 3백 리이고, 산동성 등주까지는 5백 리이다. 그런데 조선〔부산〕에서 다시 압록강까지는 2천여 리, 여기서 산해관까지는 2천여 리이다. 더욱이 중간에는 수많은 산과 강의 요해지가 있다. 그에 반해 일단 산동에 올라오면 평지라서 왜적은 곧장 내지로 깊이 진입할 수 있다.[43]

손광의 주장은 산동성 방어의 중요성을 강조한 것이었고, 결국 산동성

내 절강병의 징집은 철회되었다. 그 이유는 그의 반대 때문만은 아니며, 조선정책에 대한 전략적 변화의 결과였다. 즉, 명군은 왜적과 강화를 선택하게 되는데, 그럼에도 그것은 그의 방안과 모순되지 않았을 것이다.[44]

식량과 날씨

앞서 철군 주장의 근거로 날씨와 식량 문제, 그리고 함경도 왜군의 서진 가능성 등이 빈번하게 제기되었다. 그렇다면 실제 상황은 어떠하였을까? 단순히 철군의 핑계였는가 아니면 불가피한 사정이었는가?[45] 함경도 왜군은 별도로 다루고 여기서는 앞의 두 문제에 대해서 간략히 살펴본다.

먼저 벽제관전투 전후의 날씨 변화이다. 이여송은 벽제관전투 직전인 1월 20일 등의 날짜에 송응창에게 다음과 같은 내용의 글을 보고했다. "평양에서 달아났고 또 각 지역에서 흩어졌던 왜적이 서울에 모두 모였는데 약 10만여 명입니다. (왜적이) 모여 있는 시기를 이용해서 곧장 소굴을 공격해야 합니다. 그렇지 않으면 봄에 얼음이 녹고 바다에 질풍이 불면 공격하기 어려워집니다." 이여송은 아직 날씨를 남하에 대한 장애요소로 간주하지 않았던 셈이다. 그렇지만 그에 대해서 송응창은 대동강과 임진강이 녹아서 군사의 이동에 어려움이 있다고 황제에게 보고했다.[46] 명의 장수 전세정에 의하면, 실제 1월 26일 개성을 출발하여 내려갈 때, "길가는 얼음이 녹아 진흙탕으로 미끄러워 어려움이 매우 많았다. 임진강은 얼음이 풀리고 건널 배가 없었다."[47]

결국 명군이 개성에서 남하할 때에도 이미 날씨는 좋지 않았다. 이여송이 잘못된 판단을 했는지 모르나, 그는 남하를 감행했다. 날씨 문제는 명군이 벽제관에서 일격을 당한 뒤 비로소 제기되었다. 다만 명군이 개성과 평양 등으로 후퇴한 2월 초순에는 연일 비가 내렸다. 2월 9일의 보고에서 유성룡은 "(이여송) 제독이 애초에 오늘 군대를 전진시키고자 했으나

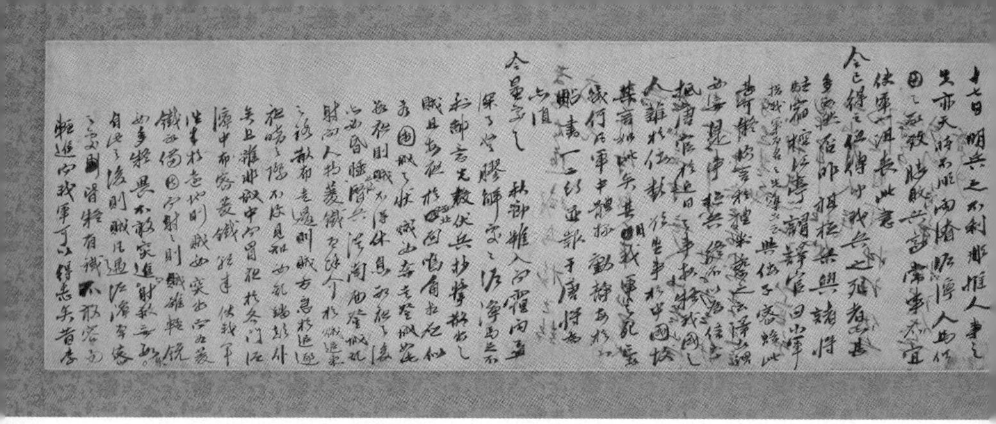

유성룡 간찰(육군박물관 소장) _ 명군의 패전, 능철(菱鐵)의 매설 등 작전을 지시한 내용이 구체적으로 기록되어 있다

갑자기 연일 비가 내려 도로가 진흙탕이 되어 말의 복부까지 모두 빠지니, 형세상 군대의 전진은 어렵고 이처럼 지체되고 있습니다. 날씨가 아직도 쾌청하지 않으니 앞으로도 진퇴는 예상하기 어렵습니다."고 보고했다.[48] 적어도 2월에는 날씨가 좋지 않았던 것은 분명했다.

다음으로 식량문제이다. 앞서 본 것처럼 명군이 진입했을 때, 송응창이 요동도사 장삼외를 통해 제시한 요구에 따라 조선은 명군 4만 명 2개월분의 식량과 거기에 상응하는 마초를 마련했다. 선조는 그에게 의주에서 평양까지 준비된 식량과 마초의 구체적인 수량까지 언급했다. 평양에서 서울까지도 대략 비슷하다고 선조는 덧붙였다. 사실 평양에서 서울 구간의 준비 상황이 불확실하다는 점은 부인할 수 없었다. 그럼에도 2개월분이 마련되었다면 제때 운반하는 문제가 남았을 뿐, 식량의 비축 자체는 완수된 셈이었다.[49]

사실 송응창이 지적하는 것처럼 평양과 서울 사이에는 왜군이 도처에 점거하고 있었기 때문에 적어도 이 구간에 대한 식량 준비는 원천적으로 어려웠다. 평양에서 승리 이후 단시일 내에 명군이 남하하는 상황에서 이 구간에 대한 식량공급은 쉽지 않았다. 그는 조선국왕에게 한편으로 명에서 실어다 쌓아놓은 의주의 식량을 그곳으로 운반하고, 다른 한편으로 가까운 지역으로부터 식량을 조달하도록 독촉했다. 선조도 1월 20일

정주까지 내려와 식량조달에 진력했으나, 왜군이 사방에 모여 있으니 쉬운 일은 아니었다.[50]

그리하여 벽제관전투 이전에도 군량과 말 사료의 부족에 대한 지적이 없지 않았다. 1월 25일자 보고서에서 유성룡은 이여송이 자신에게 군량과 말 사료의 준비 부족에 대해 크게 우려했다는 점을 쓰고 있다. 당시의 실상과 관련하여 유성룡은 군량이 명군의 소재지까지 운반이 제대로 되지 않아 명군이 직접 식량을 실은 배가 도착한 곳에 가서 수령해야 하는 경우도 있었다. 그 외에도 그는 말 사료가 부족하여 장수들의 말이라도 먹이지 못한 지가 여러 날이 되었다고 지적했다. 그에 의하면, 그것은 사람들이 피난을 가거나, 의병에 가담하여 관가에서 일하려 하지 않고, 관리들도 나태하기 때문이었다.[51]

나중에 유성룡이 전하는 바로는 벽제관전투 직후 명군은 1만여 필의 병마를 잃었다. 그것은 말먹이가 부족했고, 게다가 역병까지 돌았기 때문이었다.[52] 이여송이 동파에서 개성으로 후퇴하기로 하자 유성룡과 이덕형 등이 왜적이 다시 기세를 타고 북상할 수 있다면서 극구 만류했다. 그러면서도 유성룡은 "경기도에 말먹이 콩과 풀이 전혀 제공되지 않아 장관 이하의 전마가 하루에 넘어져 죽는 것이 무려 수백여 필이고, 그 나머지도 모두 굶주려 그저 죽기를 기다리고 있으니 어찌할 줄 모르겠습니다."고 조정에 보고했다.[53]

이러한 가운데 명의 관리가 2월 초 식량 운반을 감독하던 조선의 고관들에게 곤장을 치는 일이 발생했다. 명의 관리는 조선에 나와 식량조달을 담당하던 호부주사(戶部主事) 애유신(艾維新)이었다. 곤장을 맞은 조선의 고관들은 지중추부사 김응남(金應南), 호조참판 민여경(閔汝慶), 의주목사 황진(黃璡)이었다.[54] 선조는 애유신의 전횡을 따지지 않고, 단지 좌의정 윤두수와 호조판서 이성중이 책임지고 식량 운반을 감독하고 평안도와 황해도 군량의 운반을 독려하도록 했다.[55] 비변사는 예물의 부족에 대한 애유신의 불만을 지적하면서도 국왕이 남하하여 식량 운반을 독려할 것을 촉구했다.

이러한 상황에서 유성룡의 판단으로 명군의 후퇴에 대해 이여송만 탓할 수는 없었다. 그것은 특히 이여송이 이끄는 기병 위주의 군대를 위한 말먹이의 부족 때문이었다. 1월 말 보고에서 유성룡은 다음과 같이 언급하고 있다.

> 경기도의 군량은 당초 운송이 지연되어 여러 가지 어려움이 있었습니다. 말먹이 풀은 다 떨어졌는데 공급되지 않았고, 길가의 들판과 사방의 산은 왜적이 깡그리 불태워 조금의 풀도 남지 않았습니다. 파주 일대는 더욱 극심했습니다. 1백 리 안에는 촌락이 없었고, 보이는 것은 참혹했습니다. 명군이 지난 곳은 죽은 말들이 길에 널려져 있었고, 그 나머지도 모두 수척해서 탈 수 없었습니다.[56]

그렇지만 유성룡에 의하면, 식량과 말먹이의 부족은 명군의 지체에도 원인이 있었다. 원래 조선에서는 명의 남하에 대비하여 각각의 길목에 하루 또는 이틀분의 수요만 준비하고 있었다. 그런데 명군의 진격이 지체되었다. 2월 3일 그의 보고에 따르면, 명군은 개성에서 4일, 파주에서 2일, 동파에서 3일을 머물렀다. 그리하여 군량 운송을 거기에 맞추는 데 큰 어려움이 생겼다. 특히 말 사료가 크게 부족했다. 이러한 이유에서 명군이 애초 남하하지 않고 평양에 주둔했던 것만 못했다.[57] 그와 함께 유성룡은 식량의 부족이 명군 철수의 이유라는 데에도 이의를 제기했다. 조정이 2월 초 책임자인 자신에게 식량조달을 재촉하자, 그는 2월 13일자 보고에서 최근 남부지방에서 식량의 운송이 계속되고 있음을 언급하며 철수의 원인이 벽제관의 패배에 따른 사기저하에 있음을 강조했다.[58]

행주대첩

명군이 후퇴하는 우울한 상황에서 매우 고무적인 일이 일어났다. 전라도 관찰사 권율이 2월 12일 행주산성에서 대규모 왜군을 막아낸 것이다. 임진왜란 초기인 1592년 6월 초 3도 연합군이 경기도 용인지역에서 패한 뒤, 권율은 연합군을 주도했던 관찰사 이광(李洸)을 대신하여 전라도 근왕병을 이끌고 있었다. 그는 7월 초 금산의 이치에서 다카카게의 군대를 막아낸 뒤 수원의 독성(禿城) 산성에 주둔했다. 그 후 평양에서 승리한 명군이 장차 서울을 공격하러 남하한다는 소식을 듣고 권율은 한강을 건너 행주산성을 지켰다.

왜군이 행주산성을 공격하게 된 이유와 관련하여 당시 일본의 기록은 다음과 같이 설명한다. 즉, "조선의 수도로부터 약 3리 가량 (한)강을 내려가면 산에 군량 창고가 있고, 이곳에 조선인 2, 3만 명이 농성하며 수도로 들어오는 통로를 막고 있었기 때문"이었다.[59] 무엇보다도 식량 부족의 위기감을 느낀 왜군이 창고를 탈취하기 위해서였던 것이다.

행주성 공격에는 서울에 모인 왜장들이 대부분 참여했다. 총대장은 우키다 히데이에였고, 동원된 군사는 약 3만 명이었다. 그리고 행주성에는 군사와 민간인 약 1만 명이 방어하고 있었다. 전투는 종일 계속되었으나 왜군은 이기지 못했다. 히데이에와 이시다 미쓰나리 등은 중상을 입고 서울로 철수했다. 전투 과정과 관련하여 『선조실록』은 다음과 같이 기록하고 있다.

> 아군이 차지한 지역은 높고 험준하고 뒤에는 (한)강이 절벽에 막혀 달아날 길이 없어 모두 죽을 각오를 했다. 적은 올려다보고 공격하였는데 총탄이 똑바르지 못했다. 호남의 씩씩한 군사들은 모두 활을 잘 쏘았다. 쏘면 적중하여 중상을 입혔고 화살을 비오듯 퍼부었다. 적은

그때마다 기세가 꺾였다. 이에 (왜군이) 각자 짚단을 가져와 불을 놓아 목책을 태우자 목책 안에서는 물로 불을 껐다. 적이 서북쪽 모퉁이의 목책 한 칸을 허물자 지키던 승군이 조금 물러났다. (권)율이 스스로 칼로 물러난 몇 사람을 베자 다시 목책을 세워 막았다. 화살이 장차 다하자, 수사(水使) 이빈(李蘋)이 수만 개의 화살을 배로 실어다 대주었다. 적이 결국 패퇴했다. (왜군이) 시체를 모아 네 곳에 쌓아 풀로 덮어 태웠는데, 그 냄새가 수 리까지 났다. 아군이 나머지 시체를 거두어 (목을) 베었는데 1백30급이었다.[60]

조선의 승리는 험준한 요새와 함께 한강을 배수진으로 해서 싸운 결과였다. 행주대첩비[61]의 비문을 쓴 최립(崔岦)은 대첩의 의의와 관련하여 서울의 왜군이 철수하게 된 중요한 원인의 하나였다고 기록했다.

(권율이) 행주에 이르러서 주인이 손님을 맞는 유리한 위치에서 소규모 병력으로 대규모 군사에게 승리를 거두었다. 대체로 명의 장수가 평양을 탈환한 그 위세만으로 적의 간담을 서늘하게 할 수 없었을 것이다. 일찍이 (행주대첩에서) 왜적을 두렵게 하지 않았다면 백 명의 심유경이라도 어느 날 갑자기 왜적이 서울을 떠나가게 할 수는 없었을 것이다. 이에 공(公)이 본래 서울을 수복하고자 했던 그 뜻을 거의 저버리지 않게 되었다.[62]

행주대첩은 지난해 10월 초 진주성 승리 이후 다시 육상에서 조선이 거둔 주목할 만한 전과였다. 경략 송응창은 행주에서의 승리를 축하하며 권율을 포상할 것을 선조에게 건의했다.[63] 그는 조정에 공문을 보내 축하했을 뿐만 아니라 황제에게도 보고했다. 이에 황제는 "조선은 평소 강한 나라로 불렸는데, 지금 (권)율이 매우 많은 (왜적을) 참획한 것을 보니 그

나라 백성들을 아직 분발할 수 있겠다. 짐은 매우 가상히 여긴다."고 조선에 전했다. 이여송은 권율의 활약을 인정하면서 벽제관전투 이후 후퇴한 것을 조금 후회했다고 한다. 권율도 명군과 연합하여 서울 수복의 뜻을 갖고 있었다.[64]

그럼에도 행주에서의 승리가 명군의 전략에 어떤 변화를 주지는 않았다. 이여송은 2월 15일 이미 평양으로 돌아갔고, 주력부대는 개성에서 후퇴했다.[65] 더욱이 권율 자신도 승리를 이어가지 못했다. 유성룡에 의하면, 그는 얼마 뒤 왜군이 다시 나와 기필코 보복하려 한다는 말을 듣고 매우 두려워서 영책(營柵)을 허물고는 군사를 이끌고 임진강으로 와서 도원수 김명원과 합류했다. 그 후 권율은 지형이 안전한 파주에 진을 쳤다.

평양 승리 이후 명군의 남하에 따라 조선의 군사들은 서울의 왜군에 대한 압박을 가했다. 그렇지만 명군이 북상하자 조선의 군대도 차례로 다시 후퇴했다. 2월 21일 유성룡의 보고에 따르면, 권율이 파주로 후퇴한 것 이외에도 양천〔陽川, 강서구 가양동〕 이남에 있던 충청도관찰사 허욱(許頊)은 남방의 왜군에 대한 방어를 이유로 그곳에서 내려왔다. 전라병사 선거이(宣居怡) 등은 수원의 독성(禿城)으로 물러났다. 창의사 김천일은 수군으로 용산과 한강으로 진출했다가 다시 강화도로 들어갔다. 다른 의병들도 점차 흩어졌다. 다만 명군의 선봉대가 임진강 건너편 동파에 머물고 있는 상황에서 유성룡은 권율·이빈·고언백 등을 통해 임진강의 방어에 주력했다.[66]

함경도 왜군

함경도 왜군의 서진 가능성은 명군이 평양으로 철수해야 할 근거로서 자주 언급되었다. 물론 조선은 그것이 단순히 소문이거나 아니면 철군에 대한 이여송의 핑계로 간주하는 경향이 있었다. 그렇지만 당시 조선과 명의 정책은 함경도 왜군이 평양의 왜군과 별개로 그 자체로서 경계의 대상이자 위협으로 간주되었음을 보여준다.

함경도 왜군의 문제는 그들이 1592년 7월 말 이후 두 왕자와 배신들을 억류하고 있었기 때문에 일찌감치 대두되었다. 물론 전반적인 전세와 관련하여 그들에 대한 대응책이 나온 것은 한참 후의 일이었다. 평양전투를 전후로 유성룡은 조선의 군대를 고원(高原)·영흥(永興) 등 함경도 남부 지역에 파견할 것을 두 차례 건의했다. 첫 번째는 1592년 12월이었다. 당시에는 명군이 조선에 차례로 들어오면서 평양의 왜군에 대한 공격이 예상되었다. 물론 그 결과는 불확실했다. 이러한 상황에서 함경도 남부의 왜군을 공격함으로써 함흥에 주둔 중인 왜군의 갑작스런 서진을 막을 수 있을 것으로 기대되었다. 함흥의 왜군이 조선의 군대와 싸우기 위해 남쪽으로 내려오도록 해서 북쪽의 의병장 정문부(鄭文孚)와 함께 협격하여 이들을 축출할 여지도 있었다.[67]

평양에서 명군의 초보적인 승전보가 전해진 시점에서 유성룡은 함경도 왜군에 대한 공격 문제를 다시 제기했다. 그것은 명군이 평양을 수복한 뒤 대동강을 건너 남진하기를 요청하고자 해도 함경도에 왜군이 남아 있는 한, 어려울 수 있다는 판단에서였다. 명군이 평양을 공격하는 상황에서 조선의 군대가 함경도 남부 지역으로 진출한다면, 위에서 언급된 효과를 거둘 수 있을 것이다. 유성룡에 의하면, 평양공격을 위해 남하하던 이여송을 안주에서 만났을 때, 이여송은 평양수복 후 군사를 함경도로 진격시키겠다고 말했다. 그렇지만 유성룡은 함경도는 산간지대로서 식량 공급이 어렵고 험하기 때문에 명군의 복장을 한 조선의 군사를 보내는 편이 낫다는 의견이었다. 조선이 철령 이북을 수습함으로써, 평양에서 승리한 뒤 황해도를 거쳐서 공격하는 명군과 서로 호응하여 서울을 수복할 수 있을 것이다.[68]

그 시점은 알 수 없으나 평양전투 이전 이여송은 명군의 함경도 진출

계획을 조선에 알려 대비하게 했다. 1월 11일 비변사에 의하면, 이여송이 명군 1개 부대를 그곳에 보내고자 한다고 듣고서, 함경도 도순찰사(都巡察使) 홍세공(洪世恭)을 파견하여 주변의 지방으로부터 신계(新溪)·수안(遂安) 등지로 식량을 운반하여 만일의 경우에 대비하게 했다. 평양이 수복되자 선조는 이제 명군이 함경도로 진출할 가능성을 제기하며, 그들을 위한 식량과 말먹이의 준비를 점검하도록 비변사에 지시했다. 그와 함께 그는 그곳에 억류되어 있는 왕자들의 석방을 위한 조치를 취하도록 했다. 비변사는 심유경을 함경도에 보내는 방안을 제기하기도 했다.[69]

그런데 1월 25일 동지중추부사[70] 김우옹(金宇顒)이 참봉(參奉) 풍중영(馮仲纓)의 제안을 조정에 보고했다. 그가 명군 수십 명을 데리고 함경도에 가서 그곳의 조선 군대와 함께 기요마사를 불의에 습격하겠다고 제안했다는 것이다. 당일 영의정 최흥원도 어조는 약간 다르지만 해당 사실을 송응창의 참모 원황에게서 직접 확인했다. 즉, 조선이 함경도에 1만 명의 군사가 있다고 해서 자신이 풍중영과 김상(金相) 두 사람에게 휘하의 군사 30명을 이끌고 가도록 명령했다는 것이다.[71] 그렇지만 김우옹도 언급하는 것처럼, 풍중영이 함경도에 가서 왜군을 물리칠 가능성은 낮았다. 애당초 명 측은 그의 임무를 '유세(遊說)'로 묘사했다.[72] 유세는 다름 아닌 교섭을 의미했고 사후 보고 내용도 그랬다.

그와 함께 조선은 다음 날[1월 26일] 함경도 왜군의 평양 진입을 막아야 한다는 근거에서 명군의 배치를 요청하는 자문을 송응창에게 보냈다. 배치 지점은 함경도와 평안도의 경계인 익수(益水)·동해·검산령(劍山嶺) 등이었고, 요청한 군사는 정예병 1, 2천 명이나 포수 6, 7백 명이었다.[73] 자문을 받은 송응창은 그 사실을 2월 2일 병부에 보고했다. 그는 방어의 필요성에 동감하면서도 이를 위해 휘하의 병력을 파견하기보다는 추가적인 병력을 명 조정에 요청했다. 그것은 이여송의 군대가 서울로 진입하는 상황에서 여력이 없다는 이유에서였다.[74] 그리고 그는 당일 관전보 부총병 동양정에게 공문을 보내 5백 명의 군사를 선발하여 자신이 파견한 부정립(傅廷立)에게 통솔하여 해당 지역에 가도록 했다.[75]

명군의 부분적인 조치가 이루어지고 있는 가운데, 2월 초부터 조정회의에서 함경도 왜군을 막기 위한 방안이 진지하게 논의되었다. 선조는 그들이 명군의 남하로 비어 있는 평양에 대한 공격 가능성을 제기했다. 그와 함께 필요한 식량의 조달과 이일이나 김응서를 북도방어사로 파견하는 방안에 대해서 논의되었다.[76] 물론 왜군에 대한 토벌이 – 명군이 나서지 않는다면 – 어렵다는 점도 분명했다. 그리하여 특히 함경도가 지형적으로 산이 험하여 기병이 활동하기 어렵기 때문에 2, 3천 명의 포수를 요청하기로 했다.[77]

사실 함경도 왜군에 대한 군사적 토벌이 능사는 아니었다. 잘못하면 왜군에게 붙잡혀 있는 왕자들에게 해가 될 수 있었다. 선조 자신도 그 점을 걱정하지 않을 수 없었고, 비변사에게 대책을 강구하게 했다.[78] 비변사는 현지에 가는 풍중영을 통해 왕자 일행을 온전히 보내주도록 설득하게 하고, 특히 이여송에게 자문하여 관련 격문을 보내도록 요청하기로 했다.[79]

풍중영 일행과 함경도 왜군의 접촉은 3월 2일 처음으로 조정에 보고되었다. 영의정 최흥원은 치계로 지휘 장서(張瑞) 등 4인이 함경도에서 돌아와서 한 말을 전했다. 그들에 의하면 2월 15일 왜군 진영에 도착하여 강화와 함께 왕자들의 석방을 타진했다. 왜군은 "조선은 우리 군사가 뺏은 것이고 왕자도 우리 군사가 탈취했다. 강화하려면 할 것이지만, 어찌 왕자를 송환하라는 말을 꺼내는가?"라면서 석방을 거부했다. 이에 장서 등은 자신들이 단지 강화를 목적으로 왔고 왕자의 송환 여부는 관계가 없다고 대답했다. 왜 측은 서울에 도착하면 왕자들을 송환하겠다고 했다.[80]

이틀 뒤 3월 4일 풍중영 일행의 길안내를 맡았던 향도장 최우(崔遇)로부터 더욱 자세한 보고가 제출되었다.[81] 거기에 따르면, 일행은 2월 중순 안변에 도착하여 왜군의 안내를 받아 기요마사를 찾았다. 풍중영과 기요마사는 포로로 잡힌 조선인 진사 한격(韓格)의 통역으로 대화를 진행했다. 방문 목적에 대해서 풍중영은 "조선이 대명의 속국인데 그 나라 왕자가 포로로 잡혔기에 특별히 강화하여 문제를 해결하고자 한다."면서 왕자의 석방 문제를 제기했다. 그렇지만 그 후 기요마사는 최우 등 조선인들을 모두 밖으로 내보내고 풍중영 일행과만 종일 대화했다. 단지 회담이 끝났을 때 풍중영은 "왕자 문제는 관백에게도 알려져 있어서 자신이 사사로이 석방할 수 없다."는 기요마사의 말을 전했다. 그는 서울에 가서 다시 논의하기로 약속했음을 덧붙였다.

그 외에도 기요마사는 영토의 할양을 최우에게 타진했다. 즉 "조선이 땅을 떼어주고 강화하겠는가?"고 물었다. 최우는 당연히 그럴 수 없다고 대답했다. 그는 조선이 명의 속국이기 때문에 땅을 사사롭게 줄 수 없다고 둘러댔으나 일단 조선의 입장을 분명히 전한 셈이었다. 최우는 기요마사의 허락을 받아 두 차례 왕자들을 직접 만날 수 있었다. 그는 이들에게 백금 30냥과 명주〔明紬, 비단〕 20필을 전달했다. 왕자들의 석방을 위한 풍중영 일행의 노력이 알려지자, 조정은 송응창에게 자문을 보내서 그들을 포상할 것을 요청했다.[82]

풍중영 등의 활동과 관련하여 명의 한 사료가 전하는 분위기는 약간 다르지만 다루어진 내용은 비슷하다. 『전변약기』에 의하면, 함경도의 왜군이 압록강을 끊어 명군의 퇴로를 막는 것이 우려되어 송응창이 풍중영과 김상에게 유첩(諭帖)을 가지고 가게 했다. 그리고 이들이 함경도의 왜영에 도착했을 때, 기요마사가 군대의 위세를 보이며 환영했다. 기요마사는 그에게 히데요시의 책봉을 요청했고, 풍중영은 선결조건으로 왕자와 배신들의 송환을 요구했다. 기요마사는 다시 "왕자와 배신들을 나오게 하여 서울을 (조 · 일 양국이) 서로 분할한다는 맹약을 맺어 그것을 보여주었다."[83] 맹약문은 강요에 의한 것으로 추측될 뿐, 더 이상의 자세한 내용은 알 수 없었다.

앞서 본 것처럼 조선은 함경도 왜군에 대한 방비를 위해 익수 등지에 명군의 배치를 요청했다. 윤근수가 봉황성에서 송응창을 예방하고 돌아오다 2월 12일 구련성에서 만났던 찬획 서일관은 개원(開原)·심양(瀋陽)·해주(海州) 등 위(衛)의 군사 3천 명을 동원하여 함경도 왜군에 대비할 것이라고 전했다.[84] 그렇지만 윤근수가 이 사실을 보고한 다음 날, 위의 1월 26일자 자문에 대해서 송응창은 부정적인 답장을 보내왔다. 그는 함경도 파병으로 명군의 분산과 그에 따른 전력의 약화 가능성을 제기했다. 뿐만 아니라 그는 명군이 서울로 진격을 포기하고 평양으로 철수할 수밖에 없는 상황을 지적하면서 그 원인을 조선에게 돌렸다. 조선 군대의 재정비가 지지부진하여 명군이 각 지역을 방어해야 하니, 명군은 병력을 집중하여 서울을 공격할 수 없다는 것이었다.[85]

이여송도 2월 15일자 선조에게 보낸 자문에서 날씨와 식량 부족으로 평양으로 철수의 불가피성을 역설했다. 그러면서 그는 부장 진린(陳璘) 등이 군사를 이끌고 하루빨리 나오기를 기다렸다가 본인이 군사를 이끌고 함경도의 왜군을 섬멸하여 (평양을) 습격해올 우환을 제거하겠다고 호언했다.[86] 그에 대한 회답에서 조정은 함경도보다는 서울의 왜군을 공략할 것을 요청했다. 회답은 고원군의 왜군이 2월 15일 남쪽으로 철령을 넘었고, 함흥의 왜 본영이 왕자 등을 데리고 13일 문천군을 향하고 있다는 현지의 보고를 전했다. 회답에 의하면 왜군은 식량 부족으로 굶주리고, 명의 위세에 기가 꺾인 상황에서 명군이 수고롭게 그곳까지 원정할 필요도 없다. 명군이 평양으로 후퇴하면 서울의 왜군이 다시 북상할 수 있다. 더욱이 지금은 남쪽의 바닷길이 열려 식량을 운송해오면 부족하지 않을 것이다.[87] 어쨌든 진린의 군대도 나오지 않았고 이여송의 함경도 공격은 없었다.

그런데 조선으로서는 알 수 없었겠으나 함경도 왜군의 철수는 이미 왜군 지도부에 의해 결정되었다. 그것은 왜군의 함경도 진출이 교착상태에 빠졌기 때문이었다. 그들은 조선의 왕자들을 사로잡았을 뿐, 큰 성과를 거두지 못했다. 오히려 그간 전쟁에서, 특히 앞서 정문부 등 의병들과 싸움을 거치면서 크게 약화되었다.[88] 더욱이 지난 10월 진주성 공략이 실패하면서 부산에서 서울 사이 보급로의 유지가 어렵게 되었다. 그에 따라 왜군의 평양 철수 시점에서 당시 안변에 있던 기요마사에게도 철수 명령이 내려졌다. 기요마사는 2월 초 일시 북상하여 배고픔과 추위에 시달리던 길주와 단천 등지의 군사들을 데리고 왕자 일행과 함께 안변에 도착했다. 그때 앞서 본 것처럼 명의 사자 풍중영이 그를 방문했다.[89] 어쨌든 이로써 함경도가 포기되었다.

기요마사는 왕자 일행을 데리고 2월 29일 서울에 들어왔다. 왜군은 지나오는 지역에서 분탕질을 했다. 경기도방어사 고언백의 군사들이 매복으로 잔적 일부를 베기도 했으나 중과부적으로 큰 성과를 거두지는 못했다. 더욱이 경기도의 의병과 관병은 애초 명군을 위한 식량 운송을 이유로 모두 흩어지고 없었다.[90] 조선은 3월 초순 함경도 왜군의 서울 진입 사실을 명에 알렸다. 그러면서 남병을 파견하여 섬멸하도록 요청했다. 특히 조선은 왜군이 히데요시의 지시에 따라 조선은 물론 연해 지역을 통해 명을 침범할 예정이라는 점도 부각시켰다.[91] 그렇지만 그때 명군은 이미 유키나가와 용산에서 교섭에 나섰다.

2. 명군의 남하 중단과 강화

조선의 남진 요청

이여송은 벽제관전투 이후 개성으로 후퇴한 뒤, 곧 평양으로 철수할 뜻을 밝혔다. 이에 조정은 철수를 만류하기 위해 적극 나섰다. 명군의 전략은 당시 요동에 있던 송응창이 총괄하였으나 현지 지휘관인 이여송의 의견도 중요했다. 이여송 주변에는 그의 접반사 한응인과 이항복이 있었다. 뿐만 아니라 평양전투 이후 그의 남하 행렬에는 도체찰사 유성룡과 도원수 김명원 등이 참여했고, 좌의정 윤두수 등도 계속 왕래하고 있었다. 다만 이여송은 이들을 직접 만나기를 거부했다. 조선 대신들의 의견은 역관이나 서신을 통해 제기되었고, 이여송은 주로 자신의 참모들을 통해서 입장을 전달했다.

2월 중순 유성룡은 종사관 신경진(辛慶晉)을 제독에게 보내 조속한 진군을 요청했다. 그는 다음과 같은 다섯 가지 철수불가 이유를 제시했다. 첫째 선왕(先王)의 묘가 모두 경기도에 있어 버리고 갈 수 없다는 것, 둘째 명군이 오기를 고대하고 있는 경기 이남의 유민들이 실망하여 적에게 귀부하게 된다는 것, 셋째 조선의 영토는 조금이라도 포기할 수 없다는 것, 넷째 명군과 함께 진격할 준비가 되어 있는 조선의 군사도 흩어진다는 것, 다섯째 후퇴하는 명군의 뒤를 왜군이 추격하면 임진강 이북까지도 보전할 수 없다는 것이었다.[92]

그에 대해서 이여송은 역관 진효남을 통해서 진군불가 입장을 전달했다. 그것은 무엇보다도 길이 마르지 않고 군사와 말이 피곤하다는 이유였다. 그는 또한 "함경도의 왜적이 아직 소굴에 남아 있어서 만약 (그들이) 명군 뒤를 돌아 나오면 필시 상황이 곤란해진다. (따라서) 정예병을 선발하여 개성을 지키고, 대장〔이여송〕은 평양으로 물러나 주둔하여 만전을 기하라."는 송응창의 짧은 서신을 제시했다. 결국 이여송 자신은 평양을 지키면서 한편으로 말을 교환하고 군사를 보충하여 남진을 준비하고 다른 한편으로 북적 즉, 함경북도 왜적에 대비하겠다고 덧붙였다.[93]

2월 중순 이여송과 함께 개성에 머물렀던 한응인과 이덕형도 명군의 남진 요청을 거듭 전달했다. 그들의 보고에 의하면, 이여송은 군사를 보충하고 말을 교환하여 머지않아 돌아오겠다고 대답했다. 그는 개성에 주둔 중인 군사의 진격은 길이 진흙탕이라는 이유로 불가하다는 입장이었다. 그는 또한 평양전 승리에 대한 포상을 명군의 진격 문제와 결부시켰다. 그에 의하면, 송응창이 군사를 끼고 앉아 압록강을 건너오지도 않았으면서 평양에서 승리를 자신의 공으로 가로챘다. 더욱이 송응창은 그의 입장을 명 조정에 전달하는 것조차 막고 있다. 이여송은 또한 자신이 직접 국왕을 만나 황제께 군사증원을 요청하는 방안을 논의하겠다고 주장했다. 그는 송응창이 마치 증원을 통한 진격에 반대한다는 인상을 주었던 것이다. 그렇지만 한응인 등에 의하면, 이여송의 의도는 조선이 명 조정에 상주하게 함으로써 자신의 공로를 드러내려는 것에 불과했다.[94] 그 외에도 명군의 후퇴를 송응창에게 전가하려는 의도임이 분명했다.

조선 대신들의 남진 요청이 계속되자 이여송은 직접 선조에게 자문을 보내 자신이 개성에서 평양으로 후퇴해야 하는 이유를 길게 설명했다. 그 근거는 위의 조선 대신들에게 준 단편적인 대답을 종합한 것이었다. 즉, 비로 인해 땅이 질편하고 논밭에 물이 많아 병마가 빨리 달릴 수 없다는 것, 이들이 식량과 마초가 부족하여 굶주린다는 것, 함경도 왜군이 평양을 습격할 염려가 있어 상부에서 평양 방어를 명했다는 것 등이었다. 다만 그는 평양에서 군사를 휴식한 후에 땅이 마르고 군량이 충분하고 또한 증원군이 오면 다시 남하하겠다고 했다.[95]

그렇지만 비변사는 당시 명군에 나가 있던 관리들의 보고에 의거하여 명군의 양식과 말먹이가 결핍된 정도에 이르지 않았다고 판단했다. 문제는 그의 생각이었다. 그리하여 명군이 평양으로 후퇴하는 것을 막고자 조정은 2월 16일 좌의정 윤두수를 다시 이여송에게 보내기로 했다.[96] 그렇지만 다음 날 이여송의 진영에 있던 한응인과 이덕형의 보고가 전달되었다. 그 내용은 명군이 군사 5천 명만 개성에 남기고 나머지는 평양으로 후퇴하기로 이미 결정했다는 것이었다. 비변사는 과도한 요청이 오히려 이여송의 비위만 거스를 뿐만 아니라, 이미 군사들이 출발했으면 늦을 수도 있다고

윤두수 초상(국립중앙박물관 소장)

판단했다. 그리하여 조정은 윤두수의 파견 계획을 취소하고, 단지 이여송에게 자문을 보내서 개성이라도 잘 지키라는 의견을 전하기로 했다.[97]

그렇지만 조정의 결정이 전달되기 전, 윤두수는 이미 개성에서 평양을 향하고 있던 이여송을 만나서 남하를 요청했다. 그는 명군의 후퇴가 왜군의 반격으로 이어질 수 있고, 권율의 전라도 군대가 행주에서 승리한 것은 명군의 성원 덕분이라는 점을 강조했다. 명군이 철수하면 조선 군사들도 사기를 잃게 될 것이다. 그렇지만 이여송은 봄이 되어 땅이 질어 군대의 이동이 어렵다는 것, 식량과 마초가 부족하며 이미 말 1만 4천 필이 죽었다는 것, 함경도의 왜군 수만 명이 평안도로 넘어올 수 있다는 것, 송응창이 평양으로 철수하라고 명령했다는 것 등을 이유로 자신의 철수를 해명했다. 그는 단지 개성에는 정병 6천 명을 주둔시키고, 권율의 군대에게 화포와 불화살 40수레 분과 가정(家丁) 3백 명을 선발해 보내줄 것을 약속했다. 이여송과 만남에 관한 윤두수의 보고는 2월 19일 숙천으로 향하던 선조에게 전달되었다.[98]

며칠 뒤〔2월 26일〕 비변사는 당시 평양에 있던 윤두수를 통해 명군 가운데 포수를 동원하여 개성 이남의 요충지를 방어하도록 이여송에게 요청하기로 했다.[99] 그렇지만 해당 시점에서 이미 이여송은 평양을 떠나 북상하고 있었다. 다음 날 윤두수도 북상하여 영유의 선조에게 평양에서 이여송을 만난 일을 보고했다. 보고의 주된 내용은 명군의 개성 잔류에 필요한 곡식의 유무에 관한 양측의 의견 차이였다. 이를테면 조선 관리들은 식량과 콩이 각각 2만 석으로 충분하다고 보고했고, 명군은 사람과 말이 모두 굶주리고 있다고 주장했다. 선조도 조선 관리들의 보고에 회의적이었는데, 어쨌든 명군의 진퇴 문제는 해결되지 않고 있었다. 더욱이 윤두수를 통해서 이여송이 평양에서 갑자기 의주를 향한다는 소식이 전해졌다. 그는 다른 길을 이용했고, 그것은 마치 명군의 남하를 고집하는 국왕을 피하려는 것으로 비춰졌다. 선조는 그에 대해 섭섭함을 토로했다.[100]

송응창의 입장

이여송에 대한 조선의 지속적인 남진 요청은 성공을 거두지 못했다. 두 번째 대안은 송응창에게 직접 호소하는 것이었다. 2월 중순 이여송이 평양으로 철수하고, 양원 부총병 등 일부 명군은 본국으로 철수한다는 소문이 돌았다. 이때 낙상지 참장은 대동강 이남이 왜군의 차지가 될 것을 우려하며, 중신을 송응창에게 보내서 명군의 전진을 요청할 것을 평안도 관찰사 이원익에게 조언했다.[101]

사실 이원익의 치계가 도착하기 전에 조정은 이미 예조판서 윤근수로 하여금 많은 선물을 가지고 송응창을 만나보게 했다.[102] 그는 2월 12일 봉황성으로 송응창을 찾아갔다. 송응창의 답변은 2월 15일 선조에게 서면으로 보고되었다. 윤근수의 보고에 의하면, 그가 말을 꺼내기도 전에 송응창이 명군의 철수 방침을 통보했다. 즉, "이(여송) 제독의 군대는 속히 평양으로 와서 휴양하고, 보병 1만 명이 조선 군대와 함께 개성을 방어하라."는 명령을 이여송에게 전달하겠다는 것이었다. 윤근수는 그의 말을 액면 그대로가 아니라, 개성에 군량이 없으니 명군을 평양으로 철수시키겠다는 의미로 받아들였다. 그리하여 개성에서 군량의 부족으로 명군이 굶주린 것[103]에 사죄하기 위해서 자신이 온 것이며, 강화도에 저장된 곡식과 해빙으로 물길이 열린 전라도와 충청도에서 수로로 군량과 말먹이를 운반 중임을 강조했다.

이에 송응창은 개성에는 특히 말먹이가 없어서 평양으로 데려가 먹여야 한다는 점을 강조했다. 그러한 이유에서 그는 명군이 서울로 진격하지 않고, 다만 후속군대가 도착하거나 화기(火器)가 운반되는 대로 진격할 것이라고 덧붙였다. 이것은 이여송이 이끄는 기병은 사실상 철수시킨다는 의미였다. 그 대신 이미 조선에 주둔 중인 보병과 새로 들어올 보병, 즉 남병으로 왜군과 전쟁을 치르게 한다는 입장이었다. 송응창은 함경도 왜군을 막을 군사도 별도로 파견하겠다고 했다. 이에 윤근수는 명군의 후퇴에 따른 왜군의 북상 가능성에 대한 우려를 표명했다. 그에 대해 송응창은 왜군이 물러나지 않는 한, 명군은 조선을 방어할 것임을 분명히 했다. 그는 두 달 반 뒤 후속부대가 들어올 것이라고 대답했다.[104] 사실상 당분간 남진은 불가능하다는 점을 분명히 했던 셈이다.

윤근수는 다음 날 봉황성에서 구련성으로 돌아와 동양정 (부)총병의 찬획 서일관(徐一貫)을 만나 세부적인 내용을 확인했다. 그것은 이여송의 부장인 양원 부총병이 경략과 군사이동에 관해 논의하러 왕래하면서 동양정과도 만났기 때문이었다. 서일관이 전하는 양원의 입장은 전날 송응창의 말과 유사했다. 즉, 양원 자신은 함경도 왜군이 서진하여 명군의 식량길을 끊는 것에 대비하기 위해 평양으로 돌아간다는 것이었다. 그는 명군의 전반적인 배치에 대해서도 언급했다. 즉, 도로가 질편하여 병마가 달릴 수 없으니 부상당한 병마들은 식량과 말먹이가 있는 평양 등지에서 쉬고, 단지 보병이 개성과 파주 등지를 지키며,[105] 식량과 마초가 마련되고 후속부대가 오면 그때 진격한다는 것이다.[106]

그와 함께 서일관은 윤근수에게 이여송의 입장도 전했다. 그가 개성에서 평양으로 돌아가 주둔한다고 말했다는 것이다. 그런데 서일관에 의하면 이여송은 벽제관전투와 관련하여 조선에게 불편한 사실을 제기했다. 즉, "(벽제관에서 명군을 맞아 싸운) 서울의 왜적은 불과 8, 9천 명이고, 그 나머지 1만여 명은 모두 조선의 투속(投屬)한 자들이었다. 접전할 때 우리 가정(家丁)과 말을 쏘아 다치게 한 것은 모두 귀국의 화살이었고, 전쟁에서 벤 머리도 태반은 두발(頭髮)이 있었다."는 것이다.[107] 이여송은 또한 조선에 말먹이가 없어서 기병은 오지 못한다고 잘못을 조선으로 돌렸다.[108]

윤근수는 얼마 뒤[109] 다시 봉황성에 가서 송응창에게 명군의 남하를 요청하는 글을 올렸다. 윤근수는 지난번〔2월 12일〕 방문에서 들었던 그의 의견을 국왕에게 전달했다는 점 이외에 새로운 사실을 제기했다. 첫째는

-지난번 명군의 절반은 개성에 남기겠다는 이여송의 말과 달리-피로한 군사와 말 이외에도 명군 대다수가 철수했고, 개성에 주둔한 병력이 많지 않다는 점이다. 둘째는 임진강에서 보병이 지키기는 하지만, 상류의 얕은 여울을 거쳐 왜군이 다시 공격해올 수도 있다는 것이다. 윤두수는 앞서 언급한 식량과 마초의 문제를 다시 들면서, 마초는 개성의 인근 현에서 충분히 운반해올 수 있고, 식량은 이미 개성에서 40리 떨어진 예성강에 전라도에서 온 운반선이 도착해 있다고 강조했다. 그와 함께 그는 요구 수준을 낮추어 명군이 남하하기보다는 황해도 각지를 지키면서 왜군의 북상을 막을 것을 요청했다.[110]

그에 대해서 송응창으로부터 이전과 유사한 답변이 돌아왔다. 즉 명군은 철수하는 것이 아니라 단지 1만여 필의 말이 죽었고 또 마초가 없어 부득이 평양으로 돌아왔을 뿐이며, 휴식 후 후군이 오면 곧 진격하겠다는 것이었다. 그는 또한 명군의 절반은 개성에 있고, 나머지 절반이 평양으로 돌아온 것은 함경도의 왜군을 견제하기 위한 것임을 덧붙였다.[111]

명군 지휘부 이외에 명 조정에 직접 호소하는 것도 하나의 방안이었다. 당시 조선은 평양수복에 대한 사은사로서 한성판윤 한준(韓準)을 파견하기로 했다. 진주문에서 조선은 일차적으로 평양전투의 과정을 자세히 기술하고 명 장수들의 공적을 드러냈다. 동시에 조선은 조심스럽게 명군의 전진을 촉구했다. 진주문은 무엇보다도 명군이 철수하면 왜군이 다시 공격해올 것이고 그러면 더욱 방어하기 어렵다는 점을 강조했다. 그러면서 조선도 식량을 운반하고 군사를 모아서 명군의 서울 공략에 협력할 것을 다짐했다. 그와 함께 진주문은 상황의 전개로 보아 현실성이 없던 방안도 제안했다. 이를테면 제독에게 명하여 절강 포수 5천 명을 부산 등지에 몇 달간 주둔시켜 조선의 군사를 훈련해달라는 것이었다. 그것은 명군의 위세에 의지하여 왜군의 재침을 막고, 그간 여력을 수습하여 향후 대비책을 마련할 시간이 필요하다는 이유에서였다.[112] 그는 2월 10일 정주에서 진주문을 갖고 출발했다.

일각에서는 청병을 위해 별도로 진주사를 파견해야 한다는 의견이 있었다. 그렇지만 그것이 명군 지휘부의 입장과 배치된다는 점은 분명했다. 실제 송응창의 참모들로부터 청병과 관련된 주문을 하지 말도록 압력이 가해졌다.[113] 선조를 비롯하여 조정 내에서도 송응창을 건너뛰어 북경에 직접 군사를 요청하는 것은 부적절하다는 인식이 없지 않았다.[114] 명군 지휘부도 조선의 관련 움직임에 신경을 썼다. 진주사 한준이 요동에 도착하여 자신을 지나치자, 송응창은 그에게 다시 돌아와 진주문을 보여줄 것을 요구했다. 한때 그가 한준의 북경행을 저지한다는 말이 있었으나, 그는 진주문의 내용을 확인한 뒤 북경행을 허용했다.[115] 한준은 5월 초에 북경에 있었다.[116]

그렇지만 한준에 이어 개성에서 승리에 대한 사은을 명목으로 이조참판 홍인상(洪麟祥)을 북경에 파견했을 때, 그는 요동에서 저지되었다. 진주문은 개성수복에 대한 사은과 더불어 군사지원을 강조한 것으로, 홍인상은 3월 4일 의주를 출발했다. 그렇지만 그 소식을 전달받은 송응창이 그를 저지했다. 그 이유는 "(명의) 군대가 계속 나오니 더 요청해서는 안 된다. 이곳에 온 (조선의) 장관들이 (청병의 필요성에 대한) 설명을 늘어놓으니 우리에게도 곤란한 측면이 있다."는 것이었다.[117] 조선의 군사 요청 시도에 대해서 불편함을 표시한 셈이었다.[118] 조선으로서는 진주문의 어투가 직설적이지 않았음에도 저지되었음을 개탄했지만 어떻게 할 수 없었다.[119]

명군의 속셈도 점차 드러났다. 2월 27일 선조는 "왜적이 만약 평양에 웅거한다면 중국이 위험할 것이므로 중국은 먼저 평양을 취하고 형세를 살피고 있다. 중국은 또한 우리나라로 하여금 중국군의 위세에 의지하여 왜적을 섬멸하게 하려고 한다."고 말했다.[120] 선조의 입장에서 명나라는 일단 평양을 탈환하여 직접적인 위험에서 벗어난 것으로 간주하고, 이후에는 조선이 나서서 왜적을 무찌르게 하려는 전략을 갖고 있다고 판단되었다. 그는 이여송의 접반사로서 오랫동안 외부에 있다가 올라온 지중추부사 이덕형을 만난 자리에서도 명군이 조선에서 철수하여 요동만 지키려는 것인지 우려를 표명했다.[121]

송응창의 조선 진입

조선 문제가 교착상태에 빠진 가운데 송응창이 마침내 조선을 향했다. 그는 지난해 11월 요양에 진주한 뒤, 그간 조선에 가지 않고 그곳에 계속 머물렀다. 그는 12월 14일 그곳을 찾은 이조판서 이산보에게 자신도 머지않아 조선으로 갈 것이라고 언급했다.[122] 그렇지만 그는 평양탈환의 소식이 전해진 1593년 1월 16일에야 요양을 떠나 조선을 향했다. 그는 1월 20일자 이여송에게 보낸 편지에서 자신은 이미 1월 16일 요양의 남동쪽에 위치한 첨수참(甛水站)에 도착했고 조만간 강을 건너겠다고 했다.[123]

그렇지만 그가 압록강을 건너기까지는 그로부터 40일 가까이 지나야 했다. 앞서 2월 12일 봉황성으로 찾아온 윤근수에게 송응창은 자신이 평양으로 전진해야 한다는 사실은 인정했다. 다만 그는 봉황성에서 군사동원과 같은 일을 해야 한다는 것 외에도 전진할 경우 조선을 번거롭게 할 것이기 때문에 당분간 그곳에 머물 뿐이라고 덧붙였다. 그 이유는 밝히지 않았으나, 그는 국왕이 자신을 마중하기 위해 의주로 올라오지 말게 하라고 당부했다.[124]

송응창은 2월 24일 압록강을 건너왔다. 조정은 원접사 윤근수, 영위사 정곤수 그리고 의주목사 황진을 보내 그를 맞이했다. 사실 그의 진입으로 국왕과의 접견 등 문제가 제기될 수밖에 없었는데, 그는 소극적으로 임했다. 그것은 그가 평양 승리 이후 국왕에게 전선으로 내려가서 전쟁을 지휘하도록 요구했던 맥락에서 이해될 수 있다. 그는 자신이 개성까지 가서 서울의 왜군에 대한 공략을 직접 지휘하고 평양으로 돌아와서야 국왕의 접대를 받겠다고 고집했다. 그는 의주에는 잠깐 머물고 남하할 것으로 예상되었는데, 그의 부하 기고(旗鼓) 장구경(張九經)은 조선 측이 인부 2백 명과 말 1백 필을 준비할 것을 요구했다.[125]

송응창이 조선에 진입하자 평양의 이여송은 북상하여 의주로 가서 그를 만났다. 조선에서는 두 사람의 만남에 대한 구체적인 보고는 없었다. 당시 의주에 있었을 윤근수 등도 관련 보고는 하지 않았다. 그가 남긴 편지들을 볼 때, 송응창은 이여송과 만나서 강화 방안을 논의했음이 분명하다. 그 시점에서 그는 며칠 전 자신을 찾아와 명군의 남진을 요청하는 조선의 관리들에게 했던 말과 달리 명군 지휘부에게는 강화의 필요성을 주장하기 시작했다. 두 사람이 만난 뒤 얼마 지나지 않아 실제 명과 일본 사이에 강화를 위한 교섭이 시작되었다.

송응창은 앞서 윤근수 등 조선의 관리들에게 말한 것처럼 원래 의주에서 남하할 계획이었다. 그는 2월 28일자 이여송에게 부친 편지에서도 자신이 30일 의주에서 출발하여 내려가겠다고 밝혔다.[126] 그렇지만 30일자 편지에서 송응창은 두 사람이 서로 만났던 사실을 확인하고, 치질 때문에 더 내려가지 못했다고 밝혔다. 그리고 편지에서 그는 두 사람이 주로 평양전투의 전공에 대해서 이야기했음을 시사했다.[127] 나중에 좌승지 홍진이 역관들을 통해서 들은 바로는 당시 이여송은 "오로지 철군하여 돌아가려는 것이었는데, 경략이 심히 그를 책망하여 돌려보냈다."고 한다.[128] 자세한 내막은 알 수 없으나 송응창은 아래에서 보는 것처럼 강화를 추진하면서도 명군의 조급한 철수는 반대했다.

2월 말 이여송과 만난 시점에서 송응창은 이여송과 자신의 참모들에게 서신을 보냈다. 여기서 그는 심유경을 통해 왜군과 강화할 필요성을 제기했다. 그는 특히 "천지가 풍년을 이룰 때 살림과 죽임을 서로 쓰면서 치우치지 않고, 제왕이 군대를 일으킬 때 인의와 정의를 함께 행하면서 어긋나지 않는다."면서 전쟁에서 강온양면의 작전이 필요하다고 지적했다. 이것은 사실상 강화정책으로의 전환을 의미했다. 그는 중국에 대한 침범을 궁극적인 목적으로 했던 왜군이 평양에서의 패배로 기세가 꺾였고, 따라서 서울의 왜군을 직접 칠 필요성을 인정했다. 그러나 "일에는 시샘이 심하고, 계획은 완벽함을 중시한다."는 말로 강화를 합리화했다. 그와 함께 그는 다음과 같이 강화의 주요 방향을 설정했다.

> 심유경 등을 왜적의 소굴로 보내서 (전쟁과 강화의) 손해와 이익을 진술하고, 화와 복을 설득하게 한다. 관백에게 보고해서 그로 하여금 악에서 선으로 되돌아가게 하여, 조선과는 서로 원망함이 없이 피차 군사를 철수시켜 영원히 맹약을 맺는다. 그 뒤 명 조정에 아뢰어, (명의) 관리를 보내 (히데요시를) 책봉하여 영원히 속국이 되는 것을 다시 허락한다. 만약 (왜적이) 따른다면 중국은 황제의 군대가 살생하지 않는 공을 빛내고, 조선은 전쟁을 종식하는 이익을 얻게 되고, 일본은 책봉을 받는 영광이 있으니 일거삼득의 실로 좋은 계책이다. 만약 잘못을 뉘우치지 않고 흉악한 마음을 드러낸다면, 우리는 반드시 조선의 군대와 힘을 합해 추악한 자들을 협공하여 남김없이 멸망시킬 것이다.[129]

송응창은 강화가 자신만의 생각이 아니며 이여송과 참모들의 의견을 종합한 것임을 강조했다. 그와 함께 그는 심유경을 왜의 진영까지 호송하는데 모두 협력할 것을 촉구했다.

강화의 가시화

명군이 강화에 뜻을 갖고 있을 뿐만 아니라 실제 그것을 구체화하고 있음을 확인하는 데에는 시간이 필요했다. 이여송이 의주에서 송응창을 만나고 다시 남하하자, 선조는 3월 7일 숙천에서 그를 접견했다. 이때 이여송은 은근히 강화의 가능성을 제기했다.

> 개성에는 군량이 조금 모이고, 수군도 조만간 대마도로 추격하여 왜적이 궁색해지면 강화를 구걸할 것입니다. 이번에 우리 군사가 3만여 명이고 증원군이 또 5만이며 군량 14만 석이 이미 도착했으니, 이제 반드시 왜의 우두머리를 모두 섬멸할 수 있습니다. 원컨대 현왕께서는 마음 놓으십시오. 현왕께서 만약 왕자를 돌아오게 하시려거든 그들과 강화해야 하며, 만약 반드시 정벌하시려거든 전진하여 토벌할 것입니다.[130]

이여송은 강화는 왜적이 구걸하는 것이며, 또한 왜적에게 붙잡힌 왕자를 송환시키기 위해서는 강화가 필요하다는 점을 강조했다. 적어도 왕자의 생명에 관심을 둘 수밖에 없는 국왕의 약점을 파고든 셈이었다. 그럼에도 선조의 반응은 냉철했다. 왜적은 반드시 복수해야 할 원수이며, 결코 강화할 수 없다고 대응했다. 이여송은 "평양전쟁을 치르고 전진한 마당에, 제가 어찌 그들과의 강화를 요청하겠습니까? 경략에게 그 뜻을 간곡히 말해야 합니다."라고 한 걸음 물러났다. 마치 이여송 자신은 강화를 원하지 않으나, 경략의 생각은 다를 수 있다는 것이었다. 선조는 왜적이 강화를 구걸하는 말은 속임수이며, 강화를 한다면 황제의 권위에 손상이 있을 것임을 재차 상기시켰다. 이여송은 후속군사가 온다면 마땅히 전진해야 할 뿐이라고 대답했다. 선조는 한 걸음 더 나아가 후속군사를 기다린다면 식량이 고갈될 것이니 빨리 전진해야 한다고 주장했다. 이여송은 경략이 평양에서 기다리라고 했다고 변명했다.

당일 선조는 이여송에게 별도의 게첩을 주어 명군의 전진 필요성을 조목조목 열거했다. 그것은 크게 열 가지였다. 첫째 평양전투 이후 왜적의 기세가 꺾였다는 것, 둘째 개성 등지에 쌓아놓은 군량이 현재 주둔

병력에 의해 소모되고 만다는 것, 셋째 평안도와 황해도의 각지에 비축된 식량이 고갈되고 있다는 것, 넷째 왜적의 증원군이 올 수도 있다는 것, 다섯째 여러 곳의 왜적이 (서울로) 집결한다는 것, 여섯째 조선의 군사가 노숙한 지 오래라 기력이 빠지고 있다는 것, 일곱째 기후와 지형상으로 기병의 동원이 불리하다면 보병으로 진격할 수 있다는 것, 여덟째 주둔기간이 길고 곧 날씨가 더워져 전염병이 있게 된다는 것, 아홉째 왜군도 양식이 고갈되었다는 것, 열째 전쟁이 늦어지면 파종기를 놓친다는 것 등이었다.[131] 선조는 송응창에게도 강화 불가의 뜻을 알리도록 했다.[132]

선조가 이여송을 접견한 당일〔3월 7일〕 영의정 최흥원 등 조선의 백관이 진격을 요청하는 자문을 그에게 제출했다. 그러자 이여송은 당릉군(唐陵君) 홍순언(洪純彦)을 통해 자신의 입장을 밝혔다. 즉, 개성에서 명군의 철수는 송응창의 요구에 따른 것이었고, 송응창과 그의 참모들이 모두 강화만을 주장하고 있다는 것이었다. 향후 전략과 관련해서는 송응창이 평양에 도착하여 상의해서 하겠다고 못 박음으로써 이여송 자신이 전진하지 못한다고 덧붙였다. 그와 함께 그는 송응창이 문관으로서 전쟁을 모르면서도 평양전투에서 자신의 전공을 깎아내리고 벽제관전투의 패배에 대해서도 비난했다고 주장했다.[133] 사실 평양전투의 포상을 둘러싼 두 사람 사이의 갈등은 분명하지만, 송응창보다 이여송이 명군의 철수에 더 적극적이었던 사실을 감안한다면 이여송의 말은 대개 핑계에 불과했다.

앞서 이여송에게 제시된 진격 필요성의 근거들은 3월 8일 송응창의 두 찬획, 즉 유황상과 원황에게 보낸 국왕의 자문에서도 대부분 반영되었다. 자문의 핵심 부분은 다음과 같다.

> 명군이 조선에 내려오고 황제의 위엄을 떨치자 견고한 험지〔평양〕가 단번에 평정되었습니다. 적은 당연히 혼백을 잃고 무리를 이끌고 남쪽으로 도망갈 틈이 없었습니다. 그렇지만 (왜군이) 다시 서울에 모여

서 저항하고자 사방으로 개미와 벌처럼 무리들을 불러 모으고 있습니다. 또한 그 흉악한 우두머리[히데요시]는 신병을 증원하여 연해지방에 대한 노략질을 꾀하고 있습니다. 지금 날씨가 따뜻하여 바람과 조수가 있는 달입니다. (왜적이) 간계를 그치지 않고 다시 천벌 받을 죄를 범하여 그 해독이 작년보다 더 심할지 어찌 알겠습니까? 하물며 가난한 백성들이 난리를 겪으면서 아사자가 들판에 가득합니다. 봄농사가 때를 잃어 기름진 땅에 잡초만 무성하고, (명군의 식량을 위한) 각종 조세는 살인적입니다. 군량을 1천 리 운반하여 반달분의 식량을 저장할 수 있게 되었습니다. 마땅히 때를 타서 전진하여 남은 적을 섬멸하고 해양에 대한 침범을 막아 거의 죽어가는 백성들을 살려야 합니다.[134]

물론 조선의 남진 요구는 받아들여지지 않았다. 송응창은 이미 3월 6일 조선국왕에게 향후 방침에 대한 자문을 보냈다. 그는 거기에서 한편으로 서울 진격의 현실적 어려움을 언급하고 다른 한편으로 왜군이 퇴각하더라도 조선 스스로 방어하는 데 어려움이 있음을 지적함으로써 왜적과 강화가 불가피하다는 결론을 제시했다. 그에 의하면 왜군을 힘으로 서울에서 물러나게 한 뒤에는 조선 스스로 자구책을 마련해야 한다. 그러기 위해서는 상당한 규모의 군사·식량·무기 등이 준비되어야 하고, 평양·서울 등지에 방어시설이 구축되어야 한다. 이것은 조선 스스로 방어하기 매우 어렵다는 것을 의미한다. 명군을 요청하더라도 조선은 식량 등 많은 비용을 치러야 한다. 그렇다고 이미 많은 희생과 비용을 치른 명도 군사와 식량을 내어 조선을 마냥 지원할 수도 없다. 결국 송응창은 오로지 강화를 통해서만 왜군의 철수와 재침의 방지가 가능하다는 사실을 상기하고자 했다.[135]

이틀 뒤[3월 8일] 송응창은 서울에 있는 유키나가에게 서한을 보냈다.

그것이 어떤 경로로 조정에 전달되었는지 알 수는 없다. 그 서한이 공개된 것도 이례적이다. 아마도 강화가 조선에도 나쁘지 않다는 사실을 알리려는 목적이 있었을 것이다. 어쨌든 그 글에는 강화를 위한 그의 기본입장이 담겨 있다고 생각된다.

> 지금 너희들은 도주하여 서울에 모여 있고 감히 저항하지 못하니 인정상 가련하다. 아아 가을에는 죽고 봄에는 사는 법이니 교화의 노력도 포기하지 않겠다. 일본과 조선은 한배〔同腹〕로 어찌 구분되겠는가? 그러니 지금 잘못을 뉘우치는 일본은 곧 훗날 순종하는 조선이 될 수도 있다. 높은 하늘과 두터운 땅은 품지 않는 것이 없다. 어찌 너희들을 모두 멸망시키고자 하겠는가? 너희들이 과연 생각을 가다듬고 잘못을 고쳐서 조선의 옛 땅을 모두 돌려주고, 두 왕자와 배신 등을 모두 송환하며, 돌아가 관백에게 보고하여 (명에) 글을 올려 사죄한다면, 본인은 곧장 너희 관백을 일본국왕으로 책봉하도록 (황제에게) 상주할 것이다. 너희들은 속히 짐을 싸 귀국해야 마땅하다.[136]

송응창의 글은 다소 중국중심적이다. 그는 강화를 마치 왜적의 간청에 의한 것으로 표현하고 있으며, 조공이나 다른 조건들은 언급하지 않고 히데요시의 책봉만이 조건으로 제시되고 있다. 물론 통공을 명시적으로 배제한 것은 아니었다. 그는 또한 히데요시가 표문을 올려 사죄할 것을 추가적으로 요구하고 있다. 평양이 수복되고 왜군이 수세에 몰렸으니 명은 더 까다로운 협상조건을 일본 측에 제시했던 셈이다. 다른 한편으로 사죄의 요구는 조선의 반발을 무마하려는 의도도 있었다. 조선은 원수에 대한 복수를 이유로 강화에 반대했다. 히데요시의 사죄 표명은 하나의 대안일 수 있었다.

3월 10일 송응창은 정문빈 등 자신의 참모들을 선조가 머물고 있던 숙천으로 파견했다. 이들을 접견한 자리에서 선조는 식량과 말먹이가 모아졌고, 또한 농사를 제때 짓기 위해서 지금 왜군을 공격할 것을 주장했다. 그에 대해 명의 관리들은 조선의 길이 외길이라 병사들이 한꺼번에 진격하지 못한다는 이유를 들어 신중해야 한다고 주장했다. 선조가 명군이 강화한다는 소문을 확인하자, 그들은 일방적인 강화가 아니라 일종의 화전양면 전략이라면서도 다음과 같이 강화의 의미를 분명히 했다.

> 왜적이 평양에서 패배한 뒤 사기가 저하되어 영파(寧波)를 경유하여 중국에 조공하기를 원합니다. 만약 그들의 본국 귀환을 계기로 삼아, 그들에게 입공을 허용한다면 그들은 반드시 귀국을 감히 침략하지 않을 것입니다. 만약 (우리가) 전쟁을 일삼는다면 2, 3년 이내에 귀국은 다시 침략당할 것입니다. 보건대 귀국은 시부(詩賦)를 오로지 숭상하고 군사적 대비를 닦지 않으니 그렇게 해서 적을 막을 수 있겠습니까?

정문빈 등의 주장은 지금 당장 왜군을 전쟁으로 내쫓는다고 해도 그들은 다음에 다시 공격해올 것이고, 그러면 조선은 문약하여 그들을 막기 어렵고, 명군이 그때마다 계속 막아줄 수도 없다는 의미였다. 따라서 일본이 원하는 조공을 허용함으로써 왜군을 철수시키고 재침을 막아야 한다는 것이다. 이에 대해서 선조는 다음과 같이 대답했다.

> 위력으로(만) 이적을 복종시킬 수 있으며, 그들과 강화할 수는 없습니다. 왜적이 온갖 속임수를 내어 지금 강화를 구걸하더라고 반드시 속내가 아닐 것입니다. 소방과 왜적은 만세에 반드시 갚아야 할 원수입니다. 반드시 진격하여 우리의 서울을 수복하고 이 더러운 자들을 모두 섬멸한 뒤에야 소방의 치욕을 설욕할 수 있을 것이며, 명의 권위도 펼칠 수 있을 것입니다.[137]

그러자 명의 관리들은 "강화로 그들을 유인하고 전쟁으로 그들을 치는 방식이 불가하지는 않습니다."고 다시 화전양면의 정책으로서 강화의 필요성을 강조했다.

명군 내에서 강화의 분위기가 감지되자 조정도 적극적인 반대에 나섰다. 우선 국왕이 직접 송응창을 만나기 어려운 상황에서 좌의정 윤두수를 보내 실상을 알아보게 했다. 윤두수는 3월 10일 의주에서 송응창을 만났다. 그때 그는 문서로 명군의 조속한 남진 필요성을 강조했다. 그 근거는 전에도 자주 제기했던 것으로, 적이 평양에서 패하여 사기가 떨어져 후퇴하려고 한다는 것, 동파에 운반해놓은 5만 명의 보름분 군량과 말먹이가 자칫 적에게 빼앗길 수 있다는 것, 평안도와 황해도의 비축 식량은 물론 중국에서 운반할 수 있는 식량도 많지 않아 머잖아 소진될 수 있다는 것, 생포한 왜적의 진술에 따르면 히데요시가 병력을 증강하여 명의 연해 지역에 소란을 피우려 한다는 것, 지체시 조선의 군사들도 식량이 떨어지고 기운이 빠져 명군과 협력하기 어렵다는 것 등이었다.[138]

윤두수의 송응창 방문 결과와 관련하여 두 가지 보고가 확인된다. 하나는 송응창 면담에 대한 서면 보고이고, 또 하나는 그가 귀국하여 3월 15일 선조에게 직접 제출한 것으로서 통판(通判) 왕군영(王君榮)의 면담에 대한 보고였다. 왕군영의 면담은 그가 송응창을 방문한 다음 날〔3월 11일〕 이루어졌다. 왜 『선조실록』에 더 중요해 보이는 송응창의 면담 보고는 수록되지 않고 단지 왕군영의 면담 내용만 기재되어 있는지 알 수 없다. 그렇지만 오희문의 『쇄미록』에 송응창 면담에 대한 서면 보고가 수록되어 있다.[139] 여기에는 당시 강화에 대한 송응창의 입장이 자세히 나와 있다.[140]

송응창 면담에 대한 보고에 의하면, 그는 윤두수 일행에게 무릎을 꿇게 하고 자신의 지시를 전달했다. 그는 한편으로 명군의 철수를 부인하면서도 다른 한편으로 남진 불가는 물론 강화의 의지를 숨기지 않았다. 그에 의하면, 지친 병마들만 안주나 정주 등 후방으로 후퇴하여 쉬게 하고, 나머지는 개성 등지에서 철수하지 않을 것이다. 그 대신 유정의 정예병 1만 명, 산동 등지의 군량과 마초 30여만 석, 그리고 요동의 대포와 화약 등 무기가 추가적으로 조선에 들어올 것이다. 다만 조선의 요구처럼 섣불리 남하했다가 패배한다면 명의 위신이 실추되고 결국 조선에도 나쁜 결과가 될 것이다.

그와 함께 송응창은 명의 파병동기에 대한 조선의 인식에 불만을 표시했다. 즉, 조선의 군신들이 "(명의 파병이) 중국을 위한 것이며, (따라서) 구원병이 아니다."고 말한다는 것이다. 그러면서 그는 "(명군이) 중국을 위할 뿐이라면 압록강을 지킬 일이지, 왜 천하의 군사를 동원하고 1백만 냥의 은을 쓰면서 수천 리 밖까지 원정하겠는가?"라고 하면서, "귀국이 2백 년간 충순해온 정성을 황제께서 가상히 여겨 이렇게 구원하러 온 것"임을 강조했다. 해당 문제는 앞서 1월과 2월 유황상과 양원 등이 조선에 제기했던 것으로 새로운 것은 아니었다.[141]

송응창은 강화에 대한 몇 가지 근거를 제시했다. 먼저 강화는 대국으로서 명나라 변방 정책의 기본 원칙이다. 그에 의하면, "우리 중국은 아홉 변방이 모두 오랑캐여서 오늘 침입해오면 이들을 토벌하고 내일 공물을 바친다면 이것을 허락한다." 명은 다수의 이적들을 상대로 하기 때문에 기본적으로 방어적일 수밖에 없다. 즉 중국식 표현으로 기미정책에 입각해야 한다는 것이다. 더욱이 왜적은 66개 주(州)의 대군을 가지고 있으니 다 죽일 수는 없으므로 일시적으로 물리치더라도 재침할 가능성이 늘 있다. 이러한 상황에서 힘보다는 마음으로 복종시키는 것이 효과적이다. 그러면서 송응창은 왜적이 이미 강화를 요청했다는 점을 강조했다.

그는 강화의 구체적인 방법까지도 언급했는데, 그것은 영파의 옛길로 조공을 허락한다는 것이었다. 물론 그 전제조건은 조선으로부터 왜군의 철수였다. 그와 함께 조선에는 명군 1만 명, 혹은 4, 5천 명을 주둔시켜 요충지를 지키게 할 것이다. 그리고 10년이나 20년 후 조선이 자력으로 지킬 수 있을 때 명군은 철수한다.

다음은 『선조실록』에 실린 왕군영과의 면담 내용이다. 윤두수의 보고에 의하면, 왕군영은 전날 송응창에게서 듣지 않았던 다른 문제들을 제기했다. 먼저 영의정 등 조선의 백관이 이여송에게 보낸 3월 7일자 자문 가운데 "군대가 지치고 재원이 바닥난다."와 같이 온당하지 않은 표현이 있다는 것이었다.[142] 그는 명군이 이미 평양과 개성을 탈환했고, 재원은 명의 국가재원을 동원하여 아직도 남아 있다는 사실을 강조했다. 그런데도 명군이 식량과 마초만 허비하고 있다는 표현은 불편하다는 것이다. 그에 대해서 윤두수는 사죄를 표명하면서도 상황이 현재 너무 절박하고 위급해서 잘 모르고 썼다고 대답했다.

그와 함께 윤두수가 농사철이 시작되기 전 조속한 남진을 요청하자 왕군영은 추가적인 병력지원이 어렵다는 명 조정의 입장을 전했다. 그것은 이여송이 추가병력의 파견을 요청한 것에 대해 요동순무 조요(趙耀)가 황제에게 제출한 제본의 내용이었다. 조요에 의하면, 요동의 군사 8만 명을 요해지에 나눠서 수비하게 하고 겨우 2만 8천 명이 남는데, 이들은 비상사태에 대비하기 위한 병력으로서 형편상 조선에 더 이상 파견할 수 없다. 조요의 제본에 대해 황제는 병부가 알아서 하라고 함으로써 그의 제안에 동의했다. 윤두수는 왕군영에 이어 장구경을 만났다. 장구경은 송응창의 진격의지를 다시 확인했지만 조정은 이미 이여송은 물론 송응창도 강화하려는 의사를 갖고 있다고 간주했다.[143]

한편 유황상과 원황도 3월 8일자 국왕의 자문에 대해서 서면으로 반박했다. 그들은 특히 조선의 태도에 대해 신랄한 비판을 쏟아냈다. 그들에 의하면, 남진의 요구는 조선 스스로 싸우지 않고 명군만 나서서 싸우라는 것이다. 그것은 "다른 사람을 고용하여 싸우게 하여 이겼음에도 주먹질을 더 빨리 하지 않는다고 의심하는 것"에 비유되었다. 나아가 그들은 조선인들이 낡은 습관을 답습하여 대충대충 하고 태만하여 일을 그르치고 있다고 비난했다. 그들에 의하면, 조선은 히데요시를 호랑이처럼 무서워할 뿐, 호남과 충청이 온전함에도 어느 누구도 서울의 왜군에게 저항하거나 개성까지 와서 명군과 합세하려 하지 않는다. 함경도에서 왜군이 철수했음에도 조선은 그곳에 군사를 보내 지키려 하지 않는다.

사실 조선과 명군 사이에 강화의 당위성을 둘러싸고 논쟁이 벌어지고 있을 때, 심유경이 이미 3월 중순 용산에서 왜군과 교섭을 마치고 되돌아오고 있었다. 그럼에도 유황상과 원황은 강화 사실에 대해서는 전혀 언급하지 않았다. 그들은 단지 대국의 위상만을 강조했다. 이를테면 중국의 산동 일대에는 1백만 명의 군사와 전함 수천 척이 있고, 섬라·유구 등 군사를 동원하여 일본을 공격할 수도 있다는 것이다. 그들은 현실성이 없는 새로운 명군의 진입 계획을 전했다. 즉, 앞으로 수일 내 신병 10만 명의 도착을 알리는 황제의 지시가 내려진다는 것이다.[144] 결국 조선의 입장에서 유황상 등의 답변은 한편으로는 조선의 무능을 질책하면서도 다른 한편으로 벽제관전투 이후 추락한 명군의 위신을 애써 강조하거나 강화의 불가피성을 은폐하려는 것에 불과했다.

국왕의 남하

명군의 진퇴와 관련된 또 하나의 이슈는 국왕의 이동이었다. 평양수복이 알려지자 비변사는 곧바로 국왕의 남하를 주장했다. 선조는 1월 18일 의주를 출발하여 20일 정주에 도착했다. 전날 그는 송응창에게 공문을 보내서 정주로 내려가 기다리겠다고 전했다.[145] 사실 당시 송응창이 요양에서 조선으로 들어온다는 소문이 있었기에, 선조의 남하는 그에게서 멀어지는 셈이었다. 그렇지만 앞서 본 것처럼 평양수복 직후 송응창은 국왕의 평양 진입 원칙을 제시했다. 이제 명군이 곧 서울로 향하려는 분위기하에서 그는 국왕의 남하를 적극 요구했다. 1월 24일 정주에 머물던 선조에게 그는 서울수복을 위해 노력할 것을 당부하는 자문을 보내왔다.[146] 선조는 그를 접대하기 위해서 다시 북상하고자 했으나 신하들의 반대로 그렇게 하지는 않았다.

송응창은 병부에도 국왕의 평양 진주를 요청했다. 그에 따라 병부는 2월 초 중국의 위세는 떨쳤으니 국왕이 피난해 있을 것이 아니라 평양으로 전진하여 방어에 힘써야 한다는 의견을 황제에게 제출했다.[147] 황제의 승인에 근거하여 송응창은 선조에게 평양에 진입하도록 공식적으로 요구했다. 국왕이 나서서 평양의 방어와 서울 공략에 적극 참여해야 한다는 것이었다. 병부에 의하면, 그것은 한편으로 "사대자소의 인의(仁義)", 즉 회복된 영토를 차지하지 않고 조선에게 넘겨준다는 점을 보여주고, 다른 한편으로 "근왕(勤王)에 대한 백성들의 의지," 즉 백성들의 충성심을 결집시켜 왜적을 소탕해야 한다는 취지에서였다.[148] 송응창은 2월 12일 봉황성에 자신을 예방한 윤근수에게도 국왕이 자신을 찾아 의주에 오지 말도록 했다.[149]

신하들은 국왕이 남하하여 명군에 대한 후근과 백성들의 사기진작 등 왜적에 대한 적극적인 공략에 나설 것을 주장했다. 일각에서는 철수한다는 소문이 있는 명군의 잔류를 설득해야 한다는 의견도 제시되었다. 선조 자신은 남하에 대해서 처음에는 반대했다. 그것은 첫째 송응창이 곧 조선에 들어오는 상황에서 남하는 그에 대한 접대의 소홀로 비춰질 수 있다는 것, 둘째 함경도의 왜적이 뒤를 끊어 국왕 자신이 위험한 상황에 빠질 수 있다는 것, 셋째 지금 가장 시급한 식량 운반을 가까운 곳에 남아 독려해야 한다는 것[150] 등이었다. 그렇지만 결국 비변사의 의견에 따라 선조는 왕비와 세자 등은 정주에 두고 자신은 순안까지 내려가기로 결정했다. 비변사는 평양성 안은 전쟁으로 파괴되어서 머물기에 불편하다는 의견이었다.[151] 2월 17일 선조는 정주를 떠나 남쪽을 향했다. 그렇지만 그는 순안까지 가지 않고 대부분 영유와 숙천에 머물렀다.

3월 하순 명일간 강화의 소식이 전해지자 국왕이 나서서 이여송을 만나 직접 명군의 전진을 요청하기로 했다. 영유에 머물고 있던 선조는 3월 25일 이여송이 있는 평양에 잠시 행차하기로 했다. 나중에 상황이 급박하다는 의견에 따라 선조는 날짜를 앞당겨 23일 평양으로 갔다. 그는 먼저 관찰사 이원익을 만나 대응책을 논의했다. 이때 이원익은 강화가 진행되고 있음을 보고했다. 전날 안주와 정주 사이에서 ─ 1차 협상을 마치고 북상하는 ─ 심유경이 목격되었다. 그에 의하면, 명의 군사들은 강화에 환호하며 이여송은 강화 의지를 굳혔다. 양측의 접촉 방식도 알려졌는데, 이여송의 저지로 심유경은 왜영에 들어가지는 않고 기요마사 등과 강을 사이에 두고 대화를 나누었다.[152] 실제 심유경은 용산의 선상에서 유키나가와 직접 접촉했다. 양측은 4월 8일 다시 만나 강화조약을 체결하기로 예정된 것으로 알려졌다.

선조는 다음 날〔24일〕 평양의 대동관에서 이여송을 만났다. 그때 이여송은 3월 중순 서울에서 협상을 마치고 돌아온 심유경으로부터 그 결과를 보고받은 상태였다. 이여송은 크게 두 가지 측면에서 강화를 옹호했다. 먼저 왜군은 조공을 허락받는다면 철수하겠다는 입장이라는 것이다. 왜측의 주장에 의하면, 일본은 1533년 이래 끊겼던 조공을 다시 열고자 했으나 그 길을 조선이 막았기 때문에 침략했다. 따라서 조공을 허락한다면 지금이라도 돌아갈 것이다. 또한 이여송에 의하면, 명군이 왜군을 완전히 섬멸하지 않는 한, 왜군은 다시 조선을 침범할 것인데, 그렇다고 매번 명이 조선을 도와줄 수는 없다. 그는 특히 전곡(錢穀)을 아끼고 장사(將士)를 보전하라는 황제의 지시를 전하면서, 함부로 왜적과 싸울 수 없다는 점을 분명히 했다.

적어도 첫 번째 측면, 즉 침략의 원인에 대해서는 확실한 반론이 가능했다. 선조에 의하면, 침략의 원인으로서 조선이 일본의 조공을 막았기 때문이라는 말은 전적으로 사리에 맞지 않다. 일본이 다시 조공하고자 한다면 옛길, 즉 절강성 영파를 통해서 하면 되는 것이다. 그들이 조선을 침범한 것은 길을 빌려 명나라를 빼앗기 위함이다. 그에 반해 두 번째 (강화하지 않으면) 왜적이 다시 조선을 침범할 것이라는 가정은 반박하기 어려워 보이는데, 그에 대해서도 선조는 나름의 분명한 입장을 표명했다. 즉, 죽는 한이 있더라도 불공대천의 왜적에 대해서는 그 원수를 반드시 갚아야 한다는 것이었다. 선조의 각오에 대해서 이 제독은 자신의 상관인 송응창의 의견을 물어서 결정할 수밖에 없다고 마무리했다.[153]

25일 영유로 돌아오면서 선조는 이번에는 의주에 있는 송응창을 만나보기로 했다. 그것은 전날 이여송에게서는 별다른 성과가 없었고, 송응창의 입장이 결정적이라고 판단되었기 때문이었다. 물론 이제까지 황제의 명으로 조선 문제를 관장해온 송응창을 만나보지 않은 것은 예의가 아니라는 생각도 있었다. 더욱이 유정의 군사 1만 명이 압록강을 건너온다는 희소식까지 전해졌다. 그리하여 선조는 숙천과 안주를 거쳐서 29일 청천강을 건넜다. 강을 건너 약 5리쯤에서 일행은 왕군영 통판을 만났다. 그는 송응창의 지시를 받고 내려오던 중이었다. 그는 국왕의 북상을 만류하는 명을 띠고 내려온 듯했다. 당시 송응창은 용산에서의 1차 협상 결과에 대한 심유경의 보고를 받은 직후였다.

선조는 자신이 송응창에게 직접 진병을 요구하고자 하며, 따라서 통판도 박천의 광통원(廣通院)으로 함께 올라갈 것을 제안했다. 그렇지만 통판은 이미 — 광통원보다 더 북쪽에 위치한 — 가산에서 아침을 먹고 내려온 병사들이 배가 고파서 되돌아갈 수 없다는 점과 경략의 입장이 이미 결정되었기에 가도 소용이 없을 것임을 강조했다. 그와 함께 통판은 국왕이 안주로 돌아간다면 자신이 따라가서 구체적인 입장을 말해줄 것이지만, 계속 올라간다면 일단 안주까지 갔다가 (식사를 한 뒤) 돌아올 것이라고 말했다. 선조는 할 수 없이 안주로 되돌아와야 했다. 그곳에서 왕군영은 강화에 임하는 명 측의 입장을 전달하며 선조를 설득했다.[154]

조선 내 찬반논의

조선은 계속해서 강화 반대를 표명해왔지만 실상은 그리 간단하지 않았다. 사실 조선에서도 강화가 하나의 대안이 될 수 있다는 생각이 없지 않았다. 많은 사람들이 "기미(羈縻, 회유책)를 허용함으로써 잠시 군사의 발동 시기를 늦출 수 있어서, (강화가) 잘못된 정책이 아니다."는 의견이었다.[155]

3월 4일 국왕을 찾아온 접반사 이덕형은 강화의 불가피함을 분명히 했다. 그에 의하면, 양측의 대치 기간이 길어지면서 군량을 지탱할 수 없게 되었다. 그는 명군이 각각 5천 명으로 개성과 평양을 지키고 나머지는 모두 철수할 계획임을 전하며, 명군은 더 이상 싸울 의지가 없음을 강조했다. 그와 함께 그는 농민들이 다급한 농사일에 집중하도록 강화의 필요성을 제기했다. 그는 또한 자신의 계책으로 서울의 왜군을 물러나게 할 수 있다는 심유경의 말에도 신뢰를 보였다. 선조가 강화를 하면 왜적이 반드시 군대를 모두 데리고 철수할 것인가를 묻자, 이덕형은 반드시 철수할 것이라고 대답했다. 이것은 조선이 공식적으로 강화를 내세울 수는 없는 상황에서 심유경을 통하면 된다는 의미였다. 이덕형의 말을 선조는 직접 반박하지 않았다. 선조는 적어도 강화를 통한 왜군의 철수에 관심이 있었다.

사실 평양전투에서는 전쟁과 강화의 양면작전이 구사되었다. 더욱이 심유경 자신은 그의 계책이었다면 전쟁 없이도 왜군을 평양에서 물러가게 했을 것이라고 주장했다. 강화론자들은 서울의 왜군과 관련해서도 유사한 계책이 적용될 수 있다고 간주한 듯하다. 물론 그것은 대규모 명군의 존재를 전제로 했다. 그렇지만 지금은 상황이 달랐다. 명군은 벽제관전투 이후 사기를 잃고 철수를 원하며, 왜군의 공격을 막을 능력조차 의심스럽다. 이덕형의 접견시 배석했던 동부승지 이호민이 지적한 것처럼, 대군이 없는 한에서는 강화는 왜군의 함정이 될 수 있다. 그의 말을 받아 선조도

조선은 도리상 강화해서는 안 된다고 말해야 한다고 덧붙였다.[156]

그와 비슷한 시점에서 선조가 윤두수와 홍진을 접견했을 때에도 강화 문제가 논의되었다. 당시 윤두수는 명군의 남하를 요청하는 임무를 담당하고 있었다. 그 자리도 명군, 특히 남병의 남진을 요청하기 위해서 이여송을 만나러 가는 그를 격려하기 위해 마련되었다. 그럼에도 강화에 대한 우호적인 분위기가 지배했고, 이들은 이덕형보다도 분명하게 강화의 필요성을 제기했다.

먼저 선조가 송응창이 와서 강화한다면 어떻게 할 것인가라고 질문했다. 윤두수는 "우리나라가 (직접) 그것〔강화〕을 (제안)하는 것은 안 되지만, 명나라 장수가 한다면 잘못은 그에게 있으니 우리와 무슨 상관이 있겠습니까. 이치로 말한다면 결코 강화할 수 없지만 백성을 보호하고 군사들을 쉬게 하는 데는 아마도 강화만 한 것이 없습니다."고 답했다. 홍진도 "상황이 어쩔 수 없다고 여겨 혹 이와 같이 주장하는 경우가 있습니다. 일이 만약 성공한다면 아마 괜찮을 것입니다."고 가세했다. 물론 그에 대해서 선조는 "어찌 그럴〔성공할〕 리가 있겠는가? 반드시 토벌해야 한다는 뜻으로 명 장수에게 요청해야 한다."고 답하여 윤두수의 동의를 끌어내고 있다.[157]

그렇다면 그 시점에서 명일간 강화를 도체찰사 유성룡은 어떻게 평가했을까? 그는 다음에 보는 것처럼 양측의 접촉에 간접적으로 관여했고, 그 과정을 목격했다. 그는 3월 초 왜군의 강화 요청 서신을 사대수 유격에게 넘겨주었다. 강화를 진정으로 반대했다면 그렇게 하지 않았을 것이다. 그렇다고 강화를 직접 주장할 형편은 아니었다. 그리하여 위 왜서에 대해서 선조에게 보고할 때, 유성룡은 조심스럽게나마 조선의 모순적인 상황을 지적했다.

대개 중국은 전쟁에 염증을 느낍니다. 비록 통공을 허용하고 군사를

> 철수하더라도 백성의 재난을 끝냄으로써, 실책에 이르지는 않을 것입니다. 우리나라로서는 크나큰 원수를 갚지 못했습니다. (그렇지만) 병력이 허약하여 타국 군대의 힘을 빌려 복수하려 합니다. 그러므로 이와 같이 난처한 일이 있게 된 것입니다. (명군이) 지체하는 사이 양식은 고갈되고 군사와 백성은 흩어져서, 비록 기회가 있더라도 힘껏 싸우는 장수와 용맹한 병사라도 쓸 곳이 없으니, 사태의 급함이 날로 심해지고 있습니다.[158]

유성룡에 의하면, 강화하면 원수를 갚지 못하더라도 왜군의 철수를 통해 적어도 백성들의 재난은 끝낼 수 있다. 조선 스스로 원수를 갚을 능력이 없어 명군의 힘을 빌려야 한다. 그렇기 때문에 명군을 위한 군량이 필요하고, 이것은 조선의 백성을 피폐하게 하고 군사들을 무력화시키고 있다. 이러한 모순의 고리를 벗어나기 위해서는 강화 이외에는 대안이 별로 없다는 이야기가 된다. 그는 3월 중순 조정에 대한 한 보고서에서 다음과 같이 쓰고 있다.

> 경기도의 군현은 처음에 명군의 도착 소식을 듣고 단지 (그들의) 접대만 급무로 생각하여 왜적을 방비하는 일은 깡그리 잊었습니다. 과천·포천·인천·부평·남양·통진 등 (경기)우도의 수령들은 모두 차사원(差使員)[159]으로 배정되었습니다. 그들은 자신들의 관아를 버리고 관할 지방 사람들을 모두 이끌고 각처를 분주히 돌아다닙니다. 의병을 모은 사람조차도 명군을 지원하기 위해 식량을 나르고 마초를 진다면서 군사를 해산하여 홀로 있고, 더 이상 왜적을 토벌할 마음을 먹지 않습니다.[160]

그에 의하면, 조선은 오로지 명군의 식량 준비를 위해서 총력을 기울이고 있다. 모든 지방관들이 명군의 접대에 동원되고 있다. 그로 인해

이호민 초상

조선은 식량이 부족하여 자체의 군사조차 모을 수 없다. 특히 명군의 남진이 지체되면서 상황은 더욱 악화되고 있다. 또한 식량이 부족한 왜군이 호남과 충청 지방에 대규모 공략을 자행할 수도 있다.

일부 신하들 사이에 강화를 받아들이려는 분위기가 나타나자 선조는 위기감을 느낀 듯하다. 그는 3월 16일 유성룡에게 강화를 말하는 자는 머리를 베어 매달 것을 지시했다. 그와 함께 간접적으로나마 유성룡 자신에 대한 경고도 표출했다. 즉, 강화의 말에 현혹되어 일을 그르치지 말라는 것이었다.[161] 시간이 지나면서 유성룡에 대해 선조는 더욱 분명한 불만을 드러냈다. 그것은 무엇보다도 유성룡이 명 장수에게 강화불가 입장을 적극 제기하지 않는다는 것이었다. 선조의 표현으로 유성룡은 "일국의 변방 장수로서 강화의 말을 듣고서도 적에 대한 토벌과 복수를 한 마디도 하지 않고, 명의 장수 앞에서 머리를 부수면서라도 쟁변하지 않으며, 강화의 말을 당연하게 여기는 것 같다."[162]

선조는 또한 예조판서 윤근수에게도 송응창에게 강화불가를 쟁변하지 않는다고 지적했다. 윤근수는 당시 의주 등지에 머물면서 송응창의 참모들과 접촉하고 있었다.[163] 선조는 많은 사람들이 비록 말로 드러내지 못하지만 실은 강화를 원하고 있다면서 유성룡과 김명원 등을 거기에 포함시켰다. 그는 자신과 동부승지 이호민만이 오로지 "적에게 강화를 구걸하려고 하지 않는다."고 탄식했다.[164]

왜군의 전략변화

그렇다면 왜군의 상황은 어떠했을까? 사실 평양에서 패배는 왜군 전체에 상당한 충격을 주었다. 명군의 보고서에 따르면, 기세가 꺾인 왜군이 적극 강화를 구걸했다. 액면 그대로 믿을 수는 없으나 해당 시점에서 왜군은 적잖은 어려움을 겪고 있었음이 확인된다.

봉행 미쓰나리는 1월 23일 평양전투 이후 상황을 본국에 보고했다. 그는 먼저 유키나가가 평양에서 패배하면서 개성 등 임진강 이북의 다른 왜군도 모두 서울로 철수할 수밖에 없었던 점을 설명했다. 특히 추격하는 명군을 대적하기에는 군량과 무기가 부족하고, 임진강 얼음이 녹아 서울에서 운송할 수도 없었다. 그에 의하면, 조선의 반격도 거셌다. 서울과 부산 사이 각 지역에 배치된 군사들이 각각 2, 3만 명 정도의 조선군에 포위되어 서로 연락조차 할 수 없게 되었다. 뿐만 아니라 부산포 등 해안 지역에는 조선의 수군이 출몰하고 있었다. 마지막으로 군량이 부족했다. 서울에 비축된 군량이 1만 4천 석으로 3월 중순까지 2개월분밖에 되지 않았다. 다른 지역도 마찬가지였다. 미쓰나리는 식량 조달을 위해서 충청도와 전라도를 서둘러 평정할 것을 주장했다.[165]

미쓰나리의 보고는 2월 중순 나고야에 있던 히데요시에게 전달되었다. 그는 보고를 받자마자 곧바로 구로다 요시타카(黑田孝高)와 아사노 나가마사(淺野長政)를 조선에 파견하여 향후 전략을 지시했다. 2월 18일자〔일본력〕 지시 내용은, 첫째 기요마사와 나오시게의 군사를 함경도에서 서울과 개성 사이로 옮길 것, 둘째 유키나가와 구로다 나가마사는 개성에 주둔할 것, 셋째 ─ 얼마 전 부산에 있다가 서울로 옮겨온 ─ 요시히로와 이토민부(伊東民部)는 옛날 위치로 돌아갈 것, 넷째 (개성으로 출격할 때) 다카카게와 마시다 나가모리(增田長盛)의 군대는 서울에 남을 것, 다섯째 나머지 군사들은 유격대로 삼고 우키타 히데이에를 대장으로 할 것 등이었다. 그 외에도 그는 경상도와 전라도 평정 방안을 수용하여, 군대가 정비되는 대로 요충지인 진주성을 공격하도록 했다.[166]

히데요시의 지시는 대체로 군사를 다시 개성까지 북상시켜 명군의 남하에 적극 대비하라는 취지였다. 그렇지만 함경도와 강원도 등지의 군대들을 모두 서울 부근에 모이게 한 것은 그때까지 조선에 대한 분할 점령과 지배에서 벗어나 자체 방어로 전반적인 전략 수정을 내포했다. 그리고 히데이에를 대장으로 설정한 것은 수세에 몰린 왜군의 단합을 위해서였겠으나, 그간 연기해온 자신의 조선행이 더욱 어렵게 되었음을 의미했다.[167]

히데요시가 새로운 지시를 내리고 있던 2월 중순 조선 내 왜군의 상황은 더욱 심각했다. 그들은 개성과 벽제관에서 타격을 받았을 뿐만 아니라 행주전투에서 조선의 군대에게조차 패배하고 말았다. 조선은 다시 임진강과 파주에 전선을 구축하고 그들의 북상을 견제했다. 물론 조선으로서는 왜군의 실상을 정확히 파악할 수는 없었으나 서울의 왜군은 겨울의 혹독한 날씨와 함께 무엇보다도 연료와 말먹이가 부족했다. 특히 다수의 말이 아사하고 역병이 유행했다. 병사들은 전쟁을 그만두고 철수하기를 갈망했다. 왜군 수뇌부도 서울을 지키는 일이 점차 어렵다고 판단했다.

더욱이 2월 용산의 창고가 명군 지도부의 지령에 의해 소실되었다. 송응창은 3월 3일 명 조정에 보내는 편지에서 "그들〔왜군〕은 용산에 13개의 창고를 쌓아두었는데, 제가 이여송에게 명령하여 장사들을 데리고 불화살을 가지고 가서 불태우게 했고, (2월) 20일 그곳에 가서 활로 남김없이 불태웠습니다."고 보고했다.[168] 며칠 뒤 그는 선조에게도 이여송의 보고 형태로 유사한 내용을 전달했다.[169] 이러한 가운데 왜장들은 2월 27일 서울에서 회의를 개최했다. 거기에서 일단 히데요시에게 조선행의 연기를 건의하기로 결정되었다. 그와 함께 내부적으로는 서울을 버리고 남하하는 문제에 관해서도 논의된 것으로 추측되었다.[170]

대체로 왜군은 명분 없는 전쟁의 장기화에 지쳐 있었다. 평양과 개성에서의 패배에 이어 벽제관에서 다수가 희생되었다. 행주산성 전투는 조선의 저항 능력을 증명했다. 3월 중순 서울의 왜영에 출입했던 이신충이 왜군의 상황에 대해서 보고했다. 그에 의하면, "그 군대를 보니 상당히 굶주린 기색이 있어서 식량이 부족함을 알 수 있고, 말들은 썩은 풀만 먹고 있고 뼈가 앙상하게 여위었으며, 길에 버려진 죽은 말들이 도처에 있으니 마초가 없음을 알 수 있었다."[171] 비슷한 시기에 유성룡은 충주 이북의 왜군이 가을과 겨울에 식량이 부족하여 살생과 약탈이 더욱 심해졌다는 소문을 조정에 전했다.[172]

경상도 등지에서도 조선군은 계속하여 왜군을 괴롭혔다. 부산에서는 조선의 수군이 일본으로부터 식량보급까지 위협하고 있었다. 그러한 가운데 경상북도에 머물던 데루모토는 부산으로 퇴각하지 않을 수 없었다. 한 일본의 문헌은 "감군(監軍) 마시다(增田, 나가모리)와 이시다(石田, 미쓰나리) 등이 타지에 오랫동안 머물러서 돌아가고 싶은 생각이 매우 절실했다."고 쓰고 있다.[173]

조선의 상황을 감지한 히데요시는 3월 10일자〔일본력〕 지시에서 새로운 전략을 제시했다. 그것은 서울에서 병력을 상주로 철수하고 진주성에 대한 공격을 감행하라는 것이었다. 진주성 공격에는 3만 7천 명, 그 예비 병력으로 2만 6천여 명이 배정되었다. 나머지 약 5만 6천여 명은 상주에 머물게 했다.[174] 진주성 공격을 위해 그는 본국에서 추가 병력을 동원하도록 했다.[175] 진주성 공격은 특히 서울에서 철수가 가져올 군사들의 사기 저하와 동요를 막기 위해서였다. 유키나가는 히데요시의 결정이 전달되기 전에 명 측과 교섭했다. 그것은 서울에서 왜군의 안전한 철수와 함께 최대한 명분을 확보하기 위한 것이었다.

한편 프로이스도 왜군의 분위기를 대체로 객관적으로 전하고 있다. 그에 의하면 당시 서울에 모인 왜장들은 귀국을 원했다. 그들은 장기간의 전쟁으로 지쳐 있었다. 히데요시가 조선의 일부를 차지하게 되면 그들 가운데 일부는 조선에 남아 있어야 한다는 사실조차 우려했다. 식량과 군수품이 부족했고, 그렇다고 히데요시의 지원을 기대할 수도 없었다. 더욱이 평양과 벽제관전투에서 그들은 명군에 대한 두려움을 갖게 되었다. 금번 명의 기병대는 과거 절강성 등지에서 노략질했을 때 소수의 왜군에도 모두 달아나던 농민들과는 달랐다. 그들은 잘 훈련되어 있었다. 그리하여 왜장들은 히데요시의 체면을 세워줄 수 있는 방식의 철수를 원했다.[176]

물론 조선에서도 부분적으로는 왜군의 상황을 파악하고 있었다. 3월 초 왜군이 조선 측에 계속 편지를 보내서 강화를 요청했다. 그와 관련하여 유성룡은 그 배경으로 크게 세 가지 이유를 추론했다. 첫째, 왜군이 너무 깊숙이 들어와 고립되어 안전하게 돌아가기 어렵다. 왜군은 평양과 행주에서 차례로 패했다. 그 과정에서 정예 병력이 거의 없어졌고 사기가 꺾였다. 비록 함경도와 (강원도) 원주 등지의 왜군이 서울에 모이고 있으나 명군이 배후에 있고, 조선의 군사는 다수가 그들이 돌아가는 남쪽의 길목에 주둔하고 있다. 둘째, 오랫동안 먼 나라에서 싸우다 보니 병사들은 피로하고 의지가 약해졌다. 병사들은 돌아가고 싶은데 히데요시가 허락하지 않으니 강화를 핑계로 그에게 보고하여 귀국할 수 있기를 기대하고 있다. 셋째, 왜군은 강화를 통해 잠시 명군의 공격을 늦추고 증원군을 기다려 다시 공격하려고 한다.[177] 유성룡은 왜군의 강화 요청을 안전한 귀국을 도모하거나 아니면 명군의 진격을 늦추어 증원군을 기다리기 위한 방편으로 이해했다. 그리고 대체로 전자에 비중을 두었다.

| 제 5 장 |

명·일 강화교섭

5

1. 용산회담과 왜군의 서울 철수

유성룡의 보고

앞서 서울의 왜군이 어려움에 처한 것과 마찬가지로 명군도 벽제관의 충격으로 사기가 크게 떨어졌다. 이여송은 평양으로 후퇴하고 일부의 군대만 동파와 개성에 머물렀다.[1] 임진강 이남은 일단 조선의 군사들이 막고 있었다. 왜군의 경우에는 함경도의 기요마사 군대를 포함하여 황해도와 강원도 등지에 주둔하던 다른 군대들도 모두 후퇴하여 서울과 그 주변지역으로 집결했다. 그 결과 왜군은 수적으로 명군을 압도했다. 더욱이 대마도로부터 히데요시가 증원군을 파견할 것이라는 소문이 나돌았다.

이러한 가운데 명·일 강화교섭이 시작되었다. 당시로서 그 과정은 외부에 별로 알려지지 않았다. 그렇다면 강화교섭은 어떻게 시작되었을까? 교섭의 시작과 관련하여 『징비록』에서 유성룡은 다음과 같이 회고하고 있다.

> (의병장) 김천일의 진중에 이신충(李藎忠)이라는 사람이 있었는데, 서울에 들어가 적정을 살피겠다고 자청하여 들어갔다. (그는) 두 왕자와 장

계군(長溪君) 황정욱(黃廷彧) 등을 만나고 돌아와서 왜적이 강화의 뜻이 있음을 전했다. 얼마 후 왜적은 용산의 (조선) 수군에 투서(投書)하여 강화를 요청했다. 김천일이 그것을 내게 보냈다. 나는 (이여송) 제독이 이미 싸울 의지가 없다고 생각하여, 혹 이것을 빌려 왜적을 물러나게 하려고, (평양에서) 다시 개성으로 돌아와 일을 마무리하기를 기대하여 그 편지를 총병 사대수(查大受)에게 보여주었다. 그는 즉시 가정(家丁) 이경(李慶)을 시켜 평양에 치보했고, 이에 이여송은 다시 심유경을 오게 했다.[2]

인용문 핵심은 대략 다음과 같다. 김천일이 이신충을 서울 왜영에 보냈고, 그가 왕자들과 황정욱으로부터 왜적이 강화의 뜻이 있음을 확인했다. 그 후 왜군이 다시 강화를 요청하는 서한을 보내왔고, 유성룡 자신이 그것을 명군 측에 전달함으로써 심유경을 통한 강화가 개시되었다. 유성룡은 당시 도체찰사로서 임진강 북변 동파(東坡)에서 전방의 업무를 총괄하는 위치에 있었기 때문에 대부분의 공문과 정보는 그의 손을 거쳤다. 그런데 그가 당시 조정에 제출한 보고서들과 다른 관련 자료들은 강화의 시작이 그의 회고와 상당히 다르다는 점을 보여준다.

먼저 강화와 관련된 왜서가 유성룡에게 처음 전달된 것은 3월 초였다. 그것은 충청수사 정걸(丁傑)[3]이 보낸 2통의 왜서였다. 유성룡의 보고에 의하면, 정걸의 군사들이 3월 2일 한강의 가을두(加乙頭)[4]에서 왜적이 남겨 둔 2통의 봉해진 서신을 발견했다. 정걸은 급히 그것들을 동파의 유성룡에게 보냈는데, 하나는 조선의 예조에게 강화를 요청하는 것이었고, 다른 하나는 심유경에게 보낸 것이었다. 유성룡은 사안의 중요성에 따라 총병 사대수에게 주었다. 다만 유성룡은 그에게 왜적의 제안은 명군이 어디 있는지 탐지하기 위해서일 뿐, 강화는 결코 왜적의 본뜻이 아님을 강조했다. 유성룡은 왜서를 등서하여 조정에도 올렸다.[5]

유성룡에게서 왜서를 전달받은 사대수는 거기에 적극 반응했다. 그는 이여송에게 왜서를 전달했을 뿐만 아니라, 명나라 사람 김지귀(金志貴) 등 두 사람에게 조선의 왜어 역관 김선경(金善慶)을 데리고 왜영에 가게 했다. 그는 또한 유성룡에게 왜 측에 대한 답변서를 써주도록 요청하기도 했다. 유성룡은 원수와 강화할 수 없으니 국왕에게 아뢴 뒤에야 할 수 있다면서 거절했다. 김지귀 등은 용산에서 멀지 않은 곳에 정박하고 있던 충청수사 정걸의 배에 도착하여 왜 측과 접촉했다. 그때 왜 측은 "강화하여 철수하고자 한다."는 취지의 말과 함께 다시 2통의 편지를 보내왔다. 하나는 조선의 예조에, 하나는 명 측에 보내는 것이었다. 이러한 사실은 3월 7일 유성룡의 치계로 숙천에 있던 조정에 보고되었다.[6]

그런데 이와 비슷한 시점에서 기요마사의 진영에 억류되어 있던 배신 중 한 사람인 상락부원군 김귀영이 조정에 장계를 보냈다. 장계가 어느 경로로 전달되었는지는 불확실하나, 『선조실록』은 3월 4일 기사에서 그 사실을 다루었다. 그 내용은 왜적이 강화를 원하고 있으며, (지난번 안변에서) 서울에서 중국 사신과 강화를 논의하기로 약속했다는 것이었다. 그는 또한 왕자 일행은 2월 22일 강원도 회양(淮陽)군의 남곡(嵐谷)에 도착했으며, 김귀영 자신을 조선 조정에 보내 강화를 논의하자는 왕자들의 제안에 기요마사가 동의했음을 전했다. 그는 왕자들의 서신도 함께 부쳐왔다.[7] 그것이 왕자들이 강화와 관련하여 보내온 첫 번째 서신이었다.

그렇지만 김귀영의 장계나 그가 함께 부친 왕자들의 첫 번째 서신은 강화의 개시에 별다른 의미를 갖지 못했다. 유성룡도 위의 회고에서 그에 대해서 전혀 언급하고 있지 않다. 강화에 근본적으로 반대했던 조정으로서는 거기에 반응하거나 명군에 그 사실을 연락할 이유도 없었다. 김귀영은 며칠 뒤 왜영에서 나와서 왜군의 강화 의사를 직접 전달했다. 그는 왕자를 제대로 보호하지 못했고 왜군의 강화 요구를 전할 목적으로 나왔다는 비판에 직면했다.[8]

그런데 3월 8일 두 왕자의 서신이 그들의 종들을 통해서 용산의 조선 수군에 전달되었다. 그 서신은 다음 날 정걸·김천일·이빈 등의 보고로 유성룡에게 전달되었다. 유성룡은 조정에 대한 보고에서 "살고 죽는 것이 불확실하다"는 왕자들의 말을 인용하면서, 그들이 핍박받는 상황에 있으니 정걸 명의의 답장이라도 왜 측에 할 것을 제안했다. 그런데 유성룡에 의하면, 당일〔3월 8일〕 – 앞서 사대수가 김지귀와 함께 용산에 들여보낸 역관 – 김선경 등도 용산에서 동파로 돌아왔는데, 그들은 왜 측이 명 장수에게 쓴 편지를 사대수에게 전달했다. 유성룡이 그 말을 듣고 즉시 사대수를 찾아가보니, 유키나가의 편지였다. 사대수는 유성룡에게 심유경의 차관이 이미 서울에 가 있다면서 강화를 위한 예비작업이 시작되었음을 알렸다. 어쨌든 유성룡은 정걸 등이 보내온 왕자들의 서신도 사대수에게 등서하게 했다.[9]

이어 3월 11일에도 유성룡은 정걸의 보고와 함께 왜영에서 다량의 서신을 받았다. 정걸에 의하면, 3월 9일 임해군의 종 장세(長世) 등이 조선 수군에게 다시 와서 몇 장의 서신을 전했다. 그것들은 두 왕자와 황정욱이 명 장수에게 보내는 것, 왕자가 조선의 장관에게 보내는 것, 그리고 기요마사가 조선의 재상에게 보내는 것 등이었다. 해당 서신들의 원본은 모두 사대수가 이여송에게 보낼 예정이어서 유성룡은 등서해서 조정에 보고할 수밖에 없었다. 기요마사가 계속 여러 개의 서신을 보내오는 이유에 대해서 유성룡은 그와 유키나가 간의 불화 가능성을 지적했다.[10] 양측이 경쟁적으로 강화교섭에 나섰던 것이다. 어쨌든 앞서 사대수가 확인한 것처럼, 이 시점에서 심유경과 유키나가 사이에는 이미 별도의 접촉이 시작되고 있었다.

그런데 앞서 유성룡의 회고에서 언급된 이신충의 기요마사 방문은 그보다 나중 일이었다. 유성룡은 3월 16일 김천일·정걸·이빈 등의 14일자 보고를 받았다. 당일 그가 조정에 보낸 치계와 거기에 첨부된 김천일의 서장에 의하면, 임해군의 종 장세와 황정욱의 친족 안탁(安鐸) 등이 왜병들의 호위하에 강화 요청 서신을 매일 가지고 조선 수군에게로 나왔다. 이에 13일 김천일 등이 수문장 이신충을 그들과 함께 기요마사의 진영으로 들여보냈다. 그는 청파(靑坡)[11] 근처에 위치한 기요마사의 거처에서 두 왕자들과 황정욱·황혁(黃赫) 부자, 그리고 남병사 이영(李瑛)을 만났다. 그는 거기서 하루 묵고 14일 돌아왔는데, 기요마사는 자신이 명 장수에게 보내는 글, 두 왕자의 답서 및 한글 서신, 그리고 황정욱 등의 이름이 겉에 쓰인 봉해진 서신을 주어 보냈다. 이신충은 돌아와서 김천일 등에게 왜영 방문 결과를 자세히 보고했다.

마침 그날〔14일〕 심유경이 강화를 위해 조선 수군이 있는 곳에 도착했다. 김천일은 이신충이 가지고 나온 서신 가운데 명 장수에게 보내는 글은 심유경에게 주었다. 유성룡이 인용하는 강화에 대한 김천일 등의 보고는 일단 여기가 끝이었다. 그런데 그가 첨부한 김천일의 서장에는 14일과 15일 심유경의 왜영 방문에 대해서 비교적 자세히 기술되었다.[12] 거기에 의하면, 3월 14일 심유경은 유격 주홍모(周弘謨)와 상공(相公) 사융(謝隆), 가정(家丁) 23명, 역관 김선경 등을 데리고 파주에서 양천(陽川)[13]을 거쳐 조선 수군이 정박한 곳에 도착했다. 심유경은 그날 기요마사의 진영에서 돌아온 이신충을 불러 적의 사정에 관해 들었다. 또한 이신충과 함께 나온 기요마사의 병사들을 통해서 자신의 도착을 전했다.

그날 심유경은 전에도 왜군과 접촉했던 사대수의 가정 김지귀 등을 통해 유키나가 측과 연락을 취했다. 심유경은 조선 수군의 배에서 유숙하고, 다음 날〔15일〕 서강(西江)[14]을 거쳐 북상했다. 결국 흑석(黑石)[15] 부근에서 조선 장수들은 정박하고, 심유경은 배로 건너편에 도달했다. 유키나가가 겐소(玄蘇) 등 참모들과 함께 붉은 양탄자를 깔아놓고 기다렸다. 그렇지만 심유경이 뭍에 내리지는 않은 상태에서 양측 사이에 글로써 대화가 오갔다. 조선 수군은 그들의 대화 내용을 알 수 없었다.

김천일에 의하면, 그날 기요마사도 앞서 황정욱의 친족으로서 조선과 왜 양측을 오가던 안탁 등을 조선 수군에 보내왔다. 그렇지만 조선 수군은 그들을 응대하지 않았다. 그것은 마침 심유경과 유키나가 간의 접촉이 있었기 때문이다. 조선 수군은 단지 안탁을 작은 배에 실어서 기요마사의 서신을 심유경에게 전달하게 했다. 심유경도 그에게 답서를 보냈다. 그후 안탁은 다시 기요마사의 서신을 심유경에게 전했다.[16] 그 내용은 비밀로 했고, 김천일 등은 관여할 수 없었다. 당일 조선 장수들과 심유경은 다시 서강으로 내려와 정박했다.[17]

한편 경기좌도관찰사 성영(成泳)의 보고에 의하면, 그는 왜군과 교섭하고 배를 타고 오는 심유경을 3월 16일 양천에서 만났다. 심유경은 4월 8일까지 왜군이 서울에서 철수하기로 했다고 전했다. 그와 함께 심유경은 "(조선) 수군으로 강 입구를 막지 말라."고 함으로써 왜군의 남하를 방해하지 않기로 약속했음을 나타냈다.[18] 심유경을 따라 용산에 갔던 김지귀와 김선경 등은 18일 동파로 돌아왔으나, 그때 심유경은 동파를 거치지 않고 수로로 개성을 향함으로써 이번에도 유성룡을 만나지 않았다.[19]

나중에 심유경과 유키나가 양측간 협상 내용의 일부가 알려졌다. 『선조실록』에 의하면, 심유경이 말하기를, "명은 40만 군대를 동원하여 앞뒤로 막고 너희들을 공격할 것이다. 너희가 지금 조선 왕자와 배신을 돌려보내고, 군대를 거두어 남쪽으로 가면 (히데요시의) 책봉이 이루어질 것이고, 두 나라는 무사할 것이니 순조롭지 않겠는가?" 이에 유키나가는 심유경을 (일본 진영에) 머물게 하고 서울을 굳게 지키되, 봉공 문제가 잘 처리되면 퇴각하겠다고 했다. 그러나 대장 히데이에와 부장 미쓰나리 등은 서울에서 철수할 수 없다는 입장이었다.[20]

그렇다면 양측의 강화조건은 무엇이었을까? 정확하게 알 수는 없으나 회담을 전후로 송응창과 이여송 등에게서 적어도 명 측의 입장은 추론해 낼 수 있다. 이를테면 앞서 언급한 것처럼 3월 8일 유키나가에게 보낸 서신에서 송응창은 왜군의 철수, 왕자의 송환, 그리고 히데요시의 사죄서 제출을 조건으로 히데요시의 책봉을 언급했다. 한편 3월 10일 정문빈은 선조를 만난 자리에서 왜군의 철수와 조선이 아닌 중국 영파를 통한 통공의 허용을 언급했다. 정문빈의 언급은 10일 뒤 아천군(鵝川君) 이증(李增)이 평양에서 만났던 이여송에게도 확인되었다.[21]

강화 자체와 크게 관련이 없으나, 여기에서 잠시 언급할 내용이 있다. 앞서 유성룡에 대한 김천일의 보고에 이신충이 가져온 황정욱 등 명의의 서신이 포함되었다. 그런데 거기에는 국왕의 행재소에 보내는 편지임에도 '신(臣)' 자가 없었고, "언사에도 놀랄 만한 것이 많았다." 유성룡은 그것이 기요마사의 협박에 의한 것이라고 추측하면서도 매우 마음이 아프다고 보고했다. 그와 함께 "원서를 차마 그대로 올릴 수 없으나 그래도 그간의 사정을 조정도 알아야 하므로 원래 모양대로 등서해서 보냅니다."고 했다. 유성룡에 따르면, 한글 서신은 ─ 김천일 등의 보고와는 달리 ─ 아직 받지 않았다. 유성룡의 보고는 황정욱 부자에 대한 탄핵 등 국내적으로 적잖은 파장을 일으켰다.[22]

유성룡의 회고와 김천일 등의 보고서들을 볼 때 몇 가지 사실들이 드러난다. 강화의 요청은 왜적 측에서 먼저 제기했다. 그리고 왜적은 명이 아닌 조선을 통해 강화 의사를 보였다. 강화를 위한 최초의 서신은 3월 2일 가을두에서 조선 수군에게 전해진 2통의 왜서였다. 유성룡을 통해 왜서를 전달받은 유격 사대수는 이여송에게 전달했다. 동시에 그는 김지귀 등을 용산의 조선 수군에 보내 왜 측과 접촉했다. 사대수로부터 왜서를 전달받은 이여송과 송응창도 심유경을 통해 서울의 왜적과 교섭에 착수했다. 심유경은 3월 14일 용산 부근에서 유키나가와 직접 교섭했다. 이신충의 기요마사 왜영 방문도 같은 시기에 이루어졌다. 그는 13일 왜영에 들어갔다가 다음 날 왕자와 황정욱 등의 편지를 가지고 나왔다. 결국 앞서 유성룡의 회고와 달리 이신충의 활동과 황정욱 등의 편지는 심유경

이 강화를 개시한 직접적인 계기는 아니었다.[23]

사실 유성룡은 왜서를 무시하거나 감추지 않고 명 측에 그대로 전달했다. 조정의 입장에서 이해가 되지 않는 부분일 수도 있다. 그것을 의식했는지 유성룡은 앞서 인용된 회고에서 자신이 왜서를 명군에게 전달한 이유를 간략하게나마 언급했다. 즉, 벽제관전투 이후 평양으로 철수하려는 이여송이 개성으로 남하하기를 기대했기 때문이었다.[24] 물론 조선 수군을 통해 왜서가 전달되기 전에 명군도 이미 강화 의지를 갖고 있었다. 앞서 본 것처럼 2월 말에는 송응창과 이여송 사이에 왜적과 강화의 허용이 결정되었다. 특히 2월 28일자 송응창의 편지에서 심유경을 통한 강화의 방안이 제기되었고, 이후 심유경은 차관을 보내 교섭에 나선 것으로 보인다. 유성룡은 3월 8일 사대수에게서 심유경의 차관이 서울에 진입한 사실을 확인했다.

조정의 입장에서도 유성룡이 조선 수군과 왜적의 접촉에 관해 보고하기 전, 명 측이 왜와 강화할 가능성은 도처에서 감지되었다. 앞서 3월 2일 영의정 최흥원은 송응창이 강화에 뜻이 있다는 수첩(手帖)을 이여송이 자신에게 보여주었다고 치계했다. 그는 또한 지휘 장서(張瑞) 등이 함경도에서 돌아와 이달 15일부터 적지로 가서 강화한다고 말했던 사실도 장계로 보고했다. 다만 그에 대해 비변사는 전에 평양전투에서 심유경에게 속았기 때문에 명이 강화를 요청하더라도 왜적이 거기에 응하지 않을 것이라고 판단했다. 따라서 명 측에 강화하지 말도록 만류할 필요도 없다고 제안했다.[25]

그럼에도 명·일 사이 강화 움직임이 구체화되자 조선은 명의 병부에 자문을 보내서 진병을 요청하기로 했다. 3월 11일 작성된 초안에는 나라를 짓밟은 불구대천의 원수와 강화할 수 없을 뿐만 아니라 전략적으로도 적절하지 않다는 점이 강조되었다. 즉, 역사적 사례로 볼 때, 이적에게 확고한 우위를 가진 뒤에야 강화가 가능했고, 오래 지속되었다. 그런데 평양 승리 이후 남진이 지체됨으로써 명군의 기세가 이제 전만 못한 상황이다. 강화를 허용한다면 왜적은 명이 자신을 두려워하는 것으로 판단하여 더욱 교만해질 것이다. 또한 시간이 지체되다가 강화가 결렬된다면 그때는 비가 연일 내리는 여름이 되어 승리를 장담할 수 없다. 따라서 지금 서울의 왜적을 소탕하는 것이 상책이다.[26] 그렇지만 용산에서 명·일 협상 시기 등을 볼 때, 조선의 자문은 별다른 의미를 갖지 못했다.

강화 결과의 통보

용산에서 교섭한 심유경은 3월 24일 의주로 돌아와 다음 날 송응창에게 회담 결과를 보고했다. 보고 당일 송응창은 명 조정의 대신들과 조선국왕에게 각각 서한을 보냈다. 그는 서한에서 심유경의 강화 내용은 물론 교섭 사실조차 감춘 채, 단지 강화의 필요성만 적극 강조했다. 그것은 그간 강화교섭이 조선과 협의 없이 송응창 자신에 의해 일방적으로 추진된 결과이기도 했다.

먼저 선조에게 보낸 편지이다. 여기서 송응창은 몇 가지 근거에서 강화의 필요성을 제기했다.

> 살피건대 천지가 존속되는 것은 살림과 죽임이 서로 활용되기 때문입니다. 제왕이 군사를 일으킬 때 인의와 정의가 어그러지지 않고 함께 행해집니다…… 본인은 이(여송) 제독 등과 같이 파죽지세로 흉적을 소탕하여 국왕의 원한을 씻기를 원하지 않은 것이 아닙니다. 다만 우리가 잔혹한 자들을 살육한다면 그들의 원망도 더 깊어질 것입니다. 만약 그들이 우리가 본국으로 철수하기를 엿보아 큰 무리를 이끌고 온다면, 우리 군대는 길이 멀고 또한 빨리 오느라 피로하고 지연되어 제대로 대응하지 못할 것입니다. 조선은 다시 악독한 왜적을 감당하지

못할 것입니다…… 명은 이 일〔강화〕을 빌려 살림과 죽임이 서로 활용되는 계기를 보여주고, 조선은 이 일을 틈타 조속히 구습을 타파하고 새롭게 혁신하는 계책을 마련해야 합니다.[27]

여기서 송응창은 원수에 대한 복수를 인정하면서도 왜적의 재침 방지를 위해서 강화의 필요성을 강조했다. 그는 강화를 통해서 조선이 와신상담하여 자력갱생할 수 있는 계기로 삼을 것을 주장했다. 위의 인용문에 이어 그는 두 왕자와 배신들을 송환해야 왜군의 철수를 허용하겠다고 약속했다. 그는 조선에 대해서도 요구조건을 제시했다. 즉, 서울에서 철수하는 왜군은 물론 전라도와 강원도 등에서 퇴각하는 왜군을 공격하지 말라는 것이었다.[28]

송응창은 당일 명 내각과 병부상서 석성에게도 강화에 관한 편지를 보냈다. 거기에서 그는 심유경에 의한 협의 과정이나 분명한 강화조건에 대한 설명 없이 명의 입장에서 강화의 필요성만 역설했다.

제가 가만히 듣기로 제왕의 이적에 대한 통제는 '오는 자는 막지 않고 가는 자는 쫓지 않는 것'입니다. 지금 관백은 단지 조선을 침략했을 뿐 중국을 침범하지는 않았습니다. 평양·개성·벽제에서 여러 번 전투로 충분히 그들의 흉악함을 징벌했습니다. 이에 유키나가는 비천한 말로 책봉을 구걸하니 잠시 그것을 허용해야 합니다. 그렇지 않고 그들을 소탕하여 완전히 제거하고자 한다면 관백의 원한은 더욱 깊어질 것이니, 이것은 조선을 위한 선후책이 아닙니다. 그렇지 않고 오랫동안 끌어 기회를 기다린다면 우리의 군대는 피로하고 재원이 부족해짐을 면할 수 없을 것이니, 중국을 위한 계책이 아닙니다.[29]

그는 이적에 대한 기미책이 제국의 중요한 대외정책이고, 또한 왜군이 명을 침범하지 않았으며, 이미 충분히 징벌했다는 점을 강조했다. 그와 함께 그는 왜군에 대한 완전한 소탕 자체가 현실적으로 어려울 뿐만 아니라 반대로 장기간 군사적 대치는 많은 인적·물적 부족을 야기할 것이라고 주장했다. 그 외에도 송응창은 "왜장이 잘못을 뉘우치고, (책봉을) 애걸하고 조공을 요청했다."라고 보고했다.[30] 그의 강화 주장에 대해서 일부 언관들의 반대도 없지 않았으나,[31] 명 조정은 그의 의견에 따랐다.

며칠 뒤 호부주사 애유신에게 쓴 송응창의 편지는 좀 더 직설적이었다. 특히 그는 원수만 갚으려고 하며 와신상담하지 않는 조선에 대한 답답함을 토로했다.

> 지난번 평양에서 수차례 싸운 것으로 이미 (명의) 위세를 보이기에 충분합니다. 지금 왜적은 비굴한 말로 구걸하고 있습니다. 그 말이 반드시 사실이 아닐 수는 있습니다. 그렇지만 우리가 이것을 이용해서 철수를 종용한다면, 조선의 옛 영토는 한 치도 잃지 않을 것이고 명의 군대도 속히 돌아오고 돈과 식량을 절감할 수 있을 것입니다. 지금 저 나라[조선] 국왕은 원수를 갚으려고만 하지 반성하지 않습니다. 중국의 군대를 번거롭게 하려고만 하지, 계속되는 전쟁이 오히려 이 나라에 해를 준다는 것을 모릅니다.[32]

여기에서 그는 평양에서 위세를 떨친 것으로 명의 역할은 충분하며, 강화를 통해서 전쟁을 종식시키면 된다고 주장했다. 그의 입장에서 왜적에 대한 조선의 보복 요구는 명군에게 부담을 줄 뿐만 아니라 조선에게도 이롭지 않다.

며칠 뒤 선조의 명령으로 좌승지 홍진이 내의(內醫) 남응명(南應命)과 함께 송응창에게 문안하러 갔다. 그 자리에서 송응창은 회담의 결과와 향후 대책에 대해서 그에게 비교적 자세히 설명했고, 홍진은 4월 1일 정주 부근에 있던 선조에게 보고했다.

홍진의 보고에 의하면, 송응창은 최근 여러 차례 왜적이 죄를 뉘우치고 조공을 요청했음을 강조했다. 그는 자신이 대의(大義)로써 그들을 꾸짖고 잠시 간청을 수용하기로 했다면서 협상의 배경을 설명했다. 협상의 결과와 관련하여 그는 왜 측이 왕자와 배신들을 4월 8일까지 모두 송환하고 즉시 본거지로 돌아가겠다고 약조했다고 전했다. 그 후에는 송응창 자신이 명의 관리를 파견하여 왜군과 함께 히데요시에게 가서 그의 항복문서를 받아오게 할 것이다. 그리고 항복문서가 오면 비로소 황제께 제본을 올려 그를 일본왕으로 책봉하고, 영파를 경유하여 조공을 들이도록 할 것이다.[33]

물론 조선은 강화에 명시적으로 반대하고 왜적에 대한 토벌을 강력하게 요구하고 있었다. 홍진도 송응창에게 왜적의 강화 요청은 전쟁을 지연시키려는 술책에 불과하며, 특히 조선에게 왜적은 선왕의 능묘[34]까지 파헤친 불공대천의 원수로서 반드시 갚기를 원한다고 말했다. 이에 송응창은 강화의 불가피함에 대해서 더 설명했다. 그에 의하면, 왜적이 이미 평양에서 패하여 겁을 먹었으니 지금 잘못을 뉘우치고 승복하는 것은 진심에서 나온 듯하다. 또한 조선에 나온 명의 군사들은 지치고 수도 적으며, 나중에 징집된 군사들도 준비되지 않아서 진격하고자 해도 형편상 불가능하다.

또한 송응창은 왜군의 완전한 철수를 기다려 그들의 진정성을 확인하고 나서 책봉과 조공을 허락할 것이므로 그들의 술책에 빠질 걱정은 없음을 분명히 했다. 그는 자신과 병부상서 석성은 중국 조정 내부의 지속적인 철병 주장과는 달리 왜군의 완전한 소탕을 목표로 하고 있음을 강조했다. 그는 또한 장기적인 대책도 제시했다. 즉, "훗날 귀국이 안정되었을 때에도 군사 1만 명 혹은 5, 6천 명을 잔류시켜 요충지를 지키게 하겠다."

고 조선의 방어에 최선을 다할 것임을 약속했다. 마지막으로 세자의 교육에 대해서도 그는 장황하게 그 필요성을 강조했는데, 이것은 후에 세자가 남부지방으로 나가서 왜군을 막게 하라는 강력한 요구로 이어졌던 바, 그것은 선조에 대한 불신을 내포했다.

그 외에도 홍진은 역관들이 전하는 말을 선조에게 보고했다. 그들에 의하면, 3월 25일 심유경의 보고를 받은 송응창은 그가 강화를 끝까지 책임져야 한다면서, 그에게 5명의 책사(策士)와 함께 왜군을 데리고 일본으로 돌아가 히데요시의 항복문서를 받아오라고 명령했다. 더욱이 그는 항복문서를 받은 이후에야 명 조정에 보고하여 히데요시를 왕으로 책봉하고 조공을 허용하도록 할 것임을 분명히 했다. 그 명령을 받은 심유경은 "걱정하고 두려워하며" 물러나왔다.[35] 역관들의 말이 사실이라면, 강화는 심유경이 나서서 추진했고, 송응창은 그가 왜군과 논의한 조건 이외에 부담스런 요구를 추가한 셈이었다.

사실 히데요시의 항서는 용산회담에서 논의되지 않았던 것으로 보인다. 앞서 유키나가에게 보내는 3월 8일자 편지에서 송응창은 단지 "돌아가 보고하여 관백이 글을 올려 사죄하게 하면, 본인이 즉시 (황제께) 아뢰어 너희 관백을 일본국왕으로 책봉하겠다."고 썼을 뿐이었다.[36] 강화의 조건으로서 사죄와 항복문서는 분명히 다른 개념이었다. 심유경이 왜적의 강화 의사를 어떻게 그에게 전달했는지 알 수는 없으나, 송응창은 명이 협상에 우위를 점하고 있다고 간주한 듯하다. 사실 아래에서 보는 것처럼 현실은 그의 판단과 차이가 있었다.

조선의 대응

한편 송응창의 접반사로서 의주에 머물던 예조판서 윤근수도 명·일 협상과 관련하여 조정에 보고했다. 그에 따르면, 양측은 이미 논의의 단계를 넘어 구체적인 조치를 취하기 시작했다. 즉, 송응창이 사용재(謝用梓)와 서일관(徐一貫)에게 각각 참장과 유격의 직책을 주어 왜군과 함께 일본에 가서 히데요시의 항서를 받아오도록 했다는 것이다. 심유경도 부산까지 왜군을 따라가기로 했는데, 그는 당일 서울의 왜영으로 출발했다. 그와 함께 윤근수는 명군 내부의 분위기도 전했다. 즉, 항서가 지금으로서는 왜적과 합의한 것이 아니라서 심유경도 매우 어렵게 여긴다는 점과 그것을 받으러 가는 사용재와 서일관이 "눈물을 흘리고 발을 굴렀다."는 것이다.[37] 이것은 전날 홍진의 보고와 일치했다.

윤근수는 강화에 대해서 부정적인 소식만 전달한 것은 아니었다. 그는 송응창의 참모인 기고 장구경의 말을 전했다. 장구경에 의하면, 송응창은 조선 문제를 마무리하고 나서 비로소 군사를 철수할 예정이다. 또한 1만 명으로 10만 명을 당해낼 수 있는 것으로 알려진[38] 유정(劉綎)의 군대가 이미 압록강의 북쪽 변에 진을 치고 있고, 다음 날 강을 건너 조선의 상황에 따라 전진할 것이다. 왜적은 스스로 통공을 대가로 왕자와 배신을 송환하고 서울에서 철수하기로 했으니, 만약 약속대로 하지 않으면 군사를 진격하여 격멸할 것이다.[39]

며칠 뒤 영의정 최흥원과 윤근수가 차례로 정주에 와서 국왕에게 송응창을 방문한 결과를 직접 보고했다. 내용은 매우 실망스러웠다. 최흥원은 원래 진격을 요구하는 자문을 가지고 갔으나 제출하지도 못했다. 그는 겨우 사은하는 자문을 제출하여 송응창을 만날 수 있었다. 송응창은 앞서 홍진에게 한 말을 반복했다. 즉, 사람을 보내서 왜군을 데리고 가서 히데요시의 항서를 받아오게 하겠다는 것이다. 다만 그는 기요마사가 강화에 반대하여 물러가지 않으면 군사를 보내 섬멸하겠다고 호언했다.[40] 윤근수는 송응창의 면담을 거절당하고 참모인 왕군영만 만날 수 있었다. 왕군영은 "중국은 주변국들을 같이 보고, 국가간 관계에 있어서는 강화를 최상으로 삼는다."고 말했다. 윤근수의 보고에 대해 선조는 명이 조선과 일

선조 어진(추정) _ 전립(戰笠)과 군복 차림으로, 선조의 피난을 수행했던 윤탁연 가문에서 전해져왔으나 확실치는 않다

본을 같게 취급하는 것에 불만을 표출했다.[41]

사실 선조는 신하들이 명의 강화 시도에 대해서 적극 쟁변하지 않는다고 불만이었고, 자신이 직접 나서고자 했다. 그럼에도 송응창은 선조가 강화를 지연시키려 한다면서 만나기를 거절해왔다. 그렇다고 경략을 국왕이 찾지 않는 것도 예의가 아닌 것으로 비춰질 수 있었다. 선조가 말한 것처럼 잘못은 송응창에게 있지만, 뭔가 조치는 필요했다. 조정은 국왕의 접견을 타진하기 위해서 우부승지 구성(具宬)을 의주에 파견했는데, 윤근수의 도착 이틀 뒤 그도 의주에서 돌아와 보고했다. 송응창은 그를 만나주지 않고 장구경을 통해 조선의 역관에게 관련 내용을 전했다.

구성에 의하면, 송응창은 선조가 자신을 찾아오는 것을 단호히 거절했을 뿐만 아니라 조선의 자문에 대해서 불만을 제기했다. 이를테면 조선이

보낸 자문에서 "장수가 밖에 있으면 군주의 명령을 받지 않는 경우도 있다."는 구절이 있다는 것이다. 송응창은 종종 명 조정에서 철군의 요구가 크다는 점을 강조하기도 했는데, 그에 대해서 조선은 거기에 따르지 말도록 그에게 요청한 셈이었다. 그는 조선의 진병 요청을 자신에 대한 일종의 압박으로 받아들여 짜증을 냈다.[42]

3월 말 송응창은 통판 왕군영을 보내 자신을 만나 남진을 설득하고자 북상 중이던 선조를 만류하도록 했다. 앞서 본 것처럼 29일 청천강을 건넌 선조는 그와 함께 다시 안주로 돌아왔다. 안흥관(安興館)에 도착한 뒤, 두 사람은 강화 여부를 둘러싸고 양측의 입장을 개진했다. 통판은 먼 나라에 와서 군사들이 지쳤다는 것, 명의 국내 여론이 군사의 철수를 강하게 요구하고 있다는 것, 지금으로서는 강한 왜군을 완전히 섬멸하기가 불가능하다는 것 등을 강조했다. 그에 반해 선조는 무엇보다도 원수를 갚지 않고 왜군을 그냥 돌려보낼 수 없다는 입장이었다. 그는 "소방의 백성은 중국의 백성이다."면서 부모의 나라로서 자식을 죽인 자들을 용서해서는 안 된다고 주장했다. 그와 함께 그는 평양전투로 왜적의 기세가 꺾여서 공략할 기회이며, 강화한 후에도 왜군은 왕자와 배신을 돌려보내지 않거나 철수하지 않을 수 있다는 현실적인 이유도 언급했다.

선조가 제기한 문제들에 대해서 통판도 간단하게나마 해명했다. 먼저 왕자와 배신을 돌려보내지 않는다면 히데요시의 책봉은 허용하지 않을 것이다. 또한 강화를 통해 "지금 왜적을 서울에서 몰아내고, 이어 강력한 군사 5천 명을 서울에 머물게 하고 3천 명을 개성에 머물게 하여 2, 3년 기한으로 안정되기를 기다렸다가 군사를 파하여 돌아갈 것이다." 강화 이후에도 일정 기간 동안 명군이 주둔하여 조선을 지켜준다는 것이었다. 그럼에도 선조는 자신이 막는다고 해도 백성들이 따르지 않을 것이라고 주장했다. 그에 대해 통판은 조선이 명의 명령을 듣지 않으려거든 모든 일을 혼자 알아서 해야 한다는 송응창의 말을 전했다.[43]

며칠 뒤 왕군영이 돌아와 송응창에게 한 보고에 의하면, 그때 많은 말로 설득하자 선조는 생각을 조금 바꿨다. 그렇지만 군신 1백여 명이 계단 아래서 무릎을 꿇고 울면서 왜적과는 세상에서 함께 살 수 없다고 맹세했다. 이에 국왕도 반드시 송응창이 있는 서쪽으로 와서 직접 면전에서 왜군에 대한 공격을 간청하겠다고 고집했다.[44]

보고를 받은 송응창은 매우 격앙된 어조로 선조에게 자문을 보냈다. 그는 전쟁에 수반될 수밖에 없는 많은 인명피해, 백성들의 생계를 위한 농사의 필요성, 다수 왜군과의 전쟁에서 승리의 불확실성 등을 조목조목 지적했다. 그러면서 그는 다음과 같이 비난 섞인 어조로 조선에 대한 불만을 표출했다.

> 수수방관하고 있다가 조급하고 경솔하게 명나라 군사들을 전쟁에 내몰면서도 애석해할 줄 모르고, 본국의 백성이 죽고 토지가 황폐해지는 것을 보고서도 불쌍히 여길 줄 모르며, 인륜을 버리고 천리를 거슬러 두 아들과 배신들을 왜적(의 손)에 떨어지게 하고서도 저항할 줄 모르며, 선왕의 나라와 사직을 모두 몇몇 모리배의 농간에 맡겨 거의 망하여도 뉘우칠 줄 모르며, (남의) 도움을 빌려 왜적을 몰아내면서도 곤궁한 사람들을 불쌍히 여기고 옛것을 고쳐 혁신할 줄 모르며, 여전히 '(왜적과는) 하늘을 함께 이고 살 수 없다.'고 시끄럽게 맹세하며 당장의 보복을 도모하고 있으니 조선의 모신(謀臣)과 책사(策士)의 수준이 여기에 드러납니다.[45]

그날(4월 4일) 보낸 다른 자문에서 송응창은 조정에 대한 감정적인 비판까지 서슴지 않았다. 그는 "듣자하니 마음대로 술을 마시면서 산에 놀러가고, 시부(詩賦)을 지으면서 기생을 끼고, 난리를 다스리는 것은 나 몰라라 하며, (나라의) 존망은 생각하지도 않습니다. 말이 여기에 이르니 조선에는 사람이 없다고 할 수 있겠습니다."고 힐난했다.[46] 그는 며칠 전 자신을 찾아온 예조판서 윤근수에게도 유사한 말을 했다. 즉, 조선의 신료들이 문장만 좋아하여 혹 산에 올라 기생을 끼고 논다는 것이었다.[47]

송응창의 자문에 대해서 비변사는 "준엄한 질책이 한두 가지가 아닙니다. 보기에도 놀랍기 그지없고, 변명할 길이 없습니다."고 보고했다. 그에 대해 선조는 오히려 강한 불만을 표출했다. 그에 의하면, 송응창 자신의 계획은 깊고 원대한 모책이라고 말하지만, 실제로는 "의리에 어긋나고 오랑캐〔왜적〕를 두려워하는 말"뿐이었다. 그는 명이 이러한 사람을 원수(元帥)로 삼았다고 애석해하면서, 답변에서는 그냥 몇 마디로 사례하고 더 이상 변론하지 말도록 했다.[48]

그럼에도 선조는 그 후에도 다시 왜적에 대한 복수의 필요성을 제기했다. 그것은 4월 13일 왜적이 선릉〔宣陵, 성종의 능〕과 정릉〔靖陵, 중종의 능〕을 파헤친 사실이 전해졌기 때문이었다. 송응창은 답변에서 왜적의 패역무도함을 잘 알고 국왕의 분을 풀어주고 싶지만, 상황이 그것을 실행하기 어렵고 또 왜적이 반성하면서 서울을 되돌려주고 왕자들도 송환한다고 하니 잠시 분을 풀라고 달랬다.[49]

후속회담

1차 협상에 대해서 심유경이 보고한 며칠 뒤 송응창은 히데요시의 항서 수령을 명목으로 사용재와 서일관을 출발하게 했다. 그들은 그간 조선에서 명군의 식량 등 병참업무에 참여해왔을 뿐, 명 조정의 사신이 아니었다. 두 사람은 심유경에 이어 4월 1일 의주를 출발했다. 그들이 정주에 이르자 선조는 4월 3일 우부승지 이호민을 보내서 그들의 일본행이 위태로울 것임을 전하여 방해하도록 지시하기도 했다. 이호민은 그들에게 히데요시로부터 욕을 당할 수 있다는 점을 상기시켰다. 물론 그들이 매우

비통해한다는 점만 확인했을 뿐, 별다른 대안은 없었다.[50]

한편 심유경은 3월 15일 유키나가와 교섭하면서 4월 8일까지 다시 돌아오겠다고 약속했다고 한다.[51] 정확한 날짜와 경로는 알 수 없으나 심유경 일행은 위 두 사람에 앞서 3월 말 의주에서 내려왔다. 그는 4월 1일 안주에서 정주로 향하던 선조와 가산에서 함께 있게 되었다. 이때 선조는 그를 만나고자 했으나, 그는 자신이 평상복 차림이라는 이유로 거절했다. 이에 선조는 도승지 심희수(沈喜壽)와 병조참판 심충겸(沈忠謙)을 차례로 보내 강화에 관한 입장을 문의했다. 두 사람은 그에게 원수와 강화하여 그냥 돌려보내고 또 책봉하는 것은 옳지 않다는 점을 강조했다. 거기에 대해서 심유경은 복수를 실행할 조선의 능력에 의심을 나타내며, 왕자들의 석방과 왜군의 철수는 조선에게도 좋은 일이라고 주장했다. 왜군의 강화 요청은 명군의 공격을 늦추려는 속임수에 불과하다는 의구심에 대해 심유경은 강화 요청은 그들의 상황이 급박해서 나온 것으로 믿을 만하다고 주장했다.[52]

심유경의 일행에 포함된 동지(同知) 심사현(沈思賢) 등도 그때 가산 부근에서 조선 역관에게 자신들의 서울행 목적을 말했다. 그들은 유정의 군사가 이미 압록강을 건넜다면서, 자신들의 목적이 단순히 강화를 위해서가 아니라 왜군을 속여 도성에서 나가게 한 뒤 섬멸하기 위한 것임을 국왕에게 전하도록 했다.[53] 그들의 말은 강화 추진에 대한 조선의 반발을 무마하기 위해서였을 뿐, 사실이 아니었다.

심유경은 4월 2일 저녁 평양에 도착하여 이여송과 상의했고, 4월 4일 평양을 출발했다.[54] 이원익의 보고에 의하면, 심유경은 도사(都司) 담종인(譚宗仁)과 함께 4월 8일 서울의 왜영에 들어갔다. 심유경은 계속 그곳에 머물렀고, 담종인만 먼저 나와 강화의 조건을 전달했다. 그것은 지난번 평양에서처럼 강화가 마무리되기 전에 명군이 속여서 공격했던 일이 반복되지 않도록, 먼저 명의 사신을 일종의 인질로 왜영에 들여보내야 한다는 것이었다. 그리하여 이여송은 4월 13일 사용재와 서일관에게 군사 20여 명을 데리고 왜영으로 들어가게 했다.[55] 원래 왜군을 데리고 히데요시의 항서를 받아오기로 했던 두 사람이 그들의 안전한 철수를 보장할 인질의 역할도 하게 된 셈이었다.

심유경이 다시 서울로 내려간 직후인 4월 7일 이여송도 평양에서 개성으로 전진했다.[56] 4월 중순 개성의 이여송은 당시 동파에 머물고 있던 유성룡과 김명원에게 유격 척금(戚金)과 전세정을 보내 "왜적이 왕자와 배신을 내주고 서울에서 철수해 돌아간다고 했다. 지금은 그들의 요청에 따르면서 적들을 속여 성 밖으로 나오게 한 다음 그 이후 계책을 행해 추격하여 소탕해야 할 것이다."고 전했다. 유성룡은 강화가 아니라 토벌 의사를 견지했으나 대세를 막지 못했다.[57] 사실 조선은 서울 주둔 왜군의 철수에 관해서 별로 알지 못했다. 가끔 명군 측에서 4월 10일경 왜군이 철수하기로 했다는 말이 있었으나 그것은 소문에 불과했다. 명 측은 왜군의 철수 일정에 대해서 조선에 알려주지 않았다.

4월 3일자 관찰사 이원익의 장계에 따르면, 3월 25일 심유경이 강화의 결과를 보고하자 송응창은 왜군의 서울 철수와 관련된 지침을 내렸다. 그는 특히 왜군에게 깃발 7개를 주어, 명군과 조선군이 왜군을 공격하지 말도록 했다. 또한 심유경이 왜군을 부산까지 데려가고, 사용재와 서일관이 다시 거기서 일본까지 따라가기로 했다. 그 외에 영파를 통한 조공의 허용, 포로로 잡힌 왕자와 배신의 석방에 관한 소식도 전해졌다. 명의 낙상지 참장은 다음과 같이 강화의 의미와 향후 대책을 제시했다.

> 사물의 이치로 말한다면 그들〔왜적〕을 이제 죽여야 하지만, 그들을 모두 죽일 수도 없습니다. 왜적이 이미 조공을 요청하고 (명이) 그들의 퇴각을 허락했으니 (조선은) 10여 년은 확실히 무사할 것입니다. 그 사이에 군사를 훈련하고 장수를 뽑아 대책을 도모하는 것도 하나의 방법

입니다. 강화 이후 (명군의) 진격과 관련해서는 나라 안에 왜적이 없다고 해도 반드시 명군 1개 진영을 잔류시켜 방어하는 계책으로 삼아야 합니다.[58]

낙 참장의 의견에 따라 이원익은 지금으로서는 명군의 잔류 요청이 급선무라는 의견을 제시했다. 그에 의하면, 잔류 여부는 송응창이나 이여송이 결정할 문제가 아니기 때문에 북경에 직접 요청해야 한다.

선조는 강화의 구체적인 내용에 대해서 평양의 명군에 더 알아보도록 지시했다. 그럼에도 이원익은 더 이상 아는 바가 없었다. 실제 왜군이 서울에서 철수하기 5일 전인 4월 13일 그는 평양의 군대에는 지휘(指揮)와 같은 낮은 직급의 군관들밖에 없어서 지나가는 명의 파발꾼들에게 알아보았지만 여전히 정확한 내막은 알 수 없다고 보고했다. 그러면서 그는 왜군은 애초에 4월 10일 서울을 출발하기로 했는데 기요마사가 반대하고 있고, 왕자 일행의 송환 조건으로 왜군이 은 2만 냥을 요구하며, 명이 왜군을 인질로 두고자 하는데 그들이 난색을 표명함으로써 이여송이 노하여 공격할 계획이라는 등 소문을 전했다.[59]

왜군이 4월 18일 서울에서 철수한 뒤 한 달이 지나서야 송응창은 강화의 내용을 주요 참모와 장수들에게 알렸다. 그것은 왜군의 철수, 명 사신의 일본 파견, 그리고 통공의 허용이었다.[60] 그 사실은 일본 측에서도 유사하게 확인된다. 프로이스에 의하면, 왜 측은 심유경에게 크게 두세 가지 조건을 제시했다. 첫째는 심유경의 진영에서 두 명의 사절을 히데요시에게 보내서 강화를 요청할 것, 둘째는 중국 황제의 명으로 사신을 파견하여 과거와 같이 조공무역을 회복할 것이었다. 그와 함께 일본 측은 조선도 과거와 같이 대마도에 대해서 약간의 물자를 공여할 것을 요청했다.[61]

그렇다면 강화에 있어서 기요마사의 입장은 무엇이었을까? 앞서 본 것처럼 강화는 외형상 심유경과 유키나가 사이에 진행되었다. 기요마사는 왕자와 배신들을 억류하고 있었고, 교섭을 요구했으나 조선은 물론 명 측도 거기에 응하지 않았다. 그가 왕자와 배신들을 통해 조정에 보내온 여러 서신들이 있었는데, 편지 내용은 공개되지 않았으나, 거기에서 기요마사 측의 요구가 담겼을 가능성이 없지 않다.[62] 조선과 명이 그와 협상에 나서지 않았던 것도 그가 수용할 수 없는 조건을 내세웠기 때문일 것이다. 정유재란으로 전면적인 재침이 개시되던 1597년 3월 중순 사명당과의 회담에서 기요마사는 이 점을 직접 언급했다. 그는 다음과 같이 주장했다.

> 5년 전〔1593년〕 4월 조선 서울에서 심 유격과 유키나가가 강화를 약조했을 때, 왕자 형제를 송환하면 국왕이 일본으로 건너와서 사례하기로 했는데, 이 사실을 태합〔히데요시〕에게 아뢰었습니다. 또한 조선 팔도를 일본에 귀속시킨다고 했는데 이 또한 태합에게 아뢰었습니다. 그리하여 왜군이 서울에서 남하하여 이 연해에 주둔하면서 기다렸던 것입니다.[63]

그에 대해 사명당은 심유경이나 유키나가가 히데요시를 속였을 가능성을 제기했다. 그에 의하면, 조선으로서는 결코 그러한 조건들은 받아들일 수 없었을 것이다. 사명당의 말을 기요마사도 반박하지 않았으나, 그는 서울에서 제시했던 강화조건이 충족되지 않았던 점을 재침의 근거로 삼았다.

강화가 명·왜 사이에 일방적으로 진행되었고 조정의 외교적 노력이 별다른 성과를 거두지 못했으나, 3월의 전황은 비교적 유리하게 전개되었다. 3월 20일 전후 유성룡의 보고서에 따르면 조선의 군대는 도처에서 승리를 거두고 있었다. 먼저 전라좌수사 이순신이 부산포에서 왜군에 승리를 거두었다.[64] 서울의 왜군이 양주와 포천 등 동쪽을 공략했지만 이시언·정희현(鄭希賢)·박명현(朴名賢)·고언백 등의 군대가 접전 또는 복병을 통해서 이들을 격퇴했다. 아울러 정걸·이빈·김천일 등 조선 수군이 한강 어귀를 막음으로써 왜군은 바다를 통한 북상이 좌절되었다. 한편 의병장 이산휘(李山輝)·박유인(朴惟仁)·윤선정(尹先正) 등이 용산의 왜군과 교전하여 많은 성과를 거두었다.[65]

또한 3월 하순 서울 외곽에서도 조선 군대는 상당한 전과가 보고되었다. 3월 26일 도원수 김명원, 순변사 이빈(李薲), 승장 유정(惟政) 등의 정예병들이 노원(蘆原)과 우관동(牛串洞)에서 매복으로 왜군의 머리 47개를 베고 다수를 쏘아 죽였다. 다음 날 수락산에서도 고언백의 군사와 승군이 다수의 왜군을 살상했다. 유성룡은 보고에서 "금일 적병이 있는 곳은 서울과 일로(一路)일 뿐이고 나머지는 모두 우리가 소유하고 있다."고 밝혔다.[66] 그에 의하면, "요즈음…… 관군과 의병이 모두 앞을 다투어 용기를 과시하는 기세가 전날보다 상당히 낫다."[67] 4월 중순 군관 이천복(李天福)과 갑사(甲士) 박대(朴大) 등 조선의 군사들이 서울 외성의 산에서 산발적으로 왜군을 공격하여 며칠 동안 왜군의 머리 16개를 베고 수십 명을 죽였다.[68]

유성룡 스스로 서울의 왜군에 대한 일종의 포위 작전을 명의 장수 사대수에게 제안하기도 했다. 이를테면 명군이 개성과 동파 북쪽에 진주하여 압박을 가하고, 일부의 기병으로 서울의 남쪽으로 가서 남부 지역에 이르는 대로를 막음으로써 적을 앞뒤에서 공격하고, 왜군이 동쪽으로 달아나면 추격하여 섬멸하자는 것이다. 다만 사대수는 겉으로 유성룡의 방안에 찬사를 보내면서도, 당시 강화를 요청하는 왕자의 서한을 이여송에게 보내는 등 강화를 추진하는 이중성을 보였다.[69]

왜군의 서울 철수

4월 18일 왜군 5만여 명이 서울에서 철수를 시작했다. 그간 왜군의 철수가 종종 제기되었으나 명·왜 양측의 협상 내용을 알 수 없는 조선의 입장에서는 갑작스런 일이었다. 몇 달 뒤 선조는 "흉적(兇賊)들이 별로 두려운 일도 없는 상황에서 점령했던 땅을 하루아침에 버리고 군대를 거두어 돌아가다니 그 계략을 예측할 수 없다."고 말했다.[70] 왜군은 왕자와 배신들, 전날 서울에 들어온 송응창의 참모인 사용재와 서일관 그리고 심유경까지 함께 데리고 내려갔다. 그들은 일종의 인질이었던 셈이다.[71]

20일 명군이 서울에 진입했다. 명군을 따라 서울에 들어온 유성룡은 그 광경을 다음과 같이 기술했다.

> 성안에 남은 백성은 백 명 중 한 명도 생존하지 않았다. 생존한 사람들은 모두 굶주려 파리하고 지쳐서 낯빛이 귀신 같았다. 날씨가 타는 듯 덥고 역병의 기세가 크게 일어나 죽은 사람과 말이 도처에 널려 있었다. 더러운 오물이 성에 가득하여 행인들은 코를 막고 지나갔다. 나라와 개인의 집들은 다 비었고, 오로지 숭인문 동쪽과 남산 아래 일대 왜적의 거처만이 조금 남아 있었다. 종묘, 세 궁궐, 종루(鍾樓) 그리고 각 관아와 학교 가운데 큰 길의 북쪽에 있는 것들은 쓸어낸 듯이 타고 남은 재뿐이었다.[72]

서울에서 철수하면서 왜군은 진영을 모두 소각했다. 일본의 자료에 의하면 왜군에는 조선인이 다수 편입되어 있었다. 퇴각할 때 이들을 제거하고자 했으나, 물자의 수송에 필요했다. 따라서 방화를 통해 연기를 피워 피차 구분할 수 없게 할 필요가 있었다. 또한 명군도 놀라서 자신들의 뒤를 밟지 않을 것으로 판단했다. 실제 방화로 인해 조선의 백성들도 도

피하느라 왜군을 추격하지 못했다.[73]

그렇다면 왜군의 자발적인 서울 철수에 대해서 명군 측은 어떻게 이해했을까? 송응창은 두 달 뒤 병부에 올린 게첩에서 다음과 같이 언급하고 있다.

> (명군과 왜군은) 수적으로 크게 차이가 있었고, 피로와 휴식에 있어서도 매우 달랐으며, 계절이나 지리에 있어서도 우리가 불리했다. 그래서 잠시 대군을 휴식시키고, 이어 군세를 널리 펼쳐 말먹이와 군량을 급히 운반하여, 장기간 주둔하고 또한 반드시 공격할 듯이 보여주었다. 그랬더니 조선 백성 가운데 서울에서 도망쳐 나온 자들이 매일 천 명이나 되었다. 왜적은 실로 두려워서 되돌아가겠다는 뜻을 갖게 되었다. 동시에 그들은 우리 군사가 뒤에 있는 것이 우려되고 또한 관백〔히데요시〕에게 댈 핑계도 없어서 결국 조공을 빌어 떠나겠다고 애걸했다. (이에) 본인이 곧바로 기회를 이용해서 그들의 요청을 들어주었는데, 그것은 서울을 힘으로 공격할 수 없었고 다만 지혜로서 취할 수 있었기 때문이다.[74]

다분히 중국중심적 시각이지만 왜군의 서울 철수와 관련된 몇 가지 사실들이 언급되고 있다. 그것은 무엇보다도 명군이 당장 공격하지 않는다고 해도 장기간 주둔하여 공격하겠다는 의지를 보여줌으로써 왜적이 두려워서 철수했다는 것이다. 그와 함께 그는 왜군의 강화가 철수 과정에서 명군의 공격을 피하고, 히데요시에게 변명할 구실을 만들기 위함에 불과하다고 주장했다. 그러면서도 그는 전체적으로 명군은 왜군을 몰아낼 여력이 없었다는 점을 인정했다.[75]

그렇다면 조선은 어떻게 이해했을까? 1년 뒤 북경에 사신으로 가서 강화의 불가를 역설했던 김수 일행도 병부와 예부에 제출한 글에서 왜군의 서울 철수 이유를 언급했다. 그것은 평양과 벽제관, 그리고 행주에서 패배로 인한 두려움이었다.

> 서울을 점거했던 왜적이 두려운 바가 없었다면 어떻게 강화를 옳게 여기고 갑자기 물러났겠습니까? 명군이 평양에서 승리하여 이미 파죽지세를 점하자, 황해도 개성에 주둔하던 왜적이 소문을 듣고 달아났습니다. 얼마 있다가 또 배신 권율이 전라도 군사를 이끌고 경기도 행주 땅에 진을 쳤다가 서울 왜적의 습격을 맞아 역시 완전한 승리를 거두었습니다. 앞서 비록 관군이 벽제관에서 불리했으나 적군도 처음 (관군을) 만난 자들은 몰살되었고, 단지 (관군이) 경계하지 않은 틈을 타서 이어 나왔던 자들만 관군을 괴롭혔을 뿐입니다. 그때 (왜)적은 마침내 (서울에서) 도주할 생각을 갖게 되었습니다.[76]

대체로 왜군의 철수는 평양 패배 이후 아군에 대한 두려움 때문이라는 점에서 송응창의 생각과 유사했다. 그렇지만 김수 등에 의하면 강화 자체가 아니라 전체적인 상황이 불리하게 되자 왜군은 철수했다. 강화는 부차적인 것이었다.

물론 왜적의 선의를 믿는 경우도 없지 않았다. 전라도관찰사 이정암의 해석이 대표적이다. 그는 약 2년이 지난 시점에서 다음과 같이 왜군의 서울 철수에 대한 입장을 표명했다.

> 비록 왜적의 거짓된 속셈을 헤아릴 수 없지만, 그들이 오로지 마음대로 세 수도를 석권하고 8도를 도륙하다가 하루아침에 영남 해안으로 물러가 주둔하고 왕자들과 생포된 신하들을 송환한 것은 병력이 부족해서가 아니며, 명나라의 위세가 두려워서도 아닙니다. 단지 우리 선조(先祖)에 대한 의리를 생각할 때 자신들의 방종함이 극에 달하자 선

량한 마음이 다시 생겨 장차 강화를 하여 스스로 물러나려 했던 것입니다.[77]

당시는 명군이 강화를 추진하면서 조선에게 히데요시의 책봉을 요청하도록 요구하던 시점이었다. 선조를 비롯한 다수의 대신들은 그에 대해 반대하는 입장이거나 적어도 찬성을 표명하기 어려운 상황이었다. 이에 이정암은 왜군의 완전한 철수를 위해 책봉 요청의 필요성을 제기했고, 그 과정에서 그는 위의 입장을 밝혔다. 그렇지만 허망하게도 히데요시는 책봉을 받자마자 강화를 폐기하고 조선을 침략했다.

남하 왜군의 추격

강화는 그 배경과는 무관하게 왜군에 의해 충분히 이용되었다. 그들은 한편으로 철군에 대한 명분을 얻고 다른 한편으로 책봉과 조공, 그리고 가능하다면 조선의 분할 등 실리를 위한 방편으로 강화를 활용하고자 했다. 당장에는 그들에게 안전한 철수가 보장되었다. 그들은 "도중에 풍악을 울리고 춤을 추며" 내려갔다.[78] 안전한 철수의 보장 징후는 철군이 이루어지기 한참 전에 나타났다.

4월 1일 병조참판 심충겸이 가산에서 심유경을 찾았다. 심유경은 의주에서 내려와 2차 협상을 위해서 서울을 향하던 중이었다. 심충겸은 그에게 송응창 경략이 국왕더러 관병과 의병에게 명하여 철수하는 왜군을 죽이지 말도록 했다는 사실을 확인했는데, 심유경은 이를 부인하지 않았다.[79] 또한 4월 10일 유성룡 등이 황제의 명령이 적힌 깃발인 기패(旗牌)에 대한 참배를 거부했을 때,[80] 유격 주홍모 등이 화를 내면서 송응창의 패문(牌文)을 제시했다. 거기에도 "(왜군에게) 복수하려고 말썽을 일으키는 자는 머리를 벤다."는 항목이 포함되었다.

왜군이 철수하기 시작하자 송응창은 이여송에게 격문을 보내서 명군은 물론 조선인이 왜군을 함부로 살육하지 말도록 하고, 위반자는 군법으로 엄중히 추궁할 것이며 사람을 보내서 지키도록 했다. 유키나가는 병든 사람들이 많아서 병이 나으면 보내달라고 요청했는데, 송응창은 이여송에게 그렇게 하도록 했다.[81] 아울러 송응창은 예조판서 윤근수에게 편지를 보내 왜군을 추적하지 말도록 요구했다. 그에 의하면, 자신이 병부에 보고하여 황제로부터 "용서하고 끝까지 추격하지 말라."는 지시를 받았다. 물론 기요마사가 아직 왕자와 배신을 송환하지 않았기 때문에 명군이 뒤를 따라가 회유하고, 조선의 육해군도 공격을 위한 대오를 갖추어야 한다. 그럼에도 그는 조선 군대의 진퇴는 명군의 지시를 받아야 하며 독자적인 행동은 불허한다는 점을 분명히 했다.[82]

보복의 금지는 기필코 원수를 갚아야 한다는 조선의 정서와는 상충되었다. 조선에서는 뭔가 조치가 필요했다. 4월 10일경 유성룡도 왜군이 강화를 통해 서울에서 철수할 것으로 예상하고, 경기와 충청도의 관군과 의병으로 하여금 한강 이남의 길을 나누어 복병을 설치하고, 기회를 보아 공격할 것을 지시했다.[83] 그리고 명군과 함께 서울에 들어온 다음 날 그는 이여송을 찾아 왜군의 추격을 요청했다. 그러나 이여송은 한강에 배가 없다는 이유를 들어 어쩔 수 없다고 대답했다. 이에 그는 당일 경기도관찰사 성영(成泳)과 수사 이빈(李蘋)에게 선박을 마련하게 하고, 사람을 보내서 80척이 준비된 사실을 이여송에게 보고했다. 곧 장세작·이여백 등이 1만 5천 명을 데리고 한강을 건넜으나, 그들은 발에 병이 있다는 등의 이유로 그날 저녁 돌아오고 말았다.[84]

그날 밤 유성룡 등이 제독의 아문에 가서 문의하였으나, 이여송은 송응창이 왜군에 대한 추격을 금지하는 지시를 내려서 자신도 어떻게 할 수 없다는 답변만 전해왔다. 그와 함께 그는 지금 명의 사신과 조선의 왕자들이 적진에 있다는 사실을 상기시켰다. 명군은 한강변에 벌려 서서 조선 군사의 전진을 막아 구타하고, 심지어 쇠사슬로 중위선봉장 변양준(邊良俊)의 목을 묶고 땅에 끌어 중상을 입히기도 했다. 순변사 이빈, 방어사 고언백 등도 잡아두어 전진하지 못하게 했다.[85] 이여송은 유격 척금을 보내 노량진의 나룻배를 수거하여 조선의 군대가 도강하지 못하게 했다. 전라도관찰사 권율이 선봉대로 하여금 왜군을 추격하게 하자, 이여송은 그를 잡아다가 추궁했다.[86]

유성룡은 서울에 도착하던 날 여러 장수들에게 왜군의 추격을 명령했고, 충청도와 경상도에도 통지했다. 그렇지만 별다른 성과는 없었다. 일부의 군사들이 왜군을 추격하여 성과를 거두기도 했으나 제약을 받았다. 사평(司評) 이충(李忠)과 조방장 홍계남(洪季男) 등이 그 일로 사대수의 군사들에게 얻어맞아 중상을 입기도 했다. 일부의 장수들, 이를테면 이시언·정희현·변응성 등이 수십 명의 왜적을 참수하는 데 성공했을 뿐이었다. 조선의 군사들이 수적으로 부족한 데다 명군의 방해까지 받음으로써 추격은 실질적인 성과를 거두지 못했다. 유성룡도 서울에 도착한 며칠 뒤부터 오랫동안 병상에 누워 있음으로써 남하하여 추격을 독려할 수 없었다.[87]

그런데 왜군이 서울에서 출발한 뒤 10일 가까이 지난 4월 27일 정주에 머물던 송응창은 유정 등 지방에 있는 장수들에게 뜻밖의 격문을 내렸다. 즉 왜군을 추격하라는 것이다.[88]

> 왜적은 평양과 개성 등지에서 여러 차례 패배하고 모두 서울에 모였다가 황제의 토벌을 두려워하여 조공을 빌려 애걸하여 귀국하려고 했지만, 그들은 진심으로 항복을 청하는 것이 아니었다. 본인〔송응창〕은 그들의 속임수를 분명히 알고 기회를 보아 계획을 짜서 서울에서 떠나도록 유인하여, (왜적이) 의지할 험준한 곳이 없게 함으로써 (아군이) 소탕하기에 편리하게 했다. 더구나 지금도 (왜적은) 도리에 어긋나게도 왕자

> 와 배신을 구류하고 있으니 왜장의 교활함이 더욱 드러났다. 이 때문에 (1593년 4월) 20일 등[89]에 평왜제독〔이여송〕에게 패문을 보내어, 군사를 이끌고 경상도와 전라도 2개 도까지 추격하여 앞길을 막고 군사를 보며 따라가 습격하도록 했다. 그 후 각 장수들이 그 뜻을 이해하지 못하고 지금 왜적이 지나치는 지방에서 태만하여 일을 그르칠까 우려되어, 다시 재촉하는 것이 합당하여 패문을 보낸다. 본관은 즉시 관병을 이끌고 조선 군사와 함께 화기와 무기 그리고 식량을 휴대하고 밤새 추격하여 왜적이 주둔하는 곳까지 나가서 힘을 합쳐 (왜적을) 소탕하기 바란다.[90]

여기에서 송응창은 왜군과 강화가 그들을 서울에서 떠나도록 유인하여 소탕하기 위해서였다고 주장했다. 다만 왜군이 왕자와 배신을 억류하고 있기 때문에 이여송에게 명령하여 그들을 추격하도록 했음을 상기시켰다. 그는 왜군이 지나치는 지방에서 적극 소탕하지 않음을 우려하고, 조·명 양군이 왜군의 주둔지까지 추격할 것을 요구했다. 그의 격문은 5월 9일 충청북도 홍주〔洪州, 홍성〕에 머물던 오희문에게도 전해졌다. 그렇지만 왜군은 이미 일주일 전에 명군의 호송을 받으며 그곳을 통과했다.[91]

며칠 뒤 5월 3일자 선조에게 보내는 자문에서 송응창은 최근 자신이 전라·경상·충청 등 각도의 조선 군사를 동원하여 명군과 합세하여 왜군을 소탕하라고 했던 것을 상기시켰다. 그렇지만 아래 인용문에서 보는 것처럼 적극적 공략에는 반대했고 사실상 그냥 따라가도록 했다.

> 지금 첫 번째 할 일은 왜선을 불태우는 것입니다. 그렇지만 배를 불태운다고 해서 그들이 배수진을 치지 않는다는 보장이 있습니까? 명의 군대가 왜적의 뒤를 쫓아 공격한다고 해서 그들이 행진하면 아군도 행진하고, 그들이 몹시 피로해지면 아군 또한 고달프지 않을 수 없습

니다. 만약 그들이 전방에 (아군) 복병이 있다는 것을 알고 몸을 돌려 오면, '궁지에 몰린 도적은 쫓지 말라'는 계율을 어기는 꼴이 되지 않겠습니까?…… 만약 그들이 험지에 의거하여 주둔하면 아군도 험지에 의거하여 기다리고, 그들이 도전해오면 우리들은 그들과 싸울 필요가 없습니다. 그들의 식량이 저절로 다하면 반드시 도주하지 않을 수 없을 것이고, 아군도 앞서의 배치에 따라 서로 보조를 맞춰 진격해야 합니다.[92]

한편 5월 8일 유정 총병에게 보낸 서한에서도 그는 명군이 왜군의 추격을 서둘지 말도록 했다.

명군의 전진 또한 급해서는 안 됩니다. 혹시 왜적의 복병이 있는지 다방면으로 탐색해야 합니다. 혹 식량이 부족한지 다방면으로 대처해야 합니다. 국왕이 이미 한강 이남의 대로에 식량과 마초를 운반하여 아군을 돕도록 명령했지만, 조선이 파괴된 나머지 과연 식량과 마초를 모을 수 있을지 잘 생각하지 않을 수 없습니다…… 아군은 너무 지연되어서도 안 되지만 너무 급하게 전진해서도 안 됩니다. 단지 왜적보다 하루 이틀 일정의 거리를 두고 뒤를 따라가야 하며, 결코 쫓아가서 급히 교전해서는 안 됩니다.[93]

명군 지도부의 전략에 따라 왜군에 대한 추격은 지연되었다. 이여송이 이끄는 명군 3만여 명은 5월 2일 한강을 건넜고, 유정의 병력 5천 명은 5월 6일에야 한강을 건너 충주로 향했다.[94] 물론 이들이 모두 왜군의 추격에 나선 것은 아니었다. 오희문은 이미 5월 3일 일기에서 왜군에 대한 추격이 제대로 이루어지지 않았음을 전하고 있다. 즉, 명군이 2, 3백 명씩 따라가며 호송(護送)했다는 것이다. 왜군은 심지어 조선의 악공을 데려가면서 행렬의 앞뒤에서 음악을 연주했다고 한다.[95] 유성룡에 의하면, 왜군은 멈춤과 행군을 반복하며 천천히 남하했고, 길가의 조선 군대들도 모두 자취를 감추고 감히 출격하는 자가 없었다. 이여송도 문경까지 내려갔다가 회군했다.[96]

송응창이 시간이 지날수록 추격에 적극성을 보이는 명령을 내리고 있으나, 그때는 왜군이 남부지방에 거의 도달함으로써 추격은 의미를 갖지 못했다. 위 유성룡의 표현대로 송응창의 패문은 "왜적을 풀어주고 추격하지 않았다는 사람들의 비난이 두려워서 그와 같이 보여주기 위한 행동"에 불과했다.[97] 5월 18일자 이여송과 유정 등에게 보내는 격문에서 송응창은 장수들이 왜적을 소탕하지 않고 관망할 뿐이라고 질책했다. 그러면서 다음과 같이 그는 낙동강을 건너 왜적을 추격, 조선 수군과 함께 왜적을 소탕하는 방안을 제시했다.

> 왜적이 (낙동강을 건널) 배가 없고 식량이 부족하여 곤궁한 때에 틈탈 큰 기회가 있다면, 군사들을 통솔하여 각기 지략과 용기를 발휘하여 왜적이 낙동강을 절반 건넜을 때를 틈타 묘책을 내어 일격을 가하는 것이 제일의 방책입니다. 그리고 전라·경상·충청 각도에 명령하여 수군과 거북선을 조직, 항구에서 왜적을 맞아 싸우게 하고, 명군은 (낙동)강을 건너 왜적을 추격하여 함께 왜적을 소탕하는 것이 또 하나의 방책입니다.[98]

그는 왜군이 남해안에 이르렀을 때에야 왜군의 소탕을 주장한 셈이었다. 즉, 식량의 부족이나 피로 등 상황을 보아서 조선의 수군과 더불어 일격을 가하는 방법, 정확하게는 조선의 수군이 앞에서 막고 명군이 뒤에서 추격하는 방법을 제시했다. 그렇지만 그것은 조선의 수군이 고대하던 바였으나 명군은 실천에 옮기지 않았다.

사실 정주에 머물고 있던 송응창이 남부지방의 상황을 잘 알 수는 없었을 것이다. 그리고 왜군의 추격 등 실질적인 담당자는 이여송이었다. 왜군의 철수 직후 그의 행적을 본다면, 그는 송응창 이상으로 왜군의 추격에 대해서 소극적이었다. 그의 참모였던 전세정의 회고에 의하면, 명군은 5월 2일 한강을 건너 남하했다. 다만 폭서와 질병으로 인해서 군중의 많은 전마가 죽었다. 그들은 16일 문경에 도착했으나 이미 왜군은 사라진 뒤였다. 이여송은 "더위가 몹시 심하고 병마가 병이 많으며 조선이 운송하는 식량이 도착하지 않아 아마도 오래 견딜 수 없을 것 같다."면서 이 사실을 직접 전달하기 위해서 전세정을 송응창에게 보냈다.[99]

일부의 장수들은 왜군에 대한 추격을 주장하면서도 대체로 방어적이었다. 전세정에 의하면, 자신이 송응창을 만났을 때 소위 좌곤지법, 적을 포위하되 스스로 무너지게 하는 병법을 건의했다. 송응창도 이에 동의했다.[100] 그것은 적어도 왜군이 물러난 지역에 대해서는 군사를 두어 방어해야 한다는 의미였다. 해당 방안은 송응창이 5월 28일 이여송에게 보낸 글에서 그대로 반영되었다. 그는 명군으로 하여금 대구에서 조령 사이를 지키도록 했다. 구체적으로 이여백·오유충·유정 등은 대구의 남북으로 연이어 주둔시키고, 나머지는 그로부터 조령에 이르는 곳을 지키도록 했다.

그 외에도 송응창은 부산의 왜군 문제에 대해서도 방안을 제시했다. 그에 따르면, 부산은 조선의 변경해안 지역으로서, 기요마사의 주둔은 '베어낸 풀의 싹이 남아 있는' 것에 비유된다. 따라서 명군이 갑자기 철수한다면 왜군이 다시 조선을 침략할 수도 있으니 철수해서는 안 된다. 다만 명군의 식량이 부족하니 공격하지 말고 요새지를 점거하여 왜군이 피로해지기를 기다려야 한다. 그리고 지난 4월 중순 서울에서 왜군과 함께 남하하여 일본으로 간 사용재와 서일관이 한 달 내에 되돌아오기까지 기다려 그 결과에 따라 추가적인 조치를 취해야 한다. 마찬가지로 그 사이에 왕자와 배신이 송환되거나 왜영에서 심유경의 보고가 있으면 다시 대책을 정해야 한다.[101] 왜적을 공격하지 말고 관망하도록 했던 것이다.

수군에 내려진 지시

그렇다면 조선의 수군은 왜군의 남하에 어떻게 대응했을까? 지난해 조선의 수군은 왜의 수군과 접전에서 연승했다. 그 후 왜군은 부산과 웅천의 깊은 곳에 정박했는데, 육지를 기반으로 하고 있어서 이순신도 공략하지는 못했다. 지난 1월 초 명군이 평양에서 왜군을 몰아낸 뒤, 조정에서는 선전관 2명을 차례로 보내서 바닷길로 도주하는 왜군을 막으라고 지시했다. 그리하여 2월 중순 수차례 전라좌우 수군과 경상우수군 등 수군 전체가 거제도와 가덕도 사이에 출격하여 제해권을 장악했다. 그렇지만 기대했던 명군의 추격과 그에 따른 왜군의 해상 도주는 없었다. 이순신의 주장대로 육지에서 왜군을 내몰지 않는 한, 왜군에 대한 유효한 공격을 단행할 수는 없었다. 그는 경상우도관찰사 김성일에게 육군을 요청했으나, 명군의 접대에 바쁘고 또 군사도 없다는 대답이 돌아왔다.[102]

이순신은 4월 초 여수의 전라좌수영으로 돌아왔다. 그는 왜군이 서울에서 철수하기 직전, 즉 4월 17일자 조정의 서장을 받았다. 그것은 퇴각하는 왜군의 격퇴가 아니라, 일본에서 군사를 증원한다는 경상좌도관찰사 한효순의 보고에 따라 일본에서 오는 왜선을 공격하여 왜군의 상륙을 막으라는 것이었다.[103] 왜군의 증원은 진주성 공격을 위한 것으로 보이지만, 그러한 조정의 지시가 당장 이행될 가능성은 거의 없었다.

얼마 후 왜군이 서울에서 남하했을 때, 외견상 그들에 대한 공략이 다시 기대되었다. 왜군의 서울 철수 소식을 접한 이순신도 전라우수사 이억기의 수군과 함께 5월 7일 좌수영을 떠나 거제도 서북쪽에 위치한

이순신의 『난중일기』와 서간집 『임진장초』(국보76호)

견내량으로 나가 왜군의 상황을 탐지했다. 그러한 상황에서 5월 10일 이순신에게 조정의 지시가 전달되었다. 그 내용은 "전함과 수군을 모두 부산진 입구에 집합시키되, 경솔하게 움직이지 말고 경략〔송응창〕의 지시에 따라 협력하여 왜적을 섬멸함으로써 나라의 수치를 씻으라."는 것이었다. 왜적의 제거를 늘 염두에 두고 있던 그로서는 송응창과 왜적 사이에 어떤 합의나 약속은 생각하지 못했을 것이다. 따라서 그는 해당 지시를 왜적의 섬멸을 위한 총동원령으로 이해했다.

그렇지만 그의 답변에 의하면, 당시 왜군은 여전히 웅천에 웅거하고 있었고, 따라서 이들을 뒤에 두고 부산으로 진격할 수는 없는 일이었다. 웅천과 부산의 왜군은, 그가 전에도 강조한 것처럼 육군과 합동 공격을 하지 않으면 섬멸할 수 없었다. 그는 도체찰사 유성룡과 관찰사 한효순 등에게 육군의 파견 필요성을 제기했다. 물론 그것은 기본적으로 조정이 지시해야 할 사안이었다. 그와 함께 그는 전쟁으로 인한 파괴와 명군의 접대로 인해 조선의 수군이 보충되지 못하고 굶주리고 있음을 강조했다. 그는 충청도 수군을 파견하여 지원해주기를 요청했다.[104] 사실 이순신의 답변은 당장 조정의 명령을 따를 수 없다는 의미였다.

그렇다면 송응창의 지시는 무엇이었을까? 5월 14일 조정의 새로운 서장이 이순신에게 내려졌는데, 거기에는 송응창의 지시가 담겨 있었다. 그것은 "경상도와 전라도 수군과 병선을 모두 모아서 먼저 부산 등지에 정박중인 왜선을 불사르라. 또한 이끌고 있는 수군·전함·무기가 얼마인지 먼저 명의 장수들에게 보고하고, 왜선 한 척도 돌아가지 못하게 하라."는 것이었다. 그 외에도 이순신은 송응창이 이여송에게 "왜적을 추격하라."고 명령한 글을 읽었다. 사실 그 전에 그는 "왜적을 죽이지 말라."고 명 장수들로부터 들었다. 이제 이순신도 경략의 새로운 지시에 따라 용기를 내어 결사적으로 보복하려는 의지를 갖게 되었다. 그럼에도 수군만으로 창원·웅천·김해 등지의 왜군을 끌어낼 수 없다는 사실은 변하지 않았다.[105]

도원수 김명원도 명군 측에 왜군에 대한 협공을 요청했다. 그의 치계 내용에 의하면, 5월 12일 3도 수사들이 모두 거제도의 견내량에 모였는데 병선은 2백 척, 수병은 거의 2만 명이다.[106] 웅천과 창원의 왜군은 요해지에 주둔하고 있다. 따라서 사천과 절강의 포수 2, 3천 명을 보내 조선의 육군과 합세하여 왜군을 몰아 수륙에서 웅천의 왜군을 협공하고, 이들을 소탕한 뒤에는 부산으로 내려가 적선을 불태우고 퇴로를 막아야 한다. 김명원의 치계를 선조를 통해 전달받은 송응창은 부총병 유정에게 격문을 보내 자신의 의견을 전했다. 그 내용은 왜군의 수와 주둔지의 험이(險易), 그리고 아군의 식량 등을 미리 잘 조사해야 하며, 아울러 경솔하지 말고 신중하라는 것이었다.[107] 송응창은 여전히 왜군에 대한 공격에 소극적이었다. 앞서 언급한 것처럼 그는 사용재 등이 일본에서 돌아올 때까지 기다려야 한다는 입장이었다.

조정의 계속된 재촉으로 6월 초 김명원과 권율 이하 관군과 의병이 모두 의령에 모였다. 권율 등 일부는 낙동강을 건너 전진할 것을 주장했으나, 곽재우·고언백 등은 왜군에 비해 약한 아군의 전투 능력과 식량의 부족을 이유로 반대하는 입장이었다. 결국 권율 등이 낙동강을 건너 함안에 이르렀으나 이미 성은 비어 있었고, 식량은 부족했다. 게다가 대규모 왜군이 진주성을 공격하기 위해 김해에서 북상하고 있다는 소식이 전해졌다. 권율과 김명원 등은 전라도로 향하고, 김천일·최경회 등은 진주성을 향했다. 그리고 진주성으로 간 군대는 6월 하순 제2차 진주성전투에서 전원 전사하고 말았다.[108] 연해 지역 왜군에 대한 공격은 고사하고 진주성의 방어조차 제대로 수행하지 못한 셈이었다.

왜군을 추격하던 육군이 다시 예상되는 대규모 왜군의 북상으로 후퇴한 것과 같은 일이 해상에서도 벌어졌다. 6월 중순과 하순, 진주성에 대한 공격이 개시되는 상황에서 부산과 김해의 왜선 8백여 척이 바다를 뒤덮고 서진했다. 그들은 웅천의 제포와 안골포 등지에 정박했다. 그곳 가까이 있던 일부 조선의 병선도 거제도의 영등포로 물러날 수밖에 없었다. 6월 말에는 왜선이 거제도 등지를 장악함으로써 조선 수군은 중과부적으로 다시 한산도 등지로 물러났다.[109] 다만 진주성 도륙 이후 왜군이 다시 부산으로 돌아가자 이순신은 7월 중순 서쪽에 치우쳐 있는 여수의 전라좌수영을 거제도 남단에서 30리 떨어진 곳에 위치한 한산도로 옮겼다.[110] 그는 수군의 충원과 식량의 조달, 전함과 무기의 제작, 그리고 지방 수령에 대한 수사(水使)의 지휘권 확대 등 대책을 강구했다.[111]

명 조정의 입장

왜군이 남부지방에 이르렀으나 본국으로 철수할 것인지 문제는 남았다. 조선은 조속한 공격을 원했으나 명군의 입장은 달랐다. 이미 왜군의 서울 철수 과정에서 명군의 소극적인 입장은 확인되었다. 그렇다면 명 조정은 어떤 입장이었을까? 앞서 본 것처럼 송응창은 강화를 단지 책봉과 조공을 조건으로 하는 왜군의 철수로 명 조정에 보고했다. 따라서 명 조정도 강화를 통해 왜군이 모두 본국으로 철수할 것으로 이해했다. 왜군의 서울 철수가 보고된 5월 7일 『신종실록』은 "왜군이 모두 도주하여 조선이 완전히 회복되었다."고 기록했다.[112]

왜군이 타격을 받지 않고 남부지방에 도착했을 때에도 그러한 기대는 변하지 않았다. 명 조정은 왜군의 남부지방 주둔을 일시적인 것으로 이해했다. 그것은 5월 23일 내각수보 왕석작(王錫爵) 등의 황제에 대한 보고에 반영되었다. 보고에서 그들은 다음과 같은 몇 가지 이유에서 왜군에 대한 공격에 반대했다. 첫째는 바다를 건너갈 배를 만들기 위해 시간이 필요하고, 또 더운 여름을 지나서 귀국할 것이다. 둘째는 히데요시가 대마도에 있어서 아직 그의 귀국 명령을 받지 않았거나 멈추도록 명령받았을 것이다. 셋째는 조선이 원수를 갚고자 추격하려고 하기 때문에 왜군은 방어를 위해서 멈추고 있다. 그들에 의하면, 이러한 모든 일들은 중국이 관여할 바가 아니었다.

왕석작 등은 특히 의리에 입각하여 조선 문제에 관여하는 것을 경계했다. 그들에 의하면, 자칫 왜 측에 대한 신뢰의 원칙을 훼손하면 그 잘못이 명에 있게 된다. 뿐만 아니라 궁한 적을 멀리까지 추격하는 것은 온전한 승리를 기약하기 어렵다. 즉, 왜군과 한 약속도 지켜야 할 뿐만 아니라 현실적으로 왜군을 추격하여 승리를 거두기도 어렵다. 그들은 조선에 동원하기 위해 모집된 남병을 철수하여 — 당시 전쟁을 벌이고 있던 — 미얀마와 태국의 문제를 처리해야 한다는 병부의 의견을 덧붙였다. 송응창에게도 왜군을 공격하지 말 것을 지시했다.[113]

같은 시점에서 병과급사중 후경원(侯慶遠)도 왜군이 남부지방에서 오랫동안 주둔하려는 계획임을 확인하면서도 그에 대한 공격에는 반대하는 입장을 내세웠다. 그의 주장은 왕석작 등과 큰 차이가 없으나 좀 더 직설적이다. 그에 의하면 "멸망한 나라를 되살렸다는 명성이 해외에 빛났으니 우리가 조선을 위해서 할 일은 충분히 했다. 다시 그 나라를 위해 고되게 싸우고 이미 강화를 한 왜적에게 무리하게 도전하는 것은 좋은 대책이 아니다."고 강변했다. 그의 입장에서 조선이 원수를 갚으려는 것은 이해가 가지만, 거기에 많은 희생이 따른다는 점에서 이롭지는 않다. 그와 함께 군사와 말을 빨리 휴식시키고 조선 문제의 걱정거리를 속히 덜어야 한다. 화근을 제거하는 데는 왜군을 놓아주어 신의를 이루는 것이 최상이었다.[114]

송응창은 6월 초 왕석작에게 보낸 글에서 강화, 왜군에 대한 소극적 추격 그리고 이후 명군의 남하 등 과정을 변호했다. 그는 특히 사실과 달리 왜군이 대부분 철수한 것으로 보고했다. 그러면서도 명군이나 조선의 수군이 그들을 공격하기 어렵다고 주장했다.

> 지금 왜적은 이미 부산에 도착했습니다. 앞 부대는 바다 건너 멀리 갔고, 오직 기요마사만이 아직 해상에 주둔하고 있습니다. 그의 목적은 추측할 수 없지만, 우리 병사는 사기가 떨어져 있고 조선 항구의 배들도 미비하여 대규모로 왜적을 공격하는 것도 어렵다고 생각합니다. 군대를 잔류시켜 전라, 경상, 대구, 조령 등 요해지를 굳게 지키는 일은 소홀해서는 안 됩니다.[115]

비록 강화의 필요성을 부각시키고 왜군의 철수를 과장했음에도 송응창 스스로 최종적인 결과에 대한 확신이 없었다. 위의 글에서 나타나 있는 것처럼, 그는 남부지방에서 명군의 주둔을 통한 방비의 강화를 강조했다. 6월 말 병부에 보낸 게첩에서도 그는 남하 왜군에 대한 소극적 조치를 합리화했다. 즉, 왜군이 결정을 번복하여 되돌아오지 못하게 하고, 또 주변 지역에 대한 살인과 약탈을 방지했다는 것이다. 동시에 그는 "왜적으로 하여금 조선은 중국에 의지할 수 있고 중국을 침범하면 반드시 주멸시킬 것임을 알게 하여, 훗날 엿볼 마음을 제거하여 국가의 장구한 계책을 세우고자 한다."라며 명군 주둔의 필요성을 강조했다.[116]

당시 왜군은 유키나가 등이 앞서고 기요마사가 왕자와 배신을 데리고 남하했다. 더욱이 그들은 남부 연안에 도착하자 귀국하기는커녕 오래전부터 히데요시가 지시했던 사항, 즉 진주성에 대한 공략을 감행했다. 왜군이 서울에서 철수하는 과정에서 명은 조선의 원수를 갚는 데 관심이 없고, 조선은 능력이 없다는 사실이 드러났다. 1년 전 패배를 설욕한다는 명분으로 공공연히 자행된 왜군의 진주성 공격에 명군은 수수방관했고, 조선은 무기력했다.

2. 진주성 학살

배경

히데요시가 처음 진주성에 대한 공격을 지시한 것은 평양에서 패배 소식이 전해진 직후였다. 1593년 1월 23일 패배 소식이 전해지자 그는 2월 중순 요시타카 등을 조선에 파견하여 서울 중심의 방어 전략을 지시했다. 거기에는 요충지인 진주성을 공략하여 전라도와 경상도를 제압하라는 내용이 포함되었다. 다만 당시에는 개성과 임진강의 확보가 주된 과제였다. 다시 말해 평양에서 서울로 남하하는 명군에 대한 적극적인 대비가 강조되었던 것이다. 얼마 뒤에는 서울도 지키기 어렵다고 판단되어 내린 3월 10일자 명령서에서 그는 서울에서 상주로 군사를 후퇴시키고 진주성 공격을 위해 군사를 재편했다. 그 후에도 그는 몇 차례 지시에서 진주성 공격을 언급했다.

마침내 4월 중순 왜군이 서울에서 철수한 데 이어 5월 중순 송응창의 사절이 일본 나고야에 도착한 며칠 뒤, 최후의 지시가 내려졌다. 5월 20일 문건에서 히데요시는 사실상 전군을 진주성 공격에 투입했다. 그는 8만 3천 명이 진주성을 직접 공략하게 하고, 4만여 명은 예비부대로 삼았다. 수군을 포함한 일부의 군대만 부산 부근과 거제도·가덕도 등에 남게 했다. 진주성 공략에는 기요마사와 유키나가의 군대 등 규슈의 군대가 주축이 되었다.[117] 한 기록에 의하면, 조선에 있던 왜장들은 연해 지역에서 축성을 먼저 완성하고 전라도와 그 관문으로서 진주성에 대한 공격은 다음에 하자는 의견을 제시했다. 그렇지만 그들의 요청은 히데요시의 분노만 샀다.[118]

히데요시의 진주성 공격의 의지는 집요했던 것으로 보인다. 거기에는 부분적으로 불리한 전세를 만회하려는 전략적 목표도 없지 않았다. 즉, 식량을 조달할 수 있는 전라도가 필요했던 것이다. 그와 함께 강화가 진행되면서 교섭을 유리하게 이끌어 조선의 남부 지역에 대한 권리와 같은 실질적인 성과를 기대할 수도 있었다. 다시 말해 앞서 강화조건에서 제시된 조선의 4개 도 할양을 기정사실로 만들 수 있었다.[119] 거기에 전년도 10월 초 진주성을 공격했다가 김시민 등에 의해 격퇴당한 것에 대한 보복 의지도 작용했다.[120] 그 외에도 패배한 군사들에게 일정한 목표의 설정은 전투 의지의 유지에도 필요했을 것이다.

그렇다면 당시 강화를 추진해온 심유경과 유키나가는 어떤 입장이었을까? 몇 년이 지난 뒤 이항복의 보고에 의하면, 심유경은 도원수 김명원에게 게첩을 보내서 상황을 설명했다. 그의 게첩에 의하면, 진주성의 공격은 무엇보다도 전년도 전투에서 다수 왜군이 죽었던 것에 분함을 품은 히데요시의 명령에 따른 것이었다. 심유경은 유키나가에게 진주성 공격

이항복 초상(국립중앙박물관 소장)

을 만류했는데, 유키나가는 자신이 관여할 수 없고 기요마사가 적극 주장하고 있으며, 오직 조선이 성을 비우는 수밖에 없다고 대답했다. 유키나가는 또한 기요마사가 진주성 공격에만 그칠 것이라고 했다. 심유경은 나중에 김명원과 한효순을 만나[121] 그의 말을 전하면서, 마찬가지로 진주성을 비울 것을 권유했다.[122] 김명원에게 전달된 심유경의 게첩은 경상우병사 최경회를 통해서도 조정에 보고되었다.[123] 그것은 다수 조선 장수들을 진주성 지원에 불참하도록 유도했다고 생각된다.

유키나가도 진주성 공격에 적극 관여했다. 프로이스에 의하면, 유키나가는 북경을 향하는 심유경과 소서비 등을 동행했기 때문에 전투가 개시되기 이틀 전에야 성에 도착했다. 두 사람은 6월 20일 부산을 출발했고, 진주성에 대한 왜군의 공격은 6월 23일이었다. 프로이스에 의하면, 유키나가에게는 다른 군대에 비해 불리한 장소가 주어졌다. 그럼에도 그는 부지런히 준비하여 제일 먼저 성에 올라 '최고위 장수'를 베어 히데요시에게 보냈다.[124] 그는 진주성 학살의 큰 공을 세웠던 것이다. 약 1년 반 뒤 경상우병사 김응서가 담판에서 진주성 공격의 부당성을 언급했을 때, 유키나가는 히데요시의 명령이었기 때문에 부득이 진공했다고 주장했다. 그러면서 자신이 성을 비워 백성을 살리라고 심유경을 통해서 통보했으나 조선이 믿지 않았다고 되풀이했다.[125]

그렇다면 당시 명군의 상황은 어떠했을까. 1593년 6월 대다수 명군은 이미 철수한 상태였다. 접반사 이덕형의 보고에 따르면, 당시 남쪽에 주둔하고 있던 명군은 1만 4천 명이었다. 이덕형이 이여송에게 진주의 위급한 사정을 말하자 그는 대구의 부총병 유정에게 구원을 독촉했고, 전라도와 경상도의 접경에 있던 참장 낙상지와 유격 송대빈(宋大斌) 등도 이미 진주에 진출했을 것으로 예상했다. 더욱이 만약의 경우 이여송 자신이 1만 8천 명을 이끌고 남하하겠다고 호언했다.[126] 당시 유정과 유격 오유충은 대구, 낙상지와 송대빈은 남원, 부총병 왕필적은 상주에 주둔하고 있었다.[127] 그렇지만 유정은 기요마사에게 만류하는 서한을 보내는 데 그쳤고,[128] 다른 명군은 방관했으며, 이여송은 내려가지 않았다.

조선의 대비

그렇다면 조선은 어떻게 대비했는가? 사실 지리적인 이유뿐 아니라 보고 체제의 미비로 왜군의 북상이 조정에 알려지기까지는 시일이 필요했다. 그것도 자체의 보고가 아니라 명 측에서 알려준 결과였다. 당시 국왕은 평안남도 강서현에 머물고 있었다. 평안도 안주에 체류하던 송응창의 접반사 윤근수는 그로부터 "왜적이 서북쪽으로 함양과 진주를 향하고 있고, 장차 전라도로 간다."는 말을 들었다. 그의 보고는 치계로 6월 29일 국왕에게 전달되었다. 같은 날 서울에 있던 이여송의 접반사 이덕형의 치계도 도착했는데, 함안이 이미 함락되었다는 것이었다. 이덕형의 치계는 6월 21일 이여송에게 전달된 유정의 보고에 근거했다. 왜군이 6월 16일 함안에 들어왔음을 고려한다면, 그 사실은 서울의 이여송에게 5일 만에 보고되었고, 조정에는 그 후 다시 8일이 지나서야 전달되었던 셈이다.[129] 사실 29일 당일 진주성은 이미 함락되었다.

한편 그간 와병 중이던 유성룡은 국왕의 명령으로 도체찰사로서 6월 21일 서울을 출발하여 경상도로 내려왔다. 그의 목적은 남쪽에 주둔하던 명군이 더욱 남하하려는 상황에서 그에 대한 식량 등 후근을 돕기 위해서였다. 이를테면 유정의 군사가 상주에서 남으로 내려가고 낙상지 등도 마찬가지로 남하한다는 보고가 있었다. 그는 안동을 거쳐 대구에서 유정을 만나고, 7월 5일 오유충의 군대가 주둔하던 고령에 도착했다. 그는 진주로 향하려고 했으나 그때는 이미 진주성이 함락되었다. 그 뒤 그는 7월 9일 유정 부총병이 머물고 있던 합천에 도착하여 향후 대책을 논의했다.[130]

유성룡이 남하했을 때, 그는 현지에서 각지 장수들로부터 동향을 보고받았다. 충청병사 황진(黃進), 경기조방장 홍계남, 순변사 이빈 등이 – 대체로 6월 16일에서 18일 사이에 작성된 – 보고서를 보내왔다. 그들의 보고서에 따르면, 창원·김해·웅천 등지의 왜군이 수로와 육로로 북상하여 함안으로 진격해왔고, 전라도관찰사 권율[131]과 이빈의 결정에 의해 각 군은 진주성으로 이동하기로 했다. 그 외에도 이빈과 곽재우 등도 함안과 진주 사이에 위치한 의령의 장현(長峴)에 주둔할 것으로 전해졌다. 그리하여 유성룡도 "진주로 들어가 지키는 장수들이 그 수가 방어하기에 충분할 정도로 많은 것 같다."고 조정에 보고했다.[132]

불행하게도 상황은 유성룡의 보고와 달리 진행되었다. 조선의 군대는 함안과 의령에서 차례로 후퇴하면서 그 방향을 잃고 말았다. 일부는 진주성을 지원해야 한다고 했고, 일부는 일단 피하자는 입장이었다. 진주성의 방어가 필요하다는 입장은 창의사 김천일에 의해 대표되었다. 그는 다음과 같이 말했다.

> 적의 모략은 예측하기 어렵다. 단지 진주만 공격한다는 말을 어찌 믿을 수 있겠는가? 무릇 진주는 호남과 가깝고 서로 이와 입술의 관계이다. 만약 그곳을 버리고 왜적으로 하여금 길게 몰아치도록 내버려둔다면 화가 반드시 호남에 미칠 것이다. 힘을 합쳐 굳게 지켜 왜적의 공세를 막아야 한다.[133]

그렇지만 일부의 장수들은 거기에 호응하지 않았다. 두 달 전 성주목사에 임명된 곽재우와 경상좌병사 고언백 등은 아군의 군사적 열세와 식량의 부족을 이유로 경솔히 움직일 수 없다는 입장이었다. 다른 사람들은 결단을 내리지 못했다. 곽재우는 – 약 1년 전 그랬던 것처럼 – 함안과 의령의 경계에 있는 요충지인 정암나루를 막기로 했으나 결국 퇴각했다.

같은 이유에서 권율, 전라병사 선거이(宣居怡), 홍계남(洪季男), 이빈 등은 전라도로 향했다. 그 결과 왜군은 6월 16일 함안을 거쳐 정암나루를 건너 의령을 약탈한 뒤 진주로 향했다.[134]

결국 김천일 외에 경상우병사 최경회, 충청병사 황진, 의병장 고경명의 아들 전라복수대장(全羅復讎大將) 고종후(高從厚) 등이 약 4천 명[135]을 이끌고 진주성으로 들어왔다. 그들은 진주목사 서예원(徐禮元) 및 주변의 지방 수령들과 함께 왜군의 공격에 대비했다. 왜군의 일부는 20일 성 밑까지 진격했고, 22일에는 성을 포위, 23일부터 파상적인 공격을 개시했다. 공방은 일주일 동안 계속되었다. 결국 6월 29일 진주성이 함락되어 7명의 장수와 6만여 명의 주민들이 도륙되었다. 도체찰사 유성룡은 7월 8일자 보고에서 진주성 밖에 조선의 군사가 매우 많았으면서도 왜군을 두려워하여 구원하지 않았던 것을 애통해했다. 그에 의하면, 진주성 공격은 왜군의 강화가 속임수에 불과하다는 것을 직접 보여준 사례였다.[136]

앞서 본 것처럼 왜군의 공격에 대한 뒤늦은 보고 이후에도 조정은 별다른 조치를 취하지 못했다. 그것은 단지 이여송에게 진격을 요청하는 게첩을 보내거나, 아니면 송응창에게 사람을 시켜 구원을 요청하는 것뿐이었다.[137] 선조는 다급한 진주성의 구원보다는 왜군 전체의 소탕에 관심이 더 컸던 것 같다. 그는 부산과 웅천 등 연해 지역 왜군을 직접 공격하자는 비현실적인 방안을 송응창에게 전달하기도 했다. 그것은 진주성 공격을 위해서 왜군 다수가 북상한 상태에서 그곳에는 소규모 군대만 잔류한다는 판단에 근거했다.[138] 그렇지만 명군은 왜군과 싸울 의지가 없었고, 조선은 군대가 부족했다.

지방에서는 도원수 김명원 등이 대구 등지에 주둔하고 있던 유정 총병에게 게첩을 보내기도 했다.[139] 그렇지만 송응창과 이여송, 그리고 유정 사이에 서로에 대한 책임전가와 깊은 불신만 확인되었다. 뒤늦게 도착한 유성룡도 유정을 만나서 구원을 요청했으나, "상당히 견제를 받아 자유롭지 못하다."는 답변뿐이었다.[140] 병조참판 심충겸은 한 회의에서 명의 장수들이 진주성을 지원하지 않은 이유는 크게 두 가지라고 지적했다. 즉 하나는 그들이 심유경의 강화를 따르기 때문이었고, 또 하나는 송응창 경략과 불협하기 때문이었다.[141] 추측건대 명군 내 남군과 북군 사이 갈등의 여파가 여전히 미치고 있었던 것이다.

진주성 학살 이후

유키나가와 심유경이 주장했고 일부 장수들이 기대했던 것과 달리 왜군의 진주성 공격은 거기에 멈추지 않았다. 그들은 전라도와 경상도의 여러 지역으로 진출하여 10여 일 동안 노략질을 일삼았다. 일부는 삼가(三嘉)·단성(丹城)·산음(山陰)으로, 일부는 구례·광양·남원·순천 등으로 진출했다. 그제야 낙상지와 송대빈의 명군과 조선의 이빈·선거이·홍계남 등이 남원을 중심으로 방어태세를 갖추었다. 7월 8일 승병장 유정(惟正)의 군사도 영남에서 남원으로 들어왔고, 대구에 있던 유정의 군사도 남원으로 향했다. 그러자 왜군은 다시 돌아와 구례에 모였다가 일부는 사천·고성, 일부는 삼가·의령으로 향했다. 그들은 약탈과 방화와 함께 다수 백성들을 포로로 잡아갔고, 결국 7월 9일 다시 진주를 거쳐 김해로 퇴각했다.[142]

7월 중순 진주성 학살이 알려진 뒤에야[143] 조선은 명군의 조치를 요청했다. 그렇지만 그때는 이미 노략질을 마친 왜군이 다시 부산으로 귀환한 뒤였을 뿐만 아니라 명군도 호응할 태세는 아니었다. 7월 18일 이여송에게 보내는 자문에서 선조는 진주성 함락으로 그간 온전하여 식량을 제공받았던 전라도의 방어선이 무너졌고, 이것은 국가의 존망과 관련된다는 점을 강조했다. 뿐만 아니라 조선은 왜군이 계속 북상함으로써 서울까지도 위험에 빠질 것으로 예상했다.[144]

그런데 당일 서울의 이여송 진영에서 접반사 이덕형 등의 치계가 도착했다. 추가적인 강화교섭을 위해서 유키나가의 부하 소서비를 데리고 며칠 전 서울에 도착한 심유경도 그곳에 있었다. 치계에 따르면, 이여송이 파발의 보고를 토대로 왜군의 전라도 진출을 추궁했을 때, 심유경은 결코 사실이 아닐 것이라고 주장할 뿐이었다.[145] 당일 윤근수의 보고에 의하면, 이여송의 추궁에 소서비는 단지 전년도 왜군이 그곳에서 (의병들에 의해) 다수 죽은 것에 대한 원수를 갚는 것일 뿐이라고 답변했다.[146] 다음 날 이여송의 자문이 조정에 도착했는데, 거기에서 그는 부산의 왜군은 반드시 바다를 건널 것이며 조선의 재건에 아무런 염려가 없을 것이라고 주장했다. 조선은 답변에서 강화의 중지와 왜군에 대한 소탕을 요청했다. 그것은 비록 왜군이 돌아가더라도 그들에 대한 방비를 위해서 상당수의 명군이 잔류해야 하고, 그 경우 피폐해진 조선이 군량을 감당할 여력이 없다는 이유에서였다.[147]

왜군의 북상과 진주성에 대한 공략이 알려지자 명 내부에서 송응창에 대한 비판이 제기되었다. 그가 강화를 통해 "군주를 속이고 나라를 그르쳤다."는 것이었다. 7월 20일자 편지에서 송응창은 명군은 중과부적으로 왜군과 싸울 수 없다는 것으로 대응했다. 그는 "일이 있을까봐서" 유정과 이여송을 재촉하여 전라도와 경상도의 요새를 지키게 했을 뿐, 일이 "이렇게 된 것은 어찌할 수 없다."고 덧붙였다. 왜냐하면 명군의 목표는 "지금으로서 가장 중요한 일인 왜적의 북상"을 막는 데 있기 때문이다. 다시 말해 왜군이 대규모 군대를 이끌고 명군의 요새와 전라, 경상 등 전체를 침범하려고 하면 부득이 그들과 싸워야 하지만, 지금 상태에서 왜군에게 나가 싸울 수는 없다는 것이다.[148]

7월 22일 석성에게 보내는 글에서 송응창은 진주성 함락에 대해서 자신이 아니라 명군 지휘관들에게 그 책임이 있다고 주장했다.

> 왜적이 부산으로 후퇴한 뒤 제가 즉시 찬획 유원외(劉員外, 유황상)를 보내서 유정에게 진격하도록 독려했고, 누차 (이여송) 제독에게 정예병을 선발하여 전진하여 대구를 함께 지키도록 했는데, 그것은 바로 지금의 일이 있게 될까 염려되었기 때문입니다. 뜻하지 않게 장령들은 명령을 따르려 하지 않고 교묘한 말을 지어내 사람들을 미혹시켜 군대를 철수했고, 한 달이 지나지 않아 왜적은 그 사실을 듣자 곧 반격을 실행했습니다. 이것은 바로 제가 예상했던 바입니다.[149]

그러면서 송응창은 위의 7월 20일자 편지에서와 마찬가지로 지금으로서는 어떻게 할 수 없으며, 단지 심유경과 소서비를 보내서 왜군을 부산으로 철수하도록 설득하는 것밖에 없다고 덧붙였다. 그는 심유경이 왜군의 진영을 왕래하고 있으니 사태의 해결에 도움이 될 거라면서 여전히 강화에 희망을 걸었다. 물론 자신도 인정하는 것처럼, 왜군이 그들의 말에 따라 부산으로 되돌아갈 가망은 없었다. 송응창은 단지 명군 2만 명으로 대구와 경주 등 전라도와 경상도 주요 요충지의 방어에 주력하기로 했다.[150]

조선도 진주성 학살 문제를 쟁점화시키지 못했다. 7월 하순 강화의 중지와 명군의 잔류를 요청하는－주청사 황진(黃璡)이 가지고 갈 예정이었던－진주문에 진주성의 학살은 언급되지 않았다. 그것은 조정이 명군의 실패가 부각되는 것을 우려하는 송응창의 눈치를 보았기 때문이다. 다만 예부와 병부에 사신이 개별적으로 제출하는 자문에서만 간단히 언급되었다. 즉, 최근 왜군의 득세로 경상도의 거진(巨鎭) 진주성이 함락되었고, 특히 심유경이 강화를 위해서 진주성에 대한 일부 명군의 지원을 저지시켰다는 것이었다. 더욱이 아래에서 보는 것처럼 황진도 송응창에 의해 북경행이 저지되면서 위의 문건들은 명 조정에 전달되지 못했다.[151]

한편 왜군의 진주성 공격이 막바지에 이르던 6월 26일 히데요시는 규슈의 군사 4만 7천 명은 남해안에 쌓은 12개 성에 남고, 나머지는 모두 철수하라는 명령을 내렸다.[152] 그리고 자신의 군대를 이끌고 나고야에서 교토로 돌아왔다.[153] 전쟁 개시 전후 제시했던 목표는 사라지고, 조선의 남해 연안 일부라도 일단 지키고자 한 것이었다. 이어 진주성 공격을 지휘했던 히데이에의 함락 보고를 받은 그는 7월 11일자〔일본력〕 답변에서 일본의 명성을 대명과 남만까지 떨쳤고, 조선의 남부지방에 대한 분할이 점차 실현되는 듯 썼다. 왜군의 적지 않은 희생이 있었음에도[154] 원래의 목표에서 멀어진 조선원정이 순조롭게 진행되고 있는 듯 꾸몄던 것이다. 얼마 뒤에는 진주목사의 머리라고 하면서 교토의 주라쿠 근처 다리에 걸어놓았다.[155]

이융 형제 사건

한편 진주성 도륙에 대한 소식을 들은 이여송은 남하했다. 그러나 그는 7월 17일 용인까지 내려왔다가 왜군이 부산으로 되돌아갔다는 소식을 듣고 다시 서울로 돌아왔다.[156] 이여송의 소극적인 대응은 7월 말부터 8월 말까지 조정을 곤란하게 만들었던 이융(李肜)·이채(李彩) 형제 사건으로 이어졌다.

그것은 강릉 참봉 이융 등이 이여송에게 글을 보내 강화정책을 지나친 어투로 비판함으로써 그의 노여움을 크게 산 사건이었다. 그들은 특히 이여송을 남송 때 재상으로서 금나라와 굴욕적인 화친을 주도한 간신인 진회(秦檜)에 비유했다. 그 글을 본 이여송은 그들을 불러서 따졌고, 결국 논쟁이 확대되었다. 이여송은 사람을 시켜 그들의 "수염을 뽑고 얼굴에 침을 뱉으면서" 윽박지르게 했고, 그에 따라 그들도 제독에게 막말을 하게 되었다.[157] 자세한 맥락은 알 수 없지만, 그들은 "(강화를 할 경우 왜적이) 우리나라의 임금을 배신한 무리와 함께 중국을 침범할 것이다."거나 "(조

선 사람이) 문을 열어 왜적을 들이고, 왜적에 붙어 중국을 침략할 것이다." 라고 말했다.[158]

조정은 매우 곤란한 입장에 처하게 되었다. 이 제독의 강화에 대한 불만이 컸던 조정으로서는 오히려 반길만한 일이었을지도 모른다. 이융 형제는 서울의 이씨 종실로서 전 한성판윤 이헌국(李憲國)의 종손이기도 했다. 또한 그들의 글은 원래 제독의 접반사 이덕형을 통해 이여송에게 전달되었다. 이덕형은 "명군이 진격하는 일에 도움이 되지 않을까 생각하여 제출했다."는 입장이었다.[159] 그럼에도 그들을 처벌하지 않고 내버려둘 수는 없었고, 그렇다고 너무 문제를 확대하는 것도 바람직하지 않았다.

이융 형제의 처벌 방법을 둘러싼 논의가 크게 제기되었다. 비변사에서는 이융에 대한 추국과 참수를 제안했다. 그렇지만 선조는 한 걸음 더 나아가 난역죄(亂逆罪)에 해당된다면서, 단순한 참수로는 부족하다고 주장했다.[160] 그렇지만 그의 주장은 좌찬성 정탁(鄭琢) 등의 반대에 부딪혔다.[161] 또한 해당 문제의 위관(委官), 즉 담당자였던 좌의정 윤두수도 그냥 잡아다가 국문할 것을 주장했다.[162] 결국 조정은 형제를 잡아다가 국문했고, 이융은 추국 과정에서 다음과 같이 주장했다.

> 신은 일찍이 한양에서 적이 물러간 뒤 제독이 왜적과 강화하고, 추격할 뜻이 없는 것을 답답하게 생각했습니다. 제독은 항복한 왜적을 강감(江監)[163]에서 양육하였고, 왜의 사절을 도성 안에 들였습니다. 진주성이 함락되어 인심이 더욱 두려워하는데도 제독은 강화를 주장할 뿐 아니라, 본국으로 귀국할 뜻을 가졌습니다. 신은 스스로 분함을 견딜 수 없어 갑자기 글을 올릴 계획을 했습니다. (제독의) 공덕이 끝없다는 것을 모르지 않지만 잠시 과격한 말을 하여 그의 마음을 움직이고자 했던 것입니다. 제독을 진회에 비유하여 그의 의지를 자극한 것은 지금

왜적을 제거하지 않으면 결코 후환을 없앨 수 없으니, 신은 그 폐해를 극단화시켜서 제독의 마음을 자극하고자 했습니다.[164]

선조도 그의 입장을 거의 수용하여 그의 죄가 단순히 난언죄(亂言罪)에 해당한다고 의견을 바꾸었다. 그와 함께 윤두수의 건의에 따라 유배가 결정되었다.[165] 글을 이여송에게 전달했던 이덕형에 대해서는 추국과 파직 등이 일시 논의되었으나 끝내 문제 삼지 않았다.

3. 나고야 회담과 히데요시의 강화조건

명 사절의 도일

앞서 3월 중순 용산의 협상에 관해 보고받은 송응창은 개인적으로 사용재와 서일관을 보내 히데요시의 항복문서를 받아오도록 했다. 그렇지만 두 사람이 4월 중순 서울의 왜영에 진입했을 때, 그들은 왜군의 안전한 철수를 위한 인질이면서 동시에 황제의 칙사로 둔갑했다. 서울 철수 직전 미쓰나리 등 세 봉행은 강화가 이루어진 경위와 명 사절의 왜영 진입 사실을 왜장들에게 전했다. 거기에는 명의 '칙사'가 1백 명의 수행 인원으로 일본에 건너가기로 했다는 사실이 포함되었다.[166]

명 사절의 일본행 소식이 전해지자 히데요시는 강화조건의 수위를 높였다. 그는 5월 1일 아사노 나가마사 등 다섯 봉행에게 그들과 다음과 같은 사항을 논의하라고 지시했다. 그것은 첫째 명의 공주를 일본에 보내서 후비로 삼을 것, 둘째 감합을 논의해서 정할 것, 셋째 명과 일본은 군사에 관한 서약을 주고받을 것, 넷째 조선의 반발에 개의치 않고 서울과 부근 4개 도를 일본에 할양하게 할 것과 왕자와 1명과 대신을 인질로 보낼 것, 다섯째 사로잡은 두 왕자와 시종들을 심유경을 통해 송환할 것, 여섯째 조선 중신들은 약속을 어기지 않겠다는 각서를 작성할 것 등이었다. 그와 함께 그는 별도로 진주성의 공격과 전라도의 평정을 지시했다.[167] 해당 조건들은 명 사절이 나고야에 도착하자 공식적으로 이들에게 제시되었다.

사용재 일행은 유키나가와 세 봉행을 따라 5월 9일 부산포를 출발했다. 심유경도 일시 동행했다가 먼저 돌아왔다. 이들은 5월 16일 규슈의 나고야에 도착했다.[168] 앞서 언급한 것처럼 심유경과 유키나가 등 중재자들의 입장에서 두 사람의 파견은 왜군의 명예로운 철수를 위한 명분에 불과했다. 프로이스에 의하면, 그들과 함께 나고야에 온 유키나가와 세 봉행도 히데요시에게 중국이 결코 허락하지 않기 때문에 조선의 일부를 차지할 수 없다는 점을 주지시키고자 했다. 그럼에도 일단 명의 사절이 나고야에 도착하자 히데요시는 생각이 바뀌었다. 그는 왜군이 서울에서 겪었던 위급한 상황을 잊었다. 그는 조선의 일부 양도 등 새로운 요구를 강화의 조건으로 내세웠다.[169]

사절이 도착하자 히데요시는 유키나가의 참모인 겐소 등에게 그들을 접대하게 했다. 그 시점은 특정할 수 없으나, 도착 후 얼마 지나지 않은 시점에서 이루어진 양측 사이의 대화록이 전해지고 있다. 문헌에 따라 내용이 약간 달라서 이해하기 어려운 부분도 없지 않으나 그 내용은 대략 다음과 같다.[170]

먼저 겐소는 조선이 명을 속이고 있다고 주장했다. 조선이 거짓말로 명에게 전라도와 경상도에서 왜군의 철수를 기정사실로 전달했다는 것이다. 그에 의하면, 그 목적은 일본과의 강화를 방해하기 위해서였다. 그러면서 그는 왜군이 전라도와 경상도에서 철수하지 않고 있는 이유를 제시했다. 그것은 크게 세 가지였다. 첫째는 전라도와 경상도에 있던 왜군이 길을 열어 그 선봉대를 지나가게 했는데, 각 지역에서 길을 막았다. 즉, 애초〔임진년〕에 일본이 조선을 침략하여 두 도를 장악했고, 일부의 왜군이 북상했는데, 그 뒤를 조선이 막았다는 것이다. 이들이 두 도에 도착할 때까지는 군사를 철수할 수 없었다는 주장이다. 둘째는 명과의 화친이 실질적으로 이루어지기를 기다리고 있다. 겐소는 화친의 실행을 기다려 반드시 군사를 철수시키겠다고 주장했다. 셋째는 전라도와 경상도에서 식량을 조달해야 한다. 그에 의하면, 전라도와 경상도 왜군이 전에 길을 열어 북상했는데, 섣달 눈이 내려 식량을 운반하는 길이 막혔다. 따라서 두 도에 군사를 보내어 식량을 얻어야 한다는 것이다. 그와 함께 겐소는 조선의 속임에 대한 징벌로써 진주성 공격을 합리화했다.

겐소는 교묘하게 일본의 조선침략을 축소하였고, 전라도와 경상도에 대해 일종의 기득권을 갖고 있는 것처럼 주장했다. 그럼에도 사용재 등은 그의 주장을 크게 부정하지 않았다. 대화록에 따르면, 명의 두 관리는 조선의 속임에 대해서 (명) 조정도 의심이 없을 수 없어서 자신들을 보내서 진위를 살피게 했다고 주장했다. 그러면서도 돌아가 조정에 보고하여 논의하되 쉽게 (조선을) 용서하지 않을 것이고, 다시 사신을 보내 그 결과를 알려주겠다고 대답했다. 그와 함께 그들도 명·일 양국간 강화에 대한 기대감을 적극 표명했다.

이어 겐소는 작년 일본의 조선침략 배경에 대한 히데요시의 말도 전달했다. 그것은 그 전에도 늘 일본 측에서 주장했던 바였다. 즉, 명에 조공하고자 한다는 일본의 부탁을 조선이 이행하지 않았다는 것이다. 그에 대해 사용재 등은 작년 8월 유키나가와 교섭한 심유경을 통해서 해당 사실을 알게 되었다고 대답했다. 그러면서 잘못은 조선에 있다고 동의했다. 물론 위 대화록은 일본에서 전해진 것이니만큼 명 사절의 입장이 제대로 반영되지 않을 수 있음은 분명하다. 아래에서 보는 것처럼 두 사람은 나름대로 자신의 소신을 분명하게 펼치는 인물이었다.

히데요시의 지침

5월 24일 히데요시는 직접 명 사절을 접견했다. 그는 추측건대 5월 말까지 사절에게 자신이 원하는 강화조건을 제시했다.[171] 그 후 약 한 달 동안 왜 측은 그들을 대접하는 데 최선을 다했다. 그들은 각기 대명의 정사와 부사, 즉 황제의 칙사로 설정되었고, 거기에 상응하는 후한 접대가 제공되었다. 그들은 배로 유람을 하거나 차를 마시는 등 여유롭게 시간을 보냈고 많은 선물을 받았다. 물론 일각에서 전쟁의 대상이었던 명과의 강화를 비판하기도 했다. 그렇지만 히데요시는 이에야스를 포함하여 당시 나고야에 머물던 장수들에게 명 사절을 험담할 경우 엄중한 문책을 받는다는 선서를 하게 했다.[172]

양자간 접촉이 어느 시점에서 본격적으로 진행되었는지는 확실하지 않다. 우리에게 전해지고 있는 자료는 6월 22일 필담 형식의 협상이다. 그에 대한 일본 내 진술서에 따르면, 남선사(南禪寺)의 승려 겐포(玄圃)화상(和尙)과 명 사절 사이에 긴 대화가 오갔다. 다음은 그 주요 내용이다.

- **겐포화상**: 어제 두 분 사신께서 지시하신 것을 빠짐없이 태합 전하〔히데요시〕에게 말씀드렸더니, 전하께서 '명과 일본이 혼례를 하지 않으면 어떻게 믿음을 나타낼 수 있겠는가?'고 말씀하셨습니다. 그렇지 않는다면 조선 8도 가운데 4개 도를 명의 요구에 따라 조선왕에게 되돌려주고, (나머지) 4개 도는 태합 막하에 귀속시켜 명 황제의 보증을 받아 조선을 반분하여 경계를 나누어야 할 것입니다. 혼인하여 맹약을 맺을 것입니까? 아니면 조선을 반분할 것입니까? 이 두 가지 조건 가운데 하나도 태합의 생각을 따르지 않는다면 일은 이루어지기 힘들 것입니다.
- **사용재 · 서일관**: 저희들이 사신으로 이곳에 온 것은 대명의 속국인 조

선을 위해서 얽힌 문제들을 해결하기 위해서입니다. 이에 (일본이) 부산으로 군사를 거두어 우호적 관계를 맺으려는 지극한 뜻을 보여주었습니다. 혼례는 결코 할 수 없습니다. 제안하신 조선 8도의 반분과 관련해 말씀드리자면, 저희 명나라가 어떻게 그 땅을 이용해 이익을 보겠습니까? 조선은 이미 (명의) 속국이니 8도는 모두 명에 속해 있는 것입니다. 조선을 분할하려 한다면 조선의 국왕은 어디에 두겠습니까? 만약 태합께서 생각하신 대로 한다면 저희 명나라 또한 어떻게 조선을 구하겠습니까? 지금 조선을 구한다고 하면서 조선을 반분한다면 저희 명나라가 어질고 의롭지 못한 짓을 하는 셈이니 어찌 천하 백성을 다스릴 수 있겠습니까?

- **겐포화상**: 두 사신께서 일본에 오셨지만 명나라의 〔강화〕조건을 갖고 오지 않았기 때문에 태합께서 스스로 7개 조건을 쓰신 것입니다. 그 가운데 혼례와 8도의 반분 두 조건이 가장 중요합니다. 두 가지 조건을 태합의 요구에 맡기지 않는다면 대사는 결말짓기 어렵습니다.[173]

대화에 비춰보건대 히데요시의 강화조건이 명 사절에게 이미 전달되었고, 그에 대한 일차적인 대답까지도 히데요시에게 보고되었다. 전체적으로 교섭에서는 혼인과 조선의 분할에 논의가 집중되고 있다. 일본 측은 조선의 4개 도 할양과 양국간 혼인관계를 고수하면서 강화조건으로 양자간 택일을 고집했다. 물론 그들은 명이 혼인관계를 받아들이기 힘들다고 보고, 조선 영토의 일부라도 얻겠다는 심산이었다. 따라서 대화의 내용도 후자에 집중되고 있다. 명의 사절은 조선이 명의 속국인 것을 전제로, 조선의 반분은 명의 천하에 대한 권위를 손상시킬 것이라고 주장했다.

그 후에도 양자간 협의가 있었음을 시사하는 문건이 전해지고 있다. 그것은 아시모리(足守) 번(藩)의 번주였던 기노시타(木下) 가문의 문서이다. 이것은 1593년 6월 27일 접수된 것으로 기록되어 있다.[174] 거기에 의하면 명 사절은 히데요시의 책봉을 대안으로 삼고자 했다. 즉, "태합[히데요시]이 제시한 화친 안건은 일일이 (명) 조정에 보고하겠지만, (명) 조정이 (혼례와 조선분할) 두 가지를 (모두) 수용하지 않으면, 그가 분명 불쾌하여 (조선과 명을) 공격할 것이오. 그러므로 (명) 조정이 옛 관례에 따라 사신을 보내 태합을 책봉한다면, (일본은) 그것을 거절할 것인가 혹은 허용할 것인가?" 그에 대해 일본 측은 이전의 두 가지 조건을 고수하여 책봉은 필요 없다고 하면서 명 측의 제안을 거부했다.

그럼에도 히데요시의 책봉에 관해서 상당한 논의가 진행된 것으로 보인다. 위 문건에는 "(일본 측에서) 알려준 태합의 관식(冠式)은 보관하여 기준으로 삼겠다."는 명 사절의 언급이 있다. 이것은 명이 히데요시의 책봉에 필요한 관(冠)을 제작할 것임을 의미한다. 다만, 일본 측은 여전히 위의 두 조건 가운데 명이 하나도 승인하지 않으면 일이 이루어지기 어렵고, 자연히 책봉에도 이르지 못할 것이라고 주장했다. 일본에서는 책봉을 위한 전제로서 두 가지 조건을 제시한 셈이었다. 일본 측은 자신의 요구를 거부하면 히데요시가 직접 조선으로 건너가 명의 공격을 위한 기반을 구축한 다음, 2, 3년 내에 요동으로 진격하겠다고 협박했다.

「대명과 일본 양국의 화평조건」 7개조

결국 6월 28일 일본 측 협상자들은 한문으로 작성된 「대명과 일본 양국의 화평조건」[175]을 제시했다. 그것은 강화에 대한 취지와 일곱 가지 강화조건이었다. 전자와 관련하여 히데요시는 전에 조선에 보냈던 국서에서 언급했던 자신의 탄생신화와 함께 전국통일을 비롯한 성공을 천명과 결부시켰다. 그러면서 그는 전쟁의 발동에 대한 직접적인 설명을 시도했다.

그에 따르면, 자신이 명을 괴롭히는 해적을 근절시켜 해상의 질서를 가져왔는데도 명은 감사의 말을 하지 않았다. 그는 자신을 업신여기는 것이라 판단하여 정벌을 결심했다. 조선에 대해서도 히데요시는 이렇게 말했다.

> (조선은) 그 기미를 보고 (황윤길 등) 통신사를 보내서 맹약을 맺고 불쌍히 여겨줄 것을 빌고, 대명을 정벌할 때 식량 운송과 군사의 길을 막지 않겠다는 것을 약속하여 (일본에) 귀의하기로 다짐했다. 명과 일본이 회동하는 일과 관련하여 조선이 명에 아뢰어 3년 내에 답변을 주기로 약속했다. (일본은) 약속 기간에는 전쟁을 중단할 것을 승낙했다. 이미 그 기간이 지났는데도 가부의 답변이 없었다.

히데요시는 침략 과정에 대해서도 짧게 언급했다. 조선은 곳곳에 대비 시설을 갖추고 저항했다. 그렇지만 저급한 수준의 무기로는 왜군의 적수가 되지 못했다. 그 결과 조선은 초토화되었다. 그와 함께 그는 조선을 구원하는 명의 정책은 이롭지 못하다는 점을 덧붙였다.

위의 취지에 이어 다음과 같은 7개의 강화조건이 제시되었다.

一. 강화의 서약을 서로 위반하지 않는 것은 천지가 비록 끝나더라도 변경해서는 안 되므로 명 황제의 공주를 맞아 일본(왕)의 후비로 삼는다.

一. (명과 일본) 두 나라는 수년 이래 서로 틈이 생겨 감합(무역)이 단절되었다. 지금 그것을 바꿔 관선(官船)과 상선(商船)이 왕래해야 한다.

一. 명과 일본의 통호를 변경시킬 수 없다는 뜻으로 양국 조정의 대신이 서로 맹세문을 쓴다.

一. (일본은) 조선에 선발대를 보내 정벌하여 이제까지 두루 나라를 진정시키고 백성들을 안정시켰다. 훌륭한 장수를 (더) 보낼 수도 있겠지만, 여기에 제시된 조목들을 수용한다면 조선의 반대의견을 고려하지 않고 8개 도를 명과 분할할 것이다. (명은) 4개 도와 도성을 조선왕에게 반환해도 된다. 이것은 이전에 조선이 세 사신을 파견했기에 (일본은) 하찮은 선물을 주어서라도 우호적 관계를 유지하려는 것이다. 나머지 자세한 내용은 네 사람〔아래 연명한 사람들〕이 구두로 전달할 것이다.

一. 4개 도는 이미 반환했으니, 조선의 왕자와 대신 한두 명을 인질로 삼아 일본에 보내야 한다.

一. 작년에 조선 왕자 2명을 (일본의) 선발대가 사로잡았다. 그들은 평범한 사람들이 아니고 강화에 부합하지 않으니 (위의) 네 사람이 심(유경) 유격에게 인도하여 본국에 돌려보낼 것이다.

一. 조선국왕의 권신이 대대로 (강화를) 위반하지 않겠다는 뜻을 맹세하는 글을 쓰도록 한다.

이 뜻을 (일본에서 파견된) 네 사람을 시켜 명의 칙사에게 자세히 진술하게 해야 한다.

문록 2년〔1593년〕 계미 6월 28일 히데요시 도장

이시다(石田) 치부소보(治部少輔), 마시다(增田) 우위소보(右衛少輔), 오타니(大谷) 형부소보(刑部少輔), 고니시(小西) 섭진수(攝津守)

요컨대 일곱 가지 강화조건은 첫째 혼인, 둘째 통공, 셋째 명일간 대신을 통한 서약, 넷째 명에 조선의 4개 도 반환, 다섯째 조선 왕자나 대신의 인질 파견, 여섯째 두 왕자의 인도, 일곱째 조선 권신의 강화 준수 맹서 등이었다. 일단 일본 스스로 최대의 목표치를 제시한 셈이었으나, 대부분

은 현실성이 없었다. 일본 측에서는 사용재와 서일관을 황제의 칙사로서 예우했던 만큼 위의 강화조건에 기대를 걸었고, 기요마사 등은 임진왜란 내내 그러했다. 그럼에도 두 사람은 강화협상을 위해 파견된 것이 아니었던 만큼 협상에 관한 어떤 권한도 없었다. 「화평조건」에는 그들의 방문에 즈음하여 히데요시가 다섯 봉행에게 내린 5월 1일자 지시〔일본력〕와 유키나가 및 세 봉행에게 명 사절과 논의하게 했던 조건들이 사실상 수정 없이 그대로 유지되었다.

이 문건의 맨 뒷부분에는 세 봉행과 유키나가 등이 명의 칙사들에게 관련 내용을 제시하도록 명시되었다. 다만 이들은 진주성 공격에 참여하고자 이미 명 사절에 앞서 부산으로 되돌아와 있었다. 따라서 그것은 이들을 통해서 조선에서 강화협상을 이어간다는 의미를 내포했다.

일본의 7개조를 전달받은 명 사절은 예정일〔7월 11일〕을 앞당겨 그 다음 날〔6월 29일〕 나고야를 출발했다. 히데요시는 그들에게 많은 예물을 주어 보냈다. 두 사람은 7월 15일 부산에 도착했다. 그렇지만 그들이 부산에서 봉행이나 유키나가 등과 강화를 이어갈 여지는 없었던 것으로 보인다. 그들은 단지 석방된 왕자와 배신들과 함께 22일 부산진을 출발했다.[176] 일행은 8월 6일 서울에 도착했고, 그 사실은 이덕형의 치계를 통해 강서현에 머물던 국왕에게 10일 보고되었다.[177]

사절의 귀국

일본에서의 환대와 그에 따른 기대와 달리 두 사람의 귀국은 거의 주목을 받지 못했다. 두 사람을 보냈던 송응창은 8월 초순 유정에게 보낸 한 서한에서 "왜적이 (조선의) 왕자 및 배신과 두 사신을 송환했다."고 간단하게 표현하고 있다.[178] 원래 두 사람은 히데요시의 항복문서를 받아오는 임무를 가졌으나 왜영에 들어가는 순간 서울에서 안전하게 철수하기 위한 일종의 인질이 되었다. 따라서 송응창은 그들의 귀국을 두 왕자나 배신들과 마찬가지로 '송환'으로 표현했다.[179]

그 외에도 송응창의 문헌에는 어디에도 히데요시의 강화조건 7개조에 대한 언급이 없다. 추측건대 히데요시의 강화조건은 송응창에게 전달되었을 것이다. 사용재와 서일관 두 사람이 그에게 감출 이유는 없었기 때문이다. 그렇지만 일본의 요구조건이 그대로 명 조정에 보고되었는지는 의심스럽다. 그것은 일본의 7개 조건은 명에서는 절대 수용할 수 없을 것이기 때문이다. 그것이 공론화된다면 강화의 파탄은 물론 송응창 자신에 대한 비판으로 이어질 것은 뻔했다. 결국 그는 8월 말 한 상소문에서 두 사람의 일본 방문을 이미 지나간 일로서 짧게 언급했다.

> 마침 전에 보냈던 두 사신인 사용재와 서일관이 일본에서 돌아와 부산에 도착했습니다. (그들은) '이미 관백을 직접 만났는데, 관백은 매우 공손히 예의로 대우했고, 명에 순종하기를 원했다.'고 합니다. 두 사신과 수행원들은 모두 크고 작은 상을 받아왔습니다.[180]

그와 함께 위의 상소문에서 송응창은 임진왜란 초부터 지금까지 왜군과 강화의 배경에 대해서 길게 설명했다. 거기에서 그는 강화의 조건을 오로지 책봉과 통공에 국한시켰다. 화친이나 할지(割地) 등은 전혀 언급되지 않았다. 진주성의 함락과 강화의 추진이라는 모순된 상황을 조사하기 위해서 8월과 9월 초 사이에 조선에 나왔던 산동순안어사 주유한(周維翰)은 단지 서일관 등이 왜 측으로부터 8백 냥의 뇌물을 받고 통공을 약속했다고 보고했다.[181]

강화조건 7개조의 골자가 변형된 방식으로나마 조정에 보고된 것은 사용재 일행이 일본에서 돌아온 뒤 4개월이 지난 11월 하순이었다. 도원수 권율이 서장(書狀)에서 그 핵심 내용들을 언급했는데, 그가 유정 총병의 진영에 온 명군 통신문을 본 듯하다. 당시 그는 유정이 주둔하던 성주의 경상도 감영에 있었다.[182] 약 한 달 뒤 사은사로 북경을 방문했던 김수(金睟)가 나고야회담에 대해서 명 조정에 보고했다. 조정은 처음에는 황제에게 바치는 진주문에서 송응창이 두 사람을 일본에 파견한 사실을 포함시킬 생각도 있었다. 그렇지만 수위를 낮추어 개인적인 의견인 별첩에서 그들의 활동에 대해서 비판적으로 언급하고, 병부에 대한 자문을 통해서 일곱 가지 강화조건을 나열했다.[183] 물론 명 조정은 거기에 어떤 반응도 보이지 않았다.

결국 나고야 회담은 일회성으로 끝났을 뿐, 후속 조치가 취해지지도 않았다. 그리하여 명과 일본 사이의 강화에 별다른 의미를 갖지 못했다. 강화는 오히려 왜군과 함께 서울에서 내려갔던 심유경이 진주성 도륙 직후 유키나가의 부하 소서비(小西飛)[184]와 함께 서울에 올라옴으로써 그 단초가 마련되었다.

심유경과 소서비의 북상

왜군의 진주성 포위가 계속되고 사용재 등이 나고야에서 교섭 중인 상황에서 강화를 위한 움직임이 시작되었다. 6월 20일 심유경이 소서비와 35명의 일본 수행 인원과 함께 부산에서 북상한 것이다. 물론 그것은 송응창의 지시에 의한 것이었다. 특히 소서비는 납관(納款) 즉, 많은 금과 은을 가지고 명에 조공하고자 한다는 입장이었다. 그들의 출발 사실은 이여송의 접반사 이덕형의 보고를 통해서 조정에도 전해졌다. 심유경은 송응창과 이여송이 군사업무에 대한 논의를 위해서 불렀다며, 조선의 장수들이 각 역참에서 자신들을 접대할 것을 요구했다.[185]

그렇다면 무엇을 논의한다는 것일까? 약 5개월 뒤 유키나가가 심유경에게 보낸 서한에 의하면 그것은 "북경에 가서 석 어르신〔병부상서 석성〕의 말을 구두로 듣고, 3, 4개월 이내에 (명의) 고위 사절을 다시 인도하여 (일본으로) 온다."는 것이었다.[186] 사절의 임무가 명시되지는 않았으나 사실 히데요시의 책봉을 위한 사신의 파견을 의미했다.

이덕형의 보고를 받은 조정은 국왕의 명의로 각각 경략과 제독에게 공문을 보내서 더 이상 강화를 진행시키지 말 것을 촉구했다. 이제까지는 그랬던 것처럼, 불구대천의 원수인 왜군에게 강화를 허용해서는 안되며, 강화가 왜군의 기만책에 불과하다는 것이었다. 후자와 관련하여 강화를 통해 왜군은 우리의 방비를 허술하게 하고 또 사신의 왕래 도중에—이제까지 가보지 못한 평양 이북을 포함하여—우리의 실상을 정탐하여 재침할 수 있음이 지적되었다. 조공 길과 관련하여 조선은 과거 영파를 통했던 것과 달리 조선의 통과는 이해할 수 없다는 점도 분명히 했다.[187]

그럼에도 조선은 심유경과 소서비 일행의 북상을 막지 못했다. 이덕형의 보고가 도착했을 때, 이미 일행은 거의 서울에 이르렀다. 그들이 올라올 때 불상사도 없지 않았으나,[188] 명군은 이들을 보호했다. 그들이 서울에 접근했을 때에도 조정은 개성유수와 황해도 및 평안도의 관찰사들을 시켜 정주에 있던 송응창에게 해당 지역의 통과 불허를 간하도록 했을 뿐이었다. 선조는 "밤중에도 일어나 심유경을 직접 참수하고 싶다."면서 분노했으나 달리 방법을 찾지 못했다.[189] 그러한 가운데 심유경 일행은 7월 7일 밤 서울에 도착했다. 같은 시기 명의 일각에서도 송응창의 강화에 대한 비판이 제기되었다.[190] 그러한 거센 비판은 요동 군사기구의 당보 등을 통해서 송응창과 이여송에게도 전달되었다.[191]

그런데 심유경 일행이 서울에 도착한 며칠 뒤 발원지가 나고야로 생각되는 왜 측의 요구 일부가 조정에 전해졌다. 송응창의 접반사 윤근수가 이여송의 기패관이 전했던 말을 보고한 것이다. 기패관은 "한강을 경계로 삼아 서쪽은 대명에 속하게 하고 동쪽은 일본에 속하게 하면 강화가 비로소 마무리될 것이다."는 왜군 진영의 소문을 전했다. 그 소문에 대해서 이여송은 "왜적을 섬멸하지 않으면 안 된다."고 반응했다고 한다.[192] 더욱이 왜군이 한강을 기준으로 남북을 분할하고자 한다는 소문은 다른 경로를 통해서도 조정에 전해졌다. 앞서 본 것처럼 8도의 반분은 나고야에서 왜 측이 제시한 강화조건의 핵심이었다.

7월 초순 당시 합천에 있던 도체찰사 유성룡은 의병장 정인홍의 말을 인용하여 그 사실을 조정에 보고했다. 즉, 유정 총병이 정인홍에게 "왜적〔소서비〕이 심유경과 함께 가서 한강 이북은 중국(땅)으로 하고 이남은 왜의 땅으로 하고자 하오. 명이 어찌 들어주겠는가마는 만약 그것을 허락한다면 귀국은 어떻게 할 것이오?"라고 말했다는 것이다. 유성룡에 따르면, 왜군은 일종의 원교근공(遠交近攻)의 전략에 따라 명에 접근하여 조선을 분할하고자 한다. 그는 송응창과 이여송에게는 더 이상 기대할 것이 없으니 명 조정에 직접 연락하여 이를 저지할 것을 주장했다.[193]

비슷한 시점에서 좌의정 윤두수가 정주의 송응창 진영에서 왜군의 요구에 관한 소문을 보고했다. 그가 그곳에 온 명의 장수들에게 들은 바에 의하면, 왜군은 매년 3회 (명에) 조공을 바치고자 하고, 전라도와 은 2만 냥을 일본에 넘겨준 뒤에야 왕자와 세 배신을 송환하겠다는 것이었다. 물론 송응창은 다른 조건은 들어줄 수 없고, 왕자를 송환하지 않는다면 조공을 허락할 수 없다고 말한 것으로 전해졌다.[194]

그렇다면 송응창 자신의 방안은 무엇이었는가? 그것은 그가 7월 하순 이여송에게 보낸 편지에서 일부 확인된다. 그에 의하면, 자신은 원래 왜군이 부산으로 돌아간 뒤 얼마 지나지 않아서 모두 귀국할 것으로 생각했다. 그럼에도 그들은 진주성에 대한 대대적인 공격을 감행했고, 동시에 소서비를 통해서 강화, 특히 통공을 '구걸'하고 있다. 이러한 상황에서 지금의 계책은 한편 명군으로 부산을 압박하고, 다른 한편으로 소서비를 통해 왜군의 조속한 귀국을 설득하는 것이다. 그 후에는 소서비를 억류하여 왕자와 배신의 송환을 조건으로 풀어주어야 한다. 그리고 통공은 3년간 조선과 중국을 침범하지 않는 연후에 허용되어야 한다.[195] 송응창의 예상과 달리 왜군은 스스로 왕자와 배신을 송환했을 뿐, 본국으로 완전히 철수하지 않았다.

심유경과 소서비는 서울에서 약 한 달간 체류했다. 이때 소서비는 히데요시의 주본을 지참하고 있었다. 비변사에 의하면 그 말투가 명과의 상하관계가 아니라 "적국과 대등한 말이고 오만함이 그보다 더했다." 거기에는 "어찌 중화에는 군주가 있고, 이적에게는 없겠습니까? 천하는 넓어 한 사람의 임금이 좌우할 수 없고, 우주는 넓어 여러 나라들이 각기 나누어 지킵니다." 등의 구절이 포함되었다. 보고를 받은 선조는 전에 명 고조〔주원장〕 때 일본의 사신이 올린 글과 유사할 뿐, 히데요시의 글은 아니라고 평가했다.[196] 그것은 각국의 상이한 국제질서 관념을 반영했으나, 조선의 입장에서 그 글은 "패역스럽고 통분하기 그지없는" 것이었다.[197] 명의 입장에서도 용납할 수 있는 내용이 아니었다.

명 조정의 명령에 따라 대다수 명군이 차례로 철수하는 가운데 심유경과 소서비 일행도 8월 말 서울에서 북상했다. 그것은 조선에게는 결코 유쾌한 일이 아니었다. 그것은 조선의 의지와 상관없는 강화교섭의 진행을 의미했다. 그렇지 않더라도 그들이 조선의 허실, 무엇보다도 파괴된 나머지 저항능력이 없음을 탐지하고 재침할 가능성도 없지 않았다. 그럼에도 조선으로서는 다른 방법이 없었다. 송응창에게 자문을 보내는 방안이 있었으나 그의 노여움만 살 것으로 판단되었다. 명의 하급 장수들에게 중간에 막도록 요청하더라도 그들이 상부의 명령을 거역하고 조선의 요청을 들어줄 가능성은 거의 없었다. 각 역참에 연락하여 왜군을 접대하지 말 것을 지시했지만, 그들은 명군의 도움을 받을 것임이 분명했다.[198]

심유경과 소서비 일행은 9월 6일 평양에 들어왔다.[199] 그들은 당시 송응창이 머물고 있던 평안도 정주를 향했다. 송응창과 이여송은 9월 20

일경 압록강을 건넜는데, 심유경 등은 조선 내 명군 진영에 잔류했다.[200] 그렇지만 심유경은 얼마 뒤에 다시 부산으로 내려와야 했다. 그것은 병부의 지시에 따라 송응창이 히데요시의 항복표문을 받아올 것을 명령했기 때문이다. 국내에서 왜군의 주둔과 강화에 대한 비판이 제기되는 가운데 병부는 왜군의 강화 의지에 대한 확실한 증거를 필요로 했던 것이다.

4. 명군 잔류 협상

조선의 입장

상당수 왜군이 부산 등지에 주둔함과 동시에 강화가 진행됨으로써 이제 왜군의 소탕은 당분간 기대하기 어렵게 되었다. 그와 함께 명군의 잔류 문제가 현안이 되었다. 나중에야 알려진 사실이었지만 왜군의 남하 조건으로 명군의 철수가 합의되었고, 이제 왜군이 남하하면서 명군도 철수 절차를 밟기 시작했다. 왜군이 서울에서 퇴각한 지 얼마 지나지 않은 1593년 4월 27일, 평안도관찰사 이원익이 명의 파발을 통해 들은 바에 따르면, 유정(劉綎)의 군사를 남겨서 서울을 지키게 하고 나머지 군대는 철수한다는 것이었다. 구체적으로 진정(眞定)·보정(保定) 등지의 군사들은 2, 3일 내 차례로 철수한다고 전해졌다. 다만 여전히 빈말이 많아서 정확한 사실은 알 수 없었다.[201]

그럼에도 상당 규모 군사의 주둔 필요성은 명군 측에서도 공유되었다. 송응창은 5월 중순 향후 각각 경상도와 전라도 지역을 담당할 장수인 이여백과 유정에게 다음과 같은 격문을 보냈다.

조선은 비록 해외의 속국이지만 실제 우리의 동보(東保)·계(薊)·요(遼)의 외번〔外藩, 바깥 울타리〕이다. (조선은) 왜적이 중국 내륙을 침범하고자 하면 반드시 얻어야 할 땅이고, 우리가 내륙을 지키고자 한다면 반드시 지켜야 할 곳이다. 이번에 왜적이 철수한 때를 틈타 재빨리 요새지를 수축하여 그들의 재침을 막아야 한다.[202]

잔류 병력의 수와 관련하여 몇 가지 요소들이 고려되지 않을 수 없었다. 한편으로 왜군을 방어하기에 충분한 정도의 병력과 다른 한편으로 조선의 식량 상황 등을 고려해야 했다. 명군의 입장에서는 자국 군사의 보호를 위해서라도 수적 우위를 확보해야 했다. 반면 식량의 부담과 외국군의 주둔에 따른 피해를 감수해야 할 조선의 입장에서는 최소한의 병력이 잔류하는 것이 바람직했다. 조선은 5월 초 송응창에게 포수 5천 명과 장수 1, 2명의 잔류를 요청했다. 그들의 임무는 남해안의 거점에 주둔하면서 방어와 조선의 군사훈련을 지원하는 것이었다.[203] 물론 당시의 논의는 왜군의 서울 철수 직후로서 그들의 완전한 귀국을 전제로 했다.[204] 그 후 진주성 공격과 함께 왜군이 남해연안에 상당수 계속 머물렀기 때문에 해당 방안은 유지될 수 없었다.

송응창은 이여송 등에게 조선의 제안을 토대로 구체적인 방법을 검토할 것을 지시했다. 5월 하순 이여송은 조선의 요청보다 더 많은 1만 명을 제시했다. 그것은 무엇보다도 조선이 지금 왜군을 막을 능력이 부족하고 지켜야 할 지역이 넓다는 이유에서였다. 그가 제안한 잔류 병력의 구체적인 구성은 다음과 같다. 의주에 주둔하면서 압록강을 방어하다가 유사시 지원할 오유충의 남병 2천 8백58명, 평양에 주둔하면서 대동강을 방어할 유정의 사천병 5천 명, 새로 파견되어 평양 이서의 안정·숙녕·안홍·안주 등을 지키게 될 산서의 병력 각각 5백 명과 부총병 양원(楊元)의 가정(家丁) 3백 명 등 총 9천 1백58명이다. 조선이 남해연안 방어를 요청했던 것과 달리 이여송은 평양 이북의 방어에 집중했다. 그에게는 자국의 방어가 일차적인 목적이었던 셈이다. 그는 지리적으로 먼 곳까지 식량을 운반하기 어렵고, 폭염과 장티푸스와 같은 전염병에 대한 우려로 명군이 남부지방에 오랫동안 체류하기는 어렵다는 점을 강조했다.

그와 함께 이여송은 부산의 왜군에 대한 소탕은 현실적으로 어렵다고 주장했다. 그는 부산과 관련하여 조선으로서는 납득할 수 없는 사안까지도 제기했다. 즉 "두세 번 문의해보니 원래 (부산이) 조선(땅)이었는데 오래전 그 땅을 '할양'하여 왜적이 관례적으로 자신의 근거지로 삼고 있다."는 것이다. 그와 함께 그는 부산이 대마도에서 가깝기 때문에 왜군이 추가적인 병력과 식량을 쉽게 더할 수 있어서 중과부적으로 그들을 소탕하기 어렵다고 주장했다. 그는 또한 상주 일대에는 식량이 없고, 선산 이남에는 조선인이 왜적에 귀순했다고 지적했다.[205]

조선과 이여송의 상반된 견해에 대해서 송응창은 이여송의 견해를 지지했다. 송응창은 5월 29일자 선조에게 보낸 자문에서 원래 왜군의 뒤를 쫓아 그들이 바다로 도망가는 시점을 틈타 소탕할 계획이었음을 확인했다. 그러면서도 그는 "부산이 천연의 요새이며 또한 왜적의 오랜 근거지라는 점을 몰랐다."고 주장했다. 그는 또한 전라도의 수군에게 왜적을 협공하도록 요구했음에도 이들이 전혀 나타나지 않았고, 또 남쪽으로 식량운반은 이미 중단되었으며, 날씨가 더워 명군이 지쳤다고 불만을 제기했다. 그는 조선에 대한 명의 지원은 이미 충분히 다했다면서 이여송이 제안한 것처럼 서울 이북이나 잘 지키는 것만도 다행이라고 말했다. 마지막으로 송응창은 이여송의 군대배치에 대한 조선의 입장, 부산을 왜적에게 할양했는지 여부와 그 시점, 서울에서 대구까지의 식량 유무, 거북선과 선박의 수와 위치 등에 대한 보고를 요구했다.[206]

부산의 귀속 문제는 송응창 자신도 직접 제기했다. 그는 6월 초 어렵게 이루어진 선조와의 만남에서 이 문제를 언급함으로써 선조를 곤혹스럽게 했다. 앞서 본 것처럼 그는 평양 승리 이후에야 느린 속도로 조선에 진입했다. 한편으로 그를 대접하고 다른 한편으로 왜군에 대한 적극적인 공략을 재촉하기 위해서 선조는 만날 것을 계속 요청했다. 그렇지만 그는 선조가 남하하여 전방의 문제들을 직접 챙길 것을 요구했다. 결국 6월 5일 안주에 머물던 송응창이 만남을 요청함으로써 영유에 있던 선조가 그곳을 찾아갔다.[207] 의례가 끝나자마자 송응창은 위 이여송의 보고에 의거하여 부산 문제를 꺼냈다.

- **송응창**: (이여송) 제독의 보고에 귀국이 부산을 떼어 왜적에게 주고 경계비를 세웠다고 하는데, 그렇습니까?[208]
- **선조**: 부산과 동래는 연결된 땅인데 소방이 어찌하여 원수에게 떼어줄 리가 있겠습니까? 소방의 강토는 우리 조상 때부터 천조[명]에서 받았는데 어찌 사사롭게 스스로 떼어줄 수 있겠습니까? 왜적에게 땅을 떼어주면 결국 나라를 보존할 리 없을 것인데, 소방이 비록 어리석지만 그 점을 모르겠습니까?
- **송응창**: 나도 믿지 않습니다…… 부산에 경계(비)를 세우지 않았고 땅을 떼어주지 않았다는 등의 사실을 다시 회답하십시오. 내가 그 사실을 이미 알고 있고, 따로 할 일이 있기 때문에 재삼 말씀드릴 뿐입니다.
- **선조**: 소방이 과연 부산을 왜적에게 떼어주어버렸다면, 본진[부산진]첨사 정발과 동래부사 송상현 등이 어찌 왜적에게 죽었을 리가 있겠습니까? 작년 보고서를 조사해보면 분명할 것입니다. 하물며 소방과 일본은 큰 바다로 격리되어 있는데, 그들이 어찌 바다를 넘어와 거주하겠습니까? 실로 그럴 리는 결코 없습니다.[209]

결국 송응창은 선조의 말에 수긍하면서 화제를 바꿔 조선이 보유하는 군사와 식량의 수량을 명군에게 알려주기를 요구했다. 어쨌든 위 대화는 부산의 지위에 대한 두 사람의 상반된 인식을 보여준다. 송응창은 부산의 왜인 거주 사실을 확대하여 왜적에게 떼어준 것으로 간주했다. 선조는 부산을 떼어주지 않은 이유 가운데 하나가 중국으로부터 조선 땅을 받았기 때문이라고 함으로써 전통적인 중화관념에 호소했다.[210]

한편 왜군이 예상과 달리 곧장 귀국하지 않고 남부지방에 머물자 조선은 더 불안해졌다. 그리하여 이전보다 많은 수의 명군 잔류가 필요하다고 간주되었다. 6월 6일자 송응창의 보고에 의하면, 조선국왕이 "정예 포수 8천 명을 남겨 조령과 상주에 주둔시키고, (조선의) 수륙 관병을 해안에 집합시켜 합력하여 지키겠다."고 요청했다. 여기에 대해서 송응창은 담당 관리에게 조선의 배신을 데리고 가서 조선의 군대 상황에 대해서 조사할 것을 지시했다. 군대의 수, 육군의 정예 여부, 무기, 수군의 거북선 수량과 무기 등이 거기에 해당되었다.[211]

6월 중순 왜군에 대한 토벌을 요청하여 송응창에게 보낸 자문에서 조선은 명군의 철수 논의에 대한 우려를 표명했다. 그와 함께 조선은 명군이 철수해서는 안 되는 세 가지 이유를 제시했다. 첫째 왜군이 약속과 달리 여전히 부산 등지에 머물고서 돌아가지 않는다는 것, 둘째 왜군이 왕릉을 훼손하는 등 저지른 악행을 단죄해야 한다는 것, 셋째 왜군이 다시 전라도와 경상도를 함락시키기라도 한다면 조선은 명의 울타리가 될 수 없어 계속 명의 우환이 될 것 등이었다.[212]

그렇지만 명군의 잔류 여부나 그 규모는 파병과 마찬가지로 조선과 송응창이 직접 결정할 사안은 아니었다. 그것은 명의 입장에서 조선정책 전반과 관련되었고, 따라서 내부적인 논의에서 벗어날 수는 없었다. 명군의 거취 문제는 왜군의 서울 철수 사실이 명 조정에도 알려지면서 제기되었다.

송응창의 지정학론

앞서 언급한 것처럼 6월 초 병과급사중 후경원은 남부지방에 주둔한 왜군에 대한 완전한 소탕에 반대했다. 그는 조선에서 명군의 철수와 강화를 통한 문제의 해결을 강조했다. 그의 표현에 의하면, "(왜)적이 확실하게 항복하지 않은 것에 익숙하지 않아 기발한 승리를 거두려고 해서는 안 된다."는 것이었다. 그에 대해서 황제는 병부에 추가적인 논의를 할 필요도 없이 실시하도록 지시했다. 황제의 말에 의하면, "군사를 (온전히) 되돌리고, 적을 물러가게 한 것으로 공을 삼아야 할 것이며, 두려움과 의심으로 스스로 불안해함으로써 큰 계획을 그릇되게 하지 말아야 한다."[213] 적을 완전히 소탕하지 못한 것이 불안하여 끝장을 내려고 하지 말라는 의미였다. 그와 함께 그는 선조에게 서울로 돌아가 군사를 정돈하여 스스로 지키게 하고, "해외에서 오랫동안 지친" 명군을 차례로 철수하도록 했다.[214]

명군의 완전한 철수를 주장하는 경우도 있었다. 5월 초 조선이 요청했던 남병 5천 명의 잔류 방안에 대해서 어사 가상수(叚尚繡)가 반대했다. 그에 대해서 황제는 "조정은 대의로서 작은 나라를 구원했다. 조선이 새로 파괴된 것을 생각하여 잠시 군사의 주둔을 허락하고, 왜군이 모두 철수하기를 기다려 조선 스스로 지키게 해야 한다. 병부는 조선국왕에게 서울로 속히 돌아가서 군사를 훈련시키고, 식량을 비축하며, 국경을 보전하고 백성들을 평안하게 하고, 오직 명의 지원을 믿고서 예전처럼 겁을 먹음으로써 후환을 만들지 말라고 전하라."고 대답했다.[215]

철군에 대한 논의가 계속되자 6월 말 송응창은 병부에 보내는 장문의 글에서 조선 문제에 대한 자신의 입장을 자세히 밝혔다. 그것은 명군 잔류의 필요성이었다. 그 글은 송응창이 당시 자신의 접반사 윤근수에게 보여주었는데, 윤근수는 그것을 베껴서 선조에게 보고했다.[216] 송응창은 허홍강(許弘綱)이 조선으로부터 철군을 주장하자 자신이 조선의 방어 필요성을 주장하기 위해서 병부에 제출한 것이라고 설명했다. 사실 그때에는 애초 예상과 달리 남부지방 왜군이 철수할 기미를 보이지 않았다. 그간 강화를 주장해온 송응창으로서는 새로운 조치와 함께 그에 대한 논리적 설명이 필요했다.

당시 부산 등 연해 지역에 주둔하고 있던 왜군에 대한 대응책은 이론상 크게 다음 세 가지였다. 첫째는 전력을 다하여 곧장 소탕하는 것이다. 이것은 조선이 원하던 것이었다. 둘째는 현 상태로 지키는 것이다. 셋째는 명군의 전면적 철수였다. 명군 지휘부에게는 왜군이 조선에 일부라도 남아 있는 한, 모든 군대의 조건 없는 전면적 철수는 하나의 대안이 될 수 없었다. 철군론도 일부 군사를 남겨 조선을 지켜야 한다는 점은 인정했다. 문제는 철군의 시기, 잔류 군사의 수나 조선의 방어에서 주도적 또는 소극적 역할 등과 관련되었다.

위 글에서 송응창은 이여송의 주장을 인용하면서 그를 일종의 철군론자로 설정하고, 자신은 병력의 잔류를 주장한 것처럼 쓰고 있다. 그는 이여송의 철군론 골자를 다음과 같이 인용하고 있다.

> 왜적이 서울을 버리고 도망갔다. 왜적은 처음 16만 명, 다음 20만 명, 그 다음 30만 명, 또 그 다음 40만 명을 일으켰다. 지금 그들은 모두 부산 바다 입구에 도착하여, 앞의 부대가 바다를 건너고 뒤의 부대가 요충지를 막고 조선의 영토에 주둔하고 있다. 명군이 서울을 떠나 1천여 리를 추격하여 왜적이 이미 본거지로 돌아갔으니, 마땅히 (일부) 병사의 잔류를 요청해서 (조선 군대와) 협조하여 조선을 방어하고, 대군은 철수시켜 (중국) 내지를 방어함으로써 만전을 기하도록 해야 한다.[217]

여기에 따르면, 철군론은 왜군이 사실상 완전히 철수했다는 인식에서 출발하고 있다. 다만 일부 왜군의 부산 주둔 가능성이 남아 있고 왜군이 다시 오지 않는다는 보장이 없는 만큼 명군의 잔류가 필요할 수 있다. 그럼에도 왜군이 수적으로 많고, 조선은 군량을 계속하여 공급할 수 없으며, 길은 멀고 병마는 질병에 걸려 있으니 현실적으로도 대군의 잔류는 어렵다. 송응창에 의하면, 양원(楊元) 등 다수의 명 장수들도 이여송과 같은 입장이었고, 철군의 반대자는 자신이 거의 유일했다.

그렇다면 송응창의 주둔론은 무엇인가? 그것은 상당수의 명군이 당분간 조선에 주둔해야 한다는 것이었다. 그는 몇 가지 서로 연관된 상황적 근거를 들어 갑작스런 철군에 대한 반대 입장을 표명했다.

첫째는 왜군이 서울에서 떠난 이유와 관련된다. 송응창의 시각에서 왜군이 유리한 조건에서도 서울에서 스스로 물러난 것은 명이 장기적인 주둔 계획을 가지고 그들을 압박했기 때문이었다. 마찬가지로 지금 왜군

송응창의 조선지도_충청도가 강원도보다 동쪽에 있고, 동래 위에 조선과 일본 경계 표시가 되어 있다

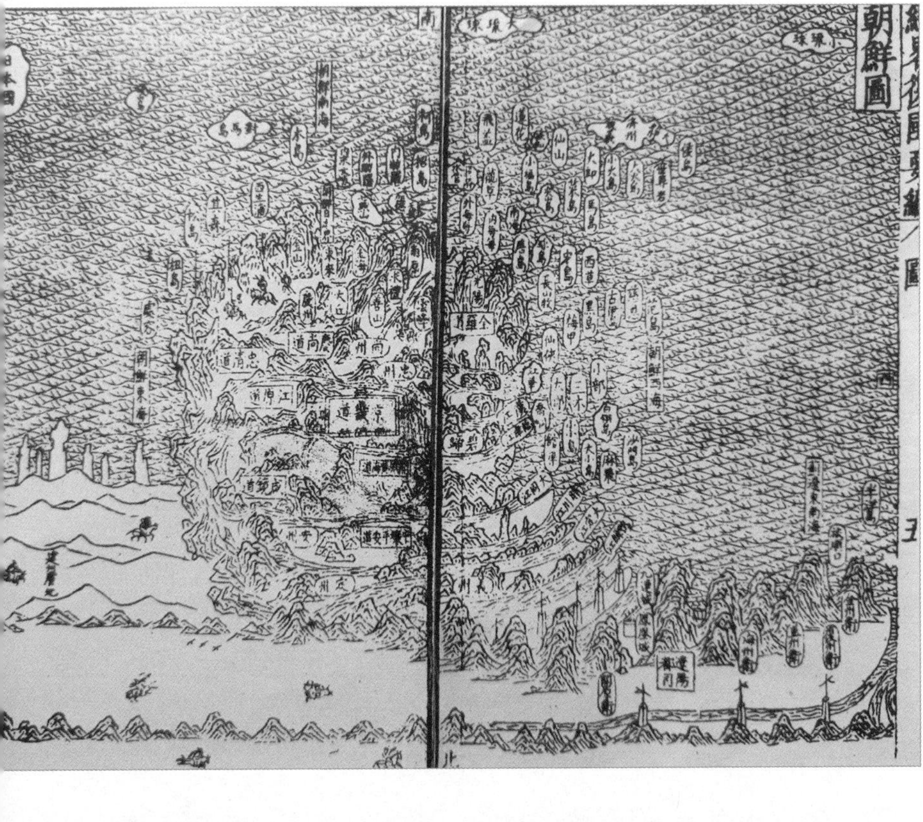

이 조선의 남해연안으로 물러갔으나 명군이 조선에 적극 관여하겠다는 의지를 보여야만 그들은 조선을 포기하고 완전히 철수할 것이다.

둘째는 왜군이 부산에 주둔하고 있는 이유와 관련된다. 그에 따르면 부산은 비록 남해의 바닷가와 경계를 하고 있으나 여전히 조선의 강역이다. 따라서 지금 왜군의 부산 주둔은 마치 악창을 파냈으나 아직 독기가 남아 있고, 풀을 베었으나 싹이 아직 남아 있는 것과 같다. 항복한 왜적에 의하면 히데요시는 조선에 수도를 건설하고 중국의 내지를 침범하고자 하며, 조공보다는 조선을 얻는 것이 낫다고 간주한다. 특히 왜군이 명군의 철수를 엿보아 갑자기 침범한다면 조선은 지탱하지 못할 것이다. 명군이 다시 돌아온다고 해도 이미 왜군은 조선의 주요 지역을 쉽게 점거하게 될 것이며, 그러면 이제까지 명군의 공도 허사가 될 것이다.

셋째는 조선이 중국의 안전에 지리적으로 매우 중요하다는 점이다. 조선을 경유하지 않으면, 왜군은 동보·계·요 지방을 쉽사리 침범하지 못한다. 결국 명군이 조선을 구원하는 것도 실제 중국을 보호하는 것이다. 따라서 조선은 일본에게는 반드시 다투어야 할 땅이고, 중국에게는 결코 버리지 못할 외번이다. 조선의 지정학적 중요성은 그의 다음과 같은 말에 요약되어 있다.

> 지도를 살펴보면 조선 땅은 동서로 2천 리, 남북으로 4천 리이다. 정북으로부터 장백산의 산맥이 시작되어 남쪽으로 전라도 경계를 넘어 서남을 향하다가 멈춘다. 일본과 대마도 여러 섬들은 (조선의) 동남쪽으로 편재되어 있고 부산과 마주하고 있다. 왜의 선박은 단지 부산에 도달할 수 있을 뿐, 전라도를 넘어 서해에 도달할 수 없다. 대개 전라도의 지형은 정남으로 곧바로 내밀고 서쪽으로 중국과 마주하고 있다. 동보(東保)·계(薊)·요(遼)가 일본과 떨어져 해로로 통하지 않는 것은 조선이 있기 때문이다. 관백이 조선을 도모하는 목적은 실제 중국

에 있다. 우리가 조선을 구원하는 것은 이웃끼리 싸우는 것과는 전혀 다르다. 조선이 공고해야 동보·계·요가 무사하고 북경이 태산보다 든든하다. 지금 군대를 내어 조선과 협력하여 지키는 것이 최고의 정책이다.[218]

그럼에도 글의 말미에 송응창은 자신의 의도를 오해하지 않기를 바란다는 점을 덧붙였다. 그에 의하면, 적어도 이여송의 군대는 남부지방에서 철수시키고, 그곳에는 일부 군대만 몇 개 요새지에 주둔시켜야 한다. 그 또한 상당수 명군의 철수를 주장한 것이다. 그의 주둔론에서 명군은 왜군과 군사적 대결이 목적이 아니라 강화를 위한 안전장치에 불과했다.

7월 1일 명 조정은 전에 논의한 대로 대부분의 명군에 대한 철수를 결정했다. 즉, "유정·오유충·낙상지의 남병과 심무(沈茂)의 군사로 대구와 조령 그리고 서울 등 요충지를 방어하고, 조선에 접한 요동의 요새에 정병 3천 명을 머물게 하여 만일의 사태에 대비한다."[219] 이것은 남병 1만 명의 주둔 이외에는 사실상 북군 기병의 전원 철수를 의미했다. 7월 중순 송응창은 석성에게 제출한 보고에서 해당 지시에 따라 명군을 차례로 철수하고 있음을 밝혔다. 그는 심무의 군사가 도착할 때까지 북병 3천 명이 잠시 머물게 하는 것 이외에는 이의를 제기하지 않았다.

물론 송응창은 여전히 강화에 기대를 걸고 있었다. 당시 왜군의 진주성 공격이 임박했다는 보고가 있었다. 그는 이여송에게 조선을 지원하게 하면서 소서비와 심유경을 시켜 유키나가에게 왜군의 본국 철수와 책봉 논의를 타진하도록 했다. 그는 석성에게도 왜군이 철수하면 이여송과 자신도 귀국하여 복명할 수 있을 것이라고 전했다. 그는 남병의 잔류만으로 상황이 안정된다면 왜군이 부산에 주둔한다고 해도 반드시 그들을 직접 공격할 필요는 없다고 주장했다. 그는 왜군이 식량 부족으로 오래 버티지 못해 귀국할 것이라고 예상했다.[220]

7월 중순 호과급사중 오응명(吳應明)도 왜군의 항배가 여전히 불확실한 상황에서 철수는 바람직하지 않다고 주장했다. 그에 의하면, 왜군은 조선을 파죽지세로 함락시킬 정도의 기세였다. 왜군이 갑자기 개성과 서울에서 물러간 것은 뭔가 이유가 있을 것이고, 반드시 명에 대한 두려움으로 인해 멀리 도주했다고 볼 수는 없다. 다만 왜군을 멀리 추격하는 것은 부담스러운 만큼, 방어적이고 장기적인 대책이 필요하다. 즉, 조선에 둔전을 통해서 식량을 조달해야 한다. 그는 또한 왜군에 대한 공격보다는 서울과 개성을 중심으로 방어에 집중할 것을 주장했다. 그에 의하면 "군사의 잔류는 오직 전쟁의 의지를 보이고 그 형세를 펼치기 위한 것일 뿐, 서둘러 싸워서 힘을 피곤하게 할 필요가 없다."[221]

그런데 당초 예상과는 달리 왜군의 주둔이 장기화될 기미를 보이자 송응창은 이전보다 다수의 명군을 주둔시켜야 한다고 주장하기 시작했다. 그는 7월 말 병부상서 석성에게 한 보고에서 경상도와 전라도로 가는 두 길목에 5, 6명의 장수가 이끄는 2만 명의 주둔 필요성을 제기했다. 심무의 남병 3천 명이 절강으로 돌아간 상황에서, 최소한 1만 6천 명은 되어야 한다. 구체적으로 유정과 오유충 등의 남병 7천 6백 명과 척금(戚金) 등의 북병 8천 4백 명이었다.[222] 이것은 병부의 남병 1만 명 주둔 방안과 달리 북병의 배치를 포함했다. 비용과 관련하여, 송응창의 입장에서 얼마 전 왜군이 서울에 주둔하고 있는 상황과 비교하여 조선의 부담이 크지 않았다. 그는 또한 과거 당이 신라에 3만 명을 두어 4년간 지켰다는 것과도 비교했다. 그럼에도 그는 다수 명군의 잔류 필요성을 왜군이 남부지방에 잔존한다는 사실과 결부시키지는 않았다. 그는 다른 편지에서 소서비와 심유경 그리고 이여송이 각기 사람을 부산에 보내 철수를 설득했고, 7월 9일 왜군이 모두 배에 탄 것을 직접 보았다고 보고했다.[223]

8월 1일 이여송에게 보내는 글에서 송응창은 상황이 여전히 불확실하다는 점을 분명히 했다. 즉, 한편으로 왜군은 대부분 배에 오르고 왕자와 배신을 송환했다. 그렇지만 다른 한편으로 호택(胡澤)과 심사현이 전에 심유경에게서 들은 것처럼 부산은 대도시로서 대마도에 경제적으로 중요하며, 기요마사도 계속 주둔 의지를 갖고 있다. 그러면서 송응창은, 유정·오유충·낙상지 등 남병 위주의 1만 2천 명을 주둔시키자는 이여송의 제안에 대해서, 위에서처럼 2만 명 배치를 주장했다. 그는 주로 보정과 산서 등 기병, 즉 북병으로 보충해야 한다는 의견이었다.[224]

사실 명 조정에도 왜군의 남부지방 주둔, 특히 진주성 학살이 전해지면서 재침에 대한 우려가 커졌다. 그와 함께 명군의 잔류 필요성이 제기되었다. 8월 초 내각수보 왕석작은 송응창과 유사한 입장을 표명했다. 그는 조선에 대한 지원은 "자기의 밭은 내버리고 다른 사람의 밭을 가꾸는 것"이라는 일부의 의견은 옳지 않다고 주장했다. 그는 명에 항복한 왜적 20명을 심문하는 과정에서 확인된 바, "왜적의 속셈은 실제 조선을 점거하여 중국을 엿보는 것이며, 중국의 군사가 조선을 구하는 것은 실로 (명) 자신을 구하기 위한 것으로서 부득이하다."고 강조했다. 잔류 왜군과 관련해서도 그는 여전히 다수가 남아 있음을 확인했다. 그는 애초 조선을 침입한 왜군 10만 명 중 평양전투 등에서 살해된 2만여 명 외에, 아직 5, 6만 명이 부산에 머물고 있다는 관리들의 보고를 인용했다.[225]

명 내부의 철군 논의가 계속되는 가운데 명군은 차례로 철수했다. 7월 중순 남부지방에서 북상하여 서울에 머물던 이여송의 주력부대는 8월 중순 대부분 철수했다. 이여송은 8월 10일 서울을 출발했고, 강서현에서 머물던 선조는 14일 황주(黃州)로 가서 그를 접견했다. 이여송은 24일 평양을 출발하여 북상했다.[226] 그러한 상황에서 조선과 명은 명군의 잔류 문제를 해결하지 않으면 안 되었다.

조명간 논의

송응창은 8월 초 선조에게 보낸 글에서 명군 잔류 문제를 의제로 삼았다. 그는 조선 국토의 전면적 회복을 경하하면서도, "왜적은 성격이 제어하기 어렵고 교활한 계략을 예측하기 어렵다."는 점을 지적하면서 선후책으로서 일부 병력의 잔류 필요성을 주장했다. 규모와 관련하여 앞서 자신이 이여송과 석성 등에게 보낸 편지에서 제안한 것처럼 2만 명을 주장했다. 일부는 대구와 선산 사이에 배치하여 경상도를 지키고, 일부는 남원과 진주 사이에 배치하여 전라도를 지켜야 한다는 것이다. 송응창은 명군의 주둔비용에 대해서도 구체적인 액수를 제시했다.[227] 그것은 연간 은 1백만 냥이었고, 식량은 그 구체적인 규모가 명시되지는 않았으나 별도였다. 그는 은은 광산의 개발로 조달할 수 있고, 식량도 넓고 기름진 영토와 다시 모인 백성들에 의해 생산이 가능하다고 주장했다.[228]

물론 조선은 해당 액수를 부담할 능력이 없었다. 송응창 자신도 그 사실을 알고 있었다. 그는 당일 명 조정을 상대로는 조선에 대한 부분적인 지원을 요청했다. 이를테면 호부주사 애유신에게 보내는 글에서 그는 조선에 대한 식량지원 필요성을 제기했다.[229] 그리고 8월 5일자 내각의 원로들에게 보낸 보고서에서도 그는 식량의 3분의 1을 명이 지원할 것을 제안했다. 그는 장기적인 주둔 계획도 언급했다. 즉 조선의 정예병을 명군의 각 진영에서 훈련시켜, 시간이 지나 숙련되면 점차 명군은 철수한다는 것이다. 며칠 뒤 그는 잔류 명군의 총책임자인 유정에게 내년 봄이 지나 철수해도 된다는 입장을 전했다.[230]

은 1백만 냥과 식량에 대한 조선의 부담을 조건으로 하는 2만 명 잔류 방안에 대해서 조선은 즉각적인 답변조차 하지 않았다. 그러자 송응창은 며칠 뒤 접반사 윤근수 앞으로 변경된 제안을 제시했다. 여기서 그는 2만 명의 잔류를 고수하면서도, 조선이 1백만 냥 가운데 64만 냥을 부담하는 것으로 했다.[231] 조선으로서는 여전히 수용할 수 없었다. 조선은 자문과 예조판서 윤근수와의 면담 등을 통해서 나라가 파괴되어 2만 명을 부담할 수 없다고 호소했다. 특히 조선은 은이 교환수단으로 이용되지 않을 뿐만 아니라 광산을 개발하고자 해도 비용에 비해 생산량이 적다는 입장이었다. 그러자 송응창은 약 14만 냥 정도만 조선이 부담하게 할 것을 명 조정에 요청했다.[232]

그렇지만 조선은 송응창의 수정된 방안도 수용할 수 없었다. 그것은 적은 액수라도 은을 마련하기 곤란하다는 것 외에 — 연간 12만 석에 이르는 — 2만 명에 대한 식량의 공급도 어렵다는 이유에서였다. 더욱이 비변사의 판단으로는 중복 수령 등으로 실제 소요되는 식량은 20만 석에 이를 것으로 예상되었다. 그것은 조선의 적은 세수로 마련하기 어려울 뿐만 아니라, 명군을 위한 대규모 지출로 인해 조선의 군사적 재정비는 더욱 난망할 수밖에 없었다. 그리하여 조정은 원래 제기했던 5천 명 잔류 방안을 고수하기로 했다. 조정은 송응창이 제시한 규모의 병력으로는 왜군을 몰아낼 수 없고, 단지 공격을 억제할 수 있는 소위 성세(聲勢)로만 활용될 수 있다고 판단했다.[233] 사실상 조선과 송응창 사이의 명군 잔류에 대한 실질적인 논의는 이것이 끝이었다.

문제는 왜군의 향방이 불확실하다는 점이었다. 이여송 등 명군의 주력부대가 8월 중순 서울에서 철수하면서 송응창도 귀국할 것으로 전해졌다. 이러한 상황에서 왜군이 다시 북상할 가능성이 없지 않았다. 그나마 다행인 것은 왕자들이 석방되었다는 것뿐이었다. 왜군이 잠시 물러간 것은 명군의 철수를 유도하여 재침하기 위해서라는 우려도 있었다.[234] 그와 함께 남부지방 왜군의 동향에 대한 해석을 둘러싸고 조선과 명군은 다시 대립했다.

8월 12일 조선은 요동으로 돌아가는 송응창에게 잔류하여 왜군을 소탕해줄 것을 요청하는 자문을 보냈다.[235] 그렇지만 그날 송응창은 왜군이 이미 부산에서 떠났고, 다시 침범하지 않을 것이라는 자문을 보내왔다. 그는 "부산에서 40여 리 (서생포로) 퇴각했고, 약탈한다는 소식도 없다."는 경주판관 박의장(朴毅長) 등의 보고에 근거했다. 당시 왜군이 경주와 울산 등지로 올라온다는 소식이 조정에 전해졌다. 그와 관련해서도 송응창은 명군의 식량조달을 담당한 영천군수 김윤국(金潤國)의 날조라는 이여송 등의 주장에 따라 조선에게 그의 처벌을 강력하게 요구했다. 이여송 등에 의하면, 식량이 부족하자 김윤국은 왜군이 북상한다고 허위로 보고하여 유정의 군사를 영천에서 경주 방면으로 옮겨가게 했다.[236] 조정은 답변에서 김윤국이 거짓으로 속였을 리가 없다고 주장했다. 답변은 특히 경주에 왜군이 침범하려는 움직임에 대해서 당시 하루에도 서너 번 경보가 있었다고 주장했다.[237]

왜군의 철수 여부를 둘러싼 의견차는 8월 14일 선조가 황주에서 이여송을 만난 자리에서도 드러났다. 그는 본대를 이끌고 철수하던 길이었다. 이 자리에서 선조가 왜군이 여전히 부산 등 8개 성에 주둔하고 있다면서 그의 북상에 아쉬움을 표시하자, 이여송은 왜군은 서생포에만 주둔하고 있을 뿐이며 8개 성에 있다는 것은 빈말이라고 주장했다. 이에 선조는 왜군의 8개 성 주둔은 왕자의 친서와 경상도관찰사의 보고서에서 새로 밝혀진 사실이라면서 반박했다. 이여송은 다시 일본의 도장 찍힌 공문서를 증거로 8개 성에 왜군은 없으며, 서생포에 아직 남아 있는 왜군은 명의 통공 허용을 기다릴 뿐이라고 주장했다.[238]

10여 일 뒤에는 판중추부사 윤근수 등이 송응창의 진영에서 보고했다. 보고에 의하면, 송응창은 왜군이 서생포로 철수했다는 박의장 등의 보고는 승인했고, 반면 8월 12일자 조선의 자문 위에는 붓으로 쭉 그어 동의하지 않았다. 부장 양원(楊元)은 또한 김윤국의 자필 편지를 내어 보이며 부산의 왜군을 포함하여 모든 왜군이 물러갔고, 나머지는 서생포로 돌아갔다고 주장했다. 즉 왜군이 8개 성에 가득하다는 조선의 주장은 사실과 다르다는 것이다. 서생포의 왜군과 관련해서 그는 "서생포가 배에 오르는 곳으로, (명으로부터) 조공을 (승인)받으면 장차 모두 바다를 건널 것이다."고 덧붙였다. 그러면서 그는 명군을 계속 주둔하고자 해도 조선이 식량이 부족하다고 주장한다면서 불만을 표시했다.[239]

병부의 결정

진주성 학살과 왜군의 잔류에도 1593년 8월 대다수의 명군은 조선을 떠났다. 그와 함께 유키나가의 책사인 소서비가 요동을 향함으로써 강화교섭이 본격화될 것으로 예상되었다. 외형적으로 군사적 대치가 종료되었으나 왜군의 상당수가 남해안에 머물고 있고, 또한 강화조건과 관련하여 양측의 분명한 입장이 정해지거나 알려지지 않았다. 명 내부에서는 특히 왜군의 예상치 않은 서울 철수와 남부지방 잔류가 논리적으로 납득하기 어려웠다. 마찬가지로 송응창이 한편으로 강화를 주장하면서 다른 한편으로 군사적 대비를 강조하는 것도 모순이 없지 않았다.

이러한 상황에서 명 조정은 산동순안어사 주유한을 시켜 평양에 가서 실상을 조사하게 했다. 그는 9월 중순 돌아와 그 결과를 보고했다. 그에 의하면, 명군은 사실상 전투력을 상실했다. 특히 오랫동안 외지에서 전쟁과 기후, 전염병 등으로 인해 통제가 불가능할 정도로 군대조직이 와해되었다. 그는 "도로변에 어지러이 누워 있는 자들은 숨이 거의 다해가고, 구부정하게 걸어가는 자들은 창백한 귀신 얼굴을 하고 있으니 대오를 유지할 수 있겠는가?"고 반문했다. 명·일 사이에 강화가 진행되면서 명군의 전투 의지도 크게 약화되어 있었다. 왜군 또한 추위에 약해서 당분간 대규모 공격은 어렵다. 주유한은 현재로서는 1만 명의 군사로 방어하기에 충분하며 나머지는 철수할 것을 주장했다.[240]

비슷한 시점에서 송응창은 명 조정을 상대로 강화에 대한 자신의 입장을 적극 개진했다. 그는 먼저 석성을 포함한 명 조정의 대신들을 상대로 두 개의 편지를 보냈다. 한 개의 편지에서 그는 유키나가의 이중적인 측면을 강조했다. 그에 의하면, 유키나가는 한편으로 강화를 통해 명군을 철수시키고 조선을 다시 장악하려는 의도가 있다. 다른 한편으로 유키나가는 진심으로 봉공을 구걸하고 있다. 특히 예봉이 꺾인 상태에서 왜군은 더 이상 원래의 목표를 추구할 수 없을 뿐만 아니라, 국내의 이반이 걱정되는 상황에 처해 있다. 봉공을 통해서 유키나가는 패배에 따른 죄에서 벗어나고, 명의 책봉으로 히데요시는 국내의 이반을 막고자 한다. 다른 편지에서 송응창은 이제까지 본인이 해온 주장을 반복했다. 즉, 명군의 잔류를 통해 방어함과 동시에 통공을 허용할 것처럼 해야 한다.[241]

며칠 뒤 송응창은 황제에게도 상소를 올려 강화의 취지를 설명했다. 그에 의하면, 조공을 겉으로나마 허용한다고 함으로써 왜군을 평양·서울·부산 등에서 차례로 몰아낼 수 있었다. 향후 대책과 관련해서도 그는 그 연장선에서 설명했다. 다시 말해 조공은 빈말에 가탁하여 일을 이루고자 할 뿐이다. 특히 왜군이 조공을 요청하고 있음을 이용하되 소서비를 잡아두어 수개월의 시간을 늦춘 다음, 그 사이에 잔류한 명군을 요새지에 배치시키고 또 조선 군사의 훈련, 요새지의 구축, 무기의 조달 등 전쟁 준비를 갖추어야 한다. 그는 자신의 정책을 "조공의 협상으로 병화의 싹을 약간 늦추는 방안"이라고 불렀다.[242]

그렇지만 송응창의 글은 여러 사람의 비판에 직면했다. 먼저 대표적인 예가 병과급사중 장보지(張輔之)였다. 그는 송응창의 이중적인 태도를 비난했다. 그에 따르면, 송응창의 편지를 보면 한편으로 왜군에 대한 공략을 자세히 진술함으로써 봉공을 허용할 생각이 없는 것 같다. 그러면서도 송응창은 그간 봉공의 약속으로 왜군을 부산까지 물러가게 한 성과를 들어 그것의 허용을 주장하고 있다. 그렇지만 장보지 자신의 판단으로 왜군은 아직 책봉만을 요청하지만, 송응창의 약속을 근거로 나중에 통공까지도 요구할 수 있다. 지금 날씨, 지리, 식량의 공급 등 형세에 있어서 명이 유리하므로 왜군을 직접 공략해야 한다.[243] 장보지는 며칠 뒤 다른 상소에서도 왜군이 책봉만으로는 철수하지 않을 것이며, 그 화는 중국에 미칠 것임을 주장했다.[244]

다음은 주유한의 비판이다. 앞서 본 것처럼 그는 조선에 와서 상황을 조사했다. 그는 한편으로 명군이 피폐하고 왜군도 추위에 약해서 대규모 공격이 없을 것임을 이유로 명군의 철수를 주장했다. 그러면서도 그는 왜군의 철수를 확신할 수 없다고 보고했다. 그에 의하면, 송응창과 소서비가 내세우는 "통공이 아닌 책봉에 국한된 강화조건"은 현실성이 없다. 그것은 왜군은 책봉만으로는 결코 철수하지 않을 것이기 때문이다. 장보지와 마찬가지로 그는, 소서비도 지금 책봉을 주장하고 있으나 그것은 속임수일 뿐 궁극적으로는 통공의 요구로 이어질 것으로 예상했다. 그는 이제까지 왜군의 부산 퇴각과 왕자의 송환은 송응창이 통공을 약속했기 때문이라고 주장했다. 따라서 그러한 약속을 지키지 않으면 왜군은 다시 쳐들어올 것이다.[245]

한편 절강 도어사(都御史) 양소정(楊紹程) 등도 몇 가지 근거에서 송응창의 책봉을 통한 강화를 반대했다. 양소정에 의하면, 책봉은 원래 명의 위신을 전제로 하며, 명분이 있어야 하는 법이다. 그런데 히데요시는 권력을 찬탈하고 또 조선을 침략한 자이다. 명의 권위에 의해 뒷받침되지 않고 명분이 없는 책봉은 구속력을 발휘하지 못한다. 따라서 송응창은 책봉의 허용만을 말하지만, 왜적은 거기에 만족하지 않고 명 초기와 같이 통공과 관시(關市)를 요구할 것이다. 대응책으로 그는 강화를 파기하고 조선으로 하여금 스스로 지키게 하고, 명군은 국경으로 철수할 것을 주장했다.[246]

중앙과 지방의 언관들이 송응창의 강화를 비판하자 병부상서 석성이 그를 위한 변호에 나섰다. 석성은 왜군이 모두 돌아가고 조선이 수복된 것은 송응창의 공이라고 주장했다. 그에 의하면, 송응창의 통공 허용 주장은 임기응변일 뿐, 속임수는 없었다. 강화조건과 관련해서 석성은 분명한 입장을 표명했다. 그에 의하면, 왜적은 한편으로 소서비를 보내 통공을 요청하면서도 전라도를 침범하여 진주성의 학살을 자행했다. 이처럼 왜적이 믿을 수 없는 상황에서 통공의 불허는 조정의 확고한 방침이다. 그렇지만 석성도 여론을 반영하여 책봉을 좀 더 신중하게 추진할 필요성을 강조했다. 칙서를 보내서 서생포의 왜군을 즉시 철수시키도록 하고, 히데요시의 (항복)표문을 제출하게 해야 한다는 것이다. 이러한 조치를 통해 왜적의 진정성을 확인한 뒤에 책봉의 요청을 허용하되, 조공은 하지 말게 해야 한다.[247]

그렇지만 비슷한 시기 병부직방사 주사 증위방(曾偉芳)은 석성이나 송응창과는 약간 다른 입장에서 강화와 명군 철수 문제를 제기했다. 그에 의하면, 조공협상은 이제까지 명의 승리에 실질적으로 기여하지 못했다. 평양수복은 명의 군사적 승리였고, 왜군의 서울 철수와 조선 왕자 및 배신의 송환도 결국 명군이 두려웠기 때문이다. 왜적은 최근 한편으로 협상을 하면서도 다른 한편으로 함안과 진주를 함락시켰다. 그에 의하면 강화를 하더라도 왜군은 기회만 되면 재침할 것이다. 따라서 지금의 계책은 오로지 강화 요청을 거절하고 엄격히 방어하는 것뿐이다.

증위방은 왜적과 강화에 반대했지만, 그렇다고 조선에 대한 적극적인 군사개입을 옹호한 것은 결코 아니었다. 오히려 그 반대였다. 그에 의하면 조선 스스로 문제를 해결하게 해야 한다. 조선은 기본적으로 풍족한 나라이며, 단지 국왕이 와신상담하며 절제된 삶과 나라의 재건에 힘쓰게 해야 한다. 국왕이 그러한 능력이 없다면 세자 광해군에게 양위하게 하거나 아니면, 나라를 지방의 호걸세력에게 분할하여 각기 책임지고 지키게 한다.[248] 그와 함께 중국의 개입, 특히 군사적 지원은 점차 최소화해야 한다. 즉, 5천 명을 초과해서는 안 된다. 지금처럼 1만 6천 명을 주둔시키

면서 수십만 냥을 허비해서는 안 된다.[249]

사실 9월 중순 명 조정은 이미 명군의 잔류에 대한 최종적인 결정에 도달했다. 병부는 송응창의 방안, 즉 명이 절색[折色, 은으로 지급하는 급여]의 대부분과 본색[本色, 식량]의 상당 부분을 지원하는 조건으로 하는 1만 6천 명 잔류 방안을 거부했다. 그 대신 지난 5월 초 조선이 제시했고 8월 중순에도 고수했던 방안, 즉 조선이 비용을 모두 제공하는 조건으로 유정의 남병 5천 명을 주둔하는 방안을 선택했다. 그것은 "국내를 비워서 다른 나라를 채워주는 것은 올바른 대책이 아니다."는 근거에서였다.[250] 그 사실은 약 한 달 뒤 사은사 홍인상의 장계를 통해 조선에 전달되었고, 왜군이 다수 잔류한 현실로 인해 조선을 초조하게 만들었다.[251] 그것은 해당 방안이 앞서 과중한 주둔 비용으로 인해 채택한 고육책에 불과했고, 결국 왜군의 축출은 기대하기 어렵게 되었기 때문이다.

그와 함께 명 조정은 '항복표문 제출과 왜군의 철수를 전제로 하는 책봉'으로 강화의 가닥을 잡았다. 특히 송응창의 양면 정책은 석성의 강화 노선과는 거리가 있었고, 그간 왜군의 조선 주둔 사실로 인해 비판을 받아온 그는 해임되었다.[252] 황제는 12월 초 병부우시랑 고양겸(顧養謙)을 계요총독 겸 조선경략으로 삼아서 조선 문제를 처리하게 했다.[253] 병부는 별도로 책임자를 두지 않고 단지 요동순무를 통해 유정을 감독할 것을 제안했다.[254] 그렇지만 명군과 왜군 사이에 일부 충돌이 발생하는 등[255] 상황에서 효과적인 감독을 위해서 경략을 두었다. 물론 고양겸의 주된 업무는 계요총독이었고, 따라서 송응창처럼 조선 문제만 담당한 것은 아니었다. 더욱이 그의 임무는 석성이 원하는 바, 일본과 강화의 추진에 한정되었다.

| 제 6 장 |

강화와 조선의 대응

6

1. 강화반대 외교

서울수복 사은

1593년 4월 서울에서 왜군이 철수하고 이어 사용재와 서일관 등이 나고야에서 교섭했음에도 조선 문제는 돌파구를 마련하지 못했다. 그해 말까지 양국의 군사는 다수 조선에서 철수했으나 여전히 명군은 1만 5천 명, 왜군은 4만 명 정도를 남겨두고 대치했다. 왜군은 식량 부족이나 질병 등 자체의 문제로 서울에서 철수했음에도 강화의 형식으로 포장했다. 그와 함께 조선에서 최대한 뭔가를 얻고자 했고, 이것은 일본 국내적으로 전쟁의 종결을 위해서도 필요하다고 간주되었다. 명군의 입장에서는 왜군과 싸우지 않는 것이 최상이었다. 왜군에 대한 조선의 공격 요청은 자신들에게 끝없는 희생만을 바라는 것으로 비춰졌다.

조선은 그간의 침략과 얼마 전 진주성 학살에 대한 응징은커녕 언제 북상할지 모를 왜군을 막는 일조차 명군에 의존해야 했다. 명군을 위한 식량의 제공 등 접대의 과중한 부담은 기약이 없었고, 그와 함께 전쟁으로 파괴된 나라의 회복은 요원했다. 송응창과 이여송에게 수개월 동안 왜군의 소탕을 요청했으나, 이들은 오히려 강화에 무게를 두었다. 더욱이 강화는 조선이 배제된 채 명군과 일본 사이에 진행되었기 때문에 그 내용을 알 수 없었다. 단지 간헐적으로 조선의 분할 등 불길한 소문만 들려왔다. 이러한 상황에서 조선에게 남은 선택은 명 조정을 상대로 강화 중지를 직접 요청하는 것이었다.

1593년 4월 서울수복 직후 그에 대한 감사의 표시로 조선은 사은사 파견을 결정했다. 그와 함께 조선은 명군이 서울수복에 그치기보다는 왜적을 계속 소탕해주기를 기대하고 있었다. 그럼에도 송응창 등은 강화의 추진에 유리하도록 상황을 황제에게 보고했다. 즉, 왜군이 대부분 철수했고 또 나머지도 조만간 철수한다는 것이다. 그렇지만 조선의 입장에서 왜군이 남부지방에 남아 있는 한 전쟁은 끝난 게 아니었다. 명군의 진격을 촉구하기 위해서는 왜군 다수의 주둔 상황을 명 조정에 알리는 일이 중요했다. 다만 그것은 명군 지휘부의 입장과 배치되었고 충돌을 감수하지 않으면 안 되었다.

왜군의 서울 철수를 사은하는 사절은 인성부원군 정철(鄭澈)이 정사, 한성판윤 유근(柳根)이 부사로 선택되었다. 그리고 당시 영유에 머물던 선조는 5월 20일 사은표문을 의식을 갖추어 그들에게 전달했다.[1] 사은표문의 작성 과정은 잘 알려지고 있지 않으나, 그 내용을 둘러싼 논의가 분분했던 것은 분명하다. 5월 말 송응창의 접반사인 판중추부사 윤근수가 안주에서 선조를 찾아왔다. 그때 그는 선조에게 사은표문에 "마치 나라 안에 왜적이 없는 것처럼 했는데 그 이유가 무엇입니까?"고 따져 물었다. 그의 판단으로 명군의 철수는 조선에서 왜군이 모두 귀환했다는 보고와 관계되었다. 그에 의하면 조선에 나오려던 장수 진린(陳璘)의 경우도 병부상서 석성이 그 이유로 다시 불러들였다. 윤근수의 문제제기에 대해서 선조는 "이미 서울을 수복했기 때문에 사은표문을 올리는 것인데, 어떻게 나라 안에 나머지 적들이 있다고 말할 수 있겠는가?"고 반문했다.[2]

좌승지 홍진(洪進)도 문제를 제기했다. 즉, 명의 일각에서 송응창의 강화를 비판하는 상황에서 사은표문에 마치 조선이 다 회복된 것처럼 쓴다면 나중에 해명하기 어려울 수도 있다.[3] 명 조정의 정책이 바뀌거나 왜군의 주둔 사실이 명에 알려진다면 조선도 곤란한 입장에 처할 수 있다는 것이다. 며칠 뒤 사헌부도 윤근수와 유사한 맥락에서 문제를 제기했다. 즉, 사은표문의 초안에 "비린내 나는 기운이 깨끗이 제거되고 소굴은 모두 비게 되었다," "수천 리의 강토와 2백 년의 기업(基業)이 하루아침에 옛 영토로 돌아왔다." 등의 말이 있음으로 인해 흉적이 모두 소탕되어 영토가 모두 회복되었으며, 앞으로 무사할 것처럼 기술하고 있음을 지적하면서 수정할 것을 요청했다. 선조는 사헌부의 요청을 받아들였다.[4]

결국 최종 표문에는 '왜적이 돌아가고 없다.'는 식의 표현은 없었다. 그렇다고 왜군이 여전이 조선에 남아서 횡포를 부리고 있어 그들에 대한 공격을 감행해야 한다는 당시의 요구도 반영되지 않았다. 그 결과 황제에 대한 감사만 부각되었을 뿐 어떤 정책적인 내용도 담지 못했다. 표문의 마지막 부분은 다음과 같다.

> 모두가 황제의 신하이기에 인애롭고 화목하게 모두를 똑같이 대하셨고, 천벌을 성실히 이행하셨으며, 군사는 만전을 기했기 때문에, 백성들은 다시 그들의 거처를 정했습니다. 어찌 사람의 힘으로 이렇게 되었겠습니까? 그것은 대개 황제 전하께서 널리 (은혜를) 베풀어 백성을 구원하셨고, 멸망한 나라를 부흥시켜 존립을 굳건히 해주셨기 때문입니다. 모든 사물에게까지 미치는 은혜를 베푸셨으니 어느 필부인들 은혜를 입지 못하겠습니까? 먼 곳의 이적들까지 포용하는 도량을 넓히시니 그들이 모두 복종하고 있습니다. 신〔선조〕을 재난에서 구하시어 편안한 자리에 두셨으니, 신은 감히 조금이라도 보답할 생각을 하지 않겠습니까?[5]

그렇지만 사절이 이미 출발한 상황에서 송응창은 윤근수에게 편지를 보내 사은사 파견의 중지를 요구했다. 그것은 왜군이 아직 부산에 모여 있다는 이유였지만, 다른 요인들도 있었다. 즉, 지금 명의 장수들은 싸우기를 꺼려해 철수를 주장하고 송응창 자신만 군사지원을 요청하는 상황에서 국토 회복에 대한 사은은 적절하지 않다는 것이다. 그는 국토 회복을 이유로 명 조정이 군사 파견을 유예할 가능성이 있으니 적어도 부산의 왜군을 소탕한 다음 사은사 파견이 바람직하다고 주장했다.[6]

조선의 입장에서 송응창의 말 자체는 틀리지 않았으나 이해하기 힘든 부분도 있었다. 왜냐하면 당시 그 역시 왜적과 강화를 모색하고 있었기 때문이다. 명 정부에 대한 보고에서도 그는 왜군의 철수를 부각시키고 있었다. 결국 그는 편지에 쓴 표면상의 이유와는 달리 사은사를 통해서 자신에게 불리한 사실, 즉 다수 왜군이 여전히 남부지방에 남아 있는 상황이 명에 알려질까 우려했다. 어쨌든 그의 요구에 대해서 조정은 정철 일행을 일단 멈추기로 했다.[7]

주청사 황진

그런데 그 시점에서 송응창은 조선에 다른 요구를 해왔다. 즉, 명에 진주문을 보내서 추가적인 명군 철수의 중단을 직접 요청하라는 것이었다.[8] 나중에 알려진 사실이지만 요청해야 하는 군사의 수는 2만 명이었다. 전략적으로 강화와 군사지원 요청은 서로 모순된 것은 아니었다. 적어도 조선 문제의 담당자로서 자신은 만전을 기하지 않으면 안 되었다. 앞서 본 것처럼 왜군의 귀국이 지체되면서 그는 강화와 방비 두 가지에 중점을 두게 되었다. 그간 강화에 초점을 둔 상황에서 자신이 대규모 명군의 잔류를 적극 주장할 수는 없었고, 따라서 조선에게 요청하게 하는 방식을 취했던 것이다. 다만 군사의 요청은 당시 서울에 있던 이여송의 입장과는 크게 달랐다.

물론 조선으로서는 의구심을 갖지 않을 수 없었다. 대군의 주둔에는 식량의 문제가 수반되었다. 6월 초순 영유로 다시 찾아온 윤근수는 군사지원 요청 문제에 송응창이 매우 적극적임을 전했다. 그에 대해서 선조는 "중국 장수가 우리 조선이 패잔한 이유로 계속 주둔하려는 것은 매우 기쁜 일이지만, 만약 대군이 오래 머문다면 식량은 어디서 계속 댈 것인가?"고 반문했다. 그렇다고 잔류 요청 명군이 왜군을 소탕할 수 있는 규모도 아니었다. 더욱이 송응창의 주장은 자신이 조선원정의 책임자이면서 스스로 하지 않고 조선에게 요청하도록 했다. 그의 문서는 1주일이면 북경에 도달하지만 조선을 통하게 되면 1개월 이상 소요된다. 뭔가 다른 이유가 있을 것으로 판단되었다.

실제 송응창은 군사의 요청과 동시에 왜군이 이미 조선에서 대부분 물러간 사실도 진주문에 적시하라고 요구했다. 왜군이 거의 없는데 대규모 군사를 요청하라는 셈인 것이다. 물론 왜군의 서울 철수는 그의 공으로 간주되었다. 선조는 송응창이 중국 내에서 탄핵에 직면하여 조선에게 자신의 공로를 부각시키게 하려는 술책이라면서 그의 진정성에 의심을 가졌다. 더욱이 조선은 이여송의 입장도 고려해야 했다. 이제까지 조선은 이여송에게 지속적으로 군사적 해결을 요청해왔는데, 다른 경로로 그 문제를 제기한다면 그는 조선에게 배신감을 느낄 것이다.[9]

이러한 상황에서 비변사는 군사 요청 진주문을 보내지 말도록 제안했다. 그럼에도 조정은 명 내에서 철군 논의가 벌어지고 있다는 윤근수의 보고에 따라 조속한 군사지원을 요청하기로 했다.[10] 공조참판 황진(黃璡)을 주청사로, 헌납(獻納) 김정목(金庭睦)을 서장관으로 파견하기로 했다. 그와 함께 사행을 멈추고 있던 사은사 정철에게도 연락하여 계속 기다리도록 했다. 그것은 사안의 성격상 군사와 식량의 요청이 사은에 앞서야 한다고 판단되었기 때문이다. 정철 일행은 7월 8일 의주에서 국왕의 지시를 통보받았다.[11] 정철에 대한 통보 시점을 고려한다면 주청사 파견 결정은 7월 초순에 해당될 것이다.

서울수복 사은문과 마찬가지로 문제는 주청사가 지참할 진주문의 내용이었다. 7월 초순에는 심유경이 소서비 등 왜적 35명을 데리고 올라온다는 사실이 알려졌다. 선조는 그가 왜와 한통속이 되어 천하의 일을 망치는 간사한 자라고 하면서 그들의 북상 저지를 진주문에 넣도록 했다.[12] 그렇지만 시간상으로도 이미 늦어 며칠 뒤 그들이 서울에 들어오고 말았다. 더욱이 경략 등 명군 지휘부도 협조적이지 않을 것으로 판단되었다. 뒤이어 왜적이 한강을 경계로 조선을 분할하고자 한다는 소문까지 전해졌다. 조정은 해당 사실도 진주문에 포함시키기로 했다.[13] 그 후 더욱 중요한 사건은 7월 중순 전해진 진주성 함락 소식이었다.

그럼에도 진주문은 송응창의 손을 거쳐야 했고, 따라서 그의 비위를 거스를 수는 없었다. 그에 대해서 여러 가지 방안이 제시되었다. 이를테면 좌의정 윤두수는 황진을 시켜 초고를 그의 아문에 보여주어 그의 의사를 탐지하자고 제안했다. 병조참판 심충겸은 송응창이 초고에 반대하여 돌려보내면 시간이 허비될 것이므로 미리 그의 의견을 묻는 방안을 제시했다. 선조는 윤두수의 의견을 따랐다.[14] 선조는 특히 진주성 함락과 관련하여 진주문에는 직접 쓰지 말고 병부와 예부에 직접 제출할 자문을 별도로 작성하게 하라고 지시했다.[15] 물론 그것은 송응창을 의식한 조치였다.

7월 중순에도 송응창은 여전히 3만〔2만〕[16] 명의 잔류를 조선이 명에 요청하라는 입장이었다. 윤근수의 관련 치계가 도착하자 조정에서는 거기에 부응하기로 했다. 특히 승문원에 의하면, 진주성이 함락되고 곡창인 전라도로 왜군이 진격함으로써 어느 때보다도 나라가 위기에 처해 있으며, 소규모의 명군으로 왜군을 대적할 수 없음이 분명한 이상, 대군을 요청해야 한다.[17] 이여송 진영에 있던 이항복과 정곤수 등도 명의 장수들이 전라도 진격을 꺼려 한다는 것과 명의 군사들도 반수가 병에 걸렸다고 보고하면서, 명 조정에 급히 군사와 식량을 요청해야 할 필요성을 제기했다.[18]

그럼에도 조정은 군사와 식량지원 요청을 진주문에서 언급하지 않기로 했다. 비변사는 단지 "군대의 증원 일은 (송응창) 경략이 이미 (황제에게) 제본했고, 심무(沈茂) 등의 군대가 이미 나온다고 하니 더 번거롭게 (주문)할 필요가 없고, 식량의 요청은 별도로 주문을 내는 것은 어려울 것 같으니 황진에게 정문(만) 하게 하는 것이 타당하다."는 의견이었다.[19] 유사하게 승문원도 황진이 갖고 갈 자문에서 심유경의 일만 말하고, 송 경략과 이 제독에 관계되거나 명을 압박하는 말은 피할 것을 건의했다.[20] 추측건대 조선의 입장에서 당장 왜군이 전라도와 서울로 진격하는 것을 막아야 하는 상황에서 이여송의 협조가 절실했다. 그리하여 해당 시점에서 언관들은 선조가 그에게 친필로 자문을 하거나 그를 직접 찾아서 호소하는 방안을 계속 제기했다. 다만 선조는 격식을 모른다거나 병을 이유로 거절했다.[21] 어쨌든 진주문에서 군사 요청을 삭제한 것은 이여송을 의식한 조치로 보인다.

그리하여 최립이 작성한 진주문에는 군대나 식량의 직접적인 요청은 포함되지 않았다. 다만 세 가지 이유에서 왜적의 토벌을 강하게 주장했다. 그것은 왜적의 강화 요청은 속임수에 불과하여 결코 철수하지 않는다는 것, 왜적은 선왕의 분묘를 훼손하는 등 극악무도한 짓을 했다는 것, 왜적이 전쟁에서 온전한 전라도로 진입할 우려가 있다는 것 등이었다. 군사지원 요청과 관련해서 진주문에서는 단지 "원래 (조선에) 파견된 군사들은 철수시키지 말고, 기병과 포수를 다시 정돈하여 남쪽으로 가게 하여 소방의 수륙 군대와 협력하여 함께 분발하여 (왜군의) 토벌을 기약할 것"이 명시되었다.[22]

예부와 병부에 보내는 자문도 작성되었는데, 진주성 함락은 해당 사실만 간단하게 언급되었다. 그와 함께 자문에서는 심유경의 강화 추진에 대한 직접적인 비판과 함께 왜적이 중국을 노린다는 점을 들어 왜적 섬멸의 필요성이 강조되었다. 또한 진주문과 달리 식량지원과 명군의 잔류에 대한 요청이 직접 언급되었다.[23]

사실 모든 일들이 신속히 이루어져야 했기 때문에 황진은 관련 문서들을 지참하지 않고 7월 16일 조정이 머물던 평안남도 강서현을 출발했다. 그는 송응창이 머물고 있는 안주(安州)에 이르러 그의 원접사로서 활약하던 윤근수와 접촉했다. 그럼에도 송응창은 황진의 북상을 저지했다. 저지된 사실에 대한 그의 보고가 7월 26일 조정에 도착했다.[24] 당일 황진의 별도 보고에 의하면, 이여송이 송응창에게 편지를 보내, 군사 요청을 위한 조선의 사신 파견에 대해 우려를 표명했다. 황진은 송응창 주변의 분위기도 군사의 요청에 대해서 부정적임을 전했다.[25] 며칠 뒤 북상이 허용되어 황진은 8월 4일 의주에 도착하여 압록강을 건너고자 했다. 그러나 그때 다시 송응창의 지시에 따라 되돌아와야 했다.[26]

송응창은 진주문의 일부 문장과 어휘가 부적절하다고 문제 삼았다. 조선은 진주문에서 명군의 진격 필요성을 강조하고 심유경의 강화를 가능한 구체적으로 폭로하고자 했으나, 송응창은 관련 구절의 삭제를 요구했다.[27] 8월 초 승문원의 보고에 의하면 네다섯 차례나 왕복하며 수정했음에도 그는 승낙하지 않았다. 황진의 두 번째 보고를 받은 그날〔8월 13일〕 선조는 자문을 송응창에게 보내 왜군의 연해 주둔 사실을 강조하며 주청사의 진출을 간곡하게 요청했다.[28] 그러나 전날 보내온 자문에서 송응창은 왜군이 철수하기 때문에 주청사의 파견이 필요하지 않다는 입장이었다.[29] 더욱이 앞서 본 것처럼 8월 초순과 중순 잔류 명군에 소요될 비용의 부담을 둘러싸고 송응창과 조선은 대립했다. 그 결과 주청사 황진의 북경행은 계속 지체되었다.

그런데 8월 하순 송응창의 진영에서 신임 예조판서 정창연(鄭昌衍)이 이여송의 말을 조정에 전달했다.[30] 그것은 조선이 왜군의 퇴각과 왕자들의 송환 등 일로 다시 사은사를 보내고 아울러 송응창의 공덕을 칭찬해준다면 송응창이 사은사를 저지하지 않을 것이라는 내용이었다. 이에 비변사는 황진을 주청사가 아닌 사은사로 바꿔서 보내기로 했다. 그때에는 정철이 이미 서울수복에 대한 사은사로 출발했다. 다만 이여송이 말한 사은 내용은 그의 출발 이후의 일로서 새로운 사은사 파견이 가능하다고 판단되었다. 조선의 입장에서 적어도 진주문 끝에 "흉적이 아직 국내에 웅거하고 있으니 제때 소탕하여 일을 마무리해 달라."고 완곡한 요청을 덧붙인다면 소기의 목적을 달성할 수 있을 것으로 기대되었다.[31]

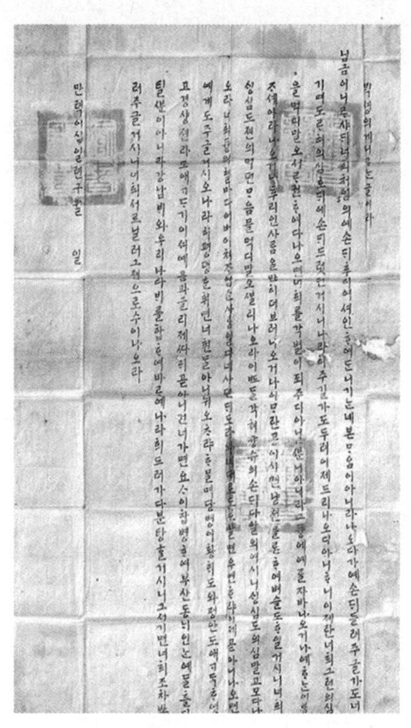

선조의 국문교서(1593년 9월)_왜군에게 포로로 잡힌 백성들에게 나오도록 회유하는 내용이 담겨 있다

물론 문제는 간단하지 않았다. 왜군의 퇴각을 사은한다면 왜군이 잔류하지 않는다는 잘못된 신호를 줄 수 있었다. 그리하여 조정 내에서도 사은하는 문제에 대해서 논의가 분분했다. 이러한 상황에서 8월 말 선조는 병을 이유로 왕위를 세자에게 이양하겠다는 뜻을 밝힘으로써 다시 정국을 시끄럽게 만들었다. 신하들은 연일 양위 반대의 의사를 개진하지 않으면 안 되었다. 그것은 9월 중순까지 계속되었다. 그와 함께 황정욱·황혁 부자의 문제를 둘러싸고도 선조와 3사 사이에 연일 공방이 계속되었다. 앞서 그들이 서울에 억류되었을 때 보내온 편지의 내용을 유성룡이 문제

삼았는데, 그들이 석방되자 본격적인 비판이 제기되었던 것이다. 그 외에도 소서비의 북상 허용에 대해서도 조정은 명군에게 불만이었다. 명군은 또한 세자를 남부지방에 파견하여 명군의 군량 문제 등 군무를 담당하도록 요구함으로써 선조를 불편하게 만들었다. 그렇게 9월이 지났다. 마침내 10월 1일 선조는 서울에 환도했다. 조정은 파괴된 서울의 재정비에 집중했다.

그간 황진의 사행은 계속 저지되었고, 진주문 문제도 해결되지 않았다. 조정은 송응창의 의도조차 파악할 수 없었다. 일각에서는 황진이 송응창의 저지를 핑계로 스스로 나아가지 않는다고 비판했다.[32] 독촉을 받은 황진이 11월 중순 봉황성까지 갔다가 그냥 돌아오자, 조정은 그에게 다시 중국으로 가도록 명령했다.[33] 이에 송응창은 윤근수를 서울에 보내서 사은 문제를 근본적으로 해결하도록 했다. 윤근수는 서울에 오면서 황진을 일단 의주에 머물게 하고, 진주문을 다시 쓸 것을 조정에 제안했다.[34]

11월 말 조정회의에서 진주문 내용을 둘러싸고 논의가 분분했다. 한 달 전 영의정에 오른 유성룡과 병조판서 이항복은 일단 사은하고, 왜군의 잔류에 대한 진주는 나중에 하자는 입장을 표명했다. 그런데 개성수복에 대한 사은사로서 북경에서 방금 돌아온 홍인상이 왜군의 재침 가능성에 대해서 무감각한 중국 내의 분위기를 전했다. 즉, 왜군이 재침하더라도 명군이 조선을 구원하지 않을 수도 있다는 것이다. 홍인상은 왜군 주둔을 알리는 일은 그만둘 수 없다고 주장했다. 영부사(領府事) 심수경(沈守慶), 윤근수, 특히 병조참판 심충겸 등은 송응창의 저지를 무릅쓰고라도 왜군 주둔이 명시된 진주문을 주장했다. 나중에는 회의에 참석하지 않은 신하들의 의견까지 물었는데, 의견이 서로 다르자 결국 선조는 황진에게 왜군의 주둔이 명시된 진주문을 그대로 지참하게 했다.[35]

사실상 예상되었던 것처럼 황진은 더 이상 진출하지 못했다. 송응창의 불만은 그해 말 요동도사를 통해 보내온 자문을 통해 전해졌다. 그는 왜군이 서생포의 소수 인원을 제외하고는 부산·거제·김해 등지에서 11월 5일 모두 철수했다는 권율의 조정에 대한 보고를 인용했다. 그와 함께 그는 조선의 진주문이 9월 이전의 상황만 부각시켜 왜군이 대거 남아 있는 것으로 과장하고 있다고 주장했다. 그는 조선이 "적의 형세를 과장하여 우리나라〔명〕에게 공갈함으로써 군사를 증원하고 식량을 더해서 (왜적에게) 보복하려는 악독한 마음을 실행하려는 것"이라고 비난했다. 다시 말해 조선이 9월 이후 왜군이 철수한 현실을 은폐하여 강화를 그르치고자 한다는 것이다.[36]

사실 그간 송응창의 의견과 상황 변화를 반영하여 나름 진주문에 대한 수정을 해왔던 조선으로서는 더 이상 양보할 여지가 없었다. 요동도사의 자문에 대해서 조선도 강한 어조로 반발했다. 답변서에서 조선은 서생포 부근에 대한 정탐에 의하면 왜군이 그 진영에 가득할 뿐만 아니라 동래 등지까지도 왕래한다는 사실을 제기했다. 또한 조선은 왜군의 철수가 사실이 아니며, 조정이 권율의 보고를 척금(戚金)에게 통지했던 것은 왜군이 조금이나마 철수하여 너무 기쁜 나머지 과장했다고 강조했다. 그러면서 답변서는 다음과 같이 항변했다. "왜적이 물러날 의사가 있다면 어찌 지금까지 변경지역을 분할점거하고 점차 경상우도 지역에 모여 전라도의 문호(門戶)를 엿보겠는가?"[37]

결국 이듬해 1월 하순 조정에서는 의금부 도사를 보내서 황진을 잡아와 의금부에 가두게 했다.[38] 아래에서 보는 것처럼, 당시에는 김수와 최립으로 구성된 새로운 주청사가 사행에 나선 상태였다.[39]

사은사 정철

한편 7월 하순 주청사 황진의 북경행이 일단 저지되자, 6월 초순부터 중간에 대기하고 있던 사은사 정철 일행은 압록강을 건너라는 지시를 받았다. 앞서 본 것처럼 진주문에서는 서울수복에 대해 사은하면서 단지 절제된 기쁨을 전달하는 정도에 그치기로 했다. 군사나 식량의 요청은 물론 조선 내 왜군의 주둔 상황 등에 대해서는 전혀 언급되지 않았다.[40] 정철 일행의 진주문은 9월 15일 황제에게 전해졌다.[41] 그런데 정철 일행이 귀국하기 직전 몇몇 경로로 그들이 왜군이 모두 물러갔다고 명 조정에 말한 것으로 전해졌다. 조선의 입장에서 송응창이 강화를 추진하고자 황제에게 거짓 보고한 것은 어떻게 할 수 없었다. 명에 사실을 적극 전달하지 못한 상황이 안타까울 뿐이었다. 그렇지만 조선의 사신이 그것을 직접 말하는 것은 있을 수 없는 일이었다.

11월 중순 도원수 권율이 유정 총병 진영으로부터 관련 사실을 조정에 보고했다. 즉, 유정이 명 조정에서 받은 통보(通報)를 그의 접반사 김찬(金瓚)에게 보여주었는데, 거기에는 "어제 조선국왕의 사은표문을 보고서 관군이 왜군을 퇴출시키는 데 성공했음을 알게 되었다. 짐은 기쁘다."는 내용이 있었다. 그리고 병부가 황제에게 올린 제본에도 "지금 그 나라〔조선〕에서 사은하러 들어온 사신이 (병)부에 와서 직접 면담으로 조사했는데, 그 나라 국경 안에는 남은 왜적이 전혀 없고 강토는 모두 수복되었으며, 왕자와 배신은 포로로 잡혔다가 다시 송환되었고, 종묘사직이 무너졌다가 다시 세워졌다고 합니다."는 내용이 포함되었다. 권율의 말에 의하면, 결국 송응창이 아니라 — 그간 왜군이 물러가지 않았음을 주장했던 — 조선이 황제를 크게 속인 셈이 되었다.[42]

사은문은 조정에서 제작해서 보냈다는 점에서 잘못은 정철 일행에 있지는 않았다.[43] 다만 병부에서 면담할 때 그들이 위의 내용을 발설했다면 그것은 문제였다. 권율의 보고 자체로 본다면 잘못은 조정과 정철 양자 모두에게 있는 셈이었다. 다만 병부가 보고한 정철 일행의 말은 상당히 구체적이었다. 어쨌든 자세한 내막은 알 수 없으나 유성룡 등은 잘못이 정철에게도 있다고 간주했다.[44] 선조는 "(병부가) 조선의 사신을 만났을 때, 사신이 국내에 왜군이 없다고 말한다면 틀림없이 의심의 여지가 없다고 생각할 것"이라면서 정철이 옳게 대처하지 못했음을 시사했다.[45]

정철과 유근은 윤11월 초순 귀국 후 적극 해명에 나섰다. 정철은 9월 10일 병부상서 석성을 만나서 들은 이야기를 전했다. 석성에 의하면, 최근 "해상의 장관"으로부터 당보(塘報)를 받았는데 왜군이 모두 바다를 건넜고 유키나가만 서생포에 남아 있다는 것이었다. 정철 자신은 5월에 출발하여 모르는 내용이었으므로 석성의 말을 반박할 수는 없었다. 그는 오히려 왜군이 "부산과 동래 사이에 모여 있고, 더 많은 주택을 건설하고 병영에 편히 살고 있다."거나 "왜적이 이미 부산과 동래 일대를 자기의 토지로 삼고 전라도 등을 침탈하고자 한다."는 내용의 자문을 병부에 제출했다고 주장했다. 왜적이 모두 도해했다는 소문과 관련해서 정철은 송응창의 거짓 보고를 석성이 황제에게 그대로 올렸을 것으로 보았다.[46] 부사 유근도 석성의 근거는 찬획 등의 거짓 보고 때문이라고 주장했다.[47]

그렇다면 누구의 잘못일까? 정철 일행에 대한 비판은 그들의 사행 이후 왜군이 조선에서 철수한 것으로 명 조정이 인식하게 되었다는 점이었다. 그리하여 마치 정철 일행이 직접 왜군의 철수를 전달한 것처럼 확대되었다. 물론 정철이 왜군의 철수를 직접 말할 이유는 없었다. 출발에 즈음하여 정철은 사행에 관한 자신의 의견을 피력했다. 그는 경략의 한마디 때문에 주청, 즉 대규모 왜군 주둔 사실의 보고와 군사의 요청은 그만두어서는 안 된다고 주장했다. 그는 이여송이 부산에 경계비를 세우자는 주장을 내세우는 상황에서 조선이 한 마디도 하지 않는다면 병부상서 석성도 군사를 철수시킬 수 있다고 지적했다. 그에 의하면, 황진이 저지되는 상황에서 자신이 대충 병부와 예부에 정문하는 것은 체면이 서지 않음은 물론 긴급한 사정을 제대로 전하는 방법이 되지 못했다.[48]

사실 송응창의 방해로 조정은 적절한 요구가 담긴 진주문을 정철 일행에게 주지 않았고, 거기에는 왜군의 철수를 유추할 수도 있을 어조가 담겨 있었다. 이러한 측면에서 본다면 정철 일행에 대한 비판은 적절하지 않다. 다만 그들이 사신의 의무를 충실히 했는지는 확인하기 어렵다. 출발에 앞서 피력된 그의 의견에서 정철은 적극적인 주청의 필요성을 인식하면서도 사은사로서 자신의 역할에는 한계가 있음을 예고했다. 그에 반해 곧이어 북경에 갔던 김수(金睟)나 윤근수 등은 병부와 예부를 상대로 끊임없이 자문과 별첩을 올려 다수 왜군의 잔류 사실을 강조하고 군사와 식량의 지원을 요청했다. 이처럼 사신의 의무는 단지 진주문과 자문을 전달하는 데 그치지 않아야 함은 분명했다.

황진이 요동에서 저지되는 상황에서 조선은 전 동래부사 허진(許晋)을 동지사로 북경에 보냈다. 그의 출발 기록은 없으나 9월 20일 전후로 보인다.[49] 동지사는 관례적인 사신이므로 송응창도 저지할 수는 없었다. 중국에 대한 공문서를 담당했던 최립은 허진 일행에게 명의 예부와 병부에 올릴 자문을 써주었다. 자문에는 왜군이 남부지방 8개 고을에 주둔하고 있을 뿐만 아니라 성책을 쌓고 식량과 무기를 일본에서 실어오고 있음이 강조되었다. 자문에 의하면, 왜적이 강화하는 목적은 단지 명군의 진격을 완화시키려는 속임수에 불과하다. 조선은 또한 전쟁으로 파괴되어 인구가 적고 농사도 제대로 짓지 못해 왜적을 막아낼 여력이 없으므로 명의 지원이 불가피하다. 왜적의 목표는 중국이며, 일본 본토를 직접 공격하기 어려운 상황에서 지금이 조선에서 왜적을 제거할 기회이다.[50]

이 자문은 당시 조선이 명에 전하고자 하는 바를 반영했다. 허진이 이 자문을 제출했는지 아니면 묵살당했는지 알 수 없다. 어쨌든 이 자문은 아래에서 보는 것처럼 12월 사은사로 출발한 김수가 이듬해 2월 하순 예부와 병부에 제출하게 되는 자문과 크게 차이가 없었다.

송응창의 세자 남하 요구

한편 각종 현안 문제로 조정과 마찰을 빚은 송응창은 세자의 남하를 요구했다. 그는 특히 선조의 리더십에 문제가 있다고 보고, 광해군으로 하여금 남부지방에 내려가 군대의 선발, 요새의 설치, 식량의 운반, 무기의 제작 등과 관련된 일들을 감독하게 하는 방안을 제시했다. 그는 광해군의 뛰어난 용모와 영특함을 치켜세우며 지금이 국가의 기틀을 새로 세우는 시기라는 점을 강조하면서 경험을 통해 후계자로서 능력을 키워나갈 것까지도 시사했다.[51] 8월 말 송응창의 접반사 윤근수는 관련 내용을 경략 진영에서 제안받았지만, 자신이 세자의 위증(胃症)과 담증(痰症)을 이유로 거절했다고 보고했다.[52]

사실 세자의 역할 강화 요구는 국왕에 대한 불신을 전제로 하는 측면이 없지 않았다. 그리하여 송응창의 제안에 대해서 조정은 소극적으로 대응했다. 9월 중순 그는 윤근수 등을 불러서 세자가 아프더라도 남부지방에서 병을 조리할 수 있다면서 남하를 촉구했다. 그와 함께 그는 조선이 자신의 통제를 듣지 않으면 압록강 건너편으로 명군을 철수시키겠다고 협박했다. 며칠 뒤에는 당시 잔류 명군의 주력부대를 이끌고 있던 유정도 조정에 자문을 보내 광해군의 남하를 재촉했다.[53]

조선이 소극적인 태도를 취하자 송응창은 병부에 제출한 10월 23일자 자문에서 황제의 명으로 압박할 것을 요청했다. 그는 칙서에 "(조선의) 군신들이 여전히 태만하거나 혹 임무를 그르친다면 본인〔송응창〕에게 추궁하고 심문하게 할 것"을 명시하도록 했다. 광해군의 업무와 관련하여 그는 국왕이 오로지 신임한다고 생각되는 윤두수와 윤근수의 역할을 강조했다. 특히 호조·병조·공조 세 판서들이 수행하여 식량 조달, 무기 제작, 요새지 수축 등을 겨울철 안에 마치도록 요구했다. 송응창이 광해군을 내세운 것은, 그의 판단으로 "국왕〔선조〕은 평소 안일한 군주로서 최근 곤궁한 상황을 만나서도, 본인이 가만히 그의 행동을 관찰해보니, 근심하며 생각하고 두려워 반성하는 모습을 볼 수 없기" 때문이었다.[54]

송응창의 적극적인 요구에 조선도 점차 더 큰 압박을 느끼게 되었다. 10월 30일 영의정 유성룡이 그에 대한 선조의 의견을 구했을 때 선조는 세자가 원기가 약하다는 것과 남부지방에 내려가도 별로 할 일이 없다면서 회의적인 반응이었다.[55] 그럼에도 며칠 뒤 대신들의 의견을 물었을 때, 그들은 대체로 세자의 남하가 불가피하다는 입장이었다.[56] 결국 11월 초에는 세자가 병세가 호전되는 대로 남쪽으로 내려가는 것으로 결정했고, 당시 해주에 머물던 세자도 점차 서울로 향했다.

뿐만 아니라 송응창은 조선에게 왜적의 방어에 대한 적극적인 조치를 취하도록 압박을 가했다. 윤근수의 11월 16일자 치계에 따르면, 송응창은 조선이 네 가지 조치를 취하고 그 성과를 보고하도록 요구했다. 네 가지 조치란 군사 훈련, 요새지 수리, 무기 제조, 식량 비축이었다. 그러면서 그는 "귀국의 군신들이 높은 자리에서 부귀를 누리면서, 백성을 사랑하고 왜적을 막을 생각을 않고 나라를 방치한다면 나도 어쩔 수 없이 남은 군사를 철수시킬 것이다."고 덧붙였다. 그와 함께 그는 국왕이 일을 제대로 하지 못하면 '참주(參奏)', 즉 황제에게 징계를 요청할 수 있다고 위협했다.[57] 그는 자신의 요구를 관철시키기 위해서 요동도사 장삼외를 직접 서울에 파견했다. 장삼외는 세자와 대신들을 남하시킬 것을 선조에게서 확인받았다.[58]

결국 10월 23일자 송응창의 자문에 대해 병부상서 석성도 적극 동조했다. 그는 행인사 행인(行人)이 칙서를 지참하여 갖고 가서 직접 설득하되, 만약 "여전히 태만하여 늘어지면, 잔류한 병력을 즉시 철수시키고 요동의 강변 일대에 주둔시켜 내지(중국)를 지키게 할 것"을 건의했다.[59] 그의 요청은 윤11월 중순 사헌(司憲)이 칙사로서 조선에 올 때 예부의 자문 형식으로 전달되어 이행되었다.

사헌의 조선 방문

강화와 군사의 주둔 등 조선 문제에 대한 조명간 인식의 차이는 황제가 선조에게 보내는 칙사의 파견 과정에서도 드러났다. 9월 25일자 황제의 칙서는 윤11월 12일 행인 사헌(司憲)이 칙사로 와서 조선에 전달했다. 사헌은 선조의 환도를 축하하기 위한 목적으로 파견되었으나 그 분위기는 결코 우호적이지 않았다.

사헌이 오기 직전 조선으로서는 매우 당황스런 소식이 전해졌다. 급사중 위학증(魏學曾)[60]이 "분할역치(分割易置)", 즉 조선의 분할과 국왕의 교체를 주장하는 주본을 올렸다는 것이었다. 『선조실록』은 전자만 수록하고 있는데, "조선이 이미 왜적을 방어할 수 없어 중국에 우환을 주고 있으니, 반드시 그 나라를 2, 3개로 분할하여 왜적을 방어할 능력이 있는 자를 보아서 나라를 주어 중국의 울타리가 되는 일을 조치하게 해야 한다."는 것이었다.[61] 그렇지만 국왕의 교체도 그가 주장한 주요 내용이었다. 즉, 사태의 수습을 위해서 선조를 퇴위시키고 광해군을 세워야 한다는 것이었다.[62] 그의 제안은 병부상서 석성의 반대로 수용되지 않았다고 한다. 송응창은 요동으로 자신을 찾아온 윤근수에게 국왕께 전하라고 주본의 복사본을 보여주었다. 윤근수는 11월 25일 선조에게 복명했으나 감히 말하지 못하다가 사헌이 올 무렵에 비밀리에 보고했다.[63]

다행히 사신이 지참한 칙서에는 그러한 내용이 포함되지 않았고, 또한 영의정 유성룡의 말대로, 그러한 망언으로 명나라가 휘둘리지는 않을 것이다.[64] 그렇지만 조정은 매우 당황하지 않을 수 없었다. 더욱이 황제의 칙서는 결코 호의적이지 않았다.

칙서에는 나라의 회복을 축하하는 내용도 있었지만 국왕에 대한 질책이 강한 어조로 이루어졌다. 즉, 왜적의 침략이 "국왕이 사소한 놀이에 빠지고 주변의 패거리들에게 미혹되어 백성들의 생명을 아끼지 않고 군대를 양성하지 않아 도적을 유발시킨 것"으로서, 그 잘못이 조선에게 있다는 점도 지적했다. 그와 함께 황제는 조선과 명의 조공책봉 관계를 매우 좁은 의미로 해석했다. 즉, 단순한 조공 이외에 명이 조선에 대한 어떤 요구가 없는 만큼 의무도 없다는 것이다.

> 짐이 국왕을 생각하기를, 비록 외번(外藩)이라고 부르지만 조공의 예법 이외에는 원래 국왕에게 한 명의 병사나 노역을 번거롭게 요구하지 않았소. 지금의 일은 의리로서 발분하고 (조선의) 쇠약함을 불쌍히 여긴 것일 뿐, 국왕이 마땅히 짐에게 덕을 베풀도록 요청할 일이 아니오. 명의 군사 또한 철수하고 국왕은 이제 본국으로 되돌아가 다스리시오. 짐은 조금의 (조선)땅도 관여하지 않을 것이오. 다시 국경을 넘어 구원하는 것을 일상적인 일로 삼아 귀국으로 하여금 거기에 의지하게 하고 (스스로) 대비하지 않게 한다면 위험을 또다시 자초하게 될 것이니, 갑자기 다른 변고가 있다고 해도 짐은 국왕을 위해서 방법을 낼 수 없을 것이오.[65]

결국 명군은 철수할 것이고, 명은 조선에 더 이상 관여하지 않을 것이니 스스로 대비해야 한다는 의미였다. 특히 조선이 계속 명에 의지하려고만 해서는 안 된다는 점이 강조되었다.

칙서의 불편한 분위기는 당일 칙사를 접견할 때 굴욕적인 의전 요구[66]와 함께 대화에서 반복되었다. 그는 국왕이 환도한 상황에서 성곽의 수리와 방어체제의 구축을 언급하며, 명군에 의지하지 말고 조선 스스로 조치해야 한다는 입장을 표명했다. 그에 반해 선조는 조선의 피폐함과 식량 부족 등 사정을 호소했다. 선조는 또한 지금 조선의 보전은 전적으로 송응창과 이여송의 공로라고 말했다. 그것은 사실 그들이 명의 일각에서 비판당하고 있음을 잘 모르고 하는 말이었다. 이에 사헌은 "왜적이 아직다 돌아가지 않았으니 그들의 공로를 말할 수 없다."고 되받았다.

두 사람은 강화 여부에 대해서도 이견을 드러냈다. 선조는 왜적이 강화로 자신을 보전하여 남쪽지방에 주둔할 뿐 아니라, 최근에는 주변 지역을 약탈하고 있다고 지적했다. 그와 함께 그는 백성들도 왜군의 토벌을 갈망한다면서 적극적인 대응책을 요구했다. 그에 대해 사헌은 "유(정) 총병의 병력 1만 5천 명이 조선에 남아 있으니, (왜적을 토벌하려면) 10만 명이 더 나와야 가능한데 식량이 부족할 듯하다."면서 토벌의 현실적 어려움을 제기했다. 강화와 관련해서 그는 과도관(科道官)[67]들이 모두 불가하다고 주장하고 있음을 전했다. 그러면서도 그는 그것이 왜군의 술수를 예측할 수 없기 때문이라며, 강화의 가능성을 전혀 배제하지는 않았다. 다만 그는 강화가 명의 전략적 수단에 불과하다는 점을 강조했다. 즉, 명군의 출정이 현재로서는 어려운 상황에서 그것을 활용해야 한다는 것이었다. 그는 조선도 스스로 성곽을 수리하고 방어에 힘써야 한다고 주장했다.[68]

사실 사헌의 말대로 조선 문제에 대한 명 내부의 의견은 일치되지는 않았다. 그에 의하면, 강화를 통한 문제의 해결은 주로—황제의 자문기구인—내각과 병부, 그리고 송응창 경략이 주장하고 있다. 그에 반해 예부와 대성(臺省), 즉 언관들은 거기에 반대하는 입장을 적극 제기하고 있다.[69] 사헌의 말은 자신이 예부에 소속되어 있어서 조선의 입장을 상대적으로 잘 이해한다는 의미였다. 선조는 본국의 사정을 담은—대신들 명의의—장문의 글을 미리 준비하여 그에게 주도록 했다. 거기에는 그간 전쟁의 진행 과정, 대규모 왜군의 주둔 그리고 이들의 횡포 등이 포함되었다. 그에 대해서 사헌도 별도로 조선의 사정을 명 조정에 전달할 것이라고 대응했다.[70]

그럼에도 명의 예부가 조선에 대해서 독자적인 입장을 가진 것은 아니었다. 그것은 황제의 칙서와 함께 전달된 예부의 자문에서 확인된다. 그것은 앞서 송응창이 요청하고 석성이 지지한 내용, 즉 세자와 주요 대신들을 전라도와 경상도 사이에 보내서 식량의 마련, 군사의 훈련 그리고 요새지의 수리를 적극 추진하라는 것이었다. 그와 함께 황제의 칙서에도 나타난 것으로서, 조선이 자립을 위한 정책을 제대로 하지 않으면, 나중에 조선이 침략을 받아도 명은 군사적 지원을 하지 않겠다는 내용도 포함되었다. 앞서 중위방의 주장처럼, 위의 조치는 국왕에 대한 큰 압력이었다.[71]

사헌의 방문을 통해 자신의 국가운영에 대한 명의 직접적인 비판에 직면하자 선조는 다시 양위를 들고 나왔다. 사실 칙서에서 양위와 관련된 어떤 언급도 없었다. 유성룡의 표현대로 질책은 격려하여 애쓰게 하는 것으로서 다른 뜻은 없었다. 그렇지만 선조는 스스로 양위 제안을 함으로써 일종의 정면돌파를 구상했던 것이다. 선조는 당일 사헌을 만난 자리에서 원래 요동도사 장삼외에게 보내려던 자문을 그에게 보여주며 질병을 이유로 나라를 다스릴 수 없어 세자에게 왕위를 넘겨주기를 요청했다. 물론 그것은 사헌이 대답을 줄 사안이 아니었다. 그는 단지 "이 일은 일개 행인이 할 수 있는 일이 아니며, 마땅히 주문하여 황상의 처치를 기다려야 할 뿐이다."고 대답했다.

그럼에도 사헌은 그날 밤 유격 척금을 통해 국왕이 조기에 양위해야 한다고 유성룡에게 전했다. 그 말에 유성룡은 화를 더 키우는 일이라면서 반발했다. 그리고 그는 백관을 이끌고 사헌에게 수천 자에 이르는 문장을 제출했다. 거기에서는 최근 왜변은 명을 함께 침범하자는 왜적의 계책을 조선이 따르지 않은 결과일 뿐이고, 국왕은 즉위 이후 중국에 대한 사대와 국사에 노력해왔음이 강조되었다. 결국 척금이 사헌의 생각이 바뀌었으니 걱정할 것 없다고 함으로써 일이 마무리되었다.[72]

한편 사헌을 통해서 명 조정에 의해 공식적으로 세자의 남하 문제가 제기되자 조정에서는 곧장 실행에 옮기지 않을 수 없었다. 조정에서는 이미 거명된 좌의정 윤두수를 중심으로 하여 호조판서 한준, 병조판서 이항복, 공조판서 김명원 등으로 무군사(撫軍司)를 설치하여 세자의 일을 돕도록 했다. 사헌은 자신이 서울에 머무는 동안 세자와 세 판서의 남행을 고집했다. 그래야 돌아가 할 말이 있다는 이유였다.[73] 당시 세자는 황해도에 상당 기간 머물다가 서울에 올라온 지 얼마 되지 않은 상태였다. 13일에는 세자가 사헌을 접견했다. 세자 일행은 19일 서울을 떠나 전라도를 향했다.[74]

세자 일행이 남하한 다음 날인 윤11월 20일 모화관에서 사헌을 위한 전별식이 거행되었는데, 분위기는 도착 당일과는 달리 우호적이었다. 사헌은 "원컨대 국왕께서는 반드시 현명한 관리와 대부(大夫)와 함께 군사를 훈련하고 동시에 힘써 (명에) 군사를 요청하십시오. 하늘이 보살펴 반드시 (조선을) 중흥시킬 것입니다. 저도 북경에 돌아가면 마땅히 이러한 사정을 상주하겠습니다."고 말했다.[75] 그는 강화를 통한 문제해결 가능성보다는 군사적 해결에 더 초점을 두었다. 그와 함께 그는 조선의 자력을 강조하면서도 명의 군사지원 필요성에 공감했다.[76] 그는 귀국 후 많은 왜군이 여전히 남부지방에 잔류하고 있다는 사실과 그에 대한 조선의 위기감을 조정에 전달함으로써 송응창과 이여송의 탄핵에 기여하게 된다.

사은사 김수

그렇다면 조선에게 군사적 지원을 하지 않겠다는 황제의 칙서에 대해서 어떻게 답할 것인가? 당시 송응창과 이여송 등이 조선 내 왜군의 존재를 축소하고 강화를 추진했고, 황제의 칙서도 그 결과였다. 강화에 반대하는 조선의 입장에서 중요한 것은 사실을 제대로 명 조정에 알리는 일이었다. 즉, 왜군이 여전히 조선에 다수 주둔하고 있어 강화를 추진할 상황이 아니라는 것이다. 물론 송응창 등은 앞서 홍인상과 황진의 사례에서 보듯이 조선의 시도를 노골적으로 방해하고 있었다. 이러한 상황에서 조선은 사헌을 통해 내려진 황제의 칙서에 대한 사은사로 형조판서 김수(金睟)와 이조참판 최립(崔岦)을 파견하기로 했다.

12월 초에 진주문이 작성되었다. 그 내용은 비교적 조심스러웠다. 거기에는 강화의 부당함에 대한 언급은 전혀 없었다. 지난 5월 송응창이 강화를 위해 사용재와 서일관을 나고야에 보내 히데요시와 접촉했던 사실과 진주성 함락에서 명군의 방임적 태도 등을 명 조정에 알릴 생각도 있었으나, 결국 그렇게 하지 않았다.[77] 진주문은 단지 현재의 상황에 초점을 두어 왜군이 조선에 대거 주둔하고 있다는 점을 명시했고, 방어를 위한 군사적 지원을 요청했다. 조선의 입장을 가장 직접적으로 표현하고 있다고 생각되는 구절은 다음과 같다.

> 삼가 황은에 감사드리고 이어 간곡한 마음을 진술하는 일입니다…… 왜적은 지금 변경의 10여 개 성(城)을 점거하고 있고, 성을 쌓고 가옥을 짓고 매일 마음대로 약탈하면서, 흉악한 음모가 갈수록 교활해져 조금도 돌아갈 계획이 없습니다. 그들은 소방을 호주머니 안의 자기 물건으로 간주하여 깊이 들어와 삼키려는 의도를 갖고 있습니다. 소방은 옛날 온전했던 힘으로도 그들의 흉악한 칼끝을 막지 못했는데, 하물며 지금은 만신창이가 되어 숨넘어가듯 죽기를 기다리고 있습니다. 소방이 조금 일시나마 연명하는 것은 단지 명군의 방어에 의지하고 있기 때문인데, 명군은 지치고 왜적은 거세니 끝까지 무사함을 담보하지 못할까 우려됩니다.[78]

진주문이 왜군의 잔존 사실을 담고 있는 한, 송응창과 이여송의 입장과 배치되었다. 따라서 북경 현지에서 해야 할 관련 작업을 미리 잘 준비하고, 진주문을 그들에게 저지당하지 않고 가져갈 방안을 궁리해야 했다. 그들은 당시 산해관에서 북경에 이르는 길목인 영평(永平)에 머물고 있었기 때문에 지나치지 않을 수는 없었다.[79]

먼저 북경에서 할 활동을 위해서 병부와 예부에 제출할 많은 문서를 준비했다. 사은사는 모두 8통의 문서를 가져가기로 했다. 문서는 주로 병부를 포함한 각 부서의 질의에 응답하기 위한 자료들이었다. 각 문서에는 군대와 식량, 축성, 요새지 수축, 군사훈련 등에 관한 내용이 포함되었다. 그럼에도 본질적인 문제는 왜군의 국내 잔존을 전달하는 일이었다. 김수 일행이 떠날 때, 선조의 지시는 당시 조선의 고민을 그대로 반영하고 있다.

> 대개 송(응창)과 이(여송)의 패거리가 (명) 조정의 안팎을 널리 차지하고 있고, 그들의 술수가 매우 정교하오. 우리나라의 (사은)표문은 강토의 재조(再造)에 감사함을 표명했고, 사신 또한 (조선)땅 안에 왜적이 없다는 말을 했소…… 그리하여 명은 왜적이 모두 바다를 건넜다고 생각하여 더 이상 염려하지 않게 되었소. (따라서) 지금 이처럼 급한 일을 고하게 되면 명은 아마 오히려 의심을 품을 것이오. 경략 등은 반드시 '우리들이 철수한 뒤에 왜적이 다시 기승을 부려 (조선에) 주둔하고 있다.'고 주장할 것이 분명하오. 그들이 (죄를) 벗어나려는 술수를 벌이는 데 어찌 온 힘을 다 기울이지 않겠소? 〔만일 그렇게 말을 꾸며 주장한다고 해도 정황이 서로 부합하면, 아마도 명나라 사람들은 우리를 믿지 않고 그들(송응창과 이여송)을 믿을 것이오.〕 매우 염려되오.[80]

선조는 약 3개월 전 사은사로 갔던 정철의 잘못을 반복하지 않도록 강조했다. 다만 이번에도 진주문과 자문을 송응창이 저지할 것인지는 불확실했다. 일각에서는 변칙적인 방안이 제시되기도 했다. 이를테면 도승지 장운익(張雲翼)은 문서들에서 송응창에게 문제가 될 만한 내용은 삭제하여 가져가 그에게 보여주되, 그간 저지당했던 문건들은 숨겨서 북경에서 직접 제출하고, 아울러 그에 의해 저지당했던 사실까지 고하자고 주장했다. 그와 유사하게 좌승지 이유중(李有中)은 진본과 가본을 별도로 갖고 가서 송응창에게는 가본만 보여주는 방법을 제시했다. 우승지 박동량과 우부승지 이광정은 면복을 청하거나 세자의 책봉 등 각종 명목의 사신들을 차례로 보내 각 부서에 정문할 것을 주장했다.

선조는 장운익의 방안에 동조했으나 비변사의 반대에 부딪혔다. 이유는 문서들을 다시 씀으로써 시일이 또 지체될 수 있다는 것 외에 명 조정 내 이여송이나 송응창의 패거리들이 그 사실을 알면 조선을 비판할 것이기 때문이었다. 비변사는 마침 조선에 왔다가 돌아가는 명의 사신 주기(周基)[81] 편에 통사를 보내 문서를 전달하거나 요동순안에게 정문하는 방안, 박동량과 이광정의 각종 사신들을 통하는 방법 등을 제시했다. 그에 반해 선조는 김수까지도 저지당한다면 왕위의 선양을 거행하고, 사신을 명에 파견하여 주문하겠다는 정공법을 선택했다.[82]

김수 일행의 서울 출발 일자는 정확히 알 수 없으나 1593년 12월 중순경이었다. 그들은 정월 초순 압록강을 건넜다. 다행히 그들은 송응창에 의해 저지되지 않았고, 가져간 사은표문을 명 조정에 제출할 수 있었다. 그것은 일행이 요동을 통과하기 직전 송응창이 북경으로 소환되었기 때문이었다. 송응창과 이여송이 요동에서 귀국 명령을 받은 것은 1593년 12월 7일이었다.[83] 일행은 도중에 송응창을 대신하여 요동에 나온 고양겸을 거쳤다. 그는 계요총독으로 임명되어 1월 9일 영원(寧遠)[84]에 주둔했으나,[85] 김수 일행을 제지하지 않았다.

요동에서 그들은 고양겸과 요동순무 한취선(韓取善)에게 정문하여 조선의 사정을 전하고 군사와 식량의 지원을 요청했다. 이들에게 제출된 자문은 매우 구체적인 내용을 담았다.[86] 이를테면 왜적이 지금 강화를 추진하지만, 그것은 단지 명의 군사적 위협을 늦추기 위한 것임이 강조되었다. 그 근거로 자문은 일본의 침략 목적이 조선 땅의 병탄에 있으며, 지금 왜군이 남부 해안 지역에 성책(城柵)과 주택을 건설하고, 식량과 무기를 본국에서 계속 운반하고 있다는 점을 들었다.

일행은 자문에서 추가적인 군대의 파견을 요청했다. 앞서 조선이 강화 이후 요청했던 병력은 유정의 5천 명이었다. 그런데 송응창이 그 수를 1만 6천 명으로 올렸다. 그렇지만 병부는 조선의 의견이라는 이유로 1만 1천 명을 철수시킬 것을 지시했다. 김수 일행은 도중에 그 사실을 확인했다. 자문에서 그들은 조선이 불가피하게 5천 명만 요청했던 이유를 해명했다. 즉, "왜적이 (전부) 물러간 뒤에 그 정도면 남은 위세를 빌릴 수 있을 것으로 간주했고, 확실히 대규모 명군을 대신해서, 물러가지 않는 왜적을 당해낼 용도는 아니었다." 다시 말해 5천 명은 왜군의 철수를 전제로 했고, 이제 왜군이 조선에 주둔하고 있어 추가적인 병력이 필요하다. 특히 계주(薊州)에 주둔하고 있는 남병을 출동시켜 유정 총병의 병력을 증강시켜야 한다.[87]

김수 일행은 2월 하순 북경에 도착했다. 그들은 진주문 이외에 예부와 병부에 각각 두 차례씩 자문과 함께 좀 더 개인적인 성격의 별첩을 제출했다. 문건들의 기본 방향은 조선에서 미리 정해 왔지만, 그간 상황 변화를 반영하여 현지에서 다시 작성되었다. 진주문과 달리 그러한 문서들이 황제에게 직접 전달될 가능성은 없었으나, 사신들은 구체적인 내용을 자유롭게 개진할 수 있었다.

먼저 병부와 예부에 대한 자문에서는 진주문에서 언급되지 못했던 강화정책의 재검토가 주된 요청 사항이었다. 특히 강화를 통해 왜군이 물러가기보다는 봉공 이외에 추가적인 요구를 제기할 것임이 강조되었다.[88] 자문에 의하면, 곧 도착하게 될 히데요시의 항복표문도 결국 그러한 왜적의 속임수에 불과하다. 즉, 강화를 통해 명군의 압력을 줄이고, 또 사절의 왕래 과정에서 지형을 탐지하기 위해서 히데요시는 명이 수용하는 조건을 제시하는 등 공손하게 나오겠지만, 결국은 약속을 지키지 않을 것이다. 김수 등은 평양전투와 같이 적극적인 공세에 의한 왜군의 축출을 상기하

면서 다시 그러한 조치를 요청했다.[89]

별첩을 통해서는 왜군의 서울 철수 과정에서 심유경의 강화 추진에 대한 비판적인 의견이 개진되었다. 무엇보다도 왜군은 평양과 행주산성에서 패배한 뒤 스스로 서울에서 철수할 생각이었는데, 심유경 등이 공을 세우고자 중재를 개시했고, 그로 인해 많은 문제가 발생하게 되었다. 강화를 통해 왜군은 관군의 공세를 늦추었을 뿐만 아니라, 남부해안에 남아서 재침을 노리고 있다. 김수 등은 1593년 5월 일본에 들어가 협상을 벌인 서일관과 사용재에 대해서도 일본에서 굴욕적인 태도를 보였고 명을 욕되게 했다고 주장했다. 그들은 또한 명의 중재자들이 조정의 반대를 우려하여 봉공 이외에 일본의 다른 요구 사항들을 조정에 보고하지 않고 있다는 사실을 지적했다.[90]

물론 최대 쟁점은 왜군의 부산 주둔이었다. 왜군의 철수는 명이 처음부터 제시한 강화의 중요한 전제조건이었다. 당시 명에서는 왜군이 대부분 철수하고 일부의 군대만 서생포에 남아 있다는 인식이 퍼져 있었다. 특히 지난해 9월 서울수복에 대한 사은 과정에서 왜군의 철수가 잘못 전달된 데에 대한 해명이 필요했다. 김수 등은 자신들이 1월 초 명에 건너올 시점에서 왜군의 분포 상황을 전했다. 즉, 서생포 이외에도 동래의 부산진, 거제의 영등포, 웅천의 제포와 천성보(天城堡), 가덕진 등이 왜군에게 점거되었고, 그 외에 언양(彦陽)·경주·안강(安康) 등이 침범당했으며, 왜군이 고성(固城) 등에도 마음대로 드나들고 있다.[91]

김수의 파견 목적은 부산의 왜군 주둔 사실을 알리는 데 그치지 않았다. 선조는 반드시 명군의 파견 약속을 받아오라고 지시했다.[92] 군사와 식량지원에 관한 김수 일행의 계속되는 문의에 예부도 몇 가지 답변을 내놓았다. 군사에 대한 답변은 "압록강 '이쪽(這邊)'[93]의 방어를 위해 이미 1만 명의 병력이 있고, 지금 또 3, 4만 명을 (황제에게) 요청할 것이다. 왜군이 돌아가지 않으면 책봉을 허용하지 않을 뿐만 아니라, 다시 군사를 증원하고 식량을 내서 소탕하고 말 것이다."는 내용이었다. 지금으로서는 조선에 군사를 증원하지 않겠다는 의미였다. 식량과 관련해서 요동반도의 서북쪽에 위치한 해주(海州)와 개주(蓋州)에서 2만 석을 조선이 직접 운반해가라는 대답이 돌아왔다. 조선 사신들의 입장에서는 그것은 턱없이 부족했을 뿐만 아니라 마땅히 운송할 배도 없었다.[94] 군사와 식량에 관한 김수의 요청은 성과를 거두지 못한 셈이다.

그렇지만 김수 등의 왜정에 대한 보고는 명 조정에 상당한 파장을 일으켰다. 『신종실록』은 1594년 2월 29일 기사에서 예부 낭중 하교원(何喬遠)이 황제에게 한 보고를 인용하고 있다. 그에 의하면, 김수 일행은 울면서 "이여송이 이미 왜적에게 강화를 허용하고, 조선을 왜적의 살육에 방치하여 속수무책으로 죽은 자들이 6만여 명이었다. 왜적의 말은 사리에 어긋나고 무례하다. 심유경이 왜적과 여섯 번 교섭했는데, 그때마다 (왜적은) 항복을 구걸하고 죄를 뉘우친다."고 말했다.[95] 즉, 진주성 학살이 이여송의 강화에 의한 것이며, 왜의 강화 요청은 진심이 아니다. 하교원은 김수의 보고 이외에도 지난번 히데요시의 목표가 명의 공격에 있다는 허의후(許儀後)의 보고와 왜군이 유정(劉綎)에게 보낸 회답 등 근거자료를 황제에게 제출하여 강화의 중단을 요청했다.

나중에 최립의 회고에 의하면, 마침 송응창 등이 논죄되던 때였기에 자신들의 강화반대 주장은 그것을 더 격화시킨 측면이 있었다. 조선의 보고는, 특히 송응창을 경질한 석성이 고양겸을 통해 본격적인 강화를 추진하려는 상황에서, 명 조정 내 강화반대 논의가 촉발되는 계기가 되었다.[96] 또한 좌참찬 성혼(成渾)도 김수 일행이 제출한 진주문과 여러 자문으로 인해 이여송과 송응창 등이 강화를 위해서 왜군의 주둔 사실을 은폐하고자 했음이 드러났고, 이로 인해 과도관들의 탄핵을 받게 되었다고 지적했다.[97] 『명사』에 의하면, "(명) 조정의 신하들이 모두 책봉과 조공을 폐기하고 전수(戰守)해야 한다는 주장을 폈다."[98] 결국 아래에서 보는 것처럼 그 후 약 2개월의 논쟁을 거쳐 5월 초 황제는 조공과 책봉 논의, 즉 강화협상의 중지를 명령했다. 물론 조선이 원하는 것처럼 명이 군사적 해결을 선택한 것도 아니었다.

김수 일행이 출발한 며칠 뒤 조정은 계획대로 전 충청도관찰사 허욱(許頊)을 청량사(請糧使)로 파견했다. 그가 가져간 진주문에서 조선은 지금 식량부족으로 기아에 허덕이니 식량을 지원해달라고 요청했다.[99] 특히 지난해 약속한 산동성의 식량이 수량도 적었을 뿐만 아니라 운송이 어려운 까닭에 아직까지 조선에 도달하지 않았다는 사실이 적시되었다. 그런데 허욱이 북경으로 가는 도중에 고양겸을 만났는데, 그는 직전의 김수 일행과 달리 진주문에 대한 수정을 요구했고, 그 결과 허욱의 북경행이 지체되었다. 허욱은 해당 사실을 조선에 연락했고, 이에 조선에서는 진주문의 수정 여부를 둘러싸고 논의가 벌어졌다.

특히 고양겸은 "적이 문정(門庭)을 점거하고 있다."는 구절을 진주문의 서두로 한 것은 부적절하다고 지적했다. 그는 또한 "적이 아직 물러가지 않았다."는 표현도 문제 삼았다. 병조참판 심충겸에 의하면, 그러한 어휘들을 모두 고치면 고급(告急)의 의도와는 거리가 멀어질 것이고, 반대로 적정에 대해서 아무 말도 하지 않으면 오히려 뭔가 은폐하는 것처럼 비춰질 수도 있었다. 이에 대해서 선조는 식량 요청이 주된 목적이니 서두는 고양겸이 원하는 대로 고치도록 했다.[100]

그런데 며칠 뒤 고양겸 자신의 유첩(諭帖)이 왔는데, 그 내용은 명으로부터 군량을 조달하기 매우 어렵고, 약속한 산동성의 10만 석도 이미 그곳 기민(飢民)을 진휼하기 위해서 사용되었다는 것이다. 이에 조선은 허욱을 다시 소환하기로 결정했다.[101] 그는 요동에서 군량을 요청하려고 시도했는데, 고양겸뿐 아니라 요동도사 등 다른 기관들도 매우 부정적인 태도였다고 보고했다.[102] 허욱은 조선에 돌아오지는 않았는데, 그때는 새로 진주사의 임무가 부여되었기 때문이었다. 고양겸이 사람을 보내 조선이 황제에게 히데요시의 책봉을 요청할 것을 요구해서 거기에 답변하는 진주문을 보내야 할 필요가 제기되었던 것이다.

2. 강화협상의 중단

히데요시 항복표문

그렇다면 심유경과 소서비를 통해서 재개된 강화 시도는 어떻게 진행되었을까? 앞서 본 것처럼 두 사람은 사용재와 서일관이 나고야에 방문 중이던 1593년 6월 하순 부산에서 올라왔다. 이들은 서울 등지의 명군 진영에 머물다가 9월 하순 철수하는 이여송의 군대와 함께 북상했다. 그해 말까지 그들은 평양 근처에 머문 것으로 추정될 뿐 조선에서는 그들의 행방이 묘연했다. 두 사람이 요동을 왕래했는지 알 수 없으나 그해 말 그들의 움직임이 포착되었다.[103] 그 시점에서 명 조정은 항복표문과 왜군의 철수를 조건으로 히데요시의 책봉을 허용하기로 했다. 항복표문의 요구는 진주성 학살과 왜군의 잔류 사실이 명에 알려지면서 강화에 대한 비판적 분위기가 형성되었기 때문이다.

그에 따라 송응창은 심유경을 시켜 지휘 담종인(譚宗仁)을 웅천의 유키나가 진영에 보내 항복표문을 받아오게 했다. 담종인은 경략과 제독 공동 명의의 서신을 가지고 11월 3일 웅천성에 들어갔다.[104] 그는 유키나가에게 황제가 사절을 보내 히데요시를 일본국왕에 책봉하고, 몇 년간 평화를 전제로 통공을 허용할 의사가 있음을 밝혔다. 그는 또한 황제가 히데요시의 서신이나 신임장이 없기 때문에 소서비가 북경에 들어가지 못하고 있다고 전했다. 소서비도 자신의 가신을 통해 유키나가에게 편지를 전달했

는데, 그는 명 측이 양국 군대를 철수하고 강화를 희망한다고 알렸다.[105]

그에 대해 유키나가가 심유경 앞으로 11월 15일자 편지를 보내왔다. 그런데 그 내용은 결코 우호적이지 않았다. 편지에서 유키나가는 명 측이 위반하거나 왜 측이 준수한 일곱 가지 일을 열거했다.[106] 동시에 그는 항복표문을 제출하고 군대를 철수하라는 명 측의 요구를 따를 수 없음을 분명히 했다. 그에 의하면, 적어도 소서비가 북상할 때 서로 했던 약속, 즉 소서비가 석성을 면대하고 명의 고위 사절을 3, 4월 안에 데려오기로 한 약속을 지킬 것을 요구했다. 그렇지 않으면 왜의 다른 장수들이 군대를 더 보낼 것이다. 그는 또한 담종인을 그대로 왜영에 있게 함으로써 일종의 인질로 삼겠다고 선언했다. 그는 문제의 해결을 위해서 심유경이 직접 내려와서 자신과 면담할 것을 요구했다.

결국 심유경은 서둘러 소서비의 부하 한 명과 함께 내려왔다. 윤11월 3일에는 그들의 개성 도착 소식이 보고되었고, 10일 그들은 서울에서 선조를 찾았다. 선조는 접견을 꺼려했으나, 결국 비변사 등의 건의에 따라 그를 만났다. 선조는 심유경에게 봉공의 허락 여부에 대해서 물었다. 심유경은 황제의 지시로 통공은 허락하되 책봉은 허락하지 않기로 했다고 대답했다. 『선조실록』의 기록이 정확하다면, 심유경은 당시 명의 입장을 조선에 거꾸로 전달한 셈이었다.[107]

선조와 면담 이후 심유경은 웅천을 향했다. 경상도관찰사 한효순의 보고에 의하면, 심유경은 12월 24일 팔거에서 떠나 웅천에 머물다가 이듬해〔1594년〕 1월 24일 다시 팔거로 돌아왔다. 그렇지만 히데요시가 항복표문의 제출을 수용하지 않을 것임은 분명했다. 프로이스에 의하면, 유키나가가 심유경과 소서비의 편지 내용을 히데요시에게 전달했고 그의 신임장, 즉 항복문서를 요청했으나, 그는 답신을 주지 않았다.[108] 그럼에도 한효순은 심유경이 웅천 왜영에 있을 때 히데요시가 그곳으로 항표를 보내왔다고 보고했다.[109] 그리고 송응창에 의하면, 소서비와 심유경은 (가짜)

항표를 가지고 3월 4일 요양에 도착했다.[110]

항복표문이 오고 있다는 소식에 조선은 우선 요동도사 등 요동의 여러 관소에 자문을 보내 입장을 전달했다. 즉, 항표가 왜적의 신뢰성을 보여주지는 않는다는 것이었다. 무엇보다도 지난해 6월 강화협상을 진행하면서도 왜군은 진주성을 도륙했다. 왜군은 한편으로 협상을 통해 상대를 방심하게 하면서 다른 한편으로 대군을 이끌고 와서 재침할 가능성이 있다. 현재 사천병 5천 명으로는 왜군을 막기 어려울 것이니 추가적인 병력이 필요하다.[111] 게다가 애당초 항표가 위조되었다는 설도 제기되었다. 이를테면 명의 장수 유정은 심유경이 가지고 온 것은 유키나가가 스스로 만든 거짓 표문이라고 말했다. 그의 말은 2월 초 그의 접반사 김찬(金瓚)을 통해 조정에 보고되었다.[112]

조선은 항복표문이 황제에게 전달되기 전에 조치가 필요하다고 판단했다. 무엇보다도 사신을 통해서 그것이 가짜라는 사실을 미리 알려야 한다는 것이다. 앞서 12월 중순 서울을 출발한 사은사 김수 일행을 활용하는 것도 방법이었다. 그렇지만 그들이 기동성이 큰 심유경보다 빨리 북경에 도착할 가능성은 적다고 판단되었다. 또한 가능한 한 심유경을 지체시키는 것도 하나의 대안이었으나, 선조 자신이 인정하는 것처럼 그것은 사실상 불가능했다.[113] 이듬해〔1594년〕 2월 말 북경에 도착한 김수 일행은 뒤늦게나마 병부와 예부에 자문을 제출하여 항표가 가짜일 수 있는 사실을 강변했다. 다행히 항표를 가져온 소서비는 3월 초에야 요양에 도착했을 뿐만 아니라 북경 진입조차 허용되지 않았다.

히데요시의 항표 소식이 전해진 2월 초 조정은 홍문관 응교 허성(許筬)을 심유경의 행차에 진주사로 딸려 보내기로 결정했다. 그것은 사신들을 계속 보내 상황을 제대로 알려야 한다는 생각에서였다.[114] 특히 당시 심유경이 조선의 4개 도 할양을 약속했다는 보고가 답지하여 위기감이 고조되었다. 즉, 접대도감 이항복은 척금의 진영에서, 접반사 김찬은 유정의 진영에서 각각 그 사실을 보고했다. 심지어 석성이 영토할양을 허락했고 심유경이 책봉정사로 파견된다는 소문까지 전해졌다.[115]

실제 조정이 항복표문 초본을 얻게 된 것은 2월 11일이었다. 심유경의 접반관 김윤국(金潤國)이 등서하여 국왕에게 보고한 것이다. 항표의 수령자인 황제가 받아보기 전에 조선의 손에 들어온 셈이었다. 항표는 전쟁을 조선 탓으로 돌리면서도 황제의 번국으로서 역할을 다할 것을 맹세하고, 책봉과 조공을 요청했다. 후반부는 다음과 같이 끝을 맺었다.

> 엎드려 바라옵건대 폐하께서 해와 달이 비추는 것 같은 은덕과 천지와 같은 도량을 널리 펼치시어 옛 관례를 참조하여 번왕(藩王)의 이름을 특별히 하사해주십시오. (그렇게 한다면) 신(臣) 히데요시는 신하를 알아주시는 크나큰 복(福)과 정려(鼎呂)[116]를 증강시켜 주심에 감격할 것입니다. 높고 깊은 은덕에 보답하는 데 어찌 제 몸을 아끼겠습니까? 대대로 번리(藩籬)의 신하가 되어, 바다 나라의 공물을 길이 바칠 것입니다. 제국의 기틀이 천년이나 크게 드러나기를 기원하고, 황제의 만수무강을 축원합니다. 신 히데요시는 지극히 황제를 우러러 감격하고 두려운 마음을 이기지 못하겠습니다. 삼가 표문을 받들어 아룁니다.[117]

조선은 이미 그것이 가짜일 수 있다는 점을 그 전부터 계속 제기해왔다. 이제는 그 내용이나 문체를 보아서 히데요시의 글이 아님이 분명해 보였다.[118] 다만 다행히 그간 우려되었던 영토할양에 관한 언급은 전혀 없었다. 그리하여 유성룡은 진주문에서 없는 말을 만들어 심유경 등을 자극하기보다는 그와 관련된 구절을 빼고 완곡하게 표현하자고 건의했다. 처음 선조는 거기에 반대했으나 결국 유성룡의 입장에 따랐다.[119]

허성의 진주문은 크게 두세 가지 내용을 담았다. 진주문은 먼저 경상도 연해 지역에 왜선과 왜군이 대거 잔류하고 있을 뿐만 아니라, 금년 봄에 전라도를 침략해서 식량을 확보하여 명나라까지 침범하려 한다는 소문을 전했다. 다음으로는 히데요시의 항표가 가짜일 수 있다는 내용이었다. 그것은 크게 두 가지 근거에서였다. 첫째는 심유경이 히데요시에게서 항표를 받아온 시일이 너무 빠르다는 것이다. 즉, 히데요시가 수도 오사카로 돌아갔다고 하는데, 심유경이 20여 일 만에 팔거에서 오사카를 왕복하기에는 시간이 너무 이르다. 둘째는 그 내용상 말투가 지나치게 공손하다.[120]

그렇지만 위의 진주문이 명에 전달된 것은 아니었다. 그것은 비변사가 명 장수 문유(聞愈)의 권유를 받아 사행의 중지를 건의했기 때문이다. 비변사는 다음과 같은 근거를 제시했다. 즉, 지금 송응창과 이여송이 과도관들에 의해 비판당하고 있다. 이러한 시점에서 위의 진주문은 송과 이의 무리들에게 자신들의 죄책을 면하고자 각종 일을 벌이도록 자극함으로써 오히려 역효과를 가져올 수 있다. 또한 왜군의 남해안 주둔 여부는 명 조정도 다 아는 사실이다. 그리고 바로 전에 김수와 허욱 등을 통해서 적정을 알렸기에 추가적인 진주문은 너무 번거롭게 할 것이다.[121]

그 대신 조선은 2월 하순 요동도사에 자문 형식으로 진주문의 내용을 전달했다. 그 계기는 지난해 11월 초 경주 부근 안강현에서 명군과 왜군 사이 군사적 충돌과 그에 대한 병부의 조사였다. 사후 조선의 보고에 따르면, 당시 기요마사의 군대가 경주 등 경상좌도에서 득세하자 병사 고언백 등이 유정에게 구원을 요청했다. 이때 유격 오유충이 3천 명의 남병을 데리고 경주로 가서 부총병 낙상지의 군대에 합류했다. 그런데 왜군이 11월 초 경주부의 안강과 영일 등지의 식량을 얻기 위해 들어오자, 오유충의 군대는 그들을 굶주린 조선의 백성으로 여기고 경솔히 공격했다. 그 결과 그는 병사 수백 명을 잃고 말았다. 명군의 일각에서 조선의 굶주린 백성들이 명군을 공격했다는 소문이 있었다.[122]

병부의 지시에 따라 요동순무 한취선은 12월 중순 요동도사를 통해서 조선이 사건을 조사하여 보고할 것을 요구했다.[123] 그에 대한 회답에서 조정은 조선의 기민이 안강현에서 멀리 떨어진 밀양에서 노략질을 했을 뿐, 이들이 명군을 공격할 수는 없었음을 분명히 했다. 그와 함께 남부지방 수백여 리 왜군의 광범위한 주둔 상황을 강조했다. 거기에는 울산에서 웅천과 거제도 동북해안 지역까지 포함되었다.[124] 그와 함께 조선은 강화 불가 입장을 간접적으로 전달했다.[125] 조선은 특히 히데요시의 항표가 가짜라는 점을 거듭 주장했다. 자문에서는 유키나가가 항표를 위조하여 명군을 해이하게 한 뒤에 그의 패역한 뜻을 자행한다는 소문이 인용되었다. 왜적의 속임수에 대한 증거로는 왜적이 좌초된 식량 선박을 찾는다는 명목으로 전라도로 진출하려 한다는 것과 심유경이 일본에서 나왔음에도 위관 담종인이 인질로 계속 잡혀 있다는 점이었다.[126]

계요총독 고양겸의 강화론

한편 히데요시의 항표에 대한 요구와 함께 송응창이 해임되었다. 지난해 12월 초순 그는 귀경 명령을 받았고, 고양겸으로 대체되었다. 송응창이 화전양면을 주장했다면, 고양겸은 강화에 치중했다. 그는 1594년 2월 조선에서 가까운 봉황성까지 오는 등 본격적인 활동을 개시했다.[127] 그렇지만 해당 시점에서 명 조정에서 강화반대의 요구가 다시 일어났다. 그것은 특히 앞서 진주사 김수 일행을 통해서 왜군의 잔류 사실과 함께 강화에 반대하는 조선의 입장이 전해졌기 때문이다. 일행의 보고를 접한 예부낭중 하교원(何喬遠), 호과급사중 왕덕완(王德完), 통정사(通政司) 좌통정(左通政) 여명가(呂鳴珂) 등이 차례로 상소를 올려 강화의 문제점을 지적했다.

하교원은 진주성에서 6만 명이 살해되었다는 김수의 보고와 왜군의 목적이 봉공이 아닌 중국의 침략에 있다는 점을 들어 강화의 중단을 주장했다.[128] 왕덕완 등은 국왕 진주문의 다음 구절을 인용하면서 주의를 환기시켰다. 즉, "왜군이 이제까지 다수가 주둔하여 약탈하고, 주택과 성을 쌓으며, 군량을 운반하며, 결코 돌아갈 계획이 없다. (그러면서도) 왜군은 강화와 조공을 주장하여 군사들의 분위기를 현혹하고 있다." 그들에 의하면, 왜군의 욕심이 끝이 없다. 그들에게 책봉을 허용하면 조공을 요구하고, 조공을 허용하면 무역을 요구할 것이다. 심지어 심유경은 왜군에 대한 답서에서 혼인까지도 약속했다. 그는 조정에 대해서는 책봉만을 언급하면서 속이고 있을 뿐이다.[129]

여명가와 그의 동료들도 장문의 상소를 통해 비판의 대열에 합류했다. 그들은 송응창과 이여송이 왜군의 주둔 사실을 은폐했고, 또한 강화를 반대하고 군사를 청한 조선국왕의 진주문이 명 조정에 전달되지 않도록 막았다고 비판했다. 그와 함께 그들은 김수가 가져온 진주문에서 책봉의 중단과 명군의 주둔을 요청한 국왕의 진정성을 믿을 것을 주장했다. 또한 책봉은 조선을 일본에게 포기하는 것이며, 그것은 중국의 안전과 관련되는 일로서 허용해서는 안 된다고 주장했다.[130]

김수의 진주문에서 왜군의 잔류 사실이 드러나고, 이것을 근거로 강화에 대한 반대의견이 나타나자 석성은 대응책을 모색했다. 그는 여명가 등과 달리 국왕의 진주문은 전적으로 신뢰할 수 없다고 주장했다. 즉, 조선은 단지 "왜적이 두려워서 명의 군사와 군량의 잔류를 요청한다."는 것이었다.[131] 그와 함께 석성은 다음과 같이 요동으로부터 고양겸의 보고를 인용했다.

> 왜적이 공손하여 자잘하게 책봉만 요청하고 있으니 군사를 수고롭게 할 필요가 없습니다. (요동)순무 한취선이 세 번이나 조선에 가서 상황을 탐지했는데, 그것은 이미 사실이었습니다. 하물며 책봉을 허락하고 조공을 허락하지 않는다는 황제의 지시를 이미 받지 않았습니까. 마땅히 부산의 왜적에게 공문을 보내 설득하여, 모두 본거지로 철수하면

고양겸 초상

책봉이 곧 결정될 것이라고 명해야 합니다. 만약 (왜적이) 받든 표문을 너무 의심하면, 아마도 사람들에게 (명의) 도량이 크지 않음을 보여줄 것입니다.[132]

석성은 또한 조선의 진주문이 작년 윤11월 이전의 상황을 반영할 뿐이라고 주장했다. 다시 말해 그 이후 금년 정월에 심유경이 왜의 진영에 들어가 "추가적인 일", 즉 군대의 철수와 책봉에 관한 일을 추진했다는 것이다. 그에 대해서 황제도 석성과 고양겸을 두둔했다. 황제에 의하면, 왜군이 모두 철수한 뒤에 명군도 철수해야 한다. 다만 책봉 이외의 다른 요구는 거절해야 한다. 황제는 그러한 조건하에서 고양겸이 앞으로 문건이나 논의에 구속될 필요가 없다고 덧붙였다.

황제의 지지를 받은 석성은 향후 강화의 구체적인 추진에 대해서 다음과 같은 의견을 제시했다. 우선 요동에 오랫동안 머물고 있는 소서비를 북경에 불러 직접 왜적의 의도를 조사하고 억류해 둔다. 그리고 지금 요동으로 내려간 고양겸의 보고가 도착하면 과도관을 다시 조선에 파견하여 실태를 조사하게 한다. 왜군이 모두 퇴각하고 다른 요구가 없으면 약속대로 책봉 절차를 밟는다. 왜군이 퇴각하지 않고 또 다른 요구를 한다면 책봉을 그만둔다. 만약 왜군이 책봉을 기다렸다가 다시 조선을 침범한다

면, 즉시 소서비를 참수하여 반드시 왜군을 소탕하겠다는 의지를 보여야 한다.[133]

그렇지만 석성의 책봉 추진 의사는 연일 각과 급사중들의 반대에 직면했다. 그들은 한결같이 책봉이 장기적 계책이 아닌 미봉책에 불과하다는 점을 지적했다. 그들은 항복표문을 가지고 요양에 억류된 소서비의 산해관 진입에 반대했다. 강화를 실질적으로 주도한 송응창과 이여송에 대한 비판도 계속되었다.[134]

이러한 상황에서 3월 하순 고양겸은 상소문을 올려 조선 문제에 관해 매우 직설적으로 자신의 입장을 표명했다. 그는 평양전투 승리를 포함하여 강화를 통한 송응창과 이여송의 업적을 나열하며 지속적인 강화 추진을 적극 옹호했다. 그는 조선정책에 대한 근본적인 문제도 제기했다. 즉, 그는 조선의 지정학적 가치를 부정했다. "왜적이 우리를 침략할 때 조선의 길을 이용할 필요가 없으며, 우리가 왜적을 방비하는 데 멀리 조선까지 지킬 필요가 없다."[135] 따라서 명이 조선을 지키는 비용은 조선이 제공해야 한다. 그는 또한 연간 9만 냥을 들여 조선을 지원하는 것에 반대하고, 유정의 군대도 철수시킬 것을 주장했다. 그는 일본과 통공도 긍정적으로 보고, "왜적의 교역과 (명의) 하사품은 얼마 되지 않고, 우리가 크게 이익을 보기 때문에 북방 오랑캐의 조공과는 다르다."고 주장했다. 그의 상소에 대해서 황제는 지지를 표명했다.[136]

며칠 뒤 고양겸은 강화의 구체적인 방안을 제시했다. 그것은 조공과 책봉을 모두 허용해야 한다는 것이었다. 그에 의하면, 심유경이 왜와 협상할 때 책봉만 허용한다는 말은 한 적이 없고, 그것은 명 내부에서 제기되었을 뿐이다. 따라서 강화를 한다면 두 가지 모두 허용하거나, 아니면 두 가지 모두 거절해야 한다. 그의 말을 직접 인용하면 다음과 같다.

> 만약 신의 주장을 써서 책봉과 조공 두 가지 모두 허용한다면, 재변이

있는 무신을 정사로 하고, 심유경이 조서를 가지고 따라가게 합니다. (그들이) 대구에 도착하면, 심유경에게 먼저 여러 왜 우두머리에게 유시하여 군사를 이끌고 바다를 건너가게 합니다. 그 다음에 사신이 일본에 들어갑니다. 봉공이 이미 이루어지면 10년 무사는 보장될 것입니다. 만약 여러 신하들의 주장에 따라 책봉과 조공 모두 거절한다면, 조선을 버리고 압록강 이서를 지켜야 할 것입니다. 만약 이미 봉공을 거절하고서도 조선을 보존하려 한다면 신은 직책을 맡을 수 없습니다…… 지금 마땅히 과도관과 (책봉)사신을 함께 보내야 합니다. 대구에 도착하여, 왜적이 과연 모두 돌아가면 곧 전에 했던 말대로 하고, 그렇지 않으면 사신은 불러옵니다. 모든 것을 과도관의 지시에 맡기고 신은 관여하지 않겠습니다. 이렇게 한다면 몇 개월 내에 일이 끝날 것입니다.[137]

여기서는 몇 가지 요점이 확인된다. 먼저 강화를 한다면 책봉과 조공은 모두 허용해야 하며, 그렇지 않다면 조선을 아예 포기해야 한다는 것이다. 그는 또한 지금 왜군이 조선에 주둔하고 있다고 하더라도 일단 책봉사신을 대구까지 보내야 한다고 주장했다. 그러면 왜군은 철수할 것이다. 결국, 먼저 책봉사신을 보내서 철수를 유도하고, 만약 약속을 어기고 철수하지 않으면 그들을 다시 불러오면 된다.

강화논의의 중단

물론 책봉과 조공을 모두 허용해야 한다는 고양겸의 입장은 명 내부의 분위기와는 상당히 달랐다. 도급사중(都給事中) 오문재(吳文梓)와 어사 장윤승(張允升) 등이 추가로 비판에 나섰다.[138] 결국 전에 고양겸을 지지했던 황제도 다시 대책에 대한 논의를 지시했다. 석성은 4월 하순 중앙 부서의 장들과 언관들의 회의인 구경·과도관회의를 거쳐서 황제에게 종합적으로 보고했다. 그는 각각의 주장을 크게 세 가지로 분류했다.[139]

첫째는 현재의 상황에서라도 히데요시의 책봉을 추진해야 한다는 것이다. 고양겸 총독이 그것을 대변했다. 그는 "책봉하지 않으면 소서비가 유키나가에게 할 말이 없고, 유키나가는 관백에게 할 말이 없게 된다."는 이유에서 책봉의 진행을 주장했다. 그는 또한 사신을 파견하여 왜군의 철수를 타이르되 원래의 약속대로 철수하면, 소서비를 북경에 오게 하여 표문을 갖추어 정식으로 히데요시의 책봉을 요청하게 할 것을 제안했다.

둘째는 추가적인 조건의 충족을 전제로 책봉을 진행하자는 것이다. 그것은 예부상서 나만화(羅萬化) 등의 의견이었다. 그는 소서비를 통해 일본에 칙서를 내려 왜군의 철수와 함께 그 요지가 불분명한 히데요시의 (항복)표문을 다시 써 오게 하는 방안을 제시했다. 이를 통해 왜적의 진심을 확인한 다음 책봉을 진행해야 한다. 그는 특히 왜군의 부산 주둔 명분이 책봉사절을 기다리는 것이라는 점도 주목했다. 그에 대해서 그는 칙서에서 왜의 사절은 물론 명의 책봉사절도 부산이 아니라 과거의 관례대로 직접 영파를 경유하도록 명시할 것을 제안했다.[140]

셋째는 책봉에 대한 반대의견이었다. 그들은 강화를 중단하고 방어를 위주로 할 것을 제안했다. 이러한 주장은 이부상서 진유년(陳有年), 이부좌시랑 조참로(趙參魯), 도급사중 임재(林材) 등이 제기했다. 그들에 의하면 "국내의 방비를 스스로 마련하고, 조선에게 명하여 힘껏 생존을 도모하게 하되, 우리는 멀리서 성원하여 군사와 군량이 모두 어려우면 다시 도와야 한다." 이것은 명은 기본적으로 조선 문제에 개입하지 말아야 한다는 의미였다.[141]

결정은 5월 1일 내려졌다. 이번에는 황제가 세 번째의 책봉반대 의견을 따랐다. 그는 칙서가 국가의 위신과 관계되는 중요한 일로서 경솔하게 할 수 없다는 입장이었다. 왜군의 철수나 항복표문을 요구하는 칙서를 보냈다가 거절될 경우 황제의 위신이 깎일 수 있기 때문이다. 그는 책봉과 통공을 모두 파기할 것을 명령했다. 그와 함께 그는 한편으로 고양겸에게 공문을 보내 왜군의 본국 철수를 타이르게 하고, 다른 한편으로 소서비가 가져온 표문의 진위를 검증하도록 지시했다. 그는 모든 역량을 방비에 집중하도록 했다. 이것은 강화교섭을 중단할 뿐만 아니라 조선에 대한 지원이나 개입도 최소화하라는 의미였다. 불과 4개월 전부터 조선 문제를 담당했던 고양겸도 얼마 뒤 교체되었다.

3. 강요된 책봉 요청

호택의 파견

히데요시의 항복표문에도 김수의 사행은 명 조정에서 강화 논쟁을 야기했다. 조선에 왜군이 다수 주둔하고 다시 명을 침범하려는 태세라는 조선의 보고는 그렇지 않아도 그 진위 여부에 의구심이 있던 히데요시의 항표보다 위력적이었던 것이다. 물론 조선의 주장과 달리 왜군은 강화를 원할 뿐 명에게 군사적 위협이 되지 않는 모습이었다. 결국 황제는 5월 초 강화교섭의 중단을 명령했다. 그런데 아직 논쟁이 한창일 때, 석성과 고양겸은 강화교섭을 이어갈 하나의 방안을 구상했다. 그것은 조선에게 직접 히데요시의 책봉을 명 조정에 요청하게 만드는 것이었다. 이를 위해 고양겸은 참장 호택(胡澤)을 4월 말 조선에 파견했다.

호택이 도착하기 전 고양겸의 입장이 요동도사를 통해 조선에 전달되었다. 고급사(告急使)로 요동에 파견된 이정형(李廷馨)은 4월 23일 보낸 치계에서 요동도사의 말을 보고했다. 즉, “귀국의 급한 사정에 관한 요청은 옳다. 다만 산동 등지의 기황이 너무 심하여 군사를 동원하려고 해도 식량을 대기 어렵다. 만약 강화하여 책봉을 허용하고 통공을 승인해서 왜군이 퇴각한다면 귀국이 안전하고 중국도 무사할 것이다."[142]

그날 이정형이 받아온 고양겸의 자문도 조정에 보고되었다. 거기에는 조선의 입장에서 의외의 요구가 포함되었다. 고양겸은 먼저 조선 문제에 관해 황제가 병부에 내린 지시를 인용했다.

> 왜적이 따르든 거스르든 무관하게 (병부) 스스로 착실하게 처리해야 한다. 다시 말해 고(양겸)과 함께 철군의 대계(大計)를 조속히 단안하여, 조선에게 급히 스스로 방비를 마련하게 하라. (명) 조정이 속국[조선]을 대우하는 은혜와 의리는 이제 그만두도록 하라. 이제까지 군량을 스스로 준비해서 외국을 대신하여 지켰던 경우는 없었다.[143]

여기에 기초하여 고양겸은 먼저 김수의 사행을 신랄하게 비판했다. 조선이 국내 왜군 주둔 상황을 과장하여 오로지 군대와 식량을 요청할 계획만 꾸미고 있다는 것이다. 그는 무엇보다도 명이 식량 등의 문제로 조선을 더 이상 도울 수 없다는 점을 분명히 했다. 명이 조선을 실질적으로 도와줄 수 없는데도 봉공을 허락하지 않는다면 조선이 위험에 빠지게 될 것이다. 따라서 조선은 봉공 정책이 명 조정에서 관철될 수 있게 해야 한다. 즉, 조선은 왜군이 부산 등지로 퇴각하여 함부로 침범하지 못할 것임을 명 조정에 알리고, 나아가 왜적을 위해서 봉공을 요청해야 한다는 것이다. 이것은 전혀 새로운 요구였다. 자문에는 식량 절약을 이유로 유정의 군사 5천 명의 철수까지도 언급되었다. 조정은 고양겸이 송응창보다 더 강화에 치중하고 있다는 사실을 비로소 확인하게 되었다.

4월 하순 호택이 고양겸의 차부(箚付), 즉 간단한 공문을 가지고 서울에 왔다. 그는 전에 1년 이상 조선에 머물면서 군사행정 업무를 담당했다.

따라서 그는 유성룡과 같은 조선의 관리들은 물론 선조와도 안면이 있는 등 조선 내부 사정에 대해서 밝았다.

차부에서 고양겸은 명이 조선에게 더 이상 식량을 제공하거나 군사를 동원하지 않을 것임을 분명히 했다. 그에 의하면, 조선이 지금 왜적을 어떻게 할 수 없는 상황에서 왜군의 철수와 전쟁의 종식을 위해서 강화가 불가피하다. 그는 특히 원수를 갚기 위한 명목의 강화반대는 "강퍅한 소인배의 모습"이라고 직설적으로 비난했다. 그는 춘추시대 부차(夫差)에게 굴욕을 당하면서도 와신상담하여 결국 원수를 갚았던 구천(句踐)의 사례를 조선도 시도하라고 주문했다. 이 문건은 다음과 같이 끝을 맺고 있다.

> 귀국이 왜적을 위해 조공책봉을 요청하여 그 요청대로 된다면, 왜적은 반드시 중국에 더욱 감사할 것이고, 또한 조선에게도 고맙게 여겨서 반드시 군대를 해산하여 돌아갈 것입니다. 왜적이 돌아가고 귀국 임금과 신하가 노심초사, 와신상담하면서 구천의 위업을 닦는다면 인과응보에 따라 왜적에게 보복할 날이 없으리라 누가 알겠습니까?[144]

호택이 도착하자 4월 28일 해평부원군 윤근수 등이 그를 찾아 며칠 전 이정형[145]이 보고한 고양겸의 자문 내용을 문의했다. 이때 호택은 조선이 고양겸의 요구를 받아들이지 않는다면 군사를 압록강 건너편으로 철수할 것이라고 위협했다. 다만 그는 왜군을 먼저 철수하게 한 뒤에 책봉 절차를 밟고 조선이 아닌 영파를 통한 조공을 차례로 허용할 것임을 밝혔다. 윤근수 등은 왜군이 아직 모두 철수하지 않고 경주 부근까지 침입한 상황 등을 설명하고, 아울러 왜군이 강화만으로 절대 물러갈 리가 없다고 강조했다. 그 외에도 호택은 김수로 인해서 명 조정 내부에 강화를 둘러싼 논쟁이 벌어지고 있음을 언급했다.[146]

며칠 뒤 호택은 조선이 속히 제본을 작성할 것을 촉구했다. 즉, 자신이 진주문을 지참한 배신과 함께 귀국하겠다는 것이었다.[147] 5월 7일 윤근수 등은 다시 호택을 만나 책봉 요청에 대한 조선의 기본적인 입장을 전달했다. 즉, 조선이 스스로 왜적을 위한 책봉 요청은 의리상 할 수 없고, 명이 우리나라를 위해서 그것을 허락한다면 우리나라는 단지 공손히 처리를 기다릴 뿐이다. 물론 그에 대해 호택은 앞서 했던 말을 반복했다. 즉, 고양겸의 요구를 조선이 들어주지 않으면 유정의 군사까지 압록강 너머로 철수할 것이고, 왜적이 다시 침범해와도 명은 더 이상 조선을 도와주지 않을 것이다.[148]

양측의 대립은 며칠 뒤 5월 11일 호택이 선조를 방문한 자리에서도 반복되었다. 아래는 두 사람 사이의 대화를 발췌한 것이다.

- **호택** : (고양겸 총독이) 저를 파견하여 귀국과 상의하여 제본을 올려서 (왜적을 위한) 봉공을 요청하도록 했습니다. 귀국이 그 말을 따른다면 그만이지만, 그렇지 않으면 장차 (유정의) 천병(川兵)을 모두 철수하여 압록강을 한도로 지키고, 조선 문제는 더 이상 돌보지 않을 것입니다.
- **선조** : 고(양겸) 대인이 본국의 일을 곡진히 하시는 은혜 또한 두텁소. 다만 봉공은 곧 중조[명]의 일이오. 소방이 어떻게 감히 거기에 관여하여 논하며 심지어 제본을 올려 요청하겠소. 하물며 최근 배신을 파견하여 흉적의 소탕을 요청했는데, 또다시 봉공을 요청하여 황제를 번거롭게 할 수 있겠소? 결코 할 수 없소. 또한 대의가 어디에 있는지 대인께서도 반드시 잘 아실 것이오.
- **호택** : 고(양겸) 어른께서 '(조선이) 구원병을 요청해도 군사를 낼 수 없고 군량을 운반할 수 없다. 이처럼 봉공을 이야기하는 것은 당장의 위급함을 완화시키기 위해서일 뿐이다.'고 하십니다. 귀국이 직접 주문(奏聞)을 할 수 없다고 하더라도 2월 이후 왜적의 사정을 사실대로 보고하고,[149] 그 말미에 봉공의 뜻을 조금 진술해도 괜찮을 것 같습니다.

- **선조**: 소방은 단지 긴급한 사정을 진술하여 천조의 조치와 지시를 공손히 기다릴 뿐이오. 소방이 어찌 제본을 올려 봉공을 요청하겠소? 이 일은 황공하여 감히 할 수 없소.
- **호택**: 심유경이 이미 유키나가와 (봉공을) 허용하기로 약조했기 때문에 이제는 군사를 동원하여 왜적과 부딪힐 수는 없습니다. 군사를 동원하여 왜적과 부딪힐 수 없고 또한 봉공을 허용하지 않으면, 왜적이 어찌 바다를 건너갈 것을 기약하겠습니까. 매년 가지 않고 10년, 20년 오래 된다면 백성들은 경작하지 못하고 점차 문드러지고 말 것입니다. 두세 번 생각하여 선처하시면 다행이겠습니다. 명은 조선의 말을 신뢰하기 때문에 반드시 제본을 올려 청봉하게 하려는 것입니다.
- **선조**: 소방은 천조의 조치를 기다릴 뿐이오. 상국에게 지시하는 것은 의리상 감히 할 수 없소.
- **호택**: 그렇다면 더 이상 할 일이 없습니다. 제가 재삼 간곡히 말씀드린 뜻을 반드시 배신으로 하여금 고(양겸) 어르신에게 가서 진술하게 하여 저의 이러한 뜻을 알게 해야 할 것입니다.[150]

두 사람은 결론에 이르지 못했다. 무엇보다도 선조는 책봉 요청 불가를 분명히 밝혔다. 그 이유와 관련해서 선조는 책봉이 명의 일로서 조선이 감히 관여할 수 없다는 논리를 폈다. 그리고 그가 '대의' 운운한 것은 원수를 위해 책봉을 요청할 수 없다는 의미였다. 이에 호택은 강화가 아니면 왜군의 철수는 불가능하고, 명도 조선을 지킬 수 없음을 강조했다.

조선 내 찬반논의

명군 지휘부가 송응창에서 고양겸으로 교체되는 상황에서 조선에서도 국내정치의 변화가 없지 않았다. 그것은 정책결정에 대한 유성룡의 발언권 강화였다. 임진왜란 초기에는 선조는 서인을 주로 중용했다. 동인이었던 영의정 이산해와 좌의정 유성룡은 임란 직후 탄핵의 대상이 되었다. 이산해는 선조의 서울 피난을 처음 제기했다고 해서, 유성룡은 그간 왜적과의 관계에서 유화적이었다는 이유였다. 유성룡은 그 후 다시 복귀했으나, 권력은 서인인 영의정 최흥원,[151] 좌의정 윤두수, 우의정 유홍(兪泓) 등에게 주어졌다. 유성룡은 풍원부원군으로서 조정의 의사결정에 참여했으나, 1592년 12월에야 도체찰사의 공식 직함이 주어졌다. 그 후에도 그는 전방에서 군사행정 업무를 총괄함으로써 조정의 정책결정에는 멀어져 있었다. 결국 1593년 10월 선조가 서울에 복귀한 직후 유성룡이 영의정에 올랐다.[152] 이후 조정은 좌의정 윤두수와 유성룡에 의해 주도되었다.

그런데 앞서 명 조정의 압력으로 두 달 뒤 윤11월 중순 윤두수가 세자와 함께 남부지방으로 내려가게 되면서 조정은 유성룡이 사실상 책임지게 되었다. 윤두수는 전주에 도착하자 조선 수군을 포함한 지방의 군사를 동원하여 왜군을 공격하는 계획을 추진했다. 거기에는 전라도관찰사 이정암과 의병장 김덕령 등이 가세했다. 그렇지만 유성룡이 이끄는 비변사의 반대로 관철하지 못했다. 명군의 참여 없이 조선의 군사만으로 불가능하며, 유정 총병도 원하지 않는다는 이유에서였다. 선조 자신도 거사에는 회의적이었다. 조정의 유보적인 입장을 전달받은 뒤에도 윤두수는 전라도와 경상도의 일부 군대와 김덕령을 보내고자 했으나,[153] 이듬해 초 송유진(宋儒眞) 반란의 진압과 처리에 온 나라의 관심이 집중됨으로써 더 이상 추진되지 못했다.[154]

고양겸이 자신의 적극적인 강화정책의 돌파구로 조선을 활용하기로 한 시점에서도 남부지방의 상황은 변화되지 않았다. 1594년 4월 유성룡은 장문의 시무책을 선조에게 올렸다. 거기에서 그는 군사와 조세에 관한 자신의 의견을 제시했다. 대체로 그는 전쟁으로 피폐해진 민생의 안정과 그것을 토대로 하는 국방의 강화를 강조했다. 그에 의하면, "음식이 부족하면 사람을 모을 수 없고, 사람을 모을 수 없으면 군사를 훈련시킬 수 없다."

> 옛날 월나라는 백성들을 모이게 한 뒤에 (군사를) 훈련시켰고, 훈련시킨 연후에 복수를 했습니다. 재물을 생산하지 않고 백성을 모은다면, 대책이 좋다고 해도 장차 어디에 그것을 실시하겠습니까? 그러므로 지금의 일은 마땅히 잡된 일들을 버리고 탁상공론을 줄이고 근본을 두텁게 해야 합니다. 10여 년을 기한으로 오로지 식량과 군사훈련에 힘을 다하고, 조금이라도 다른 일들이 그 사이에 끼어들어 일을 어긋나지 않게 한 뒤에야 큰 원수를 쾌히 갚을 수 있고, (백성들의) 고통을 크게 구제할 수 있을 것입니다.[155]

위 문장에 나타난 와신상담의 비유는 명의 장수들이 선조를 비롯한 조선의 정책결정자들에게 자주 언급했다. 사실 그러한 주장은 조선 스스로의 착실한 준비를 통한 복수를 강조하지만, 나름 일정한 맥락에서 제기되었다. 그것은 왜적과 무모한 전쟁을 경계하거나 명의 강화정책을 합리화하는 수사(修辭)였던 것이다. 현실적 입장에서는 강화와 이를 통한 국력의 회복이 불가피한 대안일 수 있었다. 유성룡이 탁상공론을 줄이고 오로지 식량과 군사훈련을 강조한 것도 유사한 맥락에서 이해될 수 있다.

그러한 사회적 분위기는 조정의 일부 정책으로 나타났다. 이를테면 조정은 왜군에 대한 의병들의 무차별적 공격을 억제하는 정책을 쓰기도 했다. 송유진 사건을 경험한 조정은 1594년 4월 그간 독자적으로 활동하던 각도의 의병들을 해산시키고 김덕령 휘하의 충용군(忠勇軍)에 귀속시켰다. 각도 의병의 해산은 그들이 식량만 축내고 제대로 싸우지 않는다는 이유에서였다. 조정의 조치는 당시 전라좌도와 경상우도 사이에 집중되어 있던 의병활동을 크게 위축시켰다. 정인홍·임계영·변사정(邊士貞) 등이 모두 군사를 해산시키고 돌아갔다.

원래 김덕령은 26세의 나이로 1593년 윤11월 담양에서 3천 명의 군사로 기병, 점차 세력을 확대하여 1594년 1월 국왕으로부터 충용장의 칭호를 하사받았다. 그는 2월에는 남원에 이르는 등 경상도의 경계까지 진출하여 위세를 떨치고 있었다. 조정의 조치가 그의 군세를 더욱 강화시켰으나 그것은 일시적이었다. 왜냐하면 조정은 관군이든 의병이든 왜군과 교전하지 말도록 금지시켰기 때문이다. 김덕령은 진주에 주둔하면서 몇 차례 왜군에 대한 공격을 요청했으나 조정은 불허했다.[156] 유성룡의 시무책도 조정의 이러한 정책방향을 반영했을 것이다.

물론 왜적을 위한 책봉의 요청은 조선으로서는 수용하기 어려운 요구였다. 무엇보다도 원칙의 문제였다. 조선을 파괴시킨 불공대천의 원수를 위한 책봉 요청은 굴욕적인 일이었다. 뿐만 아니라 왜적이 속일 수 있다는 우려도 있었다. 즉, 왜적은 강화를 통해 단지 명군을 철수시키고 조선을 재침할 수도 있었다. 기본적으로 선조는 그러한 입장을 보였다. 그럼에도 조선 스스로 침략자를 응징할 능력이 크지 않는 한, 다른 대안이 있는 것은 아니었다. 그리하여 조정에서는 현실론이 만만치 않았다. 그중 유성룡·성혼(成渾)·이정암(李廷馣) 등이 책봉 요청은 어쩔 수 없다고 주장했다. 그들은 기본적으로 우리의 힘이 약하여 중국의 도움에 의지하고 있는 상황에서 강화를 통해 왜적이 물러가기를 기대했다.

4월 하순 호택이 서울에 왔을 때 유성룡은 당시 병중에 있어서 그를 만나지 못했다. 그럼에도 그는 호택이 가져온 문건들을 받아보았다. 선조가 호택을 접견한 다음 날 유성룡은 장문의 글을 올려 조심스럽게나마 고양겸의 요구에 따를 것을 주장했다. 그 근거와 관련하여 그는 크게 서로 연관된 두 가지를 들었다.

첫째는 고양겸의 의도와 관련된다. 유성룡에 의하면, 작년 말 김수가 사은사로 북경에 가면서 진주성 학살을 포함한 왜적의 만행을 폭로했다. 그 결과 송응창과 석성뿐 아니라 고양겸에게도 비난이 제기되었다. 그것은 사행 당시 고양겸이 송응창을 대신하여 경략으로서 요동에 나와 있었기 때문이다. 그렇지만 김수가 진술한 왜적의 만행은 고양겸이 요동에 나오기 전의 일로서 그의 입장에서는 억울한 측면이 없지 않았다. 유성룡의 시각에서, 고양겸의 의도는 자신이 요동에 나온 뒤 왜적의 안정적인 상황을 조선이 분명하게 보고해줌으로써 그러한 비난에서 벗어나려는 것이었다. 따라서 석성과 고양겸을 위해서 조선이 책봉 요청의 요구에 응할 필요가 있다.

둘째는 전략적인 측면이다. 송응창과 이여송이 파직된 상황에서 조선은 고양겸에게 의지하지 않을 수 없다. 유성룡의 판단으로 고양겸은 송응창보다 더 개방적이고 과감한 인물이다. 따라서 그를 분노하게 할 경우 조선에 불리한 정책으로 이어질 가능성이 있다. 호택이 요구한 대로 대신한 사람이 함께 가서 "작년 김수의 진주문이 절박한 상황에서 나온 것이고, 과장하려는 뜻이 아니었다."고 해명할 필요가 있다.[157]

당시 제술문관으로 공문서 작성에 관여했던 정경세(鄭經世)는 나중에 유성룡의 일대기에서 책봉 요청과 관련하여 그의 말을 다음과 같이 전하고 있다.

> 왜적을 대신한 책봉의 요청은 진실로 따를 수 없으나, 왜적의 상황을 자세히 아뢰어 명나라의 조치를 따르는 것도 마땅합니다. 우리나라는 이미 스스로 왜적을 물리칠 수 없고 단지 대국에 의지하여 회복을 도모하고자 합니다. 그런데 송 경략과 이 제독이 모두 이미 파직되어 되돌아갔고, 고(양겸) 시랑이 막 도착했습니다. (그가) 말한 일을 계속하여 거절하다가 일을 맡은 그가 발끈하여 돌아앉아 협심하지 않으려고 한다면, 우리나라의 형편은 더욱 고립되지 않겠습니까?[158]

사실 국내의 분위기에서 강화의 필요성을 직접 주장하기란 어려웠다.

그럼에도 그것을 최초로 시도한 사람은 전라도관찰사 이정암이었다. 5월 22일 조정에 접수된 상소에서 그는 강화의 불가피성을 역설했다. 그는 무엇보다도 고양겸이 말한 대로 조선이 왜군을 물리칠 능력이 없는 현실에서 강화를 통한 왜군의 철수 유도가 수월한 일이라고 주장했다. 그에 의하면, 왜적이 할지를 요구한다면 결사항전해야 하겠으나, 과거처럼 세견선의 접대와 교역을 원한다면,[159] 군사비용보다는 저렴하니 수용할 수도 있다. 그는 또한 "민심을 따라야 한다."고 함으로써 민심이 강화에 있음을 시사했다. 그가 올린 상소의 주요 부분은 다음과 같다.

> 옛날 군주들은 사직과 백성의 대계를 위해서는 심지어 팔을 걷어붙이고 양을 끄는 일도 욕된 것으로 간주하지 않았습니다. 하물며 지금 같은 상황에서는 말할 것도 없습니다. 만약 지금 경략의 자문과 같이 유정 제독부를 (조선에) 머물라고 알리고, 임기응변의 말을 만들어 사신을 보내서 강화를 하여 왜군을 철수시킨다면 효과적이지만, 이것을 놓치면 후회막급일 것입니다……. 만약 오가는 말처럼 그들[왜적]이 반드시 땅을 분할하고 인질을 보낸 다음에야 강화하려고 한다면, 조상의 땅은 조금도 남에게 주어서는 안 되며 죽어도 따를 수 없습니다. (그렇지만) 만약 (강화의 조건이) 제포(薺浦)에 길을 열고, 삼포(三浦)에 세견선을 허용하여 옛날처럼 양료(糧料)를 지급하되 조상 때의 방식에 그친다면, 마땅히 당과 송의 사례와 같이 굴욕을 참아내야 합니다. 그리하여 위로 황제의 지시를 따르고 아래로는 대소 백성들의 마음에 부합하여, 몰래 인내하며 생존을 도모해야 합니다.[160]

이정암은 성혼 등 일부 대신들의 적극적인 지지를 받았음에도 그에 대한 선조의 불만과 간원들의 탄핵이 제기되었고, 곧바로 면직되었다.[161] 영의정 유성룡이 병으로 불참한 것 외에 다수의 대신들이 참여한 5월 26일

조정회의에서는 이정암의 처벌을 두고 찬반논의가 팽팽히 전개되었다.[162]

특히 며칠 전 좌참찬에 임명된—온건파 서인인—성혼은 이정암의 말이 대체로 망발로서 대의에 어긋나지만, 나라에 대한 충성심에서 나온 것이라고 주장했다. 그는 이정암이 벌을 받을 줄 알면서도 그런 말을 한 것은 '절의(節義)를 위해서 죽은 자'와 같아서 용서해야 한다고 강조했다. 물론 '절의를 위해서 죽은 자'라는 말이 선조를 자극하여 성혼은 곧장 실언에 대한 용서를 구하지 않을 수 없었다.[163]

성혼 자신도 책봉 요청의 필요성을 직접 제기했다. 위의 조정회의에서 그는 강화를 해야 하는 이유를 비교적 자세히 설명했다. 그에 의하면, 지금의 구도로는 왜군이 조선에 주둔하면 명군도 머물러 그들을 막아야 하므로, 명군에게 식량을 공급해야 하는 조선은 저절로 곤경에 빠지게 된다. 근본적인 문제의 해결을 위해서는 명군이 철수해도 왜군이 재침하지 않을 상황을 만들어야 한다. 고양겸이 말하는 강화, 즉 책봉이 하나의 제도적 장치가 될 수 있다.[164] 그의 판단으로 고양겸의 방안은 조선의 실정을 잘 이해하고 제시한 것이었다.

문제는 선조 자신이 말하는 것처럼 진주문을 어떻게 작성하느냐 하는 것이었다. 원수를 위한 책봉 요청은 굴욕적인 일이었다. 뿐만 아니라 김수를 통해 강화를 강하게 반대했기 때문에 갑자기 입장을 바꾼다면 그에 대한 설명도 필요했다. 당시 작성된 진주문 초안은 "고(양겸) 총독이 군사 일을 보기 이전에는 왜적의 세력이 매우 날뛰었는데, 총독이 군사 일을 본 뒤에는 약간 군사를 거두고 있다," "우리나라가 날로 위태롭게 되어 황조〔명〕가 처음부터 끝까지 구제해주기를 바란다."는 내용이었다.

그렇지만 성혼의 시각에서 그것은 고양겸 총독의 분노만 살 것이다. 그는 진주문에서 간접적으로나마 책봉의 요청을 밝혀야 한다고 주장했다. 물론 문장을 만드는 것은 단순하지 않지만, 그는 다음과 같은 취지의 진주문 작성을 제안했다. 거기에는 김수 등의 진주문에 대한 해명, 그리고 고양겸에 대한 변호, 그리고 조심스럽게나마 책봉 요청의 배경 등이 포함되었다.

> 소방과 왜적은 불공대천의 원수입니다. 비록 죽을지라도 이 왜적과 강화를 말할 수는 없습니다. 그래서 이제까지 (명에) 보냈던 글들은 군사와 식량을 지원하여 원수인 왜적을 섬멸해주기를 요청하는 내용이었습니다. 그것이 비록 소방이 자신의 분수를 헤아리지 못하고 황제를 귀찮게 하는 망령된 계획이었으나, 궁한 나머지 하늘의 애통해함과 부모의 지극한 정(情)에 호소했던 것입니다. 배신 김수가 주문한 글은 모두 그러한 뜻이었고 딴마음은 품지 않았습니다.
>
> 최근 삼가 (고양겸) 총독 군문이 내린 자문을 보니, 소방의 형세에 대해서 철저하게 논의했고 실정을 꿰뚫었습니다…… 소방의 군신은 (그 자문을) 함께 봉독했고 모두 총독의 통찰력을 우러르게 되었습니다. 소방은 일촉즉발의 위기에 처해 있습니다. 지금 (조선이) 보존되는 것은 실로 황제의 은덕입니다. 생사를 지휘하시면 명령을 반드시 따를 것이며, 어찌 감히 저희 자신의 뜻을 반드시 행하여 황조[皇朝, 명]로 하여금 천하의 힘을 다 써서 왜적을 제거하도록 하겠습니까. 소방은 차마 강화를 말할 수 없으나, 천조[天朝, 명]가 그것을 속국 조선을 위해서 용납하는 것도 소방을 불쌍히 여겨 생존을 도모하도록 구제하려는 지극한 의도에서 나온 것입니다. 소방의 뜻은 애초에 수치스럽게 원수를 잊거나 원망을 풀려는 것이 아니라 당장의 위험을 완화하려는 것입니다. 이것 또한 천조가 조선에게 사여하는 일입니다.[165]

초안의 내용을 둘러싼 논의가 그 후에도 계속되지만, 성혼의 의견에는 조선이 원수인 왜적과 강화할 수 없다는 기본입장을 지키면서도 그것을 수용할 수밖에 없는 고민이 반영되고 있다. 즉, 인용문의 마지막 부분에 나타난 것처럼, 조선은 원수를 잊지 않겠지만, 명이 조선의 안위를 위해서 추진하면 받아들인다는 것이다.

위의 회의에서 성혼의 간접적 책봉 요청에 대해서 부정적 의견을 제시한 사람은 병조참판 심충겸이었다. 그는 선조의 의중에 가장 접근했다고 생각된다. 그에 의하면, 봉공에 대한 언급은 간접적으로라도 제시해서는 안 된다. 그렇다고 진주문을 내지 않을 수 없는 상황에서, 하나의 방안은 강화의 추진으로 인해 탄핵된 이여송과 송응창의 업적을 드러내는 것이었다. 앞서 본 것처럼 호택은 조선에 도착하여 김수의 진주문으로 인해 그들이 처벌받았다면서 불만을 제기했다. 심충겸의 의견에 대해 성혼은 호택이 온 이유가 책봉 요청의 요구이니만큼, 임기응변으로나마 그에 대한 언급은 불가피하다고 주장했다.

그때 선조는 책봉 요청의 다른 측면을 제기했다. 즉, 조선의 책봉 요청은 대의에 있어서도 불가하지만, 그간 조선을 의리가 있는 나라로 간주해 온 명의 과도관들이 조선을 변덕스럽다고 여기고 경시하게 될 것이다. 명이 지금처럼 힘을 다해 지켜주는 것도 조선이 의리를 지키기 때문이다. 그는 "불안한 조선은 단 하루도 생존을 보장할 수 없으면서도 강화라는 한 글자를 입 밖에 내지 않았다. 당당히 원정을 담당하는 사마〔司馬, 병조판서 석성〕가 망한 나라〔조선〕의 대부보다 못하다."는 주사 홍계준(洪啓濬)의 말을 상기시켰다.[166] 더욱이 선조에 의하면, 책봉을 허용했는데도 왜적이 돌아가지 않을 수도 있다. 그때 명은 조선을 탓할지도 모를 일이다.

책봉 요청 주문을 둘러싼 장시간 논의가 이루어졌던 5월 26일의 회의 다음 날 새로운 사실이 알려지면서 변수로 등장했다. 즉 고양겸이 조선의 비협조를 문제 삼아 사직서를 제출했다는 것이다. 그에 대해서 황제의 승낙이 난 것은 아니지만, 병부의 의견으로는 고양겸을 조선에 대한 책임에서 벗어나 원래 맡았던 계요총독(薊遼總督)으로서 그 본부가 있는 밀운(密雲)으로 되돌아가게 하고, 그 대신 병부우시랑〔좌시랑[167]〕 손광을 경략으로 내보낸다는 것이었다. 그 소식을 전하며 호택은 자신이 귀국하기 전에 빨리 진주문 원고를 작성하여 보내주도록 재촉했다.[168] 그렇지만 전날 회의에서처럼 조정 내 논의가 양분된 상황에서 진주문은 오랫동안 완성되지 못했다.

한편 전날 조정회의의 분위기에서 자신의 의견을 관철시킬 수 없다고 판단한 선조는 양위를 들고 나왔다. 그는 진주문 초안의 내용이 (고양겸 등에게) "부화뇌동하고 아부하는 실상"을 벗어나지 못한다고 불만을 토로했다. 그는 자신이 퇴위하고 세자의 이름으로 상주할 것을 주장했다. 그날 비변사 낭청에서 이정암의 해직에 대한 유성룡의 반대의사가 제출되었을 때, 선조는 자신의 뜻을 굽히지 않았고,[169] 결국 비변사의 의견으로 해직을 받아냈다. 그러자 유성룡은 병을 이유로 사직을 요청했는데, 그것은 전날 선조가 "부화뇌동하고 아부하는 실상"이라면서 노골적으로 비판한 것에 대한 부담감 때문이었다. 이에 대해서 선조도 자신의 양위로 맞섰다.[170]

타협안

이러한 상황에서 5월 29일 비변사의 이름으로 일종의 타협안이 제시되었다. 그것은 단지 이여송 등을 구해주고, 최근 왜적의 상황을 알리는 내용으로 하는 진주문을 제출하자는 것이었다. 이것은 사흘 전 심충겸이 제시한 진주문의 취지를 반영한 셈이었다. 그럼에도 선조는 과도관들이 조선을 탄핵할지도 모른다는 이유를 다시 들며 진주문에 반대했다.[171] 그는 이틀 뒤 승정원에서 올라온 진주문 초안에 대해서도 책봉의 요청이 명시적으로 드러나는 일부의 문구에 대한 수정을 요구했다. 그와 함께 그는 대신들이 겉으로는 책봉을 요청하지 않으면서도 속으로는 책봉의 요청에 온 힘을 다하고 있다고 노골적으로 비난했다.[172]

조선이 진주문 작성을 둘러싸고 논쟁을 계속하고 있던 6월 초 요동도사가 다시 책봉 요청을 요구하는 자문을 조선에 보내왔다. 핵심 내용은 현재로서 – 고양겸이 차부에서 언급한 것처럼 – 명의 군사와 식량을 조선에 동원하는 것은 불가능하니 책봉을 통해서 왜군을 물러가게 해야 한다는 것이었다.[173] 또한 6월 10일에는 호택이 선조를 다시 찾아왔다. 그는 책봉이 왜군의 철수를 위한 유일한 방안임을 주장하면서 조속히 진주문을 완성해주기를 요구했다. 그와 함께 그는 김수의 진주문으로 인해서 처벌을 받게 된 이여송과 송응창을 위해서도 조선이 신원(伸冤)해줄 것을 요구했다. 선조는 후자에 대해서만 명시적으로 약속했다.[174]

명 내부의 분위기도 하나의 변수였다. 앞서 언급한 것처럼 고양겸과 과도관들의 상이한 입장이 알려졌고, 선조는 그것을 활용하여 진주문 제출을 반대했다. 그러한 상황은 6월에도 계속되었다. 이를테면 6월 7일 유정 총병의 접반사 김찬은 그에게 직접 들었던 내용을 조정에 보고했다. 유정에 의하면, 장보지·이여송·고양겸 외에도 병부 및 호부 등 대부분이 책봉에 찬성하지만, 과도관들이 죽음을 각오하고 간하고 있어서 황제가 망설이고 있다.[175] 11일 도승지 장운익은 명 조정에서 병부의 3, 4명과 각료 1, 2명만이 책봉을 옹호할 뿐, 다른 부서들은 모두 반대한다는 파총 장홍유(張鴻儒)의 말을 보고했다. 그와 함께 앞서 호택이 말했던 바, 고양겸이 손광으로 대체되었다는 소식이 전해졌다.[176] 이에 3사와 윤근수 등이 차례로 책봉 주문 불가 입장을 올렸다.[177]

그렇지만 비변사 내부에서도 의견이 일치되지 않았다. 결국 6월 18일 조정회의가 열렸고, 영의정 유성룡도 회의에 직접 참여했다.[178] 그는 주문의 불가피함을 강조했다. 그에 의하면, 조선이 약속한 주문까지도 하지 않으면 명과 사이가 나빠져 유정의 군대까지 철수해버릴 가능성이 있다. 명은 압록강을 경계로 자국만 방어하려 할 것이다. 그와 함께 그는 선조가 전부터 제기했던 우려, 즉 강화를 허용해도 왜군이 철수하지 않을 것에 대한 대안을 제시했다. 그것은 오직 적의 잔류 상황과 조선이 스스로 지탱할 수 없음을 자세히 진술하는 일이었다. 그러면 명은 군사를 보내서 왜군을 물리치든, 강화를 통해 그들이 물러가게 하든 가부를 결정할 것이다. 이에 선조는 지금의 초안은 사실상 책봉을 요청하는 수준이라고 반박했지만 주문의 필요성은 부정하지 못했다.

유성룡의 입장에서 원칙적으로 책봉 요청 요구를 따를 수는 없지만 불가피한 면이 없지 않았다. 올해 초 조선이 보낸 김수의 정문이 과도관들에 의해 고양겸을 포함한 강화파에 대한 탄핵의 근거로 활용되었기 때문에 결자해지의 차원에서 조선이 책봉 요청으로 그 문제를 해결해야 한다. 물론 유성룡도 진주문에서 책봉을 직접 요청하는 것에는 반대했다. 왜냐하면 이미 자주 언급된 것처럼 나라의 체면이 손상될 뿐 아니라 책봉이 허용되더라도 왜군이 돌아가지 않을 수 있고, 나중에 오히려 명의 일각에서 조선을 책망하는 빌미가 될 수 있기 때문이다. 그에 대한 대안으로 그는 책봉을 직접 요청하는 표현은 쓰지 말고, 단지 조선 내 어려운 상황을 구체적으로 진술하여 좋게 처리하라는 식으로 에둘러서 책봉을 허용하게 하자는 의견이었다.

그렇지만 회의에서 유성룡의 입장에 대한 비판이 여러 방향에서 제기되었다. 선조의 경우, 진주문 초안에 책봉을 요청하는 말들이 너무 직접적이라고 불만을 나타냈다. 부수찬(副修撰) 정엽(鄭曄), 헌납 최관(崔瓘) 등 언관들도 에둘러 말하는 것은 결국 책봉을 요청하는 것이니만큼, 진주문을 아예 보내지 말 것을 주장했다. 한편 이조판서 김응남(金應南)과 얼마 전 병조판서에 오른 심충겸 등은 이미 약속했으니 진주문은 보내되 에둘러 표현하지 말고 사실대로, 즉 책봉에 대한 반대 입장을 표명해야 한다는 의견이었다.

한편 회의에서 선조와 유성룡은 명과 조선의 관계 설정을 둘러싸고도 이견을 표출했다. 그것은 회의에서 새로 조선 문제를 담당하게 될 이부좌시랑 조참로(趙參魯)와 손광의 상이한 입장이 전해졌기 때문이다. 조참로는 조선의 신하와 백성이 교활하게도 일본과 통했으니 (조선과) 거리를 두자는 의견이었다. 그와 달리 손광은 둔전 등 조선에 대한 직접적인 지배를 추진해야 한다는 입장이었다. 이를테면 정동행성을 설치하고 순무를 파견하여 조세 등 물자를 모두 관장하게 해야 한다는 것이다. 그에 대해서 유성룡은 과거 고려시기에 다루가치가 주둔해 많은 피해를 주었던 것을 상기하면서 강한 우려를 표명했다.[179] 그에 반해 선조는 조선이 왜군을 당할 수 없는 상황에서 명의 둔병이나 둔전은 괜찮다는 입장을 나타냈다.[180]

그렇다면 당시 조선에 주둔 중인 명군을 통솔했던 유정은 책봉의 진주에 대해서 어떤 입장이었을까? 마침 그가 완전히 철수할 것이라는 소문이 있었다. 6월 26일 그는 접반사 김찬과 좌부승지 이덕열(李德悅) 등에게 직접 자신의 입장을 표명했다. 그는 기본적으로 조선의 책봉 요청이 필요하다는 입장이었다. 그는 어차피 자신의 병력 5천 명으로는 왜군을 막아낼 수 없다고 하면서도 자신의 잔류와 조선의 책봉 요청을 결부시켰다. 즉, 고양겸이 전에 말한 것처럼, 조선이 불응하면 압록강을 건너야 한다는 것이다. 다만 그는 책봉으로 왜군이 일시 철수하겠으나 다시 추가적인 요구를 해올 것을 경계했다. 그는 책봉을 허락한 뒤 왜군이 철수하지 않으면 명은 어떻게 할 것인지를 진주문에서 분명히 해둘 것을 권유했다.[181]

책봉 요청 진주문

결국 회의에서 유성룡의 의견이 관철되어 진주문을 보내기로 했다. 그와 함께 회의 다음 날 초안이 다시 작성되었다.[182] 그렇지만 그 후에도 진주문의 내용을 둘러싼 대립은 계속되었다.[183] 그간 2개월 이상 기다리던 호택은 6월 25일 의주로 출발했다.[184] 그때 그는 그곳에서 조선의 진주사를 기다려 함께 요동으로 가겠다고 밝혔다.

그런데 그때 사은사 김수가 북경에서 돌아왔다. 그는 명 조정이 이미 책봉 허용을 결정했다는 사실을 전했다.[185] 그와 함께 고양겸을 대체한 손광이 8월경 요동으로 나온다는 말이 있었다. 손광은 조선에 대한 직접적인 관리를 주장한 적이 있어 조선으로서는 우려되었고, 따라서 그가 오기 전에 진주문을 보내는 편이 낫다고 판단되었다. 이러한 상황에서 수개월간 지체된 진주문 문제를 마무리할 필요가 있었다. 조선은 앞서 청량사, 즉 식량을 요청하는 사신으로 파견되었다가 중도에 소환되었던 형조참의 허욱(許頊)을 주청사, 전 예조좌랑 한회(韓懷)를 서장관으로 삼았다. 그들은 7월 초까지는 차례로 서울을 출발했으나, 그 후에도 진주문의 수정으로 인해 계속 지체되었다. 결국 정확한 날짜는 알 수 없으나 허욱 일행은 8월에야 진주문을 가지고 호택을 따라갔다.[186] 해당 진주문을 황제가 읽고 자신의 의견을 내린 것은 9월 12일이었다.[187]

진주문의 내용은 수정을 거듭했고,[188] 최종본은 조심스런 표현으로 일관되었다. 그것은 지난 2월 이후[189] 지방의 각종 보고서들에서 전해지는 왜군의 입장을 전달하는 방식이었다. 대개 왜군의 입장이란, 명이 강화를 이행하여 책봉사절을 보내면 군대를 철수하겠다는 것이었다. 진주문은 모두 11개의 보고에서 제시된 사례에 의거했다. 이를테면 맨 마지막 보고는 다음과 같다.

> 경주부윤 박의장이 비보하기를, "5월 30일 항왜 산지지(山只之) 등이 조서에서 '(우리들은) 임랑포(林朗浦)에 주둔하는 왜군 소속으로, 본부에 있을 때 군대가 떠나느냐 머무르느냐는 대명이 강화를 허용하는지 여부에 달려 있다고 들었으며, 각 주둔지는 매일 심(유경) 참장이 대화를 위해 돌아오기를 갈망하고 있다.'고 말했다."고 했습니다.

제보자들은 대부분 항복한 왜군이거나 조선인 포로로서 그다지 신빙성이 크지는 않았다. 보고의 제출자들은 경상좌도와 우도의 절도사들과 전라도와 경상도의 방어사들, 제도순찰사 권율 등이었다. 11개 보고서 가운데 6개에서 명의 사절이 오면 철군하겠다는 왜군의 입장이 명시되었다. 왜군의 약탈 상황과 추가적인 도발 가능성을 제기한 경우는 2개에 불과했고,[190] 나머지 2개는 왜군의 동향에 별다른 변화가 없다는 취지였다. 그 외에 권율의 한 보고에는 왜적이 "김해·거제·웅천에 여전히 주둔하고 있으나 약탈하는 일은 전에 비해 드물다."는 매복자의 말이 인용되었다.

이어 진주문은 왜군의 주장을 신뢰할 수 있는지에 대한 의문을 표시했다. 지난해 여름 그들은 한편으로 강화를 하면서 다른 한편으로 진주성을 공격했다. 그 외에도 조선은 왜군이 여전히 대거 주둔하여 목책을 수리하면서, 강화를 핑계로 시간을 지연시키고 있는 상황에 대한 우려를 표명했다. 조선은 특히 아직 약탈을 면한 전라도와 충청도에서 식량을 얻고자 공격할 가능성을 지적했다. 결국 조선은 문제의 해결을 위해서는 '위력(威力)'과 '강화(講和)' 모두 필요하다는 점을 상기시켰다.[191]

조선은 명분상 수용하기 어려운 책봉을 공식적으로 요청하지 않았다. 그렇지만 왜군이 강화를 통해서 철수하고자 한다는 점은 분명히 전달되었다. 그간 왜군의 조선주둔 상황을 지속적으로 제기하면서 강화불가 입장을 표명했던 것과 비교한다면, 상당한 입장 변화를 보여준 셈이었다. 그리고 왜군의 주둔 상황과 재침 우려의 표명은 책봉불가가 아닌 책봉이 필요한 근거로 간주될 여지가 있었다. 따라서 아래에서 보는 것처럼 명 조정도 진주문을 조선이 강화, 즉 히데요시의 책봉을 요청하는 것으로 해석했다. 황제는 조선의 진주문을 "조선국왕이 왜이(倭夷)를 위해 책봉을 요청하여 사직을 보호하려는 것"으로 보고 책봉논의를 속히 마무리하도록 했다.[192]

주청사 윤근수

책봉을 요청하는 진주사의 파견과 함께 선조는 일종의 보완조치를 취할 것을 지시했다. 즉, 요동도사에게 고급 자문, 즉 위기를 알리는 자문을 보내도록 했다. 그것은 왜영에서 도망쳐온 군인 황필금이 왜군이 다시 침략하려 한다고 진술했다는 경상도방어사 김응서의 치계에 근거했다. 그와 함께 유정이 담종인의 문서를 근거로 8, 9월 왜군의 재침 가능성을 제기한 사실을 전해온 접반관 김찬의 치계도 있었다.[193] 또한 기요마사가 명과 유키나가 간의 강화에 대한 불만을 제기하고 있다는 사실이 전해졌다.[194] 유성룡은 황필금의 진술이 왜적의 상황을 과장할 수 있고, 자칫 사람들을 동요시킬 뿐이라는 신중한 의견이었다.[195] 그럼에도 일단 서장관 한회를 통해 요동도사에게 위의 내용을 전달하기로 했다.[196]

책봉 요청에 대해서 가장 적극 반대했던 선조로서는 체면이 손상된 것은 분명했다. 사실 요동도사에게 위급을 알리는 자문은 별다른 의미가 없었다. 이러한 상황에서 선조는 새로운 조치가 필요했다. 진주사 허욱 등이 서울을 출발한 지 얼마 지나지 않아 선조는 그가 궁지에 몰렸을 때 자주 취했던 행동, 즉 국왕의 양위를 다시 들고 나왔다. 그러자 영의정 유성룡 등은 세자가 아직 책봉되지 않은 상황에서 양위할 수 없다는 논리를 폈다. 그와 함께 그는 동지사의 사행 때 세자의 책봉을 요청할 것을 제안했다.[197] 그렇지만 선조는 세자의 책봉을 위한 주청사를 동지사와는 별개로 보낼 것을 주장했다. 처음에는 주청사가 동지사와 동행하는 것으로 타협이 이루어졌다.

그런데 당시 남원에 주둔하던 유정이 사천성 파주(播州)의 소수민족 반란에 대응하려는 목적으로 차출된 사실이 전해졌다. 그와 함께 명은 조선에 있던 무기도 모두 운송해가기로 했다고 전해졌다. 그에 따라 조정에서는 군대의 잔류를 요청하는 주청사를 명에 파견하기로 했다. 마침 그때 요동도사가 자문으로 "봉공〔강화〕에 의지하지 말고 유정의 군사 5천 명에 남병 3천 명을 추가로 조선에 파견하여 전라도와 경상도를 지키자."는 상보사경 조숭선의 상소와 그것을 황제가 병부에 내렸다는 사실을 조선에 전달했다. 요동도사의 자문에 대해서 선조는 명의 강화정책 포기를 기대했다.[198]

물론 유성룡이 말한 것처럼 요동도사의 자문은 조선에 대한 관심의 표명일 뿐, 명의 정책은 일관적이지 않았다. 조숭선은 명군의 식량을 모두 조선이 조달해야 한다고 함으로써, 그의 방안은 조선에도 부담이 될 수밖에 없었다. 그럼에도 뭔가 추가적인 조치가 필요하다고 간주되었다.[199] 더욱이 유정의 잔류 요청에 전력했던 조정은 그가 7월 말 전라도 남원에서 올라오는 등 귀국이 가시화되자 더욱 불안감을 갖게 되었다. 8월 14일 선조가 접견하는 자리에서 유정도 조선이 명에 군사를 요청할 것을 제안했다.[200]

결국 요동에서의 자문과 유정의 제안에 따라 조선은 명에 군사의 파견을 요청하는 주청사를 보내기로 했다. 다행히 신임 총독 손광은 강화에 대해서 부정적이라는 사실도 전해졌다.[201] 조정은 특히 고관의 파견이 필요하다고 생각되어 해평부원군 윤근수를 주청사로 선택했다. 부사는 상호군 최립(崔岦), 서장관은 집의 신흠(申欽)이었다. 주청사절의 주된 임무는 명군의 지속적인 주둔을 요청하는 일이었다. 다만 앞서 언급한 세자의 책봉 문제를 함께 처리하기로 했다. 선조는 8월 20일 윤근수 일행을 전별했다.[202]

진주문에서 조선은 크게 세 가지 방안을 제기했다. 첫째는 대규모 군대와 식량을 동원한 정벌이었다. 그것은 조선이 가장 원하지만 현실성은 크지 않았다. 둘째는 수군을 보내서 부산과 대마도 사이를 막아 조선에 있는 왜군의 보급로를 차단하는 것이다. 명은 이제까지 수군을 파견한 적이 없다. 따라서 일종의 묘안일 뿐이었다. 셋째는 기미(羈縻), 즉 강화를 통해서 왜적의 추가적인 도발을 막는 것이었다. 그렇지만 왜적은 교활하기 때문에 그에 대한 군사적 대비책이 필요하다. 전체적인 내용은 강화에도 왜군이 물러가지 않을 것에 대비해서 조선의 방어에 힘써달라는 것이었다. 이때 강화만 믿을 수는 없으며, 8천 명의 군사로 왜군에 대한 공격은 아니더라도 조선의 방어는 가능하다는 위 조숭선의 상소를 원용했다.[203]

손광 초상

윤근수 일행은 먼저 요동에서 손광에게 자문을 제출했다.[204] 그 내용은 앞서 진주문과 유사했다. 그들은 특히 조숭선의 헌책과 같이 명의 군사를 주둔시켜 조선을 보호하겠다는 의지라도 보여줄 것을 요청했다.[205] 자문에 대해서 손광은 거절하지 않고, 조선의 식량 상황을 물었다. 이에 윤근수 등은 게첩을 통해 자신이 정확히 알 수는 없지만, 국왕이 원래부터 원했던 것은 유정의 남병 5천 명이었음을 상기시켰다. 이 숫자에 맞춰서 병력을 동원해달라는 것이었다. 그들은 말먹이의 조달에 어려움이 있는 북병보다는 왜군의 방어에 능할 뿐만 아니라 규율이 있는 남병을 요청했다.[206]

북경에 도착한 윤근수 일행은 진주문 이외에 병부와 예부에 자문을 제출했다. 병부에 제출한 자문에서는 앞서 진주문에서 언급한 세 가지 방안이 요약적으로 제시되었다. 특히 책봉 이후 왜적이 또 다른 요구를 하거나 다시 반역할 가능성에 대비한 후속조치가 강조되었다. 또한 자문에서 윤근수 등은 강화 과정에서 조선을 개입시키지 않기를 요청했다. 그것은 자문에 명시되지는 않았으나, 그간 영토할양, 통상 등 소문으로 전해졌던 다른 강화조건이 우려되었기 때문이다.[207] 그 외에도 그들은 철수하는 유정의 군대를 대체할 남병의 파견을 문의하여, 신병의 파견을 약속받았다.[208]

책봉을 통한 강화에 대해서도 윤근수 일행은 병부상서에게 게첩으로 의견을 제시했다. 이를테면 조선이 직접 책봉을 요청한 것으로 일본에게 전달되지 않아야 한다는 것이다. 그럴 경우 일본은 조선에 추가적인 요구를 제기할 가능성이 있기 때문이다. 또한 그들은 히데요시 이외의 신속들에게도 작위를 주기로 한 것에 대해서 반대의견을 제시했다. 그것은 마찬가지로 작위를 이용하여 조선에 침해를 가져올 수 있다는 이유에서였다. 그 외에 책봉에 따른 왜의 사은사절이 조선을 통과하게 해서는 안 된다는 것, 1천 명 이상으로 알려진 명의 책봉사절이 조선을 통과할 때 큰 피해를 입지 않도록 해줄 것 등도 요청되었다.[209]

광해군 책봉 문제

명군의 주둔과 세자책봉 요청을 목적으로 했던 윤근수의 사행은 큰 의미가 없었다. 그가 출발한 뒤 한 달이 안 되는 9월 중순 유정의 군대는 귀국했다. 명은 허욱의 진주문에 기초하여 일본과의 강화 재개를 결정했다. 그 후 책봉사절의 파견 등 분위기로 인해 유정의 군사를 대체할 명군은 파견되지 않았다. 조선에는 이제 명군이 남지 않게 되었다. 그렇다면 윤근수 일행의 또 다른 임무였던 세자책봉 문제는 어떻게 되었을까?

진주문에서 세자책봉은 전혀 언급되지 않았고, 단지 예부에 자문이 제출되었다. 두 차례 자문에서 책봉이 국왕의 본심이라는 점이 강조되었다.

책봉의 근거로는 광해군이 후궁 소생의 차남이지만 현명하고 학문을 좋아하며, 백성들의 촉망을 받을 뿐만 아니라 처음 국왕의 피난시 국사를 맡았다는 점 등이었다. 그 이유는 알 수 없으나, 예부 낭중의 지시에 따라 일부 내용이 첨가되었다. 그 예가 광해군이 임란 초기 경기도 등지에서 활약했고 전주와 충청도에서 국사를 담당했다는 사실이었다. 그 외에도 장자인 임해군이 왜군에게 사로잡힌 뒤 마음의 병을 얻어 세자로서 적합하지 않다는 구절도 더해졌다.[210]

그렇지만 명은 세자책봉을 허용하지 않았다. 윤근수 일행은 예부로부터 발문(發問), 즉 구두 조사를 받는 등 부정적인 반응에 직면했다.[211] 이듬해〔1595년〕 3월 말 윤근수 일행은 황제 칙서를 지참하고 서울에 도착했다. 그것은 광해군에게 직접 내려졌다. 그 내용은 광해군에게 전라도와 경상도의 군사업무를 총독(總督)하라는 것이었다. 칙서는 "성공이 있기를 기다려 따로 논의하여 우대해서 처리하겠다."고 함으로써 그 성과에 따라 책봉 여부를 결정할 것임을 시사했다.[212] 광해군은 2년 전 명의 지시에 따라 남부지방에서 관련 업무를 하다가 오래 전에 복귀한 상태였다.

책봉의 거부는 조선으로서는 당혹스런 일이었다.[213] 그리하여 조선은 좌참찬 한준(韓準)을 사은사로 보내고 아울러 세자책봉 일을 황제에게 다시 요청했다. 그때 조선은 장자 임해군에 대해서는 "평범하여 (나라의) 책무를 감당할 수 없고 또 오랫동안 적중에 붙잡혀 있었고, 돌아온 뒤에는 근심이 병이 되었다."고, 광해군에 대해서는 "총명하고 학문을 좋아하며, 왜란을 맞아 (백성들에게) 호소하여 모이게 했으니, 한 나라 신민의 촉망을 받고 있다."고 기술했다. 즉, 새로이 광해군의 공로를 내세워 책봉의 필요성을 제기한 셈이었다.

한준 일행은 1595년 4월에 출발하여 8월과 9월 북경에서 예부 등을 방문하여 관련 일들을 문의했다. 그렇지만 그들도 윤근수 일행과 마찬가지로 긍정적인 답변을 받지 못했다. 예부상서 범겸(范謙) 등은 광해군이 지난번 남쪽에 내려가 방어를 감독하라는 칙서가 내려진 뒤에 아주 작은 공로도 세우지 못했다고 주장했다. 결국 명 조정은 광해군의 향후 실적을 보아서 결정하겠다고 알렸다. 한준의 9월 9일자 치계는 그달 29일 조정에 도달했다.[214]

그렇지만 조선도 포기하기 않았다. 그해 12월 하순 청평군(淸平君) 한응인(韓應寅)과 서장관 남이신(南以信) 등을 주청사로서 다시 북경에 보내 세자책봉을 요청하기로 했다, 이때는 선조의 질병이 날로 심해져서 거의 죽게 되어 국왕의 직을 봉행하기 어렵다는 극단적인 근거를 제시했다.[215] 그렇지만 한응인 일행은 지체되어 이듬해〔1596년〕 4월 초에야 북경에 도착했다. 이와 관련하여 『신종실록』은 책봉에 관한 언급 없이, "조선이 배신 한응인 등 25명을 파견하여 방물과 마필을 진공(進貢)했다."라고만 짧게 언급하고 있다.[216] 실제 범겸의 제안에 따라 명은 세자책봉을 거절함은 물론 왜적이 평정될 때까지 아예 논의 자체를 중지하도록 했다.[217]

4. 조·일 교섭

배경

1594년 초 심유경이 히데요시의 항복표문을 갖고 요양을 향했다. 얼마 지나지 않아 조선이 국내 왜군 주둔 사실을 명에 적극 전달함으로써 좌절되었으나, 그 과정에서 책봉과 왜군 철수를 주된 조건으로 하는 양측의 합의가 이루어지는 듯했다. 그런데 그 시점에서 다른 내용과 방식의 협상이 일각에서 추진되었다. 그것은 그간 강화교섭에서 배제되었던 기요마사가 적극 조선에 접근한 결과였다. 그렇다면 기요마사는 어떤 이유에서 조선에 접근했고, 조선은 마찬가지로 어떤 이유에서 거기에 응한 것일까? 해당 교섭 자체는 전란의 전개과정에 큰 의미를 갖지 못했으나, 교섭 내용은 강화의 파탄과 정유재란의 발생 등 전체적 맥락을 이해하는 데 적잖은 시사점을 준다.

물론 그간 기요마사와 조·명 사이에 접촉이 없었던 것은 아니었다. 그것은 그가 함경도에 주둔하고 있을 때 시작되었다. 1년 전 유키나가의 군대가 평양에서 패배한 뒤, 한 달이 지난 1593년 2월 중순, 풍중영 등 명의 관리들은 조선 군사들의 호위를 받아 안변의 기요마사를 찾았다. 그것은 한편으로 기요마사의 서진을 막고 다른 한편으로 그가 억류하고 있던 조선의 왕자들과 배신들을 석방하기 위해서였다. 그렇지만 이미 기요마사는 서울로 퇴각 명령을 받은 상태였고, 따라서 양측은 서울에서 다시 만날 것을 기약했을 뿐이었다.

3월 초 한강변의 용산에서 심유경과 유키나가가 강화교섭을 시작했을 때, 기요마사도 위의 약속을 상기시키며 명 측과 접촉하고자 했다. 그러나 심유경은 그것을 거부하고 전례에 따라 유키나가와의 교섭에 집중했다. 심유경과 유키나가의 교섭이 진행되는 동안 기요마사는 조선에 접근했다. 즉 자신이 억류하고 있던 배신 김귀영과 왕자들의 서신을 통해서 강화 의사를 전했던 것이다. 비슷한 시기에 그는 또한 서울의 왜군과 한강의 조선 수군 사이 통신 경로를 통해서 도체찰사 유성룡에게 서신을 보내기도 했다. 그렇지만 조선은 거기에 어떤 반응도 보이지 않았다. 김천일 등 조선 수군 장수들이 허락도 없이 군관 이신충을 기요마사 진영에 보내 왕자 일행을 만나고 온 것이 전부였다.

그리하여 기요마사는 왜군의 서울 철수로 이어진 용산회담과 그 후 나고야 회담 등에서 배제되었다. 그 대신 그의 경쟁자인 유키나가가 명과의 강화교섭을 주도했다. 어떤 형태로든 그것이 성공하면 모든 공은 유키나가에게 돌아갈 것이고, 기요마사 자신은 빈손으로 귀국해야 할 형편이었다. 특히 유키나가가 명 측에 제시한 강화교섭의 조건도 겨우 책봉과 통공에 불과하여 그의 입장에서는 형편없었다. 이러한 상황에서 유키나가와 별도의 강화를 진행할 필요성이 있었다. 조선도 심유경과 유키나가의 강화교섭에서 배제되고 있어, 접근의 대상이 되었다.

한편 조선은 몇 가지 이유에서 기요마사의 접근을 거부할 이유가 없었다. 무엇보다도 조선은 심유경과 유키나가가 주도하고 있는 강화 자체에 반대하는 입장이었다. 기본적으로 명·일의 양자 관계인 책봉과 통공 이외에, 조선의 운명과 관련되는 영토할양과 같은 다른 강화조건의 밀약 가능성이 계속 제기되었다. 또한 현실적으로 강화가 성립되더라도 기요마사의 동의 없이 왜군이 약속대로 철수한다는 보장도 없었다. 그들은 이후에 추가적인 요구를 강요하거나, 잠시 시간을 벌다가 명군이 돌아가면 재침할지도 모를 일이었다. 조선은, 왜군이 다수 남부연안에 둔치고 있음에도 명이 너무 쉽게 강화를 수용한다고 생각했다.

또한 왜군이 서울을 떠나 남부지방에 주둔한 지 1년이 지난 1594년 봄까지도 상황은 변화되지 않았다. 왜군의 거취를 둘러싸고 송응창과 조선에서 오는 상반된 소식과 함께 국내의 논쟁이 계속됨으로써 명 조정은 조선 문제에 대한 방향을 잡지 못했다. 결국 황제는 5월 초 강화교섭의 중단을 명령했다. 상황을 타개하기 위해서 고양겸이 조선에게 직접 책봉을 요청하도록 했다. 그렇지만 조선의 유보적인 태도로 인해서 그해 11월 초 요양의 소서비를 북경으로 불러 강화협상을 재개하기로 결정하는 데까지는 반년 가량의 시간이 필요했다. 그러한 과도기적 상황에서 조선과 기요마사 사이에 교섭할 약간의 공간이 마련되었다. 특히 남부지방에서 명군을 총괄하던 유정(劉綎)은 조선이 추천한 사명당 유정(惟政)에게 기요마사와의 교섭을 위임했다.

유정 총병과 기요마사의 접촉

최초로 접촉이 시도된 날짜는 정확히 알 수는 없으나, 1594년 2월 초순으로 생각된다. 경상좌병사 고언백과 도원수 권율의 장계가 2월 21일 조정에 도착했는데, 그것은 그간 기요마사와의 접촉에 대한 두 번째 보고였다. 조정에 보고된 시점에서는 유정은 이미 도원수 권율을 통해 기요마사의 진영에 사람을 파견하고 있었다.

두 사람의 보고에 따르면, 피로인 정연복(鄭連福) 등이 처음 기요마사의 편지를 경주에 주둔하는 고언백 진영에 가져왔다. 고언백은 편지를 의령에 주둔하던 권율에게 전했고, 권율은 다시 조정에 보고함과 동시에 그곳에서 멀지 않은 성주 팔거(八莒)에 주둔 중인 유정 총병에게도 알렸다. 유정은 기요마사와의 교섭에 적극적이었다. 유정은 권율에게 울산교생 장희춘(蔣希春) 등을 기요마사의 진영으로 보내서 대화 의사를 전달하게 했다. 권율 자신도 기요마사의 시도가 "심유경과 유키나가의 교섭을 지연시키려는 속임수일 수 있으니 경계해야 하지만, 혹 진정성에서 나올 수 있다."는 의견이었다.[218]

유정은 장희춘의 편에 기요마사에게 편지를 보내기도 했는데, 그것은 시각에 따라서는 상당히 도발적이었다. 그는 장문의 편지에서 기요마사로 하여금 히데요시에게 반기를 들도록 역설했다. 유정은 먼저 그의 공로가 인정받지 못하고 있다는 사실을 강조했다. 그 예로 그의 포로였던 왕자의 송환은 유키나가가 선심을 쓴 것으로 되어버렸다. 그와 함께 히데요시는 그에 대해서 의구심을 품고 있다. 그는 머잖아 일본으로 소환될 것이다. 그가 조선을 점령해도 히데요시의 소유가 될 것이고, 오히려 히데요시는 그가 조선에서 죽어서 일본으로 돌아오지 않기를 바라고 있다. 동시에 많은 사람들이 기요마사를 지지하고 있다. 다른 장수들과 함께 유키나가를 제거한 다음 일본으로 돌아가 히데요시를 멸망시킬 수 있다.

그러면 유정 자신이 황제에게 아뢰어 '대관(大官)'에 책봉할 것이다.[219]

권율의 치계와 함께 유정의 등서된 편지가 조정에 도착할 즈음, 대신들 사이에 기요마사와의 교섭 여부에 대한 논의가 이루어졌다. 대부분의 대신들은 유정과 기요마사의 접촉을 부정적으로 보지 않았다. 특히 유정의 기요마사에 대한 편지는 그들을 고무시켰다. 그간 유키나가와 기요마사 사이의 갈등은 잘 알려졌고, 그것을 이용하는 방안에 대해서도 자주 언급되었다. 게다가 최근 기요마사가 히데요시의 신임을 받지 못한다는 소문까지 전해졌다. 그 결과 두 사람 사이의 이간책은 설득력이 있어 보였다. 비변사는 기요마사와 협상을 위해서 사람을 보낼 것을 제안했다. 그렇지만 선조는 그와 주변의 갈등에 관해서는 자신의 생각이 다르고, 또 왜적과 (내)통하는 것도 옳지 않다는 의견이었다.[220]

나중에 알려진 사실이지만, 장희춘이 3월 5일 기요마사의 진영에서 나왔는데, 그는 유정의 편지에 대한 기요마사의 답장을 가져왔다. 기요마사의 답변은 냉정했고, 기대했던 이반의 여지는 없었다. 그는 자신이 충성스럽고 선량한 충신이라는 점을 분명히 했다. 그는 "관백의 친병 및 훌륭한 장수들과 함께 살고 죽을 뿐이며, 어찌 그들을 의심하겠는가?"고 주장했다. 그는 또한 왕자와 배신들을 송환했음에도 오히려 답례가 없는 조선과 명이 무정하다고 항변했다. 그는 작년 2월 함경도에서 풍중영과 했던 약속을 상기시키면서 교섭의 필요성을 제기했다.[221]

사명당과 기요마사의 4월 교섭

어쨌든 교섭의 여지가 생기자 유정은 도원수 권율에게 교섭할 인물을 추천하도록 했다. 이에 조정은 사명당 유정을 추천하여 내려가게 했다. 그간 조선도 일본에서 겐소와 같이 승려가 교섭하는 것을 경험했고, 사명당은 승병장으로서도 이름이 있었다. 유정은 권율의 의사에 따라서 군관

신의인(申義仁)·이겸수(李謙受) 등에게 사명당을 수행하게 했다.[222] 사명당 일행은 4월 12일 고언백 진영을 출발하여 다음 날 서생포의 기요마사 진영에 들어갔다. 그들은 4일 동안 그곳에 머물다가 17일 다시 경주로 돌아왔다.

사명당이 남긴 기록에 의하면,[223] 당시 그의 주된 목적은 유정이 처음 제기했던 바, 기요마사가 히데요시에게 반기를 들게 할 가능성을 타진하는 것이었다.[224] 그렇지만 그것은 기요마사의 분명한 거부 답변을 조정이 받지 못한 상황에서 결정된 것이었고, 따라서 사명당은 예기치 않았던 의제에 직면했다. 논의는 기요마사의 강화조건 제시, 그에 대한 반박과 재반박의 형태로 진행되었다. 기요마사 측은 조선이 심유경과 유키나가의 강화에 반대한다는 사실과 강화의 구체적인 조건들은 모른다는 사명당의 말을 활용했다. 그들은 유키나가의 강화조건이라면서 다섯 가지를 제시하고 그에 대한 조선의 입장을 물었다.[225]

그것은 첫째 명의 천자와 혼인관계를 맺는 것, 둘째 조선을 나누어 (일부를) 일본에 귀속시키는 것, 셋째 과거와 같이 교린관계를 맺는 것, 넷째 왕자 한 사람을 일본에 보내어 영주하게 하는 것, 다섯째 조선의 대신을 일본에 인질로 들이는 것이었다. 거기에는 당시 유키나가와 명 사이에 논의되던 책봉과 통공에 관한 내용은 포함되지 않았다. 사명당은 14일 기요마사의 부장 기하치(喜八)로부터 해당 내용을 전달받았다. 당일 사명당은 조목조목 불가하다는 입장을 개진했다. 혼인은 천하에 군림하는 황제의 권위와 맞지 않고, 영토의 귀속은 천자의 권한이며, 천자의 원수와 형제의 관계는 이치에 맞지 않으며, 나라를 짓밟은 원수의 땅에 귀한 신분의 왕자를 살게 하거나 대신을 인질로 보낼 수 없다는 것 등이었다.

사명당의 답서에 대해서 기요마사 측으로부터 그날 응답이 왔다. 강화조건들이 충족되지 않으면 일본의 군대가 다시 바다를 건너 명나라를 침범할 것이며, 그때 조선의 백성들도 살아남지 못한다는 협박이었다. 그것은 제시한 조건들이 자신과는 다른 유키나가의 강화조건이라고 했던 점에 비춰본다면 납득할 수 없는 응답이었다. 어쨌든 사명당 측도 지금 명이 다량의 군량과 함께 남병 50만 명을 징발하여 의분에 찬 조선의 군사와 함께 대적할 것이라고 응수했다.

다음 날 15일 기요마사는 사명당을 불러 각 항목에 대한 그의 반론을 재반박했다. 그것은 일본의 천황은 명의 황제와 동급이고, 조선의 땅은 일본이 직접 손에 넣을 수도 있으며, 교린관계는 옛날에도 있었고, 왕자도 과거에 생포했다가 놓아주었을 뿐이며, 왕자가 일본에 있으면 대신의 수행이 신하의 도리라는 것 등이었다. 그는 또한 화의가 이루어지지 않으면 일본의 군대가 명나라를 침입할 것이라고 덧붙였다. 그 외에 기요마사는 왕자가 답장을 보내오지 않고, 조선이 대소사를 명에 미루면서 성실하게 답변하지 않는 것에 대해서도 불만을 나타냈다. 사명당은 그에게 2년 전 왕자와 작별할 때 무슨 약속이라도 했는지 되묻고, 왕자가 지금 명에 들어가 있어서 나오면 답서를 줄 수 있을 것이라고 둘러댔다.

물론 사명당은 원래 자신에게 주어진 교섭 목적을 잊지 않았다. 그는 기요마사가 대대로 지방관의 후예이자 호걸로서, 다른 나라 같으면 평범한 히데요시 아래 있지 않고 최고의 위치에 올랐을 것이라면서 떠보았다. 기요마사는 미소만 짓고 답은 하지 않았다. 이에 사명당은 조선에서는 관백을 일본국왕으로 간주하고 기요마사를 그의 신하로 알고 있다고 덧붙였다. 그러자 기요마사로부터 애매하기는 하지만 조선 측이 원했던 대답이 돌아왔다. 즉, "나는 관백의 신하가 아니라 국왕의 신하이다. 관백은 악인으로 지금 무력에 의지하여 서국(西國)에 살고 있다."는 것이다.[226] 기요마사는 곧장 화제를 돌려 왕자의 송환이 자신의 공로임을 강조했다. 담판은 그것으로 종료되었고, 그는 유키나가가 추진하는 강화의 진행을 알고 싶었기에 사명당과 계속 서로 연락하자고 제안했다.

사명당은 먼저 권율에게 담판 결과를 보고했고, 4월 28일 남원에 도착하여 얼마 전 팔거에서 그곳으로 이동한 유정을 방문했다. 사명당은 무엇보다도 심유경이 혼인과 영토할양을 강화조건으로 언급한 것에 대한 불만을 표명했다. 유정은 심유경은 단지 책봉과 통공만으로 교섭할 뿐이며 혼인과 영토할양 등 일은 명 조정에 말할 수 없을 것이라며 사명당에게 공감을 표시했다. 그와 함께 사명당은 유정 군대의 철수에 대한 우려를 나타냈다. 사실 당시 강화가 진행되면서 유정의 군대에도 철수 명령이 내려진 상태였다. 유정은 5천 명의 병력으로 – 게다가 상부의 통제로 – 어찌할 수 없음을 아쉬워하며, 7, 8월에 본국으로 철수한다고 밝혔다.[227]

두 사람 사이에는 긴 대화가 오갔음에도 기요마사의 이반에 관해서는 전혀 언급이 없었다. 유정 자신도 그에 관해 사명당에게 묻지 않았다. 그것은 그가 이미 기요마사의 답장을 통해 이반의 시도는 불가능하다는 것을 분명히 알고 있었기 때문일 것이다. 그럼에도 사명당은 유정과 권율에게 제출한 것으로 보이는 별도의 짧은 보고서에서 해당 문제에 관한 자신의 의견을 성심껏 제시했다. 결론은 유키나가의 강화가 성공하지 못하고 다시 명을 공격해야 하는 상황이 되면, 기요마사가 강화에 대한 잘못을 물어서 유키나가와 히데요시에게 반기를 들 가능성이 없지 않다는 것이었다.[228]

7월 담판

사명당과 기요마사의 재회는 3개월 후에 다시 이루어졌다. 사명당 일행은 7월 10일 서생포의 기요마사 진영에 도착했다. 담판은 10일부터 13일 사이에 계속되었고, 비로 인해 이틀 더 머문 뒤 16일 그곳에서 나왔다.

사명당은 도착하자 유정의 서신을 그에게 전달했다. 그렇지만 유정의 서신에는 기요마사의 강화조건에 대해서 별다른 언급이 없었다.[229] 그

사명당 유정 초상(국립민속박물관 소장)

결과 담판의 주제는 4월과 같이 원점에서 다시 시작되었다. 사명당 측은 기요마사가 관백이 되어야 할 필요성을 강조했고, 기요마사 측은 지난번 유키나가의 것으로 제시했던 강화조건에 대한 논의를 고집했다. 담판은 지난번보다 훨씬 가열된 분위기에서 진행되었다. 그와 함께 각자의 입장이 더욱 분명하게 드러났다.

사명당은 일단 3개월 전에 정해진 교섭의 목적을 고수했다. 즉 기요마사가 히데요시에게 반기를 들게 하는 것이다. 사명당은 여러 각도에서 해당 문제를 제기했는데, 하나의 예로 기요마사의 부관 기하치에게 다음과 같은 말을 했다.

> 무릇 관백〔히데요시〕은 촌사람의 종이었는데 요행히 뜻을 얻어 그 임금을 찬탈했으니, 그 죄는 죽이는 것으로 충분하지 않소. 지금 또 전쟁을 일으켜 일본의 여러 섬사람들을 모두 죽이고, 피해가 이웃 나라에 미쳤소. 천하가 관백을 원수보다도 더 원망하고 있소. 이에 (명과 조선은) 관백의 강화 요청을 받아들이지 않는 것이오. 다른 사람이 관백을 대신하여 강화를 요청한다면 어찌 어렵겠소? 또한 기요마사는 대대로 작록을 받았고 인민을 사랑하여 왕자(王者)의 기상이 있소…… 지금 기요마사가 관백을 도모한다면, 독부〔督府, 유정 총병〕가 힘껏 책임질 것이니 손바닥 뒤집기와 같소.[230]

지난 4월에는 기요마사의 의사를 떠보는 정도였다면, 이번에는 관백이 되는 구체적인 방법도 제시되고 있다. 즉, 기요마사 측과 강화가 성립될 수도 있고, 또한 관백이 되도록 돕겠다는 것이다. 그에 대해서 기하치는 기요마사는 이미 히데요시의 부하이므로 그것은 불가하다면서 불편한 기색을 보였다. 사명당은 나중에 기요마사에게도 직접 타진했다. 즉, 유정이 천문을 잘 보는데, 기요마사가 전에 함경도에 머물렀을 때 그곳에

가토 기요마사

정기가 모여 있음을 그가 보았다면서 일본국왕이 되도록 돕고자 한다는 것이다. 물론 이러한 말은 기요마사에게서 반응을 얻지 못했다.

기요마사는 오히려 강화에 대한 논의에 관심이 컸다. 그는 사명당에게 지난번 제시했던 다섯 가지 강화조건에 대한 논의를 요구했다. 사명당은 이미 대답했다면서 논의를 거부했다. 더욱이 지난번 기요마사는 그것들이 심유경과 유키나가의 성공할 수 없는 속임수일 뿐, 자신은 입장이 다르다고 하지 않았던가? 이에 기요마사는 그 다섯 가지 강화조건이 사실 일본이 원하는 것임을 실토했다. 그는 해당 조건은 히데요시의 명령이므로 성사시켜야 한다고 주장했다. 물론 사명당은 그것은 명 조정의 의지나 사리에 부합하지 않는다면서 단연코 거부했다. 그는 다만 다섯 가지 가운데 세 번째 조건, 즉 조선과 교린에 대해서는 논의가 가능하다고 양보했다.

그리하여 양측은 교린의 내용을 둘러싸고 논의를 이어갔다. 사명당은 교린의 의미를 과거 원씨(源氏, 미나모토씨) 시기 조일간 교류에 한정했으나, 기요마사는 그 조건으로 그간 전쟁의 대가를 달라고 요구했다. 즉, 지난번 강화조건에서 요구했던 4개의 도 가운데 2개 도를 할양하고 왕자를 볼모로 보내라는 것이었다. 기요마사는 나름 자신의 강화조건을 줄임으로써 좀 더 현실적인 방안을 제시한 셈이었다.

그렇지만 사명당은 그것은 교린관계가 아니라면서 조선은 싸울 수밖에 없다고 답했다. 그는 심유경과 유키나가의 강화조건인 책봉과 조공조차도 황제는 허락하지 않는다는 점을 덧붙였다. 기요마사는 왜군의 철수를 위해서는 뭔가 성과가 있어야 한다고 맞섰다. 기하치는 왕자가 오기 어려우니 다른 사람을 왕자라고 속여서 보내라고 했으나, 사명당은 거절했다. 결국 기요마사 측은 조선과 대마도 간 물자와 인원의 교류 정도를 마지막 교린의 내용으로 내세웠다. 그에 대한 구체적인 수량을 조정에 보고하여 정해오라는 것이었다. 그러면서 10월에 다시 만나기로 했다.

조정은 사명당의 교섭에 상당한 관심이 있었다. 이번에는 히데요시에 대한 기요마사의 반기보다는 그와 유키나가 사이의 갈등을 이용하는 데 중점이 주어졌다. 아래에서 보는 것처럼 8월 말에는 유키나가와 동행하는 대마도주 요시토시가 경상도관찰사 한효순 앞으로 편지를 보내와 명일간 강화에 대한 조선의 협조를 촉구했다. 같은 시기에 동래교생 송창세(宋昌世)가 적중에서 왜적들이 서로 이반하고 원망하고 있다는 등 이간책이 가능하다는 분위기를 전했다.[231]

다만 9월 초의 조정회의에서 행간의 방법과 시기를 둘러싸고 선조와 영의정 유성룡 사이에 이견이 있었다. 선조와 병조판서 이항복은 요시토시의 서신을 기요마사에게 보내서 강화의 주범인 유키나가에 대한 선제공격을 유도하자는 의견이었다. 그에 반해 유성룡은 두 사람이 서로 싸우도록 내버려두어야 한다는 입장이었다. 그는 일단 사명당이 돌아오기를 기다리자고 주장했다. 더욱이 유성룡은 두 사람의 불화가 조선에 이롭지 않을 수도 있다는 생각이었는데, 히데요시가 그 사실을 알게 되면 스스로 군사를 이끌고 나올 수 있기 때문이다.[232] 결국 조정은 신임 경상좌도관찰사 홍이상(洪履祥)과 도원수 권율에게 사명당이 왜영에서 나왔는지 확인한 뒤, 그를 수행하여 기요마사 진영에 들어갔던 군관 이겸수를 다시 돌려

보내 행간을 시도하도록 지시했다.

그런데 사명당이 7월 중순 서생포에서 나온 뒤 9월 초까지도 조정에는 아무런 소식이 없었다.[233] 『선조실록』에 의하면 선조는 9월 8일에야 사명당의 교섭 결과를 보고받았다. 특히 기요마사가 사명당에게 제시했던 강화조건이 알려졌다. 선조는 분개했고, 따라서 기요마사를 통한 행간은 포기되었다. 그와 함께 사명당과 이겸수 등을 모두 상경시켜 자초지종을 묻도록 했다.[234]

사명당은 9월 초 의령에서 출발하여 21일 서울에 들어와 선조에게 글을 올렸다. 그는 유키나가와 기요마사의 입장과 관련하여 자기 나름의 의견을 제시했다. 그는 유키나가보다는 기요마사가 절대적으로 우위에 있다고 판단했다. 유키나가와 요시토시의 강화 시도는 실패할 것이며, 오히려 기요마사가 조선과 일본의 교린관계를 성립시키는 방식으로 군사를 철수할 것으로 조심스럽게 내다봤다. 그는 교섭의 최초 목적, 즉 반간계는 더 이상 실현 가능성이 없다고 판단한 듯했다. 향후 조선의 대책과 관련하여 사명당은 두 가지 방안을 제시했다. 그것은 첫째 각지의 백성들을 징발하여 정예군사 3만 5, 6천 명으로 결사항전하는 일이다. 그는 기요마사의 군사 1만 8천 명을 포함하여 왜군 전체가 4, 5만 명에 지나지 않는다고 보았다. 둘째는 거짓으로나마 기요마사가 요구하는 교린정책을 수용하고, 국력을 길러 장기적인 중흥을 꾀하는 것이다. 그는 국왕이 교린을 시도한다면 자신이 나서보겠다고 덧붙였다.[235]

그는 글의 말미에 국왕에게 직접 진술하고 싶다는 의사를 표명했다. 그리하여 선조는 비변사를 시켜 그들의 말을 들어보도록 했다. 비변사는 사명당과 이겸수 등을 불러 담판 내용을 물어 9월 22일 그 결과를 국왕에게 보고했다. 그들은 기요마사가 왕자의 서신에 강한 관심을 갖고 있고 유키나가에 앞서 강화를 원한다는 점을 재확인했다. 그럼에도 선조는 일단 사명당에게 승병장으로서 임무를 기대했다. 그는 사명당에게 화약과 무기를 넉넉히 주도록 지시했다. 장기간 승군을 거느렸고, 두 차례 적진을 왕래한 공로로 사명당에게는 첨지(僉知)중추부사의 실직(實職)이 내려졌다.[236]

김응서와 유키나가

조선이 기요마사와 접촉에 집중하고 있던 1594년 8월 유키나가 진영에서 요시토시와 시게노부가 각기 경상도관찰사 한효순에게 편지를 보내왔다. 『선조실록』은 요시토시의 편지만 소개하고 있는데, 그것은 조선과 교섭을 직접 요청하는 것은 아니었다. 편지에서 요시토시는 심유경과 고양겸의 강화 노력에 대해서 조선이 협조해줄 것을 당부했는데, 적어도 조선이 명에 강화 의사를 밝혀달라는 것이었다. 그것은 당시 고양겸 등이 추진하던 조선에 의한 히데요시 책봉의 요청을 촉구한 셈이었다. 그는 또한 왜란 이전부터 이제까지 자신은 조선과 대화를 시도했다는 점을 밝히고, 두 왕자의 송환도 기요마사가 아닌 자신의 노력에 따른 것임을 강조했다. 그는 특히 조선과 옛 교류를 회복한다면 왜군을 철수하겠다고 했다.[237]

그들의 편지를 받고서 조선은 한 달 이상 지나서야 답장을 보냈다. 시게노부의 앞으로 보낸 편지에서 조선은 강화에 대한 의사는 표시하지 않았다. 주로는 최근 함안·고성 등지에서 왜군들이 떼를 지어 나와서 약탈과 살인을 감행하고 있는 사실을 질책했다. 즉, 왜군이 조선에 계속 주둔하며 노략질함으로 인해 강화가 성립되지 못하고 있다는 것이다. 그 외에도 조선은 지난번 그들의 편지에서 강화와 관련하여 당부했던 내용, 즉 책봉의 요청을 명 조정에 이미 전달했음을 덧붙였다.[238]

그렇지만 그 후에도 유키나가 측과 접촉 시도는 없었다.[239] 유키나가가 조선과 기요마사의 접촉 사실을 모를 리 없었을 것이다. 그럼에도 그에 대해서 유키나가 측은 어떤 반응도 보이지 않았다. 그것은 기요마사가 유키나가와 조선의 접촉에 신경을 썼던 것과는 대조적이었다. 그런데 10월 10일경 조선의 책봉 요청에 따라 황제가 일본과 다시 강화를 추진하기로 결정한 사실이 요동도사를 통해서 조선에 통보되었다. 며칠 뒤 손광은 왜영으로 보내는 소서비의 부하 2명을 조선이 호송해주도록 패문을 보내왔다.[240] 그와 비슷한 시점에서 유키나가가 다시 조정에 편지를 보내 강화의 지체에 대한 불만을 표시했다. 그는 조선과의 교섭보다는 요양에 있던 소서비를 통한 히데요시의 책봉을 기대하고 있었던 것이다.[241]

이러한 상황에서 정확한 날짜는 알 수 없으나 김응서와 유키나가 측 사이에 교섭이 진행되었다. 이것은 명 조정의 강화 재추진 결정을 탐지하고 유키나가 측이 다시 적극 나섰음을 시사한다. 유키나가의 요청에 따라 김응서는 군관 이홍발(李弘發)을 들여보냈는데, 그 자리에서 유키나가 측의 요시토시와 시게노부 등은 강화의 더딘 진행에 답답함을 호소했다. 이홍발의 보고에 의하면, 그들은 조선이 명의 책봉사절 파견을 재촉해달라고 요청했다. 그래야만 왜군도 철수한다는 것이었다. 그들은 또한 기요마사가 강화조건으로 혼인과 영토의 할양을 조선에 제기했다고 들었다면서, 그것은 기요마사가 강화를 방해하기 위해서 지어낸 말일 뿐, 히데요시의 의견은 아니라고 주장했다. 이홍발의 치계는 11월 1일 조정에 전달되었다.[242]

며칠 뒤〔11월 7일〕 조정은 권율로부터 시게노부와 김응서의 서신왕래에 대해서도 보고받았다. 이에 비변사는 김응서가 왜장들과 직접 만나는 것에 대해서 우려를 표명했다. 비변사에 의하면, 왜 측이 조선과 접촉하려는 이유는 단지 강화를 재촉하기 위해서이다. 단지 유정이 남부지방에서 북상함으로써 접촉할 상대가 없게 되자 왜 측은 조선에 접근할 뿐이다. 또한 이홍발이 나온 뒤 지금은 책봉 결정 사실이 그들에게 알려졌고, 강화에 대한 의구심도 어느 정도 해소되었을 것이다. 이러한 상황에서 양측의 회합은 별다른 의미가 없고, 단지 조선이 나서서 왜적과 강화한다는 명의 의심을 살 뿐이다. 당시 유키나가의 진영에는 담종인이 오래전부터 나와 있어서 명나라 몰래 교섭을 진행할 수는 없었다. 비변사는 단지 편지로 명의 조치를 기다리게 하는 데 그쳐야 한다고 제안했다.[243] 결국 선조는 변경의 우리 장수들이 임기응변을 쓸 수는 있지만 유키나가와 경솔하게 만나서는 안 된다는 조정의 입장을 권율에게 전하기로 했다.[244]

그렇다면 김응서가 유키나가 측과 만나려던 이유는 무엇일까? 권율의 보고에 따르면, 그 목적은 다름 아니라 교섭을 통해 유키나가 등 왜장들의 항복을 설득하겠다는 것이었다. 그렇지만 선조의 판단으로 그것은 지극히 현실성이 없었다. 오히려 말을 잘못 꺼내 수모를 당하거나 아니면 '의외의 변'이 생길지도 모를 일이었다.[245] 그럼에도 조정은 왜장과의 만남을 명시적으로 금지하기보다는 좀 더 구체적인 지침을 주기로 했다. 즉, "명이 이미 책봉과 조공을 허락했으니 명의 (책봉)사절이 곧 나올 것이다."는 말로 상대를 설득해야 한다는 것이다.[246] 중요한 것은 최근 책봉의 진행상황을 잘 전달함으로써 왜군의 재침을 막는 일이었다.

한편 이홍발이 왜영에서 돌아온 뒤, 유키나가는 곧 추가적인 교섭을 요청하고자 사람을 김응서에게 보내왔다. 김응서는 함안에서 만날 것을 약속했다. 권율은 11월 3일 작성된 장문의 치계로 그 사실을 조정에 보고했다.[247] 그렇지만 그 왜인이 전한 회담의 취지에는 불편한 내용이 포함되었다. 즉, "대명(大明)이 조공(의 허용)을 이미 결정했는데 조선이 불가하다는 뜻을 적극 개진하고 원병을 청한다고 해서 우리 상관들이 특히 조선의 상관을 만나려 한다."는 것이다. 당일〔18일〕 조정은 10일 전과 달리 권율에게 양측의 만남을 중지하고 명의 조치를 기다리라는 지시를 내렸다.[248] 그렇지만 그때는 원래 예정된 회담일인 11월 12일이 며칠 지났을 때였고, 해당 지시는 실제 회담이 이루어진 20일까지 그에게 도달할 가능성은 없었다.

김응서가 군사 1백여 명을 데리고 함안의 곡현(谷峴)에서 진행된 회담

김응서 초상

에는 유키나가와 요시토시, 시게노부, 겐소 등이 참여했다. 회담의 의제는 조정이 우려한 바대로 진행되었다. 유키나가는 앞서 이홍발과 교섭했을 때와 마찬가지로, 조선이 직접 명에 부탁하여 책봉과 통공에 협조할 것을 요청했다. 그래야 삼국이 평화롭고, 일본의 군대도 철수한다는 것이다. 그렇지만 김응서는 조선과 일본은 불공대천의 원수로서 허용할 수 없다고 맞섰다. 그는 전에 강화를 추진하면서도 왜군이 진주성을 공격하고 백성들을 살해한 사실 등을 들어, 심유경과 유키나가의 강화 주장을 신뢰할 수 없다고 따졌다.[249]

그와 함께 김응서는 앞서 조정이 주목했던 유키나가와 기요마사 사이에 반간계를 시도했다. 그는 현재 일부에서 왕자의 송환을 기요마사의 공로로 간주한다는 점과 기요마사가 유정(劉綎)에게 유키나가와 심유경이 각기 히데요시와 황제를 속이고 있다고 말한 점을 강조했다. 후자와 관련하여 명이 일본에게 혼인을 허락했다고 유키나가가 히데요시에게 보고했고, 특히 심유경은 유키나가의 군대가 이미 모두 철수하여 두 개 군영만 부산에 남겨두고 책봉과 조공을 기다린다고 황제에게 보고했다는 것이다. 기요마사의 말은 유키나가가 군사를 철수하지 않으면 황제는 책봉과 통공은 허락하지 않을 것이고, 그러면 강화가 실패할 뿐만 아니라 그 잘못이 유키나가에게 있게 된다는 의미였다.

김응서의 주장에 대해서 유키나가는 일본의 조선침략이나 진주성 도

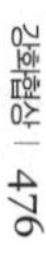

륙은 자신이 주도한 것이 아니며, 히데요시와 다른 장수들이 결정했다고 맞섰다. 그는 또한 황녀의 출가도 자신의 입에서 나온 것이 아니라고 했다. 그에 의하면, 혼인은 기요마사가 자신을 모함하기 위해서 지어낸 이야기이며, 나아가 기요마사 스스로 제기했을 수도 있다. 그 예로 유키나가는 사명당이 기요마사를 찾았을 때, 그가 혼인과 영토의 분할을 요구하여 명나라를 공갈했다는 소문을 언급했다. 유키나가는 또한 두 왕자도 기요마사가 죽이려는 것을 자신이 히데요시를 설득하여 돌려보내게 했다고 주장했다.

마지막으로 유키나가는 명일간 전쟁의 지속은 조선의 멸망으로 이어질 수 있다면서, 양국 군대의 철수를 위해서 강화의 중요성을 강조했다. 그에 의하면, "조선이 책봉과 조공의 일을 힘써 (명에) 개진하여, (명과 일본이) 군사를 해산하고 귀국한다면, 일본은 조선의 은덕을 말할 것이고 조선은 일본이 분함을 풀었다고 생각할 것이다."[250] 유키나가의 말은 약 7개월 전 고양겸 총독이 조선에게 히데요시의 책봉을 요청하도록 보내온 자문의 내용을 상기시킨다. 어쨌든 교섭 시점에서 명 조정은 이미 책봉과 왜군의 철수를 주된 내용으로 하는 강화의 추진을 결정했고, 조선에도 오래전에 통보되었다.

사명당이 기요마사와 접촉한 데 이어, 김응서가 유키나가와 교섭하게 되자 상황은 복잡해졌다. 조선의 입장에서는 유키나가와 기요마사의 갈등을 최대한 활용할 수 있다는 점에서 나쁠 것이 없었다. 그렇지만 명이 조선과 유키나가의 접촉을 좋게 보지 않을 것은 분명했다. 조정은 김응서와 유키나가의 접촉에 대해서 명에 감추는 것이 어렵다고 판단하여 미리 요동도사에게 자문하여 손광 경략과 명 조정에 전달하게 했다.[251] 또한 기요마사가 김응서와 유키나가의 접촉에 불만을 나타냄으로써 그가 다시 군사적 조치에 나설지도 모른다고 우려되었다. 12월 초 김응서와 유키나가의 회담에 대한 보고가 도착했는데, 비변사의 판단으로 문답에 실언이 적지 않았다. 이에 비변사는 명의 책봉사절이 곧 출발한다는 점을 들어 추가적인 접촉을 중단시키기로 했다.[252]

사명당의 세 번째 교섭

앞서 사명당은 7월 담판에서 10월 중에 다시 만나기로 했다. 그렇지만 그 약속 기한은 지켜지지 못했다. 사명당은 담판 이후에 상당 기간을 남부지방에서 보냈고 9월 21일에야 서울에 도착했다. 그 후에도 그는 40여 일 동안 서울에 머물다가 11월 초 서울을 출발하여 남쪽을 향했다. 사명당은 나중에 중풍으로 인해 지체되었다고 해명했으나, 지체의 주요 원인 가운데 하나는 기요마사에게 갖고 갈 왕자의 서신이 준비되지 않았기 때문이었다. 이를테면 10월 17일 비변사는 사명당이 기요마사와 약속한 기일을 상기하며 왕자의 답서를 기다린다고 보고하였고, 선조는 왕자〔임해군〕의 상경을 기다리고 있다고 대답했다. 그리고 임해군이 막상 상경했을 때에는 서신의 발송이 의리상 적절한지에 대한 고민도 없지 않았다.[253]

그와 함께 사명당과 기요마사의 담판을 사실상 지휘하던 유정의 상황도 변화되었다. 그는 사명당이 7월 담판에서 돌아올 즈음 남원에서 철수하여 북상했다. 그는 8월 중순 서울을 거쳐 다음 달 귀국했다.[254] 그 사이 기요마사는 유정에게 편지를 보내왔다. 그의 편지가 전해지지는 않으나, 유정의 답변서를 볼 때, 기요마사는 상당히 뜻을 굽혀 타협책을 제시한 것으로 보인다. 유정은 답장에서 다음과 같이 쓰고 있다.

> 마침 게첩을 받아 그대의 정성을 알겠소. 본인이 국왕을 만나 그대가 충직하고 좋은 사람으로서 귀의한다고 했더니 (국왕이) 매우 기뻐했소. 그렇지만 (그대가) 끝까지 충순하고 진실한 마음을 가져야 본인은 그 나라〔조선〕와 함께 황제께 전하여 그대에게 대대로 영토를 다스리게

할 것이오. 유키나가는 마음속에 질투하는 마음을 품고 그대를 매우 미워하여 여러 번 해로운 말을 해왔소. (그렇지만) 본인은 그대가 용감하고 열정적이라는 것을 평소 알고 있소. 지금 조선과 논의하여 그의 참소를 들어 (그대처럼) 좋은 사람을 해치지는 않을 것이오.[255]

여기서 기요마사의 귀의와 분봉 등의 구절로 보아 그가 진심이든 속임수든 유정의 반간계에 어느 정도 호응하는 답변을 보내온 듯하다. 다만 유정은 사명당이 병으로 인해 아직 도착하지 않았으니, 그와 만나면 더 자세한 답장을 주겠다고 답했다. 이후 유정이 사명당을 만났다거나 기요마사에게 서신을 전달했다는 기록은 없다. 기요마사는 유정과의 서신 왕래에서 별다른 성과를 거두지 못했던 것이다.

유정의 귀국으로 명군이 조선에 남아 있지 않은 상황에서 사명당은 기요마사와 교섭을 위해 남하했다. 그는 11월 6일 서울을 출발, 21일 의령의 도원수 진영을 거쳐 12월 9일 경주에 도착했다. 그곳에서 기요마사에게 연락을 취했으나 20일에야 회답이 왔다. 그는 고언백의 군관 변익성(邊翼星) 등 30여 명을 대동하고 23일 울산의 경상좌병영 동쪽에서 기요마사의 부관인 기하치와 승려 니신(日眞)을 만났다. 서울에서 출발한 지 한 달 반이 지난 뒤였고, 원래 약속한 기한에서 두 달 늦은 시점이었다.

그렇다면 교섭에 임한 양측의 입장은 어떠했을까? 조선은 기본적으로 심유경과 유키나가의 강화에 대해서 반대했다. 공식적으로 히데요시의 책봉을 요청했으나 그것은 고양겸의 강요에 의한 것이었다. 그럼에도 앞서 본 것처럼 유성룡과 같이 일각에서는 강화를 통해서 왜군의 철수를 기대하고 있었다. 이들은 기요마사가 강화를 방해하지 않을까 우려했다. 그리하여 기요마사를 무마하거나 그의 의중을 좀 더 정탐할 필요가 있었다. 조정은 사명당에게 기요마사의 서신에 대한 왕자의 답신과 함께 최상급 매 12마리, 해동청 1마리, 호피 하나 등 여러 가지 선물을 가지고 가게 했다.

그렇지만 기요마사 측의 상황인식은 조선과 상당히 달랐다. 유키나가 위주의 강화가 이미 결정됨으로써 기요마사의 입지가 더 축소될 수밖에 없었던 것이다. 게다가 얼마 전 조선은 김응서를 보내 유키나가와 접촉했다. 이번에 사명당이 약속 기한을 지키지 않고 늦게 온 것도 그와 무관하지 않다고 생각되었다. 조선이 자신이 아닌 유키나가와의 강화에 집중하고 있다고 판단되었던 것이다. 사명당과 별도로 기요마사는 유정에게 여러 차례 편지를 보내 자신의 입장을 전했으나 반응을 얻지 못했다. 이제 사명당과의 접촉에서도 기대할 것이 거의 없게 되었다. 또한 책봉을 조건으로 하는 강화가 이미 결정된 상황에서 자신이 더 나서는 것도 내부적으로는 부담이었다. 그는 사명당을 직접 만나주지 않고 단지 사람을 보내거나 쪽지를 전하여 자신의 생각을 전달했다.

23일 회합에서 기하치와 니신은 사명당의 지체와 함께 김응서와 유키나가의 접촉에 대한 불만을 나타냈다. 뿐만 아니라 그들은 사명당과 유키나가 사이에도 교류가 있었던 것으로 의심했다. 사명당은 자신의 도착은 병환으로 인해 지체되었고, 김응서와 유키나가의 접촉이 조선과 유키나가 측 사이의 강화를 의미하는 것은 아니라고 주장했다. 그에 의하면, 강화는 심유경과 유키나가 사이에 논의되어 왔다. 물론 자신과 유키나가 측의 접촉도 없었다. 그 후 사명당은 기요마사와의 만남을 고집했으나 거절당하고, 다음 날 군관 이겸수와 통사 김언복 등만 배를 타고 기요마사 진영으로 가게 되었다. 그들은 왕자의 서신과 함께 사명당이 작성한 공문서와 개인 서한을 지참했다.

공문서는 지난 7월 담판에서 기요마사 측이 제시한 강화, 즉 조선과 일본 간 교린관계의 수립에 대한 대답이었다. 그 내용은 다음과 같다. 원래 조선과 일본은 오랫동안 교린관계에 있었으나 일본의 침략으로 인해 파괴되었다. 이제 교린관계를 회복하고자 한다면 결자해지의 원칙에 따라 일본은 군사를 철수시켜야 한다. 그와 함께 일본에서 화해의 조치로 사신을 보내 예를 갖춘다면 조선에서도 상응하여 조치를 취할 것이다.

개인 서한에서 사명당은 먼저 기요마사가 회합의 약속을 어긴 것을 강한 어조로 질책했다. 그는 약속을 지키기 위해서 병든 몸을 이끌고 먼 길을 어렵게 내려왔다. 그런데 김응서와 유키나가가 접촉했다는 "작은 꼬투리를 트집 잡아 약속을 저버리다니, 인정상 이럴 수 있는 것인가?" 그는 유키나가와 명 사이의 강화에 대해서도 언급했다. 즉, 일본의 입장에서 강화는 바람직하겠으나, 명 조정이 히데요시의 책봉을 허락하게 된 과정에 대해서 자신은 잘 모른다. 그리고 김응서와 유키나가 사이의 접촉은 잠깐의 면담에 불과할 뿐, 조선과 일본 사이의 강화를 의미하는 것은 아니다. 그런데도 기요마사 측은 사명당 자신과 더 이상 담판을 거절함으로써 이제까지 노력을 저버리고 있다.[256]

이겸수 등은 28일 기요마사의 진영에서 돌아와 보고했다. 보고에 의하면 그들도 기요마사를 직접 만나지는 못했다. 기요마사는 그들을 기하치의 집에 머물게 하고, 두 승려를 보내서 논의하게 했다. 논의는 25일과 26일 양일간 이루어졌다. 두 승려는 지난번 기요마사가 제시한 강화조건에 대한 조선의 결정 여부를 물었다. 이겸수 등은 명나라의 명령이 있어야 하며, 유정이 황제에게 보고했을 것이라고만 대답했다. 기요마사 측은 유키나가와 김응서의 교섭을 비난하며 유키나가의 강화조건, 즉 책봉만으로는 히데요시가 만족하지 않는다는 점을 강조했다. 지난번 제시되었던 다섯 가지 강화조건 가운데 하나라도 성사되어야 한다는 것이다. 특히 그들은 두 왕자와 사신의 파견을 다시 제안했다. 그들은 기요마사의 아들을 조선에 볼모로 둘 수도 있다면서 강화에 대한 미련을 내비쳤다. 물론 이겸수 등은 왕자의 파견은 수용할 수 없음을 분명히 했다.[257]

담판 이후

사명당 일행은 위의 담판 내용을 즉시 조정에 보고했다. 그렇지만 사명당은 강화에 대해서 깊은 회의를 느낀 듯하다. 이듬해〔1595년〕 1월 책봉사신이 북경을 출발하는 등 명과 일본 사이의 강화가 실행에 옮겨졌다. 그는 상소를 올려 국정 전반에 대한 의견을 제시했는데, 명과 일본의 강화가 결국 평화를 보장할 수 없다고 주장했다. 그는 강화를 고식적인 계책으로 묘사하면서, 조정이 나라를 지킬 장기적인 대책에 소홀하다고 강력히 비판했다. 필요한 것은 능력에 입각한 관리의 등용, 기강의 확립, 생산능력의 제고, 둔전과 같은 병농일치 등으로 부국강병을 이루는 일이었다.[258]

그럼에도 사명당의 보고에 조정은 단지 기요마사가 돌발적인 행동이라도 하지 않을까 우려했다. 유키나가와 접촉한 것에 대해서 그가 조선이 개나 돼지와 다름없다고 혹평한 것으로 알려졌다. 유정도 이미 귀국해버렸기 때문에 그가 나서서 설득할 수도 없게 되었다. 그리하여 조정은 다시 기요마사가 연락해온다면 다음과 같이 대응하기로 했다. 즉, 사명당의 지체는 지시를 받아야 하는 유정의 북상과 사명당의 병환에 의한 것이며, 김응서와 유키나가의 접촉은 조정이 알지 못했다는 것이다. 그와 함께 명이 책봉의 허용을 이미 결정했고 그에 따라 책봉사절이 나온다는 사실을 분명히 전달하기로 했다.[259] 어쨌든 임의로 왜와 접촉한 김응서에 대한 비판이 제기되었고, 일부에서는 그에 대한 처벌을 요구했다. 도원수 권율의 무능력에 대한 비판과 아울러 그의 교체까지도 논의되었다.[260]

그런데 2월 중순 경상도 순무어사 서성(徐渻)이 치계를 통해서 기요마사와의 강화에 집중할 것을 제안했다. 그는 지금 조선의 역량으로는 왜적과의 강화가 불가피하다고 판단했다. 그에 의하면, 단지 불공대천의 원수와 강화하는 것을 수치로 여긴다면 결국 화를 면하지 못할 것이다. 특히 조선에서 전쟁을 주도하고 있는 기요마사가 유키나가의 강화조건을 따르지 않을 것이다. 유키나가와의 접촉은 기요마사를 자극하여 침략을 야기할지도 모를 일이다. 또한 책봉서 한 장으로 기세등등한 왜군이 갑자기 물러갈 리 없고, 히데요시의 욕심도 거기에 그치지 않을 것이다. 서성은 기요마사와의 강화가 어느 정도 수치를 당하더라도 나라를 보존하고 전쟁을 늦출 수 있으며, 그와 유키나가 및 히데요시를 이간시킬 수도 있을 것으로 보았다.[261]

그렇지만 서성의 제안과는 반대로 비변사는 기요마사와의 접촉 자체를 완전히 끊기로 했다. 그 이유는 이미 명이 유키나가와 강화의 방향을 결정했는데 조선이 기요마사와의 강화에 진력한다면 명의 의심을 불러일으킬 것이기 때문이었다. 더욱이 기요마사는 영토의 할양 등 일곱 가지 강화조건들을 내세우고 있다. 그는 그것들로 히데요시의 욕구를 자극할 수도 있다. 그러나 해당 조건들은 수용할 수 없는 것들로서, 결국 그와의 강화는 실패할 것이고 조선은 난처한 입장에 처하게 될 것이다. 반대로 히데요시가 책봉만으로 만족하여 군사를 철수시킬 수도 있다. 책봉은 권력의 찬탈자인 그의 권위를 높이고 민심을 회복해줄 것이기 때문이다. 이 경우 전쟁에 지친 다른 군사들도 귀국하고자 하여, 기요마사 혼자서 반기를 들지는 못할 것이다. 물론 선조가 지적한 것처럼 히데요시가 책봉만으로 만족할 가능성은 낮았다.

돌이켜보면 서성과 비변사의 방안은 당시 조선이 직면한 딜레마를 반영했다. 기요마사와의 교섭은 유키나가보다 더 많은 양보를 의미했다. 사명당과의 처음 두 번 담판에서 기요마사 측은 영토의 할양과 왕자의 인질 등 다섯 가지 조건을 제시했다. 다만 세 번째 접촉에서 그의 협상자들은 영토의 할양을 사실상 포기하고 왕자의 인질을 요구했을 뿐이었다. 침략국에 대한 왕자의 인질은 굴욕적인 일이었다. 그럼에도 서성이 직접 언급한 것처럼 강화를 수치로 여겨 거부할 경우 화를 자초할 수 있다. 수모를 당하더라도 나라를 보존하는 것이 필요했다.

그렇지만 그의 현실론이 관철될 가능성은 별로 없었다. 조정은 기존의 방식을 고수했다. 조선의 입장에서 책봉은 기본적으로 명과 일본의 관계였다. 그것은 조선의 굴욕이 최소화된 선택이었다. 더욱이 유키나가는 조선이 명에 히데요시의 책봉을 요청하는 주문만 해준다면 당장 군사를 철수시키겠다고 호언했다. 호전적이고 까다로운 기요마사보다는 유키나가가 훨씬 우호적으로 비춰졌다. 그 결과 우여곡절이 없지 않았으나 유키나가와의 강화로 1년 반 뒤 히데요시의 책봉이 이루어졌다. 그렇지만 히데요시는 그의 강화조건에 불만족했고, 결국 기요마사를 중심으로 하는 재침, 즉 정유재란을 일으켰다.

조선이 애초에 기요마사와 강화교섭에 적극 나섰다면 결과는 달라졌을지도 모른다. 물론 기요마사의 요구가 왕자의 인질로 그칠 것인지는 불확실했다. 그렇지만 조선은 그와의 강화교섭에 자신이 없었다. 선조는 최근 조선이 왜군과 자주 접촉한 것을 두고 명이 그들과의 강화를 조선에 떠맡길 것을 두려워했다. 유성룡 등도 왜 측이 명과의 강화에 그치지 않고 종국에는 조선에게도 강화협상을 요구할까 걱정했다.[262] 그들은 왜군과 직접적인 접촉을 피하며 결국 명에 의존하는 안이한 방식을 선택했던 셈이다.

| 제 7 장 |

히데요시의 책봉

7

1. 책봉의 결정

청봉 진주문에 대한 황제의 지시

우여곡절 끝에 진주사 허욱이 1594년 9월 중순 북경에 도착하여 사실상 히데요시의 책봉을 요청하는 진주문을 올렸다.[1] 이에 병부상서 석성은 그간 강화에 대한 논의와 조선의 진주문 등을 종합하여 황제에게 보고했다. 그와 함께 그는 강화논의를 모두 중단시켰던 정책에 대한 수정을 제안했다. 그에 대한 대안으로 그는 지난해 결정했던 세 가지 내용의 강화, 즉 조공을 배제한 책봉의 실시, 왜군의 완전한 철수 그리고 조선을 침범하지 않겠다는 약속 등의 회복을 주장했다.

조선의 진주문과 병부의 제안에 대한 황제의 지시는 약 한 달 뒤 요동도사를 통해 조선에도 전해졌다. 그것은 (조선이) "왜적에게 관공〔款貢, 조공의 약조〕을 허용하여 그 나라의 사직을 보존하려 하니, 그 사정이 매우 급박하다."는 것이었다.[2] 황제는 다음과 같은 취지로 강화의 필요성을 언급했다. 그와 함께 그는 오직 나라의 이해만 따져서 속히 분명한 계획을 세울 것을 병부에게 지시했다.

옛날부터 중국이 이적을 통제하고 (중국의) 권위를 경외하고 은혜에 보답하게 하는 데는, '전수〔戰守, 무력에 의한 공격과 방어〕'와 기미〔羈縻, 유화책〕를 번갈아 쓰는 것이 무방하다. 지금 왜적이 사신을 보내 강화를 요청하였으니 나라의 체면이 저절로 존중되었다. 그에 따라 우리가 그들을 달랜다면 속국〔조선〕을 보전하고, (명군이) 멀리 가서 지키는 수고로움을 없앨 것이다. (그러므로) 잠시 기미하여 (조선이) 방비를 갖추기를 기다리는 것이 어찌 불가하겠는가?[3]

이것은 지난 5월 초 중단되었던 강화논의의 재개를 의미했다. 사실 조선의 책봉 요청이 접수되기 전 왜적에 대한 명의 정책방향은 여전히 정해져 있지 않았다. 이를테면 며칠 전〔9월 9일〕 황제는 다음 세 가지 방안에 대해서 병부 등에 논의를 지시했다. 첫째는 군사를 보내 축출하는 것, 즉 남부지방에 주둔하는 왜군을 직접 몰아내는 것이다. 둘째는 다시 올 것을 기다려 군사를 내어 정벌하는 것, 즉 방비하는 것이다. 셋째는 통공은 불허하되 왕시(往市), 즉 중국의 상인이 일본에 가서 하는 교역을 허용하는 것이다.[4]

당시 명의 황제인 만력제

그에 대해서 석성 등은 두 번째의 방안을 지지했다. 그것은 먼 곳에 지친 군사를 보내기는 어렵고, 왕시는 통공과 일체를 이룰 뿐만 아니라 관련 지방의 이익이 어떤지 알 수 없다는 이유였다. 구체적으로 군사적 방비와 관련해서 그의 방안은 연해지방에 대한 방비의 강화 이외에 중국 동북부 각 진(鎭)에서 일정한 병력을 동원하여 유사시 지원할 준비를 갖추는 것이었다.[5] 또한 석성은 계요총독 손광과 신임 요동순무 이화룡(李化龍)에게 왜적의 사정을 탐지하여 위 세 가지 방안에 대한 의견을 제시하도록 건의했다. 사실 석성의 방안은 일단 상황을 관망하는 것에 불과했다.

그렇지만 조선의 책봉 요청이 접수된 이후 황제의 지시는 이전과 확연히 달랐다. 9월 중순 지시에서 황제는 왜적과의 강화 방침을 분명히 했다. 그와 함께 그는 형부주사 곽실(郭實) 등 그간 책봉에 반대했던 사람들의 잘못을 추궁했다. 그는 또한 확실한 입장을 제시하지 못하고 우왕좌왕했던 병부를 질책하여 조속히 논의를 마무리하도록 했다. 그해 5월 왕석작에 이어 내각수보에 오른 대학사 조지고(趙志皐) 등도 "소서비가 아직 요양에 있고, 왜군이 아직 부산에 주둔하고 있다."는 조선의 진주문에 근거하여 (책봉) 요청을 이행하지 않으면 화가 반드시 조선에 미칠 것이라고 주장했다. 그는 조정에서 논의하기 전에 일단 손광에게 왜적의 상황을 탐지하여 보고하게 하자는 의견을 제시했다.[6]

강화론의 대두

석성과 조지고 등의 의견에 따라 명 조정은 병부의 세 가지 방안과 함께 조선의 책봉 요청과 관련하여 손광과 이화룡에게 상황 보고를 지시했다. 특히 황제는 조선의 진주문에서 언급한 것처럼 왜적이 과연 책봉을 허용하면 물러갈 태세인지를 확인하고자 했다. 한 달 뒤 그들은 보고[7]에서 먼저 병부의 세 가지 방안에 대해서는 석성과 마찬가지로 군사의 파견을 통한 왜군의 축출과 왕시는 적절하지 않다는 입장이었다. 그렇다면 왜군의 상황에 관한 그들의 입장은 어떤가?

손광 등에 의하면, 왜군이 얼마나 오랫동안 부산에 머물지는 알 수 없다. 왜군은 겉으로 강화를 기다린다면서도 그것을 허용하지 않으면 변고를 일으키겠다고 협박하고 있다. 또한 왜군은 선박을 건조하고 식량을 운반하는 등 장차 일을 꾸밀 듯하면서도 성곽과 해자를 건설하여 방어에 치중하고 있다. 어쨌든 손광 등에 의하면, 왜군은 명에게 위협이 될 만한 대규모 공격은 없을 것이다. 물론 명도 먼 그곳까지 군사를 보내 그들을 공략할 여력이 없다. 이러한 상황에서 명의 울타리로서 조선을 지키려고 한다면, 문관의 파견을 통해 조선에 대한 '경리(經理)', 즉 조선의 비용을 이용하되 명의 방식에 따라 방비를 갖추어야 한다. 다만 사안의 중대성으로 인해 성급히 실행될 수는 없다.[8] 현재로서는 요동지역에 대한 방비의 강화가 필요하다.

손광 등은 기본적으로 현상유지 정책을 지향했다. 그들은 왜군에 대한 직접적인 공략보다는 "잠시 군대를 쉬게 하고 원기를 기를 것"과 "(적이) 오면 막고 가면 추격하지 말 것"을 주장했다. 조선의 문제와 관련해서는 "조선으로 조선을 지킬 것"을 지향했다. 그들은 적극적인 강화에 대해서도 반대하는 입장을 분명히 했다. 마찬가지로 그들은 조선의 책봉 요청에 대해서도 회의적이었다. 그들에 의하면, 조선의 군신들은 "깊고 장기적인 전략"이 없다. 조선으로서는 뾰족한 수가 없어서 그러한 주문을 낼 뿐이다. 명의 입장에서 이해관계를 잘 따져야 하며 조선의 간청을 고려할 필요가 없다. 책봉 이후 왜군이 조선을 공략한다면 어떻게 할 것인지 생각해야 하는 것이다. 그들은 앞서 명 조정이 설정한 책봉의 허용에 관한 세 가지 원칙의 준수를 주장했다. 즉, 왜군이 그것을 수용하지 않으면 소서비를 돌려보내 책봉을 분명히 거절해야 한다는 것이다.

손광 등의 의견에 대한 조정의 반응은 문헌상으로 확인되지 않는다. 비록 그들이 조선 문제의 담당자였으나 의견이 그리 명쾌하지 않았을 뿐만 아니라 기본적으로 현상유지에 불과했기에 돌파구를 마련하는 데에는 적합하지 않았다. 더욱 중요하게는 조정에서 석성 등 강화론자들의 발언권이 강화되었다. 그간 비판받아 위축되었던 송응창도 다시 목소리를 높였다.

조선의 진주문에 대한 황제의 지시를 들은 송응창은 조선 문제에 관한 자신의 의견을 개진했다. 왜군의 잔류 사실이 밝혀지면서 비판받았던 그는 얼마 전 조선에서의 공로를 인정받아 복권된 상태였다. 그의 주장은 크게 두 가지였다. 하나는 책봉을 통한 강화가 나쁘지 않다는 것과 다른 하나는 요동 등 중국이 아닌 조선에서 왜군을 막아야 한다는 것이었다. 그것은 당시 조선정책에 대한 두 가지 극단적인 의견에 대한 반론이었다. 즉, 앞서 본 것처럼 일부는 왜군에 대한 군사적 조치를 주장하며 강화를 반대했고, 일부는 조선을 포기하고 명의 방어에 치중해야 한다는 소극적 정책을 주장했다.

먼저 강화와 관련하여 그는 책봉을 허용한 뒤 3년 동안 일본이 문제를 일으키지 않으면 통공을 허용해야 한다는 입장을 개진했다. 그 이유는 "(명) 조정이 은혜를 크게 베풀어 한번 책봉의 칭호를 내려 무마하는 것은 쉽지만, 바다를 건너 절멸시키는 것은 어렵기" 때문이었다. 물론 책봉과 통공을 허용하더라도 화근이 없어지지는 않을 거라는 의견도 있었다. 즉, 그것을 이용하여 왜적이 중국을 침략할 수도 있다는 것이다. 그에 대해 송응창은 왜적이 중국을 침략하려면 굳이 책봉을 빌미로 삼을 필요가 없고, 또한 통공을 하더라도 왕래시에 부절과 같은 엄격한 증명이 있을 것이므로 해롭지 않다고 주장했다. 더욱이 그는 조선국왕이 "한 번의 책봉으로 (왜군이) 귀국할 것(一封歸國)"이라며 책봉을 요청했음을 강조했다. 당사국인 조선이 책봉을 통해 왜군을 철수시키고 전쟁을 종료하는 방안을 수용하고 있다는 것이다.

다음으로 조선의 방어와 관련하여 그는 조선의 지정학적 위치에 주목했다. 그것은 그가 지난해 강화와 함께 명군 잔류의 필요성을 주장했던 근거였다.[9] 즉, 그는 "전라도와 경상도의 요새를 지키는 것은 쉽지만, 중국의 연해 지역을 지키는 것은 어렵다. 이미 얻은 조선을 지키는 것은 쉽지만 (일본에) 함락당한 조선을 다시 공략하는 것은 어렵다."고 주장했다. 그에 의하면, 천혜의 요새인 한반도를 수와 당이 공략하여 패했던 것을 거울삼아야 한다. 일본이 조선을 취하게 되면, 그것을 바탕으로 요동을 침범할 것이다. 특히 명의 입장에서 땅이 넓은 요동과 연해 지역은 방어가 어렵고 군사는 분산되어 있으나, 일본은 산발적으로 공격함으로써 힘을 덜 들이고 중국을 괴롭힐 수 있다.[10]

병부상서 석성도 다시 책봉 절차를 진행할 것을 주장했다. 그에 의하면, 왜군의 서울 철수와 왕자 및 배신의 송환을 계기로 책봉과 철군이 이미 황제의 조서를 통해 선포되었다. 다만 왜군이 여전히 부산에 주둔하고 있었기에 책봉이 진행되지 않았다. 석성은 이제 새로운 접근을 주장했다. 왜군의 철수를 조건으로 하지 말고 책봉사절을 보내서 왜군이 철수하게 해야 한다는 것이다.

> 왜적이 부산에 오랫동안 거주하고 있는데, 우리가 책봉하겠다고 하면서도 책봉하지 않는다면 이미 신뢰를 잃은 것이고, 그들(왜적)이 책봉을 요청하는 데 책봉하지 않는다면 그들은 다시 의심을 품을 것입니다. 그러므로 책봉한 뒤에 칙령을 내려 모두 철수하게 하는 것도 안될 것이 없습니다. 책봉 전에 빈번한 질책은 반드시 행해지기 어려울 듯합니다. 마땅히 한편으로 소서비를 북경으로 들어오게 하여 책봉의 신뢰를 보여주고, 다른 한편으로 유키나가에게 조속히 철수하여 책봉사신이 오기를 기다리도록 설득해야 합니다. 유키나가가 갑자기 돌아가지 못하니, 책봉사절을 기다려 철수하도록 허락하는 것도 나쁘지 않습니다.[11]

그에 의하면 책봉을 통해 조선이 반드시 3-5년간 안정될 것이고 그동안 스스로 방비를 구축할 수 있다. 반대로 왜적에게 관철하기 어려운 조건을 고집한다면 왜적이 조선을 다시 공략할 수 있고, 그러면 중국도 북방 오랑캐를 포함하여 국내외로 어려움에 처하게 될 것이다. 현재로서 명은 외우내환을 겪고 국력이 피폐해 있다. 그는 조선에 중국의 역량을 쓰는 것은 복심(腹心)을 버리고 사지(四肢)를 구하는 것이라고 비유했다. 그와 함께 그는 왜적이 다시 말을 바꾼다면 자신이 직접 조선에 가서 처리할 것이고, 그럼에도 성공하지 못한다면 책임을 지겠다고 다짐했다.

명 내부에서 강화론이 대두되는 시점에서 조선에서도 정치적인 변화가 발생했다. 그것은 왜적에 대한 강경론을 펼치던 윤두수의 입지 약화였다. 허욱이 책봉 요청 진주문을 가지고 북경으로 떠난 1594년 8월 유정이 남원에서 철수해 올라오고 이어 세자도 홍주에서 상경하게 되었다. 이에 조정은 분조를 이끌던 좌의정 윤두수를 도체찰사로 삼아 남부지방에서 계속 전방의 업무를 관할하도록 했다. 앞서 지난해 말에도 왜군에 대한 대규모 공격을 주장했던 윤두수는 내려가자마자 거제도의 왜군 근거지에 대한 공격을 추진했다. 그는 지금과 같은 대치국면이 계속되면 조선은 식량 부족으로 버틸 수 없으니 차라리 모든 역량을 동원해서 왜와 일전을 벌이는 편이 낫다는 보고를 올렸다. 비변사는 그의 계획에 대해서 "죽음 속에서 삶을 구하는 격"으로 가망성이 없다고 보았다.[12]

그렇지만 보고가 올라온 시점에서 이미 그의 계획은 진행되고 있었다. 거기에는 도원수 권율, 경상도 조방장 곽재우, 전국의 의병을 이끌던 충용장군 김덕령, 수군통제사 이순신, 경상우수사 원균 그리고 전라우수사 이억기 등이 동원되었다. 그들은 10월 초순 연일 수륙으로 진출했으나 왜적은 나와 싸우려고 하지 않았다. 그 과정에서 왜군은 일본과 명이 지금 강화를 하고자 하므로 싸울 것 없다는 패문을 보내기도 했다. 이번 작전은 나중에 장문포(場門浦)해전으로 알려졌으나, 대규모 군사의 동원에도

적극적인 소탕에 나서지 못함으로써 성과 없이 끝나고 말았다.[13]

계획의 실패가 알려지자 윤두수는 언관들의 탄핵 대상이 되었다. 그것은 "시세를 헤아리지 못하고 함부로 군사를 움직였다."는 이유였다. 그는 남송 때 재상으로서 무모하게 금에 대한 북벌을 시도하여 오히려 굴욕적인 강화를 맺었던 한탁주(韓侂胄) 등과 비교되었다. 10월 하순부터 12월 초까지 3사는 연일 윤두수의 파직은 물론 권율과 이순신까지도 국문할 것을 주장했다. 3사의 탄핵 주장에 선조는 굽히지 않았으나, 강화 반대의 목소리도 약화되었다.

한편 허욱의 진주문에 대한 황제의 답변은 10월 하순 조선에 전달되었다. 거기에는 그간 조선이 강화에 반대했던 각종 시도와 관련된 내용도 있었다. 즉, 병부가 조선을 강요하여 책봉에 반대하는 주문을 올리게 했다는 것이다. 황제에 따르면, 이것은 중국이 권위와 덕성으로 이적을 제어하는 방책에 어긋나는 일이었다. 결국 그는 조선을 동정했지만 조선의 입장을 전혀 반대로 이해했던 것이다. 선조가 말한 것처럼 옳고 그름이 뒤바뀌었고, 의리에 입각하여 제시했던 주장과 논리가 모두 거짓으로 낙인찍히는 결과가 되었다. 그의 표현대로 "우리나라는 지켜온 의리를 스스로 잃게 되었을 뿐만 아니라, 후세의 공론(公論)에도 죄를 짓게 되었다."[14] 조선의 책봉 요청이 오히려 고양겸과 호택 등의 강요와 협박에 의한 것임을 황제가 알 리 없었다.

손광 총독의 조선경리론

여기서 잠깐 손광의 조선 문제에 대한 입장을 살펴보자. 그의 개인적 견해는 전체 상황의 전개 자체에는 큰 의미가 없어 보이지만, 명이 추진한 책봉정책의 유력한 대안으로서 강화의 파탄 원인과 함께 조명관계의 전개와 관련하여 적잖은 시사점을 주고 있다. 손광은 산동순무로 있을 때부터 나름대로 조선 문제에 대한 자신의 견해를 계속 제기해왔고, 그것은 송응창과 차이가 적지 않았다. 지난 봄 총독으로 임명된 뒤에는 조선 문제의 해법을 제시했다. 자세한 내용은 알려지지 않았으나 거기에는 조선으로서는 우려할 만한 점도 포함되었다. 이를테면 그는 조선에 정동행성을 설치하여 순무를 통해서 조세 등을 관장해야 한다는 의견을 제기했다.[15]

그는 조선의 책봉 요청으로 강화논의가 재개되자 조정의 부서나 석성 등에게 보내는 서신을 통해 조선 문제에 대한 자신의 방안을 제시했다. 조정의 각 부서에 보내는 한 편지에는 다음과 같은 구절이 포함되었다.

> 이에 세 가지 정책(책봉 허용의 세 가지 전제조건)과 그에 따른 책봉 허용에 관해 논의하라는 황제의 지시를 받고, 저는 여러 번 따져보았습니다. 만약 만전을 기하고자 한다면 반드시 관리를 시켜 그 나라(조선)를 통치

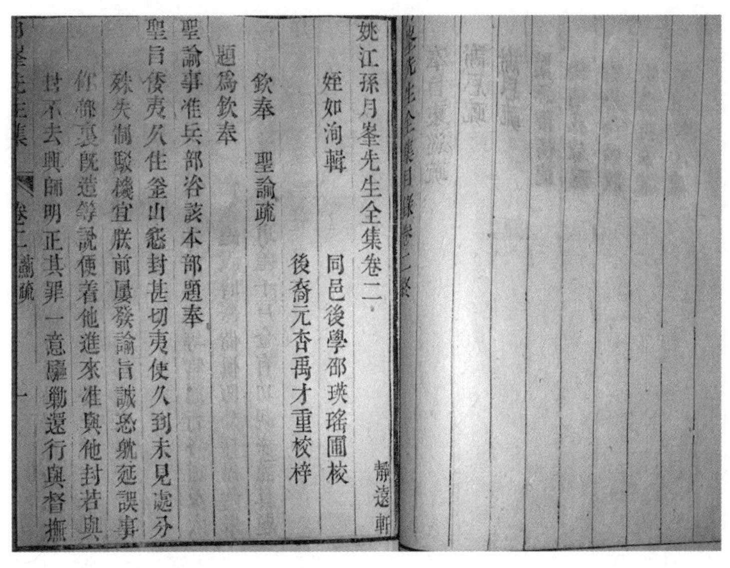
姚江孫月峯先生全集卷二　靜遠軒
姪如洵輯　同邑後學邵瑛瑤圃校
後裔元杏禹才重校梓
欽奉　聖諭疏
題爲欽奉
聖諭事准兵部咨該本部題奉
聖旨倭夷久住釜山懇封甚切夷使久到未見處分
殊失制馭機宜朕前屢發諭旨誠恐躭延誤事
你部裏既造尊說便着他進來准與他封若與
封不去與師明正其罪一意驅勦還行與督撫

손광의 문집 『요강손월봉선생전집(姚江孫月峯先生全集)』_ 요강은 절강성의 지명, 월봉은 그의 호다

하는 뜻을 가진 듯해야 하고, 조선을 대신하여 경리(經理)한 뒤에야 그 것〔책봉의 허용〕이 가능합니다. 당장에는 비록 4, 50만 냥의 비용이 들겠지만 이후에는 점차 줄어들 것입니다. 만약 대신들이 지지하고 황제께서 편의를 아시어 제게 맡겨둔다면, 힘을 다하여 담당하겠습니다.[16]

인용문에서는 잘 나타나 있지 않으나, 손광은 그 글에서 일종의 완충지대로서 서울 이북에 대한 명의 직접경영을 주장했다. 그의 조선 직접경영은 또한 왜적에 대한 대응책이자 중국 내지의 안정을 위한 장기적 정책이었다. 그에 따르면 조선의 일부에 대한 직접경영은 명에게는 어느 정도 비용이 수반될 것이지만 그것은 일시적일 뿐, 조선이 회복되면 현지 자급이 가능하다.

그와 함께 손광은 책봉정책에 대해서는 회의적이었다. 그에 따르면, 혹 왜군이 지금 세 가지 조건을 수용하여 군사를 돌린다고 하더라도 본국으로 가지 않고 대마도에 머물렀다가 추가적인 요구를 해오거나 아니면 조선을 재침할 수도 있다. 그들의 책봉 요청은 단지 '얻을 것은 얻자'는 욕심에 불과하다. 그는 조선의 요청을 이유로 책봉의 허용을 주장한 석성에 대해서도 이의를 제기했다. 손광에 의하면, 책봉 요청은 조선의 본의가 아니며, 호택이 강요했기 때문이다. 조선은 최근 군사를 요청하는 공문을 보내오기도 했다. 그의 판단으로 책봉 요청은 임시방편일 뿐이고, 조선은 군사적 해결을 원하고 있다.[17] 그에 의하면 책봉서 한 장으로 왜적을 복종시킬 수는 없다. 왜적은 지금 지쳐서 돌아가려고 하는데, 책봉은 그에 대한 명분을 얻기 위한 것에 불과하다. 책봉의 허용은 단지 명이 허약하여 전쟁을 원하지 않음을 보여줄 뿐이다. 왜적은 일단 책봉을 받은 뒤 더 많은 요구를 해올 것이다. 더욱이 유키나가가 책봉만을 원한다고 하더라도 히데요시나 다른 장수들은 거기에 동의하지 않고 더 많은 것을 요구할 수도 있다. 책봉은 미봉책에 불과한 셈이다. 기본적으로 왜의 속셈을 파악할 수 없기 때문에 만전을 기해야 한다.

그렇다면 어떻게 할 것인가? 그는 책봉을 허용하지 않으면서도 강화교섭을 계속하여 최소 1년 동안 버틸 것을 주장한다. 그 사이 자신이 서울 이북을 직접 경영하여 안정화시킬 것이다. 이때 명군은 기본적으로 조선이 아닌 압록강 건너편에 주둔한다. 1년이 지난 뒤 책봉 불허로 인해 왜군이 재침하더라도 명군은 서두르지 않고 천천히 군사를 보내서 조선을 지원하면 된다. 이미 직접경영을 통해서 서울 이북을 확고하게 명의 세력 아래 둔 상황에서 그 이남 지역에 대해서는 차분히 진출 여부를 계산하면 되는 것이다. 물론 왜군이 궁극적으로 조선에서 안정적인 지위를 갖지 못하게 해야 중국 내지가 안정될 수 있다. 이것이 명의 영토를 지키면서 다른 나라에서 명군을 피곤하지 않게 하는 방법이고, 장기적인 안정책이다.[18]

그해 말 명 조정은 소서비를 북경에 들이고 책봉 절차를 진행하기로 했다. 그때 손광은 다시 석성에게 편지를 보내 반론을 제기했다. 거기에는 명의 조선정책 방안 가운데 조선경리의 의미가 더욱 분명하게 드러난다. 그에 의하면 책봉 이후 왜적이 재침할 경우, 방어의 범위와 관련하여 명이 취할 수 있는 방안은 크게 네 가지다. 첫째 군사 및 설득의 방식으로 (전체) 조선을 지키는 것, 둘째 명 내부만 방비했다가 상황을 보아서 군대를 내는 것, 셋째 "그 틈을 타서 조선을 경리하는 것", 넷째 왜적이 조선에 둔취하더라도 내버려두는 것 등이었다.[19] 손광의 입장에서 그 가운데 가장 적절한 방안은 세 번째였다.

조선경리는 조선이 반대할 것은 분명했다. 따라서 조선이 자신을 방비하지 못하는 상황을 이용하지 않으면 안 된다. 지금처럼 독립적 실체로서의 조선을 위해서 명이 군사와 식량을 동원해서 싸워서는 안 된다. 그는 요동순무 이화룡에게 보내는 한 편지에서 "왜적이 변고를 일으키더라도 조선이 먼저 그들을 대적하게 해야 하며, 우리는 천천히 기회를 보아 움직여야 한다."면서 전쟁이나 책봉과 관련하여 "(명이) 조선의 명령을 듣는 것은 올바른 대책이 아니다."고 주장했다.[20] 그는 조선경리 문제를 자주 제기하고 심지어 석성에게도 황제의 윤허를 얻도록 요청했다.[21]

사실 조선경리는 당시로서는 조선은 물론 명에서도 수용될 가능성이 희박했다. 그럼에도 그의 견해는 명이 선택할 수 있는 방안들에 대한 숙고의 결과였다. 특히 책봉 과정에서 제기되는 것처럼 왜군이 조선에서 철수하지 않는다면 어떻게 할 것인가? 하나의 방법은 대규모 군사를 동원해서 왜군을 몰아내는 것이다. 그렇지만 그것은 명에게는 많은 인적 · 물적 비용으로 인해 국가의 피폐를 가져올 수 있다. 다른 하나는 타협하여 왜군의 주둔을 인정하는 것이다. 그렇지만 그것은 명에게는 상당한 권위의 손상을 가져올 뿐만 아니라 후환을 남길 수도 있다. 이러한 상황에서 손광은 일종의 화전양면을 제기했고, 조선경리는 그것을 뒷받침해주는 보완책이었다.

화전양면이란 한편으로 수군과 육군 수천 명을 통해 군사적으로 왜군을 압박하고, 다른 한편으로 사신을 보내서 그들의 철수를 종용하는 것이었다. 그는 그 비용을 연간 20만 냥으로 계산하기도 했는데, 명이 조선을 경영함으로써 점차 자신의 부담을 줄일 수 있다고 보았다. 즉, 조선의 조세 등을 직접 관리함으로써 그 비용을 충당해나간다는 것이다. 물론 조선경리는 일본의 완전한 점거를 막는 수준에서 조선의 불안정성을 장기적으로 인정해야 한다는 인식에 기반했다. 그는 석성에게 이렇게 글을 올렸다.

> (조선경리를 실시한다면) 그들〔왜군〕이 다시 조선과 싸워 이기더라도 결코 조선을 점거하지 못하게 하고, 조선을 점거할 수 있더라도 일본도 다른 사람에 의해 점거될까 걱정할 것입니다. 다른 나라에 예의가 없으면, 무공을 크게 이루더라도 국내의 변고가 반드시 생길 것입니다. 다른 나라를 침략하는 것은 쉽지만 안정시키는 일은 매우 어렵습니다. 과거

> 5호(五胡)[22]가 잠깐이라도 안정된 적이 있었습니까? 우리가 서서히 일어나 대응하면 저절로 완전한 공을 거둘 수 있습니다. 이렇게 한다면 중국이 어찌 피폐할 일이 있겠습니까?[23]

그렇지만 손광의 방안은 한계가 없지 않았다. 무엇보다도 그 내용이 상당히 복잡하고 모호한 측면이 있었다. 그는 조정이 자신을 견제하지 말고 맡겨둘 것을 거듭 요청했으나, 그것은 명의 관료제도에서는 수용되기 어려웠다. 특히 강화가 이미 1년 반이나 교착된 상황에서, 그의 장기적 방안은 설득력을 갖지 못했다. 왜군의 조선 주둔과 조선의 불안정한 상태는 명의 입장에서 수용하기 힘들었다. 또한 왜군의 철수와 같은 조선 문제의 궁극적 해결은 일본의 국내적 변고와 같은 우연에 의거할 뿐, 결과가 확실하지 않았다. 마지막으로 명의 직접경영은 유성룡 등에게서 볼 수 있는 것처럼 조선으로서는 영토의 일부에 대한 포기는 물론 주권의 상실 가능성을 내포했기에 수용하기 어려웠다. 뿐만 아니라 일시적으로나마 적잖은 비용을 들여 타국의 국방을 책임진다는 점에서 명에게도 문제였다.[24]

소서비의 북경 진입

결국 1594년 11월 초 명 조정은 병부상서 석성의 제안에 따라, 그해 3월 초부터 요양에 억류되었던 소서비를 북경으로 들어오게 하여 책봉 절차를 밟기로 결정했다. 특히 석성은 책봉을 진행하지 않을 경우 왜군이 명의 책봉 의지를 의심하여 다시 도발할 수 있다고 주장했다. 그는 또한 책봉 절차를 개시함으로써 왜군의 철수를 유도할 수도 있다고 강조했다. 명 조정은 소서비와 책봉사 파견 절차를 논의함과 동시에 사람을 유키나가에게 보내서 철군을 설득하기로 했다.[25]

주청사 윤근수 일행이 머물고 있던 상황에서 소서비는 12월 초순 북경에 도착했다.[26] 조지고 등은 그를 일본의 사신으로서 예우하고자 했다. 즉, 그에게 황제를 조현하게 하고, 이때 백관과 시중 그리고 경비병들이 도열하여 엄숙한 분위기로 조정의 존엄함을 보여주고자 했다. 다만 황제는 조선을 침략한 이유를 추궁하고, 여전히 군대를 주둔하고 있는 상황을 지적하며 소서비에 대한 일종의 심문을 지시했다.[27] 그리하여 12월 20일 병부상서 석성과 대학사 조지고 등 대신들이 모여 책봉의 실행과 관련된 구체적인 조사를 진행했다. 그것은 대신들이 묻고 소서비가 대답하는 방식이었다. 결과는 모두 16개의 문답으로 보고되었다.[28]

조선의 침략과 관련해서 소서비는 일본이 조선에 의탁하여 명의 책봉을 얻고자 했으나 조선이 속이고 명에 전달하지 않았고, 또 속임수로 일본인을 죽였기 때문이라고 답변했다.[29] 이것은 일본은 애초 명을 침범할 의도가 없다는 의미였다. 명 측의 강화조건에 대해서 소서비는 적극 반응한 것으로 기록되었다. 『신종실록』에 의하면, 그는 왜 측의 요구조건에도 변화가 있다는 점을 분명히 했다. 일본은 과거에는 책봉과 통공을 모두 원했으나, 지금은 책봉만으로도 철수하겠다는 것이다. 그 외에도 그는 왜군이 아직도 철수하지 않는 이유는 명의 책봉사절을 기다리기 위함으로, 책봉사절이 부산에 도착하면 즉시 철수하겠다고 대답했다.

사실 소서비가 북경에 들어오기 전, 더 정확하게는 북경에 들어오는 조건으로, 명 측이 강화조건을 유키나가에게 제시하여 그가 해당 조건을 수용했다. 그것은 왜군은 전부 귀국할 것, 책봉만 허용하고 통공은 요구하지 않을 것, 조선을 재침하지 않겠다고 맹세할 것 등 세 가지였다. 소서비가 북경에 도착하기 전날의 날짜로 유키나가는 손광에게 글을 써서 책봉의 실행을 전제로 세 가지 약속의 준수를 분명히 했다.[30] 소서비도 대신들과 질의응답에서 전에 유키나가가 이미 손광에게 품첩하여 일일이 거기에 따르겠다고 한 사실을 확인했다. 그는 또한 사안의 중요성으로 인해 히데요시가 유키나가에게 명령했고, 유키나가가 자신에게 관련 서신을 보냈다고 진술했다. 다만 대신들이 기요마사가 수용하지 않으면 어떻게 할 것인지 물었을 때, 소서비는 답변하지 못했다.

소서비의 조사결과에 대한 병부의 보고에 따라 황제는 향후 조치를 지시했다. 중요한 것은 왜군의 철수와 책봉사절 진출의 선후관계였다. 그와 관련하여 그는 병부에게 "먼저 사람을 파견하여 왜장이 군대를 이끌고 전원 본국으로 돌아가도록 설득하고, (왜군의 철수를 확인하는) 조선국왕의 주문이 도착하는 날 사신을 파견하여 책봉하라."고 지시했다.[31] 즉, 첫째 왜군의 철수, 둘째 그에 대한 조선국왕의 확인, 셋째 책봉의 시행이라는 선후관계의 원칙이 제시된 것이다.[32]

책봉이 결정되면서 소서비는 석성에게 명이 책봉해주기를 바라는 사람들의 목록을 제출했다. 그것은 직급에 따라 구분되었다. 맨 처음에는 히데요시를 일본국왕으로, 그의 처는 왕비로, 두 아들 가운데 적자〔히데요리秀賴〕는 세자로, 양자〔히데쓰구秀次〕는 관백으로 책봉하는 것이었다. 이어 유키나가와 겐소, 요시토시 등 33명이 대도독 등 각종 직책으로 책봉되도록 했다. 다만 기요마사는 책봉목록에 포함되지 않았다. 그 외에 목록에는 없는 사람들의 책봉을 위한 차부(箚付)도 1백여 장이 요청되었다.[33]

그렇다면 이처럼 여러 사람의 책봉을 요청한 이유는 무엇인가? 소서비에 의하면, 이러한 많은 책봉과 차부를 내림으로써, "일본의 대소 신료들이 모두 외람되지만 천조의 작위를 받아 천조의 명령을 지키게 할 것"이다. 이것은 왜 측이 책봉에 상당한 의미를 부여했음을 뜻한다. 물론 명은 소서비의 요청을 그대로 수용하지 않았다. 즉, 책봉 인원은 대폭 줄어들고 또 하사된 직급도 낮춰졌다. 히데요시를 일본국왕으로 책봉한 것 외에 유키나가와 세 명의 봉행 등 8명의 왜장들은 대도독이 아닌 도독첨사(都督僉事)로 책봉하고, 소서비와 겐소에게는 상만 내리기로 결정했다.[34]

왜군 철수의 종용

소서비를 북경에 수용함과 동시에 명 조정은 유격 진운홍(陳雲鴻)과 심유경의 가신 심가왕(沈嘉旺)을 부산으로 보내 유키나가에게 철군을 설득하기로 했다. 다만 중복을 피하기 위해서 먼저 심가왕을 통해 석성의 편지를 보내고, 진운홍을 얼마간 시차를 두고 보내는 방식을 취했다. 손광은 조정의 책봉결정으로 한 걸음 물러날 수밖에 없었으나, 심가왕을 수행한다는 명목으로 참군 섭정국(葉靖國)을 유키나가 진영에 파견하여 철수를 종용하는 방문(榜文)을 보냈다.

12월 초 서울에 도착한 심가왕 일행은 조선 측과 직접 접촉하지 않았다. 다만 일행은 사람을 접대도감에 보내 쪽지를 전해주었다. 그 쪽지는 황제가 히데요시의 책봉을 승인했고, 소서비를 북경으로 들이게 했다는 내용이었다. 그와 함께 그들의 목적이 황제의 지시와 석 상서의 편지를 유키나가에게 전달하고, 그곳에 머물고 있는 담종인을 만나 왜군을 모두 부산에서 철수하게 하는 것임을 밝혔다.[35] 이틀 뒤 섭정국은 호조판서 김수에게, 손광이 유키나가에게 보내는 문건에 대해서 언급했다. 그것은 봉해져 있어서 읽어볼 수 없었으나, 대략 "황제가 책봉을 허락했고, (왜군을) 속히 바다를 건너게 한 후에 (책봉)사신을 보낼 것이다."는 내용이었다.[36]

책봉과 관련하여 조선과 공식적으로 접촉한 인물은 진운홍이었다. 그가 11월 초 황제의 지시를 받아 조선을 향했을 때, 병부는 조선에도 그 사실을 통보했다. 진운홍 일행은 12월 11일 평양에 도착했고, 19일 서울에서 선조를 만났다. 선조는 책봉에 대한 직접적인 반대의사를 꺼내지 않고, 유정의 군대가 철수할 때 약속했던 명군 3천 명이 언제 오는지 물었다. 이에 진운홍은 왜군이 철수하면 명군은 오지 않을 것으로 대답했다. 물론 그는 왜군이 돌아가지 않는다고 판단되면 명군이 다시 들어와 왜군에 대한 대대적인 공격을 가할 것을 예고했다. 그는 책봉을 허용하면 조선에서 군사를 철수하겠다는 유키나가의 답서를 선조에게 보여주었다.[37] 그는 왜적의 책봉 요청이 진정성이 있으며, 자신이 왜영에 가서 설득하면 왜군은 철수할 것임을 자신했다.[38]

진운홍이 부산을 향해 남하하자, 조정은 한어가 가능한 병조좌랑 이시발(李時發)에게 그를 수행하게 했다. 이시발의 보고에 의하면, 일행은 12월 27일 남원에 이르렀다. 그곳에서 그들은 밀양과 김해 등을 거쳐서 이듬해 13일 웅천의 유키나가 진영에 도착했다. 이시발은 1월 18일, 진운홍은 1월 21일 왜영에서 돌아왔다. 이시발은 전후 세 차례에 걸쳐서 왜영에서의 활동을 조정에 보고했다. 그는 신분을 감추고 위장하여 들어갔기 때문에 그냥 참관에 그쳤다. 다만 보고 내용이 매우 자세한 것으로 보아서 양측이 회합하는 자리에 대부분 참석한 것으로 보인다.

명의 입장에서 진운홍의 임무는 왜군의 철수를 타이르는 일이었다. 그렇지만 유키나가 측에서는 그간 지체된 책봉사절의 파견이 주된 관심사였다. 그리하여 실제 논의는 후자를 중심으로 진행되었다. 특히 왜 측은 책봉사절의 지체에 대한 불만을 강하게 제기했는데, 사실 진운홍도 명 내부의 논쟁으로 인해 오랫동안 지체된 것을 인정하지 않을 수 없었다. 왜 측에 의하면, 자신들은 평양에서 물러났고 서울에서 철수했으며, 그리고 왕자와 배신을 송환했고, 조선 지방에 대한 공격을 하지 않았다. 그럼에도 명은 책봉에 관한 어떤 약속도 실현하지 않고 있다. 어쨌든 왜 측은 서울이나 남원에 책봉사절의 도착이 확인되면 관백에게 보고할 필요 없이 즉시 군사를 철수하겠다는 입장도 전했다.[39] 진운홍은 책봉사절의 조속한 도착을 약속하면서 순조로운 진행을 낙관했다.[40]

주변적이나마 진운홍을 따라갔던 조선의 관원들과 왜군의 접촉도 없지 않았다. 이를테면 요시토시의 진영을 찾은 조선의 역관들과 겐소·시게노부 등 사이에 유사한 대화가 오갔다. 책봉사절의 출발일자에 관한 겐소의 질문에 대해 역관 이해용(李海龍)은 2월은 넘기지 않을 것이라고 답했다. 이에 겐소는 이제까지 속임수가 많아 책봉사절이 온다는 말은 믿을 수 없으니, 도착한 뒤 철수할 것이라고 말했다. 이해용은 오가는 말들이 다르고, 특히 왜군이 철수하지 않으니 조선도 의심하고 명에서도 논의가 분분하여 책봉사절이 지체된 것이라고 주장했다. 겐소는 또한 조선이 책봉을 막고 있다는 소문을 제기했는데, 역관 이언서(李彦瑞)는 책봉은 명의 소관으로 조선이 간여할 바가 아니라고 대답했다. 한편 시게노부는 조선 수군이 거제도에 정박하여 싸우려 하고, 사명당 유정이 기요마사 진영에 출입한 것 등을 문제 삼았다.[41]

한편 진운홍과 이시발 일행은 유키나가의 진영에 억류되어 있던 담종인과도 만나 현안을 논의했다. 담종인은 1593년 말 송응창과 이여송의 명으로 유키나가를 찾아가 히데요시의 항복표문과 왜군의 철수를 요구했다가 1년 이상 억류된 상태였다. 진운홍은 명에서 책봉 논의가 분분하여 결정이 늦어졌으나 석성의 노력과 조선국왕의 주본(奏本)으로 책봉이 결정된 배경을 설명했다. 이에 담종인은 왜군도 조선에서 (햇수로) 4년이나 되어 철수하고자 하며, 책봉사절을 간절히 기다리고 있다는 사실을 강조했다. 그는 이해용에게 작년 12월 히데요시가 유키나가에게 내린 지시를 알려주었다. 거기에 따르면 책봉사절이 왜영에 도착한 뒤에 철수하라는 것이었다.[42]

책봉사절의 파견과 왜군 철수의 선후관계를 두고 양자간 이견이 있는 가운데 유키나가는 일종의 타협적 조치를 취하기도 했다. 그것은 각 진영에서 군사의 절반을 먼저 철수시키고, 진운홍에게 직접 확인하게 한 것이다. 그는 1월 19일 진운홍의 면전에서 깃발을 펼치고 포를 쏘며 36척의 배를 출발시키는 장면을 연출했다. 그러면서 그는 이들이 경상좌도와 우도의 각각 7천 명과 8천 명, 합계 1만 5천 명이라고 주장했다. 이시발은 이미 그곳을 떠나온 상태였으나 조선의 다른 역관 장춘열(張春悅)도 그 장면을 목격했다. 그렇지만 이시발은 그것을 속임수로 간주했다. 유키나가는 별도의 서신을 진운홍에게 보내서 해당 수의 왜군 철수를 서면으로 확인했다. 진운홍도 부산을 떠나 밀양에 도착한 뒤 유키나가에게 편지를 보냈다. 편지에서 그는 기요마사가 책봉을 반대하여 경주로 북상해서 조선을 치려 한다는 소문을 지적했다. 그 외에도 그는 왜승 2인이 사명당에게 히데요시가 책봉을 원하지 않는다는 내용의 편지를 보내온 사실을 전하며 유키나가에게 적절한 대응을 촉구했다.[43]

철수에 대한 요구가 제기되자 유키나가도 일부 군대 잔류의 불가피성을 명 측에 전했다. 진운홍이 왜영을 떠난 뒤 얼마 후, 유키나가는 손광에게 편지를 보냈다. 그는 군사 2, 3천 명 주둔의 불가피성을 언급했다. 그 근거는 조선에 남아서 명의 책봉사절과 연락하고 접대해야 한다는 것이었다. 그는 군사가 전원 철수할 경우에는 조선이 기회를 틈타 보복할지도 모르고, 책봉이 조속히 이행되어야 철수할 수 있다는 입장이었다.[44] 왜군 철수와 책봉사절 파견의 선(先) 이행을 두고 점차 양측 사이에 갈등이 나타나게 된 것이다.

책봉사절 파견 통보

그런데 진운홍이 철수를 종용하고자 왜군 진영으로 향하던 시점인 1594년 12월 30일 명은 이종성(李宗城)을 정사로, 양방형(楊方亨)을 부사로 하는 책봉사절을 구성했다.[45] 그와 함께 병부는 며칠 뒤 자문을 통해 히데요시의 책봉 결정을 정식으로 조선에 통보했다.[46]

거기에는 그간 명의 군사적 지원을 통해 조선이 회복되었다는 것과 함께 히데요시의 책봉에 대한 황제의 허락이 명시되었다. 책봉 허용의 배경과 관련해서는 조선이 히데요시를 위한 책봉 요청 사실이 강조되었다. 즉, 원래 히데요시가 소서비를 보내 (항복)표문을 바치면서 책봉을 갈

구했을 때에도 그것을 허용하지 않았으나, 조선이 글을 올린 뒤에야 황제가 승낙했다는 것이다. 그와 함께 황제는 병부로 하여금 관리들을 왜영에 보내서 철수를 설득하도록 명했다는 점도 명시되었다. 그 외에도 병부는 조선도 배신을 유키나가에게 보내서 철수를 설득하고 우호관계를 맺을 것을 권유했다.

한편 책봉사절의 진출에 대해서 병부의 자문은 다음과 같이 명시했다.

> 관백의 일본국왕 책봉과 관련하여서는, 책봉사신 2명을 보내어 소서비와 함께 (1595년) 정월에 출국하여, 잠시 요양(遼陽)에서 (머물면서), 부산의 왜군이 전원 본거지로 돌아가고, (그것을 확인하는) 그 나라〔조선〕의 주문이 도착하기를 기다린 다음, (일본에) 가서 책봉해야 한다.[47]

책봉사신은 요양에 머물고, 조선이 공식적으로 왜군의 철수를 확인한 뒤에 책봉을 진행하도록 했는데, 그것은 앞서 본 것처럼 얼마 전 소서비에 대한 조사 직후 황제가 지시한 원칙이었다. 병부는 또한 진운홍이 왜영에서 나올 때, 왜군의 철수 여부를 확인하기 위해서 손광 휘하의 천총 누국안(婁國安)을 유키나가의 진영에 파견했다.

얼마 뒤 명은 산동포정사 양호(楊鎬)의 자문으로 책봉사절의 파견과 관련된 조선의 협조를 구했다. 양호는 먼저 책봉사절은 소서비와 약조한 세 가지 조건에 따라 책봉만을 담당하며, 왜적과 다른 논의는 허용되지 않는다는 점을 분명히 하여 조선을 안심시켰다. 그와 함께 그는 전에 파견을 약속한 절강병을 위한 식량의 준비를 당부함으로써, 왜군이 물러가지 않을 경우 군사적 대응에 나설 것임을 시사했다. 또한 왜군의 철수 이후 항복한 왜적이나 협박에 의한 부역 조선인의 안치나 조선 군대를 통한 요충지 방어의 필요성도 제기되었다. 그 외에도 조선을 왕래하는 관리들이나 요충지 명군의 말썽에 대한 보고, 연도의 관사에 대한 수리를

통해 책봉사절에 대한 편의 제공 등도 요구되었다.[48]

책봉사절의 구성이 통보되고 진운홍의 활동이 보고되자 조정에서는 향후 대책을 강구하지 않을 수 없었다. 먼저 진운홍이 왜적을 설득했음에도 그들이 물러가지 않을 경우에도 책봉사절이 나올 것인가? 반대로 책봉사절이 나오면 과연 왜군이 물러갈 것인가? 이시발의 보고에 따르면 왜군의 퇴각 가능성이 없지 않았으나, 아직 확신할 수는 없었다. 물론 왜군의 철수 사실을 명에 주문(奏聞)하는 일은 조선의 소관이었다. 명이 통보한 절차에 의한다면, 조선의 주문은 책봉사절의 출발과 진출의 중요한 전제조건이었다.

2월 6일 조정회의에서는 진운홍의 보고 이후 대응에 대해서 다양한 의견이 제시되었다. 다수는 왜군 철수에 대한 주문에 유보적이었다. 명의 계획에 의하면, 진운홍의 보고가 아니라 조선의 주문을 받은 뒤에 책봉사절의 진출을 결정하기로 되어 있다. 조선이 왜군의 퇴각을 주문했다가 실제 퇴각하지 않는다면 낭패가 아닐 수 없다. 동지사(同知事) 이항복은 앞서 진운홍 등이 목격한 철수 장면에 의문을 제기했다. 그렇지만 진운홍의 보고에서 왜군의 절반이 물러갔다고 확인된다면 조선이 책봉사절의 출발을 주문할 수 있다는 의견도 있었다. 이것은 책봉사절을 통해 왜군의 퇴각을 종용하는 방법이었다. 그 외에 왜군의 철수나 조선의 주문에 무관하게 명은 책봉사절을 보낼 것이라는 의견도 있었다.[49]

진운홍은 2월 11일 다시 서울에서 선조를 만났다. 선조가 왜군의 상황을 묻자 그는 유키나가가 공손하며, 책봉사절이 나오면 왜군이 반드시 철수할 것이라고 대답했다. 그는 유키나가가 연출한 철수 장면을 그대로 받아들여, (일부) 왜군의 철수를 확인했다고 말했다. 한편 선조가 왜 측이 책봉 이외에 통공을 요구할 가능성을 묻자, 진운홍은 장기적으로 그럴 수 있음을 시인했다. 즉, 명의 책봉사신이 나오면 왜군이 철수하고, 그 후 왜 측은 사은해야 하는데, 그런 식으로 한두 번 오게 되면 명

조정도 통공을 허락할 것이다. 다만 그는 조공길은 영파를 통할 것으로 예상했다.[50]

진운홍은 조선의 주문 이후 책봉사절의 파견이 황제의 지시인 만큼, 자신이 병부에 가서 왜적의 상황을 보고해도 조선이 주문하지 않으면 책봉사신은 나오지 않을 것이라고 예상했다. 그러면서 그는 책봉사절이 나오지 않으면 왜적은 조선이 주문하지 않기 때문이라고 생각하게 될 것이라면서 은근히 주문의 필요성을 제기했다. 그렇지만 선조는 황제의 지시를 상기시키면서, 왜군이 물러가지 않는 한 주문할 수 없다는 점을 분명히 했다. 거기에 진운홍은 수긍했으나 손광 총독도 조선의 주문을 원할 것이라고 덧붙였다. 그는 지금 왜영에 남아 있는 지휘 김문봉(金文鳳)이 왜군이 철수를 위해 진영을 태웠다는 사실을 확인해오면, 그때라도 주문할 것을 제안했다.[51]

진운홍의 귀국 보고

그런데 진운홍은 귀국 후 "부산의 왜적이 (명의) 명령을 듣자 즉시 물러갔다."고 병부에 보고했다. 그에 대해서 산동 순안어사 송흥조(宋興祖)가 "(왜적이) 책봉에 이어 통공을 요구할 것"을 우려하고, "책봉을 구하는 자들이 혹 사실을 은폐한다."는 등의 문제를 제기했다. 손광 총독도 – 앞서 유키나가가 진운홍에게 보여준 – 36척의 배로 왜병이 퇴각했다는 보고에 대해 왜적의 속임수라고 의문을 제기했다. 그는 왜영이 수백 리에 널려 있어 한 곳에서 배에 오르는 것으로 철수를 증명할 수는 없고, 그것이 사실이라고 해도 해당 수의 배로는 1천 명만 실을 수 있다는 점을 지적했다.[52]

사실 병부가 진운홍을 파견하기 직전에 손광도 섭정국을 심가왕 등을 수행하는 방식으로 유키나가 진영에 보냈다. 그들은 1594년 12월 18일 웅천에 도착하여 며칠간 머물면서 업무를 수행했다. 그런데 이듬해 1월 하순 섭정국이 돌아와 손광에게 보고한 내용은 그리 만족스럽지 않았다. 유키나가는 통공에 대한 요구를 굽히지 않았을 뿐만 아니라 군대의 철수 일정에 대해서도 모호한 입장을 견지했다는 것이다. 그러한 입장은 섭정국을 통해 보내온 유키나가의 품첩에도 반영되었다. 그것은 북경에서 소서비가 전했던 내용과는 달랐다. 이러한 상황에서 손광은 2월 초 황제에게 장문의 보고서를 통해서 향후 대책을 제안했다. 여기서 그는 몇 달 전 자신이 제기했던 책봉에 대한 이견을 반복했다.

그에 의하면 왜적은 그저 책봉만으로는 물러가지 않을 수 있다. 섭정국의 보고나 유키나가의 게첩을 본다면 의심 가는 일들이 적지 않다.[53] 따라서 책봉사신의 파견에 신중해야 한다. 가급적 책봉사신을 보내지 않아야 하지만, 만약 보낸다면 천천히 가게 해야 한다. 그리하여 왜군이 모두 철수한 뒤에 어린 관백이나 유키나가가 히데요시의 표문을 가져온 뒤에 건너가거나, 사신이 밀양의 삼랑강(三郎江), 즉 낙동강 북변까지 간 다음 유키나가에게 책봉서를 받아가게 해야 한다. 사신도 고관이 아니라 참장이나 유격 등 낮은 직급이어야 한다.

그와 함께 그는 군사적 대응책이 아니면 안 된다는 점을 분명히 하고, 일부 군대의 동원을 제안했다. 즉, 해안방어 군영에 있는 절강병 3천 명과 천진의 신병 3천 명 그리고 천진에서 새로 증원된 수병 1천 명 등 7천 명을 조선에 파견해야 한다는 것이다. 그는 유정 군대의 사례에 따라 기본적으로 명이 급량[급여]을 모두 담당해야 한다는 의견이었다. 그에 의하면, 일각에서는 조선이 비용을 담당해야 한다고 하지만, 그것은 철병의 명분에 불과하다. 조선이 파괴되어 그러한 능력이 없을 뿐만 아니라 더욱 중요하게는 조선의 방어는 중국의 울타리를 지키는 것으로 결코 낭비가 아니다.[54]

물론 손광에 대한 석성의 반론도 만만치 않았다. 석성은 조선국왕이 일본을 대신하여 책봉을 요청한 사실과 함께 명 측의 세 가지 책봉 조건에 대해 이미 유키나가의 회답을 받았다는 것 등을 들어 책봉 절차의 진행을 주장했다. 그에 의하면, 책봉서와 관복의 제작 등 책봉을 위한 준비가 벌써 다 되었고 심유경도 출발했다. 그런데도 손광 등은 섭정국의 말만 과신하고 있다.[55]

황제는 석성의 주장을 받아들여 일단 예정대로 책봉 절차를 밟도록 했다. 명 조정은 앞서 황제의 지시에서 정해진 책봉 허용의 원칙을 재확인하면서 이종성으로 하여금 조선에 빨리 나가도록 했다. 그와 함께 책봉사절이 부산에 갔을 때 왜군이 다른 요구를 해오면 그때 군사를 동원해서 그들을 토벌하기로 했다.[56] 황제는 왜군이 퇴각하지 않으면 소탕하라고 지시했지만, 그것은 차후의 문제였다. 손광조차 그 지시를 집행할 명군의 능력에 의문을 제기했다.[57]

앞서 병부는 책봉사절의 파견에 즈음하여 왜군의 철수를 다시 확인하기 위해서 천총 누국안을 조선에 보냈다. 그는 1월 말 서울에 도착하자 조선의 배신 한 사람이 자신과 함께 왜의 진영에 가기를 요구했다. 조선의 배신 한 사람을 왜영에 보내서 왜군의 철수와 방책의 소각을 확인하여 보고하는 것은 앞서 병부가 책봉 결정을 조선에 통보한 자문에서도 언급되었다. 조선은 배신이 왜영에 가면 조선이 왜적과 강화에 나서는 격이 된다는 이유에서 반대의 의견을 내기도 하고, 밀양까지만 가는 방안을 제시하기도 했다. 그렇지만 관철시키지 못하고 결국 이시발의 예에 따라 사복시 첨정 박진종(朴振宗)을 딸려 보내기로 결정했다. 물론 그가 유키나가와 우호적 관계의 수립과 같은 일은 결코 하지 말도록 했다.[58]

누국안 일행은 진운홍이 나온 지 20여 일이 지난 2월 10일 웅천의 유키나가 진영에 도착했고, 그달 27일 서울에 돌아왔다. 박진종의 보고에 따르면, 도착 다음 날 유키나가·시게노부·겐소 등이 술자리를 마련했다. 13일 박진종을 배제한 채 누국안과 유키나가의 만남이 계속되었다. 누국안은 박진종에게 그 결과를 대략 알려주었다.

박진종의 보고에 의하면, 누국안은 자신의 목적이 책봉사절에 앞서 심유경의 출발 사실을 전달하고 왜군의 철수를 설득하는 일임을 밝혔다. 조선 배신이 수행한 이유는 석성의 지시에 의해 이곳 동정을 보아 명에 상주하여 책봉사절의 전진 여부를 결정하기 위한 것으로 설명했다. 그에 대해 유키나가는 이제까지 왜 측의 약속 이행을 강조하면서, 병부에 회보하여 먼저 심유경을 재촉할 것을 요구했다. 심유경이 도착하면 일부 군사를 철수시키고 일부는 남아서 책봉사절과 함께 귀국하겠다는 것이었다. 왜적의 상황과 관련하여 박진종은 그들이 철수를 원하는 분위기라고 보고했다. 수년간 전쟁으로 지친 군사들은 명의 사절이 옴으로써 자신들도 고향에 돌아가기를 간절히 원하고 있다는 것이다.[59]

조선의 대응

그렇지만 상황은 조선에 전해진 병부의 자문 내용과 달리 진행되었다. 책봉사절이 북경을 출발할 즈음 손광의 지시로 요동도사는 책봉사절의 파견과 관련된－2월 6일자－자문을 조선에 보내왔다. 앞서 본 것처럼 비슷한 시점에서 손광은 황제에게 상소하여 책봉사절의 파견에 신중할 것을 요청했다. 손광은 자문에서 황제가 책봉을 허락했으나, 왜적이 교활하여 예측하기 어렵기 때문에 엄격하게 방비하되 동요하지 말고 조용히 기다리도록 했음을 지적했다. 그리고 책봉사신이 조선에 도착하면, 왜군이 과연 철수했는지 여부를 정탐하여 속히 회보하라고 덧붙였다.[60]

손광의 자문에 따라 조정은 권율 등에게 연락해서 각지의 요새지에 대한 경비를 강화하도록 했다. 또한 조정은 회답을 통해서 왜군의 철수 여부에 대한 입장을 전했다. 그것은 유격 진운홍이 이시발과 1월 중순, 그리고 누국안이 박진종과 함께 2월 중순 웅천의 유키나가 진영에 가서 활동한 내력에 기반했다. 즉, 책봉사절을 기다린다는 이유로 왜군이 아직 철수하지 않고 있어 상황을 예측하기 어렵다는 것이었다. 다만 왜군이 과연 철수하는지 여부를 차후에 알려주겠다고 전했다.[61] 그것은 책봉사절의 진출이 왜군의 철수를 전제로 한다는 병부의 자문에 따른 대응이었다.

한편 유키나가도 그냥 기다리지는 않았다. 누국안을 통해 조선의 예조판서 앞으로 보내온 2월 16일자 편지에서, 그는 조선이 책봉사절의 진출을 병부에 부탁해줄 것을 요청했다. 그는 명이 조선으로 하여금 책봉사신 2명을 호송하여 왜영에 들여보낼 예정임을 누국안 등을 통해서 이미 알고 있었다.[62] 유키나가의 의도는 왜군이 철수하지 않을지도 모른다는 의구심을 해소하고 속히 책봉사절을 내려오도록 하려는 것이었다. 선조의 말대로 왜군은 중국 사신이 나온 뒤에 철수하려 하고, 중국은 왜군이 물러간 후에 사신을 내보내고자 했던 것이다.[63]

진운홍과 누국안 등의 활동 결과에 대한 보고가 나왔음에도 조정은 입장을 정하지 못했다. 2월 말까지도 책봉사절 진출과 관련된 병부의 자문에 대한 회답 문제를 둘러싸고 논쟁은 계속되었다. 그럼에도 조선은 다른 대안이 없는 한,[64] 강화를 재촉할 수밖에 없는 상황이었다. 유성룡을 비롯한 다수의 대신들은 병부의 자문과 관련하여 조선이 명 사절이 나오도록 속히 요청해야 한다고 주장했다. 그것은 현재 상태에서 명 사절이 나오지 않는 한, 왜군도 버티고 철수하지 않을 것이고 강화조차 이루어지지 않을 가능성이 있기 때문이었다. 당시 심유경이 곧 나온다는 소문도 있어서 그가 나오기 전에 요청해야 할 필요가 있다고 간주되었다.

그런데 책봉의 중요한 부가적 사안은 책봉 이후 일본 사은사의 파견 문제였다. 3월 1일 요동도사의 자문이 도착했는데, 그에 관한 병부의 제본이 전해졌다. 거기에는 일정 수의 사은 인원과 선박에 관한 규정까지 포함되었다.[65] 또한 병부의 제본에는 명시되지 않았으나, 사은사는 책봉사절과 마찬가지로 조선을 경유하게 될 것으로 예상되었다. 며칠 전〔2월 23일〕 주청사 윤근수의 장계에 의하면, 병부상서 석성은 사은은 1회로 제한하고 그 후에는 마음대로 들어오지 못하게 했다. 그렇지만 그의 약속이 지켜질지는 미지수였다. 비변사는 병부의 입장을 사실상 통공의 허용으로 간주했다. 즉, 한번 길이 통하면 통공의 이름으로 일본의 사절이 계속 올 것이다.[66] 이것은 명 조정이 정한 강화의 원칙 즉, "책봉 이후에는 통공을 요구하지 않는다는 원칙"에 어긋나는 일이었다.

그와 함께 요동도사의 자문으로 전해진 병부의 제본에는 다른 우려되는 일이 포함되었다. 이를테면 항복한 왜군을 조선의 연해 지역에 안치시킨다는 것이다. 비변사에서는 단순히 투항한 왜적이 아니라 "왜군의 철수 이후 우리 국경 내에 남아서 돌아가지 않는 자들을 모두 투항한 왜적이라고 지칭함으로써 영토 내에 섞여 살도록 허용하려는 것"으로 이해했다. 이것은 "한 명의 왜적도 부산에 머물지 않게 한다."는 원래의 정책과도 배치되었다. 그 외에도 자세한 내용은 알 수 없으나 대마도에 개시(開市), 즉 시장을 개설한다는 의견이 있었다.[67]

문제는 여기에 그치지 않았다. 앞서 유키나가가 누국안을 통해 조선의 예조판서 앞으로 서신을 보내왔다. 그것은 사실 조선과 왜군이 내통하는 것으로 비춰질 수 있었다. 그리하여 조정에서는 접수하기를 주저했다. 진운홍은 강화를 위해서 접수할 필요성이 있을 뿐만 아니라, 병부의 자문에 대한 회답에서도 그 사실을 적시할 것을 권유했다.[68] 그런데 조선과 유키나가 사이의 비공식적인 소통은 그뿐만이 아니었다. 김응서와 유키나가의 문답을 진운홍에게 빼앗겼을 뿐만 아니라, 도원수 권율이 유키나가에게 2개 도의 할양을 약속했다는 말까지 있었다. 선조는 유키나가와 접촉 사실이 명에 알려지는 것을 우려했다. 그는 또한 책봉사절 진출 요청은 병부에 대한 자문이 아닌 진주문을 통해야 한다는 입장이었다.[69]

특히 2월 30일 조정회의에서 몇 가지 쟁점에 대한 논의가 분분한 가운데, 영의정 유성룡은 병부에 대한 회답을 통해 속히 책봉사절의 파견을 요청해야 한다고 주장했다. 그에 따르면, 회답에서 강화에 대한 왜군의 진정성을 전달하고 강화의 지체와 그에 따른 왜군 잔류로 인한 조선의 피해 등을 언급하여, 명도 거기에 성의를 보일 것을 요청해야 한다. 그는 당시 서울에 있던 누국안을 통해 병부에 자문을 보내고, 유키나가의 편지도 자문에 포함시킬 것을 주장했다.[70] 자세한 내막은 알 수 없으나, 결국 유성룡의 의견이 대부분 관철되었다.

조정은 마침내 3월 8일 앞서 책봉 결정에 관한 병부의 자문에 대한 회답을 보냈다. 회답은 한편으로 누국안을 수행했던 박진종이 유키나가와 시게노부 등과 만나서 나누었던 대화와 다른 한편으로 누국안을 통해 조선의 예조판서에게 보내온 유키나가의 편지를 그대로 전달하는 것으로 채워졌다. 유키나가의 편지는 대략 왜군이 책봉사신의 도착을 진정으로 기다리고 있으며, 도착을 확인한 다음에는 군대를 철수하겠다는 것이었다.[71] 조선은 왜군의 철수를 확인하는 진주문이 아닌 유키나가의 편지를 전달하는 방식으로 책봉사절의 진출을 명 조정에 요청한 셈이었다. 결국 3월 말 조선의 자문이 명 조정에 전달되었을 때, 유키나가가 공손히 약속을 받들고 명 사절을 고대하고 있다고 받아들여졌다.[72]

손광과 기요마사의 접촉

책봉사절이 아직 조선에 들어오기 전, 손광은 기요마사와 접촉했다.[73] 그것은 무엇보다도 책봉을 통한 강화에 관해 그의 입장을 탐지하기 위해서였다. 손광은 도사(都司) 신무룡(愼懋龍)과 장응룡(章應龍) 두 사람을 파견했다. 두 사람의 접반관이었던 도총부도사(都摠府都事) 김의직(金義直)의 보고에 의하면, 그들은 2월 말 경주로 내려가 3월 3일 서생포에서 기요마사를 만났다.

두 사람은 그에게 심유경과 소서비의 북경 체재와 함께 책봉사절의 출발 예정을 전했다. 기요마사는 소서비가 회담을 주도할 고관이 아니며, 유키나가와 심유경이 속이고 있다고 주장했다. 그에 의하면, 원래 유키나가는 평양에서 패배한 뒤에 다섯 가지 일들을 성사시키겠다고 하여 히데요시의 처벌을 면했다. 그것은 지난해 그가 사명당 유정에게 제시한 것들로서, 첫째 명과 일본의 혼인, 둘째 조선 4개 도의 일본 귀속, 셋째 조선 왕자를 일본에 인질로 삼을 것, 넷째 조선의 대신을 일본에 인질로 들일 것, 다섯째 조선의 대관이 강화를 맹세할 것 등이었다. 그에 의하면, 유키나가가 다섯 가지를 시도하지 않고 단지 책봉만 추진하는 것은 피차 속이는 일이다. 기요마사는 강화에 대해서 회의적이었고, 내년 3월에 일본이 중국을 침범할 것이라고 전했다.[74]

김의직의 보고에 의하면, 기요마사는 두 중국 관리를 통해서 손광에게 답장을 보냈다. 편지에서 그는 그간 손광의 전임자 고양겸, 심유경 그리고 유키나가 사이의 강화를 일종의 음모라고 비판했다. 그에 따르면, 유키나가가 수용한 세 가지 조건, 즉 책봉과 왜군의 철수 그리고 조선에 대한 불가침 등은 히데요시의 명령이 아니다. 또한 책봉은 강화의 조건이 될 수 없다. 일본은 명나라에게 히데요시를 국왕으로 책봉해달라고 요청한 일이 없다. 오히려 히데요시가 "일본이 책봉한 왕을 명나라에 보내주겠다."고 말하고 있다.[75] 한편 두 사람의 보고에 근거하여 손광은 왜군이 철수하려 하지 않는 것 같다고 판단했다.[76]

2. 책봉사절의 파행

책봉사절의 서울 도착

1595년 1월 30일 명의 책봉사절은 책봉 의식에 필요한 각종 문서와 하사품 등을 가지고 북경을 출발했다. 여기에는 고명(誥命)·조서(詔書)·칙유

(勅諭)·금인(金印)·관복 등이 포함되었다. 심유경과 소서비도 그들과 함께 출발했다. 심유경은 부산 왜영에 가서 책봉사절의 일본행을 위한 준비에 착수하기 위해 서둘러 3월 말 조선에 들어왔다. 이어 책봉사절과 소서비는 4월 초 조선에 들어왔다. 이들이 압록강을 건너자 조선은 시강원(侍講院) 문학(文學)[77] 황신(黃愼)을 심유경 접반사, 호조판서 김수를 이종성 접반사, 이조판서 이항복을 양방형의 접반사로 임명하여 의주에서 맞이하게 했다.[78]

황제는 심유경을 먼저 보내면서 그에게 다음과 같은 내용으로 왜군의 철수를 설득하도록 지시했다. 그것은 지난 1월 초 병부가 조선에 보낸 자문과 유사했다.

> 그 나라〔일본〕가 애초에 명에 책봉을 구하고자 했는데 조선이 대신 요청하지 않아서 두 나라 사이에 전쟁이 생겼다. 명의 사절이 가서 선유하면 (왜적은) 즉시 군사를 이끌고 철수하여 마침내 속국〔조선〕을 온전케 할 수 있을 것이다. 지금 히데요시가 (명에) 내부하기를 구걸하고 조선도 (그를 위해) 책봉을 요청하고 있다. (명) 조정은 그의 공손함을 헤아리고 조정 내 의견을 특별히 채택하여, 정사와 부사 두 사람을 파견하여 조서를 가지고 가서 히데요시를 일본국왕으로 책봉하기로 했다…… 무릇 세 가지 약조와 (조선과 일본) 양국 사이 조정(調停)이 모두 그대의 책임에 속한다. 일을 수행할 때에는 그대의 편의에 따라 처리하라. 조선과 일본의 모든 사람들은 (심유경을) 방해해서는 안 된다. 핵심은 위로 나라의 체통을 높이고 아래로는 이적의 사태를 안정시키는 일이다.[79]

여기에는 조선의 입장은 고려되지 않고 명·일 양국의 시각만이 반영되어 있다. 일본은 그전부터 조선이 자신들을 위해 명에 조공을 요청하지 않았기 때문에 침략했다고 주장해왔다. 황제는 해당 논리를 수용하여 일본의 침략을 두 나라 사이의 전쟁으로 묘사했다. 히데요시의 책봉도 그가 명에 귀속을 간청했을 뿐만 아니라 조선이 그것을 요청했기 때문인 것으로 합리화되었다. 다만 황제는 실제 책봉 절차의 이행을 위한 조건을 달았다. 그것은 부산의 왜인들이 전원 귀국하고 성책과 주택을 철거하고 나서, 조선국왕이 이것을 명 조정에 확인해야 한다는 것이었다. 그동안 책봉사절은 조선에 건너가지 않고 요동에 머물도록 했다. 그 외에도 앞서 소서비에게 약속받은 세 가지 조건, 즉 왜군의 철수, 책봉 이후 통공 요구 불가, 조선 재침 불가 등을 재확인했다. 마지막으로 황제는 심유경에게 두 나라의 조정(調停)과 관련하여 사실상 전권을 부여했다.

심유경이 서울에 들어오자 선조는 4월 8일 그를 접견했다. 심유경은 그간 자신이 강화를 통해 평양과 서울 등에서 왜군을 물러나게 한 성과를 나열했다. 그와 함께 그는 왜군이 서울에서 철수하여 부산으로 내려간 뒤 그 사실을 조선이 명 조정에 주문했더라면 이미 문제가 해결되었을 것이라고 아쉬워했다. 그는 작년 책봉 요청 과정에서 조선의 소극적 태도와 지체를 문제 삼았던 것이다.

그 외에도 심유경은 자신의 또 다른 공로를 내세웠다. 그것은 부산의 지위와 관련되었다. 그에 의하면, 지난번 호택은 "부산에는 원래부터 왜인들이 있고 경계비가 있다. (왜군이) 서울을 떠난 것은 본거지에 거주하려는 것이다."고 송응창에게 보고했다. 송응창이 그 보고를 황제에게 전하자, 명 조정은 심유경에게 직접 그 사실을 확인했고, 그가 사실대로, 즉 왜적이 조선에 살지 않았다고 말했다. 그의 진술에 따라 황제는 드디어 왜적이 한 명도 조선에 남지 않아야 한다는 칙서를 내리게 되었다. 그는 또한 강화를 통해 조선의 4개 도를 왜적에게 넘겨준다는 것은 헛소문에 불과함을 강조했다.[80]

그런데 심유경은 책봉사절이 4월 3일 압록강을 건넌다는 보고를 확인했다. 왜군 철수의 조건이 충족되지 않은 상태에서 책봉사절이 조선에 들어오는 것이다.[81] 책봉사절의 진입으로 자신은 서둘러 내려가서 왜군의 철수를 설득할 수밖에 없게 되었다고 덧붙였다. 그리하여 그는 책봉사절이 서울에 들어오기 전에 접반사 황신과 함께 남하했다.[82] 2주일이 지난 4월 27일 명의 책봉사절이 소서비를 데리고 서울에 도착했다.[83] 그런데 소서비의 도성 진입 허락 여부를 둘러싸고 이종성과 선조 사이에 마찰이 발생하는 등 양측은 불편한 관계를 유지했다.[84]

여기서 한 가지 주목할 일이 있다. 그것은 앞서 소서비에게 제시된 책봉의 세 가지 조건과 관련된다. 문헌상으로는 소서비가 명 측의 요구를 수용했고, 그에 따라 명도 책봉을 결정했다. 그렇지만 소서비가 유키나가의 하급 부하에 불과하다는 점, 그리고 그가 오랫동안 명에 억류되었다는 점 등을 고려한다면 명의 결정은 근거가 약했다. 손광에 의하면, 책봉사절에 앞서 왜영에 들어가는 심유경도 이전과는 다른 주장을 했다. 즉, 자신이 세 가지 강화조건을 유키나가에게 약속한 적이 없고, 따라서 지금으로서는 왜군의 주둔을 문책할 수 없다고 말했다는 것이다. 그에 의하면, 심유경은 자신이 이번에 왜영에 도착한 뒤 비로소 세 가지 조건에 대해서 상의할 것이며, 히데요시가 수용할지 불확실하다고 시인했다.[85] 손광은 이러한 사실들을 요동 등지의 명 관리들에게 보내는 편지에서 언급했을 뿐이니, 조선은 전혀 알지 못했을 것이다.

심유경과 황신 등은 책봉사절에 앞서 4월 말 부산 왜영으로 들어갔다.[86] 그곳에 도착한 며칠 뒤 황신은 현지 사정을 보고했다. 그에 의하면 "각 진영의 왜군들은 조금도 철수할 뜻이 없었다." 그들은 식량을 운반하고 집을 짓느라 겨를이 없었다. 황신에 의하면 그것은 심유경이 왜영에 도착하면 철수하겠다고 한 약속과는 거리가 있었다. 그러면서 그는 조선의 장수들이 강화를 믿고 왜적의 자유로운 왕래를 내버려두는 등 방비하지 않는 것에 대해 큰 우려를 표명했다.[87]

유키나가의 일본행

심유경도 서울의 이종성에게 편지를 보내 상황을 보고했다. 그에 의하면, 부산에 도착했을 때 왜장들이 모두 모였고, 유키나가는 조복을 입고 절하는 등 예의를 갖추어 마중했다. 그렇지만 유키나가는 히데요시를 만나기 위해 일본에 들어가겠다고 했다. 목적은 심유경 자신의 도착을 전달하고 아울러 철군 명령을 요청하기 위해서였다. 그 외에 유키나가는 몇 가지 사안에 대해서 히데요시에게 해명이 필요하다고 했다. 이를테면 작년 손광이 총독으로 산해관을 나왔을 때, 일본에서는 명군이 왜군에 대한 토벌에 나선 것으로 오해했다. 또한 강화와 관련하여 기요마사 측의 왜곡된 입장이 히데요시에게 전해지고 있어서 의심을 풀 필요가 있었다. 왕복시간은 1개월여가 걸릴 것으로 예상되었다.[88]

유키나가의 일본행을 전하면서 심유경은 향후 계획을 덧붙였다. 즉, 심유경 자신은 부산의 왜영에 계속 머물 것이다. 그와 함께 그는 책봉정사도 서울에 계속 있고, 특히 기요마사가 철수를 거부하면 책봉사절은 왜의 진영에 진입하지 말도록 했다.

유키나가도 사람들을 보내 이종성에게 별도의 품첩을 올렸다. 무엇보다도 자신이 일본에 가야 하는 이유를 길게 설명했다. 그에 의하면, 이번 책봉사절의 행차는 2년 전 사용재와 서일관의 방문에 비해 그 중요성이 크기 때문에 미리 접대 절차를 정해야 한다. 책봉사절의 진출과 관련하여 유키나가는 기요마사의 군대를 포함하여 한 명의 왜군이라도 연해 지역에 남아 있는 한, 사절의 일본행은 요청하지 않겠다고 다짐했다. 아울러 자신은 5월 24-25일에는 돌아오겠다고 했다.[89] 해당 내용은 5월 8일 접대도감을 통해서 국왕에게도 보고되었다.[90]

사실 유키나가의 말은 조선의 입장에서 석연찮은 부분이 있었다. 좌의정 김응남이 5월 15일 회의에서 제기한 것처럼, 그간 유키나가는 강화가 히데요시의 의견인 것처럼 추진해왔다. 그리고 강화의 내용은 왜군의 철수와 책봉 두 가지에 불과했다. 따라서 이제 책봉사절이 들어왔으니 철군만 하면 된다. 그런데 막상 책봉사절이 진입하니 다시 히데요시에게 문의해보겠다는 것이다. 이에 선조는 근본적인 문제를 제기했다. 그의 말대로 책봉칙서 한 장으로 왜군이 돌아갈 리가 없다. 선조에 의하면, "(왜적이) 동황제니 서황제니 하는 말이 있으니, 간다고 말해도 반드시 가지 않을 것이다. 우리나라의 강화를 받고서야 돌아갈 것이다."[91] 일본은 조선으로부터 실질적인 성과를 얻고서야 철군할 것이라는 의미였다.

이러한 상황에서 조선 몰래 명과 일본 사이에 별도의 밀약이 있지 않을까 염려되었다. 김응남은 명의 사절이 조선에게는 보여주지 않은 사서(私書), 즉 비밀편지가 있음이 분명하다고 주장했다. 그는 전에도 왜적의 편지가 왔을 때 조선 사람에게 보여주지 않은 적이 있음을 지적했고, 호조판서 김수도 그 사실을 확인했다. 왜군이 철수하지 않았는데도 책봉사절이 조선에 들어온 것도 석연치 않았다. 선조는 명의 사절이－조선이 모르는－왜적의 내막을 알고 있는 것으로 의심했다. 마찬가지로 왜군의 철수가 불확실함에도 심유경이 마치 반드시 철수할 것처럼 일을 진행시키는 것도 의심스러웠다. 회의 참석자들은 유키나가가 일본에서 히데요시의 철군 허락을 받아올 가능성이 낮다고 보았다.[92]

유키나가는 책봉과 관련하여 히데요시의 지시를 받기 위해서 4월 30일 일본으로 떠났다. 당시에는 비록 심유경이 왜영에 들어왔지만, 책봉사절과 소서비 일행의 서울 도착 사실은 부산의 왜영에 전달되지 않은 상태였다. 유키나가가 심유경에게 책봉사절이 아직 오지 않은 것을 문제 삼자, 심유경은 자신의 부하 장언지(張彦智)와 채문수(蔡文秀)를 시켜 유키나가의 부하 두 명을 데리고 서울로 와서 직접 확인하게 했다.[93] 그렇지만 유키나가는 그들이 다시 부산에 돌아오기 전에 일본으로 출발했다.

유키나가는 봉행 데라자와 마사나리(寺澤正成)와 함께 5월 6일 나고야에 도착했고, 히데요시에게 책봉사절의 파견을 알렸다. 얼마 뒤 히데요시는 한문으로 된 「대명·조선과 일본의 화평조목(大明朝鮮與日本和平之條目)」을 두 사람 앞으로 보냈다. 그것은 크게 세 가지 조목이었다.[94]

> 一. 심 유격이 조선의 웅천에 도착하여 대명의 (강화) 조목을 말했다. 운운. 대명의 명령에 의거하여 조선국을 용서하는 데 있어서는 조선 왕자 한 사람이 일본으로 건너와 태합〔히데요시〕의 막하에서 시중한다. 그러면 조선 8도 가운데 4도는 일본에 속해야 한다고 비록 전년부터 의사를 밝히기는 했으나, 왕자가 본조〔일본〕에 와서 근시한다면 그것을 (왕자에게) 돌려준다. 조선 대신 두 사람이 번갈아 왕자를 보좌한다.
>
> 一. 심 유격과 조선 왕자가 함께 마차를 타고 웅천에 도착하면, 일본이 축조한 15개 군영의 성 가운데 10개 성을 즉시 파괴한다.
>
> 一. 대명황제가 조선과 (일본의) 화평을 간구함에 의거하여, (일본은 조선을) 용서한다. 그러면 의례를 위해서 조서를 지참한 대명의 칙사가 일본으로 건너온다. 앞으로 대명과 일본 관선과 상선의 왕래는 서로 금인이 찍힌 감합을 증명서로 삼는다.
>
> 문록4년〔1595년〕 5월 22일
>
> 히데요시 도장/고니시 유키나가/데라자와 마사나리

위의 문서에서는 마치 8개 도를 일본이 점령하고 있는 것처럼 전제하거나 침략자 일본이 조선을 용서한다는 등 상황을 호도하고 있다. 그렇지만 강화의 전체적인 진행과 관련하여 이 문건은 전혀 의미가 없지 않다고 생각된다. 그것은 특히 그간 유키나가와 기요마사가 각각 전혀 다른 강화조건을 제시해왔기 때문이다. 그렇다면 조목의 주요 내용을 살펴볼 필요가 있다.

먼저 조선과 관련해서는 왕자를 일본에 보내는 것으로 축약될 수 있다. 그와 함께 과거 강화조건이었던 4개 도의 할양은 사실상 포기되었다. 그것은 4개 도를 일본에 오는 왕자에게 넘겨주기 때문이다.[95] 다음 명과 관련해서는 책봉사절 파견과 감합무역, 즉 통공의 허용이다. 일본 측의 반대급부는 왜군의 완전한 철수가 아니라 3분의 2 왜영의 철거이다. 그간 유키나가는 히데요시의 책봉과 그 연장선에서 통공을 추진해왔다. 반면 기요마사의 강화조건은 왕자의 인질과 조선 영토 일부의 할양이었다. 결국 히데요시의 새로운 조건에는 두 사람의 강화조건이 교묘하게 절충되고 있음이 확인된다.[96] 그렇지만 위의 「대명·조선과 일본의 화평조목」은 조선과 명에 전달되지 않았다. 해당 조건들은 명과 조선이 추진했던 책봉 위주의 강화와 크게 배치되었기 때문에 ─ 6월 하순 부산으로 돌아온 ─ 유키나가 입장에서도 제시할 형편이 못 되었을 것이다.

물론 유키나가는 일본에 돌아가 책봉사절의 도착 예정만 히데요시에게 전달한 것 같지 않다. 그는 히데요시의 면담 결과를 히데요시의 '말'로써 부산의 겐소에게 전했다.[97] 그리고 그곳에 있던 명의 군관 김가유(金嘉猷)가 다시 사람을 보내 서울의 이종성에게 전달했다. 이종성이 그 내용을 방문(榜文)으로 대문 밖에 내걸자, 접대도감이 등서하여 국왕에게 보고했다. 여기에 따르면, 유키나가는 5월 17일 교토의 후시미(伏見) 신성에서 히데요시를 만났다. 히데요시는 책봉사절이 오는 것에 대해 크게 기뻐하며 "이런 영광이 어디 있는가?"고 반응하면서, 유키나가와 소서비의 공로를 크게 치하했다고 한다. 그와 함께 그는 왜군의 철수와 군영의 소각 등을 명 사절의 지시에 맡기게 했다.[98] 즉, 유키나가는 히데요시에게서 일부 왜군의 철수를 허락 받았던 것이다.

책봉사절의 남하

한편 이종성 등은 서울에 도착하자 왜영에 사람을 보내 철수를 재촉했다. 현지를 조사한 명 관리가 7월 하순 조정에 전달하기를, 왜군은 웅천과 김해의 몇 개 진영과 거제의 장문포(場門浦)·소진포(蘇津浦) 등에 주둔하던 병력을 철수시켰다.[99] 그렇지만 일부 문헌에 의하면, 왜군은 단지 작은 진영을 소각시키고 큰 진영과 합병했다고 한다.[100] 물론 완전한 철군에 대한 왜 측의 유보적인 입장도 근거가 없지 않았다. 왜 측은 지난번 평양에서 강화를 기대했다가 갑자기 명군의 공격을 받았음을 상기하면서, 두 사절이 왜영에 들어오면 약속대로 철수하겠다고 주장했다.[101]

책봉사절이 조선에 진입한 뒤 병부는 그들의 향후 거취에 대한 지침을 내렸다. 즉, 서울에 머물지 말고 서둘러 남하하여, 부사 양방형은 거창, 정사 이종성은 남원에 머물라는 것이었다. 이것은 원래 왜군의 철수를 전제로 명 사절이 남하한다는 원칙에서 벗어났는데, 병부는 "책봉의 확실성"을 보여주기 위한 것으로 합리화했다. 그 후에는 "(왜군의 철수에 관한) 심유경의 정확한 보고를 기다려서 한편으로 책봉사절은 더 왜영으로 전진

『난중잡록』_ 의병장 조경남(趙慶男, 1570-1641)이 광범위한 자료를 바탕으로 쓴 임란 전후 통사

하고, 다른 한편으로 조선의 치주(馳奏), 즉 급보와[102] 병부의 복주(覆奏), 즉 제청 그리고 황제의 지시를 거쳐 책봉을 진행하도록 했다.[103] 글자 그대로 본다면, 심유경의 보고에 따라 책봉사절이 부산 왜영까지 전진하되, 다만 책봉은 왜군의 철수를 확인하는 조선의 주문을 전제로 진행한다는 것이었다.

병부의 지시에 따라 부사와 정사는 각각 7월 11일과 9월 1일 서울을 출발했다. 정사의 행렬은 문무관리 60여 명, 선봉 70명, 가정〔家丁, 사병〕 6백 명 등으로 구성되었고, 거기에는 수백 명의 짐꾼들이 뒤따랐다. 부사의 경우 규모는 그것의 절반 수준이었다.[104] 그들의 접대는 조선에게는 큰 부담이었다. 그들은 거창과 남원에서 한 달 정도 머물렀다. 그렇지만 심유경의 남하 요청에 의해 계속 전진하여 다시 밀양에서 각기 1, 2개월씩 머물렀다.[105] 그간 양측의 줄다리기는 계속되었다. 책봉사절은 왜군의 철수를, 반대로 심유경이나 유키나가 측은 책봉사절의 남하를 각각 요구했다.

사절이 남하했음에도 왜군의 철수는 예상대로 진행되지 않았다.[106] 그들은 각각 거창과 남원까지 내려가라는 병부의 지시에 따라 사실상 왜군의 철수와 무관하게 남하했다. 조선의 입장에서는 왜군의 철수가 전제되지 않은 상황에서 책봉사절의 남하는 달갑지 않았다. 이종성은 기요마사가 철수한 뒤에 자신과 접반사 김수를 포함한 조선의 배신들이 곧장 들어가 점검하겠다는 의견을 제시했다. 그것은 한편 왜군의 철수와 관련하여 심유경을 믿을 수 없으니 직접 확인하겠다는 것과, 다른 한편 철수를 재촉하기 위해서 그 이전에라도 왜영에 들어가겠다는 의미였다. 조선의 시각에서 본다면, 이종성은 병부에서 지시한 남원 체류를 무시한 셈이었다.[107]

물론 이종성의 판단은 왜군의 철수에 관한 왜영에서의 일부 보고에 근거했다. 이를테면 부산 왜영에서 명의 군관 김가유의 9월 1일자 보고가 천안을 지나던 이종성에게 전해졌다. 거기에 따르면 왜군 제2진〔제2군〕이 모두 바다를 건넜고, 단지 그중 기요마사가 군사 1천여 명을 데리고 히데요시의 명령을 기다리고 있으며, 웅천의 삼포(森浦)에 2백여 명이 잠시 머물고 있다. 이종성은 그 사실을 병부에 보고하기 위해서 사람을 보냈다.[108] 그렇지만 얼마 뒤 김가유의 다른 보고에 의하면 대규모 왜군이 철수하지 않고 남아 있었다.

그러던 중 심유경이 9월 초 밀양에 책봉사신의 거처를 짓겠다고 조선에 통보했다. 그것도 조선인이 아니라 왜군들을 동원하겠다는 것이었다. 그 이유는 조선이 궁핍하여 한 달 이내에 집을 지을 수 없기 때문이었다. 조선에서는 많은 왜군이 내지로 들어오는 것 등의 이유로 강력하게 반대의사를 표명했다. 그럼에도 심유경은 받아들이지 않고 기패관을 보내서 왜군 2천 명을 데리고 밀양에 가도록 했다. 심유경의 접반사 황신이 조정에 보고했으나 조정은 어떻게 하지 못했다.[109]

심유경의 계획은 당시 양방형을 수행하던 이항복의 치계에서도 확인되었다. 그에 의하면, 명의 사신을 왜적이 접대한다는 것은 나라의 체면을 손상시킬 뿐만 아니라, 현재 밀양이 거의 무인지경인 상황에서 왜의 진영이 되어버릴 가능성이 있었다. 밀양에서의 접대는 당시 거창에 머물던 책봉사절의 추가적인 남하를 의미했고, 결국 왜군의 철수도 없이 책봉사절이 사실상 왜의 관할 지역으로 들어가게 되는 셈이었다. 나아가 사절이 직접 부산의 왜영까지 들어가게 될지도 모를 일이었다. 이항복은 밀양에서 왜적의 명 사신 접대는 어떻게든 강화를 성사시키려는 심유경의 은밀한 계획에 의한 것으로 판단했다. 심유경은 명 측은 왜군의 철수를, 왜 측은 사절의 도해(渡海)를 서로 요구하고 있는 곤란한 상황을 타개하고자 했던 것이다.[110]

사실 조정은 남부지방에 왜군이 여전히 다수 주둔하고 있다고 간주했으나, 여전히 구체적인 상황은 알 수 없었다. 9월 22일에는 손광의 휘하 군관인 장홍유(張鴻儒)가 첩문을 보내왔는데, 요지는 남부지방의 왜군 주둔 상황을 자세히 알려달라는 것이었다. 그는 왜적의 말이 자주 바뀌어 믿을 수 없다는 점을 지적하면서 그들이 과연 책봉과 함께 철수하는지 확인해 달라고 요청했다. 물론 그는 왜군이 돌아가지 않을 경우, 명군은 모든 수단을 동원하여 그들을 소탕할 것임을 강조했다. 그는 손광도 호(胡)와 신(愼)씨 성의 두 심복을 부산에 파견하여 조사하고 있음을 밝혔다.[111]

이러한 상황에서 9월 30일 이종성의 접반사 김수의 치계를 통해 왜군의 주둔 현황이 전해졌다. 즉, 김가유가 이종성에게 보낸 보고인데, 거기에 따르면 현재 왜군은 총 4만 7천 명이 여러 곳에 남아 있었다. 전에 1만 명만 머물러 있다고 한 것이 거짓으로 증명된 셈이었다. 뿐만 아니라 왜군의 다수 주둔은 조선의 통치력 부재와 명 사절 접대의 제약, 그리고 그에 따른 국가의 체면 손상을 의미했다. 어쨌든 이종성은 김수에게 자신이 부산과 동래에 5천 명만 잔류시켜 책봉사절을 영접하는 것 이외에 다른 곳에는 주둔을 불허한다고 왜군에게 지시했다고 주장했다. 그와 함께 그는 조만간 철군 소식이 있을 것이니 의심하지 말라고 당부했다.[112]

책봉사절의 지체

한편 책봉사절이 천천히 전진하던 상황에서 9월 말 병부상서 석성은 왜군의 부분적 철수에 대한 조선의 사은을 요구했다. 원래 왜군이 모두 철수하면 조선이 주문하고 그에 따라서 책봉사의 일본 진입이 허락될 예정이었다. 그렇지만 석성은 앞서 이종성이 보고한 것으로 생각되는 왜군 제2진 기요마사 군대의 철수에 대해서 조선이 사은하도록 요구했다. 비변사는 석성의 요구에 일정한 의도가 있는 것으로 판단했다. 그는 "조선의 주본을 빌려서 책봉사절의 남하를 재촉하려는 것"이었다. 그렇지만 그것

은 왜군이 주둔하는 상황에서 책봉 절차의 진행에 대한 조선의 우려와 배치되었다.[113]

병부의 요구에 대한 대응과 관련하여 하나의 변수가 있었다. 앞서 세자의 책봉을 요청하기 위해서 북경에 갔던 한준에게서 좋지 않은 소식이 전해졌다. 명이 세자의 책봉을 불허한다는 것이었다.[114] 이에 대해 조선은 다시 주청사를 파견하기로 했다. 유력한 방안은 사은과 주청을 동시에 하는 것이었다. 그렇지만 아직 왜군이 여전히 주둔 중이고, 특히 제2진도 대부분 잔류하는 것으로 알려졌다. 비변사는 한준의 귀국을 기다려 세자 책봉 불허에 관한 자초지종을 듣고 아울러 이종성에게도 자문하여 병부의 요구에 응할지 여부를 결정할 것을 제안했다. 10월 중순 합천 해인사에 머물고 있던 이종성을 도체찰사 이원익이 찾아가 관련 문제를 논의했다. 이때 이종성은 병부의 요구와 달리 기요마사가 철수한 뒤에 사은하는 것에 동의했다.[115]

사실 명의 책봉사절이 전진하는 과정에서 일부 왜 진영의 소각과 철수가 진행되었다. 10월 중순(13일과 14일) 훈련주부 김경상(金景祥)이 직접 정탐한 바에 따르면, 소각 또는 철거된 왜영은 양산의 용당(龍塘), 김해의 덕교(德橋), 거제도의 영등포·장문포·소진포(所珍浦), 유키나가 부대가 주둔하던 웅천의 웅포·삼포(森浦) 등지였다. 그렇지만 김해 죽도(竹島)·안골포·가덕·부산·동래 등지는 원래 주둔하던 군대는 돌아가고 다른 지역의 왜군이 옮겨와 주둔하고 있었다. 한편 김경상이 들어가 보지는 못했으나 서생포·임랑포(林浪浦)·두모포(豆毛浦) 등지의 기요마사 군대는 대부분 다른 곳으로 이동하고, 각기 수백 명만 남아 있었다. 그는 보고의 말미에 책봉사절이 부산에 도착하면 그들과 동시에 귀국하겠다는 왜군의 말을 전하면서도, 믿을 수는 없다고 결론지었다. 그의 조사를 종합하면, 당시 잔류 왜군은 대략 2만 명이었다.[116]

책봉사절의 왜영 진입에 대해서 조선은 어정쩡한 입장이었다. 앞서

이종성 초상

언급한 것처럼 조선은 기본적으로 책봉에 반대했으나 뚜렷한 대안이 없었다. 책봉으로 왜군이 철수할 것을 기대할 뿐이었다. 그런데 왜군이 철수하지 않은 상태에서 책봉사절이 왜영에 진입하는 것도 문제였다. 왜군은 철수하지 않으면서 책봉의 진행을 유도하는 모습을 보였다. 그리하여 일각에서는 정사의 왜영 진입을 만류해야 한다는 의견이 제기되었다. 조정은 이종성의 접반사 김수를 통해 자문을 보내기로 했다.[117] 그렇지만 며칠 뒤 승정원은 반대의견을 제시했다. 그것은 이종성이 "조선이 저지해서 들어가지 않았다."고 주장하여 심유경이 따지고 들면 문제가 생길 수 있다는 이유에서였다.[118]

이러한 상황에서 부사 양방형이 10월 중순 부산 왜영에 들어간 뒤, 11월에도 이종성은 밀양에 계속 체류했다. 한편으로 부사의 왜영 진입이 애초 계획과 달리 왜군의 주둔 상황에서 진행되었을 뿐만 아니라, 그는 개인적으로도 두려움을 갖고 있었다. 이에 병부시랑 손헌(孫憲)이 그에게 기패관이 전하는 공문을 보내 왜의 진영으로 들어갈 것을 촉구했다. 그것은 "정사가 오면 철병하겠다."는 왜 측의 주장을 수용한 셈이었다. 이에 이종성은 어쩔 수 없이 11월 22일 밀양을 떠나 부산 왜영을 향했다. 그의 접반사 김수는 왜영에 따라가지 않고 밀양에 체류했다.

경상좌도관찰사 홍이상에 의하면, 그와 김수는 이종성이 떠나는 날 "무릎 꿇고 상사〔이종성〕에게 기요마사가 물러가지 않으니 왜영에 들어가서는 안 된다."고 강변했다. 그는 이종성에게 제출한 별도의 정문까지 첨부하여 조정에 보고했다.[119] 김수도 당일 작성한 보고서에서 며칠 전 역관들을 통해서 떠나지 말도록 이종성에게 쟁변했음을 강조했다.[120] 그는 역관들과 이종성 사이의 대화 내용까지도 매우 상세히 보고했다. 홍이상과 김수는 이종성의 왜영 진입에 대한 조정의 문책을 우려했을 것이다. 그는 조선의 만류에도 왜영에 들어갔으나 일은 계획대로 진행되지 않았다. 그가 들어간 뒤 일주일 이상 지난 시점인 12월 1일에야 유키나가와 봉행 마사나리 등이 그를 접대했다. 다만 그들은 4차례 고두례를 함으로써 황제의 사신에 대한 예를 표했다. 이종성은 그들에게 금인과 고칙〔고명과 칙유〕을 보여주었다.[121]

사실 책봉사절이 왜영에 진입한 이상, 왜군의 잔류는 납득하기 어려웠다. 이제까지 왜적은 책봉사절을 접대하기 위해서 일부의 군대를 남겨두는 것이라고 주장했었다. 이제 사절을 일본으로 가게 하고 조속히 왜군도 철수해야 하는 것이다. 그럼에도 여러 가지 이유를 들면서 시일을 미루었다. 심유경은 히데요시의 입장을 전할 시게노부가 일본에서 들어오기를 기다려봐야 한다고 주장했다.[122] 그는 또한 "(책봉사절이) 날씨가 좋으면 (12월) 6일, 나쁘면 16일에 출항한다."고 보고했다. 일각에서는 심유경이 책봉사절의 도해를 날씨와 결부시킴으로써 그것을 지연시키고자 한다고 해석했다.[123] 겐소는 조선의 고관이 통신사로서 명의 책봉사절을 동행해야 한다는 조건을 제기하기도 했다.[124] 결국 해를 넘기면서 책봉사절은 계속 부산에 머물렀다.

이러한 상황에서 유키나가 측은 심유경에게 책봉사절에 앞서 일본에 건너가기를 요구했다. 심유경은 주저했으나, 결국 책봉사절이 자신이 부산에 되돌아온 뒤에 도일한다는 조건으로 유키나가의 요구를 수용했다.[125] 그 외에도 그는 왜군의 철수와 책봉사절의 도해 중지 등 일곱 가지 조건을 유키나가에게 제시했다.[126] 기요마사의 철수에 관해서는 유키나가 자신도 어쩔 수 없었지만, 그는 적어도 왜군의 완전한 철수를 전제로 사절의 도해를 약속했다. 즉, 왜군이 모두 철수한 다음, 심유경이 일본에서 돌아온 뒤 책봉사절의 도일을 추진하도록 약속했던 것이다.[127] 이러한 약조하에서 심유경은 1596년 1월 중순〔15일〕 책봉사절의 접대를 명목으로 유키나가와 함께 나고야로 건너갔다.[128]

책봉에 대한 비판

책봉사절의 부산 체류는 조선으로서도 답답한 일이었지만 더 당황한 것은 명이었다. 명은 일본이 소서비를 통해서 책봉을 구걸하는 것으로 간주했다. 따라서 명은 책봉사절의 파견만으로 문제가 쉽게 해결될 것으로 낙관했다. 그런데 책봉사절의 도해가 지체되자 과도관들이 강화에 대해 비판하기 시작했다.

형과급사중 서성초(徐成楚)는 10만여 명의 왜군이 '시정무뢰배'인 심유경의 말 한마디로 철수할 것인지, 책봉 하나로 그들을 통제할 수 있을 것인지 의문을 제기했다. 그와 함께 그는 심유경이 유키나가의 말을 병부에 그대로 보고하지 않을 수 있다는 점을 지적했다. 책봉 이외에 히데요시의 다른 요구조건이 있을 수 있다는 것이다. 그는 이종성에게 현지사정을 정확히 보고하게 하고, 동시에 중국 연해 지역에 대한 방비를 강화하여 만일의 사태에 대비할 것을 주장했다.[129] 이과급사중 장정학(張正學)도 왜군 5개 진영이 아직 남아 있고 기요마사도 돌아가지 않았다는 이종성의 보고에 주목했다. 그와 함께 심유경이 책봉사절의 도해 날짜를 날씨와 결부시킨 것도 의심스러웠다. 장정학은 히데요시가 약속을 지키지 않고 버티는 계책을 쓰고 있다고 주장했다.[130]

과도관들과 달리 병부는 여전히 책봉에 대한 입장을 고수했다. 책봉에 대한 비판적 주장에 대해서 병부는 책봉이 새해에 이루어질 가능성이 높다는 이종성의 보고와 함께 특히 관전보 부총병 마동(馬棟)의 보고에 주목했다. 마동은 "심유경이 지난 겨울 (자신의) 군사를 다 데리고 먼저 바다를 건넜고, 두 책사는 1월 15, 16 양일 군마와 조선인들을 데리고 함께 바다를 건너 일본 지방인 나고야에 도착할 것이며, 왜 측은 시게노부가 전후로 2백여 척의 배를 갖고 부산에 와서 책봉사절을 영접하며, 히데요시가 기요마사의 귀국을 명령했다."고 전했다. 병부에 의하면, 이종성과 마동의 보고가 사실로 보이지만, 이종성과 심유경에게 속히 사람을 보내서 확인하고 책봉 절차를 재촉하기로 했다.[131]

한편 요동의 명군 지휘부도 의구심을 제기했다. 손광은 원래 책봉 자체에 대해서 유보적이었는데 이제 책봉사절의 도해가 지체되자, 그는 왜적이 한 명도 없을 때 조선왕이 그 사실을 보고한 뒤 책봉하기로 했음을 재확인했다. 그는 두 사신이 경솔하게 일본으로 들어가서는 안 되며 심유경도 히데요시를 만나서 그가 다른 생각이 있다고 확인된다면 마찬가지로 곧장 귀국해야 한다고 주장했다.[132] 요동순무 이화룡도 왜적의 상황이 의심스럽다고 보고했다. 이종성에게 확인하여 왜적이 책봉 외에 다른 요구가 있다면 책봉을 중단하고 돌아오게 해야 한다는 것이다.[133]

손광은 심유경과 왜 측 사이의 협상에 대한 근본적인 의구심을 제기했다. 즉, 협상 초기와 달리 왜적의 속셈에 변화가 있고, 조정하기 어려운 일이 있을 것이다. 그 근거는 크게 세 가지였다.[134] 첫째, 약속한 왜군 철수의 지연이다. 왜 측은 날씨나 선박의 부족 등 이유를 대고 있으나, 근거가 약하다. 6만 이상의 대군은 두 달 만에 귀국했으면서도 6, 7천 명은 지난 9월부터 5개월간 귀국하지 않고 있다. 둘째, 심유경이 책봉 의식에 대한 교육을 위해 먼저 도일한다고 하지만, 그것은 핑계에 불과하다. 의식은 조선의 사례를 참조하고 사절의 도착 이후 이틀이면 익힐 수 있다. 셋째, 조선과 일본은 이제까지 서로 사절 왕래를 계속해왔다. 그런데 일본은 조선의 사신이 중국의 사절과 동행하라고 요구함으로써 사단을 일으키고 있다. 더욱이 그 요구는 심유경이 처음 왜의 진영에 들어갔을 때가 아니라 책봉사절이 바다를 건너려는 때에 비로소 제기되었다. 그에 의하면 모든 것은 왜적의 속임수에 불과했다.[135]

손광은 석성을 포함한 조정의 대신들에게 연이어 편지를 보내 왜군이 철수하기 전 책봉사절의 전진과 도해에 대한 우려를 표명했다. 그와 함께 그는 앞서 자신이 제기한 조선경리를 포함한 화전양면 주장을 반복했다. 그는 특히 앞서 심유경이 약속했다는 명과 화친, 조선의 할지 등 다섯 가지 조건들을 모두 허용하지 않는 한, 왜군의 철수 등 명의 세 가지 요구도 이루어지지 않을 것이라고 판단했다. 그는 일본의 다섯 가지 조건에 책봉이 포함되지 않는다는 점에서 그것은 그들이 원하는 바가 아니라고 간주했다. 그에 의하면, 그들의 끊임없는 요구를 차단하기 위해서는 책봉을 중단하고 명 내지의 방비에 집중해야 한다.[136]

얼마 뒤 손광은 대학사 심일관(沈一貫)에게 편지를 보내서 조선 문제의 구체적인 해법을 제시했다. 그는 전반적인 조선 전략 내에서 책봉의 의미를 설정하고자 했다. 그에 의하면, 왜적의 침략이 서울 이남에 국한되는 한, 명은 압록강만을 지키고 조선에게 왜적을 직접 막게 해야 한다. 만약 왜적이 다시 평양에 이른다면 그때 군사를 모아 구원하되, 그것도 왜적을 조선에서 몰아내는 것이 아니라 1만 명의 병력으로 왜적의 명 진입을 막는 정도에 그친다. 책봉과 관련해서는 통공 불허와 부산에서 철수 등을 제기하되, 왜 측이 다행히 받아들이면 그만이지만 반드시 고집할 필요가 없다. 물론 명도 다른 양보는 할 필요가 없다. 또한 일본에 간 심유경을 북경으로 불러들여 왜군의 진정한 요구조건을 물어 책봉을 재검토해야 한다.[137]

그는 당시 명에서 제기되고 있던 다른 방안들에 대해서도 자신의 비판적인 의견을 제시했다. 첫째는 조선이 스스로 존립하고, 명이 그 군사를 훈련하는 방안이다. 손광에 의하면, 이치로 본다면 해당 방안이 적절해 보이지만, 실제 행해지기 곤란하다. 그의 판단으로 조선의 군신은 스스로 문제해결 능력이 없다.[138] 둘째는 산동성 등주와 내주의 수군 수천 명을 부산으로 옮기는 방안이다. 자세한 내막은 알 수 없으나 손광에 의하면, 해당 방안은 매년 10여만 냥의 비용이 들기 때문에 가능성이 없다. 셋째는 조선을 명의 군현으로 전환시키는 방안이다. 그에 의하면, 이것은 "명분이 없는 듯하다. 그들〔조선〕이 구제를 요청했는데 우리가 오히려 취한다면, 이것은 왜적이 우리로 인해 제거되었으나 우리가 왜적보다 더 심한 것이 된다."[139]

한편 2월 중순 이종성은 왜적이 속임수가 없다고 보고했다. 그는 또한 왜적의 상황에 이상이 없고, 심유경이 3, 4월에 일본에서 돌아와 책봉도 마무리할 것으로 예상했다.[140] 그렇지만 명 조정은 이종성을 통해서 추가적인 확인을 하기로 했다. 그것은 책봉이 지체되고 있을 뿐만 아니라 최근 책봉 이외의 조건을 왜적이 내세운다는 소문이 있었기 때문이다.[141] 3월 21일 병부는 히데요시가 영책(營柵) 3분의 2를 소각했고, 다른 강화 요구도 없다고 황제에게 보고했다. 그러면서 병부는 조선에 대한 불만을 제기했다. 즉, 조선은 과거의 원한을 풀고자 왜군의 상황을 과장하며 책봉 절차를 방해한다는 것이다.[142] 4월 초 병부는 왜군이 철수하고 일본이 책봉사절을 영접할 것으로 예상된다고 보고했다.[143]

책봉사절의 도해가 계속 지체되는 가운데 조선은 3월 호조참판 구성(具宬)을 명에 보내서 김해의 덕교 등지에서 왜군의 철수, 책봉사절의 부산 진입, 심유경의 조선 배신 파견 요구 그리고 그의 일본행 등 사정을 담은 진주문을 전달했다. 진주문은 특히 조선이 사람을 보내 왜정을 조사해 사실대로 치주함으로써 속히 책봉을 마무리하게 하라는 명 조정의 지시에 대한 답변이었다.[144] 구성의 진주문은 5월 하순 명 조정에 보고되었고,

『신종실록』은 그 전문을 싣고 있다. 진주문에서 조선은 책봉의 진행에 대해서 유보적인 입장을 분명히 했다. 진주문은 다음과 같이 조사 결과를 제시했다.

> 소방의 경상도 연해 지방에는…… 모두 16개의 (왜)영이 있습니다. 황제께서 특별히 파견하신 유격장군 심유경이 황제의 지시를 받아 (왜군을) 설득했습니다. (그 결과) 작년 7월 이후 각 영의 왜군은 점차 차례로 철수하는 모습이었습니다. 영책과 주택을 소각한 것은 모두 아홉 곳입니다만, 부산·죽도·가덕·안골 등 네 곳의 왜군은 아직 바다를 건널 기약이 없습니다. 왜장 기요마사는 두모(포)로 이주하여 기세가 상당히 등등합니다. 책봉 정사와 부사는 아직 부산에 머물고 있고 나아가지 않고 있습니다. 생각건대 왜군이 소방의 통신사를 얻고자 하는 것은 의리상 따르기 힘든 일로 신〔선조〕을 시험하려는 것입니다. 그들이 하는 짓은 예측하기 어렵습니다.[145]

이어서 진주문은 왜적은 서로 통할 수 없는 원수라는 점을 강조했다. 진주문은 왜적과 화해하고자 해도 그들이 철수하지 않을 수 있고 오히려 더 말썽을 피울 수 있다는 점을 덧붙였다. 구성이 출발한 뒤 이종성이 왜의 진영에서 탈주하는 일이 벌어졌다. 그렇지만 조선의 진주문이 도착했을 때에는 명 조정은 새로운 책봉사절을 구성하여 책봉 절차를 계속 추진하기로 결정한 뒤였다.[146]

책봉 정사의 탈주

책봉사절의 일본행이 지체됨으로써 각종 의구심이 제기되는 가운데 4월 3일 정사 이종성이 부산 왜영에서 탈주했다. 그는 단지 수행 인원 2명만 데리고 언양·경주·영천 등을 거쳐 북상하여 14일 서울 근교에 도착했다. 그의 도피 사실은 그가 도착하기 전인 8일 접대도감을 통해서 국왕에게도 보고되었다.[147]

통상적으로 이종성의 탈주는 각종 근거 없는 소문에 그가 겁을 먹고 도주한 것으로 간주된다. 『재조번방지』는 소문의 하나로 다음과 같은 에피소드를 수록하고 있다. 즉 복건 사람 소학명(蕭鶴鳴)과 왕삼외(王三畏) 두 사람이 왜의 진영에서 돌아와서 하는 말이 "관백은 포악하여 실로 책봉을 받을 의사가 없다. 장차 명 사신들을 잡아다가 가두고 욕보일 것이다. 그리고 천조에게 매년 뇌물을 요구하려 할 것이다. 이어 군사를 동원하여 다시 조선으로 향할 것이다. 강화는 결국 성립될 수 없고, 단지 임금의 명령을 욕되게 할 뿐이다." 이 말을 들은 이종성이 탈주를 결심했다는 것이다.[148]

그렇지만 당시 문헌들을 검토해보면 이종성의 탈주는 즉흥적이거나 개인적인 변덕만은 아니었던 것으로 보인다. 사실 그의 입장에서 왜군 철수의 설득에 실패한 것도 문제였으나, 자신을 수행하여 일본으로 가게 될 유키나가와 심유경이 오랫동안 돌아오지 않아 불안해졌다.[149] 그를 수행하던 유승종(俞承宗)이라는 인물도 이항복에게 편지를 보내서 "지금 일은 아직 종결되지 않고, 바다를 건너갈 시기도 어느 날인지 몰라 명에 돌아가는 것은 아예 말도 할 수 없으니 어찌하겠는가?…… (이종성이) 심신이 모두 초췌하여 머리털이 다 희어지려 한다."고 말했다.[150] 이것은 사실상 왜의 진영에 갇혀 있는 책봉사신들의 초조함을 반영했다.

그러한 분위기는 당시 손광 경략도 감지하고 있었다. 그는 한 편지에서 책봉 자체의 본질이 한편으로 왜적의 끝없는 요구와 다른 한편으로 개인적 야심을 위한 심유경의 야합에 있다고 보았다. 그는 명의 과도관들이 관련 문제를 제기함으로써 양측의 관계가 악화된다면 이종성의 안전한 귀국조차 기대할 수 없다고 보았다.[151] 나중에 알려진 사실이지만, 손광은

이종성에게 서울로 물러나라고 제안했다고 한다.[152]

3월 중순에는 이종성이 사직서를 제출한 것으로 선조에게 보고되었다. 그의 접반사 김수의 판단으로 그 이유는 명의 감찰기구인 도찰원과 순안어사 등이 부산으로 사람을 보내서 책봉사절의 일본행이 지체되는 이유를 조사하고 있어, 이종성이 걱정했다는 것이었다. 그는 사직서에서 압록강을 건너온 지 10개월이나 되었는데, 자신이 책봉의 전제조건인 왜군의 철수를 설득하지 못하고 있다는 점을 제기했다.[153]

어쨌든 탈주한 이종성은 경주에 도착하자 손광과 이화룡에게 게첩을 올려 탈주에 대한 해명을 시도했다. 그와 함께 그는 강화의 근본적인 문제를 제기했다.

> 관백이 요구한 것은 일곱 가지였고, 일회적인 책봉에 그치지 않았습니다. 그가 만약 책봉을 갈망한다면 어찌 한 사람도 (책봉사절을) 마중하지 않겠습니까? 3월 28일, 포로로 잡혔던 복건 사람 곽적우(郭績禹)가…… 말하기를 '관백은 호랑이나 승냥이, 뱀과 도마뱀 같아서 (책봉)사신이 가면 반드시 잡아둘 것이다. 또한 장차 인질로 삼아 많은 요구를 할 것이다. 조금이라도 요구가 충족되지 않으면 반드시 (사신을) 살해할 것이다.'고 했습니다. 또한 (그가) 전하기를, '심유경은 관백에 의해 결박당했다. 관백이 원하는 것은 일곱 가지이며, 원래 책봉을 원하지 않았다.'고 말했습니다. 또한 최근 (본인에 대한 왜군의) 경비가 매우 엄격하고 형세가 점차 달라지고 있음을 보고, 그날 밤에 부절을 받들고 서쪽으로 나왔습니다.[154]

여기서 이종성은 신변의 위협 이외에도 책봉을 통한 강화가 근본적으로 불가능하다고 판단했음을 보여주고 있다. 그는 히데요시의 강화조건들을 자세하게 제시하지 않았으나 일곱 가지라고 했다. 그것은 아마도 몇 년 전 나고야에서 사용재와 서일관에게 왜 측이 제시했던 혼인과 조선 영토의 할양, 조공의 개시와 통상 등 조항일 것이다. 손광 총독도 얼마 전 다섯 가지 강화조건의 존재를 제기했다. 이종성은 히데요시의 요구가 책봉에 있지 않는 한, 자신의 일본행은 의미가 없다고 판단했다.

서울에 올라온 이종성은 다음 날 병부 등 아문에 게첩을 올렸다. 그에 따르면, 처음 왜적이 공손하여 정상적으로 책봉이 이루어질 것으로 판단했는데, 시간이 지나면서 그들의 본심을 이해하게 되었다. 특히 그는 왜적이 책봉 이외에 다른 요구조건들이 있다는 것을 알게 되었으며, 거기에는 조선 배신의 파견도 포함되었다. 그는 또한 심유경을 신랄하게 비난했는데, 특히 왜장의 딸을 아내로 삼아 애까지 두는 등 왜적을 추종하고 있음을 지적했다. 향후 대책과 관련해서 그는 조속히 군대를 동원하여 일본을 공격할 것을 주장했다.[155]

명의 대응

이종성의 탈주와 관련하여 조선의 보고 이전에 명은 명군 내부의 연락망을 통해서 관련 내용을 보고받았다. 4월 어느 날 산동순안어사 이사효(李思孝)는 "심유경이 관백에 의해 구속되었다는 소식을 이종성이 듣고" 도주했다고 명 조정에 보고했다.[156]

황제의 사절이 사행 중에 탈주한 것은 역사상 드문 일로서 명 조정에 상당한 충격을 주었다. 4월 19일 병부는 황제에게 보고하면서 대책을 강구했다. 석성은 책봉이 어렵게 됨으로써 히데요시의 재침 가능성을 제기하면서, 선부·대동·순천·보정 등지와 천진·영평·산동·복건·광동·절강·직예 등 해안 지역의 방비를 강화할 것을 제안했다. 조선에 대해서는 마땅히 구원해야 하지만 군사의 배치나 식량의 공급은 총독 손광과 요동순무 이화룡의 보고를 듣고 결정하기로 했다.[157] 일단 히데요시의 명나라 침범에 대비했던 것이다.

다음으로 책봉과 관련해서 석성은 아직 양방형과 다른 수행 인원이 부산에 남아 있으니 손광 등의 지시를 받아 처리하게 할 것을 제안했다. 다시 말해 이종성 탈주의 여파를 최대한 줄이면서 부산에 남아 있는 인원 등으로 마무리를 해야 한다는 입장이었다. 사실 정사의 탈주는 석성 자신이 추진해온 강화정책의 문제점을 보여준 셈이었다. 석성은 자신이 심유경을 통해 강화를 추진해온 것은 "나라의 재력을 아끼고 백성들을 보전하기 위해서였다."고 해명하면서 그에 대한 책임을 지고 사직을 요청했다.[158] 황제는 왜적의 상황이 변화된 것으로 간주하고 좀 더 정확한 상황을 조사하게 하는 한편, 각지의 책임자들에게 통보하여 전쟁에 대한 방비태세를 더욱 강화할 것을 지시했다. 그와 함께 조선에도 연락하여 각 지역에 군대를 모아 방비태세를 갖추도록 했다. 석성의 사직서는 수리되지 않았다.[159]

그렇지만 이종성의 도주 사실이 점차 일반에 알려지자 일부 과도관들의 비판이 제기되었다. 그들은 특히 석성 등을 탄핵하고, 책봉 절차의 중단과 군사적 조치를 강조했다. 대표적으로 병부낭중 악원성(岳元聲), 이과급사중 대사형(戴士衡), 형과급사중 이응책(李應策), 형과좌급사중 서성초 등이었다.

그 가운데 서성초의 주장이 매우 두드러진다. 그는 왜적과의 강화 전반에 대한 비판을 제기했다. 그는 무엇보다도 그간 각 협상 단계에서 히데요시가 얻고자 했던 다섯 가지 일에 주목했다. 그것은 첫째 혼인, 둘째 대동강을 경계로 하는 조선의 분할, 셋째 조공과 책봉, 넷째 왜와 민간의 교역, 다섯째 왜군의 철수를 전제로 하지 않는 책봉사절의 왜영 진입 등이다. 서성초에 의하면, 정사의 탈주는 심유경이 신중하지 못한 탓이었다. 그는 나라에서 적절치 못한 사람들에게 일을 맡긴 것에 문제가 있었다고 보고, 송응창·심유경·이종성 등을 들었다. 그는 또한 조지고가 내각수보

가 된 뒤 왜군의 철수 이후 강화를 논의해야 한다는 원칙이 지켜지지 않았음을 지적했다.[160]

향후 대책과 관련하여 서성초는 강화가 아닌 전쟁을 통한 문제 해결을 주장했다. 그는 조선과의 관계에서 명의 모순된 입장에 주목했다. 그에 의하면, 조선은 요동의 울타리이다. 명이 구원하지 않으면 조선은 일본에 넘어가 요동이 위태롭게 될 것이다. 반대로 구원하고자 하면 중국이 조선을 대신하여 전쟁의 폐해를 입게 된다. 요동과 마찬가지로 산동과 천진 등 연해 지역도 그 중요성이 매우 크다. 따라서 조선에 집중할 것이 아니라 각지에 대한 방비에 최선의 방안을 찾아내야 한다. 물론 전쟁은 명도 쉽지 않으나 왜적도 마찬가지이다. 왜적과의 일전을 불사하고 적극 방비에 나서야 한다.[161]

이종성의 탈주 소식을 전달받은 손광 총독도 자신의 입장을 표명했다. 앞서 본 것처럼 그는 책봉사절의 파견에 유보적이었다. 이제 그는 황제에게 보내는 상소에서 왜적의 전략이 이미 변화되었음을 강조하고, 군사적 조치로서 군대와 식량의 동원을 주장했다. 그는 그간 자신의 요청으로 각 진에 배정된 지원병력 이외에 수군 3천 명의 동원 준비 그리고 재원의 지원 등을 요청했다.[162]

4월 말 부사 양방형의 보고가 병부에 도착했다. 그런데 양방형의 보고는 예상과는 많이 달랐다. 그에 의하면, 시중에 일부 근거 없는 유언비어가 있기는 하지만, 책봉 절차는 정상적으로 진행되고 있다. 히데요시도 책봉을 받는 것에 대해 매우 기뻐했고, 관사의 건축 등 책봉사절을 맞이할 준비가 순조롭게 이루어지고 있으며, 단지 순풍을 기다리고 있다. 그는 또한 이종성이 탈주한 뒤에는 왜 측이 책봉을 받지 못할까 실망하고 있다고 했다. 이것은 왜적의 상황에 변함이 없고, 예정대로 책봉 절차를 밟아야 한다는 것을 의미했다. 그는 이종성을 다시 부산에 되돌아오게 지시할 것을 요청했다.[163]

양방형의 보고는 수세에 몰린 석성으로서는 분명 반가운 소식이었다. 이에 병부는 이종성이 남기고 간 인장과 관인 등을 수습하고, 문신 한 사람을 파견하여 양방형을 정사로 삼아 책봉을 마무리하자는 방안을 제시했다. 그에 반해 황제는 과신〔科臣, 과도관〕 한 명을 선발하여, 양방형과 함께 가서 책봉을 실행하도록 지시했다. 그것은 과신이 상황을 탐지한 뒤, 그가 정사로서 책봉을 진행하라는 의미였다. 이종성에 대해서는 '나라의 체면을 욕보였다.'라고 해서 요동순무에게 체포하여 북경으로 압송하도록 했다.[164]

책봉을 계속 추진한다는 조정의 결정이 내려진 뒤에도 그에 대한 반대와 석성 및 조지고 등 강화파에 대한 비판이 이어졌다. 하남도어사 주공교(周孔教), 직예순안 조학정(曹學程) 등이 대표적이었다. 관련 논의는 당시의 정책결정에 변화를 주지는 못했다. 그럼에도 몇 개월 뒤 책봉의 궁극적 파탄을 예고했다는 점에서 검토할 필요가 있다.

주공교는 양방형의 보고가 신빙성이 없고 또 지론도 없는데 석성이 전적으로 믿고 책봉에 요행을 바라고 있다고 주장했다. 그와 함께 그는 책봉의 의의와 명의 국방정책 전반에 대해서도 길게 논의했다. 책봉과 관련해서 그는 이미 사실상 통공까지도 허락한 상황에서 책봉은 단지 허명(虛名)에 불과하여 히데요시가 만족할 리가 없다고 보았다. 그는 책봉은 더 이상 의미가 없고, 그렇다고 전쟁은 위험성이 크기 때문에 방어책이 필요하다고 주장했다.

그는 방어와 관련하여 세 가지 방안을 제시했다. 최상의 정책은 명의 울타리인 조선을 지키는 것이다. 즉, 정예부대를 선발하여 조선의 군사 5만 명과 협력해야 한다. 다만 유사시 정예부대의 선발은 보름 안에 이루어져야 하는데 시간상으로 촉박하다. 조선의 군사들이 지탱하지 못하고 명의 군사도 구원하지 못하게 됨으로써 자칫 조선을 일본에 넘겨줄 수 있다. 이때는 차선책으로 압록강을 굳게 지킬 수밖에 없게 된다. 그것은 부득이한 경우로서 중책(中策)이다. 마지막으로는 압록강 방어조차 방어하지 못하는 경우로서, 이때는 요양을 지켜야 한다. 물론 그것은 하책(下策) 또는 무책(無策)이다. 결국 정책의 우열은 시간의 문제로서 서둘러 대비책을 강구해야 한다. 그는 석성이 머뭇거리면서 책봉의 요행을 바라고 있다고 비판했다.[165]

한편 조학정은 왜적이 여러 가지 조건들을 내세우고 있어 책봉은 실패할 것이라고 주장했다. 앞서 이종성이 말한 것처럼, 그는 히데요시가 심유경에게 요구한 조건은 일곱 가지였으며, 책봉은 아니었다고 주장했다. 그에 의하면, 왜적은 책봉 이후 차례로 통공, 교역, 혼인, 조선으로부터 부세의 납부, 영토분할 등의 요구를 해올 것이고, 결국 조선을 휩쓸고 요동을 향할 것이다. 그리고 그러한 요구조건은 이제 와서 갑자기 나온 것은 아니며 송응창부터 시작되어 심유경 등이 차례로 일부를 양보했다.

과신들은 송응창의 강화정책에 문제의 원인이 있다고 주장했다. 그들은 그 배후에 내각수보 조지고가 있다는 입장이었다. 이를테면 주공교에 의하면, 모두가 책봉을 반대하였음에도 조지고는 그것을 배척하고 책봉을 주장했다. 조지고는 특히 동향인 송응창과 사적인 인연으로 그의 경략 임명을 관철시켰고, 거기에 반대한 곽실(郭實)을 제거했다.

그렇지만 문제가 국내정치적 갈등으로 이어지자, 황제는 과신들을 처벌했다. 그는 이들이 조선에 가서 책봉의 적정성과 함께 왜정을 탐지하라고 했었는데 갈 생각은 않고 딴소리만 한다고 탓했다. 조학정은 금의위에 하옥되었다.[166]

자신에 대한 비판이 계속 제기되는 가운데 조지고는 책봉의 조속한 추진을 주장했다. 양방형을 정사로, 심유경을 부사로 하여 책봉을 진행하자는 것이다. 그것은 과신을 보내면 시일이 걸리고 명의 체면이 손상될 수 있기 때문이다. 조지고는 책봉에 대해서도 변론했다. 책봉의 시작은 명군이 지치고 식량이 부족한 상황에서 왜군이 서울에서 철수하면서 요청했고, 황제가 그것을 윤허했다. 그 후 조선이 히데요시의 책봉을 요청해 옴으로써, 결국 소서비에게 세 가지 약조를 받아 추진해왔다. 게다가 이종성이 탈주한 뒤에도 양방형의 보고에 따르면 왜 측의 책봉 요청에 변화가 없다. 또한 요동의 책임자들도 "조선이 우리에게 운명을 맡기고 있고, 우리를 배신하여 일본에게 넘어가지는 않을 것"으로 보고하고 있다.[167] 즉, 무력으로 통제하지 않아도 조선이 일본을 선택할 가능성이 없다는 것이다.

특히 조지고는 당시 명이 당면한 현실적인 문제를 강조했다. 즉, 병력과 식량 등의 비용을 적게 하면서도 조선 문제를 마무리하기 위해서는 책봉의 진행이 최선이라는 것이다.

> 오늘날 논의가 매우 분분하지만, 그것들을 종합한다면 다음 세 가지에 불과합니다. 첫째는 책봉, 둘째는 방어, 셋째는 전쟁입니다. 중요한 것은 일의 담당자가 상황의 완급을 신중하게 짐작하여 행하는 것뿐입니다. 무릇 본병〔本兵, 병부상서 석성〕의 주장은 다음과 같습니다. 즉, 이종성이 비록 돌아왔으나 아직 한 사신〔양방형〕은 부산에 주둔하고, 한 사신〔심유경〕은 바다 섬〔일본〕에 있으며, 왜적 무리는 아직 변동이 없습니다. (그런데) 갑자기 책봉을 파기하려 한다면 아마도 먼 이적의 마음을 복종시킬 수 없을 것입니다. 잠시 책봉을 기미의 계책으로 삼는 것이 낫습니다. 다른 변고가 있다고 해도 소위 '군대가 강하면 이기지 않는 법이 없습니다.'[168]

황제는 처음에는 조선이나 유구에 문신이 아닌 무신을 정사로 보낸 적이 없다는 점, 과신이 정사로 가서 왜정을 탐지해보는 것도 괜찮다는 등의 이유를 들어 무신인 양방형을 정사로 삼는 방안에 반대했다. 그러면서 황제는 책봉에 반대하는 과신들은 조선에 가는 것을 서로 미루고, 병부는 과신들이 책봉에 부정적인 것을 알고 과신의 파견을 고의로 막으려 한다고 비난했다. 그는 또한 책봉을 해도 왜군이 철수하지 않아 후환이 될 수 있음을 지적했다. 그렇지만 조지고와 석성 등의 계속되는 요청에 따라 5월 초 황제는 별도로 문신을 파견하지 말고 양방형을 정사로, 일본에 있던 심유경을 부사로 삼도록 지시했다.[169]

조선의 대응

사실 조선도 이종성 탈주의 충격에서 자유롭지 못했다. 4월 8일 접대도감이 명 장수의 가인(家人)이 전하는 말에 근거하여 선조에게 보고했다. 탈주 배경과 관련해서는, 이종성이 강화의 다른 조건, 이를테면 혼사와 조선 지방의 할양 등이 충족되지 않아 히데요시가 심유경을 묶고 구타했다는 소문을 들었기 때문으로 알려졌다.[170] 조정에서는 매우 위급한 상황으로 간주되었고, 보고 당일 국왕과 비변사 당상들의 회의가 열렸다. 다만 조속히 명에 연락하여 조치를 취하게 해야 한다는 의견이었을 뿐, 구체적인 방안이 나온 것은 아니었다.[171]

그런데 역관 남호정이 이종성에 뒤이어 왜영에서 나왔다. 그는 경주에 이르러 그곳에 머물던 접반사 김수에게 탈주 소식을 전했고, 이들은 곧바로 서울에 올라왔다. 서울에 올라온 두 사람은 10일 선조에게 탈주 과정을 직접 보고했다. 그들은 주로 책봉 이외의 다른 강화조건에서 탈주의 주된 이유를 찾았다. 즉, 3년 전 나고야에서 사용재와 서일관이 왜 측에 화친·할지·납질·통상 등 네 가지 조건을 약속해주었고, 이제 그것들이 충족되지 않아 히데요시가 분노하자, 정사가 그 사실을 알고 탈주했다는 것이다. 그 외에도, 특히 남호정은 이종성의 주변에서 포착된 분위기도 보고했다. 거기에는 명 내부에서 책봉에 대한 회의적인 기조가 나타나고 있다는 것, 석성이 책봉의 지체를 책봉사절 탓으로 돌리고 있다는 것, 명의 일각에서 군사적 조치와 함께–특히 친척들이–책봉사절의 안전한 귀국을 요청하고 있다는 것, 책봉사절이 일본에 도착하면 인질로 잡고 명과 혼인관계를 요구할 수 있다는 것 등이었다.[172]

이종성의 탈주가 알려지자, 조선에서는 무엇보다도 책봉의 파탄에 따른 왜적의 재침이 우려되었다. 더욱이 해당 시점에서 요동도사의 자문이 도착했는데, 거기에는 책봉을 고수한다는 석성의 제본이 전해졌다. 그와 함께 제본에는 명이 더 이상 조선에 대한 군사적 지원은 하지 않겠다고 명시되었다. 그것은 앞서 손광 등이 책봉 지체를 근거로 군사적 대비를 요청한 것에 대한 그의 반론이었다. 이에 조선에서는 명 조정에 군사를 요청해야 한다는 의견이 대두되었다.

그런데 4월 13일에는 부사 양방형의 게첩이 조정에 도착했는데, 거기에는 약간의 위안이 되는 내용이 포함되었다. 요지는 정사의 탈주에도 다행히 왜적의 사정에는 변화가 없다는 것이었다. 그는 자신이 왜영에 머물면서 정사에 대한 추격의 중지 등 사태의 확대를 막고 있음을 강조했다. 그는 또한 와전된 말에 현혹되어 경솔한 일을 하지 말 것을 당부했다. 조선이 왜군의 재침을 우려한 나머지 먼저 도발하지 말라는 의미였다. 책봉 의식에 필요한 금인과 칙서 등도 그가 수습한 것으로 전해졌다.[173]

양방형의 게첩이 도착하자 비변사는 책봉 절차의 속개를 요청하고, 군사 요청은 다음으로 미루자고 건의했다. 그에 반해 선조는 책봉의 요청은 바람직하지 않고 군사를 요청해야 한다는 의견이었다.[174] 결국 15일 요동도사에게 보낸 자문에는 왜정에 별다른 변화가 없다는 양방형의 게첩이 길게 인용되었고, 그가 사태를 안정적으로 수습하고 있음이 강조되었다. 그와 함께 책봉이 지체되면서 왜적의 속셈에 변화가 있을 수도 있고, 또 정사의 탈주를 트집 잡아 말썽을 일으킬 수도 있으니 잘 살펴야 한다는 취지로 결론을 맺었다.[175] 일이 비변사의 의견대로 진행된 셈이었다.

그런데 다음 날 요동도사로부터 자문이 왔는데, 주로 군사의 동원과 관련되었다. 그것은 이종성의 탈주 이전에 보내온 것으로, 병부와 다른 손광의 정책이었다. 핵심은 명군 3만 3천 명에 대한 반년 분의 식량을 마련해야 한다는 것이었다. 자문에는 요동에서 사람을 조선에 보내서 구체적으로 어떻게 조달할지 그 목록을 받아서 명 조정에 보고한 뒤 실행하겠다고 명시되었다. 조선의 입장에서 대군의 파견은 반가운 일이었으나, 일단 식량이 문제였다. 당일 회답에서 조선은 해당 병력에 대한 식량을 조달하기 어려우니 중국의 산동 등지에서 운반해줄 것을 요청했다. 각지에 저축된 식량의 상황은 사람을 보내오면 목록을 작성해서 주겠다고 약속했다.[176]

사실 책봉이 불확실해지면서, 왜군의 공격에 대비하는 것은 당연했다. 그렇지만 조선의 전쟁 준비가 알려진다면 오히려 왜군을 자극할 수도 있다고 판단되었다. 뿐만 아니라 명군이 실제 출병할지도 의심스러웠다. 그리하여 대규모 식량의 징발과 같은 전쟁 준비가 왜 측에 알려지지 않도록 조심스럽게 진행되지 않으면 안 되었다. 그래서 선조는 명군의 출정 사실을 누설한 자들의 처벌을 지시했다. 조선의 힘만으로 왜군을 막을 수 있는지 의심스러웠다. 이종성의 탈주로 일부 관리들이 가족을 먼저 도성에서 피난시키는 상황이 발생했다. 선조조차도 도성의 사수를 통해 인심을 안정시키자는 비변사의 주장에 대해서 "단지 과장하여 위아래를 기만한다."고 불평했다.[177]

4월 중순 이종성의 탈주에 대한 왜 측의 입장도 알려졌는데, 양방형의 게첩과 유사했다. 왜의 역관 요시라(要時羅)가 4월 11일 의령으로 경상우병사 김응서를 찾아왔다. 그에 의하면, 정사의 탈주와 관련하여 히데요시에게는 "마음의 병이 초래하고 헛소문에 현혹되어 혼자 달아난 것에 불과할 뿐 다른 의도는 없다."고 보고되었다. 그는 또한 심유경과 유키나가가 곧 일본에서 나온다는 소식도 알렸다. 그와 함께 그는 책봉의 성공을 위해서 조선도 별일 없는 것으로 명에 보고해주기를 요청했다. 아울러 그는 시간관계로 정사를 교체하기보다는 그를 다시 들여보내주기를 원했다.[178] 그에 의하면, 양방형이 상황을 관리하고 있으며, 모든 일들은 그와 상의하여 처리하고 있다. 그는 정사의 탈주로 명군이 왜군을 갑자기 공격해올 것을 걱정했다고 덧붙였다. 도체찰사 이원익의 관련 보고를 받은 조정은 일단 명의 조치를 기다리기로 했다.[179]

이종성의 접견을 어떻게 할 것인지도 문제였다. 그는 예에 벗어난 일을 했으나 그렇다고 명의 사절로서 무시할 수는 없었다. 더욱이 그는 명의 개국공신 가문 출신이었고, 아버지 임회후(臨淮侯) 이언공(李言恭)은 북경 주둔 군대들을 통령하는 총독경영융정(總督京營戎政)까지 올랐다. 이종성은 귀국 후 명 조정의 조선정책에도 영향을 줄 것으로 판단되었다.[180]

4월 중순 이종성이 서울에 도착했을 때 선조는 그를 곧장 영접하지 않았다. 죄의식을 가진 이종성이 원했다고는 하지만, 숙소도 궁궐이 아닌 홍인문 밖에 마련되었다. 결국 선조가 20일 그의 숙소를 찾았을 때, 그의 요청에 따라 서로 배례하지 않고 읍(揖)만 했다. 탈주 이유와 관련하여 이종성은 목숨이 아까워서가 아니라 나라의 명(命)을 욕되게 할까 염려되었기 때문이라고 밝혔다. 선조는 탈주 이후 겪은 수고를 위로하고, 만일 왜적이 재침한다면 명이 군사를 보내주는 데 힘써줄 것을 요청했다. 이종성은 자신이 손광에게 정벌을 요청하겠다면서, 조선도 급히 그에게 자문을 보내서 청병할 것을 제안했다. 그는 책봉이 이미 불가능하다고 판단하여 조만간 부사 양방형도 부산에서 나올 것으로 전망했다.[181] 24일 모화관의 전별식에서도 그는 심유경을 비난하며 명군의 군사적 조치에 대한 기대를 나타냈다.[182]

한편 양방형의 접반사로서 남부지방에 머물던 우참찬 이항복이 서울에 올라왔다. 그는 4월 23일 이종성의 탈주에 대해 선조에게 직접 보고했다. 그는 당시 부산 왜영에 있었던 것은 아니며, 양방형이 그의 조선 역관 박의검(朴義儉)을 시켜 의령에 있던 그에게 연락했다. 이항복이 서울에 올라온 것은 양방형의 요구에 따른 것으로서 거기에는 분명한 목적이 있었다.[183] 무엇보다도 정사의 탈주로 인해 조선이 놀라서 군사적인 조치를 취하는 것을 막을 필요가 있었다. 왜적의 상황과 관련하여 이항복은 별다른 변화의 기미가 없으며 철수하려는 것 같다고 보고했다. 그럼에도 선조는 히데요시의 목적이 책봉에 있지 않고, 책봉만으로 왜군이 물러가지 않을 것이라고 답했다.[184]

결국 상황은 여러 가지 측면에서 안정되는 듯 보였다. 양방형은 자신이 남아서 상황을 잘 관리하고 있었다면서, 조선이 군사적인 조치는 물론 명 조정에 관련 주문을 하지 말 것을 요구했다. 도체찰사 이원익과 이항복 등은 왜적 내부에 별다른 변화가 없다고 보고했다. 요동도사는 대규모 군사의 동원 준비를 밝히면서 조선으로서는 해결하기 어려운 대규모 식량과 마초의 준비를 요구했다. 이러한 상황에서 선조뿐 아니라 사간원과 같은 간쟁기구에서는 명에 대한 청병 등 좀 더 적극적인 조치를 원했으나, 비변사는 책봉의 지속적인 추진을 지향했다. 명 조정에 보내는 4월 26일 진주문에는 대체로 비변사의 의견이 반영되었다.

진주문의 취지는 정사의 탈주에도 왜 측은 변화가 없고, 특히 양방형을 통해서 상황이 잘 관리되고 있다는 것이었다. 진주문은 앞서 양방형이 경솔하게 움직이지 말라는 내용으로 조선에 보낸 게첩을 길게 인용했다. 또한 책봉을 계속할 필요성도 간접적으로나마 언급했다. 즉, 책봉사절이 나온 이후 연해 지역의 왜군이 점차로 철수했으며, 나머지 왜군도 심유경이 돌아오면 다 철수하기로 했다는 것이다. 물론 만일의 사태에 대한 우려도 표명되었다. 해당 진주문은 다음과 같이 맺고 있다.

> 소방은 (전쟁의) 상처가 극심하여 스스로 진작할 힘이 없어, 오로지 황제께 의지하여, 왜적의 철수를 매일 갈망하면서 잔재를 수습하여 훗날의 성공을 도모하기를 바랐습니다. 뜻하지 않게 일이 지연되고 세월이

많이 흘러 이미 걱정거리가 되었는데, 이러한 시점에서 (책봉) 정사가 왜영에서 탈출하여 갑자기 돌아왔습니다. 비록 (책봉) 부사가 여전히 거기〔왜영〕에 있어 믿을 바가 있지만, 왜적의 마음은 가변적이어서 끝을 보장하기 어렵습니다. 만약 말썽이 또 생겨 흉적이 다시 날뛴다면 소방의 존망은 위태롭게 됩니다. 신〔선조〕은 진실로 걱정이 되어 어찌할 바를 모르겠습니다.[185]

여기에서는 명시되지 않았으나, 일각에서는 책봉이 아닌 군사적 해결을 원했다. 앞서 요동도사의 자문에서처럼 손광 등은 군사적 조치를 준비하는 듯 보였다. 비록 식량조달의 문제가 있었으나, 시각에 따라서는 불가능한 것은 아니었다. 조정도 명에 대한 식량지원 요청과 함께 비밀리에 식량을 모집하기로 했다. 다만 요동도사의 해당 자문은 시기적으로 그 이전에 작성되었고 이종성의 탈주를 반영한 것은 아니었다.

그런데 5월 초 요동도사는 다시 자문을 보내왔다. 그 취지는 이종성의 탈주로 인해서 왜적의 상황이 변했기 때문에 군사적인 대비가 필요하다는 것이었다. 거기에는 이미 병부에서 군사 10만 명을 동원했고, 기일을 정해 압록강을 건널 것이라고 명시되었다. 그와 함께 자문은 조선에서도 왜군과 가까운 요새지에 군사와 설비를 갖추어 명군이 오면 서로 협력할 것을 요구했다.[186] 10만 명 동원은 빈말에 불과한 것으로 생각되었으나, 앞서 요동도사는 보름 전 3만 3천 명의 동원과 그에 따른 식량의 준비를 문의했다.

요동도사의 자문은 향후 정책 방향에 대한 논쟁을 불러일으켰다. 그것은 5월 3일 조정회의에서 가시화되었다.[187] 선조는 해당 자문을 보이면서, 책봉 정사의 탈주 이후 명 조정에서 향후 대책에 관해 논의가 분분한 상황에서 조선의 입장이 중요하다는 점을 강조했다. 즉, 명에 대해서 책봉을 계속 추진하도록 요청할 것인가, 아니면 군사와 식량을 내어 왜적을 토벌하도록 요청할 것인가? 물론 애매하게 중간의 입장을 취할 수도 있을 것이다.

선조는 일단 왜군이 여전히 조선에 남아 있고 재침할 수 있는 상황을 명에 강조하여 청병하는 방안을 제기했다. 이에 대해서 영의정 유성룡은 두 가지 측면에서 유보적이었다. 그에 의하면, 한편으로 최근 왜군의 도발 움직임이 없고, 부사 양방형이나 심유경도 왜적의 상황이 순조롭다고 판단하고 있으며, 다른 한편으로 오히려 왜적을 자극하여 후환이 생길 수 있다. 10만 병력의 동원과 관련해서 선조는 "왜적의 세력이 창궐한다면 혹 나올 수도 있다."고 기대했다. 그렇지만 유성룡에 의하면 그것은 허언에 불과했다.[188] 판중추부사 윤두수가 주장한 것처럼 요동도사가 10만 명 동원 운운한 것은 이종성의 탈주로 조선이 놀라서 군사적 대응에 나서지 않도록 진정시키기 위한 목적이 있었다. 선조도 현재로서 왜적이 약속을 위반한 것도 아니고 단지 책봉 절차를 지체하고 있을 뿐이므로, 조선이 먼저 군사를 움직인다면 잘못이 우리에게 있게 된다고 인정했다.

그렇다면 책봉을 계속 추진하는 것은 어떤가? 이에 대해서 유성룡은 왜적이 약속을 위반하지 않았는데도 이종성이 탈주한 것은 그의 잘못이라고 판단했다. 따라서 그는 명이 — 나중에 실제 그렇게 한 것처럼 — 양방형을 정사로 삼고, 일본도 그에 따라 책봉을 진행해야 한다는 입장이었다. 그럼에도 그는 명이 그렇게 하기는 어려울 뿐만 아니라, 더 근본적으로 히데요시가 책봉에 국한된 유키나가의 강화조건에 만족하지 않는다고 판단했다. 유성룡도 선조와 마찬가지로 책봉의 순조로운 진행에 대해서는 회의적이었다.

그렇다면 이러한 딜레마에 대해서 어떻게 대응할 것인가. 그에 대해서 유성룡은 직접적인 구원 요청이 아닌 다소 모호한 표현의 문장을 제시했다. 즉, "왜적의 속셈은 헤아리기 어렵기 때문에 군사와 군량을 미리 조치해야 하는데, 소방이 속수무책이기 때문에 명나라가 군사를 조달하고 식량을 쌓아서 긴급한 상황에 대비해야 한다." 그것은 조선에 군사와 식량을 보내달라는 것이 아니라, 명이 조선에서 만일의 사태에 대비해야 한다는 의미였다. 유성룡은 명과 조선의 군사적 움직임이 왜군을 자극할지도 모른다고 우려했던 셈이다.

유성룡과 비교한다면 윤두수의 입장은 좀 더 분명했다. 그에 따르면 어떻게든 명은 책봉을 성사시키고자 할 것이다. 그것은 명이 왜적을 무력으로 정벌할 능력이 부족하기 때문이다. 명군이 부산의 왜군을 격멸하는 것이 매우 어렵지는 않다는 선조의 말에 대해서, 그는 "식량 조달이 어려워서 필시 군사를 동원하지 못할 것"이라고 주장했다. 윤두수는 또한 명이 이미 책봉을 허락했기에 그 약속을 지킬 것으로 판단했다. 그에 의하면, 조선으로서도 명군을 위한 식량을 조달할 수 없기 때문에 책봉이 바람직하다. 실제 책봉은 윤두수의 예상대로 진행되었다. 다만 그는 책봉의 결과는 예상할 수 없었다.

요동도사의 연이은 자문에 대한 논의가 분분한 가운데, 5월 중순 기요마사의 철수 소식이 전해졌다. 그와 함께 그가 히데요시의 사망 때문에 들어갔다는 소문까지 돌았다. 비변사는 사실을 확인할 때까지 군사지원 요청을 늦추기로 했다. 마침 기요마사뿐 아니라 안골과 가덕 등지 왜장들도 귀국한 것으로 알려졌다.[189] 선조는 군사 요청은 아니더라도 왜군의 갑작스런 철수에 음모가 있을 가능성은 주청사를 보내 전해야 한다고 고집했다.[190] 비변사는 아직 때가 아니라는 입장이었다. 결국 타협책으로 원래 의제였던 군사 요청은 하지 말고 남부지방의 상황에 대해서만 이조정랑 이형욱(李馨郁)을 보내 손광에게 자문을 제출하기로 결정했다. 그 내용도 대체로 유성룡의 주장이 반영되었다. 즉, 일부 지방에서 왜군의 잔류를 명시하되, 명군은 조선에 들어오지 말고 압록강 건너편이나 요동에 주둔하면서 유사시에 대비하도록 했던 것이다.[191]

앞서 5월 초 명 조정의 결정에 따라 양방형을 정사, 심유경을 부사로 책봉사절이 구성되었다. 그렇지만 양방형도 곧장 일본으로 건너가는 것을 주저했다. 당시 부산 왜영에 있던 황신의 보고에 의하면, 양방형은 왜영의 소각과 왜군의 철수를 전제조건으로 내세우며 일본 진출을 거부했다. 그렇지만 유키나가는 먼저 사절이 도해한 뒤, 왜군의 철수가 히데요시의 입장이라고 대응했다. 명의 병부도 책봉사절의 도해를 재촉했다. 히데요시도 마찬가지였다. 6월 10일경 책봉사절의 도해를 재촉하는 히데요시의 명령이 유키나가에게 전달되었다. 결국 양방형은 15일 유키나가와 함께 대마도로 출발했다. 그들은 그곳에서 이종성의 탈주 과정에서 분실된 일부 문서와 책봉 예물들의 도착을 기다리기로 했다.[192]

그럼에도 책봉 의식이 거행되기까지는 석 달 반이 더 필요했다. 이유는 일부 여행에 따른 시간의 소요도 있었으나, 다른 중대한 문제가 해결되지 않았기 때문이다. 그것은 책봉사절과 동행하도록 요구받은 조선통신사와 관련되었다.

3. 조선통신사(근수사)

최초의 조짐

히데요시의 책봉은 기본적으로 명과 일본의 관계였다. 그럼에도 어느 시점에서 조선의 참여, 즉 통신사의 파견이 요구되었다. 문헌상으로 이 문제가 최초로 제기된 것은 약 1년 전 1595년 4월 중순이었다. 당시 책봉사절이 북경을 출발하여 조선을 향하고 있었고, 그들에 앞서 심유경이 서울에 들어왔다. 그의 왜영 진입에 즈음하여 왜군의 상황을 정탐하기 위해서 우병사 김응서가 이시발을 그곳에 들어가게 했는데, 그는 유키나

황신 초상

가 측의 시게노부에게서 관련 내용을 직접 들었다. 즉 어떤 명나라 사람이 유키나가에게, "명 사신이 (일본에) 갈 때 조선통신사를 당연히 보낼 것이다."는 말을 통유(通諭), 즉 하달했다는 것이다. 더 이상의 내막은 알 수 없으나, 그의 말대로라면 명 측이 먼저 제시한 셈이다.[193] 그에 대해서 이시발은 조선은 매사 명의 명령을 따르는데 아직 명령이 없다면서 중간에 와전된 말일 것이라고 답했다. 그에 대해서 시게노부는 답변하지 않았다.[194]

그 후 명의 책봉사절이 4월 말 서울에 도착했다. 그러한 상황에서 5월 10일 왜영의 심유경으로부터 서신이 도착했다. 그것은 유키나가가 심유경 자신의 도착을 히데요시에게 알리기 위해서 일본으로 건너가며, 그간 명 사절은 서울에 머물고 있으라는 내용이었다. 5월 중순의 한 조정회의에서 선조가 직접 그 문제를 제기했다. 즉, "우리나라가 통신(사) 문제를 따르지 않는다면 명나라 사람이 기필코 위협하여 데려갈 것인데 어떻게 할 것인가?"[195] 이것은 명 측으로부터 통신사의 파견에 관한 언급이 있었음을 시사한다. 이 회의에서 선조는 왜적은 책봉만으로 돌아가지 않을 것이며, 반드시 우리나라의 강화를 받고 나서야 돌아갈 것이라고 단언했다. 통신사의 파견과 왜 측의 강화 요구를 결부시켰던 것이다.

6월 초 오랫동안 병을 앓던 유성룡을 인견하는 자리에서 통신사 파견이 의제가 되었다. 선조는 통신사가 왜적에게 할 말을 미리 상의해야 한다고 말했다. 그는 통신사의 파견을 불가피한 일로 이해한 듯하다. 그렇지만 유성룡은 우리나라가 통신사를 파견할 수는 없다면서, 단지 심유경이 그의 접반사 황신 정도를 협박해서 일본까지 데리고 가려는 것이라고 대답했다. 유성룡은 심유경이 정식의 통신사는 요구하지 않을 것으로 이해했다.[196]

며칠 뒤 통신사 파견 문제는 다시 심각한 논의의 대상이 되었다. 선조가 지적한 것처럼, 조선이 이미 히데요시를 위해 책봉을 요청한 상황에서 통신사의 파견을 거절하는 것은 앞뒤가 맞지 않았다. 더욱이 황제의 칙서나 병부의 자문으로 통신사의 파견을 요구한다면 거절하기도 어려웠다. 검토관 정경세(鄭經世)에 의하면, 모든 것은 시작이 잘못된 결과였다. 선조는 명이 강요할 경우에 어떻게 할 것인지를 수차례 신하들에게 물었으나 뾰족한 수가 없었다. 다만 그간 책봉을 용인했던 실수를 지적하는 것 외에 결국 조선은 통신사를 파견하여 일본과 원하지 않는 통호를 하게 될 것이라는 냉소적인 우려뿐이었다.[197]

그럼에도 조선의 우려와는 달리 그 후 상당 기간 동안 왜 측은 물론 명 측도 통신사 파견을 요구하지 않았다. 앞서 본 것처럼 당시에는 책봉사절의 진출과 왜군 철수의 선후관계가 명일간 주요 쟁점이었다. 그리하여 몇 달 뒤 명의 사절들이 차례로 남하했으나, 그들의 접반사들만 수행했을 뿐이었다. 심유경이 왜영에 들어간 뒤 그와 유키나가 사이에 통신사 파견에 관한 논의가 있었던 것은 분명하지만 정식으로 제기한 것은 아니었다.[198] 통신사 파견 문제가 가시화된 것은 책봉사절이 부산에 도착하여 일본행이 기대되던 시점이었다.

공식화

왜 측의 통신사 파견 요구에 관한 심유경의 접반사 황신의 최초 보고가 조정에 도착한 것은 12월 21일이었다. 한 달 전 책봉 정사도 이미 왜영에 진입한 상태였다. 유키나가의 측근인 겐소가 황신의 통사 이언서(李彦瑞)에게 한 말은 매우 구체적이었다. 조선의 입장에서는 통신사 파견은 알지도 못하는 일이고 불가하다는 이언서의 대응에 대해서 겐소는 지금 상황에서 통신사의 파견은 불가피하다고 주장했다. 그에 의하면, 지난번 황윤길과 같은 사람이 아니라 정몽주, 신숙주와 같은 인물이어야 한다. 즉, 벼슬이 높고 덕이 높은 사람을 가려서 보내야 한다는 것이다.[199]

며칠 뒤 시게노부가 일본에서 돌아와 히데요시의 새로운 요구를 전했다. 심유경이 조선에 자문을 보내서 12월 29일 전달한 그 내용은 대략 다음과 같다. 즉, 히데요시는 병부상서 석성이 제시한 세 가지 약조[왜군의 철수, 통공이 아닌 책봉만 허용, 조선에 대한 불가침]를 준수할 것이다. 다만 조선 배신 두세 명이 일본에 와서 우호관계를 회복하도록 심유경이 알선해주기를 바란다. 배신의 파견 필요성은 몇 가지 근거에서였다. 그것은 이웃 나라로서 과거의 원한관계를 더 이상 따져서는 안 된다는 것, 일본이 영토를 반환하고 왕자와 배신을 송환했으니, 조선도 그 성의를 헤아려야 한다는 것 등이었다.[200]

심유경도 시게노부의 말에 공감을 표시하고 조선에게 배신의 파견을 촉구했다. 왜군의 강화 요청은 재침을 위한 속임수라는 조선의 의구심에 대해서, 심유경은 그들의 진정성을 강조했다. 그에 의하면, 자신이 왜영에 들어온 후 왜군의 십중팔구가 철수했고, (16개 가운데) 11개 영책이 소각되었으며, 1만 2천 명 조선인이 석방되었다. 나머지 왜군도 책봉사절과 함께 도해할 것이다. 심유경은 또한 지금은 와신상담의 시기로서 임기응변으로나마 전쟁을 끝내야 하고, 명이 명망이 있는 대신을 책봉사절로 보내는 상황에서 예의상 조선도 두세 명의 배신들을 동행시켜야 하며, 이들이 히데요시와 직접 항구적인 우호관계를 맺음으로써 삼국의 휴식을 기대할 수 있다고 강조했다.[201]

시게노부가 전달한 히데요시의 요구와 관련하여 심유경은 황신에게도 직접 배신의 파견 문제를 말했다. 심유경은 그것을 다음 두 가지로 요약했다. 그것은 첫째, "배신의 직위 고하를 막론하고 한 명이라도 명 사신을 따라 일본에 보내라."는 것과 둘째, "배신이 (일본에) 오지 않으면 두 나라가 끝내 평화를 얻지 못한다."는 것이다.[202]

그런데 다른 보고와 비교하면, 심유경은 황신에게 사실대로 전달하지 않았음이 드러난다. 그것은 앞서 겐소의 말과 다를 뿐만 아니라, 특히 한 달 뒤 경상도관찰사 서성이 치계한 우병사 김응서의 보고와도 배치되었다. 김응서는 시게노부가 일본에서 부산에 돌아와 심유경에게 전했던 말을 의령에 온 요시라에게서 직접 들었다. 요시라에 의하면, 히데요시는 반드시 통신사가 와야 군대를 철수시킨다는 것 외에 통신사는 직위가 높고 명망이 있는 문관이어야 한다고 말했다. 그에 의하면, 시게노부가 전한 관백의 말에 대해 심유경도 동의했다.[203]

심유경은 황신에게 통신사는 고관일 필요가 없고, 한 명의 무관만 꾸며서 보내면 된다고 전했다. 추측건대 심유경은 조선의 배신을 고관으로서 히데요시에게 소개하면 그만이었다. 히데요시의 두 번째 입장과 관련해서도 황신이 통신사의 파견이 어렵다고 말했을 때, 비로소 심유경은 좀 더 진실에 가까운 말을 전했다. 즉, 왜 측은 "배신이 가지 않으면, 우리〔왜군〕도 가지 않겠다."는 입장이라는 것이다. 그러면서도 그는 그것을 히데요시가 아닌 유키나가의 말로써 전했다. 결국 심유경은 시게노부에게서 들은 히데요시의 입장을 조선이 수용할 수 있도록 수정하거나 뉘앙스를 달리하여 전달했던 것이다.

물론 심유경은 여전히 중재자에 불과했고, 조선이 그의 말을 따를 이유도 없었다. 더욱이 비슷한 시기에 도착한 황신의 치계를 통해 조선 배신의 파견에 대한 책봉 정사와 부사의 부정적인 입장도 알려졌다. 이종성은 조선의 역관에게 "나 자신의 진퇴도 알 수 없는데, 귀국 배신이 바다를 건너는 일에 관여할 겨를이 있겠는가?"고 말했다. 양방형은 "배신이 가더라도 할 일이 없다. 내 생각으로는 데려가고 싶지 않다."고 말했다.[204]

조선의 초기 대응

통신사 파견을 요구하는 심유경의 자문이 이르자 선조는 2품 이상의 관리들에게 그에 대한 각자의 의견을 서면으로 제출하도록 했다. 『선조실록』

에는 모두 46명의 의견이 기록되었는데, 1월 3일 비변사는 그에 대한 종합적 보고를 제출했다.[205]

원칙적으로 배신의 파견은 조선으로서는 결코 반길 수 없는 요구였다. 그 이유는 여러 가지였으나 대략 다음과 같이 네 가지로 요약될 수 있다. 첫째 우리를 침략한 불공대천의 원수에게 강화를 상징하는 배신의 파견은 의리상 있을 수 없다는 것, 둘째 배신을 파견하면 왜군은 철수하기는커녕 조선을 얕보고 더 큰 요구를 해올 것, 셋째 마치 임진왜란 직전 통신사의 파견과 같이 백성들에게 강화에 대한 기대를 불러일으켜 마음을 해이하게 하여, 왜군이 재침을 감행할 수도 있다는 것, 넷째 배신 파견의 요구는 유키나가와 심유경 개인의 생각일 뿐, 명 조정이나 책봉사절의 의사가 아니라는 것 등이었다.

물론 배신의 파견을 반대할 경우 발생할 문제들에 대한 우려도 제기되었다. 그것은 첫째 왜군의 잔류를 합리화할 수 있다는 것, 둘째 현재의 책봉 지연을 조선의 책임으로 돌릴 수 있다는 것, 셋째 왜적을 자극하여 침략을 재촉할 수도 있다는 것 등이었다. 사실 정도의 차이는 있겠으나 위의 사항들은 거의 공유되는 사실이었다.

이처럼 곤란한 상황에서 심유경의 자문에 대응할 방법을 찾는 것이 문제였다. 당일 올라온 대응 방안은 대략 네 가지로 요약될 수 있었다. 첫째는 배신의 파견을 거절하는 방안, 둘째는 명확한 가부를 회답하지 않는 방안, 셋째는 명 조정에 기대어 대응하는 방안, 넷째는 배신의 파견을 수용하는 방안이었다. 좀 더 구체적으로 보면 다음과 같다.

첫째는 배신의 파견을 명시적으로 또는 완곡하게라도 거절해야 한다는 방안이다. 이것은 위의 참여자들 가운데 약 절반을 차지했다. 그 논거는 불공대천의 원수에게 사신을 파견하는 것은 의리상 있을 수 없다는 명분론에서부터 왜적의 요구는 배신의 파견에 그치지 않을 것이라는 현실론까지 다양했다. 예를 들면 행호군 곽영(郭嶸) 등 무신들은 다음과 같은 의견을 제시했다.

> 우리나라와 왜적은 만세 불공대천의 원수지간으로, 혈기 있는 자는 모두 통분합니다. 하물며 배신을 대동하는 일은, 중국 (책봉)사신도 간여할 바가 없다고 말했는데도, (심) 유격이 자기의 뜻을 이루고자 흉적의 힘을 끼고 변화무상하며, 그 말이 극히 사리에 어긋나고 악독해서 차마 말하지 못할 정도입니다. 신들은 무인(武人)으로서 오직 창을 베고 쓸개를 맛볼 줄만 알고 나라의 수치를 씻을 생각만 할 뿐입니다.[206]

판중추부사 최흥원, 지중추부사 정탁, 윤두수, 해평부원군 윤근수 등 다수 원로들도 유사한 의견서를 제출했다.

둘째는 명확한 입장을 전하지 않는 방안이다. 영의정 유성룡은 책봉이 교착상태에 빠진 상황에서 왜 측이 일부러 조선에게 수용하기 어려운 요구를 제시하고 있다고 보았다. 그에 의하면, 조선이 배신의 파견을 거절한다면 그들은 왜군 잔류의 빌미로 삼을 것이므로 경솔하게 거절해서는 안 된다. 그렇다고 수용하는 것도 문제였다. 그는 일본이 임진년에 통신사로 조선을 해이하게 하여 갑자기 침략한 경험을 상기시켰다. 따라서 심유경에게 왜군 잔류 문제를 제기하면서 상황을 더 조사하고 또 책봉사신들과 다시 논의해서 의견을 달라고 해야 한다. 표현은 달랐으나 영중추부사 심수경(沈守慶), 좌의정 김응남 등 일부 원로들도 유사한 의견이었다.[207]

셋째는 명에 기대어 문제를 해결하는 방안이었다. 그것은 종주국으로서 명에 대한 사대의식보다는 현실적인 수단으로서 의미가 강했다. 당시 배신의 파견은 유키나가와 심유경이 개인적으로 제기했을 뿐, 앞서 황신의 치계에서 전해진 것처럼 책봉사들도 거기에 소극적이었다. 따라서 명에 기대는 것은 유력한 방안이었다. 예를 들어 지의금부사 윤자신(尹自新)은 "불공대천의 의리로 중국에 알려서 '남의 신하는 외교하지 않는다.'는 칙서를 받아, 한편으로 (왜적의) 흉악한 계책을 깨뜨리고 다른 한편으로 우리의 약점을 보이지 않는 일이 아마도 무방할 것이다."고 주장했다. 위의 정탁도 배신의 파견은 "번국으로서는 사사롭게 동맹하지 않는다는 원칙에서 벗어난다."는 논리로 심유경을 설득할 것을 주장했다. 명의 권위를 활용하자는 입장은 김응남, 병조판서 이덕형 등도 공유했다.

넷째는 배신의 파견을 수용하는 방안이다. 당시 국내 분위기로는 제기하기 어려운 주장으로 생각되는데, 특진관 이희득(李希得)은 명이 이미 강화를 주도하는 마당에 배신의 파견에 대한 요구를 거절하기는 어렵다고 간주했다. 전 공조판서 권징(權徵)은 현실적으로 조선이 자력으로 문제를 해결할 능력이 없는 상태에서 일단 굽히고 장기적으로 복수의 기반을 마련해야 한다고 주장했다. 다만 당시 호조판서였던 권율과 상산군(商山君) 박충간(朴忠侃)은 통신사가 아닌 근수사로 배신을 파견할 것을 주장했다.

이러한 몇 가지 의견들은 당일 비변사의 종합적 보고에도 반영되었다. 다만 비변사도 의견들을 나열만 했지 단일한 결론을 내어 국왕에게 보고하지는 않았다.[208] 선조는 기본적으로 배신의 파견에 대해서 두 가지 측면에서 불가하다는 입장이었다. 1월 4일 내린 전교에서 그는 "우리나라가 사신을 적의 우두머리에게 파견하는 것은 의리에 있어서 불가할 뿐만 아니라, 어찌 월권해서 스스로 할 수 있겠는가?"고 말했다. 월권이란 명 조정의 허락 없이 배신을 보낼 수 없다는 의미인데, 그것은 다수 대신들이 언급한 것처럼, 통신사 파견이 심유경 개인의 요구에 불과하며, 따라서 '남의 신하는 외교하지 않는다.'는 사대의 원칙에 어긋난다는 판단에 기초했다. 결국 앞서 유성룡 등이 제기한 것처럼 입장을 유보하고 상황을 더 알아보기로 했다.

전교와 함께 선조는 병조판서 이덕형에게 당시 서울에 올라와 있던 참군(參軍) 심무시(沈懋時)한테 그 내막을 알아보도록 지시했다. 그는 심유경의 조카로서, 배신의 파견을 재촉하기 위해서 심유경이 부산에서 서울로 보냈다.[209] 그는 1월 6일 예조판서 김명원에게 편지 한 장을 전했다. 거기에서 그는 심유경이 명 조정의 전권을 받아서 일을 처리하고 있다는 점을 강조했다. 그와 함께 그는 서울에서 군대의 철수, 왕자와 배신의 송환, 최근 3년간 평화의 유지 등을 근거로 왜적을 신뢰할 수 있다고 주장했다. 그는 조선 일각에서 제기하는 바, 배신의 파견 여부를 명 조정에 물어볼 시간적 여유가 없음을 강조했다. 결국 모든 일은 심유경이 맡고 있으니, 조선이 배신을 파견하여 그가 추진하는 양국간 화해를 도우라는 것이었다. 물론 선조의 말대로 그것은 강한 협박이었다.[210]

며칠 뒤 이덕형도 심무시를 만난 결과를 보고했다. 그 내용은 심무시가 김명원에게 전한 편지와 크게 다르지 않았다. 그는 심유경이 이미 (1592년) 평양에 있을 때 배신의 파견을 약정했다고 말했다. 그에 의하면, "배신이 들어가면 심 유격의 말이 사실이 되고, 천조의 명령이 행해지는 것이며, 조선은 편히 쉴 수 있다." 그 외에도 그는 배신의 파견이 지연된다면 거의 완료되고 있는 왜군의 철수도 중단될 수 있다고 덧붙였다.[211]

결국 1월 14일 보름 전 받은 심유경의 자문에 대한 회답이 작성되었다. 거기에는 1월 3일 회의에서 제시된 영의정 유성룡의 의견이 대부분 문장 그대로 반영되었다. 즉, 원수와는 화해할 수 없다는 백성들의 정서와 함께 왜적의 변덕에 따른 책봉 절차의 지연, 일부 지역에서 왜군의 잔류 등 배신을 파견하기 곤란한 상황이 지적되었다. 동시에 배신을 파견할 경우 왜적이 더욱 큰 요구를 제기하여 결국 강화 시도 자체가 허사가 될 수 있음도 언급되었다.[212] 물론 그것은 배신의 파견을 직접 거부하기보다는 몇 가지 관련 문제들이 먼저 해결되어야 한다는 의미였다.

1월 16일 심무시가 다시 게첩을 올렸는데, 마찬가지로 조선이 배신을 조속히 파견하라는 것이었다.[213] 그는 보름 이상 기다리고 있는데 조정이 고집만 부린다고 노골적인 불만을 드러냈다. 그에 따르면, 배신을 파견하지 않는다면 책봉사절의 지체에 대해서 조선이 그 책임을 지게 될 것이다. 마찬가지로 책봉사절의 지체로 인해 곤란한 처지에 있는 심유경도 병부에게 그 잘못을 조선에 전가할지도 모른다. 더욱이 황제가 심유경에게 내린 칙서에 "편의대로 일을 하며 조선은 그를 방해해서는 안 된다."는 구절이 있는데도,[214] 조선은 그를 따르지 않고 있다. 반면 조선이 배신을 낸다면 심유경이 나서서 왜적으로 하여금 추가적인 요구를 못하게 할 뿐만 아니라, 결국 일이 잘 마무리되어 조선도 평화롭게 될 것이다.[215]

심무시의 게첩에 대해서 조선은 며칠 전 심유경에게 보낸 회답과 같은 취지로 답변하기로 했다. 아울러 왜군의 철수와 책봉사절의 도해가 아직 결정되지 않은 상황에서 조선이 먼저 배신파견 문제를 강구할 이유가 없다고 답변하기로 했다. 그것은 심유경이 책봉사절에 앞서 1월 중순 일본에 들어갈 예정이라고 하면서도 배신의 파견에 관해서는 언급하지 않았다는 며칠 전 황신의 치계에 근거했다.[216] 적어도 심유경이 다시 일본에서 돌아와서 지시를 내릴 때까지 기다려서 조치하겠다는 취지였다.[217]

1월 17일 조정에서는 다시 배신의 파견에 대한 논의가 이루어졌다. 유성룡은 심유경이 먼저 일본에 건너간다는 사실에 근거하여 통신사의 파견은 왜적에게 급한 일이 아니라는 의견을 제시했다. 그에 따르면, 히데요시는 과거 (1593년 6월 나고야 회담에서 제기했던) 일곱 가지 일들을 이루고자 하며, 책봉에 만족하지 않을 것이다. 심유경의 일본행도 히데요시를 설득하기 위해서인 것으로 해석되었다. 한편 일부 참석자들은 통신사 파견은 왜적의 추가적인 요구에 대한 심유경의 타협에 불과하다고 주장했다.[218] 선조는 명에 보내는 진주문에서 '조선과 교통하지 말라.'라고 일본에 칙유하도록 요청하는 방안을 제시했다.[219] 그것은 단지 명의 명령에 기대어 문제를 해결하려는 것에 불과했다.

황신은 심유경이 일본에 건너가자 일시 서울로 올라와 2월 28일 선조에게 상황을 보고했다. 이때에도 배신의 파견에 관한 논의가 있었다. 선조가 먼저 배신이 파견되면 왜군이 모두 철수할 것인가 묻자, 황신은 파견 여부는 조정의 결정사항이라고 하면서도 개인적으로는 파견에 유보적이었다. 그는 통신사를 보내더라도 일본의 추가적인 요구가 계속될 것이라는 입장이었다.[220]

명의 입장

그렇다면 책봉에 대한 부정적인 주장을 견지해온 손광 경략은 조선 배신의 파견과 관련하여 어떤 입장이었을까? 심유경이 일본으로 건너간 사실이 알려진 뒤, 손광은 대학사 심일관에게 보낸 편지에서 조선 배신의 파견에 대한 자신의 입장을 밝혔다. 1596년 1월 당시에는 책봉사절에 대해 명 내부에 비판적인 목소리가 높았다. 그것은 지난해 11월 하순 책봉사절이 부산 왜영에 진입했음에도 왜군의 철수가 지체되고 있었기 때문이다.

편지에 따르면, 그가 심유경의 부하 심무시에게 직접 확인한 바로는 조선 배신의 파견은 유키나가의 의도이고, 조선이 히데요시에게 서신을 보내서 사죄하도록 할 목적이었다. 그와 함께 손광은 그것을 1년 전 기요마사가 제시했던 일본의 다섯 가지 요구조건과 결부시켰다. 앞서 본 것처럼 기요마사는 손광이 보냈던 두 사람에게 그것들을 제시했고, 그 가운데 두 가지가 조선 대신의 파견과 관련되었다.[221] 손광은 배신의 파견이 나머지 요구들, 즉 조선의 영토분할이나 칭신조공으로 이어질 것으로 보았다. 그에 따르면, 명의 병부는 히데요시의 책봉에 그치고 있으나, 심유경은 더 많은 요구조건들을 약속했을 가능성이 있다. 결국 책봉사절의 도해는 사태를 더욱 악화시키게 될 것이다. 손광은 책봉 절차의 중지와 심유경의 국내 소환을 제안했다.[222]

손광은 그해 2월경에 작성된 것으로 생각되는 장문의 상소에서도 책봉사절의 중단을 요청했다. 그때 그는 조선 배신의 수행에 관해서도 언급했다. 그는 배신의 수행이 갖는 정치적 의미를 따졌다. 그에 의하면, 포로로 잡혔던 황정욱 등을 송환했기 때문에 일본에 책봉이 부여되는 것인데, 다시 배신의 파견을 요구하는 것은 예의에 어긋나는 일이었다. 게다가 조선 배신의 명 사절 수행은 명에도 큰 외교적 결례에 해당되었다. 손광은 그것을 명의 사절이 조선을 대신해서 일본에 '납관(納款)', 즉 조공하는 것으로 해석했다.[223] 그것은 조선의 배신이 수행할 경우, 명의 책봉사절이 원래의 목적인 책봉이 아니라 조선을 대신하여 조일간 화해를 요청하는 결과가 되고 만다는 의미였다.

3월 하순에 이르러 부산의 책봉사절과 병부로부터 배신의 파견에 관한 입장이 차례로 조정에 전해졌다. 먼저 3월 19일 이종성이 부산 왜영에서 자문을 보내왔다. 그는 자문에서 배신의 파견이 유키나가의 요구라는 점을 밝히며, 거기에 응해줄 것을 요청했다. 그가 전하는 유키나가의 목적은 일본의 침략에 대한 조선의 묵은 원한을 풀기 위한 것이며, 조선의 배신이 히데요시를 직접 만나 우호관계를 맺기 위해서였다. 그와 함께 이종성은 배신의 파견과 강화를 통해서 장기간 일본의 침입을 막을 수 있는 반면, 거절할 경우 일본이 이를 트집 잡아 침입할 수 있다고 덧붙였다. 그는 그간 왕자의 송환, 점령지로부터 군대의 철수, 포로의 송환 등에서 드러난 일본의 신뢰성을 근거로 배신의 안전을 주장했다.[224]

그런데 이종성의 자문이 도착한 사흘 뒤, 북경에서 병부의 차부(箚付), 즉 간단한 공문서가 전해졌다. 차부는 심유경에게 보내는 것이었으나 해평부원군 윤근수에게도 전달되었다. 차부를 가져온 당필승(唐必勝)은 원래 심유경이 병부에 보낸 인물이었다. 유키나가는 병부를 통해서 배신의 파견을 문서로 조선에 요구해야 한다고 심유경에게 요청했고, 그에 따라 심유경은 당필승을 통해 병부에 유키나가의 입장을 전달했다. 유키나가와 심유경은 병부의 압력을 통해 조선을 움직이고자 했던 셈이다.

심유경에 대한 답변에서 병부는 배신의 파견에 유보적인 조선의 입장을 두둔했으나 파견의 여지를 열어두었다. 병부는 일본의 침략으로 조선이 원한을 품는 것은 당연하다고 전제했다. 동시에 병부는 조선이 배신을 파견하여 과거의 원한을 풀고 새로운 우호관계를 수립하기를 원하는 것도 "일본 군주와 신하의 충순한 뜻"이라고 인정했다. 그러면서 다음과 같이 조심스런 입장을 표명했다.

> 배신의 동행을 (일본이) 고집하여 또다시 시일을 지체한다면, 그것은 사신〔소서비〕을 보내서 책봉을 요청했던 초심과도 매우 모순된다. 만약 일본이 금약을 성실히 준수하고 조선을 침범하지 않는다면, 조선도 분명히 다른 말썽을 일으킬 수 없을 것이다. 오직 본관〔심유경〕이 유키나가를 분명히 설득하여 속히 책봉사절을 맞이하고 조기에 (책봉) 의식을 마무리하게 하라. (조선의) 배신으로 우호관계를 맺자는 말과 관련해서는, 책봉이 끝난 뒤 (일본이) 사은하기 위해 조선을 통과할 때 대마도나 부산에서 만나서 맹약을 맺는 것도 불가하지 않다. 만약 조선이 즉시 배신을 보내서 책사를 따라 바다를 건너가고자 한다면 마땅히 (조선의) 편의에 따라서 실로 거절해서는 안 되겠으나, 마찬가지로 (배신의 파견을) 고집해서는 안 된다.[225]

원래 명이 히데요시에 대한 책봉의 필요성을 조선에 제기했을 때 세 가지 조건〔통공의 불허, 왜군 철수, 조선을 다시 침략하지 말 것〕 이외에는 어떤 추가적인 조건도 허용하지 않겠다고 약속했다. 병부가 직접 배신의 파견을 요구한다면, 그것은 약속의 위반에 해당되었다. 따라서 병부는 조선 배신의 파견을 요구해서는 안 된다는 입장을 견지했다. 다만 병부는 조선이 스스로 배신을 파견한다면, 그것을 거절해선 안 된다고 함으로써 여지를 남겨두었다.

계속되는 압력

그런데 1월 초와 달리 시간이 지나면서 조정에서도 배신의 파견이 불가피하다는 분위기가 점차 강화되었다. 당필승의 차부가 공개되기 직전 3월 25일 회의에서 선조가 외부의 의견을 묻자, 좌의정 김응남은 전에는 온당치 않다고 여겼으나 요즈음에는 모두가 보내도 된다는 의견이라고 보고했다. 다만 영의정 유성룡이 근친(覲親)하러 안동에 내려가 있어서 조정은 그의 상경을 기다리고 있었다.[226] 특히 비변사는 책봉 정사가 배신의 파견을 요청하고 또 책봉사절의 일본행이 예상된다면서 국왕의 결단을 촉구했다. 4월 초 비변사는 앞서 권율 등이 주장했던 것처럼 책봉사절과 함께 가는 소위 '근수(跟隨)'라는 이름으로 파견하자고 제안했고, 점차 선조도 다수의 의견에 따르기로 했다.[227]

그런데 4월 초 이종성의 탈주 소식이 전해지자 배신 파견 문제는 잠시 소강상태가 되는 듯했다. 그렇지만 압력은 계속되었다. 이종성이 며칠 뒤 서울에 올라온 후 그가 병부에 보내는 게첩에 의하면, 심유경은 조선 배신의 파견이 불가결한데도 지체되고 있어서 자신이 나고야에서 시간을 낭비하고 있다고 불만을 표출했다.[228] 이어 경상우병사 김응서는 이종성의 탈주로 히데요시가 책봉에 의심을 품고 군사를 동원할 수도 있다는 이유로, 시게노부가 통신사의 파견을 요청했다고 보고했다. 시게노부는 심지어 배신의 파견을 위해 자신이나 요시토시가 조선에 인질이 될 수도 있다고 했다.[229]

5월이 되어서도 연이어 배신의 파견에 관한 일본 측의 절박한 분위기가 황신을 통해 전해졌다. 이를테면 시게노부는 지위고하를 따지지 말고 가까이 있는 관원을 들여보내도록 요청했다. 양방형은 개인적으로 황신 자신을 하나의 대안으로 제시했다. 그는 또한 정사의 도주에 따라 국왕이 자신에게 문안하는 형식으로 배신을 파견하는 방안을 언급하기도 했다.[230] 조선의 입장에서 정사의 탈주로 책봉이 불투명해짐으로써 배신의 파견을 서둘 필요는 없었다. 비변사는 양방형의 제안을 거부하기로 했다.

황신의 치계에 이어 양방형의 자문이 이어졌다. 그는 불구대천의 원수에게 배신의 파견은 이치상 어렵다는 것에 공감을 표시했다. 그러면서도 그는 다음과 같이 조심스럽게나마 배신의 파견을 요청했다.

> 바다를 건널 배신 문제는 전에도 자문을 보냈는데, 현왕〔선조〕께서 스스로 판단하실 줄로 생각합니다. (조선과 일본) 양국이 한 하늘 아래 살 수 없다는 것은 삼척동자도 그 사리를 알고 있습니다. 이제 우리 황상(皇上)이 두 사신에게 명하여 바다를 건너고 산을 넘어서 큰 은전을 하사함은 단지 양국이 분쟁을 해소하고 화목한 이웃으로 맹약하기 위한 것입니다. 즉 모수(毛遂)가 말한 '초(楚)를 위해서지, 조(趙)를 위해서가 아니다.'는 것입니다〔히데요시의 책봉이 조선을 위해서지 명을 위해서가 아니라는 비유〕. 두 사신이 부절(符節)을 갖고 가는데, (조선의) 배신이 그들을 따르는 것이 저들에게 굽히는 것이 아닐 듯합니다.[231]

조정의 반응이 없자 5월 말 양방형은 차비통사 박의검(朴義儉)을 국왕에게 보냈다.[232] 박의검은 선조에게 기요마사의 철수 사실을 확인하고, 유키나가가 조선 배신의 파견을 간절히 원하고 있다고 전했다. 그와 함께 그는 왜군의 잔류가 조선 배신의 지체 때문이며, 그로 인해 책봉사절의 도해까지 미뤄지고 있다는 양방형의 말을 전했다.[233] 박의검 자신도 책봉이 대체로 순조롭게 진행되고 있고, 배신의 파견도 도움이 될 듯이 보고했다. 박의검과 같은 시기, 접반사 황신도 배신의 파견이 지체되어 죽도(竹島) 등지의 왜군과 요시토시의 대마도 철군이 미뤄지고 있다는 시게노부의 말을 조정에 치계했다.[234]

결국 유성룡이 이끄는 비변사는 배신의 파견을 불가피한 것으로 판단했다. 그리하여 박의검을 통해 양방형의 게첩이 도착하자 이를 근거로 국왕을 설득하고자 대신들과의 회의를 건의했다. 그렇지만 선조는 "통신사의 파견은 있을 수 없고, 병부 또한 일찍이 불허했으므로 달리 더 이상 논할 것이 없다."는 이유로 거절했다. 그는 전에 비변사가 "결코 파견해서는 안 된다."고 해놓고 이제 와서 딴소리한다고 덧붙였다.[235] 그렇지만 근수사의 이름으로 배신을 파견해야 한다는 승정원의 요청이 이어졌다.[236]

그 시점에서 배신의 파견에 관한 병부의 자문이 다시 전해졌다. 그것은 사실상 통신사의 파견에 반대하는 입장이었다. 그것이 언제 조선에 전달되었는지 알 수 없으나, 『선조실록』이 전하는 바, 병부가 황제에게 보고한 입장은 다음과 같다.

> 생각건대 배신을 요구하는 사안에 있어서, 전에 유키나가가 심유경에게 보내온 게첩에 의하면, '우호적 관계를 맺어 양국이 과거의 원한을 길이 해소하고자 원한다.'는 것이었습니다. (그렇지만) 칙서에 기재되어 있지 않으므로 신〔병부상서 석성〕이 이미 격문을 보내 거절했습니다. 유키나가 등이 기필코 요구한다면, 곧 우리와의 약속을 어기고 새로운 말썽을 일으키는 것이니 즉시 책봉을 파기하여 교활한 계책을 깨뜨려야 합니다. 요컨대 책봉 이외에 따로 배신의 강요는 허락하지 말아야 합니다. 약속대로 하면 책봉하고, 약속을 어기면 중단해야 합니다.[237]

자문의 내용은 지난 3월 당필승을 통해 전달된 병부의 격문과 모순되는 것은 아니었다. 당시 병부는 배신의 파견을 통한 조·일 양국간 '우호적 관계'의 수립에는 부정적이었다. 병부에 의하면 그것은 책봉 이후에나 가능한 일이었다. 이번 자문에서도 병부는 그러한 방식의 조선 배신의 파견을 반대한다는 점을 재확인했을 뿐만 아니라 배신 파견의 강요를 분명하게 반대했다.

최종 결정

결국 선조는 다시 종2품 이상이 의견을 내도록 지시했다. 그러자 50여 명의 신하들이 개별적으로 또는 집단적으로 입장을 표명했다. 영의정 유성룡, 판중추부사 윤두수, 좌의정 김응남 등 40여 명이 근수의 이름으로 배신의 파견을 주장했다. 굴욕적이나마 왜군의 철수를 위해서 불가피하다는 것이었다. 좌찬성 정곤수 등 몇 사람만이 앞서 3월 통신사 파견이 어렵다는 입장의 진주문을 가지고 북경에 간 구성(具宬)을 기다려보자고 하거나, 행상호군 송언신(宋言愼) 등이 명의 지시가 없다는 근거에서 반대했을 뿐이다.[238] 그럼에도 선조는 통신사 파견은 얄팍한 수에 불과하다고 힐난했다. 그는 무엇보다도 병부의 보고에 의거했다.[239]

결국 국왕이 명 조정의 입장을 거부할 수 없다면서 근수사 파견에 반대하자 비변사도 입장을 바꾸지 않을 수 없었다. 그리하여 배신의 파견을 불허하는 병부의 입장을 어기기 어렵고, 또 구성의 진주문에 대한 명 조정의 지시를 기다려야 한다는 이유를 들어 지금으로서는 배신을 파견할 수 없다는 입장을 양방형에게 전하기로 했다. 그와 함께 그에게 왜군의 철수와 책봉사절의 도해 시기 등을 고려해서 다시 의견을 주도록 요청하기로 했다.[240] 그리하여 승문원이 양방형에게 보내는 자문을 만들기 시작했다.

그러던 중 6월 9일 황신으로부터 황제의 지시로 양방형을 정사로, 심유경을 부사로 삼았다는 사실과 이종성의 탈주로 인해 다시 제작된 책봉문서 등도 명에서 곧 나온다는 보고가 올라왔다. 사흘 뒤 황신은 시게노부의 말에 의거하여, 히데요시가 책봉사절과 조선통신사의 도해를 재촉하고 있다는 사실도 보고했다. 즉, 정사가 가고 없으니 양방형만 데리고 오고, 조선통신사가 지체되면 사정할 필요가 없다며 불만을 표시했다는 것이다.[241]

6월 19일에는 양방형의 글이 조정에 도착했는데, 그가 15일 부산을 출발하여 고명과 칙서 등을 대마도나 나고야에서 기다린다는 내용이었다.[242] 이틀 뒤 황신의 보고로 그의 출발 사실이 확인되었다. 앞서 본 것처럼 양방형은 그의 글대로 15일 부산을 떠났으니, 조정은 그 사실을 사후에 알게 된 셈이었다. 황신도 보고에서 책봉사절이 이미 갔는데 배신이 뒤떨어져 독자적으로 가게 되면 눈에 띄게 되어 일이 더욱 곤란하게 될 것이라는 의견이었다. 게다가 황신의 보고에는 그가 조선이 배신 파견을 이미 결정한 것처럼 왜 측에게 잘못 전달한 대목도 있었다.[243]

이에 비변사는 배신의 파견 여부에 따라 군사를 움직일 것이라는 왜 측의 주장이 허언이 아니며, 배신을 파견하지 않으면 도발의 빌미를 줄 것이라면서 선조를 압박했다. 결국 비변사는 무관 한 사람이라도 책봉사신을 따라가게 하라는 심유경의 말을 근거로 황신의 군관인 이봉춘(李逢春)과 조덕수(趙德秀)를 보내자고 하여 선조의 동의를 얻어냈다.[244] 그렇지만 다음 날 비변사는 다시 배신을 "관직이 높고 식견과 사려가 있는" 문관으로 하고, 폐물(幣物)까지도 충분히 가져갈 것을 주장했다. 후자와 관련해서는 마치 한나라 때 장건이 서역에 갈 때 많은 폐물을 가지고 갔던 것처럼 탐욕스런 왜적의 사정을 탐지하기 위한 것으로 합리화되었다.[245]

그에 따라 배신은 직책이 낮은 군관이 아닌 문관으로 대체되었다. 사헌부가 반대하는 가운데 6월 25일 통신사가 구성되었다. 유성룡의 추천에 의해 황신을 정4품의 호군(護軍)에서 정3품의 돈녕부 도정(敦寧府 都正)으로 승진시켜 정사로 하고, 무관인 대구부사 박홍장(朴弘長)을 부사로 삼았다. 그리고 다음 날 양방형에게 보낸 게첩에서 두 사람을 출발시키겠다고 전했다.[246] 황신은 과거 조선통신사와 비교하여 결코 덕망이 있는 고관이 아니었다. 당시 그는 나이 37세로서 심유경의 접반사에 불과했다. 결국 최소한의 수준에서 왜 측과 명 사절의 요구에 부응한 셈이었다.

그와 함께 국서와 폐물의 지참이 결정되었다. 배신이 단순히 명의 책봉사를 수행하는 근수사가 아니라 공식적인 사절의 성격을 갖게 된 것이었다. 그것은 사실상 일본과 우호관계의 수립을 의미했다. 3사가 해당 문제를 제기했을 때에도 선조는 단지 비변사의 입장이라면서 재논의 여지를 열어두었을 뿐, 반대하지 않았다.[247]

그 후에도 통신사의 부산 출발은 한 달 이상 지체되었다. 그것은 국내 정치와도 무관하지 않았다. 7월 초 충청도에서 이몽학의 난이 발생하여 5개 현을 장악하는 사태가 벌어졌다. 반란은 며칠 내 진압되었으나, 7월 중순 연일 주동자들이 압송되어 심문을 받았고 국왕도 직접 참관했다. 뿐만 아니라 그들이 김덕령·홍계남·곽재우 등 의병장들을 들먹임으로써 정치적 사태로 비화되었다. 마침내 17일이 되어 국서의 발송이 결정되었다. 그럼에도 3사가 국서의 환수를 요청하기도 하고, 거기에 선조는 세자 명의의 국서를 제시하여 비변사의 반대에 부딪히는 등 지체되었다.[248] 결국 부사 박홍장이 8월 3일 부산에 도착하자 통신사 일행은 다음 날 대마도를 향했다.

배신의 파견은 분명 국왕으로서 굴욕적인 결정이었다. 그럼에도 유성룡 등은 그것이 국가의 존망과 관련됨을 강조하였다.[249] 선조의 입장에서도 대신들이 요청하고 자신만이 계속 반대하는 형국으로 자신의 체면을 지킨 셈이다. 강요에 의한 배신의 파견은 거절해야 한다는 병부의 게첩은 선조에게 논리적 근거를 제공했다. 선조는 대략 비변사의 의견에 따를 수밖에 없다는 입장이었을 뿐, 스스로 직접 결정을 내리려 하지 않았다. 때로는 각각의 상반된 의견에 동조함으로써 찬반논쟁이 계속될 여지를 마련해주었다.

통신사의 파견이 결정된 날부터 며칠간 사헌부 등 언관들의 반대의견이 연일 계속되었다. 그들이 통신사 파견은 일종의 강화로서 대의에 어긋난다는 명분만 주장한 것은 아니었다. 거기에는 여러 가지 현실적인 근거들이 없지 않았다. 이를테면 임진년과 같이 통신사 파견이 왜적의 침략을 막지 못할 수 있다는 것, 병부가 이미 조선 배신의 파견을 거절하는 격문을 왜적에게 보낸 것, 명의 사절조차 자유롭지 못한 상황에서 그들을 수행하는 조선 배신이 왜적에게 휘둘릴 수 있다는 것, 통신사를 파견해도 왜군의 철수가 확실하지 않다는 것, 오히려 왜적은 국서·예물·할지·구혼·납질 등 추가적인 요구를 해올 것 등이었다. 대안으로서 복수의 의지를 깨우치고 군사와 식량 등 스스로 전쟁 준비에 나서며, 아울러 명에 지원을 요청하는 방안이 제시되었다.[250]

그렇다면 명 조정에게는 통신사 파견을 어떻게 설명할 것인가? 7월 9일자 장문의 진주문에서 조선은 책봉사절의 출발 과정과 함께 통신사 파견의 배경에 대해 설명했다. 진주문은 의리상 조선과 일본은 서로 우호적인 관계가 될 수 없다는 것을 전제로 했다. 그럼에도 진주문은 책봉사절의 계속되는 요청에 따라 조선의 배신을 파견하기로 했다고 밝혔다. 이를 통해 통신사 파견이 조선 자신의 자의적인 결정이 아니라는 점이 부각되었다. 그와 함께 왜군의 잔류 현황도 지적되었다. 즉, 16개 진영 가운데 12개만 철수하고 나머지는 불확실한 상황임을 전함으로써 책봉의 궁극적 목적인 왜군 철수의 필요성을 상기시켰다.[251]

한편 책봉사절이 일본에 진입하는 시점에서 명 조정은 만일의 사태에 대비하는 조치를 병행했다. 그것은 왜군이 강화 분위기를 이용하여 도발할 수도 있다고 판단되었기 때문이다. 명 조정은 무엇보다도 각 지역의 총독과 순무 등에게 연해 지역에 대한 방비의 강화를 지시하고, 조선에도 연락하여 전쟁에 대비하도록 했다.[252] 그와 함께 그 배경은 잘 알 수 없으나 책봉사절의 도해에 즈음하여 병부는 와전된 말들이 쉽게 나올 수 있어서 그에 대한 단속을 요청했다. 황제도 "근래 국내외의 무뢰한들이 개인적인 글을 위조하여 전파시킴으로써 사람들을 현혹시키고 있다."고 전제하고 관련 기관들에서 엄하게 다스릴 것을 명령했다.[253]

통신사 파견 이후에도 조선은 책봉에 수반되는 문제의 해결에 주력했다. 이조참판 박동량(朴東亮)을 요동도사에 보내 ─ 황제에게 전보할 ─ 장문의 진주문을 제출했다. 진주문에서 조선은 무엇보다도 책봉 이후 일본의 사은사절 문제를 제기했다. 그것은 책봉사절이 귀국할 때 유키나가가 그들과 함께 수백 명의 사은사절을 이끌고 조선을 지나 북경에 간다고 알려졌기 때문이다. 그 규모와 관련하여 지난해 1월 병부가 제안하여 3월 조선에 전달되었던 방안은 배 3척과 사신을 제외한 인원 3백 명이었다. 조선은 진주문에서 그러한 약속은 반드시 지킬 필요가 없다는 점과 함께 그들이 조선을 통과하면서 끼칠 수도 있을 침해에 대해서 우려를 표명했다. 구체적으로 명시하지는 않았으나 다른 나라의 사례에 따라 그 인원을 줄이고, 사행에 대한 통제를 요청했다. 이를 위해 그에 대한 권한을 공문으로 조선에 위임해주거나 아니면 별도로 전담 인원 1명을 파견해줄 것을 요청했다.[254]

제3부

정유재란

| 제 8 장 |

책봉 의식과 강화의 파탄

8

1. 책봉 의식

책봉 의식의 거행

통신사 파견이 결정된 뒤에도 책봉 의식이 거행되기까지는 2개월 반이 소요되었다. 역관들은 7월 17일 국서와 예물을 가지고 서울을 출발했다. 그들은 경주에서 부사 박홍장과 동행하여 8월 3일 부산에 도착, 황신과 합류했다. 이에 통신사는 8월 4일 격군 1백50명을 포함하여 총 3백9명이 부산을 출발했다. 일행은 8월 10일 대마도주의 관소에 도착했다. 그곳에는 명의 중군 이대간(李大諫) 등이 명에서 새로 가져온 책봉 문서들을 가지고 기다리고 있었다.[1] 통신사와 이대간 등은 8월 25일 대마도를 출발하여 다음 달 윤8월 18일 오사카 근처의 사카이(堺)[2]에서 하선했다. 그곳에서 3개월 전 부산을 출발했던 책봉사절이 그들을 기다리고 있었다. 10여 일 뒤에 오사카에서 책봉 의식이 거행되었다.[3]

그렇다면 책봉 의식은 어떻게 진행되었을까? 다른 중대 사건들과 마찬가지로 책봉 의식에 관한 기술에 차이가 없지 않다. 『명사』는 책봉 의식을 단지 '봉공(奉貢)', 즉 일본이 조공을 바친 것으로 짧게 기술하고 있다. 그와 함께 히데요시가 조선 왕자가 사례하지 않고 비천한 관리만 보낸 것에 분개했다는 점이 강조되었다.[4] 그런데 임진왜란 직후 출간된 명의 문헌인 『양조평양록(兩朝平攘錄)』(1606)과 『무비지(武備志)』(1621)의 기록은 좀 더 구체적이다.

> 책사가 들어가 (히데요시를) 알현하는데, (양)방형이 앞에 있고 (심)유경이 금인을 받들고 계단 아래 섰다. 한참 있다가 갑자기 전각 위에서 노란색 휘장이 열리더니 한 노인이 지팡이를 끌고 두 하인을 따라 안에서 나왔는데 관백 히데요시였다. 시위가 큰소리를 지르자 사람들이 모두 두려워 떨었다. (심)유경이 먼저 포복하니 (양)방형도 그를 따라가야 했다. 늙은이가 크게 책망하는 말을 했다. 시중들던 신하 유키나가가 '이들은 천조가 보낸 사신이니 마땅히 그들을 우대해야 합니다.'고 말했다. (의식을 마친 책봉사절은) 마침내 나와서 관사로 갔다.[5]

해당 문헌들은 사절을 수행했던 호칙관(護敕官) 서지등(徐志登)의 말을 인용하여 그들의 비굴한 모습은 차마 말할 수 없었다고 비판하고 있다. 그렇지만 문헌들은 고명과 인수 그리고 의복의 전달조차 언급하지 않는 등 편향성을 드러내고 있다. 후대 일본의 『속본조통감』(1919) 등도 매우 유사하게 책봉사절의 비굴한 모습에 초점이 두어져 있다. 다만 다음의 내용이 추가되어 있다. 즉, 책봉 의식에 참여했던 히데요시와 다이묘들은 별도로 하나바타케(花畠)에서 모였는데, 그곳에서 황제의 고명을 읽던 중 "그대를 일본국왕에 봉한다."에 히데요시가 분개하여 결국 책봉이 파탄에 이르렀다.[6]

그렇지만 책봉 의식에 참여했거나 직간접적으로 경험한 사람들의 보고는 후대의 기록과 상당한 차이가 있다. 먼저 책봉 의식 직후 귀국을 준비 중이던 양방형 일행이 9월 5일 작성한 게첩이다. 수신자는 명의 병부였다.

신들은 (9월) 1일 부절을 가지고 갔는데 그날 오사카에 도착했습니다. 다음 날 (일본 측은) 황제께서 하사하신 규인(圭印)과 관복을 수령하여 즉시 머리끝까지 두르고는 (황제의) 궁궐을 향해 다섯 번 절하고 세 번 머리를 조아리는 예를 거행하고 고명을 받았습니다. 책봉을 마친 뒤 연이어 신들의 처소까지 와서 황제의 은혜에 대한 감격을 보였습니다. 또한 수고가 많았다는 등의 말로 신들을 위로했습니다.[7]

그에 의하면 책봉 의식은 명의 관점에서 정상적으로 진행되었다. 히데요시는 황제의 궁궐에 '다섯 번 절하고 세 번 머리를 조아리는 예'를 행했다. 그리고 사절의 처소까지 직접 찾아와 위로했다. 10월 어느 날 심유경도 병부에 게첩을 보냈는데, 책봉 절차에 관한 그의 묘사는 더욱 구체적이었다.

기일이 되자 책사를 영접하여 곧바로 중당(中堂)으로 안내하자, (책사가) 고명과 금인 그리고 관대복(冠帶服) 등을 하사했습니다. (히데요시는) 무리를 이끌고 다섯 번 절하고 세 번 머리를 조아리는 예를 행했습니다. 절차가 시작될 때마다 중국어를 익혀 만세를 부르며, (황제의) 궁궐을 향해 은혜에 감사했습니다. 모든 것이 의례에 따라 행해졌고, 의식이 끝나자 사신과 각각의 수행관원에게 연회를 열어주었습니다. 그날 밤에는 히데요시가 몸소 저의 거처를 찾아와 사례했습니다. 다음 날 아침 그는 양(방형) 정사를 찾아가 사례하고 옷·칼·갑옷·말 등을 선물했고, 각 마관(馬官)에게도 칼과 화폐를 선물하며 황제의 무궁한 은혜에 감격해하면서 재삼 위로했습니다. 제가 부산 주둔 군사를 속히 철수하도록 특별히 타일렀더니, 그는 '지금 황제께서 하사하신 왕의 작위를 받았으니 마땅히 군사를 철수하여 이웃 나라와 우호를 닦아야 할 것이다. 다만 아마 조선이 과거의 원한을 풀지 않았을 것이니, 황제의 처분을 따라야 한다. 다시 명령을 내리기를 기다리겠다.'고 했습니다. 제가 정색하고 타일렀더니 면전에서는 비록 수긍했지만 아직 실행되지 않았습니다.[8]

심유경의 묘사는 더욱 극적이다. '다섯 번 절하고 세 번 머리를 조아리는 예' 이외에도 히데요시 일행은 만세를 불렀다. 더욱이 심유경 자신은 부산에 주둔하는 군사를 철수하도록 타일렀고, 히데요시는 적어도 면전에서 그것을 약속했다. 이듬해 1월 말 압록강을 건너면서 양방형이 제출한 보고에서도 책봉 과정에서 히데요시는 공손하게 행동한 것으로 묘사된다. 다만 히데요시는 조선에게 예문을 요구했다고 한다.[9] 이로써 양방형은 히데요시가 조선에 대해서는 불만이 있었고 그것이 강화 파탄의 원인이었음을 시사했다.

그렇다면 당시 일본의 기록은 어떠한가? 의식에 참여했을 것으로 보이는 겐소는 나중에 시게노부의 행적에 관한 글에서 짧게 언급하고 있다.

> 태합〔太閤, 히데요시〕은 기뻐하는 기색이 눈가에 넘쳤다. (그는) 금으로 만든 도장을 수령하고 (책봉)의관을 입었다. 만세를 세 차례 불렀다. 그럼에도 참언(讒言)에 (귀를) 막기 어려워 여전히 군사를 철수하지 않고, 그 보루를 견고히 하여 방어할 채비를 갖추었다.[10]

여기에 따른다면 책봉 의식은 심유경 등이 보고한 것처럼 지극히 정상적으로 진행되었다. 다만 참언으로 인해 다시 전쟁을 하게 되었다. 여기서 참언의 주체나 내용이 분명하지 않지만, 황신의 보고에 의하면 기요마사로 지목된다.

한편 프로이스도 책봉 의식 직후 예수회에 보내는 1596년 9월 18일자〔일본력〕 편지에서 책봉 의식에 관해서 서술했다. 거기에 의하면, 정사의 수행원들이 2열로 들어왔는데, 그들 앞에는 10개의 진홍색과 선황색 깃발이 있었다. 깃발의 뒷면에는 문자판 혹은 판자에 동그란 글씨로 "그대를 일본국왕에 책봉한다."라고 크게 쓰여 있었다. 황제의 책봉서는 크고 무거운 황금의 판에 작성되었다. 책봉서와 함께 히데요시와 왕비의 관(冠)과 의복, 그리고 20명의 다이묘들을 위한 의복이 여러 개의 함에 들어 있었다. 프로이스는 "이와 같이 일본인들은 마치 중국의 봉건 가신과 같은 신분에 머물렀다."면서 책봉에 정치적 의미를 부여했다.[11]

한편 책봉 절차와 관련하여 프로이스는 "개회 중에는 태합과 정사[양방형]는 대등했다."고 쓰고 있다. 의식에는 이에야스 등 일본의 주요 다이묘들이 참석했다. 잔을 돌린 뒤 히데요시는 "영예로운 책봉서, 즉 큰 황금 서판을 받아 그것을 머리에 떠받쳤다." 의식은 매우 화려하게 진행되었다. 그의 편지는 명의 사절이 주장한 것처럼 책봉 절차가 순조롭게 진행되었음을 보여준다.

그런데 강화의 파탄과 관련하여 프로이스는 다음과 같이 쓰고 있다.

> 책봉사가 사카이(堺)로 돌아가서, (그들을) 접대하는 히데요시의 사승(使僧)에게 아래와 같이 요망(要望)했다. '전체 진영을 부수고, 그 다음에 조선에 있는 일본의 주둔군을 철수시킬 것. 중국국왕이 몇 년 전에도 자비로서 용서했듯이, 조선 국민의 잘못을 용서할 것. 그들을 확실히 파멸시킬 가치가 있었을지도 모르지만, 결국 파멸의 벌로써 처벌한다고 해도 그래서 어떤 이익도 가져오지 못할 것이다.'…… 히데요시가 그것을 읽었는데, 여러 진영을 부수는 일에 관한 요청에 이르렀을 때 비상한 분노와 격정에 불타올랐다…… 그가 이렇게 분노했던 것은 일본인이 중국인에게 겁내고 있고, 조선인에게는 더욱 겁내고 있음을 알고 있었기 때문이다. 또한 강화를 맺기 위해서는 조선국의 불과 절반이라도 손에 넣는다고 하는 자신의 최초 생각을 잊어버리지 않았기 때문이다.[12]

프로이스는 앞서 심유경이 언급한 왜군 철수의 요구가 사실임을 뒷받침해준다. 다만 히데요시의 면전에서 제기한 것은 아니었고, 사카이로 돌아와서야 승려를 통해 전달했을 뿐이었다. 그와 함께 프로이스는 히데요시가 단순히 군사의 철수 요구에 분노한 것은 아님을 덧붙이고 있다. 즉, 사실상 전쟁의 패배로 여론이 악화되고, 강화를 통해 원래 목표로 했던 조선의 영토를 조금도 얻지 못한 것 때문이었다.

사실 후대의 관심은 주로 책봉 의식에 있지만, 중요한 것은 책봉 문서라고 생각된다. 해당 문서에는 책봉과 결부된 추가적인 강화조건이 명시되기 때문에 히데요시의 관심도 거기에 있을 수밖에 없었을 것이다. 앞서 『속본조통감』 등에서도 고명을 읽는 과정에서 히데요시가 분노했다고 기술하고 있다. 그렇다면 책봉 문서에 대해서 좀 더 살펴볼 필요가 있다.

히데요시에게 전해진 책봉 문서는 고명(誥命)·조유(詔諭)·칙유(勅諭) 세 가지였다. 먼저 고명이 일종의 임명장 또는 책봉증서라면, 조유는 책봉의 취지나 책봉사절의 파견을 알리는 황제의 친서이고, 칙유는 책봉에 즈음하여 황제가 내리는 당부의 말이다. 고명과 조유는 사실상 책봉 자체에 대한 지극히 형식적인 글이며, 책봉과 관련된 명 조정의 구체적인 입장은 칙유에 나타나 있다. 전후 맥락에서 중요한 의미를 갖는다고 생각되는 부분은 다음과 같다.

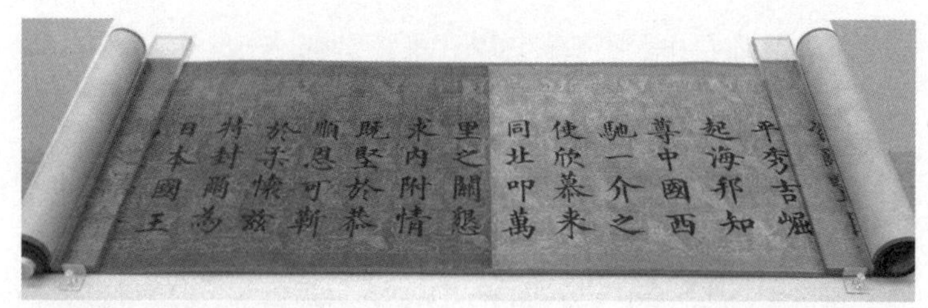
平秀吉崛
起海邦知
尊中國西
馳一介之
使欣慕來
同北叩萬
里之關懇
求內附情
既堅於恭
順恩可靳
於懷柔茲
特封爾為
日本國王

풍신수길을 일본국왕으로 책봉한다는 황제의 고명

황제가 일본국왕 히데요시에게 칙유한다. 짐은 삼가 천명을 받들어 만방의 군주로 임한다…… 그대 일본의 히데요시는 최근 조선을 침략했다…… 그대의 장수인 유키나가가 후지와라 조안〔藤原如安, 소서비〕을 보내 조선을 침략한 이유를 모두 진술했다. 즉, 원래 명에 책봉을 요청하고자 조선에게 전달해줄 것을 요구했는데, 조선이 성교(聲教)를 막고서 전달할 것을 거부하자, 문득 그대가 모험을 걸어 명군을 번거롭게 했고, 이미 침략을 후회한다는 것이다…… 최근 조선국왕 이연(李昖)이 그대를 대신하여 (책봉을) 요청하고 또 아뢰기를, '부산의 왜군이 해가 지나도 말썽을 부리지 않고 오로지 책봉사를 기다리고 있으며 모두 공손함을 보이고 있다.'고 했다. 그리하여 짐은 특별히 후지와라 조안을 북경으로 불러 문무 신하들에게 궁궐에 모여 자초지종을 살피도록 했고, 원래 약속했던 세 가지 일을 확정하도록 했다. (첫째) 지금부터 부산의 왜군은 모두 철수하며 한 사람도 남아 있어서는 안 된다. (둘째) 책봉 이후에는 별도로 통공을 요구하여 사단을 일으키지 않는다. (셋째) 다시 조선을 침범하여 이웃 나라와 우호관계를 잃어서는 안 된다…… 책봉 이후에는 세 가지 약조를 성실히 봉행하여 변함없이 천조에 충성으로 보답하고, 신의로써 이웃의 여러 나라들과 화목하도록 하라.[13]

앞부분은 조심스럽게 히데요시를 달래는 내용이었다. 황제는 한편으로 히데요시의 침략을 단죄하기보다는 그에 대한 이해를 표명했다. 앞서 본 것처럼 왜군은 그간 명에 조공하려고 했으나 조선이 명 조정에 전달하지 않았다면서 침략을 합리화시켰다. 그것은 분명 억지에 불과했으나 칙유에서는 일본 측의 주장이 그대로 인용되었다. 그와 함께 칙유에는 조선국왕이 스스로 책봉을 요청했다는 점도 명시되었다. 사실 조선은 왜군이 부산에 남아 있는 한 책봉은 불가하다는 입장이었다.[14] 명은 위의 내용을 통해 조·일 양국간 화해를 기대했을 것이지만, 조선의 입장은 부차적이었다.

그럼에도 칙유의 후반부는 명의 세 가지 강화조건, 즉 완전한 철군과 통공 요구의 불허, 그리고 조선에 대한 재침 불가 등을 나열하면서 그것을 충실히 지킬 것을 강조했다. 책봉 이외에 추가적인 요구를 원천적으로 불허한다는 의미였다. 히데요시가 그간 명의 강화조건을 제대로 보고받았는지 알 수 없으나 공식적으로 그 내용이 전달된 셈이다. 히데요시가 책봉 의식 직후 분노하여 재침을 결정했다면, 다름 아닌 이 칙유에 명시된 세 가지 강화조건을 확인했기 때문일 것이다.

사실 강화조건에 있어서 명 조정은 대체로 일관되었으나, 히데요시의 입장은 잘 알 수 없다. 다만 그는 그간 강화협상을 명과 진행했음에도 그 파탄의 원인을 조선에게 전가했다. 책봉 의식 직후 시마즈 요시히로(島津義弘)에게 보내는 9월 7일자〔일본력〕 공문에서 히데요시는 왕자가 일본에 직접 건너오지 않은 것을 재침의 구실로 삼았다.[15] 책봉 의식 직전 왕자가 아닌 낮은 직급의 통신사 파견에 대한 히데요시의 불만이 황신 등에게 전달되었고, 그것이 그가 통신사의 접견을 거절한 주된 이유였다. 그리고 이듬해 기요마사가 조선에 다시 건너올 때에도 무엇보다 왕자를 잡아오겠다는 의지를 표명했다.[16]

시마즈 요시히로 초상

통신사 황신의 체험

그렇다면 책봉을 전후로 통신사의 행적은 어떠했는가? 앞서 언급한 것처럼 윤8월 18일 오사카에서 멀지 않은 사카이에 도착한 통신사 일행은 명의 책봉사절과 함께 계속 그곳에 머물렀다. 그런데 열흘 뒤인 29일 시게노부가 와서 히데요시가 조선 통신사의 접견을 불허했다고 전했다.

황신에 의하면 히데요시는 몇 가지 예를 들면서 조선이 일본을 무시했다고 주장했다. 그것은 첫째 애초 일본이 중국과 통하려고 했는데 조선이 일본의 요청을 명에 전해주지 않았다는 것, 둘째 전쟁 이후 심유경이 양국간 화해를 위해 애썼으나 조선이 명 조정에 강화를 반대하는 입장을 적극 개진했다는 것, 셋째 책봉사절이 일본에 올 때 조선은 사절 파견을 거부하여 뒤늦게야 도착했고, 왕자를 보내지 않았다는 것 등이었다.[17] 유키나가 측은 황신에게 심유경을 통해서 히데요시를 설득시키는 방안을 제시했다. 그것은 왕자의 파견에 대한 약속을 의미했을 것으로 보이지만, 황신은 일본 측이 결정할 일이라면서 거부했다.[18]

9월 1일 그들이 사카이에 남아 있는 동안 명의 책봉사절은 책봉 의식을 거행하기 위해서 오사카로 건너갔다.[19] 그때 심유경은 히데요시가 통신사의 지체를 괴이하게 여기지만,[20] 별일 없을 것이라고 황신을 위로했다. 그러면서 자신이 그를 만나 해결해보겠다고 덧붙였다. 그렇지만 9월 2일에도 히데요시가 명 사절과 만나서 기뻐했다는 말만 전해졌을 뿐 조선 통신사에게 오라는 소식은 없었다. 9월 3일에는 히데요시가 전날 이미 책봉을 받았다는 소식이 전해졌다. 책봉 의식과 관련하여 당일 일기에서 황신은 "관백이 이미 책봉을 받았고, 여러 왜장 40명이 모두 예복을 갖추고 관직을 받았다고 한다."[21]고 간단히 적고 있다.[22] 통신사에 대한 접견과 책봉 의식의 참여가 허용되지 않음으로써 그들이 가져간 국서나 폐물도 전달되지 않았다.

다음 날〔9월 4일〕 책봉 의식을 마친 명 사절이 오사카에서 사카이로 돌아왔다. 함께 온 시게노부는 심유경이 연일 히데요시를 만났으면서도 조선 통신사에 관한 말을 아예 꺼내지도 않았다고 전했다. 심유경이 오히려 통신사에게 사람을 보내서 히데요시의 조선에 대한 불만 내용을 자세히 전달했는데, 그것은 자신의 무능에 대한 일종의 변명인 셈이었다. 그가 전한 히데요시의 불만 내용도 일주일 전 시게노부가 전했던 것과 별다른 차이는 없었다. 심유경은 찾아온 조선의 사신들을 대면하는 것조차 거부했다.

다만 심유경은 다음 날〔9월 5일〕 히데요시에게 편지를 써서 마사나리와 유키나가에게 '철병과 통신(通信)' 등을 논의하게 했다. 그 다음 날 시게노부가 와서 히데요시가 그 편지를 읽고 조선의 무례함에 대해서 화를 냈다는 소식을 전했다.

> 천조는 이미 사신을 보내어 책봉하였으니 내가 잠시 참겠으나 조선은 무례함이 이 정도이니 지금 화해를 허용하지 않겠다. 내가 지금 다시 모두 죽이려 하는데 하물며 군대를 철수하는 일에 대해 의논할 수 있겠는가? 명의 사신도 오래 머무를 필요가 없으니 내일 곧 배에 오르도록 청하고, 조선 사신도 가게 해야 한다. 나는 다른 한편으로 군사를 동원하여 금년 겨울에 조선에 갈 것이다.[23]

히데요시의 발언 내용은 위 프로이스의 기록과 유사하다. 사실 조선에 대한 히데요시의 불만은 책봉 의식 직전에 이미 나왔다. 이것은 그가 이미 재침을 결심했고, 책봉 의식은 단지 명에 대한 기본적인 예의를 지키고 체면을 세워주기 위한 절차에 불과했음을 의미한다.

시게노부는 또한 책봉사절과 통신사에 대한 히데요시의 귀국 명령을 전달했는데, 그때 그는 왕자의 문제와 관련해서도 흥미로운 사실을 덧붙였다. 그에 의하면, 전에 히데요시가 왕자는 오지 않느냐고 물었는데, 그에 대해서 자신이 왕자는 어리고, 또 도적들에게 투항한 죄로 변방에 두게 되어 일본에 올 수 없고, 이번에 온 조선 사신도 고관이라고 설명했다. 이에 히데요시도 이해를 표명하면서 조선 사신을 만나겠다고 했고, 그들이 머물 곳까지 챙기기도 했다. 그런데 갑자기 누군가가 중간에 참언하여 히데요시의 태도가 바뀌게 되었다. 시게노부는 기요마사를 지목했다.[24] 9일 부산으로 출발하던 당일, 시게노부가 다시 와서 황신 일행에게 전한 바에 의하면, 기요마사가 히데요시에게 자신이 조선에 가서 왕자를 일본에 보내 사죄하게 할 것이고, 수긍하지 않으면 두 왕자를 잡아오겠다고 말했다.[25]

2. 책봉사절의 보고

통신사의 귀국

책봉 의식이 끝나자 명의 책봉사절은 귀국 준비를 서두르면서 통신사에게도 귀국을 요구했다. 황신 등은 국서조차 전달하지 못하고 돌아가는 것에 대해서 반대했다. 그러나 히데요시가 통신사 일행을 살해할지도 모른다는 소문과 함께 책봉사절의 요구에 따라 양국의 사신들은 9월 9일 사카이에서 각각 다른 배에 타고 출발했다.

그들은 왔던 길을 그대로 이용했으나 날씨가 좋지 않고 특히 바람으로 인해 여러 곳에서 지체되었다. 황신은 조선에게 불리하게 전개되고 있는 상황을 서둘러 사람을 보내 조정에 보고하려 했으나 책봉사절의 계속되는 반대로 저지당했다. 결국 10월 12일 나고야에서 2명의 군관이 서신을 갖고 먼저 귀국하게 할 수 있었다. 양국 사절 일행은 10월 25일 대마도에 도착했으나 바람으로 인해서 계속 그곳에 머물렀다. 그들은 다음 달 23일 다시 출항했는데 바람으로 인해 명 사신들의 배는 대마도로 돌아갔고, 조선 사신들의 배는 항해를 감행하여 당일 저녁 늦게 부산에 도착했다.

통신사 일행은 사람을 시켜 조정에 서신을 보내고는 부산 왜영으로 들어갔다. 이들은 아마도 명 사신들을 기다린 듯하다. 결국 보름 뒤인 12월 7일 여전히 대마도를 떠나지 못하고 있던 심유경이 사람을 보내 "서울에 가서 할 일이 많을 것"이라며 통신사가 먼저 상경하도록 했다. 그날 유키나가도 부산에 도착했는데, 다음 날 황신과의 대화에서 그는 강화에 대한 자신의 진정성을 강조하면서, 왕자를 파견하여 일본의 재침을 막을 것을 제안했다. 통신사 일행은 그 다음 날〔9일〕 왜영을 출발했고, 21일 황신은 서울에서 선조를 알현했다.[26]

통신사의 보고

조정이 책봉의 종료에 대한 최초의 소식을 들은 것은 10월 3일이었다. 접대도감을 통해 부산에 있던 천총 심무시(沈懋時)의 서찰이 조정에 보고된 결과였다. 그것은 책봉 의식이 윤8월 25일〔실제로는 9월 2일〕 행해졌고, 책봉사절은 9월 초순 출발하여 10월에 바다를 건너 돌아온다는 것이었다. 심무시의 목적은 사절이 지나는 연도의 교량과 도로, 숙사 등을 잘 정비할 것을 요구하기 위해서였다. 그 외에도 그는 왜의 사은사절 3백 명에 대한 접대 준비도 요구했다.[27]

그로부터 10여 일이 지난 뒤 조선의 관리로부터도 소식이 전해졌다. 왜군의 철수를 종용하기 위해서 부산에 머물던 유격 진운홍(陳雲鴻)의 접반관 성이민(成以敏)의 장계가 10월 19일 조정에 도착한 것이다. 성이민은 자신의 군관 최기(崔沂)가 조선 여자를 부인으로 두고 있던 한 왜장에게서 들었던 사실을 보고했다. 그 내용은 심무시의 서찰과는 달랐다. 보고에 의하면, 통신사 파견이 지체되고 그들의 직책도 낮았기 때문에 히데요시가 화가 나서 그들을 만나지 않았다. 뿐만 아니라 히데요시가 심유경과 함께 기요마사를 몰래 조선으로 건너가게 했다는 말도 있었다. 물론 성이민의 말은 확실한 것은 아니었다. 따라서 기다려보자는 윤두수와 유성룡의 주장이 있었으나, 선조는 일단 군문 손광에게 전보하도록 했다.[28]

황신 일행으로부터 책봉 결과에 관한 소식이 직접 조정에 전해진 것은 그로부터 다시 보름이 지난 뒤였다. 황신은 귀국 도중 나고야에서 군관 조덕수(趙德秀)와 박정호(朴挺豪)에게 장계를 가지고 떠나도록 했다.[29] 나중에 알려진 사실이지만 그들은 명 사신 몰래 시게노부 등의 도움을 받아 일행을 벗어나 출발할 수 있었다. 10월 12일 나고야를 출발한 그들은 11월 6일 조정에 황신의 장계를 제출했다. 거기에는 구체적으로 조선에 대한 히데요시의 불만 내용이 명시되었다.

> 관백은 명 사절만 접견하고 조선의 배신은 접대를 불허했습니다. (그가) 말하기를 '내가 길을 빌려 명에 조공〔무역〕을 열고자 했으나 조선이 허용하지 않았으니 매우 무례하다. 또한 명 사신이 올 때 함께 따라오지 않고 늦게 옴으로써 약속기간에 대지 못했다. 다 죽여서 결판을 내야겠다.'고 했습니다.[30]

선조는 며칠 뒤 조덕수 등을 직접 불러 상황을 자세히 들었다. 황신의 장계를 받은 날 조정도 위기감을 느끼고 대책에 나섰다. 당일 명에 진주사를 파견하여 관련 내용을 보고하기로 했고 다음 날 두 차례 대책회의를 열었다. 유성룡의 말처럼 지친 일본 백성들이 새로운 전쟁을 싫어할 것을

이원익 초상(국립중앙박물관 소장)

기대하면서도, 조선으로서는 대비할 수밖에 없었다. 비변사는 조선 스스로 최대한 준비하고, 명군이 평양으로 나오도록 급히 요청할 것을 제안했다. 그에 대해 선조는 남병을 남부지방에 주둔시키는 방안을 제시했다.

그럼에도 조정에서는 임진왜란 초기와 같은 대규모 재침은 예상하지 않았다. 명에 요청할 군대의 수와 관련하여 조선의 식량 사정을 고려해서 유성룡이 5, 6천 명을 언급하자 선조는 너무 많다고 판단했다. 유성룡은 임진년에 왜군이 들어온 세 방향의 길목, 이를테면 조령과 죽령 등 험지에서 지키면 과거 행주에서처럼 승리할 수 있다고 주장했다. 그는 특히 청야(淸野), 즉 들판을 소각하는 작전[31]을 통해 왜군의 식량 조달을 어렵게 함으로써 그 기세가 꺾일 때를 틈타 공격한다면 승리하지 못할 이유도 없다고 덧붙였다. 그는 또한 서생포와 — 왜군의 호남 진출을 막기 위해서 — 거제도 등 연해 지역 방비의 필요성을 제기했다.[32]

유성룡을 비롯하여 대신들은 왜군이 이번에는 주로 호남을 공격할 것으로 예상했다. 그리하여 그들은 조선이 확실히 우위에 있는 수군의 역할에 주목했다. 그렇지만 당시 전라좌수사 겸 삼도수군통제사 이순신과 전라병사 원균 사이의 불화와 이들의 조정을 둘러싼 논의가 분분했다. 대책회의에서 유성룡과 이원익 등은 이순신을, 윤두수와 윤근수 형제는 원균을 지원했다. 이를테면 윤근수는 두 사람에게 모두 통제사 칭호를 주어 각각 전라도와 경상도를 맡기는 방법을 제안하기도 했다. 그와 함께 그는 한산도에 주둔하던 이순신의 수군을 거제도의 동북쪽에 위치한 장문포(長門浦)로 이동시켜 왜 수군의 전라도 진격에 적극 대비할 것을 제안했다. 그것은 당시 이순신이 거제도의 서남쪽에 위치한 한산도에 주둔하면서 왜적에게 소극적으로 대응하고 있다는 비판을 받고 있었기 때문이다. 선조도 원균에 대해서 더 우호적이었다.[33]

물론 왜군에 대한 방어가 여의치 않을 경우에도 대비하지 않으면 안 되었다. 국왕의 서울 고수, 강화도행, 함경도행 등의 의견도 있었으나,

선조는 임란 초기와 마찬가지로 "모두들 서쪽을 향하여 상국에 의뢰한 연후에 나라를 살릴 희망이 있다."고 했다. 당시 명군이 서울 이북만 지키고 남부지방은 지키지 않을 수도 있다는 우려도 없지 않았다. 선조는 명이 조선 전체를 지켜줄 것으로 기대하기도 했으나, 우의정 이원익은 적어도 남부지방은 조선이 지켜야 할 것임을 강조했다. 그리하여 그를 도체찰사로 남부지방에 보내 왜군의 침입에 대비하기로 했다.[34]

다른 한편 명과 일본 사이에 또다시 협상이 재개될 가능성도 없지 않았다. 일본의 입장에서 강화가 책봉에 그침으로써 파탄에 이르게 된 경위를 명 조정에 따진 뒤 군사를 움직일 것이라는 말이 있었다. 또한 병조판서 이덕형은 책봉에 대한 왜적의 불만이 혼인과 같은 다른 요구조건이 충족되지 않았기 때문이며, 그들이 심유경에게 조선에 계속 머물면서 관련 문제를 해결해주기를 바란다는 소문을 전했다. 그렇지만 유성룡의 의견으로는 명과 일본 사이의 협상 재개는 생각하기 어려웠다. 그는 일본이 명 조정의 의견을 다시 묻는다는 것은 기만책에 불과하며, 심유경도 강화가 결국 실패한 것으로 판단하여 물러간다는 소문을 전했다.[35]

조정에서 관련 논의가 한창일 때 양방형의 접반사 이항복이 남부지방에서 치계했다. 그도 황신의 편지 등을 접했다. 그는 명과 일본 사이에서 조선이 처한 곤란한 상황을 주목했다. 그에 의하면, 히데요시는 명의 책봉사에게는 공손했으나 통신사는 지체 등을 이유로 접견조차 하지 않았다. 명의 책봉사절은 통신사와 달리 책봉 의식이 정상적으로 진행되었다고 주장하고 있다. 즉, 명과 일본은 정상적인 관계이며, 나중에 문제가 생긴다면 그것은 조선의 잘못이 된다. 이항복에 의하면, 결국 책봉의 실패를 조선에 돌림으로써 일본은 재침을 위한 빌미로 삼고, 명의 사절은 그에 대한 책임을 면하려고 한다. 무기력한 명은 그러한 핑계에 의지하여 군사를 보내지 않으려고 할 것이다. 물론 이항복 자신도 별다른 방법을 찾지 못했다. 단지 히데요시의 목적이 책봉이 아니라 조선의 병탄에 있다

는 점을 강조하여 황제의 동정심을 유발하는 것뿐이었다.[36]

요동의 손광

조선은 일단 명에 군사를 요청하기 위해 도사(都司) 호응원(胡應元)의 파발을 빌려 요동의 손광에게 알리고, 서둘러 진주사를 북경에 보내기로 했다.[37] 조정은 명의 지원 가능성에는 낙관적이었다. 그것은 왜군이 조선에 있는 것은, 유성룡의 표현에 따르면, 중국에게는 지근거리의 걱정거리일 수밖에 없기 때문이다.[38] 11월 10일 조선은 황신의 장계와 조덕수 등의 책봉 파탄에 대한 보고 내용을 손광에게 자세히 전하면서, 남병 3, 4천 명의 파견을 요청했다.[39] 그와 함께 서둘러 진주문을 작성하여 진주사 정기원을 북경으로 출발하도록 했다.

그런데 명의 사절은 책봉의 결과에 대한 보고를 서두르지 않았다. 손광은 조선의 통보를 통해 책봉의 파탄에 대해서 비로소 알게 되었다. 그럼에도 그는 좀 더 정확한 소식을 파악하고자 즉각 북경에 보고하지 않고 기다렸던 것으로 보인다. 책봉사절의 사인(舍人)이 11월 8일 먼저 부산에 이르러 양국 사절의 대마도 도착 사실을 전했고, 이것은 명 측의 정보 경로를 통해서 관전보 부총병을 거쳐 그달 23일 손광에게 보고되었다. 그제야 손광은 조덕수의 보고와 황신의 장계, 그리고 남병 3, 4천 명의 요청 등을 포함한 조선국왕의 자문을 원문 그대로 북경 조정에 전달했다.[40]

손광은 군사의 동원에 대한 조선의 요청 사실을 전달했을 뿐 자신의 의견을 덧붙이지 않았다. 다만 책봉사절로부터 자세한 소식을 기다려 다시 보고하겠다는 입장이었다. 그리하여 『신종실록』 12월 4일 기사도 다음과 같이 간략하게 기록했다. 즉, 계요총독 손광이 보고하기를, 조선왕이 자문으로 "조선이 왕자를 보내 사례하지 않았다는 이유로 히데요시가 다시 군사를 일으키고자 하며, 기요마사 등이 금번 겨울에 바다를 건너고

(나머지) 대군은 내년에 진입할 것이니, 먼저 절강병[남병]을 동원하여 (조선의) 요새지에 주둔시켜 성원하기를 바란다."고 했다.[41]

그렇지만 손광의 보고는 명 조정에 상당한 파장을 일으켰다. 포문은 여느 때처럼 과도관들이 먼저 열었다. 병과급사중 서성초(徐成楚)가 그 예이다. 그에 의하면, 왜적은 2년 전 책봉이 결정되었을 때 했던 세 가지 약속을[42] 깨뜨리고 공공연히 재침을 언급하고 있다. 왜적에게 협상은, 전국시대 진나라가 원교근공(遠交近攻) 전략으로 다른 나라를 차례로 병탄한 것처럼, 조선을 얻고 나아가 중국을 침범하려는 일종의 술책에 불과하다. 조선은 지금 완전히 파괴되어 왜적에게는 "썩은 나무를 잡아당기듯" 취하기 쉬운 상태에 있다. 그렇지만 조선은 중국과 순망치한의 관계에 있고, 중국의 울타리라는 점에서 반드시 지켜야 한다. 조선이 요청하는 것처럼 3, 4천 명의 절강병을 파견해야 하며, 필요할 경우에는 식량도 보내야 한다. 황제는 그의 의견을 병부에 내려 논의를 지시했다.[43]

조선으로부터 온 책봉 파탄 소식은 명의 강화론자들을 곤란하게 했음이 틀림없다. 앞서 히데요시의 책봉은 대학사 조지고와 병부상서 석성 등의 의견이 관철된 결과였다. 따라서 그들은 강화의 실패와 왜적의 재침에 대한 소식에 대해서 방어적인 입장을 보였다. 그것은 12월 15일 황제에 대한 병부의 보고에서도 반영되었다. 병부는 파발관 맹양상(孟良相)의 게첩을 인용했다. 즉, "조선의 예절에 대한 히데요시의 비난 역시 전혀 근거가 없는 것은 아니며, 양방형 등이 대마도의 철산(鐵山) 지방에 머물고 있는 것은 순풍을 기다리기 위한 것으로 다른 문제가 없다." 거기에 기초하여 병부는 "황제께서 큰 은혜로 책봉을 했으니 강화를 잘 마무리하고, 약속을 위반하여 말썽을 일으키지 말도록 지시했습니다. 책봉사절의 보고가 오기를 기다려 다시 제청하겠습니다."고 보고했다.[44] 일단 책봉사절의 보고를 기다리자는 것이었다.

실제 얼마 후 도착한 책봉사절의 직접적인 보고는 조선의 보고와 달랐다. 『신종실록』은 짧게나마 "정사 양방형이 보고하기를, 9월 2일 관백이 책봉을 받았다."고 기록하고 있다.[45] 책봉 절차에 문제가 없는 것처럼 보고되었던 것이다. 이러한 상황에서 명이 쉽게 움직일 필요는 없었다. 조선의 문서에도 히데요시가 명이 아닌 조선에 대한 불만을 나타냈고, 왜군의 재침은 아직 말뿐이었다. 더욱이 명 사신들은 1월 말까지도 책봉 절차가 정상적으로 진행된 것으로 보고했다. 그 결과 명 조정이 실상을 파악하기까지는 더 많은 시일이 필요했다.

한편 조선의 군사 요청에 대해서 손광은 한 달 뒤인 12월 초 답변을 해왔다. 그는 여전히 소극적인 반응이었다. 유격 섭상(葉鱨)은 선조에게 5, 6일 이내에 요동 병력 3천 명, 남병 3천 명을 출동시킬 것이지만, 남병은 거리가 멀어서 내년 2월에나 나올 수 있다고 전했다. 날짜는 알 수 없으나 손광은 의주 절제사 황진(黃璡)을 통해서도 답장을 보내왔다. 그 내용은 요진(遼鎭)에서 군대를 동원하여 조선을 지킨다는 것이었다. 요진의 군대는 기본적으로 기병 위주라는 점에서 손광의 답장은 조선이 원하는 남병의 파견에 반하는 것이었다.[46] 도지휘사 오종도(吳宗道)는 선조에게 보낸 편지에서 명 군사가 늦어질 수 있으므로 조선 스스로 대비책을 마련할 것을 권유했다.[47]

이러한 상황에서 12월 말 조선은 손광에게 군사지원을 요청하는 자문을 다시 보냈다. 자문에서 조선은 원래대로 남병 수천 명을 서울 등지에 빨리 보내줄 것을 요청했다.[48] 그후 조선은 병조판서 이덕형을 통해 섭상에게도 같은 의견을 제시했다. 그렇지만 이듬해 1월까지도 남병은 물론 어떤 형태의 명군은 들어오지 않았다. 단지 손광은 군사를 파견하고자 하지만 병부상서 석성이 반대한다는 소문이 돌았다.[49]

책봉사절이 1월 중순 요동에 진입했는데, 그들은 아래에서 언급하는 것처럼 여전히 책봉을 성공으로 보고했다. 하지만 그때에는 책봉의 실상이 손광에게도 더 자세히 알려지게 되었다. 그간 단순히 조선의 문서들만 전달하는 등 소극적인 반응을 보였던 그는 그 시점에서 명 조정에 자신의 방안을 제시했다. 그는 이제 "책봉 절차가 끝났으나 부산의 왜군이 물러나지 않고 조선을 책망하고 있다."면서 왜적의 재침은 의심할 바 없다고 주장했다. 그는 군대를 파견하여 기요마사가 나오기 전에 부산의 왜군에 대한 선제조치를 취할 것을 주장했다. 그의 이번 주장은 그간 여러 차례 제시해온 해법과는 상당한 거리가 있었다.

그에 의하면, 지금 히데요시의 목적은 노략질만 일삼던 왜구와 달리 조선의 정복에 있다.[50] 명이 조선을 빨리 구원하지 않으면 조선이 왜적의 위협에 의해 땅을 떼어주거나 아예 왜적에게 귀속해버릴지도 모른다. 왜적은 조선을 점령한 뒤 연해와 육지의 여러 경로로 중국을 침범할 것이다. 그는 무엇보다도 비용의 측면에서 조속한 파병을 주장했다. 명의 연해 지역 방어는 수만 명이 필요하지만 전라도와 경상도의 방어는 수천 명이면 가능하다. 마찬가지로 전체 조선을 막고 부산의 왜적에 대응하는 것이 압록강을 막고 전체 조선을 점령한 왜적에 대응하는 것보다 낫다. 명군이 조속히 파견된다면 조선의 식량을 이용할 수 있으나, 늦으면 왜적의 식량이 된다. 장기적 대책으로 그는 요동과 산동을 포괄하는 통합적인 방어체제에 조선을 포함시킬 것을 주장했다. 거기에는 그가 전에 제기했던 문관을 통한 조선경영도 포함되었다.[51]

진주사 정기원

한편 11월 초순 황신의 장계가 도착함에 따라 북경에 보내는 진주사의 파견이 신속히 결정되었다. 청병주문사로는 참찬관(參贊官) 정기원(鄭期遠)을 형조참판으로 높이고, 서장관으로 장령(掌令)[52] 유사원(柳思瑗)을 임명하여 조속히 출발하도록 했다.[53] 진주문의 내용은 황신 등의 자세한 보고를 기초로, 책봉이 정상적으로 진행되지 못했고 왜적이 곧 조선을 재침할 것이라고 하므로, 식량지원과 함께 육군과 수군으로 구성된 대군을 파견해달라는 것이었다. 무엇보다도 수군의 파견이 강조되었다.

> 성상께서는 해당 부서〔병부〕에 명하여 속히 구역을 나누어 (지역별로) 대군을 동원하여 주야로 전진하게 하고, 다른 한편으로 산동 등지 부근의 식량을 운반하여 제때 구제해주십시오. 신〔선조〕이 다시 생각해보니, 왜적이 두려워하는 것은 오로지 수군이니, 절강·직예·복건 등의 수군도 함께 동원하여 소방의 한산도 등지의 수병과 함께 해구를 막고, 적의 퇴로를 끊으십시오. 수군과 육군이 병진하여 기어이 일거에 소탕해주신다면 너무나 다행이겠습니다.[54]

정기원 일행이 서울을 떠난 날짜는 알 수 없으나, 그들은 12월 6일 의주를 출발했다.[55] 명 조정에는 정기원 등이 도착하기 오래 전 손광의 공문을 통해서 조선의 입장이 전달되었으나 뒤이어 그와 상반된 양방형의 보고가 이어졌다. 이러한 상황에서 조선의 입장에 대해, 서성초와 같은 일부 과도관을 제외한다면, 명 내부에서 소극적인 반응이 나온 것은 어쩌면 당연했다. 정기원 일행은 12월 24일 광녕에서 요동순무 이화룡을 만났는데, 그는 여전히 책봉이 원만하게 진행된 것으로 알고 있었다. 왜군의 침략 가능성과 명군의 지원과 관련해서는 강화를 시도하라는 답변이 돌아왔다.

일행이 이듬해 1597년 1월 14일 북경에 도착하여 처음 만난 고관은 예부주객사 낭중 유광업(劉廣業)이었다. 그도 이화룡과 마찬가지로 책봉사절의 부산 도착을 언급하며 강화를 통한 문제해결을 제기했다.[56] 대체로 왜적의 재침 가능성을 인정하지 않고 군사적 지원에 대해서도 소극적인 분위기였던 셈이다. 어쨌든 그들은 16일 예부에 진주문을 제출하고, 17일 궁궐에서 보고의식을 마쳤다. 『신종실록』은 당일 기사에서 단지 그들이

"왜의 사정을 아뢰었다."고만 썼다.[57] 그 후 그들은 병부 등 아문들과 과도관들을 상대로 조선의 절박한 입장을 전하고자 동분서주했다.[58] 그들은 19일 병부에 자문하여 진주문에서 언급했던 내용을 다시 전했다. 자문에서는 강화의 실패에 따른 왜적의 재침 계획을 전하고, 수만 명 대군의 동원과 식량의 지원을 간절히 요청했다.

그럼에도 별다른 반응이 없었다. 진주문과 관련하여 병부는 황제에게 의견을 제시했는데, 유사원의 표현대로 "(군사와 식량을) 동원하여 지원할 뜻이 전혀 없었다." 특히 병부는 조선의 진주문은 책봉사가 일본에서 출발한 11월 이전의 일일 뿐이며, 그 뒤 책봉사가 "책봉이 정상적으로 진행되었고 왜적은 단지 조선이 예문을 보내기를 원할 뿐 다른 변화가 없다."고 보고한 점을 지적했다. 병부는 우선 심유경을 시켜 조선과 일본 양국이 화해하여 부산 잔류 왜군을 철수하게 해야 한다는 의견이었다. 병부에 의하면, 조선은 스스로 군사와 양식을 마련하지 않고 중국만 이용하려 하며 자국의 안전을 위해서 중국을 위태롭게 하고 있다. 다만 조선은 명의 울타리로서 포기하기 어려우니, 압록강 서편에 군사를 주둔시켜 유사시에 대비해야 한다. 황제도 그 의견을 수용했다.[59]

물론 병부의 제본에 대한 일각의 비판이 없지 않았다. 처음 손광을 통해 조선의 소식이 전해졌을 때 군사적 지원을 주장했던 서성초가 그 예였다. 이제 병부가 조선의 진주문에 대한 부정적인 의견을 제시하자, 그는 석성과 조지고 등의 강화 시도 자체에 대한 비판을 제기했다. 그에 의하면, 원래 히데요시의 책봉은 석성 등이 주장했던 것으로, 그 목적은 조선의 보호와 그에 따른 중국의 방비였다. 그런데 지금 원래의 목적이 달성되지 않고 히데요시가 다시 조선을 침략하려고 하는데도 석성 등은 조선을 포기하려 하고 있다. 그에 의하면, 군사적 지원의 거부는 애당초 병부가 추진했던 강화의 오류를 은폐하려는 것에 불과했다. 서성초는 또한 석성이 초록으로 그에게 보여준 히데요시의 사은표문의 진위에 대해서

도 의문을 제기했다.[60]

물론 조지고는 서성초의 비판에 반발했다. 그는 "일본이 이미 서울에서 철수했고, 왕자와 배신들도 송환했으니 이제 조선도 사신을 보내 화해하고 과거의 유감을 풀어야 한다."면서 군사적 해법이 아닌 강화를 이어갈 것을 주장했다. 그에 의하면, 지금 왜군의 부산 잔류도 조선 사신의 파견을 요구하기 위해서이다. 그렇지만 그의 주장은 황제의 지지를 받지 못했다.[61] 한편 이과급사중 유도형(劉道亨)은 조선의 구원 요청을 심각하게 받아들이되, 일단 왜적의 상황과 조선의 대응능력 등 현지의 사정을 정탐할 사도(司道)의 파견과 그것을 바탕으로 한 군사적 지원을 주장했다.[62] 강화파와 그 비판자들 사이에 일종의 중도적 대안을 제시한 셈이었다.

병부의 제본에 대해서 정기원 일행도 반론에 나섰다. 그들은 2월 3일 당시 병부의 강화론에 비판적이던 과도관들이 소속된 육과(六科)에 정문하여 의견을 제시했다. 그들은 특히 조선이 군사의 훈련과 식량의 조달에 힘쓰지 않고 중국에 의지만 하려 한다는 병부의 의견에 강한 이의를 제기했다. 즉, 조선도 애써 노력했으나 단지 오랜 전쟁으로 인적·물적 자원이 고갈됨으로써 적절한 성과를 내지 못하고 있을 뿐이다. 그와 함께 그들은 제국으로서 명의 역할과 위신을 강조했다. 즉, 중국이 인의와 위엄으로 천하를 위무해온 것처럼, 무고한 나라를 침략하여 백성을 죽이고 선왕의 무덤을 파헤친 왜적의 죄악을 징계해야 한다. 이를 위해 그들은 명이 대규모 군사와 식량을 동원하여 부산의 왜적을 완전히 소탕할 것을 간절히 요청했다.[63]

그럼에도 명 조정의 분위기가 바뀌기까지는 며칠이 더 필요했다. 아래에서 보는 것처럼 2월 5일 기요마사의 군대가 드디어 1월 중순 부산에 상륙했다는 보고가 북경에 도착했다. 물론 석성 등은 기요마사의 움직임은 책봉 과정에서 단지 조선의 무례에 대한 반응으로서, 여전히 강화를 통해 부산 주둔 군대를 포함하여 왜군의 철수가 가능하다고 주장했다. 그럼에도 그들은 점차 수세에 몰리게 되었다.

황신의 대면보고

한편 정기원 등이 서둘러 북경을 향하고 있던 시점에서 통신사 황신이 서울에 도착했다. 선조는 그를 12월 21일 인견했다. 그는 선조와 장시간 대화를 통해 그간 사정에 대해서 자세히 보고했다.[64] 그는 앞서 언급한 바와 같이 히데요시가 세 가지 이유에서 통신사의 접견과 책봉 의식 참여를 거부했음을 재확인했다. 책봉 의식과 관련해서 그는 "명의 두 사신이 책봉을 했는데, 히데요시가 뜰에 서서 '다섯 번 절하고 세 번 머리를 조아리는' 배례를 했고, 하사된 의복을 공손하게 받았다."는 말을 전하면서, 그가 배례를 하지 않았다는 소문도 있음을 덧붙였다. 왜적의 재침과 관련하여 그는 기요마사 등이 내년 2, 3월 울산이나 기장 등에 머물 뿐, 많은 군대로 깊숙이 들어오지 않을 것이라는 소문을 전했다.

황신은 또한 히데요시의 분노와 조선에 대한 재침을 막기 위해 유키나가 등이 왕자의 파견을 통한 조선의 사례를 반복하여 설득하려 했다는 사실을 보고했다. 그 이유에 관한 선조의 질문에 대해서 황신은 다음과 같이 답변했다. "그자들이 애초에 왕자들을 사로잡아 일본에 공을 세웠고, 결국 왕자들의 석방은 우리나라로부터 사은을 받기 위해서였는데 왕자들이 한 번도 사신을 보내 사례하지 않았기 때문에 다시 오게 하여 미친 짓을 마음껏 하려는 것입니다." 선조는 왕자 파견의 정치적 목적을 확인하려고 했겠으나, 그것은 황신도 알 수는 없었을 것이다. 그 외에 강화에 관한 유키나가와 기요마사의 다른 주장, 지진, 무기와 훈련 등 일본 내 전쟁준비 상황, 사은표문,[65] 조선에 의한 대마도정벌 가능성 등에 대해서도 질의되었다.

황신은 문서로도 상황을 보고했다. 그 내용은 무엇보다도 유키나가 측이 조선의 역관이나 자신에게 했던 말로서, 강화의 실패로 왜군이 다시 조선에 차례로 들어온다는 것이었다. 구체적으로 히데요시가 임진년과 유사하게 기요마사·구로다 나가마사·요시나리·유키나가 등 네 명을 선봉으로 하여 조선으로 나가도록 했는데, 기요마사 등은 겨울이나 1, 2월에 건너와 과거의 주둔지로 갈 것이며, 대군은 2월, 늦으면 3, 4월에 나온다는 것이었다. 침략의 방향은 앞서 조정의 예상대로 수군을 활용한 전라도 방향이 주로 언급되었다. 특히 유키나가 측은 수개월 안에 조선이 왕자를 보내오면 히데요시를 설득하여 전쟁을 막아보겠다는 입장이었다.[66]

선조는 책봉이 사실상 실패로 끝난 것에 대해 놀라지 않은 것 같다. 그는 국서가 전달되지 않고 또 히데요시가 조선 사신을 대우해주지 않았다는 보고에 대해서 별다른 반응을 보이지 않았다. 그는 원래부터 반대했던 강화가 실패한 것을 다행으로 간주했는지 모른다. 그렇지만 그것은 그가 왜군의 대규모 재침을 전혀 예상하지 않았기 때문이기도 했다. 앞서 본 것처럼 황신의 군관 조덕수 등이 두 달 반 전 강화의 실패를 전했을 때, 조정은 손광에게 겨우 3, 4천 명의 남병을 요청했다. 그가 황신에게 가선(嘉善)의 작위를 더해주었을 때, 사간원에서 황신이 "흉적의 위협적인 말에 두려워서 한 마디도 꺼내어 꺾지 못했고, 결국 사신의 임무를 완수하지 못하고 돌아왔다."고 지적하면서 연이어 반대했으나 선조는 듣지 않았다.[67]

황신의 구체적인 대면보고에 따라 조정에서 대책이 논의되었다. 이틀 뒤 비변사는 방안을 제시했다. 비변사는 향후 왜적의 전략에는 크게 세 가지 가능성이 있는 것으로 예상했다. 첫째는 부산에서 거제도 등 남해안 지역에 주둔하여 점차 영남지역을 잠식하는 것이다. 이것은 강화 과정에서 대부분의 왜군이 철수하기 직전 상황으로의 회복을 의미했다. 둘째는 호남을 침범하는 것이다. 셋째는 곧바로 대거 북상하는 것으로, 임진년의 상황과 일치했다. 비변사는 일단 첫 번째 전략의 가능성이 가장 큰 것으로 간주했다. 잠시 대마도 등지로 철수한 왜군이 모두 영남 지역에 자리잡게 되면 조선 스스로 그들을 막기는 어렵다고 판단되었다.[68]

며칠 뒤 조정회의도 비교적 차분한 분위기였다. 유성룡이나 윤두수 등은 황신이 들은 것만으로 왜적의 재침을 확정할 수 없다는 입장이었다. 그들은 왜적이 설사 재침한다고 해도 임진왜란 초기처럼 대규모 공격이 아니라 기껏해야 책봉 이전 상황으로 복귀할 뿐으로 간주했다. 물론 모두가 적절히 대비해야 한다는 데에는 이견이 있을 수 없었다. 당시 회의의 주제는 왜적의 재침보다는 오히려 부산 왜영에 남아 있는 소규모 왜군에 대한 공격 여부였다. 그것은 남부지방에 나가 있던 도원수 권율에 의해 제기되었다. 그는 현재 3만 명 군사를 요로에 배치하고 있다면서 그 제안을 해온 것이었다. 얼마 전 선조가 병든 세자를 대신하여 수원과 공주 사이에서 전쟁을 독려하겠다고 전교했던 것이 비춰본다면, 권율의 제안은 당시 조정의 분위기에 배치된 것은 아니었다.

따라서 부산의 왜군[69]을 선제공격하는 방안이 매우 진지하게 논의되었고, 회의 참가자들 상당수가 적극적이었다. 김응남과 윤두수 등이 찬성에 나섰다. 유성룡 등 일부는 유보적이었다. 대체로 승산이 적다는 분위기였다. 특히 선조는 선제공격에 반대하는 입장을 분명히 표명했다. 그것은 몇 가지 근거에서였다. 첫째는 심유경 등 명의 장수들이 왜영에 있기 때문에 그들이 피해를 입을 것이다. 둘째는 왜군을 자극하여 오히려 대규모 침략으로 이어질 수 있다. 선조의 표현에 의하면, "잠자는 호랑이의 꼬리를 밟는 격"이었다. 셋째는 이미 해당 작전이 누설되어 승산이 적다는 것이다. 여러 가지 불확실성이 있는 가운데 조정은 점(占)을 치는 것에 대해서도 심각하게 논의했다.[70]

왜영의 선제공격에 대해서 조정은 대체로 회의적이었으나, 일단 권율과 도체찰사 이원익에게 이조좌랑 김신국(金藎國)과 낭관을 보내 상의하기로 했다. 조정의 문의를 받은 이원익은 "수군이 먼저 거제도를 점거하여 해로를 막고, 육지에서 출병하여 상황을 보아가며 진격해야 한다."고 보고했다. 그 시점에서는 아래에서 보는 것처럼 조선 수군을 통한 기요마사 군대의 도해 차단과 관련된 유키나가의 제안이 전해졌고, 이원익의 보고는 해당 제안을 부분적으로 고려한 결과로 보인다. 다만 이원익은 수군의 부산 앞 진격이 아닌 거제도의 점거를 언급했다.[71] 그럼에도 이순신은 거기에 쉽게 호응하지 않음으로써 파장을 일으켰다.

명 사절의 귀국 보고

마침내 책봉사절은 유키나가와 함께 12월 17일 부산에 도착했다. 양방형은 곧 명 조정에 책봉의 수행에 관해 서면으로 보고했다. 그 내용은 앞서 인용된 9월 5일자 병부에 대한 게첩과 매우 유사했다. 거기에는 황신의 보고와 달리 마치 책봉이 성공한 것처럼 서술되었다. 1597년 1월 5일 병부가 황제에게 올린 양방형 등의 보고는 다음과 같다.

> 관백 히데요시는 책봉의 하사에 대해서 감격하고, (명의) 은덕을 간직하고 위엄을 경외하면서 절차를 준수하여, 공관을 새로 건설하여 (책봉) 문서를 특별히 영접했습니다. 그는 신민들을 이끌고 멀리서 황제만세를 불렀습니다. (책봉)사신의 의례를 공손히 기다려 따라하고, 처음부터 끝까지 전혀 의례에 어긋남이 없었습니다.[72]

그 외에도 자세한 내용은 전해지고 있지 않으나 유키나가와 심유경의 글들이 병부에 제출되었다. 거기에도 책봉의 파탄과 관련된 내용은 없었던 것으로 보인다. 병부의 보고에는 "이미 히데요시와 분명히 이야기하여 천조 황명의 처분을 모두 따르기로 했다."거나 "조용히 선처하여 결코 천조와 약속을 그르치지 않겠다."는 유키나가의 편지 구절이 인용되었다. 심유경의 게첩에는 "일의 결말이 무난하다."는 구절이 있었다.[73]

양방형은 1월 6일 서울에 도착하여 이틀 뒤 본국으로 출발했다.[74] 그가 도착했을 때 선조는 병을 이유로 접견하지 않았다. 다만 그를 전송하면서 선조는 왜적이 다시 쳐들어오면 조선은 지탱하지 못한다는 점을 상기시키며, 귀국 후 명 조정에 잘 말해서 왜적이 재침하지 않도록 해달라고 부탁했다. 그는 특히 전라도와 경상도는 산동지방과 매우 가까워서 중국의 입장에서도 왜군이 그곳에 있어서는 안 된다는 점을 지적했다. 양방형은 여전히 기요마사가 재침하지 않을 것이라고 대답했다. 그가 헛소문을 멀리 퍼뜨려 위협하는 것일 뿐이니 놀랄 필요가 없다는 것이었다. 대화는 오래 진행되지 않았다.[75]

이어 심유경이 1월 25일 서울에 도착했다. 선조가 그를 접견했으나, 분위기는 가라앉았다. 왜적의 정세에 대한 선조의 질문에 대해서 그는 "그들의 말이 매우 흉악했습니다. 황신이 자세히 알고 왔습니다."고 대답했을 뿐, 아프다며 연회에도 참가하지 않고 빨리 자리를 파했다.[76] 심유경은 28일 대신들과, 2월 1일 선조와 다시 만났다. 유성룡을 포함한 조선의 대신들과 만났을 때, 그는 자신이 정성으로 조선을 위해서 주선하고자 했으나 뜻대로 되지 않았음을 고백했다. 그러면서 자신이 다시 남쪽으로 내려가 유키나가와 기요마사를 설득해보겠다고 밝혔다. 그 외에도 당시 현안 문제들, 이를테면 황제가 지시한 조선 배신의 일본 파견에 대한 의견을 제시하기도 했다.[77]

2월 1일 선조와 만난 심유경은 강화에 임하는 그의 기본입장을 밝혔다. 그는 먼저 자신이 황제의 명을 받들어 조선을 위해 크고 작은 일에 최선을 다했으며, 조선과 일본 사이에 호불호가 없는 점을 분명히 했다. 자신이 강화를 위해 노력한 것은 전쟁이 단지 백성들만 피폐시키기 때문이었다. 그는 "강약의 형세를 살펴서 강화와 전쟁의 주장을 했다."면서 조심스럽게나마 조선의 힘이 약하니 강화를 통해 문제를 해결하고자 했음도 암시했다. 그와 함께 그는 황제가 다시 군대를 조선에 파견할 것으로 예상했다.[78] 심유경은 2월 7일 남쪽으로 내려갔다. 그는 병사 3백 명을 데리고 의령과 경주 등지에 체류하며 왜적과 빈번하게 접촉했다. 병부도 그에게 교섭의 일을 계속 할 것을 지시했다.

한편 부산에서 양방형이 보낸 보고에 대해서 병부는 몇 가지 의견을 황제에게 제시했다. 먼저 히데요시의 사은표문은 알탄 칸[79]의 사례에 따라 밀봉하여 명 사신이 대신 가지고 옴으로써 일본 사신의 북경 진입에 따른 소란을 피해야 한다. 그와 함께 심유경은 부산에 머물면서 조선과 일본을 화해하게 하고, 특히 일본은 군대를 모두 철수하도록 해야 한다. 철수에 대한 반대급부로 조선도 대마도를 침범하는 등 말썽을 일으키지 않아야 한다. 조선이 우려했던 일본의 재침과 관련해서 병부는 "조선이 마땅히 대비해야 하겠으나 지나치게 장황할 필요가 없다."고 함으로써 조선의 일본에 대한 자극을 경계했다. 다만 앞서 조선이 손광에게 전했던 왕자가 오지 않은 것에 대한 히데요시의 불만과 관련해서, 병부는 왕자를 보내지 말아야 한다는 의견을 제시했다.[80]

병부의 제안에 대해서 황제는 책봉 과정에서 일본의 공손함을 높게 평가하면서도 부산에서 왜군의 철수를 강조했다. 그와 함께 황제는 조선에 공문을 보내서 왕자 대신 배신을 일본에 파견하여 우호관계를 맺도록 할 것을 지시했다. 다만 사은표문에 대해서는 병부의 의견과 달리 일본 사신이 양방형과 함께 가지고 오도록 했다. 심유경은 조선에 남아서 양국 문제를 마무리하도록 했다. 황제의 지시는 1월 말 병부를 통해 조선에 전달되었다.[81] 명은 일단 외교적인 해법을 제시했던 셈이다.

양방형은 1월 21일 압록강을 건너면서 그간의 활동에 대한 보고서를 다시 북경에 보냈다. 먼저 책봉 절차와 관련해서는 지난번 보고에서와 유사했다. 즉, 히데요시가 황제의 은혜에 감사를 표시했고, 단지 조선의 무례함을 질책했으며, 황제의 처분을 기다려 사신을 보내서 사은하고자 했다는 것이다. 그렇지만 보고서의 말미에 그는 히데요시가 "책봉 이후에는 여전히 조선을 책망하는 말을 했는데, 다시 미쳐 날뛰어 조선에게 해독을 자행할지도 모릅니다. 신은 단지 심유경과 한두 명의 역관에게 들었을 뿐입니다."고 덧붙였다.[82] 이로써 책봉의 실패와 재침의 가능성이 사절을 통해서 직접 제기되었다. 그럼에도 그는 여전히 히데요시가 조선을 비난할 뿐, 명에 대한 불만이 있었던 것은 아님을 덧붙였다.

양방형이 북경에 도착한 날짜는 확인되지 않지만,[83] 그는 3월 중순 그간 책봉사절의 행적과 책봉의 시말에 대해서 자세히 보고했다. 책봉의식과 관련해서 그의 보고는 앞서 압록강을 건널 때 했던 것과 유사했다. 그는 여전히 책봉 의식이 정상적으로 진행된 것으로 묘사했다. 이를테면 왜적이 '다섯 번 절하고 세 번 머리를 조아리는' 예를 하고 만세를 불렀으며, 황제의 은혜에 감격했다는 것이다. 다만 그는 사절이 일본에서 떠나올 때 히데요시가 조선의 무례함을 비난했다고 언급하면서, 교활한 왜적이 조선을 잠식하는 데 뜻을 두고 있다고 명시했다. 책봉은 정상적으로 진행되었으나 일본이 조선에 대한 불만으로 재침할 수도 있다는 것이다.[84]

그렇지만 양방형이 북경에 도착했을 때에는 1월 중순 기요마사가 조선에 재진입한 사실이 명 조정에 보고되었다. 이로써 책봉의 실패가 현실로 드러났다. 그와 함께 책봉 과정에 대한 몇 가지 의구심이 제기되었다. 그것은 무엇보다도 책봉에 대한 일본의 사은과 관련되었다. 앞서 병부는 명의 사절이 귀국할 때 사은표문을 직접 가져오도록 황제에게 제안했다. 그것은 정상적인 방법이 아니었다. 그리하여 이를테면 어사 주공교(周孔教)는 사은표문은 조작되었고 예물도 진짜가 아니라고 주장했다. 그는 석성이 탄로날까봐서 일본 사신이 가져올 필요가 없다고 제안했다고 지적했다.[85] 결국 양방형도 사은표문의 조작과 가짜 예물의 진상을 실토했다. 그렇지만 그는 그것이 자신의 잘못이 아니라 강화를 성공으로 은폐하려는 병부와 상서 석성의 지시로 돌렸다.

먼저 사은표문과 관련하여 양방형에 의하면, 병부가 자신에게 재촉하여 일을 마무리하려고 했다. 그의 판단으로는 책봉 이후 왜군이 조선에서 철수한 뒤에 사은해야 하며, 따라서 지체되는 것도 잘못은 아니었다. 더욱이 자신이 사은표문을 보았는데, 공손하지 않았을 뿐만 아니라 명의 연호가 아닌 간지(干支)를 사용했다. 그에 의하면, 자신은 그 표문을 받지 않고 귀국했다. 그런데 병부가 책봉의 성공에 대한 증거로서 사은표문을 요구했고, 결국 위본이 조정에 전달되었다.[86] 그는 또한 예물을 히데요시에게서 받아오지 못하고 사절들이 사사로이 구입해서 올린 것과 관련해서도 병부에게 잘못을 돌렸다. 즉, 황제가 보석과 우단을 좋아한다는 병부의 공문으로 인해 심유경이 직접 구매했다는 것이다.[87]

그 외에도 양방형은 병부가 전에 자신에게 보냈던 여러 장의 서신들을 내놓았다. 거기에는 주로 손광이 책봉을 망치지 못하게 해야 한다는 병부의 입장이 담겨 있었다. 앞서 언급한 것처럼 손광은 책봉에 대해서 자주 반대 입장을 표명했다. 서신들의 공개는 병부가 강화와 책봉을 억지로 관철시키기 위해서 손광을 의도적으로 기피했다는 의미였다. 그렇지만 병부는 양방형의 주장을 반박했고, 그와 함께 광범위한 조사가 이루어졌다. 그 과정에서 석성 측은 2년 전 책봉사절이 북경에서 나올 즈음, 손광이 기요마사와 접촉한 일을 두고 그가 기요마사에게 뇌물을 주었다고 주장했다. 그와 함께 양방형이 이종성을 협박해서 도주하게 했다는 비판도 제기되었다. 물론 양방형은 사실을 부인했고, 석성과 이종성 그리고 양방형 등에 대한 대질 심문까지 있었다.

조사를 바탕으로 형부상서 소대형(蕭大亨)이 종합적인 판단을 황제에게 제출했다. 먼저 석성에 대해서는 "조정 전체가 책봉이 이루어지지 않을 것으로 우려했으나, 적극 주장한 사람은 석성 한 사람뿐이었다."고 책봉 주장의 책임을 오직 그에게 돌렸다. 그렇지만 형부는 그가 "전쟁을 중지하고 식량을 아끼며, 속국을 보호하고자 했다. 비록 다른 것은 없었으나 하찮은 인간의 말을 경솔히 들어 군사와 나라의 대사를 망칠 뻔했다."고 결론을 지었다. 즉, 그의 책봉정책은 선의에서 나왔으며, 다만 심유경의 말을 지나치게 믿음으로써 나라의 중대사를 그르쳤다는 것이다. 그 결과 회적(回籍), 즉 해직시켜 고향에 돌려보내는 것이 건의되었다.[88] 석성은 자신이 조선에 가서 조·일 양국을 설득하여 맹약을 맺고 왜군을 철수시키겠다고 했으나 관철되지 못했다.[89] 그는 병부의 업무에서 배제되었고, 병부좌시랑 이정(李禎)이 임시 주관하게 되었다.[90]

다음으로 손광에 대한 형부의 보고는 그가 예물을 주며 기요마사와 별도의 접촉을 시도했음을 인정했다. 다만 그러한 접촉은 '소통'이나 '유혹' 등으로서, 책봉의 파탄이나 기요마사의 재침을 그에게 돌리는 것은 옳지 않다고 간주되었다. 그럼에도 보고서는 지금 왜적이 재침할 태세로 인해 상황이 급박한 만큼 손피(遜避), 즉 일시적인 정직(停職)만으로 합당치 않다고 지적함으로써,[91] 다른 사람으로 대체할 것을 간접적으로 제안했다.

마지막으로 양방형에 대해서는 "낮은 직급의 무관이자, 말과 행동에 일관성이 없는 소인배이며, 일본으로 건너갔을 때 마음이 오락가락했으니 죄를 피하기는 매우 어렵다. 조정에 돌아오던 날 고자질하여 아뢴 마음 또한 가증스럽다."고 판단했다. 형부의 제안을 대부분 수용하여 황제는 석성은 일단 파직하여 다음 지시를 기다리게 하고, 손광에게는 파직과 회적을 지시했다. 양방형에 대해서는 잘못이 중대하나 먼 곳에 사신으로 간 수고를 고려하여 영구 파직만을 지시했다.[92]

3. 조·명의 대응

황제의 강화 지시

앞서 언급한 것처럼 양방형의 보고에 기초하여 황제는 조선이 배신을 일본에 파견하여 우호관계를 수립하도록 지시했다. 그것은 1월 하순 병부의 자문을 통해 조선에 전달되었다. 1월 23일 당상관들과 회의에서 선조는 이 문건을 소개했다. 명은 왕자의 파견은 조선에 강제할 수 없고 사신을 통해 예문을 보내는 방식으로 조선과 일본의 화해가 가능하다고 보았다.

선조는 배신의 파견은 황제의 분명한 뜻이므로 따라야 한다는 입장이었다. 그리고 그의 판단으로 황제의 지시는 지난번 통신사의 직급이 너무 낮다는 왜 측의 불만에 기인했다. 그렇다면 직급이 조금 높은 배신을 파견하는 일은 어렵지 않을 것이다. 다만 일본의 요구는 단지 계략에 불과할 수도 있다. 일본은 과거에도 그랬듯이 한편으로 강화를 제시하면서 다른 한편으로 갑작스런 공격을 감행할 수 있다. 따라서 정기원의 진주문이 왜적의 재침에 대한 군사적 지원을 요청했다면, 별도의 진주사를 통해 사신 파견의 요구가 일본의 속임수일 수 있음을 전달할 필요가 있다. 선조는 배신 파견 자체를 반대하기보다는 명의 군사적 지원을 통해서 일본의 계략을 막고자 했던 셈이다.

회의에서 배신의 파견에 대해 상이한 의견이 제시되었다. 좌의정 김응남이 의리상 왜적에게 배신을 보내는 것은 수치라면서 반대했다. 그에 대해 선조는 이미 통신사를 보낸 마당에 화해를 위한 황제의 지시를 어길 수 없다고 목소리를 높였다. 병조참판 유영경(柳永慶)이 성지라고 하더라도 다 응할 수는 없다는 점을 강조했으나, 병조판서 이덕형은 기회를 보아 배신을 파견하는 것이 옳다는 의견을 제시했다. 영의정 유성룡은 배신의 파견은 실익이 없다는 의견이었다. 선조는 이번에는 배신의 파견이 대신이나 왕자를 보내라는 것보다 나을 뿐만 아니라, 파견하지 않으면 기요마사에게 침략의 빌미를 준다고 주장했다.[93]

회의에서는 명에 대한 군사지원 요청 등 다른 문제들에서도 상이한 의견이 표출되었다. 유성룡은 도체찰사 이원익이 남하할 때, "명군을 청하면 식량을 공급할 수 없으니 우리나라 스스로 군사를 동원해야 한다."고 말했음을 상기시켰다. 그간 일부에서는 명나라 군대를 먹이느라 조선의 군대를 동원할 수 없다는 불만이 제기되어 왔다. 반면 선조는 "명군이 직접 경상도로 내려가 왜적을 토벌하지 않더라도 (명군이 있으면) 민심이 안정되고 또한 간사한 음모를 꾀하는 음흉한 자들도 두려워할 것이다."고 주장하면서 소수의 명군이라도 요청할 것을 고집했다. 그 외에 식량의 주요 공급원인 전라도의 인심 악화도 논의되었다. 김응남은 전라도 유생들이 과거에 응시하지 않는다면서 그 원인으로 전라도 사대부들이 높은 관직을 얻지 못하는 현실을 꼬집었다. 유성룡은 전라도에서 추가적인 인재 등용의 필요성을 제기했다.[94]

그런데 배신의 파견을 통한 강화의 수립을 요구하는 황제의 지시와 비슷한 시점에서 기요마사의 재침에 대한 보고가 조정에 도달했다. 최초의 보고자는 도체찰사 이원익이었다. 1월 21일 조정에 제출된 그의 보고에 의하면, 기요마사는 1월 13일 2백여 척으로 다대포에 도착했다.[95] 이원익에 이어 황신과 김응서의 유사한 보고가 잇달았다.[96] 유성룡은 그전 남부지방에 있던 16개 왜진이 모두 다시 나오는 것으로 간주했다. 판중추부사 윤두수, 지중추부사 정탁, 김응남 등은 수군통제사 이순신이 적에 대한 소탕에 나서지 않고 한산도만 지키고 있다고 비판했다.[97]

그렇다면 왜군이 나오고 있는 상황에서 배신의 파견 문제는 어떻게 할 것인가. 선조는 보내지 않으면 안 될 것으로 판단했다. 그렇지만 유성룡은 사태가 이미 급해져서 현실적으로 보내도 소용이 없다는 입장이었다. 그에 대해서 선조는 앞서 황제가 배신의 파견을 지시했다는 점에서 명에 대한 의리를 강조했다. 며칠 뒤 유성룡 등 비변사 관료들이 당시 서울에 올라온 심유경을 만났을 때, 배신의 파견에 대한 그의 의견을 물었다. 이때 심유경은 "(황제의) 성지가 있다고 하더라도 어찌 배신을 갑자기 보내겠는가?"며 회의적인 반응을 보였다. 그러면서 그는 자신이 다시 밀양 등지로 내려가 유키나가는 물론 기요마사의 말을 들어보고, 그 적절성 여부를 알려주겠다고 말했다.[98]

황제의 지시 그리고 선조의 동조에도 배신파견 불가론이 관철되었다. 그리하여 2월 초 고급사 권협(權悏)이 북경에 파견되었는데, 그가 지참한 진주문에서 조선은 배신 파견에 반대하는 입장을 전했다. 2월 중순 조선은 또한 예조정랑 정엽(鄭曄)을 손광에게 보내 자문을 전달했다. 여기서도 조선은 배신 파견이 불가하다는 입장을 우회적으로 전달했다. 배신을 파견하여 일본과 화해하라는 황제의 지시는 왜군이 다시 조선으로 건너온 상황에서 더 이상 의미가 없다는 것이었다. 그와 함께 조선은 왜적의 침입이 조선에 그치지 않을 것임을 지적하면서 남병의 조속한 동원과 식량의 지원을 함께 요청했다.[99]

명의 재파병 결정

조선과 책봉사절의 상반된 보고로 인해 그간 상황을 지켜보던 명 조정에 2월 초 기요마사의 조선 진입이 전해졌다. 이로써 조선의 보고가 사실로 드러났고, 분위기는 급전되었다. 기요마사가 다시 조선에 진입했다는 보고가 명 조정에 직접 전달된 것은 2월 5일이었다. 그것은 요동부총병 마동(馬棟)의 보고로서, 기요마사의 군대가 왜선 2백여 척을 타고 1월 14일 조선의 남해안에 도착했다는 것이었다. 왜선은 작아도 한 척에 백 명 이상 탄다는 — 전에 기장(機張)에 머무른 적이 있던 — 급사중 서성초의 말에 따라 왜군은 2만 명 이상으로 추정되었다. 불과 며칠 전 명 조정은 자국

의 책봉사절로부터 직접 책봉의 실패를 확인했다.[100]

마동의 보고 소식은 당일 북경에 머물고 있던 정기원 일행에게도 전해졌고, 그들의 활동은 더욱 탄력을 받게 되었다. 곤란한 상황에 처하게 된 석성도 이제까지와 달리 통사를 직접 만나주었다. 그는 자신이 그간 수년 동안 조선을 위해서 심려를 기울였음을 주장하면서도 군사적 지원에 대해서는 소극적이었다. 그는 여전히 기요마사가 온 것은 조선을 침략하기 위해서가 아니라 조선통신사의 벼슬이 낮고 예물이 박했기 때문에 그것을 바로잡으려는 것일 뿐이며, 대군을 일으키지 않을 것이라고 주장했다. 군사 요청과 관련해서는 손광 등과 적당한 군사와 식량의 동원에 관해 논의 중이라고 하면서 왜적과 조선의 상황에 대한 추가적인 조사를 강조했다.[101]

왜적의 재침 소식에 명 조정에서는 병부상서 석성에 대한 비난이 거세게 제기되었다. 어사 주공교는 기요마사의 군대가 기병이라는 오보를 근거로 그의 목표가 조선이 아니라 명에 있다고 주장했다. 그는 석성의 속임수를 여덟 가지로, 잘못을 다섯 가지로 나열하여 비판했다.[102] 2월 5일 조정의 대책회의에서는 그간 강화를 주장해온 석성과 조지고 등이 배제되었다.

강화에 대한 비판과 함께 조선에 대한 구원 필요성이 제기되는 가운데 2월 9일 구경·과도관회의를 거쳐 종합적인 논의와 결정이 이루어졌다. 여기서는 "왜적이 서울 이서까지 올라와 방어에서 멀어지는 것보다는 미리 정병으로 지켜야 한다."는 파병의 원칙이 확인되었다. 석성을 일시 대신한 좌시랑 이정(李禎) 등은 조선에 대한 지원, 특히 군사의 동원과 식량의 조달, 그리고 담당 직책의 설치와 담당자의 임명 등 구체적인 방안까지 제시했다. 참석자들은 시간이 촉박한 관계로 일단 북부에서 군사를 동원하기로 했다. 선부와 대동, 요동과 계진 등 북병 9천 명을 동원하고, 남병 3천 7백85명[103]은 절강이 아닌 북부지방에 차출된 군사들 가운데 모집하기로 했다. 그와 함께 당장 요동의 군사[북병] 3천 명을 조선의 남부지방에 보내기로 했다. 비용과 관련해서는 절색(折色), 즉 현금 급여는 명이, 본색(本色), 즉 곡식 등 실물은 조선이 각각 부담하도록 했다. 회의의 결과는 병부의 이름으로 조선에도 통보되었다.[104] 남병은 전 부총병 오유충, 북병은 전 부장(副將) 양원이 각각 이끌고, 전체적인 감독은 참정 양호가 담당하도록 했다.[105] 이들은 모두 전에 조선에서 활약한 경험이 있었다.

일각에서는 명의 방어를 위한 장기적인 대책을 제시하기도 했다. 대학사 장위(張位)와 심일관(沈一貫)은 조선에 대한 경리, 특히 요충지에 군사 거점을 확보할 것을 주장했다. 구체적으로는 개성과 평양 두 곳에 군사기구를 둔 도시를 만들고, 순무(巡撫)와 사도(司道)[106]를 파견하여 전담하게 하자는 것이다. 둔전과 상업의 활성화를 통해서 조선에서 군대의 주둔에 필요한 물자를 공급받고, 이곳을 기반으로 점차 남부지방까지 세력을 확대하여 왜적을 위축시키며 나아가 대마도까지도 엿볼 수 있다고 기대되었다. 그와 함께 조선이 요청하는 남병의 주둔보다는 조선의 군대를 훈련시키는 방법을 제안했다.[107] 이 방안은 3월 중순 병부의 포괄적인 제본을 거쳐서 4월 말에는 조선에도 전달되었다.

어쨌든 2월 9일 회의의 결정에 따라 병부는 대군의 파견에 필요한 국내 상황에 대한 보고를 조선에 요구했다. 구체적으로 명군이 주둔할 요충지의 정비 상황, 각 지역의 조선 군대 수, 비축된 군량과 무기의 수량, 조선의 지형과 요충지의 지도, 왜군 상황 등이었다.[108] 그에 대해 약 한 달 뒤 조선은 명의 구원 의지에 감사를 표시하고 항목별로 자세히 보고했다. 다만 식량이 부족하므로 산동으로부터 바다를 통한 식량의 운반을 요청했다.[109]

권협 초상(국립민속박물관 소장)

고급사 권협

기요마사가 진입하자 조선도 대책에 나서지 않으면 안 되었다. 그럼에도 전방에서는 군대는 물론 식량 부족 때문에 대응하기 어렵다고 보고되었다. 당시 서울에 와 있던 경상도방어사 고언백(高彦伯)이 급히 내려가도록 했으나, 무기 등도 턱없이 부족하여 성과를 기대하기 어려웠다. 심유경이 남부지방에서 왜군과 접촉하고 있었으나, 그가 실패한 책봉을 주도했다는 점에서 그들의 침략을 막을 가능성은 거의 없었다. 그리하여 영의정 유성룡 등은 명에 주문사 파견의 필요성을 제기했다.[110]

조선은 첨지중추부사[111] 권협(權悏)을 고급사(告急使)로 삼아 파견하기로 했다. 선조는 진주문에 매우 자극적인 표현을 써서라도 명을 움직일 것을 지시했다. 즉 "소방의 무지한 백성이 왜군의 위협을 받아 부득불 굽혀서 왜에 귀의하면 동방의 1천 리 땅이 틀림없이 왜군의 소굴이 될 것이니 어찌 훗날 명의 걱정거리가 되지 않겠는가?"[112] 진주문에서는 원래 부산에 잔류하던 왜군 이외에 기요마사가 많은 군사를 데리고 옛 보루로 돌아왔고, 다른 군대도 계속 배를 타고 오고 있으며, 일부는 전라도와 경상도를 공략할 기세라고 진술되었다. 그와 함께 선조의 지시에 따라 무엇보다도 왜적의 목적이 단지 조선에 있지 않고 명의 공략에 있다는 점이 강조되었다.

> 왜적의 흉계는 반드시 원교근공의 계책에 그치지 않을 것이며, 장래의 화는 소방에만 있지 않을 것입니다…… 지금 (일본이) 명과의 약속을 준수하지 않고 다시 대군을 내어 침략을 자행하는 것은 '먼저 조선을 취한 뒤에 중원을 엿본다.'는 허의후[113]의 말을 지금에 이르러 더욱 증명하는 것입니다…… 지금 (조선을) 병탄하면 훗날 천하가 왜적의 세력을 걱정하는 날이 반드시 오게 될 것입니다. 소방을 보존하고 천하

를 안정시키는 것이 지금에 달려 있습니다. 지금 기회를 놓쳐 처리하지 않으면 나중에 후회해도 소용없을 것입니다.[114]

그 외에도 진주문에는 얼마 전 병부를 통해서 전해진 황제의 지시, 즉 배신을 일본에 파견하여 우호관계를 맺으라는 지시에 대해서 반대 입장을 표명했다. 그것은 위의 인용문에도 나타난 것처럼 왜적의 목표가 조선에 국한되지 않는 한, 조선의 유화적인 입장이 문제의 해결에 도움이 되지 않는다는 근거에서였다. 또한 진주문에는 배신 파견이 애초 일본에게 약속했던 사항이 아니었고, 통신사가 책봉사절을 따라갔을 때 히데요시가 그들의 관직이 낮다고 수용하지 않는 것은 단지 전쟁 발동의 핑계에 불과하다고 명시되었다.

권협은 2월 10일 의주를 출발했는데, 도중에 북경에서 돌아오는 정기원 일행을 만났다. 정기원은 명이 군사를 내줄 것을 허락했다고 전했다. 3월 2일 권협이 북경의 옥화관에 도착했을 때, 과관(科官)들이 석성의 강화에 대한 비판과 함께 조선에 대한 군사적 지원을 제기하고 있었다. 따라서 그들은 자신들의 주장을 뒷받침해줄 조선 사절의 도착을 반기는 분위기였다. 물론 앞서 본 것처럼 명 조정은 그가 도착하기 20여일 전에 파병에 관한 기본 방침을 결정하고, 새로 형개(邢玠)를 경략으로 삼아 조선 원정을 준비하고 있었다.

권협은 좌시랑 이정을 직접 만나 조속한 군사의 파견을 요청했다. 먼저 이정은 왜군의 상황을 물었다. 권협은 유키나가와 마사나리가 이미 바다를 건너와 동래와 부산의 옛 진영에 주둔하고 있고, 기요마사와 토요시게모리(豐茂守)가 각기 병선 2백여 척과 60여 척을 이끌고 와서 기장과 죽도(竹島)의 옛 보루를 점거하고 있다고 전했다. 뿐만 아니라 그는 남해 연안의 왜군이 함안·곤양·고성·사천·하동 등지에 진출하고, 진주까지도 답사하고 있는 사실도 보고했다. 권협은 지난번 정기원이 전한 상황과 달리 사태가 급박하다는 점을 강조했다. 그와 함께 그는 조선은 험준한 산이 많고 들판은 대부분 논이라서 요동의 기병보다는 남병 3, 4천 명을 먼저 출동시키는 방안을 제안했다.

조선의 군사현황도 의제였다. 권협은 경상도에 여러 장수들이 거느린 군사 1만 명과 전라도에 겨우 수만 명이 있으나 모두 겁약하여 왜군을 당해낼 수 없다고 보고했다. 군량에 있어서도 조선이 전쟁으로 황폐되어 겨우 일로(一路)에 약간 준비되어 있을 뿐, 명이 계속 대주지 않으면 공급할 수 없다고 전했다. 그 외에도 권협은 궁각(弓角)과 초황(硝黃) 등 무기 물자에 대한 지원도 요청했다. 조선 사신들의 진술과 요청에 명 관리들은 대체로 우호적이었다. 그는 요동 등지의 기병 9천, 남병 3천, 수병 3천 등 총 1만 5천 명의 군사가 징발되었는데, 다만 거리가 있어서 시간이 걸린다는 대답을 들었다.[115]

석성이 파직된 뒤 사실상 병부상서 역할을 담당한 인물은 형개였다. 그는 얼마 뒤 손광을 대신하여 조선원정을 지휘하게 되는데, 권협 일행이 북경에 체류할 때 사전 준비 작업을 하고 있었다. 그는 연일 조선의 통사와 사신을 불렀다. 때로는 종일 병부에 머물게 하면서 필요한 사항들을 직접 점검했다. 그는 왜군의 주둔지, 서울 진출 경로, 조선의 식량과 군대 사정, 요새지 등을 질문했다. 그는 송 경략의 지도를 보여주면서 잘못된 것을 고쳐달라는 부탁도 했다. 조선 출정과 관련되어 황제에게 제본을 올리기 전에 권협에게 보여주기도 했는데, 권협은 "극히 상세하게 우리나라의 방어책을 설명했는데, 마치 눈으로 보고 발로 답사한 것 같았다. 이 어르신이 가슴속에 상당히 기발한 계획을 지니고 있음을 비로소 알게 되었다."고 쓰고 있다.[116]

형개는 조선에 대해서도 몇 가지 요구를 제기했다. 그것은 자신이 조선국왕에 보낼 자문에 포함시킬 내용이었다. 이를테면 경솔하게 왜적을 자극하지 말고, 일단 수도를 굳건히 지키라는 것 등이었다.[117] 권협은 통상적인 관례에 따라 그곳에서 일이 거의 마무리되는 시점에서 선래통사를 보내 사행의 성과를 조정에 신속하게 전달했다.[118] 명은 권협 일행에게 은 2천 냥을 주어 각기 화약과 화살의 제작에 쓸 초황(硝黃)과 근각(觔角)을 구입하여 귀국하도록 했다.[119] 일행은 4월 16일 북경을 출발하여 5월 20일 의주에 도착했다.[120]

| 제 9 장 |

왜적의 재침과 대응

9

1. 강화의 재시도와 대응책

유키나가의 제안

책봉을 통한 강화의 파탄 이후 그간 강화에 대해서 상이한 입장을 보여 온 유키나가와 기요마사의 대응도 달랐다. 유키나가는 왕자나 배신의 파견 요청을 통해 강화를 다시 이어가고자 했다. 그에 반해 기요마사가 선봉으로 나온다는 보고가 책봉 의식 직후 통신사를 통해 조선에 전해졌다. 특히 유키나가는 책봉사절을 수행하여 대마도에 이르렀고, 그들에 앞서 12월 초순 부산에 도착했다. 그 뒤 그는 대마도를 오간 것으로 보이지만, 그때 그는 조선에 기요마사의 도해를 막는 방안을 제의해왔다. 이를 위해 그는 부하인 요시라를 그 전부터 접촉해온 경상좌병사 김응서의 진영에 보내왔다.

유키나가의 제안은 김응서의 비밀 장계를 통해 이듬해 1597년 1월 1일 조정에 보고되었다. 이에 조정도 즉각 논의에 나섰다. 그의 제안이 과연 기요마사와 경쟁관계에 있던 상황에서 선의에서 나온 것인가? 아니면 조선의 대책에 혼선을 주기 위한 일종의 반간계인가?

선조는 곧장 신하들을 불러 논의했으나, 헌책이 없자 비변사에서 별도로 논의하게 했다. 비변사는 주로 얼마 전 부산에서 올라온 황신의 입장에 의거했다. 비변사에 의하면 황신은 해당 제안에 대해 의구심을 표명하면서도 사실상 가능하다는 입장이었다. 그것은 평소 유키나가와 기요마사가 불화했기 때문에 유키나가의 말을 혹 믿을 수도 있고, 절호의 기회라는 이유에서였다. 비변사는 충분한 경계(警戒)와 부산의 왜군에 대한 정확한 정탐을 전제로 수륙의 장수들에게 처리하도록 지시할 것을 제안했다.[1] 사실 선조는 유키나가의 제안에 의구심을 가졌지만 내심 찬성했다. 그는 비변사에 내리는 전교에서 구체적인 방법은 도체찰사 이원익에게 급히 편의대로 시행토록 했다. 그는 특히 김응서와 이순신의 역할에 기대를 표명했다.[2]

이러한 분위기하에서 조정은 김응서에게 일단 상황의 관찰을 지시하기로 결정했다. 그와 함께 조정은 황신을 경상도위무사로 삼아 남부지방으로 파견하여 이원익 등과 가능성을 타진하도록 했다. 상황은 신속히 진행되었다. 조정에서 논의한 이틀 뒤 기요마사가 군사 7천 명을 데리고 1월 4일 대마도에 도착했다. 요시라는 1월 11일 의령의 김응서 진영에 와서 기요마사의 대마도 도착 사실을 전하면서 조선의 조속한 대응을 재촉했다.

이때 김응서가 조정에 올린 요시라의 계획은 대강 다음과 같다. 기요마사는 바람의 방향에 따라 서쪽의 거제도로 가거나 아니면 부산을 향할 것이다. 거제도는 이순신의 조선 수군이 기요마사를 직접 칠 수 있으니 문제가 없다. 그렇지만 기요마사가 부산의 기장이나 서생포로 향할 수도 있다. 이 경우에는 조선 수군이 기장 등으로 건너와 진을 치거나 부산이 보이는 곳에서 배 몇 척으로 시위해야 한다. 이때 유키나가 측 장수가 조선 수군의 방비를 이유로 기요마사의 도해를 말릴 수 있고, 기요마사도 무서워서 조선으로 진출하지 못할 것이다. 기요마사가 지체되면 유키나가가 히데요시에게 가서 상황을 알리고, 그는 지체를 이유로 기요마사

의 죄를 물을 것이다. 그러면 유키나가가 나서서 조선과 강화를 추진할 것이다.[3]

도원수 권율도 요시라의 말대로 해볼 수 있다는 입장으로 보고했다. 다만 권율의 보고에는 『선조실록』에 기록된 김응서의 장계 내용 이외에도 유키나가 측의 요구가 한 가지 포함되었다. 그것은 조선이 왕자의 파견을 거절하되 대신을 파견하겠다는 내용의 공문을 보내달라는 것이었다. 유키나가 자신은 그것을 핑계로 일본으로 들어가고, 그 사이에 조선 수군이 기요마사를 막으면 될 것이다. 비변사는 그가 일단 기요마사의 도해를 늦추고자 하는 것으로 해석했다. 그렇지만 비변사는 그의 말은 전적으로 믿을 수 없고, 또한 기요마사도 이미 대마도에 와 있어 때가 늦었다고 간주했다. 이를테면 유성룡 등은 왜적의 말을 경솔하게 들었다가 그들의 꾀에 넘어갈 것을 우려하여 함부로 움직이는 것에 반대했다. 그럼에도 선조는 일단 권율이 하는 대로 시행하라고 지시했다.[4]

해당 시점에서 전라병사 원균의 치계가 조정에 도착했는데, 그의 제안도 요시라의 말과 거의 일치했다. 수백 명의 수군으로 영등포 앞바다에 나가 몰래 가덕도에 주둔하면서 날쌘 배로 짝을 지어 절영도 밖에서 무위를 과시하거나, 혹은 1백 또는 2백 (척)으로 대양에서 시위하면 수전에 겁이 많은 기요마사가 군사를 거두어 물러날 수도 있다는 것이다.[5] 이것은 요시라의 방안이 원균에게도 전달되었을 뿐만 아니라, 원균은 거기에 적극적이었음을 시사한다.

그런데 조정과 이원익 등이 서로 연락을 취하는 사이에 기요마사가 1월 13일 부산에 착륙했다. 그날 조정의 명령을 받은 황신은 김응서 등이 머물고 있던 의령에 도착했다. 황신은 그곳에서 요시라를 보았는데, 그는 기요마사의 대마도 도착 사실을 전달하고 유키나가의 제안에 대한 조선의 회답을 기다리고 있었다. 한편 황신이 의령에 도착하기 직전 권율은 그곳을 출발하여 이순신을 찾아 한산도를 향했다.[6] 권율은 조정의 명령을 전달받기 이전에 기요마사에 대한 공략의 준비에 나섰던 것이다. 어쨌든 권율은 1월 21일 한산도에서 이순신을 만났다. 그는 이순신에게 기요마사의 도착 예정을 알리며 수군은 마땅히 요시라의 약조를 따르고 기회를 잃지 말아야 한다고 지시했다. 그렇지만 이순신은 함부로 부산으로 나아갈 수 없다는 입장이었다.[7] 당시 두 사람은 기요마사가 이미 일주일 전 다대포에 도착한 사실을 몰랐던 셈이다.

일부의 문헌은 조정이 황신을 이순신에게 파견했다고 하나, 그가 이순신을 직접 만났는지는 확인되지 않는다. 어쨌든 황신을 통한 조정의 부산 출정 요구도 이순신의 반대에 부딪혔다. 그것은 "바닷길이 험한 데다 왜적의 복병이 있을 것이고, 다수 전함을 동원하면 들킬 것이며, 배를 적게 거느리고 가면 오히려 공격을 당할 것"이라는 이유였다.[8] 그가 왜군의 복병 가능성을 언급한 것은 유키나가의 제안에 의구심을 가졌음을 시사한다. 이순신에게 거절당한 권율은 도착 다음 날 한산도를 떠났는데, 그날 기요마사의 거제도 장문포 도착이 이순신에게 전해졌다.[9] 사실 이순신이 권율과 황신의 지시에 따랐다고 하더라도 시간상으로 기요마사를 막을 수는 없었다.

이순신의 파직

1월 22일과 23일 기요마사 군대의 다대포 도착을 알리는 황신과 김응서의 장계가 연이어 조정에 도착했다. 그런데 그들의 보고는 거기에 머물지 않았다. 두 사람은 자신이 기요마사의 재침을 조선에게 미리 알려주었음에도 조선에서 그 말을 믿지 않고 공격하지 않음으로써 일을 그르쳤다는 유키나가의 말도 함께 전했다. 유키나가는 기요마사의 군대가 제대로 자리 잡지 못했기 때문에 아직도 계획이 성사될 수 있다는 입장이었다.[10]

황신과 김응서의 장계가 도착하자 조정에서는 수군, 특히 이순신에 대한 비판이 제기되었다. 선조는 "손바닥에 보여주듯 가르쳐주었는데 우리나라가 할 수 없었다. 우리나라는 천하의 용렬한 나라이다."고 비난했다. 그는 이순신이 그저 한산도에 머물면서 어쩌지 못했다고 말했다. 선조에 의하면 기요마사를 잡아 목을 벨 것까지 바랐던 것이 아니며 단지 배로 시위하는 정도였는데, 이순신은 그조차 하지 않았다. 이산해는 조선 수군을 믿는다는 이원익의 말을 전하면서 일단 수군의 결정을 신뢰하기를 원했다. 그렇지만 윤두수는 이순신이 단지 왜적을 두려워한 것만이 아니라 나가 싸우기를 진실로 싫어한 것이라며 비판의 수위를 높였다.[11]

이순신 장군 초상_전해지는 것 가운데 가장 오래된 초상화

결국 1월 27일 회의에서 이순신에 대한 처벌을 둘러싸고 논쟁이 벌어졌다. 당시 주로 동인은 이순신, 서인은 원균을 편들었다. 유성룡이 이순신을 적극 변호하는 가운데 지중추부사 정탁, 이조참판 이정형(李廷馨) 등이 거기에 가세했다. 그에 반해 선조가 이순신의 죄상을 강조하는 가운데 판중추부사 윤두수, 좌의정 김응남, 호조판서 김수 등이 거기에 동조했다.[12] 특히 이정형은 "거제도에 들어가 지키는 것이 좋다는 점은 잘 알지만, 한산도에는 선박을 감출 수 있고 적들이 그 수심을 알 수 없다. 거제도는 그 중간이 비록 넓지만 선박을 감출 곳이 없고, 또 건너편 안골포의 적과 마주하고 있어 들어가 지키기는 어려울 듯하다."는 이순신의 말이 합당하다고 말했다. 다음 날 선조의 의견에 따라 두 사람의 공조 체제가

구상되었으나, 얼마 후 이순신은 파직되고, 원균이 경상우도수사 겸 삼도수군통제사로 임명되었다.[13]

그렇다면 기요마사의 저지에 관한 유키나가의 제안을 심유경은 어떻게 판단했을까? 그는 오랫동안 유키나가와 접촉해왔고 귀국시에도 그가 동행했기 때문에 유키나가의 의도를 어느 정도 이해하고 있었을 것이다. 또한 이순신이 원균으로 대체되던 날 마침 그도 서울에 있었다. 조선의 대신들이 그에게 유키나가의 제안에 관해 물었다. 이때 그는 전에 이원익과 해당 방안에 대해서 이야기한 적이 있다면서, 사실상 실시되기 어렵다는 입장을 보였다. 그것은 왜적은 동풍을 타고 오는데, 조선의 입장에서는 바람을 거슬러야 하므로 불리하다는 것이었다. 더욱이 한번 이겼다고 해도 화가 더욱 커질 것이다.[14] 그것은 조선이 힘이 약한 현실에서 물리적 대응은 위험할 수도 있다는 의미였다.

며칠 뒤 남하하는 심유경을 전별할 때에도 선조는 기요마사와 유키나가의 관계와 함께 유키나가의 제안에 관해 물었다. 심유경은 불화를 인정하면서도 기요마사가 공격해온다면 유키나가도 어쩔 수 없이 거기에 따를 것으로 예상했다. 선조는 자리에 있던 신하들을 물리치고 유키나가 제안의 진위를 물었다. 심유경은 즉답은 하지 않았으나 유키나가의 진정성을 의심하지 않았다. 그는 다만 변경의 장수가 매번 조정에 물어보느라 시간이 지체되어 기회를 놓치므로, 앞으로는 스스로 실행하게 하면 어떤가 하고 제안했다. 그는 또한 두 사람이 서로 제거하려고 한다는 점도 부인하지 않았다.[15]

심유경의 재활약

한편 국내에서 강화에 대한 비판이 제기되었음에도 병부는 여전히 심유경에게 왜적과의 교섭을 위임했다.[16] 그는 서울에서 출발하여 2월 15일 남원에 도착했다. 그때 접반사 이광정(李光庭)과 전라도관찰사 박홍로(朴弘老)가 그와 동행했다.[17] 심유경은 의령으로 향하여 2월 말을 전후로 유키나가 측과 만나고, 3월 하순 다시 남원으로 돌아왔다. 그는 유키나가와의 만남에 상당한 기대를 걸고 있었던 것으로 보인다. 그 직전 병부에 보낸 게첩에서 그는 유키나가의 중요성을 강조했다. 그에 따르면 유키나가의 군사는 기요마사보다 두세 배는 더 많다.[18] 그리고 유키나가는 명나라의 말을 따르고 있다. 뿐만 아니라 유키나가 측은 기요마사와 달리 왕자의 파견을 고집하지 않는다. 심유경은 최근 조선의 수군이 기요마사의 군대가 아닌 죽도의 유키나가 군대를 공격하여 17명을 죽인 것에 불만을 표시하기도 했다.[19]

의령에서 심유경은 시게노부와 요시라 등을 만났다. 이광정은 그들의 교섭에서 배제되었으나 심유경이 나중에 그에게 전한 바로는, 왜 측은 왕자의 파견 문제를 제기했다. 심유경은 황제의 지시를 근거로 왕자의 파견은 불가능하다는 입장이었다. 시게노부는 기요마사와 조선의 교섭, 특히 기요마사의 왕자 파견 요구에 어떻게 조선이 답할지에도 관심을 보였다. 심유경이 조선은 "중국 조정의 지시에 따를 뿐이다."고 대답할 것이라고 하자 시게노부는 동의를 표시하면서도, 왕자를 보내주지 않으면 조선을 침략하겠다는 기요마사의 말을 상기시켰다. 시게노부의 말은 결국 유키나가와의 교섭만으로 문제가 해결되기 어렵다는 점을 확인해주었다. 심유경은 그에게 왕자가 아닌 대신의 파견을 유키나가와 기요마사가 합의할 필요가 있다는 점을 강조했다.[20]

3월 중순으로 추측되는 것으로 시게노부가 김응서에게 보내온 편지에는 당시 유키나가 측의 강화조건에 관한 내용이 포함되었다. 편지는 시게노부가 마사나리와 함께 본국으로 돌아가면서 보낸 것으로, 그는 무엇보다도 조선이 왕자를 일본에 파견하지 않는 것에 대한 서운함을 표현했다. 그는 조선이 왕자를 파견하지 않기 때문에 왜군이 불원간에 서울까지 진격할 것이라는 경고도 잊지 않았다. 그러면서도 그는 한발 더 물러서서 낮은 수준의 조건을 제시했다. 즉, 자신이 귀국하여 왕자가 오는 대신 조선이 매년 세폐 약간을 일본에 보내는 방안을 히데요시에게 제안해보겠다는 것이었다.[21] 일단 유키나가 측은 왕자나 배신의 일본행이 아닌 공물의 상납만으로 교섭을 유지하려는 셈이었다. 시게노부는 심유경에 관해서도 언급했다. 즉, 명 조정에 요청하여 심유경을 계속 왜군과 가까운 경계 지역에 머물게 해달라는 것이다. 그에 따르면 일본인은 모두 심유경을 신뢰하는데, 만약 그가 북경으로 가면 논의할 사람이 없게 된다.

시게노부 등이 일본으로 건너가 돌아오기 전에 유키나가는 다시 심유경에게 편지를 보냈다. 4월 24일자 편지에서 그는 국왕의 동생을 사신으로 일본에 파견하고 또 합당한 예물로 일본에 대한 신뢰와 공경을 다하도록 선조에게 말해달라고 부탁했다. 그는 조선이 '약속'을 어기면 자신이 일본에 거짓말을 한 셈이 될 것이라면서 압박했다.[22]

그렇지만 앞서 히데요시는 유키나가가 아닌 기요마사에게 조선 문제의 주도권을 넘겨주었다. 그를 만나러 갔던 시게노부도 성과를 거두지 못했다. 5월 중순경 김응서가 요시라에게서 그와 관련된 말을 들었다. 요시라에 의하면, 시게노부가 들어가 히데요시를 만나서 조선 왕자는 불러오기 어렵다는 것과 대신이 폐물을 가지고 나와서 우호관계를 맺는 일을 말하니, 히데요시가 "왕자는 사실 (조선에 요구하기) 어렵다. 대신이 와서 우호관계를 맺는 것도 무방하다."고 약속했다.[23] 그렇지만 아래에서 보는 것처럼 기요마사가 얼마 후 사명당과 만나 대신 파견에 대한 조선의 불가 입장을 확인하고 그것을 히데요시에게 전달함으로써 시게노부의 시도는 좌절되었다.[24]

더욱이 심유경 자신도 점차 어려움에 처하게 되었다. 그에 대한 비판이 차츰 국내외에서 제기되었고, 그의 활동도 점차 위축되었다. 4월 중순 손광은 사람을 보내 강화의 실패와 관련하여 심유경에 대한 조사를 착수했다. 6월 말 심유경은 의령에서 서울로 소환되었다.[25]

사명당과 기요마사의 담판

한편 1월 중순 부산에 도착한 기요마사는 즉시 조정과 접촉을 시도했다. 그는 "서울에 사신을 보내겠다."고 하여 선조를 당황하게 했다. 선조는 그 말을 그가 서울까지 곧장 침략하겠다는 것으로 이해했다. 비변사는 한편으로 각지의 장수들에게 요새지를 잘 지키고, 다른 한편으로 파수를 잘 두어서 왜적의 동향을 즉각 서울에 보고하게 했다.[26] 그의 편지는 전해지고 있지 않으나, 무엇보다도 자신이 석방한 왕자들이 감사를 표시하지 않은 데에 불만을 표출했던 것으로 보인다. 나중에 조정은 왕자 명의의 답변을 보내기로 결정했다.[27]

그렇지만 점차 그가 조선과 협상을 원한다는 점이 드러났다. 그가 과거 교섭한 적이 있던 사명당이나 한때 그의 포로였던 호군(護軍) 황혁(黃赫)을 만나고자 한다는 것이었다. 조선의 입장에서 기요마사는 평소 호전적이었고, 또한 강화의 파탄에 중요한 역할을 한 것으로 알려졌다. 조선은 그와의 접촉을 꺼려 했다. 더욱이 좌의정 김응남이 주장하는 것처럼 강화는 사람들의 마음을 해이시키고 사기를 저하시킬 뿐으로 간주되었다. 조선은 명나라와 심유경의 지시에 따른다는 이유를 대며, 기요마사의 부하 기하치(喜八)의 상경을 거부하기로 했다.[28]

조정은 강화와 관련된 일에는 심유경이 다시 나설 것으로 기대했다. 2월 1일 선조가 그를 접견했을 때, 심유경은 기요마사가 유키나가와 달리 매우 흉악하여 강화하기 어렵다고 말했다. 기요마사가 사명당 등을 만나고자 하는 이유와 관련해서 심유경은 기요마사가 단지 번거롭게 전쟁을 하지 않고서도 왕자를 일본에 불러오기 위한 것으로 간주했다. 조선이 배신을 파견하면 기요마사가 다시 군사를 철수할 것인지에 관한 선조의 물음에 대해서, 그는 부정적으로 대답했다.[29] 며칠 전 조선의 대신들을 만났을 때에도 그는 배신을 급히 파견할 필요가 없다고 했다.[30] 그는 기요마사를 통한 강화에는 회의적이었던 셈이다.

그렇지만 그 이유는 알 수 없으나 며칠 뒤 분위기는 상당히 달랐다. 2월 8일 남하하는 심유경의 전별식에서 선조는 조선 배신의 일본 파견과 왜군의 철수를 내용으로 하는 강화를 수용할 수 있음을 내비쳤다. 적어도 전쟁을 피하기 위해서 선조는 교섭을 배제하지 않았던 것이다. 심유경도 "마음을 평안히 하고 화해하여 잠시 기요마사를 잘 대할 것"을 제안했다. 그렇다면 기요마사의 목적은 무엇인가. 전쟁으로 조선을 정복하려는 것인가, 아니면 단지 유키나가를 대신하여 강화를 주도하려는 것인가. 선조의 질문에 심유경은 기요마사는 전쟁보다는 강화를 통해 왕자의 입조와 같은 공을 세우고자 한다고 추측했다. 물론 선조는 강화교섭의 상대로 유키나가를 선호했다. 그는 심유경에게 유키나가가 기요마사를 제거하면 그와 우호관계를 갖겠다고 밝혔다.[31]

어쨌든 조선은 일단 기요마사에게 임해군 명의로 안부를 묻는 답서를 보내기로 결정했다. 답서에서는 의례적인 인사와 함께 교섭에 대해서도 언급했다. 무엇보다도 조선은 매사에 명나라의 명령을 받기 때문에 일본과 사신왕래는 제도적으로 함부로 할 수 없다는 점을 강조했다. 그러면서도 기요마사가 교섭을 위해 원했던 상대인 사명당을 보내겠다고 명시했다.[32] 조선은 기요마사의 교섭 요구에 응했으나 사명당의 파견을 서두르지는 않았다. 그가 병을 이유로 늦어지자 기요마사 측은 더 늦어지면 조선에 좋지 않다는 식의 협박성 편지를 계속 보내왔다.[33] 결국 조선이 답서를 보낸 뒤 한 달여가 지난 3월 18일 사명당은 서생포의 적진에 도착하여 다시 기요마사를 만났다.

회담은 주로 기요마사 측이 질문하고 거기에 사명당이 답변하는 형식으로 이틀 동안 진행되었다. 회담의 결과는 문건으로 조정에 보고되었다.[34] 조선으로서는 기요마사가 요구할 강화의 조건에 관심이 클 수밖에 없었다. 그 전부터 기요마사의 목적이 조선 왕자의 일본 파견이었음이 알려졌고, 실제 회담에서도 그러했다.

먼저 기요마사는 4년 전 심유경과 유키나가의 용산회담부터 언급했다. 당시 의제가 왜군의 서울 철수였음에도 그는 마치 왕자의 송환에 초점이 맞춰진 것처럼 주장했다. 즉, 교섭에서 왕자를 송환하면, 조선국왕이 일본에 '귀복(歸服)'하고 8도를 일본에 귀속시키기로 했다는 것이다. 그에 따르면 일본은 군대를 남으로 철수하고 왕자를 송환시켰으나 조선은 왕자를 보내 사례한 일이 없다.[35] 책봉 과정에서도 조선은 미천한 사신만 보냈다. 그 결과 히데요시가 그들의 접견을 거부했고, 이제 다시 군대를 보내서 책임을 묻고자 한다. 사명당은 조선국왕의 귀복이나 8도의 분할은 들어본 적이 없으며, 심유경 등이 기만했을 가능성을 제기했다. 또한 그에 의하면, 왕자를 송환하지 않더라도 국왕의 입조는 있을 수 없는 일이었다.

그러자 기요마사는 일본의 조선침략 이유에 대해서 거론했다. 즉, 1590년 조선통신사가 일본을 방문했을 때 조선이 '귀복'을 약속해놓고, 막상 일본이 명 정벌에 나서니 변심하여 길을 빌려주지 않아 침략했다는 것이다. 사명당은 용산회담에서와 마찬가지로 대마도 태수나 유키나가가 양국을 기만한 결과일 수는 있으나, 명과 조선의 군신관계에서 그러한 일은 있을 수 없음을 강조했다.

논리에서 우위를 점하려는 자신의 계획이 먹혀들지 않자, 기요마사는 이제 현실을 이야기했다. 즉, 왜군이 곧 차례로 조선에 진입한다는 것이다. 그의 표현으로 산이 계란을 누르고 빗자루로 먼지를 쓸어내듯 조선은 백성이나 재산까지도 모두 죽고 파괴될 것이다. 그 피해는 임진년 때의 1만 배는 될 것이다. 그러면서 기요마사는 본심을 드러냈다. 즉, 왕자 형제 가운데 임해군을 일본에 보내 사례한다면 자신이 평화를 중재해보겠다는 것이었다. 그렇지만 이 문제도 조선은 양보할 수 없었다. 사명당은 아비와 임금의 원수에게 왕자를 보내 사례하는 것은 종묘사직의 의리에 어긋난다고 맞섰다. 그러자 기요마사는 종묘사직이 조선을 지켜주지 못했다면 그것을 존중할 필요가 없고, 조선이 왕자를 석방한 히데요시를 원수라고 부르고 은혜를 갚지 않는다고 비난했다. 논의가 방향성을 잃자 사명당은 더 이상 논쟁하지 않겠다고 응수했고, 회담은 끝났다.

기요마사는 4월 20일 다시 볼 것을 요청했으나 사명당은 확답을 주지 않았다. 그 외에도 기요마사는 그에게 심유경을 경주로 오게 하여 그와 만나게 해줄 것을 부탁했다. 그렇지만 사명당은 심유경이 머물고 있는 남원에 들르지 않고 상경했다. 그는 왜적이 강화가 아니라 전쟁, 특히 명의 정벌을 목표로 하고 있고, 대군의 진입이 예상된다고 보고했다. 그는 "싸워도 위태롭고 싸우지 않아도 위태로운 상황"에서 부산의 왜군에 대한 선제공격을 주장했다.[36]

한편 기요마사도 사람을 보내 히데요시에게 회담 결과를 보고했다. 그와 함께 그는 유키나가 측의 강화 시도를 폭로했다. 5월 중순 유키나가 측의 요시라가 김응서에게 전한 바에 따르면, 기요마사가 히데요시에게 보고한 내용은 다음과 같다.

> 오늘 조선의 승장 송운(松雲)을 만났습니다. (그는) '왕자와 대신으로 우호관계를 맺는 일은 우리나라가 마음대로 허락할 수 없고, 모두 명나라의 처분에 달려 있다.'고 말했습니다. 이런 식으로 서로 따진다면 10년이 지나도 결단을 내리지 못할 것입니다. 유키나가·마사나리·시게노부 패거리는 조선에서 뇌물을 받고 (조선의) 은혜를 저버리지 못하고 상당히 (조선과) 공모하는 모습이며, 크고 작은 일들을 사실대로 보고하지 않습니다. 이번에 시게노부가 일본에 들어가 보고한 것도 조선의 허락을 받지 않았습니다.[37]

이어 기요마사는 자신이 지난 3, 4월 중에 전라도와 경상도 두 개 도를 공략했더라면 왕자를 데려올 수 있었을 것이라고 강변했다. 그와 함께 즉시 대군을 출격시켜 조선이 의지하고 있는 전라도를 초토화함으로써 조선이 강화를 구걸하게 할 것을 주장했다.

기요마사의 보고와 비슷한 시기에 김해로부터 조선 수군이 왜군에 대한 약탈과 살상을 자행하고 있다는 보고가 히데요시에게 전해졌다.[38] 5월 12일 요시라가 김응서에게 전한 바에 따르면, 이에 히데요시는 분노했고, 왕자가 아닌 대신을 통한 우호관계의 수립을 허락받고 조선을 향하던 시게노부를 다시 불러들였다. 동시에 히데요시는 기요마사와 유키나가 등을 선봉으로 15만의 왜군이 7월 중순 전라도를 분탕질하고 연해 지역에 주둔하여 조선과 강화를 시도하도록 지시했다.[39] 얼마 전 경상좌도 방어사 권응수도 왜군이 올 여름에 대거 전라도를 침략할 계획이라는 첩보를 입수해 이원익을 통해서 조정에 보고했다. 조정은 병조판서 이항복의 자문으로 명에 그 내용을 전달했다.[40]

사명당과 기요마사 회담이 사실상 결렬됨으로써 조정은 대책을 마련하지 않을 수 없었다. 조정은 그간 명에 군사적 지원을 적극 요청했고, 명군 일부가 조만간 도착한다는 소식이 전해졌다.[41] 그럼에도 기요마사를 달랠 필요가 있다고 보아 4월 중순 다시 사명당을 그의 진영에 보내기로 결정했다. 다만 임해군 파견의 요구에 대해서는 다음과 같이 대응하기로 했다. 즉, 임해군은 명의 장수가 불러서 평양에 갔고, 조선은 대소사를 황제의 결정에 따라야 한다는 내용을 사명당 명의의 답장으로 기요마사에게 통지하는 것이다. 그와 함께 필요한 협의는 남원에 있는 심유경을 통해도 된다는 내용도 덧붙이기로 했다.[42] 얼마 뒤 비변사의 제안으로 방법을 바꿔 임해군 명의의 답장을 기요마사에게 보내기로 결정했다.[43]

사명당은 기요마사와 두 번째 교섭을 위해 다시 남하했다. 그는 4월 28일 심유경과 그의 접반사 황신이 머물고 있던 남원에 도착했다. 황신의 보고에 의하면, 심유경은 기요마사가 자신을 경주에서 만나자고 한 제안을 왜 알려주지 않았는지 사명당을 질책했다.[44] 물론 심유경은 당시 유키나가와의 교섭에 우선적으로 기대를 걸고 있었다. 그는 히데요시에게 보고하러 간 유키나가 측의 회답을 기다리고 있었다. 그리하여 그는 회답이 올 때까지 사명당에게 기요마사와의 접촉을 미루고 그 대신 사람만 보내게 했다. 그 목적은 기요마사에게서 심유경 자신을 만나고자 한다는 의사를 확실히 서면으로 받아오는 것이었다.[45] 그렇지만 사명당과의 1차 담판 결과에 대한 기요마사의 보고를 받은 히데요시는 전쟁을 선택했다.[46] 그 결과 두 번째 만남은 없었고, 심유경 자신도 북쪽으로 소환되었다.

병부의 조선경리 방안

일본의 재침 움직임이 나타나는 가운데 명의 일각에서는 조선 문제에 대한 새로운 접근법이 논의되었다. 그것은 조선에 전쟁의 수행을 위한 기구의 설치 문제였는데, 앞서 손광 총독이 주장했던 조선경리와 무관하지 않았다. 물론 명 측도 조선이 기본적으로 원하지 않는다는 점을 잘 알고 있었다. 따라서 간접적이고 익숙한 방안, 즉 조선의 군량이 부족하여 장기적 대응이 필요하다는 소위 둔전(屯田)이 제기되었다.

사실 조선은 임란 이후 각종 형태의 둔전을 실시해왔다. 전란으로 인해 노동력과 종자 그리고 농기구 등이 부족한 상황에서 그에 대한 집단적 관리를 통해서 군량을 조달하기 위해서였다. 따라서 지방의 관군이나 의병 그리고 이순신을 포함한 수군이 개별적으로 그것을 설치했다. 종자나 농기구 등을 제공하고 수확량을 일정 비율로 나누는 방식이 주된 형태였다. 국가에서도 안집사(1593년 12월), 안집도감(1595년 6월) 등을 설치하여 조건이 맞는 곳을 찾아 둔전을 실시했다.[47] 그렇지만 명군이 조선에 둔전을 실시하는 것은 그 자체의 폐단뿐 아니라 차원이 다른 정치적 문제였다.

새로 경리에 임명된 양호(楊鎬)는 영국윤(甯國胤)을 조선에 파견하여 그 문제를 타진했다. 3월 중순 서울에 온 영국윤은 자신의 방문 목적이 군사의 파견을 위한 사전 조사라고 했다. 그러면서도 그는 조선이 대군의 식량을 마련하기 어려우니 "우리 중국 사람이 귀국에서 스스로 둔전을 하는 것은 어떻겠는가?"고 개인적인 생각으로 둔전 문제를 꺼냈다. 물론 그것은 일개 사신이 제기할 성격이 아니었다. 선조는 둔전을 양호의 생각으로 간주하고 즉답을 피했다.[48] 당시에는 자세한 내용이 아직 알려지지 않았으나, 둔전은 조선에 명 관원들의 상시 주둔을 전제로 했다. 그것은 조선에 대한 내정 간섭은 물론 명의 직접통치로 이어질 가능성도 없지 않았다. 따라서 둔전은 정치적으로 민감한 문제였고, 조선은 물론 명도 조심스러울 수밖에 없었다. 나중에 알려진 사실이지만 손광은 구체적인 방법을 세우고 조선은 물론 명 조정을 상대로 적극 타진하고 있었다.[49]

영국윤을 접견한 다음 날 선조는 대신들과의 논의에서 장기적 방안으로서 둔전을 허락할 것을 주장했다. 그 근거는 "우리나라와 (중국이) 한 집안"일 뿐만 아니라 전략적으로도 이점이 있었다. 즉, 둔전은 명의 장기적 군사개입을 의미했고, 그 사실이 왜적에게 알려지면 이들도 두려워하게 될 것이다. 처음 선조가 그 문제를 제기했을 때 유성룡은 명군의 주둔 지역과 둔전의 방법은 대충 정해서는 안 된다는 입장만을 표명했다. 그리고 그는 이미 농사철이 시작되었으니 올해는 실시하기 어렵고, 또 왜적에 대한 공격에 집중해야 하므로 둔전 문제는 천천히 논의할 것을 제안했다. 마찬가지로 비변사는 집단적 입장으로서 둔전은 매우 중대한 일이기 때문에 쉽게 결정해서는 안 된다고 주장했다.[50] 그것으로 더 이상 논의는 없었다.

그런데 영국윤이 둔전 문제를 조선에 타진하던 3월 중순 명 조정에서도 유사한 논의가 벌어졌다. 좌시랑 이정이 관련 방안을 제기했던 것이다. 그는 당시 석성이 해직되고 그의 일을 대행하고 있었다.[51] 그의 의견은 조선의 핵심지역인 평양·서울·부산 세 곳에 큰 성을 건설하여 대규모의 둔전을 실시하고, 군사를 파견하여 주둔하며, 명의 관원을 두어 관리하게 하자는 것이었다. 명의 관원과 관련하여 경리(經理)·순무(巡撫)·사도(司道) 등을 두고, 총독의 권한을 강화하는 것도 포함되었다.[52] 이것은 전에 손광이 주장했던 조선에 대한 직접경영 방안과 유사했다.

이정의 제안에 따라 명 조정은 손광에게 연락하여 관련 책임자들과 실행 방안을 논의하도록 했다. 그리고 조선에도 전달하여 구체적인 계획을 속히 세우도록 했다. 그리하여 4월 9일 영국윤은 귀국에 즈음하여—그 사이 전달받은—손광의 자문을 내보이며 다시 둔전 문제를 꺼냈다. 자신이 곧 귀국해야 하니 조선이 둔전에 관한 입장을 공문으로 주면, 본인이 손광에게 전달하겠다는 것이었다. 그는 소문에 왜군도 조선의 남쪽 변경에 둔전을 한다는 것, 조선의 군량이 부족하다는 것, 명군이 나와서 둔전을 한다면 왜군이 두려워한다는 것 등을 근거로 제시했다. 그는 최근 명에서는 조선을 매번 구원할 수 없고 압록강이나 지켜야 한다는 주장이 강하다는 사실을 전하면서 조선의 결정을 압박했다.[53]

이제 조선은 둔전에 대해서 분명한 입장을 밝히지 않으면 안 되었다. 며칠 뒤〔4월 12일〕 비변사는 명 조정에 보내는 주문(奏聞)에서 지금으로서는 대규모 왜군의 공격을 막는 것이 중요하고, 둔전이나 축성 등의 문제는 시급한 문제가 아니라는 취지를 전달하기로 했다. 선조도 거기에 동의했다.[54] 다음 날 유성룡과의 대화에서 해당 문제가 다시 대두되었다. 유성룡은 둔전은 다름 아니라 명의 순무 등 관원이 조선에 주둔하려는 의도로 해석했다. 그는 중국의 관원이 조선에 나와서 모든 일을 자기 마음대로 한다면 조선은 더 이상 손댈 곳이 없다는 것, 즉 주권을 상실하게 될 수도 있음을 제기했다. 그에 의하면 그것은 고려 때 원나라가 창원에 정동행성을 설치한 예와 같이 폐단이 적지 않을 것이다.[55]

그에 반해 선조는 둔전에 대해서 우호적이었다. 그는 명이 둔전을 통해 조선을 탈취할 리가 없다고 판단했다. 그는 황제의 지시에서 "군사적 업무(만)을 경영하라."거나 "조선이 만약 불편하게 여긴다면 다시 논의해서 실행하라."는 등의 말이 있음을 강조했다. 또한 방법적인 측면에서도 선조는 선택의 여지가 있다는 점을 지적했다. 즉, 조선 8도 전체에 둔전을 실시한다면 조선이 견디기 어렵겠으나, 평안도의 안주나 정주 등을 선택하여 적과 대치하는 동안 둔전을 실시하는 것은 해롭지 않다. 조선의 방어 능력이 약한 상황에서, 명의 일각에서 주장하는 것처럼 명이 조선을 포기하고 압록강 이북만을 지키겠다고 하면 대안이 없다. 둔전에 따른 폐단이 있다고 하더라도 왜군의 침략을 받는 것보다는 낫다. 그 외에도 선조에 의하면, 명이 조선을 자국의 포기할 수 없는 울타리로 간주하는 상황에서 조선이 둔전을 거절하면, 명은 조선과 왜군의 담합을 의심할 것이다. 그럼에도 조정은 속히 사신을 보내서 반대하는 입장을 표명하기로 했다.[56]

그렇다면 명이 구상하는 둔전의 구체적인 방안은 무엇이었을까? 『선조실록』은 4월 13일 기사에서 영국윤이 조정에 제출한 손광의 자문 다섯 개를 초록하였는데, 그 가운데 2개가 둔전과 관련되었다. 앞서 3월 중순 병부, 즉 병부좌시랑 이정이 황제에게 올린 제본 등이 조선에 전달되었음이 분명하다.[57] 병부의 제본은 둔전의 취지를 다음과 같이 쓰고 있다.

> 조선은 태평세월이 오래되어 안일하게도 외환과 내치를 개의치 않는다. 무사하면 붓글씨나 즐기고, 일이 생기면 속수무책이다. 그러므로 왜적이 익히 알고 갑자기 들어와 함락시켰다. 패배를 당한 뒤에도 깊이 뉘우치지 않는다. 왜적이 물러가면 편히 쉬고, 왜적이 오면 (도와달라고) 읍소한다. 지금의 조선은 당과 수 (때) 조선이 아니고, 우리나라〔명〕 초기의 조선도 아니다. 자꾸 우리더러 군사를 노숙시켜 오랫동안 지키게 하여 그칠 날이 없으니, 아마도 나중에는 중국도 곤궁하게 되어 피폐해질 것이다. (이는) 두 나라 모두 곤궁하게 되는 길이다. 만전을

> 기하는 큰 계획을 세우려면 중국의 통치법을 본떠서 조선을 다스리는 것이 제일이다.[58]

병부는 무엇보다도 조선이 분발하지 않는 상황에서 중국이 계속 지원하다가는 자신도 곤궁하게 된다는 현실인식에서 출발했다. 그러지 않으려면 한편으로 명군이 안정된 주둔지를 가져야 하며, 다른 한편으로 식량을 자체 공급함으로써 명이 피해를 받지 않게 해야 한다. 이를 위해 조선에 완비된 방비체제를 구축해야 한다.

방비체제에는 요새지인 평양·서울·부산 세 곳의 축성, 부산에서 압록강까지 돈대와 보(堡) 그리고 봉화의 설치, 둔전, 식량 저장, 군사훈련 등이 포함되었다. 그 외에도 농사와 베짜기, 상공업의 육성 그리고 동전의 주조 등을 통해 화약과 무기를 위한 자금의 마련도 기대되었다. 해당 사업을 관리하기 위해서 순무와 사도 등 책임자들을 두어 모든 일을 전담하게 한다. 그 아래 수십 명의 장수들을 두되 조선인과 중국인을 섞어서 구성하고, 군대는 중국의 법으로 조직하고 중국의 전술로 가르친다. 해당 사업과 관련하여 병부는 조심스럽게나마 명이 그것을 주관해야 한다는 입장을 제시했다.

> 개인적 생각으로는 조선이 잔파되어 이러한 일들을 감당하지 못할 것 같다. (명이) 대리로 경영한다면 아마도 의심이 생길 수도 있으나, (그렇지 않으면) 왜군을 끝내 섬멸하기 어렵고, 대군도 더 이상 의지할 수 없다. 시세를 살피건대 (위의 일들은) 결코 그만둘 수 없다.

병부는 해당 사업을 감독하기 위해서 개성과 평양 두 곳에 개부입진(開府立鎭), 즉 정부 감독기구와 군사 주둔지의 설치를 제안했다. 결국 병부의 방안은 요동과 조선의 남부를 연결함으로써 조선을 사실상 명의 국방체제에 포함시키는 것이었다. 손광은 자문에서 조선이 그에 대한 입장을 명 조정에 보고하도록 요구했다.

물론 황제도 조선의 우려를 충분히 알고 있었다. 이에 그는 "조선에 명의 관리를 두어 경영하는 것은 속국 조선을 보전하기 위한 것이고, 현재 공격과 방어의 측면에서 이것이 좋은 계책이며, 조선이 자립할 수 있기를 기다려서 명군은 당연히 철수할 것이며, 명은 (조선으로부터) 백성이나 영토를 조금도 취하지 않는다."는 자신의 의도를 알리게 했다.[59] 그럼에도 비변사는 해당 사안을 매우 심각하게 받아들였다. 비변사의 표현에 의하면 "만약 이 정책을 시행한다면, (조선의) 물력이 피폐하여 지탱할 수 없을 뿐만 아니라, 만에 하나 뒷날 국가에 이루 말할 수 없는 후회가 있게 될 것"이다. 그럼에도 일단 손광에게는 사신을 명에 파견하여 주문하겠다는 답변을 영국윤을 통해 전달하기로 했다.

다행히 둔전에 관한 손광의 자문이 조선에 전달된 직후 새로운 소식이 도착했다. 그것은 고급사로 북경에 있던 권협이 선래통사를 통해서 전해온 내용으로서, 손광의 해임이었다. 권협은 또한 병부좌시랑 형개가 사천 묘족의 반란을 정벌하고 돌아와 병부의 일을 주관하며, 손광의 후임으로 가장 물망에 오르고 있다는 사실을 전했다.[60] 경리 양호도 3월 중순 도중에 계모의 상을 당해서 돌아갔다.[61]

어쨌든 얼마 전 논의에서 둔전과 관련해 속히 사신을 보내기로 했던 조정은 지중추부사 심희수(沈喜壽)를 진주사로 파견하여 입장을 전달하기로 했다. 장문의 진주문에서 조선은 전쟁으로 인한 국토의 파괴로 인해 순무아문 이외에 사도 등 관부를 8도에 두는 것에 우려를 표명했다. 즉, 물력의 부족과 백성들의 부역 증가로 감당하기 어렵다는 것이다. 그와 함께 당면 과제는 전라도와 경상도의 방어라는 점이 강조되었다. 진주문에 의하면, 그곳은 조선의 근본이 되는 지역이고 왜적도 얻으려는 곳이다. 특히 전라도를 왜적이 얻게 되면 서해로 진출할 수 있다. 마찬가지로 왜적이 현재 웅거하고 있는 경상도의 방어도 매우 중요하다. 둔전과 관련해서는 과거의 경험으로 다른 곳은 기반이 약해서 어렵고, 단지 경상도와 전라도 그리고 평안도와 황해도 일부 제한된 지역이 그런대로 가능할 뿐이다. 결국 조선은 현재로서는 남부지방에서 왜적을 막는 일이 급선무임을 주장했다.[62]

특히 경리 양호는 조선에 감독기구를 설치하는 데 적극적이었다. 앞서 둔전과 같이 명군의 과도한 개입은 조선에게는 우려스런 일이었다. 조선의 유보적인 입장은 양호에게도 전달되었다. 그 이유는 "(아문의) 설치를 너무 크게 하면 물력이 부족하고 여러 가지 조치로 백성들의 부역이 가중된다."는 것이었다. 사실 조선으로서는 양호가 직접 조선에 오는 것조차 걱정이었다. 그에 대해 양호는 "명령을 내릴 때마다 조선이 의심을 품어 다된 일을 망친다."고 불만을 토로했다.[63]

5월 말 조선은 양호에게 자문을 보내서 공식적인 입장을 전달했다. 여기에서는 주로 경리부(經理府)의 설치 방식에 대해서 깊은 우려를 표명했다. 조선은 경리부 설치 자체는 수용하되 포괄적인 기능을 담당하지 않도록 요청했다. 즉, 관리의 배치, 진(鎭)의 설치, 둔전, 군사훈련, 축성 등은 안 된다는 것이다. 근거로는 앞서 진주문과 유사하게 "지금 소방의 형세를 고려하고 소방의 역량을 참고한다면 감당하기 어렵다."는 점이 제시되었다. 조선이 전쟁으로 파괴되어 경리부의 설치에 따른 식량이나 부역의 제공이 어렵다는 것이다.[64] 근본적으로는 명군이 조선의 내정을 간섭할 가능성에 대한 우려가 적지 않았다. 한 회의에서 선조는 경리부가 평양 정도면 괜찮겠으나 서울이면 곤란하다는 의견을 보이기도 했다.[65]

조정은 조선의 일에 사사건건 간여하려는 양호의 태도에 대해서 불만이 적지 않았다. 자세한 것은 알 수 없으나 그는 임해군을 세자로 삼았으면 한다거나, 조선이 명 조정에 보내는 공문은 모두 경리를 거쳐야 한다거나, 조선에 오는 사신들은 국왕과 항례(抗禮), 즉 동등한 의례를 해야 한다는 등의 말로 조선을 불편하게 만들었다. 그는 또한 조선의 군신들이 "떼를 지어 술을 마신다." "(조선이) 침몰했다." "밥 먹듯 은혜를 배신한다." 등의 말을 서슴지 않았다. 그 외에도 그가 진주문에 대해서 불만을 표시한 상태에서 그것을 그대로 보낼지 수정할지 여부에 대해서 조선에서는 고민하지 않을 수 없었다. 심희수가 지참할 진주문이 저지당할지도 몰랐으나, 유성룡과 윤두수 등 다수 대신들의 의견에 따라 그대로 보내기로 했다. 또한 조정은 모든 공문을 경리를 통해야 한다는 관례도 따르지 않고, 적어도 급한 일은 직접 명 조정에 전달하기로 했다.[66]

2. 왜군의 공세와 연합군의 반격

명군의 준비

조선은 1596년 9월 초 책봉 의식 이후 2개월이 지난 11월 초에 히데요시의 재침 가능성을 보고받았다. 조선은 즉시 공문으로 요동의 손광 총독에게 통보했고, 이어 진주사를 북경에 파견했다. 그렇지만 명이 자국의 책봉사절로부터 직접 책봉 실패 사실을 확인한 것은 2개월 반이 지난 이듬해 1월 하순이었다. 이에 명 조정은 조선원정을 위한 새로운 책임자들을 차례로 임명했다. 2월 중순 마귀(麻貴)를 군사 지휘를 담당하는 총병관으로 삼고,[67] 3월 중순 산동포정사 우참정으로서 요양에 주둔하던 양호(楊鎬)를 경리(經理)로 임명했다.[68] 3월 말에는 병부좌시랑 형개(邢玠)를 병부상서 겸 계요(薊遼)총독으로 승진시켜 왜적의 방어를 경략하게 했다.[69] 그 외에 산동안찰사 소응궁(蕭應宮)을 감찰,[70] 호부 낭중 동한유(董漢儒)를 식량감독관으로 파견했다.

새로운 책임자들 가운데 가장 직급이 높은 인물은 형개였다. 그는 1594년 10월 사천성 파주〔播州, 귀주성 준의(遵義)〕의 소수민족 지도자 양응용(楊應龍)의 반란을 토벌하는 공을 세운 적이 있었고, 얼마 전 북경으로 돌아왔다. 임진왜란 당시 경략 송응창은 시랑이었으나, 이제 형개는 병부상서를 겸직함으로써 조정에서 더 높은 지위에 있었다. 그는 3월 중순부터 조선의 상황을 점검하고 향후 명군의 파병 계획을 세웠다.

형개는 임명 당일 조선의 상황을 매우 자세하게 서술하고, '불속의 사람을 구하는 것처럼' 조속한 군사적 지원을 촉구하는 장문의 글을 황제에게 올렸다. 그의 보고서는 특히 권협 등을 통한 조사에 기반했다. 앞서 본 것처럼 권협 일행이 북경에 있을 때, 그는 그들을 직접 불러 조선의 지형과 식량 등의 상황에 대해서 치밀하게 조사했다. 보고서에는 당시 조선 문제에 대한 명 정부의 기본적인 방향이 제시되었다고 생각된다. 그의 방안은 송응창과 유사하게 무엇보다도 중국의 안보를 위한 조선의 지정학적 중요성에 기반을 두었다. 그것은 병부의 자문 형식으로 조선에도 통보되었다.[71]

형개 초상

그의 계획은 우선 임진년 왜군의 진출 경로에 대응하여 미리 대비하는 방식이었다. 동로는 경주-안동-죽령에서 차례로 방어선을 구축한다. 중로는 팔거-성주·상주-조령을, 마지막으로 서로는 고령-김산(김천)-

추풍령을 차례로 지켜야 한다. 각로의 최전방 방어선인 경주·팔거·고령 등이 일종의 대문이 되고, 최후 방어선인 죽령·조령·추풍령 등이 후문이 되는 것이다. 각로의 대문을 지킨다면 경상도의 절반을 보존하는 셈이다. 그렇지만 후문을 지킨다면 서울과 그 북쪽을 지킬 수 있으나, 전라도는 고립될 염려가 없지 않다. 물론 후문까지도 지키지 못하면 결국 서울에서 방어해야 하고, 그것도 안 되면 평양, 더 나아가면 조선은 함락된다. 그 경우 명의 입장에서는 압록강을 지켜야 하고 요동이 위태롭게 된다. 앞서 히데요시는 전라도의 공략을 강조했다. 형개 또한 전라도에 대한 방어책을 제시했다. 이 지역은 임진년에는 주로 의병과 수군의 활약으로 보존되었으나, 왜적은 다시 공격해올 것이다. 형개는 남원과 전주를 순차적인 방어선으로 설정했다.

그는 앞서 손광과 마찬가지로 명군의 조기 파견을 주장했다. 그에 따르면 시간이 매우 중요하다. 대문에서 압록강으로 방어선이 옮겨질수록, 조선의 양식과 백성은 왜적의 소유가 되고, 그것은 왜적의 추가적인 무력이 된다. 그 결과 방어와 회복을 위한 비용은 더욱 많아지게 된다. 조선의 역량을 이용하기 위해서는 가급적 방어선을 대문에 두어야 한다. 즉, 왜군이 들어오기 전에 먼저 지켜야 하는 것이다. 그의 표현대로 명군이 일찍 출정하면 식량은 더 많이 필요할 수 있지만 조선을 더 많이 보존함으로써 오히려 식량을 줄일 수 있다. 그는 손광이 계획한 것보다 더 많은 군대를 더 신속하게 파견할 것을 요청했다.[72] 식량과 관련해서도 형개는 명의 책임을 강조했다. 앞서 좌시랑 이정이나 손광은 조선이 본색을 내야 한다는 입장이었으나, 그는 "한편으로 본국(조선)에게는 미리 준비하도록 엄하게 독촉하되, 다른 한편으로 (명군이) 스스로 몰래 처리할 것"을 황제에게 제안했다.

한편 수군의 파견과 관련하여 형개는 3월 말의 보고에서는 아직 유보적이었다. 물론 그는 해로에서 방어의 중요성을 인식했다. 그는 한산도를 언급하며 왜군이 그곳을 경유하여 중국의 산동과 천진을 넘볼 수 있다고 지적했다. 왜군이 중국을 침범하지 못했던 것은 조선 수군에 의해 해로가 막혔기 때문이었다. 그러므로 유사시에는 해당 섬에 명의 수군을 파견하여 산동과 천진을 구원해야 한다. 다만 왜군이 먼바다를 경유할 경우에는 해로를 알 수 없다. 육로에서와는 달리 상황에 따라 대응하지 않을 수 없다는 것이다. 그러한 이유에서 그는 수군의 구체적인 징발계획은 제시하지 않았다.

한편 형개가 본격적으로 파병을 준비하는 시점인 5월 형부시랑 여곤(呂坤)이 「위기를 걱정하는 상소(憂危疏)」를 올렸는데, 거기서 그는 조선에 대한 대군의 파견을 다음과 같은 근거에서 옹호했다. 즉, 조선이 명 또는 왜적 중 어느 나라와 합쳐지는지 여부에 따라 명일간 세력관계에 변화가 생긴다는 것이다.

> 왜적은 큰 바다 가운데 위치해 있으니, 어찌 식량을 배로 운반하고 중원에 저돌적으로 침범할 수 있겠으며, 어찌 절강과 복건으로 상국〔명〕을 잠식할 수 있겠습니까? 다만 조선이 동쪽 변경에 붙어 있고, 우리나라의 오른쪽 어깨 겨드랑이에 가깝습니다. 평양은 서쪽으로 압록강과 이웃하고, 진주(晉州)는 (산동성) 등주(登州) 및 내주(萊州)와 직접 마주합니다. 만약 왜적이 (조선을) 점거하고, 조선 백성을 빌려 군대를 만들고, 조선의 땅을 가지고 먹고 살고, 사람들을 모아 훈련시켜 명을 엿보며, (명에) 들어와서는 조운(漕運)을 절단 내고 국가의 창고를 점거하고 우리의 밥줄을 끊으며, 물러가서는 전라도와 경상도에 주둔하면서 서울을 지키고 우리의 요동을 엿본다면, 일 년이 못 되어 북경은 곤경에 처하게 될 것입니다. 이것은 나라의 큰 걱정입니다.[73]

그에 의하면 명과 조선이 합해져도 승리를 장담하기 어려운데, 왜적이 조선과 합해지면 상황은 더욱 어렵게 된다. 여곤의 주장은 앞서 형개의 입장과 상통했다.

형개는 4월 22일 계요총독의 치소인 밀운에 도착하여 업무를 인계받고, 군대의 징집과 군량의 조달에 착수했다. 그는 3만 명을 동원했고, 지리적으로 가까운 요동의 기병을 먼저 출동시켰다. 5월 중순 형개의 요청에 따라 명 조정은 사천과 호남의 소수민족 등지 군사 6천 명을 징발하여 유정(劉綎)을 제독으로 승진시켜 파견하기로 했다. 무엇보다도 논밭이 많은 조선에서 기병보다는 보병이 유용하며, 특히 전에 남병이라 불리던 사천과 호남의 원주민 군사는 이미 조선에서 전투능력이 입증되었다.[74] 6월 중순 그의 요청에 따라 남병 3천여 명을 추가로 징발한 것 외에 수군의 파견도 결정되었다. 그 수와 관련해서는 이미 징집된 절강의 수병 3천 명 이외에 강소와 복건 등에서 2천 명을 추가로 동원하기로 했다.[75]

그럼에도 명군의 진입은 지체되었다. 앞서 3월 말 황제에게 제출된 형개의 방안은 가급적 빨리 조선에 파병함으로써 왜적의 진입에 대비해야 한다는 것이었다. 부총병 양원은 전라도 남원, 부총병 오유충은 대구나 경주에 주둔할 계획이었다. 그럼에도 징집했던 군사들의 도착이 늦어지고, 경상도의 절반이 왜군에 의해 점령당했다. 그리하여 7월 말 형개는 재차 작전계획을 황제에게 제출했다. 여기서는 오유충은 충주, 양원은 남원, 유격 진우충(陳愚衷)은 전주에 배정되었다. 수군은 부산 진격을 목표로 했던 계획과는 달리 당분간 기다리도록 했다. 대장군 마귀의 군사는 서울에 주둔했다.[76] 충주는 앞서 그의 계획에서 설정된 후문보다 후방에 위치한다는 점에서 명군은 조심스런 접근을 선택한 셈이었다. 당시 대문에 해당되는 경주와 의령 등지에는 소규모 조선의 군사들만 주둔하고 있었다.[77]

왜군의 진출

그렇다면 왜군의 상황은 어떠했을까? 앞서 언급한 것처럼 1596년 9월 초 책봉 직후 히데요시는 조선에 대한 재침을 선언했고, 철수한 장수들에게 재출정을 명령했다. 기요마사와 유키나가의 군대는 이미 이듬해 1월에 조선에 들어와 서생포 등지에 주둔했다. 철수하지 않고 남아 있던 요시히로 등에게도 성곽의 수리와 식량의 확보가 지시되었다.[78] 그렇지만 대부분 자신의 영지로 돌아간 다이묘들이 다시 출정을 준비하여 조선에 도착하기까지는 수개월이 걸렸다. 히데요시는 마침내 2월 21일 명령서에서 조선의 재침을 위한 군대를 배정했다. 그는 기요마사(1만 명)의 제1군과 유키나가(7천 명)를 중심으로 하는 제2군을 선봉으로 삼았다. 다만 추첨으

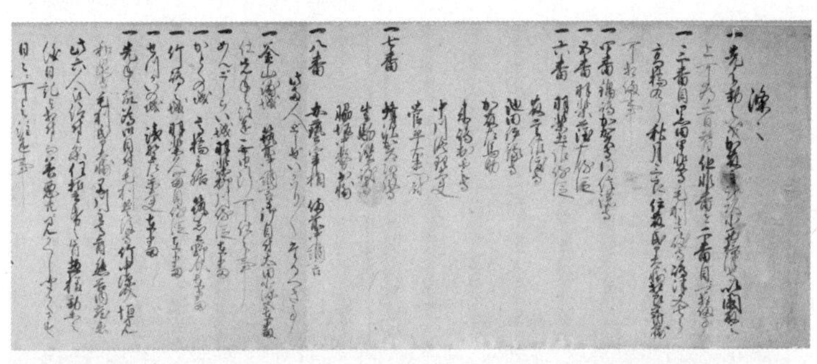

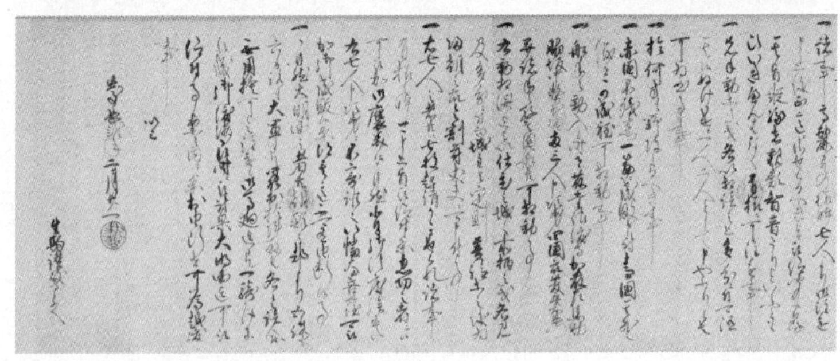

정유재란 때 히데요시의 개전명령서(일본 나고야성박물관 소장)

로 2일마다 선봉을 교대하게 했다. 제3군에서 제7군까지는 각기 1만여 명, 제8군〔본대〕은 4만 명이었다. 전체 14만 1천 5백 명이었다. 각 군에는 감찰관이 한 명씩 배정되었다.[79]

군대의 동원 인원과 함께 전반적인 전략이 제시되었다. 공격의 주요 목표는 예상대로 전라도였다. 즉 "전라도는 빠짐없이 공략하고, 충청도와 경기도는 가능한 범위에서 공략하라."는 것이었다. 공략 이후에는 다시 돌아와 기존의 성을 수리하여 주둔하도록 했다. 그 외에도 명군이 조선에 나와 서울에서 5, 6일 거리에 진을 칠 경우, 진격을 멈추고 곧바로 보고하면 히데요시 자신이 즉시 토벌하여 명까지 진격하겠다고 했다. 전체적으로 히데요시는 일단 전라도를 확실하게 공략하되, 충청도와 경기도 등 이북은 상대의 반응에 따라서 진격 여부를 결정하게 했다. 다만 연해 지역의 축성과 주둔은 일종의 장기적 점령 전략이었다.

정유재란 왜군 진출과 주요 격전지

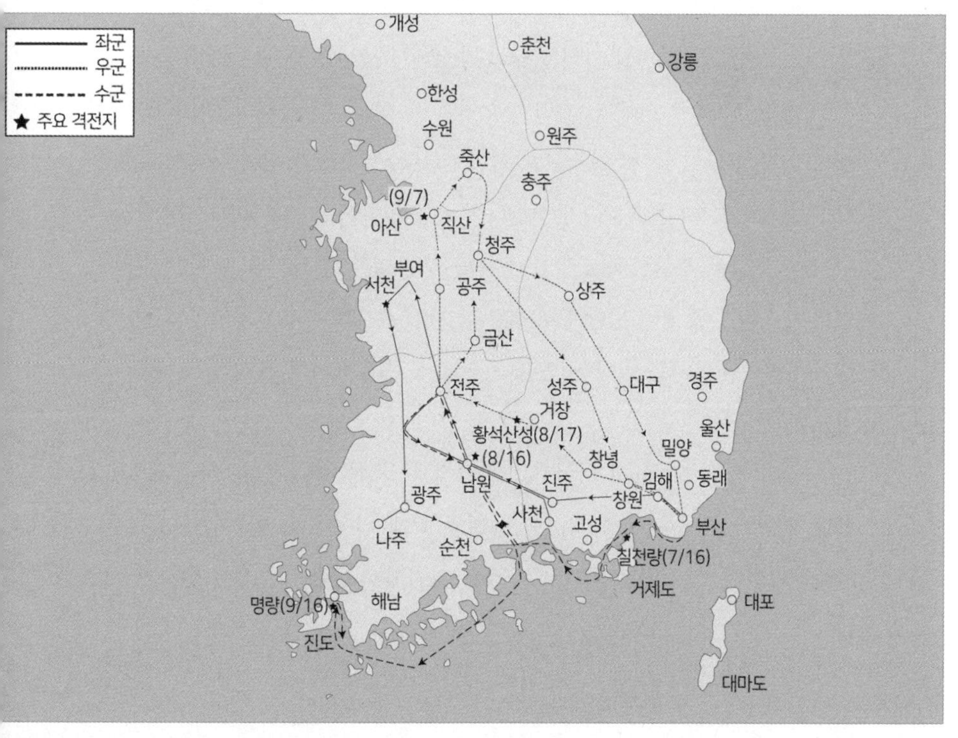

왜장들은 히데요시의 명령을 받은 뒤, 그해 봄 자신의 영지나 오사카 등지에서 차례로 출발했다. 이들은 대부분 6월 하순과 7월 아무런 저항 없이 조선에 도착했다. 총군(總軍), 즉 본대는 5월 22일 오사카를 출발하여 7월 7일 부산에 도착했다.[80] 조선이 명에 보내는 7월 24일자 진주문에 따르면, 왜군은 이미 7월 초순까지 연일 수십, 수백 척의 배를 타고 부산포·가덕도·죽도·웅천 등지로 들어왔다.[81]

조선 수군의 궤멸

일부 명군이 진입하자 조선의 일각에서는 왜군에 대한 좀 더 적극적인 공세를 요구했다. 특히 부산 왜군에 대한 공격은 그 전부터 오랫동안 제기되었다. 그럼에도 이순신의 파직 등 사태에서 드러난 것처럼, 그것을 실천에 옮기기보다는 서로 미루고 있었다. 즉 수군은 육군이, 육군은 수군이 주로 나서야 한다는 입장이었다.

부산 왜군에 대한 선제공격을 주장한 사람은 통제사 원균이었다. 3월 말 장계에서 그는 4, 5월 사이 육로와 수로에서 남해안 왜군에 대한 공격을 주장했다. 그에 의하면, 가덕도와 안골포, 죽도, 부산의 왜군이 수만 명에 지나지 않고, 특히 안골포와 가덕도의 적은 3, 4천 명에 불과하다. 그의 표현으로 "만약 육군이 몰아낸다면 수군이 대를 쪼개듯 쉽게 섬멸할 수 있다." 그의 추산으로 조선의 군사는 정병 30여만 명[82]을 동원할 수 있으며, 늦봄으로 땅이 단단하여 말을 잘 달릴 수 있다. 그의 방안은 외견상 육군과 수군의 동시출병이었으나, 사실상 육로에서의 선제적 조치를 강조했다.[83]

원균의 장계에 대해서 비변사는 국왕에게 의견을 제시했다. 비변사는 해당 지역의 지세와 정병 징집의 어려움 등에 기초하여 원균의 주장에 유보적이었다. 그럼에도 비변사는 적을 조기에 섬멸할 필요성이 있으므로 도체찰사(이원익)와 도원수(권율)로 하여금 상황을 보아 결정하게 하자는 의견을 제시했다. 원균의 방안에 대해서는 선조도 회의적이었다.[84] 그렇지만 원균의 주장은 일부의 지지를 받았다. 전적 박경우(朴慶祐)는 부산의 "왜적이 소수로서 약하고," 또한 "이반하는 왜졸이 많아서 증원이 어렵다."는 정보에 기초하여, 왜의 요새에 대한 공격을 제안했다. 그렇지만 선조와 비변사는 그러한 정보는 믿을 수 없다면서 함부로 공격해서는 안 된다는 입장을 정했고, 도원수 등에게도 통보했다.[85]

비변사의 부정적인 의견에 대해서 5월 초순 도원수 권율도 처음에는 장계를 올려 부산 왜군에 대한 선제공격은 어렵다는 입장을 표명해왔다.[86] 그렇지만 며칠 뒤 그는 조선 수군에 의한 공격을 강조하는 장계를 올렸다. 그는 그간 경험으로 육상에서와 달리 조선 수군이 우위에 있다고 판단했다. 그에 의하면 조선의 수군은 이미 한산도에 1백34척이 있고, 곧 완성될 배도 48척으로 전체 1백80여 척의 큰 판옥선을 갖게 되었다. 그러면서 그는 최근 군량을 실은 왜선이 부산까지 왕래하는데 거리낌이 없는 데 반해, 조선의 수군이 움직이려 하지 않는다고 비판했다.[87]

이에 비변사는 권율의 장계에 대한 지지를 표명했다. 그와 함께 원균을 시켜 거제도 등지에 진주하여 부산과 대마도의 중로를 막도록 해야 한다는 의견을 제시했다. 대대적으로 싸우지는 않더라도 부산 앞바다에서 시위함으로써 왜선이 마음대로 횡행하는 것은 막아야 한다는 것이다. 그렇지만 원균은 육상에서 대규모 군사를 동원한 선제공격을 전제로 했던 만큼, 수군 단독의 공격에는 주저했다. 그는 조정의 지시로 6월 19일 안골포와 가덕도까지 진출했으나 피해만 입고 돌아왔다. 또한 점차 많은 왜군이 차례로 일본에서 진입했다. 결국 권율은 머뭇거리는 원균을 7월 11일 곤양으로 불러 곤장을 쳐서 공격을 재촉했다. 원균은 모든 수군을 이끌고 부산을 향했고, 결국 16일 거제도 서북부의 칠천량해전에서 조선 수군은 궤멸되고 말았다. 전투에서 원균과 전라우수사 이억기, 충청수사

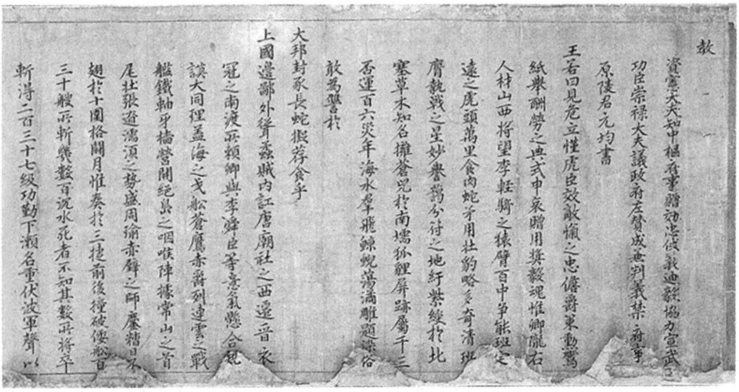
敎
資憲大夫知中樞府事贈効忠仗義迪毅協力宣武一
功臣崇祿大夫議政府左贊成兼判義禁府事
原陵君元均書
王若曰見危立慬虎臣效敵愾之忠儲爵策勳鸞
紙擧酬勞之典式申哀贈用奬毅魂惟卿隴右
人材山西將望李輕騎之猿臂百中爭能班定
遠之虎頭萬里食肉蛇矛用壯豹略多奇淸班
膺執戟之星妙譽藹分符之地紆紫綬於北
塞草木知名擁蒼兕於南壖孫鯉屛跡屬千三
否運百六災年海水群飛鯨鯢蕩潏雕題鑿俗
敢爲譬於
大邦封豕長蛇恨荐食乎
上國邊鄙外脅蠢賊內訌唐廟社之西遷晉衣
冠之南渡所賴卿與李舜臣等意氣懸合
謨大同理蓋海之戈舩蒼鷹赤爵列連雲之戰
艦鐵軸牙檣營開絶島之咽喉陣據常山之首
尾壯張遼濡須之勢盛周瑜赤壁之師屢糟日本
翅於十圍格鬪月惟奏於三捷前後撞破倭船百
三十艘所斬幾數百沉水死者不知其數所將卒
斬得二百三十七級功勳下瀨名重伏波軍聲以

원균 선무공신교서_왜적과 전쟁에서 전사한 원균을 공신으로 추증하는 내용이 담겨 있다

최호(崔湖) 등이 사망했다. 조선 수군은 이틀 전 부산 앞바다까지 진출했으나 강한 바람으로 인해 칠천량으로 후퇴하여 정박해 있던 중 왜 수군의 급습을 당했던 것이다.[88] 왜의 수군도 멀리 서진하지 않고 섬진강 하류의 두치진(豆恥津)에 상륙했다.

왜군의 북상

칠천량해전으로 진격로를 확보한 왜군은 7월 말 부산에서 회의를 열어 세 개의 길로 북상을 결정했다. 좌군은 우키타 히데이에(宇喜多秀家)가 주장으로 이끌고, 유키나가·요시히로 등이 참여하는 약 5만 명이었다. 이들은 경상우도를 거슬러 올라가 운봉을 약탈하고 남원으로 진격하기로 했다. 우군은 모리 히데모토(毛利秀元)가 주장으로, 기요마사·나오시게·구로다 나가마사 등으로 구성된 5만 명이었다. 이들은 경주를 출발하여 밀양과 대구 등지를 거쳐, 서울에서 명군이 내려오면 이들과 일전하고 남원으로 향하기로 했다. 수군도 섬진강을 거슬러 올라가 구례를 거쳐

남원으로 진격하도록 했다. 일부는 부산과 서생포에 머물렀다.[89]

한편 남원에는 부총병 양원이 기병 3천 명, 전라병사 이복남(李福男)이 2천 명의 군사로 함께 대비했다. 8월 13일부터 왜의 좌군 전체가 남원성을 포위하여 공격을 개시, 16일 함락시켰다. 연합군의 패배는 무엇보다도 수적 열세에 있었고 그것은 명군의 도착이 지체된 결과였다. 중군 이신방(李新芳), 천총 장표(蔣表) 등 여러 명나라 장수들과 양원의 접반사 정기원, 이복남, 방어사 오응정(吳應井), 남원부사 임현(任鉉) 등 조선 장수들이 전사했다. 조정이 후에 형개 등에게 알린 바에 따르면, 명군은 양원 등 1백 명만 포위망을 벗어났고, 조선의 군사도 7백여 명이 사망했다.[90] 이때 3천 7백 명의 귀와 코가 베어져 오사카에 보내졌다.[91] 종군 승려 게이넨(慶念)은 성안에는 남녀노소 모두 죽여 생포하지 않았고, 성 주변에는 길바닥에 시체가 모래알처럼 널려 있어 차마 눈뜨고 볼 수 없었다고 기록했다.[92]

좌군이 남원성을 공략할 때 기요마사를 선봉으로 하는 우군은 함양을 향했다. 특히 함양의 황석산성(黃石山城)은 경상남도 거창에서 전주로 통하는 교통의 요지였다. 당시 도체찰사로 내려왔던 이원익은 주변의 조선 군대와 백성들은 집합시켜 공격에 대비하게 했다. 안음현감 곽준(郭䞭)을 비롯하여 김해부사 백사림(白士霖) 그리고 전 함양군수 조종도(趙宗道) 등이 참여했다. 결국 8월 16일 황석산성에 도달한 왜군은 다음 날 성을 함락시켰다. 곽준과 조종도 등 5백여 명이 살해되었다.[93]

한편 남원을 함락시킨 유키나가의 선봉부대는 북상하여 전주를 향했다. 기병 2천 명으로 전주를 지키던 유격 진우충은 남원을 지원하지도 않았을 뿐만 아니라 왜군이 온다는 소문에 도주하고 말았다. 황석산성을 함락시킨 기요마사의 군대는 운봉-장수-진안 등지를 지나가며 살생과 노략질을 일삼았다. 유키나가와 기요마사의 군대는 20일 전후로 차례로 전주에 들어왔다. 게이넨에 의하면 8월 하순까지도 그들의 진격 목표는 서울이었다.[94] 왜적은 전라도에 진입할 때부터 야만적인 코 베기를 계속했다.

그들은 전주에서 군사회의를 통해 몇 방향으로 진격을 결정했다. 즉, 우군은 기요마사와 나오시게 등 6개 부대 3만 4천 명이 충청도의 대전과 금산 등지로, 중군은 구로다 나가마사와 모리 히데모토의 2개 부대 3만 5천 명이 논산과 공주 등으로, 좌군은 유키나가와 요시히로 등 4만 4천 4백 명이 익산과 부여 등으로 진격하고, 수군은 함평과 진도 등지로 나아가게 했다.[95] 대체로 왜군은 히데요시의 2월 지시에 따라 전라도와 충청도 공략에 집중했다. 좌군은 남하하여 경상도와 전라도 남해연안에 주둔하기로 했다. 좌군 가운데 요시히로 등의 군대는 전라우로를 따라 남하하여 여러 지방에 분산하여 주둔하기로 했다.[96] 우군은 충청도를 약탈하고 "배가 정박 중인 곳" 즉, 경상도 남해안으로 철수할 예정이었다.[97]

왜군이 북상하자 조정은 임진왜란 초기와 유사한 상황에 처했다. 이에 북으로 피난하는 문제, 그리고 전에 기요마사가 요구했던 바, 황혁을 통해 그와 강화하는 문제 등이 논의되었다.[98] 9월 초에는 왜군이 서울로 압박해오자 경리 양호가 서울을 버리고 떠난다는 소문까지 돌았다.[99] 이러한 상황에서 조선은 북경에도 진주문을 보내서 남원과 전주의 함락 이후 왜적이 서울로 압박하고 있는 상황을 자세히 보고하고, 군대와 식량의 지원을 요청하기로 했다.[100]

그렇지만 경기도로 북상하던 왜 중군은 직산전투에서 타격을 받고 후퇴했다. 직산전투에서 사로잡힌 한 왜군 포로의 자백에 의하면, 당초 전주회의에서 유키나가와 기요마사는 세 길로 나누어 직접 서울로 진격하고자 했다. 그런데 군사회의 시점에서 히데요시가 사람을 보내서 서울을 침범하지 말고 9월 말까지 노략질만 하고 10월 안에 서생포와 부산 등으로 돌아오라고 지시했다.[101] 이것은 직산전투 승패와 무관하게 왜군은 남해연안으로 철수 예정이었음을 의미한다.[102] 그렇지만 적어도 직산에서 왜군은 명군의 방어 의지를 실감하게 되었다. 뿐만 아니라 해상에서 원균 사후 곧바로 복귀한 이순신의 조선 수군이 다시 방어 능력을 회복했다. 결국 왜군은 북상을 중단하고 전라도와 경상도 연해 지역에 장기간 주둔하는 전략으로 전환했다.

파병에 대한 찬반

7월 칠천량해전에서 조선 수군이 궤멸되고, 육지에서는 남원과 전주에서 패배하면서 명의 일각에서는 조선원정의 전면적 재검토에 대한 요구가 제기되었다. 자세한 내용은 알려지고 있지 않으나, 호부시랑 주사경(周思敬)은 조선을 구하지 말고 포기할 것을 주장했다. 반면 이과·병과·형과·예과 급사중들이 왜군에 대한 치죄를 주장했다. 특히 예과급사중 조대함(曹大咸)은 조선이 중국의 동맹국이라면서 가볍게 버려서는 안 된다고 주장했다. 그는 송(宋)이 요(遼)를 구하지 않아 결국 금(金)에게 패했고, 나중에 금을 구하지 않아 원(元)에게 패한 것에 비유했다.[103]

이후 명의 개입과 그 방식을 둘러싼 논의가 대대적으로 이루어졌다. 파병에 대한 주장이 지배적이었으나, 구체적인 방법과 관련해서는 상당한 의견 차이가 확인된다. 특히 9월 초 『신종실록』은 대학사 3명의 의견을 싣고 있다.

먼저 대학사 조지고(趙志皐)였다. 그는 원래 석성과 마찬가지로 강화를 통한 조선 문제의 해결을 강조했다. 그렇지만 이제 그는 전라도와 경상도가 중국의 안전에 가지는 전략적 중요성을 바탕으로 군사주둔〔屯兵〕을 주장했다. 그의 주장은 앞서 송응창의 조선에 대한 인식과 유사했다. 그와 함께 진주사 심희수의 진주문에서 조선이 요청했던 방안과도 부합했다.

왜적이 북으로 중국을 침범하지 못하는 것은 오직 조선의 전라도와 경상도 2개 도에 의지하여 우리의 방위로 삼기 때문일 뿐이다. 전라도와 경상도가 망하면 조선은 반드시 망할 것이며, 조선이 일단 망하면 왜적은 육지로 요동을 침범하지 않고 반드시 한강·임진강·청천강·대정강·대동강·압록강 등 여러 강에서 군사를 나누어 사방으로 나올 것이다. 무릇 (중국의) 동남 연해 지방이 모두 직접 걱정이 있게 될 것이다. 이것은 당장의 큰 우환이다. 그러므로 전라도와 경상도에는 반드시 군대를 주둔시켜 연해 변경의 위소[衛所, 변경지역의 군대주둔지]까지 이르게 하여 천진과 등주(登州) 및 내주(萊州)를 모두 미리 막아야 한다…… 이것은 (중국) 내지를 방어하는 데 불가결한 것이다.[104]

다음은 대학사 장위(張位)의 주장이다. 그는 연해 지역의 문호(門戶), 특히 수도에서 가까운 천진에서 산동성 등주와 내주까지의 방어에 집중할 것을 강조했다.[105] 조선에 대한 개입보다는 자체의 방위를 중시해야 한다는 의미였다.

한편 심일관(沈一貫)은 무엇보다도 육로 중심의 방어가 아니라 수군을 통한 방비책을 주장했다. 그의 판단으로 수군은 중국의 장기일 뿐만 아니라, 천진과 산동 사이 가까운 곳에 배치한다면 군사와 식량의 공급에도 유리하다. 또한 수군의 광범위한 이동성을 활용할 수 있다. 즉 단지 방어에 그치지 않고 적극적으로 왜적을 찾아 싸울 수 있다. 이를 위해 천진과 산동성 연해 지역에 한 명의 순무를 두어 해당 일을 전담하도록 해야 한다. 그러면 연해 지역이 남북으로 서로 연결되어 많은 수군을 동원, 부산과 대마도의 왜적까지도 소탕할 수 있다.[106]

그렇지만 조선에 대한 불간섭 정책을 옹호한 경우도 없지 않았다. 명대 대표적인 서화가로서 조선에서도 알려진 형동(邢侗)이 그 예이다. 그에 의하면, 명은 조선에서 강화와 전쟁 모두 치밀한 계획이 없이 방만하게 추진했고, 강력한 왜적은 그 틈을 이용했다. 그는 파병론의 근거가 취약하다고 주장한다. 그는 흥미롭게도 일반적인 관점, 즉 파병의 지정학적 근거들을 부정했다.

첫째는 "왜적이 조선을 차지하면 우리의 문정〔門庭, 대문 앞의 뜰〕에 도적이 있게 되고, 우리가 조선을 잃으면 우리의 울타리가 되는 나라를 잃게 된다."는 근거이다. 형동은 오히려 "중국의 영토가 옥저〔沃沮, 조선〕에 이르게 되면 왜적과 이웃하지 않겠는가? 갈등이 생기면 어디를 병풍으로 삼을 것인가?"고 반문한다. 반대로 일본이 조선을 차지함으로써 명·일이 직접 마주하는 것도 같은 문제가 생긴다. 따라서 조선을 명과 일 한쪽에 귀속시키지 않고 일종의 완충지대로 남게 해야 한다. 그는 소규모 파병으로 왜군의 조선 정복을 막을 정도에 그쳐야 한다고 생각한 듯하다.

둘째는 "조선은 요동에서 가깝고 요동은 수도에서 가깝다. 그러므로 위급한 조선을 구해주는 것은 당연하다."는 근거이다. 여기에 대해서 형동은 지금 중국이 공고한 방어력을 갖추고 있기 때문에 북방의 오랑캐들도 타협적이라고 주장한다. 또한 일본은 수천 리 떨어져 있는 오랑캐에 불과하다. 그에 의하면 일본이 명을 침범할 가능성은 없다. 과잉개입에 따른 국력의 낭비보다는 내실을 기할 필요가 있다는 것이다.

셋째는 "해외에서 조선을 부려서 전쟁의 피해가 국내에 이르지 못하게 하는 것이 (좋은) 예비책이다. (조선이) 조상의 원수를 소탕하여 제후로 봉해지는 상을 얻게 하는 것은 기발한 계책이다."는 근거이다. 조선을 시켜 명을 대신하여 왜군과 싸우게 하는 것이다. 그렇지만 형동은 조선이 그러한 의지와 능력이 있는지 의문을 제기한다. 조선은 겁이 많아서 명의 동맹국으로 계속 남아 있으리라는 보장이 없다. 조선이 도움을 준 중국에 대한 충성심을 유지할지도 의문이다. 또한 명이 아무리 조선을 돕는다고 해도 조선이 왜적을 막을 수 있을지는 확실하지 않다. 결국 조선의 힘을 빌려 중국을 지키는 것이 아니라 반대로 중국의 힘으로 조선을 보호해주는 격이다.

이러한 맥락에서 그는 조선에 대한 개입은 다섯 가지 위험성이 있고, 중국에는 네 가지 걱정거리가 있다고 말한다. 다섯 가지 위험성은, 첫째 장기전에 따른 병참의 문제, 둘째 공격의 중시와 방어의 경시에 따른 문제, 셋째 지휘계통의 통일성 문제, 넷째 산악과 수답 위주의 조선 지형이 명의 기병에 불리함, 다섯째 군대의 동원과 해산의 어려움 등이었다. 중국의 네 가지 걱정은 첫째 재정의 결핍, 둘째 장거리 식량 운반, 셋째 인심의 동요, 넷째 전쟁수행 과정에서 각종 부가적인 문제의 발생 등이었다.[107]

물론 정책의 결정에는 대학사, 특히 그 가운데 대학수보 조지고의 입장이 중요했다. 명은 서둘러 대규모 병력을 파견하기로 했다. 그 결과 계진·선부·대동·산서·요진(遼鎭)의 기병과 보병이 차례로 조선을 향했고, 10월까지 그 수는 4만 2천 명에 이르렀다. 당시까지 수군은 동원에도 불구하고 지리적인 이유에서 도착하지 않았는데, 특히 원균의 수군이 칠천량에서 패배한 뒤에는 형개도 중국 남부지방의 수군 파견을 적극 요청했다.[108]

조·명의 반격

형개는 군대의 동원에 열중했을 뿐, 아직 산해관을 나오지 않고, 군사업무는 경리 양호에게 맡겼다. 양호도 8월 초가 되어서야 평양에서 업무에 착수했다. 양호는 조선에 들어오자마자 선조와 마찰을 빚었다. 그로 인해 선조는 양호의 서울 진입을 만류했으나, 결국 남원과 전주가 함락되자 9월 초 서울로 내려왔다. 일부에서는 서울을 버리고 물러나 압록강에서 지키자는 의견도 없지 않았으나, 양호와 소응궁이 명군의 퇴각을 저지했다. 양호는 마귀에게 해생(解生)·우백영(牛伯英)·양등산(楊登山)·파귀(頗貴) 등을 시켜 직산을 지키게 하고, 조선에서는 도체찰사 이원익이 조령을 경유하여 충청도로 나와 적의 공격에 대비했다.[109]

마침내 9월 7일 명군은 천안 위 직산의 금오평(金烏坪)에서 구로다 나가마사와 히데모토 등 왜의 중군과 마주쳤다. 벽제관전투와 유사하게 직산전투에서 피해 규모나 승패에 대해서 주장이 분분하지만,[110] 대체로 왜군은 중과부적이었고, 여러 차례의 전투를 거치면서 양측에 상당한 피해가 발생했다. 이틀 뒤 직산에서 방금 돌아온 명 군사의 말에 의하면, "화살에 맞거나 곤봉에 맞아 죽은 왜적이 거의 5, 6백 명이고, 벤 머리도 30여 개였다."[111] 10월 초 형개가 명 조정에 제출한 보고에 의하면, 해생과 팽우덕(彭友德) 등이 직산과 청산(青山)[112]에서 모두 1백52개의 왜적 머리를 얻었다.[113] 충청병사 이시언도 회덕에서 적 70여 급을 베었다.[114]

그렇지만 해생 등은 직산전투 이후 다시 수원으로 북상했다. 이것은 직산전투가 명군의 온전한 승리가 아니었음을 시사한다. 사간원은 9월 13일 직산에서 왜적이 명군에게 막혔다는 사실을 보고하면서도 왜군이 안성·죽산·용인 등지로 돌아서 서울로 북상할 것을 우려했다.[115] 실제 왜군은 9월 10일 안성을 노략질하고 죽산 지경을 침범했다.[116] 다만 며칠 뒤 왜군이 갑자기 철수했다. 조정 내에서도 그 배경에 대한 의견이 분분했는데, 선조는 왜군이 명군을 유인하여 공격하려는 흉계일 수 있다고 판단했다. 그에 반해 유성룡, 호조판서 김수 등은 명군의 정보에 근거하여 왜군이 영남으로 완전히 철수할 것으로 예상했다.[117]

직산전투를 거치면서 왜군이 북상을 포기했던 것은 분명했다.[118] 그 후 왜군은 차례로 경상도로 들어가 남하했다. 히데모토의 본대는 청산과 황간(黃澗) 그리고 성주를 지나 내려갔고, 기요마사는 상주와 대구를 거쳐 내려갔으며, 또 다른 무리는 문경과 군위(軍威)·비안(比安) 등지를 거쳐 남하했다.[119] 왜의 좌군 가운데 요시히로의 군대는 전주에서 서쪽으로 북상하여 부여와 서천(舒川)까지 진출하여 약탈했다. 그러나 그는 충청병사 이시언의 공격을 받아 남하했다. 좌군의 일부는 전라도로 남하했는데, 그 과정에서 전라조방장 김언공(金彦恭) 등의 매복을 당하기도 했다. 왜장들

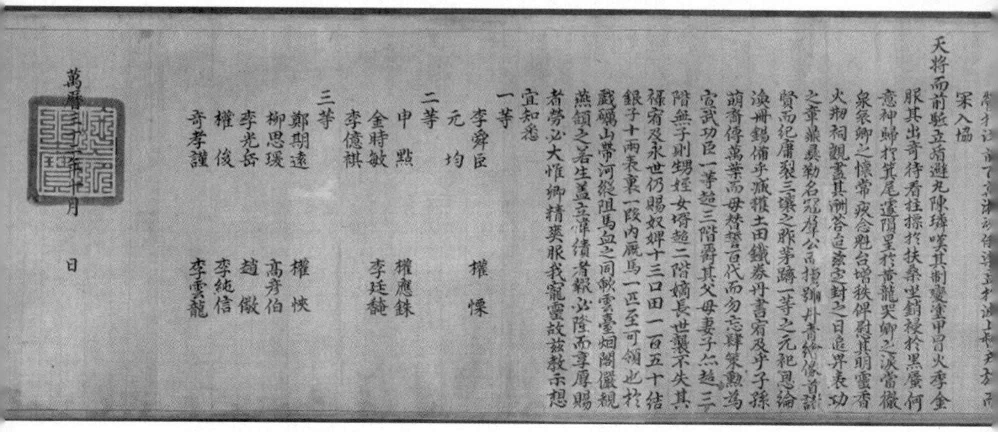

이순신 선무공신교서(현충사 소장, 보물1564-1호)

은 9월 17일 정읍에 모여 향후 대책을 논의했다. 회의에서는 전라도 각지에 성을 쌓고 해당 지역을 지배하기로 결정했다.[120]

그에 따라 요시히로는 장성과 나주 등지를 거쳐 해남으로 내려갔고, 유키나가는 순천으로 진출했다. 왜군은 전라도 전체에 대한 의욕적인 지배전략을 세우기도 했다.[121] 그렇지만 전라도 해안을 따라 서진하던 왜의 수군이 명량해전에서 이순신의 조선 수군에게 패배하여 재해권을 상실했다. 이에 전라도로 진출했던 요시히로와 나오시게 등은 남원을 거쳐 남하했다. 그들은 10월 말까지 경남 사천 등지로 후퇴했다.[122] 그 결과 1597년 말까지 순천에서 울산에 이르는 남해안 일대가 왜군의 주둔지로 변모했다.[123] 그들은 주야로 백성을 동원하여 쉴 틈 없이 성을 새로 쌓거나 개축했다.[124] 그것은 무엇보다도 조선군과 명군의 예상되는 공격과 다가오는 겨울을 대비하기 위해서였다.

왜군이 사실상 전라도에 대한 지배전략을 포기한 이유는 9월 16일 해남과 진도 사이에서 벌어진 명량해전에서 조선 수군이 승리한 결과였다.[125] 지난 7월 중순 칠천량전투에서 원균이 패배하자, 조정은 곧장 이순신을 전라좌도 수군절도사 겸 삼도수군통제사로 임명했다.[126] 그는 당시

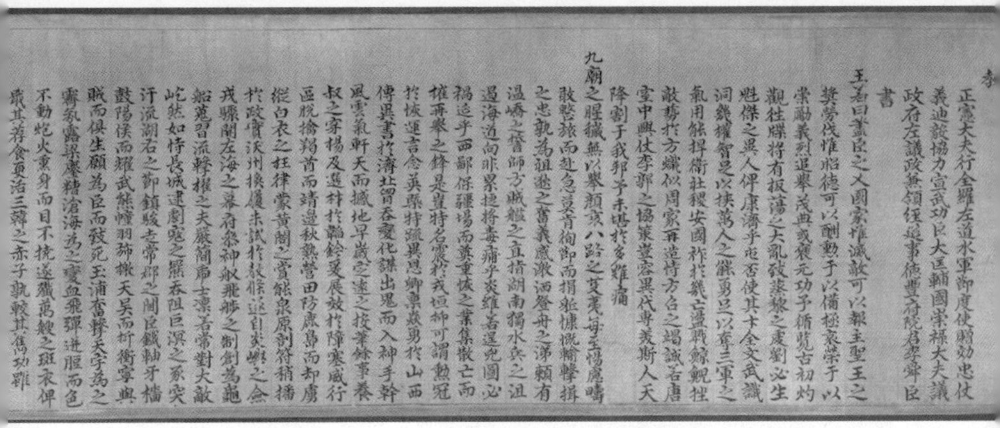
正憲大夫行全羅左道水軍節度使贈效忠仗
義迪毅協力宣武功臣大匡輔國崇祿大夫議
政府左議政兼領經筵事德豊府院君李舜臣
書
王若曰蓋臣之人國家惟識敵可以報主聖王之
奬勞伐惟昭德可以酬勳予以備極哀榮于以
崇勵義烈逞舉茂典式襃元功予循覽古初灼
觀往牒將有振蕩之大亂致蒸黎之處劉必生
魁傑之異人俾康濟乎屯否使其才全文武識
洞幾權智足以挾萬人之衆勇足以奪三軍之
氣用能捍衛社稷安國祚於幾亡盪戰鯨鯢拯
敵蕩於方熾似周家再造恃方台之竭誠若唐
室中興仗李郭之協策豈容異代專美斯人天
降劉于我邦予未堪於多難痛
九廟之腥穢無以舉顔哀八路之芟夷每至傷魔嘯
敢整旅而赴急莫肯徇節而捐軀慷慨輸擊揖
之忠孰爲祖逖之奮義感激洒登舟之涕賴有
溫嶠之誓師方賊艦之直指湖南獨水兵之扭
遏海道向非累捷將毒痛乎炎維若還兜圖必
禍延乎西鄙保疆場而奠重憾之業集散亡而
摧再舉之鋒是豈特名震於戎垣抑可謂勳冠
於恢運言念英聲特疏異恩卿稟蘇勇於山西
傳異書於濟北胸吞變化謀出鬼而入神手幹
風雲氣軒天而撼地早歲定遠之投筆餘事養
叔之穿楊及逆祚於翻鈴爰展效於障塞威行
區脫擒猾首而靖邊秋熱營田防鹿島而却虜
從白衣之枉律蒙黃閣之賞能泉原剖符稍播
於政績沃州換履未試於救條逆臣炎㜕之余
戎驟闖左海之幕府參神叙飛艍之制創爲龜
船蔥習流轄權之夫嚴簡而士凜若常對大敵
屹然如恃長城逮劇寇之縱吞阻巨溟之豕突
汗流湖右之節鎮駭走常郡之閫臣纖軸牙檣
鼓陽侯而耀武熊幢羽旆撤天吳而折衝寧與
賊而俱生顧爲臣而致死玉浦奮擊天宇爲之
霽氛露梁麼糟滄海爲之變血飛彈迸脈而色
不動炮火熏身而目不撓遂殲萬艘之斑衣俾
識其蒋食更活三韓之赤子孰較其爲功罪

백의종군하여 진주에 있었는데, 8월 초 임명장을 받은 뒤 이동하여 그달 말 진도의 벽파진에 진을 쳤다. 앞서 북상하던 중 개최된 전주회의에서 왜의 수군은 진도 이서의 전라도 서남 연해 지역을 공략하기로 했다. 남원에서 하동으로 돌아온 수군 7천여 명이 9월 초 서진했다. 당시 이순신은 칠천량전투에서 도주했던 경상우수사 배설(裵楔)의 12척 등 13척의 배를 보유하고 있을 뿐이었다. 그렇지만 그는 해상 방어의 중요성을 알고 있었고, 이는 그의 보고에서 확인할 수 있다.

> 임진년부터 5, 6년간 적이 감히 전라도와 충청도까지 곧장 돌진할 수 없었던 것은 수군으로 그 길을 막았기 때문입니다. 지금 신의 전선이 아직 12척이 있으니 나아가 죽을힘을 다해 막는다면 아직 할 수 있습니다. 지금 수군을 완전히 폐기한다면, 왜적은 다행으로 여길 것이고 호남의 오른쪽으로부터 한강에 도착할 것입니다. 이것이 신이 우려하는 것입니다.[127]

9월 초 왜선 몇 척이 정탐하더니 16일에는 1백30여 척이 명량을 향해

마귀 초상(국립진주박물관 소장)_병자호란 후 그 후손들이 조선에 정착했다

공격해왔다. 조선 수군은 좁은 해로의 물길을 이용하여 왜군을 물리쳤다. 나중에 이순신의 보고에 의하면, "대포로 적선 20여 척을 파괴하고 심히 많이 살상했습니다. 왜군 다수가 바다에 떠 익사했고, 8명을 베었습니다. 또 녹도만호 송여종(宋汝宗) 등이…… 적선 11척을 파괴하자 나머지 적들도 크게 꺾여 멀리 퇴각했습니다." 조정은 이 사실을 마귀 제독에게 알리면서 적선이 서해로 진입하지 못하게 되었다는 점을 덧붙임으로써 승리의 의미를 부여했다.[128]

명군의 입장에서도 이순신의 승리는 중요한 의미를 가졌다. 7월 중순 원균이 패배했을 때 경략 형개는 명의 장수들에게 격문을 보내 한강과 대동강에 대한 방비를 강화하게 했다. 당시 명의 수군은 겨우 3천 명이 여순(旅順)에 도착했을 뿐 해상에서 왜군을 막을 준비를 갖추지 못했다.[129] 왜의 수군도 칠천량에서 예상 밖의 승리를 거두었을 뿐 더 이상 서진하지 못했다. 마침내 두 달이 지난 시점에서 그들은 전라도의 서남단에 위치한 진도 앞까지 진출했다. 여기서 막지 못한다면 그들은 전라도에 상륙하거나 서해안을 따라 북상했을 것이다. 다행히 명량해전으로 왜군의 전라도

와 서해 진출이 좌절되었다. 그와 함께 명군은 경상도를 중심으로 하는 왜군에 대한 공략에 집중할 수 있게 되었다.[130]

직산전투와 명량해전 등으로 왜군이 연해지방으로 내려가 주둔하자 조선 군대는 점차 적극 대응에 나섰다. 특히 그들은 매복을 통해서 왜군을 살상함으로써 적잖은 성과를 거두었다. 이를테면 11월 말 병사 성윤문의 보고에 의하면, 경상좌도에서 10월 말과 11월 초 사이에 조선의 군대는 최소 6회의 매복과 접전에서 왜군 1백여 명을 베는 데 성공했다.[131] 한편 전라도와 경상우도 지역에서도 상황은 비슷했다. 한 문헌에 의하면, 보성·순천·광양·진주 등지에서 11월 하순에서 12월 하순에 걸쳐서 조선의 군대는 산발적인 공격을 통해 왜군 80여 급을 베었다. 그 결과 조선의 사기가 크게 올랐다. 조정은 또한 면사첩을 통해서 왜적에게 잡힌 백성들을 불러옴으로써 왜군을 더욱 고립시켰다. 이러한 분위기하에서 아래에서 보는 것처럼 명군도 왜군에 대한 적극적인 공략에 나섰다.[132]

조·명의 갈등

그런데 임진년과 같이 명의 군사적 지원이 시작되는 시점에서 조선과 명 사이에 갈등이 나타났다. 다만 이전과 약간 차이가 있었다. 임진년에는 명 측의 입장에서 조선과 일본의 결탁 가능성에 대한 의구심이 있었다. 조선은 명이 자신의 의사와 상관없이 강화를 통해 문제를 해결할까 우려했다. 이제 양상은 달랐으나 그 갈등은 사실상 오래전에 예고되었다. 그것은 왜군의 재침이 예상되던 시점에서 명 조정이 추진하고자 했던 방안, 소위 개부입진이 조선에 의해 거부된 결과였다. 앞서 언급된 것처럼 명은 단순한 파병이 아니라 전쟁의 수행과 관련된 전반적인 정책을 직접 관장하고자 했다. 물론 조선은 중국에 편입될 가능성을 걱정했다. 명의 입장에서 조선이 책임은 남에게 미루고 권리만 주장하는 격이었다.

그 후 경리 양호가 조선에 진입한 뒤에는 과도한 간섭으로 인해 특히 선조와 갈등이 생겼다. 도착 직후 그는 국왕이 "매일 연회를 한다."는 한 제보자의 쪽지를 그의 접반사 이덕형에게 보여주기도 했다.[133] 며칠 뒤 그는 사람을 보내서 이덕형에게 조선의 군신들에 대한 노골적인 비난을 가했다. 그는 조선에 나온 명 관리들의 말을 인용했는데, 거기에 의하면, "조선의 군신은 모두가 형편없다. 주색을 늘 일삼고 나라의 일은 괘념하지 않는다. 하는 일이라고는 하나도 없으니, 도와주려고 해도 상황을 진작시킬 수가 없다." 비판에 이어서 그는 자신이 전쟁과 관련하여 조선에서 하고자 하는 일을 명에 보고하여 실행하겠다는 의지를 드러냈다. 그와 함께 각각의 일에 대해서 조정에 속히 알려서 자신에게 보고하도록 요구했다.[134]

조정의 입장에서 분명 그의 비판이나 요구는 부담스러웠다. 8월 중순 양호가 서울에 올라온다는 말이 전해졌을 때, 선조는 승정원에게 그에게 오지 말라는 자문을 보내도록 했다. 명목상 이유는 왜적의 기세가 매우 치열하고 또 그가 서울에 왔다가 상황이 어려워 되돌아간다면 인심이 더욱 흩어지기 때문이었다. 선조의 말은 전주와 남원에서 패한 명군이 서울로 올라온 상황을 염두에 둔 것이었으나, 서울의 방어를 위해서는 오히려 그가 필요한 시점이었다. 다른 한편으로 양호는 서울 도성의 축성을 지시했는데, 그것은 앞서 개부입진과 무관하지 않았다. 선조는 당장 한강에서 왜군을 막아야 하는 상황에서 백성들을 동원할 수 없어 불가하다는 입장을 전했다.[135]

얼마 뒤에는 감찰 소응궁도 이덕형에게 조선에 대한 불만을 쏟아냈다. 조선 스스로 싸우지 않을 뿐만 아니라 명군의 입장을 고려하지 않고 무조건 싸워주기를 바란다는 것이었다. 그는 명군이 싸워서 이기더라도 조선은 3년 안에 다시 망할 것이고, 명군이 이기지 못하면 곧장 망한다고 극언했다. 그러면서 그는 왜군과 강화의 필요성을 제기했다. 물론 이덕형이 즉답을 하지 않고 서울에 연락해서 다시 국왕에게 전달하겠다고 말했다. 그러자 소응궁은 그에게 "개 같은 놈이 또 결말을 짓지 않고 이처럼 회피한다. 나는 더 이상 조선의 일에 관여하지 않겠다."고 욕설까지 했다.[136]

이러한 상황에서 9월 초 양호가 서울에 진입했다.[137] 그와 함께 갈등은 더 커졌다. 양호는 며칠 뒤 명 조정에 올린 보고서에서 "이 나라에서는 전쟁에서 패배한 장수는 군사를 잃고, 간신들은 나라를 팔아먹어 왜적이 우리의 허실과 동정을 살피게 만들었다."고 썼다. 그와 함께 그는 조선 전체가 동요하여 군대 일은 모두 명에 맡길 뿐만 아니라 경리 자신의 말을 의심하고 방해하는 것처럼 상황을 묘사했다.[138] 그 말은 전혀 틀린 것은 아니었다. 그렇지만 그 자신도 인정하는 것처럼 "몽매한 나라[조선]가 다시 파괴된 나머지 결코 하루아침에 질서를 바로잡을 수는 없다." 더욱이 그의 비판은 남원과 전주에서 명군의 패배에 대한 명 조정의 조사가 예상되는 상황에서 그에 대한 변명과 무관하지 않았다.

형개도 양호 등의 조정에 대한 비판에 가세했다. 그는 "조선의 임금은 굳은 의지가 없고, 신하들은 피하려는 마음을 갖고 있으며, 백성들은 부상당한 새가 빈총 소리에 놀라 떨어지는 것과 같다."는 병과급사중 후선춘(侯先春)의 말을 인용했다. 후선춘의 제본에는 조선이 "왜적 말 앞의 졸병이 되는 것을 달갑게 여긴다."는 의구심과 더불어, 명군에 협조하지 않으면 아예 철수하겠다는 협박도 포함되었다.[139]

조선은 처음에는 별다른 반응을 보이지 않았다. 그렇지만 양호의 보고서에 대해 호의적인 황제의 성지가 내려지자 적극 대응에 나섰다. 그때는 다행히 직산전투 이후 왜군의 북상이 한풀 꺾이게 되었다. 어쨌든 경략에게 보내는 국왕의 자문에서 조선은 왜군을 막지 못한 것은 역부족일 뿐으로 군대의 일을 명에 맡기는 것은 아니며, 앞으로도 최대한 분투할 것을 다짐했다.[140]

그렇지만 그 후 황제가 칙서를 보내 조선을 책망함으로써 조선은 별도의 진주사를 보내야 하는 등 곤란한 입장에 처하게 되었다. 명 조정은 남원에서 명군의 패배에 대한 조사를 위해서 9월 중순 감군(監軍) 진효(陳效)의 파견을 결정했다.[141] 그리고 칙서는 그의 파견 배경을 설명하기 위한 것이었고, 10월 20일 요동의 형개가 보낸 차관을 통해 조선에 전달되었다. 그런데 칙서는 조선에 대한 질책에 집중되었다. 황제는 무엇보다도 강화 과정에서 휴식하는 동안 조선이 백성들을 가르치고 군사를 훈련시키지 않았다고 책망했다. 그와 함께 명군에 대한 조선의 비협조를 문제 삼았다.

> 짐은 귀국이 가까이 동번(東藩)에 위치하여 대대로 공손하였음을 생각하여, 전에 왜적이 그대 강토를 파괴하고 국왕이 의주로 달아나 애처롭게 구원을 요청했을 때, 불쌍히 여겨서 특별히 문관과 무관 중신을 파견하여 군대를 이끌고 동정(東征)하게 했소…… (그런데) 어찌하여 수년간 휴식하면서 군사를 훈련시키지 않고, 와신상담을 스스로 잊어버리고 나라의 와해와 붕괴를 좌시하는 것이오. 왜적이 다시 들어오자 방만하게 예전처럼 장황한 편지를 보내서 명에게 구원을 위탁하는 것이오?…… 듣기로 그대 군신은 명군을 (잔혹한) 진(秦)과 월(越)의 군대와 같이 보고, 전혀 애정을 보이지 않고 있소…… 군량을 감추고 도와주지 않고 무기를 감추고 내놓지 않고 있소…… 우리 경리〔양호〕가 그곳에 있으니 온 나라가 따라야 할 것인데도, 한 번이라도 백성들에게 나의 가르침을 받들라고 타일렀다고 듣지 못했소.[142]

황제의 직접적인 질책은 선조를 매우 당혹스럽게 했음에 틀림없다. 조선은 황제의 칙서에 대해 사은사를 보내서 답장을 하지 않을 수 없었다. 이를 위해 12월 1일자로 2통의 진주문이 작성되었는데, 하나는 칙서에 대한 사은표문이었고, 다른 하나는 조선에 대한 비판을 해명하는 진주문이었다. 사은표문은 위에서 인용된 황제의 질책에 대한 감사의 표시가 목적이었다. 따라서 준엄한 편달에 감사하고 명심하겠다는 내용이었다. 진주문의 전달을 위해 좌찬성 정곤수(鄭崑壽)와 응교 이상의(李尙毅)가 각각 정사와 서장관으로 파견되었다. 조정은 그들에게 황제는 물론 황태후와 중궁전에게 줄 많은 선물을 지참하도록 했다.

진주문에서 조선은 칙서의 내용을 반영하여 황제에게 근심을 끼친 것과 명군을 수고롭게 한 것에 대한 송구함을 표명했다. 그렇지만 조선은 자신에 대한 비판에 대해서도 적극 해명에 나섰다. 다음은 진주문의 일부이다.

> 왜적이 남쪽에 주둔한 지 이제 이미 5년이 되었고, 소방의 병력이 나뉘어 지켰습니다…… 왜적이 몰래 갑자기 습격하자…… 신은 백성들과 여러 도의 징집된 군사들을 이끌고 경리와 제독의 지휘를 따라 군대의 행렬로 달려가 명군의 뒤에서 목숨을 바칠 것을 기약했습니다. 신은 매우 어리석으나 어찌 나라의 수도를 버리고[143] 종묘사직을 가볍게 여겨 민간의 필부처럼 목숨을 부지하고자 하겠습니까?…… 신이 비록 못났지만 사람의 마음을 갖고 있으니, 어찌 (명군을) 진과 월의 군대와 같이 보고, 애정을 갖지 않을 리가 있겠습니까?…… 무지하고 어리석은 백성이라도 모두가 황제의 은혜에 감격하며…… 곡식을 내어 군량을 돕기도 하고 자금을 털어서 무기를 납입하기도 합니다…… (조선이) 왜적을 달갑게 여긴다는 말은 언급하는 것조차 혼백이 나가고 기가 막혀서 진실로 차마 다시 번거롭게 변호할 수 없습니다…… 음탕하고 음주가무를 한다는 등의 말은 더욱 원통하고 답답합니다…… 모든 것이 신이 못난 탓에 남의 말을 듣게 되었으니, 부끄러워 반성하며 다만 스스로 원통할 뿐입니다. 대개 강하고 약함은 형세로 결정되고, 이해득실은 시세에 의해 결정되며, 생사는 운명이니 이것은 어떻게 할 수 없습니다.[144]

전체적으로 왜적의 침입을 스스로 막지 못해 명군에 의존하는 상황과 관련하여 자신의 무능함을 인정했다. 그러면서도 진주문에서는 객관적인 여건이 어쩔 수 없었다는 주장을 제기했다. 자신에게 제기된 몇 가지 문제들, 이를테면 국왕이 나라를 버리고 살려고만 한다는 것, 조선이 명군에 대해서 관심을 갖지 않는다는 것, 조선이 왜적을 위하는 일을 기꺼이 한다는 것 등에 대해서 적극 반론을 제기했다. 그와 함께 주어진 여건하에서 명군을 지원하기 위해서 최선을 다하고 있으며, 특히 명의 재조지은에 대한 의리를 지켜나갈 것을 약속했다.

북경에서 정곤수 등은 진주문 이외에도 예부와 병부에 별도로 자문을 제출하여 진주문의 내용을 보충했다. 특히 병부에는 긴 자문이 제출되었는데, 무엇보다도 조선이 '왜적을 달갑게 여긴다.'는 말에 대한 변무가 시도되었다. 거기에서 그들은 임진년 이래 왜적이 조선에 가한 피해와 함께 원수를 갚고자 하는 조선 사람들의 심정을 적극 전달했다. 그와 함께 그간 조선을 도와준 명에 대한 의리를 지키고 있음이 강조되었다.

> 왜적을 달갑게 여긴다는 것은 무엇을 말합니까? 하늘의 해가 비추고 귀신이 밝게 드러내고 있습니다. 원통함이 실로 절실하여 죽고 싶을 지경입니다. 단지 음험하게 속여서는 사람들을 시켜 적에게 대응할 수 없습니다. 하물며 신하가 주군에 대해서 그럴 수 있겠습니까? 외번이 상국에게 그럴 수 있겠습니까? 홍수와 화재를 당하여 감히 구제해 달라고 하는 상황에서 그럴 수 있겠습니까? 패방이 천조를 일편단심으로 우러러보는 정성은 죽어도 바뀌지 않을 것입니다. 헤아려보면 (명) 조정도 분명히 알 것입니다. 왜적을 달게 여긴다면 이것은 천조에 대한 배신입니다. 차마 그럴 수 있겠습니까?[145]

이어 위의 문건은 지난 6년간 강압에 의해서 왜적에게 붙잡혀 있는 경우는 있었어도 무기를 버리고 왜적을 맞이하거나 무기를 돌려 반기를 든 사람은 없었으며, 오히려 수많은 사람들이 왜적과 싸우다 죽었다는 점이 지적되었다. 그 외에도 위 문건은 앞서 제기된 명군에 대한 조선의 무관심, 도성의 포기 등에 대해서도 해명하고, 앞서 국왕의 진주문과 마찬가지로 조선은 명에 대한 사대에 충실했고, 앞으로도 의리를 지킬 것을 강조했다.

조선이 왜적을 달갑게 여긴다는 것은 왜적에 우호적인 입장을 취한다는 의미이다. 다시 말해 침략자에게 철저하게 저항하기보다는 그들에게 협조한다는 것이다. 그것은 조선을 구원하기 위해서 많은 인적·물적 비용을 치르고 있는 명에 대한 배신이었다. 조선으로서는 억울했기에 그에 대한 적극적인 변호는 당연했을 것이다. 다행히 경략 형개가 나서서 조선의 입장을 두둔했다.[146] 그렇지만 그것으로 갈등은 끝나지 않았다. 사실 조선이 일본에 협조한다는 의구심은 임진왜란 초기부터 계속 제기되어왔고 이듬해 찬획 정응태의 무고에서 정점에 이르렀다.

울산전투

한편 직산에서 왜군의 북상을 저지하는 데 성공한 명군은 사기가 올라 왜군에 대한 적극적인 공략으로 선회했다. 이제 전라도와 경상도에 주둔 중인 왜군의 소탕이 목표가 되었다. 이를 위해 형개는 11월 3일 압록강을 건넜고, 28일 서울에 도착하자 선조는 다음 날 그를 접견했다. 선조는 명의 군사와 식량지원에 대한 감사를 표시하고, 형개는 조선에 대한 황제의 은혜를 언급했을 뿐, 접견은 간략하게 진행되었다.[147] 그의 지체된 서울행은 징집된 명군의 도착을 기다리기 위해서였던 것으로 보인다. 그가 서울에 도착한 시점에서 대동·선부·계요·연수·보정 등 북방지역에서 징집된 군사들이 모두 조선에 들어왔다. 그럼에도 절강의 남병 4천 명과

복건 등지의 수군은 아직 오지 않아 이번 작전에는 기대할 수 없었다.[148]

형개는 명군의 진격을 의논하여, 먼저 동남 연해 지역의 왜군, 특히 그 주력부대인 울산의 기요마사에 대한 공격에 나서기로 했다. 그는 4만 5천 명의 명군을 좌·우·중 3개의 협(協)으로 나누었고, 좌협은 이여매(李如梅), 우협은 이방춘(李芳春)과 해생(解生), 그리고 중협은 고책(高策)에게 이끌게 했다.[149] 조선도 전군에 동원령을 내려 명군에 배속시켰다. 좌협에는 경상좌병사 성윤문, 방어사 권응수, 경주부윤 박의장 등의 5천 2백 명, 우협에는 경상우병사 정기룡과 경상도방어사 고언백 등의 2천 3백 명, 중협에는 충청병사 이시언의 4천 명이 소속되었다. 조선군 전체는 1만 2천 5백 명이었다.[150]

마귀 제독과 양호 경리 등은 12월 초 서울에서 출발하여, 충주와 안동을 거쳐 12월 20일 경주에 모였다. 거기에는 영의정 유성룡, 이조판서 이덕형, 도원수 권율 등도 참여했다. 명군은 일부만 양산 방면으로 보내서 울산성에 대한 외부의 지원을 견제하도록 했을 뿐, 사실상 전군을 투입했다. 울산성에는 2만여 명의 왜군이 주둔 중이었다.[151] 명군 선봉대가 12월 23일 새벽 기습적으로 공격을 개시했다.[152] 기요마사의 군대를 도와 축성을 거의 마치고 성 외곽을 지키던 모리 히데모토의 소속 군대가 무너졌다. 감군 진효는 전쟁 초반 1천 명 이상의 왜적을 벤 것을 중심으로 명군의 승첩을 보고했다.[153] 승전 소식을 듣고 황제는 형개·양호·마귀 등에게 상을 주고, 은 5만 냥을 내어 군사들을 격려하기로 했다.[154]

그렇지만 왜군은 성안으로 들어가 저항했다. 연합군은 기요마사가 전투 개시 이후 서생포에서 돌아와 지키던 울산성(도산성)을 포위했으나 요새인 까닭에 쉽게 공략할 수 없었다. 전투는 10여 일간 계속되었고 그 과정에서 많은 희생이 발생했다.[155] 결국 추운 날씨와 함께 인근에서 모여든 외부 왜군들의 지원에 의해 명군은 견디지 못하고 이듬해 1월 4일 경주로 철수했다. 양측의 인명피해는 각각 1만 명 이상으로 추산되었다.[156] 조선의 군대도 대부분 도망치거나 죽어, 남은 군대가 5일 경주에 모였을 때 8백 명에 불과했다.[157] 사실상 조선의 입장에서 전군이 동원되었다가 거의 궤멸된 셈이었다.[158]

양호와 마귀 등은 서울로 올라와 2월 중순 명 조정에 상황을 보고했다. 조정에 대한 보고에서 양호는 왜군 1천 3백여 명의 참획만 언급하고 다수 명군의 희생에 대해서는 침묵했다. 그는 단지 거의 잡을 뻔한 기요마사를 놓친 것을 이유를 들어 자신의 파직을 요청했다. 그는 연일 비가 오고 거센 바람 등 불리한 날씨로 인해 화공(火攻)을 펼칠 수 없었음을 강조했다. 그와 함께 그는 명군이 경주로 후퇴하고 대다수가 서울로 철수한 사실도 합리화했다. 즉, 서울에서는 "동쪽이든 서쪽이든 편리하게 대처할 수 있고" 군사의 선발과 무기의 수리가 쉽다.[159] 형개도 장문의 보고서를 통해서 명군의 성과와 함께 철수의 불가피성을 변호했고, 그 결과 양호는 유임되었다.[160]

울산전투에서 많은 병력을 잃은 명군은 재정비에 나섰다. 2월 초 형개는 명군을 각 지역에 재배치하고, 서울에 올라온 군사들도 다시 내려가도록 했다.[161] 그의 보고서 제목은 「교활한 왜적이 좌절되었으나 점거하고 지키는 것이 더욱 견고하기 때문에, (군사를) 나누어 주둔하여 지키고 (각자) 책임을 다하게 함으로써 방어를 도모하는 장기적인 대책을 삼가 제안함」이었다. 이것은 일단 왜군의 북상에 대비한 방어책이었다. 그에 의하면, 울산전투에서 왜군도 적잖은 피해를 보았으나 남해연안의 요새지를 굳게 지키고 있다. 또한 조선은 동서로 1천 리로 지역이 넓다. 따라서 왜군의 북상에 대한 방어를 위해서 서로·중로·동로로 나누어서 각기 요새지를 지켜야 한다. 왜군의 공격시 각로의 군대간 협력도 강조되었다. 그와 함께 그는 설진개둔(設鎭開屯), 즉 진을 설치하고 둔전을 여는 장기전에 대한 대비책을 주장했다.[162]

명군의 재조직과 관련하여 양호가 조선에 통지한 바에 따르면, 3월

울산왜성전투도

말 현재 동로는 마귀 제독을 중심으로 약 2만 3천 6백 명이 안동·영천·의성 등지에 주둔했다. 중로는 부총병 이여매 등의 약 1만 4천 명으로 주요 주둔지는 선산·성주·상주 등이었다.[163] 중로는 서울의 방어가 주된 임무였다. 서로는 현재 7천 6백 명이 남원과 전주에 주둔 중이지만, 유정 제독의 1만 2천 명이 도착할 예정이었다. 수군은 전년 11월 강화도에 도착했던 계금(季金)의 군사 3천 3백여 명이 전라도에 주둔하고 있는

것 외에 진린(陳璘)의 본영 5천여 명 등 약 2만여 명이 추가로 파견될 것으로 통보되었다.[164] 조선의 군사들도 각로의 명군에 배속되었다.

한편 양호는 위의 2월 중순 명 조정에 대한 보고에서 명군의 장기적 주둔 방안도 제출했다. 그에 의하면, 기요마사가 울산에 웅거하여 견고한 성을 쌓고 주둔하고 있다. 그들은 산과 바다를 끼고 있음으로써 출입이 자유롭고 군량에 대한 걱정도 없다. 유키나가도 지금 전라도에서 그렇게 할 태세이다. 그리하여 이들을 단기간에 공략하기란 어렵고, 명군도 축성과 둔전을 통한 장기적인 대응책을 마련해야 한다. 그는 전라도의 세 곳에 성을 쌓고 경상도에도 울산에서 가까운 곳에 하나의 성을 쌓아 왜적을 막고 둔전을 실시할 것을 주장했다. 황제도 해당 방안을 승인했다.[165]

그 후 양호는 적극 둔전에 나섰고, 조선을 재촉했다. 그리하여 조선은 각 지방별로 할당량을 배정하여 대충 거기에 부응했다. 비변사에는 별도로 둔전청(屯田廳)이 설치되었고, 윤두수가 책임을 맡았다. 그렇지만 명군 주도의 둔전은 별다른 성과를 거두지 못했다. 그해 가을 윤두수에 의하면, 둔전하는 곳이 많지 않아 소득도 거의 없었고, 명군에게 사실대로 보고할 경우 질책을 받을 것으로 예상했다. 그리하여 그는 단천의 은 70냥으로 식량을 구매하여 때우자는 변칙적인 방안을 제안하기도 했다.[166] 게다가 단위당 생산기준량을 지나치게 높게 잡아 부담이 커진 농민들의 원성이 적지 않았다.[167]

명·일간 접촉

울산전투에서 서로 적지 않은 피해를 입은 명·왜 양측은 강화 교섭에 나섰다. 지난해 여름 심유경이 체포된 뒤 형개는 무관인 도지휘사 오종도(吳宗道)를 왜군과의 접촉자로 내세운 것으로 전해졌다.[168] 나중에는 그가 심유경이 보낸 인물이라는 것이 알려졌으나, 조정은 그가 신의가 있는 인물로서 전쟁을 완화시킬 수 있을 것으로 기대했다.[169] 자세한 날짜는 알 수 없으나 1598년 1월 말에서 2월 초 사이 오종도와 수비 이대간(李大諫)이 순천에서 유키나가 측과 접촉했다. 그것은 당시 외부에 알려지지 않았고, 단지 오종도 등이 사후적으로 형개에게 보고했다.[170]

오종도 등의 보고에 의하면, 명 측은 유키나가에게 접근하기 위해서 소위 기요마사의 걸애서(乞哀書)를 활용했다. 걸애서는 글자 그대로 동정심을 구걸하는 편지로 울산전투 당시 기요마사 측이 한때 궁지에 몰리자 명군에게 강화를 요청했던 서한이었다. 명 측은 그 서한을 유키나가 측에 전달하여 교섭을 타진했다. 유키나가는 거기에 적극 반응했다. 그는 걸애서를 히데요시에게 보냈다. 그것은 기요마사에 대한 히데요시의 분노를 자극함으로서 유키나가 자신이 강화의 주도권을 잡기 위해서였다. 그는 히데요시의 답변이 3월 20일경까지는 도착할 것으로 예상했다. 그간 쌍방 충돌이 있게 되면 강화하기 어렵다는 이유에서 그는 양군 정탐병의 활동 지점 설정을 요청하기도 했다. 그리고 그는 히데요시의 답변이 도착한 즉시 순천에서 오종도 등과 직접 만날 것을 제안했다.[171]

얼마 뒤에는 기요마사도 명군과 강화를 시도했다. 2월 13일에는 왜인 1명과 조선인 포로 1명이 기요마사의 서신을 가지고 나왔다. 그들은 기요마사가 진심으로 강화를 요청하고 있으며, 강화가 이루어지면 귀국할 것임을 직접 확인했다. 기요마사의 서신은 경상도관찰사 이용순(李用淳)이 조정에 보냈고, 양호에게도 전달되었다. 기요마사의 강화 요청에 대해서 이덕형이 우려를 표명하자, 양호는 속임수로서 활용할 수 있다는 점을 분명히 했다. 그것은 지금으로서는 왜군을 단기간에 물리치기 어렵다는 판단에 근거했다.[172] 그럼에도 이후 기요마사와의 접촉은 이루어지지 않았다.[173]

자세한 내용은 알 수 없으나, 앞서 유키나가와의 약속에 따라 오종도 등은 순천에서 그를 직접 만났다. 4월 하순 양호의 지시로 지휘 황응양이 찾아왔을 때 선조가 그 사실을 확인했다. 선조는 유키나가와 심유경의 강화 시도가 이미 실패한 점을 지적하며, 접촉이 더 이상 의미가 없음을 주장했다. 황응양은 오종도 등이 심유경이 보낸 인물이라는 점을 확인하면서도 형개 군문이 속임수를 써서 왜군의 기세를 완화시킬 요량으로 용인한 것으로 대답했다.[174] 황응양은 그 자리에서 경리 양호가 며칠 뒤 전라도 지역을 순찰하러 간다는 사실을 전했다. 선조는 그가 왜적과 강화하려는 것인지 의구심을 표명했다. 황응양은 양호가 유키나가를 만나려는 것이 아니라 거사를 위해 형세를 살피려는 것이라고 대답했다.[175] 자세한 이유는 알 수 없으나, 양호의 남하 계획은 얼마 지나지 않아 취소되었다.

비슷한 시점에서 유키나가가 주원례(朱元禮)를 서울에 보낸다는 소식이 전해졌다. 주원례는 전에 포로가 되어 유키나가의 중국어 역관이 된 인물이었다. 황응양에게서 그 말을 들은 이덕형이 지금 오종도와 이대간이 유키나가와 접촉하는 중이기 때문에 주원래와는 접촉할 필요가 없다는 입장을 표명했다. 그렇지만 황응양은 강화는 하나의 속임수일 뿐이라고 답했다. 즉, 곧 도착하게 될 유정의 남병이 남원으로 내려가 공세를 취하기 위한 계략으로 강화가 활용될 수 있다는 것이다.[176] 5월 초순 오종도도 편지에서 자신의 목적은 강화가 아니라 "이간책을 써서 왜적을 물러나게 하는 것"이라고 해명했다. 그는 주원래의 상경 예정을 언급하며 그 중요성을 강조했다.[177]

조선의 우려에도 5월 초 주원례가 서울에 도착했다. 그를 통해 유키나가와 미사나리는 명군에 서신을 보내 강화를 요청했다. 서신에서는 일본의 재침이 합리화되었다. 즉, 명이 히데요시를 책봉했음에도 조선이 일본과 우호적 관계를 맺으려 하지 않은 죄를 물으려 한다는 것이었다. 그들은 남원에서 양원의 패배도 왜군의 잘못이 아니라며 전쟁의 중단을 요청했다.[178] 왜 측은 또한 시게노부의 이름으로 예조판서에게 서신을 보내왔다. 서신에서는 먼저 히데요시가 강화논의를 엄금하여 자신들은 조용히 있었는데, 명군이 먼저 강화를 요청해왔다는 점을 명시했다. 그리하여 그는 지난 2월 15일 자신의 아들을 히데요시에게 보내 강화를 해도 되는지 회답을 기다리고 있으며, 사실상 히데요시의 명령을 일시 어기면서까지 요시라를 서울로 보내 조선과 교섭하고자 한다면서, 거기에 적극 응해줄

것을 요청했다.[179]

요시라의 상경에 대해서 조선은 반대의견을 분명히 했다.[180] 그럼에도 6월 초 요시라도 서울에 도착했다. 왜 측의 강화조건은 특히 주원례를 통해서 확인되었다. 그는 조선이 중신을 일본에 보내서 스스로 죄를 밝히고, 쌀과 베를 일본에게 보내주며, 일본이 중국에 조공할 때 조선을 통과하게 한다면 히데요시가 군사를 철수시킬 것으로 대답했다. 그에 대해 포정 양조령(梁祖齡)은 일본의 잘못된 침략을 언급하면서 조선에 대한 사죄와 함께 왜군의 선(先)철수를 요구했다.[181] 그렇지만 같은 날 양호와 요시라의 대화 내용은 그와 달랐다. 양호는 시게노부의 아들이 가져올 히데요시의 강화에 대한 승인에 기대를 표명했다. 그는 또한 요시라를 요동의 형개 군문에게 보낼 준비를 했다.[182] 요시라의 체류에 대해서 조선은 최소한의 급량을 제공하는 등 불만을 표시했으나 명·일 양측의 접촉을 막을 수는 없었다.[183] 물론 양호는 협상을 왜군에 대한 공략을 위한 속임수에 불과하다고 주장했다.

그런데 양호가 주원례·요시라 등과 접촉한 며칠 뒤인 6월 중순 그가 탄핵을 받았다는 소식이 전해졌다. 탄핵의 주된 이유는 울산전투 패배를 은폐했다는 이유에서였다. 나중에는 그가 왜군과 타협을 시도했다는 비판까지 더해졌다. 조선은 그가 소환된다면 왜군에 대한 대응에 문제가 발생할 것으로 판단했다. 조선은 그를 변호하지 않으면 안 되었다. 그 결과 조선과 명군의 문서에서 양호와 두 사람의 접촉은 "유키나가가 통사 주원례와 요시라 등을 보내와 몰래 전쟁을 늦추고 정보를 탐지했는데, 경리〔양호〕가 그들을 구류하고 보내지 않았고, 단지 싸움을 통해 승리를 거두고자 했다."는 것으로 미화되었다.[184] 그렇지만 조선의 변호가 명 조정에 도착했을 때 양호는 탄핵되었고, 명일간의 교섭도 중단되었다.

3. 정응태의 무고

요약

앞서 본 것처럼 1597년 12월과 이듬해 1월 초에 걸친 울산 도산전투에서 명군이 많은 피해를 입고 물러났다. 명군 지도부는 애초에 승리로 보고했으나 점차 전쟁의 구체적인 내용이 알려지면서 비판이 제기되었다. 이에 찬획 정응태(丁應泰)가 그 문제를 조사하기 위해 2월 조선에 파견되었다. 그는 2월 12일 서울에 도착하여 선조의 영접을 받았다.[185] 그 후 정응태는 양호와 그를 옹호한 조선을 차례로 비판했다. 그 결과 수개월 동안 왜군 문제는 뒷전으로 물러났다. 왜군도 별다른 도발 없이 연해 지역에 성을 쌓고 장기적 주둔을 준비했다.

정응태는 6월 초 명 조정에 대한 조사보고를 통해서 도산전투에서 경리 양호와 제독 마귀 등 명군 지휘부의 실책과 전공의 과장을 비판했다. 이 사실은 6월 중순 조선에도 전해졌다. 양호가 탄핵 내용을 적극 부인했기 때문에 조선은 처음에는 대수롭지 않게 여겼다. 그렇지만 곧이어 양호가 조선에게 자신에 대한 변호를 요청했고, 조선은 진주문을 보내 그를 변호하기로 했다. 다만 7월 초 진주사 최천건(崔天健)이 호조참의로서 직급이 너무 낮다고 판단되어 사행을 중단하고 대신을 보내기로 결정했다. 그리하여 진주문은 일단 요양의 형개에게 제출하여 명 조정에 전달하도록 했다. 그렇지만 그때에는 정응태의 탄핵이 이미 명 조정에서 수용되어 양호의 교체가 기정사실화된 시점이었다.

7월 중순 양호는 교체되어 귀국했고, 그달 말 좌의정 이원익이 다른 진주문을 가지고 출발했다. 그때에는 진주문의 초점이 양호의 변호보다는 정응태의 다른 지적 사항에 두어졌다. 양호가 조선과 함께 성을 쌓고 있는데, 그것은 훗날 명에 저항하기 위해서라는 것이었다. 이것은 양호에 대한 비판의 하나로서 앞서 정응태의 보고서에 나와 있었다. 최천건의 진주문에서도 어느 정도 해명이 시도되었다. 어쨌든 그것은 7월 말 이원익이 지참한 진주문의 핵심 내용이 되었다. 그런데 정응태는 조선이 양호에 대해서 적극 변호하자, 9월 다시 상소를 올려 조선을 무고의 대상으로 삼았다. 조선에서는 10월 하순 이항복과 이정구를 보내 그에 대해 변무했다.

양호에 대한 참소

정응태의 6월 초 보고 원문은 전해지지 않는다. 다만 『만력저초』와 『신종실록』에 비슷한 내용이 발췌되어 있다. 거기에는 양호 이외에도 이여매와 마귀 등 장수들도 비판의 대상이 되었다. 그들의 죄목은 무엇보다도 도산 전투에서 많은 인명피해를 입혔고 그 사실을 은폐했다는 것이었다. 정응태는 임진년 이래 각종 전투에서 명군의 사망자를 나열하며 총 2만 명 이상이라고 주장했다. 그와 함께 그는 양호 등이 기요마사와 강화를 시도했고, 장위(張位)와 심일관(沈一貫) 등 내각의 인물들도 그들과 결탁하여 황제를 속였다고 주장했다.[186]

정응태의 상소에 대해서 황제는 각 부서의 대신들과 과도관들의 논의를 명했다. 그들은 논의 끝에 사건에 대한 추가 조사를 주장했다. 그에 대해서 황제는 양호를 파직하여 평민 호적으로 돌릴 것을 명했다. 그와 함께 형개로 하여금 속히 서울로 가서 잠시 경리군무를 담당하도록 했다. 양호와 함께 탄핵된 마귀와 이여매는 직무를 계속 수행하되 조사 결과를 기다려 처분하도록 했다. 그 외에 과신(科臣) 한 명이 정응태와 함께 조선에 가서 군사와 식량 상황을 조사하고, 공과에 대해서도 분별하도록 했다.[187] 과신으로는 병과급사중 서관란(徐觀瀾)이 선발되었다.[188]

한편 정응태의 참소 소식은 6월 14일 양호의 참모인 중군 팽우덕(彭友

德)이 접반사 이덕형에게 전달함으로써 조선에도 알려졌다. 그리고 참소 가운데 몇 가지는 조선과도 관련되었다. 이덕형은 그에게서 들은 네 가지 사실을 보고했다. 첫째는 양호가 한산도를 지키지 못한 이원익과 많은 군사를 잃은 김응서를 국왕에게 얘기해서 벼슬을 하게 했다는 것, 둘째 도산전투에서 조선의 군사가 1천 명 이상 죽었는데, 이것은 양호가 경솔하게 공격해서 일을 그르쳤기 때문이라는 것, 셋째 양호가 몰래 조선의 배신을 통해 국왕에게 제본을 올려 자신의 공로를 명 조정에 아뢰게 했다는 것, 넷째 양호가 조선의 기생을 끼고 놀았다는 것 등이었다. 팽우덕은 정응태의 참소는 근거가 없으며, 양호도 억울하여 자신의 귀국을 황제에게 요청했다고 덧붙였다.[189]

다음 날 양호도 이덕형을 직접 불러 자신의 억울함을 하소연했다. 그는 여러 가지 당보(塘報)와 서간들을 보여주며 자신의 무고함을 주장했다. 이때 그는 정응태의 참소 배경으로 크게 두 가지 이유를 들었다. 그것은 한편으로 그간 전투의 서공(叙功)에 대한 일부 사람들의 불만이었다. 그는 직접 언급하지 않았으나 그것은 유정 등 남병의 불만을 의미했다. 그와 함께 양호는 정응태가 내각의 강화파인 수보 조지고 그리고 석성 등과 한패라고 주장했다.[190] 양호는 며칠 뒤 황응양을 통해 조선이 나서서 자신을 변호해줄 것을 간곡하게 요청했다.[191]

결국 6월 23일 조정회의에서는 양호를 변호하는 진주사 파견 문제가 논의되었다. 조선에게는 양호에 대한 변무도 중요했으나, 정응태가 조선에 대해서도 불리한 내용을 보고한 것에 불만이 컸다. 이를테면 그의 탄핵 보고서에 "양호가 조선을 움직여 성을 쌓았으니, 훗날 (조선이) 이 성에 의지하여 반란을 일으키지 않으리란 것을 어떻게 알겠는가?"라는 말이 있었다. 그리고 선조의 말대로 지금 남부지방 9백여 리에 걸쳐 왜군이 날로 기세를 더하고 있는데, 정응태는 조선에 대해서 "군사를 더 동원할 필요가 없고 군량을 더 운반해줄 필요가 없다. 천지개벽 이래로 중국이 조선을 위해 오늘날과 같이 구원했던 적이 없었다."고 주장했다. 회의에서 선조는 해당 문제가 양호 개인에게만 해당되지 않으며 조선의 존망과 관계된다고 말했다.[192]

조정은 호조참의 최천건을 진주사로, 지평 경섬(慶暹)을 서장관으로 파견하기로 결정했다. 일부 조선주재 명 관원들도 양호의 구원에 조선이 나서줄 것을 요청했다.[193] 이를테면 도통판(都通判) 도양성(陶良性)은 양호의 탄핵으로 인해 명군 내부의 지휘 계통이 손상되었고, 이것은 조선에도 해로울 것임을 강조했다. 그에 의하면, 양호가 탄핵되자 그 전부터 그에게 사감이 있던 유정이 부하들을 구타하는 등 체통을 손상시켰다. 도양성은 조선이 양호에게 우호적인 내용으로 명 조정에 호소해줄 것을 요청했다.[194] 실제 조정이 백성들을 동원하여 유정 아문에 양호의 유임을 요청하자, 유정은 오히려 그의 죄를 나열하면서 조선이 그를 감싸는 것에 대해 매우 화를 냈다.[195]

조선에서는 뒤늦게 심각하게 논의되었으나 이미 양호의 운명은 결정되었다. 나중에야 알려진 사실이지만, 정응태의 참소 이후 두 달 뒤 조선에 파견되어 조사를 벌이게 될 과도관 서관란도 그에게 불리한 보고를 했다. 그 내용은 첫째, 양호가 포악하게 굴까 걱정하여 조선국왕이 그에게 인수(印綬)를 바쳤다는 것,[196] 둘째 도산전투 전사자가 수만 명이 넘는다는 것, 셋째 남병과 북병이 화합해야 한다는 것, 넷째 당보(塘報)는 거짓이 없어야 한다는 것 등이었다.[197] 비판의 셋째와 넷째는 양호가 남병과 북병을 분열시켰고 거짓보고를 했음을 의미했다.

진주사 최천건 일행은 7월 1일 국왕에게 인사하고 떠났다.[198] 그들이 지참한 진주문에는 먼저 양호가 경리로서 조선에서 이룬 공적이 나열되었다. 무엇보다도 그의 청렴성과 군사들의 규율, 용맹 그리고 조선 백성의 그에 대한 두터운 신망이 강조되었다. 또한 진주문은 도산전투와 관련해서도 그의 군사적 성과, 적의 대규모 원군에 따른 후퇴의 불가피성, 그리고 후퇴 과정에서의 질서 등을 나열하며, 그에 대한 비판이 근거가 없음을 부각시켰다. 그와 함께 진주문은 양호가 강화를 추진하지 않았다는 것, 그리고 문호인 전라도와 경상도의 축성은 조선과 명을 지키기 위한 장기적인 방어계획일 뿐이라는 것, 왜군의 대규모 침공이 예상되는 시점에서 양호의 소환은 적절하지 않다는 것 등을 주장했다.[199]

최천건이 떠난 며칠 뒤, 정응태의 탄핵에 대한 명 조정의 결정이 조선에 알려졌다. 명 조정이 정응태의 탄핵을 수용하여 양호가 도산전투에서 군사를 잃고 또 그 결과를 속였다는 이유로 파직을 결정했던 것이다. 명의 결정이 나왔음에도 조선은 양호의 유임을 계속 제기하기로 했다. 7월 5일 영의정 유성룡이 백관과 백성들을 이끌고 경리의 아문에 가서 자문을 제출했다. 전체적으로 그가 이제까지 왜적의 재침을 잘 막아내고 있는데, 지금 돌아간다면 조선은 의지할 데가 없고 왜적은 다시 기세를 부리게 될 것이므로, 적어도 형개가 도착할 때까지라도 머물러야 한다는 내용이었다. 경리 측은 황제의 명령이라 어찌할 수 없다는 입장이었다.[200]

다음 날 감군 진효도 회답하여 조선의 입장에 공감하면서도 명 조정이 형개에게 조선에 들어가 군사업무를 직접 담당하도록 했음을 전하면서 국왕의 분발을 당부했다.[201] 7월 9일에는 신임 경리로 파견될 인물로서 천진순무(天津巡撫)[202] 만세덕(萬世德) 등이 후보로 추천되었다는 사실이 명군의 통보를 통해서 전해졌다.[203] 이틀 뒤 홍제원에서 선조는 양호 경리를 위한 전별식을 거행했다. 그가 떠나는 장면을 『선조실록』은 “시중의 부로(父老)들이 길을 막고 통곡했고, 경리는 가마 위에서 그들을 위로하여 격려하고 눈물을 흘리면서 갔다.”고 표현하고 있다.[204] 다음 날 선조는 남쪽으로 내려가는 유정 총병을 전송했다.[205]

최천건이 요양의 형개에게 제출한 진주문은 8월 초 명 조정에 전달되었다. 진주문의 핵심 내용은 다음과 같이 약간 다른 취지로 『신종실록』에 소개되었다. 즉 “대군이 이미 모였는데 무신〔撫臣, 양호〕이 탄핵되어 사람들이 장차 (왜적을 토벌할) 기회를 잃을까 의심하고 주저하니, 실상을 통찰하여 조속히 결정을 내려주고 무신을 격려하여 정벌을 완성해주기를 바란다."는 것이었다.[206] 그에 대한 황제의 회답은 8월 12일 형개 군문에게 통보되었고, 그것은 그달 28일 군문도감을 통해서 조정에 보고되었다. 회답은 양호가 군사를 잃고 나라를 욕되게 했으면서도 그것을 은폐하려고 했다는 사실을 재확인했다. 또한 조사를 위해 과도관을 다시 파견하니 조선이 양호를 더 이상 대변할 필요가 없다고 했다.[207] 양호에 대한 조선의 변호가 무위로 돌아간 셈이었다.

축성에 대한 변무

한편 최천건이 출발한 뒤 대신으로 교체해야 한다는 의견이 제기되었다. 선조도 동의했지만 누가 언제 떠날지 금방 정해진 것은 아니었다. 며칠 뒤 우의정 이덕형이 선택되었으나, 포기되었다. 그것은 그가 경리의 접반사로서 도산전투에 참가함으로써 이미 정응태의 주본에서도 비판되고 있다는 지적 때문이었다.[208] 진주사의 선택을 둘러싸고 조정에서 이견이 적지 않았다. 이것은 진주사의 파견을 지연시켰을 뿐만 아니라 원래 유성룡의 자원을 원했던 선조의 바람이 관철되지 않음으로써,[209] 결국 몇 달 뒤 그의 파직으로 이어졌다.

사실 대신의 파견에 대한 반대의견도 없지 않았다. 양호가 이미 송환되었기 때문에 그 중요성이 감소되었다. 그렇지만 선조가 대신의 파견을 고수한 이유가 있었다. 그것은 앞서 정응태의 보고 가운데 성의 축조와 그것을 이용한 조선의 반란 가능성에 대한 무고와 관련되었다. 7월 14일 회의에서 선조가 이 문제를 제기했다.[210] 위의 내용은 앞서 6월 23일 회의에서도 확인되었다. 해당 문제에 대한 선조의 재론은—최천건의 직급이 너무 낮아 다시 보내기로 한—대신의 진주문에 그에 대한 해명이 포함

되어야 한다는 취지였다.[211]

결국 좌의정 이원익이 진주사로 결정되었다. 부사는 좌승지 허성(許筬), 서장관은 사헌부 집의 조정립(趙廷立)이었다. 이원익 일행은 7월 말 서울을 떠났다. 그는 도중에 앞서 양호의 공백을 메우라는 황제의 명령으로 서울로 내려오던 형개 일행을 황해도 봉산(鳳山)에서 만났다. 형개는 그의 파견을 우호적으로 보고 그에게 길을 재촉하게 했다고 한다.[212] 그에 반해 이원익 등이 8월 중순 압록강변에 이르렀을 때, 정응태가 명나라에서 다시 들어오는 것을 보고 일부러 피했다.[213] 정응태는 나중에 그 사실을 알고 빠른 기병을 보내 추격하여 일행을 돌아오게 하고 진주문을 찾아오게 했다. 그러나 이원익은 돌아가는 것은 왕명의 거역이라며 거부했다.[214]

일행은 9월 말 북경에 도착하여 두 개의 진주문을 제출했다. 하나는 「축성하는 일을 변무하는 주문」, 다른 하나는 「경리의 유임을 요청하는 두 번째 주문」이었다.

먼저 축성 문제에 관한 장문의 진주문은 크게 세 가지 내용으로 구성되었다. 첫째, 조선은 작은 나라로서 외환에 대비하여 성을 쌓는 것에 불과하다. 둘째, 조선은 대대로 제후의 법도를 충실히 지켜왔으며, 축성이 중국에 대한 도전적 조치가 아니다. 셋째, 현안 문제와 관련하여 조선은 왜적이 남부지방에서 극성을 부리고 있음을 전하면서 조속한 대응을 촉구했다.[215] 진주문에 대해서 『신종실록』의 요약문은 두 번째 내용만 전달하고 있는데, 어쨌든 황제는 조선의 변무를 수용했다. 거기에 따르면, "짐이 매년 군사와 식량을 내어 비용을 아끼지 않는 것은 원래 귀국이 대대로 충순한 것을 생각해서 힘을 다해 보전시키는 것이니 남의 말에 의혹될 필요가 없다."[216]

한편 양호의 유임을 요청하는 두 번째 진주문은 양호가 명나라로 돌아간 뒤 군무를 주관하는 사람이 없어 군사들이 동요할 뿐만 아니라, 왜적이 다시 발호하여 형세가 매우 위급하다는 내용이었다. 그와 함께 진주문은 정응태의 주장과 달리 도산전투를 포함하여 양호는 조선에서 많은 승리를 거두었을 뿐만 아니라 조선의 상황을 두루 알고 있어서 왜적의 소탕에 적임자임을 강조했다.[217]

그렇지만 황제는 양호의 유임을 수용하지 않았다. 그는 형개가 추진하는 왜군의 소탕에 조선이 적극 협력하고, 명에만 의지하지 말 것을 요구했다.

> 짐은 이미 별도로 만세덕을 보내 경리(經理)하게 했소. 최근 총독 형개가 주문하기를, 지금 병사를 3개 노(路)로 나누어 진격하여 기한 내에 (왜적을) 소탕한다고 했는데, 귀국도 분발하여 장병들을 신칙하여 군량을 갖추어 협조하고 함께 소탕할 것을 기약하시오. 전적으로 천조에만 의지하면서 스스로 쇠약하다고 핑계대지 마시오.[218]

조선에 대한 무고

앞서 6월 초 정응태의 1차 무고에 따라 명 조정은 그와 서관란을 다시 조선에 파견했다. 그들의 목적은 도산전투의 공과와 명군 사상자의 실태 등에 대한 재조사였다. 그런데 8월 중순에 조선에 들어온 정응태는 자신의 임무 외에도 다른 일을 했다. 그는 특히 조선이 양호를 변무하기 위해 이원익을 북경에 파견한 것에 불만을 품고, 상소를 보내 조선을 무고했다.[219] 그 날짜는 9월 2일이었다.[220] 상소에서 정응태는 크게 몇 가지 측면에서 조선이 중국을 속이고 있다고 주장했다.[221]

첫째는 압록강 건너편 협강(夾江) 중간의 모래섬 문제였다. 그곳에는 원래 조선인들이 건너가 농사를 짓고 있었다. 그렇지만 요동 사람들이 점차 그곳에 진출하자 갈등이 생겨났다. 정응태에 의하면, 조선의 백성들이 요동도사에 소송을 제기했으나 요동도사가 불리한 판결을 내렸다. 이에 조선은 불만을 품고 왜적을 불러 명을 침공하고자 했는데, 임진왜란은 그 결과였다. 그는 "만력 20년〔1592년〕 (조선이) 마침내 그 나라에 대대로 살고 있던 왜인을 시켜 여러 섬들의 왜적을 불러와, 군사를 일으켜 함께 천조를 침범하여, 요하(遼河)의 동쪽을 탈취하고 고(구)려의 옛 땅을 회복하려 했다."는 현지 명나라 사람들의 말을 인용했다.[222]

둘째는 조선과 일본의 장기간 친교였다. 그는 우연히 손에 넣은 『해동기략(海東記略)』에 근거하여 조선과 일본 간 정기적인 물자의 헌납과 체계적인 교역을 확인했다. 즉, 정해진 선박 수와 크기, 물자의 헌납, 통행증과 같은 사신접대의 규칙, 왕래하는 길과 일정 등이 기록되어 있다는 것이다. 명 초기를 제외하고는 일본이 명과 조공관계가 없는 상황에서 이것은 일종의 불법인 셈이었다. 이를 근거로 정응태는 조선이 히데요시를 불러들여 명을 침략하려 했으나, 그의 야심을 잘못 이해하여 오히려 그의 기습을 받고 말았다고 주장했다. 『해동기략』은 조선 초 신숙주가 일본에 다녀와서 쓴 『해동제국기(海東諸國記)』의 별칭이었다.

셋째는 중국 경시였다. 그 대표적인 예로 그는 『해동기략』에서 일본 연호의 사용과 묘호의 참칭을 열거했다. 그는 "일본의 연호를 크게 천조의 연호를 작게 두 줄로 나누어 썼다."고 지적했다. 그에 따르면, 일본 연호의 사용은 조선이 중국보다 일본을 중시한다는 증거이다. 그와 함께 조선은 태조·세조 등 원래 황제에게만 사용되는 칭호를 사용하고 있다. 여기에 근거하여 그는 "조선의 군신들이 중국을 업신여긴 것이 하루 이틀이 아니다."고 주장했다.[223]

그 외에도 그는 조선 군신들의 무도함에도 양호 등 중국 관리들이 조선과 결탁하여 서로 비호하고 있다고 주장했다. 그는 선조에 대해서도 노골적인 비판과 저주를 서슴지 않았다.

> 무릇 나라의 군주가 무도하면 천자의 군대가 그를 교체하는 것이 (하·은·주) 3대에 불변의 원칙이었습니다. 지금 조선국왕 이연(李昖)은 백성들에게 포악하고 주색에 빠져 있으며, 또한 감히 왜적이 침범하도록 꾀어 천조를 우롱했습니다. (그는) 또한 양호와 결당하여 천자를 속였습니다. 우리 황상께서 인자하셔서 차마 주벌을 가하지 않으나, 하늘과 조상의 영령들이 반드시 그의 혼백을 빼앗고 그 후손을 끊을 것입니다.

9월 초[4일과 6일] 선조를 만난 정응태는 조선에 대한 무고 사실은 함구한 채, 도산전투에서 양호와 이여매 등의 잘못에 대해서 조선이 사실대로 보고하지 않은 것에 대한 황제의 노여움을 전했다. 선조가 히데요시의 책봉에도 왜적이 재침한 사실을 거론함으로써 강화의 부당성을 간접적으로 제기했을 때에도 그는 속마음을 이야기하지 않았다. 그는 강화라는 글자는 자신은 모르는 일이며 단지 전쟁과 방어를 주장할 뿐이라고 둘러댔다.[224]

그렇지만 9월 21일 그의 무고 내용이 조정에 알려졌다. 특히 국왕의 교체는 물론 후손의 단절과 같은 저주는 선조에게는 상당한 충격이었다. 당일 승정원에 대한 전교에서 선조는 "길흉화복을 당연히 순리대로 받아들일 뿐이며, (정)응태의 상소는 나의 털끝 하나도 움직이지 못할 것이다."면서도 명 장수의 접대를 포함하여 모든 국사의 주요 임무를 세자에게 처리하도록 지시했다.[225] 『재조번방지』는 "선조는 석고대죄하며 정사를 보지 않았고, 나라 안이 두려워 떨었다."고 적고 있다.[226] 유성룡을 비롯한 신하들도 연일 상소하여 국사의 재개를 요청해야 했다.[227] 사실 정응태가 제기한 문제들 가운데에는 선왕의 참칭 등 부정할 수 없는 일도 있었으나, 대개는 충분히 설명이 가능했다. 그럼에도 조정에서는 진주사의 선정과 진주문의 내용을 둘러싸고 갈등이 나타났다.

9월 하순 갈등은 유성룡의 처신을 둘러싸고 발생했다. 북인에 속했던 지평 이이첨(李爾瞻) 등이 유성룡을 비판하고 나섰다. 비판은 지난 7월 이원익이 진주사로 파견되던 시점에서 유성룡의 소극적인 행동과 관련되었다. 이이첨은 그를 잡아다 추국해야 한다는 의견까지 제시했다. 그렇지만 이어 대사헌 이헌국(李憲國)과 대사간 윤돈(尹暾) 등은 이이첨의 말이 자신들과 논의한 내용이 아니라면서, 그의 주장에 동의하지 않았다.[228] 결국 홍문관의 제안에 따라 언관들에 대한 대대적인 교체작업이 이루어졌고 이이첨도 전직되었다. 그렇지만 선조까지도 유성룡에 대한 불만을 드러

이문(吏文)에 능했던 월사(月沙) 이정구의 문집인 『월사집』 간행을 위한 목판

냈다. 즉, 정응태의 무고가 나라에 매우 중요한 사안임에도 그가 적극 나서지 않고 기피한다는 것이다.[229]

진주문의 내용과 관련해서도 의견차가 나타났다. 특히 칭조·묘호 문제에 대해서는 상당한 의견차이가 있었다. 거세지는 비판으로 유성룡이 10월 초 사직서를 제출한 가운데, 묘호에 대한 변무를 상의하고자 대신들이 선조를 찾아왔다. 윤두수·윤근수·한응인·이항복 등이 이정구의 초안과 같이 "잘못한 것으로 받아들인다."는 뜻으로 쓸 것을 요청하여 선조의 허락을 받았다. 자세한 내용은 알 수 없으나 유성룡은 이제 와서 사실대로 아뢰게 되면 큰 화가 있을까 염려되니 거론하지 않는 편이 낫다는 입장이었다.[230] 결국 선조는 윤두수 등의 의견에 따랐다.

진주사의 파견

조선에 대한 정응태의 직접적인 무고를 해명하기 위해서 다시 진주사 파견이 결정되었다. 처음에는 유성룡이 적극 거론되었다. 그렇지만 그는 지난번 일로 언관들의 비난에 직면했다. 부제학 김늑(金玏) 등이 유성룡을 변호하고 나섰으나,[231] 연일 각 부서에서 유성룡에 대한 탄핵과 파직의 요구가 제기되었다. 이러한 가운데 10월 7일 선조는 결국 유성룡을 교체했다.[232] 당시 진주사로 명에 가 있는 좌의정 이원익이 영의정으로, 병조판서 이항복이 우의정으로, 명 장수 유정을 따라 남부지방에 내려간 우의정 이덕형이 좌의정으로 각각 임명되었다.[233]

그와 함께 이항복을 정사로, 병조참의 이정구를 공조참판으로 승진시켜 부사로, 사예(司藝)[234] 황여일(黃汝一)을 서장관으로 삼았다.[235] 세 사람은 모두 사행 과정을 일기로 남겼는데, 일행은 10월 21일 서울을 출발하여 11월 10일 의주에 도착했다. 그렇지만 진주문을 수정해야 한다는 조정의 명령으로 인해 오랫동안 그곳에 머물렀다. 그들은 12월 6일에야 압록강을 건넜고, 이듬해인 1599년 1월 23일 북경의 옥하관에 도착했다. 진주문은 1월 26일 예부에 제출되었다. 그 외에도 그들은 병부와 각로(閣老)의 아문, 급사중 서관란, 감군 진효 등에게 자문을 보내 추가적인 변무 활동을 벌였다.[236]

진주문에서 조선은 그간 정응태가 제기했던 몇 가지 문제에 대해서 조목조목 반박했다. 협강 문제와 관련해서 조선은 피차의 정해진 강역이 있을 뿐 다툼은 없다는 점을 분명히 했다. 단지 양국이 그곳에 거주를 금지함으로써 혼거에 따른 분쟁을 막아야 할 뿐이다. 조선이 영토 회복을 위해서 대대로 살던 왜인들을 시켜 일본과 함께 명을 공격하려 했다는 주장은 전혀 근거가 없다. 수십 년 전부터 조선에는 더 이상 왜인들이 살고 있지 않다.

다음으로 『해동기략』에서 일본 연호의 사용에 대한 해명도 어렵지 않았다. 진주문에 의하면, 그 책은 일본의 문헌에 각주를 다는 정도로서 그저 베낀 것에 불과했다. 또한 종주국의 연호를 제후국의 연호 아래 작은 글씨로 쓴 사례는 『춘추』에서도 발견될 뿐만 아니라,[237] 『해동기략』의 서문에서는 중국의 연호만 사용했다. 왜왕의 죽음도 '훙(薨)'이 아닌 '사(死)'로 쓰는 등 존칭어를 사용하지 않았다. 한편 칭조(稱祖)는 신라와 고려 때부터 잘못된 관행을 고치지 못하고 지켜왔을 뿐이며 참칭하려는 것은 아니다. 그 외에도 조선은 대명률과 대통력과 같은 명의 제도를 사용하며, 황제의 조서를 받들고 표문을 보낼 때에는 정해진 의식이 있는 등 중국을 상국으로 여기고 있다. 끝으로 정응태의 무고는 조선에 대한 사적인 감정, 즉 조선이 그가 탄핵한 양호를 변호했기 때문임이 강조되었다.[238]

『신종실록』은 2월 2일 기사에서 해당 진주문을 게재했다. 기사에 소개된 몇 가지 사항은 다음과 같다. 첫째, 왜적과의 교류와 관련해서 대마도가 조선에 가까워 그들이 복종함에 따라 말썽을 줄이고자 왕래를 허용했다. 둘째, 과거에는 부산포 등 삼포에 왜호가 살았는데 왜란 이후 소탕되어 지금은 살지 않은 지 80, 90년 되었다.[239] 셋째, 『해동기략』은 일본의 원서에 설명을 덧붙여 그 나라를 조금 이해하려는 것으로, 가치도 없는 글이다. 그 외에 협강의 모래섬과 관련해서는 요동도사와 쟁송한 적도 없을 뿐만 아니라, 왜적을 유인해서 요하의 동쪽 옛 땅을 탈취하고자 했다는 것은 말이 되지 않는다.[240]

이에 황제는 병부에 명하여 의논해서 보고할 것을 지시했다. 그 결과 각 부서들의 의견이 제출되었고, 당시 병부상서를 겸하고 있던 형부상서 소대형(蕭大亨)이 2월 8일 1차 종합적 의견을 제출했다. 중론은 조선을 추궁하지 말뿐 아니라 오히려 국왕을 위로해야 한다는 것이었다.[241]

> 조선은 대대로 충정이 돈독했으니 은덕을 배신하고 왜적과 내통할 리가 없습니다. (조선의) 상소는 매우 슬프고 분하여 두려워서 어쩔 줄 모르는 것 같습니다. (저희) 모두 바라건대, 우리 황상께서는 2백 년간 변치 않은 그들의 마음을 살피시어 한시도 근거가 없는 조사를 면해주십시오. 혹 칙서를 내리시어 빠른 시일 내에 (전쟁에서의) 공로에 상을 내리시고, 혹 성지를 내려 (조선)국왕이 안심하도록 위로하십시오.[242]

그들의 결론은 위의 인용문에 해당되나, 얼마 후 조선에도 전달된 개별적인 의견에는 몇 가지 논거가 확인되었다. 이를테면 지난 7년간 은혜를 베풀었으니 조선이 보은의 감정을 가지게 될 것, 전쟁으로 조선이 커다란 피해를 당한 사실을 본다면 왜적과 내통했을 리가 없다는 것, 조선이 왜적과 무역 등 오랜 접촉에도 길을 빌려주지 않은 것, 감관 서관란의 글에 조선이 명을 배반할 나라가 아니라고 명시된 것, 『해동기략』은 외교의 의례에 관한 옛날의 기록에 불과하다는 것, 국왕의 진주문에 진실성이 보인다는 것, 왜군이 물러간 마당에 서로 의구심을 갖는 것보다는 선후책을 통해서 울타리로서 조선의 회복이 필요하다는 것 등이었다.[243]

사실 당시 조선의 전황은 크게 변해 있었다. 명 조정의 중론에서 국왕의 공로에 대한 상을 운운한 것은 전쟁이 종료된 상황을 반영했다. 아래에서 보는 것처럼 3개월 전인 1598년 11월 말 왜군은 모두 철수했다. 그해 12월 중순 명군의 공격에 따른 왜군의 도주와 노량해전 승리에 대한 형개의 보고가 북경에 도착하자, 황제는 군사들을 위로해야 한다면서 1년 전 울산전투의 공과에 대해서도 재평가를 지시했다.[244] 그와 함께 울산전투의 패배를 지적하며 명군 지도부를 탄핵했던 정응태는 이듬해 1월 2등급 강등되어 귀국했다.[245]

물론 귀국한 정응태는 가만히 있지 않았다. 그는 왜군의 철수 과정에서 명군 지휘부의 잘못까지도 지적했다. 1599년 1월 말 그는 "총독 형개 등이 왜적의 뇌물을 받고 나라를 팔았다."고 상소했는데, 그 말은 어느 정도 사실이었다. 그 외에도 그는 조선이 일본과 몰래 결탁했다는 주장을 되풀이하고, 아울러 상서 소대형과 일부 과도관들까지 형개와 공모했다고 덧붙였다. 다만 황제는 그의 말에 근거가 없다고 보류시켰다.[246]

그와 함께 정응태에 대한 직접적인 비판이 제기되었다. 대학사 심일관은 사실 여부를 떠나서 10만여 군사들의 노고를 위로하기 위해서라도 정응태의 주장은 수용해서는 안 된다고 강조했다.[247] 감찰어사 우여청(于永淸)은 그가 "왜적이 물러나지 않았을 때에는 우리 군대가 잘못한다고 (주장)하고, 왜적이 물러가니 우리 군사가 공로가 없다고 (주장)한다."고 비판했다. 그는 또한 정응태가 명군의 전공에 대해서 까다롭게 조사했다고 지적했다. 즉 명군의 피해를 조사하는 과정에서 생존자 수의 중복 산정을 막고자 눈썹과 머리를 깎는 등 모욕적인 일까지 했다는 것이었다.[248] 이과급사중 진유춘(陳維春)은 심지어 정응태가 왜와 한패가 되어 나라 일을 그르쳤다고 비판했다. 『신종실록』의 편자가 지적한 것처럼, 전에 정응태가 왜적에게 수뢰했다고 명의 장수들을 비난했는데, 이제 그가 왜적과 한패라고 비판받는 우스운 상황이 나타났다.[249]

그러한 가운데 2월 하순 황제는 정응태의 해직을 지시했다. 그가 "개인적으로 분개하여 망령되이 폭로했다."는 이유였고, 황제 자신은 조선에 나온 "군사들의 오랜 노고와 조선 백성들의 눈물겨운 호소"를 강조했다. 그와 함께 서관란을 다시 서울로 보내서 명군의 공과에 대한 조사와 철군 등 조선의 전후처리 문제를 해결하도록 지시했다.[250] 며칠 뒤에는 형개를 통해 정응태의 회적(回籍) 사실이 조선에 전해졌다.[251]

결국 예부(禮部)는 아직 북경에 머물던 진주사 이항복에게 주는 자문 형식으로 진주문에 대한 황제의 성지(聖旨)를 전달했다. 그는 장계로 조정에 보고했다.

> 나라의 체면과 군사 문제는 모두 조정의 대사이다. 짐이 어찌 일개 작은 신하의 개인적인 분노와 망령된 고자질 때문에 장병들이 오랫동안 (조선을) 지키고 있는 노고와 속국 군주와 백성들이 눈물로 호소하는 고난을 생각하지 않겠는가? 정응태의 사리에 어긋난 행동과 강제적인 조사 때문에 중요한 일을 그르칠 뻔했다. 잠시 그의 직(職)을 파하고 평민으로 호적을 돌려 조사를 받도록 하라. 너희 예부는 조선왕에게 자문을 보내 위로하여 짐이 시종 보살펴준 은덕을 알게 하고, 아울러 백성들을 훈계하여 공손한 절의를 더욱 굳게 하라.[252]

선조는 황제가 조선에 칙서를 내리지 않고 그냥 예부에 성지만 내린 것에 대해서 불만이었다. 더욱이 예부의 자문에는 구경(九卿)의 논의가 누락되었기에 선조는 뭔가 조선에 좋지 않은 말이 오갔을 수도 있다는 입장이었다. 어쨌든 조선은 정응태의 무함으로부터 벗어나게 된 것을 다행으로 여겼다.[253]

관왕묘의 방(榜)

이항복이 정응태의 무고에 대한 진주문을 가지고 북경에 도착할 즈음 한 사건이 발생했다. 누군가 서울에서 관우를 모신 사묘인 관왕묘(關王廟)에 방을 붙여 정응태를 저주했던 것이다. 1599년 봄 형개는 황제에게 올린 제본에서 그 문제를 제기했다. 그리고 해당 문제가 처음으로 선조에게 전해진 것은 3월 7일 통판(通判) 여민화(黎民化)와의 대화에서였다. 그는 조선 사람이 "(관왕묘의) 신에게 울며 고했다는 말"이 사실인지 물었고, 선조는 어찌 그런 일이 있겠느냐며 부인했다.[254] 그런데 북경에 있던 이항복은 관왕묘에 붙인 방문으로 인해서 중국 내 "논의가 흉흉하여, 우리들은 그로 인해 변무의 일에 장차 다른 주장이 나올까 깊이 우려했다."고 쓰고 있다.[255]

그 문제가 다시 논의된 것은 두 달 뒤 이항복 일행이 북경에서 돌아와 복명할 때였다. 그는 윤4월 13일 선조에게 보고하면서 형개의 제본에 그 문제가 포함되어 있었음을 확인했다. 그 제본에 대해서 황제가 "조선의 군사와 백성이 귀신에게 울며 고했다는 말은 매우 이상하다."는 의견을 냈다는 것이다.[256] 선조도 황제의 의견에 공감하며, 해당 글이 조선 사람이 지은 것 같다고 말하여 이항복의 동의를 얻고 있다.

그렇지만 관왕묘에 붙인 방의 내용이나 그 배경에 대해서는 더 이상 문헌상에서 찾아볼 수 없다. 다만 최근 발굴되어 2004년 발간된 형개의 문집에 위의 제본도 포함되었다. 형개의 제본은 주로 찬획 정응태와 과신 서관란의 활동에 대한 비판을 내용으로 했다. 앞서 언급한 것처럼 이들은 '사감(査勘)'을 위해 조선에 파견되었다. 제본에서 형개는 조선의 백성들이 형개 자신은 물론 명군의 여러 아문에 수천 명씩 몰려와서 정응태의 조선에 대한 참론에 대해서 억울함을 호소하고 있음을 적시했다. 그와 함께 그는 관왕묘의 방에 대해서도 언급했다. 즉, (1599년) 1월 24일 갑자기 시끄럽게 전해 듣기로, 조선인 5명이 큰 글씨로 쓴 주문(呪文)을 관왕묘의 대문 밖 벽에 붙였고, 아직도 사람이 지키고 있다는 것이었다. 형개는 그 주문을 베껴오도록 했는데, 거기에는 다음과 같은 말이 들어 있었다.

> 조선인 기로(耆老)·군민(軍民)·한량인(閑良人) 등은 삼가 머리를 조아리고 무안성왕(武安聖王) 관우(關羽) 어르신의 신령께 말씀을 올립니다. 천조의 큰 간신인 정응태가 왜적과 한패가 되어 전쟁을 기피하고, 우리 국왕을 무함했습니다. 이 천하의 죄인은 본국에게는 실로 불공대천의 원수입니다. 우리 백성들은 절치부심하여 이 도적과 함께 살 수 없음을 맹세합니다. 다만 그가 성스런 천자께서 파견하신 사람임을 생각하여 가만히 참고 접대하여 보냅니다. 신명께서는 잘 아실 것이니 빨리 천벌을 내리시어, 이 도적이 살아서 압록강을 건너 다시 중국의 땅을 더럽히지 못하게 하십시오. 다수의 정성을 이루어주십시오. 살펴주시기를 바랍니다.[257]

형개에 의하면, 자신이 국왕에게 엄중히 글을 보내서 방을 붙인 사람들을 잡아가게 했다. 나중에 정응태가 그 사실을 듣고 그 주문을 서관란에게 알렸다. 서관란은 하북성 동북쪽 당산(唐山)에 위치한 준화(遵化) 좌우영(左右營)에 연락했고, 부장 이방춘(李芳春) 등이 그의 신변보호를 위해 기병 40명을 정응태에게 보내주었다. 그는 1월 25일 형개의 의주 아문에 왔다가 중국으로 떠났다. 결국 명에서는 정응태의 안전한 귀국 조치만 취했을 뿐, 이항복이 우려했던 바, 변무에 대한 결정에 변화는 없었다. 추측건대 민간 수준에서 정응태에 대한 비난이 조선의 변무에 더 무게를 실어주었을 뿐이었다.

| 제 10 장 |

종전과 전후처리

10

1. 전쟁의 종결

히데요시의 사망

1598년 7월 양호가 탄핵을 받아 귀국한 뒤, 황제의 명에 따라 군문 형개가 명군을 통솔하기 위해서 8월 초 서울에 다시 들어왔다. 형개는 전년도 11월 말 서울에 들어왔다가 3월 중순 북방의 소요로 압록강을 건너가 있었다. 서울 도착 즉시 그는 명군의 재정비에 나섰다. 그가 서울을 떠날 때 명군을 3개의 노(路)로 나누어 각 지역에 배치했으나, 그간 유정과 진린 등이 1598년 6월 중순까지 서울에 도착함으로써 수정되었다. 전라도 방면의 서로는 유정, 경상우도 방면의 중로는 동일원, 경상좌도 방면의 동로는 마귀 그리고 수로는 진린의 수군이 담당했다. 명군은 9만여 명, 조선군은 2만여 명으로 육군과 수군 총 11만여 명이었다.[1] 명의 수군 지휘부는 6월 말 한강의 동작나루에서 국왕의 전별을 받고 출발했다.[2] 그들은 7월 중순 삼도수군통제영이 위치한 고금도에 도착했다.

명군이 남하할 시점에서 일본 내부에서는 큰 변고가 있었다. 히데요시가 사망한 것이다. 그는 6월부터 병세가 심각해졌다. 7월 중에는 그의 병에 대한 소문이 일본에서 나기 시작했다. 7월 중순에는 병의 회복을 위한 기도제가 열리는가 하면, 8월 초 그는 중신들에게 자신의 사후 아들 도요토미 히데요리(豊臣秀頼)에 대한 충성을 서약하게 했다. 결국 그가 8월 18일 사망하자, 도쿠가와 이에야스 등 소위 원로들은 조선에서 군대를 철수하기로 결정했다.[3] 그렇지만 철수 명령서의 내용은 무조건적인 철수는 아니었다.

먼저 나쓰카 마사이에(長束正家) 등 다섯 봉행의 8월 25일자〔일본력〕 공문은 일주일 전 히데요시의 죽음을 숨기면서도 조선에서 철군을 지시했다. 이때 강화의 조건에 따라 철수의 방식과 일자가 다르게 설정되었다. 이를테면 조선이 왕자를 보내면 즉각 철수하고, 조선이 공물을 제공하기로 할 경우, 조선의 관리가 대마도까지 건너오면 전원 철수하고, 그렇지 않는다면 부산포에 성 하나를 남겨두라는 것이었다.[4] 이어 9월 5일자〔일본력〕 모리 데루모토 등 네 원로 명의의 명령서가 작성되었는데, 조급함이 더욱 드러났다. 거기에는 강화의 추진 주체로 기요마사가 지명되었으나, 그가 안 되면 어느 누구라도 괜찮다고 명시되었다. 강화조건으로 조선 왕자의 파견이 최선이지만, 다소를 불문한 공물의 제공을 차선으로 삼았다. 그와 함께 군대의 철수를 위한 3백 척의 배를 조선에 보내도록 했다.[5]

한편 히데요시가 6월 병에 걸리자 8월에는 조선에서도 그의 사망설이 제기되었다. 8월 5일 전라병사 이광악이, 20일 경상좌병사 성윤문이 귀국한 조선인 포로의 말에 근거하여 사망 가능성을 보고했다.[6] 23일 경상도 관찰사 정경세는 전라도를 침범할 것으로 예상되었던 구법곡(仇法谷)의 왜적이 이유 없이 서생포로 물러간 사실을 근거로 변고 가능성을 보고했다.[7] 히데요시의 사망과 관련된 소문은 9월에도 계속되었다. 어쨌든 일본 측은 그의 죽음을 은폐한 채 철군의 명분을 찾고 있었다.

조명연합군의 진격

한편 3개 방향에서 왜군의 북상을 막기로 결정한 명군은 8월 중순 남하했다. 8월 15일 형개와 명 장수들이 서울의 관왕묘에 제사를 올리고 왜군의 소탕을 다짐했고, 18일 선조는 남대문 밖에 행차하여 명 장수들을 전송했다. 그와 함께 조선도 각지에서 군사들을 징발하여 보내기로 했다.[8] 9월 중순까지 유정의 군대는 곡성을 지나 순천, 마귀의 군대는 경주, 동일원의 군대는 진주에 도착했다. 그들은 각기 왜군이 주둔하던 순천왜성, 울산왜성 그리고 사천왜성에 대한 전방위적 압박에 나섰다. 고금도에 있던 조명연합수군도 수로로 순천왜성에 대한 공격에 나섰다.

그렇지만 외형상 왜군에 대한 전면적인 공략을 위한 출정이었으나, 울산전투와 같이 많은 인명피해를 감수하며 적극적인 공세에 나설 이유는 없었다. 형개는 왜군을 소탕해야 한다는 조선의 끈질긴 요구로 외견상 전쟁을 내세우면서도, 전방의 장수들에게 왜군과의 개별적인 접촉을 권장

1598년 3월말 명군 주둔지와 왜성

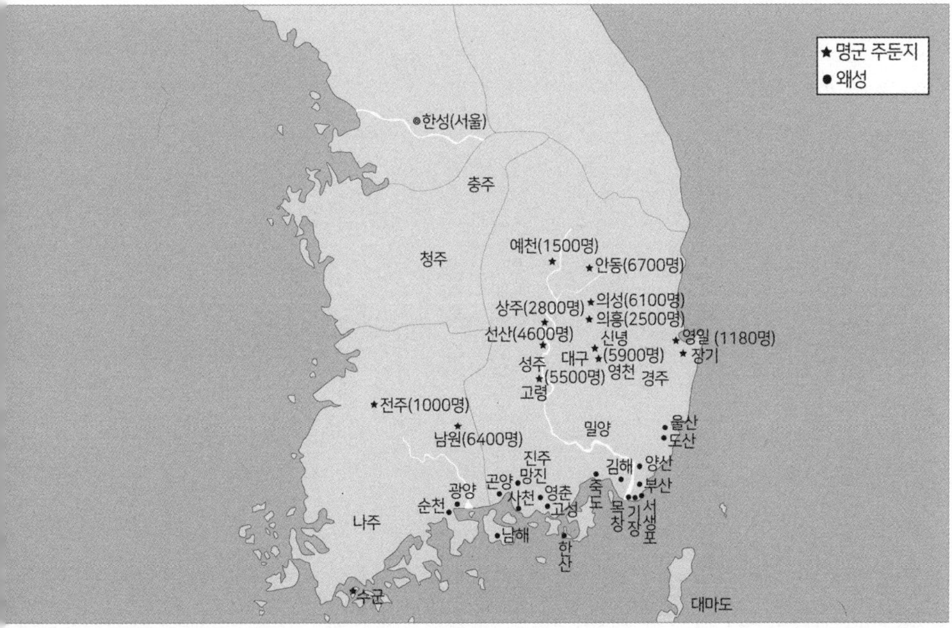

했다. 왜군은 히데요시의 사망으로 철수가 예상됨으로써 이미 전투 의지를 상실했으나, 저항도 만만치 않았다. 특히 중로군이 사천에서 패배하자, 명의 장수들은 안전한 귀국의 보장을 통해서 그들의 철수를 유도하는 데 집중했다.

먼저 순천은 여수를 거쳐 남해에 이르는 관문이었다. 예교의 왜성에는 제2군 주력부대 유키나가의 7천 명 등 다섯 다이묘들의 1만 3천 7백 명 군대가 1597년 12월 초 들어가서 주둔했다. 유정의 군대를 따라갔던 좌의정 이덕형은 "예교는 산이 (바다쪽으로) 툭 튀어나와 양 옆은 바다이고, 한 면은 육지와 연결되어 있다. 성을 다섯 겹으로 쌓아서 외성이 함락되더라도 내성이 남아 있어 함락시키기 매우 어렵다."고 회고했다.[9] 조명연합군은 크게 육군과 수군으로 구성되었다. 육군은 유정 제독의 군사가 주축이 되고, 도원수 권율, 충청병사 이시언, 전라병사 이광악 등이 참여했다. 수군은 제독 진린, 부총병 등자룡(鄧子龍) 그리고 통제사 이순신과 경상우수사 이순신(李純信)이 이끌었다.[10]

지형적 특성으로 인해 왜성 공략의 성공 여부는 육지의 유정 군대에게 있었다. 그는 먼저 변칙적인 방식으로 왜성에서 유키나가 등을 유인하는 전략을 택했다.[11] 그 전략이 실패하자, 마침내 10월 1일과 3일 육군과 수군이 합동으로 왜성에 대한 공격을 감행했다. 육군은 많은 공격장비를 갖고 왜성에 접근했으나 왜군의 거센 반격에 직면했다. 수군의 공격에서도 쌍방간 많은 전사자가 발생했다. 공격이 실패하자 유정은 소극적인 공격으로 일관했다. 이덕형과 그의 접반사 김수 등 조선의 관원들이 공격을 요청하고 진린 제독도 질책했으나 소용없었다.[12] 그 후 연일 수군에 의한 공격이 이어졌으나 많은 인명피해만 났다.[13] 며칠 뒤 사천전투의 패배 소식을 들은 유정은 10월 9일 많은 식량까지 버리고 순천으로 철수했다. 조명수군도 당일 철수하여 전라좌수영을 거쳐, 12일 고흥의 나로도(羅老島)로 돌아왔다.[14]

중로 동일원 군대의 진격은 처음에는 순조로웠다. 정기룡의 군대 2천여 명이 포함된 조명연합군은 9월 28일 진주에서 남해도로 이어지는 요충지인 사천의 왜군을 물리쳤다. 왜군은 진주 부근까지 펼쳐져 있다가 연합군의 공격이 있자, 그보다 남쪽에 위치한 요새인 사천왜성으로 집결하여 방어하고자 했다. 그곳은 전년도 말에 새로 축성된 곳으로서 삼면이 바다로 둘러싸인 요새였고, 사쓰마의 영주 시마즈 요시히로와 그의 아들 시마즈 다다쓰네(島津忠恒)가 이끄는 제5군 1만 3천여 명이 지키고 있었다. 연합군은 10월 1일 사천왜성을 공격했다. 그렇지만 7천여 명의 사망자를 내고 군량 2천여 석도 빼앗기고 말았다. 연합군은 진주를 거쳐 성주까지 후퇴했다.[15]

한편 동로의 마귀는 울산까지 내려가 기요마사가 이끄는 1만여 명의 왜군을 포위하여 지난해 말과 비슷한 상황까지 진행되었다. 그렇지만 왜군이 해자를 만들어 바닷물을 끌어들임으로써 도산성 앞의 강을 건너지 못하게 하여 함락하기 어려웠다.[16] 그의 접반사 이광정의 보고에 의하면, 9월 22일 밤 왜군이 갑자기 나와서 명군 5명이 피살되고 1명이 포로로 잡혔다. 명군은 단지 며칠 전 동래 온정(溫井)의 왜군 30여 명을 베었고, (조선인) 포로 1천여 명을 불러오는 데 성공했다.[17] 그렇지만 마귀는 중로의 명군이 패했다는 소식을 듣고, 10월 4일 보병과 군장비를 모두 경주로 퇴각시켰다.[18]

강화와 왜군의 철수

왜군은 견고한 성에서 명군의 공격을 막을 수는 있었으나 다른 성과는 얻지 못했다. 특히 앞서 제시된 강화의 요건을 충족시키면서 철수할 수는 없었다. 조선은 결코 강화는 할 수 없을 뿐만 아니라 그들이 그냥 물러가게 해서는 안 된다는 입장이었다. 따라서 10월에 들어서자 일본 원로들은 조선과의 강화를 포기하고 서둘러 철수하도록 지시하는 문건을 다시 하달했다.[19] 그들은 히데요시의 유언이라면서, 각지의 군대로 하여금 부산포에 모여 귀국하게 했다.[20] 해당 시점에서 위의 8월 25일자 명령이 조선의 왜영에 차례로 전달되었다. 명 측도 10월 초 공세에 실패하자 타협을 모색했다. 현지 명군의 움직임에 대해 조정도 계속하여 보고받고 있었으나 그에 대한 별다른 대응은 하지 않았다.[21]

동일원과 유정은 사람을 차례로 왜의 진영에 보내서 철수를 종용했다. 10월 초와 중순 동일원의 부장 모국기(茅國器)와 사천의 요시히로는 연일 서로 서신 왕래를 했다.[22] 순천에서는 유키나가가 먼저 움직였다. 해로가 막힌 그는 안전한 철수를 위해서 명군의 협조가 필요하다는 사실을 알고 있었다.[23] 그는 유정에 이어 진린에게도 은화와 보검, 말 등 많은 뇌물을 주었다. 유정도 10월 22일 오종도를 유키나가 진영에 보내 인질을 넘겨주며 왜군의 안전한 귀로를 약속했다.[24] 양측 사이에 일종의 정전협정이 맺어진 셈이었다. 그 과정에서 명군은 자국의 군사 약 50여 명을 왜적에게 인질로 넘겨 일본까지 가게 했다. 나중에 알려진 바로는 중로 동일원의 군사 19명, 유정의 군사 30명, 그리고 진린의 군사 7명 등이었다.[25]

인질을 매개로 하는 강화와 왜군의 철수 사실은 조정에도 알려졌고, 서울의 형개도 알고 있었다. 얼마 후 정응태와 서관란은 형개 등이 왜군에게 많은 뇌물을 주었다고 탄핵했다. 물론 형개 등은 뇌물수수와 인질파견 사실을 부인했다. 조선과 일본이 왜군에 넘겨진 명의 군사를 인질을 의미하는 '질관(質官)'으로 묘사한 것과 달리, 명군지휘부는 '위관(委官)' 또는 '차관(差官)'으로 명명하면서 통상적인 직무를 수행한 것처럼 했다.[26] 인질 이외에 다른 약속은 알려지지 않았다.[27] 명·일의 접근에 대해 의구심을 품은 조선에게 명 측은 협상이 왜적의 공략을 위한 속임수에 불과하다고 주장했다.

문제는 가장 깊숙이 순천왜성에 주둔한 유키나가의 군대였다. 11월 8일 진린 도독은 왜군이 10일경 철수할 것이라는 첩보를 이순신에게 전했다.[28] 이에 나로도의 조명수군은 다시 광양만으로 진출, 이들의 귀로를 차단하는 데 역량을 집중했다. 그렇지만 얼마 뒤 진린 도독과 왜 사이에 협상이 진행되었다. 11월 중순 왜선들이 진린의 진영에 출입하며 선물을 바쳤고, 그도 위관 진문동(陳文棟)을 왜의 진영에 보내 귀로의 인질로 삼게 했다. 이순신도 이 사실을 알고 있었다.[29] 물론 진린은 무조건 조선 수군에게 유키나가의 퇴로를 열어주도록 요구할 수는 없었다.

이러한 상황에서 11월 17일 시마즈 부자가 유키나가를 구원하기 위해서 사천에서 남해도의 동북쪽으로 접근했고, 고성의 다치바나 무네시게, 남해도의 요시토시 그리고 부산의 데라자와 마사나리 등도 서진했다. 왜의 구원군이 예상되는 가운데 군관 송희립(宋希立) 등 이순신의 참모들은 그럴 경우 수군은 앞뒤에서 공격받게 되고 그 과정에서 순천 왜군도 도주할 수 있다는 의견을 제시했다. 그에 따라 이순신은 대양으로 나가 왜의 구원군을 선제공격하여 왜군의 귀로를 막기로 했다. 진린은 처음에는 주저했으나, 이순신의 간곡한 요청을 받아들였다.[30] 결국 연합수군은 순천왜성에 대한 포위를 풀고 동진하여 18일과 19일 노량해협에서 왜의 구원군과 격전을 벌였다. 이순신과 부총병 등자룡 등이 전투에서 전사했고, 왜군도 5백여 척 가운데 2백여 척이 침몰되는 등 큰 타격을 입고 거제도를 거쳐 부산포로 퇴각했다. 그 틈을 타서 유키나가 등은 왜교에서 빠져나와 여수해협을 거쳐 부산포로 도주했다.[31] 노량해전은 정유재란 최후의 전투였다.

한편 11월 중순 울산성에서 서생포로 돌아온 기요마사는 그달 24일 부산포를 떠나 철수했다. 며칠 내로 유키나가와 요시히로 등의 군대도 차례로 귀국했다. 이에 명군과 조선의 군대는 남하하여 울산·서생포·김해·고성·순천 등지에 진입했다. 마지막 강화의 책임을 졌던 기요마사는 귀국시 명 장수들에게 보내는 방문(榜文)을 세워두었다. 거기에서 그는 마치 유키나가를 지원하기 위해서 철수하는 것처럼 하면서, 무엇보다도 조·명·일 삼국은 친형제 국가이며 반드시 강화할 것을 주장했다. 그는 또한 히데요시가 죽기는 했으나, 히데요리를 후계자로 두고 이에야스가 그를 뒷받침해주고 있어서 일본의 사직은 안녕할 것이고, 심지어 조선에 대한 재침도 쉬운 일이라고 덧붙이면서 강화의 필요성을 거듭 강조했다.[32] 사실 그것은 강화에 대한 의지라기보다는 조명연합군이 일본까지 추격할 것을 우려한 말에 불과했다.

한편 사천의 패배 소식이 11월 초 북경에 전달되자 명 내부에서도 왜군에 대한 총공세를 반대하는 여론이 제기되었다. 즉, 다수의 군사와 비용을 동원하여 계속 소탕작전을 할 것인지 아니면, 일부의 군대만 조선에 주둔하여 방어에 집중하고 나머지는 철수할 것인지 논쟁이 벌어졌던 것이다.

먼저 소탕작전의 중단을 주장한 측은 조선을 위해 많은 인적·물적 자원의 낭비를 우려하고 그 대신 군사의 휴식과 비용의 절감을 내세웠다. 이를테면 호과급사중 학경(郝敬)은 조선에 대한 수만 냥의 재정적 지원, 문무 관원 각 1명의 잔류, 군사 수만 명의 주둔을 통한 장기적 방어책을 마련하고, 나머지 군대는 모두 요동으로 철수하여 국경을 지킬 것을 주장했다. 그와 유사하게 대학사 조지고도 형개는 요동으로 철수하고 그 대신 경리 만세덕이 적당한 수의 군사로 조선의 요새지를 지키는 방안을 제시했다.[33] 이것은 형개가 더 이상 관여하지 않음으로써, 명의 조선에 대한 개입을 최소화한다는 의미였다.

그에 대해서 반대론도 적지 않았다. 병과급사중 요문위(姚文蔚)와 장보지가 그 예였다. 요문위는 다수 군사의 철수 주장을 과거 실패한 책봉정책을 지속하려는 시도로 간주하고, 지금은 시기적으로 결말을 내야 할 때임을 강조했다.[34] 급사중 장보지는 다음과 같이 조선의 지정학적 중요성을 강조하며 명의 안전을 위한 조선의 방어를 강조했다.

> 조선은 우리의 울타리이다. 조선을 구하는 것은 명이 스스로를 지키는 계책일 뿐이다. 대개 나라에서 북평에 수도를 두었으니 수도지역이 나라의 복심이고 계진(薊鎭)은 그 어깨와 등이다. 이곳에서 서쪽으로 청해성 옥문(玉門)까지는 길이가 8, 9천 리인데, 이곳은 오른쪽 어깨와 등으로서 거리가 길고도 둘러싼 지세가 상당히 공고하다. 그곳〔계진〕에서 동쪽으로 요동의 압록강까지는 구불구불하고 약 2천 리에 불과하다. 이곳은 왼쪽 어깨와 등으로서 거리가 짧고 둘러싼 지세도 트여 있다. 그와 함께 매년 북방 오랑캐의 우환으로 고통을 당하여 기능이 마비되어 있다. 믿는 바는 조선이 (명의) 바깥쪽 방어를 공고히 하여 (명) 내부의 걱정을 해소하는 것이다.[35]

이러한 논쟁이 벌어졌을 때 마침 복건순무 금학증(金學曾)이 히데요시의 죽음에 대한 소식과 함께 일본 내 내전의 발생 가능성을 보고했다. 그는 육로와 해로에서 왜적을 공격할 적절한 때임을 주장했다. 황제도 조선 내 군사들의 동요를 우려하여 논의를 중단시킬 것을 지시했다. 결국 11월 말 병부는 찬반의 주장을 모두 고려한 종합적인 방안을 제시하여 황제의 승인을 받았다. 그것은 소탕작전을 계속하되 서두르거나 무모하게 하지 말라는 것이었다. 식량과 경비는 중국에만 의존하게 하지 말고 조선도 제공하게 함으로써 명의 부담을 줄이도록 했다. 또한 조지고 등이 주장한 것처럼 경리 만세덕이 조선관련 업무를 전담하기로 했다. 물론 그러한 결정이 조선에 전해졌을 때 왜군은 이미 모두 철수한 상태였다.[36]

정왜기공도(국립중앙박물관 소장)_명 종군화가의 작품으로, 오른쪽부터 순천왜성과 노량해전, 조선과 명 조정에 대한 승리보고 등이 시간 순서대로 그려져 있다

조선의 대응

11월 19일 유정의 군대가 왜군이 없는 예교성에 들어갔다는 소식이 이덕형을 통해 23일 조정에 전달되었다.[37] 같은 날 형개의 당보와 도원수 권율의 장계를 통해서도 왜군의 철수가 보고되었다. 그 시점에서 사천과 울산에 주둔하던 왜군이 18일 철수한 사실도 조정에 알려졌다. 이산해·윤두수·정탁 등은 24일 3로 왜군의 철수 사실을 축하했다.[38] 25일에는

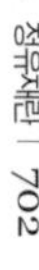

동로 마귀 제독의 접반사 이광정, 26일에는 중로 동일원 제독의 접반사 이충원(李忠元)이 보낸 보고서가 조정에 도착했다. 명군은 예교에서와 마찬가지로 이미 소각되거나 텅빈 왜군 진영에 진입했다.[39]

왜군이 철수하자 군문 측에서 명군의 승리로 간주하여 국왕이 와서 치하할 것을 요구했다. 그렇지만 조정은 유정이 왜군에게 인질을 주고 유키나가를 고의로 놓아준 것에 분개했다. 지금 국왕의 치하는 유정의 잘못을 은폐할 가능성이 있다는 승정원의 의견에 따라 조정은 형개의 요구에 따르지 않기로 했다.[40] 그렇지만 다음 날 해원부원군 윤두수 등은 명군의 강화에 대해 우리가 군문에게 시비를 따질 수는 없다면서 의례에 따라 치하해야 한다는 의견을 제기했다.[41]

이러한 상황에서 경리 만세덕이 25일 서울에 도착했다. 모화관에서 그를 영접한 선조는 왜군의 철수와 관련해 황은에 감사를 표시하면서도 그들이 남해나 거제 또는 부산 등지에 웅거할 가능성을 제기하며 조속한 공격을 촉구했다. 만세덕도 왜적의 완전한 소탕이 자신의 임무임을 분명히 했다.[42] 다음 날〔26일〕 선조는 형개의 관사를 찾아 치하했다. 선조는 육로의 장수들을 직접 거명하지 않고 주로 해상에서 진린의 승리를 언급했다. 그런데 형개는 노량해전에서 진린은 요시히로를 참획하고, 유정도 유키나가의 부장 비란도(飛蘭道)를 참수했다고 말했다. 형개는 강화가 아닌 전쟁을 통한 왜군의 퇴각을 강조한 셈이었다. 그에게도 선조는 왜적이 남해나 거제 등을 점거할지도 모른다고 우려하며 수륙에서의 공격을 촉구했다.[43]

며칠 뒤 내린 전교에서 선조는 왜군의 철수에 대해 의구심을 표시했다. 그는 왜군이 명군에게 패배한 것이 아니라 승리했다고 간주했다. 따라서 왜군의 철수도 명군이 두려워서가 아니라 명군이 강화를 통해 왜군에게 어떤 약속을 한 결과로 인식되었다. 선조는 과거 금의 알리부(斡离不)가 물러가자 송이 상황(上皇)을 맞아들이고 근왕병을 해산시켰다가 결국 수도 변경(汴京)이 함락당한 역사적 교훈을 상기시켰다. 그렇지만 당일 경상좌병사 성윤문이 부산의 왜군이 모두 바다를 건너 철수했다는 소식을 전하자, 선조는 백관과 유생 등이 군문과 경리의 아문에 사례하고 명에 사은사를 보내자는 비변사의 제안을 수용했다.[44]

12월 초 군문의 접반사 노직(盧稙)이 아문에 가서 왜군이 퇴각한 연유를 물었을 때, 중군 대연춘(戴延春)도 인질을 보낸 사실과 형개의 사전 인지를 확인했다. 다만 그는 "(인질이) 적의 우두머리를 찔러 죽이고 돌아오게 하려는 것이었으나, 결국 뜻을 이루지 못해 (왜군이) 데리고 갔다." "유

(정) 제독이 적중에 행간(行間)을 하고자 했다."는 말로 해명했다. 그와 함께 중군은 인질 파견에 대해서 군문이나 경리도 미안한 생각이라면서, 국왕도 그 문제를 더 이상 제기하지 말 것을 당부했다.[45] 선조는 그 후 형개나 만세덕 등을 만났을 때 더 이상 언급하지 않았으나, 그 문제는 2년 뒤 명군이 완전히 철수할 때까지 남았다.

결국 왜군의 퇴각은 본국으로부터 철수 지시와 함께 인질파견을 통해 명군이 귀로의 안전을 보장한 결과였다. 그럼에도 그해 12월 하순 각로 명군의 보고는 그와 달랐다. 서로의 유정은 유키나가의 예교에 대한 공격이 실제 이루어진 것으로 묘사했다. 즉, 밤새 공격하여 왜군 1백60여 급을 베었다는 것이다. 다만 배가 없어서 도주하는 왜군을 추격하지 못했다. 수군 진린은 노량해전에서 도주하는 왜적을 추격하여 3백20명을 참살했고, 왜장 석만자(石曼子)를 생포했다고 보고했다. 한편 중로의 동일원은 사세용(史世用)을 심안도(沈安道), 즉 요시히로에게 보내어 설득한 결과 왜군이 철수했다고 보고했다.[46] 인질은 언급되지 않았다. 동로의 마귀는 2개월간 울산의 왜군을 공략했고, 왜군이 큰 화재로 곡식이 불타서 겁나 도주했다고 보고했다.[47]

대마도 정벌론

왜군의 퇴각에 따른 명군 철수에 대한 논의가 본격화되기 전인 12월 중순 왜군의 앞잡이였던 대마도에 대한 정벌이 제기되었다. 그것은 명군의 군사적 지원을 전제로 했고, 따라서 철수하기 전에 이루어져야 했기 때문이다. 그렇지만 비변사는 일단 정벌에 회의적이었다. 그 근거는 전쟁이란 위험한 것이고, 승패는 기대하기 어렵다는 이유에서였다. 비변사에 의하면, 과거 원 세조가 일본을 침략했다가 성공하지 못했고, 태종 때 대마도를 정벌했다가 일본의 지원을 받아 조선의 군사가 절반이나 죽은 일이 있었다. 더욱이 지금은 전쟁으로 나라가 피폐하여 왜군을 이기기 힘들다. 왜군이 오히려 대마도의 방어에 그치지 않고 조선을 다시 침략할지도 모른다.[48]

그렇지만 며칠 뒤 전라도관찰사 황신이 대마도 정벌을 요청하는 상소를 올렸다. 방식은 "대마도의 적을 모조리 죽여 씨도 남기지 않는" 것으로, 일회성의 작전이었다. 그 근거는 대마도가 오랫동안 조선의 혜택을 받았으면서도 일본의 군대를 유인했기 때문이다. 황신 자신이 2년 전 명의 책봉사절을 따라 통신사로 일본에 왕래했을 때 본 바에 의하면, 대마도의 왜적은 최대 1천 명에 불과하며 방어할 성곽도 없다. 따라서 현재 남해안 해상에 머물고 있는 명의 수군 7, 8천 명을 선발하여 조선의 수군과 함께 습격한다면 함락시킬 수 있다. 다른 왜적의 구원 가능성과 관련하여, 황신은 일본에서 대마도로 왜의 수군이 오려면 순풍을 기다려야 하기 때문에 구원하기 어렵다고 보았다.[49]

사실 대마도 정벌을 주창한 사람은 좌의정 이덕형이었다. 그의 회고에 의하면, 당시 서로군을 따라 순천에 있던 그는 유정에게 게첩을 보내 대마도 정벌의 필요성을 제기했다.[50] 그렇지만 왜군의 철수 과정에서 유정의 행동을 본다면, 그가 대마도의 정벌에 나설 가능성은 없었다.

선조도 상당한 관심을 갖고 비변사로 하여금 조속한 논의를 지시했다. 비변사는 원수에 대한 보복의 필요성에 대해서는 이견이 있을 수 없으나, 전쟁은 만전을 기해야 한다는 입장이었다. 대마도에 대한 일본의 구원 여부와 관련해서도 비변사는 황신과 다른 의견이었다. 대마도는 일본의 이키도(壹岐島) 등에서 마주 보이는 곳으로 구원하기 어렵지 않다. 또한 대마도를 신속히 포위하여 섬멸할 수 있을지도 불확실하다. 대마도 정벌은 명군에 의지하지 않을 수 없는데 그 경우 명의 장수가 혼자 결정할 수 없고 명 조정의 승낙을 받아야 한다. 그러는 사이에 시간은 지체되고 말 것이다. 지금으로서는 선박의 건조, 수군의 증강, 성곽과 무기의 수리,

군사훈련 등을 통해 만일의 사태에 대비해야 한다.[51]

명군 측도 대마도 정벌에 관해 조선에서 논의가 있음을 알고 있었다. 12월 22일 그와 관련하여 형개는 이덕형에게 자세히 물었을 뿐 어떤 답변도 주지 않았다.[52] 선조는 대마도의 상황을 적극 정탐할 필요성을 제기했다. 그리하여 비변사는 항왜와 조선인 포로를 새로 임명된 삼도수군통제사 이시언에게 보내서 왜적으로 변장하여 탐지해오게 하기로 했다.[53] 그렇지만 명군이 협조하지 않는 상태에서 대마도 정벌은 불가능했다. 그리하여 대마도의 정벌 문제는 더 이상 제기되지 못했다. 나중에 이덕형은 명군의 최종 철수가 임박한 시점에서 대마도 정벌을 위한 명군의 잔류를 제기했으나 의미를 갖지 못했다.

사은사의 파견

왜군의 철수에 따른 또 다른 문제는 사은사의 파견과 그가 지참할 진주문의 내용이었다. 사은사의 파견은 왜군의 철수가 보고된 직후 결정되었다. 그렇지만 진주문의 내용을 둘러싸고 명군 지휘부와 갈등이 생기면서 지연되었다.

부산의 왜군이 철수했다는 경상좌병사 성윤문의 장계가 11월 29일 도착하자 비변사는 종묘에 승리를 고하고 군문 등에 진하하는 것 외에 사은사의 파견을 건의했다. 다음 날 선조는 좌의정 이덕형의 파견을 지시했지만, 그의 사행은 명군 지휘부의 반대에 직면했다. 형개는 그가 왜군 철수 이후 조선의 자강을 위한 중임을 맡아야 하기 때문이라고 했지만,[54] 진짜 이유는 다른 데에 있었다. 그것은 이덕형이 유정의 진영에 있으면서 왜군의 철수 과정에서 각로 명 장수들의 소행, 이를테면 인질의 파견에 대해서도 잘 알고 있었기 때문이다. 명군 지휘부는 그의 사행으로 사실이 알려질 것을 우려했다.[55]

그 뒤 조정은 행지중추부사 정탁을 선정했으나 나이가 73세로 너무 많다는 이유로 호조판서 한응인으로 교체되었다. 양호의 변무를 위해서 좌의정 이원익을 보냈던 것에 비해 사은사로 한응인의 직급이 너무 낮다는 의견도 있었으나, 결국 그를 우찬성으로 승진시켜서 파견하기로 했다. 공조판서 홍진(洪進)이 그를 수행하기로 했다.[56] 1599년 1월 초 사은 표문의 작성에 관한 지시가 내려졌으나, 그 뒤에 표문의 내용과 관련하여 명군 측과 갈등이 적지 않았다. 특히 왜군 철수 과정에서 명군의 공과에 대해 양측은 상당한 입장의 차이를 노출했다.[57]

1월 21일 이덕형이 초안을 군문에게 가지고 가서 그 내용의 적절성을 검토했는데 양측간 이견이 나타났다. 그것은 무엇보다도 왜군의 철수를 명군의 승리로 간주하는 군문의 입장과 명 장수들의 강화 때문이라는 선조의 입장에서 비롯되었다. 중군 대연춘에 의하면, 형개가 "일관되게 진격을 독려하여 동로와 서로는 왜적의 세력을 견제하게 하고, 서로의 수군과 육군이 (순천) 왜교를 선제공격하게 했다." 형개 측은 왜군의 철수에 있어서 서로 유정 군대의 공로를 강조했던 것이다. 그에 반해 조선은 특히 유정이 유키나가와 타협하여 그를 살려 보낸 것에 대한 불만이 작지 않았다. 따라서 왜교에 대한 공략은 제독 진린의 공로일 뿐으로, 유정의 공로는 진주문에 쓸 수 없다는 입장이었다. 그 외에 초안에는 마귀 등에 대해서 그 공로가 적극 개진되지 않았다.

그렇지만 형개 측의 입장에서는 조선이 사소한 표현에 고집을 부리는 것으로 비춰졌다. 대연춘에 의하면, 진주문에 유정이 빠지면 군문이 그를 위해서 변론을 해야 하는데, 그 경우 명 조정에 불필요한 논쟁을 야기할 수 있다. 또한 명군 지휘부뿐 아니라 감군과 안찰 등도 관련 보고를 명 조정에 제출했기 때문에 조선이 어긋난 보고를 하게 되면 사단만 일으킬 것이다. 그에 의하면 유정의 군대는 토관(土官), 현지 소수민족 군사들로 구성되어 있어서 다루기 어렵다. 따라서 그들의 공로를 거론하지 않는다면 그들은 소란을 피울지도 모른다. 또한 대연춘은 왜적이 다시 침략한다면 조선은 명군의 구원이 필요하다는 점을 강조하며 압박했다.[58]

그와 함께 형개 자신이 직접 수정한 초안이 조선 측에 전달되었다. 그 뒤에 양측간 수정이 반복되었다. 선조는 사은 진주문에서 사실의 기록을 강조했다. 그는 명군 측이 주장하는 요시히로의 생포 등에 대해 의구심을 가졌고, 왜군의 철수를 명군의 승첩으로 기록하기 어렵다는 입장이었다. 조선은 해당 문제들에 대한 군감들의 입장이나 명 조정의 분위기를 정확히 알 수 없었다. 혹 승첩이라고 했다가 왜적의 재침이 있을 경우 조선 자신이 명 조정의 비난을 받을지도 모른다는 우려도 없지 않았다.[59] 조선은 결국 진주문에는 사은만 하고 명군의 공로 여부에 대한 기록은 포함시키지 않기로 했다.[60] 진주문은 비교적 짧게 작성되었고, 오로지 왜적을 물러나게 한 황제의 은혜에 감사하고 잊지 않겠다는 추상적인 내용으로만 채워졌다.

> 삼가 황제 폐하께서 널리 덕을 베푸셔서 백성들을 구제하시고, 멸망한 나라를 다시 일으키시고, 생존한 나라를 공고히 해주셨습니다. 인자롭게 재난에서 구원해주시고, 우로(雨露)와 같은 지극한 은혜를 내리셨습니다. 의로움을 엄하게 하셔서 죄지은 자들을 벌주셨고, 천둥과 같은 지극한 위엄을 빛내셨습니다. 그리하여 (조선의) 영토를 다시 회복시켜 주셨으니, 잠시 붙은 목숨이라도 신이 감히 명심하지 않겠습니까?[61]

그렇지만 일단 진주문을 지참한 한응인 일행이 떠난 뒤에는,[62] 선조는 가급적 명군 지휘부와 충돌을 피했다. 1월 말 유정이 마침내 남부지방에서 서울로 철수했다. 대면하는 자리에서 양측은 속내를 철저히 감추었다. 유정은 왜교 공격에 실패하고 왜군이 온전하게 철수하고 만 것에 대한 이해를 요청했다. 명군의 승리에 대해서도 그는 자신은 조금의 공로가 없다면서 진린의 업적과 이순신의 희생을 강조했다. 그에 대해서 선조는 명군이 대첩을 거두고 조선을 재조(再造)한 것은 그의 공로라고 대응했다. 선조는 그가 임란 시기에 남부지방에 진주하여 호남을 보존해준 데 이어 정유재란 이후 시종 조선을 구원해준 것에 대한 감사를 표명했다.[63] 그 후에도 선조는 계속하여 왜군의 철수에 대한 유정의 공헌을 강조했다.[64]

2. 명군 철수 협상

조·명의 입장

11월 중순 노량해전을 끝으로 왜군이 퇴각하자 명군 철수 문제가 제기되었다. 명군 7만 명(또는 9만 명)이 참가한 총공세를 위해서 조선은 모든 힘을 다해서 식량을 조달했다. 명군의 이동에 따라 백성들이 동원되어 식량을 운반했다. 따라서 왜군이 철수한 상황에서 불필요한 병력의 철수는 불가피했다. 비변사는 우선 피폐한 군사들은 철수하고 정예병 수만 명만 남겨 국경지역에 주둔시켜야 한다는 의견이었다. 물론 그 문제는 조선이 마음대로 정할 수는 없었고 명군 지휘부의 소관으로 간주되었다. 더욱이 전쟁이 끝나자마자 휴식도 없이 즉각적인 철군 요청은 불편한 일이었다. 조정은 일단 형개의 접반사 노직(盧稷)을 통해서 타진하게 했다.[65]

명군에서도 철수에 대한 내부적 논의가 있었다. 노직이 조심스럽게 철군 문제를 제기했을 때 군문의 참모는 피폐한 군사는 물론 일반 군사들도 차례로 철수시킬 것이니 잠시 기다려달라고 대답했다. 또한 잔류 병력의 규모와 관련하여, 명군 일각에서는 육군 2만 명과 수군 5천 명이 적절하다는 의견이 있는 것으로 전해졌다. 물론 조선도 일정한 기준이나 입장은 없었다. 이 의견에 대해서 비변사는 "육군이 과다하여 군량 공급이 어렵기 때문에 1만 명 정도가 적당해 보이지만, 너무 적어 약할 것 같다."고 보고했다. 선조도 식량을 고려하여 비변사에서 결정할 일이고 자신은 알 바가 아니라고 답변했다.[66] 이것이 명군의 철수에 대한 최초의 논의였으나 더 이상 계속되지는 않았다.

당장의 문제는 왜군의 재침 여부였다. 당시 조선도 명군 지휘부도 거기에 대해 확신할 수 없었다. 특히 시간이 지나면서 왜군의 퇴각이 군사적 패배의 결과가 아니며 명군이 인질을 보낸 사실이 점차 알려졌다. 12월 중순 경상도관찰사 정경세가 명 장수 유정과 동일원 등이 수십 명의 인질을 보내 왜군의 안전한 철수를 보장했다고 보고했다. 선조는 중대한 일로 간주하여 군문 등에 자문을 보내고 비변사에게도 관련 논의를 지시했다.[67] 며칠 뒤에는 명군의 감찰을 담당하는 병과급사중 서관란이 명 조정에 올리는 주본 내용이 전해졌다. 거기에는 동일원의 부장 모국기가 왜적과 내통한 사실이 포함되었다.[68] 왜군이 강화를 통해 철수했다면 2년 전의 상황이 반복될 수도 있었다.

그런데 선조의 입장에서 명군의 존재는 왜적에 대한 방어에 국한되지 않았다. 명군은 국내의 안정에도 중요했다. 그는 다음과 같이 언급했다.

> 명군이 철수한 뒤에는 국내가 비게 될 것이오. 지방은 그만두고라도 서울에 어떤 군사가 있어서 유사시에 의지할 수 있을지 모르겠소. 그에 대한 대답을 듣고 싶소. 왜적은 그만두고라도 만약 한 지역에서 의외의 변고가 발생하게 될지도 걱정하지 않을 수 없소. 서울에 병력을 집중하는 것은 중앙을 굳게 하고 지방을 약화시킨다는 뜻이오.[69]

이러한 이유에서 선조는 남하한 조선의 군사들을 불러와 대오를 가다듬고, 장정을 더 선발하여 훈련도감의 군사를 더 보강할 것을 지시했다.

사실 며칠 뒤 병조판서 홍여순(洪汝諄)도 국내의 변고에 대한 우려를 보고했다. 그는 구체적으로 도주한 전 경상우수사 배설이 충청도에서 무뢰배를 모으고 있다는 소문을 보고했다.[70]

명군과 명 조정의 입장도 서로 차이가 있었다. 명군의 입장에서 이국에서 고생하기보다는 철수가 바람직했다. 그렇다고 선뜻 철수를 주장할 수는 없었다. 황제나 병부가 철수를 결정해야 왜적이 재침하더라도 책임을 면할 수 있다. 만약 주둔한다면 그 규모는 왜적을 막기에 충분해야 한다. 대규모 왜적의 재침은 소수의 군사로 대응하기 어렵고, 패배에 대한 책임을 면하지 못할 것이다. 식량 문제는 기본적으로 자신들의 소관이 아니었다. 명 조정의 입장도 미묘했다. 전쟁의 장기화, 지방 반란,[71] 1596년 화재를 당한 건청궁(乾淸宮)과 곤녕궁(坤寧宮)의 재건 등으로 재정 사정이 악화되었다. 그렇다고 조선이 불확실한 상황에서 쉽게 철군 명령을 내릴 수도 없었다. 명 조정은 명군과 조선이 직접 철군 문제를 상의할 것을 요구했다.

이듬해 1월 초 자신을 찾아온 선조에게 형개는 명군의 조만간 철수를 전하며 조선의 자구책을 촉구했다. 그에 대해서 선조는 조선만으로 왜적을 막을 수 없다면서 명군 일부의 잔류를 요청했다. 형개는 일단 명군의 전면적 철수를 제기함으로써 국왕이 잔류를 요청하도록 유도했던 셈이다. 다만 그는 잔류 규모에 대해서는 명확히 대답하지 않고, 명의 장수들이 남부지방에서 서울로 올라오면 정해질 것이라고 말했다.[72]

명 조정의 명령에 따라 형개는 남쪽 지방에 있던 군대의 북상을 지시했다. 1월에는 4로의 장수들이 군사를 이끌고 차례로 서울로 모여들었다. 선조는 연일 그들을 만나서 명군의 잔류와 식량 문제를 포함한 향후 대책을 논의했다. 명의 장수들은 명군의 철수에 따른 조선의 자체 방어능력의 제고를 강조했다. 그들은 대체로 짧게는 7년 길게는 10년간 왜적이 다시 침범하지 못할 것이라는 입장이었다.[73] 왜적의 불침 주장은 상황에 대한 정확한 이해에 근거하기보다는 귀국에 대한 열망을 반영했다.[74] 1월 10일에는 양호의 변무를 위해 북경에 갔던 이원익이 귀국했다. 그는 조지고 등의 철병 주장 사실을 확인했다. 그것은 무엇보다도 명을 피폐시키면서 조선을 지원해서는 안 된다는 이유에서였다. 명 내부의 철수 요구 분위기가 확인된 셈이었다.

당시 조선의 입장에서 괜찮은 방안의 하나는 명군이 모두 철수하여 요양 등지에 머물고, 왜적이 재침하면 급히 달려와서 구원하는 것이었다. 이것은 조선의 식량을 쓰지 않고서 필요시 군사적 지원만 받을 수 있다는 점에서 상당히 적절하다고 생각되었다. 그렇지만 선조가 말하는 것처럼 그것은 "너무 자신의 편의(만) 따르는 것"으로 차마 거론하지는 못했다. 그런데 1월 중순 병과급사중 계유근(桂有根)과 같이 명 내부에서도 그러한 의견이 없지 않다는 사실이 확인되었다.[75]

최초의 방안, 1만 5천 명

1월 말까지 명의 장수들이 모두 서울에 모이자 잔류 규모에 대한 논의가 본격화되었다. 2월 1일 그들과의 모임 직전 선조는 신하들과 대응책을 논의했다. 명 장수들은 대체로 3만 명의 잔류를 원하는 것으로 전해졌다. 좌의정 이덕형은 군량 부족으로 2만 명 이상은 불가능하다는 의견이었다. 병조판서 홍여순은 사실상 완전한 철수를 주장했다. 그에 의하면, 어차피 명군 잔류 병력으로는 왜군을 방어할 수 없고, 식량 운송으로 백성들만 힘들게 된다. 만약 왜적이 침략한다면 명은 다시 군사를 파견할 수밖에 없을 것이다. 반면 선조는 주로 체면의 문제를 들어 철군 요청에 유보적이었다. 즉 식량의 부족을 이유로 명군의 철수를 요청한다면 전시에 쓰고 평화시에 버리는 것으로서 서운한 감정을 갖게 할 것이다.[76]

선조는 당일 저녁 형개와 9명의 장수들을 군문 아문에서 만났다. 명군 측은 3만 3천 명의 잔류와 함께 조선이 30만 전량(錢糧)을 각각 준비할 것을 요구했다. 이것은 해당 인원에 대해서 은으로 지급되는 급료인 절색과 식량인 본색 모두 조선이 부담해야 한다는 의미였다. 선조는 국토가 황폐하고 백성이 흩어져서 해당 규모의 잔류는 어렵다는 입장을 표명했다. 그렇지만 형개는 3만 명이 안 되면 아예 잔류할 수 없다고 맞섰다. 그 이유는 소수 병력으로는 "(왜적을) 방어하기 어렵고, 군사들이 겁을 먹고 스스로 지키지 않으려 한다."는 것이었다.[77] 다음 날 선조는 유정과 조승훈 등을 차례로 만나서 3만 명 잔류가 어렵다고 호소했으나 소용없었다.[78]

물론 조선 스스로도 구체적인 대안을 제시하지 않으면 안 되었다. 이덕형은 1년간 쌀 9만 석이 필요한 1만 5천 명을 상한선으로 하되, 군문에게는 1만 명의 잔류를 문서로 요청할 것을 제안했다. 그렇지만 만약 그 방안을 수용하지 않고 모두 철수하겠다고 버티면 어떻게 할 것인가? 이덕형이 말하는 것처럼 대규모 명군의 잔류 주장이 단지 조선을 겁주기 위한 것인지, 아니면 곤란한 점을 말하여 조선에서 완전히 철수하고자 하는 것이지 불확실했다. 그럼에도 이덕형의 방안이 전혀 현실과 동떨어진 것은 아니었다. 유정의 부장 오광(吳廣)은 1만 5천 명이 적다고 하면서도 명 장수들의 3만 명 잔류 방안은 너무 지나쳤음을 인정했다. 그는 개인적으로 육군 5천 명과 수군 1만 5천 명의 방안을 제시했다. 어쨌든 조정은 최대 1만 5천 명 잔류를 요청하는 자문을 군문에게 보냈다.[79]

그런데 잔류 병력의 규모와 관련하여 명군 지휘부는 명 조정의 눈치를 보고 있었다. 조선의 잔류 요청은 명군의 위신은 물론 그간의 공과에 대한 평가와도 관련되었다. 조선이 다수 명군의 잔류를 요청한다면 그것은 조선 내 명군에 대한 높은 평가를 의미했다. 그런데 왜군의 재침이 전혀 배제되지 않은 상태에서 조선의 소규모 잔류 요청은 명군에게는 당황스런 일이 아닐 수 없었다. 특히 당시 왜군의 철수와 관련하여 명군과 왜군의 강화 소문이 여전이 남아 있었다. 그와 관련된 일이지만, 군문은 명군의 업적에 대한 조선의 소극적인 보고에 대해서도 불만이었다.

그리하여 군문 측이 타협책을 제시했다. 선조와 명의 장수들이 만났던 이틀 뒤 군문의 부하인 오종도(吳宗道)는 철군에 관한 명군 내의 입장이 통일적이지 않음을 시사했다. 그는 지난번 회의에서 3만 명의 잔류는 군문의 입장이라기보다는 경리 만세덕의 입장을 대신 전한 것임을 주장했다. 특히 그는 조선이 소규모 잔류, 즉 대다수의 철수를 요구한 것에 대해 만세덕이 불만을 가지고 있음을 강조했다.[80] 그러한 근거에서 오종도는 이덕형에게 다소 비현실적인 방안을 제시했다. 조선이 잔류 병력을 낮추지 말고 오히려 올려서 만세덕을 달래되, 급여와 식량에 대한 지원을 함께 요청하는 것이다. 그러면 호부는 재정적인 문제를 이유로, 조선이 원하는 것처럼 명군의 다수를 철수하게 할 것이다. 사실 오종도의 방안은 명군 지휘부에게는 이상적이었다. 왜냐하면 한편으로는 다수 명군의 잔류 요청은 명군의 공로를 증명하고, 다른 한편으로 명 조정이 수용하기 어려운 조건을 내세움으로써 스스로 철군을 결정하게 할 수도 있기 때문이다.

며칠 뒤 비변사는 오종도의 의견을 반영하는 자문의 작성을 선조에게 보고하여 승인을 받았다. 즉 조선이 원하는 수는 3만 명이라도 부족할 듯하고, 4, 5만 명으로 부산·가덕·거제 등 요충지에 나누어 지키게 해 달라는 것이었다. 그와 함께 군량은 다음 추수까지 9개월간 나올 곳이 없고, 절색도 조선에 은이 나지 않아 불가능하다는 점을 덧붙이기로 했다.[81] 며칠 뒤 형개와 만세덕 그리고 감군 진효에게 보내는 자문에 위의 내용이 반영되었다. 그럼에도 자문의 말미에는 원래의 방안인 1만 5천 명의 잔류를 다시 언급하며, 그 경우 조선이 모든 비용을 책임지겠다고 덧붙였다.[82] 조선은 외형상 명군 측의 요구를 수용하면서도 자신의 방안을 포기하지 않은 셈이었다.

양측의 이견은 2월 하순 선조가 형개를 만났을 때 다시 드러났다. 선조는 1만 5천 명의 주둔 방안에 대해 양해를 구하면서, 3만 명 주둔시 명이 식량의 절반을 지원해달라고 요청했다. 그에 대해 형개는 3만 명 주둔의 불가피함을 설명하면서, 식량지원의 대가로 조선이 염채은(鹽菜銀)[83]을 부담할 것을 요구했다. 조선에 은광이 없다고 선조가 말하자, 형개는 모든 비용을 명이 부담할 수는 없다는 입장을 재확인했다. 조정에 실패한 셈이었다.[84] 3월 중순에도 상황은 변화되지 않았다. 사헌부는 1만 5천 명도 식량이 부족하며, 3만 명은 더욱 그러할 것이라는 의견이었다.[85]

철군협상의 지연은 조선에게 불리하게 작용했다. 위의 보고에서 사헌부는 명군이 오래 머물면서 각종 피해를 끼치고 있는 상황을 지적했다. 사실 형개가 서울을 떠난 뒤인 4월 하순에도 명군 다수가 잔류하고 있었다. 명군의 접대에 책임을 지던 이덕형은 경리가 매사 조선과는 전혀 상의하지 않고, 남부지방에는 양식이 부족하다는 보고가 계속되는데도 3만 5천 명의 군사를 그곳에 보내어 접대하게 한다고 어려움을 호소했다.[86]

그러한 상황에서 달갑지 않은 소식이 명으로부터 전해졌다. 작년 정응태의 무고에 대한 해명을 위해서 북경에 갔던 우의정 이항복이 윤4월 중순 돌아왔는데, 그는 태감이 조선에 파견될 것이라고 보고했다.[87] 태감은 은광개발과 토산물의 징발에 대한 감독관으로, 조선은 물론 중국의 각 지방에서도 매우 꺼리는 존재였다. 임진왜란 과정에서도 은광의 개발과 차(茶)의 판매를 통해 자금을 조달하는 방안이 간헐적으로 제기되었다. 그렇지만 조선은 그때마다 부정적인 입장을 적극 전달했다. 그런데 이제 전쟁이 마무리되는 시점에서 명은 태감의 파견을 통해 조선에서 재원을 확보하고자 한 것이다.

당시 명은 광산개발과 점세(店稅)[88]의 징수를 변경지역으로 확대했다. 그렇지만 광산개발을 위해 노동력을 징발하거나 농지를 파헤치는 등에 대해서 반발이 적지 않았다. 요동에서는 백성들이 태감을 잡아 가두는 사태가 벌어지기도 했다. 명의 일각에서도 해당 정책에 대한 비판의 목소리가 컸다.[89] 조선도 군문과 경리 아문에 자문을 보내서 광산채굴을 위한 태감의 파견을 중지시켜야 한다는 입장을 전달했다.[90] 이로써 태감의 파견은 중단되었다. 그렇지만 태감의 파견 소문은 명군의 장기주둔을 내포하는 둔전 논의와 함께 전후 조선에 대한 명의 침탈이나 지배의 강화를 둘러싼 의구심을 증폭시켰다. 그리고 이것은 명군의 잔류에 대한 부정적인 여론으로 이어졌다.

축소된 방안, 8천 명

그러한 가운데 황제는 1599년 윤4월 8일자 조서에서 왜적에 대한 승리를 대내외에 선포했다.[91] 조서를 반포한 날 황제는 선조에게 별도의 칙유를 보냈다. 거기에서 그는 철군에 관한 입장을 밝혔다. 즉, 당분간 만세덕이 이끄는 일부의 군사를 주둔시키되 장기적으로는 모두 철수한다는 것이다. 황제는 한편으로 조선의 자구책 마련을 재촉하면서, 명시적으로 언급하지 않았으나 명군의 장기주둔에 대한 조선의 우려를 해소하고자 했다. 그럼에도 칙유는 잔류병력 규모나 궁극적인 철수기한은 명시하지 않음으로써 원칙론적 입장에 머물렀다. 그 시점에서 만세덕은 선조에게 그해 가을에는 병력을 모두 철수하겠다고 밝혔다.[92]

그런데 얼마 뒤 명 조정이 철군은 명군이 단독으로 처리하지 말고 조선국왕과 상의해서 처리하라고 지시했다는 소식이 전해졌다.[93] 그러자 당일 조정은 잔류 요청 규모에 대한 의견수렴에 나섰다. 이를 위해 40여 명 대신들의 의견이 수집되었다. 정책결정의 핵심에 있던 이산해·윤두수·정탁 등은 6년 전 왜군의 서울 철수 직후 명군의 주둔 사례에 비추어 대략 5천 명 이내에서 잔류를 희망했다. 그 외에도 많게는 1만 명, 적게는 2, 3천 명 또는 전원철수 등 의견이 나왔으나, 대체로 일부의 명군만 잔류해야 한다는 의견이었다. 조정은 경리에게 보내는 자문에서 5천 명을 제안하기로 했다.[94]

한편 형개는 조선과 상의 없이 7월 중순 새로운 방안을 명 조정에 제시했다. 즉, 2만 명을 2년 기한으로 잔류시키고 점진적으로 철수하자는 것이다. 그것은 자신이 두 달 전 제출했던 3만 4천여 명의 잔류 방안이 재원의 부족을 이유로 과도관들의 비판에 직면했기 때문이었다.[95] 그는 애초 자신이 주장했던 잔류 병력이 너무 많고 일시적 철수가 너무 빠르다는 것을 인정했다. 병부도 형개의 의견을 일부 수용하여 2만 명 이내에서 정예 병력을 주둔시키되 내년 봄이 지나기까지 기다려 전원 철수할 것을 제안했고, 황제도 그 의견에 따라 조선과 함께 방비를 제때 갖추도록 했다.[96]

그러한 가운데 7월 중순까지 기존의 명군이 철수하고, 산동성 등주(登州) 총병 이승훈(李承勛)이 지휘하게 될 신규 병력이 들어왔다. 먼저 1599년 6월 좌영도사 가상(賈祥)이 선봉으로 1천여 명을 이끌고 압록강을 건넜다. 이승훈 자신은 7월 22일 서울에 도착하여, 선조가 모화관에서 그를 맞이했다. 그의 군대는 7명의 장수가 각각 이끄는 육군 1만 6천 명, 5명의 장수가 이끄는 수군 9천 명 등 총 2만 5천 명으로 구성되었다. 이승훈은 서울에 주둔했고, 나머지는 각각의 요충지를 지키도록 했다. 군사의 감찰은 안찰 두잠(杜潛)이었다.[97]

명군의 철수에 대한 조명간의 이견이 계속되는 가운데 새로운 상황이 나타났다. 7월 중순 왜의 사절 9명이 작년 말 왜군이 퇴각할 때 넘겨준 명군 인질 5명과 조선인 포로 약 20명을 데려온 것이었다. 그 목적은 조선과 명에 강화를 요청하기 위해서였다.[98] 그로 인해 명군과 조선에 새로운 갈등이 나타났다. 명군은 인질파견 사실이 탄로날 것을 우려했다. 만세덕은 한편 명 조정에 대한 조선의 주문을 막고, 다른 한편 조선이 요구했던 왜사의 북경 송환을 거절하고 직접 요동의 형개에게 보냈다. 왜군과 명군의 접촉은 조선을 불안하게 했다. 더욱이 만세덕은 전원철수를 고수하고 있었다. 그리하여 8월 초 선조는 명군이 전원 철수하면 조선이 의지할 데가 없다면서 만세덕에게 적당 수의 잔류를 요청했다.[99] 8월

중순 조선은 8천 명 잔류를 요청했는데, 그것은 앞서 대신들과 결정했던 5천 명보다 많은 수였다.[100]

이번에는 만세덕도 타협하여 조선의 8천 명 방안을 수용했다. 그는 10월 중순 3명의 비장이 통령하는 8천 명과 그들의 공과를 기록할 동지(同知) 한 명만 주둔하고, 자신을 포함한 나머지 감독인원의 철수를 명 조정에 건의했다.[101] 동시에 그는 향후 명군 철수 계획을 제안했다. 그것은 그해 11월 중순까지 이승훈의 군대를 포함하여 육군은 모두 철수하고 4명의 장수가 이끄는 수군 8천 8백 명만 남아서 연해지방을 지킨다는 것이었다.[102]

그렇지만 병부는 만세덕의 제안을 수용하지 않았다. 병부는 그의 상소 시점에서 아직 철수하지 않은 부총병 장방(張榜)과 이승훈의 육군 7천 6백여 명도 당분간 남겨두어야 한다는 의견이었다.[103] 이것은 1만 6천여 명이 잔류해야 한다는 의미였다. 그 이유는 "군사가 적으면 힘이 미약하기" 때문이었다. 그와 함께 병부는 "내년 봄이 지나고 바다가 잠잠해지기를 기다려 다시 철수 여부를 논의한다."는 입장이었다. 경리 만세덕도 계속 남게 했다.

만세덕은 병부의 입장을 조선에 전달하면서, 자신의 군사 2천 명을 포함시켜 1만 7천 명의 주둔계획을 전했다. 장기적 계획과 관련하여 그는 "내년 봄이 지나고 여름에 접어들기를 기다려 모두 철수한다."고 전했다.[104] 이것은 내년 봄에 상황을 보아서 철수 여부를 논의한다는 병부의 입장과는 약간 차이가 있었다. 만세덕은 철수기한을 고정함으로써 조선을 압박하고자 했던 셈이다. 그러면서도 그는 협상의 여지가 있음을 시사했다. 그는 병부의 제본에 대해서 아직 황제가 최종적인 결정을 하지 않았기 때문에 조선도 식량의 준비 등 입장을 정해서 본인에게 자문을 보내달라고 요구했다.

만세덕의 게첩에 대한 회답에서 조선은 일단 8천 명의 잔류를 고수했다. 그것은 명군의 주둔 목적이 방어 자체보다는 명의 위세를 빌리는 것에 있고, 조선의 식량도 그 정도가 가능하다는 이유에서였다.[105] 이에 명군 측도 반박에 나섰다. 10월 하순 낭중 가유약(賈維鑰)은 조선의 의도에 의구심을 제기했다. 그에 의하면 명군 1만여 명이 내년 봄철의 방비[春汛]를 위해서 3월 말까지만 잔류할 예정이다. 그리고 지금 명 조정에 일부 병력의 철수를 요구하여도 내년 1, 2월에나 가능하여 실제 아낄 수 있는 식량이 많지 않다. 그런데도 조선은 식량이 부족하다고 적은 수의 잔류만 고집하고 있다. 자칫 병부나 황제가 분노하여 명군의 철수를 더욱 지연시킬 수도 있다. 그와 함께 가유약은 조선의 혐오와 박대가 날로 심해진다는 명군의 분위기를 전했다. 조선은 심지어 땔감·숯·기름·화톳불 등 하찮은 물건도 주지 않고 있다는 것이다.[106]

그렇다면 명 조정의 1만 7천 명 잔류 의견에 대해서 어떻게 회답할 것인가? 조선은 회답에서 그 규모에 대해서는 이의를 제기하지 않았다. 문제는 비용이었다. 앞서 병부가 1만 6천 명 잔류를 요구한 며칠 뒤 호부도 비용과 관련된 입장을 알려왔다. 절색은 명이, 본색은 조선이 부담하되, 절색은 의주 등의 창고에 남아 있는 미두(米豆) 20여만 석으로 충당하고, 나머지는 은 10만 냥을 제공한다는 것이었다.[107] 사실상 절색의 3분의 1만 명이 부담하겠다는 의미였다. 그렇지만 조선에 의하면, 의주의 곡식은 원래 20만 석에 가까웠으나 이미 3분의 1 이상 소모했다. 또한 조선이 원래 요청했던 8천 명에 비해 9천 명이 증가했기 때문에 본색의 지출도 예상보다 많아지게 되었다. 조선은 절색을 전액 명이 지급해주고, 의주 등지의 남은 식량은 전처럼 사용해야 한다고 주장했다.[108]

조선은 그 뒤에도 만세덕에게 여러 차례 어려운 사정을 전했다. 그렇지만 그는 기본적으로 방어능력을 갖춘 규모의 주둔을 고수했다. 결국 조선은 8천 명 잔류 주장을 더 이상 펴지 않았으나, 그렇다고 명 조정의 방안을 수용하지도 않았다. 단지 명군을 식량이 있는 곳에 분산해달라는 조건을 달아서 잔류 조치에 따르겠다는 입장을 그에게 자문으로 전했다. 그와 함께 조선은 명이 모든 절색을 부담해야 한다는 점을 분명히 하고자 했다. 그럼에도 11월 하순이 되어도 만세덕은 그에 대한 답을 주지 않았다. 그는 의주 등지의 창고에 있는 식량을 팔아서 급여로 충당한다는 기존의 입장을 바꾸지 않았다.[109]

마지막 제안, 3천 명

잔류 병력의 규모 그리고 그들의 급여 및 식량의 공급을 둘러싸고 양측이 불편한 협상을 이어가는 가운데 시간은 흘렀다. 1600년 봄이 되자 지난해 10월 중순 만세덕이 병부의 제본에 근거하여 설정했던 명군 철수기한이 다가왔다. 정확하게는 협상의 데드라인이 임박한 것이다. 명군의 철수가 가시화되면서, 일각에서는 왜군이 그 틈을 타서 재침할 수도 있다는 우려가 제기되었다. 식량조달 등의 문제로 인해 다수는 잔류하기 어렵겠으나, 소수 명군의 위세를 빌려서 왜적의 침략을 억제할 수 있다고 생각되었다. 그리하여 3천 명 규모를 요청하기 위한 주청사 파견에 관해 논의되었다.

문제는 군사의 잔류 요청과 더불어 절색을 요청할지 여부였다.[110] 조선은 이제까지 절색은 자신이 부담할 수 없다는 입장을 견지했다. 은은 조선에서 거의 생산되지 않는다는 이유에서였다. 그렇지만 이제 명 측도 절색의 부담을 꺼려 했다. 특히 만세덕은 그 전부터 그러한 입장을 고집했다. 최근 명 측은 의주의 창고에 있던 미두를 요동으로 운반하여 팔아서 절색으로 충당하려고 했다. 조선이 적극 반대함으로써 그렇게 하지는 않았으나, 명이 향후 절색을 제공할 가능성은 적었다. 전체적으로 조선의 요청이 수용될 여지는 크지 않았다.

그렇다고 청병을 포기하는 것도 문제였다. 명군의 철수 이후 왜군이 재침하지 않는다는 보장이 없었다. 명군은 비록 소수라도 왜적의 침입을 억제할 여지는 있었다. 또한 청병은 그 자체로서 의미가 있었다. 명군이 철수하든 말든 내버려두는 것은 의리에 배치될 수 있었다. 그리하여 적잖은 대신들이 유보적인 입장이었음에도 서둘러 주청사의 파견이 결정되었다. 그 내용은 명의 수군 3천 명이 수년간 잔류할 것과 절색을 모두 지급해달라는 것이었다. 물론 진주문의 내용과 관련하여 경리와 사전에 논의할 필요성이 있었다. 『선조실록』은 조정회의 직후 두 차례 국왕과 경리가 만난 사실만 확인할 뿐 구체적인 논의는 수록하지 않고 있다. 어쨌든 진주문의 내용은 위 회의의 결정에서 벗어나지 않았다. 양측간 타협의 여지가 없었던 것이다.[111]

주청사 형조참판 남이신(南以信)은 3월 하순 서울을 출발하여 5월 초순 북경에 도착했다. 그가 지참한 진주문은 최근 돌아온 포로들의 말을 인용하여 일본이 날마다 군사를 훈련시키고 식량을 비축하고 있음을 강조했다. 진주문에 의하면, 지금 왜적이 조선을 재침하지 못하는 이유는 명군이 아직 조선에 있기 때문이다. 그들은 명군의 철수 소식을 들으면 반드시 기회를 타고 재침할 것이다. 3천 명의 소규모 병력을 요청한 배경과 관련해서는 식량조달의 어려움이 강조되었다. 또한 명군의 존재도 왜적을 직접 막으려는 것이 아니라 그 위세를 빌려 재침을 미연에 방지하고 아울러 국내 민심을 안정시키는 데 있었다. 마지막으로 절색과 관련해서 관례에 따라 명 측이 모두 부담해줄 것을 요청했다.[112]

남이신이 출발한 뒤인 3월 말 선조가 남쪽에서 방금 올라온 이승훈을 찾았다. 3천 명 잔류 요청에 대해서 이승훈은 해당 규모로는 왜적을 두렵게 하여 침략을 포기하게 할 수 없다는 의견이었다. 자위능력이 없다면 군사들도 잔류할 마음이 없을 것이다. 그는 최소 5, 6천 명은 되어야 한다고 주장했다. 또한 봄철 왜군의 침략 가능성에 관한 선조의 우려에 대해서 이승훈은 대마도에 식량이 부족하여 가을에나 침략할 수 있다면서 장기적 대책의 필요성을 제기했다.[113] 얼마 뒤 4월 중순 만세덕도 5천 명 잔류 방안을 제시했다. 이에 조선은 그것을 수용하되, 명이 절색을 모두 부담하도록 경리 자신이 명 조정에 요청하는 조건으로 회답하기로 했다.[114]

그렇지만 명군 지휘부는 한 달이 되지 않아 5천 명 주둔 방안을 폐기하고 1만 6천 명의 잔류 방안으로 복귀했다. 그것은 5월 초 황제가 "군사를 훈련시키고 요충지를 설치하며 나라의 위세를 세움으로써, 왜적이 돛단배로 서쪽으로 오지 못하도록 하라."면서 다수 명군의 철수에 유보적인 입장을 보였기 때문이다.[115] 그와 함께 조선과 타협의 여지는 더욱 작아졌다.

그런데 해당 시점에서 중요한 상황의 변화가 나타났다. 1600년 2월 말 양산(梁山)의 교생(校生) 신안남(辛按南)이 나와서 왜적의 강화 요청 서신을 전달하고, 아울러 인질송환 계획을 전했다.[116] 인질은 1598년 12월과 이듬해 7월 두 차례 송환된 뒤 나머지 40여 명을 의미했다. 그와 함께 왜 측은 편지로 강화를 촉구했다. 4월 중순 인질의 부산 도착 소식이 전해지자 명군 지휘부는 인질파견 사실을 부정했다. 만세덕은 왜 측의 서신들을 조선에 전달하면서, '세 제독이 파견하여 간첩을 했던 사람들'로 표현했다.[117] 형개도 명 조정에 대한 보고에서 '위관(委官)'으로 표현하고, 그들의 임무를 '선유(宣諭)', 즉 왜적의 귀국을 설득하거나 혹은 '용간(用間)', 즉 반간계로 묘사했다. 절강성을 통해 송환된 인질도 비슷하게 보고했다. 즉, 왜영에 들어가 철군 및 진지의 소각 등을 설득했다는 것이다.[118]

인질이 송환됨으로써 명군 철수의 중요한 장애물이 제거되었다. 이제 인질파견이 통제되지 않는 방식으로 명에 알려짐으로써 명군 지휘부가 문책당할 염려가 더 이상 없게 되었다. 만세덕도 송환 소식을 듣고 "조선 문제의 화근이 모두 제거되었다."고 기뻐했다.[119] 그와 함께 명군 지휘부는 명 조정을 상대로 적극 철군 요청에 나서게 되었다. 명 조정에서도 점차 완전한 철군의 요구가 커지고 있었다.

3. 명군의 철수

형개의 상소

명 조정은 기본적으로 명군의 잔류를 포함하여 전후처리는 형개와 만세덕 등 현지의 책임자들이 조선과 상의하도록 했다. 그럼에도 사안의 성격상 최종적인 결정은 명 조정에 있었다. 당시 조선의 주된 외교 상대는 서울에 주둔한 경리 아문이었고, 철군에 관한 입장도 그곳을 통해서 전달되었다. 그렇지만 조선원정 전반에 대한 지휘는 요동에 있던 형개가 담당했다. 조선으로서는 철군과 관련된 명 내부의 논의를 잘 알 수 없었다. 적어도 1600년 6월 말 진주사 남이신의 선래통사가 소식을 전할 때까지는 그러했다. 지금 전해지고 있는 자료를 통해 당시 명 조정과 명군 사이 철군 논의를 재구성해볼 수 있다.

인질 문제가 해소되는 시점인 그해 4월 초 형개는 자신의 방안을 제출하여 조정의 결정을 요청했다. 그 직전 명 조정은 그에게 조선과 상의하여 철수방안을 마련하라고 지시했다. 그렇지만 그는 일단 독자적인 방안을 제출했다. 즉, 명군을 조선에서 모두 철수하여 요동과 연해 지역에 주둔시킨다는 것이다. 그에 의하면, 유키나가와 기요마사가 아직 살아 있고, 일본이 조선과 가까우며, 그간 침략에서 얻은 것이 없었다는 등의 이유에서 재침의 가능성이 있다. 그렇지만 1만 6천 명으로는 왜적을 일시적으로 몰아낼 수 있으나 완전히 제거할 수는 없다. 더욱이 조선은 해당 수의 군사에 대한 식량을 댈 생각이 없다. 요동의 군대는 유사시 압록강을 건너 조선을 구할 수 있다. 그리고 2, 3년 동안 조선이 회복하면, 그때 이 지역에서도 철수하면 된다. 물론 그의 새로운 방안도 많은 재원이 들겠지만, 그것은 자신이 아닌 명 조정의 소관이었다.[120]

형개는 조선과 상의하지 않은 이유를 다음과 같이 설명했다. 즉, 상황을 다시 조사하고, 조선과 논의하는 과정을 거치면 너무 많은 시일이 걸린다는 것이다. 나중에 예과급사중 양천민(楊天民)이 비판한 것처럼, 중국보다는 조선의 이해관계가 더욱 절실하고, 형개가 조정의 신하들보다도 상황을 더 객관적으로 인식할 수 있었다. 그런데도 이해가 절실한 조선을 고려하지 않고 조사와 논의가 불필요하다고 하고, 형개 자신이 직접 처리할 일을 조정 대신들의 주관적인 결정에 미루었다.[121]

명 조정의 결정

형개의 제안에 대해서 명 조정은 부정적인 반응이었다. 이를테면 병과급사중 계유근(桂有根)은 몇 가지 근거에서 이의를 제기했다. 무엇보다도 방어선을 중국 내지로 옮기면 그렇지 않아도 파주의 양응룡(楊應龍), 절강의 조우원(趙右元) 등의 국내 소요 상황에서 새로운 문제를 야기할 수도 있다. 또한 철수 이후 혹 점령당한 조선을 구원하는 것 외에 자위를 위한 연해 지역 병력의 증강은 큰 부담이 아닐 수 없다. 따라서 적어도 금년 말까지는 철수 논의를 중단하고, 그간 필요한 식량을 제때 조선에 보내주어서 조선을 확실히 지켜야 한다. 다만 파주와 절강의 소요가 해소되면 형개가 제안한 지역에 방어선을 구축하면 된다.

형개의 방안에 대해서 황제도 왜적의 불침 보장이 없고, 조선이 스스로 방어할 수 없는 상황을 지적했다. 그는 갑작스런 군대의 철수로 후환이 생기지 않게 하라면서 병부에게 전반적인 논의를 지시했다. 구경과 과도관들은 황제와 같은 이유에서 내지로 방어선을 옮기자는 형개의 방안에 반대했다. 그들은 또한 중국의 안전에 대한 조선의 지정학적 중요성을 강조했다. 명군의 철수는 왜적에게 부정적인 신호를 줄 수 있고, 일단 철수하면 재파병이 쉽지 않다. 조선의 식량도 활용할 수 없다. 조선은 절색은 안 되지만, 일정한 수의 군대를 위한 식량은 부담하겠다는 입장이다. 명군의 가속을 조선에 이주시켜 둔전을 함으로써 식량을 현지에서 조달할 수도 있다. 절색의 경우에도 조선이 주포(紬布, 견직물)로 일부를 분담할 수 있다. 또한 조선이 부담하기 어렵다면 현재 1만 6천 명을 1만 명으로 줄이고, 몇 년 내 조선이 방어능력을 키우면 전원 철수하면 된다.[122]

물론 일부 과도관들은 명시적이든 암시적이든 명군의 완전한 철수를 주장했다. 그것은 1만 6천 명 수준으로는 어차피 왜군을 막을 수 없다는 이유에서였다. 더욱이 조선이 언제 자위능력을 가질 수 있을지도 불확실하기에 철수를 기약하기도 어렵다. 일본이 존재하는 한 왜적은 언제든 조선을 침략할 가능성이 있다. 왜적과 달리 명은 많은 군량과 군사를 멀리까지 보내서 싸워야 하는 구조적인 문제가 있다. 그렇지 않아도 명은 재정이 어렵고, 일부 변경지역과 소수민족 지역을 방비하기에도 힘든 상황에 있다.

1년 전 조선에 파견되어 명군을 사감(査監)했던 형과급사중 양응문(楊應文)은 더욱 직설적으로 철수를 주장했다.[123]

> 무릇 예부터 (중국이) 외국을 위해서 방비하는 일은 없었다. (주 나라가 소국인) 신(申)과 허(許)를 방비했을 때, 어느 달에 돌아갈 것인지 기한을 나누어 (방비하러) 갔다. 기한을 나누어 대신 방비하는 일은 중국에 대해서도 그러했는데, 하물며 외국임에랴? 또한 조선이 중국의 울타리인데 지금 반대로 조선을 위해 방비하는 것은 중국이 오히려 조선의 울타리가 되는 격이니 그래도 되겠는가?…… (또한) 태창(太倉, 중앙 호부의 창고)은 비어가고, 각 변경의 연별 결산을 할 수 없으니 내지가 장차 소란스럽게 될 것이다. 부득이 노고(老庫, 지방의 창고)를 헐어야 한다. 이처럼 곤란한 데도 오히려 조선에 운반하여 제공한다면 매우 궁핍해지지 않겠는가?[124]

그에 의하면, 지금처럼 1만 6천 명이 잔류하여 대규모 왜적이 침입하면, 명은 반드시 더 많은 군대와 식량을 들여 그들을 구원해야 한다. 오랜 전쟁으로 지친 상황에서 그러한 동원이 가능할지 알 수 없고 승리도 장담할 수 없다. 일단 명군을 철수해야 왜적이 침입하더라도 거기에 신축적으로 대응할 수 있다. 명의 역량을 헤아려 대군을 보내 조선을 구원할 것인지 말 것인지, 멀리서 성원만 할 것인지, 아니면 중국 내지만을 방비할 것인지 등을 결정하면 된다. 물론 조선보다는 요동의 방어가 더 중요하다. 요동을 버리고 조선을 방어하는 것은 자신의 전답을 버리고 남의 밭을 가는 격이다.[125]

병부는 제출된 다양한 의견들을 몇 가지로 분류했다. 그것은 조선이 스스로 방어할 능력이 없으니 경제적 지원과 함께 군사를 주둔시키는 방안, 군사를 주둔시키되 본색의 절반을 조선이 부담하는 방안, 절색과 본색 전부를 조선에게 요구하는 방안, 압록강 건너편으로 철수하여 조선을 성원하는 방안, 등주·천진·여순 사이에 주둔하여 명의 내지를 방어하는 방안, 형개에게 조선과 상의하여 결정하게 하는 방안 등이었다. 그렇지만 병부의 말대로 10명 가운데 6, 7명은 철병을 지지했다. 명에서는 2천여리 크기의 조선이 식량이 부족하지 않으면서도 단지 명에 의지하려고만 한다는 여론이 적지 않았다. 일각에서는 땅은 넓고 전쟁으로 인구가 적은 조선에서 명군을 통한 둔전을 제안했다.

병부는 철병에 무게를 두면서도 결정은 내리지 못했다. 병부에 의하면, 대규모 왜군의 침략 여부는 진실로 알 수 없으나, 명군이 철수하면 그 틈을 타서 부산을 장악할 가능성이 있다. 그러면 수년간 수많은 군사와 군량을 들여 회복한 속국 조선을 다시 잃게 되고, 명에 대한 조선의 '흠모와 귀의'는 사라지고, 조선이 일본에게 의탁하게 될지도 모른다. 명의 권위도 크게 손상될 것이다. 반면 명이 군사를 계속 잔류시키면서 조선에게 군량을 내라고 한다면 조선은 반드시 파괴된 나머지 제공할 수 없다고 주장할 것이다. 명의 재정이 부족하고 각 변경의 연례 급량도 겨우 맞추고 있어 여력이 없다. 더욱이 대규모 왜군이 갑자기 바다를 건너온다면 잔류 병력으로는 조선을 구제할 수 없을 뿐만 아니라 명군도 살아남지 못할 것이다. 이때 별도의 군사로 돕는다고 해도 미치지 못할 수 있다.[126]

결국 병부는 최종적인 판단은 형개에게 맡길 것을 건의했다. 그것은 조정의 군신들이 멀리서 조선의 상황을 잘 알 수 없다는 이유에서였다. 군사들이 조선에 계속 남고자 하는지, 장수들이 다른 생각 없이 오로지 나라의 일만 고려하는지, 조선이 식량을 아끼지 않고 대려고 하는지 등은 수천 리 밖 북경에서는 알 수 없다. 경략의 아문에 공문을 보내서 그간 조정의 논의를 참조하되, 남은 군사와 필요한 식량 등을 고려하여 철군의 규모나 여부를 조선의 군신과 논의하여 결정하게 해야 한다.

경략이 조선과 논의해서 결정해야 한다는 병부의 보고에 대해서, 황제는 언제까지 서로 미룰 것인지 질책했다. 그는 철수하여 군량을 절약하고 군사를 쉬게 하기를 바라지만, 조선이 피해를 당하는 것은 물론, '과거의 공로', 즉 명의 조선에 대한 전략적 이해를 포기할 수 없다는 입장이었다.[127] 이것은 철병에 대해서 황제 자신은 유보적인 입장이었음을 시사하지만, 그렇다고 다른 현실적인 대안이 있는 것도 아니었다. 5월 중순 당보로 황제는 형개와 만세덕에게 지시를 내려 병부의 종합적인 의견을 반영하여 철병 문제를 조선과 논의하게 했다.

그럼에도 대신들의 의견에서 나타난 것처럼 명 조정에서는 조선에 대한 기약 없는 지원에 대해 부정적이었다. 그것은 진주사 남이신에 대한 그들의 반응에서도 나타났다. 즉 그가 5월 초순 3천 명 주둔과 향은의 지급을 요청했을 때 거친 비난에 직면했다. 호과급사중 이응책, 호부상서 진거(陳蕖), 병부상서 전락(田樂) 등은 한편으로 조선이 요청한 군사의 수가 너무 적다면서 조선이 명군을 싫어하고 있다고 질책했다. 향은의 요청에 대해서도 그들은 조선이 명을 기만하고 있다고 주장했다. 조선은 명이 그간 제공한 다량의 은을 가지고 있는데도 없다고 속인다는 것이다. 남이신은 다음과 같이 전락의 말 일부를 전달하고 있다.

(조선은) 3천 명을 잔류시키고자 하는데 너무 적지 않소? 명은 귀국을 위해서 8, 9년 동안 원정하여 은을 다 썼소. 귀국은 왜 스스로 마련하지 않는 것이오?…… 귀국이 전에 왜에게 준 명주〔明紬, 비단〕와 곡식이 얼마였소? 이것을 생각한다면, 명군의 급량(제공)에 어찌 어려움이 있겠소? 명군이 철수한 뒤 왜적이 재침하면 백성들과 곡식은 모두 왜적의 소유가 될 것인데, 그대 마음이 편안하오? 만약 3천 명을 잔류시키면 그들의 목숨은 귀국에서 버리는 것이 되오. 철수하면 전원 철수하고, 잔류시키려면 1만 명은 되어야 하오.[128]

협상의 결렬

명군 지휘부에게 조선과 상의하라는 황제의 지시는 5월 15일자 만세덕의 자문을 통해 조정에 전달되었다. 그렇지만 그는 조선과 논의하기보다는 일방적인 요구만 제시했다. 그는 1만 6천 명에 대한 '비용과 식량'을 조선이 얼마 동안 부담할 수 있는지에 대한 답변을 요구했다. 그것은 본색은 물론 절색을 포함한 모든 비용을 조선이 부담하는 조건으로 1만 6천 명의 잔류에 대한 조선의 찬반만 밝히라는 의미였다. 그 외에 다른 협상의 여지는 주어지지 않았다.[129] 조선은 그에 대한 즉답을 피했다. 조선은 식량의 부족, 왜적의 침략에 대한 예방 등을 거론하며, 남이신의 진주문에서와 같이 수군 3천 명의 잔류와 절색 전부에 대한 명의 부담을 고수했다.[130]

당보에 이어 며칠 뒤 황제의 지시 문건이 형개를 거쳐 명군 지도부에 도착했다. 제독 이승훈, 경리 만세덕, 감군 두잠(杜潛) 등은 곧바로 조선에 각기 자문을 보내서 해당 내용을 전달하고 입장을 물었다. 사실 조선에 주둔 중이던 명군 지휘부는 대다수 군대의 철수를 원했고, 다만 자신들이 편하고자 한다는 비난이 두려워 대안을 찾고 있었다. 그리하여 조선에 잘못된 정보를 주거나,[131] 아니면 받아들이기 어려운 조건을 내세워 조선이 명군의 잔류를 거절하도록 강제했다. 특히 두잠과 만세덕은 당시의 1만 6천 명을 기준으로 언제까지 부담할 수 있는지에 대한 가부만 계속 요구했다.[132]

각각의 자문에 대한 답변에서 조선도 보름 전 주장을 반복했다. 조선은 나라의 피폐함에 근거하여 나머지 철수해야 할 병력은 속히 철수해야 한다고 밝혔다. 조선은 또한 민력의 쇠진, 농기구나 종자의 물색에 어려움을 들어 둔전도 할 수 없다고 주장했다. 조선은 한편으로 수군 3천 명이 조선의 남부지방에 주둔하고, 다른 한편으로 철수한 명군은 압록강 건너편에 주둔하면서 유사시 조선을 지원하는 방안이 조선의 희망사항임을 덧붙였다.[133]

조선이 3천 명 잔류와 절색의 명 측 부담을 고수하자, 명군 지휘부는 6월 초 다시 각자 장문의 게첩을 통해서 조선에 대한 설득을 시도했다. 만세덕은 내년 봄까지는 현재(1만 6천 명)를 유지하되 철군에 관한 다른 논의는 중단하고, 조선의 국력 회복 정도를 보아가며 추가적으로 논의할 것을 요구했다.[134] 두잠도 그와 유사하게 조선의 해변이 2천여 리나 되어 현재의 인원 전체를 잔류시켜야 한다는 의견을 표명했다. 그와 함께 그는 명 조정 내 다양한 의견들을 전했는데, 모두 1만 명 이상의 잔류와 함께 절색의 분담 필요성을 제기할 뿐, 조선의 방안과는 거리가 있다고 덧붙였다.[135] 이승훈도 조선의 식량과 비용 조달 노력과 함께 가능한 다수 명군의 잔류 필요성을 강조했다.[136]

각각의 게첩에 대한 답변에서 조선은 원안을 고수했다. 무엇보다도 수군 3천 명 잔류 요청은 왜적의 방비가 아니라 명군의 위신을 빌려 인심을 안심시키기 위함일 뿐이라고 답변했다. 그와 함께 조선에는 은이 생산되지 않기에 명군 3천 명에 대한 절색은 부담할 수 없고, 식량도 3천 명 이상은 불가능함을 강조했다. 조선은 또한 3천 명을 제외한 나머지는 압록강 건너로 철수하여 유사시 구원해줄 것을 요청했다.[137]

명군 측도 양보할 기미는 보이지 않았다. 6월 하순 만세덕은 게첩을 보내 다시 조선의 결단을 촉구했다. 자신의 판단으로 현재 남아 있는 명군 전원이 잔류하는 것이 마땅하다면서, 지금 전곡을 담당하는 명의 사농(司農), 즉 호부의 재원이 부족하여 당장 명군에게 절색을 공급할 수 없게 되었다고 전했다. 그는 또한 앞서 "조선의 국토가 수천 리로서, 스스로 명군을 부양해야 한다."는 황제의 지시를 인용했다. 그에 의하면, 조선은 여전히 3천 명의 본색만 내겠다고 하는데, 차라리 조선이 황제에게 명군의 전원 철수를 요청해야 한다고 주장했다.[138] 만세덕의 요구에 대해서 조선도 물러서지 않았다. 조선은 이전과 같은 근거들을 제시하면서 절색과 3천 명 주둔 요청의 불가피함을 강조했다. 그와 함께 명군의 철수를 요청할 수 없다는 점도 분명히 했다. 그것은 "(조선을) 보전하고자 하는 황제의 뜻을 저버리고 조선에 대한 (황제의) 근심을 가중시키게 될 것"이 깊이 우려되기 때문이었다.[139]

철군 결정

조선이 3천 명 잔류를 일관되게 고수하자 명군 책임자들은 조선의 입장을 명 조정에 보고했고, 동시에 철군이 자신들의 편의를 위한 것이 아니며, 단지 불가피한 상황 때문임을 강조했다. 만세덕은 최초 조선의 3천 명 잔류에 대해서 자신과 이승훈이 5천 명 잔류 방안을 제시했던 사실을 언급했다. 다만 황제가 왜적에 대한 적극적인 방어를 지시했기 때문에 해당 방안을 포기하고 다수 군사를 주둔하기로 했다. 그렇지만 재정이 어려운 상황에서 호부는 식량지원에 난색을 표명하고 있고, 조선도 마찬가지다. 조선은 3천 명 이상은 식량을 제공할 수 없다는 입장이다. 그는 조선의 태도를 다음과 같이 쓰고 있다.

> 조선의 군신은 시종 3천 명 주둔에 대한 요청을 고집하고 그 외에는 한 명의 군사도 더하기를 원하지 않는다. 염채와 월향은 모두 명에 의지하고 조금도 낼 수 없다고 한다. 서너 차례나 설득하고 여러 가지로 (염채와 월향 등을) 마련하도록 촉구했으나 그들은 시종 한 가지 말만 견지했다. 자문에서는 심지어 '3천 명 이외에 속히 모두 철수하라.'는 말도 있었고, '반드시 (백성들을) 달래고 휴식하여 원기를 회복해야 하며, 잠시라도 더 수고롭게 해서는 안 된다.'고 했다. 이로써 (조선이) 명군의 잔류를 원하지 않는 점이 더욱 분명하게 드러난다.[140]

더욱이 만세덕은 조선의 3천 명 주둔 요청은 진심이 아니라 단지 체면 때문이라고 간주했다. 다시 말해 조선은 내심 명군의 전원 철수를 원한다는 것이다. 그에 의하면, 조선이 그렇게 나오는 이유는 대체로 왜적의 침략 가능성이 적다는 판단에 근거했다.[141]

명 조정에서도 철군에 대한 주장이 다시 나타났다. 7월 중순 병과급사중 후선춘은 지난 4월 구경·과도관회의에 이어 구체적인 논거에 입각하여 철수를 재촉했다. 그에 의하면, 명이 충분한 군량이 있고 조선이 식량을 내놓고자 할 때 비로소 병력의 잔류를 논의할 수 있다. 그렇지 않으면 조선의 의심을 사거나, 부족한 명의 재원만 낭비할 것이다. 나아가 잔류하는 군사들이 아사할 수 있고, 그간 조선에서의 성과를 다시 잃고 왜적에게 치욕을 당할 수 있다.[142] 호과급사중 이응책은 명군의 철수에 대한 형개의 애매한 입장을 비판했다. 그가 상황을 가장 잘 판단할 위치에 있음에도 결정을 조정에 돌림으로써 철군을 지연시키고 비용을 증가시키고 있다는 것이다.[143]

호부와 병부도 철군을 주장했다. 호부는 그간 조선원정으로 발생한 비용을 나열하면서,[144] "중원이 피곤한데 고혈을 번방에 끝없이 주입하는가?"고 항변하고, "아홉 군데 변경을 폐기하고 하나의 구석에 집중할 수는 없다."고 주장했다. 그러면서 아직 조사 중인 의주의 20만 석 이외에는 조금도 더 낼 수 없다고 못 박았다. 병부는 형개 등의 다음과 같은 주장을 인용하면서 과도관들의 비판으로부터 적극 그들을 옹호했다. 첫째, 조선은 겉으로는 명군의 잔류를 요청하고 있으나 실제 명군의 철수를 원한다. 둘째, 왜적의 재침 여부는 변방의 장수들도 알 수 없고, 따라서 나중에라도 책임을 지울 수 없다. 셋째, 명군은 지금 군사들의 급여조차 줄 수 없을 정도로 재정상황이 좋지 않다. 과도관들은 이러한 전체적인 상황을 알지 못하고서 한 가지 측면만 들어 비판하고 있다. 그와 함께 병부는 다음과 같이 상황을 종합하여 철군의 불가피함을 주장했다.

> 안으로 재정의 상황을 계산하고, 밖으로 속국의 이익을 따져보아도 어찌 자기의 논밭은 버리고 다른 사람의 논밭을 갈며, 중국을 피폐시키고 바깥 오랑캐를 받들 수 있겠는가? 하물며 (조선에 잔류하여) 왜적을 방어하는 것은 말할 필요도 없다. 또한 그들〔조선〕은 (왜적이 재침하지 않는) 다섯 가지 단서를 주장한다. 방어를 구축하여 그들을 안정시켜도 그들은 또한 '마구 다그치기를 원하지 않는다.'고 말한다. 왜적이 반드시 오는 것도 아닌데 굳이 군사를 주둔시켜 그들을 기다리는 것은 좋은 정책이 아니다. 조선이 실로 명군의 철수를 이롭게 보는데도 굳이 억지로 잔류시켜 그들을 지키는 것은 정서에도 맞지 않다.[145]

결국 8월 4일 군사의 잔류가 이해관계와 정서의 측면에서 옳지 않다는 병부의 보고가 황제에게 제출되었다. 그는 이틀 뒤 전원철수 명령을 내렸다. "조선이 주둔군을 잔류시켜 헛되이 비용을 늘리기를 원하지 않는다는 사실이 분명한 이상 모두 철수하라."는 것이었다. 황제의 명령은 형개의 자문으로 9월 5일 조선에 전해졌다.

최후의 방안

한편으로 잔류 병력의 규모나 절색의 부담 등에 관한 이견을 좁히지 못하고, 다른 한편으로 수군의 파괴,[146] 철병 여론, 요동 정세의 불안정 등 요인으로 인해서 명군의 철수가 점차 가시화되었다. 철수에 대한 황제의 최종적인 결정이 전달되기 약 한 달 전 선조는 8월 3일 지시에서 수군 3천 명 대신, 남병 1천 명을 서울에 머물게 하는 방안을 추진하도록 했다. 그에 의하면, 3천 명을 주둔할 경우 명이 급량을 지원할 의사가 전혀 없고 그렇다고 조선이 모두 부담할 수도 없다. 따라서 상징적으로나마 1천 명을 주둔하도록 요청해야 한다. 다만 식량은 물론 절색도 모두 조선이 부담하도록 했다.[147]

그렇지만 명군은 이미 철수를 준비하고 있었을 뿐만 아니라 조선 일각에서는 철수를 반기는 분위기도 없지 않았다. 그것은 일단 명군의 비용에 대한 부담에서 벗어날 수 있기 때문이었다. 그 결과 1천 명 잔류 요청에 대한 선조의 지시는 신하들의 지지를 얻지 못했다.

선조는 명군의 철수에 대한 불안감을 떨치지 못했다. 그는 명군이 철수하면 나라의 형편은 누란지위(累卵之危)에 처하게 될 것이라면서 밤에 잠을 자지도 못한다고 고백했다. 그는 절색의 절반만 조선이 부담하는 것으로 수정하여 잔류 요청을 관철시키고자 했다.[148] 그렇지만 그의 의견은 중신들의 반대에 부딪쳤다. 그것은 무엇보다도 명군 측이 급료를 조선이 계산한 것보다 배로 책정함으로써 조선이 실제 부담할 절색이 많을 수 있다는 이유에서였다. 그와 함께 – 자세한 내막은 알 수 없으나 – 그들은 이미 이승훈에게 1천 명 군사를 요청할 수 없다는 취지로 자문을 보냈음을 상기시켰다.[149]

자신의 의견이 반대에 부딪치자 선조는 곧바로 나머지 신하들의 의견도 모으도록 했다. 거기에는 3천 명과 절색을 모두 요청하는 방안, 1천 명을 요청하고 절색은 모두 조선이 부담하는 방안, 1천 명과 절색의 절반을 요청하는 방안 등이 포함되었다. 일부에서는 절반의 절색도 우리가 마련하기 어렵다는 점이 지적되었다. 그 외에도 조선 스스로 자구책을 마련해야 한다는, 즉 군사를 요청하지 말자는 의견도 있었다.[150] 선조는 황제가 전원 철수를 원하는 것이 아니라고 주장했다. 다만 조선이 잘못 대응함으로써 지금 명군이 전원 철수하게 되었다. 그는 "적이 지금 진을 치고 있는데 우리는 군대를 해산시킨 형국"이라면서 왜적의 침략 가능성을 제기했다. 그는 전 도사(都事) 신경진(辛慶晉)을 진주사로 파견하고, 진주문에는 1천 명의 잔류를 명에 요청하도록 했다. 절색은 전부 또는 절반을 승문원에서 헤아려 요청하도록 했다.[151]

다음 날 선조와 대신들이 직접 해당 문제를 논의했다. 여기에서도 앞서와 마찬가지로 여러 가지 상이한 의견들이 개진되었다. 전체적으로는 명에 군대와 향은을 요청해야 한다는 입장과 조선 스스로 자강에 나서야 한다는 입장으로 분류되었다. 후자와 관련해서는 명군의 주둔에 드는 비용으로 조선의 군대를 훈련시켜야 한다는 의견도 새롭게 제기되었다. 대신들은 향은을 이유로 청병에 소극적이었다. 대신들의 주장에 대해서 선조는 1천 명의 군사와 향은의 요청은 이미 결정된 사항이라고 못 박았다.[152] 판중추부사 이덕형이 3천 명 주둔 방안을 제시하기도 했으나, 비변사는 국왕의 의견에 따라 1천 명 주둔과 향은을 명 측에 요청하기로 했다.[153]

그렇지만 신경진의 진주문은 다른 방향으로 작성되었다. 변화는 무엇보다도 이덕형의 대마도 정벌 주장과 관련되었다. 그의 3천 명 잔류 방안은 그 일환이었다. 그는 대마도를 먼저 군사적으로 정벌한 뒤에 강화를 허용하자고 주장했다. 거기에는 대마도와 조선의 지리적 긴밀성 이외에 다른 요인도 있었다. 즉, 왜군의 철수가 명군의 강화에 의한 것인 만큼, 명군이 철수하면 왜적이 재침할 가능성이 없지 않다. 따라서 재침을 막기 위해서는 지난번 침략 과정에서 대마도가 침략에 앞장선 것에 대한 단죄가 필요하다. 그 후 강화를 맺을 것인데, 명군 3천 명은 왜적에게 일종의 성세(聲勢)로서 이용될 수 있다.

> 가만히 생각건대 대마도는 부산과 가까워 그 폐해가 큽니다. 그 토질은 척박하고 생산량은 적어서 국경무역에 의지하니, 하루도 본국〔조선〕을 잊지 못합니다. 세종 때에는 장수를 보내서 정벌했고, 이후 조공을 허락하여 출입증서를 주고 선박 수를 정해서 왕래를 통제했습니다. 그 결과 변경이 안정되었습니다…… 다만 임진전쟁이 일어나자 본도가 향도가 되었으니, 반드시 명군이 많이 모였을 때 죄를 성토하고 위세를 보인 다음에 응징하여 통제할 수 있을 것입니다.[154]

며칠 뒤 이덕형은 호조판서와 이조판서까지 대동하고 이승훈을 만나 4, 5천 명의 주둔을 타진했다. 그렇지만 이승훈은 조선인이 명군을 싫어한다는 말과 함께 단지 조선이 본색과 절색을 모두 마련해야 수하의 군사를 머물게 할 수 있다고 대답했다. 더욱이 그는 청병의 조건을 제시했다. 즉 지난번 조선이 1천 명 군사를 요청할 수 없다는 취지로 보냈던 자문의 오류를 인정하고 그에 대해 벌을 받겠다는 내용을 진주문에 포함시키라는 것이다. 그의 요구는 매우 굴욕적인 것으로서 국왕으로서는 수용할 수 없었다. 결국 조선은 신경진의 진주문에서 남이신과 같이 3천 명 주둔을 요청하기로 했다.[155] 다만 대상은 지난번에는 수군 3천 명이었다면 이번에는 남병 3천 명이었다.

최종 철수

조선의 마지막 시도와 무관하게 명군의 철수는 진행되었다. 명군 지휘부도 이제 철군에 따른 책임에서 벗어날 수 있게 되었다. 선조는 9월 10일

만세덕을, 9월 27일 이승훈을 전별했다.[156] 명의 수군은 날씨 때문에 귀국하지 못하고 얼마간 경기도와 그 북부에 머물렀다. 유격 장양상(張良相)·가상(賈祥)·오종도 등은 각기 경기도 연안(延安), 황해도 교동(喬桐), 평안도 삼화(三和) 등지에 주둔했다. 조선은 명에 이들에 대한 식량과 염채은 등을 보내줄 것을 요청하기도 했다.[157] 그들은 이듬해 봄 모두 철수했다.

진주사 신경진의 사행은 더 이상 의미가 없었으나 예정대로 진행되었다. 그는 그해 10월 5일 도중에 형개 군문을 만나서 명군 3천 명의 잔류를 요청하는 자문을 제출했다. 형개는 명은 원래부터 철수를 원했고 조선이 자구책을 마련해야 할 것으로 답변했으나 그것은 온전한 사실이 아니었다. 실제 소규모의 군사는 주둔시킬 수 없다는 이유였다. 그는 금번 3천 명의 주둔 요청에 대해서 "유사시에 3천 명의 생명을 칼끝에 맡기는 것"이라고 답했다. 그는 "왜적은 세상에서 제일 속이기 어려운 자들로서 (명군) 3천 명이 잔류하면 반드시 먼저 (그 사실을) 알 것"이라고 말했는데, 조선이 부여했던 명군 주둔의 상징적인 의의에 대해서 회의적이었던 것이다.

신경진은 12월 중순 진주문과 함께, 병부에도 남병 3천 명의 주둔을 요청하는 자문을 제출했다. 근거는 "관군〔명군〕이 뜻밖에 모두 철수하면 소방의 민심이 불안해하고, 나라 안이 비었다는 사실을 왜적이 듣게 되면 곧장 침략해올 것"이었다. 명군의 향은과 관련하여 조선은 절색 전액을 요청했다. 그에 대해서 "여러 변경의 군량이 아직도 태반이 부족하고, 각 군대에 지급할 은(銀)도 마련해줄 수 없다. 하물며 명이 조선을 위해서 어찌 매번 구제할 리가 있겠는가?"라는 병부 시랑의 답변이 돌아왔다.

병부상서도 조선이 은을 마련할 수 없다는 점에 의문을 제기했다. 이에 신경진은 명군에게 지급된 은은 명의 상인들이 와서 잡물을 주고 가져가고, 요동에 물건을 팔려고 해도 조선이 전쟁으로 잔파되어 팔 물건이 없다고 대답했다. 병부상서는 통사에게 3천 명 잔류 요청이 조선의 본뜻이 아니라 다른 사람의 지시, 즉 명군 지휘부에 의한 것이라는 소문을

천조장사전별도(풍산김씨 근전문중, 한국국학진흥원 소장)_1599년 봄 명군의 철수를 그린 명나라 종군화가의 작품으로, 형개 총독의 접대낭청을 지낸 김대현(金大賢)이 명나라 장수에게서 선물로 받은 것이다

언급했다. 결국 명 조정은 조선의 잔류 요청에는 응하지 않고, 뒤늦게 한 가지 형식적인 조치만 취하기로 했다. 즉 섭정국(葉靖國)에게 파총(把摠) 직함을 주어 잠시 조선군을 훈련하게 한다는 것이었다. 그것도 12월 말에야 황제의 승인이 내려졌다.[158]

섭정국은 훈련도감의 요청으로 이미 조선 군사의 훈련에 관여하고 있었다. 그렇지만 그는 제대로 일을 하지 않고 있었다. 10월 중순 훈련도감의 보고에 의하면, 그는 태평관에 머물면서 나와보지도 않았다. 다만 4, 5명을 교사로 삼았으나 그들은 도망병으로서 무예를 모르는 자들이었다. 섭정국은 단지 남대문에 방(榜)을 붙여 명군 도망병들을 모을 뿐이었다.[159] 오종도는 한 게첩에서 섭정국이 허황된 무리로서, 조선에 머물게 해서는 안 된다는 입장을 전해왔다.[160] 섭정국은 돌아갈 생각은 아니하고 말썽만 피우다가 결국 경리 만세덕이 재촉하자 이듬해(1601년) 4월 초 서울에서 북상했다. 그는 여전히 평양에 있었는데, 명에서 사람을 보내서

그를 잡아갔다.[161] 명군이 철수하면서 둔전청도 폐지되었고, 조선은 임란 과정에서 들어온 중국 상인들의 철수를 명령했다.[162]

명군의 철수로 보호막이 사라지자 조선도 대안을 모색하지 않으면 안 되었다. 다행히 일부의 우려와는 달리 일본의 재침은 없었다. 히데요시 사후 일본에서는 여러 세력들 사이에 권력을 위한 투쟁이 재개되었다. 결국 1600년 9월 중순 세키가하라 전투(関ヶ原の戦い)에서 히데요시의 잔여 세력에게 승리한 이에야스는 조선과 강화에 적극 나섰다. 그는 이듬해 6월 강화 문건 두 개와 포로 2백50명을 부산에 보내왔다. 이에 조선은 과거처럼 배척하기보다는 "사정을 직접 물어본 뒤에 향후 대책을 세울 것"을 결정했다.[163] 그간 강화에 부정적인 입장을 탈피했던 것이다. 다만 국서의 교환과 회답겸쇄환사의 파견을 통한 공식적인 관계의 재개는 그로부터 5년이 지나서였다.

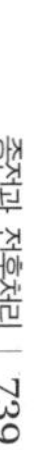

에필로그

이 연구는 원래 근대 이전 동아시아 국제질서에 대한 관심에서 출발했다. 인간관계도 마찬가지이지만, 국가간의 관계도 중대한 일과 결부될 때 그 본모습이 드러난다고 생각한다. 특히 전쟁은 다수의 생명은 물론 국가의 존립과도 관련된다는 점에서 그 중요성을 비할 데가 없다. 이것이 필자가 사실상 한·중·일 삼국의 유일한 전쟁인 임진왜란과 정유재란 연구에 착수한 이유이다. 그럼에도 부분적인 연구를 통해 국제질서의 단면을 규명하는 것이 아니라 통사를 쓴 것에 대한 설명은 있어야 할 것 같다. 사실 어떤 글이든 새로운 내용을 담고 있지 않다면 쓸 필요가 없을 것이다. 필자는 몇 가지 서로 연관된 측면에서 새로운 내용을 담고자 했다.

첫째는 자료이다. 그야말로 새로운 자료들을 먼저 이야기할 수 있다. 하나는 손광(孫鑛) 총독의 문집 『요강손월봉선생전집(姚江孫月峯先生全集)』(1814)이다. 손광은 명군 참전 약 2년 뒤부터 정유재란 개시 직전까지 약 2년 반 동안 계요총독을 지낸 인물로, 명군의 조선원정에 대한 총책임자였다. 이 문헌에는 당시 그가 명 조정의 주요 대신이나 황제에게 썼던 편지와 보고서들이 들어 있다. 그는 중국에서는 일종의 문학가로서 명성이 있어서 해당 연구가 있으나, 조선원정과 관련되어서는 국내에서 활용된 적이 없다. 필자가 국내에서 우연하게 한 대학의 고문헌자료실에서 발견했는데, 그의 재직 시기 전쟁의 전개와 조명관계를 이해하는 데 매우 중요한 자료임이 분명하다.

또한 정유재란 시기 약 1년 반 동안 손광에 이어 조선 문제를 총괄했던 형개(邢玠)의 문집 『경략어왜주의(經略禦倭奏議)』가 중국에서 후대에 발굴되어 2004년에 처음으로 공개되었다. 이 자료는 국내에 소개되었으나 연구에 활용되지는 않았다. 명의 자료로 이제까지 일부라도 활용되는 것은 『신종실록』과 맨 처음 명의 조선원정을 책임졌던 송응창(宋應昌)의 『경략복국요편(經略復國要編)』이라고 생각된다. 또한 조선과 명 사이에 오갔던 외교문서들의 모음집으로 『사대문궤(事大文軌)』(1619)도 있으나 마찬가지로 거의 활용되지 않았다. 1925년 조선총독부의 조선사편수회에서 재간행하기도 했으나 일부 기간의 자료들이 망실되어 아쉬움이 있다. 그럼에도 해당 문서들은 주요 사안들을 둘러싼 조·명의 협력과 갈등을 드러내주고 있다.

한편 일본의 1차 자료는 조선원정에 직접 참여했던 다이묘의 가문에서 출간된 문서모음이 중요한 부분을 차지하고 있다. 그것은 히데요시의 명령서 등 공식적인 문건들에 집중되어 있다. 사실 그간 임란에 대한 일본의 연구가 활발했고, 위의 자료들은 국내의 연구에도 인용되어왔다. 다만 전쟁의 전체적인 과정에서 관련 자료들이 충분히 이용되었는지는 의문이다. 다행히 얼마 전 일본의 임란 연구 권위자인 기타지마 만지(北島万次)가 『풍신수길조선침략관계사료(豐臣秀吉朝鮮侵略關係史料)』(2017)를 편집하면서 관련 문서들의 상당 부분을 수록했다. 중세 일본어로 되어 있어 번역하는 데 어려움이 없지 않았으나 관련 연구들을 원용하여 최대한 활용했다.

사실 통사적 기술에서 새로운 자료의 발굴이나 활용보다 더욱 중요한 것은 기존의 자료들을 다각도로 검토하는 일이다. 그래야만 사건에 대한 입체적이고 연속적인 기술이 가능하다. 소통이 많았던 조선과 명의 자료들에 대한 상호 점검은 매우 중요하다. 그것은 『선조실록』, 『신종실록』 등의 기록에만 해당되는 것은 아니다. 관련 인물들의 주장이나 경험에 대한 진술 등으로 보완되어야 한다. 이러한 의미에서 정책 담당자들의 기록에 대한 검토는 매우 중요하다. 다행히 조선의 관료들은 스스로든 그 후손들을 통해서든 많은 문집들을 후대에 남겼다. 정책의 결정이나 수행자로서 유성룡의 『징비록』이나 이순신의 『난중일기』 등도 있으나, 이호민(李好閔), 신흠(申欽), 최립(崔岦) 등과 같은 공문서 작성 전담자들의 문집들, 그리고 명과 일본을 다녀온 사신들의 보고서들도 소중한 자료이다.

개별 자료들의 집합적 검토는 그 자체로서 성과가 없지 않았다. 그 과정에서 일부 불확실한 사실관계를 밝히는 데 도움이 되었다. 이를테면 하나의 자료에서는 문맥상 이해하기 어려운 표현들도 다른 자료들과 함께 검토됨으로써 좀 더 정확한 의미를 파악할 수 있었다. 그러한 이유에서 어법적 이해만으로 제대로 번역이 될 수 없는 『선조실록』과 같은 많은 자료들의 좀 더 정확한 번역도 가능해졌다. 뿐만 아니라 일부 시점이나 위치가 불분명한 문건들을 자리매김할 수도 있었다.

둘째는 글의 구성과 전개이다. 지금까지는 주로 개별 국가의 입장에서 연구가 진행되었다. 우리의 경우에는 주로 국난 극복을 위한 투쟁 위주로 기술되었고, 그 결과 의병이나 이순신과 같은 영웅적 활약에 초점이 두어졌다. 일본의 경우에도 전쟁 수행 자체에 초점이 두어졌다. 그 결과 명나라의 역할은 별로 주목받지 못했고, 앞서 본 명의 자료들은 물론 조명관계의 관련 자료들도 거의 활용되지 않았다. 마찬가지로 중국에서는 명의 군사적 개입이 강조되었으나, 조선이나 일본 내부의 사정에 대해서는 그만큼 관심이 적었다. 이러한 편중성은 진실의 왜곡 여부를 떠나 전쟁에 대한 균형 잡힌 통사적 기술을 저해해왔다고 생각한다.

통사적 접근은 그 자체로서 어려움이 없지 않다. 그것은 현실에서는 많은 일들이 동시다발적으로 발생하고 서로 얽혀 있기 때문이다. 그리고 대부분의 일들이 장기적 성격을 띤다. 특히 근대 이전에는 지리적 요인으로 인해서 소통의 기간이 길었다. 따라서 주요 사안의 가닥을 잡아가고 동시에 촘촘하게 구성하기가 용이하지 않다. 자칫 기술이 중복되거나 시간의 전후가 흐트러지기도 한다. 그에 대한 대안은 최대한 관련 문제들을 소화해서 분명하게 재구성하는 일이다. 다행히 오늘날 용이해진 자료접근은 해당 문제를 해소하는 데 크게 도움이 된다. 『선조실록』이나 『신종실록』뿐 아니라 문집 등 수많은 자료들이 책장에 꽂혀 있는 것과 마찬가지다. 더욱이 키워드 검색까지도 가능하니 언제든 원하는 자료원에 접근할 수 있다. 그 결과 장기간에 걸친 사건들의 입체적 구성이 수월해졌다.

마지막으로 연구를 통해서 얻은 새로운 사실이나 시사점이다. 필자는 글의 전개를 위해서 가급적 많은 원자료를 직접 인용하는 방식을 썼다. 그와 함께 경어체 등도 그대로 전달했다. 그것은 독자가 화자(話者)들의 언어를 접함으로써 그들의 감정에 더 가까이 다가가고 스스로 판단할 여지를 갖는 데 도움을 주기 위해서였다. 따라서 위의 문제에 대한 답은 글 전체에서 찾아야 한다고 생각한다. 그럼에도 앞서 언급한 것처럼 어떤 목적의식이 없지는 않았을 뿐만 아니라, 정치학 전공자로서 느낀 점이라도 밝히는 것이 의무라고 생각한다. 다만 그것은 다소 주관적이고, 특히 옳고 그름에 대한 판단 또는 일어나지 않은 일에 대한 가정(假定)에 기초할 수밖에 없다.

사실 전쟁과 같은 중대 사건에서 일차적인 목표는 적의 공격으로부터 백성의 생명을 보전하고 나라를 존립시키는 일이 아닌가 싶다. 그것은 봉건전제적 국가에서도 마찬가지라고 생각된다. 주어진 조건하에서 구성원들은 자신의 역량을 최대한 결집하여 전쟁에 나서고, 정책 담당자들은 국내외적으로 끊임없는 선택에 직면하게 된다. 결과적으로 조선은 망하지 않고 살아남았으나, 전쟁으로 국토가 초토화되고 백성들은 다수가 큰 피해를 입었다. 전자를 기준으로 판단한다면 조선은 성공했고, 후자를 기준으로 한다면 실패했다. 물론 조선은 그때 망했어야 한다는 생각도 있겠으나, 그것은 당시를 살았던 사람들을 고려한 판단은 아닐 것이다. 조금 구체적으로 조선은 몇 차례의 위기와 기회가 모두 있었다고 생각된다. 위기 상황을 극복했기 때문에 나라는 멸망으로 이어지지 않았다. 그에 반해 기회를 살렸다면 전쟁의 피해를 줄이거나 조기에 끝낼 수 있었을 것이다.

필자는 큰 위기를 다음 몇 번으로 본다. 그리고 위기를 극복한 요소는 조선이 갖춘 기본 역량이라고 생각된다.

첫째는 국왕의 피난에 이어진 내부(內附)이다. 선조가 본인의 안전을 우선시한 선택에 백성들은 물론 다수 대신들은 반대했고, 국내에 남아서 싸우고자 했다. 명도 유사시에만 도강을 허용했으나, 결국 내부는 이루어지지 않았다. 그랬다면 조선은 무정부 상황이 되고 정상적인 전쟁의 수행은 더욱 어렵게 되었을 것이다.

둘째는 이순신의 조선 수군이 왜군의 서진을 막았다는 점이다. 뛰어난 조선술과 전략으로 승리함으로써 왜군의 전라도와 충청도는 물론 서해안 진출을 막았다. 왜군이 서해안까지 진출했다면 일본은 물론 명의 전략도 크게 바뀌었을 가능성이 있다.

셋째는 의병들의 활약이다. 왜군이 조선 수군에 의해 해로가 막힌 것과 같이 의병들의 활약으로 경상도 일부와 전라도 그리고 충청도의 상당 부분이 보존되었다. 왜군은 주요 거점을 장악했으나 점차 고립되었고 후근에 어려움을 겪게 되었다. 둘째와 셋째의 요소에 의해 초기의 기울어진 전세에 균형을 잡고 역전의 발판을 마련했다고 생각된다.

넷째 명으로부터의 위기이다. 특히 정유재란 시기 명은 조선에 대한 직접 지배를 통해 왜군에 대한 근본적인 대응을 모색했다. 그렇지만 조선의 강한 반발로 저지되었다. 마찬가지로 전쟁 종료 이후 조선은 명군의 조기 철수를 관철시켰다.

다음으로 조선이 놓친 큰 기회이다. 그것은 무엇보다도 정책적 선택의 문제라고 생각된다.

첫째 전쟁 발생 이전 통신사 파견 이전부터 히데요시의 도발 가능성이 제기되었다. 조헌과 같이 일부에서는 문제를 공론화하여 명을 포함한 국제적 차원의 대비를 강조했다. 조선이 그간 명 중심의 장기적 평화에 안주하기보다 적극 군사적·외교적 대응에 나섰다면 초기의 일방적 패배를 막을 수 있지 않았을까?

둘째 조선은 전쟁 초반 왜군의 북상을 저지할 수 있는 기회가 있었다. 조령과 추풍령 등 높은 고개와 한강, 임진강, 대동강과 같은 천연의 장애물을 활용하여 적극 방어했다면 전쟁의 주도권을 잡을 수도 있지 않았을까?

셋째 전쟁 초기 조선과 명은 상호불신 속에 시간을 낭비했다. 명군이 적어도 대동강을 방어할 수 있을 정도로 협력했다면 조선은 평양을 지킬 수 있었을 것이다. 국왕이 의주에 있는 것에 비해 조선의 위상과 그에 따른 협상력도 더 커지지 않았을까?

넷째 그간 여러 차원에서 이루어진 교섭에 미루어볼 때, 왜군은 결국 조선의 왕자를 일본에 파견하는 수준에서 철수했을 가능성이 크다고 생각된다. 조선이 사대(事大)이든 이이제이(以夷制夷)이든 명에 기대지 않고 좀 더 적극적으로 강화협상에 임했다면 전쟁의 장기화와 정유재란의 피해를 줄일 수 있지 않았을까?

서두에서 언급한 것처럼 조선은 일본이 국가의 모든 역량을 기울여 침략하는 미증유의 사태에 직면했다. 조선은 자기보존의 역량을 발휘했으나 왜군을 스스로 축출할 능력은 부족했고, 결국 명의 군사적·외교적 힘에 의지했다. 결과는 앞서 본 것처럼 시각에 따라서 상이한 정도의 성공과 실패였다. 그럼에도 정책적 대안과 관련해서 본다면 좀 더 엄격한 기준이 적용되어야 할 것 같다.

국력의 상대적 격차로 인해서 약소국의 안보에는 강한 동맹국의 존재가 매우 중요해 보인다. 왜군의—방어는 아니더라도—축출에 명군의 역할이 절대적이었음은 부인할 수 없다. 형식상 명은 조선에게 통상적인 의미의 동맹국이 아니라 소위 종주국이었다. 동맹관계에서는 협력의 범위나 방식이 일정한 상호계약에 기초한다면, 주종관계는 포괄적이며 위계적이다. 다만 현실에서 동맹관계와 주종관계의 엄격한 구분이 매우 어렵다. 다시 말해 동맹관계라도 전쟁과 같은 중요 상황에서는 주종관계로 이어질 가능성이 크다. 명은 전쟁의 수행뿐 아니라 강화협상까지도 대부분 담당했다.

그렇다고 조공책봉 질서의 기본 원리로서 '소국은 대국을 받들고 대국은 소국을 보살핀다.'는 사대자소(事大字小)가 관철될 여지는 크지 않았다. 해당 원리는 국가 이익에 종속되었다. 명의 파병과 철수는 조선의 입장과 무관하게 자국의 전략적 판단 아래 이루어졌다. 그 결과 군사적 협력 시기를 놓침으로써 조선의 입장에서 전쟁의 초기 대응에 실패했다. 강화협상의 경우에도 명은 조선보다는 자국의 이익을 우선했고, 그로 인해 협상은 수년간 지루하게 계속되었을 뿐만 아니라, 결국 두 번째 대규모 침략으로 이어졌다. 명의 이익에 부합하지 않을 경우 조선의 피나는 외교적 시도는 번번이 한계에 부딪혔다. 이것은 전통 동아시아 질서 개념으로서 통용되는 조공체제가 허구적이고 위선적임을 말해준다.

그렇다면 특정 강대국과의 동맹에 기초한 안보에 대한 대안이 있는 것인가? 물론 있다고 생각된다. 과거나 지금이나 홀로 자신의 안보를 확고히 지킬 수 있는 나라는 몇 개 되지 않는다. 대부분 각종 수단을 동원하여 방비에 최선을 다할 뿐이다. 앞서 조선이 멸망하지 않았던 것은 기본적인 자기방어의 역량을 갖추고 있었기 때문이다. 다만 갑작스런 침략에 대비하지 못함으로써 그 피해가 컸고, 전쟁은 장기화되었다. 그리고 조선이 대외 방비에 소홀했고 외교적 대응에 소극적이었던 것도 대체로 종주국 명에 대한 의존에 그 원인이 있었다.

한반도의 지정학적 위치로 인해 주변 강대국의 영향력 확대 시도나 침략 가능성이 상존해왔다. 이때 특정 동맹국에 의존한 안보는 일시 효과적일 수 있으나, 거기에는 구조적인 불안정성이 있다. 그것은 강대국간 세력 변화나 세력 전이(power transition)는 필연적으로 곤혹스런 선택을 강제하기 때문이다. 더욱이 선택을 둘러싸고 늘 국론은 분열되고, 그로 인해 기본 역량조차 발휘하지 못한다. 대개 보수적인 선택으로 인해 한반도는 신흥강대국의 일차적인 침략 대상이 된다. 그러한 패턴은 – 아직 일본이 동아시아 질서를 바꿀 정도에 이르지 못했던 – 임란 시기보다 극단적인 형태로 병자호란에서 한국전쟁까지 유사하게 반복되었다.

역사적으로 우리는 동북아의 고립된 상황에 익숙해 있었다. 그 결과 국제질서의 다원적 측면에 대한 고려가 부족하지 않는가 싶다. 경제나 문화 교류 등의 측면에서처럼 안보 문제에 있어서도 전통적인 틀을 벗어나 글로벌 차원의 사고가 필요하다. 그리고 오늘날 국력은 통상적인 군사력과 경제력 이외에도 소위 소프트 파워가 중시된다. 해당 개념을 제시한 조셉 나이(J. Nye)는 그것을 문화, 정치적 가치 그리고 외교정책이라고 했다. 단순화하자면, 대외적으로 공유될 수 있는 역량을 키우고 그것을 확장하는 것이다. 다시 말해 하나의 주어진 동맹이 아니라 자신의 역량과 공유된 가치를 바탕으로 다수의 지원세력을 확보하는 일이다. 최근 확대되고 있는 미중간의 패권경쟁 상황에서 양자택일은 역사의 악순환을 반복하는 것일 뿐 궁극적인 대안이 아니라고 생각한다.

주요 사건 일지

년	월	일	
1587	12		야스히로 방문, 통신사 파견 요구(히데요시 국서, 명 정벌 협력 요구)
1589	6		대마도주 요시토시 방문, 통신사 파견 요구
	12		조헌, 통신사 파견 반대 상소
1590	2	28	일본 손죽도왜변 주모자들 송환
	3	6	황윤길 등 통신사 서울 출발
	11	7	교토에서 히데요시 통신사 접견, 선조 국서 전달
1591	1		히데요시 전군 동원령
	3		통신사 복명, 히데요시 국서에서 정명향도 요구
	5		일본 회례사 귀국, 조선 국서에서 히데요시의 요구에 대한 거부
	7		명, 절강과 복건 및 유구 통해 히데요시의 중국침략 계획 확인
	8		명, 요동도사에 지시하여 조선에게 상황 보고 요구
			성절사 김응남이 왜의 침략계획을 예부에 전달
	10	24	진주사(한응인) 파견, 조선의 일본 협력 소문에 대한 해명
1592	1		히데요시 출정 명령
	3		사쓰마에서 허의후 보고, 일본에 대한 조선의 굴복과 협력 명시
	4	14	왜 제1군 부산진 공격
		17	이일 경상도순변사, 신립 도순변사 파견
		25	이일 상주에서 패배

년	월	일	
1592	4	26	이순신에게 부산 왜군에 대한 공격 지시 전달
		28	신립 충주에서 패배, 광해군 세자 책봉
		29	경상우수영 함락 소식, 이순신에게 전달됨
		30	국왕 서울에서 피난
	5	3	서울 함락
		4	이순신 1차 출정
		7	이순신과 원균, 옥포해전 승리
		13	왜군 8도에 대한 분할 점령 결정
		16	경기도 해유령에서 관군 승리(부원수 신각 등)
		26	의병장 곽재우, 의령 정암진에서 왜군 격퇴
		29	이순신 2차 출정(사천포, 당포, 영등포 등 연승); 왜군 개성 함락
	6	2	히데요시 명에 대한 공격 독촉; 명 조정 소규모 정탐군대 파견 결정
		3-5	하삼도 관군 6만 명 용인과 수원 사이에서 궤멸
		4-6	의병장 정인홍, 무계에 진출한 왜군 격퇴
		5	명의 최세신과 임세록, 평양에 와서 왜정 탐지
		9	이덕형과 왜 측 대동강에서 교섭
		11	조선 요동도사에 군사지원 요청 결정
		14	분조로 세자 일행 강계행
		15	왜군 평양성 탈취; 요동의 소규모 군대 압록강 건너옴
		18	요동도사 송국신 보내 국왕 진위 여부 확인, 왜와 공모 제기
		22	국왕 일행 의주 도착; 이덕형 요동도사에 군사지원 요청
		23	국왕의 내부 자문, 요동도사에 접수됨
	7	1	명 조정 황응양 등 의주 파견, 조선의 일본 협조 혐의 해소
		6	이순신 3차 출정, 8일 한산도 대첩
		7-8	웅치전투(김제군수 정담 등), 이치전투(광주목사 권율 등)
		9-10	제1차 금산성 전투(고경명, 유팽로 전사)
		15	히데요시, 명 진격 포기와 조선 지배 집중 지시

년	월	일	
1592	7	17	명군 3천 명 평양성 탈환 시도 실패
		24	함경도에서 임해군과 순화군 기요마사 군에 넘겨짐
		26	명, 대군 파병 결정
		28	영천성 수복
	8	1	조선군 평양성 공격, 실패
		12	명 조정에 군사 요청 진주사 파견 결정
		17	심유경, 평양 왜군과 협상 위해 의주 도착
		17-18	제2차 금산성 전투, 조헌 등 전사
		18	송응창 조선경략 임명
		20	경주성 왜군에 대한 공격(우병사 박진 등), 9월 9일 왜군 퇴각
		21	성주성 왜군에 대한 공격(김면 등)
		24	이순신 4차 출정, 부산진까지 진출
		29	심유경, 평양 왜군과 1차 협상
	9	2	황제의 칙사 설번이 명의 대군 파병 통보
		16	함경도 의병장 정문부, 경성 수복
		17	병부가 건주여진의 파병 제안을 조선에 전달함
		26	송응창, 조선출정 준비 개시
	10	5-10	진주성 승리(김시민)
		25	송응창이 정문빈을 조선에 보내 출병 통보, 협조 요청
		중순	함경도 기요마사, 조정에 편지 보내 영토분할 조건 강화 제안
	11	20	송응창 요양 도착
		26	심유경, 평양 왜군과 2차 협상
	12	10	유격 전세정 압록강 건너옴
		14	오유충의 남병 4천 명 압록강 건너옴
		25	이여송 의주 도착
1593	1	8	조명연합군 평양 수복
		25	명군 개성 입성

년	월	일	
1593	1	27	벽제관전투
		30	이여송 개성으로 퇴각
	2	12	행주대첩
		15	명의 관리 풍중영 등이 함경도 기요마사와 접촉, 왕자들 석방 타진
		18	이여송 평양으로 퇴각
		24	송응창 압록강 건너옴
		29	기요마사 왕자 일행 데리고 서울 진입
	3	2	왜군이 한강 용산 부근에서 강화 요청 서한 투서
		10	히데요시, 왜군 서울에서 상주로 철수 지시, 진주성 공격 준비
		15	심유경, 용산의 왜군과 협상
		24	심유경, 의주의 송응창에게 강화결과 보고
	4	8	심유경, 재교섭 위해 서울 왜영 진입
		18	왜군 서울 철수
		19	유정의 천병 5천 명 숙천 도착
	5	16	송응창의 부하 사용재와 서일관 나고야 도착
	6	5	선조 안주에서 송응창 접견
		16	왜군 북상, 함안 등지 약탈
		20	심유경과 소서비 부산 출발, 7월 7일 서울 도착
		22	진주성 포위, 29일 함락
		26	히데요시, 남해안 12개 성에 4만 7천 명 주둔, 나머지 철수 명령
		28	일본, 나고야에서 사용재 등에게 「대명과 일본 양국의 화평조건」 제시
	7	9	왜군 김해로 퇴각
		22	사용재 등, 왕자 일행과 부산 출발, 8월 6일 서울 도착
	8	18	송응창, 세자 남하 요구
		26	히데요시, 나고야에서 오사카로 귀환
	9	15	병부상서 석성, 사은사 정철에게 왜군 철수 사실 확인
		중순	명 병부, 남병 5천 명 잔류 결정
		20경	송응창과 이여송 귀국, 심유경과 소서비 북상

년	월	일	
1593	10	1	선조 서울 귀환
	11	3	담종인, 히데요시 항복표문 받고자 웅천 왜영 진입
	윤11	12	칙사 사헌(司憲)의 칙서 전달, 선조 질책
		13	세자(분조) 서울 출발 남하
	12	7	요동에 머물던 송응창과 이여송 북경 소환
1594	1	7	고양겸, 계요총독 영원(寧遠)에 주둔
	2	하순	사은사 김수와 최립, 북경에서 왜군 주둔 사실 보고
	3	4	심유경과 소서비, 히데요시의 가짜 항복표문을 갖고 요양 도착
		24	고양겸, 책봉사절 파견 주장
	4	13	사명당과 기요마사, 서생포 1차 담판
	5	1	황제, 책봉논의 중단 명령
		11	선조, 호택 접견(히데요시의 책봉을 조선이 요청할 것을 요구)
	7	4	계요총독 고양겸, 손광으로 교체
		10	사명당과 기요마사, 서생포 2차 담판 개시(13일까지)
		28	유정의 군대 남원에서 북상
	8	20	윤근수, 군사 요청 위해 북경으로 출발
	9	11	유정 군대 귀국(명군 완전 철수)
		12	황제, 조선의 책봉요청 진주문으로 책봉 논의 재개 지시
	10	10경	명, 일본과 강화 재개 조선에 통보
	11	20	김응서와 유키나가 함안에서 교섭
		23	사명당과 기요마사 측 울산에서 담판
	12	7	요양에 억류되었던 소서비 북경에 도착
		30	이종성과 양방형으로 책봉사절 구성
1595	1	13	왜군 철수 종용 위해 진운홍 유격 웅천 왜영 도착
		28	명, 조선에 책봉사절 파견 통보
		30	명 책봉사절 북경 출발
	2	10	명 누국안 웅천왜영 도착, 왜군철수 확인 목적

년	월	일	
1595	3	3	손광의 대리인 신무룡과 장응룡 서생포에서 기요마사 접촉
		8	조선, 병부 회답하여 책봉사절의 진출을 요청함
	4	27	책봉사절 서울 도착
	7	11	책봉부사 서울 출발
	9	1	책봉정사 서울 출발
	10	12	부사(양방형) 부산 왜영 진입
	11	24	정사(이종성) 부산 왜영 도착
	12	29	심유경 조선에 책봉사절 수행할 배신(통신사) 파견 요청
1596	1	15	심유경 일본행
	4	3	정사 왜영에서 탈주
	5	10	기요마사 조선에서 철수
	6	15	새로 구성된 책봉사절 부산 출발
		25	조선 통신사 구성
	7	초	이몽학의 난
	8	4	조선 통신사 부산 출발
	9	2	책봉 의식(오사카)
	9	9	책봉사절과 통신사 일본 출발
	11	6	책봉 파탄 소식 서울에 전달
		10	조선, 요동의 손광 총독에게 책봉 파탄 전달
	11	23	통신사(황신 등) 부산 도착
	12	4	손광을 통해 책봉 파탄과 조선의 군사지원 요청 북경 전달
		6	진주사 정기원 의주 경과
	12	17	명 책봉사절 부산 귀환
1597	1	1	(기요마사의 도해를 막는) 유키나가의 제안이 조정에 보고됨
		6	책봉 정사 서울 도착
		13	기요마사 다대포 도착
		14	진주사 정기원 북경 도착

년	월	일	
1597	1	21	기요마사 서신 통해 강화 요구
		28	이순신 파직, 원균 삼도수군통제사 임명(2월)
	2	15	심유경 서울에서 남원 도착(2월 말 의령에서 유키나가 측과 교섭)
		17	명, 1만 3천 명 파병 결정
		21	히데요시, 14만 명 동원령
	3	2	고급사 권협 북경 도착
		18	사명당과 기요마사, 서생포 회담
	4	22	신임 총독 겸 경략 형개, 임지 도착(명군 3만 명 동원령)
	5	초	유키나가 등 주원례 보내 명군에 강화 요청
	7	7	왜군 본대 부산 도착
		16	칠천량해전에서 원균의 조선 수군 궤멸
	8	16	왜 좌군 남원성 함락, 우군 황석산성 함락
		초	경리 양호 평양에서 활동 개시
		20	왜군 전주성 진입
	9	13	직산과 청산 등에서 연합군이 북상하는 왜군 저지
		16	명량해전에서 조선 수군 승리
	11	28	경략 형개 서울 도착
	12	초	조명연합군 5만 7천여 명 남하
		23	조명군 울산 공격 개시
1598	1	4	조명군 울산에서 경주로 후퇴
	2	12	찬획 정응태 서울 도착
	3	말	명군 재정비 계획(수군 2만 명 포함 약 9만 명)
	6	4	정응태, 경리 양호 탄핵
		중순	유정·진린 군대 조선 진입
	7	11	경리 양호 교체, 귀국
	8	3	형개 다시 서울에 와 명군 재정비
		18	명군 서울에서 남하

년	월	일	
1598	8	18	히데요시 사망
		25	일본 다섯 원로 조선에서 강화를 통한 철수명령
	9	2	정응태 조선을 무고함
		6	일본 네 원로 조선에서 철수명령
	10	1	중로군 사천 왜성에서 패배
		7	영의정 유성룡 체직
		21	정응태의 무고에 대한 변무 진주사 파견(이항복 등)
	11	19	노량해전, 이순신 전사, 왜군 퇴각
		25	신임 경리 만세덕 서울 도착
		29	경상좌병사 성윤문, 부산 왜적 완전 철수 보고
1599	1	26	변무 진주문 예부에 제출
		26경	왜군 퇴각에 대한 사은사 파견
	2	1	명군 잔류 협상, 형개 3만 명 잔류 제안
	4		진린 수군, 경략 형개의 귀국
	7	16	왜군 철수시 데려간 명군 인질 일부 부산 도착 확인
		22	이승훈의 새로운 명군 서울 도착(1만 6천 명)
1600	2	23	조선 포로 57명, 시게노부의 강화 요구 전해옴
	3	22	조선 진주사 파견, 수군 3천 명 잔류 요청
	4	14	경리 만세덕이 명군 인질 석방 소식을 게첩으로 알림
	8	6	황제, 명군 전원 철수 명령
	9	1	대마도주 요시토시의 강화 요청에 조선 포로 석방 요구 답변
		10	경리 만세덕 귀국
		27	명군(이승훈) 서울 철수

주요 인물 소개*

가유약(賈維鑰, ?-?) 명 문관. 임란 때 병부주사, 정유재란 때 직방사 낭중, 군공 조사

가토 기요마사(加藤清正, 1562-1611) 일본 무장. 임란 때 제2군 선봉, 재란 때 우군 소속

갈봉하(葛逢夏, ?-?) 명 무장. 요양위 유격, 마병 2천 명으로 평양전투 참여

건달(蹇達, 1542-1608) 명 문관. 임란 초기 계요총독

게이넨(慶念, 1533-1611) 정유재란 종군 승려. 『조선일일기』 저술

게이테쓰 겐소(景轍玄蘇, 1537-1611) 성덕사(聖德寺)의 승려. 유키나가 진영 외교 교섭 담당

겐포 레산(玄圃靈三, 1535-1608) 임진년 출병 시 외교승으로 종군

경응순(景應舜, ?-1592) 조선 역관

고경명(高敬命, 1533-1592) 문관. 동래부사, 의병장으로 금산전투에서 전사

고니시 유키나가(小西行長, 1558-1600) 일본 무장. 임란 때 제1군, 정유재란 때 좌군 참여

고바야카와 다카카게(小早川隆景, 1533-1599) 일본 무장. 제6군 주장

고양겸(顧養謙, 1537-1604) 명 문관. 계요총독, 1594년 1월-5월 조선 경략

고언백(高彦伯, ?-1609) 무관. 양주목사, 경기도방어사, 경상좌도병사 등

곽몽징(郭夢徵, ?-?) 명 무장. 참장, 임진년 6월 마병 5백 명 통솔

---

* 관직과 활동은 주로 임진왜란과 정유재란 시기에 국한했다.

곽재우(郭再祐, 1552-1617) 유생. 경남 의령에서 기병, 경상우도조방장, 성주목사

구로다 나가마사(黑田長政, 1568-1623) 일본 무장. 제3군 선봉, 황해도 주둔

구로다 요시타카(黑田孝高, 1546-1604) 일본 무관. 임란과 정유재란 본대의 감군

구성(具宬, 1558-1618) 문관. 동부승지, 호조참판

국경인(鞠景仁, ?-1592) 회령에서 반란, 왕자 일행을 왜군에게 넘겨줌

국세필(鞠世弼, ?-1592) 회령에서 국경인과 반란, 후에 참살됨

권율(權慄, 1537-1599) 문관. 행주대첩 승리, 도원수

권응수(權應銖, 1546-1608) 무관. 훈련원봉사, 영천성전투 참여

권징(權徵, 1538-1598) 문관. 경기도관찰사, 공조판서

권협(權悏, 1553-1618) 문관. 홍문관 응교, 호조참의

기자헌(奇自獻, 1562-1624) 문관. 사헌부 집의, 승정원 우승지

김경로(金敬老, ?-1597) 무관. 조방장, 정유년 남원전투 전사

김귀영(金貴榮, 1520-1593) 문관. 상락부원군으로 임해군 함경도 수행

김늑(金玏, 1540-1616) 문관. 경상좌도안집사, 체찰부사

김덕령(金德齡, 1567-1596) 담양 기병. 의병 총괄, 이몽학 난에 연루 옥사

김면(金沔, 1541-1593) 유학자. 거창에서 의병, 경상우도병사

김명원(金命元, 1534-1602) 문관. 도원수, 병조판서

김성일(金誠一, 1538-1593) 문관. 조선통신사 부사, 경상우도초유사, 경상좌·우도관찰사

김수(金睟, 1547-1615) 문관. 경상우도관찰사, 호조판서

김시민(金時敏, 1554-1592) 무관. 진주목사, 임진년 진주성전투 전사

김우옹(金宇顒, 1540-1603) 문관. 한성부좌윤, 대사헌

김윤국(金潤國, ?-?) 문관. 영천군수, 심유경 접반관, 선산부사

김응남(金應南, 1546-1598) 문관. 병조판서, 좌의정

김응서(金應瑞, 1564-1624) 무관. 평안도방어사, 경상우도병사, 재란 때 유키나가와 접촉

김정목(金庭睦, 1560-1612) 문관. 사간원 헌납, 성천부사

김천일(金千鎰, 1537-1593) 문관. 수원부사, 창의사, 나주에서 기병, 1593년 진주성전투 전사

나베시마 나오시게(鍋島直茂, 1538-1618) 일본 무장. 임란 때 제2군, 함경도 주둔

낙상지(駱尙志, ?-?) 명 무장. 참장으로 평양전투 참여, 남부 지방 주둔

남이신(南以信, 1562-1608) 문관. 승정원 주서, 사헌부 헌납

남호정(南好正, ?-1596) 조선 역관

누국안(婁國安, ?-?) 명 무장. 천총(千摠)

누르하치(努爾哈赤, 1559-1626) 여진의 지도자. 후금 건국자

다치바나 무네시게(立花宗茂, 1567-1642) 일본 무장. 제6군 소속, 재란 때 고성(固城) 수비

다치바나 야스히로(橘康廣/橘康光, ?-?) 대마도주의 가신. 조선에 통신사 파견 요청

담종인(譚宗仁, ?-?) 명 군관. 군정을 담당하는 도사(都司) 직위, 왜영에 인질로 장기 체류

대조변(戴朝弁, ?-?) 명 무장. 유격, 임진년 7월 평양전투에서 전사

데라자와 마사나리(寺澤正成, ?-1633) 일본 무장. 봉행으로 참전

덴케이(天荊, ?-?) 유키나가 군대의 군승. 종군기 『서정일기』 저술

도요토미 히데요시(豐臣秀吉, 1537-1598) 일본 태합(太閤). 일본통일 후 조선침략

도쿠가와 이에야스(德川家康, 1543-1616) 일본 무장. 나고야 주둔, 히데요시 사후 철군 결정

동양정(佟養正, ?-?) 명 무장. 관전보(寬奠堡) 부총병, 군량 및 연락 담당

동일원(董一元, ?-?) 명 무장. 정유재란 때 어왜총병관, 중로의 주장

동한유(董漢儒, 1562-1628) 명 문관. 정유재란 때 호부낭중으로 식량 관리

두잠(杜潛, ?-?) 명 문관. 정유재란 때 군 감찰

등자룡(鄧子龍, 1528?-1598) 명 무장. 정유재란 때 부총병으로 제독 진린 수행

마귀(麻貴, ?-1618) 명 무장. 정유재란 때 총병관으로 참전, 동로의 주장

마동(馬棟, ?-?) 명 무장. 관전보 부총병, 중군도독부첨서

마시다 나가모리(增田長盛, 1545-1615) 일본 무장, 삼봉행의 일인

만력제(萬曆帝, 1563-1620) 명 황제 신종. 이름 주익균(朱翊鈞)

만세덕(萬世德, 1547-1603) 명 문관. 정유재란 말 경리로 조선에 파견

모국기(茅國器, ?-?) 명 무장. 정유재란 때 유격으로 절강병 통솔, 동일원의 부장

모리 데루모토(毛利輝元, 1553-1625) 일본 무장. 임란 때 제6군 참전, 경상도 주둔

모리 요시나리(毛利吉成, ?-1611) 일본 무장. 임란 제4군, 정유재란 우군으로 참가

모리 히데모토(毛利秀元, 1579-1650) 일본 무장. 정유재란 때 우군 총대장

민여경(閔汝慶, 1546-1600) 조선 문관. 병조참판, 한성좌윤

박의검(朴義儉, ?-?) 조선 역관. 책봉부사 양방형 수행

박의장(朴毅長, 1555-1615) 문관. 경주 판관, 경주수복 공로, 경주부윤

박진종(朴振宗, 1543-?) 군관. 사복시 첨정, 영광군수

박홍(朴泓, 1534-1593) 무관. 경상좌수사, 광해군 호종, 우위대장(右衛大將)

박홍장(朴弘長, 1558-1598) 무관. 대구부사, 통신사의 부사

배설(裵楔, 1551-1599) 무관. 밀양부사, 경상우수사, 칠천량해전 때 도주, 처형됨

변협(邊協, 1528-1590) 무관. 공조판서, 포도대장

사대수(査大受, ?-?) 명 무장. 임란 때 부총병, 평양전투와 벽제관전투 참여

사명당 유정(四溟堂 惟政, 1544-1610) 승려 의병장. 1594년 1597년 기요마사와 4차례 담판

사용재(謝用梓, ?-?) 명 군관. 참장으로 왜군의 서울철수 동행, 나고야 회담 참여

사유(史儒, ?-?) 명 무장. 유격, 1592년 7월 평양전투에서 전사

사헌(司憲, ?-?) 명 문관. 행인사 행인

서관란(徐觀瀾, ?-?) 명 문관. 정유재란 때 병과급사중으로 명군 조사

서성(徐渻, 1558-1631) 문관. 사헌부 지평, 유정(劉綎) 접반사, 경상우도관찰사

서성초(徐成楚, 1558-1603) 명 문관. 형과와 병과 급사중

서예원(徐禮元, ?-1593) 무관. 김해부사. 1593년 진주성전투 전사

서일관(徐一貫, ?-?) 명 군관. 지휘(指揮)로 왜군의 서울철수 동행, 나고야 회담 참여

석성(石星, 1537-1599) 명 문관. 병부상서

선거이(宣居怡, 1550-1598) 무관. 진도군수, 전라병사

선조(宣祖, 1552-1608) 조선 국왕. 이름 이연(李昖)

설번(薛藩, ?-?) 명 문관. 행인사 행인, 파병 칙서 가져옴

섭정국(葉靖國, ?-?) 명 군관. 경략 손광의 부관, 왜란 후 파총(把摠)으로 단기간 잔류

성영(成泳, 1547-1623) 문관. 여주목사, 경기좌도관찰사, 호조참판

성윤문(成允文, ?-?) 문관. 함경북도병사, 경상우도병사, 경상좌도병사

성이민(成以敏, 1565-?) 문관. 호조좌랑, 진운홍과 심유경 접반관

성혼(成渾, 1535-1598) 문관. 의정부 우참찬, 좌찬성

소 요시시게(宗義調, 1532-1589) 대마도주. 가신 야스히로를 보내 통신사 파견 요청

소 요시토시(宗義智, 1568-1615) 대마도주. 임란 때 제1군, 재란 때 좌군 소속

소대형(蕭大亨, 1532-1612) 명 문관. 총독, 형부상서

소서비(小西飛, ?-1626) / 나이토 조안(內藤如安) 일본 무관. 유키나가 수행, 강화협상 담당

소응궁(蕭應宮, 1539-1611) 명 문관. 산동안찰사, 정유재란 때 군 감찰로 참여

손광(孫鑛, 1543-1613) 명 문관. 1594년 5월-1597년 1월 조선 경략, 조선경리 주장

손인갑(孫仁甲, ?-1592) 무관. 훈련원 첨정, 의병장

송국신(宋國臣, ?-?) 명 군관. 지휘(指揮)

송대빈(宋大斌, ?-?) 명 장수. 유격, 임란 때 마병 2천 명 통솔

송상현(宋象賢, 1551-1592) 문관. 사헌부 지평, 왜침 시 동래부사로 전사

송유진(宋儒眞, ?-1594) 서자 출신. 충청 지방에서 민란 시도

송응창(宋應昌, 1536-1606) 명 문관. 1592년 8월부터 1593년 12월 경략, 조선출정 총괄

시마이 소시쓰(島井宗室, 1539-1615) 일본 상인. 조선과 무역, 전시 왜군 후근 지원

시마즈 요시히로(島津義弘, 1535-1619) 일본 무장. 임란 때 제4군, 재란 때 좌군 소속

신경진(辛慶晉, 1554-1619) 문관. 사헌부 지평, 사간, 강릉부사

신립(申砬, 1546-1592) 무관. 평안도병사, 한성판윤, 삼도순변사

신점(申點, 1530-1601) 문관. 강원감사, 승지, 형조판서

신흠(申欽, 1566-1628) 문관. 사헌부 지평, 홍문관 교리

심가왕(沈嘉旺, ?-?) 심유경의 가인(家人)

심무시(沈懋時, ?-?) 명 군관. 천총(千摠), 심유경의 조카로 조선에 통신사 파견 요구 전달

심사현(沈思賢, ?-?) 명 군관. 경력(經歷), 심유경의 참모, 왜군과 접촉

심유경(沈惟敬, 1597) 명 관원. 유격 호칭으로 유키나가와 강화 주도

심일관(沈一貫, 1531-1615) 명 문관. 남경예부상서, 대학사

심충겸(沈忠謙, 1545-1594) 문관. 병조참의, 병조참판, 병조판서

심희수(沈喜壽, 1548-1622) 문관. 도승지, 송응창과 양호 접반사, 예조판서

아사노 나가마사(淺野長政, 1547-1611) 일본 무장. 봉행

애유신(艾維新, ?-?) 명 군관. 호부주사로 식량 관리

야나가와 시게노부(柳川調信, ?-1605) 대마도주의 가신. 요시토시 수행하며 조선과 접촉

양방형(楊方亨, ?-?) 명 무관. 책봉사절 정사로 히데요시 책봉 수행

양소훈(楊紹勳, ?-?) 명 무장. 요동총병

양원(楊元, ?-1597) 명 무장. 부총병으로 임란과 정유재란 참여, 남원패배로 참수됨

양응문(楊應文, ?-?) 명 문관. 정유재란 때 형과급사중, 명군 사감

양정란(楊廷蘭, ?-?) 명 문관. 이과급사중

양호(楊鎬, ?-1629) 명 문관. 정유재란 때 조선경리, 울산전투 패배 책임으로 소환

여곤(呂坤, 1536-1618) 명 문관. 형부시랑

여명가(呂鳴珂, 1528-1598) 명 문관. 통정사, 병부우시랑

영국윤(甯國胤, ?-?) 명 군관. 양원의 차관(差官)

오억령(吳億齡, 1552-1618) 문관. 홍문관 직제학, 도승지

오유충(吳惟忠, 1533-1611) 명 무장. 임란과 정유재란 각각 유격과 부총병으로 남병 통솔

오종도(吳宗道, ?-?) 명 군관. 지휘, 도사, 정유재란 때 왜군과 접촉

오타니 요시쓰구(大谷吉繼, 1565-1600) 일본 무장. 삼봉행의 일인

오토모 요시무네(大友義統, 1558-1610) 일본 무장. 제3군 소속

오희문(吳希文, 1539-1613) 문인. 전라북도 지역 피난하며 『쇄미록』 저술

와키자카 야스하루(脇坂安治, 1554-1626) 일본 수군 무장. 한산도와 칠천량해전 참여

왕군영(王君榮, ?-?) 명 군관. 통판(通判)으로 명군 급여 담당

왕덕완(王德完, 1554-1621) 명 문관. 병과급사중, 호과급사중, 공과도급사중

왕석작(王錫爵, 1534-1611) 명 문관. 대학사, 내각수보

왕수관(王守官, ?-?) 명 무장. 광녕 유격, 1592년 7월 평양공격 참가

왕필적(王必迪, ?-?) 명 무장. 유격으로 남병 통솔

요시라(要時羅, ?-1599) 일본 군관. 유키나가의 지시로 조선 군대와 연락 담당

우키타 히데이에(宇喜多秀家, 1572-1655) 일본 무장. 정유재란 때 감군, 다섯 대로(大老)

원균(元均, 1540-1597) 무관. 경상우수사, 전라병사, 삼도수군통제사

원황(袁黃, 1533-1606) 명 문관. 병부 주사(主事), 송응창의 참모

유근(柳根, 1549-1627) 문관. 도승지, 한성판윤, 경기도관찰사

유몽정(柳夢鼎, 1527-1593) 문관. 승정원 승지, 병조참의

유성룡(柳成龍, 1542-1607) 문관. 도체찰사, 풍원부원군, 영의정

유정(劉綎, 1558-1619) 명 무장. 임란 때 부총병, 정유재란 때 총병, 사천병 이끌고 참전

유팽로(柳彭老, 1554-1592) 문관. 전라도 곡성에서 의병, 금산성전투에서 고경명과 전사

유홍(俞泓, 1524-1594) 문관. 도체찰사, 우의정, 세자 호종

유황상(劉黃裳, 1529-1595) 명 문관. 병부의 원외랑, 경략 송응창의 참모

윤근수(尹根壽, 1537-1616) 문관. 예조판서, 경략 송응창 접반사, 해평부원군

윤두수(尹斗壽, 1533-1601) 문관. 좌의정, 도체찰사, 판중추부사

윤탁연(尹卓然, 1538-1594) 문관. 호조판서, 함경도관찰사

이광(李洸, 1541-1607) 문관. 전라도관찰사, 용인전투 패배로 탄핵

이덕형(李德馨, 1561-1613) 문관. 대사헌, 이여송 접반사, 병조판서, 양호 접반사

이몽학(李夢鶴, ?-1596) 민란 지도자. 군관인 장교(將校)로서 충청도에서 민란 주도

이방춘(李芳春, ?-?) 명 무장. 임란 때 참장, 재란 때 부총병으로 참전

이빈(李蘋 ?-?) 무장. 경기수사

이빈(李賓, 1537-1603) 무장. 회령부사, 평안도병사, 경상도순변사

이산보(李山甫, 1539-1594) 문관. 이조판서, 도검찰사(都檢察使), 좌참찬

이산해(李山海, 1539-1609) 문관. 영의정, 강원도 유배, 영돈녕부사

이성중(李誠中, 1539-1593) 문관. 충청감사, 호조판서

이순신(李舜臣, 1545-1598) 무관. 전라좌수사, 삼도수군통제사

이승훈(李承勛, ?-?) 명 무장. 양주 유격, 정유재란 말 신규 파견 병력의 주장

이시다 미쓰나리(石田三成, 1560-1600) 일본 무장. 삼봉행의 일인으로 서울 주둔

이시발(李時發, 1569-1626) 문관. 낙상지 참장의 접반관, 병조좌랑, 충청순안어사

이시언(李時言, ?-1624) 무관. 황해도 좌방어사, 전라병사, 충청병사

이시자(李時孶, ?-?) 명 문관. 요동〔산동〕순안어사

이양원(李陽元, 1526-1592) 문관. 우의정, 도검찰사

이억기(李億祺, 1561-1597) 무장. 전라우수사, 칠천량 해전에서 전사

이여매(李如梅, ?-1612) 명 무장. 이여송의 동생, 임란과 정유재란 각각 참장과 부총병

이여백(李如柏, 1553-1621) 명 무장. 이여송의 동생, 부총병으로 평양전투 참여

이여송(李如松, 1549-1598) 명 무장. 제독으로 명군 통솔, 평양전투 주도

이여화(李汝華, ?-?) 명 문관. 이과급사중, 도찰원우첨도어사

이영(李瑛, ?-1593) 무장. 함경남병사, 왜군에 체포되어 빌붙은 혐의로 처형

이원익(李元翼, 1547-1634) 문관. 평안도관찰사, 우의정, 도체찰사, 좌의정

이유인(李裕仁, 1523-1592) 문관. 함경도관찰사, 호종하지 못함을 자책하여 굶어 죽음

이유징(李幼澄, 1562-1593) 문관. 이조정랑, 사간원 사간, 의주목사

이이첨(李爾瞻, 1560-1623) 문관. 병조좌랑, 사간원 정언과 헌납, 사헌부 지평

이일(李鎰, 1538-1601) 무관. 전라병사, 경상도순변사, 충청도순변사, 함경북도병사

이정(李禎, ?-?) 명 문관. 도찰원 좌첨도어사, 병부우시랑, 병부좌시랑

이정구(李廷龜, 1564-1635) 문관. 세자 시강원 설서(說書), 병조좌랑, 좌부승지

이정암(李廷馣, 1541-1600) 문관. 이조참의, 황해도초토사, 황해도관찰사, 전라도관찰사

이정형(李廷馨, 1549-1607) 문관. 좌승지, 개성유수, 경기도관찰사, 대사간, 이조참판

이종성(李宗城, 1560-1623) 명 개국공신의 자손, 책봉정사로서 도주

이탁영(李擢英, 1541-1610) 관리. 경상우도 감영에서 종사, 『정만록』 저술

이항복(李恒福, 1556-1618) 문관. 도승지, 병조판서, 이조판서, 우의정

이호민(李好閔, 1553-1634) 문관. 이조좌랑, 사헌부 집의, 승정원 좌부승지, 도승지

이화룡(李化龍, 1554-1612) 명 문관. 하남좌참의, 우통정(右通政), 요동순무

임계영(任啓英, 1528-1597) 문관. 현감, 전라도 의병장, 양주와 해주 목사

장구경(張九經, ?-?) 명 무관. 경략 송응창과 형개의 군관

장기공(張奇功, ?-?) 명 무장. 유격, 정안보(正安堡) 참장

장대선(張大善, ?-?) 명 역관

장보지(張輔之, 1547-1629) 명 문관. 형과급사중, 병과급사중

장삼외(張三畏, ?-?) 명 무관. 요동도지휘사사(요동도사) 첨사, 군량 관리

장세작(張世爵, ?-?) 명 무장. 요동 부총병, 평양전투와 벽제관전투 참여

장운익(張雲翼, 1561-1599) 문관. 사헌부 집의, 도승지, 황해도관찰사, 형조판서

장위(張位, 1534-1610) 명 문관. 대학사

장홍유(張鴻儒, ?-?) 명 무관. 파총, 1594년 7월 수로로 한산도 통제영 방문

전세정(錢世禎, 1561-1642) 명 무장. 유격, 평양전투와 벽제관전투 참여

정걸(丁傑, 1514-1597) 무장. 전라좌수영 조방장, 충청수사, 전라도방어사

정경세(鄭經世, 1563-1633) 문관. 사간원 정언, 부승지

정곤수(鄭崑壽, 1538-1602) 문관. 대사간, 판돈녕부사, 좌찬성

정기룡(鄭起龍, 1562-1622) 무장. 회령부사, 상주목사, 경상우도병사

정기원(鄭期遠, 1559-1597) 문관. 사헌부 장령, 동부승지, 예조참판

정문부(鄭文孚, 1565-1624) 문관. 함경도평사(정6품), 영흥부사, 길주목사

정문빈(鄭文彬, ?-?) 명 문관. 동지(同知)로 임란과 정유재란 때 군량 담당

정발(鄭撥, 1553-1592) 무관. 부산첨절제사(僉節制使) 부산진전투 전사

정여립(鄭汝立, 1546-1589) 문관. 예조좌랑, 홍문관 수찬, 기축옥사

정응태(丁應泰, ?-?) 명 문관. 형과급사중, 병부 주사(主事), 군문찬획

정인홍(鄭仁弘, 1536-1623) 문관. 사헌부 장령, 합천에서 기병, 종전 후 대사헌

정철(鄭澈, 1536-1593) 문관. 인성부원군, 영돈녕부사, 도체찰사

정탁(鄭琢, 1526-1605) 문관. 우찬성, 좌찬성, 우의정, 지중추부사

조덕수(趙德秀, ?-?) 무관. 통신사 황신의 군관

조승훈(祖承訓) 명 무장, 요동 부총병으로 임란과 정유재란 모두 참전

조지고(趙志皐, 1524-1601) 명 문관. 대학사, 내각수보

조학정(曹學程, 1563-1608) 명 문관. 광동도어사, 둔전어사, 직예순안어사

조헌(趙憲, 1544-1592) 문관. 보은현감, 공주제독관, 의병장, 금산전투 전사

주공교(周孔教, ?-?) 명 문관. 직예순안어사, 하남도어사

주유한(周維翰, ?-?) 명 문관. 산동(요동)순안어사, 복건순안어사

주홍모(周弘謨, ?-1594) 명 무장. 유격, 1593년 1월 평양전투 참여

증위방(曾偉芳, ?-?) 명 문관. 병부주사, 조선국왕 교체 주장

진린(陳璘, 1532-1607) 명 무장. 어왜총병관, 정유재란 때 수군 제독

진우충(陳愚衷, ?-?) 명 무장. 정유재란 때 유격으로 참전,

진운홍(陳雲鴻, ?-?) 명 무장. 유격, 임란과 정유재란 참전, 왜군과 접촉

진효(陳效, ?-1599) 명 문관. 절강도어사, 정유재란 때 감찰어사로 참전

진효남(秦孝男, ?-?) 조선 역관

척금(戚金, 1556-1621) 명 무장. 유격, 부총병, 임란 때 남병 1천명 통솔

최경회(崔慶會, 1532-1593) 문관. 의병장, 경상우병사, 1593년 진주성전투 전사

최립(崔岦, 1539-1612) 문관. 전주부윤, 승문원제조, 안변부사

최천건(崔天健, 1538-1617) 문관. 예조좌랑, 헌납, 분호조참의, 도승지

최흥원(崔興源, 1529-1603) 문관. 좌의정, 영의정, 판중추부사, 영중추부사

하교원(何喬遠, 1558-1632) 명 문관. 예부 낭중

하치스카 이에마사(蜂須賀家政, 1558-1639) 일본 무장. 임란 때 제5군, 재란 때 좌군 소속

학걸(郝杰, 1530-1600) 명 문관. 요동순무, 계요총독, 남경 호부상서

한극함(韓克諴, ?-1593) 무관. 함경북병사, 왜군 포로로 탈출했으나 처형됨

한윤보(韓潤輔, ?-?) 조선 역관

한응인(韓應寅, 1554-1614) 문관. 예조판서, 공조판서, 이여송 접반사, 평안도관찰사

한준(韓準, 1542-1601) 문관. 호조판서, 이조판서, 좌참찬

한취선(韓取善, 1546-1618) 명 문관. 산서(山西)우포정사, 요동순무

한효순(韓孝純, 1543-1621) 문관. 경상우도관찰사, 경상좌도관찰사, 병조참판

허국(許國, 1527-1596) 명 문관. 대학사(차보)

허성(許筬, 1548-1612) 문관. 전적, 이조좌랑, 사헌부 집의, 이조참의, 대사간

허욱(許頊, 1548-1618) 문관. 공주목사, 충청도관찰사, 강계부사

허의후(許儀後, ?-?) 임란 직전 사쓰마에서 히데요시의 전쟁 계획을 본국에 보고

허진(許晋, 1536-1616) 문관. 동래부사, 동지사(冬至使), 행호군, 특진관

허홍강(許弘綱, 1554-1638) 명 문관. 형과급사중, 병과도급사중, 이과도급사중

형개(邢玠, 1540-1612) 명 문관. 천귀(川貴)총독, 정유재란 때 계요총독으로 명군 총괄

형동(邢侗, 1551-1612) 명 문관. 광동(廣東)우참의, 섬서(陝西)행태복사소경

호택(胡澤, ?-?) 명 무관. 참장, 히데요시 책봉요청을 위해 조선에 파견됨

홍계남(洪季男, 1563-1597) 무관. 경기도 안성에서 기병, 수원판관, 경기도조방장, 영천군수

홍순언(洪純彦, ?-?) 조선 역관

홍여순(洪汝諄, 1547-1609) 문관. 병조판서, 함경도관찰사, 형조판서

홍이상 / 홍인상(洪履祥 / 洪麟祥, 1549-1615) 문관. 부제학, 대사간, 경상좌도와 경기도관찰사

황신(黃愼, 1560-1617) 문관. 정언, 시강원 문학 겸 심유경 접반사, 통신사

황윤길(黃允吉, 1536-1592?) 문관. 지평, 황주목사, 병조참판; 통신정사, 병조판서 제수

황응양(黃應陽, ?-?) 명 무관. 임진년 왜정의 탐지, 재란 때 양호의 군관으로 파견

황정욱(黃廷彧, 1532-1607) 문관. 병조판서, 기요마사 군대에 억류되었다가 석방, 유배

황진(黃進, ?-1593) 무관. 1590년 통신사절 참가, 충청도병사, 1593년 진주성전투 전사

황진(黃璡, 1542-1606) 문관. 의주목사, 병조참의, 공조판서, 의주부윤

황혁(黃赫, 1551-1612) 문관, 순화군의 장인, 기요마사 군대에 억류되었다가 석방, 유배

후경원(侯慶遠, ?-?) 명 문관. 공과급사중, 병과급사중

후쿠시마 마사노리(福島正則, ?-1624) 일본 무장. 제5군 주장, 경기도와 거제도 주둔

참고문헌 / 주 / 찾아보기

참고문헌

임진왜란

1차 자료

1. 한국

『可畦集』(趙翊)

『看羊錄』(姜沆)

『簡易集』(崔岦)

『甲辰漫錄』(尹國馨)

『江漢集』(黃景源)

『健齋集』(金千鎰)

『黔澗集』(趙靖)

『국역 진사록』(유성룡 지음, 이재호 역)

『寄齋史草』 上 · 下(朴東亮)

『東岡集』(金宇顒)

『東槎錄』(작가미상)

『東泉先生實紀』

『東湖先生文集拾遺』(文德敎)

『亂中雜錄』(趙慶男)

『聞韶漫錄』(尹國馨)

『問月堂集』(吳克成)

『栢谷集』(鄭崑壽)

『白沙集』(李恒福)

『栢巖集』(金玏)

『白雲齋實紀』(權應銖)

『百拙齋遺稿』(韓應寅)

『四留齋集』(李廷馣)

『象村集』(申欽)

『思庵實記』(千萬里)
『西坰集』(柳根)
『西厓文集』(柳成龍)
『石塘公燕行錄』(權悏)
『宣祖修正實錄』
『瑣尾錄』(吳希文)
『宣祖實錄』
『少陵集』(李尙毅)
『松雲大師奮忠紓難錄』(惟政)
『鵝溪遺稿』(李山海)
『藥圃文集』(鄭琢)
『梧陰遺稿』(尹斗壽)
『鼇漢集』(孫起陽)
『愚伏文集』(鄭經世)
『雲川扈從日記』(金涌)
『月沙集』(李廷龜)
『月峰海上錄』(鄭希得)
『月汀集』(尹根壽)
『五峯集』(李好閔)
『완역 임진장초』(이순신 지음, 최주환 역주)
『悠然堂集』(金大賢)
『隱峯全書』(安邦俊)
『李忠武公全書』(李舜臣)
『日本往還記』(黃愼)
『一松集』(沈喜壽)
『壬辰筆錄』(작가미상)
『再造藩邦志』(申炅)
『征蠻錄』(李擢英)
『霽峯集』(高敬命)
『拙翁集』(洪聖民)
『懲毖錄』(柳成龍)
『重峰集』(趙憲)
『芝山集』(曺好益)

『知退堂集』(李廷馨)
『秋浦集』(黃愼)
『退村遺稿』(洪進)
『鶴峯集』(金誠一)
『漢陰文稿』(李德馨)
『海東繹史』(韓致奫)
『海月集』(黃汝一)
『混定編錄』(安邦俊)

2. 중국

『經略復國要編』(宋應昌)
『經略禦倭奏議』(邢玠)
『淡然軒集』(徐繼登), 欽定四庫全書
『萬曆三大征考』(茅瑞徵)
『萬曆疎鈔』
『萬曆邸鈔』
『明史』
『明史紀事本末』(谷應泰)
『撫遼疏稿』(李化龍)
『四夷廣記』(愼懋賞)
『神宗實錄』
『兩朝平攘錄』(諸葛元聲)
『楊全甫諫草』(楊天民)
『王文肅公全集』(王錫爵)
『姚江孫月峯先生全集』(孫鑛)
『寓林集』(黃汝亨)
『全邊略記』(方孔炤)
『全浙兵制考』(侯繼高)
『制府疏草』(蕭彥)
『棗林雜俎』(談遷)
『皇明經世文編』(陳子龍)
『欽定續文獻通考』(〔淸〕 嵇璜)

3. 일본

『南禪舊記』
『日本外史』(賴襄子成, 1829)
『征韓偉略』(川口長孺, 1831)
『朝鮮日記』(是琢)
『足守木下家文書』
『朝鮮陣記』(연도·필자 불명, 대마도 소(宗)씨 가문)
『朝鮮征伐記』(堀正意, 1585-1643)
『續本朝通鑑』(林忠·林恕, 1919)
『伴信友全集』(國書刊行會, 東京, 1907)
『임진왜란 종군기』(케이넨(慶念) 지음, 신용태 역주, 서울: 경서원, 1997)
『通航一覽』(林復齋)
『仙巢稿』(玄蘇)

2차 자료

1. 한글

가다노 쯔기오 저, 윤봉석 역(1997), 『이순신과 히데요시』, 서울: 우석.
계승범(2012), "임진왜란 중 조명관계의 실상과 조공책봉관계의 본질," 『한국사학사학보』 26권, 117-145.
국방부전사편찬위원회(1987), 『壬辰倭亂史』, 서울: 國防部戰史編纂委員會.
국사편찬위원회(2002), 『조선중기의 외침과 그 대응: 1. 임진왜란』, 신편 한국사 29권.
권희선(2015), "海月軒 黃汝一의 『銀槎錄』 硏究," 『동방한문학』 63권, 248-326.
기타지마 만지(北島万次) 지음, 김유성·이민웅 옮김(2008), 『도요토미 히데요시의 조선침략』, 서울: 경인문화사.
김강식(1992), "松菴 金沔의 義兵活動과 役割," 『南冥學硏究』 2집, 67-103.
김강식(2001), 『壬辰倭亂과 慶尙右道의 義兵運動』, 서울: 혜안.
김경록(2017), "정유재란기 파병 明軍의 구성과 朝·明聯合軍," 『한일관계사연구』 57집, 123-166.
김경태(2009), "임진왜란 후, 明 주둔군 문제와 조선의 대응," 『동방학지』 147집, 353-397.
김경태(2014), "임진전쟁기 도요토미 히데요시(豊臣秀吉)의 강화조건 연구," 『朝鮮時代史學報』 68권, 81-107.
김경태(2014), "임진전쟁기 강화교섭 연구," 고려대학교 박사학위논문.
김경태(2015), "東京大學 史料編纂所 소장 『江雲隨筆』 내 임진왜란 관련 사료 연구," 『전쟁과 유물』 7호, 서울: 전쟁기념관, 126-168.
김경태(2018), "임진전쟁기(1594년) 조선군과 일본군의 이면교섭 연구－『泰長院文書』 수록 兩軍書狀을 중심으로－," 『韓日關係史研究』 61집, 125-172.
김덕진(2010), "1587년 損竹島 倭變과 壬辰倭亂," 『동북아역사논총』 29호, 269-307.
김동석(2019), "임란시기 명(明)나라에 간 조선 사행단의 기록 연구," 『한국언어문화』 68권, 119-145.
김문자(1995), "秀吉의 朝鮮 再侵略 直前의 日本側 動向에 대해서: 柳川調信의 활동을 중심으로, 『祥明史學』 3권.
김문자(2005), "임진왜란기 일·명 강화 교섭의 파탄에 관한 一考察－사명당(松雲大師)·加藤清正 간의 회담을 중심으로," 『정신문화연구』 8권 3호, 225-254.
김문자(2010), "임진왜란기의 조일관계," 『동아시아 세계와 임진왜란』, 한일관계사연구논집 편찬위원회 편, 서울: 경인문화사, 123-155.
김문자(2012), "豊臣秀吉의 冊封問題와 壬亂期의 講和交涉－정유재란의 원인을 중심으로," 『중앙사론』 36집, 253-288.
김성우(2009) "경상우도 의병과 곽재우, 그리고 의령," 고려대학교 한국사연구소, 『임진의병의 역사적 의의와 현재적 가치』, 선인, 25-40.
김시덕(2012a), "『서정일기(西征日記)』(상)－임진강 전투까지," 『문헌과 해석』 58호, 82-97.
김시덕(2012b), "『서정일기(西征日記)』(하)," 『문헌과 해석』 59호, 49-60.
김시덕(2012c). "와키사카기(상)," 『문헌과 해석』 61호, 109-116.
김시덕(2013), "와키사카기(하)," 『문헌과 해석』 62호, 64-72.
김영진(2016), "전통 동아시아 국제질서 개념으로서 조공체제에 대한 비판적 고찰," 『한국정치외교사논총』 38집 1호, 249-279.

김영진(2018), “중화질서의 이론과 실제: 임진왜란 초기 조명관계를 예로,” 『아세아연구』 61권 4호, 125-164.

김영진(2019a), “임진왜란 초기 명의 파병과 조명관계의 실제,” 『한국정치외교사논총』 41집 1호, 5-45.

김영진(2019b), “임진왜란 초기 제3국 국제협력 방안에 대한 고찰,” 『국제학논총』 29집, 19-49.

김태훈(2018), “17세기 초 조·일 국교재개와 통교체제 재편 과정에 대한 검토 －연속성과 단절성의 문제를 중심으로－,” 『한국학연구』 50집, 157-186.

김한규(2007), “임진왜란의 국제적 환경－중국적 세계질서의 붕괴,” 정두희·이경순 엮음, 『임진왜란 동아시아 삼국전쟁』, 서울: 휴머니스트, 285-315.

김한신(2017), “임진왜란기 강화교섭과 유성룡의 외교활동(1593.4-1595.7),” 『민족문화연구』 77호, 213-255.

김호종(1999), “壬亂때 唐橋倭賊과 嶺南 北部地方 鄕兵의 抗爭,” 『歷史教育論集』 23 · 24호, 737-761.

나종우(2006), “왜란의 발발과 조선의 청병외교,” 국방부 군사편찬연구소 한·중 국제학술회의 자료집, 『임진왜란기 조·명 연합작전』(2006.6.9.), 3-29.

남명학연구원(2014), 『망우당 곽재우』, 서울: 예문서원.

노영구(2002), “임진왜란 초기 近始齋 金垓의 의병활동, 안동 군자리문화선양사업회, 『君子里: 그 文化史的 性格』, 안동: 토우.

노영구(2007), “임진왜란 초기 경상우도 의병의 성립과 활동 영역－김면(金沔) 의병부대를 중심으로－,” 『역사와 현실』 64호, 33-62.

노영구(2019), “명량해전에 대한 몇 가지 이해의 방향,” 국립진주박물관 엮음, 『처음 읽는 정유재란 1597』, 서울: 푸른역사, 211-239.

도리쓰 료지(鳥津亮二)(2019), “고시니 유키나가와 순천성 전투,” 국립진주박물관 엮음, 『처음 읽는 정유재란 1597』, 서울: 푸른역사, 307-328.

루이스 프로이스 저, 정성화·양윤선 역(2008), 『임진난의 기록: 루이스 프로이스가 본 임진왜란』, 파주: 살림.

민덕기(2007), 『前近代 동아시아 세계의 韓·日관계』, 서울: 경인문화사.

민덕기(2009), “임진왜란기 조선의 북방 여진족에 대한 위기의식과 대응책－‘南倭北虜’란 측면에서－,” 『韓日關係史硏究』 34집, 179-216.

민덕기(2013), “임진왜란기 대마도의 조선 교섭,” 『동북아역사논총』 41호, 97-135.

박수철(2006), "15 · 16세기 일본의 전국시대와 도요토미 정권－'임진왜란'의 재검토," 역사학회 엮음, 『전쟁과 동북아의 국제질서』, 서울: 일조각. 196-223.

박인호(2018), "임진왜란기 백곡(栢谷) 정곤수(鄭崑壽)의 정치·외교 활동," 『국학연구』 37권, 207-142.

박현규(2016), "『(가경)장안왕씨종보』에 수록된 선조, 이덕형, 이순신 간찰 고찰," 국방부 보고서.

박현규(2018), 『임진왜란 중국 사료 연구』, 파주: 보고사.

서한석(2009), "이항복(李恒福)의 『조천록(朝天錄)』에 관한 소고(小考)," 『한문교육연구』 32권, 359-391.

손승철 외(1998), 『朝鮮 · 琉球 關係 史料集成』, 과천: 國史編纂委員會.

손승철(1994), 『朝鮮時代韓日關係史硏究』, 서울: 지성의 샘.

손종성(1990), "壬辰倭亂時 對明外交－請兵外交를 중심으로－," 『國史館論叢』 14집, 171-208.

신유한(2015), 『송운대사분충서난록』, 서울: 동국대학교출판부.

와카바야시 미키오 지음, 정선태 옮김(2002), 『지도의 상상력』, 서울: 산처럼.

요네타니 히토시(米谷 均)(2010), "豐臣秀吉의 「日本國王」 冊封을 둘러싼 인식의 격차," 한일문화교류기금 · 동북아역사재단, 『임진왜란과 동아시아 세계의 변동』, 서울: 경인문화사, 329-368.

우인수(2003), "울산지역 임란의병의 활동과 그 성격," 『歷史敎育論集』 31집, 165-187.

유구성(1976), "임란시 명병의 내원고－조선의 피해를 중심으로－," 『사총』 20권, 1-23.

劉寶全(2003a), "壬辰倭亂時 丁應泰의 朝鮮誣告事件에 관하여," 한중인문학회 국제학술대회, 2003.12.15, 276-290.

劉寶全(2003b), "壬辰倭亂時 明 派兵의 實相에 대한 一考－그 動機와 時機를 中心으로－," 『한국사학보』 14호, 151-184.

劉寶全(2003c), "壬辰倭亂期 朝 · 明 關係史 硏究," 성균관대학교 박사학위논문.

劉寶全(2012), "대의명분론(大義名分論)과 임진왜란(壬辰倭亂)－명(明)왕조의 시각에서 본 임진왜란－," 『社會科敎育』 51권 4호, 15-26.

유승우(1985), "壬亂後 明軍의 留兵論과 撤兵論," 『千寬宇先生還曆紀念 韓國史學論叢』, 서울: 正音文化社, 611-644.

윤유숙(2007), "도요토미 히데요시의 조선침략 발발전 한일교섭 실태," 『일본학보』 70권, 347-362.

이계황(2013), "임진왜란과 강화교섭－쓰시마번과 고니시 유키나가를 중심으로," 『동북아문화연구』 34집, 85-110.

이성규(2004), "中國 古代 帝國의 統合成 提高와 그 機制－民·官의 移動과 '帝國意識'의 형성을 중심으로－," 『中國古代史硏究』 11집, 1-71.

이성형(2006), "백사(白沙) 이항복(李恒福)의 조천록(朝天錄) 연구," 『한자한문교육』 17권, 421-451.

이숙경(2011), "조선 선조대 柳根의 대외관계 활동," 『한국인물사연구』 15집, 121-153.

이연숙(2012), "梧陰 尹斗壽의 정치활동과 임진왜란," 『한국인물사연구』 12집, 69-108.

이완범(2002), "임진왜란의 국제정치학－일본의 조선분할요구와 명의 對조선 종주권 확보의 대립, 1592~1596," 『정신문화연구』 25권 4호, 89-137.

이장희(1984), 『곽재우 연구』, 서울: 養英閣.

이장희(2011), 『임진왜란사 연구』, 서울: 景仁文化社.

이정일(1985), "壬亂時 明兵에 대한 軍糧 供給," 『연구논문집』 16권 2호, 615-627.

이철성(2007), "李德馨의 임진왜란 중 외교 활동," 『한국인물사연구』 7집, 1-28.

이태진(2019), "임진왜란 발발기의 官軍과 義兵－당파적 인식의 청산을 위하여－," 이태진 외, 『김성일과 임진왜란: 의병과 진주대첩』, 파주: 보고사, 15-40.

이형석(1976), 『壬辰倭亂史』, 서울: 新現實社.

장동익(2002), "1596년(선조 29) 통신부사(通信副使) 박홍장(朴弘長)의 생애(生涯)와 그의 동사록(東槎錄)," 『퇴계학과 유교문화』 31집, 113-255.

정두희 · 이경순(2007), 『임진왜란 동아시아 삼국전쟁』, 서울: 휴머니스트.

鄭樑生(1999), "壬辰倭亂 其間의 日·明 講和會談의 始末," 『四溟堂과 壬亂 및 講話交涉』, 四溟堂記念 1·2차 학술회의 자료집, 사명당기념사업회, 161-223.

정억기(2007), "白沙 李恒福의 외교활동," 『한국인물사연구』 8호, 47-72.

조원래(1992), "明軍의 출병과 壬辰戰局의 추이," 『朝鮮前期論文選集』 46집, 對外 8, 489-516.

조원래(2000), "壬亂初期 두 차례의 금산전투와 그 戰略的 의의," 『忠南史學』 12집, 77-108.

조원래(2001), 『임진왜란과 湖南地方의 義兵抗爭』, 서울: 아세아문화사.

조원래(2004), "임란초기 해전의 실상과 조선 수군의 전력," 『朝鮮時代史學報』 29집, 75-102.

조원래(2011), "임란 초기 전라좌의병과 임계영의 의병활동－전라도 근왕의병의 활동 사례－," 『조선시대사학보』 57집, 73-109.

조원래 외(2018), 『韓中日共同硏究 정유재란사』, 서울: 범우사.

조중화(1998), 『바로잡은 임진왜란사』, 서울: 삶과 꿈.

진상승(2014). "동아시아 지역의 전통적 국제질서에 관한 몇 가지 문제," 『한중인문학포럼 발표논문집』(2014.12), 301-326.

차혜원(2010), "정유재란기(丁酉再亂期) 명조(明朝)의 파병(派兵) 결정(決定)과 '공의(公議)'－『문흥군공어록(文興君控於錄)』을 中心으로－," 『中國史硏究』 69집, 239-272.

최두환(2011), "壬辰倭亂 時期 朝明聯合軍 硏究," 경상대학교대학원 박사학위논문.

최소자(1977), "壬辰亂時 明의 派兵에 대한 論考(一)－派兵의 背景과 軍事活動에 대한 評價," 『東洋史學硏究』 11집, 63-97.

최영희(1960), "壬辰倭亂中의 大明事大에 對하여," 『사학연구』 18집. 419-432.

최효식(1999), "明의 壬辰倭亂 參與 動機와 그 實際," 『白山學報』 53호, 245-281.

케네스 M. 스워프(2007), "11. 순망치한(脣亡齒寒)－명나라가 참전할 수밖에 없었던 이유," 정두희·이경순 엮음, 『임진왜란 동아시아 삼국전쟁』, 서울: 휴머니스트, 318-353.

하우봉(2006), "해양사관에서 본 조선시대의 재조명: 동남아시아국가와의 교류를 중심으로," 『日本思想』 10호, 190-241.

하우봉 외(1999), 『朝鮮과 琉球』, 서울: 아르케.

한명기(1999), 『임진왜란과 한중관계』. 서울: 역사비평사.

한명기(2002), "임진왜란기 明·日의 협상에 관한 연구－명의 강화집착과 조선과의 갈등을 중심으로－," 『國史館論叢』 98집, 239-266.

한명기(2012), "壬辰倭亂과 明의 역할," 한국정치외교사학회 편, 『한반도분쟁과 중국의 개입』, 서울: 선인, 51-77.

한일관계사학회(2013), 『1590년 통신사행과 귀국보고 재조명』, 서울: 경인문화사.

허지은(2004), "丁應泰의 '朝鮮誣告事件'을 통해 본 조·명관계," 『사학연구』 76호, 169-205.

허태구(2014), “김성일(金誠一) 초유(招諭) 활동의 배경과 경상우도 의병(義兵) 봉기의 함의,” 『남명학연구』 41집, 28-60.
호리 신(堀新)(2010), “동아시아 국제관계로 본 임진왜란,” 한일문화교류기금·동북아역사재단 편, 『임진왜란과 동아시아세계의 변동』, 서울: 경인문화사, 135-163.
홍성덕(1995), “丁酉倭亂 以後 明·日停戰協商과 韓·明關係,” 『전북사학』 18집, 1-28.

2. 중국어

陈尚勝(2008), “字小與国家利益: 对于明朝就朝鲜壬辰倭乱所做反应的透视,” 『社会科学季刊辑刊』 第1期, 116-123.
陈尚勝(2018), “丁酉再乱时期明军援救朝鲜情况與壬辰时期的比较,” 趙湲來 外, 『韓中日共同研究 정유재란사』, 219-248.
陈煒(2016), “宗藩體系的困局－试以壬辰战争对东亚国际关系的影响为中心,” 『安徽文学』 第1期, 156-158.
管寧(1992), “許儀後事迹考略,” 『江西社会科学』 第4期, 87-94.
韩东育(2012), “萬曆朝鲜之役四百二十年祭 ‘壬辰倭乱’與明廷的‘朝鲜保全’,” 『读书』 第10期, 11-16.
解祥伟(2017), “壬辰战争初期朝鲜国王内附问题考议,” 『史学集刊』 第4期, 118-128.
李光濤(1972), 『朝鮮「壬辰倭禍」研究』, 臺北: 中央研究員歷史言語研究所.
李天元(2018), “明萬曆时期巡按御史巡按辽东研究,” 辽寧大学 碩士學位論文.
李言恭·郝杰 編撰, 汪向榮·嚴大中 校注(1983), 『日本考』, 北京: 中華書局.
李壮(2019), “壬辰战争时期明朝與朝鲜的粮饷矛盾,” 辽寧大学 硕士学位论文.
刘展(2011), “邢玠與明代援朝抗倭战争,” 山东师范大学 硕士学位论文.
羅麗馨(2006), “十九世紀以前日本人的朝鮮觀,” 『臺大歷史學報』 第38期, 159-218.
羅麗馨(2011), “豐臣秀吉侵略朝鮮,” 『國立政治大學歷史學報』 第35期, 33-74.
柳树人(1952), “壬辰倭乱”和中朝人民的抗战,” 『历史教学』 第6期, 189-191.
刘晓东(2012), “‘扶危字小’與萬曆朝鲜之役,” 『读书』 第10期, 3-6.
卢丙生(2013), “壬辰倭乱期间朝鲜遣使中国研究,” 吉林大学 硕士学位论文.
曲明东(2004), “试论明朝與暹罗的关系,” 『五色大学学报(社会科学版)』 第4期, 70-73.

孙卫国(2002), “论事大主义與朝鲜王朝对明关系,”『南开学报(哲学社会科学版)』第4期, 66-72.

孙卫国(2012), “朝鲜史料视野下的石星及其後人事蹟略考,”『古代文明』 第4期, 63-72.

孙卫国(2016), “萬曆援朝战争初期明经略宋应昌之东征及其对东征历史的书写,”『史学月刊』第2期, 39-50.

臺灣三軍大學 編(1983), 『中國歷代戰爭史』, 北京: 軍事譯文出版社.

王崇武(1948a), “劉綎東征考,”『國立中央研究院言語研究所集刊』第十六本, 137-149.

王崇武(1948b), “李如松東征考,”『國立中央研究院言語研究所集刊』 第十六本, 343-374.

王凯(2016), “壬辰战争时期中朝官员交往研究,” 暨南大学 硕士学位论文.

王煜焜(2014), “壬辰战争與十六世纪末的东亚世界－以豊臣秀吉侵朝之目的與战後议和为考察中心,” 南京大学 博士学位论文.

武晓燕(2006), “明萬曆援朝抗倭初期的幾個问题－以韩国文献为基本史料,” 内蒙古师范大学 硕士学位论文.

杨海英(2014), “毛国科使日考－兼谈萬曆援朝东征後期的和议问题,”『明史研究论丛』第十三辑, 180-197.

俞鹿年(1992), 『中国官制大辞典』, 哈尔滨: 黑龙江省人民出版社.

张金奎(2016), “萬曆援朝战争初期的内部纷争－以赞画袁黄为中心的考察,”『求是学刊』第五期, 143-154.

张庆洲(1989), “抗倭援朝战争中的明日和谈内幕,”『辽寧大学学报』第1期, 101-104, 112.

张士尊(2008), “明代辽东都司與山东行省关系论析,”『东北师大学报(哲学社会科学版)』第2期, 30-34.

张雪霞(2019), “袁黄朝鲜行蹟研究,” 吉林大学 硕士学位论文.

郑洁西(2008), “萬曆朝鲜之役明军中的外国兵,”『登州與海上丝绸之路－登州與海上丝绸之路国际学术研讨会论文集』, 登州與海上丝绸之路国际学术研讨会(2008.10.11), 山东 蓬莱, 365-376.

郑洁西(2016), “沈惟敬的籍贯家世、生卒年日及其早年经历,”『寧波大学学报(人文科学版)』第3期, 62-67.

郑洁西(2017a), “萬曆朝鲜战争期间和平条件的交涉及变迁,”『学术研究』第9期, 132-143.

郑洁西(2017b),『跨境人员、情报網络、封贡危機: 萬曆朝鲜战争與16世纪末的东亚』, 上海: 上海交通大学出版社.
周郢(2017), "明萬曆壬辰之役'借兵暹罗发覆,"『历史研究』第6期, 178-186.

3. 일본어

北島万次(2017),『豐臣秀吉朝鮮侵略關係史料集成』1-3, 東京: 平凡社.
北島万次(1992), "壬辰倭亂期の朝鮮と明," 荒野泰典, 石井正敏, 村井章介 編,『アジアのなかの日本史』II, 東京: 東京大學出版會.
浦野起央(2013),『日本の国境: 分析·資料·文献』, 東京: 三和書籍.
頼山陽(1932),『日本外史』, 東京: 國漢文普及會.
德富猪一郎(1922),『近世日本國民史』朝鮮役(上·中·下), 東京: 民友社.
頼襄子成(1924),『嚴訂 日本外史』, 東京: 富貴堂書店.
黑川眞道(1917),『朝鮮征伐記』一-三, 東京: 友文社.
黑天眞道(1919),『毛利秀元記』, 國史叢書, 東京: 國史研究會.
中野等(2008),『文祿·慶長の役』, 東京: 吉川弘文館.
武田勝藏(1925), "伯爵宗家所藏豊公書と朝鮮陣,"『史學』4卷 3號, 71-128.

4. 영어

Hawley, Samuel(2014), *The Imjin War, Japan's Sixteenth-Century Invasion of Korea and Attempt to Conquer China*. San Bernardino, CA Conquistador Press.
Kuno, Yoshi S(1937), *Japanese Expansion on the Asiatic Continent, Vol. 1, 2*. Port Washington. N. Y.: Kennikat Press Inc.
Ledyard, Gari(1988-89), "Confucianism and War: The Korean Security Crisis of 1598." *Journal of Korean Studies* 6, 81-120.
Swope, Kenneth M.(2009), *A Dragon's Head and a Serpent's Tail: Ming China and the First Great East Asian War, 1592-1598*, Norman: Oklahoma Press.
Turnbull, Stephen(2002), *Samurai Invasion: Japan's Korean War, 1592-1598*. London: Cassell Military.
Wood, William Alfred Rae(1993), *A History of Siam*, Bangkok: The Siam Barnakich Press.

주

임진왜란

제1부 임진왜란

제1장 침략의 전야

1 중국과 일본에서는 각각 완리차오셴즈이(萬曆朝鮮之役), 분로쿠게이초노에키(文祿慶長の役)로, 당시 자국의 연호에 전쟁의 뜻을 덧붙여 표시하고 있다. 일본의 연호 분로쿠(文祿)는 임진왜란 시기, 게이초(慶長)는 정유재란 시기에 해당된다.

2 『荀子』「王霸」.

3 와카바야시 미키오 지음, 정선태 옮김, 2002, 71.

4 『隋書』 列傳46, 「倭國」.

5 『明史』 列傳210, 「日本」.

6 「皇明都御史楊公鎬去思碑銘」, 『月沙集』 卷四十五, 四.

7 김영진, 2016, 254-268.

8 「上孫經略書」(1594), 『簡易集』 卷四, 四十六.

9 루이스 프로이스 저, 정성화·양윤선 역, 2008, 33-38.

10 물론 히데요시와 그의 신하들은 임란 직전 조선 침략을 고대 일본의 삼한정벌 이후 1천 년 이래 대사(大事)로 간주했다(『續本朝通鑑』 卷二百八十, 5454). 삼한정벌은 진구(神功)황후가 서기 200년 신라를 정벌했다는 『일본서기』의 기록에 근거한 것으로 논란의 여지가 있다.

11 「答許書狀」, 『鶴峯集』 卷五, 四.

12 강항(姜沆, 1567-1618)은 1597년 5월 호조랑(戶曹郎)으로 영광군에 파견되었는데, 9월에 잡혀 일본에 끌려갔다가 1600년 5월 귀국했다. 특히 그는 여행기인 『간양록』에 당시 일본의 사정과 조선인 포로에 대해서 자세히 기록했다.

13 야나가와 시게노부(柳川調信)라고 불리기도 한다. 조선에 왕래하면서 했던 공로를 인정하여 조선은 그에게 가선대부(嘉善大夫)의 관작을 주기도 했다. 임진왜란 때에는 대마도주 요시토시를 수행하면서 조선과 접촉했다.

14 「詣承政院啓辭」, 『看羊錄』.

15 대마도는 일본에게는 자신이 조선에 우월적 지위에 있다고 주장한 듯하다. 히데요시도 조선이 대마도에 종속적이었다고 생각했다고 한다. 사쓰마의 시마즈(島津) 가문이 유구에 대해 우월적 관계를 갖고 있다고 본 것과 유사했다. 히데요시는 조선국왕의 내조 이후에는 대마도주에게 조선에 대한 통치를 허용한다는 입장이었다고 한다(호리 신, 2010, 154; 기타지마 만지, 김유성·이민웅 옮김, 2008, 19). 그렇지만 관련 자료들을 볼 때, 조선을 침략하기 오래 전 그가 이미 그러한 무지에서 벗어났음은 분명하다.

16 게이테쓰 겐소(景轍玄蘇). 규슈 하카타에 위치한 성덕사(聖德寺)의 승려로 전쟁 이전에 조선에 사절로 왔을 뿐만 아니라, 전쟁 중에는 유키나가의 진영에 머물면서 조선 및 명과 교섭에 앞장섰다.

17 『宣祖實錄』, 1580/12/21 ①(원 안의 숫자는 기사의 순서. 이하 동일).

18 『宣祖實錄』, 1581/1/26 ①; 1581/3/26 ①; 「年譜」, 『東岡集』 附錄 卷四, 十九.

19 Swope, 2009, 53.

20 中野等, 2008, 10.

21 1588년 8월 유구에 전달된 한 서신은 히데요시의 일본통일 사실을 알리면서 유구도 그에게 조공을 하라는 내용이었다(「島津家文書」 1440, 北島万次, 2017(1), 27-28). 그에 대해 유구는 이듬해 8월 사신을 보내 명나라의 물자와 자국의 토산물을 바쳐 예를 표했다. 이에 히데요시는 일본통일을 자랑하고, 다른 나라들에 대해서도 교화를 펼치는 것이 평소의 소원이라고 하면서 대외적 야욕을 숨기지 않았다(「續善隣國寶記」, 北島万次, 2017(1), 57-58). 그렇지만 그 이후 히데요시가 조선과 명을 치기 위해 물자의 지원 등 동참을 요구했을 때, 유구는 이를 거절했다(羅麗馨, 2011, 36-38).

22 지금의 후쿠오카(福岡).

23 中野等, 2008, 10-11; 윤유숙, 2007, 348-349; 武田勝藏, 1925, 76-77.

24 야스히로는 문헌에 따라 귤강광(橘康光)·귤강연(橘光連) 등으로도 표기된다. 야스토시와 동일 인물이라는 설도 있다.

25 『宣祖實錄』, 1587/9/7 ①.

26 『宣祖實錄』, 1587/10/20 ①.

27 『宣祖修正實錄』, 1587/9 ③.

28 그렇지만 대마도가 일방적으로 양측을 속이기보다는 애초부터 히데요시가 조선 국왕의 입조를 별로 기대하지는 않았다고 생각된다. 통신사에 대한 푸대접 이외에는 국왕이 오지 않는 것에 대한 불만이 공개적으로 제기되지 않았다. 침략 이후에도 마찬가지였다.

29 『宣祖實錄』, 1587/12/22 ①; 『再造藩邦志』 一, 二.

30 『宣祖修正實錄』, 1587/9 ③; 『宣祖實錄』, 1588/1/3 ③.

31 이를테면 일본 사절이 오면 통상 조선의 농민병들이 도로변에서 무기를 들고 위세(威勢)를 보였는데, 야스히로는 이들을 보고 조선의 창이 짧다고 하거나, 상주목사에게 자신의 머리가 흰 것은 전쟁에서 보냈기 때문이지만 목사는 기생들과 편안히 보내느라 머리가 희어졌다는 등의 모욕적인 말을 내뱉었다. 나아가 서울에서 예조판서의 잔치에 호초(胡椒)를 뿌려 기생과 악사들이 그것을 줍게 하고는 숙소에 돌아가 아랫사람들의 기강이 없다면서 '너희 나라는 망할 날이 멀지 않았다'는 등의 말도 서슴지 않았다(『宣祖修正實錄』, 1587/9 ③; 『懲毖錄』 卷一, 一-二; 『再造藩邦志』 一, 三).

32 계수제독관(界首提督官). 지방 교육을 담당하던 벼슬.

33 「請絶倭使疏」, 『重峰集』 卷六, 三十四-四十.

34 「二疏」, 『重峰集』 卷六, 四十-四十九.

35 손죽도왜변은 1587년 2월 왜적이 18척의 배와 조총으로 전라좌수군을 공격하여 아군 1천여 명을 죽이고, 5, 6일 동안 흥양에서 강진에 이르는 전라도 연해 지역을 횡행하면서 사람들을 납치하고 군선을 나포해간 사건이다. 이것은 히데요시가 조선의 방위력을 시험해본 것이었다고 한다(『宣祖實錄』, 1587/2/26 ①; 김덕진, 2010).

36 지금 전라도 고흥.

37 『宣祖修正實錄』, 1587/12 ②; 『宣祖實錄』, 1589/5/5 ①.

38 교서관(校書館) 등에 딸린 정·종 5품의 관직.

39 『宣祖實錄』, 1588/1/3 ②, ③.

40 『宣祖實錄』, 1588/3/4 ①.

41 『宣祖修正實錄』, 1587/9 ③.

42 『선조수정실록』에 의하면, 히데요시는 "(야스히로가) 우리나라(조선)의 편을 들어 (히데요시) 자신의 요청을 실행하지 않았다."고 의심하여 그를 멸족시켰다(『宣祖修正實錄』, 1587/9 ③). 이에 대해 유성룡은 그가 그의 형 아스토시 때부터 조선을 왕래했고, 조선에서 관직을 받기도 했으며, 히데요시가 야스히로를 죽인 것은 조선을 위하는 말을 했기 때문이라고 쓰고 있다(『懲毖錄』 卷一, 二). 한편 최경남은 『난중잡록』에서 그의 오랜 조선 왕래와 관직 하사 이외에 다른 사실을 덧붙이고 있다. 즉 그가 귀국 직후 죽임을 당한 것이 아니라 몇 년 뒤 1590년 겐소 등의 조선 방문에 참가했고, 그때 그는 몰래 조정에 일본이 이미 오랫동안 조선을 침범할 계획을 세웠으며 이번 사절은 정탐을 위한 것이니 겐소 등을 죽여야 한다고 말했다. 그의 죽음과 관련해서 최경남은 히데요시가 1592년 봄 조선을 침략할 때, 요시토시와 함께 선봉에 서라는 그의 명령을 거부함으로써 멸족되었다고 기록하고 있다(『亂中雜錄』 一, 1592/春). 『선조수정실록』과 『징비록』은 시기를 특정하지 않고 배경을 간단히 언급했을 뿐, 각각의 기록들이 서로 배치되는 것은 아니다.

43 민덕기, 2013, 102. 임란 직후 대마도주의 가문에서 작성된 자료에 의하면, 야스히로의 시도가 성과가 없자 히데요시는 유키나가와 기요마사에게 규슈의 치쿠시(筑紫) 군대를 이끌고 조선을 정벌하도록 명령했다. 그러자 요시토시가 본인이 먼저 조선에 건너가 국왕을 입조하라는 히데요시의 명을 전하겠다고 하여 허락을 받았다고 한다. 즉, 유키나가와 기요마사의 조선침략을 지연시키기 위해서였다는 것이다(「朝鮮陣記」, 北島万次, 2017(1), 29). 그렇지만 그는 수용되기 어려운 국왕의 입조가 아닌 통신사의 파견 요구를 조선에 전달했다.

44 『선조수정실록』은 전년도인 1588년 12월 기사에서 이 사실을 말하고 있다(『宣祖修正實錄』, 1588/12 ②). 그리하여 약 7개월에 이르는 시간차를 설명하려는 시도가 있는데, 이를테면 그간 선위사 이덕형이 그들과 함께 부산에 머물렀거나(「年譜」上, 『漢陰文稿』 附錄 卷一, 七-八) 또는 대마도에 갔다가 되돌아왔다고 한다(이형석, 1976, 89-91). 그렇지만 『선조수정실록』의 기사 내용은 『선조실록』에 수록된 요시토시 일행의 이듬해 6월 말 서울 방문과 그 이후의 활동과 일치한다. 『선조수정실록』의 12월 기사는 나중에 일어난 일도 함께 기록했던 것으로, 사건 날짜와 일치하지 않는다.

45 『宣祖實錄』, 1589/6/30 ①.

46 『宣祖實錄』, 1589/7/12 ②; 『宣祖修正實錄』, 1589/7 ②.

47 일본 사절이 동평관에 체류할 때, 후에 조선통신사로 일본에 가게 되는 김성일이 예빈시정(禮賓寺正)의 신분으로 그들을 접대했다(「年譜」, 『鶴峯集』 附錄 卷一, 十七). 동평관은 중구 인현동에 위치함.

48 성균관 소속 유생들의 교육을 담당하는 정6품의 문관.

49 『宣祖實錄』, 1589/8/1 ②.

50 요시토시는 자신을 대마도주의 아들로 조선에 소개했다(『再造藩邦志』 一, 三).

51 『宣祖實錄』, 1589/8/4 ②.

52 『宣祖修正實錄』, 1589/12 ②; 『宣祖實錄』, 1589/8/19 ②; 1589/8/27 ②, ③; 1589/8/28 ①.

53 『宣祖實錄』, 1589/9/9 ①.

54 『宣祖實錄』, 1589/9/21 ①.

55 『宣祖實錄』, 1589/11/18 ①. 첨지는 중추부〔中樞府, 문무 당상관으로 소임이 없는 자를 대우하는 기관〕 소속의 정3품의 무관, 사성은 성균관 소속 유생들의 교육을 담당하는 종3품의 문관이다.

56 『宣祖實錄』, 1589/12/3 ②.

57 『宣祖實錄』, 1590/2/28 ①. 사화동 등의 송환 날짜나 쇄환된 조선인 포로의 수 등이 문헌들마다 차이가 적지 않다. 이를테면 『징비록』에서 유성룡은 압송된 사화동 등을 국왕이 인정전에서 직접 힐문하고, 송환에 대한 상으로 요시토시와 겐소 등을 인견, 진작했으며, 그 이후에도 상당한 기간이 지나서야 통신사가 구성되었다고 쓰고 있다. 그리고 쇄환된 포로의 수도 10여 명이었다(『懲毖錄』 卷一, 三). 『선조수정실록』도 1589년 7월 기사에서 사화동 등의 송환과 조선인 포로 116명의 쇄환 그리고 그에 따른 요시토시 등에 대한 인견을 차례로 수록하고 있다(『宣祖修正實錄』, 1589/7 ①). 즉, 사화동 등의 압송과 포로의 쇄환이 1589년 9월 이전으로 설정되고 있는 것이다. 그렇지만 이 기록들은 사후에 정리된 것이며, 그간의 과정은 『선조실록』의 여러 기사들이 대체로 자세하고 시간적으로 적절하다고 생각된다. 이것을 직접 뒷받침해주는 자료도 없지 않다. 그 예로, 위에서 본 것처럼, 1589년 9월 9일 유성룡은 주모자들의 압송과 포로의 쇄환이 불확실한 가운데 왜 사절에게 주는 공문의 내용을 어떻게 할 것인지 선조와 대화를 나누고 있다(『宣祖實錄』, 1589/9/9 ①). 이항복도 나중에 사화동과 왜적 3명의 송환과 김대기 등의 쇄환을 경인년, 즉 1590년으로 보고하고 있다(『宣祖實錄』, 1600/1/28 ③).

58 『宣祖實錄』, 1590/2/28 ①; 1590/3/6 ①.

59 「請絶倭使三疏」, 『重峰集』 卷七, 二十四-三十七; 『再造藩邦志』 一, 四. 그해 여름, 즉 조헌의 상소 이전에 '포의(布衣)'로서 절에서 공부하고 있던 이정구(李廷龜)도 그와 유사한 입장을 자신의 장인이었던 대사헌 권극지(權克智, 1538-1592)를 통해 제기한 것으로 전해지고 있다. 그에 따르면 왜적과 강화하면 예의 지국으로서 조선의 명성을 더럽힐 뿐만 아니라 일본에게 약한 것을 보임으로써 그들의 침략을 재촉할 것이라면서, 요시토시의 머리를 베어서 천자에게 아뢸 것을 주장했다(『月沙先生年譜』 卷一, 三-四; 「壬辰避兵錄」, 『月沙集』 別集 卷一, 二十-二十一).

60 「請絶倭使三疏」, 『重峰集』 卷七, 二十七-二十八.

61 『亂中雜錄』 一, 1589.

62 「答玄蘇」, 『鶴峯集』 卷五, 三十-三十一.

63 『再造藩邦志』 一, 四; 『寄齋史草』 上, 「辛卯史草」, 1591/4/26.

64 여기에는 조선 내에서 수행하는 군인들도 포함된 것으로, 목적지에 도착한 인원은 악공을 포함하여 50여 명이었다(기타지마 만지, 김유성·이민웅 옮김, 2008, 5).

65 「答許書狀筬」, 『鶴峯集』 卷五, 三-十四; 「倭人禮單志」, 『鶴峯集』 卷六, 八-十一.

66 주라쿠다이는 히데요시가 천왕이 살고 있던 고쇼(御所) 옆에 지은 대저택으로 1586년 2월에 착공하여 이듬해 9월 완성했다. 당시에는 정치의 중심이 되었다.

67 『宣祖實錄』, 1591/1/13 ①; 『宣祖修正實錄』, 1591/3 ③.

68 黑天眞道, 1917, 卷一, 16-17; 「朝鮮國王李昖奉書」, 『江雲隨筆』, 北島万次, 2017(1), 61-62.

69 일본학계에서 이 국서가 대마도주에 의해 개작되었을 가능성이 제기되었다. 그것은 국서에 날인한 인장이 대마도주의 목인과 같다는 점, 그간 일본 사절의 왕래로 본다면 국서는 답서의 형태여야 하는데 그렇지 않다는 것, 그리고 통신사 파견 결정의 계기인 조선인 포로와 사화동 등의 송환에 대한 사례의 언급이 없다는 점 등이다. 개작은 그간 양측의 중재자로서 대마도가 했던 '왜곡'을 은폐하기 위한 것으로 해석되고 있다(윤유숙, 2007, 356; 北島万次, 2017(1), 62).

70 北島万次, 2017(1), 54.

71 1597년 3월 18일 사명당과의 회담에서 기요마사가 한 말이다. 그에 대해서 사명당은 통신사의 파견은 교린에 의한 것이며, 복속사절은 그것을 중재했던

대마도 태수 요시토시와 유키나가의 거짓말에 불과하다고 대답했다(「清正松雲問答」, 国立公文書館디지털아카이브). 해당 회담에 관해서는 제9장 1절 참조.

72 『宣祖實錄』, 1591/1/13 ①.

73 『宣祖修正實錄』, 1591/3 ③; 『懲毖錄』 卷一, 四.

74 조선의 국서는 히데요시를 '일본국왕 관백'으로 불렀으나, 일본 측은 '조선국왕 합하(閤下, 문헌에 따라서는 각하閣下)'로 쓴 것은 외교적 결례였다. 전통적으로 일본은 조선국왕을 '전하'로 표현해왔고, '합하'는 고위 관리들에게 쓰는 용어였다. 김성일에 의하면, 자신의 항의로 겐소가 '합하'를 '전하'로 바꾸고, 또 통신사가 가지고 간 선물을 — 상국에게 상납하는 의미의 — '방물(方物)'에서 '예폐(禮幣)'로 고치겠다고 약속했다고 한다(『宣祖修正實錄』, 1591/3 ④; 「答玄蘇」, 『鶴峯集』 卷五, 三十). 그렇지만 약속은 지켜지지 않았다. 한편, 그해 유구의 입공에 대한 답신에서 히데요시는 마찬가지로 '유구국왕 각하'를 사용했다(「琉球國王宛 豐臣秀吉書翰」(1590/2/28), 『續善隣國寶記』, 여기서는 北島万次, 2017(1), 57-58).

75 신흠(申欽)은 이 구절을 '제조를 편다〔施帝朝〕'로 쓰고 있다(「壬辰倭寇構釁始末志」, 『象村集』 卷五十六, 四). 김성일은 겐소에게 쓴 편지에서 "대명을 취하여 일본의 정화(政化)를 펴려는 것〔取大明而施日本政化〕"으로 해석했다(「答玄蘇」, 『鶴峯集』 卷五, 三十). 글자 그대로 본다면, 제도(帝都)는 천황의 수도로서, 일본의 지배를 대외적으로 펼치겠다는 의미로 볼 수 있다.

76 김성일은 조선과 일본이 교린관계에 있는 상황에서 조선 사절의 방문을 '입조(入朝)'로 표현하는 것은 적절하지 않기 때문에 겐소에게 수정을 요구했다. 겐소는 일본이 명나라에 입조한다는 의미라고 하면서 거부했다고 한다(「答玄蘇」, 『鶴峯集』 卷五, 三十; 『宣祖修正實錄』, 1591/3 ④). 전라도에서 의병활동을 벌이기도 했던 안방준(安邦俊, 1573-1654)에 의하면, 황윤길과 서성은 겐소의 말을 신뢰했다(「壬辰記事」, 『隱峯全書』 卷六, 三). 사실 글의 전체적인 맥락에서 본다면, 조선이 앞장서서 명에 들어가라는 것, 소위 향도입명(嚮導入明)으로 해석될 수 있다고 생각된다(浦野起央, 2013, 19).

77 『宣祖修正實錄』, 1591/3 ④; 「日本國關白秀吉奉答朝鮮國王閣下」, 『江雲隨筆』 13, 김경태, 2015, 127-128; 北島万次, 2017(1), 66-67.

78 국서가 조선의 사절에게 전달된 다음 달인 12월에 히데요시는 유구에게도 명의 연해 지역에 대한 공격 계획과 향도를 요구하는 내용의 서신을 보냈다(「具報人陳申爲……入寇事」(1591/4), 『全浙兵制考』 卷二, 57-58.

79 『懲毖錄』 卷一, 五.

80 『宣祖修正實錄』, 1591/3 ③; 『寄齋史草』 上, 「辛卯史草」, 1591/5/4.

81 유성룡이 김성일에게 비공개적으로 다시 물었을 때, 그는 자신이 의도적이었다고 주장했다. 즉 갑자기 침략을 제기하면 온 나라가 놀람과 의혹에 빠질 것이기에 그것을 막기 위해서였다는 것이다(『懲毖錄』 卷一, 五; 『宣祖修正實錄』, 1591/3 ③). 나중에 서인 주도로 작성된 『선조수정실록』에 의하면, 전쟁 가능성의 제기는 당시 세력을 잃은 서인이 인심을 교란시키기 위해서라고 비판되었다(『宣祖修正實錄』, 1591/3 ①). 그렇지만 김성일의 목적은 거기에 그친 것 같지 않다. 임진왜란 직전 왜란에 대비해서 축성과 군사훈련 정책이 제기되었으나, 김성일은 글을 올려 반대했다. 경상감사 김수(金睟)의 보고에 의하면, 당시 경상도내 사대부들의 반대로 축성사업이 저지되었다(『宣祖修正實錄』, 1592/3/3 ②). 많은 소작인과 노비를 거느리고 있던 그들은 국가의 적극적인 군대충원과 노역동원에 반대해왔다(허태구, 2014, 31-40). 김성일의 귀국보고에는 해당 사대부들의 입장이 투영된 셈이었다.

82 『再造藩邦志』 一, 五; 『隱峯全書』 卷五, 三. 황윤길의 군관이었던 황진(黃進)은 김성일의 주장에 분개하여 그의 목을 벨 것을 상소하려다 주위의 저지로 그만두었다고 한다. 황진에 의하면, "(히데요시의) 서계 가운데 명나라를 침범한다는 부당한 말들이 많은데도 한 마디도 없이 받아와서 (김)성일이 처벌을 받을까 무서워 이런 말을 한다."(『隱峯全書』 卷五, 三; 『征韓偉略』 卷一, 八-九)는 것이다.

83 『亂中雜錄』 一, 1591/2.

84 당시 당파적 요소가 대외정책 논의 과정에 얼마나 작용했는지 말하기는 어렵다. 전쟁 전반에 걸쳐 쟁점들이 계속하여 부각되었다. 그렇지만 동인과 서인의 세계관이 어느 정도 정책적인 차이는 가져올 수 있었겠으나, 구조적인 대립으로 작용한 예는 별로 없었다고 생각된다. 대략 서인은 명분과 원칙을 강조하고 명과의 관계를 중요시한다면, 동인은 현실적 이해와 타협을 중시하고 명·일 양국 사이의 균형적 관계를 지향했다고 생각된다. 왜군에 대한 대응에 있어서 대체로 서인은 강경론을, 동인은 유화론을 내세웠다. 임진왜란 직전 동인과 서인의 부침은 대략 다음과 같다. 기축옥사, 즉 1589년 10월부터 1591년 5월까지 20개월 가까이 계속되었던 정여립(鄭汝立) 사건으로 호남출신 동인들이 축출되었다. 그렇지만 얼마 뒤 기축옥사를 주도했던 서인 정철(鄭澈)이 건저(建儲)사건으로, 즉 선조가 선호했던 신성군 이후(李珝)가 아닌 광해군 이혼(李琿)의

책봉을 주장했다가 파면되었다. 그 결과 유성룡 등 다른 동인들이 실권을 갖게 되었다. 그 후 동인은 서인과 관계에서 온건·강경 입장에 따라서 유성룡 등의 남인과 이산해 등의 북인으로 분리되었다. 그렇지만 임란 기간 대체로 서인과 남인 사이에 협조적 관계가 유지되었고, 북인의 정치적 입지는 약했다.

85 좌승지 유근(柳根)이 국왕에게 전하는 바에 의하면, 유성룡은 "히데요시가 광패(狂悖)한 인물로서 대규모 군사를 일으키지 못할 것이다."라고 말했다(『宣祖修正實錄』, 1591/5 ①). 또한 『기재사초』에 의하면, 그는 또한 히데요시의 말은 겁주려는 것에 불과하다는 김성일의 말을 두둔했다(『寄齋史草』 上, 「辛卯史草」, 1591/5/5). 유성룡은 후에 이 일을 회고하면서 당시 자신의 잘못된 판단에 대해서 다음과 같이 해명했다. "왜군들이 쉽사리 오지 않는다고 하여 방비를 태만하게 한 것은 사실 나의 본뜻이 아니었다. 그러나 구구한 나의 소견으로는 인심이 동요되면 슬기와 용맹이 모두 고갈될 것이기 때문에 반드시 우선 진정시킨 뒤에 모든 일을 착수할 생각이었다."(「書壬辰事始末示兒輩」, 『西厓文集』 卷十六, 二十一)

86 왕의 문서와 정책자문을 담당하는 홍문관 소속의 종3품.

87 전한과 같은 홍문관 소속의 정4품.

88 『宣祖修正實錄』, 1591/3 ⑥.

89 『宣祖修正實錄』, 1591/윤3 ⑥; 『懲毖錄』 卷一, 九.

90 「請斬倭使疏」(1591/3/15), 『重峰集』 卷八, 二.

91 유구국왕에 대한 서신에는 다음과 같은 구절이 포함되었다. "멀리서 듣건대 귀국의 풍속은 평소 공손한 이웃을 침범하는 나라를 싫어한다고 합니다. 히데요시의 일을 들었으면 반드시 목욕재계하고 토벌을 요청하고 싶을 것입니다. 원컨대 충의로운 군사들을 이끌고 수군을 대대적으로 동원하여 일본 지역을 직접 치십시오. 아울러 남양〔동남아시아〕의 여러 나라들에도 반드시 격문을 전하여, 정예병이 함께 가서 히데요시의 허를 틈타도록 기약하고…… 그의 죄상을 나열하여 머리를 명나라에 바치고…… 그 나라〔일본〕 사람들 가운데 어질고 살인하지 않는 사람들을 선택하여 나라의 재상과 여러 섬의 군주로 봉하십시오."(「擬致書於琉球國王」, 『重峰集』 卷八, 十四-十六)

92 「書壬辰事始末示兒輩」, 『西厓文集』 卷十六, 二十一.

93 『寄齋史草』 上, 「辛卯史草」, 1591/4/29.

94 『宣祖修正實錄』, 1591/5 ①; 『寄齋史草』 上, 「辛卯史草」, 1591/5/4.

95 『宣祖修正實錄』, 1591/5 ③.

96 당시 요시토시는 "일본이 명과 통호(通好)하고자 하는데, 조선이 이를 명에 알려 주면 다행이겠다. 그렇지 않는다면 (조선과 일본) 양국은 우호적인 분위기를 장차 잃게 될 것이다."고 주장했다고 한다(『宣祖修正實錄』, 1591/5 ⑭; 「本國被兵志」, 『象村集』 卷五十六, 九). 요시토시는 10여 일간 정박했다가 돌아가 히데요시를 만나서 조선의 사정을 전하고 아울러 조선의 지도를 바쳤다(「朝鮮陣記」(1591/9/6), 北島万次, 2017(1), 128). 한편 1593년 8월 말 강화에 대한 논의가 진행되는 상황에서 요시토시는 경상도관찰사에게 글을 보내면서, 위의 사실과 관련하여 언급했다. 그에 따르면 자신이 두 통의 편지를 부산첨사와 동래부사에게 보냈지만, 상달되지 않고 되돌아왔다(『宣祖實錄』, 1593/8/27 ③).

97 『宣祖修正實錄』, 1591/7 ⑥.

98 『宣祖修正實錄』, 1592/2 ①.

99 조헌은 상소에서 유구가 조선이 왜적에게 굴복하여 섬긴다고 명에 보고했다는 소문을 기록하고 있다(「請斬倭使二疏」(1591/3/18), 『重峰集』 卷八, 三十七).

100 「請斬倭使疏」(1591/3/15), 『重峰集』 卷八, 一-十; 「請斬倭使二疏」(1591/3/18), 『重峰集』 卷八, 三十六-三十九; 『宣祖修正實錄』, 1591/3 ⑦.

101 「擬進奏變皇朝表」, 『重峰集』 卷八, 十一-十四.

102 이산해의 우려는 '인신무외교(人臣無外交)', 즉 남의 신하는 제3자와 외교하지 않는다는 책봉체제의 규범에 입각했으나, 그것은 원칙에 불과했다. 임진왜란 이전까지 조선과 일본 사이에는 60여 차례의 사신왕래가 있었다. 명 조정도 그것을 알면서도 묵인하고 있었다(羅麗馨, 2006, 179). 다만 후에 정유재란 시기에 찬획 정응태가 조선을 탄핵하면서 일본과의 교류도 비판의 대상에 포함시켰다. 그때 조선은 그 사실을 부인하거나 숨기지 않았고, 명 조정도 문제 삼지 않았다. 제9장 3절 참조.

103 『宣祖修正實錄』, 1591/4 ②; 『寄齋史草』 上, 「辛卯史草」, 1591/5/4. 최초의 논의에 관한 『기재사초』와 『선조수정실록』 등의 기사에는 유성룡에 관한 언급은 없다. 그렇지만 그는 후에 『징비록』에서 자신이 이산해의 의견과 달리 명에 알려야 한다고 주장했다고 기록했다. "업무로 인해 이웃 나라와 왕래하는 것은 나라로서는 피할 수 없다. 성화〔成化, 명 헌종 시기 연호, 1465-1487〕 시기에 일본이 일찍이 우리나라를 통해서 중국에 통공을 요청하자, (조선은) 즉시 사실대로 명에 알려서 칙령을 내려 (일본을) 회유하게 했다〔명이 일본에 통공을 허용했다는 의미〕. 지금만이 아니라 옛날에도 그랬던 것이다. 지금 사실을 감추고 알리지 않으면 대의에 있어서 옳지 않다. 하물며 왜적이 실제 명을 침범할

계획이 있고, 그것이 다른 곳에서 보고되면, 명은 오히려 우리도 일본과 같은 마음에서 숨긴다고 의심할 것이다. 그렇게 되면 그 죄는 통신사의 파견에 그치지 않을 것이다."(『懲毖錄』 卷一, 五) 이와 관련하여 『재조번방지』(1649)는 유성룡의 글을 부분적으로 반영하되 약간 달리 상황을 전하고 있다. 즉, 유성룡이 "업무로 인해 이웃 나라와 왕래하는 것은 나라로서는 불가피하므로 (지금) 업무가 있다면 (명에) 주문하는 것이 어찌 의리에 해가 되겠는가? 그렇지만 범사를 잘 생각하지 않으면 아마 소루(疏漏)함을 면하지 못할 것"이라면서 이산해의 말이 옳다고 했다는 것이다(『再造藩邦志』 一, 七). 유성룡은 왜와 접촉 자체는 문제가 되지 않을 수 있으나, 통신사 파견 사실까지 명에 알려지게 될까 우려했던 것이다. 한편 유성룡이 말하는 성화 시기 일본의 통공 요청과 조선의 중재 내용은 이렇다. 명과 감합무역이 단절된 상황에서 일본은 1459년〔세조 5년〕 조선에 사신을 보내 조공의사를 명에 전달하도록 요청했고, 조선의 전달로 명은 일본에게 한 차례 조공무역을 허락했다. 그렇지만 1475년〔성종 6년〕 일본이 다시 요청했을 때, 조선은 조일간 긴밀한 관계를 명이 의심할 것으로 판단하여 응하지 않았다(『世祖實錄』, 1459/5/27 ③; 『成宗實錄』, 1475/8/14 ③; 1475/9/19 ①).

104 『寄齋史草』 上, 「辛卯史草」, 1591/5/4.

105 『宣祖修正實錄』, 1591/5 ①; 『寄齋史草』 上, 「辛卯史草」, 1591/5/4.

106 『宣祖修正實錄』, 1591/5 ①; 『寄齋史草』 上, 「辛卯史草」, 1591/5/4.

107 황제에게 제출하는 문서는 대개 진주문(陳奏文) 또는 주문(奏文)이라 불리지만, 조선과 일본 사이의 서신과 같이 간혹 국서(國書)라고 하는 경우도 있다.

108 『宣祖修正實錄』, 1591/5 ①; 『寄齋史草』 上, 「辛卯史草」, 1591/5/5.

109 이문학관(吏文學官)으로서 김응남을 수행했던 허징(許澂)이 전하는 말에 의하면, 국경에 이르니 사람들이 손짓과 귓속말만 하고 친하게 대하지 않았으며, 산해관에 이르니 모두들 "너희 나라가 왜와 반기를 들면서 무슨 일로 왔느냐?"라고 욕했다고 한다(「雜記」, 『西厓文集』 卷十六, 四二).

110 『宣祖實錄』, 1592/6/18 ⑤. 허국은 1567년 조선에 사신으로 온 적이 있었는데, 그때 조선의 통사였던 홍순언(洪純彦)이 허국의 비서 유심(兪深)과 친분을 쌓게 되었다. 명 내부의 분위기에 불안감을 느낀 김응남 일행은 함께 온 홍순언을 시켜 유심을 통해 허국에게 비밀 서신을 미리 보내 조선의 사정을 설명했다(「雜記」, 『西厓文集』 卷十六, 三十五-三十六).

111 예부에 제출된 자문의 원문은 전해지지 않는다. 다만 이듬해 3월 한응인을 통해

명 조정에 제출된 진주문의 내용으로 미루어보건대, 통신사 파견을 둘러싼 일본과 논의 과정에서 쇄환된 조선인 김대기(金大璣) 등의 말을 전하는 방식이었다. 즉, "작년〔1590년〕 6월 전전주(畠殿洲)에서 듣기로, 히데요시가 많은 전선(戰船)을 건조하여 금년〔1591년〕 봄에 명을 공격한다."는 것이다(「陳倭情奏文」(1591), 『西厓文集』 卷三, 六).

112 「琉球國中山王府……鄭迵爲報國家大難事」(1591/4), 「具報人陳申爲……入寇事」(1591/4), 『全浙兵制考』 卷二, 53-59. 진신 등의 보고 내용은 그해 8월 요동도사의 문건을 통해서 조선에도 알려졌다(「陳倭情奏文」, 『西厓文集』 卷三, 四-六).

113 『宣祖實錄』, 1591/10/24 ②.

114 『神宗實錄』, 1591/8/11 ③.

115 허국은 최근 북에서 달로(㺚虜), 서에서 번융(番戎), 남에서 면전(緬甸, 미얀마)이 도발하는데, 이들을 크게 공략하지 않고 유화적으로 처리했기 때문에 왜적까지 그 틈을 타서 도발하려는 마음을 갖게 되었다면서 공세적인 정책을 주장했다(『神宗實錄』, 1591/7/20 ①).

116 『神宗實錄』, 1591/7/20 ①; 1591/8/2 ③.

117 『神宗實錄』, 1591/9/1 ④; 1591/9/2 ④.

118 「陳倭情奏文」(1591), 『西厓文集』 卷三, 四-六.

119 문서의 전달 계통은 다음과 같았다. 유구와 진신(陳申) 등이 복건순무 등에게 왜적의 상황에 대해서 제보하자, 이들이 조정에 공식적으로 제본을 올렸다. 이어 병부의 한 부서인 직방청리사가 그 내용을 정리하여 병부에 보고했다. 이에 병부는 대응책을 마련하여 황제의 승인을 받아 요동순무에게 자문을 보내고, 요동순무는 그것을 요동도사를 통해 결국 조선에 전달했다.

120 『神宗實錄』, 1591/11/4 ④.

121 『神宗實錄』, 1591/11/11 ④.

122 다만 『명사』는 요동도사의 자문에 대한 조선의 해명과 관련하여 다음과 같이 기록하고 있다. "(조선의) 왕이 향도라는 무고를 강하게 변명할 뿐이었고, 또한 왜적이 자신을 노린다는 점을 몰랐다."(『明史』 列傳210, 「日本」)

123 『宣祖實錄』, 1591/10/24 ①; 『宣祖修正實錄』, 1591/10 ①.

124 『宣祖修正實錄』, 1591/10 ①. 이 문건은 유성룡의 『서애문집』 제3권과 최립의 『간이집』 제1권에 모두 수록되어 있다. 다만 최립의 진주문은 일종의 초안 형태로, 유성룡의 진주문은 내용상 약간의 첨삭과 함께 공식적인 공문의 양식에

따라 작성되었다(「陳倭情奏文」(1591), 『西厓文集』 卷三, 四-十; 「謹奏爲倭情事」(1591/10/24), 『簡易集』 卷一, 一-五).

125 「陳倭情奏文」(1591), 『西厓文集』 卷三, 十; 『簡易集』 卷一, 五.

126 『神宗實錄』, 1592/2/18 ①.

127 『神宗實錄』, 1592/2/19 ⑤.

128 『神宗實錄』, 1592/3/7 ①.

129 『神宗實錄』, 1592/3/8 ①.

130 한응인 일행은 4월에 귀국하는 길에 왜적의 침략 소식을 접했으며, 5월 초에 도착했다. 『선조수정실록』은 질정관 오억령이 당시 선조가 머물던 개성에 이르러 복명하고, 어가의 호종에 참여했다고 전한다(『宣祖修正實錄』, 1592/6 ㊸). 참고로 선조는 5월 1일 개성에 도착, 3일 떠났다.

131 『宣祖修正實錄』, 1591/10 ①.

132 동지사 이유인을 통한 것은 다음과 같은 이유였다. 예조판서 한응인이 1591년 10월 24일 진주사로 북경으로 출발했는데, 며칠 후 김응남 편에 섬라 등과 함께 왜적을 정벌하라는 황제의 칙서가 도착했다. 이에 조선은 칙서에 대해서 별도의 답변이 필요하다고 보았다.

133 『宣祖實錄』, 1592/6/26 ⑧.

134 「壬辰倭寇構釁始末志」, 『象村集』 卷五十六, 五.

135 「付錄近報倭警」, 『全浙兵制考』 卷二, 62-79.

136 官宁, 1992, 90.

137 그런데 『선조수정실록』은 1591년 5월 2개 기사와 그해 8월 1개 기사에서 그를 언급하고, 심지어 8월의 기사에는 그의 보고서가 요동도사를 통해 조선에 이첩되었다고 기록하고 있다(『宣祖修正實錄』, 1591/5 ①, ②; 『宣祖修正實錄』, 1591/8 ①). 『선묘중흥지』를 포함하여 후대의 적잖은 문헌들이 『선조수정실록』을 그대로 따름으로써 혼란을 초래하고 있다(『宣廟中興誌』 卷一, 十二-十三; 이형석, 1976, 88-89).

138 『선조실록』은 1592년 7월 29일 기사에서 처음으로 좌의정 윤두수가 근자에 허의후의 글을 보았다고 언급하고 있다. 그 외에 정탁(鄭琢)이 1592년 8월 17일 일기에서 허의후의 글을 얻었다고 쓰고 있다. 그는 당시 세자를 모시고 황해도 곡산(谷山)에 있었다. 7월 하순쯤 허의후의 글이 조선에 전해진 셈이다(『宣祖實錄』, 1592/7/29 ③; 『藥圃龍蛇日記』, 1592/8/17).

제2장 왜군의 침략과 초기대응

1 德富猪一郎, 1922(上), 二五二-二五五.

2 기타지마 만지, 김유성·이민웅 옮김, 2008, 35. 관련 문서는 北島万次, 2017(1), 133-138.

3 「黑田文書」(1592/1/5), 「淺野家文書」 81. 北島万次, 2017(1), 165-169.

4 『西征日記』, 1592/3/12; 中野等, 2008, 34-35. 왜군 진영에 있던 덴케이(天荊)의 『서정일기』 4월 7일자에는 "自朝鮮送使之船二隻來."라는 구절이 있다. 한 번역서에는 "조선에서 보낸 사신이 탄 두 척의 배가 왔다."고 마치 교섭이 있었던 것처럼 되어 있다(김시덕, 2012a, 87). 그렇지만 '송사(送使)'란 대마도와 조선의 무역을 의미한다. 대마도의 관련 선박이 조선에서 돌아온 것이며, 교섭과는 무관하다.

5 「毛利家文書」 885, 北島万次, 2017(1), 179-183; 中野等, 2008, 32-33.

6 히데요시는 3월 13일자〔일본력〕 명령서에서 주봉행(舟奉行)이라 불리는 지휘관을 선정하여 각 지역의 운송을 담당하게 했는데, 나고야와 이키 그리고 대마도와 함께 조선에도 세 사람이 할당되었다(德富猪一郎, 1922(上), 二九三-二九七). 조선에 사람을 할당한 것은 히데요시가 조선의 협조를 예상했기 때문이라고 해석되기도 한다(中野等, 2998, 32-34). 그렇지만 단순히 부산 등지에 정박 중인 조선의 선박을 탈취하여 활용하기 위한 것이 아닐까?

7 德富猪一郎, 1922(上), 三二三-三二五.

8 기타지마 만지, 김유성·이민웅 옮김, 2008, 43-48; 이장희, 2011, 26-29.

9 中野等, 2008, 34-49.

10 『西征日記』, 1592/4/13. 나중에 시게노부는 조선에 보낸 편지에서 자신들이 성 밖에 글을 내걸었으나, "그 서찰을 받지 않고 부산포의 우두머리가 마구 쏴댔다."면서 강화를 시도했었다고 주장했다(『宣祖實錄』, 1594/11/18 ⑤).

11 루이스 프로이스 저, 정성화·양윤선 역, 2008, 54.

12 『宣祖實錄』, 1592/4/13 ①.

13 여기에 관해서는 본장 4절에서 보다 자세히 다룸.

14 "戰則戰矣, 不戰則假道." "戰死易假道難."(「壬辰遺聞」(閔鼎重), 『泉谷集』 附錄 卷二, 二十二-二十三)

15 루이스 프로이스 저, 정성화·양윤선 역, 2008, 56-57.

16 『西征日記』, 1592/4/14.

17 『宣祖實錄』, 1592/4/17 ①, ②, ⑥.

18 신흠의 『상촌집』에서는 4천여 명으로 되어 있다(「諸將士難初陷敗志」, 『象村集』 卷五十六, 十).

19 이형석, 1976, 258-261, 267-271; 『黔澗集』 卷四, 「辰巳日記」, 1592/4/14-5/4.

20 임란 초기 관군의 패배는 조선의 군사제도에도 그 원인이 있었다. 당시 조선은 제승방략(制勝方略)을 실시했다. 그것은 평상시 각 군현에서 군사를 관리하고, 유사시 군대를 한 곳에 집결시켜 중앙에서 파견한 장수가 통솔하는 방식이었다. 각 군현에는 병역의무를 진 군사가 없지 않았으나, 지방관이 대개 문관이었기 때문에 제대로 훈련받거나 무기를 갖추지 못했다. 사실상 상비군이 없었던 셈이다. 각지의 군사들은 왜의 정예부대 소식을 듣고는 집결지에 오지 않았고, 일부가 오더라도 서로 협조가 이루어지지 못했다. 제승방략과 대비되는 방식이 진관제(鎭管制)였다. 즉, 지방 단위로 크고 작은 진(鎭)을 두어 군대를 편성하고 지방관이 관할하되, 유사시에는 상급 단위인 각도의 병마절도사〔병사〕가 통솔하는 것이다. 그런데 1510년 삼포왜란에 이어 1555년 을묘왜란 당시 대규모 왜적에 효과적으로 대응하지 못하자 제승방략으로 전환되었다(『懲毖錄』 卷一, 七-八).

21 유키나가는 며칠 뒤 충주를 점령한 뒤에 히데요시에게 보낸 편지에서 그에 대해서 언급했다. 유키나가는 경응순이 "국왕이 인질을 보내고 중국 원정에 선두에서 길잡이가 되겠다."는 국왕의 편지를 가지고 왔다고 보고했다. 그는 자신이 국왕의 제안을 받아들여 서울을 파괴하지 않고 "구하겠다."는 의사를 표명했다(루이스 프로이스 저, 정성화·양윤선 역, 2008, 60-61). 그런데 유키나가를 따랐던 요시토시는 경응순이 생포되었다고 말하고 있다. 경응순이 국왕의 편지를 전달했다면 생포되었다고 말하지 않았을 것이다. 어쨌든 그에 의하면, 경응순을 보내서 강화의 의사를 조선에 보고하라고 했으나 결국 회답을 받지 못했다(『宣祖實錄』, 1594/8/27 ③).

22 유키나가는 1594년 11월 강화를 위해서 경상우병사 김응서(金應瑞)와 접촉했을 때에도 과거 울산군수를 통한 강화 시도를 언급했다(『亂中雜錄』 三, 1594/11).

23 『懲毖錄』 卷一, 十六.

24 『再造藩邦志』 一, 十五; 「年譜」上, 『漢陰文稿』 附錄 卷一, 十一.

25 『征韓偉略』 卷一, 二十六.

26 「加藤文書」, 北島万次, 2017(1), 319-321. 또한 기타지마 만지, 김유성·이민웅 옮김, 2008, 53-54.

27 해당 공문에서 히데요시는 명을 정복하여 고요제이(後陽成) 천황을 북경으로

옮기고, 히데쓰구를 중국의 관백으로 삼으며, 그의 동생 히데카쓰(秀勝)를 조선 국왕으로 임명하겠다는 계획을 알렸다. 그에 따라 일본 내 새로운 천황과 관백도 지정했다(「古蹟文徵」, 北島万次, 2017(1), 325-328; 편지 전문은 루이스 프로이스 저, 정성화·양윤선 역, 2008, 73-77에 수록됨). 같은 날 그는 교토의 봉행(奉行) 마에다 겐이(前田玄以)에게도 비슷한 내용을 전달하여, 천황의 이주 준비에 착수하도록 했다. 히데요시는 자신은 과거 중국무역의 중심지인 영파로 이주하고, 가능하다면 인도도 빼앗을 계획임을 측근에게 말했다(기타지마 만지, 김유성·이민웅 옮김, 2008, 55-57; 中野等, 2008, 53-54).

28 「高麗國八州之石納覺之事」(1592/5/13), 北島万次, 2017(1), 307-308. 해당 공문서는 다카미 다루우에몬노죠(田上六右衛門尉) 등 3인의 명의로 개성에서 작성되었다. 3인이 구체적으로 누구인지는 알 수 없으나, 시점으로 보아서는 히데요시가 별도로 지시한 것은 아니며, 왜군과 함께 온 그의 대리인들로 보인다.

29 김강식, 2001, 208-209.

30 핵심은 그와 이시다 미쓰나리(石田三成)와 마시다 나가모리(增田長盛) 등 소위 삼봉행으로 호칭되는 인물들이었다. 그 외에는 하세가와 히데카즈(長谷川秀一), 마에노 나가야스(前野長康), 기무라 시게코레(木村重玆), 가토 미쓰야스(加藤光泰)로 이들은 각기 수천 명의 군사를 거느렸다. 이들은 일단 서울까지 올라왔다가 다시 부산으로 내려가 그해 10월 진주성 공격을 주도했다.

31 관련 문서들은 北島万次, 2017(1), 385-391.

32 中野等, 2008, 79-80.

33 『寄齋史草』下, 「壬辰日錄」一, 1592/5/11-16; 『懲毖錄』卷一, 二十四-二十五; 이형석, 1976, 301-305.

34 『西征日記』, 1592/5/14-15.

35 『西征日記』, 1592/5/15.

36 『西征日記』, 1592/5/16.

37 『西征日記』, 1592/5/16-17.

38 『宣祖實錄』, 1592/7/1 ⑥. 해당 편지가 어떻게 조선 측에 전달되었는지 확인되지 않는다. 다만 이 편지는 예조판서 윤근수가 7월 초 명의 관리 황응양 등에게 보여주었다. 황응양 등은 조선과 일본의 담합 여부를 확인하고자 왔었고, 윤근수는 이 편지로 조선의 무고함을 증명하고자 했다. 편지의 날짜는 6월 11일로 되어 있으나, 그 내용상 왜군이 한강과 임진강이 만나는 교하에서 조선의 군대를 물리친 시점, 즉 아직 임진강을 건너지 않은 시점으로 보아서 날짜가 5월 하순

이전으로 생각된다.

39 『宣祖實錄』, 1592/7/1 ⑥. 마찬가지로 해당 편지가 조선에 전달된 경로는 알 수 없다. 그것은 앞서 언급한 것처럼 윤두수가 황응양 등 명 관리들에게 내놓은 또 다른 편지였다.

40 3도 감사 명의의 치계(『宣祖實錄』, 1592/6/21 ②). 한편 충청감사 윤국형(尹國馨)은 1만 8천여 명으로 회고하고 있다. 즉 충청도 군사는 겨우 8천 명, 전라감사 이광은 1만 명, 그리고 경상감사 김수는 군대는 없고 휘하 병사만 1백 명에 불과했다(『大東野乘』, 「聞韶漫錄」, 11/24). 군사를 모으러 전라도에 가던 중 용인에서 3도 군사를 본 호성감(湖城監) 이주(李柱)가 국왕에게 보고하기로는 8만 명이었다(『宣祖實錄』, 1592/8/26 ①).

41 中野等, 2008, 60-61.

42 『大東野乘』, 「聞韶漫錄」; 『亂中雜錄』 一, 1592/4/29-6/6; 『朝野僉載』 卷二十七, P54-P59.

43 「權元帥幸州碑」, 『簡易集』 卷一, 七四七.

44 『宣祖實錄』, 1592/6/8 ②.

45 유성룡에 의하면, 서신의 명의는 시게노부와 겐소였다(『懲毖錄』 卷一, 三十一).

46 『宣祖實錄』, 1592/6/9 ②.

47 『再造藩邦志』 一, 二十三; 『燃藜室記述』 卷十五, 「宣祖朝古事本末: 壬辰倭亂大駕西狩」, 1592/6/9.

48 『선조실록』의 편찬자에 의하면, 기자헌의 문제 제기는 과거 통신사 파견 등 일본과 교섭을 주도했던 유성룡에 대한 비판적 여론을 반영했다. 그에 대해서 유성룡은 "(일본이) 신의가 있다면 어찌 믿을 수 없겠는가?"라는 반응이었다(『宣祖實錄』, 1592/6/10 ①).

49 『再造藩邦志』 一, 二三.

50 유성룡은 곧 조선에 들어오게 될 명 장수의 접대를 이유로 다음 날 평양을 떠나 북상했다. 국왕의 사전 허락이 없었던 관계로 그에 대해 자세히 해명했다(『宣祖實錄』, 1592/6/11 ⑧; 「馳啓賊兵形止及請抄拔軍卒馳救平壤狀」(1592/6/13), 『懲毖錄』 卷六, 一-二, 날짜는 『국역 진사록』 I, 5; 「馳啓見唐人問答緣由因奔問起居狀」(1592/6/13), 『懲毖錄』 卷六, 二-四).

51 『宣祖實錄』, 1592/6/18 ⑥; 1592/6/26 ②; 『懲毖錄』 卷一, 三十四-三十五.

52 『征韓偉略』 卷二, 五; 『日本外史』 卷十六, 六.

53 루이스 프로이스 저, 정성화·양윤선 역, 2008, 91.

54 그는 7월 23일 모친의 위급한 상황을 이유로 나고야에서 오사카로 돌아갔다. 그 결과 그의 조선 진출 약속은 사실상 폐기되었다(中野等, 2008, 84-86).

55 「與朝鮮國王李崧書」(1592/8/1), 『四夷廣記』(中), 一七七-一七九. 조선 측에서 해당 편지는 확인되지 않는다.

56 『朝鮮日記』, 3/11.

57 『宣祖修正實錄』, 1592/7 ⑯; 中野等, 2008, 66-67.

58 中野等, 2008, 60-63.

59 『宣祖實錄』, 1592/4/29 ①, ④; 1592/4/30 ②. 황정욱 일행은 왜적이 경주를 거쳐 해안을 따라 올라온다는 소문을 듣고 방향을 바꿔 함경도로 향하여 임해군 일행과 합류했다(「行狀」, 『芝川集』 附錄上, 十三-十四).

60 『宣祖修正實錄』, 1592/4/14 ⑬; 『再造藩邦志』 一, 一五.

61 「壬辰避兵錄」, 『月沙集』 別集 卷一, 一.

62 「壬辰避兵錄」, 『月沙集』 別集 卷一, 二.

63 이항복은 그러한 의견을 전에도 제기한 적이 있었다. 4월 29일 저녁 신립의 패배 소식이 전해지자 재상들이 급히 소집되었는데, 여기서 피난의 목적지에 대한 논의가 있었다. 이산해가 잠시 평양으로 피하자는 의견을 제시한 가운데, 이항복은 한발 더 나아가 "지금의 형세는 서쪽으로 명을 향해 가서 나라의 회복을 도모하는 것뿐이다."고 말했다(『再造藩邦志』 一, 一五). 그렇지만 유성룡은 약간 다르게 전하고 있는데, 이산해가 "평양에 잠시 행차하여 명에 군사를 요청해 나라를 회복해야 한다."고 했다는 것이다(『懲毖錄』 卷一, 十九).

64 『宣祖實錄』, 1592/5/1 ①; 『宣祖修正實錄』, 1592/5 ①.

65 이항복의 회고에 의하면, 당시로서는 민심의 이반 여부는 아직 확실치 않았으나, 영변에서 분조와 함께 선조가 의주로 향하자 평안도 민심이 수습할 수 없게 됨으로써 유성룡의 예상이 증명되었다(「西厓遺事」, 『白沙集』 卷四下, 二十五).

66 『宣祖修正實錄』, 1592/5 ①. 『재조번방지』의 편자 신경(申炅, 1613-1653)은 이항복이 오로지 국왕에 대한 충성 때문에 내부를 주장했다고 보지는 않는다. 그는 단지 "왜적의 기세가 거세 막을 수 없어서 반드시 명에 호소해야 일을 해결할 수 있다."고 생각했다는 것이다(『再造藩邦志』 一, 十七).

67 『宣祖實錄』, 1592/5/2 ③; 『再造藩邦志』 一, 十八.

68 『宣祖實錄』, 1592/5/4 ②.

69 『宣祖修正實錄』, 1592/5 ⑱. 당시 요동은 명의 군사적 지방행정단위인 진(鎭)으로 편성되었다.

70 『宣祖實錄』, 1592/5/12 ③.

71 『寄齋史草』 下, 「壬辰日錄」 二, 1592/5/19.

72 『寄齋史草』 下, 「壬辰日錄」 二, 1592/6/1.

73 『寄齋史草』 下, 「壬辰日錄」 二, 1592/6/1; 「議政府領議政具兼職海原府院君尹公神道碑銘」, 『簡易集』 卷九, 十.

74 유성룡은 한 달 전 실권했으나 6월 1일 풍원부원군(豐原府院君)으로 다시 복귀했다(「避難行錄上」, 『藥圃文集』 卷四, 十三).

75 『宣祖實錄』, 1592/6/2 ④; 『寄齋史草』下, 「壬辰日錄」二, 1592/6/2; 「議政府領議政具兼職海原府院君尹公神道碑銘」, 『簡易集』 卷九, 十.

76 『宣祖實錄』, 1592/6/2 ④.

77 『寄齋史草』 下, 「壬辰日錄」 二, 1592/6/2. 임란 당시 문장가로서 외교문서를 많이 작성했던 최립은 윤두수의 묘비명을 지으면서, 무엇보다도 그의 강력한 주장으로 선조의 함흥행이 포기되었다고 썼다. 최립은 함경도로 갔던 두 왕자와 수행 배신들이 왜적에게 붙잡힌 것과 비교하면서 윤두수의 통찰력을 높게 평가했다(「尹公神道碑銘」, 『梧陰遺稿』 附錄, 九-十).

78 「避難行錄」 上, 『藥圃文集』 卷四, 十四.

79 『宣祖實錄』, 1592/6/11 ⑧.

80 『宣祖修正實錄』, 1592/6 ⑬.

81 『宣祖實錄』, 1592/6/11 ①, ③. 『선묘중흥지』에 의하면, 평양을 떠나기 직전 이미 의주로 그 목적지가 결정되었다. 그 전까지만 하더라도 함경북도를 향하기로 했으나, 유성룡이 서쪽, 즉 의주 방향으로 향할 것을 주장했다. 그 이유는 이미 조선이 요청하기로 한 명군과 함께 협력하여 나라를 회복하기 위해서였다(『宣廟中興誌』 卷二, 六). 『선조실록』에 의하면, 유성룡은 며칠만 버티면 명군이 도착하여 왜적을 물리칠 것으로 기대했다(『宣祖實錄』, 1592/6/11 ⑧). 유성룡은 내부 반대론자들의 입장과 이항복 등 내부 찬성론자들의 입장을 절충한 셈이었다.

82 『宣祖實錄』, 1592/6/13 ⑤, ⑦; 『再造藩邦志』 一, 二四.

83 『宣祖實錄』, 1592/6/13 ⑦.

84 『宣祖實錄』, 1592/6/13 ⑦. 그런데 그 전에도 선조와 세자가 각기 다른 곳에 머무는 방안이 논의되었다. 이를테면 6월 2일 대사간 정곤수(鄭崐壽)의 제안에 대해서 선조가 곧장 동의하면서 세자가 강계에 머무는 방안에 대해서 대신들에게 물어보도록 명했다(『宣祖實錄』, 1952/6/2 ④). 그리고 6월 13일 비변사 당상들

과 회의 직전 선조는 "세자는 이곳〔영변〕에 머물고 (나는 요동으로) 가는 것이 어떤가?"고 물었다. 다만 정철(鄭澈)이 세자도 이곳에서는 위험할 것임을 상기하자 선조는 더 이상 반론을 제기하지 않았다(『宣祖實錄』, 1592/6/13 ⑦).

85 『寄齋史草』 下, 「壬辰日錄」 二, 1592/6/13.

86 『再造藩邦志』 一, 二四.

87 『宣祖實錄』, 1592/6/14 ⑤.

88 6월 14일 국왕과 헤어져 강계로 가던 세자 일행은 도중에 함경도에도 왜군이 올라온다는 소식을 듣고 남쪽으로 방향을 바꿔, 황해도 곡산(谷山)을 거쳐 강원도 이천(伊川)까지 내려가게 되었다(7월 9일). 일행은 7월 28일 다시 북상하여 8월 이후 평안남도 성천(成川)에 머물고, 11월 숙천(肅川)과 용강(龍岡), 이듬해 1월 초 영변 등을 거쳐, 평양수복 이후인 1월 20일 정주(定州)에서 선조와 다시 합류했다. 이들은 국왕에게 장계(狀啓)를 올려 평양에 주둔 중인 적의 상황에 대해 계속 보고했고, 가까운 지방의 책임자들의 임면, 그리고 정책 건의 등 나름의 역할을 수행했다. 그렇지만 대부분의 기간 동안 관교〔官敎, 관직을 제수하는 교서〕와 인장이 주어지지 않아 정책을 수행하는 데 제약을 받았다. 더욱이 소속 군사가 없는 것은 물론 논공행상의 권한도 없어서 왜군에 대한 실질적인 공략은 생각하기 어려웠다. 당시 왜군과 전투가 치열했던 남부지방과 관련해서도 그곳에서 국왕에게로 가는 보고서들을 중간에 열어보는 정도에 그쳤다. 세자 일행의 일정과 활동은 거기에 참여했던 정탁이 「피난행록(避難行錄)」에서 일기 형태로 기록했다(『藥圃文集』 卷四, 十-卷五, 三十七).

89 『宣祖實錄』, 1592/6/14 ④; 1592/6/13 ⑦.

90 사실 6월 중순 선조의 북상이 계속되는 가운데 정철·유성룡 등 일각에서는 양위를 통해 태자의 위상을 확실하게 해야 한다는 생각도 없지 않았지만, 선조 앞에 나가서는 감히 직접 제기하지 못했다(『宣祖實錄』, 1592/6/18 ③; 『寄齋史草』 下, 「壬辰日錄」 二, 1592/6/17). 그 며칠 전인 6월 13일에 선조 스스로 내선(內禪) 즉, 왕위의 양위를 지시했으나(『宣祖實錄』, 1592/6/13 ⑧) 대신들의 반대에 부딪혔다. 그렇지만 다음 날 최흥원과 선조의 대화에서 나타난 것처럼 여론은 내선을 지지했고, 다만 대신들은 사체(事體) 즉, 사리와 체면 때문에 그 지시를 따르지 않았다. 최흥원은 "어제 밤 내선의 하교(下敎)에 대해서 여론은 모두 당연하게 여깁니다만, 대신들이 (하교를) 따르지 않아 사람들은 모두 신 등에게 허물을 돌립니다. 신 등은 사체가 매우 어렵기에 감히 따르지 않았던 것입니다."라고 하면서 "신 등이 내선의 일을 따르지 않은 것을 3사가 옳지

않게 여깁니다."고 덧붙이고 있다. 최홍원은 간접적인 방식으로 내선을 지지한 셈이었다. 다만 선조가 그 의미를 따져 묻자, 승지 이괵(李碅)이 3사의 비판은 세자의 권감국사(權監國事), 즉 임시로 국사를 감독하는 방안을 대신들이 요청하지 않았기 때문이라고 약간 어감을 낮춰서 부연했다(『宣祖實錄』, 1592/6/14 ②). 그 후에도 선조는 양위하겠다는 뜻을 수시로 밝혔지만 그의 진정성에 관한 논란이 없지 않다. 한편 『조야첨재』는 윤근수의 회고를 인용하여 이미 1592년 5월 중순 이덕형이 용인에서 평양에 도착하여 이항복과 윤두수에게 선조의 양위와 관련된 주장을 비밀리에 꺼냈다고 한다. 즉, 당 시기 안녹산의 난에 수도가 함락되자 현종(玄宗)이 촉(蜀)으로 도피하고, 태자 숙종(肅宗)이 영무(靈武)에서 황제로 즉위하여 난리를 평정한 역사적 사례를 조선도 따라야 한다고 주장했다는 것이다(『朝野僉載』 卷二十七, P48).

91 『再造藩邦志』 一, 二四. 중전을 모시고 가던 우의정 유홍(俞泓)은 중전의 회환 명령과 함께 되돌아왔으나, 세자의 수행을 자청하여 6월 18일 세자 일행에 합류했다(鄭琢, 「避難行錄上」, 『藥圃文集』 卷四, 十五). 당시 좌의정 윤두수는 평양 방어의 일을 담당하고 있었고, 이덕형은 청원사로서 요동을 향하고 있었다. 다만 유성룡은 원래 윤두수 등과 함께 평양을 방어하게 했으나, 명군의 접대를 위해서 북상하여 15일 박천에서 선조를 다시 만났다. 그 결과 국왕 일행은 원임대신 정철, 유성룡, 병조판서 이항복 등이 주축이 되었다.

92 『宣祖實錄』, 1952/6/16 ①.

93 『宣祖實錄』, 1592/6/17 ②.

94 이덕형이 요동도사에게 자문을 직접 전달했는지는 알 수 없다. 한편 당시 사헌부 지평(持平)이었던 신흠(申欽)은 나중에 내부에 관해 언급했는데, 선조가 (정주가 아닌) 의주에 도착하여 관전보(寬奠堡) 부총병 동양정(佟養正)에게 자문하여 내부 의사를 밝혔다고 한다(「本國被誣始末志」, 『象村集』 卷五十六, 七).

95 명 시기 요동에 대한 지배는 주로 군사적 측면에 국한된 특수한 형태를 띠었다. 그곳은 국경 관문인 산해관부터 압록강까지 약 1,500리 지역으로, 군정을 위해서 백성들은 소위 위소제(衛所制)로 편제되었다. 그들은 백호와 천호 단위의 소(所)에 편입되었고, 전 지역은 25개의 위(衛)로 조직되었다. 일반 지역이 민정·사법·군정을 위해 각각 승선포정사사(承宣布政使司), 제형안찰사사(提刑按察使司), 도지휘사사(都指揮使司) 등 소위 3사(三司)를 둔 것과 달리 요동에는 군정기관인 도지휘사사(都指揮使司, 요동도사遼東都司)만 두었다. 명 중기에는 다른 지역과 마찬가지로 요동에도 순무(巡撫)가 파견되었는데, 요동순무는

요동도사보다 더 큰 권한을 행사했다. 통상적인 군사행정을 담당하는 요동도사와 요동순무 이외에도 중앙정부는 넓은 지역의 군사작전을 위해서 총독(總督)을 두었다. 요동순무는 순천(順天)순무, 보정(保定)순무와 함께 계요총독(薊遼總督)의 지휘하에 있었다. 요동도사·요동순무·계요총독의 치소는 각각 요양·광녕(廣寧)·밀운(密雲)이었다. 그 외에 관리들에 대한 감찰을 위해서 순안어사(巡按御史) 1명이 요동에 파견되었다. 군사업무를 위해 총병(總兵)과 부총병(副總兵) 등이 주둔했는데, 요동에는 총병이 광녕에, 부총병이 요양에 각각 위치했다. 군사계급으로 본다면, 총병-부총병-참장(參將)-유격(遊擊)-수비(守備)-파총(把總)의 순이었다. 이를테면 관전보의 군사책임자 동양정(佟養正)은 1592년 2월 참장으로서 그곳에 배치되었고, 나중에 요동부총병으로 승진했다. 임진왜란 초기 계요총독은 건달(蹇達), 요동순무는 학걸(郝杰), 요동도사는 장삼외(張三畏), 요동순안어사는 이시자(李時孳), 요동총병은 양소훈(楊紹勳), 부총병은 조승훈(祖承訓)이었다.

96 「遼東巡撫御使郝爲朝鮮勢急請兵兼乞內附乞賜酌議以柔遠臣事」, 『全浙兵制考』 卷二, 85-86.

97 「壬辰龍灣啓辭」, 『梧陰遺稿』 三, 三十七.

98 『宣祖實錄』, 1592/6/24 ①; 「壬辰龍灣啓辭」, 『梧陰遺稿』 三, 三十七.

99 『宣祖實錄』, 1592/6/26 ④.

100 『宣祖實錄』, 1592/6/27 ②.

101 『宣祖實錄』, 1592/6/26 ⑦. 그것은 단지 소문이 아니라 구체적인 계획이었다. 윤근수는 동양정을 만나러 압록강변에 갔다가 도중에 그에게서 직접 그 계획을 들었다. 동양정은 "(선조 일행에게) 매일 은 4냥어치의 채소, 돼지와 양 각 1마리, 보리밥 등을 풍족하게 해주겠다."면서 아울러 "수행인원은 모두 1백 명, 부인 20명만 따라오는 것을 허락한다."고 통보했다(『寄齋史草』 下, 「壬辰日錄」 三, 1592/8).

102 관전보는 일국의 왕을 안치하기에는 부적절해 보인다. 임란 수년 전 요동순무 고양겸(1585-1587년 재임)의 한 보고에 의하면, 그곳 본영에 군사 1천 5백69명이 주둔했다(「全鎭圖說」, 『冲菴顧先生撫遼奏議』 卷六). 이후 왜적과의 강화로 1593년 9월 왜사 소서비(小西飛) 등 30명을 요동에 억류하기로 했을 때에도 관전보가 고려되었다. 그렇지만 경략 송응창은 그곳이 편벽된 곳이라서 지키기는 쉽지만 일상적 생필품을 공급하기 어렵다는 이유에서 다른 곳을 찾아보게 했다(「檄李提督劉員外」(1593/9/1), 『經略復國要編』 卷十一, 一).

103 『宣祖實錄』, 1592/7/3 ⑤.

104 「兵部一本緊急倭情事」, 『經略復國要編』 附, 十二-十三; 「遼東巡撫御使郝爲朝鮮勢急請兵兼乞內附乞賜酌議以柔遠臣事」, 『全浙兵制考』 卷二, 92-93; 『神宗實錄』, 1592/7/2 ④.

105 『宣祖實錄』, 1592/7/4 ⑬.

106 『神宗實錄』, 1592/7/2 ④; 『宣祖實錄』, 1592/7/11 ⑤.

107 『宣祖實錄』, 1592/6/17 ④; 1592/6/20 ②.

108 「本國被誣始末志」, 『象村集』 卷五十六, 八.

109 『神宗實錄』, 1592/7/16 ⑦.

110 『宣祖實錄』, 1592/8/2 ①.

111 『宣祖實錄』, 1592/7/3 ⑥; 『再造藩邦志』 二, 二六.

112 『宣祖實錄』, 1592/7/24 ④; 『宣祖修正實錄』, 1592/8 ⑦; 『亂中雜錄』 二, 1592/8.

113 『宣祖實錄』, 1592/8/2 ①.

114 「呈兵部尙書石星文」(1592/9/28), 『栢谷集』 卷二, 二十八-三十.

115 『神宗實錄』, 1592/5/10 ②.

116 『宣祖實錄』, 1592/5/3 ⑪. 시간상으로 조선의 5월 3일 결정이 7일 뒤 황제에 대한 보고로 이어진 셈인데, 임란 당시 명군 내에서는 평안도에서 북경까지 6-7일이면 보고가 가능했다(『宣祖實錄』, 1593/6/8 ②).

117 물에 띄워서 그물이나 낚시 등 어구를 위쪽으로 지탱하는 도구.

118 부산진(釜山鎭)의 오기.

119 『萬曆邸鈔』, 1592/5.

120 전쟁시 말을 연이어 달려 급히 소식을 전달하는 방식.

121 「部垣臺諫條議疏略」, 『經略復國要編』 附, 四.

122 김영진, 2018, 133-136.

123 이항복의 주장도 의리나 사대에 기반을 둔 것은 아니었다. 그는 명에 대한 군사 요청을 제갈공명의 책략에 비유했다. 즉, "선주〔유비劉備〕가 몸을 의탁하여 무위(武威)를 발휘할 곳이 없음을 보고 손씨〔손권孫權〕에게 구원을 요청하여 마침내 적벽(赤壁)의 대첩을 이루었다."는 것이었다(『宣祖修正實錄』, 1592/5 ㉑).

124 『白沙集』, 別集 卷四, 十-十一.

125 『宣祖修正實錄』, 1592/5 ㉑.

126 『寄齋史草』 下, 「壬辰日錄」 一, 1592/5/19.

127 명군에 대한 우려는 일반에서도 공유되었다. 한 달 뒤 조승훈의 군대가 최초로 조선에 들어왔는데, 기율이 엄격하지 못해 민가에 해를 끼치고 있다는 보고가 있었다. 6월 22일 선조가 의주에 도착했을 때에도 사람들은 명군이 들어와 약탈한다는 말을 듣고 모두 피해버려 '적막한 빈 성'과 같았다고 한다(『宣祖實錄』, 1592/6/20 ④; 1592/6/22 ①).

128 유몽정 일행은 5월 29일 평양을 출발했는데(『寄齋史草』 下, 「壬辰日錄」 二, 1592/5/29), 북경에 도착한 날짜는 알 수 없으나 서두른다 해도 6월 말 이후일 것이며, 이때는 소수의 요동 군대가 이미 압록강을 건넌 뒤였다. 『신종실록』은 8월 15일 그들을 위한 송별연의 개최를 언급하고 있다(『神宗實錄』, 1592/8/15 ③). 그는 돌아와서 9월 13일 서장(書狀)으로 조정에 보고했다(『宣祖實錄』, 1592/9/14 ②).

129 『宣祖實錄』, 1592/5/12 ③.

130 「征虜前將軍……僉事楊紹勳爲倭情事」, 『全浙兵制考』 卷二, 79-80.

131 『寄齋史草』 下, 「壬辰日錄」 二, 1592/5/29. 얼마 뒤 정탐을 위해 들어온 명의 한 관리도 유성룡에게 비슷한 불평을 제기했다. 그 관리는 6월 13일 숙천에서 그를 만나 "의주의 절제사[황진]가 여러 가지로 (명의) 정탐하는 사람들을 막기에 우리의 지방관이 매우 잘못으로 여기고 있다."면서 분개했고, 그 때문에 명의 군사지원이 지체되고 있다고 했다. 유성룡은 이 사실을 선조에게 보고했다(「馳啓見唐人問答緣由因奔問起居狀」(1592/6/13), 『懲毖錄』 卷六, 二-四).

132 朱均旺, 앞서 허의후의 보고서를 직접 명에 전달한 인물.

133 「部垣臺諫條議疏略」, 『經略復國要編』 附, 五.

134 『神宗實錄』, 1592/5/10 ②; 『萬曆邸鈔』, 1592/5.

135 성급 정부인 포정사(布政司)가 주로 토지세의 징수를 위해 지방에 파견하는 파출기구인 분수도(分守道)의 책임자.

136 「征虜前將軍……僉事楊紹勳爲倭情事」, 『全浙兵制考』 卷二, 82.

137 「部垣臺諫條議疏略」, 『經略復國要編』 附, 四-七.

138 『宣祖實錄』, 1592/7/26 ④.

139 무기와 관련해서는 진주사 정곤수가 10월 말 귀국할 때, 황제는 은 3천 냥을 주어 활과 화약을 사가도록 허용했다(『宣祖修正實錄』, 1592/11 ②). 그때에는 이미 송응창이 경략으로서 조선원정 준비에 본격적으로 착수하던 때였다.

140 「雜記」, 『西厓文集』 卷十六, 三十六-三十七; 『再造藩邦志』 二, 三六.

141 『宣祖實錄』, 1592/5/29 ⑧.

142 『宣祖實錄』, 1592/6/5 ②.

143 『宣祖實錄』, 1592/6/11 ⑧. 명의 관리들은 왜적의 상황에 대한 정탐에 매우 적극적이었다. 이를테면 당시 숙천 부근에 있던 유성룡에 의하면, 12일 밤에 명나라 사람 8명이 평양에서 숙천으로 말을 달려왔고, 이들은 평양의 지형과 왜적의 진형에 대한 그림도 소지했다. 아울러 그날 저녁 임세록도 15명을 이끌고 평양에서 안주에 이르렀는데, 평양에 다시 정탐꾼을 보낼 계획이라고 유성룡에게 말했다(「馳啓見唐人問答緣由因奔問起居狀」(1592/6/13), 『懲毖錄』 卷六, 二-四).

144 『神宗實錄』, 1592/6/2 ②.

145 「遼東巡撫御使郝爲朝鮮勢急請兵兼乞內附乞賜酌議以柔遠臣事」, 『全浙兵制考』 卷二, 90.

146 은 2만 냥은 소규모 군대를 이끌고 조선에 들어온 참장 곽몽징(郭夢徵)에 의해 6월 하순 선조에게 전달되었고, 대홍서사는 사은사로 갔던 신점이 돌아오면서 7월 말 전달되었다(『宣祖實錄』, 1592/6/24 ②; 1592/7/23 ③).

147 『宣祖實錄』, 1592/6/26 ⑧.

148 6월 21일 명 병부의 보고에도 "지난번 정예병 2개 부대를 (압록)강 연안에 보내서 조선을 응원하게 했는데, 이것은 그 나라(조선)가 요청하기 전이었다."고 명시하고 있다(『神宗實錄』, 1592/6/21 ④).

149 최효식, 1999, 261.

150 『宣祖實錄』, 1592/6/16 ③.

151 『宣祖實錄』, 1592/6/14 ⑦, ⑨.

152 『宣祖實錄』, 1592/6/11 ⑦.

153 『神宗實錄』, 1592/6/21 ④.

154 요동순무가 황제의 승인이 내려오기 전에 군대를 압록강 이남으로 이동시킨 것은 나중에 병부가 조선에 보낸 자문에서도 확인된다. 여기에 의하면, 학걸이 편의대로 군사를 이동시킨 것은 이덕형이 매우 절박하게 군사지원을 요청했고, 또한 조선국왕의 죽음을 좌시할 수 없었기 때문이다(「年譜」 上, 『漢陰文稿』 附錄 卷一, 十四-十五). 시간상으로 명 조정에 대한 학걸의 보고는 이덕형이 요동에 청병 자문을 제출하기 전에 이루어졌다. 어쨌든 황제는 "군대를 오래전에 보냈는데 어찌 지체를 용납하겠는가?"라고 하면서, 앞으로는 보고에 구애되지 말고 상황에 따라 스스로 대처하도록 명했다(『神宗實錄』, 1592/6/21 ④).

155 『懲毖錄』 卷一, 三十.

156 유성룡은 6월 13일자 치계에서 파발꾼과 명나라 관리들의 말에 근거하여 그 시점에서 명군이 이미 조선에 진입했을 것으로 예상했다(「馳啓賊兵形止及請抄抜軍卒馳救平壤狀」(1592/6/13), 『懲毖錄』 卷六, 一-二, 날짜는 『국역 진사록』 I, 5; 「馳啓見唐人問答緣由因奔問起居狀」(1592/6/13), 『懲毖錄』 卷六, 二-四).

157 『宣祖實錄』, 1592/6/17 ④.

158 『宣祖實錄』, 1592/6/18 ⑦.

159 『宣祖實錄』, 1592/6/17 ④; 1592/6/20 ②.

160 『宣祖實錄』, 1592/6/18 ④; 『宣祖修正實錄』, 1592/6 ㉔.

161 「遼東巡撫御使郝爲朝鮮勢急請兵兼乞內附乞賜酌議以柔遠臣事」, 『全浙兵制考』 卷二, 88-89; 『宣祖實錄』, 1592/7/3 ⑤. 게다가 6월 18일 명 장수들과의 만남에서 지휘권을 둘러싼 양측의 논쟁까지 있었다. 선조가 명 장수의 지휘를 받겠다고 하자 신하들이 양국 군대의 협력을 강조했고, 이에 곽몽징이 '무례하다'고 화를 냈던 것이다. 물론 그것이 명군이 북상한 원인은 아니었다. 당일 접견시 사유 등이 언급한 것처럼 명 장수들은 이미 함락된 평양을 소규모 군대로 구할 수 없다고 판단했다. 그 외에도 조선은 명군을 위해 충분한 식량을 마련하지 못하고 있었다(『宣祖實錄』, 1592/6/16 ①; 1592/6/20 ②).

162 『征蠻錄』, 1592/7/13. 이 문건은 전북 장수(長水)의 산중에 피난해 있던 오희문(吳希文)의 일기인 『쇄미록』에도 등재되어 있다. 다만 오희문은 명군이 압록강을 건너 서울을 수복할 것을 기대하며 기쁨을 나타내면서도, 당시 전라도에 들어온 적의 기세가 한창이라서 소탕할 날이 멀어 보인다고 덧붙이고 있다(『瑣尾錄』, 1592/7/12).

163 유성룡은 6월의 한 보고서에서 명이 조선을 의심하는 일곱 가지 요인을 들었는데, 첫째 왜적의 변고에 대한 통보가 지체된 것, 둘째 일찍 청병하지 않은 것, 셋째 명의 정탐꾼을 접대하지 않고 길에서 굶주리게 한 것, 넷째 청병하고서도 군량이 부족하다고 말하는 것, 다섯째 명나라 사람이 향도할 조선 사람을 요청하여도 누구도 나서지 않는 것, 여섯째 임금의 수레를 호위하는 군사가 전혀 없어 평소처럼 평안하게 보이는 것, 일곱째 비상시처럼 신하들이 분발하지 않고 일에 태만한 것 등이었다(「論遼東咨兼陳事宜箚」(1592/6), 『西厓文集』 卷五, 一-二).

164 사은사 신점은 돌아오는 길에 산해관 주사(主事)로부터 직접 다음과 같은 내용을 들었다. 즉, 조선이 요청하는 군사의 수가 매우 적고 또 명의 군사가 정탐하려고 하면 방해한다면서, 조선이 걱정하는 식량조달과 군대의 규율 문제에 대

해서 이해는 가지만, 식량은 명에서 조달하고 규율은 엄격하게 하면 되기 때문에 군사 요청 지연의 확실한 이유가 되지 못한다는 것이다(『宣祖實錄』, 1592/7/26 ④).

165 『宣祖實錄』, 1592/6/18 ⑤.

166 『宣祖實錄』, 1592/6/18 ⑤; 『宣祖修正實錄』, 1592/6 ㉕; 『寄齋史草』 下, 「壬辰日錄」 二, 1592/6/18.

167 『宣祖實錄』, 1592/7/1 ⑥, ⑧, ⑩. 그런데 『선조실록』은 같은 날 다른 기사에서 대동강변에서 왜적이 보낸 편지와 이항복이 도승지로서 피난 때 서울에서 가져온 '왜적이 영남에서 보낸 편지'로 황응양 등이 의심을 풀었다는 윤근수의 보고를 기록하고 있다(『宣祖實錄』, 1592/7/1 ⑪). 한편 『선조수정실록』은 - 마찬가지로 이항복이 서울에서 가져온 - '신묘년(1591년) (조선)통신사 일행이 가져온 왜의 서신'을 통해 의심이 해소되었다고 한다(『宣祖修正實錄』, 1592/6 ㉞). 그렇지만 『선조실록』에 수록된 편지의 내용으로 보아 하나는 왜군이 임진강변에 도착하기 직전, 다른 하나는 개성 함락 직후에 작성되었다(『宣祖實錄』, 1592/7/1 ⑥). 해당 편지들의 내용에 대해서는 제2장 1절 참조.

168 『宣祖實錄』, 1592/7/2 ③.

169 『寄齋史草』 下, 「壬辰日錄」 四, 1592/9.

170 『宣祖實錄』, 1592/7/1 ⑧.

171 『宣祖實錄』, 1593/1/5 ②.

172 물론 조선향도설이 완전히 해소되었는지는 의문이다. 이듬해 벽제관전투 직후 명군이 남진을 지체하자 우부승지 심우승(沈友勝)이 2월 10일 봉황성에서 송응창을 만났다. 그에게 송응창은 향도설을 다시 제기했다. 즉 "서울이 매우 험하다고 들었는데, 당초에 국왕이 왜 (서울에서) 갑자기 (피난) 나왔는가? 귀국의 사람이 왜적을 유인해왔음이 틀림없다."는 것이다. 심우승은 조선이 오랫동안 전쟁을 모르다가 갑자기 큰 적을 만남으로써 대적하지 못하고 국왕이 잠시 피난 나온 것이라고 해명했다(『宣祖實錄, 1593/2/15 ①).

173 『宣祖修正實錄』, 1592/6 ⑯. 조선이 이전에 요동에 청병한 일이 이덕형의 파견 이전에도 있었을까? 『선조수정실록』은 5월 기사에서 이항복의 지지와 나중에 도착한 이덕형의 동조에 의해 요동에 대한 군사 요청을 결정했는데, 그때가 구원을 요청한 시초라고 쓰고 있다(『宣祖修正實錄, 1592/5 ㉑). 그리고 이덕형을 통해 요양의 요동도사에 제출된 국왕의 자문에서도 6월 초에 몇 차례 이미 서면으로 군사를 요청했던 사실이 명시되었다. 또한 이덕형이 당시 1만 명 군사

를 요청했을 때, 명의 지휘관들은 조선이 전에 2천 명을 요청했던 사실을 상기시켰다. 그 외에도 『신종실록』은 6월 21일 기사에서 "(요동)순무 학걸이 조선이 매우 급히 군사를 요청했다고 보고했다."고 쓰고 있다(『神宗實錄』, 1592/6/21 ④). 추측건대 이덕형의 파견 이전에 조선은 몇 차례 문서로 요동의 소규모 군사를 요청했던 것이다.

174 『宣祖實錄』, 1592/6/11 ①; 1592/6/12 ①.

175 『宣祖實錄』, 1592/6/11 ⑤.

176 그 이유에 대해서는 명의 군사를 조선에 들어오게 함으로써 선조의 내부을 저지하기 위해서였다는 해석이 있다(손종성, 1990, 180). 이 논리는 명에게도 해당될 수 있다. 명도 국왕의 내부를 막기 위해 파병을 고려하게 되었던 것이다.

177 『宣祖實錄』, 1592/6/11 ⑧.

178 각각의 날짜는 『寄齋史草』 下, 「壬辰日錄」 二, 1592/6/11; 『宣祖實錄』, 1592/6/27 ②; 「遼東巡撫御使郝爲朝鮮勢急請兵兼乞內附乞賜酌議以柔遠臣事」, 『全浙兵制考』 卷二, 85-86의 공문서 등에 의거함.

179 「遼東巡撫御使郝爲朝鮮勢急請兵兼乞內附乞賜酌議以柔遠臣事」, 『全浙兵制考』 卷二, 85-86.

180 이덕형은 청병하지 않았던 이유를 다음과 같이 해명했다. "소방의 생각으로 지금의 군사를 모두 모으면 왜적을 막을 수 있고, 우리 임금 또한 왜적 때문에 부모의 나라를 수고롭게 할까 미안하여, 본국의 군사로 죽기로 왜적을 막기로 하고 감히 명군을 요청하지 않았습니다."(「遼東巡撫御使郝爲朝鮮勢急請兵兼乞內附乞賜酌議以柔遠臣事」, 『全浙兵制考』 卷二, 86-87)

181 「遼東巡撫御使郝爲朝鮮勢急請兵兼乞內附乞賜酌議以柔遠臣事」, 『全浙兵制考』 卷二, 87-88.

182 「遼東巡撫御使郝爲朝鮮勢急請兵兼乞內附乞賜酌議以柔遠臣事」, 『全浙兵制考』 卷二, 92.

183 이덕형의 요동방문 목적은 원래 군사청원이었다. 그렇지만 그가 출발한 뒤 조정은 국왕의 내속을 요청하기로 결정하고, 그를 통해서 관련된 자문을 요동도사에게 제출하게 했다. 본장 2절 참조.

184 『宣祖實錄』, 1592/7/3 ⑤.

185 『宣祖實錄』, 1592/7/26 ④.

186 그에 의하면, 아산에서 배로 운반해온 세미를 포함하여 정주참(定州站)과 그 부근에는 쌀 2천 5백 석, 콩 2천 6백50석이 남아 있다. 이것은 일인당 하루

3승(升)으로 계산하여 군사 1만 명이 보름 또는 5천 명이 한 달 먹을 수 있는 양이다. 또한 평양에서 가까운 안주참(安州站)에도 그와 비슷한 양이 있다(「有旨祇受後査報見在數狀」(1592/8/2), 『국역 진사록』 1, 54-57).

187 8월 1일 조선의 군대가 독자적으로 평양의 왜군을 공격했다가 실패했다.

188 「急請天兵討賊狀」(1592/8/5), 『懲毖錄』 卷六, 二十-二十一.

189 『宣祖實錄』, 1592/7/30 ③.

190 해당 문제는 제3장 2절 참조.

191 『宣祖實錄』, 1592/8/3 ⑥.

192 찰원, 즉 도찰원(都察院)은 관리의 감찰기구로 책임자는 좌·우 도어사(都御史)였고, 지방에 파견되는 어사는 순안어사(巡按御史)라고 불렀다. 당시 요동순안어사는 이시자(李時孳)였다.

193 『宣祖實錄』, 1592/8/7 ⑤.

194 『宣祖實錄』, 1592/8/13 ④.

195 『宣祖實錄』, 1592/7/20 ⑦.

196 이형석, 1976, 1722.

197 『宣祖實錄』, 1592/8/10 ①.

198 『宣祖實錄』, 1592/8/14 ②.

199 『宣祖實錄』, 1592/8/12 ⑤.

200 명의 문헌에는 초기 왜군이 평양까지 점령한 상황에서 조선의 군사 요청이 매우 빈번했음이 강조된다. 이를테면 "청원하는 사신들이 길에 이어졌다."(「援朝鮮」, 『明史紀事本末』 卷二十六, 二)는 것이다. 그렇지만 그것은 요동의 장수들을 대상으로 하는 소규모 군사의 요청이었고, 북경에 대한 최초 지원 요청은 전쟁 발생 4개월 반이 지난 8월 하순 정곤수의 파견이었다. 제3장 2절 참조.

201 『宣祖實錄』, 1592/8/12 ④.

202 「議征倭疏」(1591〔2〕/7), 『萬曆疏鈔』 卷43, 一-五; 『神宗實錄』, 1592/7/26 ②.

203 『宣祖實錄』, 1592/6/28 ④.

204 『再造藩邦志』 二, 三二.

205 그 전부터 부침을 거듭하던 이순신은 정읍현감〔종6품〕에서 1591년 2월 진도군수〔종4품〕 등에 보임되었으나 곧바로 전라좌수사〔정3품〕로 승진했다. 그것은 함경북도에서 무관으로서 전공을 인정받은 결과였다. 사간원이 그의 짧은 경력을 이유로 반대했으나 선조가 임명을 강행했다(『宣祖實錄』, 1591/2/13

①; 1591/2/18 ①;『宣祖修正實錄』, 1591/2 ⑤). 이순신은 그 과정에서 여러 차례 유성룡의 추천을 받았다(『宣祖實錄』, 1597/1/27 ①, ③; 『懲毖錄』 卷一, 六-七).

206 「赴援慶尙道狀」(1592/4/30),『李忠武公全書』卷二, 五,『완역 임진장초』, 32.

207 내례포(內禮浦), 여수시 봉산동.

208 「因倭警待變狀」(1592/4/15, 16),『李忠武公全書』卷二, 一-三,『완역 임진장초』, 16-25;「赴援慶尙道狀」(1592/4/27),『李忠武公全書』卷二, 三-四,『완역 임진장초』, 26-30.

209 「赴援慶尙道狀」(1592/4/30, 5/4),『李忠武公全書』卷二, 三-九;『완역 임진장초』, 31-39.

210 『亂中日記』, 1592/5/3.

211 고기잡이 배.

212 조선 수군의 주력 전함은 판옥선으로, 그 규모가 왜선에 비해 크고 단단했다. 배의 밑바닥이 U자형으로 방향전환 등 기동력이 있었고, 각종 대포를 장착했으며, 선체가 높아 왜적이 올라와 싸우기 어려웠다. 그에 비한다면 왜선은 작고 약했다. 배의 밑바닥이 V자 형으로, 항해용의 배에 가까웠다. 왜군은 사실상 조총과 육박전에 의지한 육군이었고, 해전에 대한 경험이나 이해가 거의 없었다(국사편찬위원회 2002, 65-69; 조원래 2004). 그 외에도 조선의 수군은 자국의 조류나 지형을 이용할 수 있었고, 통합적인 지휘체제를 갖추고 있었다. 임진왜란을 일본에서 경험했던 선교사 프로이스는 다음과 같이 쓰고 있다. "조선의 병사들은 서로 단결하고 연합해 수많은 우수한 선박을 동원했다. 그들의 배는 견고하고 장대했으며, 화약과 탄약, 군수품이 대단히 잘 갖춰져 있었다…… 조선군은 일본군보다 해전에서 우수했다."(루이스 프로이스 저, 정성화·양윤선 역, 2008, 85)

213 「玉浦破倭狀」(1592/5/10),『李忠武公全書』卷二, 九-十四,『완역 임진장초』, 40-51;『宣祖實錄』, 1592/6/21 ④.

214 『宣祖實錄』, 1592/5/23 ⑤.

215 「唐浦破倭兵狀」(1592/6/14),『李忠武公全書』卷二, 十八-二十八,『완역 임진장초』, 52-68. 이순신은 부산의 왜적에 대한 공격 필요성을 인식하고 있었다. 그렇지만 그에 의하면, 연일 전투에 의한 피로와 식량의 부족, 부상자의 발생 등 문제가 있었다. 뿐만 아니라 양산강(梁山江), 즉 낙동강 어귀에 정박한 왜선들이 후방을 공격할 염려가 있었다. 낙동강은 폭이 좁고 왜선이 연이어 정박해

있어서 공략하기 곤란했다(「唐浦破倭兵狀」, 『李忠武公全書』 卷二, 二十八, 『완역 임진장초』, 67-68).

216 『宣祖實錄』, 1592/7/9 ③.

217 이 사실은 초유사 김성일의 조정에 대한 보고서에서 언급되고 있다. 특이한 것은 그는 왜선에 대한 전면적인 공격에 반대했다는 점이다. 그에 의하면, 왜적이 대부분 서울에 웅거하고 있는데, 만약 빈 배를 처부순다면 왜적에게 직접 피해를 입히지 못하고 단지 죽기를 각오하고 싸우려는 마음만 더 크게 하여 오랫동안 조선에 남아 백성들에게 해를 끼칠 수 있다는 것이다(『宣祖實錄』, 1592/6/28 ④).

218 「見乃梁破倭兵狀」(1592/7/15), 『李忠武公全書』 卷二, 三十三-三十七, 『완역 임진장초』, 75-80; 『宣祖實錄』, 1592/6/21 ④.

219 「見乃梁破倭兵狀」(1592/7/15), 『李忠武公全書』 卷二, 四十三-四十四, 『완역 임진장초』, 75-80.

220 「釜山破倭兵狀」1592/9/17), 『李忠武公全書』 卷二, 四十五-四十八; 『완역 임진장초』, 92-101.

221 『懲毖錄』 卷一, 四十三.

222 『征韓偉略』 卷二, 九.

223 中野等, 2008, 78-80. 또한 자신의 부재시 경쟁자 도쿠가와 이에야스(德川家康, 1543-1616)가 반란을 일으킬 수 있다는 의심도 히데요시의 조선 진출에 대한 중대한 장애물이었을 것이다.

224 中野等, 2008, 84.

225 김강식, 2001, 79-145; 조원래, 2001, 1-21.

226 『宣祖實錄』, 1592/5/15 ③.

227 『宣祖實錄』, 1592/5/23 ⑥.

228 『宣廟中興誌』 卷二, 三十七. 정철은 7월 말에 임명되었으나, 뒤늦게 9월에야 남하했다. 더욱이 그는 강화도와 충청도에 별다른 활약 없이 머물다가 이듬해 1월에 의주로 되돌아오고 말았다(『宣祖實錄』, 1592/8/1 ⑦; 「年譜」 下, 『宋江別集』 卷三, 五十一-五十三).

229 김성일은 왜적의 침략 직전인 4월 11일 경상우병사에 임명되어 임지인 창원을 향했다. 그때 왜적의 침략 소식이 전해지자 조정은 그가 통신사로 돌아와 왜적의 침략 가능성을 부인했던 것을 이유로 그를 잡아들이도록 했다. 돌아오는 중에, 유성룡 등의 의견에 따라, 그는 다시 초유사로서 군사 모집임무가 맡겨져 영남으

로 돌아갔다(「年譜」, 『鶴峯集』 附錄 卷一, 二十六-二十八).

230 노영구, 2007, 40-45.

231 「招諭一道士民文」(1592), 『鶴峯集』 卷三, 四十一.

232 권오상, 2002, 113-161.

233 이장희, 1984, 77-85.

234 中野等, 2008, 59-60.

235 이형석, 1976, 429-431; 『亂中雜錄』 一, 1592/5/26; 남명학연구원, 2014, 187-192.

236 이형석, 1976, 324-326; 『亂中雜錄』 一, 1592/6/6.

237 이형석, 1976, 364-365; 『亂中雜錄』 一, 1592/6/23.

238 『亂中雜錄』 一, 1592/6/6-23; 김강식, 2011, 244-249.

239 이형석, 1976, 408; 中野等, 2008, 60.

240 이형석, 1976, 402-408.

241 이형석, 1976, 455-456.

242 『寄齋史草』 下, 「壬辰日錄」 三, 1592/8. 조헌은 전라도관찰사 권율과 8월 18일자로 금산성을 협공할 것을 약속했다고 한다. 그렇지만 권율이 기일의 연기를 요청하는 답장을 보냈는데, 그는 그것을 받지 못하고 기일대로 공격을 감행했다(「神道碑銘」(金尙憲), 『重峰集』 附錄三, 二十八).

243 中野等, 2008, 83.

244 조원래, 2000, 104-106.

245 노영구, 2007, 44.

246 이형석, 1976, 410-412.

247 『亂中雜錄』 二, 1592/8-12.

248 이장희, 1984, 174 이하.

249 『宣祖實錄』, 1592/6/28 ④; 1592/6/29 ⑧, ⑨.

250 『宣祖實錄』, 1592/7/20 ③.

251 『栢巖集』 卷五, 八.

252 권오상, 2002, 114.

253 『宣祖修正實錄』, 1592/8 ⑩; 「啓」, 『白雲齋實紀』 卷二, 五-六; 「永川復城記」, 『白雲齋實紀』 卷二, 九-十八.

254 이형석, 1976, 479 이하; 『宣祖修正實錄』, 1592/9 ⑨.

255 권오상, 2002, 151-160.

256 『宣祖實錄』, 1592/9/14 ②.

257 노영구, 2002, 194.

258 김호종, 1999, 739-743.

259 우인수, 2003, 169-172.

260 『宣廟中興誌』 卷二, 三九-四十; 이형석, 1976, 176.

261 『宣祖實錄』, 1592/9/15 ④; 「行狀」, 『健齋集』 附錄 卷四, 四-十一.

262 『宣祖修正實錄』, 1592/7 ⑰; 『宣祖實錄』, 1592/8/26 ①.

263 『宣祖實錄』, 1593/7/29 ④; 1593/9/15 ④; 『宣廟中興誌』 卷二, 三七-三八.

264 「壬辰日記附」(李濬), 『四留齋集』 卷十二, 九-二十; 이장희, 2011, 81-94.

265 『懲毖錄』 卷一, 二十三-二十四.

266 「壬辰錄」, 『東湖先生文集拾遺』, 十八-二十一; 이형석, 1976, 574-576; 이장희, 2011, 108-113.

267 「教咸境道觀察使兼巡察使尹卓然書」(1592/7), 『五峯集』 卷十, 二-四; 「壬辰錄」, 『東湖先生文集拾遺』, 十五-十八.

268 『朝鮮日記』, 3/11.

269 이형석, 1976, 145, 556-557; 中野等, 2008, 79-90.

270 『亂中雜錄』 二, 1592/10/10; 『宣祖實錄』, 1592/12/5 ④.

271 『亂中雜錄』 二, 1592/10/10.

272 『海東繹史』 「本朝備禦考」 一, 1592/7.

273 루이스 프로이스 저, 정성화·양윤선 역, 2008, 91.

274 『征韓偉略』 卷二, 九.

275 루이스 프로이스 저, 정성화·양윤선 역, 2008, 85.

276 「全羅道前東萊府使高敬命檄」, 『瑣尾錄』, 1592/6.

277 『亂中雜錄』 一, 1592/6/1; 「檄諸道書」, 『霽峯集』 遺集, 二十一. 이 격문은 『난중잡록』에 1592년 6월로 되어 있으나 7월 말 이후에 작성된 것으로 보인다. 그가 격문에서 자신의 직책으로 쓰고 있는 지제교(知製敎)는 그의 의병활동을 인정하여 조정이 7월 19일 제수했다. 격문을 작성할 당시 고경명도 명군의 최초 진입에 대한 조정의 포고문을 보았을 것이다.

278 『宣祖實錄』, 1592/7/7 ④; 『宣祖實錄』, 1592/7/9 ④.

279 「天兵過安州事及豫備犒餉天兵狀」(1592/7/17), 『懲毖錄』 卷六, 十一-十二.

280 『宣祖實錄』, 1592/7/9 ④.

281 「天兵進攻平壤不利史遊擊戰死狀」(1592/7/18), 『국역 진사록』 1, 34-37.

282 조선군의 참여 계획과 관련하여, 단지 5백 명이 명군에 분속되어 길안내자로 참여했다고 해석되기도 한다(陈尚胜, 2018, 244). 추측건대 그것은 조승훈이 "군대를 네 개의 초(哨, 군대조직)로 나누고, 각 군은 우리나라〔조선〕 사람 1백 명을 선도하게 했다."는 『난중잡록』의 기록과 "우리〔조선〕의 군대를 다섯 개로 나누어 명군과 함께 진격하게 했다."는 윤근수의 언급을 기록한 『선조실록』에 기초한 것으로 보인다(『亂中雜錄』 二, 1592/10/18; 『宣祖實錄』, 1592/7/26 ④). 그렇지만 그러한 해석은 위 두 기사를 잘못 결합한 것으로 생각된다.

283 『宣祖修正實錄』, 1592/7 ⑭.

284 그는 조선의 5개 부대 가운데 4개가 중간에 흩어져 평양성에 도착하지 않았다고 주장했다(『宣祖實錄』, 1592/7/26 ④).

285 『宣祖實錄』, 1592/7/20 ④.

286 『宣祖實錄』, 1592/7/20 ⑤.

287 그 외에도 양소훈이 전한 조승훈의 불만에는 비가 너무 많이 와서 순안에서 회군하려는 자신을 조선의 한 병사가 막아서고 강력하게 요청하여 전진했고, 왜적 중 조총을 잘 쏘는 자가 많다는 사실을 미리 알려주지 않았으며, 왜적의 수효가 1만 명이 넘는데도 1, 2천 명으로 알려주었던 점도 있었다. 그에 대해 윤두수는 왜적의 수효와 관련해서는 평안도병사 이빈(李薲)의 보고가 그렇다고 대답했다. 양소훈도 조승훈의 보고를 다 믿을 수는 없다면서 크게 문제 삼지 않을 것임을 시사했다(『宣祖實錄』, 1592/7/20 ⑦). 며칠 뒤 조정회의에서 선조는 조승훈이 자신의 패배를 조선 탓으로 돌리고 있다고 했다. 그렇지만 예조판서 윤근수는 그의 주장이 대부분 사실인 것으로 대답했다(『宣祖實錄』, 1592/7/26 ④). 나중에 양소훈은 조선에 보낸 문건에서 평양 진입시 조선군의 불참과 다수 조선인의 왜 측 가담 등을 제기했으나, 탈환의 시도가 왜적의 북상을 어느 정도 막았다고 인정했다. 선조도 회답을 통해 적극 해명하고, 아울러 현재 관군이 왜적의 북상을 어렵게나마 막고 있음을 강조했다(『宣祖實錄』, 1592/8/12 ⑤).

288 『宣祖實錄』, 1592/7/22 ⑧.

289 『宣祖實錄』, 1592/7/29 ③.

290 당시 평양전투의 구체적 승패는 12월 초 심유경의 말로만 전해진다. 그는 예조판서 윤근수에게 조선은 겨우 3명의 왜적을 베었으나 조선의 사망자는 2백70명이라고 말했다(『宣祖實錄』, 1592/12/4 ③). 당시 심유경의 두 번째 왜적과 교섭에서 성과가 없자, 윤근수는 집요하게 파병을 요구하고, 죽더라도 왜적과 싸우고자 한다고 주장했다. 거기에 대해서 심유경은 해당 사례를 들면서 조선이 능력도

없으면서 원수만 갚고자 한다고 불만을 나타냈다.

291 『宣祖修正實錄』, 1592/8 ①; 「馳啓順安軍進攻平壤狀」(1592/8/2), 『懲毖錄』 卷六, 十七-十八.

292 형(邢)은 앞서 언급된 그 직책으로 보아 참의 형주준(荊州俊)과 동일 인물로 보인다.

293 『神宗實錄』, 1592/8/5 ③; 『宣祖實錄』, 1592/9/4 ⑪. 조승훈은 나중에 복직되어 이여송 휘하의 장수로 이듬해 평양전투에서 공을 세웠고, 정유재란 시기에 다시 나와 울산전투에도 참여했다.

294 기타지마 만지, 김유성·이민웅 옮김, 2008, 126-127.

295 『征韓偉略』 卷二, 二十三.

296 루이스 프로이스 저, 정성화·양윤선 역, 2008, 91-92.

제3장 명의 참전

1 발배(1526-1592)는 몽골족 추장으로 명에 항복했다. 그렇지만 영하순무와 갈등으로 1592년 2월 반란을 일으켰다가 9월에 총병 이여송(李如松) 등에 의해 진압되었다.

2 심유경의 초기 행적에 대해서는 문헌에 따라 차이가 적지 않다. 대체로 보면 그는 절강성 사람으로, 어려서 종군했고, 북경에 올라와 무뢰배들과 어울렸다. 그의 나이는 상당히 많았는데, 1537년생으로 고증되기도 했다(『萬曆野獲編』 卷十七, 「兵部」〔沈惟敬〕; 郑洁西, 2016, 62-67).

3 『明史』 列傳208, 「朝鮮」; 『宣祖修正實錄』, 1592/9 ①. 『선조실록』 1592년 6월 29일 기사에 심유경이 몰래 의주를 방문한 것으로 기록되어 있으나, 날짜가 의심스러울 뿐만 아니라 실제 의미 있는 활동도 없었다(『宣祖實錄』, 1592/6/29 ⑥).

4 『宣祖實錄』, 1592/8/17 ①.

5 『宣祖實錄』, 1592/8/18 ①. 정곤수의 파견에 관해서는 제3장 2절에서 다룸.

6 「馳啓見沈遊擊論事狀」(1592), 『懲毖錄』 卷七, 三-五.

7 「馳啓沈遊擊馮相公所言狀」(1592/8/29), 『懲毖錄』 卷七, 五-六; 『국역 진사록』 1, 104.

8 「馳報沈遊擊與倭問答狀」(1592), 『西厓文集』 卷六, 六.

9 협상에서 돌아온 심유경을 만난 이원익은 관련 자료를 넘겨받아 조정에 보고했다. 그리고 이원익의 보고는 국왕과 헤어져 세자 일행에 참여했던 좌찬성 정탁(鄭琢)이 비변사에서 본 것을 초록하여 남겼다. 거기에는, 첫째 이원익 자신과 심유경의 대화, 둘째 다음 날〔8월 29일〕 회담일자를 확인하기 위해 심유경에게 보낸 유키나가의 8월 28일자 방문(榜文), 셋째 10리를 기준으로 휴전한다는 내용으로 심유경이 왜장에게 보내는 방문(榜文), 넷째 역관 진효남이 말로 전하는 양측의 대화 내용, 다섯째 진효남이 심유경에서 직접 들은 내용 등이었다(『藥圃龍蛇日記』, 157-169).

10 심유경은 강화의 불가피함을 이원익에게 장황하게 설명했는데, 거기에는 그가 병법에 문외한임이 드러난다. 그에 의하면, 자신에게 세 가지 계책이 있는데, 하나는 술독을 저장해두어 왜군이 나와 그것을 마시고 취하게 하여 공격하는 것이고, 둘째는 주요 통로에 불화살 3만 개를 묻어두었다가 일제히 쏘아 적을 살해하는 것이며, 셋째는 조공을 허락하여 강화하는 것이다. 그런데 앞의 두 가지는 조선이 빈곤하고 무기가 없어서 실행할 수 없기에 남은 계획은 세 번째뿐이다.

11 「監司與沈遊擊問答之辭」, 『藥圃龍蛇日記』, 160-161.

12 「大將榜辭一紙」, 『藥圃龍蛇日記』, 167-168.

13 「釜山問答之辭」, 『藥圃龍蛇日記』, 168-169; 『宣廟中興誌』 卷三, 八(강조점 부분). 『선조수정실록』의 기사는 더욱 간략하지만, 『선묘중흥지』와 유사하다(『宣祖修正實錄』, 1592/9 ①). 인용문은 논의의 종합적인 내용이며, 실제 대화는 아니다. 진효남이 전하는 바에 의하면, 통공은 주로 유키나가와의 본회담에서, 영토 등은 다음날 부산원으로 심유경을 찾아온 다른 왜인과 논의되었다.

14 1차 교섭에서 돌아와 잠시 의주에 머물던 심유경에게 유키나가의 편지가 전해졌다. 거기에는 "북방 오랑캐 엄달(俺薘)의 일을 말씀하셨는데, 그도 합하(閤下)로 등용(登庸)되어 (명에) 조공했으니 일본에게 조공 길을 여는 것도 어려운 일이 아니다."라는 구절이 포함되었다. 이것은 양자 사이에 조공책봉이 논의되었음을 시사한다(『宣祖實錄』, 1592/9/8 ②). 엄달〔알탄 칸〕은 몽골족의 지도자로, 명은 1571년 그를 순의왕(順義王)에 책봉했다. 당시 유키나가가 심유경에게 보낸 다른 편지에도, 50일의 휴전과 함께 오랫동안 단절된 일본의 조공, 즉 감합무역의 재개와 화해를 위한 명 사절의 일본 파견이 언급되고 있다(『江雲隨筆』 165, 「小西行長贈沈惟敬書」, 김경태, 2015, 160).

15 『藥圃龍蛇日記』, 165-169.

16 『明史』 列傳208, 「朝鮮」; 『明史紀事本末』 卷六十二, 「援朝鮮」.

17 『兩朝平攘錄』 「日本上」, 十二.

18 『續本朝通鑑』 卷二百十九, 5478, 5793. 『속본조통감』의 일곱 가지 조건은 임란 시기 전체에 걸쳐 명·일 양국간 제기된 것들을 나열했을 뿐, 신빙성이 적다고 생각된다. 다만 제1차 교섭 직후 유키나가가 심유경에게 보낸 편지에 50일 휴전과 함께 명 사신의 일본 파견이 강조되었다(김경태, 2014, 160).

19 루이스 프로이스 저, 정성화·양윤선 역, 2008, 107-108.

20 「馳報沈遊擊與倭問答狀」(1592), 『西厓文集』 卷六, 六-七.

21 「馳啓沈遊擊行止及糧穀分付狀」(1592/9/2), 『懲毖錄』 卷七, 九.

22 「呈稟沈遊擊指意後分付各陣狀」(1592/9), 『懲毖錄』 卷七, 十一.

23 「馳啓賊形勢狀」, 『懲毖錄』 卷七, 十一-十二.

24 『宣祖實錄』, 1592/9/7 ②; 1592/9/8 ③.

25 『宣祖實錄』, 1592/9/14 ②.

26 『宣祖實錄』, 1592/9/4 ⑩.

27 『宣祖實錄』, 1592/9/14 ②.

28 『宣祖實錄』, 1592/9/15 ①.

29 『宣祖實錄』, 1592/10/19 ⑤.

30 『宣祖實錄』, 1592/10/25 ③.

31 『宣祖實錄』, 1592/10/25 ①.

32 『宣祖實錄』, 1592/11/16 ③.

33 『宣祖實錄』, 1592/11/17 ①.

34 「經略復國要編提要」(繆鳳林), 『經略復國要編』, 五.

35 『明史』 列傳208, 「朝鮮」.

36 『明史』 列傳208, 「朝鮮」.

37 『神宗實錄』, 1593/9/11 ⑤; 「講明封貢疏」(1593/8/29), 『經略復國要編』 卷十, 四十二-四十九.

38 국방부전사편찬위원회, 1987, 186-187.

39 『宣祖實錄』, 1592/11/7 ④.

40 남북조시대를 마감한 무로마치(室町) 막부의 3대 쇼군이었던 아시카가 요시미쓰(足利義滿)는 1401년 영락제에 의해 일본국왕으로 책봉되고, 반대급부로 감합무역을 인정받았다. 책봉은 황제의 신하로서 자처하는 것으로 굴욕적이었으나, 감합무역은 명과의 무역에서 상당한 이익이 수반되었다. 그 뒤 일시 중단되

기도 했으나, 사실상 책봉관계 없이 감합무역은 16세기 중반까지 유지되었다.

41 『宣祖修正實錄』, 1592/11 ①.

42 일각에서는 "평양과 서울은 모두 조선에 돌려주고 군사를 해산하여 본거지로 돌아가라."는 표현에서 조선에게 돌려주지 않을 가상의 공간을 일본에게 남겨줌으로써 나중에 한강을 경계로 조선을 분할하자는 주장의 근거가 되었다고 보기도 한다. 그것은 평양과 서울만 언급되어 있고, 해산하여 본거지로 돌아가라는 말이 매우 모호하여 조선 전부로부터 철수를 구체적으로 명시하지 않고 있다는 이유에서이다(郑洁西, 2017b, 184). 그럼에도 적어도 명 조정은 강화의 조건으로 왜군의 전면적인 철수를 그 이후로도 고수했다는 점에서 군사를 해산하고 본거지로 돌아가라는 것은 조선에서 완전한 철수를 의미한다고 볼 수 있다. 서울과 평양만 언급한 것은 단지 대표적인 도시이기 때문이다. 이 게첩의 앞부분에서도 "너희들이 이웃 나라를 침략하여 마침내 그들의 서울과 평양을 점거하고, 사랑스런 아이들과 아내들을 포로로 잡고……"로 표현함으로써 실제 왜적이 점거한 조선의 지역 전체를 나열하고 있지 않다.

43 『宣祖實錄』, 1592/11/17 ①.

44 『宣祖實錄』, 1592/11/17 ①; 1592/11/19 ②.

45 『宣祖實錄』, 1592/11/17 ⑤.

46 「往視順安軍還到永柔馳啓狀」(1592/11), 『西厓文集』 卷六, 九-十一. 당시 평양 왜군의 수와 관련하여 유성룡은 1천여 명의 군대가 7, 8개라고 보았다(「往視順安軍還到永柔馳啓狀」(1592/11), 『西厓文集』 卷六, 十). 그리고 평양성 동남쪽에 대한 공격 방안은 그 지형과 관련되었다. 즉 서북은 험하고 동남은 평지였다. 왜군도 서북쪽을 방비할 뿐, 동남쪽은 방비하지 않았다. 게다가 그곳은 앞서 명과 일본 사이의 협약으로 푯말로 조선 군대의 접근을 금지했던 지역의 범위에 들지 않았고, 왜군이 매번 나와서 약탈하던 곳이었다.

47 「沈遊擊過去後有旨祇受狀」(1592), 『국역 진사록』 1, 227-229.

48 「安州路中見沈嘉旺馳啓狀」(1592/11), 『국역 진사록』 1, 215-219; 「沈遊擊過去辭緣及分付諸陣將爲進剿大兵出來與否速爲探問指揮狀」(1592/11), 『懲毖錄』 卷八, 十-十二.

49 「論沈遊擊與賊講解狀」(1592/12), 『西厓文集』 卷六, 十三. 한 달 뒤인 1593년 1월 초 명군이 평양의 왜군을 무찔렀는데, 이로써 강화가 시간을 벌기 위한 의도된 작전이었음이 증명되었다. 유성룡도 나중에 해당 보고서를 편집하면서 심유경에 대한 자신의 의심에 대해서 "남의 의도를 모르고 망언을 했으니 지금

와서 유감으로 생각한다."고 덧붙였다(「論沈遊擊與賊講解狀」, 『국역 진사록』 1, 230-231).

50 「祇受體察使之命兼陳賊勢狀」(1592/12/12), 『국역 진사록』 1, 240-243.

51 「進取軍機遲速狀」(1592/12), 『국역 진사록』 1, 235-238.

52 『宣祖實錄』, 1592/11/30 ⑤.

53 「報石司馬書」, 『經略復國要編』 卷二, 二十四.

54 이와 관련하여 『명사』는 "왜의 두목 유키나가가 책봉을 바라면서, 평양이서에서 물러나 대동강을 경계로 할 것을 요청했다."고 쓰고 있다(『明史』 列傳126, 「李如松」).

55 『宣祖實錄』, 1592/12/3 ⑥.

56 『宣祖實錄』, 1592/12/4 ③.

57 「報進兵日期疏」(1592/12/12), 『經略復國要編』 卷四, 十七; 『神宗實錄』, 1592/12/13 ②.

58 『宣祖實錄』, 1592/12/17 ⑤. 竟以大同江爲界, 漸次讓之. 여기서 '讓'은 '양보한다'는 의미지만, 문맥상 옛날에 '讓'과 통용되던 '몰아낸다'는 의미의 '攘'으로 해석되어야 한다고 생각된다.

59 『宣祖實錄』, 1592/12/17 ④; 「移朝鮮國王咨」(1592/12/12), 『經略復國要編』 卷四, 十八.

60 『宣祖實錄』, 1592/12/17 ⑤.

61 『宣祖實錄』, 1592/12/12 ①.

62 『宣祖實錄』, 1592/12/13 ⑧.

63 『宣祖實錄』, 1592/12/17 ⑤.

64 『宣祖實錄』, 1592/12/12 ⑥. 이 기사는 내용으로 보아서 12월 20일 이후여야 할 듯하다.

65 「報趙張二相公書」(1592/12/17), 『經略復國要編』 卷四, 二十三.

66 「與李如松書」(1592/12/19), 『經略復國要編』 卷四, 二十四.

67 『明史』 列傳126, 「李如松」; 『明史紀史本末』 卷62, 「援朝鮮」.

68 『神宗實錄』, 1593/9/11 ⑤.

69 『宣祖實錄』, 1592/12/25 ②.

70 이 일은 유사하게 대마도의 소(宗)씨 가문의 문서와 프로이스의 글에서도 확인된다. 이 사건을 통해 비로소 유키나가도 대규모 명군의 도착을 알게 되었다고 한다. 소씨 가문의 기록에는 요시헤이하 사부로(吉兵覇三郎)가 타케다 키치베

(武田吉兵衛)로 되어 있다(『朝鮮陣記』「朝鮮征伐之事」; 루이스 프로이스 저, 정성화·양윤선 역, 2008, 110-111).

71 「叙恢復平壤開城戰功疏」(1593/3/4), 『經略復國要編』 卷七, 八. 위 사건은 조선에도 알려졌다. 그것은 소문에 입각했기에 인명과 왜군의 수 등에 있어서 상당한 차이가 있을 뿐이다(『懲毖錄』 卷二, 二; 『宣祖實錄』, 1593/1/7 ⑤).

72 「叙恢復平壤開城戰功疏」(1593/3/4), 『經略復國要編』 卷七, 八-九; 『宣祖實錄』, 1593/1/9 ⑤.

73 「報石司馬書」(1592/12/23), 『經略復國要編』 卷四, 二十七.

74 「報三相公石本兵許兵科書」(1593/1/5), 『經略復國要編』 卷五, 九.

75 「與山東海道田憲使書」(1593/1/8), 『經略復國要編』 卷五, 十七. 당시 히데요시는 나고야에 있었다. 그의 체류 지역에 대한 송응창의 오해는 조선이 잘못 전했기 때문일 것이다.

76 「檄李提督書」(1593/1/5), 『經略復國要編』, 卷五, 十三.

77 『宣祖實錄』, 1593/3/4 ③.

78 심유경은 1597년 1월 강화의 실패로 정유재란이 예상되는 시점에서도, 조선을 위한 자신의 노력을 강조하면서 평양 교섭의 의의에 대해서 변호했다. 그에 의하면, 강화를 통해서 명의 대군이 올 때까지 수개월간 왜군의 서진을 막아 결국 평양을 수복했다. 그러면서 그는 자신이 아니었다면 왜군은 조승훈을 패배시킨 기세를 타고 의주까지 갔을지도 모를 일이라고 덧붙였다(『再造藩邦志』 四, 八二).

79 「報石司馬書」(1593/2/13), 『經略復國要編』 卷六, 十九-二十.

80 「叙恢復平壤開城戰功疏」(1593/3/4), 『經略復國要編』 卷七, 十六.

81 『懲毖錄』 卷二, 十一.

82 『宣祖實錄』, 1593/3/2 ③.

83 『宣祖實錄』, 1593/1/11 ③; 「有旨祗受狀」, 『국역 진사록』 1, 285.

84 『宣祖實錄』, 1593/1/25 ⑦. 풍중영의 활약에 관해서는 제4장 1절에서 다루어짐.

85 『神宗實錄』, 1592/7/3 ①.

86 『神宗實錄』, 1952/7/2 ①.

87 『神宗實錄』, 1592/7/9 ⑤.

88 『寄齋史草』 下, 「壬辰日錄」 三, 1592/8.

89 『神宗實錄』, 1592/7/26 ②. 구경·과도관회의(九卿科道官會議)는 육부의 상서

등 중앙 부서의 책임자들과 도찰원 소속의 감찰관들이 참여하는 회의이다.

90 「議征倭疏」(萬曆十九〔二十〕年/7月, 『萬曆疏鈔』 卷43, 一-五; 『再造藩邦志』 二, 三六-三七.

91 『神宗實錄』, 1592/7/26 ②.

92 『神宗實錄』, 1592/8/5 ②.

93 『神宗實錄』, 1592/8/13 ①; 1592/8/18 ①.

94 『再造藩邦志』 二, 三六; 『燃藜室記述』 卷十五, 「宣祖朝古事本末: 求救明朝收復京城」.

95 『宣祖實錄』, 1592/9/23 ①. 그 외에 왜군이 평양을 떠나 이미 요동에 접근하고 있다는 요동에서의 오보도 있었다(『萬曆邸鈔』, 1592/8).

96 『宣祖實錄』, 1592/8/3 ⑤.

97 『宣祖實錄』, 1592/8/16 ⑧.

98 『宣祖實錄』, 1592/8/17 ①.

99 『宣祖實錄』, 1592/8/28 ①.

100 월남. 명은 초기 월남을 정벌해서 귀속시켰으나 현지의 지속적인 저항으로 포기했다.

101 「朝鮮國乞援疏」, 『經略復國要編』 附, 一-四. 이 진주문은 『선조실록』 등 조선의 문헌에는 수록되어 있지 않다. 송응창의 『경략복국요편』에 단지 「조선국이 지원을 요청하는 상소」라는 제하의 글이 있는데, 날짜나 정곤수의 제출 여부에 관한 언급은 없다. 다만 문건의 전반적인 내용이 군사지원 요청과 관련될 뿐만 아니라, 일부 진주문의 구절은 정곤수가 귀국하기 직전 병부상서 석성에게 보낸 세 개 자문에도 반복되고 있어 정곤수가 가지고 간 진주문이 분명하다.

102 『宣祖實錄』, 1592/8/24 ①.

103 『宣祖實錄』, 1592/8/14 ②.

104 「赴京日錄」, 『栢谷集』 卷三, 六-七.

105 「在北京狀啓」, 『栢谷集』 卷二, 二十一. 석성이 사신들과 접촉을 미룬 것은 황제의 칙사로서 조선에 간 설번을 기다렸기 때문이라는 추측이 가능하다(武晓燕, 2006, 5). 그는 9월 4일 서둘러 의주에서 북경으로 출발했다. 석성은 그의 보고를 받고 나서 조선의 사신들과 본격적으로 접촉했던 것이다. 그리고 설번은 귀국 후 보고서에서 조선에 대한 파병과 식량지원의 필요성을 적극 주장했다.

106 「赴京日錄」, 『栢谷集』 卷三, 九-十.

107 「別紙」, 『栢谷集』 卷二, 二十三-二十五.

108 「別紙」, 『栢谷集』 卷二, 二十五.

109 「赴京日錄」, 『栢谷集』 卷三, 十-十一.

110 「呈兵部尙書石星文」, 『栢谷集』 卷二, 二十八-三十.

111 「呈兵部尙書石星文」, 『栢谷集』 卷二, 三十四.

112 『神宗實錄』, 1592/10/6 ③.

113 「別紙」, 『栢谷集』 卷二, 二十三.

114 『신종실록』도 1592년 10월 13일 기사에서 섬라의 사절 27명이 조공을 바치니 관례대로 관대(冠帶)를 상으로 주었다고 기록하고 있다(『神宗實錄』, 1592/10/13 ①).

115 『明史』 列傳212, 「暹羅」; 『明史』 卷227, 「蕭彦傳」.

116 『神宗實錄』, 1593/1/6 ②.

117 「赴京日錄」(1592/9/28), 『栢谷集』 卷三, 九-十. 임란 당시 복건성에는 히데요시가 그곳 출신이라는 소문이 있었다.

118 한 연구에 의하면, 섬라의 파병과 관련하여 민간인이었던 정붕기(程鵬起)가 석성에게 '섬라의 군대를 빌리자'는 아이디어를 냈다고 한다. 그는 많은 자금과 관직까지 하사받아 1592년 말 섬라 사신과 함께 출발했으나 결국 실현하지 못했다. 그가 바다에서 떠돌다가 출발하지 못했다는 설도 있고, 베트남 중남부에 위치한 점성(占城)까지 갔으나 명 조정이 소언과 재야의 반대로 인해 정책을 바꿔서 그를 소환했다는 설도 있다(周郢, 2017). 어쨌든 그는 이듬해 1593년 5월 병과도급사중 허홍강에 의해 탄핵당해 관직이 삭탈되었다(『神宗實錄』, 1593/5/21 ⑦).

119 섬라의 군대를 빌리는 방안에 대한 소언의 반대 근거는 다음과 같다. 첫째 실현 가능성이 낮다. 즉, 섬라에서 일본까지 1만 1천여 리나 떨어져 있다. 섬라는 또한 조선과 달리 명에 충성스럽지 않아 보내는 군사도 불과 수천 명에 불과하거나 아예 약속을 어길 수도 있다. 둘째 출병의 부정적인 결과이다. 섬라는 일본보다 교활하여 승리 이후 끝없이 보상을 요구할 것이다. 그것은 "앞문으로 호랑이를 막고, 뒷문으로 이리를 들이는 격이다." 셋째는 과정상의 문제로서, 섬라 군대가 일본에 가려면 광동성 등을 거쳐야 하는데, 이때 식량을 요구하고 백성들을 약탈할 수 있다. 또한 광동성의 이민족들이나 무뢰배들이 무질서를 이용하여 득세할 수도 있다(「夷心難測借兵宜愼疏」, 『制府疏草』 卷下, 三十-三十三). 예부상서 우신행(于愼行)도 "망망대해에 섬라가 어디 있는지도 모르는데 군사를 모아 정벌하자는 것은 가소롭다."고 주장했다(『萬曆野獲編』, 兵部 「暹羅」; 더

자세한 내용은 김영진, 2019b, 32-36 참조). 당시 섬라의 아유타야 왕조는 버마와의 전쟁으로 인해 출병의 여유가 없었다고 한다(Wood, 1993, 140-141).

120 『宣祖實錄』, 1592/12/8 ②.

121 『栢谷集』 卷三, 「赴京日錄」, 1592/10/27.

122 춘추시기 오(吳)의 침략을 받아 도성을 빼앗긴 초(楚)의 신하 신포서(申包胥)가 진(秦)에 가서 7일간 읍소하여 진의 구원병을 얻어 오의 군사를 몰아냈다.

123 『栢谷集』 「年譜」, 十三-十四.

124 『宣祖實錄』, 1593/1/11 ④. 정곤수와 그의 수행 인원들에 대한 승진이 이루어졌는데, 사간원이 그의 파견 이전 이미 파병이 결정되었다는 이유를 들어 이의를 제기했으나 받아들여지지 않았다(『宣祖實錄』, 1593/1/12 ⑥).

125 『宣祖實錄』, 1592/9/2 ①; 『宣祖修正實錄』, 1592/9 ⑥.

126 『宣祖實錄』, 1592/9/2 ①.

127 명대 행인사(行人司)는 외국의 사절파견을 담당했는데, 사신으로 가는 행인(行人)의 직급은 정8품이었다(俞鹿年, 1992, 488).

128 『宣祖實錄』, 1592/9/2 ②.

129 『宣祖實錄』, 1592/9/4 ⑧.

130 『宣祖實錄』, 1592/9/4 ⑨.

131 「薛行人慰諭回程後追到遼陽呈文」, 『五峯集』 卷十四, 二-三; 『再造藩邦志』 二, 三九.

132 『宣祖修正實錄』, 1592/9 ⑥; 『亂中雜錄』 二, 1592/9/16.

133 『宣祖實錄』, 1592/9/4 ⑩.

134 『宣祖實錄』, 1592/9/7 ②.

135 『宣祖實錄』, 1592/9/12 ①. 중원을 중국(명)이 아닌 충청도로 해석하고 10만 명을 명군이 아닌 조선의 군대로 해석하는 경우도 있다(이태진, 2019, 23-24). 그렇지만 이러한 해석은 당시의 상황에 부합하지 않는다고 생각된다.

136 『宣祖實錄』, 1592/9/17 ①.

137 『宣祖實錄』, 1592/9/23 ①.

138 『宣祖實錄』, 1592/10/4 ④.

139 『宣祖實錄』, 1592/9/2 ②. 원래 조선에서도 은의 제련이 이루어졌다. 그렇지만 세종 이후에는 은광을 폐쇄시키고 생산을 금지시켰다. 그것은 명이 은을 조공물자로 강요할 것과 백성들이 농업을 게을리할 것이 우려되었기 때문이다. 임진왜란 중에 명은 은의 소재를 확인하기 위해서 관리들을 파견하기도 했으나

끝내 성공하지 못했다.

140 안주의 유성룡은 9월 14일자 치계에서 대략 이미 모은 것으로 1만 명의 명군이 오더라도 문제가 없으나 3, 4만 명이 오면 지급할 수 없으니 달리 방법을 찾아야 한다고 보고했다. 물론 가을 추수에 대한 세금을 거두게 되면 비축 식량은 더 많아질 것이다(「請收學田寺位海澤田稅以備軍餉且多造火車以備戰用狀」(1592/9/14), 『懲毖錄』 卷七, 十二).

141 『宣祖實錄』, 1592/9/23 ①.

142 『宣祖實錄』, 1592/10/4 ③.

143 『宣祖實錄』, 1592/10/5 ⑤.

144 『선조실록』에는 윤근수가 송응창 등에게 글을 올린 사실을 기록하고 있는데, 그는 송응창을 직접 만나지는 않았을 것이다. 송응창은 11월 20일 요양에 도착했고, 윤근수는 11월 16일 의주로 귀국했기 때문이다.

145 『宣祖實錄』, 1592/11/16 ⑤.

146 명군을 위한 조선의 식량보유 현황에 대해서는 다양한 언급이 확인된다. 8월 10일 공조판서 한응인이 전하는 유성룡의 말로서 1만 명 15일분(『宣祖實錄』, 1592/8/10 ①), 8월 중순 한응인이 동양정에게 말한 5, 6천 명 15일분(『宣祖實錄』, 1592/8/14 ②), 8월 말 사간원 사간 이유징이 요동순안에게 전한 1만 명 1개월분(『宣祖實錄』, 1592/9/4 ⑤), 9월 초 칙사로 온 설번이 본국의 병부에 보고한 7, 8천 명 1개월분(『宣祖修正實錄』, 1592/9 ⑥), 9월 말 진주사 정곤수가 북경에서 석성에 보고한 1만 명 1개월분(「別紙」, 『栢谷集』 卷二, 二十四), 11월 10일 선조가 송응창의 부하 정문빈에게 말한 5만 명 1개월분(『宣祖實錄』, 1592/11/10 ①) 등 다양했다. 몇 년 뒤 조선경략으로 온 손광은 한 편지에서 "조선은 군사를 원하면 식량이 여유가 있다고 하고, 명의 식량지원을 원하면 숨기고 부족하다고 한다."고 불평했다(「致遼撫李霖寰書」(1596/4/23), 『姚江孫月峯先生全集』 卷五, 一百五十五).

147 평양에 있는 왜군의 수와 관련해서 9월 7일 윤근수는 심유경에게 9백 명이라는 소문을 전했다. 그때 심유경은 군사 7만 명은 있어야 공격할 수 있는 규모라고 응답했다(『宣祖實錄』, 1592/9/7 ②). 11월 말 도원수 종사관 유희서(柳熙緖)에 따르면, 평양 사람들은 그곳 왜군의 수가 3, 4천 명이라고 하고, 심유경은 1만 3, 4천 명이라고 했다(『宣祖實錄』, 1592/11/30 ⑤). 유성룡이 11월 말 순안에서 소문으로 듣기로 1천여 명의 군대가 7, 8개였고(「往視順安軍還到永柔馳啓狀」(1592/11), 『西厓文集』 卷六, 十), 예조판서 윤근수는 12월 초 심유

경에게 2만 수천 명에서 3만 명 사이로 대답했다(『宣祖實錄』, 1592/12/3 ⑥).

148 『宣祖實錄』, 1592/9/17 ④.

149 『宣祖實錄』, 1592/9/14 ②.

150 『宣祖實錄』, 1592/9/17 ④.

151 「陳時務箚」, 『懲毖錄』 卷三, 一-二.

152 민덕기, 2009, 184-201.

153 「擬進征東勅諭疏」(1593/2/29), 『王文肅公全集』 卷十, 十五-十六.

154 나중에 정유재란 때에도 건주여진은 2만 명의 병력지원을 제안했다. 그때 명군 측은 "(여진이) 명군의 수와 조선 군대의 강약 그리고 (조선) 지형의 험하고 평평함을 모두 자세히 알게 될 것"을 우려하여 승낙하지 않았다(『宣祖實錄』, 1598/2/28 ③).

155 「經略朝鮮薊遼保定山東等處兵部左侍郎都察院右都御史宋公行状」, 『寓林集』 卷十七, 一-四.

156 孙卫国, 2016, 40.

157 『神宗實錄』, 1592/9/9 ③; 1592/9/15 ②.

158 『經略復國要編』 勅, 一.

159 그리하여 그의 공식 직함은 흠차경략계요보정산동등처방해어왜군무 병부우시랑(欽差經略薊遼保定山東等處防海禦倭軍務兵部右侍郎)이었다(『宣祖實錄』, 1592/12/17 ④). 2년 뒤 조선원정에서 상훈에 관한 병부의 보고서도 "당시 경략이라는 허함〔虛銜, 실직(實職)이 아닌 이름만의 직책〕은 원래 해안방어를 처리하기 위한 것으로서, 조선의 경략을 예정하지 않았다."고 적고 있다(「兵部一本查核東征攻次……勵人心事」, 『經略復國要編』 後附, 十四).

160 만력제 당시 전국에는 군사행정 단위로 21개의 진(鎭)이 설치되었는데, 임란 당시에는 주로 이 4개 진이 왜적의 방어와 관련되었다.

161 『經略復國要編』 勅, 一.

162 「督撫」, 『萬曆野獲編』 卷二十二.

163 『經略復國要編』 勅, 一.

164 『經略復國要編』 卷一, 七-十八에 수록된 각종 보고서; 「檄天津永平寧前等六道」(1592/10/3), 『經略復國要編』 卷二, 一-四.

165 「經略海防事宜疏」, 『經略復國要編』 卷二, 七.

166 송응창이 명의 수군 파견 계획을 세웠던 것처럼 기술되는 경우가 있으나(陈尚胜, 2018, 239), 그의 보고서나 서한에서 수군 작전 계획은 모두 중국의 연해

지역 방비에 집중되고 있을 뿐 조선 파견을 위한 징집계획은 언급되지 않는다.

167 『神宗實錄』, 1592/10/6 ④.

168 『神宗實錄』, 1592/10/11 ⑤.

169 「移遼東撫院」, 『經略復國要編』 卷二, 十五-十六.

170 「移順天撫院咨」(1592/10/21), 『經略復國要編』 卷二, 二十五.

171 전체 명칭은 제독계요보정산동등처방해어왜총병관(提督薊遼保定山東等處防海禦倭總兵官).

172 『明史』 列傳126, 「李成梁」. 이여송 자신도 조선과의 혈연관계를 의식하고 있었다. 그는 1592년 12월 20일 조선출정 직전 요양으로 찾아온 집의 이호민에게, 자신의 부친이 "너는 모름지기 왜노들을 모조리 죽여라. 조선을 회복한다면 네가 죽어도 애석하지 않다."고 말하면서 왜적의 소탕에 대한 강한 의지를 보였다(『宣祖實錄』, 1592/12/12 ⑥). 그는 접반사 이덕형에게도 "조선은 우리 선조의 고향이니, 네가 힘써라."고 당부한 부친의 글을 보여주었다(『宣祖修正實錄』, 1593/9 ③). 이여송의 첫째 동생 이여백은 부총병, 넷째 동생 이여매(李如梅)와 일곱째 동생 이여오(李如梧)는 참장으로 조선원정에 참여했다.

173 『宣祖實錄』, 1592/10/26 ②.

174 「移本部咨」(1592/10/25), 『經略復國要編』 卷二, 三十五.

175 해당 문제는 쉽게 해결된 것 같지 않다. 송응창은 11월 9일자 석성 병부상서에게 보내는 편지에서 유정(劉綎)과 양문(楊文)의 남병 각각 5천 명과 1천 명, 창평〔昌平, 북경 서북부 위치〕의 군대도 현지의 방어를 이유로 왜적의 정벌에 나서지 않는다고 보고했다(「報石司馬書」(1592/11/9), 『經略復國要編』 卷三, 二-三). 실제 유정의 군대는 평양탈환이 지난 1593년 봄에야 조선에 들어왔다.

176 「報趙張二政府書」(1592/11/4), 『經略復國要編』 卷三, 一.

177 「報石司馬書」(1592/11/4), 『經略復國要編』 卷三, 一-二.

178 「報趙張二相公書」(1592/11/30), 『經略復國要編』 卷四, 三十四-三十五.

179 「檄原任潞安府同知鄭文彬」(1592/10/25), 『經略復國要編』 卷二, 四十一.

180 물론 그것은 사실과는 차이가 있었다. 송응창은 산해관을 나와 요동의 중심지인 요양에서 한편으로 연해 지역의 방비를, 다른 한편으로 군대와 식량 등 조선 출병을 위한 제반 사항을 준비했다. 군대의 일부는 요동과 그 주변 지역에서 선발되었지만 다수는 전국 각지에서 징발되었다. 이들은 일차적으로 요양에 집결했는데, 지역별로 소요되는 거리가 달라서 먼저 도착한 군대가 후속부대를 기다리지 않을 수 없었다.

181 『宣祖實錄』, 1592/11/10 ①.

182 회답에 의하면, "처음 (대동)강변에 도착한 유키나가 · 요시토시 · 시게노부(調信)가 각기 1천여 명을 거느렸다. 우리 군사가 강을 건너 습격하여 시게노부의 군대는 거의 사살되어 3백 명만 서울로 돌아갔으나, 평양함락 이후 다시 증원했다."(『宣祖實錄』, 1592/11/11 ⑥)

183 『宣祖實錄』, 1592/11/11 ⑥.

184 「檄遼東楊摠兵轉諭朝鮮王」(1592/10/25), 『經略復國要編』 卷二, 四十-四十一.

185 『宣祖實錄』, 1592/11/15 ④; 「檄遼東楊摠兵轉諭朝鮮王」(1592/10/25), 『經略復國要編』 卷二, 四十-四十一.

186 「報石司馬書」(1592/11/9), 『經略復國要編』 卷三, 二-三.

187 「檄分守遼海道」(1592/11/16), 『經略復國要編』 卷三, 二十.

188 「辨明心迹疏」(1594/4/12), 『經略復國要編』 卷十四, 二.

189 『宣祖實錄』, 1592/11/15 ③.

190 『宣祖實錄』, 1592/11/18 ⑤.

191 『宣祖實錄』, 1592/11/11 ⑤.

192 「檄朝鮮差衛獻納金廷睦」(1592/11/17), 『經略復國要編』 卷三, 二十二-二十三.

193 「檄都司張三畏」(1592/11/18), 『經略復國要編』 卷三, 二十四-二十五.

194 『宣祖實錄』, 1592/11/17 ①.

195 『宣祖實錄』, 1592/11/18 ③.

196 『宣祖實錄』, 1592/11/19 ②.

197 「法守正 · 全勝所言天兵出來形止可疑狀」, 『西厓文集』 卷六, 十五-十六.

198 『栢巖集』 卷五, 十三.

199 『宣祖實錄』, 1592/11/27 ②.

200 『宣祖實錄』, 1592/11/29 ④.

201 『宣祖實錄』, 1592/11/22 ②.

202 송응창이 김정목과 한응인을 통해 조선에 요청한 사항들에 대한 조선의 회답은 문헌상으로 전해지지 않는다. 그럼에도 송응창은 이미 일부 관련된 사실들을 11월 말까지는 확보한 것으로 보인다. 그는 11월 28일자 한 서한에서 자신이 조선의 지도를 얻어 검토해서 병력의 배치를 명했다는 점과 함께 5만 명 병력 2개월분 식량을 마련했다는 조선의 회답을 인용하고 있다(「答順天撫院書」(1592/11/28), 『經略復國要編』 卷三, 三十-三十一).

203 『宣祖實錄』, 1592/12/6 ②.

204 『宣祖實錄』, 1592/12/8 ②.

205 「赴京日錄」, 『栢谷集』 卷三, 十五-二十.

206 『宣祖實錄』, 1592/11/30 ⑤.

207 『宣祖實錄』, 1592/12/13-14.

208 『宣祖實錄』, 1592/12/17 ⑤.

209 여기서 이호민의 활동은 그의 12월 19일자 치계에 근거하고 있다. 이호민의 이 치계는 우연히 정탁의 「피난행록」에 수록되었다. 좀 더 정확하게 말한다면, 정탁의 문서들 속에 들어 있어서 그의 문집 편자가 그냥 끼워둔 것이었다(「避亂行錄」(1592/12/19), 『藥圃文集』 卷五, 二十六-二十八). 이호민이 귀국하여 선조에게 직접 한 보고 내용과 비교해보면, 정탁의 글에 실린 치계가 이호민의 것임이 분명하게 드러난다. 다만 『선조실록』에는 이호민의 귀국 보고가 12월 12일 기사로 되어 있는데, 오류로 생각된다.

210 「通遠堡迎候李提督如松呈文」(1592), 『五峯集』 卷十四, 一-二.

211 『宣祖實錄』, 1592/12/12 ⑥.

212 『宣祖實錄』, 1592/12/23 ②.

213 『宣祖實錄』, 1592/12/24 ④.

214 『宣祖修正實錄』, 1592/12 ⑤; 『宣祖實錄』, 1592/12/27 ⑥.

215 『宣祖實錄』, 1592/11/15 ③.

216 『宣祖實錄』, 1593/1/8 ③. 전체 식량 분담은 제10장 미주 144 참조.

217 『宣祖實錄』, 1592/12/23 ③.

218 『宣祖實錄』, 1592/12/25 ②.

219 일부의 명군은 본대보다 먼저 남하했다. 제독 휘하의 유격 전세정(錢世禎)에 의하면, 그는 본대가 아직 강을 건너고 있던 12월 25일 이미 정주(定州)를 지나 평양에서 멀지 않은 숙녕(肅寧)에 도착했고, 1월 1일에는 정탐하는 왜군과 조우하여 장수 1명을 포함하여 수십 명을 살상했으며 말 15필을 획득했다(『征東實紀』, 二-三).

220 「大軍到安州見李提督議軍事狀」(1593/1/3), 『懲毖錄』 卷八, 十九-二十.

221 「欽差經略……勸諭義師共圖興復事」(1593/1/7), 『事大文軌』 卷五, 一-三; 『宣祖實錄』, 1593/1/7 ⑥; 「遼東都指揮使司爲論增賞格以鼓士氣事」(1593/1/8), 『事大文軌』 卷五, 五-九; 『神宗實錄』, 1592/12/14 ⑤; 『宣祖實錄』, 1593/1/12 ⑩.

222 추가 병력에는 유정(劉綎)의 사천병 5천 명이 포함되었다. 그는 1593년 4월 초 압록강을 건넜고, 4월 19일 숙천에 도착했을 때 선조가 그를 접견했다. 송응창은 그에게 남부지방으로 내려가 주둔하면서 왜군을 막도록 명령했다. 명·일 강화에 따라 그해 10월 초까지 이여송의 주력부대가 철수하자, 유정은 오유충·낙상지 등 다른 남병의 장수들과 더불어 남부지방 방어의 임무를 맡게 되었다. 그는 그해 여름 대구에서 가까운 팔거(八莒)에 주둔했다. 특히 선천에서 그의 진영을 방문한 이항복 등이 목격한 바로는 그의 군대는 주로 현지 소수민족들과 인도·태국·버마 등 해외 출신들로 구성되었고, 이 외에도 "얼굴이 귀신처럼 진한 검은 색"의 병사 수십 명이 포함되었다(『宣祖實錄』, 1593/4/10 ②; 『再造藩邦志』 卷二, 四十六).

223 『宣祖實錄』, 1593/1/11 ⑯.

224 『宣祖實錄』, 1592/12/17 ⑤.

225 『宣祖實錄』, 1592/12/3 ⑥.

226 「馳啓收復平壤狀」(1593/1/9), 『국역 진사록』 1, 275-276.

227 위사필결(圍師必缺). 『손자병법』 「군쟁(軍爭)」에 나오는 말로, 적을 포위할 때 적의 결사항전을 피하기 위해서 도망갈 틈을 주어야 한다는 의미이다.

228 「叙恢復平壤開城戰功疏」(1593/3/4), 『經略復國要編』 卷七, 八-十一.

229 『宣祖實錄』, 1593/1/11 ⑮.

230 이형석, 1976, 668.

231 『宣祖實錄』, 1593/1/11 ⑬. 해당 기사는 대부분 당시 현장에서 전투를 위한 병참을 지휘했던 유성룡의 1월 9일자 보고에 기반을 두었다. 다만 그의 보고에서는 빼앗은 말이 2천 5백85필, 구출된 조선인 포로는 1천 15명으로 기록되어 있다(「馳啓收復平壤狀」(1593/1/9), 『국역 진사록』 1, 276-277). 한 일본 자료는 왜군 전사자를 1천 6백 명으로 적고 있다(中野等, 2008, 99).

232 「平壤賊遁形止及他道體察應否稟旨狀」(1593/1/9), 『국역 진사록』 1, 272-275.

233 『宣祖實錄』, 1593/1/9 ⑤.

234 『宣祖實錄』, 1593/1/11 ⑬.

235 『선조실록』에는 108명으로 기록됨(『宣祖實錄』, 1593/1/22 ⑥).

236 中野等, 2008, 99.

237 「記壬辰以後請兵事」, 『西厓文集』 卷十六, 四; 『懲毖錄』 卷二, 二-三.

238 『宣祖實錄』, 1593/1/22 ⑦.

239 「記壬辰以後請兵事」, 『西厓文集』 卷十六, 四-五. 『징비록』에서는 강조 부분이

삭제되어 있다(『懲毖錄』 卷二, 二).

240 「移朝鮮國王咨」(1593/1/17), 『經略復國要編』 卷五, 二十九.

241 「移本部咨」(1593/1/17), 『經略復國要編』 卷五, 二十八.

242 송응창은 당시 서울에 살던 조선인의 수를 4만여 명으로 추산했다(「與參軍鄭同知趙知縣書」(1593/2/1), 『經略復國要編』 卷六, 二).

243 「移朝鮮國王咨」(1593/1/18), 『經略復國要編』 卷五, 二十九-三十.

244 『宣祖實錄』, 1593/2/20 ②.

245 『宣祖實錄』, 1593/1/23 ③.

246 张金圭, 2016, 147.

247 『全邊略記』 卷九, 四十八.

248 「初奉經略請勑疏」, 『經略復國要編』 卷一, 三.

249 『宣祖實錄』, 1593/2/20 ②.

250 「辯楊給事中論疏」(1593/3/17), 『經略復國要編』 卷七, 三十五-三十六.

251 『宣祖實錄』, 1593/1/11 ⑬; 1593/4/21 ②.

252 「辯楊給事中論疏」(1593/3/17), 『經略復國要編』 卷七, 三十八.

253 「馳啓收復平壤狀」(1593/1/9), 『국역 진사록』 1, 275-276.

254 『宣祖實錄』, 1593/1/24 ⑦.

255 송응창도 이여송이 평양공격 과정에서 1천여 명의 조선인 포로를 관찰사 이원익에게 보내서 안전하게 귀가하게 했다고 보고했다(「叙恢復平壤開城戰功疏」(1593/3/4), 『經略復國要編』 卷七, 十).

256 「李提督辨誣奏本」(1593/3), 『五峯集』 卷十二, 七.

257 『宣祖實錄』, 1593/2/7 ⑨.

258 『宣祖實錄』, 1593/2/20 ②.

259 『懲毖錄』 卷二 , 二.

260 「援朝鮮」, 『明史紀事本末』

261 『征韓偉略』 卷二, 二十.

262 『全邊略記』 卷九, 四十八.

263 「復平壤獻捷奏文」(1593/2), 『五峯集』 卷十二, 一-四; 『宣祖實錄』, 1593/2/10 ⑥. 사은사 한준의 진주문과 그의 사행에 대해서는 제4장 2절 참조.

264 『宣祖實錄』, 1593/2/17 ⑪.

265 『西厓文集』 卷五, 八.

266 무고청리사원외랑(武庫清吏司員外郞). 이것은 병부의 한 부서인 무고청리사의

부책임자에 해당되었다.

267 『宣祖實錄』, 1593/1/3 ②.

268 직방청리사주사(職方淸吏司主事), 병부의 한 부서인 직방청리사의 주사.

269 『宣祖實錄』, 1593/1/6 ②.

270 『宣祖實錄』, 1593/1/7 ⑥.

271 『宣祖實錄』, 1593/1/7 ⑦.

272 『宣祖實錄』, 1593/1/9 ⑧.

273 『宣祖實錄』, 1593/1/12 ③.

274 『宣祖實錄』, 1593/2/18 ②.

제2부 강화협상

제4장 벽제관전투와 명의 전략 수정

1 「欽差提督……急備糧草事」(1593/1/9), 『事大文軌』 卷五, 四-五; 「朝鮮國王准來咨……」(1593/1/14), 『事大文軌』 卷五, 五.

2 「與參軍鄭文彬趙汝梅書」(1593/1/14), 『經略復國要編』 卷五, 二十四.

3 「招撫京城遺民敎書」, 『五峯集』 卷十, 十-十一; 『再造藩邦志』 二, 四四.

4 『宣祖實錄』, 1592/2/24 ⑨.

5 「議取王京開城疏」(1593/1/25), 『經略復國要編』 卷五, 四十九. 그런데 당시 송응창의 일부 보고서나 서한에서 명군의 남진에 대해 신중을 강조하는 내용이 적지 않다. 이를테면 해당 시점에서 병력과 식량을 요청하는 이여송의 서한에 대한 송응창의 답변에 의하면, 지금 서울에는 왜군의 여러 부대들이 모여 있고, 또한 군대의 이동을 위한 거리도 평양보다 훨씬 멀기 때문에 신중해야 한다. 또한 북방 오랑캐의 침범으로 요동의 병력을 빼오기 어렵기 때문에 그들이 퇴각하고 식량과 무기가 충분히 마련된 다음에 진격해야 만전을 기할 수 있다(「與李提督書」(1593/1/21), 『經略復國要編』 卷五, 四十二-四十三). 송응창은 병력의 추가적인 지원의 어려움을 지적하며 잠시 대동강 서안, 즉 이북을 지키는 방안을 제안하기도 했다(「與李如松書」(1593/1/25), 『經略復國要編』 卷五, 四十六-四

十七). 황제에게 올린 상소에서도 그는 아군과 적군의 현격한 병력 차이와 함께 대동강과 임진강의 해빙에 따른 군대 이동과 식량 운반의 어려움을 강조했다(「議取王京開城疏」(1593/1/25), 『經略復國要編』 卷五, 四十九). 그가 『경략복국요편』에서 자신의 실책을 은폐하고 업적을 부각시키기 위해 관련 자료들을 재편집했다는 지적도 없지 않으나(孙卫国, 2016), 신중함은 조선 문제에 대한 송응창의 기본 입장으로 생각된다.

6 기타지마 만지 지음, 김유성·이민웅 옮김, 2008, 130-131.

7 『懲毖錄』 卷二, 四-五.

8 『中国历代战争史』 第十六卷, 四二五-四二六; 이형석, 1976, 677-678.

9 「叙回復平壤開城戰功書」(1593/3/4), 『經略復國要編』 卷七, 十三-十四.

10 『征東實紀』, 七.

11 『宣祖實錄』, 1593/2/16 ⑪.

12 『宣祖實錄』, 1593/2/19 ⑫.

13 「馳報李提督進軍碧蹄不利還駐東坡及請輸運唐糧以濟大事狀」(1593/1/29), 『국역 진사록』 1, 302-305.

14 남병의 천호(千戶)이자 원황이 보낸 정탐인 오유산(吳惟珊)에 따르면, 왜군은 겨우 1백20여 명이 참수되었으나 명군 사상자는 1천 5백여 명(장수 14명 사망)이었다. 그의 말은 접대도감을 통해 국왕에게도 보고되었다(『宣祖實錄』, 1593/2/5 ①). 사실 원황 측은 이여송과 사이가 좋지 않았다. 그는 이여송의 패배를 강조하거나, 아니면 적절히 은폐하지 않고 사실 그대로 보고함으로써 그의 잘못을 부각시키고자 했는지도 모른다.

15 「兵部一本孤軍輕敵躁率可憂等事」, 『事大文軌』 卷五, 八十-八十一.

16 조선은 벽제관전투의 승패가 반반이라는 입장이었다. 그것은 1594년 2월 강화에 반대하는 사절로 북경을 방문했던 김수와 최립 일행이 그곳에서 제출했던 「별첩」에서 확인된다(「別帖」, 『簡易集』 四, 二十三-二十四). 병부상서 석성은 후에 "비록 벽제에서 득실이 서로 같았으나, 왜적이 (명의) 위세를 두려워해서 조공을 요청한 것은 여기서 시작되었다."고 의미를 부여했다(「兵部尙書石星……以完東征事」, 『經略復國要編』 後附, 二十). 일본에서는 평양 패배에 대한 상쇄라는 측면에서 벽제관전투의 성과를 과장하는 경향이 있다. 라이산요(賴山陽)의 『일본외사』에 의하면, 이여송은 군대를 전원 이끌고 내려왔고, 일본군은 다카카게의 군사 3만 명을 보내 명군 1만 명을 참수했다. 이어 왜군은 임진강까지 명군을 밀쳐내서 그로 인해 강물이 흐르지 않았다고 한다. 가와구

치 조주(川口長孺)의 『정한위략』(1831)도 명군 1만여 명의 사망을 적고 있다(『日本外史』 卷十六, 十二; 『征韓偉略』 卷二, 二十九).

17 『宣祖實錄』, 1593/2/19 ⑫.

18 앞서 인용된 오유산의 말(『宣祖實錄, 1593/2/5 ①). 조선의 무관 오극성(吳克成)도 벽제관전투 직후 청원사 정곤수에게 보낸 편지에서 비슷하게 주장했다. 즉, 벽제관전투의 실패가 명군이 기병으로서 무딘 무기만을 갖고 있었을 뿐만 아니라, 우리나라가 그들을 잘못 안내했던 것에도 이유가 있었다는 것이다(「上鄭栢谷崑壽」(1592), 『問月堂文集』 卷一, 九-十).

19 『宣祖實錄』, 1593/3/7 ①.

20 「有旨祗受後論啟碧蹄敗北緣由狀」(1593/3/13), 『국역 진사록』 2, 1-5.

21 『宣祖實錄』, 1593/3/20, ③.

22 실제 4월 중순 왜군은 서울에서 철수하기 직전 대규모 학살을 자행하고 많은 건물에 방화했다.

23 「馳報李提督進軍碧蹄不利還駐東坡及請輸運唐糧以濟大事狀」(1593/1/29), 『국역 진사록』 1, 302-306.

24 「馳報李提督進軍碧蹄不利還駐東坡及請輸運唐糧以濟大事狀」(1593/1/29), 『국역 진사록』 1, 302-306.

25 「記壬辰以後請兵事」, 『西厓文集』 卷十六, 六; 「李提督分兵六千還守平壤狀」(1593/2/10), 『국역 진사록』 1, 327-329.

26 「與李提督書」(1593/2/4), 『經略復國要編』 卷六, 十四; 「檄李提督書」(1593/2/4), 『經略復國要編』 卷六, 十四-十五.

27 「報王相公書」(1593/2/16), 『經略復國要編』 卷六, 二十一-二十二.

28 「報王相公書」(1593/2/16), 『經略復國要編』 卷六, 二十二. 진린은 수군으로 광동성에서 토적과 왜구의 토벌에 전공이 있었는데, 임란이 발생하자 계진(薊鎭)의 부총병으로 파견되어 연해 지역 방어를 담당했다. 그는 정유재란 때 조선에 파견되었다(『明史』 列傳135, 「陳璘」).

29 「欽差提督薊遼……期滅倭奴事」(1593/2/15), 『事大文軌』 卷五, 四十九-五十.

30 「移兵部咨」(1593/2/30), 『經略復國要編』 卷六, 四十-四十二.

31 「報三相公幷石司馬書」(1593/3/5), 『經略復國要編』 卷七, 二十五-二十六.

32 『宣祖修正實錄』, 1593/4 ①.

33 일부 연구는 벽제관전투 이후 명 내부에 광범위한 철군론이 있었음을 주장했다. 그렇지만 제시되는 문헌적 전거에 문제가 없지 않다. 이를테면 김경태 교수

(2014, 96)는 허홍강의 상소를, 한명기 교수(2002, 251)는 여계등(余繼登)의 상소를 예로 들고 있다. 그렇지만 자세히 보면 두 가지 예는 시기적으로 벽제관 전투 이후에 해당되지 않는다. 허홍강의 상소가 확인되는 시점은 1592년 7월 초 임진왜란 직후 파병을 둘러싼 논쟁이 한창이던 때, 그리고 이듬해 4월 중순 왜군이 서울에서 철수한 뒤였다(『神宗實錄』, 1592/7/3 ①, 1592/7/9 ⑤; 『宣祖實錄』, 1593/6/29 ⑨). 그리고 여계등의 「조선철병의(朝鮮撤兵議)」는 정유재란 말의 시점에 작성되었다(『淡然軒集』 卷七, 五十七-五十九).

34 『神宗實錄』, 1593/2/18 ①.

35 『神宗實錄』, 1593/2/29 ①, ②.

36 「與趙明字書」(1592/11/24), 『姚江孫月峯先生全集』 卷四, 二十九-三十; 「與楊本菴書」(1592/12/9), 『姚江孫月峯先生全集』 卷四, 三十六-三十七.

37 「又與石東泉書」(1593/2/19), 『姚江孫月峯先生全集』 卷四, 五十一-五十二; 「與宋桐岡書」(1593/2/21), 『姚江孫月峯先生全集』 卷四, 五十三-五十四.

38 「又與石東泉書」(1593/2/25), 『姚江孫月峯先生全集』 卷四, 五十六-五十七.

39 벽제관전투를 승리로 보고받은 결과일 것이다.

40 직예(直隸)는 수도에 직속된 지역인데, 북경 주변에는 북직예, 초기 수도인 남경 주변에는 남직예를 두었다. 여기서 직예는 남직예, 즉 강소와 안휘를 지칭한다.

41 「與政府書」(1593/2/26), 『姚江孫月峯先生全集』 卷四, 五十八.

42 「與顧沖菴總督書」(1593/3/28), 『姚江孫月峯先生全集』 卷四, 六十九-七十.

43 「與政府書」(1593/2/26), 『姚江孫月峯先生全集』 卷四, 五十九.

44 나중에 강화 소식이 전해지자, 손광은 산동에서 요동으로 운송될 군량을 줄이는 데 관심을 가졌다(「與宋桐岡書」(1593/5/1), 『姚江孫月峯先生全集』 卷四, 七十五). 얼마 후 왜적이 조공을 구걸하며 (서울에서) 물러간다는 소식을 들었을 때, 그는 "궁지에 몰린 짐승이 오히려 대든다."며 몰아붙이는 데 반대하는 입장이었다. 조공과 관련해서는 왜적이 해마다 조선을 통해 조공하게 한다면 명은 방비를 계속해야 할 것이므로 그것은 원천적으로 막아야 한다고 주장했다(「答沖菴書」(1593/5/15), 『姚江孫月峯先生全集』 卷四, 七十八). 그해 여름 아직 왜군이 남부지방에 둔치고 있고 심지어 조선이 땅의 일부를 떼어주었다는 소문이 전해졌을 때, 그는 송응창에게 보낸 편지에서, 왜적에 대한 공격은 '피일아로'〔彼逸我勞, 상대는 편히 기다리고 아군은 멀리 오느라 지친 상황에서 싸우는 것〕로서, 이여송의 철군 주장이 틀린 것이 아니라고 주장했다(「答宋桐岡書」(1593/7/16), 『姚江孫月峯先生全集』 卷四, 八十一).

45 벽제관전투 이후 명군이 기후와 지리적인 요소에 의해 철수할 수밖에 없었다는 주장의 예는 王崇武(1948b), 349-355 참조.

46 「議取王京開城疏」(1593/1/25), 『經略復國要編』 卷五, 四十九.

47 『征東實紀』, 七.

48 「糧餉接濟無計急運唐糧及北道防備措置狀」(1593/2/9), 『국역 진사록』 1, 320-323.

49 조선이 4만 명의 군대가 2개월간 필요한 군량과 마초를 준비했다는 사실은 이듬해 3월 중순 송응창이 좌의정 윤두수에게 전한 말에서도 확인된다(「左相尹斗壽書狀」, 『瑣尾錄』, 1593/4/19).

50 「議取王京開城疏」(1593/1/25), 『經略復國要編』 卷五, 五十一.

51 「馳啓京畿以後糧料難辦緣由及提督自欲賑貸飢民狀」(1593/1/25), 『국역 진사록』 1, 296-298.

52 『懲毖錄』 卷二, 六.

53 「馳啓天兵自東坡又退開城府狀」, 『국역 진사록』 1, 308-310.

54 『宣祖實錄』, 1593/2/1 ④.

55 『宣祖實錄』, 1593/2/3 ②; 1593/2/7 ①.

56 「馳報李提督進軍碧蹄不利還駐東坡及請輸運唐糧以濟大事狀」(1593/1/29), 『국역 진사록』 1, 306-307.

57 「李提督還軍開城府狀」(1593/2/3), 『국역 진사록』 1, 313-315.

58 「天將已定旋師非緣糧餉乏絶狀」(1593/2/13), 『국역 진사록』 1, 337.

59 「吉川家譜」, 기타지마 만지 지음, 김유성·이민웅 옮김, 2008, 134-135.

60 『宣祖修正實錄』, 1593/2 ⑧.

61 1599년 7월 권율이 63세의 나이로 죽자 그의 휘하 병사들이 행주대첩비를 세웠다.

62 「權元帥幸州碑」, 『簡易集』 一, 七十八.

63 「移朝鮮國王咨」(1593/4/4), 『經略復國要編』 卷八, 六-七.

64 『宣祖修正實錄』, 1593/2 ⑧.

65 2월 21일 동파에서 유성룡의 보고에 의하면, 당시 선봉대 사대수 부총병은 동파에, 왕필적·이영(李寧) 등 다른 장수들은 개성에 주둔하고 있었다. 이여송은 평양에서 멀지 않은 황해도 봉산(鳳山)에 머물고 있다는 소문이었다(「馳啓京城賊勢速請提督進剿狀」(1593/2/21), 『국역 진사록』 1, 353-356).

66 「馳啓京城賊勢速請提督進剿狀」(1593/2/21), 『국역 진사록』 1, 353-356; 『宣

祖實錄』, 1593/2/25 ⑤; 「馳啓北賊盡聚京城我軍設伏截殺緣由及糧餉乏絶狀」(1593/2/30), 『국역 진사록』 1, 365-371.

67 「請分遣鄭希玄朴名賢等軍以防北路狀」(1592/12), 『국역 진사록』 1, 252-253.

68 「平壤已復馳啟東宮使我軍往圖北賊狀」(1592/1/9), 『국역 진사록』 1, 279-281.

69 『宣祖實錄』, 1593/1/11 ③.

70 중추원 소속의 종2품.

71 『宣祖實錄』, 1593/1/25 ⑥, ⑦.

72 「與袁贊畫書」(1593/2/27), 『經略復國要編』 卷六, 三十五.

73 「朝鮮國王爲進兵示威以紓賊患事」(1593/1/26), 『事大文軌』 卷五, 十六-十七.

74 「移咨兵部」(1593/2/2), 『經略復國要編』 卷六, 九.

75 「檄副將佟養正」(1593/2/2), 『經略復國要編』 卷六, 十-十一.

76 『宣祖實錄』, 1593/2/6 ②.

77 『宣祖實錄』, 1593/2/4 ②; 1593/2/5 ⑥; 1593/2/6 ②; 1593/2/8 ⑧.

78 『宣祖實錄』, 1593/2/9 ③.

79 『宣祖實錄』, 1593/2/10 ③; 1593/2/11 ④.

80 『宣祖實錄』, 1593/3/2 ⑥.

81 『宣祖實錄』, 1593/3/4 ⑦.

82 「咨宋經略」, 『象村集』 卷三十八, 三十九-四十.

83 『全邊略記』 卷九, 四十九. 『전변약기』는 병부의 한 부서인 직방사의 관리였던 방공소(方孔炤, 1590-1655)가 편찬한 명의 변방정책에 관한 역사서이다. 다만 임진왜란과 관련하여 일부 사실을 자세히 기록하고 있으니, 신빙성이 부족한 면도 있다. 기요마사가 히데요시의 책봉을 요구했다는 것은 사실이 아닌 듯하다.

84 『宣祖實錄, 1593/2/16 ⑪.

85 『宣祖實錄』, 1593/2/17 ⑯.

86 「欽差提督……都督李爲酌議進兵期滅倭奴事」(1593/2/15), 『事大文軌』 卷五, 四十九-五十.

87 「朝鮮國王准咨來該爲酌議進兵期滅倭奴事」(1593/2/21), 『事大文軌』 卷五, 五十-五十一.

88 제2군이 처음 조선에 들어왔을 때 기요마사는 1만 명, 나오시게는 1만 2천 명의 군대를 가졌다. 그렇지만 그들이 이듬해 2월 말 서울에 들어올 때에는 각각 5천 5백 명과 7천 6백 명에 불과했다(기타지마 만지 지음, 김유성·이민웅 옮김, 2008, 141-142).

89 中野等, 2008, 100-101. 일본의 다른 연구에 의하면, 함경도 군대의 철수 결정은 왜군 내부의 갈등으로 인해 이미 전년도 말에 내려졌다고 한다. 즉, 각기 함경도와 평안도에서 기요마사와 유키나가의 중국 진출이 막힌 가운데 상호 비방이 오가게 되었고, 결국 서울의 봉행들이 기요마사에게 함경도에서 철수하도록 지시했다(기타지마 만지 지음, 김유성·이민웅 옮김, 2008, 139-142).

90 「馳啟北賊盡聚京城我軍設伏截殺緣由及糧餉乏絶狀」(1593/2/30), 『국역 진사록』 1, 365-371.

91 「朝鮮國王爲懇乞速調南兵進剿餘賊以終大功事」(1593/3/5), 『事大文軌』 卷五, 六十一-六十三; 「朝鮮國王爲乞急調精銳剿殲餘賊俾絶後患事」(1593/3/8), 『事大文軌』 卷五, 六十四-六十六.

92 『宣祖修正實錄』, 1593/2 ⑥.

93 『宣祖實錄』, 1593/2/17 ⑬.

94 『宣祖實錄』, 1593/2/17 ⑫.

95 「欽差提督……酌議進兵期滅倭奴事」(1593/2/15), 『事大文軌』 卷五, 四十九-五十.

96 『宣祖實錄』, 1593/2/16 ⑧.

97 『宣祖實錄』, 1593/2/17 ④.

98 『宣祖實錄』, 1593/2/19 ⑪.

99 『宣祖實錄』, 1593/2/26 ③.

100 『宣祖實錄』, 1593/2/27 ⑤.

101 『宣祖實錄』, 1593/2/15 ⑨.

102 『宣祖實錄』, 1593/2/15 ⑩.

103 실제 명군의 말이 다수 굶거나 병에 걸렸고, 그것이 명군 철수의 한 원인이라는 점은 2월 17일 병조판서 이항복이 선조에게 했던 보고에서도 확인된다(『宣祖實錄』, 1593/2/17 ⑪).

104 『宣祖實錄』, 1593/2/15 ⑪.

105 며칠 뒤 2월 18일 선조는 가산에서 양원을 접견했는데, 그는 유정의 남병 5천 명이 곧 도착할 것이라고 전했다. 아울러 그는 말 3만 필 가운데 절반이 넘게 죽어서 7만 필을 징발해 올 것이라고 말했다(『宣祖實錄, 1593/2/18 ②).

106 『宣祖實錄』, 1593/2/16 ⑪. 그 외에도 그는 개원(開原)·심양(瀋陽) 등지의 병마 3천을 뽑아 함경도의 왜군을 막을 것이라고 했으나 그대로 진행되지는 않았다.

107 이여송은 선천의 임반(林畔)에서 승지 정희번(鄭姬藩)을 만났을 때에도 비슷한 사실을 언급했다. 즉, 송응창이 서울의 왜군 가운데 절반이 조선인 투항자이고 또 함경도 왜군이 아직 우려된다는 사실을 듣고, 이여송 자신의 진격을 늦추고 있다는 것이다(『宣祖實錄, 1593/2/16 ⑬).

108 『宣祖實錄』, 1593/2/16 ⑪.

109 공조정랑 황기(黃沂)의 보고에 의하면, 송응창이 2월 24일 압록강을 건너왔을 때 윤근수 등과 함께 그를 접대했다(『宣祖實錄』, 1593/2/30 ③). 또한 윤근수의 치계가 26일 조정에 도착했다. 이로써 보건대, 윤근수는 22일이나 23일 봉황성에서 송응창을 만났을 것이다.

110 『宣祖實錄』, 1593/2/28 ⑦.

111 『宣祖實錄』, 1593/2/26 ⑨.

112 『宣祖實錄』, 1593/2/10 ⑥.

113 『宣祖實錄』, 1593/2/23 ⑧.

114 『宣祖實錄』, 1593/2/20 ②.

115 『宣祖實錄』, 1593/3/13 ②; 1593/4/9 ②.

116 『神宗實錄』, 1593/5/4 ①.

117 『宣祖實錄』, 1593/4/9 ②.

118 홍인상은 11월 하순 귀국 후 자신이 3개월 만에 중원에 들어갔다고 보고했다(『宣祖實錄』, 1593/11/28 ③). 그는 5월까지는 요동에 있었던 셈이었다. 그가 요동을 언제 출발했는지는 알 수 없으나, 결국 8월 중순 원래의 임무인 사은사 및 주청사가 아닌 성절사로서 북경에 도착했다(『神宗實錄』, 1593/8/14 ②).

119 『宣祖實錄』, 1593/4/6 ⑧.

120 『宣祖實錄』, 1593/2/27 ⑤.

121 『宣祖實錄』, 1593/2/20 ③.

122 『宣祖實錄』, 1592/12/17 ⑤.

123 「與平倭李提督書」(1593/1/20), 『經略復國要編』 卷五, 三十九.

124 『宣祖實錄』, 1593/2/15 ⑪. 명 내부에서 송응창의 조선정책에 대한 비판이 일었을 때 그가 오랫동안 조선에 진주하지 않았던 사실도 그 대상이 되었다. 즉, 그가 "위축되어 우물쭈물하고, 난리를 무서워하여 구차하게 당장의 안일을 도모했다."는 것이었다. 이에 그는 자신의 요동 장기체류는 군대의 징발, 무기, 식량, 말먹이 등의 지속적인 조달을 위해서였다고 해명했다(「辯楊給事中論疏」

(1593/3/17), 『經略復國要編』 卷七, 四十一-四十二).

125 『宣祖實錄』, 1593/2/30 ③. 송응창은 3월 10일 이후 의주를 떠났으나 조선 대신들에게 호언했던 개성은 물론 평양까지도 가지 않고 의주에서 가까운 안주에 주둔했다(『再造藩邦志』 二, 四七).

126 「與李提督書」(1593/2/28), 『經略復國要編』 卷六, 三十八.

127 「與李提督書」(1593/2/30), 『經略復國要編』 卷六, 四十二-四十三.

128 『宣祖實錄』, 1593/4/1 ③.

129 「檄李提督幷劉袁二贊畫」(1593/2/28), 『經略復國要編』 卷六, 三十六-三十八.

130 『宣祖實錄』, 1593/3/7 ①.

131 『宣祖實錄』, 1593/3/7 ①.

132 『宣祖實錄』, 1593/3/7 ③.

133 『宣祖實錄』, 1593/3/7 ②.

134 「朝鮮國王爲乞調精銳剿滅……絶後患事」(1593/3/8), 『事大文軌』 卷五, 六十五.

135 「移朝鮮國王咨」(1593/3/6), 『經略復國要編』 卷七, 二十九-三十.

136 「宣諭平行長」(1593/3/8), 『經略復國要編』 卷七, 三十-三十二.

137 『宣祖實錄』, 1593/3/10 ①.

138 「上宋經略書」, 『梧陰遺稿』 三, 三十三-三十五.

139 저자 오희문에 의하면, 해당 문건은 찰방(察訪) 김가기(金可幾, 1537-1597)가 1593년 4월 19일 직산의 충청도관찰사 진중에서 자신에게 보내왔다.

140 『瑣尾錄』, 1593/4/19.

141 제3장 3절 참조.

142 백관의 자문은 신흠이 작성했는지, 그의 문집인 『상촌집』에만 수록되어 있다. 자문의 내용은 대략 다음과 같다. 즉, 평양전투 이후 대치 국면이 장기화되면서 명군에게 제공될 조선의 식량이 고갈되었다. 다행히 최근 호남과 호서에서 배로 식량이 도착하여 명군이 수십 일간 먹을 분량이 마련되었다. 이제 명군의 남하가 다시 지체된다면 "군사는 지치고 재원은 바닥나서〔師老財殫〕" 일을 그르칠까 우려된다(「上李提督書」, 『象村集』 卷三十七, 一).

143 『宣祖實錄』, 1593/3/15 ②.

144 「欽差經略贊畫……俾絶後患事」(1593/3/28), 『事大文軌』 卷五, 六十六-六十九; 『宣祖實錄』, 1593/3/20 ⑦.

145 「朝鮮國王爲移駐腹裏以圖安集事」(1593/1/17), 『事大文軌』 卷五, 十五.

146 『宣祖實錄』, 1593/1/24 ⑨.

147 『神宗實錄』, 1593/2/1 ③.

148 『宣祖實錄』, 1593/2/11 ⑤.

149 『宣祖實錄』, 1593/2/15 ⑪.

150 당시 명군의 식량은 명 측이 의주까지 가져오면 조선이 백성들을 동원하여 국내 명군 주둔지에 운반했다.

151 『宣祖實錄』, 1593/2/12 ②; 1593/2/13 ①, ②, ③.

152 『宣祖實錄』, 1593/3/23 ④.

153 『宣祖實錄』, 1593/3/24 ①.

154 선조와 왕군영의 대화 내용은 제5장 1절 참조.

155 『宣廟中興誌』 四, 四; 『再造藩邦志』 三, 四九.

156 『宣祖實錄』, 1593/3/4 ③.

157 『宣祖實錄』, 1593/3/5 ③.

158 「倭書上送狀」(1593/3/7), 『국역 진사록』 1, 401-403.

159 특정 목적을 위해 임시로 차출된 관원.

160 「馳啓兩湖事勢急迫參酌處置狀」(1593/3/10), 『국역 진사록』 2, 36.

161 『宣祖實錄』, 1593/3/16 ⑤.

162 『宣祖實錄』, 1593/3/27 ⑨.

163 『宣祖實錄』, 1593/3/25 ⑤.

164 『宣祖實錄』, 1593/3/29 ③. 『선조실록』에는 강화에 관한 이호민의 의견은 나와 있지 않다. 그런데 그의 입장은 1593년 봄 명·일 강화 교섭이 가시화된 상황에서 이여송에게 쓴 게첩에서 확인된다. 거기에서 그는 다음과 같은 이유에서 서울의 왜적에 대한 공격을 요청했다. 즉, "지금 (명의) 군사가 임진강에 이른 지 이미 시일이 오래되었습니다. 그들〔왜적〕의 강화 요청은 분명 고의로 (명군의) 공격을 늦추어 증원병을 기다리는 계책에 불과합니다. (강화)론자들이 말하는 것처럼, 겉으로 믿는 척하여 그들의 속셈을 탐지한다고 해도 반드시 시일이 많이 걸릴 것입니다. 봄이 점차 지나서 씨 뿌리는 시기를 놓친다면 소방의 백성들은 모두 죽고 말 것입니다. 설령 왜적이 결국 물러나 하나의 고개를 넘게 한다 해도, 고개를 넘으면 그들을 문책할 수 없게 됩니다. 갑자기 군대를 돌려 위협하는 경우에도 소방은 결국 망하고 말 것입니다."(「李提督前揭帖」(1593), 『五峯集』 卷十三, 三) 비슷한 시점에서 호조판서 홍성민(洪聖民)도 강화에 대한 우려와 서울 왜군을 공격할 필요성을 강조하는 편지를 이여송에게 연이어 보냈다(「上李

提督如松書」,「復上李提督書」,『拙翁集』 卷八, 一-五).

165 「金井文書」, 北島万次, 2017(2), 66-70; 기타지마 만지 지음, 김유성·이민웅 옮김, 2008, 137-138.

166 「淺野家文書」 202, 北島万次, 2017(2), 122-124; 『征韓偉略』 卷三, 一; 기타지마 만지 지음, 김유성·이민웅 옮김, 2008, 138-139.

167 中野等, 2008, 107-108.

168 「報王趙張三相公書」(1593/3/3), 『經略復國要編』 卷七, 四. 다만 명군의 주장과 달리 용산창은 일부만 소각된 것으로 보인다. 1598년 6월 23일 조정회의에서 우의정 이덕형은 이 글을 인용했다. 그는 송응창의 방화명령 주장에 대해서는 의문을 제기하지 않았으나, 방화로 인해 서울의 왜군이 식량이 부족해서 도망쳤다는 주장은 "하늘을 속이는 것"이라고 말했다. 이덕형에 의하면, 왜군이 물러갔을 때 도성에는 식량이 매우 "어지럽게 흩어져 있었다."(『宣祖實錄』, 1598/6/23 ②) 용산창은 조선이 조세로 받은 곡식을 저장하는 곳으로서, 서울 함락 이후 왜군이 그것을 군량으로 사용해왔다. 조선에서도 용산창의 곡식을 불태워야 한다는 의견이 없지 않았다(『宣祖實錄』, 1593/2/28 ⑥).

169 「欽差經略薊遼……宋侍郎爲倭情事」(1593/3/7), 『事大文軌』 卷五, 八十二.

170 中野等, 2008, 104-105.

171 「附金千鎰狀」, 『국역 진사록』 2, 30.

172 「馳啓兩湖事勢急迫參酌處置狀」(1593/3/10), 『국역 진사록』 2, 32-36.

173 『征韓偉略』 卷三, 五-六.

174 당시 왜군은 이 병력 외에 부산포에 건설병과 군사 1만 2천 6백 명, 부산과 상주 사이 축성을 담당하는 군사 6천 명, 그리고 수군 9천 3백 명이 있었다(「淺野家文書」 263, 北島万次, 2017(2), 159-162).

175 「淺野家文書」 263, 北島万次, 2017(2), 154-159.

176 루이스 프로이스 저, 정성화·양윤선 역, 2008, 130-131.

177 「倭書上送狀」(1593/3/7), 『국역 진사록』 1, 400-401.

제5장 명·일 강화교섭

1 이여송의 접반사 이덕형의 3월 초 보고에 의하면 명군은 약 3만 명이 조선에 남아 있었다. 그는 구체적으로 평양에 2만 6천 명 그리고 개성 등지에 오유충과

낙상지의 남병 4천 명을 확인했다(『宣祖實錄』, 1593/3/4 ③).

2 『懲毖錄』 卷二, 十一; 「記壬辰以後請兵事」, 『西厓文集』 卷十六, 七. 여기에 더하여 『재조번방지』에 의하면, 이여송이 다시 왜적의 서신을 송응창에게 전달하고, 왜적이 군사의 철수와 조선 왕자 및 배신의 송환 의사를 갖고 있다는 의견을 그에게 개진했다(『再造藩邦志』 三, 四九).

3 『징비록』에서 김천일만 언급되었지만 실제 정걸 등이 공동으로 서명하여 보고했을 것이다. 당시 조선 수군은 용산 부근에 정박해 있었는데, 김천일 이외에도 정걸과 경기수사 이빈(李蘋) 등이 함께 있었다. 이들은 주요 사안에 대해서 함께 서명하여 유성룡에게 보고했다.

4 용산의 양화도(揚花渡) 부근.

5 「馳報倭書狀」(1593/3), 『국역 진사록』 1, 379-381; 「倭書上送狀」(1593/3/7), 『국역 진사록』 1, 400-401.

6 「倭書上送狀」(1593/3/7), 『국역 진사록』 1, 400-401; 「馳啓査摠兵送人倭陣持倭書出來狀」(1593/3/7), 『국역 진사록』 1, 410-412.

7 『宣祖實錄』, 1593/3/4 ⑧.

8 『宣祖實錄』, 1593/3/11 ②. 그는 당시 나이가 70세가 넘었는데, 그해 5월에 유배당하여 도중에 죽었다(『宣祖實錄』, 1593/5/30 ③).

9 「馳啓二王子書出來緣由及査將所言狀」(1593/3/10), 『국역 진사록』 1, 404-407; 『宣祖實錄』, 1593/3/15 ⑤.

10 「倭陣出來書」(1593/3/11), 『국역 진사록』 1, 416-418.

11 서울역 부근 청파동.

12 그 이유는 분명하지 않으나 유성룡은 조정에 대한 보고에서 심유경의 왜영 방문 사실은 전혀 언급하지 않았다. 오히려 그는 자신이 있는 곳에서는 명군이 하는 일을 알 수 없다면서 몇 가지 간접적인 경험을 통해서 강화의 진행을 인지한 것으로 서술했다. 즉, 파주에 나갔다가 지나가던 명의 기병 4, 50명에게서 서울로 간다고 들었던 것, 송응창의 패문을 가지고 돌아온 지휘 오종남(吳宗男)이 종사관 신경진에게 얼마 남지 않은 농사철을 놓치지 않기 위해서 부득불 강화로 왜적을 철수시켜야 한다고 말한 것 등이었다(「賊中出來書封上狀」(1593/3/16), 『국역 진사록』 2, 13-20; 「有旨祇受後仍論行間以離其黨事宜狀」(1593/3/16), 『국역 진사록』 2, 51-52).

13 강서구 가양동 부근.

14 마포구 신정동 부근.

15 노량진 흑석동.

16 나중에 유성룡이 역관 김선경에게 들은 바에 의하면, 기요마사도 심유경을 직접 만나 논의하고자 했으나 심유경이 거절했다고 한다(「沈遊擊自賊中出來狀」(1593/3/19), 『국역 진사록』 2, 57-60).

17 「附金千鎰狀」, 『국역 진사록』 2, 20-32.

18 『宣祖實錄』, 1593/3/24 ②.

19 「沈遊擊自賊中出來狀」(1593/3/19), 『국역 진사록』 2, 57-60.

20 『宣祖修正實錄』, 1593/4 ①.

21 『宣祖實錄』, 1593/3/20 ①.

22 「賊中出來書封上狀」(1593/3/16), 『국역 진사록』 2, 13-20. 나중에 알려진 바로는 황정욱 등이 '신(臣)' 자를 쓰지 않은 것 외에 그 서신에는 '관백 전하' 등의 표현이 있었다. 그로 인해 황정욱은 심문을 받았는데, 그는 조서에서 해당 서신이 강제로 작성된 위서(僞書)임을 강조했다. 즉, 기요마사가 왕자들에게 면전에서 조정에 보낼 서신의 작성을 요구했고, 황정욱 등에게 보내 서명하게 했다(『宣祖實錄』, 1595/3/11 ④). 『재조번방지』에 의하면, 왜적에게 붙잡힌 사람들이 보내는 서신들은 원래 진본과 위본이 있었다. 왜적 몰래 보내는 진본에는 적중의 사정을 자세히 쓰고 또 언문(諺文), 즉 한글로 적었다. 그렇지만 강요된 위본에는 대체로 왜적이 말하는 대로 따랐고, 별 생각 없이 서명했다(『再造藩邦志』 二, 四八). 황정욱의 해명은 『宣祖實錄』, 1593/8/2 ④에 나온다. 한편 황정욱 등의 편지는 전해지지 않지만, 일행이 서울 송환을 앞둔 6월 2일 감사를 표시하기 위해 기요마사에게 쓴 편지가 일본에서 전해진다. 거기에도 히데요시는 '관백 전하'로 호칭되고 있다. 편지의 날짜와 달리 내용상 일행이 이미 서울에 돌아온 뒤에 쓴 것으로 번역하여 기요마사 측의 위작 가능성이 제기되기도 한다(김경태, 2014, 140-141). 그렇지만 한문의 특징상 시제가 불분명하지만, 위 편지를 반드시 서울 송환이후 쓴 것으로 볼 필요는 없다고 생각된다.

23 황정욱 부자의 서신에 대한 유성룡의 문제제기는 앞서 『징비록』에서 강화의 계기를 이신충과 두 왕자 및 황정욱의 만남으로 기술한 것과 무관하지 않다고 생각된다.

24 「記壬辰以後請兵事」, 『西厓文集』 卷十六, 七. 실제 3월 하순 선조는 명·일 접촉 과정에서 유성룡의 행동을 문제 삼았다. 특히 유성룡은 왜서들을 거절하지 않고 받아서 조정뿐 아니라 명군 측에도 넘겨주었다. 그리하여 강화의 계기가 마련되었다. 선조는 왜군과의 접촉은 물론 조정에 대한 왜서의 보고조차 금지시

켰다(「有旨祇受後論天將講和非計狀」(1593/3/27), 『국역 진사록』 2, 81-83). 유성룡도 적극 해명에 나섰다. 그에 의하면, 왜서들을 조정에 올린 것은 상황을 알려 강화에 대한 조정의 대응책 마련을 위해서였다. 명군 측에 그것들을 전달한 것과 관련하여, 그는 명군의 강화 시도 자체에 대해서 잘 몰랐다고 해명했다. 그에 의하면, 명군은 남진을 주장하면서 협상을 단지 왕자의 석방을 위한 속임수로 활용하려는 듯했다. 더욱이 심유경이 그를 회피했기 때문에 만류할 수도 없었다(「有旨祇受後自劾待罪狀」(1593/3/28), 『국역 진사록』 2. 89-91; 「有旨祇受後自劾狀」(1593/4/7), 『국역 진사록』 2. 98-107; 「馳啓提督所爲難測狀」(1593/4/11), 『국역 진사록』 2, 111-113).

25 『宣祖實錄』, 1593/3/2 ③, ⑥.

26 「朝鮮國王爲進兵剿賊振揚皇威事」(1593/3/14), 『事大文軌』 卷五, 七十七-八十. 이 자문 초안에는 차선책으로 아군이 서울에서 군사적 위세를 보인 뒤에 강화하여 왜적에게 퇴로를 열어주는 방안이 포함되었다. 그렇지만 조선의 강화 반대를 강조하기 위해서 이 방안은 최종본에서 삭제되었다(『宣祖實錄』, 1593/3/11 ①; 1593/3/13 ③).

27 「移朝鮮國王咨」(1593/3/25), 『經略復國要編』 卷七, 四十六.

28 해당 시점에서 송응창은 권율에게 왜군의 살해를 금지하라는 문건을 조정에 보내왔다. 그것은 당시 그가 누차 소규모 왜군을 참획했다는 보고가 있었기 때문이다. 그렇지만 강화와 휴전을 극력 반대하던 조정은 그것을 권율에게 전달하지 않기로 했다(『宣祖實錄』, 1593/3/28 ④).

29 「報遼東撫院書」(1593/3/25), 『經略復國要編』 卷七, 四十四.

30 왜군이 서울에서 철수한 뒤 약 한 달 반이 지난 시점에서야 그는 강화의 배경을 솔직하게 인정했다. 그는 내각수보 왕석작에게 보낸 6월 1일자 편지에 이렇게 적었다. "강화는 저의 본심이 아니었습니다. 단지 서울에 모인 왜적의 수가 많고, 성안에는 목책을 견고히 하고, 성 밖에는 연이어 진을 치고 있었습니다. 이들을 공격하고자 해도 우리 군사가 피로하고 도로도 험준했습니다. 그들이 피곤할 때까지 그냥 기다리고자 해도 날짜만 지연될 뿐, 언제 끝날지도 몰랐습니다. 그래서 잠시 강화를 허용했습니다."(「覆王相公書」(1593/6/1), 『經略復國要編』 卷九, 一)

31 『신종실록』에 의하면, 과신 허홍강(許弘綱)·장보지(張輔之)·후정패(侯廷佩)가 각기 상소하여 강화의 허용에 적극 반대했다(『神宗實錄』, 1593/4/14 ①).

32 「與艾主事書」(1593/4/1), 『經略復國要編』 卷八, 一.

33 『宣祖實錄』, 1593/4/1 ③.

34 1592년 12월 중순 왜적은 강릉〔康陵, 명종의 능〕과 태릉〔泰陵, 중종의 계비 문정왕후의 능〕을 파헤쳤다.

35 『宣祖實錄』, 1593/4/1 ③.

36 「宣諭平行長」(1593/3/8), 『經略復國要編』 卷七, 三十一.

37 『宣祖實錄』, 1593/4/2 ⑥. 한편 『정한위략』은 두 사람이 파견된 이유를 다른 곳에서 찾는다. 즉, 유키나가와 심유경의 용산회담에서 성과가 없자 추가적인 교섭을 위해서 석성과 논의하여 두 사람을 유키나가 진영에 보냈다는 것이다. 그 외에도 위 문헌에 따르면, 심유경은 일본이 왕자와 배신을 송환하고 서울에서 본국으로 철수하면 명군도 철수하겠다고 약속했다. 그렇지만 유키나가는 평양에서 속은 것이 반복될까봐 그 제안을 받아들이지 않았다(『征韓偉略』 卷三, 六).

38 좌의정 윤두수가 3월 25일 회의에서 한 말이다(『宣祖實錄』, 1593/3/25 ③).

39 『宣祖實錄』, 1593/4/2 ⑦.

40 『宣祖實錄』, 1593/4/3 ②.

41 『宣祖實錄』, 1593/4/4 ③.

42 『宣祖實錄』, 1593/4/6 ②.

43 『宣祖實錄』, 1593/3/29 ③.

44 「移朝鮮國王咨」(1593/4/4), 『經略復國要編』 卷八, 三.

45 「移朝鮮國王咨」(1593/4/4), 『經略復國要編』 卷八, 五.

46 「移朝鮮國王咨」(1593/4/4), 『經略復國要編』 卷八, 六-八.

47 『宣祖實錄』, 1593/4/3 ②.

48 『宣祖實錄』, 1593/4/5 ②.

49 「移朝鮮國王咨」(1593/4/19), 『經略復國要編』 卷八, 九-十一.

50 『宣祖實錄』, 1593/4/3 ③.

51 「沈遊擊自賊中出來狀」(1593/3/19), 『국역 진사록』 2, 57-60.

52 『宣祖實錄』, 1593/4/1 ⑤.

53 『宣祖實錄』, 1593/4/1 ⑥.

54 「平安道都巡察使時狀啓」(1593/4/3), 『梧里續集』 卷二, 六-七.

55 「平安道都巡察使時狀啓」(1593/4/13), 『梧里續集』 卷二, 七; 「平安道都巡察使時狀啓」(1593/4/15), 『梧里續集』 卷二, 八.

56 『懲毖錄』 卷二, 十一.

57 『懲毖錄』 卷二, 十三.

58 「平安道都巡察使時狀啓」(1593/4/3), 『梧里續集』 卷二, 六-七.

59 「平安道都巡察使時狀啓」(1593/4/13), 『梧里續集』 卷二, 七-八.

60 「檄李提督劉贊畫劉綎三協將」(1593/5/18), 『經略復國要編』 卷八, 三十四.

61 루이스 프로이스 저, 정성화·양윤선 역, 2008, 130-131. 일본의 한 자료에 의하면, 왜군의 서울 철수와 동시에 명도 개성에 주둔하고 있는 군대를 철수한다는 조건이 있었다(北島万次, 1992, 150-151). 아래에서 보는 것처럼, 왜군의 서울 철수 직후 명군도 철수를 개시했다. 한편 제3군으로 참전했던 나가마사 가문의 기록은 일반적으로 알려지지 않은 내용을 포함하고 있다. 거기에 따르면, 심유경은 왕자들의 송환과 조선 4개 도의 할양 그리고 명 공주의 혼인을 강화조건으로 제시했다. 그와 함께 명 측이 일본의 요구조건들을 대부분 수용함으로써 히데요시도 기뻐하며 명군의 동시철수를 전제로 왜군의 서울 철수를 결정했다(「黑田家譜 朝鮮陣記」, 北島万次, 2017(2), 170-171). 그렇지만 심유경이 조선 영토의 할양과 명에서는 생각하기 어려운 혼인을 스스로 제시했다는 것은 믿기 어렵다. 심유경이 임시방편으로 그렇게 했거나 아니면 나가마사 측이 불명예스런 퇴각을 합리화하기 위한 말로 생각된다. 해당 글은 또한 유키나가 등이 조선에서 군사를 철수시키기 위해서 명이 히데요시를 일본국왕이 아닌 대명의 왕으로 책봉하기로 거짓 보고했다고 주장했다.

62 몇 년 뒤 심유경의 회고에 따르면, 당시 왕자들이 급히 사람을 보내서 "(석방되어) 돌아갈 수 있다면, 한강 이남 어느 땅이든 구애받지 않고 임의로 (왜적에게) 주겠다."고 했다. 물론 그는 그 제안에 따르지 않았다(「錄後雜記」, 『懲毖錄』 雜記, 十一).

63 『宣祖實錄』, 1597/3/30 ①; 「淸正松雲問答」, 国立公文書館디지털아카이브.

64 「沈遊擊自賊中出來狀」(1593/3/19), 『국역 진사록』 2, 57-60. 명군에 의한 평양함락과 개성 진출 등으로 왜군이 몰리자, 그들의 본국 후퇴를 예상한 조정은 선전관들을 보내서 조선 수군에게 부산으로 진출하여 막도록 했다. 이에 여수에 있던 이순신은 이억기(전라우수사)와 원균(경상우수사) 등과 함께 2월 10일 웅천 앞바다로 진출했다. 그 후 약 한 달간 거제도와 웅천 앞 바다를 오가며 일부의 적선을 물리치거나 선상에서 육지의 왜군을 공격하여 다수를 살상했다. 왜군이 대부분 육지로 피하고 상대하지 않음으로써 큰 규모의 전투는 없었으나 조선의 재해권이 다시 한 번 확인되었다(『亂中日記』, 1593/2/10-1593/3/10).

65 「我國軍人變着唐人衣樣狀」(1593/3/22), 『국역 진사록』 2, 65-67.

66 「有旨祇受後論勦擊南路賊屯便宜及請下送弓子狀」(1593/3/26), 『국역 진사록』 2, 77-79.

67 「馳啟賊勢狀」(1593/3/22), 『국역 진사록』 2, 63-65.

68 당시 강화에 의해 왜군이 철수하기 직전이었으므로, 이천복 등의 활약과 관련하여 명의 장수 주홍모 등이 경기도관찰사 성영(成泳)을 잡아다 추궁했다(「馳啓軍功仍獻馘狀」(1593/4/19), 『국역 진사록』 2, 156-159).

69 「見賊陳出來王子書仍與查遊擊論賊勢狀」(1593/3/24), 『국역 진사록』 2, 68-74.

70 『宣祖實錄』, 1593/8/9 ①. 사실 명 조정도 갑작스런 철수를 이해하지 못했던 것 같다. 1년 반 뒤인 1594년 12월 명 측이 유키나가의 부하 소서비에게 제시한 16개 질문 가운데 하나가 "왜 서울에서 철수하고 (조선의) 왕자와 배신을 송환했는가?"였다. 그에 대해서 소서비는 이렇게 말했다. "심 유격이 (히데요시의) 책봉을 허락한다는 말과 함께 명군 70만 명이 도착한다고 해서 급히 철수했다." (「兵部等衙門一本欽奉聖諭事」, 『經略復國要編』 後付, 三十九)

71 그에 대해서 송응창도 해명이 필요했다. 그는 왜군이 서울에서 철수한 뒤, 한 달이 지나 이여송 등에게 편지를 보냈다. 그에 의하면, 왜 측은 왕자와 배신을 인질로 남겨두기를 요청했고, 이에 자신은 사용재와 서일관 두 사람을 귀환시킴으로써 강화를 파기하려고 했다. 그런데 심유경이 명령을 위반하고, 독단적으로 왜영에 들어갔고, 주홍모도 교섭을 위해 혼자 들어갔다. 그리하여 명군의 책사 호택(胡澤) 등이 왜적이 주홍모를 억류할까 우려하여 사용재와 서일관 두 사람에게 왜군을 전송하게 했다(「檄李提督劉贊畫劉綎三協將」(1593/5/18), 『經略復國要編』 卷八, 三十四; 「移本部咨」(1593/7/22), 『經略復國要編』 卷九, 二十五-二十七).

72 『懲毖錄』 二, 十四.

73 『續本朝通鑑』 卷二百二十, 5494.

74 『宣祖實錄』, 1593/6/29 ⑨.

75 한편 왜군의 서울 철수에 관한 심유경의 의견은 별로 알려진 것이 없다. 다만 몇 년 뒤 그는 회고에서 강화조건은 언급하지 않고, 단지 교섭 과정에서 자신이 왜군을 속여 명군에 대한 두려움을 갖게 했음을 지적했다. 즉, 그가 "(명군이) 서해를 통해 충청도로 나와서 너희의 귀로를 끊는다면, 그때에는 돌아가고자 해도 불가능할 것"이라고 말하자, 유키나가도 두려워서 결국 서울에서 철수했다

는 것이다(「錄後雜記」, 『懲毖錄』 雜記, 十四). 앞서 소서비의 답변에 나타난 것처럼 그의 말은 적어도 부분적인 진실을 담은 것 같다.

76 「別帖」, 『簡易集』 卷四, 二十三-二十四.

77 『四留齋集』 卷六, 一-二.

78 『宣祖修正實錄』, 1593/4 ②.

79 『宣祖實錄』, 1593/4/1 ⑤.

80 유성룡과 김명원이 당일 파주의 권율 진영에 있었는데, 주홍모 등이 군악대와 함께 기패를 갖고 그곳을 지나 서울로 향했다. 그는 그들에게 기패에 머리를 숙이도록 요구했다. 그렇지만 그들은 그 기패가 왜영을 향한다는 사실을 알고서 원수와 강화할 수 없다면서 거부했다. 소식을 접한 이여송이 군법으로 죄를 다스리겠다고 했고, 접반사 이덕형을 통해 급보로 전해졌다. 다음 날 두 사람은 이여송의 개성부 문전에서 비를 맞으며 사과했고, 별도로 해명하는 문서를 올려야 했다(「馳啓周參將往入賊陣緣由及慶尙道倭賊添來狀」(1593/4/11), 『국역 진사록』 2, 126-130; 「馳啓李提督所爲狀」(1593/4/16), 『국역 진사록』 2, 136-142).

81 「檄李提督」(1593/4/20), 『經略復國要編』 卷八, 十-十二.

82 「檄禮曹判書尹根壽」(1593/4/25), 『經略復國要編』 卷八, 十四.

83 「馳啓提督所爲難測狀」(1593/4/11), 『국역 진사록』 2, 111-113.

84 「記壬辰以後請兵事」, 『西厓文集』 卷十六, 七; 懲毖錄』 卷二, 十四-十五.

85 「馳啓天將禁戢我軍不得追賊狀」(1593/4/23), 『국역 진사록』 2, 166-171.

86 『再造藩邦志』 三, 五〇.

87 「病未南下狀」(1593/5/15), 『국역 진사록』 2, 174-175; 「馳啓天將驅迫諸將使不得追擊狀」(1593/5/16), 『국역 진사록』 2, 175-179.

88 격문은 『경략복국요편』과 『쇄미록』에서 확인된다. 다만 위 인용문에 이어지는 내용에 차이가 있다. 전자에는 반드시 왕자와 배신을 송환시킨 다음에 군사를 되돌릴 것을 지시했다면, 후자에는 심유경이 강화와 왜적의 호송을 고집한 것을 비판하고 있다. 그리고 전자에는 유정 총병이, 후자에는 조선의 지방관들이 수신자인 듯 기술되는 등 약간의 표현상 차이가 있다. 인용문은 전자에 따른다.

89 실제 『경략복국요편』에는 4월 20일, 21일, 25일 등의 날짜에 왜적의 추격과 관련하여 송응창이 이여송에게 보내는 격문이나 서한 등이 수록되어 있다. 그 내용은 대개 왕자와 배신들의 송환을 강조하면서도 왜적의 추격에는 신중을 기해야 한다는 것이었다.

90 「檄劉綎全羅慶尙忠淸等道」(1593/4/27), 『經略復國要編』 卷八, 十六-十七; 「宋經略通諭三道牌文」, 『瑣尾錄』, 1593/5/11.

91 『瑣尾錄』, 1593/5/9.

92 「移朝鮮國王咨」(1593/5/3), 『經略復國要編』 卷八, 二十-二十二.

93 「與摠兵劉綎書」(1593/5/8), 『經略復國要編』 卷八, 二十六-二十七.

94 「檄李提督劉員外」(1593/5/9), 『經略復國要編』 卷八, 二十八.

95 『瑣尾錄』, 1593/5/3.

96 『懲毖錄』 卷二, 十四-十五.

97 『懲毖錄』 卷二, 十五.

98 「檄李提督劉贊畫劉綎三協將」(1593/5/18), 『經略復國要編』 卷八, 三十四-三十五.

99 『征東實紀』, 八. 나중에 밝혀진 바, 이여송의 회군은 왜군과 함께 남하한 심유경이 그에게 편지를 보내서 설득한 결과였다(『宣祖實錄』, 1593/7/18 ⑮).

100 坐困之法, 『征東實紀』, 八-九.

101 「檄李提督」(1593/5/28), 『經略復國要編』 卷八, 四十四-四十五.

102 「令水陸諸將直擣熊川狀」(1593/2/17), 『李忠武公全書』 卷三, 三-四(『완역 임진장초』, 124-125); 「討賊狀」(1593/4/6), 『李忠武公全書』 卷三, 四-八(『완역 임진장초』, 133-139).

103 「命率舟師截賊歸路諭書」(四)(1592/5/2), 『李忠武公全書』 首卷, 十三(『완역 임진장초』, 148-149).

104 「命聽候經略諭書」, 『李忠武公全書』 首卷, 十三; 「請湖西舟師繼援狀」(1593/5/10), 『李忠武公全書』 卷三, 十二-十三(『완역 임진장초』, 150-151).

105 「命依經略言先焚釜山諭書」, 『李忠武公全書』 首卷, 十四; 「請湖西舟師繼援狀」(二)(1593/5/14), 『李忠武公全書』 卷三, 十三-十四(『완역 임진장초』, 154-156).

106 김명원은 명군을 움직이기 위해서 조선 수군의 역량을 과장한 듯하다. 전투가 없이 3개월이 지난 시점에서 이순신은 한 보고서에서 3도 수군은 판옥선 1백 척과 군사 5천 6백여 명을 보유하고 있다고 쓰고 있다(「陳倭情狀」(1593/8/10), 『李忠武公全書』 卷三, 十五-二十一, 『완역 임진장초』, 160-167).

107 「檄劉綎」(1593/6/7), 『經略復國要編』 卷九, 四-五.

108 『朝野僉載』 卷二十八, 1593/6.

109 「陳倭情狀」(1593/8/10), 『李忠武公全書』 卷三, 十五-二十一(『완역 임진장

초』, 160-167).

110 「行錄(從子正郎芬)」, 『李忠武公全書』 卷九, 二十三.

111 「條陳水陸戰事狀」(1593/9), 『李忠武公全書』 卷三, 二十二-二十四(『완역 임진장초』, 170-173). 조정은 1593년 8월 삼도수군통제사를 설치하여 이순신을 임명했다. 그가 교서를 받은 것은 10월 9일이었다(「還營狀」(1593/윤11/17), 『李忠武公全書』 卷三, 三十一). 이순신〔1545년생〕의 통제사 임명은 그의 공적에 따른 것이었으나 원균〔1540년생〕과의 지속적인 갈등으로 이어졌다.

112 『神宗實錄』, 1593/5/7 ①.

113 『神宗實錄』, 1593/5/23 ①.

114 『神宗實錄』, 1593/6/1 ①. 명군 철수 논의에 대해서는 본장 제4절에서 다룸.

115 「覆王相公書」(1593/6/1), 『經略復國要編』 卷九, 一.

116 『宣祖實錄』, 1593/6/29 ⑨.

117 「島津家文書」 955, 北島万次, 2017(2), 245-251.

118 루이스 프로이스 저, 정성화·양윤선 역, 2008, 137-138.

119 기타지마 만지 지음, 김유성·이민웅 옮김, 2008, 168; 中野等, 2008, 122-125.

120 『宣祖實錄』, 1593/7/16 ⑤; 『征韓偉略』 卷三, 九-十.

121 『亂中雜錄』 三, 1594/11/21. 당시 경상좌도 감영은 경주에 있었고, 도원수 김명원도 그곳에 머물고 있었다(「馳啓晉州陷城狀」(1593/7/5), 『국역 진사록』 2, 232) 심유경은 부산의 유키나가 진영에 머물면서 왕자들의 송환과 함께 소서비와 북상을 준비하고 있었고, 6월 20일 그곳을 출발했다. 세 사람이 만났다면 그것은 심유경이 북상하여 경주를 지났을 때였을 것이다.

122 『宣祖實錄』, 1593/7/16 ⑤. 이 기사는 당시에 작성된 것은 아니었고, 임진왜란 종료 직후인 1600년 상반기에 체찰사로서 진주를 비롯한 남해 연안에 다녀왔던 좌의정 이항복의 보고서였다(『亂中雜錄』 一, 九四-九五).

123 『宣祖實錄』, 1593/7/10 ⑧.

124 루이스 프로이스 저, 정성화·양윤선 역, 2008, 139-140.

125 김응서-유키나가의 해당 담판에 관해서는 제6장 4절 참조.

126 『宣祖實錄』, 1593/7/10 ⑥.

127 『宣祖實錄』, 1593/7/16 ⑤.

128 유정의 서한 내용은 몇 가지로 요약될 수 있다. 그것은 강화에 필요한 신의를 지켜야 한다는 것, 전쟁으로 조선의 백성이 다수 희생된 상황에서 재차 분풀이는 옳지 않다는 것, 요동에 20만 명과 조선에 12만 명이 있는 명군이 언제든

공격에 나서고, 특히 명의 백만 수군이 각종 무기와 배로 왜군의 귀로를 막을 것, 원래 히데요시와 동급인 왜장들이 그에게 조종되기만 해서는 안 된다는 것 등이었다(「晉州敍事」, 『隱峯全書』 卷七, 十三-十四; 「征東事實」, 『思庵實記』 卷二, 四-五; 『宣祖實錄』, 1593/7/16 ⑤).

129 『宣祖實錄』, 1593/6/29 ⑪, ⑫.

130 「病後南下狀」(1593/6/20), 『국역 진사록』 2, 219-221; 「呈兵部宋侍郎應昌文」(1593/10), 『西厓文集』 卷九, 十一; 『宣祖實錄』, 1593/8/1 ⑧

131 전라도관찰사 권율은 6월 7일 김명원을 대신하여 도원수로 임명되었다.

132 「馳啓慶尙道賊勢危急狀」(1593/6/20), 『국역 진사록』 2, 224-232. 이 보고서의 6월 20일은 오류이며, 앞서 언급된 경상북도에서 그의 활동에 비추어볼 때 6월 말이나 7월 초일 것이다.

133 「晉州敍事」, 『隱峯全書』 卷七, 十四.

134 『亂中雜錄』 二, 1593/6/15-19; 『懲毖錄』 卷二, 十五-十七.

135 고종후의 군대에는 전라도 장성에서 모집된 소위 남문창의(南門倡義) 의병 8백 30여 명이 합세했다. 그들은 6월 7일 장성을 출발하여 15일 진주에 도착했다. 그들은 남문창의의 중심인물 김경수(金景壽, 1543-1621)의 두 아들을 포함하여 전원이 전투에서 희생되었다(조원래, 2001, 78).

136 「馳啓晉州陷敗形止狀」(1593/7/8), 『국역 진사록』 2, 240-243.

137 아직 진주성 도륙이 알려지지 않았던 7월 초, 군사와 식량의 지원을 위한 주청사 파견이 논의되었는데, 그때 진주문에 왜군의 진주성 공격 사실을 명시하고자 했다(『宣祖實錄』, 1593/7/6 ②). 그렇지만 이미 그때는 진주성이 함락되었을 뿐만 아니라 그 이후에도 진주문 내용을 둘러싼 이견으로 지지부진해지고 말았다.

138 『宣祖實錄』, 1593/7/11 ③, ⑤; 『宣祖實錄』, 1593/7/12 ⑤.

139 『宣祖實錄』, 1593/7/5 ①, ③; 『宣祖實錄』, 1593/7/15 ⑨, ⑬.

140 「馳啓慶尙道賊勢危急狀」(1593/6/20), 『국역 진사록』 2, 224.

141 『宣祖實錄』, 1593/7/16 ③.

142 『宣祖實錄』, 1593/7/16 ⑤; 『宣祖修正實錄』, 1593/7 ②; 『亂中雜錄』 三, 1593/7/8-9.

143 『宣祖實錄』, 1593/7/16 ④.

144 『宣祖實錄』, 1593/7/18 ⑭; 1593/7/19 ⑤.

145 『宣祖實錄』, 1593/7/18 ⑮.

146 『宣祖實錄』, 1593/7/18 ⑩.

147 『宣祖實錄』, 1593/7/19 ⑤.

148 「與劉贊畫書」(1593/7/20), 『經略復國要編』 卷九, 十八.

149 「報石司馬書」(1593/7/22), 『經略復國要編』 卷九, 二十四.

150 「移朝鮮國王咨」(1593/8/4), 『經略復國要編』 卷十, 一-三; 「檄李提督」(1593/8/5), 『經略復國要編』 卷十, 六-七; 「檄李提督」(1593/8/7), 『經略復國要編』 卷十, 九-十.

151 진주문 작성과 주청사 저지 문제는 제6장 1절 참조.

152 그리하여 대략 제1군부터 제4군까지 남고, 제5군부터 제9군까지는 8월 초부터 10월 말 사이에 차례로 철수했다.

153 루이스 프로이스 저, 정성화·양윤선 역, 2008, 138-139. 이때 그는 일종의 개선 퍼레이드를 계획했다. 즉 조선에서 군대의 귀환을 기다려 9월 10일 5만 명을 이끌고 나고야를 출발하여 그달 25, 26일 오사카로 개선하기로 결정했다. 그런데 8월 초 아들 히데요리(秀賴)가 태어났다. 그는 군대의 귀환을 기다리지 않고 8월 하순 오사카로 돌아가버렸다(中野等, 2008, 138-143).

154 프로이스는 강화가 추진되던 6월까지 전쟁에 대한 초보적인 결산을 했다. 무엇보다도 왜군 15만여 명이 조선으로 넘어왔는데, 그 가운데 3분의 1인 5만 명이 죽었다(루이스 프로이스 저, 정성화·양윤선 역, 2008, 141). 후대에 더 구체적인 방식으로 계산된 경우에도 왜군 전몰자 수는 프로이스의 추산과 다르지 않았다(中野等, 2008, 137-138).

155 中野等, 2008, 135-136.

156 『宣祖實錄』, 1593/8/9 ①.

157 『宣祖實錄』, 1593/8/25 ⑦; 『雲川扈從日記』, 1593/8/9.

158 『宣祖實錄』, 1593/7/24 ③; 1593/8/9 ①.

159 『雲川扈從日記』, 1593/8/9.

160 『宣祖實錄』, 1593/7/24 ③.

161 정탁은 이융 등의 행동은 단지 무지한 자의 부질없는 짓일 뿐이며, 난역죄에 해당하지도 않고 추국할 일도 아니라고 주장했다. 그는 그들을 잡아다가 처벌하기보다는 이여송에게 직접 참수를 청하고 아울러 국왕의 간절한 사과를 더함으로써 그의 화를 푸는 방안을 제시했다(「李彤獄事啓」, 『藥圃文集』 卷三, 三). 물론 정탁의 방법은 국왕이 사과한다면 이여송이 그들을 놓아줄 것이라는 기대가 깔려 있었다.

162 「請處置李彤等箚子」, 『梧陰遺稿』 三, 二十七-二十九; 『宣祖實錄』 1593/7/26 ⑩.

163 군수품을 관리하던 관청인 군자감(軍資監)으로, 용산(龍山)의 한강에 위치함.

164 『宣祖實錄』, 1593/8/25 ⑥.

165 『宣祖實錄』, 1593/8/28 ⑤.

166 「毛利家文」 930, 北島万次, 2017(2), 194-195.

167 「黑田家譜 朝鮮陣記」, 北島万次, 2017(2), 227-228.

168 『宣祖實錄』, 1593/6/4 ⑧; 『征韓偉略』 卷三, 十; 이형석, 1976, 871.

169 루이스 프로이스 저, 정성화·양윤선 역, 2008, 136-137.

170 필자가 접한 것은 혼 노부토모(伴信友, 1773-1846)가 쓴 글과 가와구치 조주(川口長孺, 1773-1835)의 『정한위략』이다. 전자는 구체적인 데 반해 대화자들의 구분이 명확하지 않고, 후자는 좀 더 간명한 반면 발췌로 인해 의미가 제대로 전달되지 않는 측면이 있다. 전자는 전거 없이 이형석(1976)의 글에 상당 부분 번역되어 있으나, 양자를 모두 봄으로써 내용이 정확하고 분명해진다(『伴信友全集』 卷三, 三三九-三四〇; 이형석, 1976, 871-872; 『征韓偉略』 卷三, 十-十二).

171 그것은 5월 어느 날로 명시된 『강운수필(江雲隨筆)』의 「대명일본화친의조(大明日本和親議條)」가 아닐까 한다(원문과 번역은 김경태, 2015, 135-136). 그것은 한문으로 작성되었고, 내용상 히데요시의 5월 1일자 지시와 큰 차이가 없다. 히데요시는 부산의 심유경에게도 5월 말 편지를 보냈다. 그는 해당 강화조건을 – 대명의 칙사가 나고야에 머무는 동안 – 천황의 제가를 받은 즉시 심유경에게 회답하겠다고 썼다(「日本國前關白秀吉書大明國使遊擊將軍沈宇愚麾下」, 『南禪舊記』). 그 편지는 유키나가와 미쓰나리 등 봉행들이 6월 2일 부산에서 심유경에게 전달했다(이형석, 1976, 874-875).

172 中野等, 2008, 126.

173 『南禪舊記』 2, 62-65; 「兩國和平條件」(1593/6/22), 北島万次, 2017(2), 261-266.

174 「對大明國和親交涉切紙」, 『足守木下家文書』, 122-124; 김경태, 2014, 93-94.

175 「大明日本兩國和平條件」·「對大明勅使可報告之條目」(1593/6/28), 北島万次, 2017(2), 312-318.

176 「咨宋經略」, 『象村集』 卷三十八, 三十五; 『宣祖實錄』, 1593/8/13 ⑬. 황정욱은 한 달 전인 6월 20일 심유경과 소서비와 함께 부산에서 나왔다. 그것은

왜 측이 늙은 사람을 먼저 석방한다는 원칙을 내세웠기 때문이다(『宣祖實錄』, 1593/7/15 ⑩). 앞서 본 것처럼 서울의 기요마사 진영에 있을 때 보낸 서신 문제로 황정욱 등 배신들은 지속적인 비판의 대상이 되었다. 황정욱은 선조의 장인인 관계로 그의 보호를 받았으나 결국 8월 하순 길주로 유배되었다. 황혁은 국문을 당했고, 이영은 참수되었다.

177 『宣祖實錄』, 1593/8/6 ⑦; 1593/8/10 ⑨.

178 「移劉綎諭帖」(1593/8/8), 『經略復國要編』 卷十, 十.

179 왕자와 배신 그리고 두 사람을 병렬하여 '송환'으로 표현한 사례는 「與李提督書」(1593/7/24), 『經略復國要編』 卷九, 二十九에서도 볼 수 있다.

180 「講明封貢疏」(1593/8/29), 『經略復國要編』 卷十, 四十七; 『神宗實錄』, 1593/9/11 ⑤. 일각에서는 송응창이 전하는 두 사람의 말, 즉 인용문의 강조된 부분에 근거하여 그들이 송응창에게 일본의 강화조건을 보고하지 않았다고 추론하기도 한다(张庆洲, 1989, 101). 그렇지만 명군 사이에 강화조건에 대한 소문이 적지 않았던 것으로 보아, 두 사람이 송응창에게 감추기보다는 그가 명 조정에 보고하지 않았던 것 같다.

181 『神宗實錄』, 1593/9/11 ④.

182 『宣祖實錄』, 1593/11/21 ⑥. 그것은 "화친(和親), 할지(割地), 구혼(求婚), 봉왕〔封王, 책봉〕, 준공〔準貢, 통공〕, 그리고 (히데요시를 위한) 망용의(蟒龍衣)와 인신(印信)"이었다. 구체적인 내용은 알려지지 않았을 뿐만 아니라, 특히 왕자의 인질 등 조선과 관련된 조건들이 다른 것들로 바뀌어 전달되었던 셈이다.

183 김수의 북경 방문에 대해서는 제6장 1절 참조.

184 소서비탄수(小西飛彈守)라고도 하며, 일본에서는 나이토 조안(內藤如安)으로 불림.

185 『宣祖實錄』, 1593/7/5 ⑨; 「咨宋經略」, 『象村集』 卷三十八, 三十一.

186 『宣祖實錄』, 1593/윤11/4 ⑦.

187 『宣祖實錄』, 1593/7/5 ⑨; 「咨宋經略」, 『象村集』 卷三十八, 三十一-三十三.

188 심유경 일행이 6월 21일 유천참〔楡川站, 경북 청도군〕을 통과할 때 한 사건이 발생했다. 패문에 명시되지 않았던 2백 명의 왜군이 그들을 수행하자, 독포사(督捕使) 박진(朴晉)과 방어사 이시언(李時言)이 그들을 체포하고자 했다. 그러자 모(母) 유격이 두 사람을 구타하고 목에 쇠사슬을 채워서 매다는 등 모욕을 가했다. 그는 왜군 2백 명도 양산(梁山)까지 호송했다. 두 사람이 그 사실을 조정에 보고했으나 조정은 별다른 수가 없었다. 단지 송응창에게 "천리를 그르치

고 다른 나라를 멸망시킨 자들은 오히려 보호받게 하고, 원한을 안고 고통을 참으면서 임금과 부모의 원수를 갚는 자는 모욕을 면하지 못했으니, 저희 나라는 장차 누구에 의지하여 생존을 도모하겠는가?"고 자문을 보냈을 뿐이었다(「咨宋經略」, 『象村集』 卷三十八, 三十四-三十五). 물론 박진 등의 구타는 심유경의 사주에 의한 것이었다(『宣祖實錄』, 1593/7/18 ③, ④).

189 『宣祖實錄』, 1593/7/6 ②. 7월 초 군사와 식량의 지원을 주청하기 위해 공조참판 황진(黃璡)의 파견이 결정되었다. 그렇지만 심유경과 왜군의 강화 사실은 그가 지참할 진주문의 취지와 다르다는 이유로 직접 언급되지 않았다. 그 대신 예부나 병부에 사신의 이름으로 제출하는 자문에서 해당 내용을 전달하기로 했다(『宣祖實錄』, 1593/7/18 ⑥). 그렇지만 그것도 황진의 북경행이 송응창에 의해 막히면서 이행되지 못했다. 제6장 1절 참조.

190 대표적인 예가 절강순안어사 팽응참(彭應參)이었다. 그는 "왜적이 명의 위세를 두려워하고, 죄를 뉘우치며, 통공을 애걸한다."는 송응창의 말에 의문을 제기했다. 벽제관전투에서도 이긴 왜적이 통공을 구걸할 리는 없다는 것이다. 그에 의하면, 통공은 왜적의 요청이 아니라 송응창이 일방적으로 왜군에게 허용했다. 송응창은 통공의 허용으로 왜군을 철수하게 하여 자신의 공로를 세우려 하고 있다. 통공은 조공사절이 통과하는 지방에 많은 비용을 가져오며, 시장의 개방에 따라 중국의 동남 지역에 크게 해가 될 것이다. 팽응참은 조선에 출정한 명군이 왜적을 직접 공격해야 한다고 주장했다(『神宗實錄』, 1593/7/9 ②).

191 「與李提督書」(1593/7/24), 『經略復國要編』 卷九, 二十九.

192 『宣祖實錄』, 1593/7/12 ④.

193 「慶尙道賊勢危急請東具由奏聞天朝狀」(1593/7), 『국역 진사록』 2, 247-250.

194 『宣祖實錄』, 1593/7/10 ②.

195 「與李提督書」(1593/7/24), 『經略復國要編』 卷九, 二十九.

196 『宣祖實錄』, 1593/8/3 ②.

197 이 주본은 실제 명나라 초기인 1381년 일본의 가네요시 친왕(懷良親王, 1329-1383)이 명의 주원장에게 보낸 글과 유사하다. 일본은 명나라 초기에 통공을 회복하고자 시도하였으나 명이 계속 거절하고 심지어 일본을 정벌하겠다는 의지까지 밝히자 이 글을 올렸다. 명의 황제는 그 어투에 매우 분개했으나 정벌하지는 않았다(『明史』 列傳210, 「日本」).

198 『宣祖實錄』, 1593/8/30 ⑨, ⑩, ⑪; 1593/9/1 ⑨; 1593/9/2 ⑧; 1593/9/12 ④.

199 『宣祖實錄』, 1593/9/12 ④.

200 『宣祖實錄』, 1593/9/24 ③. 송응창과 이여송의 강화정책에 대해 국내적으로 장보지·주유한과 같은 언관들의 비판이 없었던 것은 아니었다. 그럼에도 당시 그들은 석성의 지지를 받고 있었다. 특히 9월 중순 석성은 장문의 글로 송응창을 옹호하면서 그에게 기존의 방식대로 처리하게 할 것을 요청했다(『神宗實錄』, 1593/9/17 ②). 그렇지만 송응창은 귀국 후 급사중 허홍강 등의 탄핵에 직면했고, 결국 그해 말 경략에서 해임되었다.

201 「平安道都巡察使時狀啓」(1593/4/27), 『梧里續集』 卷二, 九.

202 「檄李如栢劉綎」(1593/5/11), 『經略復國要編』 卷十, 十六.

203 「檄分守道李提督劉員外」(1593/5/9), 『經略復國要編』 卷八, 二十七.

204 『宣祖實錄』, 1593/10/16 ③.

205 「移朝鮮國王咨」(1593/5/29), 『經略復國要編』 卷八, 四十五-四十六.

206 「移朝鮮國王咨」(1593/5/29), 『經略復國要編』 卷八, 四十七-四十八.

207 『宣祖實錄』, 1593/6/5 ③.

208 부산 경계비 설치는 부산의 일부를 일본인에게 넘겨주었음을 의미했다. 며칠 전에도 송응창은 조선에 보내온 자문에서 그러한 말을 했다(『宣祖實錄』, 1593/5/29 ⑤). 그 말은 왜군의 주둔을 합리화시키는 것으로서 단순히 역사적 사실 여부에 그치지 않았다. 몇 달 뒤 서울수복에 대한 사은사로 북경에 갔던 정철 일행은 그 문제에 대해서 적극 해명했다(『宣祖實錄』, 1593/윤11/11 ②; 『宣祖實錄』, 1593/윤11/13 ④).

209 『宣祖實錄』, 1593/6/5 ③.

210 이후에도 송응창은 부산이 역사적으로 왜적의 거주지였다는 사실에 대한 의심을 버리지는 않았다. 1593년 8월 황제에 대한 상소에서 그는 "조선의 기록을 살펴보니, 홍치(弘治, 1488-1505년)와 정덕(正德, 1506-1521년) 연간에 부산진에 이미 왜적이 둥지를 틀었다. 부산 사람들은 모두 왜호가 되었다. 기록은 지금도 있으니 조사할 수 있다. 그렇기 때문에 조선은 늘 왜적의 환란이 있었다. 다만 작년[1592]의 환란보다 정도가 심하지 않았을 뿐이다."고 쓰고 있다(「議朝鮮防守要害幷善後事宜疏」(1593/8), 『經略復國要編』 卷十, 二十三). 송응창은 강화가 진행되고 있으나 왜적이 부산 등지에 남아 있다는 비판에 대응하기 위해 부산에 원래 왜적이 있었다는 말을 부각시켰다.

그런데 당시 한반도 동남 지역에 대한 명의 그릇된 인식은 송응창에 국한된 것 같지는 않다. 서울수복에 대한 사은사로 정철이 1593년 9월 10일 북경에서 석성을 만났을 때, 그도 "서생포가 원래 귀국의 강토였소?"라고 질문했다(「年譜」下, 『宋江別集』 卷三, 五十七). 이듬해 봄 고양겸 총독이 유키나가와 강화교섭을 위해서 조선에 파견했던 지휘 호대경(胡大經)은 접대도감 이덕형에게 자신이 중국에 있을 때, 부산의 서생포가 왜적의 오랜 거주지라고 들었다고 말했다(『宣祖實錄』, 1594/4/17 ①). 또한 요동순무를 지낸 학걸(郝杰) 등이 만력 연간에 편찬한 『일본고』에 나열된 일본의 속국에는 가야가 포함되어 있다. "구야 한국은 사방이 5백 리는 되는데, 신라와 백제의 동남에 위치한다. 바다 하나를 건너서 약 1천 리는 이름이 대마도이다〔拘那韓國方可五百里在新羅百濟東南渡一海約千里名曰對海國. 주석에 의하면 那는 邪, 對海渡는 對馬島의 오기이다〕." 또한 "신라와 백제 등 나라들은 비록 (왜왕의) 속국은 아니지만 모두 왜를 대국으로 간주하여 많은 진기한 물건을 (바치고) 우러러보고, 사신들이 왕래한다."고 기록하고 있다(李言恭·郝杰, 1983, 47-48). 이 문헌에는 가야가 후에 신라에 의해 병탄된 사실과 백제와 신라가 통일되어 조선에 이르고 있다는 사실이 빠져 있을 뿐만 아니라, 당시 호구 수와 생활습관이 명시된 다른 지역들과 병기되어 있어, 마치 현재의 상황으로 인식하는 인상을 준다.

211 「檄章接」(1593/6/6), 『經略復國要編』 卷九, 三.

212 『宣祖實錄』, 1593/6/16 ⑦.

213 『神宗實錄』, 1593/6/1 ①.

214 『明史紀事本末』 卷六十二, 七; 『萬曆三大征考』, 「倭上」, 七.

215 『神宗實錄』, 1593/6/23 ①.

216 이 글은 송 경략의 『경략복국요편』에는 수록되어 있지 않다. 그가 조선을 달래기 위해서 별도로 작성한 것인지 아니면 실제 병부에 보고한 것인지 확인할 길은 없다.

217 『宣祖實錄』, 1593/6/29 ⑨.

218 『萬曆三大征考』, 「倭上」, 七-八; 『宣祖實錄』, 1593/6/29 ⑨.

219 『神宗實錄』, 1593/7/1 ⑤.

220 「報石司馬書」(1593/7/14), 『經略復國要編』 卷九, 十四.

221 『神宗實錄』, 1593/7/15 ③.

222 「議朝鮮防守要害幷善後事宜疏」(1593/8), 『經略復國要編』 卷十, 十九.

223 「報石司馬書」(1593/7/28), 『經略復國要編』 卷九, 三十-三十一.

224 「與李提督書」(1593/8/1), 『經略復國要編』 卷十, 一; 「移劉綎論帖」(1593/8/8), 『經略復國要編』 卷十, 十-十一.

225 「請處降倭疏」(1593/8/4), 『王文肅公全集』 卷十三, 十一-十二.

226 『宣祖實錄』, 1593/7/26 ⑩; 1593/8/12 ⑪; 1593/8/14 ①; 1593/9/5 ⑦.

227 해당 비용은 다음과 같이 계산된다. 명군의 월 급여는 월향(月餉)이라 불리는데, 1일당 급량은〔給糧銀, 급량비〕 1.5냥, 행량염채은〔行糧鹽菜銀, 행군시의 식량과 소금, 반찬 지원비〕 1.5냥, 옷과 신발 3전, 호상〔犒賞, 보너스〕 3전으로, 전체는 은 3.6냥이다. 장령들은 그보다 더 우대했다. 2만 명을 1년으로 계산한다면 은 1백만 냥 정도이다(3.6×20,000×12=86.4만 냥+장령들의 월향)(「移朝鮮國王咨」(1593/8/4), 『經略復國要編』 卷十, 一-三). 위의 절색 이외에 본색, 즉 식량은 별도이다.

228 「移朝鮮國王咨」(1593/8/4), 『經略復國要編』 卷十, 一-三.

229 「與艾主政書」(1593/8/4), 『經略復國要編』 卷十, 三-四.

230 「報三相公幷石司馬書」(1593/8/5), 『經略復國要編』 卷十, 五-六; 「移劉綎諭帖」(1593/8/8), 『經略復國要編』 卷十, 十一-十二.

231 『宣祖實錄』, 1593/8/10 ⑩.

232 그것은 앞서 월향은 가운데 옷과 신발 3전, 호상 3전 등 6전만 조선이 내는 것이었다(「議朝鮮防守要害幷善後事宜疏」(1593/8), 『經略復國要編』 卷十, 二十一-二十二). 14만 냥의 계산은 3.6×20,000×12=14.4만 냥.

233 『宣祖實錄』, 1593/8/10 ③.

234 『宣祖實錄』, 1593/8/10 ⑦; 『雲川扈從日記』, 1593/8/10.

235 『宣祖實錄』, 1593/8/12 ⑭.

236 『宣祖實錄』, 1593/8/12 ⑮.

237 「回咨宋經略」, 『象村集』 卷三十八, 三十九; 『雲川扈從日記』, 1593/8/19.

238 『宣祖實錄』, 1593/8/14 ②.

239 『宣祖實錄』, 1593/8/26 ⑥.

240 『神宗實錄』, 1593/9/11 ④.

241 「報三相公幷石司馬書」(1593/8/25), 『經略復國要編』 卷十, 三十-三十二; 「報三相公幷石司馬書」(1593/8/25), 『經略復國要編』 卷十, 三十二.

242 「講明封貢疏」(1593/8/29), 『經略復國要編』 卷十, 四十二-四十八; 『神宗實錄』, 1593/9/11 ⑤.

243 『神宗實錄』, 1593/9/11 ③.

244 『神宗實錄』, 1593/9/21 ②.

245 『神宗實錄』, 1593/9/11 ④.

246 『宣廟中興誌』 四, 十八; 『再造藩邦志』 三, 五四.

247 『神宗實錄』, 1593/9/17 ②.

248 증위방의 상주 내용은 얼마 뒤 황제가 사헌(司憲)을 통해 조선에 보낸 칙서에 그대로 반영되었다.

249 『神宗實錄』, 1593/9/19 ①.

250 『神宗實錄』, 1593/9/17 ①.

251 『宣祖實錄』, 1593/10/22 ①. 결국 명군은 이듬해(1594년) 초 대부분 철수하고, 유정의 남병 5천 명만 남게 되었다.

252 송응창과 찬획 황응양은 2월 초 상소하여 왜적과의 강화를 주장했다. 황제는 3월 그에게 고향으로 돌아가도록 승인했다(『神宗實錄』, 1594/2/1 ②; 1594/3/17 ①). 그에 대한 비판이 없지 않았으나, 조선원정의 공로를 인정받아 그해 9월 그는 감찰기구인 도찰원의 최고직인 정2품의 우도어사(右都御史)로 승진했다(『神宗實錄』, 1594/9/1 ④). 그렇지만 그는 그 후 정계를 떠나 은거했다.

253 『神宗實錄』, 1593/12/7 ③.

254 『神宗實錄』, 1593/11/19 ⑦.

255 대표적으로 11월 초 왜군이 경주의 속현인 안강현(安康縣)을 침범해 식량을 약탈했고, 그 과정에서 명군 수백 명이 살해되었다〔제6장 2절 참조〕. 그에 따라 병과급사중 오문재(吳文梓) 등이 왜군 잔류 문제를 제기하고 송응창의 강화정책을 비판했다(『再造藩邦志』 三, 五九). 일본의 한 문헌에 의하면, 왜군의 도발은 소서비가 심유경과 함께 부산을 출발한 뒤 몇 달 동안 소식이 없자, 명이 그를 죽인 것으로 판단한 결과였다(『征韓偉略』 三, 二十九).

제6장 강화와 조선의 대응

1 『宣祖實錄』, 1593/5/20 ①.

2 『宣祖實錄』, 1593/5/27 ⑩.

3 『宣祖實錄』, 1593/5/29 ⑤.

4 『宣祖實錄』, 1593/6/1 ④.

5 『宣祖實錄』, 1593/5/20 ①. 『선조실록』의 5월 20일자 기사에 수록된 사은표문은 사은사가 출발할 때 전달한 것이 아니라 나중에 거듭 수정된 것임에 분명하다.

6 『宣祖實錄』, 1593/6/3 ②.

7 『宣祖實錄』, 1593/6/3 ③; 1593/6/6 ⑥.

8 『宣祖實錄』, 1593/6/8 ②.

9 『宣祖實錄』, 1593/6/7 ②.

10 『宣祖實錄』, 1593/6/12 ②.

11 「又韵」, 『宋江續集』 卷二, 二十; 「赴京時韵」, 『松江集 原集』 卷二, 十七.

12 『宣祖實錄』, 1593/7/6 ②.

13 『宣祖實錄』, 1593/7/13 ⑤; 1593/7/14 ⑤.

14 『宣祖實錄』, 1593/7/16 ③.

15 『宣祖實錄』, 1593/7/18 ⑤.

16 7월과 8월의 여러 서신이나 자문에서 송응창은 2만 명의 잔류 필요성을 언급했다. 해당 기사의 3만 명은 오류로 보인다.

17 『宣祖實錄』, 1593/7/18 ⑫.

18 『宣祖實錄』, 1593/7/20 ⑥; 1593/7/21 ⑥.

19 『宣祖實錄』, 1593/7/21 ⑥.

20 『宣祖實錄』, 1593/7/21 ⑦.

21 『宣祖實錄』, 1593/7/21 ⑤; 1593/7/23 ①. 더욱이 그 시점에서 앞서 언급했던 이융 형제 사건이 벌어짐으로써 두 사람은 소원해졌고, 결국 한 달이 되지 않아 이여송은 서울에서 철수했다.

22 「奏請兵」, 『簡易集』 五, 七-十.

23 『宣祖實錄』, 1593/7/26 ⑨; 「爲使臣呈禮兵部書」, 『簡易集』 五, 十五-十八.

24 『宣祖實錄』, 1593/7/26 ⑪.

25 『宣祖實錄』, 1593/7/26 ⑮.

26 『宣祖實錄』, 1593/8/13 ⑬.

27 『宣祖實錄』, 1593/7/24 ⑥.

28 『宣祖實錄』, 1593/8/13 ⑬.

29 『宣祖實錄』, 1593/8/12 ⑭.

30 송응창은 8월 중순까지는 정주(定州)에 머물렀고, 그 후 의주를 향했다(『宣祖實錄』, 1593/8/12 ⑫). 당시 이여송도 북상하여 송응창의 진영에 머물고 있었다. 두 사람은 9월 20일경 압록강을 건넜는데, 형조판서 이덕형 등이 그들을 전송했다(『宣祖實錄』, 1593/9/24 ③). 송응창은 그 후에도 몇 달간 요동에 머물며 업무를 계속했다.

31 『宣祖實錄』, 1593/8/25 ④.

32 『宣祖實錄』, 1593/10/16 ②.

33 『宣祖實錄』, 1593/11/18 ①.

34 『宣祖實錄』, 1593/11/26 ②, ③, ④.

35 『宣祖實錄』, 1593/11/28 ③, ④.

36 「遼東都指揮使司爲倭情事」(1593/12/30), 『事大文軌』 卷八, 十三-十四.

37 「朝鮮國王准來咨該爲倭情事」(1594/2/11), 『事大文軌』 卷八, 十四-十七.

38 『宣祖實錄』, 1594/1/22 ①.

39 황진의 파행이 개인적인 원인보다는 송응창의 저지와 조선의 정책적 혼선에 따른 것인 만큼, 그는 복권되어 6월에는 전주부윤에 임명되었다. 그 외에 원접사 윤근수의 해명도 있었다. 그에 의하면, 황진의 사은 진주문에는 진주성 함락 사실이 포함되어 있어서 송응창이 다시 저지할 것으로 판단되었다. 따라서 윤근수 자신이 황진을 의주로 돌아오도록 했다(『宣祖實錄』, 1594/2/16 ①).

40 『宣祖實錄』, 1593/5/20 ①.

41 『神宗實錄』, 1593/9/15 ②.

42 『宣祖實錄』, 1593/11/19 ①.

43 유성룡도 한 회의에서 자신이 정철이 가지고 간 문서를 검토해보니, 거기에 세 도읍지의 수복과 강역의 재조(再造)라는 말이 포함되어 있었다고 인정했다 (『宣祖實錄』, 1593/11/28 ③).

44 정철은 귀국 후에 자신에 대한 비판에 대해서 적극 반론을 제기했는데, 거기에는 유성룡에 대한 비난도 포함되었다. 그는 같은 서인인 우계 성혼(成渾)에게 보낸 편지에서 "유대〔柳臺, 유성룡〕는 제가 명에서 잘못 대처하여 일을 그르친 죄를 크게 떠들고 있습니다. 그렇지만 그는 오히려 왜군이 돌아갔다는 장계를 (국왕에게) 아뢰지 않고 명 사신에게 경솔하게 보여주었습니다. 근래 저를 죄책하는 주장이 조금 줄었으나 교묘한 말로 왜곡하면서 자신의 잘못을 은폐하고 있습니다."고 썼다(「年譜」 下, 『宋江別集』 卷三, 五十八). 정철 등에 대한 비판이 제기되는 상황에서 황제의 칙사 사헌(司憲)이 가져온 칙서에는 선조에 대한 비난까지 포함되었다. 이에 비판자들은 그들이 북경에서 국왕의 개인적 과실을 퍼뜨렸기 때문이라고 주장했다. 정철은 귀국 후 약 한 달 반 뒤인 12월 18일 강화도에서 술병으로 죽었다(「年譜」 下, 『宋江別集』 卷三, 五十八; 『宣祖修正實錄』, 1593/12 ④).

45 『宣祖實錄』, 1593/11/28 ③.

46 「年譜」下,『宋江別集』卷三, 五十七;『宣祖實錄』, 1593/윤11/13 ④.

47 이를테면 석성이 그에게 보여주었던 찬획의 한 서신에는 "(명군이) 조선 전체를 회복하고 일본 전체를 항복시켰다〔復一朝鮮 降一日本〕."는 등의 표현이 있었다(『宣祖實錄』, 1593/윤11/11 ②).

48 「赴京時箚」,『松江集 原集』卷二, 十七-十八.

49 9월 25일 『선조실록』의 기사에 의하면, 선조는 동지사 허진에게 파발마를 보내서 척계광의 『기효신서』를 구입해오고 아울러 바닷물로 화약을 만드는 방법을 배워오도록 지시했다(『宣祖實錄』, 1593/9/25 ⑤).

50 「爲使臣呈禮兵部書」,『簡易集』五, 二十五-二十九.

51 「咨朝鮮國王」(1593/8/18), 『經略復國要編』 卷十, 二十六; 「咨朝鮮國王」(1593/8/28),『經略復國要編』卷十, 四十-四十一. 그는 8월 황제에 올린 상소와 다른 조정의 대신들에게 쓴 서신에서 칙령을 내려 광해군의 남하를 선조에게 촉구할 것을 요청했다(「防守要害幷善後事宜疏」,『經略復國要編』卷十, 二十四; 「報三相公幷石司馬書」(1594/8/22),『經略復國要編』卷十, 二十九).

52 『宣祖實錄』, 1593/8/30 ⑬.

53 『宣祖實錄』, 1593/9/19 ⑦, ⑩.

54 「移兵部咨」(1593/10/23),『經略復國要編』卷十一, 二十七-二十八. 그간 관련 공문의 왕래는 몇 달 뒤 사헌(司憲)이 칙사로 왔을 때, 조선에 제출한 예부의 자문에 수록되었다(『宣祖實錄』, 1593/윤11/16 ⑧).

55 『宣祖實錄』, 1593/10/30 ②. 선조는 자신이 세자를 대신해서 내려가는 방안을 제안하기도 했다. 그것은, 유성룡이 말하는 것처럼, 세자의 남하가 곤란하다는 조선의 입장이 핑계가 아님을 송응창에게 보여주는 효과가 있을 수 있었다. 그렇지만 임금의 행차에 따른 접대나 임금이 방금 환도한 상황에서 인심의 불안 등의 문제가 있어 현실성이 크지 않았다(『宣祖實錄』, 1593/11/1 ③).

56 『宣祖實錄』, 1593/11/2 ⑥.

57 『宣祖實錄』, 1593/11/16 ②.

58 『宣祖實錄』, 1593/11/9 ③.

59 『宣祖實錄』, 1593/윤11/16 ⑧.

60 앞서 해당 주장을 한 인물은 주사 증위방이었다. 그의 이름이 어떻게 조선에 잘못 전달되었는지는 알 수 없으나, 『선조실록』 이외에 유성룡도 사헌의 방문을 기록하면서 위학증으로 쓰고 있다(「記癸巳冬司天使事」,『西厓文集』卷十六, 十三). 한편 위학증(1525-1596)은 섬서·연안·영하·감숙 총독으로 1592년 발

배의 난 진압을 책임졌다가 실책으로 물러났던 인물이다(『明史』 列傳116, 「魏學曾」).

61 『宣祖修正實錄』, 1593/윤11 ②.

62 『朝野僉載』 卷二十八, P35.

63 『宣祖修正實錄』, 1593/윤11 ②.

64 『朝野僉載』 卷二十八, P36.

65 『神宗實錄』, 1593/9/25 ①; 『宣祖實錄』, 1593/윤11/12 ③.

66 통상적으로 명 사신을 접견할 때 국왕은 주빈으로서 서쪽에, 사신은 손님으로서 동쪽에 앉는다. 그런데도 사헌은 명의 관례라면서 자신이 북쪽에, 선조는 남쪽에 앉도록 요구했다. 마치 임금과 신하의 관계로 설정한 것이다. 전날 영의정 유성룡 등이 그를 만났지만 그의 눈치를 보느라고 강변하지 못했다(『宣祖實錄』, 1593/윤11/12 ②; 「司行人憲」, 『壬辰筆錄』, 13-14).

67 과도관은 이·호·예·병·형·공 6과(科)의 급사중들과 도찰원 소속의 13개 도(道) 감찰어사들의 통칭이다. 그들은 각각 중앙과 지방의 정책제언과 관리들에 대한 감찰을 담당했다.

68 『宣祖實錄』, 1593/윤11/12 ⑤.

69 『宣祖實錄』, 1593/윤11/15 ②.

70 『宣祖實錄』, 1593/윤11/14 ②.

71 『宣祖實錄』, 1593/윤11/16 ⑧.

72 『宣祖實錄』, 1593/윤11/14 ④; 『宣祖修正實錄』, 1593/윤11 ②; 『宣廟中興志』 四, 二十四-二十五.

73 『宣祖實錄』, 1593/윤11/16 ④.

74 세자는 윤11월 19일 서울을 출발, 12월 1일 공주에 도착했고, 그 후 전주로 내려가 체재하다가 이듬해 2월 11일 공주로 돌아와 21일까지 그곳에 머물렀다. 이어 그는 홍주[洪州, 지금의 홍성]에 가서 8월 5일까지 머물다가 공주를 거쳐 25일 서울에 돌아왔다. 약 8개월 정도 남부지방에 체류한 셈이었다(『宣祖實錄』, 1593/윤11/19 ①; 1593/12/1 ②; 1594/2/21 ①; 1594/8/6 ①; 1594/8/25 ①; 이형석, 1976, 770).

75 『宣祖實錄』, 1593/윤11/20 ②.

76 물론 사헌의 말이 외교적 수사에 가까운 측면도 없지 않다. 석성이 조선의 상황을 탐지하기 위해서 비공개적으로 주기(周基)를 보냈는데, 그는 봉황성에서 사헌을 만났다. 거기서 그는 사헌에게서 다음과 같은 말을 들었다. "조선의 백성

이 굶주리고 있어서 지금 (명의) 군사를 동원하면 반드시 (조선) 지방을 더욱 파괴시킬 것이다. 그렇지만 군사를 동원하지 않으면 산동에 반드시 왜적의 경보〔침략〕가 있게 될 것이다. 조선의 지방을 파괴시키는 한이 있더라도 산동에 왜의 경보가 없게 해야 한다."(『宣祖實錄』, 1593/12/16 ⑧) 액면 그대로 본다면, 사헌에게는 조선 백성의 안녕보다는 명의 방어가 일차적인 관심사였다. 게다가 사헌은 조선에서 많은 재물을 모아 귀국했다. 사은사 김수 일행도 그가 "조선의 지방에 해를 끼쳤다."는 이유로 어사〔요동순무〕 한취선(韓取善)의 탄핵을 받았다고 치계로 조정에 보고했다(『宣祖實錄』, 1594/3/1 ④). 사헌은 결국 사행 과정에서 "탐욕과 직무 불이행"으로 혁직과 재산몰수 처분을 받았다(『神宗實錄』, 1594/6/13 ②).

77 『宣祖實錄』, 1593/12/5 ①, ④.

78 『宣祖實錄』, 1593/12/7 ⑥.

79 『宣祖實錄』, 1593/12/7 ①; 1593/12/8 ②.

80 『宣祖實錄』, 1593/12/10 ⑤. 거의 동일한 내용의 기사가 1593년 윤11월 10일자 『선조실록』에도 수록되어 있다. 그렇지만 김수의 파견결정 시점이나 내용을 고려한다면 12월 10일의 기사가 옳다고 생각된다. 〔 〕 안의 내용은 윤11월 10일 기사에만 나온다.

81 주기와 척운(戚雲)은 병부상서 석성이 송응창과 이여송 몰래 조선에 보낸 사람들이었다. 그들이 병조판서 이덕형에게 한 말에 의하면, 조선에서 오는 보고가 매우 의심스러워서 석성이 그들을 보냈다(『宣祖實錄』, 1594/12/16 ⑧). 자세한 내용은 알 수 없으나, 송응창 등의 보고와 다른 조선의 실상이 명 조정에도 전해진 것으로 보인다.

82 『宣祖實錄』, 1593/12/20 ⑨~⑭; 1593/12/21 ⑤; 「陳陳奏形止便否啓」. 『懲毖錄』 卷三, 十四-十五.

83 『明史』 卷二十, 「本紀: 神宗 一」.

84 지금의 요녕성 홍성(興城).

85 그의 직함은 병부좌시랑, 도찰원우첨도어사(都察院右僉都御史), 총독계요보정(總督薊遼保定) 등으로 구성되었고, 통상 계요총독으로 불린다. 북경의 서북부에 위치한 밀운(密雲)에 자리잡은 계요총독에 의한 조선 문제의 겸무는 송응창이 조선 경략으로서 요양에서 조선 문제에 집중했던 것과 차이가 있었다.

86 「上顧總督書」, 『簡易集』 卷四, 十一-十四; 「上韓巡撫書」, 『簡易集』 卷四, 十五-十七.

87 김수의 자문에는 증원 수가 명시되지 않았는데, 앞서 송응창이 제시한 남병의 구성을 본다면 계주에 주둔 중인 남병은 3천 7백 명이 확인된다(「議朝鮮防守要害幷善後事宜疏」(1593/8), 『經略復國要編』 卷十, 十九).

88 김수 등은 얼마 후 병부에 대한 두 번째 자문에서 왜적의 요구 사항이 일곱 가지라면서 구체적으로 나열했다. 그것은 영토할양·책봉·통공·인신(印信)·망룡의(蟒龍衣)·충천관(沖天冠)·혼인 등이었다(「再上兵部書」, 『簡易集』 卷四, 三十二).

89 「上禮兵部書」, 『簡易集』 卷四, 二十-二十一; 「再上兵部書」, 『簡易集』 卷四, 三十二.

90 「別帖」, 『簡易集』 卷四, 二十三-二十四.

91 「再上兵部書」, 『簡易集』 卷四, 二十九-三十. 명 내부에서는 부산에 왜인들이 원래부터 살고 있었다는 인식에 근거하여 왜군의 주둔을 대수롭지 않게 생각하고 있었다. 김수 일행은 무역을 위해 부산진 밖에 임시 거주지를 설치했을 뿐이었고, 임진란은 이들과 무관했다는 점을 강조했다(「別帖」, 『簡易集』 卷四, 二十五-二十六).

92 『宣祖實錄』, 1593/12/7 ①.

93 명확하지 않으나 해당 구절 아래에 '소방(조선)의 땅 안에서 미리 막으려 하지 않고, 압록강까지 경보가 울린 후에야 꼭 막으려 하는 것인가?'의 구절로 보아 압록강의 중국 쪽 변경인 듯하다.

94 「稟帖」, 『簡易集』 卷四, 三十四; 「申帖」, 『簡易集』 卷四, 三十六.

95 『神宗實錄』, 1594/2/29 ②.

96 「槐院文書事草記」, 『簡易集』 一, 二十七.

97 『朝野僉載』 卷二十八, P49.

98 『明史』 列傳208 「朝鮮」. 김수가 활동할 즈음의 명 조정의 강화논의에 대해서는 본장 제2절에서 자세히 다룸.

99 『宣祖實錄』, 1594/1/9 ③.

100 『宣祖實錄』, 1594/4/17 ②.

101 『宣祖實錄』, 1594/4/23 ⑪; 1594/5/4 ③.

102 『宣祖實錄』, 1594/5/24 ②.

103 그해 윤11월 말 심유경이 히데요시의 항복표문을 수령하기 위해 부산을 향했을 때, 소서비의 요동 진입이 확인되었다(『宣祖實錄』, 1593/윤11/26 ⑤, 1593/12/3 ①).

104 이형석, 1976, 877.

105 루이스 프로이스 저, 정성화·양윤선 역, 2008, 142-143. 프로이스가 말하는 '서신'이나 '신임장'은 항복표문의 일본식 표현이었을 것이다.

106 『宣祖實錄』, 1593/윤11/4 ⑦. 그것은 첫째 1592년 8월 평양의 서북에 불가침 경계선을 설정했으나 조선이 이를 어긴 일, 둘째 (명군이) 1593년 1월 초 교섭 시도 중에 평양(성)을 포위한 일, 셋째 (왜군이) 용산에서 강화 약속에 따라 군사를 철수한 일, 넷째 (왜군이) 왕자와 배신을 송환한 일, 다섯째 (진주성 함락 이후 왜군이) 전라도로 진격하지 않은 일, 여섯째 소서비를 데리고 북경에 가서 석성을 면대하고 명의 고위 사절을 3, 4월 안에 데려오기로 했으나 아직 하지 않은 일, 일곱째 사용재와 서일관을 호송한 (왜인) 법석(法釋)을 명군이 아직 송환하지 않은 일이었다.

107 『宣祖實錄』, 1593/윤11/3 ⑦; 1593/윤11/10 ③. 그렇지만 대체로 실록의 오기라고 생각된다. 심유경은 황제의 해당 지시를 기미정책의 일환이라고 했다. 명은 주변 국가들을 통제하기 위하여 정치적 예속을 의미하는 책봉을 수용하는 경우에만 물질적 혜택인 통공〔조공〕을 허용하였다.

108 루이스 프로이스 저, 정성화·양윤선 역, 2008, 143.

109 「朝鮮國王臣……爲凶賊留邊……終始拯濟事」(1594/2/16), 『事大文軌』 卷八, 二十六-二十七.

110 「辨明心迹疏」(1594/4/12), 『經略復國要編』 卷十四, 六.

111 「朝鮮國王爲緊急倭情事」(1594/2/1), 『事大文軌』 卷八, 二.

112 『宣祖實錄』, 1594/2/6 ⑤.

113 『宣祖實錄』, 1594/2/7 ④; 1594/2/10 ②.

114 『宣祖實錄』, 1594/2/6 ③.

115 『宣祖實錄』, 1594/2/2 ③; 1594/2/6 ⑤.

116 정려란 구정(九鼎)과 대려(大呂)로, 왕조의 정통성을 상징한다.

117 『宣祖實錄』, 1594/2/11 ④.

118 『宣祖實錄』, 1594/2/11 ④; 『亂中雜錄』 二, 1593/5. 물론 유키나가는 그것이 진짜라고 주장했다. 약 10개월이 지난 뒤 그는 당시 조선 문제를 총괄하고 있던 총독 손광(孫鑛)에게 보낸 답신에서 이 문제를 제기했다. 즉, "전날 표문이 진짜가 아니라고 의심한 것은 너무한 것 같습니다. 국가에 임금이 있고 예법이 있음을 모르시는 것입니다. 문서 중에 도장이 있는데 어찌 빌려 쓸 리가 있겠습니까?"고 쓰고 있다(「答薊遼孫總督」(1594/12/6), 『四夷廣記』(中), 一八二).

119 『宣祖實錄』, 1594/2/12 ②; 1594/2/14 ②.

120 이 글은 이호민의 『오봉집』과 『사대문궤』에 실려 있고(「陳奏奏文」(1594/2), 『五峯集』 卷十二, 九-十四); 『事大文軌』 卷八, 二十三-三十), 『선조실록』은 왜군의 주둔 상황에 대한 구체적인 증언과 보고를 제외한 후반부만 수록하고 있다(『宣祖實錄』(1594/2/16 ⑤).

121 『宣祖實錄』, 1594/2/23 ⑤; 1594/2/24 ①; 1594/2/25 ④. 허욱은 해당 임무를 수행한 것은 아니었다. 앞서 본 것처럼, 그의 사행은 도중에 진주문 내용으로 인해 고양겸에 의해 지체되었다.

122 명군 사망자 수는 조선은 2백20여 명, 송응창은 3백25명으로 쓰고 있다(『宣祖實錄』, 1593/11/12 ②; 「朝鮮國王准來咨該爲倭情事」(1594/2/20), 『事大文軌』 卷八, 四十一-四十二; 「參失事將官疏」(1593/윤11/28), 『經略復國要編』 卷十二, 二十六-二十八).

123 「遼東都指揮使司爲倭情事」(1593/12/18), 『事大文軌』 卷八, 三十八.

124 그것은 7개 군현의 24곳으로 울산·기장·양산·동래·김해·웅천·거제 등지였다.

125 「朝鮮國王准來咨該爲倭情事」(1594/2/20), 『事大文軌』 卷八, 四十一-四十三.

126 사실 담종인은 인질로만 잡혀 있지 않고, 강화의 추진에도 관여했다. 이를테면 그는 3월 6일 이순신에게 패문을 보내 왜군의 조만간 철수를 이유로, 조선 수군도 원 주둔지로 돌아갈 것을 요구했다. 3월 초 조선 수군은 고성과 김해 등지에서 약탈하는 왜군을 추격하여 상당한 전과를 올리고 있었다〔제2차 당항포해전〕. 이순신도 일단 그의 요구에 따라 다음 날 한산도로 철수했다(『亂中日記』, 1594/3/4-7; 「陳倭情狀」(1594/3/10), 『李忠武公全書』 卷四, 十六-十九; 『宣祖實錄』, 1594/4/2 ④).

127 그는 평양전투에도 참여한 적이 있던 참장 주홍모(周弘謨)를 조선에 파견하여 유키나가와 교섭하게 했다. 주홍모는 왜영에 가져갈 방문(榜文)을 가지고 3월 중순 서울에 도착했다. 그것은 왜군의 전면적인 철수를 조건으로 조공과 책봉을 허용하는 방식이었다. 고양겸의 입장을 이해하지 못했던 공조판서 김명원, 병조판서 이항복 등 조정의 일부 대신들은 그에게서 강화가 아닌 군사적 조치를 기대하기도 했다. 어쨌든 주홍모가 남쪽으로 내려가다가 말에서 떨어져 사망함으로써 그의 강화 추진은 무산되었다(『宣祖實錄』, 1594/2/23 ④; 1594/3/14 ②, ③; 1594/3/15 ①; 1594/3/18 ③; 1594/3/20 ④). 그 외에도 고양겸은 지휘 호대경(胡大經)을 같은 목적으로 유키나가 진영에 보냈다. 그는 3월

말에 왜영에서 나왔고, 서울에서 접대도감 이덕형에게 명이 봉공을 승인하고 사절을 일본에 파견하면 왜군도 전원 철수하겠다는 왜 측의 입장을 전했다(『宣祖實錄』, 1594/4/17 ①, ②).

128 『神宗實錄』, 1594/2/29 ②.

129 『再造藩邦志』 三, 六二-六三; 『神宗實錄』, 1594/3/2 ②.

130 『再造藩邦志』 三, 六三-六四. 여명가 등과 유사한 주장을 공과급사중 서관란(徐觀瀾)도 제기했다. 그는 일본은 조선과 명의 원수라는 점에서 책봉이 의리에 어긋나고, 더욱 중요하게는 중국을 따르는 조선을 일본의 수중에 넘겨줌으로써 중국에 더 위협이 된다고 주장했다. 그와 함께 그는 고양겸과 송응창 등 조선 문제의 담당자들이 거짓보고로 병부상서 석성을 속이고 있음을 강조했다(『宣祖實錄』, 1594/4/23 ④).

131 『再造藩邦志』 三, 六三.

132 『神宗實錄』, 1594/3/1 ⑦.

133 『神宗實錄』, 1594/3/6 ④.

134 『神宗實錄』, 1594/3/8 ①; 1594/3/18 ②; 1594/3/24 ②.

135 『神宗實錄』, 1594/3/24 ③. 『신종실록』에 발췌되어 인용된 만큼 정확한 내용은 알 수 없으나, 왜적의 조공로나 명의 방어선과 관련하여 그는 조선과의 연관성을 최소화시켰다. 그에 의하면, 왜적은 영파 등지의 길을 이미 잘 알고 있는 만큼, 조공을 허락하더라도 이 길을 통과하게 해야 한다. 만약 대마도에서 부산으로 통한다면, 왜적은 조선까지 노략질할 뿐만 아니라 남해안을 거쳐 천진에 이르는 바닷길을 익히게 될 것이다. 또한 바다가 아닌 육지에서 왜적을 막아야 중국의 장기를 발휘할 수 있고, 적은 군사와 식량으로 방어할 수 있다.

136 『神宗實錄』, 1594/3/24 ③.

137 『神宗實錄』, 1594/4/6 ②.

138 『神宗實錄』, 1594/3/24 ④; 1594/4/1 ⑥.

139 『萬曆邸鈔』, 1594/4; 『神宗實錄』, 1594/5/1 ⑦.

140 나만화는 다른 측면도 언급했다. 그에 따르면, 고양겸의 방안, 즉 사절을 대구까지 가게 해서 왜군의 철수 여부를 확인한 뒤에 다시 결정하는 것은 명에게 굴욕적인 방법이다. 책봉의 허용을 조건으로 소서비를 돌려보내 왜군의 철수를 지시하되, 왜 측이 수용하지 않으면 전쟁의 방법을 써야 한다(『神宗實錄』, 1594/4/12 ②).

141 석성의 종합적인 보고에 포함되어 있지 않으나, 해당 시점에서 더 적극적인

전수(戰守)를 주장한 경우도 있었다. 상보사(尙寶司) 경(卿) 조숭선(趙崇善)은 조선의 지리적인 특수성에 주목하여 중국 자신의 방비를 위해서 조선에서 왜군을 막을 것을 주장했다. 그에 의하면, 조선은 삼면이 섬이 많은 바다이고, 높은 산과 고개, 그리고 큰 강 등 방어에 유리한 조건을 갖고 있다. 따라서 지금 유정의 군사 5천에 남병 3천 명을 더하여 조선인을 훈련시킨다면, 조선의 전토가 기름지기 때문에 중국에서 군량을 징발하지 않아도 왜군을 물리칠 수 있다(『神宗實錄』, 1594/4/25 ③). 상보사는 황제의 옥새와 부절, 인장 등을 관리하는 부서이고, 경은 그 책임자로 정5품이다.

142 『宣祖實錄』, 1594/4/23 ②.

143 『宣祖實錄』, 1594/4/23 ③.

144 『懲毖錄』 卷二, 十七-十八. 고양겸은 또 다른 문서를 통해 조선에 압력을 가해온 것으로 보인다. 상호군(上護軍) 성혼(成渾)도 위의 차부와 유사한 내용으로 된 고양겸의 글을 인용하고 있다(「論奏本事榻前啓辭」(1594/5), 『牛溪集續集』 卷二, 十五).

145 『선조실록』에서는 이정형을 이빈(李馪)으로 쓰고 있는데, 오류로 보인다. 이정형은 노비문제를 담당하는 장예원 판결사였다.

146 『宣祖實錄』, 1594/4/29 ①. 그는 김수의 사행으로 인해 송응창과 이여송 등 조선원정에 참여했던 장수들이 탄핵을 받고 있고, 조선이 협조하지 않으면 고양겸 총독도 처벌받는다는 점을 강조함으로써 조선을 곤혹스럽게 했다(『宣祖實錄』, 1594/4/27 ②).

147 『宣祖實錄』, 1594/5/6 ①.

148 『宣祖實錄』, 1594/5/8 ①; 1594/5/26 ①.

149 '2월 이후'란 고양겸이 나온 뒤를 말한다. 그리고 '사실대로 보고하라'는 말은, 선조의 해석으로는, "최근에는 왜적이 (진영을) 출입하며 노략질을 하지 않고 있다."고 보고해달라는 것이었다.

150 『宣祖實錄』, 1594/5/11 ①.

151 다만 최흥원은 선조의 내부에 반대함으로써 1592년 6월 중순 이후 세자와 함께 다니게 되었고, 그 결과 조정의 정책결정에서 벗어났다. 그러다 1593년 1월 평양수복 직후 다시 조정에 합류했지만, 그해 4월 서울수복 이후에는 왕릉의 봉심만 맡았을 뿐 조정에서 멀어졌다.

152 『宣祖實錄』, 1593/10/27 ③.

153 『宣祖實錄』, 1593/12/18 ④; 1593/12/19 ②, ③; 1594/1/2 ②.

154 송유진 등은 1593년 말과 이듬해 초 사이 기근으로 말미암아 떠도는 무리 2천 명을 이끌고 천안과 직산에서 봉기했다. 그는 의병을 칭하면서 서울로 진격하고자 했으나 사전에 발각되었다. 모두 8명의 주모자들이 처형되었고, 의병장 이산겸(李山謙)도 연루되어 옥사했다(이장희, 2011, 305-314).

155 『西厓文集』 卷五, 二十.

156 『宣廟中興誌』 卷四, 二十八-二十九; 『燃藜室記述』 卷十七, 「宣祖朝古事本末: 金德齡」; 『亂中雜錄』 三, 1593/11-1594/4) 그 후에도 명과 일본 사이에 강화가 진행되면서, 그의 군대는 소규모 전투 이외에는 초기의 기대에 부응하지 못했고, 조정에서도 그의 거취에 대해서 논란이 없지 않았다. 결국 2년여 뒤〔1596년〕 이몽학의 난 때, 이몽학이 세력을 과시하고자 김덕령과 연계를 내세움으로써 누명을 쓰고 억울하게 옥사하고 말았다(『宣祖修正實錄』, 1596/8 ①; 이장희, 2011, 319).

157 「請接待胡參將聽其所言啓」(1594/5), 『西厓文集』 卷七, 二十八-二十九; 『宣祖實錄』, 1594/5/12 ②. 고양겸의 유첩과 관련하여 『서애문집』에서 유성룡은 "거기에는 매우 따르기 어려운 것이 있는데, 우리나라가 왜적을 대신해서 봉공을 요청하는 구절입니다."로 운을 떼고 있다. 그렇지만 『선조실록』에는 해당 구절이 없다.

158 「有明……西厓柳先生行狀」, 『愚伏文集』 卷二十, 十五.

159 그간 강화논의 과정에서 조선과 일본의 통호에 관한 이야기는 없었다. 그런데 앞서 언급한 바, 3월 하순 웅천의 유키나가 진영을 방문했던 호대경에게 겐소 등이 그 문제를 제기했다. 조선이 통호를 허락하면 대마도로 군사를 철수하겠다는 것이다. 그것은 4월 중순 조선에도 전해졌다. 당일 조정 회의에서 선조는 새로운 사실로서 주목했다. 유성룡은 그것이 기요마사의 의도이며, 대마도의 조선에 대한 경제적 의존과 연관된 것으로 이해했고, 선조도 거기에 동의했다(『宣祖實錄』, 1594/4/17 ①, ②).

160 『四留齋集』 卷六, 一-二.

161 이정암은 6월 전라도관찰사에서 해임되었으나, 7월에 다시 전주부윤에 제수되었다. 그 후에도 그는 충청도관찰사 등을 지냈다.

162 『宣祖實錄』, 1594/5/26 ①.

163 나중에 성혼은 자신의 발언에 대해서 스스로를 탄핵하면서 사직을 요청했으나, 선조는 받지 않았다. 사실 그간 그에 대해서 일종의 주화론자라는 비난이 제기되기도 했는데, 그는 — 제출하지는 않은 — 또 다른 사직요청서에서 그에 대한

입장을 밝혔다. 책봉 요청이 무엇보다도 틈이 생기고 있는 명과 우호적 관계를 유지하고, 왜적의 항복을 받아 우리의 위급함을 해소하기 위한 목적에 있지, 결코 왜적과 강화하려는 것이 아니라는 내용이었다(「擬申上自劾疏」(1594), 『牛溪集』 卷三, 七十二-七十六).

164 『宣祖實錄』, 1594/5/26 ①; 「論奏本事榻前啓辭」(1594/5), 『牛溪集續集』 卷二, 十五.

165 「論奏本事榻前啓辭」(1594/5), 『牛溪集續集』 卷二, 十五.

166 그의 직함은 예부 주객청리사 제독회동관 주사(禮部 主客清吏使 提督會同館 主事)였다. 그의 책봉반대 문장은 『선조실록』에도 수록되었다(『宣祖實錄』, 1594/6/2 ④).

167 『神宗實錄』, 1594/4/29 ①.

168 『宣祖實錄』, 1594/5/27 ③.

169 유성룡이 반대한 표면적인 이유는 "생각은 다를 수 있고, 다만 선택 여부는 조정이 결정하면 되기" 때문이었다(『宣祖實錄』, 1594/5/27 ⑧).

170 『宣祖實錄』, 1594/5/28 ④.

171 『宣祖實錄』, 1594/5/29 ①.

172 『宣祖實錄』, 1594/6/1 ①.

173 『宣祖實錄』, 1594/6/4 ④.

174 『宣祖實錄』, 1594/6/10 ①.

175 『宣祖實錄』, 1594/6/7 ③.

176 『宣祖實錄』, 1594/6/11 ③.

177 『宣祖實錄』, 1594/6/12 ①, ③; 1594/6/13 ②; 1594/6/15 ①.

178 『宣祖實錄』, 1594/6/18 ①.

179 유성룡의 우려는 전혀 근거가 없지 않았다. 그해 가을 북경을 방문했던 윤근수도 명 일각에서 조선을 취해야 한다는 의견이 있음을 직접 확인했다. 당시 명이 일본과 강화를 최종 결정하는 상황이었다. 그는 압록강을 건너 요양의 회원관(懷遠館)에 머물고 있었다. 그곳에서 조선원정을 총괄하던 손광의 부하인 섭정국(葉靖國)이 그에게 "어떤 사람이 조선이 이미 식량이 없고 매우 심하게 파괴되어 장차 구호하기 어렵다. 이번 기회에 조선을 취해야 한다고 말했다."고 전했다. 그는 북경에 도착하여 통보(通報)를 볼 수 있었는데, 거기서 통판 지응서(支應瑞)가 그런 말을 했음을 확인했다. 물론 그가 병과(兵科)에 의해 탄핵됨으로써 논의가 중단되었다. 그는 귀국하여 이 사실을 선조에게 직접 보고했다(『宣祖實

錄』, 1595/4/11 ③).

180 『宣祖實錄』, 1594/6/18 ①.

181 『宣祖實錄』, 1594/6/26 ⑥; 1594/7/5 ②.

182 『宣祖實錄』, 1594/6/20 ④.

183 『宣祖實錄』, 1594/2/23 ①, ②.

184 『宣祖實錄』, 1594/6/25 ⑤.

185 『宣祖實錄』, 1594/6/26 ①.

186 『國朝寶鑑』 卷三十二, 三一.

187 『宣祖實錄』, 1594/10/10 ⑧.

188 조선의 미묘한 입장은 진주문의 복잡한 작성 과정에 반영되었다. 『선조실록』에 의하면, 진주문의 최초 초고는 유성룡이 최립과 이호민에게 의뢰하여 작성했다. 유성룡의 초고에는 비록 '화의(和議)' 두 글자는 없었으나 책봉을 요청하는 주장이 감춰져 있었다. 유성룡은 비판받을까 우려하여 초고를 호택에게만 보여주고, 윤근수에게 다시 작성하게 했다. 윤근수도 주저하던 차에, 유성룡의 초고를 보았던 낭료가 전해준 내용에 바탕을 두어 초안을 작성했다(『宣祖實錄』, 1594/7/20 ②; 1594/7/23 ②).

189 사례들은 모두 올해 2월 이후였는데, 그것은 5월 11일 접견에서 호택의 제안과도 일치했다. 즉, 고양겸이 요동에 진출한 뒤 왜군의 상황이 변화되었다는 이유를 들어 책봉 요청을 합리화했던 것이다.

190 가장 극적인 내용은 얼마 전 왜영에서 탈출했던 군인 황필금(黃必金)의 진술이었다. 그는 전년도 2월에 잡혔고 올해 3월 나고야로 보내졌다가 5월 말에 탈출했다. 그는 특히 왜군의 명 공격 계획을 전했다. 진주문에서 그는 다음과 같이 인용되었다. "왜적의 우두머리들이 평양과 전라도에서 실패한 것을 매우 한스럽게 여겨 배를 모아 식량을 운반하고, 강한 군사를 증원하여 올해 7월 중으로 두 개 무리로 나누어 공격해올 것이다. 그중 한 무리는 제주도에서 곧장 전라도를 침범하고, 다른 한 무리는 경상도에서 곧장 경기도에 이르러 동서를 약탈하고, 이후 합세하여 서쪽〔명〕을 침략할 것이다."(『宣祖實錄』, 1594/10/10 ⑧)

191 『宣祖實錄』, 1594/10/10 ⑧; 「陳倭情奏文」(1594/6), 『西厓文集』 卷三, 十-十六.

192 청봉 진주문에 따른 명 조정의 정책 변화에 대해서는 제7장 1절 참조.

193 『宣祖實錄』, 1594/6/26 ⑥.

194 『宣祖實錄』, 1594/6/26 ⑤.

195 『宣祖實錄』, 1594/6/26 ①.

196 『宣祖實錄』, 1594/7/7 ④.

197 『宣祖實錄』, 1594/7/9 ③; 1594/7/10 ①, ②.

198 『宣祖實錄』, 1594/7/16 ①, ②. 그것은 앞서 언급한 4월 말 조승선의 상소가 이제야 조선에 도착한 결과였다. 미주 141 참조.

199 『宣祖實錄』, 1594/7/16 ②; 1594/7/17 ③.

200 『宣祖實錄』, 1594/8/14 ①. 그렇지만 9월 그의 군대는 요양으로 철수했다.

201 『宣祖實錄』, 1594/8/10 ②; 1594/8/12 ①; 1594/8/14 ①.

202 『宣祖實錄』, 1594/8/16 ①; 1594/8/20 ②, ⑤.

203 『宣祖實錄』, 1594/8/20 ⑥.

204 손광은 7월 4일 계요총독 겸 어왜경략에 공식 임명되었고, 총독의 치소인 밀운에 주둔했다(『神宗實錄』, 1594/7/4 ②).

205 「上孫經略書」(1594), 『簡易集』 卷四, 四十六-四十九.

206 「揭帖」, 『簡易集』 卷四, 四十九. 강화 기간 동안 조선은 가급적 남병의 잔류를 원했다. 남병은 주로 사천과 절강 출신의 보병이었다. 한 연구에 의하면, 남병의 특수성은 무엇보다도 척계광(戚繼光, 1528-1588)에서 출발했다. 논이 많은 복건·절강 등지에서 오랫동안 왜구의 퇴치에 앞장선 그는 단검으로 무장한 기병 위주의 전통적인 병법을 수정했다. 그는 장검과 단검의 병용, 지형에 따라 다양한 방식의 진법(陣法), 각종 화기의 사용 등 새로운 병법을 개발했다. 그의 병법서인 『기효신서(紀效新書)』는 임란 기간 동안 조선에도 전래되었다. 남병은 조선에서 북병에 비해 유리한 점이 많았다. 계절적으로 기병은 봄에 날씨가 풀리거나 여름 우기에는 이동이 어려웠다. 지리적으로 산간지대에서 활동이 어렵고, 논밭을 훼손하는 경우가 많으며, 말에게 많은 식량이 필요했다. 북병은 야전에서 유리한 반면, 조선에서는 남병이 우세한 공성전이 많았다. 게다가 남병이 많은 훈련 과정에서 규율을 읽힌 반면, 기병은 제어되지 않아 민간에도 종종 문제를 일으켰다(王崇武, 1948b, 349-356).

207 윤근수는 북경으로 출발하기 직전 유정 총병을 만났는데, 유정은 강화의 내용이 단지 히데요시의 책봉에 그치지 않고 중국과 혼인 그리고 영토의 할양도 포함한다고 전했다(『宣祖實錄』, 1594/8/15 ④).

208 「上兵部書」, 『簡易集』 卷四, 五十三-五十四; 「再上兵部書」, 『簡易集』 卷四, 五十八-五十九. 그들의 요청에 대해서 병부는 신병 5천 명이 파견되고, 그들

가운데 2천 명 정도가 북병, 즉 기마병이라고 전했다. 그에 대해 윤근수 등은 다시 자문을 보내, 동북지방에 주둔 중인 남병으로 5천 명을 채울 수 없다면 그 숫자를 줄여서라도 남병만 보내기를 요청하기도 했다(「再上兵部書」, 『簡易集』 卷四, 五十八).

209 「申帖」, 『簡易集』 卷四, 六十-六十八.

210 「上禮部書」, 『簡易集』 卷四, 四十九-五十; 「再上禮部書」, 『簡易集』 卷四, 五十四-五十六.

211 「稟儀制司帖」, 『簡易集』 卷四, 五十七.

212 『宣祖實錄』, 1595/3/27 ②.

213 그 결과 윤근수는 임무를 다하지 못한 것으로 사헌부의 탄핵을 받았으나, 수용되지는 않았다(『宣祖實錄』, 1595/4/1 ②). 선조는 모든 군무를 세자에게 재결을 받도록 지시했다. 이것은 사실상 양위를 의미했고, 며칠 동안 다시 대신들이 그것을 말리는 데 시간을 소요했다(『宣祖實錄』, 1595/3/27-4/4).

214 『宣祖實錄』, 1595/9/29 ③.

215 『宣祖實錄』, 1595/12/25 ③.

216 『神宗實錄』, 1596/4/5 ①.

217 『亂中雜錄』 三, 1595/10/16. 명의 예부가 세자책봉을 거절한 이유는 표면상으로는 능력의 검증이었으나 실제로는 장자가 아니라는 이유였고, 그것은 특히 명의 국내정치와도 관련되었다. 그것은 소위 국본지쟁(國本之爭)으로서, 신종이 정귀비(鄭貴妃) 소생의 셋째인 주상순(朱常洵)을 태자로 삼으려 하자, 대신들이 원래 장자상속의 원칙에 따라 왕공비(王恭妃) 소생의 첫째 아들 주상락(朱常洛)을 태자로 삼아야 한다면서 반대한 사건이다. 예부는 마찬가지로 둘째인 광해군의 세자책봉에 반대했다. 결국 15년의 갈등 끝에 대신들의 주장이 관철되어 1601년 주상락이 태자로 책봉되었다(『燃藜室記述』 卷十八, 「宣祖朝古事本末: 光海嗣位」). 조선은 그 후에도 몇 차례 세자책봉사신을 보냈으나 1608년 2월 선조가 죽고 광해군이 즉위할 때까지 승인을 받지 못했다.

218 『宣祖實錄』, 1594/2/21 ⑦.

219 『宣祖實錄』, 1594/3/4 ⑦.

220 『宣祖實錄』, 1594/3/4 ⑧. 물론 대신들은 유정의 계책만 추종했던 것은 아니었다. 유정은 그런 계책을 내놓고도 자신이 없었는지 3월 팔거를 떠나 남원으로 철수했다. 따라서 기요마사가 스스로 협의를 받을 수 있다고 생각하여 그것을 반증하기 위해서 도발을 감행할지도 모를 일이었다. 조정은 상황을 탐지하

기 위해서라도 사람을 그에게 보낼 필요가 있다고 판단했다(『宣祖實錄』, 1594/3/20 ①).

221 『宣祖實錄』, 1594/4/2 ⑥.

222 『宣祖實錄』, 1594/4/25 ③.

223 「甲午四月入淸正營中探情記」, 『奮忠紓難錄』, 一-十一.

224 사명당과 기요마사의 만남은 지방에서도 주목을 받았는데, 당시 충청도 임천(林川)에 있던 오희문도 그 사실을 적고 있다. 다만 앞서 기요마사와 유키나가의 갈등은 더욱 증폭되어 전해졌다. 즉, 히데요시가 유키나가의 참소를 듣고 기요마사의 처자를 다 죽였고, 이에 기요마사가 노하여 조선과 함께 모의하여 히데요시에게 반기를 들고자 한다는 것이었다(『瑣尾錄』, 1594/5/20).

225 일부에서는 심유경-유키나가의 강화조건이라면서 기요마사가 제시한 다섯 가지는 다름 아닌 자신의 요구일 뿐이며, 조선의 입장을 떠보기 위해서 의도적으로 전달된 것으로 해석하기도 한다(김문자, 2005, 237). 그렇지만 이듬해(1595년) 3월 손광 총독이 보낸 사람들을 만난 자리에서 기요마사는 다섯 가지 강화조건이 나오게 된 배경을 설명했다. 그에 따르면, 유키나가는 평양에서 패배한 뒤에 다섯 가지 일을 성사시키겠다고 히데요시에게 약속했다(『宣祖實錄』, 1595/3/24 ②). 반면 유키나가는 그해 11월 하순 경상우병사 김응서에게 혼인이나 할지는 자신이 제기한 것이 아니고 기요마사가 지어낸 이야기라고 주장했다. 본장 제4절 참조.

226 임진왜란 내내 조선은 히데요시를 관백으로 간주했다. 따라서 기요마사의 말은 그가 반기를 들 수도 있다는 오해를 불러일으킬 소지가 있었다. 그렇지만 당시 관백은 히데요시가 아니라 그의 조카 도요토미 히데츠구(豐臣秀次)였다. 히데요시는 조선 출정에 전념하기 위해 1591년 12월 히데츠구를 후계자로 삼아 관백을 넘겨주었다. 그런데 1593년 8월 친자가 태어나자, 두 사람 사이에 갈등이 나타났고, 2년 뒤 히데츠구가 제거되었다. 기요마사는 히데츠구를 악인으로 지칭하면서 자신은 국왕 히데요시의 충실한 신하임을 재확인했던 셈이다.

227 『宣祖實錄』, 1594/5/6 ④, ⑤; 「甲午五月往謁劉督府言事記」, 『奮忠紓難錄』, 十四-十五.

228 사명당에 의하면, "기요마사의 저의를 정확히 알 수는 없었으나, 그의 언사로 보아 짐작건대, 만약 유키나가의 일이 성공하지 못하고 명을 침범하는 거사가 있게 되면, 유키나가와 히데요시를 성토하고 반기를 들려는 뜻이 있었습니다. (그는) 말끝마다 '관백은 왕이 아니고, 우리 왕은 (따로) 있다.'고 했습니다.

소위 왕이 (히데요시에 의해 제거된) 원씨(源氏)의 후예를 지칭하는지, 일본의 소위 황제〔천황〕를 지칭하는지 힐문하여 그의 말을 들어보았다면 그의 뜻을 알 수 있었을 것입니다. (그렇지만 당시) 제가 원씨의 일을 몰라서 자세히 물어보지 못했습니다."(「別告賊情」, 『奮忠紓難錄』, 十一). 사명당은 오다 노부나가(織田信長)의 존재를 모르고 히데요시가 원씨(源氏, 미나모토씨)를 멸망시킨 것으로 여기고 있다. 미나모토씨는 가마쿠라(鎌倉) 막부(1185-1333년)의 성씨였고, 이어 무로마치(室町) 막부(1336-1573년)는 그 방계인 아시카가씨(足利氏)였는데, 노부나가에게 멸망당했다. 이는 일본 국내 정세에 대한 조선의 제한된 인식을 반영한다. 임란 후 유성룡은 『징비록』에서 "혹자는 원씨가 다른 사람에 의해 살해되었고, 히데요시가 그를 살해하여 나라를 빼앗았다고 한다."는 말을 덧붙이고 있으나, 여전히 사명당과 같은 인식에 바탕을 두고 있다(『懲毖錄』 卷一, 一-二).

229 그리하여 사명당과의 회담 이후 기요마사는 유정의 의견을 다시 묻는 편지를 보냈다. 그에 대해서도 유정은 단지 "지난번 송운〔松雲, 사명당〕이 다섯 가지 일에 관해 상세히 답변했으니 다른 의견은 없다."고 간략히 전했다. 그와 함께 유정은 더 할 말이 있으면 경상좌병사 고언백에게 자세히 이야기하라고 덧붙였다(「又附劉都督答淸正三書」, 『奮忠紓難錄』, 四十四).

230 「甲午七月再入淸正陣中探情記」, 『奮忠紓難錄』, 十九.

231 『宣祖實錄』, 1594/8/30 ③; 1594/9/6 ⑥.

232 『宣祖實錄』, 1594/9/6 ③. 그 자리에서 두 사람은 기요마사가 요구하던 왕자의 문안편지에 관해서도 서로 이견을 드러냈다. 선조는 유보적이었다. 그것은 편지가 오가는 과정에서 기요마사가 또 어려운 요구를 해올지도 모르기 때문이었다. 그렇지만 유성룡은 상황이 엄중하니 잠시 문안편지를 보내서 기요마사를 달래는 것도 무방하다는 의견이었다.

233 사명당이 고언백의 진영에 들렀던 것은 분명하다. 그는 사명당과 기요마사의 담판 내용을 비교적 자세히 조정에 보고했다(『宣祖實錄』, 1594/9/15 ④). 당시 사명당은 유정을 만나러 남원으로 가지는 않았다. 그것은 그의 군대가 이미 남원에서 철수하여 서울로 북상했기 때문이다. 사명당은 기요마사의 진영에서 나온 뒤 한 달여 동안 남부지방에 있었던 셈이다.

234 『宣祖實錄』, 1594/9/9 ④.

235 「甲午九月馳進京師上疏」, 『奮忠紓難錄』, 十九-二十三.

236 『宣祖實錄』, 1594/9/12 ②; 1594/9/13 ④; 1594/9/22 ⑥; 1594/11/1 ③.

237 『宣祖實錄』, 1594/8/27 ③.

238 『宣祖實錄』, 1594/10/5 ④.

239 김응서를 포함한 전방의 장수들은 김해의 나오시게와 주로 주둔지역의 경계준수와 약탈금지 등의 문제로 서로 접촉하고 있었다. 특히 김응서는 항복한 왜적을 기용하는 등 왜적과의 접촉이 적지 않았다(김경태, 2014, 161-162).

240 『宣祖實錄』, 1594/10/13 ②. 그들의 임무는 히데요시의 책봉에 대한 명의 결정을 유키나가 진영에 직접 전달하기 위한 것으로 보인다.

241 『宣祖實錄』, 1594/10/14 ⑧.

242 『宣祖實錄』, 1594/11/1 ④.

243 『宣祖實錄』, 1594/11/7 ④.

244 『宣祖實錄』, 1594/11/7 ②.

245 『宣祖實錄』, 1594/11/8 ⑧.

246 『宣祖實錄』, 1594/11/8 ③.

247 『宣祖實錄』, 1594/11/18 ②.

248 『宣祖實錄』, 1594/11/18 ④.

249 『亂中雜錄』 三, 1594/11/21.

250 『亂中雜錄』 三, 1594/11/21.

251 『宣祖實錄』, 1594/11/19 ⑤; 1594/12/7 ④.

252 『宣祖實錄』, 1594/12/7 ④.

253 『宣祖實錄』, 1594/10/17 ⑧; 1594/10/24 ②.

254 그는 7월 28일 남원을 출발, 8월 12일 서울에 도착하여 한 달 가까이 체류했다가 9월 중순 귀국했다(『宣祖實錄』, 1594/8/5 ②; 1594/8/14 ①; 1594/9/11 ②; 『燃藜室記述』 卷十七, 「宣祖朝古事本末: 甲午劉綎撤兵」).

255 「又附劉都督淸正三書」, 『奮忠紓難錄』, 四十四.

256 「甲午十二月復入淸正營中探情記」, 『奮忠紓難錄』, 三十八-三十九.

257 「甲午十二月復入淸正營中探情記」, 『奮忠紓難錄』, 三十九-四十一.

258 「乙未上疏言事」, 『奮忠紓難錄』, 四十六-五十.

259 『宣祖實錄』, 1595/1/20 ⑤.

260 『宣祖實錄』, 1595/1/22 ②.

261 『宣祖實錄』, 1595/2/12 ③.

262 『宣祖實錄』, 1595/1/22 ②.

제7장 히데요시의 책봉

1 『宣祖實錄』, 1594/10/10 ⑧.

2 『신종실록』에서는 "조선이 왜적을 위해 책봉을 요청[請封]함으로써 사직을 보전하고자 했다."로 표현하고 있다(『神宗實錄』, 1594/9/14 ②).

3 『宣祖實錄』, 1594/10/10 ⑧; 「朝鮮國王李昖一本倭情事」, 『經略復國要編』 後附, 三十一.

4 『神宗實錄』, 1594/9/9 ⑥.

5 구체적으로는 압록강 건너 관전(寬奠)에 군사 1만 명을 대기시키는 것 외에 계(薊)·보정·선부·대동·산서 등 여러 진(鎭)에 총 3만 명을 지정, 장병의 선발과 훈련, 식량과 무기의 마련 등을 시행하는 일이었다. 3만 명 지원 병력의 세부 방안이 마련되었는데, 그것은 계 1만 명, 보정 8천 명, 선부와 대동 1만 명, 산서 2천 명이었다(「倭情已變疏」, 『姚江孫月峯先生全集』 卷二, 五十一).

6 『朝野僉載』 卷二十八, P54; 『神宗實錄』, 1594/9/14 ②.

7 『神宗實錄』, 1594/10/16 ②; 『撫遼疏稿』 卷一, 三十一-三十三. 손광 등의 보고는 『신종실록』 기사에는 많은 부분이 누락되어 정확한 내용 전달이 되지 않는다. 다행히 순무 이화룡의 문집인 『무요소고』에는 온전한 글이 수록되어 있다.

8 그들에 의하면, "속국[조선]은 결국 우리의 영토가 아닌데, 갑자기 그들을 대신하여 경영하는 것은 비난을 받을 수 있고, 계획이 정해지더라도 서둘러 말할 수 없다." 조선의 반발이 예상되므로 성급히 공론화할 수는 없다는 의미였다.

9 제5장 4절 참조.

10 「辭免恩廕幷陳一得疏」(1594/10/21), 『經略復國要編』 卷十四, 十三-十四.

11 『神宗實錄』, 1594/10/23 ②.

12 『宣祖實錄』, 1594/9/27 ③.

13 『亂中日記』, 1594/9/26-10/8.

14 『宣祖實錄』, 1594/10/24 ⑨, ⑩; 1594/10/25 ⑤.

15 『宣祖實錄』, 1594/6/18 ①.

16 「閣部院書」(1594/10/3), 『姚江孫月峯先生全集』 卷五, 一.

17 「與石本兵書」(1594/10/17), 『姚江孫月峯先生全集』 卷五, 四.

18 「閣部院書」(1594/10/3), 『姚江孫月峯先生全集』 卷五, 一-二.

19 「與石本兵書」(1594/11/15), 『姚江孫月峯先生全集』 卷五, 十二-十三.

20 「與李霖寰書」(1594/12/1), 『姚江孫月峯先生全集』 卷五, 十七.

21 「與石本兵書」(1595/1/12), 『姚江孫月峯先生全集』 卷五, 三十二.

22 5-6세기 중국의 북부에 여러 나라를 건설했던 다섯 북방민족으로 흉노(匈奴)·갈(羯)·선비(鮮卑)·저(氐)·강(羌)을 뜻한다.

23 「與石大司馬書」(1595/5/11), 『姚江孫月峯先生全集』 卷五, 六十一-六十二.

24 그 후 몇 년간 조선 문제를 담당하면서 그의 생각도 조금은 변화된 듯하다. 그 예로 산해관을 나와 요동반도와 압록강 등지를 순찰한 뒤 1596년 8월 황제에게 한 보고를 들 수 있다. 당시 명의 책봉사절이 이미 일본으로 건너간 상황이었고, 황제도 더 이상 책봉 문제를 논의하지 말 것을 지시했다. 그럼에도 그는 군사적 선택을 포기해서는 안 된다는 입장을 피력했다. 그는 조선은 진실로 중국의 울타리이며, 조선의 방비는 다름 아니라 중국을 위하는 것이며, 그곳에 많은 군대와 식량을 보내는 것은 결코 무리한 원정이나 낭비가 아니라고 주장했다. 군사 및 식량과 관련하여 그는 평소 중국 내지에서 준비하고, 유사시에 조선으로 동원하는 방안을 제시했다. 다만 그는 여전히 조선 전체를 지켜야 한다는 입장은 아니었다. 그의 방안에 의하면, 명군 2만 7천 명을 동북지역에서 준비해두고, 유사시 그중 5천 명을 선발로 보낸다. 조선을 지원하여 가능하면 전라도와 경상도까지 진출하되, 그렇지 않으면 서울을 지키고, 그렇지 않으면 평양을 지켜야 한다. 그는 중국에서 가까운 가장 큰 도시인 평양은 반드시 지킬 것을 주장했다(「奉旨東巡疏」(1596/8), 『姚江孫月峯先生全集』 卷二, 六十二-六十四).

25 『神宗實錄』, 1594/11/5 ③; 『明史』 列傳208, 「朝鮮」.

26 명 조정이 그들과 소서비를 만나게 하려고 한다는 말이 있자, 윤근수 일행은 예부의 한 부서로서 조정의 의례를 담당하는 의제청리사(儀制淸吏司)에 품첩하여 거부의사를 밝혔다(「稟儀制司帖」, 『簡易集』 卷四, 五十七).

27 『神宗實錄』, 1594/12/11 ①.

28 「兵部等衙門一本欽奉聖諭事」, 『經略復國要編』 後付, 三十八-四十三; 『神宗實錄』, 1594/12/23 ⑤. 질문은 강화 이외에는 주로 조선침략 이유와 그 과정 그리고 일본의 국내 정치와 관련되었다.

29 아마도 손죽도 사건의 주모자 사화동과 함께 처형된 3명의 일본인을 지칭할 것이다. 그들은 1590년 2월 말 조선통신사 파견 조건으로 조선에 인계되었다. 제1장 2절 참조.

30 유키나가는 다음과 같이 썼다. "첫째, 군사를 철수하여 귀국하는 일입니다. 전에 서울에 주둔했다가 심 유격의 한마디 약속으로 부산까지 1천여 리나 퇴각했습니

다. 지금 부산에서 대마도까지는 반나절 거리로, 명의 사절이 온다면, 다 철수하기 어렵지 않습니다. 둘째, 책봉으로 인해서 공시〔貢市, 조공무역〕를 요구하지 않는 일입니다. 책봉은 천조의 은혜입니다. 조공은 소방의 예의입니다. 지금 (명이) 단지 은혜만 베풀고 예의를 요구하지 않는 것은 더욱 큰 긍휼입니다. 셋째, 책봉 이후에 조선을 침범해서는 안 된다는 일입니다. 그러므로 군사가 조선에 나와서 상국과 통하고자 했고, 지금 책봉을 얻었는데 무엇 때문에 다시 침범하겠습니까? 이 모든 것은 명을 따를 수 있는 것들입니다."(「答薊遼孫總督」(1594/12/6), 『四夷廣記』(中), 一八一)

31 『神宗實錄』, 1594/12/23 ⑤.

32 『정한위략』의 편찬자에 의하면, 양측의 문답이 봉해져서 (일본에) 보고되었을 때, 사람들은 소서비가 그렇게 공손한 말을 했을 리가 없고 병부가 꾸며냈다고 생각했다(『征韓偉略』 卷四, 八). 한편 손광도 소서비가 명에 구금되어 있는 상황에서 그가 어떤 명령이든 모두 듣지 않을 수 없었을 것으로 판단했다. 따라서 그의 응답에 근거하여 정책을 펼치는 것은 무익한 일이었다(「奉沈閣下書」(1595/1/6), 『姚江孫月峯先生全集』 卷五, 二十七). 더욱이 손광은 심유경이 전에 왜적에게 통공도 허락했다고 간주했다(「與內閣書」(1595/1/27), 『姚江孫月峯先生全集』 卷五, 三十七-三十八).

33 구체적으로 유키나가와 세 사람의 봉행〔미쓰나리·나가마사·요시쓰구〕 그리고 히데이에 등 5명은 대도독(大都督)으로, 겐소는 일본선사(日本禪師), 이에야스와 대마도주 요시토시 등 10명은 아(亞)도독, 시게노부 등 11명은 도독지휘(都督指揮), 요시히로 등 6명은 아(亞)도독지휘로 책봉되도록 했다. 그 아래에는 금번 일본 사절로 온 10명이 해당되었다. 마지막으로 차부는 대도독 차부 15장, 아도독 차부 20장, 도독지휘 차부 30장, 아지휘차부 50장 등이었다(「小西飛稟帖兵部尙書石」, 『經略復國要編』 後附, 四十七-五十; 요네타니 히토시, 2010, 353-354).

34 『神宗實錄』, 1595/1/12 ①.

35 『宣祖實錄』, 1594/12/4 ②.

36 『宣祖實錄』, 1594/12/6 ①.

37 나중에 선조가 회고한 바에 따르면, 진운홍이 보여준 편지에는 "(히데요시의) 국왕 책봉은 천조의 은혜이고 조공은 소국의 예의인데, 어찌 은혜를 베풀면서 조공을 바치라고 하지 않는가?"라는 문구가 있었다(『宣祖實錄』, 1595/1/6 ①). 이것은 앞서 인용된 『사이광기』에 전해진 편지의 내용과 달리, 명이 단지 책봉에

그치지 않고 조공까지 허용할지 모른다는 의구심을 뒷받침해주었다.

38 『宣祖實錄』, 1594/12/19 ③.

39 『宣祖實錄』, 1595/2/10 ⑥.

40 그는 한 연회에서 다음과 같이 말했다. "(명) 조정이 관백을 책봉하기 전에는 일본, 조선, 천조〔명〕가 각기 별개의 나라였다. 이제 관백이 천조로부터 책봉을 받으면, 곧 조선은 속국이고 일본도 속국이며 천조는 부모의 나라이며, 일본과 조선은 형제의 나라이니 곧 한 집이 된다. 지금부터는 두 집이란 말을 할 필요가 없다."(『宣祖實錄』, 1595/2/10 ⑥)

41 『宣祖實錄』, 1595/2/2 ④.

42 『宣祖實錄』, 1595/2/10 ⑥.

43 『宣祖實錄』, 1595/2/3 ③.

44 「答薊遼孫總督書」(1595/2), 『四夷廣記』(中), 一八三-一八四.

45 『神宗實錄』, 1594/12/30 ①. 이종성은 임회후훈위(臨淮侯勳衛)로 문관, 양방형은 오군영우부장서도독첨사(五軍營右副將署都督僉事)로 무관이었다. 병과급사중 서성초에 의하면, 이종성은 가문의 배경으로서 그 일을 담당했다(『神宗實錄』, 1596/1/17 ③).

46 『선조실록』은 1월 4일 기사에서 병부의 해당 자문을 수록하고 있는데, 그것은 자문의 작성 날짜였다. 병부의 자문에 대한 조선의 답서에는 1월 28일 받았다고 쓰고 있다(「兵部移咨」(1595/3), 『五峯集』 卷十二, 五十四; 「朝鮮國王爲欽奉聖諭事」(1595/3/8), 『事大文軌』 卷十二, 四十九).

47 『宣祖實錄』, 1595/1/4 ④; 「兵部爲欽奉聖諭事」(1595/1/4), 『事大文軌』 卷十二, 四十八-四十九.

48 「欽差分守遼海……封聖諭事」(1595/2/5), 『事大文軌』 卷十二, 五十五-五十九.

49 『宣祖實錄』, 1595/2/6 ①.

50 『宣祖實錄』, 1595/2/11 ③; 「朝鮮國王爲査報倭情事」(1595/2/26), 『事大文軌』 卷十二, 三十一.

51 『宣祖實錄』, 1595/2/11 ③.

52 「奉沈閣下書」(1595/3/4), 『姚江孫月峯先生全集』 卷五, 四十一.

53 의문점으로 손광은 다음 다섯 가지를 제기했다. 첫째 이전과 달리 통공 불허에 대해 유키나가가 분명하게 대답하지 않은 것, 둘째 소서비는 일본국왕〔쇼군〕 산성군(山城君)의 자손이 오다 노부나가에게 모두 살해되어 아무도 없다고 말하지만, 지금 문록(文祿)의 연호를 사용하고 있다는 것〔이것은 손광이 일본에

서 천황이 아닌 국왕의 연호가 사용되는 것으로 오해한 결과로 보임), 셋째 담종인이 유키나가의 진영에 여전히 억류되어 있고, 그의 가신이 북경에 전한 말을 심유경이 소서비에게 누설했던 것, 넷째 기요마사가 군대의 철수에 대해 유키나가 자신의 말을 듣지 않는다고 한 것, 다섯째 (철수와 관련하여) 유키나가가 히데요시에게 보고해야 한다고만 할 뿐, 여전히 확답을 하지 않는다는 것이다. 손광은 특히 연호의 사용에서 일본국왕의 존재가 증명되는 만큼, 히데요시를 일본국왕이 아닌 순화왕(順化王)으로 책봉할 것을 제안하기도 했다(「直陳倭情疏」, 『姚江孫月峯先生全集』 卷二, 十-十七). 애초 히데요시의 순화왕 책봉은 예부의 의견이었으나, 황제가 일본국왕으로 책봉할 것을 지시했다(『神宗實錄』, 1595/1/7 ①).

54 「直陳倭情疏」, 『姚江孫月峯先生全集』 卷二, 五-十七; 『神宗實錄』, 1595/2/12 ③. 한편 황제에 대한 상소 직전 손광은 내각의 대신들에게 보낸 글에서도 비슷한 주장을 제기했다. 다만 여기서는 책봉 이후 조선경영 방안이 언급되었다. 그에 의하면, 왜군이 물러가면 명은 단지 조선을 '경리'하여 요해지를 지키면서, 왜적의 통공 등 다른 요구를 허용하지 않고 다른 관계를 모두 끊어야 한다. 그는 전에 통공을 약속한 심유경을 책봉사절로 보내지 않음으로써 일본의 통공 요구를 비켜갈 수 있다고 주장했다(「與內閣書」(1595/1/27), 『姚江孫月峯先生全集』 卷二, 三十七-三十八).

55 『神宗實錄』, 1595/2/12 ③.

56 『神宗實錄』, 1595/3/7 ①.

57 「與遼撫李霖寰書」(1595/4/1), 『姚江孫月峯先生全集』 卷五, 五十一.

58 『宣祖實錄』, 1595/1/30 ③, ④. 사복시(司僕寺)는 궁중의 가마와 마필 및 목장을 관리하는 부서이며, 첨정(僉正)은 종4품.

59 「朝鮮國王爲欽奉聖諭事」(1595/3/8), 『事大文軌』 卷十二, 四十九-五十二.

60 「遼東都指揮使司爲倭情事」(1595/2/6), 『事大文軌』 卷十二, 四十五-四十六.

61 「朝鮮國王爲倭情事」(1595/3/6), 『事大文軌』 卷十二, 四十六-四十八.

62 『宣祖實錄』, 1595/2/26 ⑩.

63 『宣祖實錄』, 1595/2/6 ①.

64 사실 2월 말 조정은 흥미롭지만 중차대한 정책적 선택의 기회가 주어졌다. 경상좌병사 고언백이 몇몇 항왜에 의한 기요마사 제거 계획을 올리며 그에 대한 조정의 결정을 요청했다. 해당 계획에는 제안한 왜군의 이름, 거사 날짜, 방법 등에 대해서도 자세한 내용이 포함되었다. 비변사에서는 긍정적으로 검토했고

다각도로 논의했다. 그렇지만 선조가 예상치 않은 결과를 우려해 강하게 반대하고, 또 유성룡의 말대로 명의 강화정책과 상충된다고 판단되어 포기했다(『宣祖實錄』, 1595/2/29 ⑥, ⑦ ⑧; 1595/2/30 ⑥).

65 구체적으로, "사신을 제외하고 인원이 3백 명을 초과하지 않고 배는 3척을 넘지 못하며, 그들은 먼저 대마도에 도착한 다음, (명) 조정의 지시를 기다려 정해진 수가 북경으로 들어간다."(「賊情奏文」(1595/3), 『五峯集』 卷十二, 十六)

66 「賊情奏文」(1595/3), 『五峯集』 卷十二, 十六-十七; 『宣祖實錄』, 1595/2/25 ④; 1595/3/4 ⑤.

67 『宣祖實錄』, 1595/3/4 ⑤.

68 『宣祖實錄』, 1595/2/26 ⑩; 1595/2/28 ④, ⑥.

69 『宣祖實錄』, 1595/2/30 ⑥. 실제 명에 전달되지는 않았으나, 진주문도 준비되었다. 이호민이 작성한 1595년 3월 「적정주문」이 그것으로 생각된다. 진주문에서는 무엇보다도 일본 사은사의 조선 통과와 항왜의 조선 안치에 대한 우려가 표명되었다. 즉, 일본의 지속적인 왕래와 일본인의 거주가 조선은 물론 명에도 후환이 될 수 있다는 근거가 제시되었다. 물론 여기에서는 선조의 의사대로 유키나가의 편지 등 조선과 왜군의 접촉에 대해서는 언급되지 않았다(「賊情奏文」(1595/3), 『五峯集』 卷十二, 十六-十七).

70 『宣祖實錄』, 1595/2/30 ⑥.

71 「兵部移咨」(1595/3), 『五峯集』 卷十二, 五十三-五十六; 「朝鮮國王爲欽奉聖諭事」(1595/3/8), 『事大文軌』 卷十二, 四十九-五十二.

72 『神宗實錄』, 1595/3/29 ②. 이 자문을 근거로 병부는 소서비를 압록강을 건너 조선에 진입하게 했다. 당시 그는 이종성 등과 함께 조선을 향했으나, 감히 압록강을 건너지 못하고 있었다.

73 손광과 기요마사의 접촉은 나중에 문제가 되었다. 그것은 석성이 "기요마사가 강화를 방해하기 위해서 손광에게 접근했고, 손광이 그의 뇌물을 받았다."고 보고했기 때문이다. 그렇지만 2년 뒤 책봉을 마치고 귀국한 양방형은 그의 뇌물 수수 사실을 부인했다(『神宗實錄』, 1597/3/19 ②).

74 『宣祖實錄』, 1595/3/24 ②; 『宣祖修正實錄』, 1595/3 ④; 『亂中雜錄』 三, 1595/3/2. 신무룡과 장응룡 두 사람의 활동과 관련하여 『선조실록』 등에 기록된 김의직의 보고 내용 이외에 손광이 요동순무 이화룡에 보내는 편지에서 추가적인 사실들이 확인된다. 손광에 의하면, 심유경은 유키나가가 히데요시에게 성사를 맹세한 다섯 가지 일을 허락했다. 그리고 책봉을 요청한 히데요시의 표문과

관련하여, 기요마사는 이미 왕인 히데요시가 책봉을 굳이 원하지 않는다면서 위 다섯 가지에도 책봉이 포함되지 않았음을 지적했다. 기요마사는 또한 두 사람에게 "조선의 4개 도를 분할하여 내게 준다면 강화할 것"이라고 말했다. 손광은 기요마사가 "조선을 점거하여 스스로 왕이 되려는 뜻"이 있는 것 같다는 왜영 내 분위기도 언급했다(「與遼撫李霖寰書」(1595/4/1), 『姚江孫月峯先生全集』 卷五, 五十一).

75 『亂中雜錄』 三, 1595/3/2.

76 「與遼撫李霖寰書」(1595/4/1), 『姚江孫月峯先生全集』 卷五, 五十一.

77 시강원은 세자의 교육을 담당하는 기구이고, 문학은 정5품.

78 『亂中雜錄』 三, 1595/3.

79 『神宗實錄』, 1595/2/3 ④.

80 『宣祖實錄』, 1595/4/8 ④.

81 이종성 일행이 스스로 규정을 어길 이유는 없었을 것이다. 어쨌든 그들은 4월 7일 의주에 도착한 뒤, 명 조정에 자신들의 조선 진입 사실을 보고했다. 그들은 보고에서 도착 즉시 사람을 심유경에게 보내서 그와 함께 부산으로 가서 왜군의 철수를 설득하게 했고, 그의 회보를 기다려 조정에 다시 보고하겠다고 덧붙였다(『神宗實錄』, 1595/4/21 ①).

82 심유경은 원래 윤근수를 대동하려고 했으나 조선이 적극 반대한 결과 무산되었다. 병부상서 석성의 지시라는 그의 주장에 대해서 조선은 비중 있는 대신이 강화에 가담하는 것은 수용할 수 없다는 입장이었다(『宣祖實錄』, 1595/4/11 ④-⑦).

83 『宣祖實錄』, 1595/4/28 ②.

84 조선은 소서비가 도성을 활보하고 실정을 염탐하지 못하도록 조속히 남부지방으로 내려보내고자 했다. 그에 반해 이종성 측은 유키나가와 접촉을 유지하기 위해서 소서비가 필요하다고 보았다. 결국 그를 도성 밖에 머물게 했다(『宣祖實錄』, 1595/4/29 ③, ⑤, ⑥; 1595/4/30 ①, ③; 1595/6/1 ②).

85 「與遼撫李霖寰書」(1595/4/27), 『姚江孫月峯先生全集』 卷五, 五十九-六十; 「與薊州道項元池書」(1595/5/25), 『姚江孫月峯先生全集』 卷五, 六十五-六十六. 이러한 상황에서 손광은 심유경에게 세 가지 전제조건을 유키나가 측에 전달하여 그의 가부만 사실대로 보고할 뿐, 모호하게 처리해서는 안 된다고 지시했다. 손광에 의하면, 만약 히데요시가 해당 전제조건들을 알지 못하는 상황에서 단지 황제의 책봉 하나만 그에게 내려진다면, "그는 반드시 놀라고 울분을 터뜨려

아마도 (상황의) 변동이 없을 수 없게 될'이라며, 이듬해 책봉 의식 직후 히데요시의 재침을 예고했다(「與石大司馬書」(1595/5/11), 『姚江孫月峯先生全集』 卷五, 六十一-六十二; 「箚示沈惟敬」(1595/5/15), 『姚江孫月峯先生全集』 卷五, 六十四).

86 『亂中雜錄』 三, 1595/4/29.

87 『宣祖實錄』, 1595/5/6 ⑥.

88 『宣祖實錄』, 1595/5/10 ①; 「封倭冊使諸官一行往來各衙門」, 『象村集』 卷五十七, 十五-十六.

89 「封倭冊使諸官一行往來各衙門」, 『象村集』 卷五十七, 十六.

90 『宣祖實錄』, 1595/5/8 ③. 그렇지만 유키나가의 품첩 자체가 아니라 역관 남호정(南好正)이 이종성에게 품첩을 전하는 사람들의 말을 듣고 정리한 것이었다. 그는 그것을 직접 읽어보지는 못했다(『宣祖實錄』, 1595/5/8 ③).

91 『宣祖實錄』, 1595/5/10 ①.

92 『宣祖實錄』, 1595/5/10 ①.

93 그런데 심유경이 보낸 네 사람이 서울에 올라왔을 때, 이종성도 그 사실을 확인하기 위해서 그들을 찾았으나 오랫동안 행방이 묘연했다. 그는 조선에 그 이유를 알리지 않고 그냥 남대문과 서대문의 출입 시간을 단축시키고, 동작진의 나룻배 사용을 금지시키는 등 소동을 벌였다. 결국 그들을 노상에서 찾았으나, "장(언지)와 채(문수)가 여자를 끼고 다녀서 사실을 파악하고자 그런 조치가 있었다."는 해명만 있었을 뿐, 끝내 내막은 알려지지 않았다(『宣祖實錄』, 1595/6/9 ②; 1595/6/10 ①; 1595/6/20 ①). 사실 유키나가 측만 명 사절의 도착을 확인하고자 한 것은 아니었다. 이종성도 양빈(楊賓)과 소서비의 부하 2명을 웅천으로 보내서 왜군의 철수 여부를 조사하게 했다(『宣祖實錄』, 1595/6/8 ②).

94 「江雲隨筆」, 北島万次, 2017(2), 898-899.

95 4개 도가 왕자의 봉지(封地)와 유사하게 된다는 추론이 가능하다(郑洁西, 2017, 139; 中野等, 2008, 174).

96 그 시점에서 유키나가와 기요마사의 입장 차이는 그해 3월 유키나가 진영에서 도주해온 항왜 11명의 진술에서도 확인된다. 그들에 의하면, 귀국을 원하는 기요마사와 다른 장수들은 히데요시에게 철군을 설득하기 위해서 재신(宰臣)이나 왕자와 같은 인질과 (그리고 『선조실록』에는 명시되지 않았으나) 영토의 할양을 요구한다. 그에 반해 히데요시는 인질이나 영토보다는 조·명과 우호적 관계를 수립하여 자신의 이름을 날리고자 한다. 유키나가는 그를 만족시키기 위해서 책봉과 조공을 강화조건으로 삼고 있다. 교섭에서 일본 측을 대표하는

유키나가는 자신의 입장을 관철시키고자 기요마사와 다른 장수들의 요구는 명 측에 전달하지 않고 있다. 그리고 책봉사절의 파견과 관련하여 항왜들에 의하면, "명의 책봉사절이 일본에 도착하여 유키나가와 여러 장수들이 관백에게 잘 말하면 (그가) 군대를 철수시킬 수도 있으나, 그런 일은 억측할 수 없다." 책봉에 국한된 강화의 성공 가능성이 낮다는 의미였다(『宣祖實錄』, 1595/4/19 ⑨).

97 유키나가가 보낸 통사들에 의하면 그는 5월 26일 일본에서 출발했으나 중간에 "역풍을 만나고 또 히데요시가 불러서" 되돌아갔다. 그들에 의하면 유키나가는 6월 4일 비로소 출발하여, 6월 23-24일에 웅천에 도착할 것이다(『宣祖實錄』, 1595/6/25 ①). 그의 부산 귀환이 한 달 정도 늦춰진 셈이다.

98 『宣祖實錄』, 1595/6/26 ③.

99 『征韓偉略』 卷四, 十一. 『懲毖錄』 卷二, 十九. 『宣祖實錄』, 1595/7/24 ②.

100 『兩朝平攘錄』「日本上」, 二十九.

101 『征韓偉略』 卷四, 十二.

102 조선의 치주와 관련하여 이종성은 조선에 대한 의구심을 명 조정에 표명했다. 그는 한 서한에서 "조선의 군신이 어리석어 일을 이해하지 못하여 왜군이 물러가더라도 (명 조정에) 상소하여 사은하지 않을까 우려된다."고 썼다. 이에 병부상서 석성은 당시 북경에 와 있던 조선의 통사를 불러서 "제2진의 왜가 물러가면 곧 글을 갖추어 사은하라."고 지시했다. 석성은 관련 내용을 설명하는 밀봉된 자문을 조선의 선래통사(先來通事)를 통해 이종성에게 전하도록 했는데, 승정원에서 그것을 뜯어봄으로써 알려지게 되었다(『宣祖實錄』, 1595/10/4 ①).

103 『宣祖實錄』, 1595/6/26 ⑦. 윤근수의 판단으로, 병부의 지침은 먼저 서울의 이종성에게 하달되었고, 이후 부산 왜영에 머물던 심유경에게 전달되었다. 심유경이 해당 공문을 조선 역관에게 주어 서울의 윤근수 자신에게 보내왔다(『宣祖實錄』, 1595/6/26 ⑦).

104 『亂中雜錄』 三, 1595/7/16; 1595/9/15.

105 『난중잡록』과 『선조실록』의 기록을 참고하면 그들의 일정은 다음과 같다. 양방형은 남원(7월 20일)을 거쳐 거창(7월 24일)과 밀양(8월 20일경)에서 각기 한 달 정도씩 머물다가 부산(10월 11일)에 진입했다. 이종성은 남원(9월 15일)에서 한 달 정도 머물다 합천(10월 19일)을 거쳐 밀양에 도착하여, 그곳에서 다시 한 달 정도 머물다가 11월 22일 부산으로 출발했다. 유키나가는 밀양과 함안 사이에 주둔하여 책봉사절을 기다렸다(『亂中雜錄』 三, 1595/7-11; 『宣祖實錄』, 1595/11/1 ④; 1595/11/30 ⑨).

106 부분적으로 왜 측의 철수가 없지는 않았다. 이를테면 거창에 도착한 양방형의 요구로 유키나가는 김해와 동래 사이 대로의 군영을 부산으로 철수시키기도 했다(『亂中雜錄』 三, 1595/8/18).

107 『宣祖實錄』, 1595/9/11 ④.

108 『宣祖實錄』, 1595/9/9 ②.

109 『宣祖實錄』, 1595/9/12 ①.

110 『宣祖實錄』, 1595/9/19 ③.

111 『宣祖實錄』, 1595/9/22 ②.

112 『宣祖實錄』, 1595/9/30 ⑥.

113 『宣祖實錄』, 1595/9/30 ④.

114 『宣祖實錄』, 1595/9/29 ③.

115 『宣祖實錄』, 1595/11/1 ④. 그 후 11월 하순 이종성이 왜영에 진입하자, 조만간 왜군 철수 여부가 드러날 것으로 예상되어 조정은 좀 더 기다려보기로 했다. 병조판서 이덕형이 가벼운 사은의 필요성을 제기하기도 했으나, 조정은 결국 세자의 책봉 주청에 집중하고, 일부 왜군의 철수에 대한 사은은 하지 않았다(『宣祖實錄』, 1595/12/5 ①; 1595/12/8 ⑤).

116 『宣祖實錄』, 1595/11/2 ③. 10월 초 유키나가의 가신 타치시게토키(瀧重時)의 편지에 의하면, 당시 남은 거점은 기장 · 김해 · 안골포 · 부산포 · 동래 · 가덕 등 여섯 곳이었다(中野等, 2008, 179). 한편 행호군 변응진(邊應軫)이 11월 하순 이후의 시점에서 왜적의 상황을 탐문하여 보고했다. 그에 의하면, 안골포 2천 명, 가덕 1천여 명, 죽도 6, 7천 명, 서생포와 임랑포 5, 6천 명이었다(『宣祖實錄』, 1595/12/12 ②). 두 사람의 보고는 김경상과 거의 합치된다. 어쨌든 김경상의 조사 시점에서 왜영에 머물던 황신의 표현으로는, 왜영 16개 가운데 10개, 즉 3분의 2만 철수했다. 기요마사의 군사도 아직 8천 명이 남았다(『宣祖實錄』, 1595/10/25 ②).

117 『宣祖實錄』, 1595/11/4 ②.

118 『宣祖實錄』, 1595/11/8 ①. 실제 책봉사절이 왜영에 진입한 며칠 뒤인 12월 초 심유경이 역관 남호정을 불러 곤장을 때리려 했다. 그때 그는 남호정이 "명 사신을 가로막아 여태 일을 그르쳤고, 매번 왜인이 어디 어디에 몇 명씩 있다는 말을 해서 사람들을 현혹시켰다."고 비난했다. 즉, 남호정이 왜군의 잔류를 이종성에게 자주 상기시켜 왜영 진입을 막았다는 것이다(『宣祖實錄』, 1595/12/22 ③).

119 『宣祖實錄』, 1595/12/3 ③.

120 『宣祖實錄』, 1595/11/30 ⑨.

121 『宣祖實錄』, 1595/12/12 ②; 1595/12/13 ②, ③.

122 『宣祖實錄, 1595/12/16 ⑤.

123 『神宗實錄』, 1596/1/17 ④.

124 『宣祖實錄』, 1595/12/21 ③. 조선 사신의 동행은 그 후에도 중대한 사안이 되었다. 여기에 관해서는 본장 3절에서 자세히 다룬다.

125 『宣祖實錄』, 1596/1/22 ⑤. 얼마 뒤 그의 접반사 황신이 서울에 올라오자 선조가 심유경의 도해 원인을 물었다. 황신에 의하면, 심유경은 히데요시와 책봉 의식 절차를 논정하기 위해서라고 병부에 보고했다. 그렇지만 자신이 유키나가의 부하에게 들은 바로는, "일본에서 헐뜯는 말이 크게 생겨나서 유키나가가 직접 들어가 조정하려고 하는데, 그의 힘이 부족할까 우려하여 (심)유격에게 함께 도해할 것을 요구했다."(『宣祖實錄』, 1596/1/28 ⑤) 이것은 책봉사절의 도해 이전 일본에 심유경-유키나가 주도의 강화에 대해서 비판적인 여론이 있었음을 시사한다.

126 그것은 다음과 같았다. 첫째, "일에 장애가 되거나 이치에 어긋나는 주장은 결코 따를 수 없다." 명의 기본원칙을 따라야 한다는 것이다. 둘째, "제반 일들을 논의할 속마음을 드러내어 천지에 맹세하고 귀신에게 담보해야 본인은 논의를 수용할 수 있다." 교섭자로 투명하고 신의가 있어야 한다는 것이다. 셋째, 기요마사는 반드시 먼저 바다를 건너고, 김해·가덕 등의 왜영을 모두 철수하여 부산으로 모이게 한다. 넷째, 자신의 부재중 책봉사절을 잘 접대해야 한다. 다섯째, 자신이 일본에 건너간 뒤 부산의 20리 바깥으로 왜인의 무단출입을 금지해야 한다. 여섯째, 조선 배신의 책봉사절 수행은 원래의 논의에 따라 심유경 자신이 실행하겠다. 그 외에는 어떤 말들도 실행하기 곤란하다. 일곱째, 자신이 돌아올 때까지 책봉사절을 일본에 들여보내지 말아야 한다(『宣祖實錄』, 1596/1/22 ⑥).

127 『宣祖實錄』, 1596/1/22 ⑤.

128 그는 당시 히데요시의 망의(蟒衣, 곤룡포)·익선관·대명지도·무술경전 등을 사적으로 지참했다고 한다(『再造藩邦志』 三, 七一). 그의 수행 인원은 중군 이대간(李大諫) 등 2백68명이었다(「倭情轉換疏」, 『姚江孫月峯先生全集』 卷二, 三十五). 이것은 그의 일본 방문이 단순히 책봉 절차에 관한 실무적인 논의에 그치지 않았음을 시사한다.

129 『神宗實錄』, 1596/1/17 ③.

130 『神宗實錄』, 1596/1/17 ④.

131 『神宗實錄』, 1596/1/17 ⑤.

132 『神宗實錄』, 1596/2/24 ①.

133 『神宗實錄』, 1596/2/24 ②. 얼마 후 이화룡은 왜적이 조선의 겸병에 그치지 않고 중국까지 넘볼 수도 있다고 보았다. 그에 의하면 일본이 갑자기 조선을 점유하고, 일본의 장기〔조총〕와 조선의 인력을 결합한다면, 요동 하나로 두 왜적을 상대해야 하므로 국가적 우환이 될 수 있다. 따라서 기다릴 수만은 없으며 조속한 대처를 취해야 한다는 것이다(『神宗實錄』, 1596/4/4 ②).

134 「倭情轉換疏」, 『姚江孫月峯先生全集』 卷二, 三十五-三十六.

135 속임수의 구체적인 내용에 대해서 손광은 보름 뒤 다른 보고에서 언급했다. 그것은 조선에 대한 납세의 요구 또는 영토의 분할이었다. 그는 왜적이 주택 건설, 파종을 위한 곡식의 배분, 일본에서 부산으로 물자 운송, 조선인의 피난행렬, 왜적의 조선지도 요구, 선박 건조를 위한 벌목 등 현지의 보고를 토대로 여름과 가을에 재침 가능성을 제기했다. 그와 함께 그는 압록강 건너의 관전보에 주둔 중인 1만 명 이외에 전에 병부가 지정했던 각 진의 지원병력 3만 명 가운데 절반에 대한 동원 준비를 주장했다(「倭情難測疏」, 『姚江孫月峯先生全集』 卷二, 四十四-四十七).

136 「致遼撫李霖寰書」(1596/1/11), 『姚江孫月峯先生全集』 卷五, 一百二十一-一百二十二.

137 「奉沈閣下書」(1596/2/2), 『姚江孫月峯先生全集』 卷五, 一百三十一-一百三十四. 비슷한 시점에서 손광은 이화룡에게 쓴 편지에서 책봉은 히데요시가 진짜 원하는 것이 아니라고 주장했다. 그때 그는 중국과 주변 국가들 사이에서 책봉의 의미에 대해서도 언급했다. 그에 의하면 "책봉은 영예가 아니고 욕된 일이다. (그것은) 조선이 우리에게 굴복한 뒤에 우리에게 책봉을 받았고, 안남〔지금의 베트남〕이 나라 안에서는 제국을 자칭하고 있음을 보는 데서 확인된다. 우리 군사가 그들〔조선이나 안남〕의 영토를 칠 수 없다면, 그들이 왜 우리의 책봉을 받겠는가?"(「致遼撫李霖寰書」(1596/2/19), 『姚江孫月峯先生全集』 卷五, 一百四十二)

138 그의 표현을 빌리면, "조선의 군신들은 혼미한 타성에 젖어 있다. 그들을 모질게 시키면 예예 하며 명을 따른다. 그렇지만 좋은 말로 하면 속이는 말로 대답하거나 혹은 게을러 내버려두고 처리하지 않는다. 그곳에 관리를 파견하거나 군사를 낼 때 강제로 징수하면 호주머니를 채울 수 있다. (그렇지만) 먹여주기를 기다리면 반드시 배를 주리게 되어 진실로 어떻게 할 수가 없다."(「致少宰呂新吾書」

(1596/4/10), 『姚江孫月峯先生全集』 卷五, 一百五十三)

139 「致少宰呂新吾書」(1596/4/10), 『姚江孫月峯先生全集』 卷五, 一百五十三-一百五十四.

140 『神宗實錄』, 1596/2/12 ②; 1596/2/24 ①.

141 『神宗實錄』, 1596/2/24 ②.

142 『神宗實錄』, 1596/3/21 ⑦.

143 『神宗實錄』, 1596/4/1 ⑥.

144 『宣祖實錄』, 1596/4/26 ②.

145 『神宗實錄』, 1596/5/24 ②. 『선조실록』에는 진주문의 앞부분 몇 줄만 수록되어 있다(『宣祖實錄』, 1596/6/9 ①).

146 구성은 후에 파직되었다. 그것은 "조정의 명령을 받고도 즉시 출발하지 않았고, 감히 자신의 의견을 (명) 조정에 아뢰어 대수롭지 않은 일처럼 했다. 그에게 위임된 명령을 제때 전하지 못한 죄가 크다."는 이유였다(『宣祖實錄』, 1596/4/11 ②). 자세한 것은 알 수 없으나, 이종성의 탈주로 책봉 중단의 기회가 있었으나, 구성의 북경 도착 이전에 새로운 책봉사절에 의한 재개가 결정되고 말았기 때문으로 보인다.

147 『宣祖實錄』, 1595/4/8 ②; 「上楊天使書」([1596]/5), 『白沙集』 別集 卷六, 一.

148 『再造藩邦志』 三, 七一.

149 지난 1월 중순 나고야로 건너간 심유경의 편지가 부산 왜영에 도착한 것은 이종성의 탈주 이후였다. 편지에서 심유경은 몇 가지 이유를 들어 책봉 절차의 지체를 설명하고, 향후 순조로운 진행을 기대했다. 그는 특히 히데요시가 국내외 이목을 집중시킬 성대한 책봉 의식을 거행하고자 많은 인원을 동원하여 새로운 성을 쌓고 있다는 점을 들었다. 그는 또한 명과 일본의 상호 불신으로 인해 책봉 절차의 개시 시점에 대한 이해가 다르다는 점도 지적했다. 즉, 명은 소서비를 북경에 들인 뒤 강화를 결정한 1594년 12월, 일본은 책봉 정사가 부산 왜영에 들어간 지난해 겨울[1595년 11월]에 책봉 절차가 개시된 것으로 간주한다. 일본의 시각에서는 책봉이 별로 지체되지 않은 셈이다. 그 외에 지리적 요인으로 인해 양국간 소통의 시간도 시일이 걸린다(『宣祖實錄』, 1596/4/20 ⑤).

150 『宣祖實錄』, 1596/2/2 ③.

151 「奉沈閣下書」(1596/1/30), 『姚江孫月峯先生全集』 卷五, 一百二十九-一百三十.

152 『宣祖實錄』, 1596/4/10 ①.

153 『宣祖實錄』, 1596/3/11 ①, ③.

154 『萬曆邸鈔』, 1596/5.

155 『宣祖實錄』, 1596/4/18 ③.

156 『萬曆邸鈔』, 1596/4.

157 『神宗實錄』, 1596/4/19 ①.

158 『神宗實錄』, 1596/4/19 ①.

159 『神宗實錄』, 1596/4/21 ④.

160 『萬曆邸鈔』, 1596/4.

161 『神宗實錄』, 1596/4/23 ⑤.

162 「倭情已變疏」, 『姚江孫月峯先生全集』 卷二, 四十九-五十三.

163 『神宗實錄』, 1596/4/29 ①.

164 『神宗實錄』, 1596/4/29 ①; 『萬曆邸鈔』, 1596/4.

165 『皇明經世文編』 451, 「東封誤國亟賜議處疏」; 『再造藩邦志』 三, 七二-七三; 『神宗實錄』, 1596/5/1 ①.

166 『神宗實錄』, 1596/5/6 ①; 『再造藩邦志』 三, 七三-七四.

167 『神宗實錄』, 1596/5/3 ①.

168 『神宗實錄』, 1596/5/4 ①.

169 『神宗實錄』, 1596/5/3 ①; 1596/5/4 ①, ②.

170 『宣祖實錄』, 1596/4/8 ②. 다음 날 접대도감은 이종성의 가인이 직접 전하는 탈주 소식을 국왕에게 보고했다. 그에 의하면, 왜적의 불만과 함께 "만약 책봉이 쉽게 되지 않으면 속히 나오라."는 군문(軍門)과 찰원(察院)의 말에 따라 탈출을 결심했다(『宣祖實錄』, 1596/4/9 ①). 군문은 손광 총독을 뜻하며, 찰원은 감찰관인 순안어사로서 당시 요동순안어사는 이사효(李思孝)였다.

171 『宣祖實錄』, 1596/4/8 ③.

172 『宣祖實錄』, 1596/4/10 ①, ③.

173 『宣祖實錄』, 1596/4/13 ⑤; 1596/4/14 ⑤.

174 『宣祖實錄』, 1596/4/14 ②.

175 『宣祖實錄』, 1596/4/15 ⑥.

176 『宣祖實錄』, 1596/4/16 ③, ⑥; 「請兵粮奏文」(1596/4), 『五峯集』 卷十二, 二十二-二十七. 며칠 뒤 호조에서 보고한 비축 군량은 3만 3천 명의 50일분 정도였다(『宣祖實錄』, 1596/4/21 ②).

177 『宣祖實錄』, 1596/4/17 ③, ④.

178 이종성이 탈주했을 때 심유경은 나고야에 있었고, 유키나가는 교토에서 히데요시를 만나고 나고야를 거쳐 부산으로 오는 중이었다. 탈주 소식이 전해지자 유키나가는 나고야로 돌아가 심유경과 상의하여, 자신은 부산으로 오고 심유경은 교토로 가서 히데요시를 만나기로 했다(『宣祖實錄』, 1596/5/1 ⑧). 그때 유키나가에게 양방형만이라도 일본에 오게 하라는 히데요시의 지시가 전달되었다(「島津家文書」 1204, 여기서는 김경태, 2014, 177 각주 38). 한편 접반사 황신도 히데요시의 그러한 입장을 시게노부한테 들었다. 시게노부는 심유경을 부사로 삼은 것에는 부정적이었다. 그것은 다른 사람은 벼슬이 낮은 사람이라도 높다고 말하면 되지만, 히데요시는 심유경의 직위가 낮음을 알고 있기 때문이다(『宣祖實錄』, 1596/6/11 ⑤).

179 『宣祖實錄』, 1596/4/17 ⑦.

180 『宣祖實錄』, 1596/4/23 ①; 『神宗實錄』, 1596/2/13 ③.

181 『宣祖實錄』, 1596/4/20 ②.

182 『宣祖實錄』, 1596/4/24 ①.

183 양방형이 이항복을 서울에 보낸 것은 자신의 신변에 관한 목적도 있었다. 그것은 남호정이 경주에 도착하여 "부사가 먼저 나갔기 때문에 상사가 나가 도주했다."고 말한 것으로 알려졌기 때문이다. 그것이 사실인 듯 명에 전해진다면, 자칫 화가 자신에게 미칠 뿐만 아니라 책봉이 허사가 될 수도 있었다. 양방형은 그 후 여러 번 남호정에 대한 불만을 표출했다. 결국 왜영에서의 무단 탈주 이외에, 부사에 대한 헛소문을 퍼뜨린 이유로 남호정은 국문을 받고 6월 9일 처형되었다(『宣祖實錄』 1596년 4-6월 사이 관련 기사들 참조). 좌의정 김응남, 유성룡 등이 선처를 요청했으나 선조의 반대에 부딪혔다.

184 『宣祖實錄』, 1596/4/20 ⑤; 1596/4/23 ①.

185 『宣祖實錄』, 1596/4/26 ②.

186 『宣祖實錄』, 1596/5/3 ①.

187 『宣祖實錄』, 1596/5/3 ④.

188 유성룡의 판단으로 명의 출병 가능성은 낮았다. 이유는, "왜적이 이미 주인이 된 격이고 명은 수천 리의 땅을 달려와 싸워야 하므로 군사는 지치고 양식이 다하여, 그 주객의 형세가 달라 상황상 어려움이 있으며, 또한 왜적만이 걱정이 아니라 누르하치도 틈을 보아 군사를 일으키려 한 지가 오래기" 때문이었다(『宣祖實錄』, 1596/5/3 ④).

189 『宣祖實錄』, 1596/5/18 ②. 그렇지만 양방형의 역관 박의검의 보고에 의하면, 기요마사는 5월 10일 귀국했으나, 죽도·가덕·안골 등지의 왜영은 조선통신사의 지체를 이유로 기다리고 있었다(『宣祖實錄』, 1596/6/1 ④). 기요마사의 철수는 이종성의 탈주와 무관하지 않았다. 탈주 당시 일본에 있던 유키나가가 히데요시에게 기요마사가 책봉의 이행을 방해한다고 보고했고, 이에 철수 명령이 내려졌던 것이다(Hawley, 2014, 406-407).

190 선조도 내심 군사 요청을 원하지 않았던 것 같다. 그는 당시 명군의 진입에 수반되는 식량 문제를 더 걱정했다. 그는 식량이 준비되지 않은 상태에서 명군의 진입을 막기 위해서 자문을 조속히 보내도록 했다(『宣祖實錄』, 1596/5/19 ⑥).

191 『宣祖實錄』, 1596/5/19 ④, ⑤, ⑥.

192 「朝鮮國王臣姓諱奏爲冊使渡海消息事」(1596/7/9), 『事大文軌』 卷十七, 十九-二十四. 심유경은 부사로 임명되었던 5월 4일 당일 교토에서 멀지 않은 사카이(堺)에 도착했으나, 히데요시는 6월 27일에야 그를 접견했다(『神宗實錄』, 1596/6/24 ①; 기타지마 만지 지음, 김유성·이민웅 옮김, 2008, 180). 양방형 일행도 예정과 달리 대마도에서 책봉 예물을 기다리지 않고 일본으로 들어가 8월 4일〔일본력 윤7월 4일〕 사카이에 도착했다.

193 약 한 달여가 지난 뒤 권율의 종사관 최상중(崔尙重)과 왜영에 머물던 담종인 도사의 대화에서 그 말의 출처가 어느 정도 드러난다. 최상중은 유키나가의 측근인 요시라가 얼마 전 의령에 나와서 그 말을 했다면서 담종인에게 사실 여부를 확인했다. 이에 담종인은 자신이 그 말을 한 적이 없다고 극구 부인했다. 즉 "그것은 왜 졸개들 내부에서 나온 빈말이다. 내가 겐소·유키나가·시게노부 등과 서로 논의했지만, 조선 사신이 (일본에) 들어가는 일은 언급하지 않았다. 이러한 말들은 결코 믿을 수 없다."(『宣祖實錄』, 1595/6/6 ②) 어쨌든 담종인과 접한 왜 측에서 그의 말로써 제기했을 가능성이 높다.

194 『宣祖實錄』, 1595/4/25 ③.

195 『宣祖實錄』, 1595/5/15 ①.

196 『宣祖實錄』, 1595/6/1 ②.

197 『宣祖實錄』, 1595/6/10 ②.

198 유성룡이 예상한 것처럼, 심유경은 접반사 황신에게 그가 통신사로 가는 문제를 자주 언급했다고 한다. 그렇지만 그것은 심각하게 제기되지 않았거나 황신이 일부러 보고하지 않았던 것 같다. 그곳에서 크고 작은 일들을 정기적으로 보고하던 황신은 그 사실은 언급하지 않았다. 심유경이 황신에게 했던 말도

황신이 아니라 경상우도관찰사 서성(徐渻)이 조정에 보고했다(『宣祖實錄』, 1595/9/12 ②).

199 『宣祖實錄』, 1595/12/21 ③.

200 시게노부에 의하면 배신의 파견은 '과거의 우호적 관계를 서로 만나 수립하고, 영원히 서로 화목하기 위한 것'이었다. 그것은 과거의 강화조건에서 대신의 역할과 달랐다. 이를테면 「대명과 일본의 화평조건」(1593년 6월)에서는 인질로, 「대명·조선과 일본의 화평조목」(1595년 5월)에서는 인질로 온 왕자의 보좌로 설정된 것과 차이가 있다.

201 『宣祖實錄』, 1595/12/29 ④.

202 『宣祖實錄』, 1595/12/29 ⑤.

203 『宣祖實錄』, 1596/1/25 ②.

204 『宣祖實錄』, 1596/1/1 ③.

205 『宣祖實錄』, 1596/1/3 ③, ④.

206 『宣祖實錄』, 1596/1/3 ③.

207 「沈遊擊求通使倭國議」(1596/1), 『西厓文集』 卷十四, 三十三-三十五.

208 『宣祖實錄』, 1596/1/3 ④.

209 『懲毖錄』 卷二, 二十.

210 『宣祖實錄』, 1596/1/6 ③.

211 『宣祖實錄』, 1596/1/7 ②.

212 『宣祖實錄』, 1596/1/14 ③.

213 그 게첩은 내용으로 보아 이틀 전 조선의 회답이 도착하기 전에 쓴 것으로 보인다.

214 황제의 칙서는 약 1년 전 책봉사절에 앞서 심유경이 나올 때, 그에게 내렸던 칙서를 말한다.

215 『宣祖實錄』, 1596/1/16 ②.

216 그렇지만 앞서 본 것처럼 당시 심유경이 유키나가에게 제기했던 일곱 가지 약조에는 통신사의 파견도 포함되었다. 그에 의하면, "조선 배신의 (책봉사절) 수행은 원래 옛날부터 논의했던 것으로, 본인〔심유경〕이 곧 실행하겠다."(『宣祖實錄』, 1596/1/22 ⑥) 그는 통신사 파견은 본인이 관철시킬 수 있을 것으로 자신했다.

217 『宣祖實錄』, 1596/1/16 ②.

218 비슷한 시점에서 접반사 황신도 이 문제를 심유경에게 제기했다. 황신의 보고에 의하면, 왜적 사이에 조선으로부터 영토분할, 쌀의 제공 요구 등의 소문이 있다

는 질문에 대해서, 심유경은 조선 배신의 책봉사절 수행 이외에 다른 요구는 없다고 대답했다(『宣祖實錄』, 1596/1/18 ②). 실제 심유경이 나고야로 건너가면서 유키나가에게 제시했던 일곱 가지 조건에는 배신의 수행 이외에는 어떤 추가적인 요구도 행해지기 어렵다는 점이 명시되었다.

219 『宣祖實錄』, 1596/1/17 ②.

220 『宣祖實錄』, 1596/2/28 ⑤. 황신은 3월 하순 부산의 왜영으로 다시 내려갔다(『瑣尾錄』, 1596/3/25).

221 본장 제1절 참조.

222 「奉沈閣下書」(1596/1/30), 『姚江孫月峯先生全集』 卷五, 一百二十八-一百三十. 손광은 편지에서 강화의 추진과 관련하여 심유경의 개인적인 야심도 언급했다. 그가 심유경에게 직접 들은 바에 의하면, 책봉 이후 대마도와 부산에 각각 3천 명의 군대를 주둔시키고 한 사람의 총병관이 통솔하게 해야 한다. 그는 특히 1년 전 황제가 칙서에서 "조선과 일본 두 나라를 조정함에 편의대로 처리하라."고 했던 말에 의탁하여 심유경 자신이 책봉의 성패와 무관하게 조선의 4개 도를 일본에게 넘겨주고, 스스로 총병관으로서 부산에 주둔하고자 한다고 예상했다.

223 「倭情轉換疏」, 『姚江孫月峯先生全集』 卷二, 三十七-三十八.

224 『宣祖實錄』, 1596/3/19 ②.

225 『宣祖實錄』, 1596/3/29 ④.

226 『宣祖實錄』, 1596/3/25 ①.

227 『宣祖實錄』, 1596/4/4 ③; 1596/4/6 ①; 1596/4/7 ③.

228 『宣祖實錄』, 1596/4/18 ③.

229 『宣祖實錄』, 1596/4/17 ⑦.

230 『宣祖實錄』, 1596/5/2 ⑤; 1596/5/4 ⑤.

231 『宣祖實錄』, 1596/5/9 ③.

232 『宣祖實錄』, 1596/5/30 ⑤.

233 『宣祖實錄』, 1596/6/1 ④.

234 『宣祖實錄』, 1596/5/28 ③.

235 『宣祖實錄』, 1596/5/30 ⑤.

236 『宣祖實錄』, 1596/6/1 ③.

237 『宣祖實錄』, 1596/6/3 ㉔.

238 『宣祖實錄』, 1596/6/3 ⑧-㊳.

239 『宣祖實錄』, 1596/6/3 ㊴.

240 『宣祖實錄』, 1596/6/4 ②.

241 『宣祖實錄』, 1596/6/12 ⑥. 『선조실록』에는 인용되지 않았으나, 히데요시가 "다만 기요마사를 다시 보내서 승부를 결정지어야 한다."고 협박한 것으로 알려졌다(「朝鮮國王臣姓諱奏爲冊使渡海消息事」(1596/7/9), 『事大文軌』 卷十七, 十二十二).

242 『宣祖實錄』, 1596/6/19 ④.

243 『宣祖實錄』, 1596/6/21 ①; 1596/6/23 ⑥.

244 『宣祖實錄』, 1596/6/22 ③.

245 『宣祖實錄』, 1596/6/23 ⑥.

246 『宣祖實錄』, 1596/6/26 ③, ④, ⑥.

247 『宣祖實錄』, 1596/7/12 ②; 1596/7/13 ②.

248 『宣祖實錄』, 1596/7/19 ②, ③.

249 「因傳敎論跟隨陪臣事啓」(1596/7/2), 『懲毖錄』 卷四, 三十-三十一.

250 『宣祖實錄』, 1596/6/25 ⑤; 1596/6/26 ④; 1596/6/27 ①, ④; 1596/6/29 ①, ②; 1596/7/2 ①; 1596/7/6 ①.

251 「朝鮮國王臣姓諱奏爲冊使渡海消息事」(1596/7/9), 『事大文軌』 卷十七, 二十四-二十七.

252 『神宗實錄』, 1596/7/9 ②.

253 『神宗實錄』, 1596/7/9 ③. 당시 양국 조정에는 위조된 공문서들이 적지 않게 전해졌다. 이를테면 5월 18일자 조선국왕 명의의 한 위서가 병부에 들어가기도 했다. 북경에서 돌아오던 진주사 구성(具宬)이 당보(塘報)에서 그것을 보고 등서하여 조정에 보고했다. 거기에는 몇 가지 내용이 포함되었는데 가장 당황스런 내용은 기요마사와 조선의 결탁이었다. 거기에 따르면 유키나가와 히데요시가 군대의 철수를 명령했으나 기요마사가 반대했다. 이에 히데요시가 화가 나서 그에게 식량을 내주지 말게 하자 기요마사가 조선에서 둔전하고자 조선에 식량과 지도를 요구했고, 이에 조선이 종자와 식량 30석 그리고 지도를 주었다. 구성의 보고에 대해서 선조는 예부에 자문하여 위서임을 밝히게 했다(「朝鮮國王爲辨明僞書事」(1596/8/19), 『事大文軌』 卷十七, 四十一-四十五; 『宣祖實錄』, 1596/8/1 ②; 1596/8/10 ④). 이 편지의 전문이 『조림잡조』에 실려 있다(「朝鮮上書」, 『棗林雜俎』 卷一, 三十八-三十九). 그해 9월에는 반대로 병부의 차관을 사칭하여 게첩을 갖고 조선에 왔다 간 육문도(陸文韜)라는 자가 있었다. 그가 가짜로 밝혀지자, 병부의 요구에 따라 조선은 이듬해 초 고급사 권협

을 통해서 육문도가 전에 가져왔던 게첩 등 증거물을 병부에 제출했다(『宣祖實錄』, 1597/ 1/24 ③).

254 「朝鮮國王……申諭倭酋將該謝恩人數……防不虞事」(1596/8/19), 『事大文軌』 卷十七, 三十五-四十一.

제3부 정유재란

제8장 책봉 의식과 강화의 파탄

1 새로 제작된 고명과 칙서 등은 5월 27일 북경을 출발하여 7월 8일 부산에 도착했다. 왜 측은 조선의 국서를 기다리며 책봉 문서를 지참한 명 군관들의 대마도행을 열흘 이상 미루었다. 이몽학의 난으로 국서 자체가 마련되지 못할 수도 있을 뿐만 아니라, 책봉 절차가 계속 지체되는 것에 부담을 느낀 그들은 7월 하순 통신사에 앞서 부산을 출발했으나 절영도에 2, 3일 머물 계획을 하는 등 천천히 대마도를 향했다(『宣祖實錄』, 1596/8/2 ③). 결국 조선 통신사 문제로 책봉의 절차가 한 달 가까이 지연된 셈이었다.

2 한자로는 계빈(界濱), 사개(沙蓋) 등으로 표기된다.

3 『宣祖實錄』, 1596/12/7 ④, ⑤; 『日本往還日記』, 1596/8/4-9/10; 『東槎錄』, 1596/7/30-9/10.

4 『明史』 列傳208, 「朝鮮」.

5 『兩朝平攘錄』 「日本上」, 三十二; 『武備志』 「朝鮮考」, 七. 책봉사절에 대한 부정적인 묘사는 이 문헌들이 제작된 시대적 상황과 무관하지 않다고 생각된다. 그때에는 정유재란으로 이어졌던 강화의 파탄에 대한 비판이 있었고, 심유경도 처형되었다.

6 『續本朝通鑑』 卷二百二十三, 5537; 賴襄子成, 1924, 卷十六, 十九; 『征韓偉略』 卷四, 十七-十九; 이형석, 1976, 925-927.

7 『宣祖實錄』, 1596/12/7 ⑤.

8 『宣祖實錄』, 1596/12/7 ④.

9 『萬曆邸鈔』, 1597/2.

10 「流芳院殿傑岑宗英居士肖像贊并序」, 『仙巢稿』 下, 22/48.

11 요네타니 히토시(米谷 均), 2010, 363-364.

12 요네타니 히토시(米谷 均), 2010, 365. 이해를 돕기 위해 약간 수정됨.

13 『兩朝平攘錄』 卷四, 二十七-二十九; 『棗林雜俎』 卷一, 三十七-三十八.

14 책봉사절의 일본행 당시 부산 주둔 왜군의 수와 관련하여 병과급사중 서성초는 8천 명, 손광 총독은 6, 7천 명으로 명 조정에 보고했다(『萬曆邸鈔』, 1596/12; 「倭情轉換疏」, 『姚江孫月峯先生全集』 卷二, 三十五).

15 「島津家文書」 424, 北島万次, 2017(3), 281. 그런데 기타지마는 히데요시가 해당 공문에서 언급한 "왕자가 건너오지 않은 것"을 3년 전 나고야에서 명의 두 관리에게 제시되었던 「대명과 일본의 화평조건」의 다섯 번째 조건과 결부시키고 있다. 해당 조항은 조선의 (8개 도 가운데) 4개 도를 조선에 넘겨주는 대신 왕자를 인질로 일본에 파견해야 한다는 내용이다. 기타지마는 마치 히데요시가 여전히 조선의 4개 도와 왕자의 인질을 원했던 것처럼 설정한 셈이다(기타지마 만지 지음, 김유성·이민웅 옮김, 2008, 183). 그렇지만 전후 상황의 전개로 보아서 이 단계에서 히데요시는 조선의 영토는 물론 왕자의 인질도 포기했고, 해당 공문에 적시된 대로 단지 왕자의 방문을 통한 사례를 기대했을 뿐이라고 생각된다.

16 한편 당시 유성룡은 강화의 실패를 명이 통공을 허락하지 않았기 때문이라고 비교적 단순하게 이해한 듯하다. 그해 10월 중순 책봉의 파행 소식을 접했을 때, 그는 다음과 같이 국왕에게 말했다. "적이 영파를 통해서 통공하고자 하는 것은 크게는 (명을) 엿보는 것이고 작게는 교역을 여는 것입니다. 지금 명이 책봉만 허락하고 통공은 허락하지 않기 때문에 (히데요시가) 다시 방자한 짓을 하려는 것입니다."(『宣祖實錄』, 1596/10/19 ①) 그렇지만 후에 그는 『징비록』에서는 여전히 모호하지만 변화된 시각을 보여준다. 그에 의하면, "관백이 구하고자 하는 바는 매우 커서 책봉과 통공에 그치지 않았다…… 심유경과 유키나가는 서로 친숙하여, 일이 닥치면 미봉(彌縫)했다. 일을 성사시키려고만 하여 명과 우리나라에 사실대로 알리지 않았다."(『懲毖錄』 卷二, 二十一)

17 『日本往還日記』, 1596/윤8/29; 『宣祖實錄』, 1596/12/21 ⑤. 후대의 일본 기록에는 조선의 영토할양까지도 포함되었다. 즉, "내가 군사를 거두었는데 귀국은 3도〔경상·전라·충청〕를 바치지 않고, 또한 왕자를 보내 재조지은에 감사하지 않고 미천한 자들을 보내 나를 욕보였다. 나는 너희들의 접견을 불허한다."(賴襄子成, 1924, 卷十六, 十八) 황신이 차마 영토 부분을 언급하지 않았을 수도

있으나 가능성이 적고, 당시 할양영토로 '3도'는 제기된 적이 없다.

18 『日本往還日記』, 1596/윤8/29.

19 나중에 전해진 바에 의하면, 명 사신에 부속된 조선인 역관까지도 오지 못하게 했다(『宣祖實錄』, 1596/11/6 ②).

20 關伯〔白〕蓋怪你們來遲(『日本往還日記』, 1596/9/1). 8월 12일 현지에 대규모 지진이 발생하여 책봉 의식이 예정된 후시미성(伏見城)이 무너지고, 갓 도착한 명의 책봉사절도 일부 피해를 입었다. 앞서 조선통신사로 인해 책봉 절차가 1개월 정도 늦춰진 점을 고려한다면, 통신사의 지체로 인해 의도치 않게 성대한 책봉 의식을 할 수 없게 된 셈이었다. 정유재란이 한창이던 1598년 6월, 강화를 위해 서울에 올라온 왜의 교섭자 요시라(要時羅)는 명의 관리 양조령(梁祖齡)에게 히데요시의 재침은 조선통신사의 지체 때문이라고 주장했다. 즉, 히데요시가 많은 비용을 들여 숙사를 짓고 준비했는데, 명의 사절이 먼저 도착했음에도 조선통신사가 몇 달 동안 오지 않아 결국 지진으로 인해 숙사가 무너지고 말았고, 히데요시가 화가 났다는 것이다(『宣祖實錄』, 1598/6/3 ①).

21 『日本往還日記』, 1596/9/3. 그가 그해 연말에 귀국하여 선조에게 직접 전한 내용은 조금 더 구체적이었다. 그가 들은 바로는 히데요시는 뜰에 서서 '다섯 번 절하고 세 번 머리를 조아리는 예'를 표시했고, 황제가 하사한 의복을 공손하게 받았으며, 그의 신하 40여 명도 모두 황제의 여러 가지 하사품을 받았다. 황신에 의하면, 히데요시가 칙서를 받을 때 황제가 하사한 관복이 아닌 왜복을 입었다. 또한 명의 사절을 황제의 칙사에 대한 예의로 대하지도 않았다(『宣祖實錄』, 1596/12/21 ⑤).

22 『日本往還日記』, 1596/9/1-3.

23 『日本往還日記』, 1596/9/6.

24 『日本往還日記』, 1596/9/6; 『宣祖實錄』, 1596/12/21 ⑤.

25 『宣祖實錄』, 1596/11/10 ②.

26 『日本往還日記』, 1596/11-12.

27 「朝鮮國王……彌地方之患事」(1596/10/6), 『事大文軌』 卷十七, 六十五. 앞서 본 것처럼 한 달 반 전 조선은 이미 왜 사은사절 인원이 너무 많지 않도록 요청했다. 그 기준으로 본다면, 그 수는 여전히 많았다.

28 『宣祖實錄』, 1596/10/19 ①. 성이민은 기요마사의 재침을 사실로 간주했던 것 같다. 그는 보고서를 보내면서 부산을 떠나 양산(梁山)으로 가게 해달라고 했다. 그는 조정의 승낙도 없이 이탈함으로써 진운홍이 조정에 항의하는 사태가

벌어졌다. 조선은 그를 처벌하고 다른 사람으로 접반관의 직책을 대신하게 했다(『宣祖實錄』, 1596/10/25 ①, ②).

29 『日本往還日記』, 1596/10/12.

30 『宣祖實錄』, 1596/11/6 ①.

31 이원익이 11월 중순 일본의 재침에 대비하기 위해서 도체찰사로서 남부지방을 향했을 때 소각작전이 주된 전략이었다. 그는 산성이나 다른 곳으로 이주하지 않는 사람은 부역으로 적발하여 참수하겠다고 선언했다(『亂中雜錄』 三, 1596/12). 그렇지만 민심의 소란이 걱정되어 이듬해 1월 중순 폐기하기로 했다(『宣祖實錄』, 1597/1/16 ①).

32 『宣祖實錄』, 1596/11/7 ①, ③.

33 『宣祖實錄』, 1596/11/7 ③; 1596/11/9 ⑤.

34 『宣祖實錄』, 1596/11/17 ②.

35 『宣祖實錄』, 1596/11/7 ①.

36 『宣祖實錄』, 1596/11/15 ⑥.

37 『宣祖實錄』, 1596/11/6 ⑤; 1596/11/9 ①.

38 『宣祖實錄』, 1596/11/7 ①.

39 『宣祖實錄』, 1596/11/10 ②.

40 「緊急倭情疏」, 『姚江孫月峯先生全集』 卷二, 七十七-八十.

41 『神宗實錄』, 1596/12/4 ③.

42 그것은 1594년 12월 말 소서비를 북경으로 불러서 제시한 세 가지 조건으로, 부산의 군대를 완전히 철수할 것, 책봉은 허용하되 조공은 불허한다는 것, 조선을 영원히 침범하지 말 것이었다. 제7장 1절 참조.

43 『萬曆邸鈔』, 1596/12; 『神宗實錄』, 1596/12/6 ①.

44 『神宗實錄』, 1596/12/15 ③.

45 『神宗實錄』, 1596/12/29 ⑤.

46 『宣祖實錄』, 1596/12/6 ②; 1596/12/29 ③.

47 『宣祖實錄』, 1596/12/17 ①.

48 『宣祖實錄』, 1596/12/29 ③.

49 『宣祖實錄』, 1597/1/16 ①.

50 그는 몇 달 뒤 한 편지에서 강화의 실패 원인과 관련된 견해를 표명했다. 그는 전에 기요마사가 제기한 다섯 가지 요구조건들, 그 가운데 무엇보다도 조선의 할지가 일본의 근본 목표라고 주장했다. 그에 의하면 왜군이 부산에서 철수하

지 않았던 것도 그 때문이다. 결국 다섯 가지에 포함되지도 않는 책봉은 왜적을 만족시킬 수 없었다(「與蕭觀復書」(1597/5/14), 『姚江孫月峯先生全集』 卷五, 一百七十一).

51 「與政府書」(1597/1/18), 『姚江孫月峯先生全集』 卷五, 一百六十五-一百六十八.

52 사헌부 소속의 정4품.

53 『宣祖實錄』, 1596/11/12 ①.

54 『宣祖實錄』, 1596/11/10 ②.

55 사행의 일정은 서장관 유사원(柳思瑗)의 저작인 『문흥군공우록(文興君控于錄)』에 의한다. 해당 문헌은 정기원의 문집인 『현산실기(見山實紀)』에도 수록되었다.

56 「丙申使行聞見事件」(1597/1/14), 『文興君控于錄』.

57 『神宗實錄』, 1597/1/18 ①.

58 정기원의 사행에 대한 자세한 소개는 차혜원, 2010, 243-262 참조.

59 「兵部覆本」, 『文興君控于錄』; 『神宗實錄』, 1597/1/25 ②. 석성은 자신의 제본과 황제의 성지를 2월 3일자 조선국왕 자문으로 정기원 일행에게 전했다. 유사원의 보고에 의하면, 석성이 선래통사를 통해서 자문을 먼저 조선에 보내려고 했으나 정기원 등은 반대했다(「石尙書回咨」, 『文興君控于錄』).

60 「徐成楚上本」, 『文興君控于錄』. 사은표문은 심유경이 베껴서 그해 12월 명 조정에 보냈다.(『再造藩邦志』 四, 八三). 조선에서도 비슷한 시점에서 황신과 박홍장이 등사하여 조정에 올렸다. 그것은 날짜도 없었을 뿐만 아니라, 내용도 책봉을 해준 황제의 은총에 감사하며 앞으로 충성을 다하겠다는 것이었다(『宣祖實錄』, 1596/12/7 ③, ⑥). 책봉 직후 히데요시가 분개하여 조선을 재침하겠다고 다짐했던 것과는 달랐다.

61 『神宗實錄』, 1597/1/30 ①.

62 「劉道亨上本」, 『文興君控于錄』.

63 「呈六科文」, 『文興君控于錄』.

64 『宣祖實錄』, 1596/12/21 ⑤.

65 그 자리에서 도승지 오억령이 사은표문의 어투가 왜의 것이 아니라 중국의 것으로 보인다면서 믿기 어렵다고 했다.

66 『宣祖實錄』, 1596/12/21 ③; 1597/1/23 ④; 「通信回還後書啓」(1596/11), 『秋浦集』 卷二, 十四-十五. 그 외에도 황신은 전에 사용재와 서일관이 나고야에서 왜와 논의했던 일곱 개 강화조항을 등서한 종이를 가져왔다. 그는 그것을 사카이의 한 승려에게서 얻었다. 그간 소문만으로 전해졌던 명과 왜 사이 강화의

구체적인 내용이 확인된 셈이다(「通信回還後書啓」(1596/11), 『秋浦集』 卷二, 十七).

67 황신은 나중에 상소문을 통해서 그가 어떤 일도 성사시키지 못했다는 비난에 대해서 해명했다. 그에 의하면 왜적과 공식적인 접촉 자체가 없었고, 억지로 일을 성사시키려 했다면 왕명, 즉 나라의 체면이 더욱 욕되었을 것이다(『宣祖實錄』, 1597/1/3 ①).

68 『宣祖實錄』, 1596/12/23 ②.

69 선조가 회의에서 제시한 황신의 보고에 따르면, 당시 부산의 왜군은 겨우 수백 명에 불과했다. 그것도 태풍으로 인해 2만 석의 식량, 무기와 선박이 타버렸다(『宣祖實錄』, 1596/12/25 ①). 이는 앞서 부산 주둔 왜군의 수를 6천에서 8천으로 추정한 명군의 보고와 상당한 차이가 있다.

70 『宣祖實錄』, 1596/12/25 ①.

71 『宣祖修正實錄』, 1597/1 ①.

72 『萬曆邸鈔』, 1597/1; 『神宗實錄』, 1597/1/5 ①.

73 『神宗實錄』, 1597/1/5 ①; 『萬曆邸鈔』, 1597/1.

74 『宣祖實錄』, 1596/12/29 ③; 1597/1/5 ③; 1597/1/8 ①.

75 『宣祖實錄』, 1597/1/8 ①.

76 『宣祖實錄』, 1597/1/25 ②.

77 『宣祖實錄』, 1597/1/28 ③.

78 『宣祖實錄』, 1597/2/1 ②.

79 엄답(俺答). 제3장 미주 14 참조.

80 『神宗實錄』, 1597/1/5 ①; 『萬曆邸鈔』, 1597/1.

81 『宣祖實錄』, 1597/1/25 ①.

82 『萬曆邸鈔』, 1597/2.

83 『신종실록』을 본다면 늦어도 2월 하순까지는 도착한 것으로 보인다(『神宗實錄』, 1597/2/28 ①; 1597/2/29 ①).

84 『神宗實錄』, 1597/3/19 ②.

85 『再造藩邦志』 四, 八三.

86 일본에서 나온 심유경의 접반사로 새로 임명된 특진관 이광정(李光庭)의 치계가 3월 초 조정에 전달되었다. 여기에 의하면, 책봉사절과 함께 (진본) 표문도 부산으로 왔다. 그렇지만 양방형이 귀국할 때, "조선과 강화하지 않았고 또 왜군도 철수하지 않았다."는 이유로 그것을 가져가지 않았다. 유키나가 등은 일이 완수

된 뒤에 사람을 보내 그것을 부치고자 했다. 명 조정에 제출된 표문이 위조되었다는 의혹이 제기되자 병부는 진본을 얻고자 부산에 사람을 파견했으나, 이미 양방형이 귀국할 때 부치고 없다는 말을 들었다(『宣祖實錄』, 1597/3/7 ②). 한편 (진본) 표문에는 겉봉에 "대명황제가 (표문을) 뜯어볼 것," "명은 우리〔일본〕의 속국이다."는 등의 무례한 표현이 있다는 소문이 있었다(『宣祖實錄』, 1597/3/9 ①).

87 『神宗實錄』, 1597/3/19 ②.

88 『再造藩邦志』 四, 八三-八四.

89 『神宗實錄』, 1597/2/15 ②, ⑤.

90 『神宗實錄』, 1597/2/26 ④.

91 손광은 다른 문제로도 명 조정을 불편하게 한 것으로 보인다. 비슷한 시점에서 그는 조선 재출정의 일을 자신에게 맡기되 군사와 식량의 효과적인 동원을 위해서 파격적인 권한을 줄 것을 요청했다. 그렇지 않다면, "고향으로 돌아가 (몸)조리할 수 있게" 허락해줄 것을 바랐다. 그는 "조선을 구원하지 않으면서 겉으로만 구원하겠다고 한다면, 조선은 결국 반드시 버려지게 될 것입니다. 신에게 책임을 맡기고 중앙에서 다시 관장한다고 해도, 신 또한 할 수 있는 일이 없습니다."면서, 권한과 책임의 괴리 문제를 제기했다(「倭情孔棘疏」, 『姚江孫月峯先生全集』 卷二, 八十二-八十三).

92 『再造藩邦志』 四, 八三-八四; 『神宗實錄』, 1597/3/19 ②. 몇 달 뒤 이종성은 유배되었고, 석성과 양방형은 하옥되었다(『明史』 列傳208, 「朝鮮」). 석성의 죄목은 "적에게 아첨하여 우환을 키우고, 군주와 나라를 기만했다."는 것이었다(『神宗實錄』, 1597/9/4 ②). 1년여의 시간이 지난 1598년 7월 중순 지휘 황응양(黃應陽)에 의하면, 이종성은 당시 유배에서 풀려났고, 양방형은 구속 중이었다(『宣祖實錄』, 1598/7/16 ①). 석성은 1599년 9월 옥중에서 병사했다.

93 『宣祖實錄』, 1597/1/23 ①.

94 『宣祖實錄』, 1597/1/23 ①. 유성룡과 이원익 등은 호남의 기여에 부응하여 더 많은 벼슬을 현지 선비들에게 주어야 한다는 의견을 그 전에도 제기했다(『宣祖實錄』, 1596/11/26 ①).

95 『宣祖實錄』, 1597/1/21 ①. 기요마사에 이어 유키나가의 군대도 두모포(豆毛浦)에 상륙했다.

96 『宣祖實錄』, 1597/1/22 ⑥; 1597/1/23 ②, ③.

97 『宣祖實錄』, 1597/1/27 ①.

98 『宣祖實錄』, 1597/1/28 ③.

99 『宣祖實錄』, 1597/2/18 ④.

100 『神宗實錄』, 1597/2/5 ①. 마동의 보고는 조선이 역관을 보내서 해당 사실을 요동도사에게 알린 결과였다(『石塘公燕行錄』, 1597/2/15).

101 「丙申使行聞見事件」(1597/2/5), 『文興君控于錄』; 「兵部因劉道亨參論覆題一本」, 『文興君控于錄』.

102 여덟 가지 속임수는 ① 책봉 과정에서 왜적이 한 명도 머물지 않은 연후에 책봉사가 도해한다는 다짐을 지키지 않은 것, ② 기요마사가 죽었다고 말한 것, ③ 책봉 이후에는 왜적이 조선을 재침하지 않는다는 다짐을 지키지 않은 것, ④ 사람을 왜영에 보냈다가 많은 금은보화를 받아온 것, ⑤ 작년 12월 히데요시의 위조된 사은표문을 올린 것, ⑥ 그것이 탄로날까봐 황제에게 왜의 사절이 사은표문을 올릴 필요가 없다고 말한 것, ⑦ 왜적이 책봉으로 명의 속국이 되었다고 아뢴 것, ⑧ 히데요시가 조선의 영토를 원하는데도 조선에 예문만 요구한 듯 아뢴 것 등이었다. 다섯 가지 잘못은 ① 왜적이 서울에 있을 때 일곱 가지 조건을 받아들여 강화한 것, ② 사천과 절강의 병력을 조선에서 모두 철수시킨 것, ③ 이종성의 탈주 이후에도 책봉 절차를 계속한 것, ④ 명마 5백 필을 왜적의 손아귀에 들어가게 한 것, ⑤ 책봉 실패 이후에도 계속 강화를 주장하여 방비를 허술하게 한 것 등이었다(「周孔教一本」, 『文興君控于錄』).

103 이 수는 척계광의 군사조직 방법에 따른 수였다. 제6장 미주 206 참조.

104 『神宗實錄』, 1597/2/11 ①; 「兵部爲遵旨會議事」(1597/2/11), 『事大文軌』 卷十九, 四-九.

105 『神宗實錄』, 1597/2/17 ②.

106 명대 사도는 포정사·안찰사·분수도(分守道)·분순도(分巡道) 등을 통칭하며, 순무나 총독이 이끄는 성 정부 소속으로 각기 행정·감찰·군사 등 분야를 담당하는 종2품의 고위관리를 뜻한다. 순무와 사도의 파견은 민정기구의 설치를 의미했다.

107 『神宗實錄』, 1597/2/14 ①. 장위의 글 중 『신종실록』에 발췌되지 않은 부분에 의하면, 압록강에서 "개성까지 조선의 절반을 (명이) 점거함으로써, 비록 속히 진격하지 않는다고 하더라도 이미 후퇴하는 계책은 아니게 된다."(『兩朝平攘錄』「日本下」, 二-三; 『海東繹史』「藝文志」 十五, 「張洪陽經理朝鮮議」) 이것은 조선을 장기적인 완충지대로 삼고자 하는 것으로, 몇 년 전 손광이 제기했던 압록강에서 서울까지 직접 경영하는 방안과 유사하다.

108 「兵部爲遵奉屢旨咨議防倭……以圖萬全事」(1597/3/19), 『事大文軌』 卷十九, 五十一-五十四.

109 「朝鮮國王爲遵奉屢旨咨議防倭……以圖萬全事」(1597/4/25), 『事大文軌』 卷十九, 五十四-五十九.

110 『宣祖實錄』, 1597/1/16 ①.

111 중추부 소속의 정3품 무관.

112 『宣祖實錄』, 1597/1/22 ④.

113 許儀後. 그의 보고에 대해서는 제1장 2절 참조.

114 『五峯集』 卷十二, 三十四-三十五; 『神宗實錄』, 1597/3/14 ⑥.

115 『石塘公燕行錄』, 1597/3/7.

116 『石塘公燕行錄』, 1597/3/15-19.

117 『石塘公燕行錄』, 1597/3/25-26

118 『宣祖實錄』, 1597/4/15 ③.

119 『神宗實錄』, 1597/3/18 ②.

120 『石塘公燕行錄』, 1597/4/16-5/20.

제9장 왜적의 재침과 대응

1 『宣祖實錄』, 1597/1/2 ①, ④. 서인계의 문헌인 『재조번방지』는 약간 다르게 쓰고 있다. 거기에 의하면 황신은 유키나가와 기요마사가 대립하더라도 히데요시가 명령하면 이견이 있을 수 없으며, 또한 기묘한 비책이 적에게서 나온다는 것을 들어본 적이 없다면서 요시라의 방안에 부정적이었다. 선조도 황신의 말이 옳다고 했으나, 유성룡이 침묵하는 가운데 좌우 대신들이 혹시 성공할까 요행을 바라서, 황신을 보내 상황을 살펴보게 하고, 이순신의 진격을 촉구하기로 했다(『再造藩邦志』 四, 八六-八七). 유성룡에 의하면, 특히 해평부원군 윤근수가 적극적이었다(『懲毖錄』 卷二, 二十一-二十二). 견해의 차이는 그간 그의 형 윤두수가 부산의 왜군에 대한 선제공격에 적극적이었고, 유성룡 등이 소극적이었던 것의 연장선에서 이해될 수 있다.

2 『宣祖實錄』, 1597/1/2 ③. 사실 유키나가의 제안이 있기 전에 기요마사에 대한 선제적 대응이 조정에서도 논의되었다. 12월 초 내년 1, 2월에 기요마사의 군대만 먼저 도착할 것이라는 황신의 치계가 부산에서 도착했다. 이에 선조는 여러

가지 대책을 지시했는데 거기에는 특히 이순신에게 명하여 그의 도해 기일을 알아내서 해상에서 막도록 할 것과 사람을 시켜 그를 암살하라는 것이 포함되었다(『宣祖實錄』, 1596/12/5 ③, ⑤).

3 『宣祖實錄』, 1597/1/19 ②. 그런데 유성룡은 『징비록』에서 유키나가의 제안을 다르게 전달함으로써 오해를 불러일으키고 있다. 즉, 유키나가가 "어느 날 기요마사가 바다를 건널 것인데, 조선이 수전을 잘하니 바다 가운데에서라면 (그를) 살해〔敗殺〕할 수 있다. 기회를 놓치지 말라."고 말했다(『懲毖錄』 卷二, 二十一). 그에 의하면 유키나가가 매우 적극적인 공략을 제시했던 셈이다. 그렇지만 김응서가 보고한 유키나가의 방안은 단지 바다에서 시위하는 정도였다. 원균이나 선조도 그렇게 이해했다.

4 『宣祖實錄』, 1597/1/21 ⑥.

5 『宣祖實錄』, 1597/1/22 ③.

6 『宣祖實錄』, 1597/1/23 ④.

7 「行錄(從子正郎芬)」, 『李忠武公全書』 卷九, 十九-二十.

8 『宣祖修正實錄』, 1597/2 ①; 『再造藩邦志』 四, 八六-八七.

9 「行錄(從子正郎芬)」, 『李忠武公全書』 卷九, 二十.

10 『宣祖實錄』, 1597/1/22 ⑥; 1597/1/23 ②, ③.

11 『宣祖實錄』, 1597/1/23 ①.

12 『宣祖實錄』, 1597/1/27 ③.

13 『宣祖實錄』, 1597/1/28 ②. 나흘 전 체포령 발부 사실을 모른 채 이순신은 2월 10일 김응서 등과 부산 앞까지 진출했으나, 성과 없이 거제도로 돌아왔다(『宣祖實錄』, 1597/2/23 ③). 그는 26일 서울로 압송됐다.

14 『宣祖實錄』, 1597/1/28 ③.

15 『宣祖實錄』, 1597/2/8 ②.

16 『宣祖實錄』, 1597/3/19 ③; 1597/3/30 ①.

17 조정은 명의 책봉사절이 1596년 말 일본에서 나올 때 호조판서 이광정을 심유경의 접반사로 삼았다(『亂中雜錄』 三, 1596/9/20). 이광정은 1597년 2월 말 유키나가와의 회담에 심유경을 수행했으나, 심유경이 조정에 편지를 보내 황신을 접반사로 요청함으로써 다시 교체되었다(『宣祖實錄』, 1597/2/21 ⑤).

18 사실 그 말은 맞지 않았다. 1597년 2월 히데요시가 조선의 재침을 위한 군대의 편성을 명령했을 때 기요마사는 1만 명, 유키나가는 7천 명이었다(『毛利秀元記』 卷三, 四〇四).

19 『宣祖實錄』, 1597/2/25 ⑫.

20 『宣祖實錄』, 1597/3/6 ②; 1597/3/8 ③.

21 『宣祖實錄』, 1597/3/30 ①.

22 『宣祖實錄』, 1597/5/11 ⑥.

23 후에 시게노부 자신도 일본에서 돌아와 전하기를, 히데요시는 왕자가 아닌 대신의 파견을 조선이 이미 허락했는지를 물었다. 그가 그렇지 않다고 사실대로 고백했을 때 히데요시는 매우 분개했다(『宣祖實錄』, 1597/6/14 ⑥).

24 『宣祖實錄』, 1597/5/18 ④.

25 심유경은 7월 하순에는 서울에서 선조를 만나고, 8월 말에도 평양에 머물러 소응궁 등 명군 지휘부와 함께 강화 가능성을 모색했다(『宣祖實錄』, 1597/7/26 ②; 1597/9/2 ③). 그렇지만 그는 결국 중국으로 송환되었다. 그해 12월 초 그는 "시정의 악당으로 외국과 몰래 통하여 왜적이 책봉을 구걸한다는 말을 주창했고, 교묘한 계책으로 군사를 방해하여 변경의 수비를 철수하게 했으며, 나라를 욕되게 하고 권위를 손상시켰다."는 이유로 참수되었다(『神宗實錄』, 1597/12/7 ①). 중국으로 송환되기 직전 경림군(慶林君) 김명원에게 보낸 편지에서, 그는 그간 자신의 노력이 허사가 된 것을 한탄했다. 그것은 평양에서 강화를 통해 왜군의 의주 진격을 막아 명군이 와서 평양을 회복하는 데 시간을 벌어준 것, 서울에서 강화를 통해 왜군을 철수시킴으로써 한강 이남의 땅을 회복한 것, 왕자와 배신을 귀국〔송환〕시킨 것 등이었다. 그는 이어 책봉 협상을 통해 3년간 왜군을 부산에 묶어둔 사실도 언급했다. 부산과 죽도 등지 왜군의 잔류가 자신의 잘못이라고 인정하면서도 그는 대부분의 왜군이 철수했음을 강조했다. 그에 의하면, 아쉽게도 그 기간에 조선은 스스로 방비할 수 있는 능력을 갖추지 않았다. 그 결과 지난 1월 기요마사의 군대가 왔을 때 조선의 지방관들은 화살하나 쏘지 않고 모두 달아나 군영을 다시 내주고 말았다(「錄後雜記」, 『懲毖錄』 雜記, 十-十二; 『再造藩邦志』 四, 八二).

26 『宣祖實錄』, 1597/1/22 ⑤.

27 『宣祖實錄』, 1597/2/11 ③.

28 『宣祖實錄』, 1597/2/1 ⑤; 1597/2/4 ②.

29 『宣祖實錄』, 1597/2/1 ②.

30 『宣祖實錄』, 1597/1/28 ③.

31 『宣祖實錄』, 1597/2/7 ②; 1597/2/8 ②.

32 『宣祖實錄』, 1597/2/11 ④.

33 『宣祖實錄』, 1597/3/21 ⑤; 1597/3/21 ⑥.

34 문건은 조선과 일본에 서로 다른 판본이 전해지고 있다. 조선에서는 도원수 권율이 조정에 올린 보고이고, 일본에서는 「기요마사송운문답(淸正松雲問答)」이 전해지고 있다(『宣祖實錄』, 1597/3/30 ①; 「淸正松雲問答」, 国立公文書館 디지털아카이브). 그 내용에 있어서 차이가 크지는 않다.

35 왕자의 송환 계기와 관련하여 권율의 장계에는 6년〔5년〕 전 심유경과 소서비가 히데요시에게 "왕자 형제를 송환하면 조선국왕이 바다를 건너와 귀복하여 예를 갖추겠다."고 상주한 것으로 기술된다(『宣祖實錄』, 1597/3/30 ①).

36 『宣祖實錄』, 1597/4/11 ③, ④; 1597/4/13 ⑤.

37 『宣祖實錄』, 1597/5/18 ④.

38 대표적으로 3월 9일 수군통제사 원균의 군대가 거제도에 나무를 베러 온 왜군 47명을 꾀어내 해상에서 살해했다. 이 사건은 기문포(器問浦)해전으로 알려졌으나, 그들은 김해 죽도에 주둔하던 토요 시게모리(豊茂守)의 부하들로서, 병사 김응서로부터 목재의 채벌을 허락받은 상태였다. 사건 이후 왜 측의 항의가 이어졌다. 그렇지만 선조는 비변사의 반대에도 원균과 수군에 대한 논상을 지시했다(『宣祖實錄』, 1597/3/24 ②; 1597/3/25 ③, ④; 1597/3/30 ①; 1597/4/19 ⑥).

39 『宣祖實錄』, 1597/5/18 ④.

40 『宣祖實錄』, 1597/5/12 ⑨.

41 3월 25일 진주사 정기원의 보고에 따르면, 요동에서 출정을 준비 중인 부총병 양원의 군사 3천 3백 명이 4월 5, 6일 평양에 도착하고, 이어 오유충의 남병 3천 8백 명이 산해관을 나올 예정이었다. 산동성의 수군도 출정을 준비하는 것으로 전해졌다(『宣祖實錄』, 1597/3/25 ⑤).

42 『宣祖實錄』, 1597/4/17 ④.

43 『宣祖實錄』, 1597/5/10 ⑤.

44 심유경은 사명당-기요마사 담판 이전 이미 기요마사와 만날 생각도 있었다. 그는 의령에서 시게노부와 만났을 때 유키나가만으로 왕자파견 문제가 해결되지 않는다는 사실을 확인했다. 그는 사명당을 통해서 왕자의 파견과 관련된 의견을 들어보되, 여의치 않으면 자신이 직접 경주로 가서 기요마사를 만나겠다는 의견을 접반사 이광정에게 밝혔다(『宣祖實錄』, 1597/3/8 ③). 사실 심유경은 3월 중순 사명당과 기요마사의 교섭에 대한 보고를 기다렸으나, 사명당은 곧장 서울로 향했다(『宣祖實錄』, 1597/4/1 ③). 그렇지만 그는 서울에 도착하

여 기요마사와의 문답을 심유경에게 서면으로 전했다. 거기에는 기요마사가 심유경을 만나기를 원한다는 내용도 포함되었다(『宣祖實錄』, 1597/5/23 ④).

45 『宣祖實錄』, 1597/5/11 ⑤.

46 6월 초 시게노부가 일본에서 돌아와 히데요시의 결정을 전달했다. 유키나가는 즉시 "조만간 일본군이 바다를 건너와 주둔한다. 밤낮으로 마음 아프지만 어쩔 수 없다. 잘 헤아리시라."고 김응서에게 알렸고, 6월 중순에는 조정에도 보고되었다(『宣祖實錄』, 1597/6/14 ④).

47 『宣祖實錄』, 1593/12/25 ⑨; 1595/6/14 ②.

48 『宣祖實錄』, 1597/3/14 ③.

49 『宣祖實錄』, 1597/4/15 ③.

50 『宣祖實錄』, 1597/3/15 ④, ⑤, ⑦.

51 고급사 권협이 북경에서 돌아와 한 보고(『宣祖實錄』, 1597/4/15 ③).

52 『神宗實錄』, 1597/3/14 ④, ⑤. 당시 북경에 있던 권협도 병부좌시랑 이정으로부터 그 사실을 통보받았다(『石塘公燕行錄』, 1597/3/15).

53 『宣祖實錄』, 1597/4/9 ②.

54 『宣祖實錄』, 1597/4/12 ④.

55 그 전에도 명이 고려나 조선을 '도모'할지 모른다는 우려가 제기된 적이 있었다. 고려 말 명에서 일본정벌 논의가 일어났을 때 고려는 그것을 계기로 자신의 허실이 탐지될까 우려했다. 조선 태종 때 영락제가 몽고를 정벌하는 과정에서 일각에서 제주도 말의 양도 필요성 등을 제기하자, 대신들은 명이 조선의 영토를 넘볼 수도 있다고 간주하여 방비를 촉구했다. 그들은 심지어 만약의 경우 일본과 힘을 합치자는 의견까지도 냈다(『高麗史』 列傳26, 「鄭地」; 『太宗實錄』, 1413/7/18 ①; 1413/7/26 ①). 그리고 임란 이후에도 명이 누르하치를 공략하는 과정에서 서광계와 장지발(張至發) 등이 여진과 조선의 내통을 의심해 조선에 대한 '감호'를 주장했다(『光海君日記』, 1619/10/3 ⑬).

56 『宣祖實錄』, 1597/4/13 ④.

57 3월 중순 병부좌시랑 이정이 황제에게 제출한 제본의 요약이 손광이 조선에 전달한 제본의 내용과 일치한다(『神宗實錄』, 1597/3/14 ④).

58 『宣祖實錄』, 1597/4/13 ⑦.

59 『神宗實錄』, 1597/2/14 ①.

60 『宣祖實錄』, 1597/4/15 ③.

61 그 후 문서로 조선 문제에 관여하던 양호는 8월 초순에는 평양에서 활동을 개시

하였는데, 그때에는 모든 것이 전쟁에 집중되었다.

62 『宣祖實錄』, 1597/9/20 ⑤; 「歷陳開府設鎭屯田練兵築城等項難便事」(1597/4), 『五峯集』 卷十二, 三十七-四十一. 심희수의 서울 출발 날짜는 5월 20일 이전이었고(『宣祖實錄』, 1597/5/20 ③), 북경에서 진주문 제출은 8월 중순이었다. 『신종실록』은 "성절〔황제의 생일〕을 진하하고, 경리에 대한 일을 상주했다."고 간략하게 기록하고 있다(『神宗實錄』, 1597/8/17 ②). 결국 황제도 조선의 주장을 받아들여 병부의 제안을 철회시켰다. 결정은 그해 9월 조선 문제를 총괄하던 형개의 자문으로 조선에 전달되었다(『宣祖實錄』, 1597/9/20 ⑤). 그때에는 왜군의 대규모 북상이 전개되면서 군사적 조치에 집중할 수밖에 없었다.

63 『宣祖實錄』, 1597/5/20 ③.

64 『宣祖實錄』, 1597/5/28 ②.

65 『宣祖實錄』, 1597/5/15 ①.

66 『宣祖實錄』, 1597/6/2 ①; 1597/6/8 ②.

67 『神宗實錄』, 1597/2/15 ④.

68 양호의 공식 직함은 '도찰원우첨도어사 경리조선군무(都察院右僉都御史 經理朝鮮軍務)'였다(『神宗實錄』, 1597/3/15 ②). 도찰원은 중앙의 최고 감찰기관으로 좌우 첨도어사(僉都御史)는 정4품이다. 그는 경리 외에도 이전에 산동포정사 우참의였던 관계로 조선에서 포정(사)나 순무 등으로 불리었는데 정확한 것은 아니었다.

69 그의 직책은 '병부상서 겸 도찰원 우부도어사, 계·요·보정 군무의 총독, 군량의 경리, 왜적 방어의 경략(兵部尙書兼都察院右副都御史 總督薊遼保定軍務兼理粮餉經略禦倭)'이었다(『神宗實錄』, 1597/3/29 ②). 도찰원 우부도어사는 정3품이다. 그는 조선에서 경략(經略)·총독(總督)·군문(軍門) 등으로 불렸다.

70 『宣祖修正實錄』, 1597/2 ②. 소응궁의 직책은 산동안찰사(山東按察使)로서 해방도(海防道)의 업무를 맡았다(『神宗實錄』, 1597/2/26 ⑤). 조선에서는 소안찰(蕭按察)로 불리었는데, 해방도는 연해 지역을 방비하는 군의 감찰을 담당했다. 경략 이외에 '경리'가 임명된 것은 조선에 대한 직접적인 경영의 추진과 무관하지 않은 것으로 보인다. 소응궁의 경우에도 고급사 권협은 그의 파견을 전하면서 직책을 일종의 행정관인 '사도(司道)'로 표현했다(『石塘公燕行錄』, 1597/3/16; 『宣祖實錄』, 1597/4/15 ③).

71 『神宗實錄』, 1597/3/29 ④; 『宣祖實錄』, 1597/4/21 ⑧.

72 손광은 해임되기 전 1만 9천여 명을 징집했는데, 병부는 그것은 송응창이 파견한 병력의 3분의 1도 되지 않는다며, 더 많은 수의 파견을 지지했다(『神宗實錄』, 1597/3/29 ④).

73 『皇明經世文編』 415, 「憂危疏」.

74 『神宗實錄』, 1597/5/3 ①; 1597/5/20 ②; 1597/5/24 ①.

75 『神宗實錄』, 1597/6/15 ①.

76 「申明進止機宜疏」, 『經略禦倭奏議』 卷二. 十四-十八; 『宣祖實錄』, 1597/8/5 ②.

77 구체적으로 경주에는 경상좌병사 성윤문(成允文), 좌도방어사 권응수, 우도방어사 고언백 등이, 의령에는 경상우병사 김응서, 바닷길에는 원균의 수군 등이 각각 수천 명의 병력으로 주둔하고 있었다(『宣祖實錄』, 1597/11/10 ⑤).

78 기타지마 만지 지음, 김유성·이민웅 옮김, 2008, 183-184.

79 「島津家文書」 402, 「島津家文書」 403, 北島万次, 2017(3), 447-454; 기타지마 만지 지음, 김유성·이민웅 옮김, 2008, 184-186; 이형석, 1976, 1727-1728.

80 『征韓偉略』 卷四, 二十三. 당시 조선 수군의 동향은 별로 알려진 것이 없다. 다만 일본 수군 장수의 한 사람인 와키자카 야스하루(脇坂安治) 측의 기록에는 그와 관련된 내용이 일부 포함되어 있다. 거기에 따르면 1597년 4월 일본의 병선 수천 척이 대마도에서 부산을 향하고 있을 때, 조선의 수군 수백 척이 거제도에서 부산으로 진격해서 가로막고자 했다. 이때 큰 바람이 불고 파도가 일어 조선 수군은 거제도로 돌아갔다(김시덕, 2013, 67-68). 이것은 날씨와 중과부적으로 조선 수군이 적극 대응에 나서지 않았음을 시사한다.

81 「朝鮮國王臣姓諱謹奏緊急倭情事」(1597/7/24), 『事大文軌』 卷二十二, 九-十三.

82 해당 숫자는 추측건대 전국의 병역의무 대상자를 의미했을 뿐, 현실과는 거리가 컸다.

83 『宣祖實錄』, 1597/4/19 ⑤.

84 『宣祖實錄』, 1597/4/22 ③.

85 『宣祖實錄』, 1597/4/26 ⑤, ⑥, ⑦.

86 『宣祖實錄』, 1597/5/8 ⑤.

87 『宣祖實錄』, 1597/5/12 ③.

88 『亂中雜錄』 三, 1597/7/16; 『宣祖實錄』, 1597/6/29 ⑧.

89 『征韓偉略』 五, 一; 『亂中雜錄』 三, 1597/8/3-7; 『宣祖實錄』, 1597/10/3 ③.

90 『宣祖實錄』, 1597/9/2 ④; 『兩朝平攘錄』「日本下」, 十一. 다른 문헌들도 유사하게 전후 사망자를 5천여 명으로 기록하고 있다(『亂中雜錄』 三, 1597/8/16; 『懲毖錄』 卷二, 二十五-二十七).

91 가다노 쯔기오 저, 윤봉석 역, 1997, 268. 정유재란 시기에 히데요시는 군사들을 독려하기 위해서 귀나 (나중에는) 코를 베어 바치도록 했다. 왜군은 남녀노소 막론하고 조선인과 명군의 코를 베어 소금에 절여 제출했다. 그것은 수합되어 일본으로 보내졌다. 그 과정에서 서로 수령증을 주고받는 등 치밀하게 관리되었다. 히데요시는 그들의 원혼을 달랜다는 이유로 법회를 열고 교토를 비롯하여 각지에 코무덤〔鼻塚〕을 만들었다. 교토의 코무덤에만 3만여 개 이상이 수령증으로 확인되고 있다(기타지마 만지 지음, 김유성·이민웅 옮김, 2008, 196-200; 조중화, 1998, 110-144).

92 『임진왜란종군기』, 1597/8/16-18.

93 『宣祖修正實錄』, 1597/8 ①; 『宣祖實錄』, 1597/9/1 ①.

94 『임진왜란종군기』, 1597/8/20, 26.

95 「過島家文書」 133, 北島万次, 2017(3), 654-657.

96 『亂中雜錄』 三, 1597/7/16.

97 『임진왜란종군기』, 1597/8/27.

98 『宣祖實錄』, 1597/8/18 ③.

99 『宣祖實錄』, 1597/9/12 ①.

100 「朝鮮國王臣姓諱謹奏爲緊急賊情事」(1597/9), 『事大文軌』 卷二十三, 二十四-三十二.

101 『宣祖實錄』, 1597/10/3 ③.

102 기타지마 만지 지음, 김유성·이민웅 옮김, 2008, 202-203; 이형석, 1976, 986-987.

103 『神宗實錄』, 1597/8/28 ②, ③.

104 『神宗實錄』, 1597/9/4 ③.

105 『神宗實錄』, 1597/9/4 ④.

106 『神宗實錄』, 1597/9/4 ⑤.

107 『皇明經世文編』 468, 「東事策」; 「倭國論」, 『來禽館集』 卷二十三, 一-十六.

108 「催發水陸官兵本折糧餉疏」, 『經略禦倭奏議』 卷二, 五十三-六十二; 「催發續調兵馬疏」, 『經略禦倭奏議』 卷四, 二十四-二十五. 당시 '징발'된 명의 수군은 여순에 도착한 3천 명에 추가 징집된 오송과 복건의 2천 명 등 총 5천 명이었다.

형개는 한산도가 왜적의 손에 넘어감으로써 바다를 통해 왜적이 한강 유역에서 서쪽으로 산동성이나 천진으로 향하거나, 북쪽으로 압록강으로 진격할 수도 있음을 우려했다. 그러한 이유에서 그는 추가적으로 1, 2만 명을 동원할 것을 주장했다. 사실 명은 자신의 연해 지역 방비에 중점을 두고 조선 파병에는 유보적이었다. 그러다 울산전투에서 패배한 뒤인 1598년 봄에야 수군의 파견을 결정했다.

109 『宣祖修正實錄』, 1597/9 ①, ②; 『明史』 列傳208, 「朝鮮」.

110 李光濤, 1972, 213-225.

111 『宣祖實錄』, 1597/9/9 ①.

112 충북 옥천군 소재.

113 『神宗實錄』, 1597/10/4 ④.

114 『宣祖實錄』, 1597/9/12 ⑤.

115 『宣祖實錄』, 1597/9/13 ④.

116 『宣祖實錄』, 1597/9/15 ⑤.

117 『宣祖實錄』, 1597/9/15 ④.

118 직산전투 이후 명과 왜 사이의 접촉이 있었다. 『명사』에 의하면, 직산전투 이후 왜적이 "한강에 이르자 양호가 장정명(張貞明)을 파견, (심)유경의 편지를 지참하고 가서 전쟁을 질책하였다." 직산전투 당시 심유경은 개성에 억류되어 있었는데, 명군이 그를 부분적으로 활용했던 셈이다. 마귀가 청산과 직산전투를 대승으로 보고하자, 소응궁이 "왜적은 (심)유경의 서신 때문에 물러갔고, 청산과 직산에서의 접전이 없었는데 무슨 공로를 논할 수 있겠는가?"고 보고했다. 이에 화가 난 형개와 양호는 소응궁도 함께 체포했다(『明史』 列傳208, 「朝鮮」). 한편 『정한위략』은 「흑전가기(黑田家記)」에 근거하여 명 측의 접근을 확인하고 있다. 즉, 명군 측이 "우리들은 조선을 지원하기 위해서 징발되어 왔다. 귀국과는 원수가 아니며, 앞으로 귀국과 싸우지 않을 것이니 불쌍히 여겨 양해하기를 요청한다."면서 화해를 구했다(『征韓偉略』 五, 五-七).

119 『亂中雜錄』 三, 1597/9/6-10/8.

120 「島津家文書」 988, 北島万次, 2017(3), 736-738; 기타지마 만지 지음, 김유성·이민웅 옮김, 2008, 207.

121 구체적으로 전라도의 군과 현을 크게 두 그룹으로 나누고, 10명의 장수, 수군 그리고 시코쿠의 군대들이 분할하여 통치하도록 했다(「鍋島家文書」 133, 中野等, 2008, 208). 백성들이 마을로 돌아와 농업에 힘쓰고, 저항하는 자들에 대한

단죄를 내용으로 하는 방문(榜文)을 히데이에의 명의로 해남과 강진 등지에 공표하기도 했다(「鍋島家文書」 122, 「島津家文書」 970, 北島万次, 2017(3), 751).

122 『亂中雜錄』 三, 1597/10/15; 기타지마 만지 지음, 김유성·이민웅 옮김, 2008, 209-210.

123 경상도를 중심으로 해안 지역 주요 요충지에 왜군이 주둔한 상황은 다음과 같다. 사천(泗川)에는 시마즈 부자, 남해에는 아리마 하루노부(有馬晴信)·오후라 요시아키(大村喜前)·마쓰라 시게노부(松浦鎭信), 죽도에는 나오시게, 양산에는 구로다 나가마사, 부산포에는 히데이에와 히데모토, 울산에는 기요마사, 순천에는 유키나가가 각각 주둔했다(『征韓偉略』 五, 八).

124 울산성 축성 과정에 관해서는 『임진왜란종군기』, 1597/11/11-14 참조.

125 명량해전으로 인해 왜군의 북상이 저지되었다고 보는 시각은 조금 과장된 듯하다. 즉, 그로 인해 육지의 왜군이 증원군을 얻지 못하고 고립됨으로써 중과부적이 되어 서울을 향하지 못하고 후퇴하지 않을 수 없었다는 것이다(Turnbull, 2002, 198-203). 그렇지만 왜군은 직산전투 이후 이미 남하하기 시작했다. 다만 명량해전의 패배로 해남으로 내려간 요시히로의 군대가 부산에서 너무 먼 곳에 고립됨으로써 원래의 전라도에 대한 지배전략을 추진할 수 없게 되었다.

126 『宣祖實錄』, 1597/7/22 ⑤.

127 「附錄」, 『李忠武公全書』 卷九, 二十三. 이 보고는 (칠천량 해전으로) 수군이 약화되어 그에게 육지에서 싸우라는 조정의 명령에 대한 답변이었다. 다만 이순신의 보고는 조카 이분(李芬)의 「이순신 행록」에만 나와 있어 논란의 여지가 있다.

128 『宣祖實錄』, 1597/11/10 ⑤; 『亂中日記』, 1597/9/16.

129 『明史』 列傳208, 「朝鮮」.

130 『宣祖實錄』, 1597/11/10 ⑤. 명량해전 직후 조선 수군도 법성포를 거쳐 9월 21일 전라북도 군산의 고군산도(古群山島)까지 물러갔다. 그것은 군량의 확보와 병력의 강화를 위해서였다. 그와 달리 조선 수군이 왜군을 확실하게 동쪽으로 축출하는 데에는 한계가 있었기 때문으로 해석되기도 한다(노영구, 2019, 234-236). 이순신이 서해상으로 물러난 가운데 왜적은 서진하여 전라우수영을 거쳐 무안 땅에 정박했다. 그들은 그곳에서 영광 법성포까지 수륙으로 며칠 동안 약탈을 자행한 뒤 마침내 순천 왜교로 돌아갔다.(『宣祖實錄』, 1598/2/11 ④; 『看羊錄』, 1597/9/20~24; 『月峰海上錄』 卷二, 1597/9/16-17) 어쨌든 이순신은 10월 9일 다시 해남의 전라우수영으로 복귀했고, 거기에 남아 있던 왜적

은 도주했다. 조선 수군의 복귀로 전라도에는 순천에만 왜군이 주둔하게 되었다(『亂中日記』, 1597/9/21, 1597/10/9). 이듬해 1월 말 왜군 지휘부는 전선을 축소하기 위해서 순천성에서 철수를 계획하기도 했으나 유키나가와 히데요시의 반대로 인해 유지되었다(도리쓰 료지(鳥津亮二), 2019, 310-311).

131 『宣祖實錄』, 1597/11/28 ④.

132 『兩朝平攘錄』「日本下」, 二十二-二十三.

133 『宣祖實錄』, 1597/8/4 ⑤. 제보자는 유천질(劉天秩)로 소응궁의 중군이었다. 선조는 7월 하순 서울에서 그를 접견하여 "성대한 연회를 베풀고 선물을 보냈다."(『宣祖實錄』, 1597/7/28 ②)

134 『宣祖實錄』, 1597/8/8 ⑪.

135 『宣祖實錄』, 1597/8/19 ⑤.

136 『宣祖實錄』, 1597/9/2 ③.

137 『宣祖實錄』, 1597/9/2 ②.

138 「欽差總督……邢爲……圖戡定事」(1597/9/9), 『事大文軌』 卷二十三, 三十三-三十六.

139 『宣祖實錄』, 1597/9/14 ⑦, ⑧.

140 「朝鮮國王爲……圖戡定事」(1597/9/22), 『事大文軌』 卷二十三, 三十六-三十八; 『宣祖實錄』, 1597/10/2 ⑱.

141 『神宗實錄』, 1597/9/10 ②.

142 「朝鮮國王臣姓諱言」(1597/12/1), 『事大文軌』 卷二十四, 五十五.

143 이것은 1597년 8월 남원과 전주가 함락된 뒤 왜적이 북상하는 가운데 비빈 등을 황해도로 피난시킨 사실과 관련된다.

144 「朝鮮國王臣姓諱謹奏爲仰瀝危悰備陳情事」(1597/12/1), 『事大文軌』 卷二十四, 六十-六十四; 「被誣辨明奏」(丁酉冬), 『月沙集』 卷二十二, 一-四.

145 「呈兵部文」, 『栢谷集』 卷二, 三十九-四十; 「以書狀官朝天時呈禮部卞誣文」, 『少陵集』 卷三, 二十九.

146 당시 조선에 진입한 형개는 명 조정에 보낸 공문에서 "조선 군신이 전에는 적세가 커서 상하가 도주했고 역부족으로 굴복했으나, 왜적에 대해 달갑게 여긴 것은 아니었다."고 썼다. 그와 함께 그는 조선 백성을 지원하여 힘을 합칠 수 있게 한다면 "재조지은을 저버리지 않을 것"임을 강조했다(『神宗實錄』, 1597/12/5 ①).

147 『宣祖實錄』, 1597/11/29 ①; 『神宗實錄』, 1597/12/30 ⑥.

148 『兩朝平攘錄』「日本下」, 二十三.

149 『神宗實錄』, 1597/12/30 ⑥.

150 『宣祖實錄』, 1597/11/10 ③; 「諭書」(1597/11/19), 『白雲齋實紀』 卷四, 六-八.

151 『再造藩邦志』 五, 九三.

152 당시 왜군은 연합군의 공격을 예상하지 못했던 것 같다. 기요마사는 당일 본인의 근거지였으나 구로다 나가마사에게 넘겨준 서생포에 있다가 명군의 공격 소식을 듣고 그날 밤 울산성으로 돌아왔다.

153 『萬曆邸鈔』, 1597/12.

154 『神宗實錄』, 1598/1/17 ③.

155 조명연합군이 울산에서 경주로 철수하기 전날까지 울산에 있었던 유성룡은 1598년 1월 2일 시점에서 조선군의 상황을 보고했다. 그에 따르면, 전사자 2백98명, 중상자 8백76명이었다. 도망자는 4천 9백82명이고 남은 자는 3천 8백13명이었다(「馳啓賊窟形止及軍兵死傷狀」(1598/1/2), 『국역 진사록』 2, 391-394). 그 후에도 전투는 계속되어 1월 4일 후퇴할 때까지 다수가 죽거나 흩어졌다.

156 臺灣三軍大學 編, 1983, 四三七-四四三. 양측은 아군의 성과, 즉 상대방의 피해만 보고했다. 형개는 전투 직후 양호의 보고에 근거하여 "크고 작은 적장 1백여 명을 사로잡거나 죽이고, 1천 2백 명 남짓의 목을 얻었다."고 명 조정에 전했다(『神宗實錄』, 1598/2/5 ②). 한편 기요마사 측은 명군 1만 3백86명 시신의 잔해를 확인했다고 주장했다(「淺野家文書」 255, 中野等, 2008, 236-237).

157 「天兵退後處置諸事狀」, 『국역 진사록』 2, 395-398.

158 그리하여 청대에 편찬된 편년사인 『명통감』의 저자는 다음과 같이 표현하고 있다. "도산의 한 차례 패배로 (조선은) 군사를 모두 잃었다. 이 전쟁은 조선의 구원을 명목으로 했으나 실제 조선의 군대를 모두 전쟁터에서 죽게 만들었을 뿐이다."(『明通鑑』 卷七, 十一-十二) 권응수·이시언 등 일부 조선 장수들도 양호에게 도산으로부터 철수를 강력히 주장했다고 한다.

159 『宣祖實錄』, 1598/2/16 ②; 1598/2/19 ③.

160 『宣祖實錄』, 1598/2/16 ④; 「島山撤兵疏」, 『經略禦倭奏議』 卷四, 八-十五; 『神宗實錄』, 1598/2/5 ②.

161 『宣祖實錄』, 1598/2/3 ⑤. 3월 중순 형개 자신은 북방의 경보를 이유로 요동으로 건너갔다(『宣祖實錄』, 1598/3/17 ②; 『亂中雜錄』 三, 1598/3).

162 「議三路屯守疏」, 『經略禦倭奏議』 卷四, 三十八-五十八.

163 이여매는 4월 요동으로 돌아갔는데, 그것은 형 이여송이 요동에서 작전 중 사망하자 그를 대신하기 위해서였다(『萬曆邸鈔』, 1598/4). 이여매를 대신하여 동일원(董一元) 부총병이 요동의 군사를 이끌게 되었다. 그는 2월 압록강을 건너 들어왔다.

164 『宣祖實錄』, 1598/3/29 ⑥; 「催發續調兵馬疏」, 『經略禦倭奏議』 卷二, 二十五-二十八. 명군의 구체적인 분포는 695쪽 지도 참조.

165 『宣祖實錄』, 1598/2/16 ②.

166 『宣祖實錄』, 1598/8/9 ④; 1600/9/26 ②.

167 『宣祖實錄』, 1598/12/9 ⑤.

168 경리 양호가 접반사 이덕형에게 한 말(『宣祖實錄』, 1597/9/6 ⑤).

169 『宣祖實錄』, 1597/9/16 ④.

170 해당 보고서는 명군 지휘관들 사이에 공개되었고, 동낭중(董郞中)의 접반사 한덕원(韓德遠)이 등서하여 조정에도 보고했다.

171 『宣祖實錄』, 1598/2/11 ⑤.

172 『宣祖實錄』, 1598/2/22 ⑤; 1598/2/23 ⑥.

173 다만 기요마사가 강화에 관심을 두고 있었음은 그 후에도 일부 확인된다. 이를테면 4월에는 유격 오유충의 차인을 불러 영채(營寨)와 무기를 보여주었고(『宣祖實錄』, 1598/4/17 ⑦), 7월 초 오유충과 만나서 3국의 강화를 논의하고 싶다는 편지를 보낸 적이 있다(『宣祖實錄』, 1598/7/14 ①).

174 『宣祖實錄』, 1598/4/24 ②.

175 같은 날 호조판서 김수가 기고(旗鼓) 장구경(張九經)에게서 들은 내용은 좀 더 구체적이었다. 즉, 양호의 남하 목적은 유키나가를 남원으로 불러 기요마사를 죽일 계획을 논의하기 위해서라는 것이다(『宣祖實錄』, 1598/4/24 ④).

176 『宣祖實錄』, 1598/4/27 ③.

177 『宣祖實錄』, 1598/5/6 ⑤.

178 『宣祖實錄』, 1598/5/2 ④.

179 『宣祖實錄』, 1598/5/7 ②.

180 『宣祖實錄』, 1598/5/9 ①.

181 『宣祖實錄』, 1598/6/2 ①.

182 『宣祖實錄』, 1598/6/3 ⑤.

183 『宣祖實錄』, 1598/6/9 ①; 1598/6/10 ①; 1598/6/11 ①.

184 조선국왕이 명에 보내는 진주문, 『宣祖實錄』, 1598/7/1 ②; 감군 진효(陳效)가 조선에 보낸 자문, 『宣祖實錄』, 1598/7/6 ⑧.

185 『宣祖實錄』, 1598/2/12 ④, ⑤.

186 『萬曆邸鈔』, 1598/6; 『神宗實錄』, 1598/6/4 ①. 당시 조지고가 수보(首輔), 장위는 차보(次輔), 심일관이 삼보(三輔)의 서열이었다.

187 『神宗實錄』, 1598/6/4 ①. 자세한 내용은 알 수 없으나 장위와 심일관에 대한 정응태의 비판은 그들이 양호와 주고받은 서한 내용과 관련되었다. 황제는 서한은 사적인 것이고 그들 또한 반성하고 있다는 이유로 직책을 유지하게 했다.

188 『神宗實錄』, 1598/6/9 ③.

189 『宣祖實錄』, 1598/6/14 ②.

190 『宣祖實錄』, 1598/6/15 ①; 1598/6/20 ③. 양호의 주장은 당시 강화에 대한 명 조정의 부정적인 분위기를 정응태 비판에 활용한 측면도 있었다. 그러나 정응태가 강화파와 같이 일본이 명을 침략할 가능성이 낮다고 보고 조선에 대한 식량이나 군사적 지원을 반대했던 것은 사실이었다. 정응태는 나중에 조지고·석성·심유경 등과 마찬가지로 '강화를 주장한 이유로' 탄핵되었다(『宣祖實錄』, 1599/1/9 ⑥).

191 『宣祖實錄』, 1598/6/18 ③.

192 『宣祖實錄』, 1598/6/23 ②.

193 『宣祖實錄』, 1598/6/25 ②; 1598/6/26 ②.

194 도양성에 의하면, 유정 제독이 4년 전 조선에서 철수했을 때 많은 물건을 챙겨갔고 또 군사의 수를 속여 급여를 받았다. 당시 산동우참의로서 요동에서 관련 업무를 맡고 있던 양호가 그를 탄핵하자 유정이 한 계급 강등되는 일이 있었다. 그로 인해 유정은 양호에게 앙심을 품었다고 한다(『宣祖實錄』, 1598/6/28 ①).

195 『宣祖實錄』, 1598/6/27 ③.

196 인수를 바친다는 것은 새로운 국왕의 선택을 포함한 전권을 그에게 위임한다는 뜻으로 일종의 항복을 의미한다. 해당 사실을 뒷받침해주는 문헌적 근거는 확인되지 않는다.

197 『宣祖實錄』, 1598/7/15 ②. 서관란의 보고 내용과 관련해서는, 양호가 명령을 받고 귀국하는 도중 개성에서 그의 접반사 이덕형에게 명에서 온 6월 28일자 통보를 보여주었고, 이덕형은 다시 7월 15일 국왕에게 보고했다.

198 『宣祖實錄』, 1598/7/1 ②.

199 『宣祖實錄』, 1598/7/1 ②; 「經理楊鎬被參撤還請留奏」, 『月沙集』 卷二十二, 四-九.

200 『宣祖實錄』, 1598/7/4 ⑤; 1598/7/5 ③; 1598/7/6 ⑦.

201 『宣祖實錄』, 1598/7/6 ⑧.

202 순무는 명대 성(省)의 최고책임자였다. 그런데 천진은 연해의 방비를 위한 진(鎭)이었으나, 정유왜란 때 왜군에 대한 방비를 강화하기 위해서 순무를 처음으로 설치했다.

203 『宣祖實錄』, 1598/7/9 ①.

204 『宣祖實錄』, 1598/7/11 ⑥.

205 『宣祖實錄』, 1598/7/12 ①.

206 『神宗實錄』, 1598/8/7 ①.

207 『宣祖實錄』, 1598/8/28 ②.

208 『宣祖實錄』, 1598/7/6 ②.

209 유성룡이 나서지 않았던 이유와 관련하여 몇 가지 사실들이 추측되었다. 이원익에 의하면 유성룡 자신은 "글솜씨가 부족하다."는 이유를 들었다(『梧里續集』 附錄 卷一, 十). 또한 그가 노모가 계시고 조정의 중대사를 맡고 있다고 선조에게 말한 것으로도 알려졌다(『朝野僉載』 卷二十九, P35). 그 외에도 이항복은 회고에서 양호와 유성룡의 불편한 관계를 지적했다. 즉, "양(호) 경리가 왔을 때 자못 공〔公, 유성룡〕을 좋게 여기지 않았고, 심지어 말로 표현하기도 했다. 사람들이 혹 공이 위태롭다고 여겼다. 후에 경리가 안동에 주둔하자, 공이 일로 인해 뵈러 갔는데 경리는 만나주지 않고 모욕적인 말을 많이 했다."(「西厓遺事」, 『白沙集』 卷四下, 二十六)

210 『재조번방지』는 7월 기사로 양호가 귀국한 뒤에 정응태가 다시 글을 올려 조선이 성을 쌓은 여러 가지 일에 대해 무고했다고 기록한다(『再造藩邦志』 五, 九七). 그렇지만 여러 가지 정황으로 보아서 그가 별도의 글을 올린 것 같지는 않다.

211 『宣祖實錄』, 1598/7/14 ④.

212 『再造藩邦志』 五, 九七.

213 정응태의 상소에 의하면, 그는 8월 9일 요동(요양)을 출발하여 13일 압록강을 건넜다(「贊畫丁應泰奏本」, 『月沙集』 卷二十一, 二).

214 『梧里續集』 附錄 卷一, 十.

215 「築城事辨誣別奏」, 『月沙集』 卷二十二, 十七-二十; 『再造藩邦志』 五, 九七.

216 『神宗實錄』, 1598/10/1 ①.

217 『宣祖修正實錄』, 1598/8 ④; 「請留經理再奏」, 『月沙集』 卷二十二, 十三-十七.

218 『神宗實錄』, 1598/10/3 ①. 이원익 일행은 성지의 내용을 받고 이듬해 1월 10일 복명했다(『梧里續集』 附錄 卷一, 十). 그는 북경에서 분위기가 정응태에게는 비판적이고, 조선에게는 우호적임을 확인했다고 보고했다(『宣祖實錄』, 1599/1/10 ①).

219 『宣祖實錄』, 1598/9/24 ⑯.

220 「戊戌辨誣錄」, 『月沙集』 卷二十一, 一.

221 『宣祖實錄』, 1598/9/21 ③; 「贊畫丁應泰奏本」, 『月沙集』 卷二十一, 二-三.

222 조선이 요동의 회복을 위해서 왜적을 끌어들였다는 것은 정응태가 지어내기보다는 그런 유언비어가 있었던 것 같다. 청 시기에 편찬된 한 역사서는 임진왜란을 개괄하면서 압록강 건너편 모래섬의 회복을 위해서 조선이 왜적을 끌어들인 것을 그 원인인 듯 기술하고 있다. 즉, "왕기〔王圻, 명대 학자, 1530-1615〕가 말하기를 「고려〔조선〕의 부산은 대마도에서 하루에 갈 수 있는 거리에 있다. 전해지기로 (부산은) 일본에 속했는데, 큰 바다로 나뉘어서 조선에게 포기했다. 전에 일본은 흉년으로 인해 조선에 식량 1만 곡〔斛, 1곡=10말〕을 빌렸다. 나중에 (조선이) 사신을 보내 갚아줄 것을 요구하자 일본은 부산 땅을 언급했다. 이에 조선 사신이 말하기를 '우리나라 압록강 북쪽에 조선 땅이 있는데, 3개 강으로 막혀 오랫동안 대당(大唐)의 소유가 되었다. 대당은 중국을 지칭한다. 너희들이 우리를 도와 이 땅을 회복한다면 부산도 (너희에게) 돌려줄 수 있다.'고 했다. 일본은 좋다고 여겼다. 히데요시가 마침내 군사를 이끌고 조선에 갔다……」"(『欽定續文獻通考』 卷二三七). 이 구절은 한치윤(韓致奫, 1765-1814)이 지은 『해동역사』에도 전재되었다. 한치윤은 교활한 왜인이 조선과 중국을 이간질하려는 말로 추측했다(『海東繹史』 「本朝備禦考」 一, 馭倭考 一). 한편 서광계(徐光啟)도 1618년 글에서 관련 내용을 쓰고 있다. 즉, 노비 신분으로 관직이 막힌 한익(韓翼)이라는 조선인의 계략에 의해 히데요시가 요동에 빼앗긴 협강의 회복을 조선에 제안함으로써 임진년 그의 군대를 받아들이게 했다는 것이다(『皇明經世文編』 491, 「海防迂說」).

223 묘호의 참칭에 관한 문제는 그 전에도 제기되었다. 5년 전 서울수복에 대한 사은사로 북경에 가게 된 정철은 예조에 "묘호 등 의외의 질문에 답변할 일에 대해서 조정에서 상의하여 결정해서 (내가 북경에) 갈 때 보내달라."는 서장을 올렸다. 이에 예조는 묘호와 관련하여 다음과 같이 결정해서 보고했다. 즉, "묘호

는 외국〔조선〕에서 고려 이래 신하가 그 임금을 존칭하는 것으로 잘못을 답습하여 지금까지 고치지 않고 있다. 그렇지만 사대문서〔事大文書, 명에 보내는 공문서〕에서는 (명이) 내려준 시호만 사용하고, 묘호는 전혀 사용하지 않는다."고 대답해야 한다는 것이다(『宣祖實錄』, 1593/6/1 ⑤). 조선은 이번 변무에서도 5년 전 예조의 입장과 유사하게 주장했다.

224 『宣祖實錄』, 1598/9/6 ①. 그 후에도 선조는 정응태와 만나지 않았고, 단지 서관란과 우호적인 관계를 유지했다. 서관란은 이듬해 1599년 1월 하순 귀국했다(『宣祖實錄』, 1599/1/21 ②).

225 『宣祖實錄』, 1598/9/21 ④.

226 『再造藩邦志』 五, 九九.

227 상황은 그달 말까지 계속되었는데, 나중에는 형개와 서관란 등까지 나서서 국사의 재개를 요청했다(『宣祖實錄』, 1598/9/21-29).

228 『宣祖實錄』, 1598/9/24 ⑬, ⑭, ⑰; 1598/9/25 ②.

229 『宣祖修正實錄』, 1598/9 ⑤.

230 『再造藩邦志』 五, 一〇二. 승문원 제조 윤근수 등이 전하는 바, 유성룡에 의하면, "'예(禮)'에 있어서는 '분(分)'이 가장 중요하고, '분'에 있어서는 '명(名)'이 가장 중요하다. 묘호 문제는 사소한 일이 아니다. 지금 만약 빠뜨리고 답하지 않았다가 묻지 않으면 참으로 다행한 일이지만, 만약 문자(文字)에 나타내어 잘못했다고 했다가 (황제가 진주문을) 예부(禮部)에 내려 '알아서 하라'고 하면, 예부가 그 진주문을 트집 잡아 계속 복제〔覆題, 어떤 사안이나 공문에 대해서 해당 부서의 의견을 더해 황제에게 보고하는 것〕할 것이다. 이렇게 되면 매우 난처하게 된다."(『宣祖實錄』, 1598/10/5 ⑥)

231 『宣祖實錄』, 1598/10/1 ⑤.

232 『宣祖實錄』, 1598/10/7 ⑥.

233 『宣祖實錄』, 1598/10/8 ⑧. 유성룡의 체직 이후에도 강화 주장과 파벌 등을 이유로 파직과 삭탈관작에 대한 3사의 요청은 몇 달간 계속되었다(『宣祖實錄』, 1598/11/16 ③; 1598/11/20 ③; 1598/12/1 ③). 선조는 결국 수용했다(『宣祖實錄』, 1598/11/19 ③; 1598/12/6 ②).

234 성균관 유생들에게 음악을 지도하는 정4품 관직.

235 『宣祖實錄』, 1598/10/21 ①.

236 「朝天錄」, 『白沙集』 別集 卷五; 「銀槎日錄」, 『海月集』 卷十. 일행은 3월 18일 북경을 출발하여 윤4월 13일 국왕에게 복명했다.

237 『춘추』는 제후국인 노(魯)나라의 원년을 크게 쓰고, 그 아래 주왕(周王) 몇 년을 작게 쓰고 있다.

238 『宣祖實錄』, 1598/10/21 ②.

239 삼포의 왜인 거주와 관련하여 조선이 감군 진효에게 설명한 내용은 다음과 같다. 즉, 대마도가 과거에 경상도의 일부였다가 오래전에 왜적이 점유했는데, 일부 조선에 투속한 사람들이 있어서 제포 등지에 상주하게 했다. 그런데 1510년 삼포왜란으로 소탕된 뒤에는 거주가 불허되었다(「上陳給事效文(代鄕人作)」(1599), 『栢巖集』 卷五, 二十七-二十八).

240 『神宗實錄』, 1599/2/2 ④.

241 『神宗實錄』, 1599/2/8 ③.

242 「呈兵部文」, 『月沙集』 卷二十一, 三十.

243 『宣祖實錄』, 1599/2/19 ②.

244 『神宗實錄』, 1598/12/15 ②.

245 『宣祖實錄』, 1599/1/26 ②; 1599/1/29 ③.

246 『神宗實錄』, 1599/1/25 ②.

247 『神宗實錄』, 1599/1/26 ③.

248 『神宗實錄』, 1599/2/2 ⑤. 과도관과 찬획 등이 군사의 점고 과정에서 눈썹과 머리를 깎은 것은 사실이었다. 군문의 표하였던 풍중영(馮仲纓)이 좌의정 이덕형에게 그 사실을 전하면서, 그에 대해서 군사들이 원망하고 또 철수까지도 지연되고 있다고 지적했다(『宣祖實錄』, 1598/12/30 ⑥; 1599/3/7 ①).

249 『神宗實錄』, 1599/2/19 ②.

250 『神宗實錄』, 1599/2/21 ⑤.

251 『宣祖實錄』, 1599/3/7 ①.

252 『宣祖修正實錄』, 1599/윤4 ①; 『宣祖實錄』, 1599/4/21 ⑥.

253 『宣祖實錄』, 1599/4/21 ⑥; 1599/윤4/13 ④. 한편 변무에 대한 칙서는 얼마 뒤 왜적의 평정을 사은하기 위해 파견된 사은사 한응인에게 내려졌다. 즉 변무와 사은 두 사안에 대한 칙서가 동시에 내려졌던 것이다(『宣祖實錄』, 1599/5/24 ①; 「履歷」, 『退村遺稿』, 022a).

254 『宣祖實錄』, 1599/3/7 ①.

255 『白沙集』 別集 卷五, 二十九.

256 『宣祖實錄』, 1599/윤4/13 ④.

257 「題科部會勘未竟疏」, 『經略禦倭奏議』 卷六, 十.

1 구체적으로 동로 2만 4천 명, 중로 2만 6천 8백 명, 서로 2만 1천 9백 명, 수로 1만 9천 4백 명 등 총 9만 2천 1백 명이었다. 각로에 참여한 조선군은 차례로 5천 5백 명(5천 5백14명), 2천 2백 명(2천 2백15명), 1만여 명(5천 9백28명), 7천 3백 명(7천 3백28명) 등 총 2만 5천 명(2만 9백85명)이었다(『宣祖實錄』, 1598/9/28 ⑲; 1598/10/12 ⑦. 괄호 안의 숫자는 10월 12일 기사). 다만 명 측의 자료는 약간 적어, 명군 전체는 7만 명(『神宗實錄』, 1598/9/21 ②), 수군은 1만 3천여 명으로 되어 있다(『明史』 列傳135, 「陳璘」).

2 『宣祖實錄』, 1598/6/26 ①.

3 기타지마 만지 지음, 김유성·이민웅 옮김, 2008, 241; 中野等, 2008, 242.

4 「島津家文書」 984, 北島万次, 2017(3), 968-969.

5 「島津家文書」 1088, 北島万次, 2017(3), 977-978.

6 『宣祖實錄』, 1598/8/5 ①; 1598/8/20 ④.

7 『宣祖實錄』, 1598/8/23 ⑤.

8 『宣祖實錄』, 1598/8/16 ④; 1598/8/18 ①.

9 『宣祖實錄』, 1599/2/2 ③.

10 명군 1만 9천 4백 명과 조선 수군 7천 3백 명 등 2만 6천여 명(『宣祖實錄』, 1598/9/28 ⑲; 1598/10/12 ⑦). 앞서 『명사』 등의 기록인 명군 1만 3천 명을 따른다면 수군 전체는 2만여 명이 된다.

11 이를테면 9월 7일 이덕형의 치계에 의하면, 유정 제독은 이미 남원에 도착하여 유키나가와 협상을 추진했다. 비록 그를 협상 장소에 나오게 해서 체포하겠다는 계산이었으나, 이덕형은 그의 계획이 "위도〔危道, 나라를 위태롭게 만드는 정책〕에서 나온 것으로서, 답답하고 염려스럽다."고 평가했다. 더욱이 그의 26일자 치계에 의하면, 약속하여 만나려고 했으나 "명군이 갑자기 발포하여 유키나가가 놀라 소굴〔예교(曳橋)〕로 들어감"으로써 실패했다(『宣祖實錄』, 1598/9/7 ④; 1598/9/26 ⑪).

12 『亂中日記』, 1598/10/2, 3; 『亂中雜錄』 三, 1598/10; 『宣祖實錄』, 1598/10/12 ⑤.

13 『亂中日記』, 1597/10/4, 5, 7, 8.

14 『亂中日記』, 1598/10/9, 10, 12.

15 『宣祖實錄』, 1598/10/8 ⑦; 1598/10/10 ⑥; 1598/10/16 ③.

16 『宣祖實錄』, 1598/9/27 ⑨.

17 『宣祖實錄』, 1598/9/30 ④; 『亂中雜錄』 三, 1598/9/8-27.

18 『宣祖實錄』, 1598/10/2 ③; 1598/10/10 ⑦; 1598/10/20 ④.

19 앞서 히데요시가 죽은 뒤, 강화와 함께 철수를 지시하는 8월 25일자 공문을 지참한 사람들은 10월 1일 부산에 도착했다. 그들은 그달 사천의 요시히로, 순천의 유키나가, 울산의 기요마사 등을 차례로 방문하여 11월 11일까지 부산으로 철수하라는 지시를 전했다(北島万次, 2017(3), 1003; 中野等, 2008, 251).

20 「鍋島直茂譜考補」, 北島万次, 2017(3), 1003-1004.

21 조선의 소극적인 대응이 당시 고조에 달한 정응태 무고사건과 그에 따른 조선의 위축과 관련이 있다고 보는 견해가 있다(홍성덕, 1995, 11-12). 그렇지만 조선이 전방의 명군에 대해서 유효한 개입 자체가 가능했는지 의문이다.

22 『宣祖實錄』, 1598/10/23 ③.

23 유키나가는 10월 초순 조명연합군의 공세를 힘겹게 막아낸 뒤, 10월 15일〔일본력〕 봉행 미쓰나리와 나가모리 앞으로 서신을 보내 강화의 필요성을 언급했다. 그는 강화가 없을 경우 적의 반격에 따른 고전이 예상된다면서, 강화의 조건으로 앞서 9월 5일자〔일본력〕 데루모토 등의 명령서와 같이 조선 왕자의 인질은 어렵고, 공물은 조선이 수용할 수 있을 것으로 기대했다(도리쓰 료지(鳥津亮二), 2019, 320-321).

24 『宣祖實錄』, 1598/11/2 ③; 『亂中雜錄』 三, 1598/10/16. 당시 순천에 있던 좌의정 이덕형도 유정의 인질협상 사실을 인지하고, 감군 왕사기(王士琦)에게 우려를 표명했다(박현규, 2016, 30-33).

25 『宣祖實錄』, 1598/12/11 ④; 도리쓰 료지(鳥津亮二), 2019, 325. 이때 네 사람의 '위관(委官)'이 각각의 명군 진영에서 차출되었다. 모국과(茅國科)는 동일원, 유만수(劉萬壽)와 왕건공(王建功)은 유정, 진문동(陳文棟)은 진린의 위관이었다(「題倭奴送回宣諭人役疏」, 『經略禦倭奏議』 卷十, 六十四-六十五).

26 약 1년 반 뒤인 1600년 4월 인질들이 귀국했는데, 특히 절강성을 거쳐 직접 명에 들어간 모국과는 상당한 논란을 일으켰다. 그러나 그것은 인질이나 강화의 폭로가 아니라 모국과 등의 공로에 대한 인정 여부였다.

27 그렇지만 왜군은 앞서 철군을 지시했던 다섯 봉행의 협상조건을 명 측에 제시했고, 명 측이 그것을 일부 수용한 것으로 보인다. 나중에 왜 측이 대마도를 통해 다시 강화를 요청했을 때, 조선 사절을 파견한다는 약속의 이행을 촉구했다. 사절의 파견은 조일 양국의 우호관계 회복을 의미했다(『宣朝實錄』, 1599/

7/14 ⑦, 1600/4/14 ⑤).

28 『亂中日記』, 1598/11/8.

29 『亂中日記』, 1598/11/14, 15, 16.

30 『宣廟中興志』 卷六, 十五; 『宣祖實錄』, 1598/11/27 ⑤; 1598/12/4 ③.

31 『宣廟中興志』 卷六, 十五-十七.

32 『宣祖實錄』, 1598/11/28 ②.

33 『神宗實錄』, 1598/11/11 ①. 학경과 조지고의 주본은 나중에 조선에도 전해졌는데, 『선조실록』에는 좀 더 자세한 내용이 실려 있다. 학경에 의하면, 지금 중국은 북방 오랑캐의 위협을 당하고 있다. 만약 조선을 방어하기 위해서 조선에 많은 군사를 주둔시킬 경우, 북방 오랑캐가 요동지역을 막아 명군의 귀로를 끊을 수도 있고, 그렇게 되면 북경은 왼팔을 잃은 격이 된다. 따라서 국내의 방어가 아니라 먼 울타리를 걱정하는 것은 잘못된 정책이다. 다만 현재로서 조선을 포기할 수는 없으니, 다수는 요동으로 철수하고 일부가 남아 조선의 군사를 훈련시켜 자구책을 마련하도록 해야 한다(『宣祖實錄』, 1598/12/18 ⑥). 조지고에 의하면, 명군이 먼 곳에 가서 피곤한 상태에서, 편안히 쉬면서 기다리고 있는 왜군에게 승리할 수 없다. 따라서 정예병 약간을 조선의 요새지에 나누어 지키게 하고, 둔전으로 식량을 자급자족하게 한다. 그와 함께 조선의 군사를 훈련시켜 스스로 지킬 능력을 길러, 나머지 명군도 점차 철수해야 한다(『宣祖實錄』, 1598/12/18 ⑦).

34 『神宗實錄』, 1598/11/12 ③.

35 『神宗實錄』, 1598/11/12 ④.

36 『神宗實錄』, 1598/11/28 ①.

37 『宣祖實錄』, 1598/11/23 ④

38 『宣祖實錄』, 1598/11/24 ①.

39 『宣祖實錄』, 1598/11/25 ⑦; 1598/11/26 ⑤.

40 『宣祖實錄』, 1598/11/23 ④, ⑤, ⑥.

41 『宣祖實錄』, 1598/11/24 ②.

42 『宣祖實錄』, 1598/11/25 ⑤.

43 『宣祖實錄』, 1598/11/26 ③. 그 자리에서 형개는 자신이 왜적에 대한 적극적인 공략을 추진해왔음을 강조했다. 이를 위해 그는 한 척의 배도 돌려보내지 말라는 내용으로 자신이 며칠 전 남방의 명 장수들에게 보낸 패문을 선조에게 보여주기도 했다. 물론 선조는 그것이 강화에 대한 변명에 불과하다고 해석했다.

44 『宣祖實錄』, 1598/11/29 ②, ⑥; 1598/12/1 ④.

45 『宣祖實錄』, 1598/12/4 ③.

46 석만자와 심안도는 모두 왜장 시마즈 요시히로(島津義弘)를 지칭했다.

47 『宣祖實錄』, 1598/12/21 ③.

48 『宣祖實錄』, 1598/12/19 ⑤.

49 『宣祖實錄』, 1598/12/21 ①.

50 『宣祖實錄』, 1600/8/24 ①.

51 『宣祖實錄』, 1598/12/22 ③.

52 『宣祖實錄』, 1598/12/22 ④.

53 『宣祖實錄』, 1598/12/24 ①; 1598/12/27 ③.

54 「邢軍門揭」, 『事大文軌』 卷三十, 六十八.

55 『宣祖實錄』, 1598/11/29 ⑥; 1598/11/30 ④; 1598/12/30 ⑥.

56 『宣祖實錄』, 1598/12/28 ④; 1599/1/11 ①.

57 『宣祖實錄』, 1599/1/8 ③; 1599/1/16 ①.

58 『宣祖實錄』, 1599/1/22 ⑤. 며칠 뒤에는 형개와 유정의 긴밀한 관계도 확인되었다. 이덕형에 의하면, 두 사람은 양응룡의 반란 진압에 함께 참여했다. 그들은 양응룡과 강화를 포장하여 사태를 해결해서 상을 받았으나, 최근 다시 양응룡이 반란을 일으킴으로써 그 미봉책이 드러났다. 선조는 왜군의 철수 과정에서 명 장수들의 행태를 양응룡에 대한 처리 방식과 유사한 것으로 간주했다(『宣祖實錄』, 1599/2/1 ②).

59 선조가 도승지 윤돈(尹暾) 등에게 한 말(『宣祖實錄』, 1599/1/26 ②).

60 비슷한 시점에서 해상에 구리기둥을 세워 승리를 찬양해달라는 명 측의 요구도 조선의 반대로 관철되지 못했다(『宣祖實錄』, 1599/1/27 ③; 1599/2/1 ⑤; 1599/2/5 ③).

61 「本國恢復謝恩」(1599/1/26), 『事大文軌』 卷三十, 七十-七十一.

62 한응인과 홍진은 1월 26일경 서울에서 출발했으나, 그간 지체되어 2월 중순쯤 압록강을 건넌 것으로 보인다. 그들은 6월 중순 서울에 도착했다(「履歷」, 『退村遺稿』, 021a; 『宣祖實錄』, 1599/6/19 ④).

63 『宣祖實錄』, 1599/1/29 ②.

64 『宣祖實錄』, 1599/2/4 ①; 1599/2/6 ②; 1599/2/14 ①.

65 『宣祖實錄』, 1598/12/2 ⑥.

66 『宣祖實錄』, 1598/12/2 ⑦.

67 『宣祖實錄』, 1598/12/11 ⑤.

68 『宣祖實錄』, 1598/12/14 ⑤; 1598/12/16 ①. 조선에는 알려지지 않았으나 비슷한 시점에서 서관란은 일부 명군의 철수도 제안했다. 즉, 풍신수길의 죽음으로 당분간 왜적은 다시 오지 않을 것이므로 2만 명의 군사를 조선에 머물게 하고 나머지는 철수시켜야 한다. 잔류 병력에 대한 식량과 급여는 조선이 책임지게 해야 한다(『神宗實錄』, 1598/12/19 ②).

69 『宣祖實錄』, 1598/12/18 ③.

70 『宣祖實錄』, 1598/12/23 ③. 그는 경상우수사로서 1597년 7월 중순 칠천량전투에 참여했으나 적극 싸우지 않고 관망하다가 12척의 배를 이끌고 도주했다. 이순신이 그 배를 인계받아 명량해전에 임할 수 있었으나, 배설은 병을 이유로 도주했다. 1598년 12월 당시 그에 대한 체포령이 내려진 상태였다. 이듬해 선산에서 권율이 체포, 서울로 압송하여 3월 초에 처형되었다. 그렇지만 후에 전란에서 공로가 인정되어 선무원종공신(宣武原從功臣) 일등에 올랐다.

71 대표적으로 1597년 7월부터 파주 양응룡의 반란이 다시 시작되었는데, 명은 조선 파병으로 인해 진압에 어려움을 겪고 있었다. 왜군이 물러간 뒤 유정과 진린이 각각 1599년 1월과 4월 하순 서둘러 귀국한 것도 그 때문이었다.

72 『宣祖實錄』, 1599/1/1 ②.

73 『宣祖實錄』, 1599/1/5 ①, ②; 1599/1/6 ①; 1599/1/7 ①; 1599/1/9 ①; 1599/1/21 ①.

74 마귀 제독과 같이 왜군이 조만간 재침할 것이라는 의견도 없지 않았으나, 그것도 아마 조선이 방어에 전력해야 한다는 점을 강조하기 위해서였을 것이다(『宣祖實錄』, 1599/1/9 ①).

75 『宣祖實錄』, 1599/1/16 ①.

76 『宣祖實錄』, 1599/2/1 ②.

77 『宣祖實錄』, 1599/2/1 ③; 1599/2/2 ①, ③.

78 『宣祖實錄』, 1599/2/2 ①, ②.

79 『宣祖實錄』, 1599/2/2 ③; 1599/2/7 ②.

80 『宣祖實錄』, 1599/2/4 ⑤.

81 『宣祖實錄』, 1599/2/6 ⑤.

82 『宣祖實錄』, 1599/2/9 ④.

83 일종의 반찬대. 제5장 미주 227 참조.

84 『宣祖實錄』, 1599/2/24 ②.

85 『宣祖實錄』, 1599/3/12 ②.

86 『宣祖實錄』, 1599/4/21 ⑥.

87 『宣祖實錄』, 1599/윤4/13 ④.

88 대로의 여관에 부과하는 통행세.

89 『宣祖實錄』, 1599/5/14 ②.

90 『宣祖實錄』, 1599/5/14 ④.

91 『神宗實錄』, 1599/윤4/8 ①.

92 『宣祖實錄』, 1599/5/29 ②.

93 『宣祖實錄』, 1599/6/20 ⑤.

94 『宣祖實錄』, 1599/6/20 ⑥, ⑧.

95 형개는 5월 중순 조선의 선후책 10가지를 명 조정에 보고했다. 그 가운데 잔류 병력은 모두 3만 4천 1백 명이었다. 그는 1, 2년 뒤 조선의 자력에 의한 방비와 그에 따른 명군 전원의 철수를 제안했다(『神宗實錄』, 1599/5/15 ③). 한편 호과 급사중 이응책(李應策) 등은 이미 왜군의 철수로 명의 명성이 천하에 드러났고, 그간 많은 재원을 전쟁에 쏟아부어 궁핍한 중국을 고갈시켜 조선을 지원할 수 없다는 입장이었다(『神宗實錄』, 1599/5/29 ①).

96 『神宗實錄』, 1599/7/12 ②.

97 『宣祖實錄』, 1599/7/22 ④; 『再造藩邦志』 六, 一一五; 『亂中雜錄』 四, 1599/윤4.

98 『宣祖實錄』, 1599/7/16 ④; 1599/8/27 ②. 이때 편지에서 시게노부는 지난번 명군 장수들과 약조에 따른 조선 사신의 파견을 요구했다. 또한 그는 작년 12월 명의 인질 및 차관 3명을 부산으로 송환했던 사실도 상기시키고, 강화를 위해 보냈던 요시라 등의 억류를 항의했다(『宣祖實錄』, 1599/7/14 ⑦). 또한 그가 조선과 통호하여 사신을 보내고, 옛날처럼 사미(賜米)를 얻고자 하며, 명과 강화를 원한다는 사실도 확인되었다(『宣祖實錄』, 1599/7/16 ④). 사실 그때에는 요시라 등은 모두 북경에서 처형된 상태였다. 명군 지휘부는 1599년 4월 말 요시라 등 강화를 위해 온 7명의 왜인이 포함된 전쟁포로 61명을 전공의 증거로서 조정에 바쳤고, 그들은 10여 일 뒤 황제가 승전을 선포하면서 효수되었다(『神宗實錄』, 1599/4/25 ①; 1599/윤4/8 ①; 1602/4/12 ③).

99 『宣祖實錄』, 1599/8/6 ②.

100 『宣祖實錄』, 1599/8/18 ⑤.

101 『神宗實錄』, 1599/10/3 ②.

102 『宣祖實錄』, 1599/10/17 ②, ③.

103 『神宗實錄』, 1599/10/3 ②.

104 『宣祖實錄』, 1599/10/17 ③.

105 『宣祖實錄』, 1599/10/19 ⑥.

106 『宣祖實錄』, 1599/10/26 ⑤.

107 「戶部爲欽遵……拯濟大恩事」(1599/10/18), 『事大文軌』 卷三十五, 二十六-二十七.

108 「請全給折色奏」(1599/가을), 『月沙集』 卷二十二, 二十-二十三.

109 『宣祖實錄』, 1599/11/6 ②; 1599/11/29 ①; 1600/1/3 ④.

110 『宣祖實錄』, 1600/3/11 ①, ②.

111 『宣祖實錄』, 1600/4/4 ③.

112 『宣祖實錄』, 1600/3/22 ③; 「朝鮮國王臣諱姓諱謹奏……以畢善後事」(1600/3/22), 『事大文軌』 卷三十五, 四十一-四十七.

113 『宣祖實錄』, 1600/3/29 ①.

114 『宣祖實錄』, 1600/4/16 ⑤.

115 「欽差提督朝鮮……以備不虞事」(1600/8/13), 『事大文軌』 卷三十七, 七十二.

116 『宣祖實錄』, 1600/2/26 ③; 1600/3/11 ①.

117 『宣祖實錄』, 1600/4/14 ⑤.

118 「題倭奴送回宣諭人役疏」, 『經略禦倭奏議』 卷十, 五三七-五三八.

119 『宣祖實錄』, 1600/4/14 ⑤.

120 「會議東師撤留疏」, 『經略禦倭奏議』 卷十, 四三五-四四四.

121 「會議東師撤留疏」, 『經略禦倭奏議』 卷十, 四八一. 양천민의 원문은 「東兵留撤議」(1600/4/26), 『楊全甫諫草』 卷四, 40-42.

122 「會議東師撤留疏」, 『經略禦倭奏議』 卷十, 四四四-四四九; 『神宗實錄』, 1600/4/17 ①.

123 양응문은 1599년 4월 말 조선에 왔으나, 얼마간 의주에만 머물다가 귀국했다(『宣祖實錄』, 1599/4/24 ③; 1599/5/29 ②).

124 「會議東師撤留疏」, 『經略禦倭奏議』 卷十, 四十-四十一.

125 「會議東師撤留疏」, 『經略禦倭奏議』 卷十, 四九〇-四九一.

126 「會議東師撤留疏」, 『經略禦倭奏議』 卷十, 五〇二-五〇三.

127 「會議東師撤留疏」, 『經略禦倭奏議』 卷十, 五〇八.

128 『宣祖實錄』, 1600/6/30 ①.

129 「欽差經理朝鮮……爲欽奉聖諭事」(1600/5/15), 『事大文軌』 卷三十六, 三-四.

130 「朝鮮國王爲欽奉聖諭事」(1600/5/15), 『事大文軌』 卷三十六, 四-七.

131 『선조실록』은 5월 5일, 즉 명 조정의 논의 전체가 전해지기 10여 일 전, 철병에 관한 이승훈의 게첩을 수록하고 있다. 그는 경보(京報), 즉 북경의 소식지를 인용하여 당시 명 조정의 논의에서 태반이 잔류를 주장하고 있다고 전했다. 그것은 나중에 병부가 종합한 바, 소수만이 명군의 잔류를 주장했던 것과는 다른 내용이었다. 어쨌든 그는 조선이 식량을 공급하기 어려울 뿐만 아니라, 자기를 포함하여 군사들도 철수를 원한다는 점을 분명히 했다. 그와 함께 그는 조선이 나서서 철군을 요청할 것을 제안했다. 즉, 조선이 원래 주장했던 수군 3천 명을 제외하고 나머지는 철수하도록 명 조정에 요청하라는 것이다. 그것은 자신들이 직접 명 조정에 철수를 주장한다면, 직분을 다하지 않고 편리함을 추구한다는 혐의를 받을 수 있기 때문이었다(『宣祖實錄』, 1600/5/5 ⑥).

132 「欽差提督……爲遵旨會議事」(1600/5/17), 『事大文軌』 卷三十六, 七-三十八; 「欽差朝鮮……按察司副使杜爲遵旨會議事」(1600/5/16), 『事大文軌』 卷三十六, 四十一-四十五; 「欽差經理朝鮮……爲遵旨會議事」(1600/5/17), 『事大文軌』 卷三十六, 四十八-五十.

133 「朝鮮國王爲遵旨會議事」(1600/5/24), 『事大文軌』 卷三十六, 三十八-四十一; 「朝鮮國王爲遵旨會議事」(1600/5/23), 『事大文軌』 卷三十六, 四十五-四十七; 「朝鮮國王爲遵旨會議事」(1600/5/24), 『事大文軌』 卷三十六, 五十-五十七.

134 「天朝之拯貴國……」, 『事大文軌』 卷三十六, 五十七-五十八.

135 「貴國邊海二千餘里……」, 『事大文軌』 卷三十六, 六十二-六十六.

136 「欽差提督……以省內帑匱乏事」(1600/6/3), 『事大文軌』 卷三十六, 七十-八十.

137 「前蒙咨諭俾陳下……」, 『事大文軌』 卷三十六, 五十八-五十九; 「霖潦連旬伏惟尊體……」, 『事大文軌』 卷三十六, 六十六-七十; 「朝鮮國王爲……以省內帑匱乏事」(1600/6/8), 『事大文軌』 卷三十六, 八十-八十二.

138 『宣祖實錄』, 1600/6/22 ⑥; 「數接明教……」, 『事大文軌』 卷三十七, 六.

139 「伏審來教以司農……」, 『事大文軌』 卷三十七, 六-八.

140 「欽差提督……爲修理船隻邢調水兵以備不虞事」(1600/8/13), 『事大文軌』 卷三十七, 七十二-七十三.

141 그는 조선의 판단에 대한 단서를 다섯 가지로 요약했다. 그것은 첫째 왜적의 침략은 히데요시의 개인적인 흉계의 결과이고, 그의 죽음으로 왜적이 돌아갔다는 것, 둘째 히데요시의 후계자인 히데요리의 나이가 적고 지방의 장수들이

권력싸움을 하고 있다는 것, 셋째 전쟁 초기 왜군의 신속한 침략과 승리의 기반이 되었던 부산 등지의 대마도 왜인들이 모두 소탕되었다는 것, 넷째 히데요시가 전쟁을 일으킨 것은 아들의 경쟁자가 될 기요마사를 멀리 조선에 보내기 위해서였는데, 이제 (히데요시의 죽음으로) 기요마사가 그의 명령을 따를 필요가 없다는 것, 다섯째 그간 전쟁으로 일본도 피폐해져서 재침을 위한 식량과 군사의 징집이 쉽지 않다는 것 등이었다(「欽差提督……爲修理船隻那調水兵以備不虞事」(1600/8/13), 『事大文軌』 卷三十七, 七十三-七十四).

142 『神宗實錄』, 1600/7/17 ①.

143 『神宗實錄』, 1600/7/19 ③.

144 호부에 의하면, 왜군 철수 이전 7년간 조선으로 운송된 은은 3백여만 냥, 중국 내 병력 동원 지역에 지급된 것은 2백40여만 냥이었고, 그 후 작년부터 금년 봄까지 79만여 냥이 소요되었다. 그 외에 최근 거제도의 변고에 대한 보충과 지급되지 않은 여름철 급여 등 11만 9천여 냥이 더 필요하다(『事大文軌』 卷三十七, 八十-八十一). 그렇다면 전란 과정에서 명군을 위한 명의 식량 지원은 어느 정도였을까? 『선조실록』에 의하면, 명에서 조선으로 운반된 양곡은 1592년 12월부터 1593년 8월까지는 약 13만 4천 석, 1597년 5월부터 1598년 9월까지는 약 20만 석이었다. 명군의 식량은 대군이 주둔했던 시기에는 대략 절반씩 명과 조선이 분담했고, 소수가 잔류했을 때에는 조선이 담당한 것으로 보인다. 명의 식량 지원은 주로 임란과 재란 초기에 집중되었던 것이다.(『宣祖實錄』 1592/12/22 ⑤; 1593/8/7 ⑨; 1598/9/28 ⑲)

145 「欽差提督……爲修理船隻那調水兵以備不虞事」(1600/8/13), 『事大文軌』 卷三十七, 八十四-九十. 다섯 가지 단서는 위 미주 141에 나열된 내용을 지칭한다.

146 1600년 6월 19일 태풍으로 부산 앞바다에서 명의 병선 수십여 척이 파손되었고, 2천 명을 보유한 오종도의 수군 절반 이상이 익사했다. 조선의 선박도 8척이 부서지고 익사자도 백여 명이 넘었다. 각종 무기와 화약 등도 소실되었다(『宣祖實錄』, 1600/6/25 ⑤; 1600/6/26 ④; 1600/7/3 ⑪, ⑫).

147 『宣祖實錄』, 1600/8/3 ②.

148 『宣祖實錄』, 1600/8/22 ①; 1600/8/24 ②. 당시 명군의 철수에 대한 불안감은 선조에게 국한된 것 같지 않다. 명군이 서울에서 철수하는 시점인 9월 26일 비변사의 시무책에도 "명군이 모두 철수하자 인심이 두려워 비록 서울에 호적이 있는 사람들도 사방으로 흩어진 자들이 여전히 많다."고 쓰고 있다(『宣祖實錄』, 1600/9/26 ②).

149 『宣祖實錄』, 1600/8/24 ③.

150 『宣祖實錄』, 1600/8/25 ⑤.

151 『宣祖實錄』, 1600/8/25 ④.

152 『宣祖實錄』, 1600/8/26 ②.

153 『宣祖實錄』, 1600/8/29 ②, ⑤.

154 「又請令廟堂量處留兵便宜箚」(1600/8), 『漢陰文稿』 卷三, 二十四-二十七; 『宣祖實錄』, 1600/8/24 ①.

155 『宣祖實錄』, 1600/8/30 ③.

156 『宣祖實錄』, 1600/9/10 ①; 1600/9/27 ①.

157 『宣祖實錄』, 1600/11/8 ④.

158 『宣祖實錄』, 1601/2/7 ②.

159 『宣祖實錄』, 1600/10/18 ③.

160 『宣祖實錄』, 1601/3/2 ③.

161 『宣祖實錄』, 1601/4/3 ②; 1601/5/16 ③.

162 『宣祖實錄』, 1600/11/24 ④; 1601/1/6 ②.

163 『宣祖實錄』, 1601/6/28 ①.

찾아보기

가

나

다

마

바

사

아

자

차

카

타

하

총서 知의회랑 arcade of knowledge 을 기획하며

대학은 지식 생산의 보고입니다. 세상에 바로 쓰이지 않더라도 언젠가는 반드시 인류에 필요할 지식을 생산하고 축적하며 발전시키는 일을 끊임없이 해나갑니다. 오랫동안 대학에서 생산한 지식은 책이란 매체에 담겨 세상의 지성을 이끌어왔습니다. 그 책들은 콘텐츠를 저장하고 유통시키며 활용하게 만드는 매체의 차원을 넘어, 인간의 비판적 사유 능력과 풍부한 감수성을 자극하는 촉매의 역할을 충실히 해왔습니다.

이와 같은 '책을 읽는다'는 것은 단순히 지식과 정보를 습득하는 데 멈추지 않고, 시대와 현실을 응시하고 성찰하면서 다시 그 너머를 사유하고 상상함을 의미합니다. 그러므로 '세상의 밑그림'을 그리는 책무를 지닌 대학에서 책을 펴내는 것은 결코 가벼이 여겨선 안 될 일입니다.

이제 우리는 다양한 방식으로 존재하는 지식과 정보, 그리고 사유와 전망을 담은 책을 엮어 현존하는 삶의 질서와 가치를 새롭게 디자인하고자 합니다. 과거를 풍요롭게 재구성하고 미래를 창의적으로 기획하는 작업이 다채롭게 펼쳐질 것입니다.

대학의 심장부에 해당하는 도서관이 예부터 우주의 축소판이라 여겨져 왔듯이, 그곳에 체계적으로 배치된 다양한 책들이야말로 이른바 학문의 우주를 구성하는 성좌와 다름없습니다. 우리는 그 빛이 의미 없이 사그라들지 않기를, 여전히 어둡고 빈 서가를 차곡차곡 채워가기를 기대합니다.

앎을 쉽게 소비하는 시대를 살고 있지만, 다양한 앎을 되새김함으로써 학문의 회랑에서 거듭나는 지식의 필요성에 우리는 공감합니다. 정보의 홍수와 유행 속에서도 퇴색하지 않을 참된 지식이야말로 인간이 가야 할 길에 불을 밝혀줄 수 있기 때문입니다. 앞으로 대학이란 무엇을 하는 곳이며, 왜 세상에 남아 있어야 하는 곳인지 끊임없이 되물으며, 새로운 지의 총화를 위한 백년 사업을 시작하겠습니다.

총서 '知의회랑' 기획위원

안대회 · 김성돈 · 변혁 · 윤비 · 오제연 · 원병묵

지은이 김영진

입시특급장학생으로 경희대학교에 입학해 영어영문학 학사를 마치고, 서울대학교에서 정치학 석사, 독일 베를린자유대학에서 정치학 박사학위를 받았다. 현재 국민대학교 중국학부 교수로 재직 중이다. 그간 베이징대학 방문학자, 클레어몬트매케나칼리지(Claremont McKenna College)와 퍼시픽대학(University of the Pacific) 교환교수를 지냈다.

최근에는 중국과 동아시아 관계사에 주목하여 연구를 진행하고 있다. 한·중·일 3국의 유일한 전면전인 임진왜란을 다룬 이 책을 상재하기 위해, 「중화 질서의 이론과 실제: 임진왜란 초기 조명관계를 예로」, 「임진왜란 초기 제3국 국제협력 방안에 대한 고찰」, 「임진왜란 초기 명의 파병과 조명관계의 실제」, 「임진왜란 이후 명군철수 협상에 대한 고찰」 등 치밀한 선행 연구들을 이끌어왔다. 대표적인 관련 저술로 『중국, 대국의 신화: 중화제국 정치의 토대』가 있다.

知의회랑
arcade of knowledge
018

임진왜란
2년 전쟁 12년 논쟁

1판 1쇄 발행 2021년 6월 30일
1판 6쇄 발행 2024년 11월 30일

지 은 이 김영진
펴 낸 이 유지범
책임편집 현상철
편 집 신철호·구남희
마 케 팅 박정수·김지현

펴 낸 곳 성균관대학교 출판부
등 록 1975년 5월 21일 제1975-9호
주 소 03063 서울특별시 종로구 성균관로 25-2
전 화 02)760-1252~4 팩스 02)762-7452
홈페이지 http://press.skku.edu

ISBN 979-11-5550-473-4 93340

값 43,500원

⊙ 잘못된 책은 구입한 곳에서 교환해 드립니다.